JAPON,
INDO-CHINE,

EMPIRE BIRMAN (OU AVA), SIAM,
ANNAM (OU COCHINCHINE), PENINSULE MALAISE, ETC.

CEYLAN,

PAR

M. DUBOIS DE JANCIGNY,

AIDE DE CAMP DU ROI D'OUDE.

PARIS,
FIRMIN DIDOT FRÈRES, ÉDITEURS,
IMPRIMEURS-LIBRAIRES DE L'INSTITUT DE FRANCE,
RUE JACOB, 56.

M DCCC L.

L'UNIVERS.

HISTOIRE ET DESCRIPTION
DE TOUS LES PEUPLES.

JAPON,
INDO-CHINE, CEYLAN, ETC.

PARIS. — TYPOGRAPHIE DE FIRMIN DIDOT FRÈRES,
rue Jacob, 56.

L'UNIVERS,

OU

HISTOIRE ET DESCRIPTION

DE TOUS LES PEUPLES,

DE LEURS RELIGIONS, MOEURS, COUTUMES, ETC.

JAPON,

PAR M. A. D. B. DE JANCIGNY.

INTRODUCTION.

Lorsqu'à la veille de découvrir un nouveau monde, le génie de Colomb se frayait cette route aventureuse par laquelle l'Occident allait rejoindre l'Orient étonné, le Japon n'était connu que par les indications que Marco Polo avait recueillies pendant son séjour en Chine. Aucun Européen n'avait encore visité *Cipango* [c'est ainsi qu'on appelait le Japon d'après Marco Polo (1)]. Mais ce que l'illustre Vénitien racontait de l'étendue et des richesses naturelles de cet archipel, de son commerce avec la Chine, du caractère de ses habitants, de la forme de son gouvernement, de la multitude de petites îles qui entouraient la grande île de *Zipangou*, et que les navigateurs chinois faisaient monter de son temps à 7,440, avait échauffé les imaginations et préoccupé sérieusement les plus fortes têtes. *Zipangou* était particulièrement *riche en or et en perles*, assurait Marco Polo. Colomb espérait atteindre cette terre presque fabuleuse en poussant une pointe hardie à travers l'Océan inexploré qui s'étendait à l'ouest de l'Europe; il rêvait de la soumettre à la domination de l'Espagne et d'employer ses inépuisables trésors à la conquête du saint sépulcre! Il avait annoncé que la première terre qu'on rencontrerait, *à 750 lieues à l'ouest des Canaries*, serait l'île *Cipango* (1). Après avoir découvert *Isabela* (*Saomete*), quand il se rembarquait pour aller à la recherche de la grande île que les Indiens lui annonçaient exister dans l'ouest-sud-ouest, son journal rapporte d'une manière solennelle son départ *pour la grande île de Cipango, que les Indiens appellent Colba* (Cuba). Lorsque, le 14 novembre 1492, il arrive aux côtes septentrionales de Cuba, il se croit à *Zipangou*; et, dans le vieux canal, près de Puerto del Principe, émerveillé de la beauté d'un groupe d'îlots verdoyants qui s'offre à ses regards, il semble à son ardente ima-

(1) Plus exactement *Zipangou*, non *Zipangri*, comme le portent les mauvaises éditions de Marco Polo. Ces mots, comme on le verra bientôt, sont une corruption du mot japonais *Nipon* ou *Nippon*, anciennement *Zipon*, qui désigne la grande île où est le siège de l'empire japonais. Il est bon de remarquer ici que rien n'indique que Colomb ait eu *directement* connaissance de la relation de Marco Polo, et qu'il ne le cite nulle part, ni dans son journal, ni dans ses lettres.

(1) Humboldt, *Histoire de la géographie du Nouveau Continent*, tome I, p. 244.

gination que ce groupe doit faire partie « *de ces innombrables îles que l'on marque dans les mappemondes, à l'extrémité du Levant.* » Enfin, lorsque Colomb, de retour de son premier voyage, entre dans le port de Lisbonne, le 4 mars 1493, il ne nomme pas *Antilia* comme point de départ; il dit qu'il vient de *Cipango*. Quelques-uns ont pensé que l'amiral nommait par ruse *Zipangou*, pour ôter tout soupçon qu'il venait d'une terre comprise dans la capitulation conclue entre le Portugal et l'Espagne; mais le premier géographe critique de notre siècle, Humboldt, en examinant avec attention le Journal de Colomb et les écrits de son fils, a reconnu que cette prétendue ruse était l'effet d'une persuasion intérieure. L'amiral, embarrassé de dire où il avait été, penchait pour cette île de Zipangou (Cipango) que l'itinéraire indiqué par Toscanelli lui avait fait connaître en 1474, et qui occupait tellement son imagination, que cinq jours avant la découverte de *Guanahani* (San-Salvador) il déclara à Martin Alonzo Pinzon « qu'il valait mieux aller d'abord à la « terre ferme (de l'Asie) et puis aux « îles, parmi lesquelles se trouvait Ci- « pango. » — Ses idées n'étaient cependant pas tout à fait arrêtées sur l'identité de Cuba avec Cipango, car son Journal indique qu'il a pris la côte nord-ouest de Cuba, tantôt pour une partie du continent, tantôt pour une portion d'une grande île. Il paraît d'ailleurs, d'après ce Journal, que, saisissant avec une avidité curieuse certaines ressemblances accidentelles de sons, il avait pensé plus tard que Haïti, ou au moins une partie de cette île, devait être le véritable *Cipango*; les Indiens désignant par le nom de *Cipangi* la partie montagneuse d'Haïti (1).

Sur le globe de la bibliothèque du grand-duc de Weimar, antérieur à l'année 1534, on voit Zipangou, 5° à l'ouest de Veragua, avec l'inscription : « *Zipangri, ubi piper et auri copia.* » — L'idée que les richesses de l'Inde se trouvaient à l'est ou au sud-est de l'Asie était devenue si générale au quinzième siècle, que Colomb, parlant dans son Journal, comme nous l'avons vu plus haut, des îles qu'il venait de découvrir dans le vieux canal, près de la côte de Cuba, ajoute : « Je pense qu'elles « sont riches en épiceries et en pierres « précieuses, et qu'elles augmenteront « en nombre vers le sud. »

Ainsi, par suite de cette préoccupation étrange qui dominait l'esprit de l'immortel navigateur, ce n'était pas un nouveau monde qu'il découvrait dans ce premier voyage : c'était le Japon qu'il venait d'atteindre par une route nouvelle! C'est qu'en effet, d'après le système géographique de ce temps, fondé presque exclusivement, quant à l'Asie orientale et maritime, sur les récits de Marco Polo, Balducci Pelogetti et Nicolas de Conti, on se figurait, comme nous l'avons déjà fait remarquer, d'innombrables îles, riches en épicerie et en or, dans la *mer de Cin*, c'est-à-dire dans les mers du Japon, de la Chine et du grand archipel des Indes. Entre l'Europe et cette mer de Cin, Toscanelli, qui, pour le moins dès l'année 1474, s'occupait théoriquement des mêmes projets que Colomb, ne nommait dans la route à parcourir vers l'occident que la seule île *Antilia*, « que l'on trouverait à la distance de 225 lieues avant d'arriver à Cipango. » Toscanelli comptait de Lisbonne à la fameuse cité chinoise de *Quinsai*, ou *Quisai*, ou *Kan-phou* (aujourd'hui *Hang-tchéou-fou*), en prenant le chemin tout droit vers l'ouest, 26 *espacios*, chacun de 150 milles, et de l'île d'Antilia jusqu'à Cipango, 10 *espacios*, lesquels équivalaient à 225 *leguas*. Nous ne savons pas à combien d'*espacios* Toscanelli plaçait le Japon (Cipango) à l'est de Kan-phou; mais comme cette distance n'est effectivement, en prenant *Yédo* pour le centre du Japon, que de 16° de longitude, et que l'évaluation de *Behaim* (1), dont la carte exprime les croyances géographiques du quinzième siècle, donne une différence de 13°, ce qui s'écarte très-peu de l'évaluation moderne,

---

(1) *Voyez* Humboldt, *ouv. cité*, tom. II, pages 44, 45 et 46, note.

(1) Martin Behaim ou Bohême. *Voyez*, sur le globe terrestre qu'il a construit en 1492, et sur la vie aventureuse de ce savant cosmographe, Humboldt, *ouv. cité*, tome I.

il s'ensuivrait que Toscanelli comptait probablement du Portugal à *Antilla* (ou *Antilia*) un cinquième, d'*Antilia* à *Quinsai* ou *Kan-phou* à peu près quatre cinquième de toute la route de Lisbonne en Chine (1).— Colomb, qui avait longtemps médité sur ces grandes questions géographiques, et qui avait sans cesse sous les yeux les cartes où étaient exprimés les résultats des recherches contemporaines, partageait l'opinion de Toscanelli ; et ses convictions étaient telles qu'en abordant à Cuba, le 14 novembre 1492, il les consignait dans son Journal en ces termes : « C'est là l'île *Cipango*, dont on « raconte tant de choses merveilleuses; « et, par les indications « (proprement « les espérances) » que me donnent les « *peintures des mappemondes, Cipango* « *doit être dans ces parages*. » Nous avons déjà remarqué que (le 26 décembre suivant) Colomb, en arrivant à Haïti et sur les indications nouvelles, crut que cette île était véritablement *Cipango*.

Le Japon, cependant, ne devait être réellement découvert que cinquante ans plus tard, et, pour ainsi dire, par accident. C'est aux Portugais que revient l'honneur d'avoir révélé à l'Europe l'existence de ce vaste empire insulaire, et c'est par leur intermédiaire que les premières relations du monde chrétien avec les peuples qui habitent cette barrière de l'extrême Orient se sont établies. — Nous verrons plus tard comment ces relations ont commencé, quels ont été leurs développements, les phases qu'elles ont subies et à quel infime résultat elles ont abouti de nos jours ! Nous devons, avant tout, esquisser à grands traits le théâtre des événements auxquels nous faisons allusion, et tâcher de donner à nos lecteurs une idée générale mais précise de la position géographique, de la constitution géologique, du climat et des divisions politiques du Japon.

Nous n'avons pu, nous-même, visiter le Japon, quoique nous ayons passé plusieurs années dans le voisinage de ce singulier pays ; mais nous avons eu plus d'une occasion de rencontrer et de consulter des personnes qui y avaient séjourné et de voir des sujets japonais; et nous avons éprouvé de bonne heure le désir de suppléer à l'observation personnelle par l'étude et la comparaison des témoignages les plus dignes de foi, en ce qui touche à des contrées et des peuples aussi peu connus et cependant aussi dignes de l'être. Les matériaux du travail que nous avions entrepris dans ce but sont immenses : nous nous proposions de traiter en détail les questions importantes soulevées par l'examen et la classification de ces matériaux, et nous espérions faire ressortir de nos investigations quelques conséquences qui auraient pu trouver une place utile, quelque petite qu'elle dût être, dans la théorie du développement de l'humanité ; mais des circonstances indépendantes de notre volonté nous ont forcé non seulement à restreindre le cadre de notre travail, mais à en modifier la forme. C'est donc à peine si nous osons promettre à nos lecteurs quelque chose au delà d'un *résumé* de ce qui a été publié de plus exact et de plus intéressant sur le Japon, principalement au point de vue ethnographique, depuis Kæmpfer jusqu'à nos jours. On trouvera à la fin de notre livre l'indication des principaux ouvrages que nous avons consultés (1). — Kæmpfer et Siebold sont nos principales autorités. L'ouvrage de Siebold étant encore en cours de publication, il est plus que probable que sur plusieurs points de détail il nous manque des rectifications et des explications que nous nous empresserions de puiser dans ce grand ouvrage s'il était achevé. Nous devons espérer néanmoins que l'ensemble de notre travail représente fidèlement les notions générales les plus exactes et les plus instructives recueillies par

(1) Nous nous sommes aidé fréquemment d'un précis fait en anglais, et qui a paru pour la première fois dans l'*Asiatic Journal*, années 1839-1840. — La lecture de cette intéressante analyse avait beaucoup contribué à attirer notre attention sur le Japon pendant notre séjour en Chine en 1841, 42 et 43. Le « *Chinese Repository* » (recueil remarquable à plusieurs égards, et dont la publication mensuelle est une ressource si précieuse pour tous ceux qui s'occupent de l'histoire et des littératures de l'extrême Orient) nous a fourni également des renseignements fort utiles.

(1) Humboldt, *ouv. cité*, tome I, p. 234. *Voyez* aussi tome II, p. 369.

ce savant observateur et par ses devanciers. C'est à Siebold, en particulier, que nous emprunterons les principaux matériaux de l'esquisse géographique et géologique qui doit naturellement précéder notre essai ethnographique sur le Japon.

GÉNÉRALITÉS GÉOGRAPHIQUES.

L'empire du Japon est compris aujourd'hui entre 24° 16' et 50° de latitude Nord, et entre 120° 58' et 148° 25' de longitude Est du méridien de Paris. Il s'étend donc sur environ 26° de latitude et 27° de longitude.

Il est compris, en latitude :
Entre le parallèle de *Hasjookan*, la plus sud du groupe sud des îles *Liou-Kiou*, et le parallèle du cap *Riouai*, l'établissement le plus septentrional des Japonais sur l'île *Krafto*;

En longitude :
Entre le méridien de *Younakouni*, la plus occidentale du groupe sud des *Liou-Kiou*, et le méridien de la petite île *Ribuntsiriboi*, la plus orientale du groupe des *Trois-Sœurs* au nord d'*Ouroup*.

Ses limites sont :
Au nord, la mer du Japon (dont les flots s'y confondent avec le détroit de Tartarie), et le milieu de l'île *Krafto*;
Au nord-est, l'île d'*Ouroup*;
Au nord-ouest, la mer du Japon;
Au sud et au sud-est, le Grand-Océan;
A l'est, le Grand-Océan;
Au sud-ouest, la mer Orientale ou *Toung-haé*;
A l'ouest, le détroit de *Kôraï* (Korée).

Dans le Japon, proprement dit, on compte trois grandes îles : *Nippon*, *Kiousiou*, *Sikok'*, et les îles plus petites : *Sado*, *Tsousima*, *Awadsi*, *Tanegasima*, *Yki*, *Yaksima*, *Oosima*, *Hatsidsjoosima*, *Amaksa*, *Firato*; puis les groupes, *Okisima*, *Gotoosima*, *Kosikisima*, *Nanasima*, et un nombre infini de petites îles et de rochers isolés.

On compte en outre les terres voisines, savoir :
1. L'île *Yézo* avec les *Kouriles du sud*, *Kounasiri* (*Kunaschir*), *Sikotau* (*Tschikotau*), *Yetorop* (*Jetorop*) et *Ouroup*;
2. La partie sud de l'île *Krafto*;
3. Le groupe des îles *Munin* (*Mouninn*) ou *Bonin*;

Et au sud, les terres protégées ou îles tributaires de l'empire japonais,
Iles *Liou-Kiou*.

Les principaux *détroits* et *canaux* qui séparent le Japon des terres asiatiques ou les grandes îles du Japon entre elles, sont :
Entre *Nippon* et *Kiousiou*, le détroit de *Van der Capellen*;
Entre *Nippon* et *Yézo*, le détroit de *Tsoukar*;
Entre la pointe sud de *Kiousiou* et les îles *Tanegasima* et *Yaksima*, le détroit de *Diémen*;
Entre ces dernières îles et le groupe nord des *Liou-Kiou*, le détroit de *Colnet*;
Entre *Sikok'* et *Kiousiou*, le détroit d'*Hayasou* (*Hayasou-kado*);
Entre *Sikok'* et *Nippon* (à l'est), le détroit de *Linschoten*; et au nord un sund parsemé d'îles innombrables;
Entre *Yézo* et *Krafto*, le détroit de la *Pérouse*;
Entre *Yézo* et les *Kouriles*, le détroit de *Laxmann*;
Entre *Kounasiri* et *Yetorop*, le canal *Pico*;
Entre *Yetorop* et *Ouroup*, le détroit de *Vries*;
Entre *Ouroup* et les *Kouriles du nord*, le canal *de la Boussole*;
Entre *Krafto* et les *Terres asiatiques*, le détroit de *Mamia*;
Et enfin le détroit ou canal de *Kôraï* ou de *Corée*, qui sépare Nippon de la presqu'île de Corée.

Malte-Brun estimait la superficie totale de l'empire japonais à 16,000 lieues carrées. Les plus récentes publications géographiques l'ont portée à 12,569 milles carrés; mais Siebold, après une étude approfondie des meilleures cartes japonaises et des cartes de Krusenstern et autres observateurs, a réduit ce chiffre à 7,520 milles carrés, de 15 au degré (environ 4,000 myr. carrés, ou de 40 à 41 millions d'hectares), qui se répartissent dans les proportions indiquées par le tableau suivant :

JAPON.

Pont suspendu de Kume, dans le Sinano.

NOMS DES ILES.	MILLES carrés (de 15 au degré).	NOMBRE des îles, îlots, etc.	NOMS DES ILES.	MILLES carrés (de 15 au degré).	NOMBRE des îles, îlots, etc.
JAPON proprement dit.			MUNIN-SIMA (Groupe des îles Bonin).		
Nippon.	4,081.6969		Kitasima.	2.2116	
Hatsidsjoosima (1).	2.1329	1,188	Minamisisima.	1.5662	89
Oosima.	1.8458		Petites îles.	2.1920	
Sado.	20.6874	4	Total.	5.7698	
Oki, Nisinosima, Naganosima, Tsifourisima.	6.4874	77	LIOU-KIOU.		
Kiousiou.	688.5954		*Zsjusan*.		
Amaksa.	10.2147		Ohinawasima.	37.8279	
Groupe Gotoo.	11.9804		Koumesima.	0.9652	85
Groupe Kositi.	2.7560		Yéyasima.	1.4254	
Firato et Kawatsi.	2.5017		Autres petites îles.	6.4022	
Tanegasima.	9.6031	1,515	*Sanbok*.		
Yaksima.	9.3711		Oosima.	21.4186	
Groupe Nanasima.	2.5108		Tok'sima.	3.9496	
To Karasima.	0.7924		Kakenasima.	3.2472	16
Simako.	0.6218		Yerabousima.	3.3860	
Sikok, et îles voisines.	391.8356	516	Kikaïsima.	2.4694	
Awadsi.	10.7968	10	Autres petites îles.	1.5985	
Tsousima.	14.5550		*Sannan*.		
Yki.	2.4059	201	Ysikakisima.	9.0970	
Petites îles.	56.5687	indéterminé.	Niohiosima.	0.0932	
Total.	5,306.5668		Miakosima.	4.0441	25
YÉZO.			Nagarabesima.	1.1043	
Yézo.	1,286.9185		Yonakouni.	1.8567	
Okosiri.	2.5944		Autres petites îles.	9.2479	
Réfounsiri.	2.2695	83	Total.	125.6092	
Risiri.	1.5447				
Petites îles.	2.0468		RÉCAPITULATION.		
Total.	1,295.1635			Milles car.	Iles et îlots.
HIKASI-YÉZO. (Les grandes Kouriles.)			JAPON proprement dit.	5,306.5668	3,811
Sikotan.	1.7181		YÉZO.	1,295.1635	85
Kounasiri.	25.7795		HIKASI-YÉZO. (Les grandes Kouriles).	88.2095	48
Yétorop.	48.9496	48	KITA-YÉZO (Krafto).	699.6140	27
Ouroup.	12.2750		Groupe MUNIN-SIMA (îles Bonin).	5.7698	89
Petites îles.	1.4905		Iles LIOU-KIOU.	125.6092	92
Total.	88.2095		Totaux.	7,520.9326	3,850
KITA-YÉZO (Krafto).					
Krafto.	696.9178	27			
Petites îles.	2.6966				
Total.	699.6140				

DIVISIONS POLITIQUES.

Vers la fin du sixième siècle (l'an 590, à ce que dit Kæmpfer), l'empereur *Siousioun* (ou *Siousioum*) avait divisé le Japon en sept contrées, cercles ou (selon l'expression japonaise) *grandes routes* (*Dó* ou *Tó*), comprenant soixante et une provinces princières et cinq provinces domaines de la couronne. Les prin-

---

(1) Hatsidsjoosima (que Siebold écrit *Fatsisjo* sur sa grande carte, et *Hatsi-zjoo* sur la petite) est la plus sud des petites îles qui sont dans la dépendance immédiate de Nippon. Selon Kæmpfer, cette île, qu'il appelle *Fatsisio* ou *Fatsisio Gusima*, c'est-à-dire *l'île à quatre-vingts brasses*, est la principale de celles où les grands seigneurs de la cour tombés en disgrâce sont ordinairement relégués, selon une coutume très-ancienne, et détenus sur une côte pleine de rochers d'une si prodigieuse hauteur, que l'île en a pris son nom *. « Tant qu'ils y demeurent (dit Kæmpfer) *il faut qu'ils vivent de leur travail*. Ils s'occupent principalement à faire des étoffes, et comme ils ont la plupart beaucoup d'adresse et de génie, quelques-unes de leurs étoffes de soie sont d'une finesse et d'une beauté si exquises, que l'empereur a défendu, sous des peines très-rigoureuses, de les transporter ou de les vendre aux étrangers. Cette île n'est pas seulement environnée d'une mer très-orageuse; mais il semble que la nature en la formant ait voulu la rendre inaccessible; car lorsqu'on y porte des provisions, que l'on y conduit quelques nouveaux prisonniers, ou qu'on relève la garde, on est obligé d'y élever le bateau avec toute sa charge, par le moyen d'une grue, et de le descendre de même, les côtes étant si roides et si escarpées qu'on ne saurait y monter autrement. » — Il a bien fallu cependant y monter autrement pour y former un premier établissement. Mais il paraît très-probable que l'île est en effet d'un abord très-difficile et que la violence des vagues ne permettrait pas à des embarcations d'accoster, à moins de circonstances très-favorables et qui doivent être excessivement rares dans ces mers orageuses. En tout cas, c'est un fait des plus curieux que celui de l'existence de ce Botany-Bay aristocratique et de son éminence industrielle.

(*) Thunberg l'appelle *Faitsima*, et Langlès, son traducteur, *Faitsiensima*.

cipautés, cependant, d'après la même autorité, n'auraient été établies qu'environ un siècle plus tard, en 681, sous l'empereur *Tenmou* (1).

Ces grandes divisions sont encore reconnues géographiquement aujourd'hui, bien que, par le fait, les provinces princières (ou grands fiefs) aient été morcelées à la suite de commotions politiques, dont nous parlerons plus tard, de manière à former de nos jours six cent quatre fiefs distincts. Les provinces (*kokfs*) se divisent en districts (*kôri* ou *kohori*), et chaque *kôri* ou district en communes.

Les sept contrées, ou *doo*, portent, dans l'énumération qui en a été donnée par Fischer, les noms suivants :

Tookaydoo, Toozandoo, Hokrikfdoo, Saniendoo, Sanjoodoo, Nankaydoo et *Saykaydoo*, auxquels il faut ajouter *Gokinaïdoo*, qui comprend les cinq provinces impériales ou du domaine de la couronne.

Les soixante et une principautés (*kokfs*) sont réparties de la manière suivante, d'après la même autorité :

Appartenant à la grande île NIPPON :

1. Dans le *Tookaydoo* (2) les provinces de :

Iga, Ise, Sima, Owari, Micawa, Totomi, Soeroega, Kay, Moezasi, Awa, Katsoesa, Simowoesa, Fitate, Istoe et *Sagami;*

2. Dans le *Toozandoo:*

Oomi, Mino, Fida, Sinano, Kootsoeke, Simiotsoeke, Moetsoe et *Dewa;*

3. Dans l'*Hokrikfdoo :*

Wakkasa, Jetsirin, Kago, Noto, Jeetsju, Jeetsjigo et *Sado;*

4. Dans le *Saniendoo :*

Tanba, Tango, Tazima, Inaba, Hooki, Istoumo, Iwami et *Ogi;*

5. Dans le *Sanjoodoo :*

Harima, Mimasoeka, Bizen, Bitjen, Bengo, Aki, Soewoo et *Nagato*.

Ile SIKOK', Ile AWADSI, île et province KII (*Kisyou* de Kæmpfer, la province la plus méridionale de Nippon) :

6. Dans le *Nankaydoo:*

Kiy, Awa (1), *Awazi, Sanoeki, Iio* et *Tosa*.

Iles KIOUSIOU et dépendances :

7. Dans le *Saykaydoo :*

Tsikfoezing, Figo, Boedsen, Boengo,

(1) Siebold dit *que ce fut sous le règne du* MIKADO SYOUNWA (824 ans après J. C.) *que l'empire japonais fut divisé en soixante-huit provinces, comme il est encore aujourd'hui*. Ce qui nous paraît ne pouvoir se concilier avec l'époque assignée (comme on le verra plus loin) à l'addition de deux nouvelles provinces aux soixante-six provinces primitives.

(2) Nous avons conservé l'orthographe de Fischer ; mais, en consultant *la grande carte* de Siebold, nous avons pu nous assurer que la manière dont ce dernier écrit les mêmes noms est différente, plus simple et probablement plus rapprochée de la prononciation japonaise, qu'il paraît, au reste, fort difficile d'imiter.

Siebold écrit *dans cette grande carte :* Tokaïdo, Tosando, Fokrokdo, Sanindo, Sanjodo, Saikaïdo; nous n'y trouvons pas *Nankaïdo*. C'est évidemment un oubli, puisque la *petite carte* de Siebold, construite d'après les meilleures cartes japonaises, porte *les sept* contrées; seulement l'orthographe des noms qui leur sont assignés diffère sensiblement de celle de la grande carte. — Nous y lisons, en effet : Too-kai-too, Too-san-too, Hok-rok-too, San-in-joo, San-too-too, Nan-kai-too, Sai-kai-too. Nous trouvons plus d'un exemple de ces anomalies dans Siebold, le plus exact et le plus érudit des voyageurs modernes qui ont étudié le Japon sur les lieux. Ainsi, nous avons déjà vu qu'il écrit de trois manières différentes le nom de la petite île, très-remarquable, qui se trouve au sud et sous le méridien de Yédo, et où sont relégués les prisonniers d'État. Nous devons donc nous attendre à de fréquents écarts du même genre chez les autres observateurs, et c'est ce que nous aurons à constater par la suite. Nous croyons d'ailleurs devoir dire ici, par avance, que plusieurs sons de la langue japonaise paraissent être absolument inimitables en caractères européens, et que l'und'eux en particulier est représenté par les voyageurs les plus instruits tantôt par la lettre *f*, tantôt par la lettre *h*; en sorte que la province de *Fizen*, par exemple, s'écrit souvent *Hizen*, sans que l'un ou l'autre de ces mots représente exactement la prononciation japonaise.

(1) Autrement *Asjou* ou *Asyou*. — La petite province qui porte également le nom d'*Awa*, dans le *Tôkaïdô*, s'appelle aussi *Fousiou*.

Fizin, Oosoemi, Sadsuma, Tsikfoengo et *Fioego*.

Gokinaï compte, comme nous l'avons dit, cinq provinces qui sont :

Yamasira, Yamato, Idsoumi, Cawate (ou *Kawatsi*) et *Setsou* (ou *Sets.*)

Cela fait en tout soixante-six provinces, auxquelles on ajoute ordinairement, *Iki* et *Tsouzima*, conquises sur la Corée dans le seizième siècle. Total général, soixante-huit provinces.

« Depuis l'invasion japonaise, de 1592 à 1598, sous le *Siogoun Fideyosi*, vulgairement nommé *Taïko*, les souverains du Japon et de la Corée ont conservé des rapports qui sont plutôt ceux d'alliés que ceux de maître à vassal. Les deux cours se font représenter réciproquement lorsqu'un prince nouveau monte sur le trône... Le gouvernement japonais, par prudence, a établi dans l'île de *Tsousima* un des princes de l'empire, et a placé entre ses mains le commerce de la Corée... *Tsousima* étant d'une haute importance politique pour le Japon, le prince qui y réside a fondé dans la Corée même, près de *Fousankaï*, port du cercle de *Kiēng-Siang*, une colonie de cinq cents Japonais. Ces colons, qui forment, pour ainsi dire, un corps d'observation, habitent une enceinte d'un quart de lieue de tour, et sont les seuls de leur nation qui se trouvent en Corée, si l'on en excepte les équipages de navires. Tous, soldats et employés, ouvriers et marchands, vivent ensemble, presque isolés des habitants ; ils ne se marient qu'entre eux, et ne peuvent pénétrer dans l'intérieur du pays sans une autorisation spéciale. Comparativement à la richesse de ces deux peuples, le commerce qui se fait entre la Corée et le prince de *Tsousima* mérite à peine ce nom ; selon les Japonais, c'est plutôt un échange de présents. Le riz, le poivre et les cornes de buffle sont les articles importés par le prince, qui reçoit en échange le fameux *gin-seng* et des peaux de tigre et de raie. Les Japonais de la factorerie de *Fousankaï* font aussi le négoce des étoffes de soie et de coton, de soie brute d'une excellente qualité, d'ouvrages laqués, et de papier ciré, qui, dit-on, est d'un long usage (1). »

La Corée a été l'objet d'un travail fort étendu par lequel Siebold nous a initiés à une connaissance plus exacte de ce singulier pays qu'aucun de ses devanciers. La Corée relève immédiatement de la Chine, et nous devions nous borner, en conséquence, à signaler la nature des rapports qu'elle entretient avec le Japon. Nous renvoyons nos lecteurs au volume indiqué dans la note. Quant aux îles du nord et aux îles *Liou-Kiou*, nous nous proposons, après avoir résumé ce qu'on sait sur le Japon proprement dit, de consacrer un chapitre particulier à ces dépendances de l'empire japonais. Nous renvoyons nos lecteurs à son ouvrage, et à l'intéressant résumé dont notre savant collaborateur, M. Pauthier, a enrichi son *Histoire et description de la Chine*, dont la Corée relève plus immédiatement que du Japon.

Les noms donnés aux grandes divisions du Japon témoignent d'une pensée de classification rationnelle qui a présidé à leur choix. — *Tôkaïdô* signifie « la contrée ou route du sud-est » (Fischer traduit « péninsule orientale »): *Toosandô*, « contrée orientale montagneuse. » *Kokrikfdô* (*Fokurokkudô* de Kæmpfer), « contrée du nord » (« terres du nord » Fischer). *Saniendô* (*Sanindô* de Kæmpfer), « contrée montagneuse du nord » ou « froide » (« partie du nord par rapport à Miako, » Fischer). *Sanyôdô*, « contrée montagneuse méridionale » ou « chaude » (« partie du sud par rapport à Miako, » Fischer). *Nankaïdô*, « contrée des côtes du sud » (« presqu'île du sud, » Fischer), et *Saïkaïdô*, « contrée des côtes de l'ouest » (« presqu'île occidentale, » Fischer). — C'est une chose digne de remarque, ce nous semble, que la division du territoire de cet empire insulaire, d'après des considérations physiques, remonte à environ douze cents ans ! — Il est plus remarquable encore que déjà à cette époque, et même, selon toute apparence, à une époque beaucoup plus reculée, cette innombra-

(1) Siebold, tome V de la traduction française.

ble multitude d'îles reconnût un seul chef suprême et fût gouvernée par les mêmes lois, les mêmes usages, les mêmes croyances. Depuis ces temps reculés, l'organisation et la centralisation (si prisée chez nous aujourd'hui) ont été en honneur au Japon, et nous verrons que les six cent quatre fiefs qui rayonnent d'*Yédo*, centre gouvernemental de l'empire, sont obligés de reporter sans cesse à ce foyer de puissance, de richesse et d'honneur, l'éclat et les ressources qu'ils tiennent de lui.

Revenons aux caractères généraux que présente l'archipel du Japon, et esquissons rapidement les grands traits dont la nature l'a marqué.

L'archipel du Japon proprement dit, en y comprenant l'île *Yézo*, est situé entre le 30ᵉ et le 45ᵉ degré de latitude nord. Il s'étend au nord-est et à l'est-nord-est, de manière à ce que son grand axe, commençant au cap *Siritoko* (côte est d'Yézo), aboutit au détroit de Van-Diémen, entre *Kiousiou* et *Tanegasima*, coupant ainsi le méridien de *Miako* (capitale du Japon), suivant une ligne à peu près nord-est et sud-ouest, qui passe à peu de distance de cette capitale. La longueur de ce grand axe est d'environ 1,140 milles nautiques (ou 380 lieues de 20 au degré). Le plus grand des petits axes passe à peu près par le centre de *Nippon*, suivant une ligne nord-ouest et sud-est non loin d'*Yédo* (la seconde capitale et le chef-lieu politique de l'empire). Sa longueur est à peine de 240 milles ou 80 lieues.

La forme générale de l'archipel est très-remarquable : elle suit une courbe pseudo-elliptique dont la concavité est tournée vers le continent d'Asie, et au centre même de cette concavité correspond, sur ce continent, le centre d'une concavité à peu près semblable. Ces deux immenses courbes forment la *mer du Japon*, mer méditerranée, dont les principales issues sont le canal de *Kóraï* ou Corée, avec les détroits de *Krusenstern* et de *Brougthon*, et le canal de *Tartarie* avec les détroits de *la Pérouse* et de *Mamia*.

« On peut à divers égards, dit Kæmpfer, comparer le Japon aux royaumes de la Grande-Bretagne et de l'Irlande, étant rompu et coupé de la même manière, mais dans un plus grand degré, par des caps, des promontoires, des bras de mer, des anses et de grandes baies qui avancent beaucoup dans les terres et forment plusieurs îles, péninsules, golfes et havres... La plus grande de ces îles s'appelle *Nippon*, du nom de tout l'empire. Elle s'étend en longueur de l'est à l'ouest, en forme de mâchoire, dont la partie recourbée est tournée au nord. Un canal étroit, ou détroit plein de rochers et d'îles, dont les unes sont habitées et les autres désertes, la sépare d'une autre île, qui est la seconde en grandeur et qui, par rapport à sa situation, étant au sud-ouest de *Nippon*, est appelée *Saï-kokf*, c'est-à-dire « le pays de l'ouest » ; elle est aussi appelée *Kiusiu* (*Kiousiou*), ou *le pays des neuf*, étant divisée en neuf grandes provinces ; elle a 148 milles d'Allemagne de circuit, et les Japonais lui donnent 140 de leurs milles de longueur et 40 à 50 de largeur. La troisième île est située entre la première et la seconde ; elle est presque carrée, et comme elle est divisée en quatre provinces, les Japonais l'appellent *Sikokf* (1), c'est-à-dire, *le pays des quatre* (provinces). Ces trois grandes îles sont entourées d'un nombre presque inconcevable d'autres îles, dont quelques-unes sont petites, pleines de rochers et stériles ; et les autres assez grandes, riches et fertiles, gouvernées par de petits princes. »

L'ancien nom, ou plutôt un des anciens noms du Japon, paraît avoir été *Akitsousima* (2). Le mot *Nippon* ou *Niffon* n'est pas pur japonais ; il est composé des mots *Nitsi* ou *Nitsu* (*Nitsou*?) « soleil, » et *Hon* ou *Fon* « origine, » prononcés dans le vieux dialecte hiératique, *Zits'* et *Pan*, d'où, en langue mandarine, *Shi-pen*, et (dans le nord de la Chine)

---

(1) Siebold écrit tantôt *Sikok'*, tantôt *Sikok*, sans accent (aspiratif?).
Fischer écrit *Sikokf*, comme Kæmpfer ; Thunberg aussi.

(2) *Ile de la Demoiselle* (libellule), à cause de sa forme : nom que le premier *Mikado*, *Zin-Mou*, lui donna (630 ans avant notre ère, suivant les Japonais) lorsqu'il atteignit le sommet d'une montagne d'où le regard pouvait embrasser tout l'empire.

Zippen; d'où enfin *Zi-pan-gou* (*gou*, *koué*, signifiant en chinois « pays, royaume ») mot à mot : « le royaume du soleil levant. » C'est la désignation adoptée en Europe, du temps de Colomb, d'après Marco Polo. — L'empire japonais est désigné, en japonais pur et dans le langage poétique, par le mot *Hinomoto*, qui a la même signification. On l'appelle aussi *Yamato*, « pays des montagnes » (cette expression est encore en usage). Nous ferons observer, en outre, que le mot *Nippon* s'applique plus particulièrement à la grande île dans son entier, et *Yamato* à la partie de cette île où est située l'ancienne capitale du *Mikado* (souverain légitime du Japon). Mais l'ensemble des établissements japonais est désigné par les indigènes sous le nom de *Daï Nippon* « *le grand Nippon.* »

CONSTITUTION GÉOLOGIQUE.

La désignation de « pays de montagnes » convient essentiellement au Japon, non-seulement parce que les îles japonaises sont en effet hérissées de montagnes, mais surtout parce que ces montagnes se font remarquer, pour la plupart, soit comme étant d'origine volcanique, soit comme des volcans encore en activité. Nippon est traversé, dans toute sa longueur, par une forte chaîne d'une élévation moyenne assez uniforme et couronnée par plusieurs pics dont le sommet est couvert de neiges perpétuelles. C'est la ligne de partage des eaux qui, d'un côté (à l'est et au sud), se jettent dans l'océan Pacifique, de l'autre (au nord) dans la mer du Japon.

Suivant les annales japonaises, le mont *Fousi*, la plus haute des montagnes de Nippon et de tout le Japon, s'éleva du sein de la terre en l'année 285 avant J. C., et, en même temps, une énorme dépression du sol donna naissance, *en une seule nuit*, au grand lac *Mitsou* ou *Oïts*, dans le voisinage de *Miyako* (1). Le mont Fousi ou le *Fousi-yama* est une immense pyramide tronquée, située dans le département (ou la province) de *Sourouga*. Elle a été longtemps le volcan le plus actif et le plus redoutable du Japon (1). Une de ses éruptions, en 799, dura trente-quatre jours. Elle fut terrible. Les cendres couvrirent toute la base de la montagne, et les cours d'eau d'alentour prirent une teinte rougeâtre. Il y eut une autre éruption en 800 et deux autres en 863 et 864, qui furent précédées de tremblements de terre. Celle de 864 fut la plus violente. La montagne était comme environnée de flammes qui s'élevaient à une grande hauteur, et les éclats du tonnerre ajoutaient à l'horreur de cette convulsion terrestre. On éprouva trois tremblements de terre distincts, et la montagne, en feu pendant dix jours, s'entr'ouvrit enfin à sa base avec une explosion épouvantable. La dévastation causée par cette catastrophe s'étendit sur un espace de trente lieues, et des torrents de lave sur un rayon de trois à quatre lieues, surtout dans la direction de la province *Kaï* (*Kiy* de Fischer). Enfin, en 1707, dans la nuit du 23 au 24 de la onzième lune, deux violentes secousses se firent sentir : le mont Fousi s'ouvrit de nouveau et vomit des flammes et des cendres qui furent lancées jusqu'à la distance de dix lieues. Le jour suivant, l'éruption cessa ; mais elle se ranima avec plus de violence encore le 25 et le 26. D'énormes masses de rochers, des sables

---

(1) Nous le trouvons désigné sur la grande carte de Siebold sous le nom de *Biwako*. — Klaproth l'appelle *Biva-no oumi* ou *Mer de la Guitare*, parce qu'il a la forme de cet instrument, et *Mitsou-no oumi* (Eau de mer). Il a, dit-il, vingt-quatre *ri* japonais (de dix-huit et demi au degré) du sud au nord, et sept de l'est à l'ouest ; dans les endroits les plus étroits, sa largeur n'est que d'un *ri*. Dans sa partie septentrionale on voit à présent l'île *Tsikou-boa*, qui surgit du fond des eaux dans l'été de l'année 82 après J. C.

(1) Klaproth la représente comme étant encore le volcan *le plus considérable et le plus actif du Nipon*, et comme étant couverte de neiges perpétuelles. — Il paraît certain, au contraire, que depuis plus d'un siècle le Fousi est tranquille, et que, pendant un ou deux mois de l'année, il arrive souvent que la neige a disparu du sommet de ce mont gigantesque. Il est singulier que M. d'Archiac, dans son excellente *Histoire des progrès de la géologie*, etc., 1847, parle aussi du Fousi-yama comme du plus grand volcan du Japon et du plus actif, et le représente également comme couvert de neiges éternelles.

rougis par le feu et d'immenses quantités de cendres couvrirent entièrement le plateau voisin. Les cendres furent portées à de grandes distances, et couvrirent le sol d'Yédo d'une couche de plusieurs pouces d'épaisseur.

Le *Sira-yama* (la *montagne Blanche*), couronné de neiges perpétuelles et situé dans la province de *Kaga*, à un degré et demi environ au nord de Miyako, est également volcanique. Ses principales éruptions ont eu lieu en 1239 et 1554.

On compte en ce moment cinq volcans brûlants dans l'île de Kiousiou : le *Mi-take* dans la province de *Satsouma*, le *Kirisima-yama* dans celle de *Hiouga*, l'*Aso-yama* dans le *Higo*, le *Wunzen* dans le *Fizen*, et le *Tsouroumi-yama* dans le *Boungo*. De ces volcans le plus redoutable est le Wunzen ou *Wunzendake*, situé dans la presqu'île de *Simabara*, célèbre par l'éruption de 1792 (que nous décrirons tout à l'heure), et dont la hauteur est de 1,253 mètres au-dessus du niveau de la mer.

« Ce volcan, dit Siebold, dont la force projectile est loin d'être épuisée, occupe à peu près le centre de la presqu'île appelée *Simabara* (champs insulaires), qui forme le district de *Takaku* (1), partie orientale de la province de Fizen. Un isthme très-bas, d'un ri de largeur au plus, entre *Sonogi* (2) et *Aitsu*, attache au district Sonogi (2) de la province de Fizen cette presqu'île de peu d'élévation, dont la lat. est de 32° 33′ à 32° 51′, la long. de 127° 52′ à 128° 10′, et qui a deux milles d'Allemagne et un quart de long, sur un mille et un quart de large. Suivant les Japonais, sa longueur est de treize *ri*; et sa largeur de huit mais ils la mesurent sur la route qui passe, avec de nombreux détours, par les montagnes et par les vallées, et qui touche aux deux extrémités opposées. A partir de l'isthme, le terrain monte en pente douce, dominé par plusieurs hauteurs, au milieu desquelles s'élève le Wunzendake, en forme de pyramide tronquée. De la colline voisine du village pêcheur *Fimi*, à l'est du Tôge (3), on distinguait

(1) *Takakou?*
(2) *Sonogui?*
(3) Montagne voisine de *Nagasaki*.

très-bien, au sud, 18° est, trois de ces sommets sur la gauche et quatre sur la droite, qui tous, à l'exception du plus méridional, dont la forme est aplatie, portaient le caractère d'une origine volcanique. Depuis sa terrible éruption en 1792, le Wunzendake est devenu la terreur des habitants de ces contrées. Son aspect âpre et menaçant, son vaste cratère écroulé, d'où sort sans cesse une épaisse fumée qui se dilate en nuages vaporeux, dénotent clairement que cet immense réservoir a dû causer jadis d'affreux ravages et peut en exercer encore tous les jours. Cette dernière appréhension paraît plus fondée, lorsqu'en approchant du rivage anguleux qui entoure son foyer de lave, on voit des montagnes écroulées sorties du fond de la mer et de nouveaux cratères qui se sont formés là où la terre n'était pas assez épaisse pour comprimer l'éruption du fluide volcanique bouillonnant dans son sein; ou quand on aperçoit les sources nombreuses qui répandent de différents côtés, sur les flancs du Wunzendake, leurs eaux toujours en pleine ébullition. Les tremblements de terre continuels, qui souvent deviennent très-violents et qu'accompagne l'éruption d'anciens et de nouveaux cratères, rendent encore plus imminent le danger d'une nouvelle catastrophe.

« L'histoire ne fait mention d'aucune éruption de ce volcan avant la fin du siècle dernier; mais il est hors de doute qu'il y en a eu déjà mille ans avant cette époque; car sous le règne du Mikado *Monmou*, en 701, on avait élevé sur le rivage une chapelle à l'Esprit de la montagne, et les habitants des environs lui offraient les prémices de leurs moissons. Dans le sens de l'ancien culte des *Kami's*, de tels honneurs ne pouvaient avoir d'autre but que d'apaiser le courroux de cette divinité, ce qui indique l'existence d'éruptions destructives. Mais il serait superflu d'en chercher la preuve dans les traditions d'un passé lointain, ou même dans les tables de l'histoire moderne, puisque nous la trouvons dans la conformation tout entière de la presqu'île et de la plus grande partie de Kiusiu, couverte de monts ignivomes, dont quelques-uns sont éteints, et dont d'autres lancent encore, tous les ans, des matières enflammées par d'anciennes et de nouvelles ouvertures. Le Wunzendake n'est qu'une des branches de l'immense fleuve de feu souterrain qui, des îles Moluques et Philippines (1), passe par Linkin et l'archipel japonais, s'étend le long des Kouriles jusqu'en Kamtchatka, et expire dans les glaces éternelles du nord. Voici ce qu'on sait de la première éruption historique du Wunzendake :

« Le 18 du premier mois de la quatrième année de Kwansei (1792), à cinq heures de l'après-midi, on vit le sommet du volcan s'écrouler subitement, et une épaisse fumée s'élever dans les airs. Le 6 du mois suivant eut lieu une éruption de la montagne Biwonokubi, située sur le versant oriental, à un ri environ au-dessous du sommet. Elle fut suivie, le 2 du troisième mois, d'un fort tremblement de terre, qui se fit sentir dans toute l'île de Kiusiu, et qui ébranla le sol de Simabara avec tant de violence, que tout le monde fut renversé. La terreur et la consternation devinrent générales; les secousses se succédaient avec une effrayante rapidité. Le volcan jetait sans interruption une grêle de pierres et des flots de cendre et de lave qui dévastaient le pays à plusieurs lieues à la ronde. Enfin, le premier jour du quatrième mois, vers midi, survint une nouvelle commotion qui, de moment en moment, se répéta avec plus d'intensité. Déjà la ville de Simabara ne présentait plus qu'un vaste amas de ruines; d'énormes quartiers de rocs, roulant du haut de la montagne, écrasaient tout ce qu'ils rencontraient sur leur passage, et l'on entendait le tonnerre gronder sous ses pieds et au-dessus de sa tête, lorsque tout à coup, dans un moment de calme où l'on croyait le danger passé, le Myôken-Jama, bras septentrional du Wunzendake, éclata avec une épouvantable détonation. Une grande partie de cette montagne sauta en l'air; des masses colossales de rochers retombèrent dans la mer; un fleuve d'eau bouillante sortit en écumant des fentes de ce nouveau volcan, et se précipita, vers la mer, qui en même temps inondait le rivage. Alors se présenta un phénomène sans exemple, qui ajouta encore à l'effroi des malheureux témoins de ce bouleversement de la nature. Du choc des deux eaux naquirent des trombes qui, tourbillonnant dans la plaine, ravagèrent tout ce qui se trouvait à leur portée. — La désolation dans laquelle le tremblement de terre, l'éruption du Wunzendake et celles des cratères circonvoisins laissèrent la presqu'île de Simabara et la côte de Figo, passe réellement toute croyance. Pas un bâtiment dans la ville et dans ses environs ne fut épargné, hors la citadelle, dont les murs, formés d'après le système cyclopéen de blocs de pierres gigantesques, échappèrent à la destruction générale. Le déchaînement des feux souterrains avait changé la côte de Figo au point de la rendre entièrement méconnaissable. Cinquante-trois mille personnes périrent, dit-on, dans cette fatale journée. Quand on se reporte à de semblables catastrophes, on conçoit que les Japonais mettent les éruptions volcaniques et les commotions du sol au premier rang parmi les fléaux de leur patrie.

« A Dezima, l'on remarque aussi presque tous les ans des tremblements de terre. Le 10 octobre 1825 nous fûmes tirés de notre sommeil par une de ces secousses, qui fut suivie de plusieurs autres le 23 et le 24 du même mois. Mais les plus fortes furent celles qui se firent sentir dans la soirée du 26 mai 1828. La première, qui dura au moins une minute, fut si violente, qu'on s'attendait à voir crouler les maisons; en effet, la muraille qui entourait Dezima, et qui à la vérité était assez faible, se fendit en plusieurs endroits. Les oiseaux, effrayés, tournoyaient dans l'obscurité en battant des ailes, et les cris lugubres des corbeaux et des moineaux interrompaient seuls le morne silence de la nature. Dans tous les tremblements de

(1) Il nous paraît qu'il existe, en outre, une liaison intime entre les réservoirs volcaniques énumérés par Siebold et ceux qui alimentent les centres d'éruptions actives, très-nombreux encore, de Java et des îles voisines par lesquelles Java se rattache aux Moluques. Nous n'avons pas compté moins de vingt montagnes ignivomes à Java, en 1844. C'est à la fois un grand spectacle et un beau sujet d'études que cette ligne onduleuse mais continue de feux souterrains qui entoure l'Asie orientale.

terre qui eurent lieu pendant notre séjour au Japon, nous avons remarqué un grand calme, un air très-sec et un ciel serein. Le canal bourbeux qui sépare Dezima de la ville exhalait, ainsi que le rivage, plus de miasmes qu'à l'ordinaire, ce qu'il faut attribuer, non au développement de gaz souterrains, mais aux vapeurs marécageuses dégagées par le choc qui ébranlait le fond. Pendant toute la nuit, la terre fut encore légèrement remuée. Il paraît que ce tremblement se fit sentir plus fortement dans l'île d'Amaksa, située à huit milles d'Allemagne au sud-ouest de la nôtre, et nous apprîmes que près de là on vit en mer un phénomène qui ressemblait à un volcan jetant des flammes. En même temps une mine de charbon s'éboula dans l'île de Takarasima, à quarante milles d'Allemagne, au sud-ouest de Nagasaki; et à quatre milles de nous, sur le cap Homo, une idole en pierre roula du haut d'une colline dans la plaine. Le Wunzendake donna aussi des signes d'agitation; pendant l'été, de légers tremblements de terre se renouvelant, il vomit plusieurs fois des flammes; l'Aso, volcan de la province de Figo (32° 48′ latit. septent., 129° 10′ longit. orient.), et le Mitake, sur la petite île de Sakurasima, qui fait partie de la province de Satsuma (31° 36′ latit., 129° 20′ longit.), eurent également des éruptions assez fortes. Les habitants de l'île de Nippon, et même ceux de Yédo et de ses environs, dans le voisinage du fameux Fusi-Jama et de l'Asama-Jama, volcan brûlant, entre les 35° et le 37° latit. nord, et sous le 136° 10′ longit. est, ressentirent de brusques secousses. Nous pouvons ainsi retracer sur un plan de plus de huit degrés de latitude et de sept degrés de longitude une action volcanique qui, si nous connaissions tous les faits relatifs au fleuve de feu dont nous avons parlé, s'étendrait bien plus loin encore. Au Kamtchatka, par exemple, eut lieu, en 1828, une éruption de l'Awatcha. Suivant les observations que nous communiquèrent au Japon des personnes dignes de foi, les volcans commencent ordinairement à jeter leurs flammes sur le moment du flux, et aux éruptions, comme aux tremblements de terre, succèdent toujours des inondations causées par une marée extraordinairement haute. On prétend encore avoir entendu, pendant ces scènes imposantes, un bruit souterrain semblable aux mugissements de la tempête. On n'aperçoit aucune vapeur de soufre ou de salpêtre lors des tremblements de terre ordinaires. Du reste, c'est chose jugée au Japon que sur mer on en ressent le contre-coup. Les météorologues du pays prédisent avec confiance les variations atmosphériques d'après l'heure où commencent les bouleversements du sol. Si c'est à midi ou minuit, ils apportent des épidémies; à deux ou à six heures du matin, ils sont les avant-coureurs d'une tempête, et lorsqu'ils arrivent le matin ou le soir, ils annoncent le beau temps. Le crédule paysan écoute ces prophéties avec une foi sans réserve, et attribue les commotions souterraines à une monstrueuse baleine qui bat les côtes de sa queue. Les Japonais instruits en physique y voient, selon le système chinois, une lutte entre les éléments éthérés et les éléments terrestres; et même, dans les derniers temps, nos idées ont été admises par plusieurs d'entre eux. »

Plusieurs de ces montagnes renferment des sources d'eaux minérales remarquables soit par leur très-haute température, soit par leurs propriétés médicinales. Deux de ces sources, l'une sur le versant septentrional, l'autre sur le versant méridional du Wunzendake, et qu'on appelle, l'une « *Oho-tsigok* » (le grand enfer), l'autre « *Ko-tsigok* » (le petit enfer), ont une grande et triste renommée historique, comme ayant servi les fureurs des persécuteurs des chrétiens. Klaproth, dans l'énumération qu'il a donnée des montagnes du Japon (*Journal Asiatique*, 1831), remarque que selon les Japonais six de leurs volcans et quatre des montagnes qui renferment des sources chaudes sont les *dix enfers* du pays. — Dans la province de *Sinano*, le grand lac *Biwako* est entouré de sources thermales; sur d'autres points, il y a des puits de naphte et des dégagements de gaz hydrogène.

Les roches qui composent la charpente des montagnes et les blocs erratiques qu'on rencontre à la surface du

JAPON.

Un Japonais et son épouse.

sol sont de nature diverse. Le trachyte, le basalte, paraissent y dominer. Les montagnes s'élèvent souvent isolées ou par groupes serrés. Les vallées principales avec leurs plans latéraux se terminent en général en espaces larges et cultivés, et produisent l'effet d'un amphithéâtre qui s'abaisse insensiblement en suivant le corps de la montagne et se transforme enfin en plaine. Souvent la main de l'homme a nivelé les pentes à des centaines de mètres de hauteur et dompté les torrents en y pratiquant les saignées artificielles. Néanmoins, le sol pierreux des montagnes résiste encore en bien des endroits à la puissance du temps comme à l'industrie humaine; et au milieu de ces créations agricoles, des masses de rochers primitifs d'une imposante grandeur, assises en couches interrompues, mais cimentées par des filons de basalte; des agglomérations trachytiques et d'énormes blocs de basalte précipités dans les profondeurs par les courants d'eau, restent pour attester le triomphe de la nature dans cette longue lutte contre les efforts d'une suite de générations (1).

On rencontre dans diverses localités de l'argile plastique et de la marne : ailleurs, de minces couches d'argile et de houille entremêlées d'argile en feuilles; ailleurs encore, ce sont de grandes quantités de feldspath et des montagnes entières de *terre à porcelaine*, appartenant, selon le docteur Burgher, à l'espèce très-recherchée qui se voit entre les rochers granitiques de l'île d'Amaksa. Au pied du *Hômandake*, le gneiss et le gypse se mêlent dans la composition des assises de la montagne, et d'énormes blocs de granit, d'un beau grain assez gros, sont suspendus sur les gorges sablonneuses.

Nous regrettons de ne pouvoir entrer dans de plus grands détails sur la constitution géologique du Japon; nous regrettons surtout que notre rapide esquisse n'offre ni l'intérêt ni l'exactitude que nous nous serions efforcé de lui

(1) *Voyez* Siebold, traduction française, tome Ier. Des phénomènes analogues ont souvent attiré nos regards dans l'archipel des Philippines et dans la grande île de Java et les îles voisines.

donner si nos matériaux eussent pu être puisés dans les observations générales recueillies par le savant Siebold. Nous nous sommes aidé, autant que possible, des observations de détail qu'il a publiées. Ce que nous avons dit suffira sans doute au modeste but que nous avons dû nous proposer dans cette description fort abrégée de l'archipel japonais.

Des lacs et des rivières du Japon, nous n'avons que fort peu de chose à dire. Aucun observateur européen n'a encore visité, que nous sachions, le grand lac *Oïts*, ou *Mitsou*, ou *Biwako*. — Sa longueur ne paraît pas excéder une vingtaine de lieues, et sa plus grande largeur est d'environ sept lieues. Les autres lacs ne sont connus que très-vaguement par les récits des Japonais et les positions qui leur sont assignées sur leurs cartes. Les rivières sont nombreuses, mais la plupart torrentielles et d'un cours peu étendu. — L'*Yodo-Gawa*, le *Tenveo-Gawa*, l'*Ara-Gawa*, sont cependant assez considérables. Plusieurs changent de nom dans les parties moyennes et inférieures de leur cours. Nous aurons occasion, par la suite, d'en décrire quelques-unes, qui sont remarquables à divers égards.

CLIMAT.

Les auteurs diffèrent beaucoup dans l'idée qu'ils ont conçue du climat du Japon. Quelques-uns semblent même se contredire dans les caractères principaux qu'ils attribuent à ce climat dans divers passages de leurs écrits. Kæmpfer, le judicieux et exact Kæmpfer, est de ce nombre. Il faut attribuer ces contradictions apparentes à ce que les anciens observateurs n'avaient pas les connaissances nécessaires pour subordonner les diverses observations locales à des considérations générales tirées de la géographie physique. Le Japon présente par le fait une assez grande variété de climats par suite de la configuration et de l'*exposition* de ses divisions principales. Ce vaste archipel est, par rapport au grand continent asiatique, ce qu'un satellite est à une planète, subissant les influences de cette masse et ayant cependant son caractère propre, son existence physique à part, sa *constitution* particulière en un mot. Siebold a fort bien apprécié l'influence à laquelle nous venons de faire allusion, et en a exposé les causes et les effets, comme nous le verrons bientôt, avec beaucoup de netteté. Ce qu'il y a de certain, c'est que les Japonais eux-mêmes se vantent de vivre sous un climat heureux et agréable, malgré l'inconstance du temps et les fréquents changements de température. Il pleut souvent pendant toute l'année, mais d'une manière extraordinaire aux mois de juin et de juillet, qu'on appelle pour cette raison *Satsuki* (1), ou « les mois de l'eau. » Il s'en faut bien cependant que la saison des pluies ait au Japon la même régularité que dans les contrées les plus chaudes des tropiques. Le tonnerre et les éclairs y sont très-fréquents.

Passons à l'examen des grandes causes qui modifient d'une manière exceptionnelle le climat du Japon.

« La partie orientale de l'Europe et l'immense continent asiatique sont beaucoup plus froids, sous la même latitude, que l'Europe occidentale, abstraction faite même de leur plus ou moins d'élévation au-dessus du niveau de la mer. Le climat des îles étant plus doux que celui de la terre ferme, on a peine à comprendre que la chaleur soit moins forte au Japon que dans les pays du continent d'Europe et d'Asie qui sont situés à la même hauteur polaire. Mais la cause de cette apparente contradiction se trouve précisément dans la froideur de l'Asie, qui, entourant à l'ouest et au nord les îles japonaises et Kouriles, exerce sur leur température une influence décisive. C'est de la proximité de ce continent et des vents qui soufflent de ce côté pendant une partie de l'année, que proviennent les froids très-vifs qui règnent au Japon, surtout dans la partie nord et nord-ouest. Là, à 32° latit. sept., le thermomètre descend, sur le rivage, à 30° et 29° Fahr.; il gèle à plusieurs lignes d'épaisseur, et il tombe une neige qui reste sur la terre pendant quelques jours. A 36° les lacs, comme celui de *Suwa* dans le *Sinano* sont couverts d'une couche de glace, qui entre le 38° et le 40° devient assez épaisse pour qu'on puisse traverser les fleuves à pied.

(1) *Satsouki?*

Dans l'île de *Tsousima* (34° 12' latit. sept., 126° 55' long. or.) le riz ne croît plus; près de *Matsmaë*, dans celle de *Jézo*, le froment ne donne qu'une chétive récolte, et sur le cap *Sâga* (45° 21' latit. nord, 140° 29' long. est), les sauvages *Aïnos*, race rigoureuse, sont forcés de se retirer dans les cavernes, pour se préserver de l'intolérable rigueur de l'hiver. D'un autre côté, les rivages du sud-est et de l'est, protégés contre les vents glacés de l'Asie par de hautes chaînes de montagnes qui coupent dans une direction parallèle au continent les trois grandes îles de *Kiousiou*, de *Sikok* et de *Nippon*, ont un climat plus fertilisant et plus doux. Dans ces parties du pays, on trouve déjà, entre le 31° et le 34° latit. sept., le palmier, le bananier, les scitaminées, le myrte, le mélastome, la bignone et d'autres arbres et plantes des zones torrides. En quelques endroits on cultive avec avantage la canne à sucre et on fait tous les ans deux récoltes de riz. Les environs de *Sendaï*, ville située dans le 38° 16' latit. nord et le 138° 36' long. est, produisent ce végétal avec une telle abondance, que, malgré leur position septentrionale, ils sont en effet, comme on les nomme, les greniers de *Jédo*, la plus populeuse cité de l'univers. Mais c'est surtout dans la saison rigoureuse, qui dure du commencement de janvier à la fin de février, que se fait remarquer cette différence de température entre la côte occidentale et la côte orientale du Japon. A *Dezima*, par exemple, qui se trouve sous le 32° 45' latit. nord et le 127° 31' long. est, le thermomètre marque alors 45° Fahr., tandis qu'à *Jédo*, ville située à 35° 41' latit., 137° 22' long., il monte à 56°; de sorte que la position de cette capitale, plus orientale de 9° 51' que celle de la factorerie, rend sa température plus élevée de 11°, quoiqu'elle soit plus rapprochée du pôle de presque 3°. Aussi, pendant les deux mois d'hiver dans lesquels ces observations ont été faites, les côtes qui font face au continent asiatique furent-elles exposées, trente-sept jours de suite, aux vents glacés de l'ouest, du nord-ouest et du nord. Cette circonstance explique en outre pourquoi la montagne Blanche (*Siro-Jama*), qui se trouve sur la côte occidentale de *Nippon*, dans le 36°

Montagne Fousi (Fousi-Kaoni)

latit., est déjà couverte d'une neige éternelle à 2,500 mètres au-dessus du niveau de la mer, et pourquoi le *Fusi-Jama*, à l'extrémité orientale de l'île, avec son sommet haut de 3,793 mètres, reste sans neige durant des mois entiers (1).

« Pendant les chaleurs, en juillet et en août, où soufflent les vents du sud et du sud-est, cette disproportion dans la température disparaît devant la latitude des lieux, et la hauteur moyenne du thermomètre pour cette saison est de 79° à *Dezima*, et de 76° à *Jédo*. Sur les côtes sud et sud-est, rafraîchies alors par les vents, il ne monte guère plus haut que 85°; néanmoins, dans la partie sud et sud-ouest de *Kiousiou*, et principalement dans les baies abritées contre la brise, il marque souvent 90 à 98 et quelquefois même 100 degrés (2). »

Ces considérations font comprendre comment le Japon réunit, sur une superficie comparativement restreinte, les avantages et quelques-uns des inconvénients des climats tropicaux et de la zone tempérée. Un coup d'œil général jeté sur ses productions va nous montrer que, grâce à l'influence de ce climat mixte, le Japon a pû trouver et trouve en effet en lui-même des ressources qui lui permettent de s'isoler des autres pays par sa politique comme il en est séparé par la mer orageuse, les côtes escarpées et les écueils qui semblent en défendre l'approche aux navigateurs européens.

PRINCIPALES PRODUCTIONS.

Kæmpfer, dans sa description statistique du Japon, a soin d'indiquer les productions particulières aux différentes provinces ou même aux différents districts, et il consacre des chapitres séparés à l'examen des grandes ressources de l'archipel japonais en minéraux, végétaux et animaux. Il résume cet examen dans une autre partie de son livre de la manière suivante :

« Le Japon est un pays rude et pierreux, entrecoupé par des chaînes de monta-

(1) Fischer et d'autres disent seulement que la neige du sommet du *Fousi* disparaît en grande partie, pendant les mois les plus chauds de l'année.

(2) Le chevalier Blomhoff a vu le therm. à 109° Fahr. à *Nagasaki*.

gnes hautes et escarpées, et il serait entièrement stérile en bien des endroits s'il n'était cultivé avec un soin et une industrie extraordinaires. Mais dans cet article même la nature a été extrêmement favorable à ce pays : ce défaut apparent du terroir, ce besoin de culture, est ce qui tient les habitants en haleine et leur donne cet esprit louable d'industrie et de travail. D'ailleurs la fertilité du climat est telle qu'on y voit à peine une colline, quelque escarpée qu'elle soit, une montagne, quelque haute qu'elle puisse être, qui étant bien cultivée, comme elles sont pour la plupart, ne donne à l'industrieux laboureur une digne récompense de ses peines et de son adresse. Les endroits stériles, même ceux qu'on ne saurait absolument cultiver, ne sont pas pour cela entièrement inutiles. Une nation nombreuse comme celle des Japonais, si fort ennemie de l'oisiveté, confinée avec cela dans les limites étroites de son propre pays, a dû apprendre à se servir de plusieurs productions de la nature, que la terre ou la mer fournissent, non-seulement pour le soutien de la vie, mais encore pour la rendre douce et agréable. Il est difficile de s'imaginer quoi que ce soit qu'ils ne servent à leurs tables avec différents apprêts ; plusieurs choses rejetées par plusieurs autres nations composent une partie de leurs desserts et de leurs plats les plus friands. Les bois, les marais, les terres incultes du pays, leur fournissent des plantes et des racines qui servent à l'abondance et à l'ornement de leurs tables. La mer leur fournit une grande quantité de poissons et de végétaux, de cancres, coquillages, et de holothuria, comme les naturalistes l'appellent, ou petits animaux de mer, des herbes marines, et autres choses semblables. Les qualités venimeuses de certains poissons n'empêchent pas même qu'on ne s'en serve : la nature n'a pas donné pour rien à cette nation un corps vigoureux pour le travail, et un esprit capable des inventions les plus ingénieuses. Un terroir fertile de lui-même comme celui du Japon, d'une culture si difficile, était nécessaire en quelque manière pour donner occasion à ses habitants d'exercer leur industrie : sans cela, au lieu d'être laborieux comme ils le sont, ils seraient tombés dans l'oisiveté et devenus paresseux. C'est ainsi que les noirs habitants de la zone torride, se confiant à la beauté du terroir qui leur fournit de lui-même les besoins de la vie, sont pour cette raison abandonnés à la paresse et à la fainéantise, et mènent une vie semblable à celle des animaux. On pourrait faire une autre objection, qu'un pays doit être nécessairement malheureux lorsque les habitants y sont retenus comme en prison, renfermés dans les limites de leur patrie, quand on leur retranche le commerce et la communication de leurs voisins; un pays d'ailleurs si divisé et si entrecoupé par divers bras de mer qui y forment un si grand nombre d'îles. Je réponds que c'est en cela même que la beauté de la nature paraît encore d'une manière singulière : ces diverses îles sont, à l'égard de tout l'empire, ce que sont différents pays à l'égard du globe de la terre. Elles diffèrent en terroir et en situation; par conséquent elles produisent différentes choses nécessaires à la vie; et certainement il y a peu de choses que l'on ne puisse désirer qui ne soient la production de quelques provinces, ou de quelqu'une des îles; productions même assez abondantes pour en fournir tout l'empire. On trouve de l'or dans *Osui*, *Sado*, *Syriga* et *Satzuma*; de l'argent dans *Kettamai* et *Bungo*; du cuivre dans *Syriga*, *Atsingano* et *Kignokuni*; du plomb dans *Bungo*; du fer dans *Bitsja*. *Tsikusur* leur fournit du charbon de terre, et *Ono* du charbon de bois. La montagne brûlante d'*Iwogasima* jette quantité de soufre dont on creuse les mines aussi en beaucoup d'autres endroits. Il y a dans *Fizen* une certaine argile blanchâtre, dont ils font toutes sortes de poterie ou porcelaine. Il vient une grande quantité de bois de *Tossa*, *Offawa* et *Aki*. *Nogatta* produit des bœufs, *Osju* et *Satzuma* des chevaux. *Ganga* abonde en riz, *Tsikusen* en châtaignes, *Wakasa* en figues et autres fruits. Les côtes de la province *Oki* sont remarquables par la quantité de coquillages qu'elles fournissent, celles de *Nisy-Jamma* par des herbes marines et autres plantes qui croissent dans la mer. Les côtes, en général, donnent au pays une grande quantité de poisson, pour ne rien dire de toutes sortes de graines, de pois et de légumes qui croissent en abondance dans certaines provinces; et un grand nombre de choses qui servent pour leurs manufactures et leurs habits. On trouve des perles dans le golfe d'*Omura*, de l'ambre gris sur les côtes des îles *Riuku* (1) et des provinces de *Satzuma* et *Kijnokuni* des cristaux et des pierres précieuses dans *Tsugarn*. Ils n'ont pas besoin de faire venir leurs remèdes des pays étrangers : tant de collines et de vallées, tant de fonds hauts et bas, produisent, dans l'étendue de leur pays, toutes les plantes et les arbres qui peuvent venir en différents climats. »

Kæmpfer, dans le passage que nous venons de lui emprunter (et que son traducteur a eu le talent de rendre d'un style aussi *rude et pierreux* que le pays qu'il décrit!), a donné un résumé des ressources naturelles du Japon que les récits plus modernes confirment et au delà. Les plus grandes richesses appartiennent au règne minéral. L'or y abonde; mais les moyens d'exploitation des mines ou des sables aurifères sont, ou imparfaits, ou limités dans leur application par la prudente volonté du gouvernement. L'argent est rare et se trouve surtout dans le nord; l'étain est de la meilleure qualité; le *cuivre du Japon* passe pour le meilleur qui soit au monde; le fer est abondant et on en prépare d'admirable acier; le soufre s'y rencontre en quantités remarquables, etc. La pêche des perles est une source considérable de revenus. Le diamant, la topaze et d'autres pierres fines ne sont pas rares. Plusieurs localités sont riches en charbon de terre, en chaux, en terre à porcelaine, etc., etc.

Quant au règne végétal, il semble offrir au Japon une immense variété de productions utiles ou agréables. Le tableau que trace Siebold du développement de la végétation dans les plus belles provinces de l'empire et des phases qu'elle parcourt sous l'influence des saisons nous a paru du plus vif intérêt; mais nous devons nous contenter, en y renvoyant nos lecteurs (2), d'en extraire quelques

(1) Liou-Kiou.
(2) Siebold, traduction française, tome Ier, p. 286 et suiv.

passages qui nous semblent propres à caractériser la flore japonaise.

« La végétation des îles japonaises traverse comme la nôtre les phases des quatre saisons, et dans chacune d'elles le paysage a une physionomie différente; mais la mutation des saisons y diffère de celle des régions septentrionales du globe, en ce que les transitions de l'été à l'automne et de l'automne à l'hiver n'y sont point aussi sensibles que la transition de l'hiver au printemps. Aux premiers jours de l'année, la nature, glacée par l'âpre vent du nord et endormie sous les neiges, s'éveille tout à coup, et peu de semaines suffisent pour donner aux campagnes le riant aspect du printemps. » Pendant les mois de février, mars et avril les progrès de la végétation ont déjà multiplié les fleurs et les fruits utiles. Au mois de mai, « l'activité de l'homme rivalise avec la fertilité de la nature. Les côtes conquises sur la lave sont transformées en champs suspendus en amphithéâtre et entretenus comme des jardins : ouvrage d'une culture millénaire qui étonne et enchante le voyageur. » En juin, la verdure, se colorant de plus en plus, annonce l'arrivée de l'été. Le bambou, les palmiers, les bananiers étalent en juillet leur végétation tropicale. « L'oranger et mille autres plantes aromatiques embaument l'air du parfum de leurs fleurs. » Enfin s'ouvre la saison des pluies, qui est le signal des travaux agricoles qui vont préparer une nouvelle récolte, moins riche cependant que la première. Jusques à la fin d'août la végétation semble stationnaire, les fruits et les semences mûrissent. Septembre et octobre remplacent par des composées, des campanules, des ombellifères, etc., les violettes et les anémones du printemps, et plusieurs arbrisseaux printaniers fleurissent de nouveau. C'est le moment le plus favorable à la croissance du navet, de la carotte, du radis et de la pomme de terre (cette dernière cultivée par les Japonais, non pour eux-mêmes, mais pour les Hollandais de la factorerie). L'hiver arrive bientôt, et le monde végétal s'endort, pour renaître vers les premiers jours de janvier.

Les rapports que le Japon a entretenus pendant plus de dix siècles avec le continent voisin, surtout avec la Chine et Koraï, et avec les îles *Liou-Kiou* les plus méridionales, ont enrichi sa flore d'une foule de plantes exotiques, les unes utiles, les autres d'ornement. Aussi dans les provinces les plus peuplées de l'empire le paysage a-t-il une physionomie étrangère, ennoblie par la puissance de l'art..... « La nature créa dans les solitudes qui environnaient les temples et les monastères des bois charmants, où elle jeta avec profusion l'azalée, le camellia, la pivoine aux couleurs variées, le lis superbe et les riches orchidées; elle fit sortir du rivage, habité par de pauvres pêcheurs, des forêts de châtaigniers et de chênes, dont les fruits, doux et légers (1), faisaient leur nourriture et dont le branchage ombrageait leurs humbles cabanes. C'est à l'industrie d'une suite de générations que ce beau pays doit sa culture actuelle. Ses oranges douces, ses pommes-grenades, ses poires, ses coings, ses abricots, ses pêches et beaucoup de végétaux connus en botanique sous le nom de *Japonica*, sont d'origine étrangère; et sur cinq cents principales plantes d'ornement ou d'utilité, plus de la moitié sont venues du dehors. »

Le règne animal n'a été que très-imparfaitement étudié au Japon, au moins avant Siebold. Ce que nous en savons se réduit à quelques renseignements généraux. Les mers du Japon sont très-poissoneuses, et le poisson, les plantes marines et autres végétaux herbacés alimentaires, forment avec le riz et les autres céréales la base de la nourriture des Japonais. Les préjugés religieux s'opposent à ce qu'ils mangent la chair de la plupart des animaux. Le lait et le beurre sont inconnus comme aliments. Les buffles, les bœufs à bosse sont communs au Japon, mais ils ne servent qu'aux travaux de l'agriculture ou au transport des fardeaux. Il y a des chevaux en grand nombre, et plusieurs races chevalines y sont fort estimées à juste titre; mais on n'y voit ni ânes ni

(1) Il est permis de ne pas partager l'opinion que Siebold émet ici sur la *douceur* et la *légèreté* des glands et des châtaignes considérés comme aliments! Mais enfin on peut s'en nourrir, faute de mieux!

mulets; point d'éléphants, point de chameaux; quelques porcs, des chiens et des chats par milliers. Parmi les quadrupèdes sauvages on ne compte guère que des cerfs ou daims, des ours d'une petite espèce, des hyènes, des lièvres et une immense quantité de renards. Le renard au Japon jouit d'une considération toute particulière. Le peuple croit qu'il est animé par le diable, et les écrits japonais sont pleins d'histoires merveilleuses où le renard joue le principal rôle. On rencontre des singes dans quelques districts. « Le pays », dit Kœmpfer, « est tout plein de rats et de souris. » On ne parle d'aucuns animaux carnassiers de grande taille, mais en revanche les Japonais croient à l'existence de plusieurs animaux fantastiques ou monstres de formes et d'habitudes extraordinaires. Les oiseaux comptent une multitude d'espèces, surtout les oiseaux aquatiques. La famille des gallinacés offre un assez grand nombre d'espèces domestiques ou remarquables par la beauté de leur plumage. Enfin les reptiles sont peu nombreux, mais les insectes du Japon comptent d'innombrables familles. Kœmpfer donne beaucoup de détails sur le règne animal; et comme son travail est encore en ce moment le plus complet que nous connaissions, force nous est d'y renvoyer le lecteur, qui pourra consulter son chapitre x, tom. Ier, p. 107 et suivantes. Siebold a déjà publié un assez grand nombre de détails zoologiques très-intéressants qui se trouvent dispersés dans la relation de son voyage à Yédo ; mais il n'a encore donné aucun travail d'ensemble sur la zoologie du Japon, et sa Faune est à peine en voie de publication. Nous avons donc cru bien faire en passant rapidement sur un sujet qui ne pouvait être en ce moment traité par nous que dans les conditions les plus défavorables.

GÉNÉRALITÉS ETHNOGRAPHIQUES.

L'origine du peuple japonais est un sujet sur lequel les historiens, les philologues et les physiologistes n'ont pu parvenir à se mettre d'accord. Les Japonais se considèrent comme autochthones. Ils repoussent toute communauté d'origine avec les Chinois : Kœmpfer, Golownin, Klaproth, Siebold appuient cette prétention. Siebold pense qu'ils sont issus de la souche tartare qui habite la partie nord-est du continent asiatique (1) : Klaproth, Kœmpfer et Golownin ne partagent pas cette opinion. Golownin avoue que cette question d'origine est obscurcie par les ténèbres de l'antiquité la plus reculée ; mais il soutient que les Japonais et les Kouriles ont dû être, dans l'origine, une seule et même nation, et qu'ils descendent de la même souche. Kœmpfer ne trouve rien de mieux que de les faire descendre des premiers habitants de Babylone, et de les faire voyager (2), au travers de l'Asie, par une route dont il donne, pour ainsi dire, les principales étapes jusqu'à l'extrémité de la Corée, d'où ils ont pu aisément passer à Nippon! Il montre en même temps (et beaucoup plus clairement il faut l'avouer) que des émigrations de Chinois et d'autres peuples se sont établies parmi eux ; mais que les Japonais diffèrent radicalement de ces divers peuples, et en particulier des Chinois, par leurs **caractères** physiques, leurs mœurs, leur langage, leur religion primitive, et surtout par leurs dispositions naturelles et leurs tendances intellectuelles. Ces vérités ont depuis été mises dans tout leur jour par Klaproth et par Siebold. Ce serait sans doute un sujet intéressant à traiter en détail que la discussion comparée de ces éléments ethnographiques, mais nous devons ici nous borner à de simples généralités ; et pour donner à nos lecteurs une idée nette des caractères *actuels* de la race japonaise, nous nous en rapporterons de préférence au témoignage de Siebold, qui a étudié les différentes classes de la population d'un point de vue plus scientifique et plus complet que ne paraissent l'avoir fait ses devanciers. Nous n'avons sous les yeux, il est vrai, que le tableau rapide qu'il a tracé de la population de plusieurs provinces

(1) Nous reviendrons bientôt sur les caractères principaux qui paraissent en effet, rattacher la famille japonaise à la race mongole.

(2) « Lorsque la confusion des langues, à Babel, força les Babyloniens d'abandonner le dessein qu'ils avaient de bâtir une tour d'une hauteur extraordinaire! » (Kœmpfer, tome Ier, page 83.)

de l'île de *Kiousiou*, ou (plus exactement) *à propos* de ces provinces, mais dans lequel on retrouve, il nous en donne l'assurance, les traits culminants du caractère national. Nous pouvons donc, en toute sûreté, reproduire, en grande partie, cette esquisse, qui nous a paru offrir un véritable intérêt.

Siebold divise la population en habitants des côtes, de l'intérieur et des villes, qui diffèrent entre eux par l'aspect physique, la langue, les mœurs et le caractère.

« Les côtes et les îles innombrables qui les avoisinent sont habitées par des pêcheurs et des marins, hommes petits mais vigoureux, d'une couleur plus foncée que celle des autres classes. La chevelure, plus souvent noire que brun rougeâtre, est crépue chez quelques individus, qui ont aussi l'angle facial très-prononcé, les lèvres gonflées, le nez petit, légèrement aquilin et renfoncé à la racine. L'adresse, la persévérance, l'audace, une franchise qui ne va jamais jusqu'à l'effronterie, une bienveillance naturelle et une complaisance qui touche à la soumission ; tels sont les traits caractéristiques de ces habitants des côtes.

« Ceux de l'intérieur de *Kiousiou*, qui se vouent en grande partie à l'agriculture, sont d'une race plus grande, reconnaissable à la figure large et aplatie, par la proéminence des pommettes et la distance des canthus internes, à son nez gros et très-écrasé, à sa grande bouche, à ses cheveux d'un brun foncé tirant sur le brun-rougeâtre, et à la couleur plus claire de sa peau. Chez les cultivateurs, qui journellement s'exposent à l'air et au soleil, la peau devient rouge ; les femmes qui se préservent des influences atmosphériques l'ont ordinairement fine et blanche, et les joues des jeunes filles brillent même d'un vif incarnat.

« Cette race agricole est laborieuse, sobre, pieuse, cordiale, et en conséquence libérale et hospitalière. Sa sauvagerie native, tempérée dès l'enfance par l'observation constante des formes de la politesse et de l'étiquette du pays, n'exclut pas une certaine noblesse, et ne dégénère jamais en grossièreté comme chez les paysans d'Europe. Les laboureurs de Fizen ont, au contraire, le défaut commun à tous les hommes bons et prévenants, d'être trop cérémonieux.

« Les pêcheurs, croisés avec les campagnards des environs des villes, forment la classe inférieure et industrieuse de la population citadine ; chez le plus grand nombre le type des deux races s'est cependant conservé jusqu'à ce jour, grâce à l'esprit de caste, qui ne tolère que des unions parfaitement assorties quant à la naissance et à la position sociale. Au reste, quoique le commerce des *citadins*, dans l'acception la plus rigoureuse du mot, n'ait ennobli ces hommes ni sous le rapport moral ni sous le rapport physique, on ne trouve sur toute l'étendue de ce vaste empire aucune trace de cette populace des grandes villes, qui flétrit la civilisation de notre siècle.

« Dans les villes du *Fizen*, comme dans toutes les résidences princières et dans toutes les cités commerçantes du Japon, les hautes classes sont coulées en un même moule, dont Yédo et Ohosaka offrent le prototype. Il est très-rare de trouver un gentilhomme de distinction qui n'ait été élevé dans la capitale des *siógoun*'s, ainsi que l'ordonnent les lois ; la plupart des employés et des officiers des princes y ont été formés dans les chancelleries et les antichambres du palais, et ont usé leur jeunesse dans le paradis de *Yédo*, le fameux *Jasibara*. Presque tous ces hommes rentrent dans leurs provinces sous le poids d'une vieillesse prématurée. Chaque négociant notable a fait de même son éducation commerciale à *Ohásaka*, la plus riche des villes de l'empire, que le voyageur Thunberg, en 1776, nommait un autre Paris.

« Nous avons omis à dessein de parler de *Miyako*, le séjour traditionnel des *mikados* ou empereurs héréditaires ; car à la cour de cette dynastie de vingt siècles la simplicité des mœurs, qui maintient la puissance des facultés et la pureté des sentiments, favorise l'essor des sciences et des arts, dans lesquels *Miyako* surpasse le reste de l'empire.

« *Nagasaki*, un des centres du commerce, qui est devenu, depuis des centaines d'années, le théâtre de l'usure chinoise et des brutalités des marins d'Europe, qui est visité par des marchands versés dans toutes les pratiques frauduleuses et gouverné par d'insidieux courtisans, est bien inférieur en civilisation et en moralité à l'ancienne capitale............ Dans cette ville, la fréquentation des étrangers a influé sur les mœurs et les usages......... Les moines bouddhistes ont un caractère particulier, à Nagasaki comme dans toute la province, et, si l'on fait la part de l'état intellectuel des autres pays, il n'en est pas un où ils soient plus grossiers et plus hautains; mais, d'un autre côté, ils ne sont nulle part plus déchus dans l'opinion publique. La victoire qu'ils remportèrent sur le christianisme, au dix-septième siècle, et qui fut plus éclatante encore au *Fizen* que dans les autres provinces, les éleva au plus haut degré de l'orgueil humain, d'où ils retombèrent bientôt après dans l'abaissement du mépris. Le culte des Kamis, au contraire, est l'objet d'une vénération profonde dans cette partie du pays, où il n'existe plus de vestiges de la religion chrétienne. »

PREMIER ASPECT DU JAPON.

Il est intéressant de consulter les premières impressions que produit sur l'esprit d'un observateur éclairé l'aspect d'un pays comme le Japon et de ses habitants, et nous emprunterons, comme l'ont fait quelques-uns de nos devanciers, au docteur Siebold le récit qui sert d'introduction à son arrivée au comptoir hollandais de Nagasaki.

« Après une violente tempête, le 5 août 1823, au point du jour, nous découvrîmes un navire entièrement désemparé chassant sur deux ancres. Ce navire n'avait plus ni mâts ni voiles. Nous jugeâmes d'abord que c'était une jonque chinoise; mais quand nous l'eûmes approché nous reconnûmes à son pavillon de détresse qu'il était japonais. La violence du vent est-nord-est l'éloignait de plus en plus de la côte, sans qu'il lui fût possible de faire un pouce de toile. Nous mîmes en travers; et, nonobstant la force du vent et la fureur des vagues, nous envoyâmes une de nos embarcations au secours des malheureux naufragés. Notre capitaine voulut diriger lui-même le canot, et réussit, après de grands efforts, à atteindre le navire en détresse. Les Japonais reçurent les Hollandais comme leurs sauveurs; et, reconnaissant l'impossibilité de gagner la terre, dans un bâtiment démâté et faisant eau de toutes parts, ils résolurent de l'abandonner pour se réfugier à notre bord. On pourrait croire que dans une telle extrémité il n'y avait pas à hésiter sur le parti à prendre pour échapper à une destruction certaine; mais, à mesure que nous nous familiariserons davantage avec le caractère de ce peuple, avec ses lois, et que nous comprendrons quelle est la responsabilité qui pèse à chaque instant sur les officiers inférieurs et sur les autorités constituées dans toute l'étendue de l'empire, nous nous convaincrons que s'il faut s'étonner de quelque chose, c'est que l'imminence du plus grand danger put déterminer l'équipage d'un navire japonais à chercher un refuge à bord d'un navire étranger ! — Sur ces entrefaites, l'*Onderneming* nous avait ralliés, et le brave capitaine Lelsz s'était hâté d'aller lui-même avec son canot au secours des Japonais. — L'équipage, fort de vingt-quatre hommes, fut distribué entre les deux embarcations. On sauva quelques provisions, telles que du riz, du porc salé, du saki (espèce de bierre ou de vin, préparée avec du riz, et la seule liqueur fermentée connue au Japon?), quelques armes et objets d'habillement; et le navire fut abandonné, après avoir été défoncé, à l'instante prière du capitaine des naufragés. Ils se seraient rendus coupables d'un crime impardonnable si leur navire eût été trouvé échoué sur une partie quelconque de la côte. Il fallait qu'il eût *coulé bas* pour qu'ils fussent excusables d'avoir cherché leur salut dans la fuite. Nous étions tous sur le pont, épiant avec anxiété l'issue de la lutte entre nos embarcations et les vagues monstrueuses qui menaçaient de les engloutir. Notre canot atteignit bientôt le bord, et nous accueillîmes avec une vive curiosité ces hôtes étranges à mesure qu'ils paraissaient sur le tillac. — Ils nous saluaient avec empressement, mais semblaient frappés d'étonnement. En vrais matelots, ils admiraient avant tout le navire, qui paraissait défier la tempête qui avait été si fatale à leur propre bâtiment. Ces Japonais étaient les premiers que nous eussions vus, et nous ne pûmes nous empêcher de remarquer ce qu'il y avait de calme et de digne dans leur apparence et de réservé dans leur conduite. Leur costume, leurs armes, leurs ustensiles, en un mot tout ce qu'ils avaient apporté à bord, attirait notre attention, et nous ne tardâmes pas à entrer en conversation très-active avec eux à l'aide de signes (à engager avec eux une sorte de conversation pantomimique très-active). Ils furent bientôt remis de leur émotion, et parurent très-contents du changement inespéré qui s'était fait dans leur condition; mais on pouvait lire sur leurs visages amaigris et fatigués les cruelles épreuves par lesquelles ils venaient de passer. Leurs vêtements en désordre, leurs traits portant encore l'empreinte du désespoir, tout témoignait de la lutte qu'ils avaient eu à soutenir et du danger auquel ils venaient d'échapper miraculeusement. Ils se firent en peu de temps à leur nouvelle situation, demandèrent au saki et au tabac les consolations accoutumées, et commencèrent à causer entre eux avec beaucoup de vivacité. Ils étendirent leurs nattes sur le pont, chacun s'assit près de son coffre, et nous assistâmes à leur toilette. Nous admirâmes surtout la dextérité avec laquelle ils se rasent les cheveux. Tout Japonais se rase la barbe et le haut de la tête, excepté en cas de malheur, comme captivité, mort d'un parent ou d'un ami, etc. Dans le cas actuel, les cheveux courts, fraîchement lavés, qui se hérissaient au sommet de la tête, donnaient à nos Japonais un air assez sauvage; mais quelques-uns d'entre eux qui s'étaient coupé le toupet pour l'offrir en sacrifice à leur divinité tutélaire, en reconnaissance de la toute-puissante intervention à laquelle ils croyaient devoir leur salut, avaient plutôt une physionomie comique. — Une fois la toilette faite, proprement habillés, nos hôtes se mirent à se promener sur le pont et à repaître leurs yeux du spectacle que leur présentait ce monde nouveau, un navire européen! Chaque objet attirait leur attention et fournissait un nouvel aliment à leur conversation. »

Le navire avec lequel se seraient engloutis ces pauvres gens, sans l'assistance des Hollandais, appartenait au prince de Satzuma, et était employé à faire le commerce avec les îles de *Liou-Kiou*, qui dépendent de l'empire du Japon, et plus particulièrement de cette principauté. Il est bon de remarquer ici que les naufragés, en se plaçant sous la protection des étrangers, n'avaient pas seulement à craindre, en abandonnant leur navire, qu'il vînt s'échouer sur la côte. Si les Hollandais eussent dû faire voile pour un point un tant soit peu plus éloigné que Nagasaki, les malheureux Japonais, en débarquant, auraient été emprisonnés et soumis à un interrogatoire rigoureux, avant d'obtenir leur réhabilitation dans l'humble classe à laquelle ils appartenaient, et une plus longue absence leur eût inévitablement fait perdre tout droit d'être accueillis et traités comme sujets de l'empire!

A l'approche de Nagasaki, la curiosité et l'intérêt des navigateurs européens paraissent être excités au plus haut degré par l'étrangeté et la beauté de la scène qu'il leur est permis de contempler.

« Des collines verdoyantes, cultivées jusqu'à leur extrême sommet, ornent le premier plan, » dit Siebold; « des montagnes aux contours hardis, aux pics bleuâtres, s'élèvent derrière ces collines et bornent l'horizon. Des roches noires et menaçantes se montrent çà et là à la surface de la mer; et les rayons du soleil levant se réfléchissent en teintes toujours changeantes sur la côte escarpée. Le flanc montagneux de l'île voisine, cultivée en terrasses, les cèdres élancés, parmi lesquels les blanches maisons, ou la riche toiture des temples, attiraient les regards, les habitations et les cabanes sans nombre qui sont dispersées sur la plage ou bordent les côtés de la baie; tout contribue à rendre ce premier coup d'œil attrayant pour l'observateur. Nous eûmes soin de questionner nos hôtes sur les détails qui se présentaient à notre vue, et apprîmes, non sans surprise, que ces jolies maisons blanches que nous prenions pour les demeures des grands, n'étaient que des magasins dont les murs sont recouverts, pour les protéger contre l'incendie, d'un mortier préparé avec la chaux extraite des coquillages. Des embarcations à la voile et des bateaux de pêche fourmillaient à l'entrée de la baie. Hélés par nos hôtes japonais, plusieurs pêcheurs s'approchèrent, et nous offrirent leur poisson avec une affabilité de formes et une libéralité très-remarquables dans des personnes de cette condition (1). Ils paraissaient éprouver un véritable plaisir en mettant à notre disposition et celle de leurs compatriotes le fruit de leur travail. Ils refusèrent l'or ou les cadeaux de quelque valeur qu'on leur présenta, et demandèrent seulement qu'on leur donnât quelques bouteilles vides. Les bouteilles vides, en verre ordinaire, sont fort prisées au Japon. Ces pauvres pêcheurs étaient aussi complètement nus que la moins stricte décence pût le permettre. »

Une fois dans la baie de Nagasaki, les vexations dont les lois japonaises et les habitudes soupçonneuses du gouvernement ne menacent pas en vain les étrangers commencèrent. Des postes stationnés le long de la côte sont sans cesse en observation, et aussitôt qu'un navire en vue a été signalé à Nagasaki, une embarcation est expédiée le long du bord pour demander le nom du navire, le lieu d'expédition, le rôle d'équipage et tous les autres détails de ce genre; ce qui se fait sans échanger une seule parole et sans autre communication que celle qui consiste à faire tenir au capitaine un papier contenant la série des questions, et à rendre ce papier à l'embarcation du port avec les réponses voulues. Cette formalité accomplie, le navire doit attendre de nouveaux ordres, sans changer de position, sous peine d'être considéré comme ennemi et traité comme tel. On s'empresse, dans l'intervalle, de serrer dans une caisse qui est ensuite fermée à clé et cachetée, bibles, livres de prières, gravures ou imprimés ayant trait à la religion, en un mot tout ce qui peut rappeler de près ou de loin le christianisme.

Quand le gouverneur de Nagasaki a reçu les réponses d'usage, il expédie une nouvelle embarcation à l'effet de demander des otages; et lorsque ceux-ci ont été transportés à la résidence temporaire qui leur est destinée, une députation japonaise, ayant en tête un officier de police d'un haut grade, nommé *gôbanyosi* (1), et toujours accompagnée (à la demande expresse du gouverneur) d'un ou deux membres de la factorerie hollandaise, se rend à bord pour constater définitivement que le navire en rade est bien l'un des deux bâtiments de commerce qui peuvent légalement visiter le Japon tous les ans. S'il arrivait qu'on découvrît, à une phase quelconque des communications du navire avec la terre, qu'il n'est pas l'un de ceux autorisés à faire le voyage de Nagasaki, il lui est enjoint de partir immédiatement. Si le navire a des avaries à réparer, ou s'il est à court de vivres, d'eau ou de bois, etc., on lui fournit sur-le-champ ce dont il peut avoir besoin, et cela gratuitement, pour montrer la détermination irrévocable de ne permettre aucun trafic (en dehors des exceptions partielles faites en faveur des seules nations chinoise et hollandaise). Le navire intrus ne peut ni mouiller dans la baie ni entretenir d'autres communications avec la terre que celles qui sont indispensables pour l'approvisionner de ce qui lui est nécessaire. S'il a constaté que le navire est, au contraire, un des deux attendus, les députés de la factorerie retournent à terre. Le gôbanyosi prend possession des canons, armes de toute espèce, munitions, etc. Le tout est enlevé avec la caisse contenant les objets relatifs au culte, et envoyé en dépôt à terre, pour n'être restitué au navire qu'à l'époque de son départ.

Dans le cas actuel; c'est-à-dire à l'ar-

---

(1) La justesse de ces remarques a pu être confirmée dans ces derniers temps par nos propres marins. Voir, section intitulée : TENTATIVES DES ÉTRANGERS POUR ENTRER EN RELATIONS AVEC LE JAPON, DEPUIS L'EXTIRPATION DU CHRISTIANISME, le récit de la tentative faite par l'amiral Cécile pour ouvrir des communications avec le Japon.

(1) Fischer l'appelle *opper banjoost* : c'est l'officier que Thunberg désigne par le titre de *banjos* (que les traducteurs auraient probablement dû écrire *banyos*). Kœmpfer écrit *bugiises*; Charlevoix, *bugio*, etc. — L'autorité la plus récente est celle que nous avons du suivre. Voyez d'ailleurs, pour l'explication de ce titre, page 39.

rivée du docteur Siebold, il ne s'éleva aucun doute sur la légitimité de la mission commerciale du navire; mais quelques circonstances de détail occasionnèrent des retards. Ainsi le docteur Siebold fut immédiatement reconnu pour étranger, par les interprètes, à cause de son accent; mais on leur expliqua que c'était un montagnard hollandais (1), et que l'imperfection de sa prononciation ou de ses tournures de phrases ne devait pas paraître plus surprenante que les différences notables que présentait la langue japonaise parlée par les habitants de telle ou telle province, et ils accueillirent cette explication sans difficulté. Vint ensuite l'interrogatoire des naufragés japonais, qui fut très-long et très-minutieux. Ils réussirent à se justifier, et le navire, mis hors d'état de nuire, spirituellement et matériellement, par la saisie de ses livres religieux et de ses armes, fut pris à la remorque par les embarcations japonaises et conduit par elles au mouillage désigné dans l'intérieur de la baie.

« Cette baie, » d'après la description que nous en donne Siebold, « offre un spectacle de plus en plus animé à mesure qu'on s'approche de la ville, et la variété des objets ajoute au charme que présente l'ensemble du paysage. Les rivages couverts de jolies habitations, la fertilité des collines, les temples qui s'élèvent du centre de magnifiques bosquets, les pics volcaniques aux riches teintes, les cèdres toujours verts, les chênes, les lauriers sur le flanc des montagnes, les champs cultivés en amphithéâtre au pied des précipices et jusqu'au bord de la mer, la côte escarpée qui défie le caprice des vagues menaçantes, tout atteste la richesse de la nature et les conquêtes de l'industrie humaine. »

Un officier de police d'un rang élevé, stationné à Dézima (2) (la factorerie

(1) *Yama Hollanda*. C'était une traduction libre du mot *Hoogduitscher*, qui signifie littéralement *Allemand* ou *Germain des Pays-Hauts*, en opposition avec *Nederduitscher* (Hollandais), *Allemand* ou *Germain des Pays-Bas*. Le docteur Siebold est Allemand.

(2) Nous avons remarqué que Fischer écrit *Decima*, Thunberg *Desima*. Kœmpfer écrit également *Desima*, et il ajoute : « c'est-à-dire,

hollandaise), surveille le chargement et le déchargement des navires, jusque dans les moindres détails. En sa présence, tous les nouveaux débarqués, le nouveau chef de comptoir seul excepté, sont examinés et fouillés. Cette formalité rigoureuse doit son origine à la découverte des moyens qu'employaient autrefois les capitaines hollandais pour introduire en contrebande des marchandises sur lesquelles ils faisaient d'énormes profits. Voici comment Thunberg rend compte de l'incident :

« Nous ne tardâmes pas à voir partir du rivage une barque qui venait à notre rencontre. Aussitôt le capitaine prit un habit de soie bleu, galonné en argent, très-vaste et muni sur le devant d'un énorme coussin. Cet habit servait depuis longtemps à passer la contrebande, parce que le chef de la factorerie et les capitaines de vaisseau étaient les seuls officiers exempts de visite. Le capitaine faisait régulièrement trois voyages par jour du vaisseau à la factorerie, et était quelquefois si chargé de marchandises, que descendu à terre deux matelots le soutenaient sous les bras. Il avait aussi d'immenses culottes, qui ne lui étaient pas moins utiles que son habit; ces allées et venues lui valaient plusieurs milliers de rixdales, par la contrebande qu'il passait pour son propre compte et pour celui des officiers; mais cette fois-ci la toilette de notre capitaine fut superflue, comme on va le voir par les ordres qui nous furent signifiés.

« La barque qui venait du port avait été expédiée de la part du chef de la factorerie, et nous amenait un subrecargue et trois assistants pour nous féliciter de notre heureuse arrivée, s'informer de la cargaison du vaisseau, des nouvelles de Batavia, etc.

l'île avancée ou située devant la ville : quelquefois les Japonais l'appellent *Desimamatz*, c'est-à-dire « la rue de l'île de devant, » à cause qu'elle est comptée au nombre des rues de Nagasaki et sujette aux mêmes règlements. Elle n'est pas loin de la ville, et a été élevée par art dans la mer, qui est aux environs pleine de rochers et de sable et a peu de fond. »

Siebold a adopté l'orthographe que nous suivons, et qui probablement donne l'idée la moins inexacte de la prononciation japonaise de ce mot.

« Nous hissâmes plusieurs pavillons et flammes pour rendre notre entrée plus brillante.

« En approchant des deux gardes impériales placées aux deux extrémités du port, dont l'une se nomme la *garde de l'empereur*, et l'autre la *garde de l'impératrice*, nous tirâmes le canon pour les saluer. Tout en louvoyant par une entrée longue et tortueuse, nous jouissions d'une vue admirable. Les collines et les montagnes d'alentour me parurent cultivées jusque sur leur sommet. Il était environ midi lorsque nous arrivâmes enfin et que nous mouillâmes à l'endroit où les vaisseaux restent ordinairement à l'ancre, à une portée de fusil de la ville de Nagasaki, auprès de la petite île de Desima, où est située la factorerie hollandaise.

« Quelques instants après que les commis envoyés par la factorerie nous eurent quittés, emportant avec eux les lettres de la compagnie et celles des différents particuliers, le chef qui était resté au Japon vint chercher le chef nouvellement arrivé, notre capitaine, le subrécargue et les assistants.

« Ce fut ce chef qui nous apprit les ordres sévères nouvellement envoyés de la cour pour empêcher la contrebande.

« 1° Le capitaine et le chef devaient être visités comme toutes les autres personnes de l'équipage, ce qui ne s'était pas encore pratiqué.

« 2° Le capitaine devait s'habiller comme tous les autres Européens, et il lui était défendu de porter cet immense habit, à la faveur duquel il passait la contrebande.

« 3° On lui enjoignait de rester continuellement sur son bord; dans le cas où il voudrait venir à terre, il ne lui était permis pendant tout le temps qu'il y resterait que d'aller deux fois à bord pour mettre son bâtiment sur deux ancres.

« Il n'obtint même cette dernière permission du gouverneur de Nagasaki qu'en employant successivement les prières et les menaces, en lui signifiant qu'il le rendrait responsable, ainsi que l'empereur, de tout le dommage qui pourrait arriver au navire et dont la compagnie ne manquerait pas de tirer raison.

« Ces ordres sévères avaient été suggérés par les découvertes qu'on avait faites sur *le Burg*, vaisseau hollandais abandonné en 1772, et poussé sur les côtes du Japon, comme nous l'avons déjà dit plus haut. En déchargeant ce vaisseau, on trouva une grande quantité de marchandises de contrebande qui appartenaient particulièrement au chef, au capitaine et aux principaux officiers, dont les noms étaient écrits sur les caisses. Les Japonais furent surtout très-irrités de trouver un coffre appartenant au chef et rempli de *som*, ou ginseng faux, dont l'importation est rigoureusement défendue. Ce coffre fut donc brûlé, avec toutes les marchandises qu'il contenait, devant la porte de la mer.

« Ce ne fut pas sans le plus vif regret que, conformément à ces ordres rigoureux, notre capitaine quitta son vaste habit pour en reprendre un plus dégagé et mieux fait pour sa taille; quoiqu'il fût d'une corpulence passable, la population japonaise paraissait tout étonnée de sa tournure leste et svelte; ils s'étaient imaginé qu'il était de l'essence des capitaines hollandais d'avoir cette vaste rotondité qu'on leur avait vue jusqu'alors. »

Il paraîtrait, cependant, qu'en dépit de toutes les précautions adoptées par ce gouvernement à la fois si soupçonneux et si vigilant, plusieurs articles de contrebande sont, encore aujourd'hui, introduits au Japon par les Hollandais; car, de l'aveu des employés de la factorerie, il se fait à terre des échanges d'articles prohibés, et le Musée royal de la Haye possède plusieurs objets curieux qui n'ont pu lui parvenir que par suite de semblables infractions aux règlements. D'ailleurs, il est certain que dans la factorerie de Dézima on trouve des bibles et des livres de psaumes qui ne peuvent y être soufferts que par la connivence des autorités japonaises, ce qui suffit pour prouver que la contrebande existe, et ce qui indique, en outre, que le gouvernement japonais s'est un peu relâché de son extrême sévérité, au point de vue religieux, depuis que le christianisme a été, de fait, déraciné dans tout l'empire.

En tout cas, la nécessité de la visite la plus rigoureuse et l'inexorable rigidité

La cour du Shogoun

JAPON

JAPON.

Nagasaki.

JAPON.

1. Seigneur. 2. Seigneuse.

du système exclusif qu'ont adopté les autorités japonaises ne sauraient être révoquées en doute. Le récit suivant, emprunté à Doeff, chef ou président de la factorerie de Dézima, de 1809 à 1817, fera comprendre tout ce que ce système a de logique à la fois et d'absolu. Ce fut pendant l'administration de Doeff que les Anglais, maîtres de Java, cherchèrent à s'établir à la factorerie de Dézima; mais ils ne purent le décider à leur en faire la cession, et le pavillon hollandais continua à flotter sur ce petit point du globe, quand il avait disparu momentanément de toutes les autres possessions qui permettaient à la Hollande de figurer parmi les États indépendants.

L'employé du gouvernement hollandais destiné à remplacer M. Doeff, un chevalier Blumhoff, arriva en 1817 à Dézima, amenant avec lui sa jeune femme et son enfant nouveau-né, avec une nourrice javanaise. Le second du navire avait suivi cet exemple, ayant également amené sa femme, mais avec cette différence qu'il se proposait de la ramener à Batavia lors du retour du navire, tandis que M. Blumhoff ne méditait rien moins que de garder sa petite famille avec lui tout le temps de son séjour à Dézima; c'est-à-dire pendant plusieurs années! Aussitôt que la nouvelle d'un fait aussi inouï se fut répandue à Nagasaki, elle y causa une surprise et une consternation générales. Le gouverneur s'opposa immédiatement au débarquement de madame Blumhoff. Doeff, desirant vivement procurer à son successeur (ou même à ses successeurs et au comptoir tout entier) cet adoucissement aux peines et aux ennuis d'un exil commercial de plusieurs années, ces honnêtes distractions de la vie de famille, ouvrit une négociation dans ce but avec le gouverneur de Nagasaki. Il invoqua, comme précédent en sa faveur, qu'en 1662, lorsque le fameux pirate Coxinga ruina les établissements Hollandais à Formose, dont il se rendit maître, les femmes et les enfants des Hollandais qui s'enfuirent au Japon furent reçus à Dézima. Le gouverneur répliqua que les circonstances n'offraient aucune analogie; que dans le cas cité les femmes avaient été contraintes, par la nécessité, de chercher un asile au Japon, comme fugitives, tandis que dans le cas actuel elles y venaient de leur propre choix. Dans le premier cas le gouvernement japonais devait protection à l'infortune; dans le second aucun motif de ce genre ne pouvait être allégué. Il voulut bien, cependant, promettre d'en référer au gouvernement suprême, à Yedo, et de faire valoir le précédent invoqué par Doeff; il autorisa, de plus, madame Blumhoff à débarquer provisoirement à Dézima avec l'enfant et la nourrice. Mais ici se présentait une grande difficulté. Aucune personne, en mettant pied à terre, n'est exempte de la visite, le chef du comptoir (*opperhoofd*) seul excepté. Le gouverneur lui-même n'a pas le pouvoir de dispenser de cette formalité. Tout ce que Doeff put obtenir du chef des *banyosis*, à bord, et des officiers, à terre, ce fut que la visite se fît avec tous les égards et les ménagements que la décence prescrivait envers des femmes. La réponse de la cour arriva au bout de deux mois; elle était négative! Il fallut bien se soumettre à cette cruelle décision, car le gouverneur de Nagasaki n'aurait pas osé risquer de nouvelles représentations. D'ailleurs, rien n'indiquait que la sévérité de l'arrêt fût dirigée contre les Hollandais, ou même contre les femmes étrangères. Le but que le gouvernement se proposait était uniquement et très-positivement l'exclusion de *toute personne étrangère au commerce*. Le principe qui sert de base à la législation japonaise à cet égard est celui-ci : que *personne ne peut être admis au Japon sans cause suffisante*; et c'est ainsi qu'un Hollandais même ne peut avoir accès à Dézima qu'autant qu'il appartient au navire autorisé à faire le voyage, ou bien au comptoir. Un officier de l'armée de terre ayant accompagné, en 1804, son ami le capitaine Musquetier, de la *Gesina Antoinetta*, de Batavia au Japon, et étant porté au rôle d'équipage comme *passager*, on s'opposa à son débarquement. Le capitaine fut obligé de déclarer qu'il appartenait à l'équipage, soit comme écrivain, soit comme lieutenant *du bord*, et à l'inscrire comme tel sur le rôle remis aux autorités japonaises, avant qu'on lui permît de mettre pied à terre, et même cela dut être considéré comme un acte de tolérance de la part des Japonais. Au mois de décembre le pauvre mari fut obligé de conduire sa femme, son enfant et la nourrice à bord du navire qui devait les ramener à Batavia.

Constatons maintenant quelle a été l'impression faite sur le docteur Siebold par les premiers Japonais qu'il a vus, tant ceux qu'il avait rencontrés hors du Japon que ceux qui se pressaient autour du chef du comptoir, revêtus de leurs plus beaux habits, au moment où les nouveaux arrivés mettaient pied à terre. Tous, quant à leurs personnes, présentent les caractères de la race mongole, et se font remarquer par la position oblique de l'œil (1) : mais leur physionomie est moins disgracieuse que ne l'est celle des Mongols en général. Il semble qu'il y ait plus d'énergie musculaire et intellectuelle dans la famille japonaise. Les Japonais sont, pour la plupart, d'une constitution vigoureuse, vifs, d'un teint animé. Les jeunes gens des deux sexes ont la peau du visage douce, unie, et d'une fraîcheur que fait ressortir leur belle chevelure noire. Les voyageurs hollandais s'extasient, en particulier, sur la beauté des femmes, et Siebold en donne comme preuve le portrait d'une jeune femme qui accompagne sa narration. Ils avouent cependant que la démarche des personnes de l'un et de l'autre sexe est gauche et gênée, celles des femmes surtout, par suite de l'habitude qu'elles ont de se serrer les hanches de manière à ce que leurs pieds se portent involontairement en dedans.

Le costume ordinaire des deux sexes et de toutes les classes est le même quant à la forme, et ne diffère que quant à la finesse et à la couleur des étoffes. L'habillement se compose d'un certain nombre de robes larges et traînantes, portées l'une sur l'autre : celles des classes inférieures, faites d'une espèce de toile ou calicot, celles des hautes classes plus généralement en soie, avec les armes de la famille brodées sur la poitrine et sur le dos (1). Ces robes sont retenues autour de la taille par une ceinture (2).

Les manches sont d'énorme dimen-

(1) L'obliquité de l'œil dans la race mongolique, et surtout dans la branche sinique, obliquité qui coïncide souvent avec le peu d'écartement des paupières, provient de la construction spéciale de l'os frontal et des os de la face. — D'un côté, la forme large et plate de l'os frontal, l'absence de dépressions et de saillies autour de l'orbite (contrairement à ce qu'on observe dans la race caucasique) et la dépression très-marquée de la racine du nez, occasionnent un relâchement ou, en quelque sorte, une superfluité de peau entre les deux yeux, tandis que, d'un autre côté, la saillie plus grande de l'os zygomatique détermine une forte tension de la peau dans cette direction. — Il y a donc relâchement à l'origine du nez, tension à la pommette. — Il en résulte que la peau de la paupière supérieure forme un pli considérable, qui, partant de l'angle externe de l'œil, retombe sur la paupière inférieure. Plus la face est jeune et grasse, plus le pli est marqué et plus, conséquemment, l'ouverture de l'œil diminue. Dans les cas ordinaires, chez les jeunes individus, l'angle interne de l'œil est tellement recouvert par le pli de la peau que l'on voit à peine la caroncule lacrymale ; et le sac lacrymal se trouvant ainsi entouré comme d'une digue, il arrive souvent qu'en pleurant les larmes s'écoulent par le nez. Cette conformation des paupières se rencontre chez divers peuples, mais à des degrés différents et suivant le plus ou moins grand aplatissement de la face et la saillie plus ou moins prononcée des pommettes. — Elle paraît plus marquée chez les Japonais, les Coréens, les Chinois et les Cochinchinois, chez les premiers surtout. — Le pli de la paupière supérieure est fort apparent encore chez le *Dayak* de Bornéo, chez le Javanais : moins chez le Malais de race pure. — On peut d'ailleurs en observer la trace jusque sur les enfants de nos contrées. Siebold entre dans des détails assez étendus à ce sujet. On peut consulter avec fruit sa *Description des habitants du Japon* et les planches qui l'accompagnent.

(1) « On les applique tantôt sur les bras et tantôt entre les deux épaules. » (Thunberg, tome II, p. 144.)

(2) Toutes ces robes s'attachent avec une ceinture large comme la main, pour les hommes, et d'une demi-aune pour les femmes ; en outre assez longue pour faire deux fois le tour de leur corps et se nouer en rosette avec deux bouts flottants. Les femmes font ce nœud très-grand ; sa position indique si celle qui le porte est mariée ou non : les filles ont ce nœud derrière le dos, les femmes mariées au devant. (Thunberg, tome II, p. 138.)

sion, et la partie qui prend au-dessous du bras est fermée, en partie, à son extrémité, de manière à former une poche supplémentaire qui puisse venir en aide au devant de la robe et à la ceinture, où se serrent de préférence les objets de quelque valeur. Ainsi, les feuilles de papier blanc et fin qui remplacent pour les Japonais nos mouchoirs de poche, se portent d'abord sur la poitrine ou dans la ceinture, et lorsqu'elles sont salies on les fait passer dans la manche, où elles restent jusqu'à ce que l'occasion se présente de s'en débarrasser sans salir la maison. Les vêtements des dames se distinguent seulement de ceux des messieurs en ce qu'ils sont, en général, de couleurs plus vives et bordés d'or ou d'élégantes broderies. Les hommes de condition portent une écharpe sur l'épaule; la longueur de cette écharpe est réglée d'après le rang de la personne, et sert elle-même à régler l'importante question du salut, l'étiquette voulant qu'on s'incline devant son supérieur jusqu'à ce que le bout de l'écharpe touche la terre. Dans les grandes occasions on ajoute à l'habillement ordinaire ce qu'on appelle l'habit de cérémonie ou *de compliment* : c'est une espèce de manteau ou surtout d'une forme particulière, plissé sur les deux épaules et fort ample, avec lequel les personnages d'un haut rang portent des pantalons d'une espèce singulière, appelés *hakkama*, et qui paraissent être formés d'une immense jupe froncée ou plissée, cousue entre les jambes et ouverte par devant. La différence de rang qu'indique ces pantalons ne serait sensible que dans les occasions d'apparat s'il n'existait pas un signe constant auquel on reconnaît immédiatement les personnages de quelque distinction : c'est le privilége dont ils jouissent de porter deux sabres, l'un au-dessus de l'autre, et du même côté. Les officiers d'un rang inférieur en portent un seul; mais ni les uns ni les autres ne se séparent jamais de leurs armes. Le port en est, au contraire, interdit aux basses classes (1).

Quant à la chaussure des Japonais, il est difficile de rien imaginer de plus modeste ou de moins élégant : tous les voyageurs paraissent d'accord sur ce point. Comme les robes dont ils se vêtissent, en général, tombent sur les talons, elles tiennent chaud aux cuisses et aux jambes; mais les gens du peuple et les soldats, dont les robes sont courtes, enveloppent leurs jambes avec des espèces de guêtres en toile de coton. Golownin parle de *bas* ou de *chaussettes* portés en voyage, et qui ressembleraient assez aux nôtres, excepté que la partie du pied destinée à chausser le gros orteil serait séparée du reste pour s'adapter aux sandales. Titsingh explique que les classes aisées portent une espèce de chaussons blancs nommés *Ta-pi*. — Ces chaussons viennent jusqu'à la cheville, et sont attachés par derrière avec deux rubans. — Les femmes mettent des *Ta-pi* toute l'année. — Le 10 du neuvième mois, il est permis aux hommes de venir au palais chaussés de *Ta-pi*, etc.

Quelques-uns portent des chaussons de chanvre à semelles de coton. Ils les attachent à la cheville. Les souliers, ou, pour parler plus exactement, les sandales, sont la plus chétive pièce de leur habillement. Celles des riches ne diffèrent point, pour la forme, de celles des pauvres. C'est tout simplement une semelle tissée en paille de riz ou en brins de jonc fendus, sans empeigne ni quartier. Sur le devant de cette semelle est posé en travers un ruban de paille, doublé de toile pour ne pas écorcher la peau. Un autre cordon tout rond, de la grosseur du doigt, est attaché d'un bout à l'extrémité de la sandale et de l'autre à un cordon transversal : il s'engage entre le pouce et le premier orteil pour maintenir la chaussure qui, faute de quartier, vacille et fait un bruit semblable à celui de nos pantou-

(1) « Tous les fonctionnaires publics, les officiers supérieurs et inférieurs (*a*) portent deux sabres du même côté, dont les lames

(*a*) Thunberg se trompe probablement ici, et la dernière phrase du passage cité semble le prouver.

se croisent. L'un est leur arme particulière, l'autre leur sabre d'*office*; c'est le plus long des deux. En entrant dans un appartement, ils quittent le sabre d'office pour s'asseoir, et le placent à côté d'eux ou devant eux. Nos interprètes n'en portaient qu'un, mais les banjos deux, en qualité d'officiers inspecteurs. » (Thunberg, tome II, p. 285.)

fles. Quand le temps est trop mauvais et qu'il y a trop de boue, ils portent de hautes semelles de bois évidées par le milieu; cette sorte de chaussure est retenue par une courroie ou cordon qui passe entre les doigts du pied, ou plus simplement encore par une espèce de cheville qui fait corps avec le socque et que saisissent le pouce et le premier orteil (1). Au reste, tous se déchaussent avant d'entrer dans les maisons, et laissent leurs chaussures sur un marche-pied près de la porte, ou en chargent leur domestique. Ils marchent pieds nus dans les appartements, pour ne pas salir leurs nattes, qui sont très-propres (2).

Le costume des deux sexes diffère surtout par la coiffure. Les hommes se rasent le front et tout le crâne, à l'exception d'une sorte de demi-couronne allant d'une tempe à l'autre par le derrière de la tête, et dont les cheveux sont relevés et pommadés avec soin et liés avec un cordon de papier, de manière à former une touffe au sommet de la tête. Il est difficile de donner une idée exacte de la coiffure de cérémonie, pour les hommes, les grands seigneurs en particulier. Dans les grandes occasions ils se couvrent la tête d'un bonnet ou chapeau, différent selon la qualité de chacun. Quelques-uns ont une large bande de soie ou crépon cousue au bonnet. Aux uns elle pend sur l'épaule; aux autres non, etc. Nos planches feront mieux comprendre ce système de coiffure que ne le ferait une description dont plusieurs éléments nous manquent encore. — Les prêtres bouddhistes et les médecins se rasent entièrement. Les chirurgiens, au contraire, gardent tous leurs cheveux, mais les nouent en une seule touffe. Les garçons ne commencent à se raser qu'à l'époque où la barbe leur vient. Les femmes donnent assez généralement à leur riche chevelure la forme

(1) Ce genre de chaussure est employé par les Hindoustanis et par d'autres Orientaux, surtout pendant la saison des pluies.

(2) Les chemins et surtout le bord des ruisseaux, où les piétons s'arrêtent pour se laver les pieds, sont jonchés de vieilles chaussures. Les gens de la campagne les ramassent, et les font brûler avec les excréments, dit Kœmpfer, pour s'en servir comme d'engrais pour leurs terres.

d'un turban. Quelques-unes (comme les filles non mariées et les servantes) les disposent sur les deux côtés de la tête comme des ailes, ou les nouent avec un goût particulier. Toutes les entremêlent de fleurs et de rubans. Les plus élégantes se couvrent la tête d'un grand nombre d'épingles en écaille richement travaillées et d'un poli remarquable, longues de quinze à seize pouces. Un peigne de la même matière remplace parfois les épingles, ou bien encore, les cheveux sont retenus à l'aide d'une ou plusieurs épingles en or ou en argent : mais l'usage des boucles d'oreille semble être à peu près inconnu aux belles Japonaises. Le père Charlevoix parle *d'un poinçon au-dessus de l'oreille gauche, au bout duquel pend une perle ou quelque pierre de prix*, et d'un petit rond de perles à chaque oreille *qui leur donne beaucoup de grâce!* Elles se fardent le visage de rouge et de blanc, ce qui détruit de bonne heure leur teint naturel et la beauté de leur peau. Les lèvres des femmes mariées sont également teintes d'un rouge qui devient violet foncé si la couche est un peu forte. Thunberg prétend que les jeunes filles emploient ce même rouge, mais pour les lèvres seulement. Quoi qu'il en soit, le complément indispensable de la beauté d'une femme mariée et le signe distinctif auquel on la reconnaît infailliblement, c'est la noirceur et le luisant de ses dents. La drogue dont on fait usage pour leur donner cet étrange embellissement est, dit Thunberg, un mélange d'urine, de limaille de fer et de saki! L'extirpation des sourcils achève de distinguer les femmes qui ne sont plus vierges de celles qui le sont encore.

Les hommes et les femmes vont, en général, tête nue. En voyage, et surtout par un temps pluvieux, ils portent une espèce de chapeau qui ne sied pas mal aux femmes; mais l'*éventail*, ce meuble indispensable, ce *vade-mecum* par excellence, au Japon, est le protecteur ordinaire contre les ardeurs du soleil. L'éventail est le compagnon inséparable du voyageur (1), du citadin,

(1) Dans les voyages, on se sert d'une es-

du paysan, du riche, du pauvre, du mendiant : hommes, femmes, enfants, jeunes gens, vieillards, soldats, prêtres, magistrats, pédagogues, tous ont l'*éventail* à la main ou passé dans la ceinture. C'est sur l'éventail qu'on reçoit les petits cadeaux qu'il est d'usage de présenter en entrant dans une maison ; c'est sur l'éventail qu'une main charitable dépose l'aumône accordée à la prière du nécessiteux ; c'est l'éventail qui, comme en Europe, sert de sceptre à la coquette. Mais il est aussi la férule du maître d'école, ou remplace la badine du dandy. Enfin, présenté sur une espèce particulière de plateau au criminel de haute naissance, il lui annonce son arrêt, et au moment où la tête coupable s'incline vers ce messager de mort, elle est tranchée par le sabre du bourreau !

Le costume du voyageur ou *costume de campagne*, *nófuk*, se compose, en général, d'un haut-de-chausses, *momofiki*; d'une courte tunique, *fanden*; d'un manteau tendu sur le dos, *busuki*; de guêtres, *kyáfou*; d'un chapeau, le plus souvent en paille, mais quelquefois verni, *kasa*; et enfin, de souliers de paille, *sori*. Le bourgeois porte en outre *un* sabre, le noble et le militaire *deux*, de longueur inégale. Cet habillement est, en même temps, l'uniforme des soldats et des agens de police ; les *banyósi* et les troupes qui servent de gardes d'honneur à la mission hollandaise, dans quelques provinces, en sont également revêtus. Siebold fait observer que les préparatifs de voyage et l'équipement diffèrent, cependant, suivant la destination du voyageur et le genre de vie qu'il adopte pendant la route ; mais tous, sans exception, se règlent sur les usages avec la plus minutieuse exactitude.

pèce d'éventail sur lequel les routes sont imprimées et qui marquent les distances, les hôtelleries où on peut s'arrêter, les prix des divers objets de consommation. On trouve aussi sur les routes à acheter de petits livres qui contiennent ces divers renseignements, et que des enfants vous offrent pour quelques sous. Il n'était pas permis aux Hollandais d'acheter, au moins publiquement, de ces sortes d'éventails ou de livrets.

Nous n'avons voulu donner ici qu'une idée générale des caractères extérieurs qui distinguent, au premier abord, les Japonais des autres peuples. Nous aurons occasion de revenir sur quelques-uns de ces caractères distinctifs, et nous n'aurons pas de peine à prouver, quand nous esquisserons le tableau des mœurs, des habitudes, de l'organisation sociale du peuple japonais, qu'elles ne présentent pas un contraste moins frappant avec l'organisation de notre société et les détails de notre caractère européen, que leur figure et leur habillement avec les nôtres.

HISTOIRE DE L'ÉTABLISSEMENT HOLLANDAIS DE DÉZIMA.

Les relations qui se sont établies entre cette singulière nation et le petit nombre d'Européens dont elle tolère la présence dans un but exclusif de commerce (et encore de commerce très-limité) ont dû se ressentir de la fierté dédaigneuse du caractère japonais, du despotisme soupçonneux de leur gouvernement et de l'originalité d'une civilisation tellement exceptionnelle, qu'elle semble mettre en défaut les lois générales qui, d'après nos idées, régissent l'humanité dans sa marche progressive ; aussi l'établissement des Hollandais à Dézima est-il le monument le plus étrange de patience et d'humilité mercantile, de persévérance infructueuse et d'abnégation politique ; le compromis le plus surprenant entre le génie ou plutôt l'instinct commercial et la dignité nationale, qui ait jamais été offert à l'étude et aux méditations des observateurs impartiaux.

Pour faire mieux comprendre ce que nous avons à raconter à cet égard, il est nécessaire que nous remarquions dès à présent que le pouvoir législatif et exécutif semble émaner au Japon d'un haut dignitaire ou prince, que tous les historiens ont désigné, jusque dans ces derniers temps, par le titre de *koubo* ou d'*empereur civil*, le distinguant ainsi d'un autre prince qu'ils ont appelé *daïri* ou *empereur ecclésiastique*; que le titre le plus ordinaire de ce haut dignitaire est celui de *ziogouna* (ou *siogoun*), et qu'il n'est légalement que le lieutenant du véritable empereur ou *mikado*, dont la cour ou résidence est désignée par le mot *daïri*, et que les lois et les habitudes japonaises reconnaissent celui-ci comme l'unique souverain de l'empire. Cela posé, voici comment les choses se passèrent aux premiers temps de l'établissement des Hollandais au Japon.

Les Provinces-Unies avaient à peine jeté les yeux sur ce magnifique archipel (visité pour la première fois par les Hollandais en 1598), et formé un établissement à Firato, que l'année 1609 vit éclater l'affreuse guerre civile qui finit par la proscription des cultes chrétiens. Le *siogoun* Minamoto Yévas octroya aux Hollandais, en 1611 (quelques-uns disent 1609), par un *gasjunim* formel, c'est-à-dire par lettres patentes scellées du sceau impérial, *de couleur rouge* et signées par tous les conseillers d'État, « l'autorisation de commercer dans toute « l'étendue de l'empire. » Ces lettres étaient accompagnées d'une recommandation à tous les sujets de « favoriser et « d'assister les Hollandais autant qu'il « serait en leur puissance, le tout exprimé « en termes formels et très-forts, *et en* « *caractères de même qui leur étaient* « *fort avantageux*. Après la mort de « Yévas, les Hollandais s'adressèrent à « la cour pour faire renouveler leur « privilége. » Cette démarche imprudente était entièrement contraire à la coutume des Japonnais, qui ont de très-grands égards et qui observent inviolablement les lois et les engagements faits par leurs ancêtres. La demande fut accordée à la vérité et leur privilége renouvelé à peu près dans les mêmes termes, *mais en caractères beaucoup moins favorables.*

Le chef du comptoir de Firato (Koekebacker) se crut obligé de redoubler d'efforts pour se concilier la bienveillance du gouvernement japonais. Un grand nombre de Japonais convertis au christianisme s'étant révoltés et emparés de la forteresse d'Arima, où ils étaient assiégés par les troupes impériales : Koekebacker, sur la réquisition des autorités japonaises, se détermina à les aider dans la réduction de cette place, avec l'artillerie du vaisseau hollandais qui se trouvait en ce moment sous ses ordres ; partie de cette artillerie fut employée à armer une batterie à terre, et le reste, sous la direction de Koekebacker lui-même, canonna de la rade les chrétiens rebelles ! — Un fondeur et un artificier hollandais furent envoyés à Yédo pour y fondre des mortiers et des canons. Ces services et plusieurs autres de cette nature rendus au gouvernement japonais semblaient devoir assurer aux Hollandais la protection et la bienveillance impériales ; mais l'ensemble de leur conduite, envisagée au point de vue moral, et discutée par les Japonais influents, hommes susceptibles au plus haut degré en fait de délicatesse et d'honneur, et portés à faire peu de cas en général des étrangers que le seul amour du gain attirait au Japon ; l'ensemble, disons-nous, de leur conduite avait laissé des impressions tellement défavorables, que les relations établies devaient tôt ou tard s'en ressentir au détriment des Hollandais. Ceux-ci, d'ailleurs, ne tardèrent pas à donner au gouvernement japonais un prétexte des plus plausibles pour leur imposer d'humiliantes restrictions. Nous ne saurions mieux faire ici que d'emprunter à la naïve relation de Kœmpfer le récit des faits (1).

« Il nous arriva précisément dans ce temps-là de bâtir un nouveau magasin à *Firando*, ce qui augmenta beaucoup la jalousie et les soupçons que les Japonais avaient déjà conçus contre nous, et ne contribua pas peu à hâter le dessein que l'on avait de nous faire transporter de là à Nagasaki. *Il était contraire à la coutume du pays de tant exhausser un bastiment tout de pierre de taille, de sorte qu'il paraissait moins un magasin qu'un château.* Une circonstance fâcheuse de plus était que *l'on avait gravé sur le frontispice l'année de la naissance de notre Sauveur*. Il m'a été dit par un Japonais digne de foi, dans un entretien particulier, que les Hollandais déchargeant un de leurs navires et mettant les marchandises sur le rivage pour les placer dans leurs nouveaux magasins, il arriva que le fond d'une grande boîte

(1) Nous avons souligné les passages qui nous semblent concluants. — Nous aurons recours au même moyen pour faire ressortir les passages remarquables des citations que nous pourrons emprunter par la suite aux autorités dont nous appuyons notre récit.

venant à se détacher, découvrit, au lieu de marchandise, un mortier d'airain : je ne veux pas prendre sur moi de dire quelle foi on peut ajouter à cette histoire. Quoi qu'il en puisse être, il n'est que trop vrai que peu de temps après nous eûmes des ordres imprévus, sur peine de la vie, de démolir notre nouveau magasin, d'abandonner notre demeure *et la liberté dont nous jouissions à Firando*, pour nous *emprisonner* à Dézima, ce qui mit fin à ce période doré de notre commerce au Japon (1). »

Ces ordres rigoureux et tellement imprévus furent notifiés le 9 novembre 1640 au chef de la factorerie (c'était alors François Caron, homme que son mérite éminent avait élevé de la plus basse condition aux emplois les plus importants); un envoyé du *siogoun*, accompagné des deux gouverneurs de Nagasaki et d'un nombreux cortége, se rendit à cet effet à Firando. Après avoir visité dans le plus grand détail tout l'établissement et s'être assuré de ce que contenaient les magasins et les maisons particulières, il déclara solennellement aux Hollandais que les facteurs des Provinces-Unies et ceux du Portugal étaient reconnus coreligionnaires, et leur enjoignit au nom de l'empereur de démolir les nouveaux magasins et toutes les maisons qui portaient la date de leur construction d'après l'ère chrétienne (2). Caron, qui avait

(1) L'ordre de démolir le nouveau magasin vint d'abord ; celui de quitter Firando pour Nagasaki, peu de temps après.

(2) Le langage tenu par l'envoyé impérial dans cette circonstance nous a paru si remarquable que nous le reproduisons d'après Charlevoix :

« Le très-redoutable empereur du Japon, mon souverain seigneur, est bien informé que vous êtes chrétiens et de la même religion que les Portugais. Vous gardez le dimanche, vous datez de la naissance de Jésus-Christ, et vous mettez cette date sur les frontispices de vos maisons et de tous les bâtiments de mer et de terre que vous construisez; ainsi ce nom de demeure exposé aux yeux de notre nation. Votre loi souveraine est celle des dix commandements, votre prière est celle de Jésus-Christ, et votre confession de foi celle de ses disciples. Vous lavez avec de l'eau vos enfants dès qu'ils sont nés, et vous offrez dans votre culte religieux du pain et du vin ; votre livre est l'Évangile; les prophètes et les apôtres sont

fait l'année précédente le voyage ordinaire à la cour de Yédo, et qui avait reçu un accueil favorable des conseillers d'État, avait quitté la capitale fort satisfait (quoiqu'il n'eût pas eu d'audience du *siogoun*, sous prétexte d'indisposition), sans prévoir le coup qui devait si tôt l'humilier et frapper la factorerie elle-même d'une atteinte presque mortelle pour ses intérêts les plus chers. Tout fier qu'il était, il se rappela dans ce moment de crise quelle était la réponse qui avait sauvé la vie aux Portugais à l'époque toute récente de leur bannissement et exclusion à perpétuité! Il répondit comme eux : « Tout ce qu'ordonne sa « majesté impériale sera ponctuellement « exécuté. » Les démolitions furent immédiatement commencées, et bientôt de ces habitations et de ces magasins élevés à grands frais, il ne resta qu'un amas de ruines (1).

vos saints. En un mot, car à quoi bon descendre dans un plus grand détail ? votre créance est la même que celle des Portugais, et la différence qu'il peut y avoir sur cela, entre vous et eux, et que vous prétendez être considérable, nous l'estimons fort peu de chose. Nous avons bien su de tout temps que vous étiez chrétiens; mais comme nous vous voyions ennemis des Portugais et des Espagnols, et que vous vous opposiez à ce qu'ils établissent leur religion dans ce pays, nous pensions que votre Christ et le leur n'étaient pas le même. — L'empereur a été instruit du contraire, et Sa Majesté m'a envoyé ici exprès pour vous déclarer que vous ayez à mettre incessamment par terre toutes vos habitations et les autres bâtiments où la date de Jésus-Christ est marquée, en commençant par le côté septentrional (c'était celui qui avait été achevé le dernier); que désormais vous vous absteniez d'observer ouvertement votre jour de dimanche, afin que la mémoire de ce nom prenne entièrement fin au Japon; que désormais le capitaine, ou chef de votre nation, ne demeure pas plus d'une année dans cet empire, de peur qu'un plus long séjour ne produise la contagion de votre doctrine parmi ses sujets. Faites état que la moindre résistance à ce qui vient de vous être prescrit donnerait de justes défiances de votre soumission aux ordres de l'empereur. Pour ce qui est de la conduite que vous aurez à l'avenir dans tout le reste, les seigneurs régents de Firando vous le feront savoir. »

(1) Les conseillers d'État avaient demandé plusieurs fois à Caron si ses compatriotes

En janvier 1641 il fut ordonné aux Hollandais de vendre toutes leurs marchandises dans l'année même de leur importation, sans qu'il leur fût permis d'en rapporter une partie quelconque à Batavia. On ne restreignait pas, à la vérité, le montant total des importations, mais la condition imposée de *tout vendre* dans l'année mettait la factorerie à la discrétion des spéculateurs indigènes (et des autorités japonaises), et équivalait à un ordre de diminuer les importations à l'avenir. Vers la même époque il fut défendu aux Hollandais, *sous peine de mort*, de tuer aucun bétail, de porter des armes, sans compter d'autres dispositions aussi vexatoires qu'humiliantes.

Au commencement de cette même année 1641, Lemaire, successeur de F. Caron, comme chef de la factorerie, se rendit avec des présents à la cour de Yédo pour exposer ses griefs au nom de la compagnie. Le gouvernement colonial avait eu soin de le munir des lettres patentes originales accordées par le *siogoun* Minamoto Yéyas, expédiées de Batavia par un yacht exprès. Ce titre lui valut une réponse assez favorable, mais dont les Hollandais ont négligé, à ce que dit Siebold, de se prévaloir, *comme ils l'auraient dû* dans la suite. L'ambassadeur *ne fut pas reçu par le siogoun*, mais les conseillers d'État lui firent cette réponse : « Sa majesté nous charge de vous dire « *qu'il est de peu d'importance pour* « *l'empire japonais que les étrangers* « *viennent ou ne viennent pas y faire* « *leur négoce*; mais qu'*en considéra-* « *tion* de la permission qui leur fut oc- « troyée par l'ancien souverain, elle veut « bien permettre aux Hollandais de con- « tinuer leurs opérations et leur laisser « leurs *priviléges commerciaux et au-* « *tres dont ils jouissent*, *à condition* « d'évacuer *Firando* pour s'établir avec « leurs vaisseaux dans le port de *Nan-* « *gasacqui* (1). »

D'un côté, cette déclaration pouvait être considérée comme la prolongation des anciennes lettres patentes ; de l'autre, le déplacement de la factorerie était ou du moins *paraissait* désirable à de certains égards, Nagasaki, par la grandeur et la sûreté de son port, et son importance commerciale déjà considérable, permettant d'attirer un grand nombre de marchands des villes *impériales*. Ces avantages étaient si bien appréciés par les Hollandais, que le gouvernement des Indes venait d'exprimer le désir de voir transférer à Nagasaki l'entrepôt de son commerce (2). Peut-être même avait-on intrigué secrètement dans ce but, à la cour de Yédo ou avec le gouverneur de Nagasaki. Quoi qu'il en soit, l'événement prouva combien le changement *désiré* devait être fatal aux Hollandais. L'ordre du départ arriva le 11 mai 1641. Il fut exécuté dix jours après, et l'îlot artificiel de Dézima s'ouvrit aux derniers Européens tolérés dans l'empire.

Le gouverneur général Van Diémen, dans une lettre adressée au conseil d'État de l'empereur, en 1642, expose de la manière suivante les traitements ignominieux dont les Hollandais eurent à souffrir dès leur arrivée dans ce lieu fatal.

« Lorsque de Firando nous débarquâmes à Nangasacqui, on nous assigna pour demeure l'île que les Portugais avaient habitée. Là, nos facteurs, gardés à vue, ne purent parler à personne; et comme s'ils étaient des criminels dan-

pourraient suffisamment approvisionner l'empire, dans le cas où les Portugais en seraient bannis. — Des secrétaires cachés derrière un paravent, écrivaient ses réponses. — Le chef de la factorerie reçut 200 *maï* de la part du siogoun et 30 *maï* du conseiller d'État Sannickedonno. L'artificier et le fondeur (mentionnés plus haut) eurent chacun 25 de ces pièces qui valent environ 18 francs (a) chaque et que les Hollandais désignent par le diminutif *schuitje*, petit esquif (probablement à cause de leur forme), ce n'est pas au reste la valeur monétaire qui fait le prix de ces présents, mais la source honorable dont ils émanent.

(a) Selon Siebold. — Milburn, dans son « Oriental commerce », évalue ces pièces à 2s 5d : peut-être s'agit-il d'une monnaie du même nom, mais qui dans ces dernières années, contenant plus d'alliage, a perdu de sa valeur primitive.

(1) Nous reproduisons ici les noms des deux villes comme nous les trouvons dans le passage de la lettre du gouverneur général Van Diemen au conseil d'État japonais, cité par Siebold.

(2) Valentyn, tom. V, part 2e, p. 106, 107 et 109.

gereux pour l'État, ils se virent, à leur déshonneur, traités plus mal que les Portugais. On nous prit, à titre de loyer de cette île, cinq mille cinq cents taïls, charge excessive pour notre commerce (1).

« Il nous est défendu d'exercer notre religion dans l'île et sur nos vaisseaux, quoique cette gêne soit contraire à nos anciens priviléges. Nous sommes forcés de donner la mer pour tombeau tant aux morts de notre factorerie qu'à ceux de l'équipage, parce qu'on ne veut pas nous concéder quelques pieds de terre japonaise. Lorsque nos vaisseaux mouillent à Nangasacqui, ils sont minutieusement visités; les canons et munitions de guerre sont enlevés et transportés dans les magasins de l'empereur. On met les voiles sous scellés à bord, on garde les gouvernails à terre, jusqu'au jour fixé pour le départ. *Pendant la visite et le déchargement les visiteurs ont, sans motif, donné des coups de bâton à nos matelots et même aux principaux officiers, comme à des chiens, ce qui fait prévoir de graves difficultés* (2). — Les marins sont comme en prison sur leurs navires : pour aller de l'un à l'autre ou pour descendre à terre, il leur faut une permission des visiteurs. Contrairement à la liberté qui nous avait été donnée, on a poussé les vexations jusqu'à nous défendre de sonner de la trompette. Au milieu de toutes ces restrictions, en contradiction avec nos anciens priviléges dans l'empire japonais, les produits du commerce ont été si désavantageux, que depuis deux ans nous perdons des sommes considérables sur les marchandises que nous avons apportées pour le service du Japon. *Il ne nous est pas possible de continuer nos opérations sur ce pied.*

... « Soit que nous quittions le Japon ou que nous y demeurions, nous aurions le désir de députer à Nangasacqui, l'année prochaine, un homme de qualité, porteur de quelques curiosités, pour prendre respectueusement congé de S. M. et de leurs altesses, ou pour leur rendre de justes actions de grâces,

---

(1) Nous empruntons ce document au dernier travail de Siebold sur le commerce du Japon (*Moniteur des Indes orientales et occidentales*, Ier vol., 1846, in-4°). — Mais Siebold s'est trompé dans l'évaluation qu'il donne, en toutes lettres, des 5,500 taïls, qui représenteraient, selon lui, *vingt mille francs*. Hogendorp, dans son *Coup d'œil sur l'île de Java*, etc., observe, en parlant du comptoir de Dézima, que les Hollandais « continuent à payer annuellement, *d'après le contrat primitif*, un loyer de 6,500 simiones ou taïls (22,750 fl. *de notre monnaie*, dit-il). — Quel est le chiffre exact? Celui de Siebold sans doute quant aux taïls; mais il faut lire 20,000 florins au lieu de 20,000 francs.

(2) Certes, Kœmpfer avait raison de s'écrier en parlant de l'abjecte soumission dont les Hollandais avaient fait preuve dans leurs relations avec les Japonais :

... Quid non mortalia pectora cogis,
Auri sacra fames!

Mais les Hollandais ne sont pas le seul peuple qui ait préféré en mainte circonstance les intérêts de son commerce à son honneur! — Et sans en aller chercher des exemples dans les siècles passés, ou parmi des peuples déchus, n'avons-nous pas vu les Anglais, cette nation si fière et si puissante, n'opposer pendant de longues années que de timides et *respectueuses* représentations aux insultes et humiliations de toute espèce dont la canaille chinoise, titrée ou non titrée, les abreuvait à Canton? — N'est-ce pas le 1er février 1835 que le capitaine de vaisseau Elliot (alors troisième surintendant du commerce anglais en Chine), porteur d'une représentation écrite pour les autorités chinoises, représentation juste et modérée, s'il en fut jamais, se laissait colleter, jeter violemment à terre, insulter impunément de la voix et du geste par la plus vile soldatesque, à la porte *Yiulam?* Et cela, nous le répétons, se passait au 1er février 1835, et ce n'est qu'à la fin de 1839 que le gouvernement anglais a compris la nécessité d'arracher par la force la réparation due pour le passé, les garanties exigées pour l'avenir!

Qu'on lise la correspondance des agents anglais en Chine avec le ministère, publiée par ordre du parlement, et qu'on juge!

Le commerce d'outre-mer est une chose utile sans doute, un résultat inévitable du développement de la civilisation et des besoins mutuels des nations; mais il faut avouer que l'histoire de ce commerce semble justifier trop souvent le mépris que professent les classes les plus élevées de la population (au moins dans l'extrême Orient, et principalement à la Chine et au Japon) pour l'esprit mercantile et l'ignoble avidité des spéculateurs européens!

3me *Livraison.* (JAPON.)

si elles décidaient que nous conserverons au Japon nos anciens priviléges. *Mais comme nous ne savons pas si cette déclaration serait agréable à l'autorité suprême*, et si notre commissaire serait traité suivant son rang, nous prions Vos Altesses de vouloir bien nous répondre à cet égard, attendu que nous avons l'intention de nous conduire en toutes choses d'après leurs sages avis. »

La minute de cette lettre, dont l'original avait été expédié au gouverneur de Nagasaki avec une lettre particulière rédigée en termes plus énergiques encore, avait été soumise à l'approbation des dix-sept (c'est ainsi que l'on nommait le conseil des Indes à Amsterdam); mais il paraît que le langage ferme et mesuré de Van Diémen, qui ne tendait à rien moins qu'à faire supprimer le comptoir hollandais au Japon, ne fut pas approuvé par cette compagnie, et qu'ils déterminèrent le gouverneur général à modifier le ton de sa correspondance avec les gouverneurs de Nagasaki. Comme d'ailleurs les deux gouverneurs de Nagasaki sont personnellement responsables de la conduite de leurs hôtes, et comme il y avait à craindre que les réclamations graves et fondées de Van Diémen, si elles étaient transmises au conseil d'État, ne prouvassent que les gouverneurs avaient excédé de beaucoup leurs instructions, et ne les exposassent, en conséquence, au plus sévère châtiment, il en résulta que d'un commun accord, dans le cours de l'année 1643, l'adresse au conseil d'État fut retirée.

A dater de cette époque il y eut quelque amélioration dans les rapports des agents hollandais avec les autorités japonaises, et le commerce, malgré les restrictions capricieuses dont il eut à souffrir, présenta, en moyenne, un bénéfice assez considérable, surtout pour les pacotilleurs tolérés par la compagnie. En 1671 ce commerce était on ne peut plus florissant, eu égard aux proportions dans lesquelles il était permis. Mais déjà le gouvernement japonais s'était alarmé de l'exportation rapide des métaux précieux et même du cuivre. L'exportation de l'argent avait été défendue dès 1661, celle de l'or fut prohibée, et celle du cuivre considérablement restreinte, après de notables fluctuations dans la législation relative à cette branche de commerce (fluctuations dont l'histoire nous mènerait trop loin) (1). D'un autre côté, l'absence presque totale de bonne foi, de dignité et de prudence de la part des Hollandais, les intrigues et les honteuses spéculations des agents des deux nations unis pour le butin, désunis au partage, l'altération des monnaies, dont la valeur *nominale* continuait, grâce à la résignation hollandaise, à régler l'importance du commerce officiel, tandis que la contrebande la plus lucrative se soutenait à ses dépens; une foule de causes secondaires, en un mot, toutes empreintes de ce caractère d'immoralité et de désordre qui discrédite les nations comme les individus, aux yeux de tout gouvernement sage, contribuèrent à abréger la période de prospérité dont l'année 1671 avait été la plus complète expression. Le commerce s'amoindrit d'année en année jusqu'en 1743. Il se releva de 1745 à 1755. Mais à cette dernière époque de graves imprudences compromirent de nouveau les intérêts hollandais, et le gouvernement japonais, sans retirer entièrement sa protection dédaigneuse aux captifs volontaires de Dézima, leur fit notifier qu'ils étaient libres de rester ou de partir! ce que Meylan appelle « l'humiliation la plus grave que les Hollandais eussent encore éprouvée. » « Dès ce moment » dit Siebold, « le mécontentement et les récriminations réciproques, le plus souvent produites par la mesquine jalousie du lucre, sont à l'ordre du jour; la taxe du cuivre monte et descend au gré du caprice des gouverneurs impériaux, et les fraudes qui se combinent avec la spéculation privée resserrent de plus en plus les entraves du commerce hollandais. » A cette même époque (1755) le directeur même de la factorerie et les capitaines des navires étaient *fouillés* à l'entrée et à la sortie du comptoir! Les choses ne sont pas de nos jours dans un état tout

(1) Un mémoire d'un prince japonais, conseiller d'État, établit, vers 1710, que l'exportation des métaux précieux s'était élevée, en moins d'un siècle, à une somme évaluée à plus de deux milliards de nos francs, ou en moyenne à près de 23 millions par an!

à fait aussi déplorable; mais les humiliations subies par les Hollandais pour maintenir leur insignifiant monopole dépassent encore de beaucoup ce que les idées actuelles de dignité nationale pourraient tolérer dans l'espoir du plus bel avenir commercial! C'est ce que nous allons établir par les détails qui suivent.

Dézima (*dé*, avancé; *zima* ou *sima*, île) a la forme d'un éventail dont on aurait coupé le manche. C'est un carré oblong dont les grands côtés sont des portions de cercle. Kœmpfer l'a trouvée longue de 236 pas et large de 82. Siebold lui donne 624 pieds (mesure rhénane) au sud; 516 pieds au nord; 216 pieds de l'est à l'ouest et environ 6 pieds au-dessus du niveau de la mer, à la marée haute. Un mur de pierre en basalte la protége contre les flots. Sur cet étroit espace de terrain se trouvent les maisons en bois des employés hollandais, leurs magasins et quelques autres bâtiments de service. Ces constructions, serrées les unes contre les autres, laissent place à une rue assez large, qui avec l'emplacement du mât de pavillon, le jardin botanique et celui de la factorerie, constitue la promenade des étrangers renfermés et gardés à vue dans *Dézima*. Le mât de pavillon est situé par 32° 45' de latitude septentrional et 127° 31' de longitude orientale (du méridien de Londres?). L'île est jointe à la ville de Nagasaki par un pont en pierre de quelques pas de longueur seulement, à l'extrémité duquel se trouvent une porte et un corps de garde, où des sentinelles sont sans cesse en faction. Au côté septentrional de l'île se trouve une autre porte, que l'on appelle la porte de l'Eau, et qui n'est ouverte que pour les communications indispensables avec les navires hollandais qui peuvent se trouver sur la rade, et toujours sous la surveillance de la police. Aucun Hollandais ou Japonais ne passe la porte de la ville sans être visité. Un mur de clôture empêche de voir de la ville ce qui se passe dans l'île, et réciproquement. Les bateaux qui sillonnent la baie dans toutes les directions, et la rendent si vivante et si pittoresque, peuvent être vus de la factorerie, et cette scène mouvante serait une source précieuse de distraction pour les prisonniers s'ils pouvaient en jouir de près; mais une barrière de poteaux fichés à quelque distance en mer, et armés d'inscriptions prohibitives, interdit l'approche de l'île aux embarcations. Les Hollandais ne peuvent sortir de l'île sans permission, les Japonais n'y entrent qu'autorisés, à cet effet, pour l'exercice de certaines fonctions auprès des Hollandais (comme nous allons l'expliquer) et à des heures fixes. La factorerie ne comptait dans ces derniers temps (1844) que six Européens; savoir: un *chef*, *président* ou *directeur* (*opperhoofd*), appelé par les Japonais *holanda* (ou *horanda*) *capitan*, un *garde magasin, teneur de livres* et *écrivain*, trois *assistants* et un *garçon de magasin!* (c'est un peu plus de la moitié du personnel indiqué par Fisscher et Siebold, ce qui prouve que l'importance des affaires suit une progression décroissante). Ces Européens sont servis par des domestiques japonais, mais pendant le jour seulement. Au soleil couché, les serviteurs doivent quitter l'île et se présenter au corps de garde du pont pour que la police soit assurée qu'ils sont rentrés en ville. Aucun accident, aucun motif pressant, pas même la plus soudaine et la plus grave indisposition d'un Hollandais, ne peut autoriser l'infraction de ce règlement. Ainsi réduits à l'isolement et à se servir eux-mêmes pendant une moitié des vingt-quatre heures, les Hollandais ont dû rêver aux moyens de remédier à la monotonie et aux ennuis de leur existence, et de se procurer, moyennant un sacrifice pécuniaire, l'assistance et les soins dont ils éprouvaient le besoin dans leur triste intérieur. Ils ont donc bientôt demandé aux autorités japonaises, et il leur a été permis de traiter avec des femmes de la classe des prostituées (car l'entrée de Dézima est formellement interdite, par édit proclamé à la porte du pont, à toute femme honnête), et ils ont choisi parmi elles soit des servantes, soit des compagnes, qui ont pu être exemptées de l'obligation de quitter l'île au coucher du soleil. Ce qui devait résulter de cet étrange état de choses, et ce qui en résulte en effet, c'est un certain nombre d'enfants. Mais il ne faut pas que ces enfants naissent à Dézima, hors du vrai territoire de l'empire; il faut qu'ils naissent et demeurent *Japonais.* Aussi toutes les femmes entretenues comme servantes ou comme concubines par les Hollandais sont-elles obligées de se présenter, une fois dans les vingt-quatre heures, à l'officier de police sous les ordres duquel est placé le poste du pont. Il paraît cependant que les mères ont la permission d'allaiter leurs enfants dans la maison *paternelle.* Dans un âge fort tendre encore, les enfants de sang mélangé sont assujettis, dans leurs relations avec leurs pères, aux mêmes règles que les autres Japonais, et on assure qu'il leur est permis, seulement de loin en loin, de visiter Dézima; encore ne peut-on affirmer que cette permission s'étende aux filles (1). Les pères pourvoient, dit-on, aux frais de l'éducation et de l'entretien de leurs enfants leur vie durant, et il arrive fréquemment qu'ils sont *autorisés,* si ce n'est même *sérieusement invités,* et conséquemment *obligés* à acheter quelque emploi pour leurs fils japonais, soit à Nagasaki, soit ailleurs.

De même qu'aucun *Japonais* ne doit *naître* à Dézima, de même il lui est interdit d'y mourir, au moins officiellement. En cas de mort subite, il est extrêmement probable que l'on a recours au *naïbon,* coutume singulière, dont les nombreuses applications ont été pour nous le sujet d'une attention spéciale, et qui consiste dans la négation convenue

(1) Cependant nous trouvons dans Thunberg (t. II, p. 242) que pendant son séjour à Dézima *il vit* une petite fille âgée d'environ six ans, qui ressemblait beaucoup à son père européen, *et qui demeurait avec lui toute l'année.* — Thunberg assure d'ailleurs qu'il arrive rarement que les concubines japonaises aient des enfants des Européens. Ce qu'il dit lui avoir été rapporté de l'arrêt prononcé d'avance contre le fruit de ce commerce illicite, qu'on ferait périr au sortir du sein de sa mère, surtout si c'est un garçon; ce qu'il ajoute, d'après d'autres récits, que ces enfants sont au contraire soigneusement élevés et envoyés à l'âge de quinze ans à Batavia; l'incertitude que trahit, encore aujourd'hui, sur plusieurs points relatifs aux véritables conséquences légales de ces unions temporaires, le récit des voyageurs les plus dignes de foi : tout nous semble démontrer que nous ne devons accepter qu'avec un certain degré de doute ce qui nous est affirmé (de très-bonne foi) sur ce sujet.

de certains faits qui, bien que généralement connus, existent pour un temps (comme certaines personnes voyagent chez nous) *incognito.* Mais, relativement à ce point comme à beaucoup d'autres, nous n'avons aucun renseignement positif, et nous devons nous contenter de *conjecturer* avec ceux qui nous ont précédés dans l'examen et la comparaison des témoignages, sans nous livrer, comme quelques-uns d'entre eux l'ont fait, à des commentaires moraux ou politiques sur les actes supposés du gouvernement japonais.

Nous avons déjà dit que l'îlot de Dézima était une *création* due au génie soupçonneux de ce gouvernement; maintenant, il ne faut pas croire que ce sol artificiel ait été concédé à perpétuité ou mis à la disposition des Hollandais pour s'y loger comme bon ils l'entendraient. Les maisons qu'il leur est permis d'habiter sont la propriété de certains bourgeois de Nagasaki, qui les ont construites et qui en perçoivent les loyers par l'entremise du gouvernement. Ces loyers sont exorbitants (*Voyez* plus haut la lettre du gouverneur général Van Diémen). On permet seulement aux Hollandais de se meubler selon leur goût, soit en faisant venir des meubles de Java, soit en en faisant confectionner sur modèles européens par des ouvriers javanais, qui paraissent exceller dans ce genre de travail et dans les arts d'imitation en général, mais qui ne travaillent toutefois qu'à leur convenance, et qu'aucune élévation de salaire ne pourrait déterminer à prendre sur les heures consacrées aux repas ou aux plaisirs, pour hâter l'accomplissement de leur tâche. Encore faut-il que les ouvriers ainsi employés par les Hollandais soient *désignés* par les autorités japonaises! Certains fournisseurs sont également désignés officiellement, et le prix de leurs marchandises est fixé par le gouvernement à 50 pour 100 au-dessus des prix du marché, le gouvernement étant censé prélever sur les sommes ainsi réalisées une partie des frais occasionnés pour la garde et la surveillance du comptoir. Pour une foule d'autres articles qui ne sont pas prohibés et dont les Hollandais peuvent désirer faire l'acquisition, ils sont obligés de s'adresser à une espèce de courtier ou d'*acheteur* patenté, désigné encore aujourd'hui sous le nom portugais de *comprador*; mais, chose étrange! les achats, une fois faits, ne se soldent pas en argent, car (quels que puissent être les motifs de cette étrange mesure) toute transaction en numéraire est interdite aux Hollandais, et il ne leur est même pas permis d'avoir de l'argent monnayé en leur possession. Les cargaisons de leurs navires sont remises aux mains des agents japonais, qui se chargent de la vente des marchandises, en réalisent le montant, achètent avec le produit les cargaisons de retour, et remettent leurs comptes, sans autre contrôle de leurs opérations, au chef de la factorerie. Les pacotilleurs (et ce sont les employés de la factorerie auxquels le gouvernement colonial accorde, comme supplément de traitement, l'autorisation de spéculer sur certains articles), les pacotilleurs eux-mêmes sont obligés de se soumettre à ce mode indirect et arbitraire de réalisation. Les comptes entre chacun des Hollandais et les fournisseurs et *compradors* sont réglés et soldés à l'aide et à l'époque de ces ventes annuelles. Les fournisseurs attitrés, le *comprador*, un médecin japonais (destiné à remplacer, en cas d'absence, de maladie ou de mort, le médecin hollandais attaché à l'établissement), un chirurgien ou plutôt « un acupuncturiste » japonais (s'il nous est permis de forger ce mot), et les domestiques dûment autorisés, sont porteurs de certaines passes qui leur permettent d'entrer et de sortir aux heures légales; mais chacun d'eux doit, avant de prendre possession de son emploi, signer, *avec son sang* (1) le serment par lequel il s'oblige à ne contracter aucune intimité ou amitié avec les Hollandais, à ne leur fournir aucuns renseignements relatifs à la langue, aux lois, aux usages, à la religion ou à l'histoire du Japon; en un mot, à n'avoir d'autres rapports avec eux que ceux qui sont nécessités par la nature de leurs fonctions. Aucun autre individu, les employés et interprètes du gouvernement exceptés, ne peut entrer dans Dézima sans une permission expresse du gouverneur de Nagasaki. On assure que cet ordre peut être éludé en obtenant (moyennant un cadeau fait à propos) de passer comme domestique de l'un des employés qui sont officiellement autorisés à visiter l'établissement.

La stricte exécution des mesures prescrites est confiée aux officiers municipaux et à la police de Nagasaki. Un certain nombre de ces officiers, avec un détachement proportionné d'interprètes, se trouve toujours sur les lieux, et il leur est assigné des maisons comme résidence; mais il ne leur faut, à vrai dire, qu'une salle de réunion ou une sorte de corps de garde, puisqu'ils sont relevés toutes les vingt-quatre heures.

Les interprètes constituent, à Nagasaki, une corporation régulière, et reçoivent un traitement payé par le trésor impérial. On compte de soixante à soixante et dix interprètes assermentés pour la langue hollandaise (2) et un plus grand nombre encore pour la langue chinoise. La factorerie chinoise est reléguée dans un coin voisin de la ville de Nagasaki, comme le comptoir hollandais, mais sur le territoire même de la ville. Les interprètes attachés à chacun de ces établissements ne peuvent les visiter qu'en compagnie et sous la surveillance d'un officier municipal ou (comme

---

(1) Il est à remarquer que l'obligation de prêter serment est imposée, au Japon, à une foule de personnes, et dans toutes les circonstances qui entraînent une responsabilité quelconque. — « C'est une qualification nécessaire, dit Kœmpfer, pour être revêtu d'un office public, ou pour porter témoignage de faits particuliers, ou pour justifier son innocence, ou pour la confirmation des contrats particuliers, et en général pour quelque sujet que ce soit. Le serment, qui consiste en un engagement solennel de faire telle ou telle chose selon la forme prescrite contenue dans les lois et les statuts de l'empire, se termine toujours par une formule d'imprécation, par laquelle la personne qui se lie appelle sur sa tête et sur la tête des siens le courroux vengeur des divinités de l'empire, dans le cas où elle n'observerait pas religieusement et ponctuellement les articles ou conditions de l'engagement. Elle signe le serment et le scelle de son cachet trempé dans l'encre noire où elle verse quelques gouttes de son sang, qu'elle tire en piquant un de ses doigts derrière l'ongle. »

(2) On en comptait cent cinquante du temps de Kœmpfer.

le veut Fisscher) d'un *espion*. On a fait, à ce sujet la remarque que le système entier de l'administration au Japon repose sur *l'espionnage*, mais qu'il est peu probable que l'espionnage s'exerce ainsi au grand jour. Cela nous semble une dispute de mots. Que les domestiques japonais soient plus spécialement chargés de rendre compte aux autorités de tous les détails qui peuvent les intéresser dans la conduite des Hollandais et dans celle des interprètes et des officiers municipaux eux-mêmes, cela nous paraît d'autant plus probable que ces domestiques comprennent et parlent, presque tous, le hollandais; mais l'espionnage ou au moins la surveillance la plus rigoureuse et la plus active est à l'ordre du jour dans toute la hiérarchie administrative (comme nous le démontrerons plus loin), et nous sommes porté à croire que Fisscher dans ce sens a raison.

Lors de l'arrivée des navires hollandais et pendant le déchargement, l'achat des cargaisons de retour, le chargement des marchandises et les préparatifs de départ, les rapports du chef du comptoir avec le gouverneur de Nagasaki et ses subordonnés sont nécessairement plus fréquents, plus directs et plus compliqués; et la manière dont ces négociations sont conduites de la part des Japonais semble devoir donner la mesure des égards avec lesquels les Hollandais sont traités par les autorités du pays. Il y a sur ce point diversité d'opinions, Siebold maintient que le chef du comptoir hollandais est encore exposé à bien des insultes et forcé de se soumettre à des humiliations de tout genre, tandis que la plupart des Hollandais affirment qu'ils sont traités avec tous les égards et le respect qu'on peut raisonnablement attendre dans la dépendance relative où ils se trouvent. L'un, en signalant ces concessions humiliantes, les attribue non pas aux basses inspirations de l'intérêt personnel, mais à un sentiment patriotique, qui fait taire les suggestions de l'amour-propre devant le désir honorable de conserver à la Hollande les avantages d'un commerce lucratif. Les autres font, au contraire, bon marché de cette considération toute commerciale, et se montrent jaloux avant tout de conserver la dignité nationale et individuelle, qu'ils ont la prétention de préserver de toute atteinte sérieuse. Nous avouons que cette prétention ne nous semble rien moins que légitime en présence des *faits* dont nous empruntons le récit aux Hollandais eux-mêmes. Parmi les *faits* qui permettront à nos lecteurs de porter un jugement impartial sur cette question d'amour-propre, il en est un qui domine tous les autres, et sur lequel, conséquemment, nous devons, avant tout, appeler leur attention; fait qui touche d'ailleurs à des questions d'un plus haut intérêt philosophique que celle de la position plus ou moins honorable que les Hollandais ont acceptée au Japon. Nous voulons parler du *souverain mépris* que toutes les classes influentes, au Japon, les nobles surtout et les fonctionnaires publics, même ceux d'un rang secondaire, témoignent et éprouvent pour toute espèce de trafic. Sous l'influence d'un pareil préjugé, il n'est pas probable que les officiers japonais traitent le chef du comptoir hollandais comme l'un de leurs égaux, et le juste degré de considération qu'ils lui accordent est mesuré par l'assimilation qu'ils établissent entre ce chef commercial et les marchands japonais, auxquels il est interdit de porter le sabre. D'après leurs institutions, le plus riche négociant japonais ne peut échapper à cette interdiction ignominieuse qu'en obtenant de quelque noble indigent (en considération des services pécuniaires qu'il lui a rendus) l'autorisation de se faire porter sur la liste de ses domestiques, et *en cette qualité* seulement il lui est permis de paraître en public armé d'*un* sabre. Maintenant, ce chef du comptoir est le seul Hollandais auquel il soit accordé de porter *une* épée, et encore ne doit-il la ceindre que dans de certaines occasions d'apparat. Comment admettre d'après cela que celui qui n'est autorisé à porter qu'un sabre ou une épée, et encore dans des occasions déterminées, puisse se considérer comme l'égal de celui qui a le droit de porter constamment *deux* sabres, ou même de celui qui en porte constamment un?

Il nous paraît donc démontré que sur ce point décisif d'étiquette (et ce n'est pas le seul) les Hollandais se sont résignés à abdiquer en grande partie leur dignité individuelle. Mais on a supposé à tort que certaines de leurs concessions avaient eu et présentaient encore un caractère plus grave et réellement déshonorant. Nous voulons parler du reproche qui leur a été adressé d'avoir acheté le maintien de leurs priviléges commerciaux par une lâche soumission aux ordres du gouvernement japonais, qui leur aurait prescrit et leur prescrirait encore de fouler publiquement aux pieds les images révérées de la Vierge sainte et de son divin Fils! Rien ne *démontre* qu'à aucune époque de leur établissement au Japon les Hollandais se soient rendus coupables de cette bassesse. Tant que les Japonais ont pu craindre que les doctrines chrétiennes eussent laissé dans l'empire, malgré leur extirpation sanglante, des germes que la moindre tolérance tendrait à développer, ils ont sévèrement interdit à leurs hôtes européens l'exercice de leur religion et les plus légères manifestations de leurs croyances; mais ils n'ont pas exigé l'abjuration de ces croyances, et encore moins ont-ils voulu que le sacrilége et l'insulte attestassent périodiquement la sincérité de l'abjuration. Les humiliations imposées ont été grandes sans doute, et on peut s'étonner qu'elles aient été acceptées; mais, pour l'honneur du nom chrétien, on peut affirmer qu'elles n'ont pas été jusqu'à ce degré d'avilissement. Il faut avouer en même temps que l'espoir d'échapper à la proscription qui menaçait tous les Européens que le commerce avait attirés au Japon a déterminé de bonne heure les Hollandais à représenter *leur* christianisme comme entièrement différent de celui des Portugais et des Espagnols; et le commissaire impérial qui visitait Firato en 1640 avait raison de leur dire: « Nous pensions que votre Christ et le leur n'étaient pas le même Dieu! » D'ailleurs, leur soumission empressée à tous les sacrifices qui leur étaient demandés, précisément au point de vue religieux, devait donner aux Japonais une idée peu favorable de leur moralité et leur attirer le mépris de ce peuple dont les actions reconnaissent pour principaux mobiles le point d'honneur et le respect pour les institutions.

Nous reviendrons plus tard sur les circonstances qui ont accompagné la suppression du christianisme au Japon et sur l'abjuration exigée encore de nos jours, non des quelques Européens qui sont soufferts à l'extrémité de l'empire, mais d'un grand nombre de sujets japonais. Complétons, autant qu'il est en nous, le tableau que présentent les relations établies à Dézima entre les autorités japonaises et les Hollandais. Meylan, qui a été chef du comptoir, et qui paraît moins disposé qu'aucun de ses prédécesseurs à exagérer *les honneurs* qui lui ont été rendus, regarde comme une *immense prérogative* que le principal officier de police de Nagasaki et le maire de cette ville, quand ils ont à traiter de quelque affaire avec le chef du comptoir, viennent le trouver *chez lui,* au lieu de l'appeler à leur tribunal (dans l'île). Voici comme il rend compte de cette visite officielle.

« En pareille occasion, l'*opperhoofd* est tenu de se disposer à recevoir ses nobles hôtes en faisant étendre un tapis, préparer des confitures et des liqueurs, qui seront offertes au moment convenable. Il doit attendre à sa porte l'arrivée du dignitaire japonais; et quand celui-ci s'est assis, à la manière du pays, c'est-à-dire sur ses talons, l'*opperhoofd* s'accroupit de la même manière sur le tapis, et salue deux ou trois fois, courbant la tête jusqu'à terre, ce qui s'appelle « faire son *compliment.* » Jusque-là rien à dire, puisque c'est ainsi que les personnes de distinction au Japon se reçoivent et se saluent; mais où se trouve une différence offensante, c'est qu'entre Japonais ce mode de salut est réciproque, tandis qu'à une entrevue entre un Hollandais et un seigneur japonais du rang *de gobanyosi* (1), le *gobanyosi* ne rend pas au Hollandais son salut, et celui-ci doit se considérer

---

(1) Siebold assure, et il y a tout lieu de penser, d'après l'ensemble des témoignages, qu'un *gobanyosi*, ou principal officier de police au Japon n'est nullement considéré comme un haut dignitaire. L'officier municipal que nous trouvons désigné sous le titre de *maire* ou *bourgmestre* ne doit pas occuper non plus un rang aussi élevé que celui que les Hollandais paraissent lui assigner en général.

comme fort heureux quand il a affaire à un *gobanyosi* ou à un *maire de Nagasaki* qui daigne témoigner son approbation par un léger signe de tête..» Cela est d'autant plus remarquable pour un nouveau débarqué à Dezima, qu'il voit les Japonais, entre eux, pleins de démonstrations d'une politesse cérémonieuse, en quoi ils ne cèdent à aucune autre nation, sans en excepter les Chinois. Une autre remarque importante à faire, c'est qu'aucun dignitaire japonais, à commencer du *gobanyosi*, n'adresse *jamais directement* la parole à un Hollandais, mais, invariablement, par l'intermédiaire d'un interprète. On pourrait s'imaginer que ceci est un inconvénient inévitable, les personnes en présence ne pouvant se passer d'interprète pour lier conversation ensemble; mais telle n'est pas la cause de cette formalité rigoureuse: car plusieurs chefs de comptoir, par une étude assidue du langage, se sont mis en état de se faire comprendre aisément, et quelques-uns d'entre eux ont même essayé d'adresser la parole directement au dignitaire japonais en laissant l'interprète de côté, *mais en vain* : le haut personnage a fait semblant de ne rien comprendre, et a désigné à son interlocuteur l'interprète comme le milieu inévitable par lequel ses paroles devaient passer pour être légalement compréhensibles. Nous en concluons que ceci est un point d'étiquette, et que les Japonais l'ont réglé d'une manière peu flatteuse pour les Hollandais (1). Nous sommes d'autant plus porté à croire qu'il en est ainsi, que le nombre des *intermédiaires* augmente avec la qualité du personnage qui donne audience au chef ou au président du comptoir. Quand le gouverneur de Nagasaki, par exemple, reçoit le président du comptoir, il adresse la parole à son secrétaire, celui-ci à l'interprète, et l'interprete au président, dont les réponses passent à l'interprète, de celui-ci au secrétaire et enfin au gouverneur.

L'*opperhoofd* a deux audiences, chaque année, du gouverneur de Nagasaki; l'une pour lui présenter le *fassak*, c'est-à-dire le présent annuel (1) que le gouvernement colonial transmet aux autorités; l'autre au départ des navires. Le dialogue officiel qui doit avoir lieu dans ces circonstances est réglé d'avance, et toujours le même. Voici, d'après Meylan, quelles sont les demandes et les réponses :

En présentant le *fassak*.

Le président ou chef du comptoir. — « J'éprouve une bien vive satisfaction à trouver sa seigneurie le gouverneur en parfaite santé, et je la prie d'accepter mes félicitations. Je dois aussi remercier sa seigneurie de l'aide qu'elle a bien voulu continuer à accorder aux Néerlandais dans les affaires de leur commerce, pendant le cours de cette année, et je viens, en conséquence, offrir à sa seigneurie, de la part du gouverneur général de Batavia, les présents qui lui sont destinés selon l'ancien usage, et qui sont détaillés dans la liste déjà remise par moi. »

Le gouverneur. — « Il m'est fort agréable de voir le président (*horanda capitan*) en bonne santé : je l'en félicite ainsi que de l'heureuse conclusion des affaires de commerce, et j'accepte avec reconnaissance (mot à mot, selon *Meylan*, « je le remercie pour ») le présent qui m'est offert, selon l'ancien usage, au nom du gouvernement suprême de Batavia. Comme le temps fixé pour le départ des navires approche, le président aura soin qu'ils soient bientôt prêts à mettre à la voile, et aussitôt qu'ils seront, en effet, en mesure de partir, il en instruira le gouverneur. »

Le président. — « Sa seigneurie me fait honneur en acceptant les présents qui lui

---

(1) Nous concluons des relations des voyageurs les plus éclairés et des renseignements que nous avons recueillis de la bouche même d'un Hollandais distingué par ses connaissances et qui a séjourné longtemps au Japon, qu'il s'agit ici non pas seulement d'une question d'étiquette relative aux Hollandais en particulier, mais d'un *principe* général en vertu duquel il est interdit à tout officier japonais, autre qu'un interprète assermenté du gouvernement, de comprendre *officiellement* les langues européennes, et il lui est interdit également de *comprendre* un étranger qui lui adresse la parole en japonais.

(1) Ces présents ne sont point considérés par le gouvernement du Japon comme un don, mais comme un *tribut*, comme une redevance. — *Fassak*, en chinois *pa-sŏ*, signifie le premier jour du huitième mois. C'est la date à laquelle les employés de Nagasaki acquittent leur *contribution de salaire* (probablement la retenue faite sur leurs appointements au profit du trésor impérial). Voyez Siebold, t. 1ᵉʳ, p. 234.

Scène de la vie privée, repas et divertissement.

JAPON

JAPON

Maison Japonaise.

Le palais impérial de Yédo.

JAPON.

JAPON.

Scène de la vie privée, la toilette.

sont offerts. J'aurai soin que les navires soient bientôt prêts à partir, et je ne manquerai pas, aussitôt qu'ils le seront, d'en informer le gouverneur. »

Là se termine l'audience. Le chef du comptoir passe alors dans une autre salle, et demande la permission de présenter ses devoirs, en particulier, aux secrétaires du gouverneur. Les secrétaires viennent, et après les salutations ou *le compliment* d'usage, le président dit :

« Je suis heureux de voir messieurs les secrétaires en bonne santé, et je les remercie d'avoir bien voulu prendre la peine de s'occuper de nos affaires de commerce. »

A quoi le premier secrétaire répond, tant en son nom qu'au nom de son collègue :

« Nous sommes bien aises de voir le président en bonne santé et espérons qu'il continuera à se bien porter. »

A l'audience qui précède le départ des navires :

Le président. — « Je prie sa seigneurie d'agréer les vœux que je forme pour sa santé, et j'ai l'honneur de l'informer que dans la journée d'après-demain, 20 du courant, les navires qui, grâce à l'assistance de sa seigneurie, sont prêts à partir, iront mouiller à Papenberg (1). »

(1) Un édit impérial prescrit aux navires hollandais, qu'ils soient prêts ou non à mettre à la voile, de quitter la rade de Nagasaki le vingtième jour du neuvième mois japonais. Ils peuvent cependant, sous prétexte d'attendre un vent favorable, demeurer quelque temps à l'ancre sous Papenberg (l'île ainsi nommée, dit-on, en mémoire des *papistes*, c'est-à-dire des moines portugais qui furent précipités du haut de ses rochers dans la mer, pendant la persécution ordonnée contre les chrétiens). — L'audience de départ a toujours lieu le 18. Le jour précis du départ est fixé par le gouverneur, et il faut que son ordre s'exécute sans le moindre délai « quelque contraire que puisse être le vent » dit Thunberg « et *quelque tempête qu'il fasse!* » — Nous croyons ceci un peu exagéré ; mais il est certain que même par un mauvais temps, le départ une fois ordonné, les navires doivent appareiller, sauf à être remorqués par des centaines de bateaux japonais, dont les longues files s'évertuent à les mettre dehors au chant cadencé des rameurs, ce qui offre, assure-t-on, et nous n'avons pas de peine à le croire, le spectacle le plus étrange et le plus pittoresque à fois. L'ordre et l'ensemble qui régnent dans cette opération ont souvent excité l'étonnement des voyageurs et principalement des marins (*Voyez* à cet égard la relation de Krusenstern, tome I, p. 350).

Le gouverneur. — « Je suis satisfait d'apprendre que les navires sont prêts à mettre à la voile, et le président veillera à ce qu'ils partent (ou « pour les autoriser à partir ») dans la journée du 20. Je vais maintenant donner lecture des ordres de l'empereur, pour que le président sache ce qui lui reste à faire : qu'il écoute! »

Le président. — « Je remercie sa seigneurie de vouloir bien autoriser le départ des navires, et je suis prêt à écouter les ordres de l'empereur. »

Le gouverneur lit alors en japonais et l'interprète répète en hollandais un document dont le sens est que : Si les Hollandais désirent continuer leur commerce avec le Japon, ils ne doivent ni amener aucune personne de cette nation à Nagasaki, ni entretenir aucune relation avec des Portugais, et que dans le cas où ils auraient connaissance de quelque dessein hostile des Portugais à l'égard du Japon ils doivent en prévenir le gouverneur de Nagasaki. Ils doivent aussi respecter les jonques chinoises qui sont autorisées à se rendre au Japon, ainsi que tous navires appartenant aux îles *Liou-Kiou*, ces îles étant sous la dépendance du Japon. Cette lecture faite, le dialogue officiel continue comme il suit :

Le gouverneur. — « Vous vous conformerez strictement aux ordres de l'empereur, et, de plus, le président exigera des Hollandais qui restent (à Dézima) qu'ils tiennent une conduite convenable » (mot à mot, « qu'ils se comportent bien »).

Le président. — « Je me conformerai fidèlement aux ordres de l'empereur qui viennent de m'être communiqués, et j'en ferai part au gouvernement suprême à Batavia. J'exigerai des Néerlandais qui resteront à Dézima qu'ils se comportent d'une manière convenable. »

Ce que nous venons de dire suffit, nous le pensons, pour que nos lecteurs achèvent de se faire une idée générale assez exacte de la manière dont la vie se passe à Dézima. Nous avons déjà remarqué qu'aucun Japonais n'a la permission d'y mourir *officiellement*. Pour les Hollandais, ils peuvent y mourir sans aucune objection ; mais au lieu d'exiger, comme on le faisait du temps de Van Diemen, que la mer leur serve de tombeau, on a assigné pour cimetière à la factorerie une certaine portion de terrain dépendante d'un temple près de Nagasaki, en sorte qu'à cet égard, au moins, et par un étrange contraste avec les autres mesures de police dont les prisonnier de Dézima sont l'objet, les Hollandais sont traités comme s'ils avaient l'honneur d'être Japonais. Un mort hollandais est donc enterré non pas avec les formes du christianisme, bien entendu, mais avec le même respect et les mêmes cérémonies qu'un sujet de l'empire, et les prêtres du temple auquel appartient le champ du repos prennent le même soin de la sépulture de l'étranger que s'il s'agissait de l'un de leurs compatriotes et, qui plus est, de l'un de leurs coreligionnaires ! La factorerie reconnaît cette faveur par un don annuel au temple qui protège la dernière demeure de ceux de ses membres qui expirent sur l'îlot fatal de Dézima ! En ce qui regarde ce point important du respect et des égards que les Japonais refusaient jadis aux morts européens aussi bien qu'aux vivants, il y a donc eu une amélioration notable (même depuis que Thunberg a visité le Japon : *Voyez* son récit, tome II, p. 27); mais nous craignons que le séjour de Dezima ne justifie encore pleinement ce que ce même Thunberg en disait il y a soixante-douze ans :

« L'Européen condamné à passer sa vie dans cette solitude serait réellement enterré vif.... Étranger à tout ce qui se passe sur la scène du monde, on végète dans la nullité morale la plus absolue. L'esprit n'a point d'aliment, la volonté est nulle, et le plus sage parti est de se dépouiller de toutes ses facultés impératives, pour s'identifier, pour ainsi dire, avec celles des naturels, qui vous épargnent la peine de commander et ne vous laissent que le soin d'obéir ! »

Tel est, qu'on juge à propos de les plaindre ou non, le sort des Hollandais à Dézima ! Cet état de captivité permanente, cette monotonie d'existence végétative, sont cependant interrompus de temps à autre, pour quelques-uns des captifs au moins, par des causes dont nous devons nous occuper. Et d'abord il est permis à tout membre de la factorerie de solliciter l'autorisation de visiter la ville de Nagasaki et ses environs. Il suffit, à cet effet, qu'il adresse, vingt-quatre heures d'avance, une pétition au gouverneur par l'intermédiaire d'un interprète. Le gouverneur refuse rarement ou même ne refuse jamais l'autorisation demandée, mais c'est à la condition que l'infortuné promeneur soit accompagné par un certain nombre d'officiers de police et par le *comprador,* qui est exclusivement chargé de pourvoir aux menues dépenses et achats que l'étranger peut avoir la fantaisie de faire pendant sa promenade. Ces compagnons obligés sont, à leur tour, accompagnés de leurs domestiques, en sorte que cette petite excursion entraîne la présence d'au moins vingt-cinq à trente personnes ! On comprend qu'une promenade entreprise dans de pareilles conditions ne soit pas fort agréable, surtout quand il faut tenir compte de l'importune escorte de tous les gamins japonais, qui poursuivent le groupe ambulant partout où il se présente, en criant à tue-tête, *Horanda ! Horanda !* D'ailleurs, chacun des officiers japonais qui ont mission d'accompagner le prisonnier momentanément libéré, se reconnaît le droit d'inviter à cette partie de plaisir autant de ses amis qu'il le juge convenable, et le pauvre Hollandais est dans la stricte obligation de les régaler tous. Il ne gagnerait rien à s'associer, pour une expédition de ce genre, avec un de ses collègues du comptoir, car dans le cas où l'*exeat* autoriserait cette combinaison le nombre de surveillants serait doublé, et conséquemment celui des convives.

Le but de ces excursions est toujours à peu près le même. On se promène dans les rues de Nagasaki, on parcourt les campagnes environnantes, on visite un temple, où l'on se fait servir une collation, ou bien on s'arrête dans les principales *maisons à thé.* Comme il faut, en tout cas, passer par la ville, commençons par résumer en peu de mots ce qu'elle offre de remarquable.

Nagasaki s'étend sur le penchant d'une colline : comme toutes les villes japonaises, elle est régulièrement bâtie, et chaque maison ayant son jardin, grand ou petit, l'ensemble offre un coup d'œil attrayant. Les maisons sont basses. Aucune n'a, à proprement parler, plus d'un étage habitable, au-dessus duquel se trouve parfois une sorte de grenier ou mansarde, tandis que dans quelques-unes on remarque au-dessous du premier étage une espèce de rez-de-chaussée, ou plutôt un soubassement ouvert, qui peut-être sert de hangard, mais dont le principal usage est d'exhausser l'étage habité. La hauteur de la façade, le nombre des fenêtres sont déterminés par la loi. Toutes les maisons sont en bois, et, pour la plupart, crépies avec un mélange de terre glaise et de paille hachée. Une sorte de ciment ou de stuc dont les murailles sont revêtues à l'extérieur leur donne l'apparence de la pierre. Les fenêtres portent en guise de vitres des feuilles de papier très-fin et très-fort qui admettent assez de lumière pour éclairer l'intérieur de la maison, mais ne permettent pas de distinguer les objets extérieurs. Celles du côté de la rue sont garnies de volets et de jalousies, les autres paraissent n'avoir que des volets. La maison est, en général, entourée d'une varande ou galerie qui communique avec tous les appartements (1).

La façade des principales habitations japonaises est occupée par un grand portique, où sont déposés les palanquins, les parasols, les sandales des visiteurs, et où se tiennent les domestiques, les personnes qui ont affaire au maître de la maison, etc. Ce portique communique avec les diverses dépendances, offices, etc. La famille habite les derrières de la maison du côté du jardin. Cette partie du bâtiment a une forme triangulaire qui lui donne plus d'air, plus de lumière et un aspect plus riant. Le jardin, quelque petit qu'il soit, est un paysage en miniature, avec ses rochers, ses montagnes, ses lacs, ses arbres, ses chutes d'eau, et contient toujours une chapelle ou oratoire consacré aux dévotions de la famille. Cette imitation en raccourci des beautés de la nature peut nous paraître ridicule, mais il est certain que l'ensemble de ces jardins accidentés avec leurs touffes de verdure contribue beaucoup à donner à la ville un aspect des plus pittoresques. Le plus humble propriétaire aspire à la possession d'un petit jardin de ce genre; et si l'espace lui manque absolument, il cultive au moins dans des pots quelques plantes belles ou curieuses, auxquelles les jardiniers japonais savent imposer les formes les plus étranges, ou dont ils ont l'art d'arrêter le développement naturel sans que cette végétation rabougrie les condamne à la stérilité (1). Il ne faut pas trop prendre à la lettre ces renseignements généraux sur l'architecture domestique au Japon. Les circonstances locales, les besoins et les ressources des familles modifient la forme des bâtiments. Près des marchés, dans les grandes rues bordées en grande partie de magasins et de boutiques, les maisons se touchent et n'ont pas de jardins. Il arrive assez souvent qu'un grand nombre de ces maisonnettes sont construites de manière à former une espèce de *cité*, comme nous en comptons par dizaines à Paris; l'espace libre au centre est occupé par des arbres, des fleurs, de petits jardinets appartenant à une ou plusieurs de ces maisons. Toutes gagnent à cette disposition au point de vue hygiénique comme sous le rapport de l'agrément. Dans ce cas, et dans beaucoup d'autres probablement, la partie postérieure des habitations n'est pas assujettie à la forme triangulaire.

Ce qu'il y a de plus remarquable dans l'architecture domestique, c'est que chaque habitation a son *magasin de sûreté*, séparé du corps de logis, et dont la construction a été suggérée par la fréquence des incendies au Japon, plus encore que par la crainte des voleurs (les vols étant au contraire peu fréquents). Ces *magasins* sont, comme les maisons ordinaires, construits principalement en bois, mais

(1) Il faut lire dans Charlevoix la description détaillée qu'il donne d'une jolie maison japonaise et de son jardin, vol. I, p. 40 et suivantes. — Les planches du grand ouvrage de Siebold en donnent d'ailleurs une idée fort exacte : voir aussi notre fig. 13.

(1) Les tours de force de l'horticulture sont également en grand honneur en Chine. Peut-être même sont-ce les Chinois qui en ont donné le goût aux Japonais; mais dans ce cas ceux-ci ont dépassé leurs maîtres, au dire des voyageurs les plus dignes de foi.

Au reste, il y a de grandes analogies dans les détails de la civilisation des deux pays, quoique le caractère national diffère essentiellement. C'est ce que nous aurons souvent occasion de constater.

avec plus de solidité, comme nous allons l'expliquer à l'instant, et leur apparence est telle que Siebold, quand il vit pour la première fois ces constructions, en prit de loin quelques-unes pour des demeures seigneuriales. Il paraît que selon la fortune des propriétaires le nombre de ces magasins augmente, et qu'alors chaque magasin a sa destination spéciale. Celui qui est destiné à mettre en sûreté l'or, l'argent, les objets précieux, est d'une construction plus substantielle et gardé avec plus de soin que ceux où l'on serre les grains, les provisions ou les marchandises. La charpente des uns et des autres est en bois, les pièces qui la composent sont plus fortes que celles qu'on emploie en général à la construction des maisons. Les interstices sont remplis avec des pierres et des briques unies par un mortier, et le tout est recouvert d'une couche épaisse de crépi, ce qui donne à la muraille une épaisseur totale d'un à deux pieds. Le toit de ces magasins est crépi également avec un soin particulier et recouvert de fortes tuiles. La porte d'entrée est protégée de la même manière. L'édifice a, en général, deux étages. On y ménage quelques ouvertures ou fenêtres, pour y donner du jour et de l'air; mais chacune de ces ouvertures est munie d'un volet en cuivre. Enfin, un grand vase rempli de boue liquide ou de purée bien délayée est toujours placé dans le voisinage immédiat du magasin ou à la porte même d'entrée, pour appliquer au besoin cette solution simple mais efficace aux parties du bâtiment qui peuvent être menacées par un incendie. Ces précautions paraissent avoir le résultat le plus satisfaisant et les *magasins de sûreté* japonais sont en effet à l'épreuve du feu; car le président Doeff, décrivant les ravages causés, de son temps, par un grand incendie qui détruisit entièrement onze rues de Nagasaki et en partie plusieurs autres, observe qu'il n'y eut pas un seul magasin d'endommagé. Il arrive cependant quelquefois, lorsque les magasins se trouvent dans le voisinage immédiat des maisons enflammées, que la charpente s'échauffe au point de se carboniser, et que le contenu est détruit ou au moins très-avarié. Les magasins ordinaires portent le nom de *koura* ou *kioura*. On construisait autrefois dans le même but des espèces de souterrains, qui s'appelaient *dozoo* ou *anagoura*, et auxquels on paraît avoir renoncé dans des temps plus modernes.

Revenons aux promenades de nos exilés. — Quand on est une fois hors de la ville, le spectacle que présente la campagne est si riche et si varié, les points de vue les plus pittoresques se succèdent avec une telle rapidité, embrassant à la fois montagnes, vallées, terre, ciel et mer, que le spectateur, absorbé dans la contemplation de ces panoramas merveilleux, oublie complétement la surveillance dont il est l'objet! D'ailleurs les Japonais sont eux-mêmes très-sensibles aux charmes de la belle nature, et se passionnent aisément pour les ravissantes perspectives que le pays offre ici de toutes parts. Rien ne prouve mieux ce goût inné des Japonais que le choix qu'ils font invariablement des plus beaux sites pour y construire leurs temples. On compte plus de soixante de ces temples dans un rayon très-borné autour de Nagasaki. Tous sont de la construction la plus simple et sans ornements. Ils sont, comme les maisons ordinaires, entièrement entourés d'une varaude, et plusieurs petits temples ou chapelles se groupent souvent autour de l'édifice principal. Les uns sont des temples bouddhistes, les autres appartiennent à la religion *sintoo* ou *shiyanin*. Ceux-ci sont désignés par le nom de *miya*, les temples bouddhistes par celui de *tera*. L'enceinte des temples bouddhistes est appelée aussi *tera* ou *tera-yasiki*; l'enceinte des temples *sintoo*, *yasiro*. Cette classification, dont nous tenons indirectement le détail des Japonais eux-mêmes, est probablement plus exacte que celle de Siebold, qui appelle un grand temple *yasiro*, et les petits temples ou chapelles *miya*. Quoi qu'il en soit, les temples sont situés sur les montagnes, et chaque temple a son jardin qui l'entoure et d'où la vue est magnifique. Ces jardins sont le rendez-vous ordinaire de ceux qui veulent se divertir. De grandes salles, non consacrées au culte des divinités, sont tenues, s'il faut en croire Siebold, à la disposition des voyageurs par les prêtres japonais, qui les louent pour des parties de plaisir, des banquets et même des orgies! Des renseignements plus récents (1) portent à croire que des réunions profanes du genre de celles auxquelles Siebold fait allusion sont très-rares, et forment exception aux règles générales. On donne quelquefois asile dans les temples aux voyageurs et en particulier aux religieux voyageurs; mais on ne loue les salles disponibles, comme salles de divertissement, qu'à l'occasion de quelque grande fête. D'ailleurs, on trouve souvent des *cha-ya* ou *maisons à thé* (qui sont au Japon ce que les cafés sont chez nous), non dans l'enceinte des temples, mais dans leur voisinage immédiat. Il est bon de faire observer aussi que les prêtres ou religieux de la secte *sintoo* sont mariés, et ne demeurent pas dans leurs *miyas*, et que souvent les religieux bouddhistes ne résident pas non plus toujours dans le *tera-yasiki*. — Nos réserves ainsi formulées, nous reprenons notre récit et rappelons à nos lecteurs que le Hollandais autorisé à visiter les environs de Nagasaki est dans l'obligation de régaler l'escorte officielle et officieuse qui l'accompagne dans sa promenade. Le lieu du festin est presque toujours l'un des temples dont nous venons de parler. Fort heureusement, il n'est pas toujours nécessaire que le promeneur fasse lui-même les honneurs du banquet, et il arrive quelquefois que ses surveillants immédiats, les officiers de police, lui permettent de rôder à sa guise, en compagnie d'un seul interprète, d'entrer dans les boutiques et d'y acheter ce qui lui plaît sous la protection du *naibon*, c'est-à-dire *incognito*, tandis que la bande joyeuse se divertit à ses dépens. Dans de certains cas, le rendez-vous désigné est l'une de ces *maisons à thé* patentées où l'on se réunit pour boire, pour entendre de la musique et dans un but moins innocent, que nous ne saurions entièrement passer sous silence à cause de l'originalité caractéristique des faits et coutumes qui s'y rattachent dans ce singulier pays.

Les propriétaires de ces établissements sont autorisés à acheter un certain nombre de jeunes filles appartenant à la classe indigente. Ces filles sont élevées par eux dans un but exclusif de prostitution. Pendant leur enfance elles servent comme domestiques; mais on ne perd pas de vue leur éducation, qui est, au contraire, l'objet de soins assidus. On leur apprend tout ce qui peut contribuer à rehausser leurs avantages naturels, développer leur intelligence et donner à leur conversation un attrait propre à augmenter le pouvoir de leurs charmes. Semblables en ce point aux courtisanes de l'ancienne Grèce, elles réunissent à la grâce ou la beauté des formes ou l'élégance des manières ; et de même que les maris d'Athènes conduisaient leurs femmes chez Aspasie pour se former sur ce modèle de conversation attique, d'instruction et de bon goût, de même les Japonais n'hésitent pas à inviter leurs femmes à les accompagner dans ces lieux consacrés au plaisir pour y jouir des danses, de la musique et de la conversation de ces personnes dégradées par leur profession, mais distinguées par la supériorité de leur éducation.

Ce qu'il y a de plus extraordinaire dans tout ceci, c'est la position respective que l'opinion des Japonais, peuple aussi jaloux qu'aucun peuple de la terre de la réputation et de l'honneur des femmes, assigne dans l'échelle morale à ces victimes de la prostitution et à leurs maîtres. Tandis que ces infâmes spéculateurs, ces exploiteurs de la dépravation, sont l'objet du mépris le plus profond et le plus universel, les prostituées elles-mêmes sont traitées avec une indulgence marquée et dont les effets se manifestent, comme nous le verrons bientôt, par une sorte de réhabilitation morale dans des circonstances données. Ces malheureuses sont considérées, pendant l'exercice de leur triste profession, comme des agents involontaires du vice patenté ; et comme d'ailleurs elles ne sont point esclaves, mais seulement louées pour un certain nombre d'années aux maîtres des *maisons à thé*, quand le temps de cet odieux engagement expire, elles peuvent retourner au sein de leur famille et trouver des occupations qui les réconcilient avec la société. Plusieurs d'entre

(1) Voir le *Chinese Repository*, vol. IX, p. 471, note (1840).

elles vont grossir les rangs d'un ordre particulier que l'on peut désigner comme *l'ordre des nones mendiantes*. Un grand nombre, à ce qu'on assure, réussissent à trouver des maris, et ne le cèdent en rien aux plus respectables des épouses et des mères dans l'accomplissement de tous les devoirs domestiques. En tout cas, la fille publique une fois légalement débarrassée du métier avilissant que la cupidité lui avait imposé n'est désormais jugée que par les actes de sa vie nouvelle, et personne ne songe à lui rappeler ou ne se permet de lui rappeler les désordres de sa vie passée. On trouve dans les diverses relations des détails très-curieux sur les différentes classes de prostituées, sur leur origine, sur leurs priviléges, etc.; mais il résulte pour nous de la comparaison et de la discussion des renseignements qu'on a recueillis jusqu'à ce jour sur cette *institution* spéciale (s'il nous est permis d'employer cette désignation), que nos voyageurs, et à plus forte raison nos missionnaires européens, n'étaient pas dans des conditions d'instruction et d'indépendance morale qui leur permissent d'apprécier convenablement un état de choses aussi contraire à nos idées, à nos préjugés, à nos habitudes. Les courtisanes de la Grèce, les bayadères de l'Inde, et en général la classe de femmes qui, dans l'Orient, joue, à de certains égards, un rôle analogue à celui de nos filles publiques, differe radicalement, sous d'autres points de vue, de cette classe dégradée qui chez nous se livre exclusivement à la prostitution. Au Japon comme en Grèce, comme dans l'Inde antique et moderne, les femmes galantes par profession paraissent avoir une mission poétique et religieuse qui se lie aux anciennes bases de l'organisation sociale, et qui leur permet de conserver quelques droits aux prérogatives de leur sexe et aux égards de la société. Le fameux drame hindou *Mrichchakati*, si habilement traduit par Wilson, nous offre dans le caractère touchant de *Vasantasena* un exemple frappant de cette existence exceptionnelle et cependant nécessaire en apparence à une organisation sociale qui s'est formée et maintenue dans des conditions qui diffèrent essentiellement de celles qui sont imposées à nos sociétés européennes (1).

Le nombre de ces *maisons à thé*, maisons de plaisir et de débauche, au Japon, dépasse toutes nos suppositions européennes. Les voyageurs hollandais s'accordent à dire qu'à Nagasaki seulement (ville de soixante-dix mille âmes au plus?) (2), on n'en compte pas moins de sept cent cinquante. Sur toute la longueur de la route impériale qui conduit à *Yédo* les auberges sont en même temps et avant tout des lieux de prostitution, ou en ont dans leur dépendance et leur voisinage immédiats. La factorerie de Dézima est obligée de demander à ces magasins impurs son approvisionnement de servantes et de concubines!

Quel que soit le but de l'excursion permise, le promeneur doit être de retour au soleil couché. Rien ne peut l'affranchir de cette obligation rigoureuse; et on conçoit qu'il n'en puisse être autrement, les portes de Dézima restant invariablement fermées depuis le coucher du soleil jusqu'à son lever. Dans le cas où un Hollandais désirerait rendre visite à une de ses connaissances en ville ou accepter une invitation de l'un des habitants de Nagasaki, il faut qu'il obtienne, à cet effet, une permission *spéciale*, sans laquelle on ne comprendrait pas qu'il osât mettre le pied dans une maison particulière. On doit remplir la même formalité quand on se propose d'assister à une cérémonie ou à un spectacle quelconque. Les autorisations sollicitées s'accordent presque toujours; mais il ne paraît pas improbable que dans de certaines occasions on ait recours à l'*incognito* japonais (le *naibon*) pour satisfaire une curiosité innocente sans compromettre aucune responsabilité.

(1) *Voyez* plus loin la note, p. 48.
(2) En 1826 Siebold ne lui donnait que 35,000 âmes environ. Cependant, comme il admet qu'on comptait à cette époque 11,451 maisons, 62 temples et cloîtres bouddhiques et 5 petites chapelles du culte des Kami's, il nous paraît probable que ce chiffre de 35,000 est fort au-dessous de la réalité. — Nous empruntons celui de 70,000 au *Chinese Repository*.

Parmi les distractions peu nombreuses qui sont permises aux reclus de Dézima il faut placer en première ligne les fêtes religieuses, dont la principale, connue sous le nom de *Matsouri*, paraît être celle du dieu *Suwa*, le *Kami* ou divin protecteur et patron de Nagasaki. Cette fête locale est d'autant plus brillante qu'elle coïncide avec l'une des fêtes annuelles célébrées dans tout l'empire. Elle dure plusieurs jours, et commencé, comme on devait s'y attendre, dans le temple même dédié à *Suwa* et que l'on décore dans cette occasion d'un grand nombre de drapeaux ou pavillons. Les Japonais de toutes les classes s'y rendent dans leurs habits de cérémonie pour y faire leurs dévotions et présenter les offrandes accoutumées, plus ou moins considérables, selon le rang et la fortune des fidèles, mais au nombre desquelles doit toujours figurer une coupe ou tasse de *saki*. La solennité religieuse consiste à placer dans une sorte de chapelle portative, magnifiquement dorée et vernissée, l'image du dieu avec les plus riches ornements du temple, parmi lesquels figurent des armes de prix, et à promener cette chapelle, portée en procession par les serviteurs du temple, dans toutes les rues de la ville. Les principaux desservants du temple, les uns en palanquin, les autres à cheval, et un corps de cavalerie envoyé par le gouverneur, forment le cortége. La chapelle avec tous ses trésors est déposée ensuite sous une sorte de reposoir en bambous, recouvert en paille, élevé sur l'une des places principales et entouré de paravents de trois côtés, mais qui reste ouvert du côté où la procession s'est arrêtée; en sorte que la chapelle reste exposée à la vénération et à l'admiration de la foule (1). A cette cérémonie purement religieuse succède une variété de jeux et de spectacles, dont la dépense est défrayée, d'année en année, par les divers quartiers de la ville successivement. Ces divertissements sont l'occasion d'une rivalité très-active entre les quartiers ou districts qui y contribuent à tour de rôle. C'est à qui déploiera dans les préparatifs et l'ordonnance des fêtes le plus de goût et de splendeur : qui produira les enfants les plus intelligents et les mieux instruits à remplir les rôles qui leur sont assignés dans les processions et les jeux scéniques. Chaque quartier, à ce qu'il paraît, envoie son contingent à ces processions, et chaque rue fournit trois ou quatre de ces jeunes acteurs (de sept à quatorze ans) dont nous venons de parler et qui ne manquent pas de talent. On peut se faire une idée assez exacte de ce qui s'y passe, d'après la description suivante que nous empruntons à Fischer, témoin oculaire. Nous ferons observer cependant que les emblèmes, les décorations et les scènes mythologiques ou historiques doivent, d'après l'usage, changer tous les ans.

Vient d'abord un énorme dais formé d'une douzaine d'aunes d'étoffe qui se drapent sur un cerceau ; ce dais, porté sur un bambou par un homme dont on ne peut voir que les pieds, est brodé et couvert à sa partie supérieure de figures emblématiques, dont plusieurs sont destinées à rappeler la simplicité et les vertus des anciens Japonais; d'autres sont relatives à des personnages illustres des deux sexes, ou représentent des oiseaux ou des animaux qui rappellent certaines localités. D'autres enfin indiquent les professions en honneur dans le pays, ou font allusion à la prospérité du quartier, ou même de la rue qui a fait les frais de la procession (1).

---

(1) « Tout le bâtiment mérite à peine d'être comparé à une de nos granges, tant il est simple et chétif : *il doit être ainsi pour représenter la misérable architecture de leurs pauvres ancêtres.* » (Kœmpfer, tom. II, p. 39.)

Beaucoup d'autres détails prouvent que ces fêtes ont été instituées en mémoire des grandes traditions héroïques et des principaux faits historiques de l'antiquité japonaise.

(1) Nous lisons dans la description donnée par Kœmpfer d'une procession semblable, il y a plus d'un siècle et demi, que « l'on porte premièrement un dais fort riche ou parasol de soie, *qui est le Palladium de la rue*, et qu'au milieu est placé un bouclier sur lequel est écrit en grands caractères le nom de la rue. » — Les musiciens qui viennent ensuite sont *masqués*, selon Kœmpfer, et la musique est de *voix* et d'*instruments, tous ensemble*. Thunberg, qui a assisté à un *matsouri* en 1776, en donne également une description, mais

Le dais est suivi d'une foule de musiciens ayant en tête l'*ottona* ou principal officier municipal. Ces musiciens s'évertuent sur des flûtes du pays, des cymbales, des tambours. On voit paraître ensuite une troupe d'enfants (1) qui représentent quelque expédition de l'un de leurs *mikados* ou demi-dieux. Cette partie de la fête est vraiment admirable : la richesse et la fidélité des costumes, l'ordre parfait qui règne dans cette marche triomphale, où tous les principaux personnages de la cour, mâles et femelles, figurent vêtus ou armés avec la dernière magnificence, à la suite du souverain, surpassent de beaucoup l'idée qu'on pourrait essayer de s'en former. Un certain nombre de petits palanquins et de domestiques accompagnent cette brillante procession, pour venir en aide, au besoin, à ceux des enfants qui pourraient se trouver fatigués. A ce spectacle succède une exhibition théâtrale. En un instant, sur quelques bancs de longueur et de largeur égales, on élève un petit théâtre à l'aide de paravents et de décorations, et la troupe comique qui a succédé à la procession historique joue la petite pièce qui a été choisie pour cette occasion, et qui ne dure pas plus d'un quart d'heure. Les acteurs montrent dans ces représentations improvisées une vivacité de gestes et de langage et un sentiment très-remarquables. Ils sont accompagnés et excités par la musique des *samishen* ou guitares à trois cordes, qui se font entendre avec d'autres instruments pendant toute la pièce. La représentation achevée, la procession, dont la marche est fermée par un grand nombre de musiciens et par les parents et les amis des enfants qui y ont figuré, fait place à une autre. Il n'y a pas moins de dix ou douze de ces processions qui se succèdent dans le cours de la journée, et cela avec tant d'ordre et de régularité que, malgré l'immense foule qui occupe les rues et les places où doivent passer les cortéges, on ne remarque aucune confusion, et les accidents sont très-rares. Quel que soit le point de départ de chaque procession, elle doit se rendre d'abord devant le reposoir dont nous avons parlé, sur la grande place, dont les côtés ont été disposés en loges pleines de siéges pour la commodité des spectateurs et où les autorités constituées ont leur tribune assignée. Les Hollandais y ont aussi des siéges à part. Les troupes de musiciens, d'acteurs, etc., visitent ensuite les autres quartiers de la ville, et la fête se prolonge ainsi fort avant dans la soirée. Cela recommence les jours suivants ; mais le premier et le troisième jour (le 9 et le 11 du mois) sont les grands jours pendant lesquels il n'est permis de vaquer à aucune affaire. Ces jours-là le plus pauvre artisan paraît l'égal des seigneurs, revêtu qu'il est de ses habits de cérémonie. Les maisons se parent aussi de leurs plus beaux atours, ornées à l'intérieur de tapis et de paravents, à l'extérieur de draperies et de tentes sous lesquelles de joyeux convives se réunissent pour manger, boire et se divertir au son des instruments, du matin au soir. C'est le tour de chaque rue, tous les cinq ou six ans, de pourvoir aux dépenses de la fête, dépenses très-considérables, car, à l'exception de quelques articles insignifiants, tout ce qui figure dans les processions en fait de costumes, décorations, etc., doit être neuf et de première qualité. En résumé, dans cette grande fête annuelle (que les Japonais désignent, ainsi que nous l'avons dit, par le mot *matsuri*, ce qui répond à fête *municipale*, selon Fisscher, mais qui probablement se rapproche davantage de nos fêtes *patronales*), on ne sait ce qu'on doit le

---

très-succincte ; cependant il parle aussi d'un « grand parasol sur lequel étaient inscrits les noms et les signes distinctifs des rues..., lequel était accompagné de musiciens *masqués* qui chantaient en s'accompagnant de tambours, flûtes et petites sonnettes. »

(1) Kœmpfer dit positivement que les rôles destinés à ces jeunes acteurs dans le *matsuri* (a) sont remplis en partie par des jeunes filles tirées de ces établissements dont nous avons parlé et qui sont si communs au Japon. On trouve quelque chose de semblable dans l'Inde gangétique et presque dans tout l'Orient : les bayadères de l'Hindoustan, les ronguines de Java, figurent depuis des siècles dans les cérémonies et les fêtes populaires, surtout celles qui ont un caractère religieux.

(a) *Matsuri* ou *matsouri* signifie littéralement, selon Kœmpfer, *offrande*.

plus admirer de la richesse et de la variété des spectacles, ou du bon ordre, du parfait accord, de l'allégresse universelle qui marquent le cours de ces pompeux et singuliers divertissements. Il paraît qu'il en est de même dans toutes les réjouissances publiques au Japon; et il est digne de remarque que d'après les convictions traditionnelles des Japonais le meilleur moyen de se rendre les divinités favorables, c'est de ne pas les importuner de prières incessantes ou de lamentations inutiles, mais au contraire de se divertir en leur présence comme se confiant à leur bonté infinie et persuadés qu'elles se plaisent surtout elles-mêmes à voir les hommes se livrer à d'innocents plaisirs (1).

Nous devons nous borner à cette description fort incomplète et renvoyer nos lecteurs, pour de plus amples détails, à Kœmpfer, dont les récits nous semblent dignes d'être *étudiés*, à cause de leur *naïveté*, qui éloigne toute idée d'exagération, d'inexactitude volontaire, et puis à cause d'un certain talent naturel d'observation qui leur donne, au moins à nos yeux, une valeur particulière. Ce sujet, au reste (celui des fêtes nationales du Japon), est d'un intérêt extrême, et le peu que nous en connaissons doit faire regretter qu'aucun voyageur moderne ne l'ait abordé dans son ensemble et ne se soit attaché à obtenir ou (s'il les a obtenus) à nous donner des renseignements un peu étendus sur l'origine de ces institutions, sur leur caractère primitif et sur les modifications qu'elles nous paraissent avoir subies. Cette lacune est probablement comblée par Siebold; mais la partie de son ouvrage qui traite des fêtes japonaises n'a pas encore été traduite.

A côté de ces fêtes d'un caractère religieux viennent se placer annuellement de bizarres cérémonies, auxquelles les Hollandais assistent aussi par manière de distraction, et dont une entre autres semble n'avoir d'autre but que de satisfaire à ce besoin d'émotions à la fois superstitieuses et bouffonnes qui se manifeste chez tous les peuples à une certaine phase de leur vie civilisée. Il s'agit d'une fête en l'honneur du *diable*, ou plutôt dont le diable est le prétexte; et voici comment on rend compte de son institution. Il paraîtrait qu'à une époque très-reculée il s'était élevé dans la *Sorbonne* japonaise, entre autres questions théologiques fort épineuses (comme elles le sont toutes), celle de savoir de quelle couleur est le diable ! Les avis se partagèrent, les uns prétendant qu'il était nécessairement noir, d'autres affirmant qu'il était blanc, un troisième parti voulant qu'il fût rouge, un quatrième enfin se tenant pour assuré que l'ennemi du genre humain était de la teinte verte la plus prononcée. Cette diversité d'opinions menaçait d'amener une guerre civile, quand on s'avisa de soumettre ce cas de controverse à la décision du chef suprême de la religion, du divin *mikado*. Le fils du ciel, après avoir pesé dans sa sagesse le pour et le contre, prévint toute conséquence fâcheuse en déclarant que les quatre opinions en présence devaient être également admises, attendu que dans la race des démons il se trouvait en effet des diables des quatre couleurs. C'est en mémoire de ce judicieux arrêt ou de cette révélation si opportune que tous les ans, au huitième mois de l'année japonaise, une troupe de personnages grotesques, masqués et cornus, peints des pieds à la tête, les uns en blanc, les autres en noir, en vert, en rouge, parcourent les rues en dansant, au bruit assourdissant d'un tambour.

Les limites qui nous sont imposées ne nous permettent pas de donner à nos lecteurs le détail de beaucoup d'autres fêtes religieuses qu'on célèbre au Japon. Nous résumerons en peu de mots ce que nous apprennent à ce sujet les relations les plus dignes de foi. Chaque

---

(1) « Il y en a même parmi eux (les Japonais) qui croient que toutes les prières sont inutiles, parce que les dieux immortels connaissent le fond de leurs cœurs.

« D'autres, quoique dévots scrupuleux, croient qu'il y a de l'indécence à se présenter devant les dieux immortels, lorsqu'on a l'esprit actuellement affligé par des infortunes... Car, comme ces êtres immortels jouissent d'un état non interrompu de bonheur et de félicité, et qu'ils pénètrent jusque dans les replis les plus cachés du cœur humain, les prières passionnées de ceux qui sont dans le comble de la douleur et de l'affliction doivent leur être désagréables. » (Kœmpfer et Charlevoix, etc., *passim.*)

4ᵉ *Livraison.* (JAPON.)

mois a ses fêtes, deux au moins qui reviennent à jour fixe, et qui semblent avoir quelque analogie avec notre dimanche. La plus grande fête annuelle est le jour de l'an. Il est de rigueur pour y prendre part d'avoir acquitté ses dettes la veille (1). La plus remarquable, ou qui du moins présente le plus joli coup d'œil, est celle qui se célèbre en l'honneur des âmes de parents ou amis décédés, et qui se termine en livrant au caprice des eaux une multitude de petites nacelles munies de lampes ou de lanternes, dont la submersion plus ou moins prompte serait, selon quelques narrateurs, emblématique du sort réservé dans l'autre monde aux âmes des trépassés. Les voyageurs varient considérablement dans les détails qu'ils donnent sur cette fête, qui se célèbre au commencement du mois d'août et pendant la durée de laquelle les âmes sont censées venir visiter leurs anciennes demeures à la lueur des flambeaux et des lanternes : c'est ce qui lui fait donner par Thunberg et par d'autres le nom de *Fête des lanternes.* (Cette fête nous paraît originaire de Chine.) A une autre époque, les plus graves personnages de l'empire et les plus élevés en dignité doivent, selon un antique usage, lancer des cerfs-volants dont les cordes rivales, armées de fragments de verre, vont se chercher dans les airs où, pour triompher de son adversaire, on doit réussir à couper sa corde (2). Enfin, on assure qu'une fois l'an partout l'empire, l'esprit malin, diable ou démon, est l'objet d'un exorcisme aussi absurde que solennel, à l'aide duquel on le chasse de chaque maison en faisant pleuvoir sur lui une grêle de pois grillés ou, selon Fisscher, de cailloux.

Nous avons déjà dit qu'indépendamment de ces fêtes auxquelles on permettait aux Hollandais d'assister, ils obtenaient quelquefois la faveur de se rendre, *incognito*, en ville, pour y être témoin de spectacles ou cérémonies d'une autre espèce. Le seul cas de cette nature qui ait été signalé d'une manière précise est celui que rapporte assez au long Fisscher, et que nous devons faire connaître à nos lecteurs, à cause de sa singularité et de l'intérêt réel qu'il présente, en les prévenant toutefois que Fisscher lui-même ne semble pas avoir bien compris le véritable caractère et le but de la cérémonie dont il a été témoin, et qui lui a été désignée comme une procession ou *cortége de chasse solennelle,* mais qu'il incline à considérer comme une sorte de revue ou inspection militaire. Des recherches que nous avons faites dans les diverses relations que nous avons consultées, nous sommes porté à conclure que la cérémonie à laquelle Fisscher a assisté a été instituée en effet en commémoration d'une *partie de chasse* héroïque, dont la pompe extraordinaire aurait illustré le règne de l'un des *mikados*, et que le célèbre empereur Tayco-Sama voulut imiter quand il associa son neveu à l'empire, il y a deux siècles et demi. On serait même tenté de croire que sous l'influence des traditions, influence si puissante au Japon, toute grande entreprise du monarque doit être précédée d'une de ces chasses solennelles. Ce sont là nos conjectures, et nous ne nous décidons à les hasarder que parce que le point en question est curieux à éclaircir, et qu'il nous semble convenable de le signaler aux observateurs hollandais ou autres qui jouissent du privilège, si rare encore aujourd'hui, de visiter le singulier empire qui prospère (en dépit de son isolement volontaire) sous la protection des *kami's*.

Environ sept cents personnes figuraient, comme on va le voir, dans la procession ou plutôt le cortége qui a défilé devant Fisscher. Dans les cérémonies analogues auxquelles nous venons de faire allusion, c'était tout une armée qui précédait ou suivait le monarque, et la magnificence du spectacle n'était pas moins extraordinaire que la multitude des acteurs! (*Voyez* à ce sujet Charlevoix, tome III, pages 391 et 392). Quoi qu'il en soit, voici en quoi consiste l'é-

---
(1) Il en est de même en Chine.
(2) Cette joute des cerfs-volants est en grand honneur dans tout l'Orient. Nous avons vu dans l'Inde et à Java les plus grands seigneurs se livrer avec passion à ce divertissement. A-t-il réellement au Japon un caractère plus sérieux et n'est-il permis qu'à une certaine époque de l'année? C'est ce que l'on est en droit de conjecturer, mais qu'il nous semble qu'on ne peut affirmer.

trange spectacle auquel Fisscher a assisté.

Il faut se figurer avant tout les rues par où doit passer le cortége nettoyées et balayées avec soin, les maisons ornées de drapeaux, de tapisseries; la ville tout entière, malgré cette apparence de fête, dans le silence et l'attente respectueuse d'une imposante cérémonie; peu ou point de passants, les curieux regardant sans empressement indiscret, mais non sans une sorte d'émotion simpathique, de derrière les jalousies, les drapeaux et les tentures; tout conspirant en un mot pour que rien ne pût entraver l'ordre et la marche de cette pompeuse solennité. A l'approche du cortége, le peuple est prévenu de s'abstenir de toute démonstration bruyante, d'éclats de rire ou de tout ce qui paraîtrait indiquer un manque de respect.

Quatre hommes précédaient le cortége, munis de balais pour écarter du passage les moindres cailloux ou autres embarras de cette nature, et criant par intervalles: *Staye! Staye!* ce qui veut dire, « assis ou prosternés! »

On voyait ensuite une avant-garde composée de huit chasseurs, le fusil à mèche sur l'épaule et la mèche allumée, portant le chapeau plat, laqué, le surtout de calicot vert avec un écusson (brodé?) sur la poitrine, la ceinture de ruban brunâtre, les pantalons bouffants, les sandales attachées aux pieds et un sabre court au côté.

Puis un *gokens* ou *gobanyosi* (attaché aux bureaux du gouverneur) portant le même costume que les précédents, mais habillé de soie et armé de deux sabres, suivi de trois serviteurs marchant à la tête, portant, le premier une pique, le second deux caisses remplies de linge ou vêtements (*hassambakkos*), le troisième deux paniers contenant des manteaux à l'épreuve de la pluie (*kappa cagos*).

Trois serviteurs portant chacun deux sabres.

Cinq officiers de police armés chacun de deux sabres.

Neuf *ottonas* ou officiers municipaux, chefs de district, marchant trois par trois, habillés de soie, avec le chapeau plat laqué et portant deux sabres chacun.

Dix-huit personnes de leur suite, en habits de toile de couleur, avec des chapeaux de paille plats.

Soixante-douze chasseurs, armés de mousquets avec la mèche allumée, marchant deux à deux, mais à la distance de six pieds les uns des autres.

Le *bailli?* ou bourgmestre ou maire d'un petit village voisin, *Auwoura* (*vers le territoire duquel la marche de la procession était dirigée*), en habit de cérémonie, avec le haut-de-chausses militaire et les sandales aux pieds, suivi de cinq domestiques.

Dix chasseurs ou piqueurs, armés comme les premiers, habillés de surtouts verts, avec le chapeau plat laqué, et *conduisant quatre chiens courants*, en lesse.

Deux directeurs des greniers à riz du gouvernement, en robes de soie brune et chapeaux laqués noirs, portant chacun deux sabres, suivis de six domestiques armés de sabres simplement.

Le chef de l'artillerie, commandant de la garde de la ville, magnifiquement vêtu et monté sur un cheval que deux domestiques conduisaient par la bride selon l'usage.

Six chasseurs armés d'espingoles en métal.

Le fils du commandant.

Un homme portant une espèce de massue japonaise, pesant environ cinquante livres, et que le commandant doit pouvoir lancer d'une main sûre. (Fisscher a vu cette arme redoutable de près, et s'est assuré qu'en effet le commandant pouvait la manier avec facilité : cet officier avait dû le poste qu'il occupait à sa force de corps extraordinaire.)

Dix chasseurs portant, deux à deux, d'énormes espingoles parfaitement tenues.

Quinze hommes avec des espingoles de dimension ordinaire.

Vingt-quatre autres avec des armes semblables, mais d'un plus fort calibre, suivis de douze domestiques.

A un certain intervalle parut ensuite un porte-étendard, précédant l'un des maires de la ville ou bourgmestres, *Taka sima sirobi sama*, l'un des commissaires du trésor impérial, à cheval, magnifiquement vêtu d'une robe de cérémonie en tissu d'or, avec chapeau brun laqué, orné de l'écusson de ses armes en or; son cheval conduit par deux soldats à pied et suivi de dix domestiques.

Un homme portant une longue pique, dont le fer est garni d'un magnifique étui en laque.

Un étendard brodé.

Six chasseurs armés d'espingoles.

Un autre maire ou bourgmestre, *Yaksiri Kuirayemon sama*, à cheval, suivi de deux domestiques.

Le fils de ce bourgmestre.

Quatre chasseurs, armés de très-beaux arcs et de flèches.

Six domestiques, armés seulement de sabres.

Le fils du bourgmestre *Seyémon sama*.

Deux chasseurs avec arcs et flèches.

Vingt-sept chasseurs, armés de mousquets avec la mèche allumée.

Huit domestiques le sabre au côté.

4.

Un *gobanyosi*, conseiller privé du gouverneur (1).
Quatre serviteurs.
Un hallebardier.
Un domestique avec deux *hassambakkos* ou caisses de linge.
Un autre avec deux *kappa cagos* ou paniers à manteaux pour le mauvais temps.
Trente chasseurs, tous *sous-gobanyosis* ou officiers de police, avec fusils à mèche.
Six serviteurs ou domestiques de confiance du gouverneur, armés chacun de deux sabres.
Un étendard, brodé en lettres d'or sur un fond blanc.
Dix serviteurs, portant chacun une longue pique, avec le fer garni de son étui laqué et de deux glands en soie.
Quarante-huit employés ou serviteurs, vêtus de soie ou d'étoffes de toile, armés chacun de deux sabres.
Huit domestiques avec des caisses ou coffres de linge (*hassambakkos*).
Quatre autres avec des paniers en osier, d'un joli travail, contenant également du linge ou des habillements.
Deux belles caisses ou cabinets de forme carrée, contenant une armure complète, avec de magnifiques couvertures brodées d'or, portés chacun par deux hommes.
Deux étuis à sabre, en laque, magnifiquement dorés et portés chacun par un homme.
Un *chabento* (ou mieux, *Tchabento*) ou service de thé, contenu dans deux caisses portées aux extrémités d'un levier en bois; dans l'une se trouve du feu et le vase où l'on fait bouillir l'eau; dans l'autre, le thé et tous les ustensiles nécessaires.
Deux hommes portant un seau en laque, une écuelle et un licou pour le cheval du gouverneur.
Un cheval de selle richement caparaçonné, conduit par deux soldats à pied (ou deux valets de pied?) (2).

Quatre domestiques armés de deux sabres chacun.
Huit autres, portant des paniers à manteaux imperméables (*kappa cagos*).
Six autres avec des coffres à habits (*hassambakkos*).
Trois encore, armés de deux sabres chacun.
Le *gokaro* ou secrétaire du gouverneur à cheval.
Quatre porteurs, chacun portant deux *hassambakkos*.
Quatre autres portant des *kappa cagos*.
Six domestiques armés de deux sabres.
Quatre domestiques armés de longues piques.
Un ornement (1), avec des plumes (quelles plumes?), semblable à celui qu'on porte devant le gouverneur, et qui sera mentionné présentement, mais moins riche.
Le maire ou bourgmestre *Fizamats kifay sama*, à cheval.
Deux chasseurs armés de mousquets et la mèche allumée.
Un hallebardier.
Deux porteurs de *kappa cagos*.
Le *norimon* (2), ou palanquin du gouverneur, porté par deux hommes, avec six autres porteurs courant à côté du norimon, tous hommes de forte taille et vigoureux, habillés de bleu, le sabre au côté et un éventail de couleur passé dans la ceinture, derrière le dos.
Vingt-sept chasseurs armés d'arcs et de flèches.
Un *gobanyosi*.
Cinq domestiques armés chacun de deux sabres.
Un hallebardier.
Un porteur de *hassambakkos* et un de *kappa cagos*.
Dix chasseurs armés.
Trois autres chasseurs portant des espingoles.
Trois autres avec des *cors de chasse*.
Un autre, enfin, portant un grand tam-

---

(1) Fisscher appelle ces officiers *opperbanjoosten*, et les désigne ici comme députés ou commis... ou secrétaires du cabinet du gouverneur. Il a donné un peu plus haut le titre de *goken* à l'un d'eux. Ce sont probablement des officiers supérieurs de police, puisque dans la suite de son récit Fisscher appelle de simples *employés de police onderbanjoosten*. Au reste, ainsi que nous l'avons déjà remarqué, tous les employés du gouvernement au Japon sont plus ou moins *officiers de police*, et nous prouverons bientôt que la nation tout entière est surveillée sans cesse par ses principaux membres, tellement *la police* est l'âme et le principe vital de cet étrange gouvernement.
(2) Est-ce un cheval de rechange pour le gouverneur, ou figure-t-il la monture du héros véritable de la chasse, ou de l'expédition, quelle qu'elle soit?
(1) « Versiersal » dit Fisscher. Cette marque distinctive indique probablement le rang du fonctionnaire qui en est précédé. Nous remarquons que celui qu'on porte devant le gouverneur se compose, indépendamment des plumes, d'un drapeau blanc sur lequel sont brodés, non des *lettres*, mais des *chiffres* en or. Nous aurons occasion plus tard de revenir sur ce point en donnant à nos lecteurs, d'après Kœmpfer, la description détaillée du cortège ou de la suite ordinaire d'un prince japonais en voyage.
(2) Fisscher écrit *norimond*. Le mot japonais est *norimono*.

bour, richement laqué et doré et orné de glands en soie.

Un employé civil portant deux sabres.

Un *gobanyosi*.

Cinq domestiques armés de sabres.

Un hallebardier.

Un porteur d'*hassambakkos* et deux de *kappa cagos*.

Un ornement de la forme d'un balai japonais, avec de superbes plumes et un drapeau blanc, brodé en *chiffres* d'or. — Sorte de trophée ou marque de distinction?

Deux longues piques, dont les fers sont recouverts de très-riches fourreaux en drap rouge, brodés et ornés de glands en soie.

Un arc de cérémonie, dans son étui de soie jaune.

Deux autres longues piques, magnifiquement ornées, comme les précédentes.

Un étendard ou bannière avec lettres d'or sur un fond rouge.

Un *gobanyosi* du cabinet du gouverneur.

Quelques pas d'intervalle; et enfin:

Le gouverneur de Nagasaki, *Mamaya tsikousen no cami sama*, montant un cheval splendidement caparaçonné, avec deux soldats de chaque côté.

Il était magnifiquement vêtu d'une étoffe or et argent; un casque en laque, richement bordé d'argent, et portant l'écusson de ses armes en or, brillait sur sa tête; il portait deux sabres, et son bâton de commandement était passé dans sa ceinture, par derrière. Son attitude était grave et fière, comme celle de toutes les personnes de sa suite; et sur son passage régnait un silence si profond, qu'on aurait pu se croire en ce moment dans une rue déserte, au lieu de faire partie d'un rassemblement de tant de milliers de personnes.

Suivait la bannière du gouverneur avec lettres en or sur un fond bleu.

Cinq hallebardiers.

Onze serviteurs, portant chacun deux sabres.

Quatorze chasseurs, avec leurs armes à feu.

Le trésorier, *Takaki sakymon*, à cheval et richement habillé, avec deux serviteurs à ses côtés.

Son fils, à cheval.

Douze domestiques armés de deux sabres chacun.

Enfin une suite considérable de domestiques et de porteurs, avec l'attirail nécessaire; tous marchant en bon ordre, et terminant l'imposant cortège qui traversa Nagasaki (1).

(1) Cette description laisse beaucoup à désirer, malgré les détails circonstanciés dont elle abonde. Quel est le point de départ du cor-

« Et voilà, dit Fisscher, le train d'un gouverneur de Nagasaki, qui, bien qu'exerçant l'autorité souveraine dans cette province, serait, à la cour de l'empereur, à peine admis à l'honneur de porter les pantoufles de sa majesté impériale. »

Fisscher observe que des *expéditions* de ce genre ont lieu de temps à autre à Yédo, et *probablement* dans les autres villes de l'empire; ce qui tendrait à confirmer la vraisemblance de nos conjectures sur l'origine et le caractère actuel de cette cérémonie (*Voyez* la note).

Voilà donc quelles sont les principales distractions des habitants de Dézima

tége? Quel est ce village vers lequel il se dirige? Pourquoi cette immense quantité de coffres remplis de linge, d'habillements, de manteaux imperméables dont on se munit au Japon pour un long voyage? Pourquoi pas de provisions d'une autre espèce (au moins s'il faut s'en rapporter à l'énumération de Fisscher), malgré la présence de deux directeurs des greniers à riz du gouvernement? Pourquoi pas de *troupes* proprement dites; et que signifient ces *chasseurs* armés de ces espingoles monstrueuses, dont chacune est la charge de deux hommes? (*) Pourquoi ces chiens de chasse en lesse, et quatre seulement? Pourquoi *trois* cors de chasse seulement, et quelle idée devons-nous nous faire d'un cor de chasse japonais? Qu'est-ce que ce *bailli* du village voisin? et ces *maires* ou *bourgmestres* et leurs fils? Etc., etc. En vérité tout cela est étrange, et il est bien difficile de faire sortir la lumière de ce chaos. Cependant il résulte évidemment pour nous de ce récit, fait par un témoin oculaire :

1° Que la cérémonie a un caractère grave et imposant; que la population y assiste avec un vif intérêt, mais avec respect et en silence, et pour ainsi dire en cachette;

2° Qu'elle ne présente aucun caractère religieux ni militaire proprement dit, et qu'elle ne saurait figurer une expédition guerrière;

3° Qu'elle n'est pas non plus une partie de chasse, ou plutôt *un départ pour la chasse*; mais qu'elle est *emblématique* d'un semblable départ, dont elle offre les principaux éléments sur une échelle restreinte, mais cependant avec assez de splendeur pour rappeler l'expédition héroïque qui lui sert de type.

(*) Nous trouvons dans Kœmpfer (liv. V, p. 218-19) le passage suivant, qui se rapporte évidemment au sujet qui nous occupe. « Il y avait au temple de « *Sanno*, dont nous venons de parler, un *kama* ou « instrument de chasse, d'une grosseur extraordi- « naire, dont on se servait anciennement dans les « *Fousi no Makagiri*, comme ils les appellent, ou » anciennes chasses autour de la montagne *Fousi no* » *Yama*. Une nuit des voleurs entrèrent dans le « temple, et dérobèrent le *kama*; comme ils l'em- « portaient il devint si pesant qu'ils furent forcés « de le laisser tomber dans la rivière. La chute d'un « instrument si monstrueusement gros et pesant « fit un grand *futz* (*fonts*) ou trou au lit de la « rivière, qui de là s'appelle *Kamaga futz*. Le *Kama* « lui-même devint un esprit qui a l'inspection et le « gouvernement de la rivière. »

quand on leur permet de s'absenter. La monotonie de leur existence est aussi rompue, de loin en loin, par l'arrivée et le départ d'un ou deux navires expédiés annuellement de Batavia, par l'apparition lointaine (car aucune communication n'est possible qu'exceptionnellement, comme dans le cas de l'expédition de Krusenstern) de quelque bâtiment de guerre ou de commerce européen, que le mauvais temps ou le manque de provisions ou la curiosité de nos gouvernements amènent sur la rade de Nagasaki, où il jette l'ancre pour un jour ou deux au plus. Enfin, à de plus longs intervalles encore, un tremblement de terre ou une éruption volcanique appelle leur attention, et leur cause parfois de vives alarmes, comme en 1825, par exemple, où la factorerie souffrit beaucoup dans l'une de ces grandes convulsions de la nature, assez fréquentes au Japon, comme on a pu le voir dans la première section de ce résumé.

Mais parmi les résidents habituels de Dézima il en est trois ou quatre (il y en avait une vingtaine autrefois) qui jouissent du privilége de visiter la cour d'Yédo à des époques et dans des conditions déterminées, que nous allons faire connaître avec d'autant plus de soin, que l'Europe est redevable, en grande partie, à ces députations périodiques, de ce qu'elle a appris sur les lois, les mœurs, les usages, les ressources de l'empire japonais. Toutefois, avant de résumer ce qui a été publié sur ce point capital et pour achever de faire connaître à nos lecteurs les relations limitées que les Japonais ont consenti à maintenir avec les étrangers, nous croyons à propos de dire quelques mots du comptoir chinois établi à Nagasaki.

Les Chinois jouissent de beaucoup plus de liberté, dans leur commerce, que les Hollandais. Ils se promènent dans les rues de la ville à leur convenance, et quelques-uns même paraissent avoir la permission d'y faire un petit trafic comme colporteurs. Ils sont sous la police de quatre chefs ou (comme on les appelle) *capitaines* de leur nation, qui répondent de leur bonne conduite, et sont chargés de la surveillance des jonques qui viennent annuellement faire le commerce au Japon. Un droit est perçu par le trésor impérial sur le commerce chinois comme sur le commerce hollandais. Le nombre des Chinois résidant habituellement dans l'enceinte qui leur est assignée n'excéderait pas une centaine, s'il faut s'en rapporter aux documents que nous avons sous les yeux; mais cela ne se concilie guère avec le nombre de maisons, assigné par Titsingh au quartier chinois, dont il nous a donné un plan fourni par les Japonais. Ce quartier, entouré de murs, est divisé par des rues étroites en douze pâtés de maisons. On compte environ cent cinquante de ces maisons, dont la moitié servent de magasins: resteraient donc environ soixante-quinze maisons constamment habitées, ce qui, en ne comptant que cinq personnes par maison, donnerait trois cent soixante-quinze habitants (1). Quoi qu'il en soit, les Chinois, bien que traités avec plus de libéralité que les Hollandais, sont entourés comme ceux-ci d'un essaim d'officiers de police, d'interprètes, de gardes, de portiers, etc. On rencontre quelquefois dans les rues de Nagasaki des mendiants chinois. On permet aux Chinois de payer eux-mêmes, en argent du Japon, leurs menues dépenses et leurs achats; en sorte qu'ils font leurs provisions sans l'intermédiaire d'un comprador. On les a autorisés également à faire construire un temple où ils vont faire leurs dévotions. Voilà, en gros, quels sont leurs priviléges. Ils n'envoient pas d'ambassade ou de députation à la cour d'Yédo, ce qui leur épargne des frais considérables; mais, d'un autre côté, la redevance en argent (*fleur d'argent*, comme on dit au Japon) qu'ils payent au trésor impérial est proportionnellement plus forte que ce que paye le comptoir hollandais. Il paraîtrait, d'après ce que dit Thunberg, que de son temps il n'y avait pas moins de soixante et dix jonques em-

(1) Ce nombre comprendrait à la vérité femmes, enfants et serviteurs; mais il doit s'augmenter considérablement, au moins deux fois dans l'année, lors de l'arrivée des jonques, dont les équipages sont transportés à terre aussitôt après leur arrivée (*Voyez*, pour de plus grands détails, Thunberg, vol. II, p. 15 et suiv. *Voyez* surtout Kœmpfer, tom. II, p. 97 et suiv.).

ployées dans le commerce avec le Japon, et qui arrivaient en trois flottes, à trois époques fixes de l'année. On assure que maintenant ce nombre est réduit à sept navires, qui font deux voyages par an. Les Chinois importent des draps, d'autres tissus, de la soie (mais en bien moindre quantité qu'autrefois, les Japonais ayant réussi à améliorer la qualité de la leur), des drogues médicinales et une variété de petits articles. Ils exportent du cuivre (la sortie de l'or et de l'argent étant défendue), du vernis, des meubles en laque, du poisson salé, des holothuries, etc. L'importance de ce commerce est d'environ 6,000,000 de nos francs.

VOYAGE DE LA DÉPUTATION HOLLANDAISE A YÉDO.

Pendant plus d'un siècle il était d'usage que le chef de la factorerie hollandaise se rendît annuellement à Yédo avec une suite nombreuse, pour déposer son hommage et les présents de la compagnie au pied du trône; mais le commerce entre Batavia et le Japon ayant considérablement diminué, ces voyages dispendieux devinrent à charge au gouvernement néerlandais, et n'eurent lieu qu'à des intervalles moins rapprochés, jusqu'à ce qu'enfin, à dater de 1792, il fut réglé que le président de Dézima ne paraîtrait à la cour de l'empereur que tous les quatre ans. Il n'en fut pas de même des présents des Hollandais, que les Japonais considéraient, sans doute, comme une espèce de tribut, et qui sont encore transmis régulièrement à l'empereur, par l'intermédiaire des interprètes, mais, à la vérité, à moins de frais que par le passé, pendant les trois années où le chef du comptoir n'est plus admis à les offrir en personne. Le commerce ayant un peu repris depuis que la paix générale a raffermi le pouvoir néerlandais dans l'archipel oriental, l'*opperhoofd* Blomhoff demanda l'autorisation de visiter la capitale tous les deux ans; mais sa demande fut rejetée par le conseil japonais.

Les préparatifs pour le voyage d'Yédo entraînent beaucoup de temps et de formalités. A l'approche de l'époque fixée pour ce voyage, le chef du comptoir s'informe officiellement du gouverneur de Nagasaki, dans la forme prescrite, s'il peut se flatter d'être favorablement reçu à Yédo. Le gouverneur répond que l'*opperhoofd* sera admis à présenter son hommage, et l'engage à prendre des mesures pour le maintien du bon ordre à Dézima pendant son absence. Le garde-magasin, exerçant les fonctions les plus importantes après celles de président du comptoir, est toujours désigné pour remplacer celui-ci pendant la durée de la mission à Yédo, et le président, avant son départ, le présente au gouverneur, à l'audience de congé, comme chef temporaire du comptoir.

Autrefois le chef de Dézima était accompagné à la cour par vingt de ses compatriotes; mais à mesure que la prospérité de l'établissement a décru, cette suite brillante a diminué en proportion; et depuis que cette députation solennelle a été renvoyée à chaque quatrième année le nombre des Hollandais autorisés à visiter Yédo est descendu à *trois*, savoir: le président, son secrétaire et le médecin ou chirurgien de l'établissement (ou plutôt de la mission, car nous ne voyons pas d'officier de santé porté sur l'état du personnel de la factorerie, et on en envoie probablement un de Batavia, tous les quatre ans, pour accompagner la mission).

Le nombre de Japonais qui accompagnent le président n'est pas ainsi limité. On compte dans son cortège au moins trente-cinq officiers de différents grades et un beaucoup plus grand nombre de serviteurs attachés à la personne soit des Hollandais, soit des officiers japonais. A la tête de ceux-ci est placé un *gobanyosi* que l'on peut considérer, à tous égards, comme le chef de l'expédition. Il porte, en cette qualité, le titre particulier de *kouinin*. Ce n'est cependant pas lui qui est chargé de la dépense, mais bien le premier interprète, qui reçoit à cet effet une certaine somme d'argent que le gouvernement avance sur le produit de la vente annuelle, ou plutôt sur un lot de marchandises mis à part dans ce but exprès, mais dont le produit se trouve toujours insuffisant; en sorte que la différence est payée par le trésor impérial: et c'est là probablement une des causes, pour le dire en passant, qui ont fait restreindre le nombre des visites à Yédo. Les officiers d'un rang inférieur sont des officiers de police, des sous-interprètes, des commis aux bagages, des écrivains, des chefs de porteurs, etc. Parmi les serviteurs ou domestiques on compte trois cuisiniers, dont deux pour les Hollandais et un pour les Japonais, quelques majordomes, et trente domestiques, dont six attachés spécialement aux Hollandais, et que l'on désigne communément sous le nom d'*espions*. Chaque Hollandais peut, en outre, entretenir à ses frais un médecin japonais, un interprète particulier et d'autres domestiques. Ainsi, le docteur Siebold, accompagnant en 1826 le colonel *Van Sturler* à Yédo, avait à sa suite un jeune médecin japonais, un dessinateur et six domestiques pour l'aider dans ses recherches comme naturaliste. Un élève du docteur, n'ayant pas été autorisé à le suivre en cette qualité, fut porté sur la liste comme domestique de l'un des interprètes. En définitif, le nombre de personnes que les Hollandais peuvent emmener est à peu près illimité; mais l'admission de chacune d'elles est soumise à l'approbation du gouverneur, et c'est un moyen, selon toute apparence, d'augmenter le nombre des *espions* qui doivent surveiller la mission.

Nos voyageurs doivent se pourvoir eux-mêmes de tout ce qui leur est nécessaire, utile, ou qui peut contribuer à leur bien-être pendant le voyage, comme linge et effets d'habillement, lits, tables, chaises ou fauteuils, service de table, vaisselle, batterie de cuisine, etc., etc. Ils doivent faire aussi leur provision de vins, bière, fromage, beurre et autres articles de ce genre qu'on ne peut se procurer au Japon et qu'on leur envoie de Batavia. Il leur faut aussi des confitures, des gâteaux, des liqueurs en grande abondance, attendu le nombre de visites qu'ils auront à recevoir et qui donnent lieu à une immense consommation de friandises. Si l'on ajoute à tous ces articles indispensables la garde-robe de chaque individu, les présents destinés au *siogoun* et à d'autres grands personnages, les petites pacotilles destinées à être vendues en contrebande; si l'on prend aussi en considération que l'état des routes ne permet pas toujours que le transport de toutes ces choses se fasse sur des voitures à roues, et qu'en général tout est porté à dos d'homme, ou de cheval, ou sur des bœufs, on aura une idée du nombre de porteurs, bêtes de somme, conducteurs, surveillants, etc., qui sont employés en cette occasion. Une partie du bagage est, à la vérité, expédiée par mer, de Nagasaki à un port de la grande île de Nippon (où résident le *mikado* et son lieutenant le *siogoun*); mais quand la mission débarque, à son tour, sur la grande île, cette partie du bagage rejoint le reste, et du nouveau point de départ à Yédo la colonne de marche ne compte souvent pas moins de deux cents personnes. Une suite aussi importante semblerait, d'après nos idées européennes, devoir donner une haute idée de l'importance du rôle que joue, en cette occasion, le président du comptoir hollandais; mais aux yeux des Japonais il en est tout autrement : et nous ne devons pas nous en étonner quand nous trouvons consigné dans les relations les plus authentiques que la suite des princes du premier rang, quand ils se rendent à Yédo, ne s'élève pas à moins de vingt mille hommes, et que les princes des rangs inférieurs ne se font pas accompagner par moins de dix mille !

L'autorisation de faire le voyage d'Yédo étant néanmoins considérée comme l'une des prérogatives d'un rang élevé, le chef de Dézima, malgré la mesquine apparence de sa suite, joue cependant un rôle comparativement honorable et important pendant ce voyage, au moins comme étranger. Il est traité avec de grands égards sur toute la route, et on lui témoigne dans plusieurs circonstances autant de respect qu'on en montre pour les plus grands seigneurs du pays! C'est au moins ce qu'affirment les voyageurs les mieux informés, la plupart témoins oculaires, et les détails dans lesquels nous allons entrer confirment en grande partie cette assertion. Mais il faut bien comprendre qu'il ne s'agit ici que de certaines formes, d'une certaine étiquette de courtoisie, qui ne s'étend guère qu'à des particularités sans importance politique, et qu'en proportion des honneurs accordés la liberté d'action devient de plus

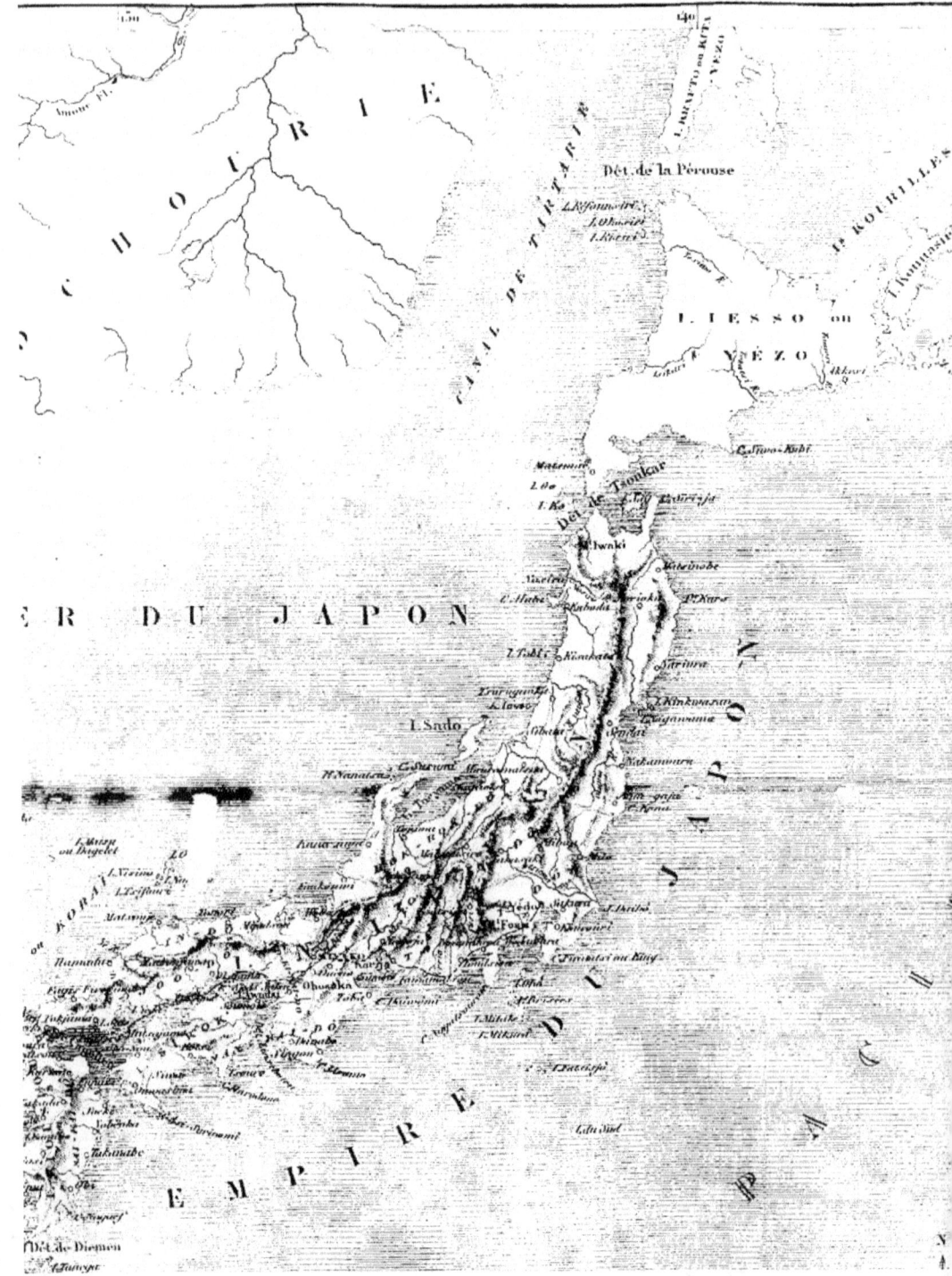

JAPON.

Volcan d'Hitachi.

JAPON

Chapelle portative.

note d'un grand nombre de curiosités naturelles, de sources minérales, chaudes ou froides, de bains, de temples, etc., qu'ils ont remarqués sur leur route: Kœmpfer entre dans beaucoup de détails de cette espèce, et sa manière de décrire, si elle manque d'élégance, ne manque probablement pas de fidélité, et nous paraît avoir en outre un certain cachet d'originalité qui nous fait regretter de ne pouvoir extraire de son récit tout ce qui se rapporte à ce voyage d'Yédo. Nous le citerons cependant quelquefois, et nous avons toujours eu soin de le consulter pour nous aider de son témoignage dans les recherches comparées sur lesquelles a été basé ce résumé.

Rien ne paraît avoir frappé davantage le docteur Siebold, en traversant l'île de *Kiousiou*, que son excursion à un temple bouddhiste situé près de *Yagami*, où la mission s'arrêta, pour dîner, le jour même du départ de Nagasaki. Ce temple, érigé par une secte particulière connue sous le nom de *Ikko-Syou*, diffère essentiellement des autres temples bouddhistes, en ce qu'on n'y voit, à proprement parler, aucune idole, mais seulement une image du *seul Dieu*, *Amida*. Les bonzes de cette secte sont les seuls prêtres bouddhistes qui puissent se marier ou manger de la viande. Siebold les regarde comme des déistes purs.

Dans le voisinage de *Sonogui* (que Kœmpfer écrit *Sinongi*, Thunberg *Sinongui* et Fisscher *Sonogi*) se voit un arbre de camphre, mentionné par Kœmpfer comme monstrueux, mais qui n'avait pas encore été mesuré parce que, se trouvant au sommet d'une colline escarpée, il était d'un accès difficile. Cet arbre a été trouvé, par Siebold, encore sain et vigoureux et riche en feuillage, quoiqu'il fut alors plus vieux de cent trente-cinq ans que du temps de Kœmpfer. Ce colosse du règne végétal a été mesuré cette fois (en 1826), au moins quant à la circonférence de son tronc, qui a été trouvée par Siebold de près de dix-sept mètres. L'arbre est creux à sa base, et Siebold observe que quinze personnes peuvent se mettre à l'abri dans cette caverne vivante.

A *Tsuka-Saki* (ou *Tsouka-Saki?*) (1)

(1) Kœmpfer écrit: *Iskakaki?*

le colonel Van Sturler et ses compagnons eurent la permission de se baigner dans le propre bain du prince de *Fizen*, et furent, à ce qu'il paraît, émerveillés de la propreté recherchée qui y régnait, et pour en donner une idée le docteur fait observer que l'eau, par elle-même pure comme du cristal, était cependant filtrée par des tamis en crin, pour éviter l'introduction du moindre corps étranger. *Tsouka-Saki* est célèbre pour ses sources d'eau chaude, excellentes, dit-on, pour les personnes perclues de leurs membres. Siebold parle aussi avec admiration d'une maison de plaisance du prince de *Tchikusen*, où ils passèrent la nuit, le colonel occupant l'appartement réservé au prince lui-même. Cet appartement consistait en une antichambre et une chambre à coucher, qui au reste, comme toutes les chambres à coucher au Japon, se convertissait en salon aussitôt qu'on avait enlevé et serré le lit (1). Les murs étaient de bois de cèdre, du plus beau poli et richement nuancé. L'appartement pouvait, selon la coutume, se diviser en plusieurs pièces à l'aide d'écrans ou paravents, glissant dans des rainures pratiquées à cet effet. Ces écrans ou paravents sont de papier doré, encadré dans des cadres de laque richement ornés. L'appartement, doublement remarquable d'abord à cause de sa parfaite élégance et de son exquise propreté, et puis à cause de ses modestes dimensions, qui contrastaient avec le rang du propriétaire, donnait sur un joli jardin avec la chapelle ou l'oratoire d'usage. Ce qu'il y avait de plus curieux dans ce logement, c'était une petite niche, ou espèce de cage, ménagée dans un coin de l'antichambre, et où siégeait habituellement le chambellan du prince, condamné à y passer de longues heures dans l'isolement, sans être vu de personne et attendant les ordres de son maître.

(1) Chaque lit se compose d'un mince matelas, avec un traversin en bois léger dans lequel on pratique un certain nombre de tiroirs, pour serrer quelques bijoux ou bagatelles de prix. Sur le traversin on place un oreiller, et le lit est complet. Au jour, le tout est roulé et ramassé dans un coffre, dans un coin de la chambre.

Ce qui a été observé de plus intéressant au point de vue économique, dans cette riche et curieuse île de *Kiousiou*, c'est sans contredit le charbon de terre, dont Siebold parle comme étant en usage à *Kayanosi* (1), village où il paraît s'être chauffé à un feu allumé avec ce combustible, et s'y être chauffé d'autant plus volontiers que le voyage d'Yédo commence presque toujours en février, époque à laquelle le pays porte, comme le dit le docteur, son costume d'hiver, et où il a vu souvent de la glace ou au moins de la gelée blanche. Il visita d'ailleurs une mine de charbon de terre à *Wukumoto*; et bien qu'on ne lui ait pas permis de descendre fort avant dans la mine, il a pu s'assurer, dit-il, qu'elle était bien et judicieusement exploitée. Les couches supérieures n'avaient guère que quelques pouces d'épaisseur; *mais on lui affirma* que les couches inférieures étaient épaisses de plusieurs pieds, et les blocs qu'il a vus, extraits de cette profondeur, confirmaient cette assertion. Quant à la qualité du combustible, il paraît être d'une nature bitumineuse, et les gens du pays le convertissent en coke pour s'en servir. On peut soupçonner que cette mine fournit plutôt de l'anthracite que du charbon de terre proprement dit.

(1) Kœmpfer parle aussi de ce charbon de terre, et dit qu'on leur en montra des mines dans les environs de Kurosaki, *comme quelque chose d'extraordinaire*. Il cite le village de *Koyanosi*, qu'il appelle *Kujanosse*, mais ne parle pas de *Wukumoto*. Siebold, à son tour, ne dit rien de *Kurosaki*, et Fisscher non plus; mais celui-ci écrit *Kuyanossa* au lieu de *Kujanosse* ou de *Koyanosi*. Thunberg écrit *Koyanosa*; Charlevoix, *Kujanossa* (a). Ce sont là de petites différences, et on doit s'estimer heureux quand les orthographes se contrarient dans d'aussi étroites limites. Il y a des oreilles qui entendent plus correctement que d'autres, des yeux qui voient plus distinctement et d'une manière plus précise; et quand un voyageur a eu le talent de bien voir et de bien entendre, il faut encore qu'il sache rendre exactement et complètement compte de ce qu'il a vu et entendu; ce qui est chose difficile, même de notre temps.

(a) Charlevoix, qui mentionne également la mine de charbon de terre dans le voisinage, ajoute que le feu avait pris à cette mine par la faute de ceux qui y travaillaient, et avait continué à brûler depuis ce temps.

La traversée de *Simonoseki* à *Ohasaka* offre peu d'incidents remarquables; elle a été cependant pour Kœmpfer l'occasion de plusieurs observations intéressantes. A un point, comparativement critique, de cette traversée, les mariniers et les passagers, dans le but de se rendre une certaine divinité propice, ne manquent pas de jeter à la mer, dans le voisinage du temple consacré à ce Neptune japonais, quelques pièces de menue monnaie (attachées à une petite planche, selon Kœmpfer, ce qui paraît plus rationnel que de les abandonner à leur propre poids comme le voudraient d'autres narrateurs), et même un petit baril de saki. Fisscher, témoin de cette cérémonie, raconte que le baril fut recueilli par des pêcheurs et fidèlement remis à son adresse. Il nomme le dieu que l'on voulait séduire par cette offrande, *Kompira*; c'est probablement le même que Kœmpfer appelle *Abbuto quano sama*. Quelques temples dans le voisinage de *Fimezi* se font remarquer, l'un par son architecture et par les peintures et dorures dont il est orné, l'autre par une grosse cloche, un troisième enfin par une pierre monstrueuse. Tout près du premier de ces temples, Fisscher a vu des pins énormes, dont un surtout peut être considéré comme l'un des doyens du règne végétal, si, comme le dit Fisscher, il avait déjà vu passer près de dix siècles (983 ans) en 1822.

Après une halte dans le port de *Fiogo* ou *Fiougo*, célèbre, au Japon, à cause de l'énorme digue qui en protège l'entrée (et qui a coûté des sommes immenses au gouvernement aussi bien que la vie à une multitude de pauvres ouvriers), la mission prend définitivement terre à *Ohasaka*, l'une des cinq villes impériales, où on s'arrête un jour ou deux. Cette ville est sinon la plus grande, au moins la plus belle et la plus riche de l'empire et celle où abondent les théâtres et les divertissements de toute espèce; — c'est le *Paris* du Japon. A dater de ce point, les Hollandais sont l'objet d'une surveillance active et continuelle, et il leur est à peine permis de sortir des logements qui leur sont assignés. Ils reçoivent grand nombre de visites, surtout des médecins du pays et des malades qui viennent consulter le docteur européen; mais ces visites sont *naïbon*. Les présents destinés au gouverneur d'*Ohasaka* ne peuvent lui être offerts qu'au retour d'Yédo, et restent déposés en ville jusqu'à cette époque. Les voyageurs ne tirent d'autre parti de leur séjour à *Ohasaka* que de commander quelques articles de curiosité ou de marchandises qui leur sont livrés à cette même époque du retour de la capitale.

On se rend en un jour et demi d'*Ohasaka* à *Miyako* (1), la ville impériale par excellence, la résidence du *daïri* ou de la cour du divin autocrate, le *mikado*. La mission s'y arrête un jour, mais elle y est étroitement surveillée et privée de toute liberté de mouvements. Quelques visites officielles et une multitude de visites *naïbon* occupent tout le temps des voyageurs. Quelques présents destinés à un certain nombre de grands seigneurs doivent être déposés, comme dans le cas précédent, jusqu'au retour d'Yédo. Un haut dignitaire, que les Hollandais désignent sous le nom de *grand juge*, et dont le titre en japonais est *syósidaï*, est à Miyako représentant du *siogoun* auprès du *mikado*. C'est lui qui délivre à la mission le passe-port dont elle a besoin pour continuer sa route. Cette dernière partie du voyage est la plus longue et la plus pénible.

Entre *Miyako* et *Yédo* on rencontre fréquemment des princes du pays avec leurs nombreuses suites (2). Ces grands

(1) Les Japonais donnent quelquefois à cette capitale le nom de *Kioto*. Nous en reparlerons plus en détail dans la suite.

(2) La description que donne Kœmpfer de la manière dont les grands seigneurs voyagent au Japon est si pittoresque et si intéressante à beaucoup d'égards, que nous ne croyons pouvoir mieux faire que de la copier littéralement, non-seulement pour l'amusement mais pour l'instruction de nos lecteurs, ce récit nous parait propre à jeter un jour particulier sur les institutions et les mœurs de ce singulier pays.

Voici comment s'exprime Kœmpfer (t. II, p. 145):

« C'est une chose presque incroyable que la quantité de monde qui voyage tous les jours dans ce pays; et je puis assurer le lecteur par ma propre expérience (y ayant passé quatre fois) que le Tokaido, qui est un des prin-

seigneurs évitent autant que possible de passer par la ville sainte, où les moin-

cipaux, et certainement des plus fréquentés des sept grands chemins du Japon, est, dans de certains jours, plus rempli d'allants et de venants que les rues publiques des plus grandes villes de l'Europe. Cela vient en partie de ce que le pays est extrêmement peuplé, et en partie des fréquents voyages que les naturels entreprennent, peut-être plus qu'aucune autre nation, soit volontairement, soit par nécessité. Pour la satisfaction du lecteur, je donnerai ici en peu de mots une idée préliminaire des personnes, et des compagnies les plus remarquables, que les voyageurs rencontrent sur la route.

« Les princes et les seigneurs de l'empire, avec leurs nombreuses suites, comme aussi les gouverneurs des villes impériales et des terres appartenant à la couronne, méritent que j'en fasse mention avant tous les autres. Ils sont obligés d'aller une fois l'année à la cour, pour y rendre leurs hommages au monarque séculier, dans certains temps marqués pour cela. Ainsi ils doivent se trouver sur les grandes routes deux fois par an, c'est-à-dire quand ils vont à Yédo, et quand ils en reviennent. Ils sont accompagnés dans ce voyage de toute leur cour; et ordinairement ils le font avec cette pompe et cette magnificence, qu'ils estiment convenir à leur qualité et à leurs richesses, aussi bien qu'à la majesté du puissant monarque qu'ils vont voir. La suite de quelques-uns des premiers princes de l'empire est si nombreuse, qu'elle tient quelques journées de chemin. Aussi ai-je vu souvent que, quoique nous fissions assez de diligence, nous avons rencontré pendant deux jours consécutifs le bagage et le train qui précédait le prince, composé des valets et des officiers inférieurs et dispersés en diverses bandes : le prince lui-même ne paraissait que le troisième jour, suivi d'une cour nombreuse; et tout cela marchait dans un ordre admirable. On conte que le cortège d'un des principaux daimios, comme on les appelle, est composé de près de 20,000 hommes; celui d'un siomjo, d'environ 10,000, et celui d'un gouverneur des villes impériales et de terres appartenant à la couronne, d'une ou de plusieurs centaines, suivant sa qualité ou ses revenus.

» S'il arrive que deux ou plusieurs de ces princes et seigneurs avec leur nombreuse suite se trouvent sur la même route dans le même temps, ils ne peuvent que se nuire beaucoup l'un à l'autre, surtout s'ils se rencontrent dans un même siuku, ou village; car le plus souvent de grands villages tout endres membres du *daïri* (personnes de la cour de l'empereur) sont regardés comme leurs supérieurs. Il est à remarquer que cet immense concours de voyageurs tiers ne suffisent pas à loger le cortége d'un seul daïmio. Pour prévenir de tels inconvénients, les princes et les seigneurs ont accoutumé de faire avertir, quelque temps à l'avance, les divers siukus par où ils doivent passer, et toutes les hôtelleries ; par exemple, ceux de la première qualité, un mois, et les autres, une semaine ou deux avant leur arrivée. Outre cela, on en instruit toutes les villes, tous les villages et hameaux qui sont sur leur route, par le moyen de petites planches qu'on élève sur de longs bâtons de bambou à l'entrée et à la sortie de ces divers endroits, et sur laquelle on marque en peu de mots quel jour du mois c'est que tel ou tel seigneur doit passer dans le lieu, et y dîner, ou y coucher.

« Pour satisfaire la curiosité du lecteur, il ne sera pas hors de propos de décrire ici un de ces grands cortéges, en omettant les avant-coureurs, le bagage, les chevaux de main, les kangos et palanquins, qu'on envoie un jour ou deux à l'avance. Ce que je dirai là-dessus ne regarde pourtant pas les plus puissants princes et petits rois, tels que sont les seigneurs de Satzuma, de Bango, d'Owari, de Kijnokuni et de Mito, mais seulement quelques autres daïmios, dont nous avons rencontré plusieurs dans notre voyage à la cour, d'autant plus qu'il n'y a pas beaucoup de différence dans leur train, si l'on en excepte les livrées et des piques particulières, certain ordre arbitraire dans la marche, et le nombre de chevaux de main, de fassambacs, de norimons, de kangos, et de valets pour en prendre soin ou pour les accompagner.

« 1. De nombreuses troupes d'avant-coureurs, de fourriers, de secrétaires, de cuisiniers et d'autres officiers inférieurs commencent la marche, parce qu'ils doivent pourvoir aux logements, aux vivres et autres choses nécessaires pour la réception de leur maître et de sa cour.

« 2. Ensuite vient le gros bagage du prince, empaqueté ou dans de petits coffres semblables à ceux que j'ai décrits ci-devant, et portés par des chevaux, avec chacun un étendard dessus, où sont les armes et le nom du possesseur, ou bien dans de grandes caisses couvertes de cuir rouge vernis, sur lesquelles il y a aussi les armes du maître, et que des hommes portent sur leurs épaules, suivis d'un grand nombre d'inspecteurs.

« 3. Un grand nombre de moindres équipages appartenant aux principaux officiers, aux personnes de qualité qui accompagnent le prince, avec les piques, les cimeterres, les arcs et les flèches, les parasols, les chevaux de main et autres marques de grandeur qui conviennent à leur qualité ou à leur charge.

« 4. Le train particulier du prince même, marchant dans un ordre admirable, et divisé en plusieurs troupes, dont chacune est commandée par un officier qui lui est propre. Les voici dans leur rang : 1° Cinq beaux chevaux de main, plus ou moins, menés par deux palefreniers, un de chaque côté, et suivis de deux valets de pied. 2° Cinq ou six porteurs, et quelquefois davantage, richement vêtus, marchant un à un, et portant sur leurs épaules les fassambacks ou caisses vernies, et les coffres et corbeilles aussi vernies, où sont les robes, habits, hardes et autres choses nécessaires pour l'usage du prince ; chaque porteur est accompagné de deux valets, qui prennent sa charge tour à tour. 3° Dix hommes ou davantage, marchant aussi un à un, et portant de riches cimeterres, des piques de distinction, des armes à feu et d'autres, dans des étuis de bois vernis, comme aussi des carquois avec des arcs et des flèches ; quelquefois, pour plus de magnificence, il y a un plus grand nombre de porteurs de fassambacks et de chevaux de main qui suivent cette troupe. 4° Deux ou trois hommes qui portent les piques d'État, qui sont les marques du pouvoir et de l'autorité du prince, garnies au haut de touffes de plumes de coq, ou de certains cuirs rudes, ou de quelques autres ornements particuliers à chaque seigneur. Ces porteurs de piques marchent un à un, et sont suivis chacun de deux valets de pied. 5° Un gentilhomme, qui porte le chapeau dont le prince se sert pour se garantir de l'ardeur du soleil et qui est couvert de velours noir ; il est aussi suivi de deux valets de pied. 6° Un autre gentilhomme, portant le sombreiro ou parasol du prince, pareillement couvert de velours noir, avec deux valets de pied. 7° Un plus grand nombre de fassambacks et de coffres vernis, couverts de cuir coloré, sur lesquels sont les armes du prince et à chacun desquels il y a deux hommes commis pour en prendre soin. 8° Environ seize pages et gentilshommes de la chambre du prince, richement vêtus, et marchant deux à deux devant son norimon ; ils sont pris d'entre les personnes de la première qualité de sa cour. 9° Le prince lui-même, assis dans un magnifique norimon ou palanquin, qui est porté par six ou huit hommes, vêtus de rine donne jamais lieu à aucun accident grave, à aucune collision soit sur la route, soit dans les auberges, ce qu'il faut attribuer sans doute en partie aux meches livrées, avec plusieurs autres qui marchent aux deux côtés du norimon, pour relever les premiers. Deux ou trois gentilshommes de la chambre se tiennent à la portière, pour donner au prince ce dont il a besoin ou ce qu'il souhaite, et pour le soutenir en entrant ou sortant de son norimon. 10° Deux ou trois chevaux de parade, dont les selles sont couvertes de velours noir; il y en a un qui porte un grand fauteuil, qui est quelquefois aussi couvert de velours noir, et placé sur un norikako de même étoffe. Chacun d'eux est accompagné de plusieurs palefreniers et valets en livrée, et l'on en voit qui sont menés par les pages mêmes du prince. 11° Deux porteurs de piques. 12° Dix hommes ou plus, portant des paniers d'une grandeur énorme, attachés aux extrémités d'un bâton qu'ils mettent sur leurs épaules, de façon que l'un de ces paniers pend devant et l'autre derrière : ce n'est pas tant pour l'usage qu'on en fait que par parade qu'on les porte. Quelquefois, pour augmenter la troupe, quelques porteurs de fassambacks se joignent à ceux-ci. Voilà l'ordre dans lequel marche le train particulier du prince ; ensuite viennent :

« 5. Six à douze chevaux de main, avec ceux qui les mènent, les palefreniers et les valets, qui sont tous en livrée.

« 6. Une foule de domestiques du prince, et d'autres officiers de sa cour, avec leurs propres équipages et serviteurs, qui sont en grand nombre, comme porteurs de piques, porteurs de fassambacks, et valets de livrée. Quelques-uns de ces domestiques et officiers voyagent dans des kangos, et toute la troupe est conduite par le grand maître de la maison du prince, qui se fait porter dans un norimon.

« Si quelqu'un des fils du prince l'accompagne à la cour, il marche immédiatement après lui avec tout son train particulier.

« C'est une chose extrêmement curieuse et digne d'admiration, que de voir toutes les personnes qui composent le nombreux cortège d'un prince (excepté seulement les porteurs de piques et les valets de norimon et les gens de livrée) habillés de soie noire, marchant dans un ordre merveilleux, avec une gravité qui leur sied bien, et gardant un si profond silence, qu'on n'entend pas le moindre bruit, à la réserve de celui que cause nécessairement le frottement des habits et les divers mouvements des hommes et des chevaux quand ils marchent. Mais d'un autre côté, il ne peut que paraître fort étrange à un Européen que tous les porteurs de piques et les valets de norimon troussent leur habit jusqu'à la ceinture et exposent ainsi leur nudité à la vue des spectateurs, n'ayant qu'une bande de drap pour couvrir les parties honteuses. Ce qui semble plus bizarre encore et plus comique, c'est une certaine marche ou danse bouffonne que les pages, les porteurs de piques, de parasols, de chapeaux, de fassambacks ou de coffres et tous les valets de livrée affectent quand ils passent au travers de quelque ville ou bourg remarquable ou à côté du cortège de quelque autre prince ou seigneur. A chaque pas qu'ils font ils jettent un pied en arrière, et le relèvent jusqu'à leur dos, étendant le bras aussi loin qu'ils peuvent du côté opposé, et se mettent dans une posture telle que l'on dirait qu'ils veulent nager dans l'air. En même temps ils brandillent et agitent d'une manière fort singulière, qui répond aux mouvements de leurs corps, les piques, chapeaux, parasols, fassambacks, boîtes, corbeilles, et en général tout ce qu'ils portent. Les valets de norimon retroussent leurs manches jusqu'aux épaules, et vont les bras nus : ils portent les bâtons du norimon ou sur leurs épaules ou sur la paume de leur main, qu'ils lèvent au-dessus de leur tête. Pendant qu'ils le soutiennent ainsi d'un de leurs bras, ils étendent l'autre, tenant la main dans une situation horizontale, par laquelle, aussi bien que par leur manière de marcher à petits pas, à pas comptés, et les genoux roides, ils affectent une crainte et une circonspection ridicules. Si le prince sort de son norimon pour entrer dans une des cabanes de verdure qu'on a bâties exprès pour lui, de distance en distance sur la route, ou dans quelque maison particulière, soit pour y prendre une tasse de thé, soit pour y aller à ses nécessités, il laisse toujours à l'hôte un cobang pour la récompense de sa peine : à dîner et à souper ce qu'il donne est beaucoup plus considérable. »

Siebold parle aussi de ces voyages continuels des japonais, et fait observer qu'un grand seigneur japonais en voyage est l'esclave de l'usage et de l'étiquette. Les moindres détails de son costume, de sa suite, de son bagage, de ses insignes, de sa route, de ses journées, de ses repas, *de ses nuits*, sont réglés par de petites lois invariables. Aussi le métier de grand seigneur est-il très-assujettissant, très-ennuyeux, très-fatigant et souvent très-dangereux au Japon, et les prin-

5ᵉ *Livraison.* (JAPON.)

sures d'une police aussi prévoyante que ponctuelle, et par exemple à la disposition réglementaire qui veut que tous ceux qui vont du côté de la capitale prennent la droite du chemin et ceux qui en reviennent la gauche : mais de semblables précautions n'ont de valeur et d'efficacité réelles que lorsqu'elles sont en harmonie complète avec le caractère national ; et en admettant que les choses se passent aussi tranquillement, avec autant d'ordre et de décence qu'on nous le dit (et nous n'avons pas de motif raisonnable d'en douter), nous ne pouvons trouver l'explication véritable de ce phénomène que dans une égalité générale d'humeur, un penchant naturel à l'ordre et un respect inné pour les institutions, qui font le plus grand honneur au caractère du peuple japonais.

A moitié chemin des deux capitales, sur le côté ouest d'une baie profonde à goulet (et non d'un lac comme le dit Fisscher), on rencontre la petite ville d'Aray, très-importante par sa situation et où stationne un détachement considérable de troupes. Le prince dans les États duquel cette ville est située, et dont les troupes fournissent la garde du poste est presque toujours un des membres du conseil d'État. Personne ne peut passer outre, dans la direction d'Yédo, sans un passe-port du grand juge, aucune femme surtout, à moins d'une autorisation expresse. Les papiers, les bagages sont visités avec soin, et les voyageurs eux-mêmes sont soumis à la visite, dans la crainte qu'une femme ne cherche à s'introduire en habits d'homme dans les provinces *impériales*. On sait que les femmes et les filles des princes, gouverneurs et autres grands seigneurs fonctionnaires publics sont retenues en otage à Yédo, où elles répondent de la fidélité de leurs maris ou de leurs pères ; mais on ne trouve dans aucune relation l'explication précise de la mesure qui a pour but d'empêcher qu'aucune autre femme, en général, ne puisse se rendre à Yédo sans permission spéciale. Le gouvernement craint sans doute d'augmenter, sans nécessité, le nombre déjà considérable des familles qui sont l'objet d'une surveillance particulière et de tous les instants, puisque aucune femme ou fille des hauts fonctionnaires ne doit s'absenter de la capitale. Aussi toute infraction de ces règles, liées d'une manière si intime à la sûreté de l'État, entraînerait la perte de la vie pour toutes les personnes compromises.

Quand toutes les formalités ont été remplies, une barque du prince, mais aux couleurs néerlandaises, par égard pour la mission, transporte l'*opperhoofd* et sa suite de l'autre côté de la baie. Le jour suivant, ils traversent en bac le *Tenriogawa* (Kœmpfer appelle cette rivière *Ten-Rijn*) (1), dont le sable, suivant Fisscher, serait très-riche en poudre d'or ; mais les Japonais ne savent pas, dit-il, en opérer l'extraction. Ceci paraît à peine croyable, les Japonais passant pour être assez habiles en métallurgie. Quoi qu'il en soit, le passage de cette rivière est d'un bien moindre intérêt pour nos voyageurs que celui de l'*Oygawa*, qu'ils ont à traverser le jour suivant, et dont le cours impétueux et le fond inégal et semé de quartiers de roche n'admettent ni ponts ni bateaux de passage. On trouve sur les bords de ce torrent des hommes dont le métier et le devoir est de passer à gué les personnes et les bagages des voyageurs, *sans qu'il leur arrive le moindre accident*. Ces porteurs *répondent de vous sur leur tête*, dit Thunberg, confirmant le récit de Kœmpfer et confirmé à son tour par Fisscher, qui représente ce passage comme véritablement dangereux, quoique le lit du courant n'ait guère plus de cinquante pieds de large dans les basses eaux. L'Oygawa, pendant la saison des pluies, a souvent un quart de lieue de large et n'est guéable que par intervalles. Aussi arrive-t-il fréquemment que les voyageurs soient retenus des jours entiers

---

ces ou grands dignitaires se retirent en général le plus tôt qu'ils peuvent de la vie officielle. Il est rare de rencontrer un prince régnant ou gouvernant effectivement qui ait vieilli dans l'exercice de ses fonctions. Ils recherchent tous de bonne heure l'*otium cum dignitate*, qui chez tous les peuples civilisés est le rêve de tant de gens.

(1) Thunberg a traversé cette même rivière en bateau. Il lui donne le nom de *Tindigawa*. — Ni lui ni Kœmpfer ne parlent du sable aurifère de ce torrent.

sur ses rives. Il traverse un pays montueux et riche d'aspects variés, auxquels il ajoute la poésie de ses flots, qui semblent avoir hâte de se précipiter dans la mer, où ce torrent se jette en effet à peu de distance du point que nous venons de signaler.

Les Japonais, sensibles comme ils le sont aux beautés et aux contrastes de la nature, ne pouvaient manquer de se passionner pour l'Oygawa (1). Cette rivière célèbre fournit en conséquence des tableaux et des comparaisons sans nombre à leurs dessinateurs et à leurs poëtes; mais elle partage cette prérogative (si même elle ne lui cède pas sous ce rapport) avec le mont *Fousi*, qu'on commence à découvrir peu de temps avant de traverser la rivière, et dont le cône gigantesque domine toute la contrée, ne laissant aux montagnes voisines que l'apparence d'humbles collines. Le mont *Fousi* ou *Foudsi* est le plus élevé du Japon, et son sommet est couvert de neiges pendant la majeure partie de l'année. — Sa hauteur est, selon Siebold, de 3,793 mètres, et d'après la même autorité il est situé dans la province de *Sourouga*, par 34° 50′ lat. nord et 136° 25′ long. est. Les Japonais l'appellent communément *Fouzi-sau*. C'est un ancien volcan, jadis fort redouté; mais, sa dernière éruption datant maintenant d'un siècle et demi, il a cessé d'être un objet de terreur pour la région fertile et peuplée qui l'environne. Cependant, comme toutes les grandes manifestations du pouvoir créateur, cette masse imposante et du plus sublime aspect est l'objet d'une admiration superstitieuse, et ceux qui peuvent atteindre ce sommet, où la violence des vents disperse incessamment la neige en tourbillons comme une blanche fumée, croient avoir accompli un saint pèlerinage au temple naturel du génie des tempêtes (2). « Le peuple y monte par dévo-
« tion, » dit Kœmpfer, « pour y rendre
« un culte à leur *Æole* ou dieu des vents.
« On est trois jours à y monter; mais on
« dit que l'on peut en descendre, si l'on
« veut, en trois heures, à l'aide des traî-
« neaux de roseaux ou de paille, que
« les gens s'attachent à la ceinture ; et
« ils glissent comme cela, de haut en
« bas, sur la neige en hiver et sur le sa-
« ble en été, la montagne étant merveil-
« leusement unie et douce. Les *iam-*
« *mabos* (*yamabosis*), ou prêtres des
« montagnes, sont de cet ordre d'Æole,
« et leur mot du guet est *Fouzii-Iamma*,
« qu'ils répètent souvent en parlant
« et en mendiant. Les poëtes ne sau-
« roient trouver des termes à leur gré
« et les peintres ne croyent avoir assez
« d'adresse ni des couleurs qui puis-
« sent représenter dignement cette mon-
« tagne. » Kœmpfer avait remarqué plus haut que, selon le récit des personnes qui ont été au sommet le plus élevé, il y a un grand trou profond à ce sommet, qui anciennement vomissait des flammes et de la fumée, jusqu'à ce qu'enfin *il s'éleva une petite colline ou butte au plus haut*; mais à présent ce cratère est rempli d'eau.

Japonais et étrangers ne parlent de cette montagne qu'avec admiration. Rien ne peut rendre la beauté de l'immense paysage dont elle est le centre et auquel la régularité de sa forme, l'isolement de son pic au milieu des hautes régions de l'atmosphère, les accidents de lumière et surtout la majesté immobile de son aspect donnent un caractère de grandeur ineffable.

Les *yamabosis*, ou *jammabosis*, ou *iamabos*, dont il vient d'être question forment une sorte de confrérie monacale

---

(1) *Ogingawa*, Kœmpfer.
Oingawa, Thunberg.
Ojegawa et *Oyugawa*, Fisscher.
Oyegawa, Chinese Repository.

L'*i* parait avoir dans ce nom et dans beaucoup d'autres un son nasal. C'est de l'euphonie japonaise.

(2) Fisscher assure que les dévots vont en pèlerinage sur le sommet de cette montagne pour adresser leurs prières aux idoles que la main de leurs ancêtres y a placés dans le creux des rochers. Ces pèlerinages, dit-il, n'ont lieu qu'au mois d'août.

Nous remarquerons en passant que Fisscher écrit le nom de ce pic célèbre de trois manières différentes :

Foesi-Jamma, p. 74.
Foezjiberg, p. 299.
Foegieberg, p. 301.

Voir, pour de plus grands détails sur le *Fousi-Yama*, les p. 9 et 15.

5.

ou plutôt de secte religieuse, dont les traditions, les habitudes, les doctrines et l'influence méritent une étude particulière. Nous nous en occuperons plus spécialement quand nous traiterons des différentes formes de religion et des croyances les plus accréditées au Japon. Nous remarquerons seulement ici que l'une des obligations imposées aux *jamabos* est de visiter les *hauts lieux* et de passer par les plus rudes épreuves de la vie ascétique. Leurs enfants (car ces religieux bohémiens ont la permission de se marier) sont comme eux, pèlerins et mendiants, et leurs filles appartiennent à l'ordre des *nonnes mendiantes* dont nous avons déjà fait mention (p. 46).

La route que suit la mission passe au pied du *Fousi-Yamma*, à un village d'où la montagne est vue dans toute sa splendeur; nos voyageurs font une halte dans la chaumière d'un paysan qui leur offre, entre autres rafraîchissements, une espèce de sorbet fait avec du *saki* et de la neige du *Fousi*; attention hospitalière qu'on reconnaît, à ce qu'il paraît, par le don d'un *kobang* d'or, monnaie japonaise (équivalant à 25 ou 26 francs) (1). A peine commence-t-on à s'éloigner de la grande montagne qu'il s'en présente une autre, qu'il faut de toute nécessité franchir pour arriver à Yédo. C'est le mont *Fakone* ou *Fakonie*; il fait partie d'une chaîne riche en paysages de l'aspect le plus varié et où les sites les plus sauvages se rencontrent auprès des champs les mieux cultivés et des plus riants villages. Ces villages sont habités par les meilleurs tourneurs, ciseleurs et ouvriers en laque du Japon, et on s'y procure leurs chefs-d'œuvre à des prix modérés. Pour jouir plus complétement de la vue de ces beaux sites, les princes et les nobles s'arrêtent à quelques milles du village de Fakone (en descendant la montagne), dans un endroit où une collation de thé, gâteaux et autres friandises leur est servie par de jolies filles. Le village de Fakone est situé à un quart de mille à peu près du sommet de la montagne. Il est bâti près d'un petit lac d'eau douce très-poissonneux, où Thunberg fut fort étonné qu'on pêchât d'excellent saumon.

« Nous quittâmes à regret ce charmant endroit, dit-il, et tout en descendant la montagne je ne manquai pas de recueillir des plantes, des fleurs et des graines de différents végétaux qui se trouvaient le long de la route ou aux environs. Nous vîmes beaucoup de cascades et de canaux pratiqués par les habitants pour arroser leurs plantations et pour leur consommation journalière. Au pied de la montagne nous fûmes visités dans un corps de garde impérial, devant les préposés de l'empereur, qui restèrent assis pendant la visite de nos personnes et de nos effets. »

C'est qu'en effet il y a encore ici un poste considérable établi pour surveiller les allants et venants. Ce poste est même plus important que celui d'*Aray*, *Fakone* étant considéré comme une des clefs d'Yédo. La direction des chemins est telle qu'ils aboutissent nécessairement tous au défilé de *Fakone*, et ce défilé est fermé par des portes et soigneusement gardé. Les officiers préposés à la garde de la passe ont ordre de visiter tous les voyageurs, d'empêcher les femmes de sortir et les armes d'entrer. Les hommes doivent exhiber leurs passe-ports, et ceux qui n'en ont pas sont arrêtés. Titsingh raconte une anecdote qui (en supposant que ce ne soit pas un conte fait à plaisir) prouve qu'il est possible de tromper la vigilance des gardes, mais qui montre en même temps combien il est difficile d'échapper aux dangers qui menacent les délinquants, même après avoir passé la fatale barrière.

« Un Japonais d'Yédo, resté veuf avec deux enfants, un garçon et une fille, est appelé par des affaires pressantes dans une province éloignée. Ne sachant comment pourvoir aux besoins de ses enfants pendant son absence, il se détermine à les emmener, et arrivé à Fakone, réussit à faire passer sa fille sous les vêtements d'un garçon. Il est rejoint à peu de distance du poste par un homme de sa connaissance, et qui, n'ignorant pas que de ses deux enfants l'un était une fille, le félicite sur le succès de sa ruse et lui demande de quoi boire à sa santé. Le père, alarmé, se hâte d'offrir une bagatelle, que l'autre voyageur refuse en demandant

---

(1) Voir plus loin l'indication des principaux poids, mesures et monnaies, d'après les autorités les plus récentes.

pour prix de son silence une somme fort au-dessus des moyens du pauvre diable. Une altercation très-vive s'élève entre eux à ce sujet, et l'homme en question, se voyant trompé dans son infâme calcul, retourne en courant à la garde, et dénonce le coupable. Tout le poste est frappé de terreur : si le dénonciateur a dit la vérité il y va de leurs têtes ; et comment éviter l'éclat, maintenant qu'ils sont forcés, par le fait même de la dénonciation, de courir après les fugitifs et de se saisir de leurs personnes. Le commandant du poste voit cependant un remède au mal ; et, inspiré par le désir d'échapper avec ses soldats au danger qui les menace, il se hâte d'expédier un messager et un petit garçon, qui rejoignent le père et ses deux enfants quelques minutes avant l'arrivée des soldats envoyés à leur poursuite et qui étaient intéressés à ne pas trop se presser. Le messager rapporte en quelques mots au malheureux père ce qui vient de se passer, lui recommande de présenter comme son enfant le petit garçon qui l'accompagne et qui remplacera ainsi momentanément sa fille, lui montrant qu'il sera dès lors *en droit* de traiter son dénonciateur d'imposteur et *de le tuer dans un transport de légitime colère!* L'avis était trop important pour ne pas être suivi à la lettre. La garde arrive, les enfants sont examinés et déclarés *garçons* tous deux. Le père, irrité, fait voler d'un coup de sabre la tête du dénonciateur, et la garde jure que celui-ci n'a eu que ce qu'il méritait. Les soldats retournent à leur poste, et l'heureux père continue sa route. » — Revenons à nos voyageurs.

Après avoir passé ce point critique, deux journées de marche suffisent à la mission pour atteindre le terme du voyage. On traverse encore deux ou trois rivières, dont une très-rapide et que Thunberg appelle le *Banningawa*. Au delà commence un pays de plaines à perte de vue. Tout annonce d'ailleurs qu'on approche d'une grande capitale. Le pays est fertile, soigneusement cultivé. Les villes et villages se touchent. La route est couverte de bandes de voyageurs qui semblent se presser de toutes parts. A mesure que l'on avance la scène devient de plus en plus animée, et de nombreux indices proclament le voisinage d'un des plus grands centres de population du monde entier.

« Le 27 mars, à la pointe du jour, » dit Fisscher, « nous étions tous debout pour nous préparer à faire notre entrée dans la capitale. Vêtus de nos plus beaux habits, nous quittâmes *Kawasaki* à neuf heures du matin, passâmes le *Rokafugo-Gawa*, et à onze heures et demie entrâmes dans *Sinagawa*, le faubourg occidental d'*Yédo*, au milieu d'un concours de peuple incroyable. Nous fûmes obligés de nous y arrêter quelque temps, pour y recevoir les visites de plusieurs personnes de notre connaissance ou de celle de nos principaux officiers japonais, venues pour nous complimenter sur notre heureuse arrivée. Vers deux heures nous nous mîmes de nouveau en marche, et passâmes devant le palais du prince de *Satzuma*, qui en 1818 était venu en personne visiter notre *opperhoofd*. Notre train était précédé et accompagné de soldats envoyés surtout pour maintenir l'ordre. Les rues étaient bordées d'une foule si compacte qu'à peine pouvions-nous distinguer les maisons ; et malgré les efforts de notre escorte nos porteurs étaient souvent pressés de manière à être gênés dans leur marche. Les rues par lesquelles nous défilions étaient larges, pavées sur les côtés et formées par des maisons d'une architecture régulière. Nous vîmes plusieurs très-grands bâtiments et magasins : ces derniers protégés par des tentes. Sur le devant de ces magasins et de toutes les boutiques où étaient exposées des marchandises se tenaient nombre de garçons, faisant valoir, à l'envi les uns des autres, leur marchandise, et invitant à grands cris les acheteurs. Ici, comme en Europe, on remarque des enseignes et des inscriptions sur toutes les boutiques ; et bien qu'il n'y ait pas de voitures à Yédo pour augmenter le tumulte et le bruit, je ne saurais mieux comparer le mouvement et l'agitation affairée de cette immense capitale qu'à ce qu'on observe dans les quartiers commerçants de Londres.

« Longtemps avant d'entrer à *Sinagawa* nous marchions au milieu d'une foule innombrable et le long de larges rues que l'on pouvait regarder comme faisant partie de la ville ; et du faubourg à la résidence assignée à la mission nous ne mîmes pas moins de deux heures, quoique nos porteurs eussent plutôt pressé que ralenti leur pas. *Nagasakkia* (ainsi se nomme l'hôtel de la mission) se trouve dans le voisinage immédiat du palais impérial, situé lui-même au centre de la ville, et qui occupe une surface d'un demi-mille en diamètre, d'où l'on peut conclure que le diamètre de la ville entière n'est pas de moins de cinq à six heures de marche, à un pas ordinaire. »

Description d'Yédo. — *Séjour de la mission néerlandaise.* — *Audience du siogoun, etc.*

Nous avons déjà fait remarquer qu'une fois dans la grande île de Nippon, la mission hollandaise était loin de jouir du même degré de liberté dans sa marche; que les voyageurs étaient surveillés de plus près, et qu'il leur était à peine permis de sortir, au moins dans un but de récréation, des logements qui leur étaient assignés. Cela est vrai surtout à Yédo, et ce n'est pour ainsi dire que par accident que les voyageurs peuvent *voir* quelque chose au delà des rues qu'ils parcourent pour arriver à *Nagasakkia*. En revanche, les visites ne leur manquent pas, et c'est dans la conversation de leurs amis japonais qu'ils ont puisé la plupart des notions qu'ils nous ont transmises sur la capitale de l'empire, sur la cour du *siogoun*, sur la forme et le mode d'action de son gouvernement. Nous résumerons d'abord en quelques lignes ce que l'on sait de la situation, de l'étendue et de la population d'Yédo.

La ville est située au fond d'une baie qui, indépendamment de la rivière d'Yédo, l'une des plus considérables de Nippon, reçoit les eaux d'un assez grand nombre de petites rivières, surtout du côté de l'occident, où elles alimentent un chénal assez profond jusqu'à un lieu nommé *Uragawa*, environ vingt milles au sud d'Yédo. Ici, les deux côtés de la baie se rapprochent et forment un estuaire de plusieurs milles de longueur jusqu'à l'Océan. Nous voyons sur les anciennes cartes une petite île (*Ifsouzima*) placée au débouquement de cet estuaire et que nous ne retrouvons pas dans les cartes modernes, à moins que ce ne soit l'île désignée sous le nom d'île du Volcan? Le docteur Parker et le capitaine Ingersoll placent *Oozima* à l'entrée de la baie. Les bâtiments de commerce du pays qui fréquentent la baie d'Yédo mouillent pour la plupart à *Sinagawa*. On y voit quelquefois jusqu'à mille de ces bâtiments, venus de toutes les parties du Japon, en y comprenant les navires qui apportent les tributs en nature et les barques de pêche. Le fond de la baie, du côté d'Yédo, n'a pas assez d'eau pour que les gros bâtiments puissent y mouiller. La ville est traversée par une grande rivière (1) qui se jette dans le port et sur laquelle on a établi un grand nombre de ponts, dont les principaux sont le fameux *Nippon-Bass* ou *Pont du Japon* (*le pont* par excellence), duquel on compte les distances à tous les points de l'empire, et le *Yédo-Bass* (*Yédo Baschi* de Kœmpfer) ou pont d'Yédo.

Yédo, du côté de la mer, s'étend sous la forme d'un croissant. On lui donne de quinze à vingt lieues de tour, et le chiffre actuel de sa population paraît être d'au moins deux millions (2). Cette immense capitale ressemble au reste aux autres grandes villes du Japon; mais elle est moins régulièrement bâtie que plusieurs d'entre elles. Ses dimensions extraordinaires sont dues en partie à ce qu'elle contient, comme une autre ville intérieure, la résidence impériale, qui couvre un terrain élevé, entouré de toutes parts de canaux alimentés par la rivière qui traverse la ville; le palais du *siogoun* occupe le centre de ce plateau, dont on ne peut faire le tour en moins de trois heures. Autour de la demeure du souverain sont groupés d'autres palais, tels que celui du prince impérial, celui de la *midai*, ou épouse légitime du souverain (l'impératrice), les résidences séparées des concubines, ou plutôt femmes du second ordre, les pa-

(1) C'est probablement le *Soumida-Gawa* de la grande carte de Siebold.

(2) Nous adoptons provisoirement ce chiffre, qui nous a été donné par M. le docteur Burgher, homme d'une rare instruction et d'une haute intelligence, que nous avons eu occasion d'entretenir plusieurs fois, pendant notre séjour à Java, en 1845, et qui a fait deux fois le voyage d'Yédo.

lais de plusieurs grands officiers de la couronne, des bois et des jardins sans nombre, etc. C'est à la fois un palais et une maison de campagne sur la plus vaste échelle, le *Versailles* du Japon, et en même temps la plus belle et la plus vaste des prisons, peut-être, où les lois de l'étiquette et les précautions de la politique puissent enfermer, presque toute l'année, un prince souverain.

La mission hollandaise est reléguée dans un appartement de quatre pièces situées sur le derrière d'un hôtel dont les Japonais attachés à la mission occupent le front : les Hollandais y sont plus resserrés et plus étroitement surveillés, comme nous l'avons déjà indiqué, que dans aucun autre lieu, au moins jusqu'au jour où le chef du comptoir est admis à l'audience de l'empereur. Les Japonais qui les ont accompagnés, sans en excepter les porteurs, sont eux-mêmes soumis à cette consigne sévère, et le *gobaniosi*, surintendant de l'expédition, non-seulement n'a pas la permission d'aller voir sa famille, mais ne peut même recevoir, au moins *officiellement*, la visite d'aucun de ses parents. Une garde placée à la porte veille à la stricte exécution des mesures prescrites. Les présents sont envoyés au palais, où on les dépose sans y toucher ensuite jusqu'au jour de l'audience. Ils sont placés sous la garde du gouverneur de Nagasaki dont c'est le tour de résider à Yédo.

Ces mesures rigoureuses sont cependant, à de certains égards, facilement éludées à l'aide du *naïbon*. Le *gobaniosi* et ses collègues n'ont pas moins d'impatience de voir, en secret, leurs parents et leurs amis, que les Hollandais n'en éprouvent d'échapper, au moins en partie, aux ennuis de la solitude. Quelques cadeaux facilitent ces infractions à la règle, et d'ailleurs le gouverneur de Nagasaki visite officiellement la mission en personne, et les secrétaires des ministres viennent également complimenter l'*opperhoofd* sur son arrivée et s'assurer de l'état des choses. Les Hollandais peuvent donc attendre assez tranquillement le jour où ils sont admis à la résidence impériale. Ils ont eu soin de donner à leur salon de réception un air européen, en le meublant de fauteuils, tables, tapis, guéridons, etc. A l'exception des fonctionnaires publics, ils reçoivent les personnes qui viennent les voir, sans cérémonie, comme s'ils étaient chez eux. Leurs premiers et leurs plus constants visiteurs paraissent être les médecins de la cour et l'astronome impérial. Cette circonstance nous semble très-remarquable, en ce qu'elle est un indice certain des tendances intellectuelles de cette singulière nation et une preuve de discernement d'autant plus honorable qu'ici le bon sens et le noble désir de s'instruire l'ont emporté sur la vanité de la race et sur des préjugés séculaires. Ces graves personnages (et bien d'autres Japonais des classes éclairées) n'ont en effet d'autre but, en recherchant avec un empressement marqué la conversation des Européens, que de se mettre, autant que possible, au fait des progrès des sciences dans l'Occident et d'étendre la sphère de leurs propres connaissances. Le docteur Siebold, dont le témoignage à cet égard doit être accepté sans hésitation (étant lui-même un savant distingué), déclare qu'il a été souvent surpris du degré d'instruction que révélaient chez ses interlocuteurs les nombreuses questions qui lui étaient adressées. Le docteur Burgher, ami et collaborateur de Siebold, nous a donné également l'assurance que le *besoin d'apprendre*, le désir de s'instruire, la curiosité sérieuse et intelligente étaient l'un des caractères distinctifs des Japonais, et il est convaincu que la main seule de la science peut prétendre à ouvrir un jour les barrières que la politique de l'isolement a élevées entre le Japon et l'Europe, barrières que le commerce ou la guerre tenterait vainement de renverser (1)! Les médecins et les astronomes japonais parlent beaucoup mieux le hollandais que ne le font les interprètes. On ne peut pas leur faire de cadeau plus précieux que celui d'un livre scientifique écrit ou traduit en hollandais. Ils ont traduit en japonais plusieurs des ouvrages qui leur ont été ainsi donnés en présent, et en particulier l'*Expo-

(1) *Voyez* les considérations qui terminent la section suivante.

sition du système du monde de la Place, ainsi que nous l'a assuré l'honorable M. Burgber. Ce sont là, nous le répétons, des faits remarquables et des *indications précieuses pour l'avenir.*

Ces savants japonais sont membres du *Collège impérial d'Yédo*, institution que les Hollandais comparent à nos académies et qu'on retrouve dans les villes principales de l'empire. Le collége de *Miyako* paraîtrait ressembler surtout à nos *académies des sciences.* Nous en reparlerons quand nous ramènerons la mission hollandaise à Nagasaki.

D'autres visites, soit dans un but de simple curiosité, soit amicales, soit intéressées, réclament le temps et occupent l'attention des nouveaux arrivés. On leur offre tous les chefs-d'œuvre de l'industrie japonaise et à des prix infiniment plus modérés qu'à Nagasaki. Les marchands ont soin de ne pas apporter eux-mêmes des articles prohibés, mais ils envoient chercher ce qu'on désire se procurer. Les grands personnages ne viennent jamais visiter leurs amis les Hollandais que tard dans la soirée, et se font, presque toujours, précéder de quelques présents (*miserasie*; *curiosités* vues ou offertes en cadeau), tels que jolies bagatelles de mercerie, ouvrages en laque, papier fin, éventails, portefeuilles, boîtes à tabac, pipes ou objets de curiosité qu'on sait être recherchés par les étrangers. Quand ces présents sont de quelque valeur, l'*opperhoofd* donne toujours quelque chose en retour, surtout lorsqu'il s'agit de quelque personnage influent; mais il ne peut le faire qu'avec une extrême circonspection et par l'intermédiaire d'une tierce personne. Les dames japonaises ne se font pas faute de visiter les Européens, *incognito*. A Yédo surtout ces visites du beau sexe sont continuelles. Il est arrivé qu'un gentilhomme japonais a amené jusques à six de ces dames à la fois, et, dans la soirée surtout, cette affluence de belles curieuses occasionne une consommation extraordinaire de friandises et de liqueurs! D'ailleurs elles se permettent souvent d'ouvrir les malles ou caisses qui contiennent le linge et les vêtements des voyageurs, et elles expriment leur surprise et leur satisfaction en examinant le contenu pièce par pièce, et s'informant de la manière de les porter, avec un empressement tel qu'on ne peut guère se dispenser de leur offrir ce qu'elles paraissent convoiter le plus, soit immédiatement, soit en le remettant à un domestique de confiance qu'elles ont soin d'envoyer dans ce but. En tout cas, il leur faut *un souvenir* quelconque, ne serait-ce qu'une couple de mots hollandais écrits sur leur éventail! Les domestiques venus de *Dézima*, et qui comprennent tous le hollandais, servent d'interprètes confidentiels dans ces occasions, et les princes ou autres grands personnages qui viennent *naïbon*, ont recours à eux de préférence aux interprètes du gouvernement. Souvent ces grands seigneurs ne se font connaître que le lendemain de leur première visite, en envoyant un de leurs secrétaires avec un présent et leurs remercîments pour l'accueil qui leur a été fait. Aussi viennent-ils et sont-ils reçus sans cérémonie, vêtus comme des personnes de condition moyenne, ainsi que les officiers de leur suite; et si la conversation les met de bonne humeur, ils en agissent bientôt familièrement, et font souvent prendre note des réponses qui les ont le plus intéressés. Les princes japonais sont toujours aimables dans leurs manières, causeurs empressés et questionneurs infatigables en tout ce qui touche aux arts, aux sciences, aux mœurs et aux coutumes européennes ou des colonies hollandaises; mais ils ne se permettent jamais la moindre allusion à la politique japonaise. La mission du temps de Fisscher reçut ainsi les visites des princes de *Matsmaï* et de *Zamba*, du prince de *Mito*, frère de l'empereur (*siogoun*), du secrétaire de l'empereur, des secrétaires et principaux officiers des princes de *Satzuma*, *Nagals*, *Firakatta*, *Owari*, *Kaga*, etc. Le secrétaire du prince de *Satzuma* leur apporta en présent : douze oiseaux des plus beaux, cinquante plantes rares, une paire de poules naines, une paire de lapins nains, une de canards à queue en éventail et quelques pièces de soieries; le tout dans des cages ou des boîtes d'une telle élégance, que le contenant devait avoir coûté plus cher encore que le contenu. Nous ne terminerons pas ce petit compte rendu des distractions que procurent aux Hollandais leurs nombreux visiteurs, sans emprunter à Doeff les détails qu'il donne sur un certain marchand japonais qui par sa fortune, sa libéralité et la grandeur de ses manières, semble pouvoir marcher de pair avec ces fameux marchands des *Mille et une nuits* qui s'entendaient si merveilleusement à gagner des millions et les dépensaient avec une générosité si exceptionnelle! C'est un marchand de soieries dont il s'agit. Il se nommait *Itchigoya*, et avait des magasins dans toutes les grandes villes de l'empire. Vous achetiez quelque chose de lui à Yédo et l'emportiez à Nagasaki, par exemple; une fois arrivé là, si, par un motif quelconque, vous n'étiez pas satisfait de votre marché, vous étiez libre de renvoyer à son comptoir l'article acheté à Yédo qui cessait de vous convenir, et, pourvu qu'il ne fût pas endommagé, on vous en remboursait intégralement la valeur! Vous aviez eu le choix cependant dans cinq ou six grandes caisses envoyées à l'hôtel. Les richesses de cet homme devaient être immenses, comme on va en juger. En effet, lors du grand incendie qui réduisit en cendres, pendant le séjour de Doeff à Yédo, des milliers de maisons, y compris la résidence de la mission hollandaise, *Itchigoya* perdit non-seulement sa propre maison avec tout ce qu'elle contenait, mais encore un magasin contenant plus *d'un million de livres pesant* de fil de soie, perte sans compensation dans un pays où on ne sait ce que c'est que de faire assurer des marchandises : et cependant il envoya *quarante* de ses domestiques au secours des Hollandais, et deux jours après l'incendie il commençait à reconstruire son établissement et payait les charpentiers qu'il employait à raison de vingt francs par jour! Voici, au reste, en quels termes Doeff rend compte de cette immense catastrophe, qui fut pour lui et ses compatriotes l'occasion de voir d'autres quartiers de la capitale que ceux qu'il leur est ordinairement permis de traverser.

« Le 22 avril 1806, à dix heures du matin, on nous apprit qu'un incendie venait de se déclarer en ville, à la distance de deux lieues environ de notre hôtel. Nous y fîmes à peine attention, les incendies étant si fréquents à Yédo qu'une belle nuit ne se passe jamais sans qu'on entende dire que le feu a pris quelque part, et qu'on se félicite mutuellement quand le temps est couvert dans la soirée, parce que la pluie rend ces accidents moins fréquents. Cependant une grande portion de la ville fut bientôt en flammes, et le feu gagna de notre côté : vers trois heures de l'après-midi, la force du vent fit voler des étincelles dans notre voisinage et quatre maisons prirent feu autour de nous. Deux heures avant que le danger s'approchât nous avions jugé prudent de faire nos paquets, et quand il devint imminent nous étions prêts à fuir. Quand nous mîmes le pied dans la rue tout était en flammes; et comme il eût été fort périlleux de chercher à s'échapper dans la direction du vent, nous prîmes au pas de course une direction oblique au travers d'une rue qui brûlait déjà, et atteignîmes un espace ouvert, en arrière du foyer de l'incendie, nommé *Hara*. La place était déjà pleine de monde, et l'on voyait flotter les bannières des princes dont les palais étaient déjà consumés, et qui s'étaient échappés avec leurs femmes et leurs enfants. Nous suivîmes leur exemple en nous établissant autour d'un petit drapeau hollandais qui nous servait en traversant les rivières, et que nous arborâmes dans un coin de la place. Le spectacle qui frappa nos yeux en ce moment était effrayant au delà de tout ce qu'on peut dire. Les cris de désespoir des femmes et des enfants s'élevant de cette mer de feu augmentaient l'horreur de la scène. Nous étions hors du danger, mais sans abri. Le gouverneur de Nagasaki, qui se trouvait alors à Yédo, *Fita-Bungo-no-Kami*, venait d'être remplacé, et la maison de son successeur, nommé le jour même, était déjà réduite en cendres. On nous assigna pour logement la maison de l'autre gouverneur (alors à Nagasaki), maison située de l'autre côté de la ville, et nous y fûmes conduits vers dix heures du matin. Le fils du gouverneur absent nous y reçut avec toutes les attentions et l'obligeance imaginables. Enfin, le jour suivant, à midi à peu près, une forte pluie éteignit le feu. Notre hôte nous apprit que trente-sept palais des princes avaient été détruits de fond en comble, et que plus de douze cents personnes, parmi lesquelles une fille du prince d'*Awa*, avaient été brûlées ou noyées, le fameux *Nippon-Bass* s'étant écroulé sous le poids des fugitifs, car la foule, en voulant échapper aux flammes, s'était pressée sur ce point. Quelque obligeant qu'eût été l'accueil du fils du gouverneur, nous étions beaucoup moins à l'aise dans sa maison que dans un hôtel, et je me hâtai d'envoyer à la recherche d'un logement convenable. Au bout de quatre jours, ayant trouvé une demeure telle que nous la désirions, nous prîmes congé de notre hôte en le remerciant de l'hospitalité qu'il nous avait donnée, et nous établîmes dans notre nouvelle résidence, située sur une très-jolie place et donnant vue, par une espèce de balcon placé sur le derrière de la maison, sur un pont très-passager, construit sur la grande rivière qui traverse la capitale. Il n'y avait que trois maisons entre le pont et nous, en sorte que sous le rapport du point de vue nous avions beaucoup gagné à ce changement de domicile. Le nombre des allants et venants s'était augmenté de tous ceux que la curiosité amenait de ce côté dans l'espoir de nous voir, et cette curiosité ne nous importunait en rien, à cause de la distance qui nous séparait du pont. Cette circonstance cependant fut remarquée, et le sous-intendant m'intima, *de la part du gouverneur d'Yédo*, l'ordre de ne plus nous montrer sur le balcon, où notre présence attirait les regards de la foule curieuse. Je demandai aussitôt à parler à l'officier supérieur de police qui nous avait accompagnés depuis Nagasaki. Je lui exprimai mon étonnement qu'un semblable message eût pu m'être envoyé par le gouverneur d'Yédo, le gouverneur de Nagasaki étant le seul dignitaire avec lequel les Hollandais eussent à entretenir des relations constantes, ou duquel ils pussent recevoir des instructions pendant la durée du voyage, le seul qui eût qualité pour nous donner des ordres, étant exclusivement chargé par le gouvernement, comme le *gobanyosi* m'en avait informé de sa part, de la direction de la mission. J'ajoutai que je n'avais nullement l'intention d'obéir à des ordres émanés de toute autre autorité, et que je le priais instamment d'en informer le gouverneur lui-même. Cet appel à son autorité ne fut pas inutile. Dès la matinée suivante il m'envoya dire par le *gobanyosi* qu'il approuvait entièrement ma conduite, et nous permit de jouir à notre aise de notre cher balcon. Il rendit même la faveur plus complète, en donnant l'ordre de nettoyer une certaine cour attenant à notre résidence (1). »

Il est temps cependant de conduire la mission néerlandaise à l'audience impériale, but de ce grand voyage. Il paraîtrait que cette audience doit toujours avoir lieu le 28 d'un mois (japonais), jour *faste*, consacré aux visites *de compliment*, après l'accomplissement de certains devoirs religieux. Si, par un accident quelconque, on a laissé passer le quantième propice, il faut attendre quatre semaines le retour de ce quantième opportun. Nous remarquons que du temps de Kœmpfer les audiences de réception avaient eu lieu l'une le 29 mars, l'autre le 21 avril. Thunberg accompagna l'*opperhoofd* au palais le 18 mai, Doeff fut reçu le 3 du même mois, Fisscher, enfin, le 6 avril. Nous avons d'abord recours au récit que Doeff nous a donné de l'audience où il a figuré, comme président ou chef de la mission, en 1806.

« Les Hollandais se font faire une sorte d'habit de cérémonie pour cette occasion. Celui du président est en velours, ceux du docteur et du secrétaire en drap, avec garnitures ou broderies

(1) Thunberg, parlant des incendies qui sont si fréquents à Yédo, dit (vol. II, p. 75):

« Il y en eut plusieurs pendant notre séjour, mais ils furent promptement éteints. — Celui de 1772 fut terrible, et fait une bien triste époque; notre chef qui en avait été témoin nous en fit une description déchirante. Le feu se manifesta vers midi, et brûla sans interruption jusqu'au lendemain huit heures du soir; il s'étendit sur six milles de longueur et trois milles de large.

« L'hôtel des Hollandais fut consumé, et les Hollandais qui l'habitaient changèrent trois fois de logis pendant la nuit : ils se réfugièrent enfin dans un temple. »

or ou argent. Tous trois portent le petit manteau (de velours pour l'*opperhoofd*, de satin noir pour les deux autres), mais seulement après être entrés dans l'intérieur du palais. Le président seul est autorisé à faire porter son épée derrière lui dans un fourreau de velours noir : aucun autre étranger, au Japon, ne jouit de ce privilége. On ne peut même garder l'épée au côté. Le 28 du troisième mois japonais (correspondant au 3 mai), nous nous rendîmes en cérémonie au palais impérial, à six heures du matin, afin d'y être arrivés avant les conseillers d'État ; nous fûmes portés dans nos *norimonos* jusqu'à la porte du palais, où les princes eux-mêmes sont obligés de mettre pied à terre, à l'exception des princes d'*Owari*, *Kiousiou* et *Mito*, qui, en leur qualité de princes du sang, pénètrent jusqu'à la porte opposée à la *garde de cent hommes*. Nous nous y rendîmes à pied, et là nous attendîmes l'arrivée des conseillers. On nous fit asseoir sur des bancs recouverts de draperies rouges et on nous offrit du thé et des pipes. Ici, nous vîmes le gouverneur de Nagasaki et l'un des premiers *espions* de la cour (comme qui dirait inspecteurs généraux des étrangers), qui, après nous avoir complimentés sur le bonheur que nous allions bientôt avoir de contempler leur auguste souverain, entrèrent dans l'intérieur du palais. Vint ensuite le commandant de la garde, pour faire sa visite au président ; mais ici se présentait une question d'étiquette : le commandant voulait que je vinsse à sa rencontre de la salle intérieure, où je me trouvais, dans la salle d'attente extérieure, qu'il ne pouvait dépasser, disait-il, l'infériorité de son rang s'opposant à ce qu'il entrât dans la salle intérieure. Je déclarai, de mon côté, qu'il m'était impossible de quitter la place d'honneur qui m'avait été assignée. Le commandant se détermina à avancer, mais s'arrêta à la distance de deux nattes (1) (quatre mètres environ), d'où il me fit son salut. En gardant ainsi résolument ma place (ce qu'il faut toujours avoir grand soin de faire au Japon, quand on est dans son droit) je fis respecter les anciens usages, auxquels il serait excessivement difficile de revenir, si, par complaisance, on avait le malheur de céder. Quand tous les conseillers furent arrivés on nous invita à traverser plusieurs autres cours, et nous entrâmes dans le palais, où nous fûmes reçus par des personnes qu'on aurait pu, à leurs têtes rasées près, comparer à nos *payes*. Ceux-ci nous conduisirent à un salon d'attente, où nous nous assîmes sur le plancher, dans une direction oblique, et couvrîmes nos pieds avec nos manteaux, car l'étiquette japonaise le veut absolument ainsi (1). Après quelque temps, le gouverneur de Nagasaki et le commissaire ou inspecteur des étrangers me conduisirent à la salle d'audience, et m'invitèrent à *répéter* ce que j'aurais à faire dans le cours de ma présentation, attendu que le gouverneur porterait la peine de la moindre erreur par moi commise dans le cérémonial. On me reconduisit ensuite au salon d'attente, d'où, après un autre intervalle de temps, je me rendis avec le gouverneur à l'audience *réelle* de l'empereur. Nous rencontrâmes plusieurs grands seigneurs qui en revenaient. On me fit passer par un corridor pour arriver à la salle *des cent Nattes*, ainsi nommée parce qu'elle est effectivement tapissée de cent nattes. Ces nattes sont faites de paille (de riz?), épaisses d'environ trois centimètres, et recouvertes d'autres nattes, d'un travail plus délicat, avec de riches bordures : c'est ainsi que sont tapissées toutes les belles salles de réception au Japon. Ici nous laissâmes l'interprète en chef, et j'entrai, accompagné du gouverneur seulement, dans la salle d'audience, où je vis les présents, arrangés à main

---

(1) Dans ce pays, où tout est réglé par des lois invariables, les nattes ont des dimensions déterminées par ordonnance et qui, exprimées en mesures françaises, paraissent être : deux mètres de long, sur un mètre de large et cinq centimètres et demi d'épaisseur environ. — Elles sont fabriquées de manière à joindre exactement.

(1) Parmi les gens bien élevés, montrer ses pieds passerait pour un acte de grossièreté impardonnable, au Japon! Dans l'Hindoustan il faut, au contraire, se garder de laisser voir ses mains, en présence d'un supérieur, dans les occasions de grande cérémonie !

gauche. Nous y trouvâmes l'empereur ou *siogoun*, dont le costume ne différait en rien de celui de ses sujets. Je saluai sa majesté précisément de la même manière que les princes de l'empire, tandis que l'un des conseillers d'État annonçait à haute voix « Capitan Horanda ! » Le gouverneur de Nagasaki, qui se tenait à un ou deux pas en arrière, me tira alors par mon manteau pour m'avertir que l'audience était finie. Toute la cérémonie ne dura pas plus d'une minute. »

Fisscher qui, sans assister à la présentation, avait été témoin de la *répétition*, donne quelques détails de plus. Toute la cérémonie consiste, dit-il, à faire le salut japonais à l'endroit convenu, en se prosternant de manière à ce que la tête touche la natte pendant quelques secondes, au moment où les mots « Capitan Horanda » sont proclamés à haute voix. Le silence de mort qui règne dans la salle n'est interrompu que par l'espèce de léger bourdonnement ou murmure qui chez les Japonais exprime une profonde vénération. L'*opperhoofd* se retire comme il s'était avancé, dans la plus humble attitude, le corps courbé jusqu'à terre; en sorte qu'il ne peut, sans violer les lois du *decorum* japonais, rien voir distinctement de ce qui l'entoure, bien qu'il s'aperçoive du grand nombre de personnes présentes.

En sortant de l'audience impériale les Hollandais ont d'autres devoirs d'étiquette à remplir. La mission se rend d'abord chez le *nisi-no-marou*, ou prince impérial, dont le palais est situé sur une éminence d'où l'on peut juger de l'étendue de la résidence souveraine et de l'immensité de la capitale, dont on n'aperçoit les limites dans aucune direction. Le prince n'est jamais chez lui dans cette occasion, son devoir le retenant sans doute auprès de son père. La mission est reçue en son nom, par des conseillers d'État députés à cet effet; mais nous ignorons comment les choses se passent à cette réception. Le détail des autres visites de cérémonie (visites toujours accompagnées de présents) est mieux connu. La mission se rend chez les divers conseillers, ordinaires et extraordinaires, mais n'est (au moins aujourd'hui) reçue par aucun d'eux en personne. Les Hollandais sont reçus, avec les présents destinés à ces grands personnages, par des secrétaires (1), et régalés de thé et de confitures. Ces rafraîchissements sont apportés sur des plateaux, mais on n'y touche pas (au dire de Fisscher). Le tout est proprement empaqueté dans du papier, lié avec des cordons d'or ou d'argent, et porté dans des bols en laque à la résidence de la mission, par le sous-interprète et le maître de l'hôtel. Pendant ces visites on peut entendre les dames et les enfants, qui, placés derrière les paravents, examinent les étrangers avec curiosité. Si les dames ne se montrent pas, il ne faut pas en conclure que la coutume l'exige ainsi, mais seulement qu'on veut éviter toute familiarité avec des Européens, et que probablement il serait contraire à l'étiquette qu'une dame d'un rang aussi élevé que l'est la femme d'un ministre se montrât dans une semblable occasion à des marchands étrangers (2) ! Partout, au reste, on présente aux Hollandais des pipes et du tabac. « Dans quelques maisons, » dit Fisscher, « on nous demanda la permission d'examiner nos montres et le chapeau et l'épée du président. Mais ce qu'il y eut de très-ennuyeux pour moi, et qui devint à la fin presque intolérable, obligé comme je l'étais de m'asseoir sur le plancher, ce fut d'avoir à tracer quelques lignes ou au moins quelques mots au crayon rouge sur plusieurs feuilles de papier, à chaque visite que nous fîmes. Il était neuf heures et demie du soir quand nous rentrâmes chez nous après toutes ces cérémonies, et nous eûmes encore à recevoir un grand nombre de visites de félicitation, en sorte qu'à force de politesses il semblait réellement qu'on eût pris à tâche de nous accabler; et l'agitation fiévreuse que nous éprouvions à la fin de la jour-

(1) *Gokaros*.
(2) Il paraîtrait que l'adoption de ces précautions outrées ne date pas de bien loin; car Thunberg dit positivement que dans l'un des hôtels ou palais des conseillers, non-seulement on leva le rideau clair qui séparait les femmes des étrangers, mais on invita ceux-ci à s'avancer au milieu de la salle.

née était telle, qu'il y avait de quoi se trouver mal ! »

Le rôle des Hollandais à la cour d'Yédo est cependant bien moins fatigant de nos jours, et surtout bien moins humblement ridicule, qu'il ne l'était du temps de Kœmpfer, comme nous le verrons bientôt. Il leur est accordé plus de temps pour leurs visites de cérémonie, et il semble même qu'il y ait eu progrès sous ce rapport depuis l'époque de la mission dont Fisscher faisait partie; car Siebold, qui fit le voyage d'*Yédo* quatre ans plus tard (en 1826), dit positivement qu'ils n'eurent à visiter que les cinq conseillers du premier rang, le jour de l'audience : ils ne se rendirent chez les huit conseillers de seconde classe que le jour suivant ; et les autres visites, auxquelles Fisscher fait allusion comme ayant eu lieu le second jour du temps du président Blomhoff, furent, dans le cas actuel, remises au troisième jour.

Ce dernier tour de visites avait été moins fatigant pour les Hollandais, même en 1822, que le précédent, et ils avaient été accueillis avec une hospitalité plus substantielle; car Fisscher ne fait mention ce jour-là que des visites faites aux deux conseillers *surintendants des temples* (ou des affaires ecclésiastiques) et aux deux gouverneurs d'*Yédo;* et chacun de ces dignitaires leur fit servir un repas chaud et du *saki*. Les gouverneurs d'*Yédo*, dont on a sous son administration la moitié orientale de la ville et l'autre la moitié occidentale, reçurent la mission en personne. Il paraît que ce furent les seuls. Nos voyageurs se présentèrent également chez celui des gouverneurs de Nagasaki qui se trouvait alors dans la capitale; mais il ne les reçut pas, « probablement, ajoute Fisscher, parce qu'il est très-modestement logé ici, et que parmi tant de grands seigneurs il ne voulait pas avoir à rougir à nos yeux du rôle inférieur qu'il joue à la cour. Le fait est que ce même homme qui paraît si fier et porte la tête si haute à Nagasaki ne nous semblait guère jouir ici de plus de considération qu'un domestique (1). »

(1) Thunberg nomme parmi les dignitaires chez lesquels la mission se présenta le second jour les deux commissaires des étrangers.

Pendant le peu de jours que la mission passe à *Yédo* après l'audience de réception, les médecins et les astronomes impériaux rendent publiquement visite aux Hollandais, ou (comme on dit au Japon) *omote-mouki*, par opposition au *naïbon*. Nous ne savons quelles sont les autres personnes qui sont autorisées à venir les voir de la même manière ; mais il paraît que les visites des dames et des princes sont toujours et invariablement *naïbon*. Trois ou quatre jours, généralement, après l'audience de présentation, les Hollandais sont appelés à une audience de congé. Le cérémonial paraît être absolument le même dans les deux cas, mais beaucoup moins honorable, par le fait, en ce qui concerne l'audience de congé, attendu que dans ce dernier cas le *siogoun* ne condescend pas à recevoir en personne l'hommage du président : celui-ci est reçu dans la salle des Cent Nattes par les conseillers d'État. Le gouverneur de Nagasaki lui lit la même proclamation qui lui est lue tous les ans à Nagasaki, ainsi que nous l'avons mentionné ci-dessus. Le président se retire ensuite pour quelques instants, et à son retour dans la salle il reçoit les présents du *siogoun*, qui consistent en trente robes de cérémonie. Il se retire de nouveau, et est rappelé pour recevoir vingt autres robes de la part du prince impérial. Il retourne alors à son hôtel, où, dans l'après-midi, les secrétaires des conseillers d'État, des surintendants des temples, des gouverneurs d'Yédo et des commissaires pour les affaires étrangères, lui sont envoyés pour lui porter les compliments et les souhaits de bon voyage de leurs maîtres, et lui remettre, en retour des présents qu'ils ont reçus, un certain nombre de robes de soie d'une qualité inférieure à celles qui lui ont été données par le *siogoun* et son fils, et ouatées en coton seulement. Chaque messager reçoit un présent de confitures, un paquet de tabac de Hollande et deux pipes dorées.

Tel est, de nos jours, le cérémonial observé à la cour d'*Yédo* envers la mission hollandaise, tel que le décrivent les auteurs les plus modernes; et il ne diffère pas beaucoup de ce qu'il était il y a un siècle et demi, du temps de

Kœmpfer; mais celui-ci nous donne des détails très-curieux sur une autre audience, une sorte d'audience particulière qui de son temps suivait de près la première, et qui paraît maintenant, Dieu merci! être tombée en désuétude. Nous reproduirons ces détails; mais nous croyons devoir, pour rendre le tableau plus complet, emprunter d'abord au vieux docteur allemand son récit de l'audience solennelle de présentation ou au moins un ample extrait de ce récit aussi original pour la forme que pour le fond.

« Le 29 de mars, qui étoit un jeudi, étant donc le jour marqué pour notre audience, les présens destinez à sa Majesté Impériale furent envoyez à la cour, suivis par les députez du Sino-Bami et des commissaires qui ont l'inspection des affaires étrangères. On devoit les arranger sur des tables de bois, dans la sale des Mille Nattes, comme ils l'appellent, où l'empereur devoit en faire la revue. Nous suivîmes immédiatement après, avec un petit équipage, couverts d'un manteau de soye noire, habit de cérémonie selon la manière d'Europe. Nous étions suivis des trois intendants des gouverneurs de Nagasaki, de notre dosen, ou commis du Buggio, de deux messagers de Nagasaki, et d'un fils de l'interprète, tous à pied. Nous étions quatre à cheval, à la queuë l'un de l'autre, trois Hollandois, et notre interprète. Chacun de nos chevaux étoit conduit par un seul valet, qui le tenoit par la bride, et qui marchoit à la droite : c'est le côté par où l'on monte et descend de cheval, suivant la manière du pays. Autrefois nous avions deux valets pour chaque cheval; nous avons supprimé cet usage, qui ne faisoit que nous exposer à des despenses inutiles. Notre résident ou capitaine, comme les Japonnois l'appellent, venoit après nous, porté dans un norimon et étoit suivi par notre ancien premier interprète, porté dans un cangos. La marche étoit fermée par le reste de nos domestiques et de notre suite, qui nous suivoient à pied, à une distance convenable, telle qu'elle leur étoit prescrite. Ce fut dans cet ordre que nous avançâmes vers le château; et après que nous eûmes marché demi-heure, nous arrivâmes à la première closture, que nous trouvâmes bien fortifiée de murs et de remparts. Nous la traversâmes sur un grand pont bordé d'une balustrade ornée avec des boules de cuivre au haut. La rivière qui passe dessous est large, et semble couler vers le nord autour du château : nous y vîmes alors un grand nombre de batteaux et d'autres bâtiments. On entre par deux portes fortifiées, avec une petite garde entre deux. Dès que nous eûmes passé la seconde porte, nous entrâmes dans une grande place, où nous vîmes une garde plus nombreuse à la droite, qui nous parut pourtant être là plutôt pour la parade que pour la défense. La sale des gardes étoit tapissée de draps; les piques étoient posées de bout à terre près de l'entrée; le dedans étoit orné d'armes dorées, de fusils vernissez, de piques, de boucliers, d'arcs, de flèches et de carquois, rangez avec beaucoup d'adresse, et d'une manière curieuse. Les soldats étoient assis à terre les jambes croisées, en bon ordre, habillez de soye noire, chacun avec deux sabres attachez à son ceinturon. Après avoir traversé la première closture, marchant entre les palais et les maisons des princes et des grands de l'empire qui sont bâtis dans l'intérieur du premier château, nous arrivâmes à la seconde closture, que nous trouvâmes fortifiée à peu près comme la première; toute la différence remarquable étoit que le pont, les portes, la garde intérieure, et les palais, étoient d'une plus belle structure et plus magnifiques. Nous y laissâmes notre norimon et notre cangos, nos chevaux et nos valets; et l'on nous conduisit au travers de la seconde closture au Foumats, demeure de l'empereur, où nous entrâmes par un long pont de pierre : et après avoir passé au travers d'un double bastion et de deux portes fortifiées, à vingt pas de distance de là, nous continuâmes de marcher par une rue irrégulière disposée selon la nature du terrain, bordée de deux côtez par des murailles d'une hauteur extraordinaire. Nous arrivâmes ainsi au Fiakninban, c'est-à-dire la garde de cent hommes, ou la grande garde du château, qui étoit à notre gauche, au haut bout de la rue, dont je viens de parler, tout près de la dernière porte qui conduit au palais de l'empereur. On nous ordonna d'attendre à la sale des gardes jusqu'à ce qu'on nous introduisît à l'audience, qui nous seroit donnée, selon qu'on nous dit, dès que le grand conseil d'État s'assembleroit dans le palais. Nous fûmes reçus avec civilité par les deux capitaines de la garde, qui nous régalèrent avec du thé et du tabac à fumer. Bientôt après Sino-Bami et les deux commissaires vinrent nous complimenter et nous tenir compagnie avec des gentilshommes de la cour de l'empereur qui nous étoient inconnus. Après avoir attendu environ une heure, pendant lequel temps plusieurs conseillers d'État de l'empereur, jeunes et vieux, entrèrent au palais, les uns à pied, les autres portez dans des norimons, nous fûmes conduits au travers de deux magnifiques portes séparées par une grande place carrée, jusqu'au palais, où l'on monte de la seconde porte par quelques marches. La place qui est entre la seconde porte et le frontispice du palais n'a que quelques pas de largeur; elle étoit excessivement remplie d'une foule de courtisans et de compagnies de gardes : de là on nous fit monter deux autres escaliers pour aller au palais. Nous entrâmes d'abord dans une grande sale qui est à la droite de l'entrée; c'est là que toutes les personnes qui doivent être admises à l'audience de l'empereur ou des conseillers d'État attendent qu'on les introduise. C'est une sale fort grande et fort exhaussée, mais lorsque l'on y a mis tous les paravents elle est assez sombre, ne recevant du jour que des fenêtres d'en haut d'une chambre voisine où l'on tient des meubles pour les appartements de l'empereur. La sale est d'ailleurs richement meublée à la manière du pays, et ses montans ou piliers dorez, ses murs et ses paravents, sont un object fort agréable à l'œil. Après avoir attendu là un peu plus d'une heure, et l'empereur s'étant assis à la sale d'audience, Sino-Bami et les deux commissaires entrèrent et conduisirent notre résident devant l'empereur, nous laissant derrière. Dès qu'il fut entré ils crièrent à haute voix « Hollanda Capitain »! ce qui était le signal pour le faire approcher, afin qu'il rendît ses respects à l'empereur, et fît des protestations accoutumées : selon cet usage, il se traîna avec les mains et les genoux à l'endroit qui lui fut montré, entre les présens qui étoient arrangez d'un côté, et l'endroit où l'empereur étoit assis, qui étoit de l'autre. Alors, se mettant à genoux, il se courba de sorte qu'il donna du front à terre, ensuite il se traîna à reculons comme une escrevisse, sans proférer un seul mot. Il ne se passe pas autre chose aux audiences que nous obtenons de ce puissant monarque; et l'on n'observe pas plus de cérémonies dans les audiences qu'il donne aux plus grands et plus puissants princes de l'empire : car après avoir été appelez dans la sale d'audience, on les appelle à haute voix par leur nom, après quoi ils s'avancent à quatre pattes avec un profond respect, et sans dire mot, vers le trône de l'empereur; et après avoir fait leurs actes de soumission, en courbant leur front jusqu'à terre, ils rampent à reculons dans la même posture soumise.

« La sale d'audience, nommée autrement la sale des Cent Nattes, ne ressemble en rien à celle qui a été décrite et représentée par Montanus, dans les ambassades mémorables des Hollandois aux empereurs du Japon : le trône élevé, les marches par où l'on y monte, les tapis qui les couvrent, les magnifiques colonnes qui supportent le bâtiment où est le trône, les colonnes entre lesquelles il dit que les princes de l'empire se prosternent devant l'empereur, et autres choses semblables, n'ont de fondement que dans l'imagination de cet auteur. Tout ce qu'il y a est réellement curieux et riche, mais n'est autre chose que ce qui est représenté dans mon dessin (*Voyez* la planche XXXI). A notre second voyage à la cour, l'audience étant finie, le gouverneur de Nagasaki eut la bonté de nous montrer la sale; ce qui m'a donné occasion d'en tirer un plan, qu'il n'étoit pas difficile de finir. Il suffisait pour cela de se faire dire le nombre des nattes, des montans ou piliers de bois, des paravents et des fenêtres. Le plancher est couvert de cent nattes, toutes de la même grandeur; de là vient qu'on l'appelle Sen-Sio-Siki, c'est-à-dire la sale des Cent Nattes. Elle est ouverte d'un côté vers une petite cour, d'où elle reçoit du jour du côté opposé;

elle se joint à deux autres chambres, que l'on laisse ouvertes pour cette raison du côté de la même cour. L'une de ces chambres est beaucoup plus grande que l'autre, et sert pour les conseillers d'État lorsqu'ils donnent leurs audiences. L'autre est plus petite, plus enfoncée, et une marche plus haute que la sale : c'est dans celle-ci que l'empereur s'assied, pour donner audience, les jambes croisées, sur un petit nombre de tapis. Il n'est pas aisé de le voir, le jour ne donnant pas jusqu'au lieu où il est assis ; outre que l'audience est trop courte, la personne qui y est admise est aussi dans une posture trop humble et trop prosternée pour avoir occasion de lever la tête et de le considérer. Cette audience d'ailleurs est majestueuse et inspire du respect, à cause surtout du silence qui règne parmi tous les conseillers d'État, un grand nombre de princes et de seigneurs de l'empire, de gentilshommes de la chambre de l'empereur et d'autres principaux officiers de sa cour, qui forment une double haie dans la sale d'audience, et sur toutes les avenues, assis dans un bon ordre, et avec leurs habits de cérémonie.

« Autrefois nous n'avions autre chose à faire à la cour de l'empereur que de lui rendre les hommages accoutumez de la manière que je viens de descrire. Peu de jours après on lisoit à notre capitaine certains règlements concernant notre commerce et notre manière de vivre, qu'il promettoit d'observer au nom des Hollandois; et il étoit d'abord renvoyé à Nagazaki : mais depuis plus de vingt ans lui et le reste des Hollandois envoiez en ambassade à Jedo sont conduits plus avant dans le palais, pour donner à l'impératrice, aux dames de sa cour, et aux princesses du sang, le passe-temps de les voir. Dans cette seconde audience, l'empereur et les dames qui y sont invités se tiennent derrière des paravents et des jalousies ; mais les conseillers d'État et les autres officiers de la cour sont assis à découvert à leur manière accoutumée, dont l'ordre fait un bel effet. Dès que le capitaine eut rendu son hommage, l'empereur se retira dans son appartement, et peu de temps après nous fûmes appellez avec notre capitaine : on nous fit traverser plusieurs appartemens par où nous allâmes dans une galerie ciselée et dorée avec beaucoup d'art. Nous y attendîmes environ un quart d'heure ; après quoi nous traversâmes plusieurs autres corridors et galeries, pour nous rendre dans une grande chambre où l'on nous pria de nous asseoir, et où plusieurs courtisans rasez qui étoient les médecins de l'empereur, les officiers de cuisine et quelques ecclésiastiques, vinrent nous demander nos noms, notre âge et nous faire d'autres semblables questions; mais on tira bientôt des paravents dorez devant nous, pour nous délivrer de leur foule et de leur importunité. Nous demeurâmes là environ une demi-heure, en attendant que la cour s'assemblât dans les appartements de l'empereur, où nous devions avoir notre seconde audience et où l'on nous conduisit au travers de plusieurs galeries obscures. Le long de ces diverses galeries il y avoit une file non interrompue de gardes du corps, et après eux, plus près de l'appartement de l'empereur, la file étoit continuée par plusieurs grands officiers de la couronne qui faisoient front à la sale d'audience. Ils avoient leurs habits de cérémonie, tenoient leurs têtes courbées, et étoient assis sur leurs talons. La sale d'audience étoit exactement comme je l'ai représentée dans la figure ci-jointe (*Voyez* la planche XXXII). Elle consistoit en divers compartiments qui regardoient vers la place du milieu, quelques-uns desquels étoient ouverts du côté de la place du milieu, les autres étoient fermez par des paravents et des jalousies, les uns étoient de quinze nattes, les autres de dix-huit, et d'une natte plus haut ou plus bas, selon la qualité des personnes qui y étoient assises. La place du milieu n'avoit point de nattes du tout, et se trouvoit par conséquent la plus basse, à cause qu'on les en avoit ôtées ; ce fut sur le plancher de cet endroit, fait de belles planches vernisées, que l'on nous ordonna de nous asseoir. L'empereur et l'impératrice étoient assis derrière les jalousies à notre droite. Tandis que je dansois selon l'ordre de l'empereur, j'eus deux fois l'occasion de voir l'impératrice au travers les ouvertures de la jalousie ; je m'aperçus qu'elle étoit belle, le teint brun, et de fort beaux yeux noirs à l'Européenne ; ils étoient pleins de feu, et je jugeai par la proportion de sa tête, qui étoit assez grosse, que c'étoit une grande femme; elle paroissoit avoir trente-six ans. J'entends par le mot de jalousies des tapisseries faites de roseaux fendus, déliez et fins, couvertes par derrière d'une soye fine et transparente, avec des ouvertures larges d'un empan pour laisser aux personnes qui sont derrière la faculté de regarder. On les peint de diverses figures, pour l'ornement, ou pour mieux dire, pour mieux cacher ceux qui sont derrière, quoique sans cela même il est impossible de voir les personnes d'un peu loin, surtout si le derrière n'est pas éclairé (1). L'empereur lui-même étoit dans un lieu si obscur, que nous aurions eu peine de nous apercevoir qu'il y étoit si sa voix ne l'eût découvert; il parloit pourtant si bas, qu'il sembloit bien vouloir être là incognito, justement au devant de nous. Derrière d'autres jalousies étaient les princes du sang et les dames de la cour de l'impératrice; je m'aperçus qu'on avoit mis des cornets de papier entre les cannes des jalousies, pour élargir les ouvertures à dessein de voir plus aisément. Je contai environ trente de ces cornets, ce qui me fit conclure qu'il y avoit le même nombre de personnes assises derrière les jalousies. Bengo étoit assis seul sur une natte élevée, dans un lieu découvert, à notre devant sur la droite, du côté que je m'étois aperçu, comme je l'ai déjà dit, que l'empereur étoit assis derrière les jalousies. A notre gauche, dans un autre compartiment, étoient assis les conseillers d'État du premier et du second rang, dans un fort bel ordre. La galerie derrière nous étoit pleine des principaux officiers de la cour de l'empereur et des gentilshommes de la chambre. La galerie qui conduisoit à l'endroit où étoit l'empereur étoit occupée par les enfants de quelques-uns des princes de l'empire qui étoient alors à la cour, des pages de l'empereur, et de quelques prêtres qui se cachoient pour espier. C'est de cette manière qu'on avoit disposé le théâtre où nous devions jouer notre rolle. Les commissaires pour les affaires étrangères nous ayant conduits dans la galerie du côté de la salle d'audience, un des conseillers d'État du second rang vint pour nous y recevoir et pour nous conduire à la place du milieu que j'ai décrite plus haut. C'est là que l'on nous fit asseoir, après que nous eûmes premièrement fait nos prosternations à la manière du Japon, nous traînant, et courbant nos têtes jusqu'à terre du côté des jalousies où étoit l'empereur; notre premier interprète s'assit un peu plus avant, pour entendre plus distinctement, et nous prîmes nos places à sa gauche tous à la file, après avoir fait les révérences accoutumées. Bengo nous dit de la part de l'empereur que nous étions les bien-venus : le premier interprète reçut le compliment de la bouche de Bengo, et nous le répéta; sur quoi l'ambassadeur fit son compliment au nom de ses maîtres, et rendit de très-humbles actions de grâces à l'empereur, de la bonté qu'il avoit eue d'accorder aux Hollandois la liberté du commerce. Cela fut répété par le premier interprète en japonnois, après qu'il se fût prosterné jusqu'à terre ; il parla assez haut pour être entendu de l'empereur : la réponse de l'empereur fut reçue du chef par Bengo, qui la dit au premier interprète, et lui à nous. L'interprète auroit bien pu la recevoir lui-même de la propre bouche de l'empereur, et dispenser Bengo de ce soin, qui n'étoit pas nécessaire ; mais je m'imagine que les paroles qui sortent de la bouche de l'empereur sont regardées comme trop précieuses et trop sacrées pour être reçues immédiatement par une personne d'un rang trop inférieur (1). Après les premiers compliments, l'acte qui suivit cette solemnité se tourna en vraye farce. On nous fit mille questions impertinentes et ridicules : par exemple, ils voulurent premièrement savoir l'âge et le nom de chacun de nous; on nous ordonna de l'écrire sur un morceau de papier : nous avions porté pour cet effet une écritoire d'Europe. On nous dit de remettre ce papier et l'écritoire à Bengo, qui les mit entre les mains de l'empereur, les lui faisant atteindre par le trou de la jalousie. On demanda à notre capitaine ou am-

(1) Dans l'Hindoustan la plupart des portes et fenêtres sont aussi garnies de ces espèces de rideaux, qu'on appelle *tchiks*.

(1) Voir plus haut, p. 40.

6ᵉ *Livraison.* (JAPON.)

bassadeur quelle étoit la distance de Hollande à Batavia, et de Nagazaki à Batavia; qui des deux avoit le plus de pouvoir, le directeur général de la compagnie hollandaise des Indes Orientales, ou le prince de Hollande. Voici les questions qui me furent faites en mon particulier : quelles étoient les maladies extérieures ou intérieures que je croyois les plus dangereuses et les plus difficiles à guérir; quelle étoit ma méthode dans la cure des ulcères et des apostumes intérieures; si nos médecins d'Europe ne cherchoient point quelque remède pour rendre les gens immortels, comme les médecins de la Chine l'avoient fait depuis plusieurs siècles; si nous avions fait des progrès considérables dans cette recherche, et quel étoit le remède qui pût servir à prolonger la vie, le plus récemment découvert en Europe. A quoi je répondis qu'un grand nombre de médecins de l'Europe avoient travaillé longtemps pour découvrir un secret qui eût la vertu de prolonger la vie, et de conserver les gens en santé jusqu'à la vieillesse; sur quoi ayant été interrogé quelle recepte je croyois la meilleure qui eût été découverte en Europe, je répondis que je croyois que c'étoit la dernière jusqu'à ce que l'expérience nous eût appris quelque chose de meilleur : on insista, et l'on me demanda de plus quelle étoit cette dernière; je répondis que c'étoit une certaine liqueur spiritueuse qui pouvoit entretenir la fluidité des liqueurs de notre corps, et donner de la force aux esprits. Cette réponse générale ne les satisfit pas entièrement; on me pria d'abord de leur faire connaître le nom de cet excellent remède; sur quoi, sachant que tout ce qui était en estime chez les Japonnois avoit des noms longs et emphatiques, je leur répondis que c'étoit le *sal volatile oleosum Sylvii :* ce nom fut écrit derrière la jalousie; c'est pourquoi j'eus ordre de le répéter plusieurs fois. La question suivante fut quel en avoit été l'inventeur et en quel pays. Je répondis que c'étoit le professeur Sylvius en Hollande. On me demanda ensuite si je pouvois le faire; sur quoi notre résident me souffla à l'oreille de dire, Non : je répondis pourtant : Oui, mais non pas au Japon. On demanda alors si on pouvoit l'avoir à Batavia; sur quoi ayant répondu qu'on pouvoit l'y avoir, l'empereur donna ordre qu'il lui fût envoyé par les premiers vaisseaux qui en viendroient. Ce prince, qui jusque là s'étoit assis avec les dames quasi vis-à-vis de nous assez loin, s'approcha alors, et s'assit à notre droite derrière les jalousies, aussi près qu'il lui fut possible. Il nous commanda d'ôter nos capes ou nos manteaux, qui étoient nos habits de cérémonie; de nous tenir debout, de sorte qu'il pût bien nous considérer; de marcher; de nous arrêter; de nous complimenter l'un l'autre; de sauter, de faire l'ivrogne, d'écorcher le langage japonnois, de lire en hollandois, de peindre, de chanter, de mettre et d'ôter nos manteaux. Tandis que nous exécutions les ordres de l'empereur de notre mieux, je joignis à ma danse une chanson amoureuse en allemand. Ce fut de cette manière, et avec je ne scai combien d'autres singeries, que nous eûmes la patience de divertir l'empereur et toute sa cour. Cependant l'ambassadeur est dispensé de ces sortes de commandements; sa fonction, qui est de représenter l'autorité de ses maîtres, fait qu'on prend garde qu'il ne lui soit rien fait d'injurieux ni qui puisse préjudicier à cette qualité. D'ailleurs, il fit paroître une si grande gravité dans son air et dans sa conduite, que cela suffisoit pour faire entendre aux Japonnois qu'on ne se seroit pas bien adressé pour donner des ordres si bouffons. Après qu'on nous eut fait faire cet exercice pendant l'espace de deux heures, quoique avec beaucoup de civilité en apparence, des valets rasés entrèrent, et mirent devant chacun de nous une petite table couverte de viandes à la japonnoise et une paire de petits bâtons d'ivoire, qui nous tenoient lieu de couteau et de fourchettes; nous en prîmes, et en mangeâmes quelque peu, et notre vieux premier interprète, qui à peine pouvoit marcher, eut ordre d'emporter le reste pour lui. On nous dit de remettre nos manteaux sur nous, et de prendre notre congé, ce que nous fîmes d'abord avec joie, mettant fin par là à cette seconde audience. Nous fûmes alors reconduits par les deux commissaires dans l'antichambre, où nous prîmes aussi congé d'eux.

« Il étoit déjà trois heures après midi,

et nous avions encore plusieurs visites à faire aux conseillers d'État du premier et du second rang, dans l'ordre dont j'ai parlé ci-dessus, du 25 de mars de mon journal. Nous quittâmes d'abord pour cela le Fonmar : nous fûmes salués en nous en allant par les officiers de la grande garde impériale, et nous fîmes notre ronde à pied. Les présents avoient été déjà portés par nos commis au logis de ceux que nous devions visiter, et comme nous ne les vîmes pas à notre audience, nous conjecturâmes que les présents avoient été reçus par les personnes mêmes à qui ils étoient destinés. Ils consistoient en quelques étoffes de soie de la Chine, de Bengale, et autres pays, quelque linge, de la serge noire, quelques aunes de drap noir, des guingangs, de pelaings, et un flacon de vin couvert. Nous fûmes reçus partout, avec une très-grande civilité, des intendants et des secrétaires, qui nous régalèrent avec du thé, du tabac, et des confitures, autant que le peu de temps que nous avions pouvait le permettre. Les chambres où nous étions admis à l'audience étoient remplies, derrière les paravents et les jalousies, d'une foule de spectateurs qui auroient bien voulu que nous leur eussions montré quelques-unes de nos coutumes et cérémonies; mais ils n'obtinrent rien, excepté seulement une danse courte à la maison de Bengo, qui s'y étoit rendu à son retour de la cour, et une chanson de chacun de nous chez le plus jeune conseiller d'État, qui demeuroît au côté septentrional du château. Nous remontâmes dans nos cangos et sur nos chevaux, et étant sortis du château par la porte du nord, nous nous en retournâmes à notre hôtellerie par un autre chemin, à la gauche duquel nous remarquâmes qu'il y avoit des murailles fortes et des fossés en divers endroits. Il étoit justement six heures du soir lorsque nous nous retirâmes, extrêmement fatigués.

« Le vendredi 30 de mars nous sortîmes de bon matin, pour faire quelques-unes des visites qui nous restoient à faire. Les présens tels que nous les avons descrits ci-dessus furent envoyés devant avec nos commis japonnois, qui eurent soin de les ranger, de les mettre sur des planches et de les arranger à la manière du pays. Nous fûmes reçus à l'entrée de chaque maison par un ou deux des principaux domestiques; et conduits à l'appartement où nous devions avoir notre audience : les chambres qui entouroient la salle d'audience furent partout pleines de spectateurs qui y étoient accourus en foule. Dès que nous nous fûmes assis nous fûmes regalez avec du thé et du tabac; d'abord l'intendant de la maison, ou le secrétaire, seuls ou accompagnez d'un gentilhomme, vinrent pour nous faire les compliments au nom de leur maître et pour recevoir les nôtres. Les compartiments qui entouroient la sale étoient partout disposez de sorte que nous tournions nos visages du côté des dames, de qui nous fûmes regalez avec beaucoup de civilité et de générosité; elles nous donnoient des gâteaux, et différentes sortes de confitures : nous visitâmes et nous fîmes nos présens ce jour-là aux deux gouverneurs de Jedo, aux trois juges ecclésiastiques, et aux deux commissaires pour les affaires étrangères, qui demeuroient à près d'une lieue l'un de l'autre, l'un au sud-ouest, et l'autre au nord-ouest du château. Ils se piquent tous deux en particulier d'être les protecteurs des Hollandois; ils nous reçurent selon cette idée avec beaucoup de faste et de magnificence. La rue étoit bordée de vingt hommes armés; ils faisoient une fort belle figure, avec leurs longs bâtons qu'ils tenoient d'un côté, outre qu'ils servoient à ranger la foule du peuple et à l'empêcher de nous incommoder. Nous fûmes reçus à l'entrée de la maison et introduits à peu près de la même manière que nous l'avions été dans les autres endroits, avec cette différence que l'on nous conduisit plus avant dans l'intérieur du palais, pour nous mettre à couvert de la foule des curieux, et afin que nous fussions plus en liberté, aussi bien que les dames qui étoient invitées à cette cérémonie. Il y avoit vis-à-vis de nous dans la salle d'audience des jalousies ou grilles en manière de paravent, de la longueur de deux nattes et plus, derrière lesquelles étoient assises un si grand nombre de femmes de la famille des commissaires, de leurs parents et amis, que tout étoit plein. A peine nous fûmes-nous assis, que sept valets bien mis vinrent à la file,

6.

et nous portèrent des pipes, du tabac, et tout l'appareil ordinaire pour fumer; peu après ils portèrent quelque chose de cuit sur des planches vernissées, ensuite du poisson frit, de la même manière, et avec le même nombre de domestiques, et toujours rien qu'un petit plat de quelques morceaux; une fois deux œufs, l'un cuit au feu, l'autre bouilli dont on avoit ôté la coque, et un verre de bon vieux saki entre deux. Nous fûmes traitez ainsi pendant une heure et demie, et l'on nous pria de chanter une chanson et de danser : nous refusâmes le premier, mais nous les satisfîmes quant au second article. On nous servit chez le premier commissaire une soupe faite de prunes douces au lieu d'eau-de-vie : chez le second commissaire on nous présenta premièrement du pain de mangue dans une liqueur noire et froide avec de la graine de moustarde, et des raves autour du plat, et à la fin des écorces d'orange avec du sucre, qui est un mets ou plat que l'on sert dans des occasions extraordinaires, en signe de bonne volonté. Nous bûmes du thé, et ayant pris notre congé, nous retournâmes à notre hôtellerie à cinq heures du soir.

« Le 31 de mars nous sortîmes encore à dix heures du matin, et nous allâmes aux maisons des trois gouverneurs de Nagasaki, deux desquels étoient absens et au lieu de leur gouvernement : nous leur offrîmes en cette occasion à chacun un flacon de vin couvert seulement, parce qu'ils avoient déjà reçu leurs présens à Nagasaki. Nous fûmes abordez par Sino-Bami justement à l'entrée de sa maison : il étoit accompagné d'une suite nombreuse; et ayant fait approcher nos deux interprètes, il leur ordonna de nous dire qu'il vouloit que nous nous divertissions dans sa maison; sur cela nous fûmes extraordinairement bien receus; on nous dit de nous promener et de nous amuser dans le jardin, comme étant dans la maison d'un ami à Jédo, et non pas dans celle d'un magistrat et gouverneur à Nagasaki; nous fûmes regalez avec des viandes chaudes et du thé, à peu près de la même manière que nous l'avions été chez les commissaires; et pendant tout ce temps là, son frère, avec plusieurs personnes de qualité de ses parents et amis nous firent compagnie avec beaucoup de civilité. Après y avoir demeuré deux heures nous allâmes à la maison de Tonosama : on nous conduisit dans l'appartement le plus reculé et le plus beau : on nous dit de nous approcher des jalousies des deux côtez de la chambre; il y avoit derrière les paravents plus de dames, je crois, que nous n'en avions trouvé dans aucun autre endroit. Elles nous prièrent fort civilement de leur montrer nos habits, les armes du capitaine, ses bagues, ses pipes, et choses semblables qu'on leur fit atteindre entre les jalousies ou par dessous. La personne qui nous régaloit au nom du gouverneur absent et les autres messieurs qui étoient dans la chambre nous traitèrent aussi fort civilement, et nous ne pûmes nous empêcher de voir que tout cela se fesoit de bon cœur, de sorte que nous n'eûmes aucune répugnance de montrer de la joye, et de divertir la compagnie chacun d'une chanson. La magnificence de cette maison parut tout à fait par la richesse et le choix du régal qu'on nous y donna : il égaloit en cela celui du premier commissaire, mais il le surpassoit beaucoup en civilité et dans la franchise de la réception qu'on nous fit. Après y avoir demeuré une heure et demie, nous prîmes nôtre congé. La maison de Tonosama est la plus avancée au nord ou au nord-ouest à une lieue et demie de notre hôtellerie, située dans le plus agréable endroit de la ville : il y a une grande variété de collines et de buissons. La famille de Zubosama demeure dans un taudis près du fossé qui entoure le château : nous ne trouvâmes là qu'un petit nombre de femmes derrière les paravents qui nous épioient par quelques trous qu'elles y avoient faits après s'être assises. Les liqueurs fortes que nous avions été obligés de boire plus qu'à l'ordinaire ce jour-là nous ayant alors donné à la tête, nous nous hâtâmes de nous en retourner, et nous prîmes notre congé après qu'on nous eut régalés à l'ordinaire avec du thé et du tabac. Nous témoignâmes d'autant plus d'impatience de finir, que nous craignions que nos interprètes, à qui nous avions donné bien de l'exercice ce jour-là, ne fussent fatiguez et ne se rebutassent ensuite de nous accompagner si longtemps en pareille occasion. Outre que le gentilhomme chargé de nous régaler au nom de son maître, quoiqu'il affectât beaucoup de civilité, avoit quelque chose de trop hardi et de désagréable dans ses manières, de sorte qu'il hâta fort nôtre départ; car nous nous regardions en cette occasion non comme marchands envoyez pour le trafic, mais comme ambassadeurs envoyez à un puissant monarque qui auroient dû être traitez honorablement et avec quelques égards. »

Voilà donc comment l'Europe était représentée au Japon il y a cent cinquante ans! Voilà le prix auquel des hommes chez lesquels le sentiment de la nationalité dominait, en apparence, tous les instincts de notre nature, ne rougissaient pas d'acheter la protection réclamée par leurs intérêts commerciaux! Kœmpfer, tout en reconnaissant combien le rôle que les Hollandais étaient appelés à jouer à la cour d'Yédo avilissait le caractère européen, ne s'en montrait pas moins disposé lui-même à payer par d'humiliantes complaisances, par des bouffonneries dégradantes, l'accueil comparativement poli et empressé qu'on faisait aux Hollandais chez quelques grands seigneurs. En vérité, il faut répéter avec lui « *Quid non mortalia pectora cogis, auri sacra fames!* et s'étonner en même temps ou regretter, au moins, qu'il n'ait pas eu le courage de s'abstenir!

Il faut reconnaître, cependant, que de tout temps (et cela prouve en faveur du bon sens japonais) les Hollandais ont trouvé dans le commerce intime de certains hommes bien élevés et avides d'instruction un dédommagement réel, une sorte de compensation aux humiliations de la vie officielle. A toutes les époques ils ont rencontré parmi les officiers japonais de différents grades des amis sincères et des appréciateurs intelligents. Nous nous rappelons encore ce qui nous a été dit à cet égard, il y a bien des années, par le vénérable Titsingh et confirmé depuis par plusieurs Hollandais distingués qui avaient visité le Japon, et en particulier par M. Burgher, dont nous avons déjà mentionné le nom comme celui d'une autorité compétente en tout ce qui touche au Japon. Le caractère japonais, original sous tant de rapports, se fait remarquer par son penchant à l'exaltation de certains sentiments, et cette exaltation, en se manifestant dans les relations intimes auxquelles nous venons de faire allusion, a eu recours à un expédient que nous ne saurions passer sous silence. Plusieurs Japonais ont sollicité comme une faveur spéciale, de leurs amis les Hollandais, que ceux-ci voulussent bien leur choisir et leur donner un nom hollandais! Cette invention date du siècle dernier, quand un Japonais qui était parvenu à s'exprimer tant bien que mal en hollandais eut l'idée de se distinguer plus complètement encore de ses compatriotes en obtenant du président du comptoir un nom du choix de ce dernier, et obtint en effet la satisfaction de s'appeler *Adrian Pauw!* Cet exemple fut suivi peu de temps après par l'un des interprètes à Dézima, et celui-ci eut nom *Abraham!* Bientôt cette distinction fit des jaloux, et Doeff, pendant son séjour à Yédo, reçut plusieurs demandes dans le même but. Le savant astronome *Takahaso Sampey* (qui avait été commissaire impérial dans l'affaire Golownin), et l'un des médecins de l'empereur, étaient au nombre des postulants. Il fallut bien céder à leurs importunités; et, fort embarrassé du choix à faire pour gratifier d'un surnom d'aussi graves personnages, il se détermina enfin à baptiser l'astronome *Globius* et le médecin *Botanicus!* Le fils du prince de Satsuma et son secrétaire, qui avaient témoigné le même désir, reçurent le premier le nom de *Frederik Henrik* (l'un des anciens stathouders), l'autre celui de *Pieter van der Stulps!*

Plusieurs circonstances prouvent d'ailleurs la considération et les égards que les Japonais de quelque distinction aiment à témoigner à leurs hôtes européens. Ainsi, quand Blomhoff était sur le point de quitter la capitale, le *gobaniosi* de la mission, de concert avec le propriétaire de la maison où les Hollandais étaient logés, pour faire honneur au président, réunit à un banquet des plus splendides tous les amis de Blomhoff et de Fisscher. En cette occasion, les Japonais invités à la fête se revêtirent du costume hollandais; et comme les habillements ainsi revêtus, dataient pour la plupart d'époques très-reculées, on conçoit quel singulier coup d'œil devait offrir une pareille réunion. Cette démonstration tout amicale et l'intimité qu'elle suppose, aussi bien qu'un échange continuel de services rendus et de bons procédés, établissent surabondamment la nature à la fois honorable et satisfaisante des rapports qui subsistent entre les Hollandais et les Japonais dans la vie privée.

Retour de la mission hollandaise à Dézima.

Le séjour de la mission à Yédo se prolonge rarement au delà d'une huitaine ou d'une dizaine de jours après l'audience de congé. Les gouverneurs d'Yédo et de Nagasaki envoient de grand matin leurs secrétaires prendre congé des étrangers en leur nom. C'est le signal du départ, et ce départ est un événement pour toute la ville. La curiosité se montre plus ardente et plus active, et conséquemment plus importune encore, quand le moment approche où les Hollandais vont s'éloigner pour trois ans: leurs appartements sont encombrés de visiteurs; une foule compacte se presse devant la porte de leur hôtel pour les voir sortir. Rien ne saurait donner une idée exacte du mouvement et de l'agitation de cette scène d'adieux. « Quand nous descendîmes dans la rue, » dit Fisscher, « vers quatre heures de l'après-midi, nous fûmes obligés de nous enfermer dans nos palanquins (*norimonos*), pour nous soustraire à l'avide curiosité des spectateurs, qui, malgré l'intervention quelque peu brutale de la garde qui nous escortait, se bousculaient en se précipitant de notre côté pour nous apercevoir un instant. Nous nous arrêtâmes en passant devant le palais du prince de Satsuma, et descendîmes de nos norimonos pour saluer ce respectable vieillard, qui parut aux fenêtres avec toute sa famille. A six heures et demie nous arrivions au faubourg *Sinagawa*, où nous attendaient nos amis d'Yédo pour passer une dernière soirée avec nous et nous dire adieu. Le jour suivant, nous nous remîmes en route de bonne heure, et à *Omouri*, distant de quelques milles de *Sinagawa*, nous rencontrâmes les deux fils du prince de *Nagatz*, venus exprès pour avoir avec nous une entrevue secrète, qu'ils avaient peut-être cherché en vain à obtenir à Yédo. Le plus âgé nous fit l'accueil le plus amical, nous disant en *hollandais*, « eerstemaal gezien, » « vus pour la première fois, » ce qui est chez les Japonais, la formule obligée à une première entrevue. Ce jeune prince avait obtenu le nom hollandais de *Mauritz*, et paraissait, ainsi que son père, faire grand cas des Hollandais. Plusieurs officiers de leur nombreuse suite nous avaient visités fréquemment à Yédo, et prirent ici congé de nous. »

La mission, à son retour, suit le même itinéraire qu'en se rendant à Yédo. Les étapes sont les mêmes à peu près; seulement, là où l'on s'arrêtait pour dîner, en venant, on couche en revenant, et là où l'on couchait on dîne. Il faut se soumettre de nouveau à la visite aux portes de *Fakone* et d'*Aray*; mais l'aspect du pays a changé, toute trace de l'hiver a disparu; le voyageur retrouve les mêmes sites sans doute, mais enrichis par la baguette magique de l'été, et déployant, à mesure qu'on se rapproche du sud et de Nagasaki, le luxe d'une végétation de plus en plus variée. Sous ce rapport donc le voyage de retour est le plus agréable; mais il offre en outre un intérêt particulier et précieux pour les étrangers, en ce qu'ils sont autorisés à séjourner à *Miyako* et à *Ohosaka*, avec liberté de visiter tout ce que ces grandes villes offrent de plus curieux. De l'examen et de la comparaison des récits les plus dignes d'attention nous déduirons les remarques suivantes, qui suffisent pour constater l'état actuel de nos connaissances en ce qui touche à *Miyako* : cette capitale réelle de l'empire japonais et résidence du véritable *empereur*, mais non du *souverain de fait*, résidence du *mikado* en un mot, empereur, pape et demi-dieu à la fois, l'unique dispensateur, par droit divin, des honneurs, titres et prérogatives auxquels les Japonais attachent plus d'importance encore qu'au pouvoir et à la richesse.

A leur arrivée à *Miyako*, les Hollandais vont visiter le grand juge et les gouverneurs de la ville, qui les reçoivent en personne et auxquels ils remettent les présents qui leur sont destinés. On se rappelle que ces présents avaient été laissés en dépôt par nos voyageurs à leur premier passage. Ils reçoivent en retour des robes de soie et de l'argent. Ils ne sauraient, toutefois, prétendre à l'honneur d'être admis à l'audience du *mikado*. Ce fils du ciel est d'un rang trop élevé, d'un caractère trop saint pour que des étrangers, des chrétiens surtout, approchent de sa personne sacrée ou pénètrent dans l'intérieur du *daïri*. On ne paraît même pas supposer qu'ils soient dignes de se rapprocher de lui en pensée, et il ne saurait être question de lui offrir des présents. Ce n'est donc qu'indirectement que les Hollandais ont pu recueillir quelques renseignements sur le divin monarque et sur sa cour. Le mot *daïri*, par lequel cette cour est désignée, a été confondu par quelques écrivains avec le nom ou titre du souverain, ce qu'il faut attribuer à ce que les Japonais désignent parfois eux-mêmes le *mikado* par le nom de *daïri sama*, qui signifie *seigneur du daïri*. Les Européens ne tenant pas compte du mot *sama*, « seigneur, » ont regardé le mot *daïri* comme exprimant la dignité du sublime personnage dont l'existence exceptionnelle leur était révélée par le témoignage universel des Japonais.

Ce souverain suprême, mais à peu près nominal, de l'empire de Nippon et de ses dépendances prétend, en effet, régner par droit divin, non-seulement comme descendu des dieux en ligne directe, mais comme identifié, pour ainsi dire, avec eux, puisque la divinité solaire (la *déesse soleil*), qui préside au gouvernement de l'univers, hommes et dieux compris, *Ama-terasou-oho-gami*, est censée s'incarner dans la personne de chaque *mikado*. Un droit de cette nature, admis par les convictions nationales, devait être hors de toute atteinte, et la souveraineté absolue du *mikado* n'a jamais, en effet, été contestée: mais un chef militaire, placé par le *mikado* lui-même à la tête du gouvernement exécutif, réussit, il y a quelques siècles, à rendre héréditaire le pouvoir dont il était revêtu, et s'empara de l'autorité réelle, sous le titre de *siogoun*, comme lieutenant ou député du *mikado*, laissant à celui-ci avec la souveraineté nominale, tout l'extérieur de l'autocratie, la pompe de son entourage, le prestige de sa dignité et jusqu'à un ministère d'*étiquette*.

Par suite de cette étrange combinaison, le rang presque divin du *mikado* a servi de prétexte à l'annulation de son pouvoir. Les misérables intérêts matériels de ce monde sublunaire n'étaient pas dignes d'occuper l'attention de ce successeur des dieux, et sa pensée ne pourrait sans profanation s'y arrêter un instant. Telle est au moins la conséquence logique de la position exceptionnelle faite au *mikado* par l'opinion et interprétée par le *siogoun* au profit de son ambition. En principe, il paraît certain que le *mikado* ne peut exercer l'autorité souveraine qu'en ce qui touche aux affaires de la religion; mais au Japon, comme dans plusieurs contrées de l'extrême Orient, la religion se mêle à la vie publique et politique ainsi qu'aux actes de la vie privée, et nous sommes porté à croire que le *siogoun* ne peut se passer entièrement du concours du *mikado* pour *gouverner*, non-seulement parce que le pouvoir en lui-même émane exclusivement de ce dernier, mais parce que sa sanction suprême nous semble devoir être indispensable à la legalisation de certains actes, et sa décision nécessairement invoquée dans les questions qui se rattachent directement ou indirectement à la religion.

Le *mikado* déifie ou canonise les grands hommes après leur mort, sur la proposition du *siogoun*. Les dignitaires qui l'entourent, et qui forment une véritable hiérarchie spirituelle, sont considérés comme étant d'un rang tellement élevé, que les princes, les ministres du *siogoun* et le *siogoun* lui-même ambitionnent les titres purement honorifiques de ces grands officiers du *daïri*. Il nous a été affirmé à ce sujet que le *siogoun*, en tant que grand dignitaire, n'est que le quatrième personnage de l'empire. Quels sont les êtres privilégiés qui occupent le second et le troisième rang? S'il faut en croire Fisscher, Klaproth et Siebold, ce seraient : le *daï-sio-daï-sin* (archi-saint), ou président du conseil du *mikado*, (ou le *kwan-*

bak', régent de l'empire, dans le cas d'un *mikado* enfant [1]), et le *sa-daï-sin*, ou « premier serviteur de la main gauche. » — Le fils ou la fille que l'autocrate destine au trône, lorsqu'il sera lui-même appelé à remonter au ciel, ont probablement aussi le pas sur le *siogoun*. — Le *mikado* a seul le droit de déterminer quels sont les jours où doivent être célébrées les fêtes mobiles, les couleurs appropriées à certains actes religieux, etc. Il nomme ou confirme les supérieurs des différents ordres monastiques; il règle sans appel toutes les questions théologiques; etc. Mais la manifestation la plus solennelle et la plus extraordinaire à la fois de son influence sur le bien-être de l'empire est celle qui lui est attribuée par les récits japonais, et qui, au moins en partie, l'identifie journellement, s'il faut les en croire, avec cette *déesse soleil* dont nous parlions tout à l'heure et qui préside aux destinées de l'humanité. Chaque jour donc (ainsi l'affirment les initiés aux mystères du daïri), le *mikado* passe un certain nombre d'heures sur son trône, dans l'immobilité la plus absolue, maintenant par cette immobilité l'équilibre, la stabilité et le repos de son empire. Si par malheur sa tête se tournait soit à droite, soit à gauche, la partie de l'empire vers laquelle se dirigerait ou de laquelle se détournerait cette tête auguste serait menacée des plus grands dangers ou même vouée à la destruction. Quand il a conservé cette attitude immobile pendant un certain nombre d'heures, il dépose sa couronne sur le trône, où elle reste comme le palladium de la tranquillité publique le reste du jour et la nuit suivante (2).

(1) On lui donne aussi le titre d'*atsouraki morou*, c'est-à-dire « le garde des bonnets de cérémonie de l'empereur! » — *Kwan-bak'* signifie : « Sainte personne. » — Le rang de *kwan-bak'* ne peut être donné au *siogoun*. — Le *nisnomar* (*nisi-no-marou*), ou prince impérial, ne peut obtenir le titre de *ou-daï-sin*, ou premier serviteur de la main droite que lorsqu'il a atteint l'âge de quarante ans! etc.

(2) On nous a assuré que depuis longtemps les *mikados* s'étaient affranchis de cette contrainte solennelle, et se reposaient sur l'immobilité beaucoup plus certaine de leur couronne du soin de maintenir l'équilibre du monde japonais!

Les honneurs rendus au *mikado* sont aussi extraordinaires que sa situation et ses prétentions exceptionnelles et en rapport avec la divinité de sa nature : non-seulement il est l'objet de l'adoration des hommes, mais les dieux eux-mêmes, les *kamis*, ou génies protecteurs de l'empire, recherchent le commerce de ce divin personnage, et sont censés venir chaque année passer un mois à sa cour. Pendant ce mois, dont le nom implique *l'absence des dieux*, qui ont abandonné le ciel et leurs temples pour visiter leur représentant sur la terre, les temples sont réputés déserts, et personne n'y met le pied. Le *mikado* ne peut changer de place que porté sur les épaules des fidèles, afin qu'il ne soit pas souillé par le contact du sol. Aucun regard profane ne doit pénétrer jusqu'à lui, et conséquemment il ne quitte jamais l'intérieur de son palais. Ses cheveux, sa barbe, ses ongles ne sont jamais coupés, ou, s'ils le sont, c'est pendant son sommeil seulement et à son insu qu'on se permet d'en retrancher ce qui pourrait lui causer quelque incommodité! On a même été jusqu'à dire qu'on le tenait soigneusement à l'abri du soleil, dont les rayons ne semblaient pas dignes de le toucher; mais cela passe aujourd'hui pour une fable; et (comme on l'a déjà observé avant nous) une précaution de cette nature serait en contradiction trop manifeste avec l'intimité des relations qui sont censées exister entre le *mikado* et la *déesse soleil*. Ce qui paraît certain et en harmonie avec les autres détails du culte dont ce dieu terrestre est l'objet, c'est que tous les articles qui sont journellement employés à son service doivent être *neufs*. Jamais il ne porte deux fois de suite les mêmes vêtements : les plats et les assiettes qui ont contenu ses aliments, les coupes ou vases quelconques qui ont servi à l'abreuver et jusqu'aux ustensiles de sa cuisine, sont renouvelés à chaque repas! Mais là ne s'arrête pas l'étiquette : ce qui a servi au représentant des dieux ne doit servir à personne après lui. Ce que son contact a sanctifié serait profané par le contact impur des hommes. Porter le rebut de sa garde-robe, manger dans sa vaisselle, faire usage de sa batterie de cuisine, se nourrir des restes de ses aliments, etc, seraient autant de crimes de lèse-majesté divine, qui attireraient sur la tête des coupables la colère du ciel! En conséquence, tout ce qui a servi une fois au *mikado* est déchiré, cassé, mis en pièces, détruit, et ses habits, d'une forme et d'une couleur exclusivement réservées *à lui*, sont brûlés aussitôt qu'il s'en dépouille. Il faut donc incessamment renouveler ce matériel voué d'avance à la destruction; et pour alléger les frais extraordinaires qu'entraîne ce renouvellement continuel, frais à la charge du *siogoun*, comme toutes les dépenses du *daïri*, on fournit la garde-robe du *mikado*, sa table, et sa cuisine, des articles les plus grossiers et au meilleur marché possible! Nous ne garantissons pas la parfaite exactitude de ces détails d'intérieur; mais tout porte à croire qu'ils se rapprochent beaucoup de la vérité. Le *mikado* est un être à part. Sa nature divine le place dans des conditions étrangères au reste de l'humanité. Une fois le principe admis, il faut bien admettre les conséquences.

La gêne imposée au fils du ciel par la sublimité du rôle qu'il est appelé à jouer ici-bas doit amener fréquemment le dégoût et l'ennui. Aussi n'est-il pas rare qu'un *mikado* abdique en faveur d'un fils ou d'une fille, et souvent la fille est préférée au fils. Ces abdications ont eu lieu dans les temps les plus reculés comme aujourd'hui; quand elles transmettaient un pouvoir réel et absolu, et depuis que ce pouvoir est devenu, comme il l'est de nos jours, une auguste sinécure! Quand la couronne impériale passe ainsi d'une tête sur une autre, tout l'empire en est instruit sans délai, sans précautions politiques, sans aucun appareil; mais si le divin empereur quitte le trône avec la vie, les choses ne se passent pas aussi tranquillement. La mort du *mikado* est tenue secrète jusqu'à ce que tout soit prêt pour l'installation de son successeur, mâle ou femelle, et alors, en même temps que le nouveau *mikado* est solennellement proclamé, on annonce aux peuples que son prédécesseur a *disparu*, s'est *évanoui*, ravi au ciel sans doute, pour y veiller encore au salut de l'empire!

Afin d'assurer la transmission en ligne directe de cette autocratie de droit divin, le *mikado* a douze femmes légitimes à lui seul (1). Au Japon la polygamie est permise (bien qu'un Japonais puisse être, sans crime, infidèle à sa femme!). Ces douze impératrices, le *mikado* les choisit ordinairement parmi les dames de sa cour, et elles se distinguent, dit-on, des autres dames japonaises par la forme de leur habillement. Selon les uns, leur costume est splendide, et leurs vêtements sont tellement amples et surchargés de broderies d'or et d'argent, qu'ils rendent tout mouvement presque impossible! Selon d'autres, les impératrices, comme leur divin époux, ne portent jamais deux fois les mêmes robes! Non-seulement ces deux versions se contredisent, mais la première ne saurait se concilier avec les précautions économiques que nous avons signalées il n'y a qu'un instant! Les détails de cette nature échappent nécessairement à toute investigation sérieuse, dans l'impuissance où se trouvent les Européens de pénétrer dans l'intérieur du *daïri* et de recueillir de la bouche des personnes qui approchent la famille impériale des renseignements dignes de quelque foi. On assure que les impératrices ne soignent pas moins leur coiffure, dans les circonstances ordinaires, que ne le font, en général, les autres personnes de leur sexe, mais qu'elles ne paraissent devant le *mikado* qu'après avoir dénoué leur chevelure. Pour en finir, au reste, avec ce chapitre du costume, nous ajouterons que l'ampleur extraordinaire des vêtements est l'un des signes auxquels on reconnaît les personnages qui appartiennent au *daïri*, soit hommes, soit femmes, et ils sont imités, à cet égard, autant que possible, par les différents ordres religieux.

A côté de ces vaines cérémonies, de ces pratiques superstitieuses, de cette étiquette monotone dont le *daïri* est le théâtre, vient se placer un fait intellectuel d'une valeur d'autant plus réelle et d'autant plus digne de remarque,

---

(1) Le *mikado* paraît avoir des épouses de *premier* et de *second* rang. — L'épouse légitime du premier rang ou impératrice est désignée sous le titre de *kisaki?* On peut consulter à ce sujet Klaproth et Siebold.

qu'il semble plus inattendu! Si la cour du *mikado* est le siége de la religion, comme les Japonais la comprennent, elle est aussi, et (on peut le dire) *par compensation*, le siége de la haute littérature, le centre d'où émane toute poésie vraiment nationale, toute philosophie historique ou morale. L'académie d'Yédo peut être plus scientifique; mais c'est parmi les habitants du *daïri* que le Japon compte non-seulement ses théologiens, mais ses historiens, ses poëtes, ses moralistes les plus célèbres, et les femmes, aussi bien que les hommes, s'y sont distinguées et s'y distinguent encore dans ces luttes et ces triomphes de l'intelligence.

La littérature dans toutes ses branches est donc à la fois la principale distraction et l'occupation favorite de cette cour; mais le pouvoir exécutif a pu craindre qu'à ces études passionnées il ne se mêlât parfois un peu d'ambition, et que les spéculations de l'esprit n'entraînassent à des combinaisons politiques. C'est surtout pour prévenir ce danger que le *siogoun* a établi à *Miyako* le grand officier, que les Japonais appellent les *syôsidai*, et que nous avons désigné, d'après les Hollandais, par le titre de *grand juge*. Ce noble espion accrédité près du *mikado* réside vis-à-vis du palais impérial, et de là surveille incessamment, par ses agents et par lui-même, tous les mouvements du *daïri*. C'est une mission à la fois délicate et dangereuse; car le grand juge est placé sans cesse entre la possibilité de négliger involontairement quelque détail de la surveillance qui lui est imposée, et le risque de déplaire, par une intervention trop marquée, au sublime personnage, qui ne voit en lui que l'humble délégué du premier de ses sujets. Dans l'un et l'autre cas, le malheureux dignitaire qui aurait encouru la disgrâce du *siogoun* ou celle du *mikado* ne pourrait sortir honorablement d'embarras qu'en s'ouvrant le ventre, selon l'antique usage du seul pays sur la terre où le suicide soit approuvé par l'opinion et légalisé pour ainsi dire par le gouvernement!

Le *daïri*, bien que constituant à lui seul une sorte de ville intérieure, n'occupe pas à beaucoup près une surface aussi considérable que celle sur laquelle s'étend, à *Yédo*, le palais du *siogoun*. *Miyako* n'est pas non plus une aussi vaste capitale que *Yédo*; mais elle est mieux bâtie et plus belle non-seulement en elle-même, mais par la richesse de son territoire et du paysage qui l'entoure. Elle l'emporte à cet égard par la salubrité de son climat et par la pureté de l'air qu'on y respire, sur toutes les villes du Japon. Elle en est le paradis, en un mot, et la beauté de ses femmes n'est pas le moindre de ses titres à cette prééminence (1).

C'est ici que les Hollandais font leurs principales emplettes, *Miyako* étant le dépôt de tout ce que les manufactures japonaises produisent de plus parfait. La population de la capitale excède 600,000 âmes, sans y comprendre les habitants du *daïri*, dont le rang est probablement trop élevé pour qu'il soit permis de les compter dans un recensement. La foule qui se presse autour des Hollandais pour assister au banquet qui leur est offert dans le jardin de l'un des temples qu'ils visitent pendant le séjour de la mission ferait même supposer que ce chiffre de 600,000 âmes est beaucoup trop faible; car ils s'accordent à dire qu'en aucun pays, dans aucun lieu, sans en excepter Yédo, ils n'ont vu un pareil concours de peuple, une multitude aussi compacte.

Les temples de *Miyako* sont sans doute les monuments les plus merveilleux que le Japon puisse offrir à la curiosité des étrangers. Pour en donner une idée à nos lecteurs, nous aurons encore recours à notre vieux et naïf voyageur Kœmpfer. Voici comment il décrit les temples de *Daibods*, *Kiomids*, etc.

« Le 18 avril après dîner nous partîmes de Miaco, dans des norimons et bangos. Premièrement nos voitures retournèrent sur le chemin que nous avions fait le jour de devant dans toute la longueur d'une rue; ensuite nous passâmes sur un pont, et nous gagnâmes vers les montagnes qui étoient à notre droite. Les rues sur tout notre chemin étoient régulières sur toute leur longueur, propres et agréables, bordées de maisons,

(1) *Miyako* est désignée emphatiquement par les Japonais sous le nom de *Feï-ou-sio*, ville de la paix ou de la tranquillité. — On l'appelle aussi *Kió* et *Rok'-sió* ou *Rok-tsiou*.

petites, mais joliment bâties, avec des boutiques bien fournies des deux côtés. On nous fit descendre dans la cour du temple magnifique et impérial de Tsuganin ou Tschusganin : c'est une coutume établie depuis longtemps, qu'à notre retour de la cour, et le dernier jour de notre départ de Miaco, on nous accorde la liberté de voir la splendeur et la magnificence de ses temples, qui sont les bâtiments religieux les plus grands, les plus agréables et les plus magnifiques de l'empire. Ils sont placez avec beaucoup d'art sur le penchant des collines qui entourent cette capitale. On peut dire même que cette coutume a acquis par degrés une force de loi; et de la façon dont les choses vont à peine peut-on dire que nous ayons la liberté de les voir. On nous y mène, et nous devons les voir, que nous le voulions ou non, sans qu'on ait aucun égard à la volonté ou au désir de l'ambassadeur et directeur de notre commerce. On va au temple que je viens de dire par une allée large et spacieuse disposée le long de la montagne pendant plus de mille pas, le tout sur le même niveau. La porte étoit grande et magnifique, avec un double toict recourbé comme sont les toicts des temples et des tours des châteaux du pays. Là nous descendîmes de nos norimons, par respect pour l'empereur, comme font en pareil cas les princes de l'empire eux-mêmes. Cette allée, qui étoit couverte de gravois et de sable, étoit bordée des deux côtez par les hautes et magnifiques maisons des officiers du temple. Au bout de l'allée nous fûmes sur une grande terrasse couverte de gravier, bordée d'arbres et de buissons. Passant par deux magnifiques bâtiments de bois, nous montâmes par un très-bel escalier, fort propre, qui nous mena à un autre magnifique bâtiment, aussi de bois : il étoit fort exhaussé, plus même que ne le sont communément les plus beaux palais et les plus somptueux : le frontispice étoit plus beau et plus majestueux que le palais même de l'empereur à Yédo; la galerie étoit vernissée avec beaucoup d'art, et les chambres en étoient couvertes de nattes fines au lieu de tapis. Au milieu de l'avant-salle ou de la grande chambre qu'on trouve la première, il y avoit une chapelle ou petit temple qui avoit en dedans une grande idole avec des cheveux frisés, entourée d'autres idoles plus petites et de quelques autres ornements. Il y avoit d'autres chapelles aux deux flancs, qui, outre qu'elles étoient plus petites, n'étoient pas ornées avec tant d'art. On nous mena de là dans deux appartements particuliers, bâtis pour servir de logement à l'empereur, qui s'y assied : ils sont élevés de deux nattes (comme on s'exprime dans le pays) au-dessus de l'antichambre, ou pour mieux dire de la sale dont nous venons de parler. Ces appartemens ont la vue de ces chapelles par le moyen de deux portes. Tout près de ces deux appartemens, qui sont au pied de la montagne, dont la vuë est charmante par elle-même, à cause de la diversité d'arbres et de buissons, sur la pente de laquelle il y a plusieurs petits temples cachés par les bosquets; il y a, dis-je, un petit jardin de plaisance, comme en miniature, disposé avec beaucoup d'art à la manière du Japon, et avec toute la régularité que le peu d'espace qu'il a pouvoit le permettre. Les allées en sont couvertes très-proprement d'un sable blanchâtre. Plusieurs plantes rares et des arbres élevés par art à un grand degré de perfection, où l'on a entrelacé des pierres curieuses, ornent les carreaux du jardin; mais ce qu'il y avoit de plus agréable à l'œil étoit un rang de petites collines où l'on avoit imité la nature : elles étoient couvertes des plus belles plantes et des plus belles fleurs du pays. Un clair ruisseau les traversoit, et faisoit un agréable murmure : il étoit couvert d'espace en espace de petits ponts, qui servoient tout ensemble d'ornement et de communication pour parcourir les différentes parties du jardin. Nous allâmes à l'extrémité de ce jardin, qui nous donna un point de vue agréable au delà de ce qu'on peut dire, après quoi nous en sortîmes par une porte de derrière à la gauche, qui nous mena dans un petit temple voisin, situé un peu plus haut sur la montagne, à la distance d'environ trente pas. C'est dans ce temple que l'on garde les noms des empereurs décédés; ils sont écrits sur une table en caractères d'or : cette table est entourée de siéges bas, avec des papiers écrits, trois grands et un petit; sur chacun des sièges ce sont des formulaires de prières qu'on doit dire pour l'âme de Genjosin. Il y avoit près de l'entrée du temple deux troncs couverts d'un treillis pour recevoir les aumônes du peuple qui y jette des putyès, et devant les troncs il y avoit une chaise. Deux jeunes moines bien élevés, qui jusque-là nous avoient montré ce qui étoit digne de remarque, nous conduisirent encore à un autre temple magnifique, séparé du précédent par une grande place; il étoit supporté par des piliers gros et forts, hauts d'une brasse et demie; la magnificence de ce temple, comme il nous parut en dehors, consistoit principalement dans ses quatre toicts recourbez; il y en avoit quatre recourbez l'un sur l'autre. Le plus bas, et par conséquent le plus grand, étoit forjetté tout autour des murs pour couvrir le portique ou la galerie extérieure qui régnoit tout autour du temple. Les poteaux, les solives, et les corniches qui supportoient les toicts étoient peints, pour l'ornement, les uns en rouge et les autres en jaune. Le plancher étoit couvert de nattes; le temple étoit d'ailleurs vuide jusqu'au comble, appuyé par cinq fois six piliers ou montants de bois. A la droite du milieu du temple il y avoit un espace vuide, et un autre à la gauche : à ce dernier il y avoit plusieurs idoles enfermées dans des niches ou cabinets vernissez. Un rideau étoit tiré devant la principale de ces idoles; et devant le rideau étoit un miroir rond, avec des troncs encore couverts d'un treillis pour recevoir les aumônes du peuple. Après avoir parcouru ce temple, nous fûmes menez par nos conducteurs à un autre bâtiment, moins magnifique à la vérité quant à l'extérieur, mais qui ne lui cedoit en rien pour la propreté et pour les ornements intérieurs. La place du milieu est, de même qu'au précédent, une espèce de temple ou de chapelle consacrée à la dévotion, et pleine d'idoles et d'images de leurs dieux. Nous y fûmes regalez par six jeunes moines du monastère, dont le plus vieux ne me parut pas avoir plus de vingt-six ans, et le plus jeune pas plus de seize. Ils nous servirent du sacki, des champignons, des fèves rosties, des gastaux, des fruits d'atsiaer, des racines et des plantes. Après une heure et demie de séjour en cet endroit, nous prîmes notre congé, et nous fûmes reconduits par deux des moines à la grande place ou portique qui est devant ce magnifique monastère impérial, qui contient, à ce qu'on dit, vingt-sept temples dans son enceinte. Nous fûmes de là à un autre temple nommé Gibon ou temple des fleurs, à quelque mille pas du précédent. Quelques-uns de nous s'y firent porter avec des norimons, d'autres aimèrent mieux y aller à pied, le chemin étant très-agréable, au travers d'un désert délicieux. Ce temple de Gibon étoit entouré de trente ou quarante petits temples ou chapelles, tous disposés régulièrement. Il y avoit des boutiques en différents endroits des cours du temple, et des endroits où le peuple s'exerçoit à tirer de l'arc. La cour étoit plantée d'arbres disposez régulièrement, et sembloit disposée exprès pour le divertissement de jeunes gens. Le temple étoit un bâtiment long et étroit au milieu, qui étoit séparé du reste par une galerie. Il y avoit une grande idole entourée d'autres plus petites, et de plusieurs autres ornements. Il y avoit entre autres une grande image vernissée d'une jeune femme : elle étoit longue de deux à trois brasses, et entourée de plusieurs autres idoles ou de jeunes héros. On avait mis encore au même endroit un navire hollandois, quelques sabres et espées, avec d'autres colifichets. De ce temple nous fûmes conduits une demi-lieue plus loin par une rue nommée Ziwoujasakki, qui signifie la rue des mendiants et des lieux de débauche. Elle nous mena au fameux temple de Kiomids. Le premier objet qui se présenta en y allant est un grand clocher ou tour haute de sept étages, dont le plus bas est élevé de quelques marches au-dessus du terrain; il sert de chapelle; il y a une grande idole, et d'autres petites. Un peu plus loin sur la montagne est le temple de Kiomids, appuyé d'un côté par la montagne et soutenu de l'autre par des piliers dont quelques-uns ont huit ikins et demi de haut : nous y trouvâmes une grande foule de peuple. Le temple, qui étoit entouré d'un treillis, ne contenoit rien qu'un grand miroir rond, deux troncs pour les aumônes, et quelques gumgums (espèce de cloches) que ceux qui jettaient des aumônes dans les troncs faisoient sonner au moyen d'une corde. Non loin du temple il y a un escalier de pierre de quatre-vingt-cinq marches, qui conduit à une fameuse fontaine qui sourd d'un rocher en trois différents endroits; on dit qu'elle a la propriété de rendre sages et prudents ceux qui boivent de son eau; on l'appelle Otewantaki : l'eau en est claire et pure, et je ne pus m'apercevoir qu'elle différât en rien des autres fontaines qui sont à Miaco. En quittant cette fontaine, nous avançâmes loin le long de la montagne, sur une terrasse artificielle; et après avoir passé par divers petits temples ou chapelles, nous fûmes à un autre grand temple, dont la structure ressemble beaucoup à celle du précédent. Il est appuyé d'un côté contre le rocher, et porté de l'autre par de grands piliers. La vuë de ce temple est belle et curieuse plus qu'on ne sauroit dire, sa situation étant fort élevée. Je remarquai que les principales idoles qui sont dans ce temple sont assises, et se tiennent ensemble par les mains (on peut voir le profil de ce temple à la planche XXXIV). De là on nous conduisit dans le grand temple de Daibods, peu éloigné du grand chemin de Fussimi. Cependant, avant de visiter ce dernier temple, on nous fit entrer dans un cabaret borgne du voisinage, ou plutôt mauvais lieu, où nous fûmes regalez par l'hôte, à qui nous donnâmes pour son compliment un cabang, qui valoit quatre fois le regal qu'il nous avoit donné, qui étoit bien peu de chose. Le temple de Daibods est bâti sur une éminence assez près du grand chemin (*voyez* la pl. XXXV). La cour du temple étoit entourée d'une haute muraille de fort grandes pierres de taille, surtout celles de la façade, qui avoient près de deux brasses en carré. Au côté intérieur de la muraille il y avoit un grand portique ou galerie ouverte du côté de la cour, mais couverte d'un toict soutenu par deux rangs de piliers hauts d'environ trois brasses, et à deux brasses de distance l'un de l'autre. Je comptai environ cinquante de ces piliers de chaque côté de la porte : la porte elle-même, qui n'est pas bien grande, est ornée de piliers, et a encore pour ornement un double toict recourbé. De chaque côté de l'entrée il y avoit une statue de héros presque nu; il n'avoit autour de lui qu'un morceau de draperie noire, qui tenoit négligemment. Il avoit une face de lyon, haut de quatre brasses, d'ailleurs assez bien proportionné, et élevé sur un piédestal haut d'une brasse. Chacune de ces statues avoit sa signification particulière. Le temple de Daibods étoit vis-à-vis de ces statues, au beau milieu de la cour. C'est assurément le bâtiment le plus exhaussé que nous eussions encore vu au Japon; il est couvert d'un double toict recourbé, qui est magnifique, et dont le comble s'élève au-dessus de tous les bâtiments de Miaco. Le temple étoit soutenu par huit fois douze piliers, mais, à cause qu'il en manquoit deux au milieu, le nombre se montoit à quatre-vingt-quatorze : les portes étoient en grand nombre et petites, mais elles formoient des allées ou galeries jusque sous le second toict. Le temple en dedans étoit entièrement ouvert sous le second toict, qui étoit porté par un grand nombre de poutres et de montants ou poteaux différemment disposez, et peints en rouge pour l'ornement. Il étoit si obscur, à cause de sa hauteur extraordinaire et du peu de jour qui y entroit, que nous ne le pouvions voir qu'à peine. Le plancher, contre l'usage ordinaire, étoit pavé de pierres carrées de marbre : il n'y avoit d'autre ornement en dedans qu'on pût y découvrir qu'une grande idole. Les piliers étoient extrêmement gros, d'une brasse et demie pour le moins. Plusieurs montants ou poteaux étoient assemblez pour former un de ces gros piliers; ils étoient peints en rouge, comme tout l'ouvrage de charpente qui étoit dans le temple. L'idole étoit toute dorée et d'une grandeur incroyable; de sorte que trois nattes auraient pu se placer aisément sur la paume de sa main. Elle avait de grandes oreilles, des cheveux frisez, une couronne sur la tête que l'on découvroit par la fenêtre qui étoit sous le premier toict; on lui voyoit une grande tache sur le front, comme une mouche de dame, qui n'étoit point dorée (1).

(1) C'est le *thika* des Hindous, et cette

Les épaules étoient nues, la poitrine et le corps étoient couverts négligemment d'une pièce de drap. Elle tenoit la main droite élevée, et laissoit voir la paume de la gauche appuyée sur le ventre; elle se tenoit assise à l'indienne, les jambes croisées, sur une fleur de tarate (1), soutenue par une autre fleur dont les feuilles étoient élevées comme pour ornement; les deux fleurs étoient élevées environ deux brasses sur-le-rez de chaussée. Derrière le dos de cette grande idole, il y avoit un ovale d'ouvrage branchu, ou de filigrane à personnages, orné de différentes petites idoles de forme humaine assises sur des fleurs de tarate. Cet ovale, qui étoit plat, étoit si grand, qu'il couvroit quatre piliers; et l'idole étoit si large, qu'elle atteignoit avec ses épaules d'un pilier à un autre, quoiqu'ils fussent à quatre bonnes brasses de distance l'un de l'autre. La fleur de tarate sur laquelle l'idole étoit assise étoit entourée d'une porte octogone, et c'étoit là même que l'on avoit manqué à mettre deux piliers. Après avoir bien vu ce temple, nous en sortîmes par une autre porte que celle par où nous y étions entrez; celle-ci n'avoit qu'un toict. Nous allâmes dans une cour à côté, où l'on nous montra un gumgum d'une grandeur extraordinaire, suspendu seul dans une petite maison ou hutte de bois; il étoit épais d'un bon empan, creux et profond, presque de la longueur de la pique d'un benjos, et avoit vingt un pieds de circonférence. De là nous fûmes plus loin à un autre temple, fort long à proportion de sa largeur. Au milieu de ce temple il y avoit une grande idole assise, qui avoit quarante-six bras; seize héros habillez de noir, et plus grands que nature, étoient autour d'elle. Un peu plus loin, de chaque côté, il y avoit deux rangs d'idoles dorées, à peu près de la même taille, placées debout. Chacune avoit vingt bras : les plus reculées de ces idoles, qui étoient près de la plus grande, avoient de longues houlettes. À l'égard des autres, les unes avoient des guirlandes de roses, les autres avoient divers instrumens ou ornemens. Sur la tête de la plus grande, qui étoit couronnée d'un cercle de rayons d'or, étoient placées sept autres idoles, dont celle du milieu étoit la plus petite; mais toutes avoient leurs poitrines couvertes, et embellies de divers ornemens. Outre les idoles dont je parle, il y avoit dix ou douze rangs d'autres idoles grandes comme nature, placées debout l'une contre l'autre, le plus près qu'il était possible, et derrière l'une l'autre, de telle sorte que la plus en devant étoit toujours placée un peu plus bas pour laisser voir celle de derrière. On dit que le nombre d'idoles de ce temple se monte en tout à trente-trois mille trois cent trente-trois. D'où vient qu'il est nommé San Man San Sscin Sambiat Sansin Santai; c'est-à-dire le temple de trente-trois mille trois cent trente-trois idoles. »

La vue de ces singuliers monuments paraît avoir produit la même impression sur les voyageurs qui ont précédé Kœmpfer et sur ceux qui l'ont suivi. Tous ont été frappés du caractère gigantesque de cette idolâtrie empruntée à l'Inde antique, et que le gouvernement japonais, plus indulgent pour elle que pour le christianisme, a laissée prendre racine auprès du culte des esprits, parce qu'il ne lui a reconnu sans doute aucune tendance politique. Le pieux Espagnol don Rodrigo de Vivero y Velasco, en 1609, visitant et admirant à regret les temples de *Myako*, s'écrioit : — « Le diable ne pouvait pas suggérer à l'empereur un meilleur moyen de dépenser ses immenses trésors! » Sortant du tombeau de Taïcosama, il déplore « que des édifices aussi magnifiques fussent consacrés à l'adoration des cendres d'un homme *dont l'âme est en enfer pour l'éternité.* » — Il conclut la description qu'il donne de cette multitude d'édifices merveilleux par ces mots : « Je me fatiguai de voir tant de chapelles, et je déplorai la puissance du diable sur ce peuple! » — Thunberg raconte un peu à la hâte ce qu'il

---

particularité suffirait pour indiquer clairement l'origine de cette idolâtrie. Nous saisissons cette occasion de faire observer que nous trouverions dans les récits de Kœmpfer ample matière à des remarques, corrections, rectifications et commentaires de toute nature. Mais le temps et l'espace nous manquent. Nous avons dû nous borner à quelques indications critiques.

(1) *Lotus*.

a vu, et son récit n'est accompagné d'aucune réflexion saillante. Thunberg confirme dans tous les points importants le récit de Kœmpfer. Il paraît surtout frappé de la grandeur colossale et de l'expression de la statue de *Daibout* (*Daywit,* Fisscher, *Doibuts,* Siebold) et de l'immensité du temple. (Voir pour les détails son *Voyage,* t. II, p. 90 et 91.) Les voyageurs plus modernes nous renvoient à Kœmpfer. Au total, nous manquons de descriptions complètes et raisonnées des temples du Japon; et l'histoire des différentes sectes religieuses qui y fleurissent, ainsi que la nature de leurs relations avec le gouvernement spirituel de l'empire, d'un côté, avec le gouvernement temporel de l'autre, ne sont que très-imparfaitement connues. Nous résumerons plus tard ce que les recherches des principaux voyageurs ont révélé à cet égard (1).

De *Miyako* la mission se rend en bateaux à *Ohosaka.* Ce trajet, qui se fait en descendant la rivière appelée *Yodo-Gawa,* s'accomplit en un jour et une nuit. Le séjour des Hollandais se prolonge assez cette fois, non-seulement pour leur permettre de bien voir la ville, mais encore de prendre part aux divertissements de toute espèce, qui paraissent y être plus nombreux et plus attrayants que dans aucune autre ville du Japon. La mission passe ordinairement huit jours à *Ohosaka.*

Ohosaka est une fort grande ville. Nous n'avons pas de détails précis sur son étendue; mais on peut se former une idée et de l'espace qu'elle occupe et du chiffre de sa population d'après ces deux faits, qui paraissent bien établis, savoir que cette vaste cité compte plus de cent ponts, tant sur la rivière que sur les canaux qui la traversent, et que ses habitants se vantent qu'ils peuvent, à eux seuls, lever une armée de 80,000 hommes. *Ohosaka* est le centre du grand commerce de l'empire : c'est sur son marché que viennent se réunir les marchandises étrangères importées à Nagasaki. Elle compte d'ailleurs un grand nombre de manufactures dont les produits sont fort estimés. On cite surtout ses fonderies de cuivre, que Siebold indique comme très-remarquables. Anciennement le propriétaire de ces fabriques offrait à l'ambassadeur une grosse pièce de monnaie (*ohoban*) et quelques petits *kobans* à ses deux compagnons; mais ce *chapitre* (1) a été aboli. *Ohosaka* est fortifiée comme on sait fortifier à la Chine et au Japon, c'est-à-dire qu'elle est à l'abri d'un coup de main, et protégée d'ailleurs par une citadelle dont le commandant est d'un rang supérieur à celui du gouverneur de la ville, sans cependant avoir autorité sur ce dernier ou même aucun rapport journalier de service avec lui.

Le gouverneur d'*Ohosaka,* dans une audience solennelle, reçoit la mission hollandaise et les présents qu'elle lui avait destinés. Il traite ensuite les Hollandais avec autant de magnificence que d'hospitalité. On leur ménage plusieurs parties de plaisir: et les Japonais s'y prennent si bien pour fêter leurs hôtes, ils montrent tant d'empressement, de cordialité, de franche gaieté, qu'après bien des années le président Doeff se rappelait avec délices une partie de ce genre à laquelle il avait assisté et qui avait été arrangée à son intention dans l'une des principales *maisons à thé* d'*Ohosaka.* Nous avons déjà fait pressentir que cette cité impériale est la *ville de plaisir* par excellence, et qu'elle est renommée pour les amusements et divertissements de toute espèce qu'on s'y procure. Peut-on s'y amuser à bon marché? Cela est probable; mais si parmi les délassements de l'esprit il faut, à Ohosaka comme à Paris, placer au premier rang le théâtre, et donner la préférence aux grands théâtres sur les petits, il paraît qu'on achète encore plus cher au Japon qu'à Paris le plaisir de voir et d'entendre des acteurs d'élite : car les premières places au grand théâtre d'Ohosaka se payent, à ce qu'on assure, cinq piastres et plus (de 30 à 40 fr.). La salle est vaste et contient, indépendamment du parterre, trois rangs de loges élégamment ornées.

---

(1) On peut voir dans Klaproth (*ouvrage cité*) une description minutieuse de la statue colossale de Bouddha dans le temple de *Daibout.*

(1) *Chapitre :* terme adopté par les Hollandais, d'après une expression japonaise, qui exprime tout usage ou coutume ou détail d'étiquette consacré par le gouvernement dans les relations officielles établies avec les étrangers.

Les décorations, les costumes, la mise en scène sont du meilleur goût; mais la manière dont les décorations sont peintes et disposées trahit malheureusement l'ignorance où sont les Japonais (comme les autres Orientaux) des lois de la perspective; et il est difficile, en conséquence, de comprendre du premier coup d'œil ce que la scène représente. Les descriptions que nous possédons des théâtres japonais ne suffisent pas pour nous donner une idée complète et tout à fait exacte de ces lieux de réunion. Nous en savons assez cependant pour affirmer que la salle, un jour de représentation, doit offrir un aspect très-différent de celui qu'offrent nos salles européennes. Chaque spectateur est assis sur une natte qu'il a louée, et sur laquelle on lui sert les rafraîchissements qu'il est d'usage de se procurer au théâtre même. Ces rafraîchissements sont probablement, au Japon comme en Chine, fournis par le directeur, qui en retire un profit considérable (1).

Nous avons peu de renseignements sur le drame japonais. Aucune pièce du théâtre japonais n'a encore été traduite, que nous sachions. Nous ne connaissons même aucune analyse qui puisse donner une idée approximative des conceptions dramatiques de ce pays. Nous sommes réduits à quelques notions générales et à quelques indications isolées, que nous soumettons à l'appréciation de nos lecteurs.

Le drame japonais est éminemment et presque exclusivement national, l'action roulant presque toujours sur les hauts faits, les exploits, les amours des dieux et des héros dont l'histoire ou la tradition ont popularisé les aventures. Quelques pièces, cependant, reposent sur des aventures ou des intrigues de pure invention, ou ressemblent à nos *proverbes en action* par le but moral qu'elles se proposent. La tendance générale de ces compositions dramatiques (d'une extrême simplicité, puisqu'on ne voit jamais ou presque jamais plus de deux personnages sur la scène en même temps) paraît être irréprochable, en se plaçant toutefois au point de vue japonais, car elles font ressortir de la manière la plus décidée les traits distinctifs du caractère national; et certes les notions morales des Japonais ou leur sentiment des convenances diffèrent singulièrement des nôtres à beaucoup d'égards. Dans leurs drames héroïques, la soif de la vengeance est le principal mobile des actions les plus admirées, et elle se montre toujours inséparable du plus noble courage ou du moins de l'intrépidité la plus inébranlable. Les violences les plus sanguinaires, les tourments infligés par la torture sont reproduits sur la scène avec une vérité d'imitation qui émeut au dernier degré. A ces horreurs se mêlent parfois, de la manière la plus bizarre, des scènes comiques; d'ailleurs, aucune idée des unités de temps et de lieu: le même drame raconte la naissance, la vie et la mort du héros, et le promène d'île en île, et de là sur le continent, ou même de la terre au ciel, si le héros de la pièce est un dieu ou destiné à le devenir. Ce qu'il y a de plus singulier, au reste, n'est pas, en général, la pièce en elle-même, mais bien la manière dont elle est représentée et morcelée pour s'adapter aux exigences capricieuses du public. Il se passe bien quelque chose d'analogue chez nous; mais si la mode qui convie aujourd'hui les Parisiens à entendre, dans la même soirée, un acte privilégié de certain opéra, une scène de drame ou de tragédie, un vaudeville en vogue, si cette mode est un progrès, les Japonais fashionables nous ont devancés dans cet éclectisme théâtral, et ils ont de plus trouvé le moyen de régulariser, pour ainsi dire, l'irrégularité. En effet,

---

(1) Au Japon, comme en Chine, il y a des troupes d'acteurs ambulants, musiciens, faiseurs de tours, lutteurs, baladins, charlatans, qui donnent des représentations en plein vent ou dans des maisons particulières, à qui veut les payer. Les petites villes et les villages sont obligés de se contenter de ces représentations improvisées. Nagasaki est probablement de ce nombre; mais dans les grandes villes il y a des théâtres permanents, et à Ohosaka surtout le spectacle est tellement en vogue, que les meilleurs acteurs y trouvent un patronage assuré. Aussi la troupe permanente d'Ohosaka est-elle la première de l'empire. Le capitaine Saris, en 1612, parle d'*actrices* ambulantes, *esclaves* d'un maître qui les loue, etc. Aujourd'hui, au Japon comme en Chine, ce sont, à ce qu'il paraît, de jeunes garçons qui jouent exclusivement les rôles de femmes. — *Voyez* p. 97.

il n'est pas rare que trois pièces soient représentées le même jour à *Ohosaka;* mais le premier et le second acte d'une pièce alternent avec le premier et le second acte de chacune des deux autres, en sorte que les amateurs qui tiennent à ne voir que leur drame de prédilection, ou qui veulent se soustraire à la fatigue d'assister sans désemparer à une représentation qui dure une grande partie de la journée, peuvent se retirer pour fumer, boire leur coupe de *saki* en s'entretenant de leurs affaires ou de leurs plaisirs, pendant qu'on joue un acte de la pièce dont ils ne se soucient pas, et reparaître dans la salle quand les acteurs reviennent à celle qui les intéresse. La longueur des représentations est exploitée d'ailleurs (et ceci est encore un progrès) au profit du beau sexe. Les dames japonaises, chez lesquelles l'instinct de la coquetterie semble être pour le moins aussi développé que chez les nôtres, saisissent avec empressement l'occasion qui leur est offerte de déployer le luxe de leur toilette. Elles se font accompagner au théâtre par leurs femmes de chambre, munies de tout un attirail de riches vêtements, et se plaisent à changer plusieurs fois de robes dans le cours de la soirée. Nos directeurs d'opéras et de théâtres historiques et nos belles coquettes s'entendront-ils pour profiter de cet exemple? Il n'y aurait vraiment qu'un pas à faire pour que Paris suivît, à cet égard, la mode d'*Ohosaka.*

Les acteurs japonais paraissent regarder la déclamation outrée comme la partie la plus essentielle de leur art. Dire qu'ils élèvent la voix outre mesure ne suffirait pas pour donner une idée de leur style. La perfection du débit théâtral consiste pour eux dans l'émission prolongée de sons aigus, passionnés, sorte de voix factice dont l'effort se maintient quelquefois pendant un quart d'heure. Ce qui place, au reste, un acteur au premier rang de sa profession, c'est son aptitude reconnue à représenter différents caractères, jouer plusieurs rôles dans une seule et même pièce. Ce tour de force paraît moins étonnant quand on réfléchit au très-petit nombre de personnages qui se trouvent ensemble sur la scène. Ce qu'il y a de singulier, et qui s'explique cependant par le fait même que nous venons de signaler, c'est qu'il est d'usage que l'acteur passe par le parterre pour se rendre sur le théâtre. On a recours, à ce qu'il paraît, à ce moyen pour familiariser les spectateurs avec le costume et la physionomie extérieure de chaque rôle rempli par le même acteur, et on conçoit, en effet, que cette précaution puisse servir à maintenir dans l'esprit du public l'association nécessaire entre la personne de l'acteur et le rôle qu'il joue.

Il n'y a pas d'*actrices* au Japon. Tous les rôles de femmes (et il en est presque toujours de même en Chine) sont remplis par de jeunes garçons. Plusieurs causes semblent avoir contribué, dans les deux pays, à l'adoption de cet expédient. Et d'abord, il est douteux que des femmes eussent pu supporter l'extrême fatigue qu'entraîne une déclamation d'un caractère aussi exagéré. D'un autre côté, bien que les artistes dramatiques soient plus libéralement rétribués en Chine, et surtout au Japon, qu'ils ne le sont en Europe, leur profession est méprisée à un degré tel qu'une femme ne saurait l'adopter sans se déshonorer complétement. Cela tient-il à ce que les acteurs, les acteurs japonais en particulier, se font remarquer par l'immoralité de leur conduite et la corruption de leurs mœurs; ou ce dévergondage effréné est-il, au contraire, la conséquence du préjugé qui flétrit la classe tout entière et l'isole du reste de la société? Cette dernière supposition est la plus probable; mais elle conduit à rechercher la cause du préjugé, et en consultant les Japonais eux-mêmes à cet égard on arrive à ce résultat digne de remarque que dans leur opinion un homme qui, « par intérêt et pour l'amusement des autres, consent à renoncer à son propre caractère, et à paraître changer de conduite et de langage aussi souvent qu'il change d'habit, n'a pas le sentiment de sa dignité personnelle et sacrifie volontairement son honneur à son profit. »

Le triomphe des acteurs japonais et chinois est probablement dans la partie mimique de leur art. Ils réussissent à merveille à peindre les progrès de cer-

7ᵉ *Livraison.* (JAPON.)

taines passions; et sous ce rapport ils dépassent fréquemment l'attente des spectateurs européens. C'est ce que témoignent les récits des Hollandais, de Fisscher en particulier. Siebold fait seulement observer qu'on passe toute la journée au théâtre, » ce qui finit par affaiblir singulièrement, » dit-il, « l'impression que produit d'abord cet amusement. » Dans l'impossibilité où nous sommes de compléter par l'analyse d'une pièce japonaise ce qui justifierait nos convictions à cet égard, nous croyons devoir mettre sous les yeux de nos lecteurs le récit, aussi fidèle qu'il est digne d'intérêt, d'une représentation de ce genre, sur un théâtre chinois. Le Japon a emprunté à la Chine plusieurs des éléments de sa langue actuelle, de sa littérature, de ses arts, de son industrie; et comme il a perfectionné, en général, tout ce qu'il a pris chez ses voisins, il est au moins probable que dans cette partie de l'art dramatique à laquelle nous faisons allusion il n'est pas resté en arrière de ses modèles. Nous reproduisons donc sans hésitation le récit qui va suivre, et qui est dû à la plume habile de M. Jules Dupré (1), persuadé qu'il suffit pour donner à la fois une idée exacte de la pantomime chinoise et de la pantomime japonaise :

« .... Nous nous rendîmes dans une maison voisine du théâtre; les fenêtres du salon dominaient la scène : il était impossible d'être mieux placé. Au-dessous une vaste place était comme pavée de têtes, éclairée par la lumière vacillante de quelques torches; cette masse de crânes rasés formait le plus étrange tableau.

« Un fou se démène sur la scène, et fait d'inutiles efforts pour arracher deux têtes fixées sur un support : survient un jeune lettré, qui s'arrête et se dispose, après quelques instants de réflexion, à voir s'il sera plus habile ou plus heureux. Le fou se moque de lui, le défie; mais le jeune homme enlève les têtes, et danse triomphalement avec son trophée. Le fou, surpris et irrité, court se plaindre à un vieux mandarin, qui refuse d'ajouter foi à son rapport : cependant il fait venir le jeune homme, qui répète devant le magistrat cette singulière expérience.

« Le vieillard paraît transporté de joie ; le jeune lettré se jette à ses pieds, et le conjure de lui donner sa fille pour femme : après bien des refus et plus d'instances encore, le mandarin cède.

« Dans l'acte suivant la scène est occupée par une jeune fille qui attend l'arrivée du lettré. Elle lui tient les propos les plus séduisants; elle chante, elle danse devant lui les danses les plus lascives; elle le provoque et l'excite par les gestes les plus extravagants. Le jeune sage résiste à tous ses enchantements. Un lit se dresse, elle s'y couche, elle l'appelle, elle l'attire. Rien n'y fait, il reste impassible. La jeune fille a recours à la magie; elle finit, à l'aide de passes magnétiques, en l'enveloppant de la fumée d'une baguette allumée, par porter le trouble dans les sens du jeune homme : c'est lui alors qui poursuit, elle qui résiste ; c'est à lui de supplier, à elle de fuir et d'opposer à ses ardents désirs une froideur étudiée. Enfin, quand elle le juge suffisamment éprouvé, elle cède ; elle se jette avec lui sur le lit, d'où il s'échappe encore une fois. Elle a recours de nouveau à ses enchantements. Enfin, l'adultère se commet sur la scène, en face du public attentif, sans que seulement les rideaux du lit soient baissés (1).

« Au troisième acte le jeune lettré reparaît sur la scène, triste et bourrelé de remords: il cherche à se cacher et à fuir les regards d'un affreux magicien, qui n'est autre que le génie malfaisant dont les sortilèges ont triomphé de sa vertu; le génie trace sur le sol des signes cabalistiques, qui jettent le coupable dans une terreur profonde. Il a recours à un sage vieillard, qui le rassure et lui laisse un chasse-mouches. Arrive sa femme légitime, la fille du mandarin, qui veut à toute force coucher avec son jeune époux; mais celui-ci la repousse, il l'éloigne avec son chasse-mouches, qu'elle parvient à lui arracher, et tous deux tombent sur le lit, dont cette fois les rideaux se baissent. Le génie revient sous forme de femme,

(1) *Revue Indépendante*, numéro du 10 décembre 1847.

(1) Quelques jours auparavant on avait représenté une pièce dans laquelle on voyait une femme accoucher sur la scène.

habillée de rouge et de noir, les cheveux épars; elle danse, elle fait des signes mystérieux; une musique brisée accompagne la pantomime. On voit les époux trembler derrière les rideaux du lit : d'un geste elle en arrache la femme, qui tombe en léthargie. Le mari adultère, pâle comme la mort, égaré par la terreur, reste assis en face du monstre, qui le tient fasciné sous son regard; on entend claquer ses mâchoires, on voit ses genoux s'entre-choquer, le frisson parcourir tous ses membres. Il tombe enfin, et le vampire (car c'est un vampire) se précipite sur lui, lui mord le cou à belles dents, suce son sang, et ne s'interrompt que pour peindre sa volupté par des danses et par une pantomime très-vive. Le monstre se retire, après avoir dévoré les entrailles et le cœur de sa malheureuse victime.

« La pièce n'est pas finie, comme on pourrait le croire. Dans le quatrième acte une suivante vient offrir des rafraîchissements, qu'elle suppose nécessaires à ses maîtres ; le plateau qu'elle porte lui échappe à la vue de sa jeune maîtresse, étendue par terre privée de sentiment ; elle entr'ouvre en tremblant les rideaux du lit, et les laisse retomber avec horreur en apercevant l'affreux tableau qu'ils lui cachaient. Elle s'empresse auprès de sa maîtresse, qu'elle parvient à ranimer. En apprenant le malheur qui vient de la frapper, celle-ci se livre à la plus violente douleur, aux manifestations les plus exagérées d'un désespoir chinois. La suivante tâche de lui inspirer du courage : après de longues lamentations, la veuve se met à la recherche du sage vieillard qui était déjà venu en aide à son mari; elle le trouve enfin, et le supplie de l'éclairer et de la conseiller; qu'il lui rende son époux, elle se soumettra à tout. Touché des malheurs de ce jeune couple, dont la vertu était digne d'un meilleur sort, le vieillard lui promet de la servir de tout son pouvoir, mais sans lui répondre du succès. Puis, il l'adresse à un lépreux, et lui recommande de manger du pus et des croûtes de ses ulcères. En face de cet horrible festin, que des Chinois pouvaient seuls imaginer, la pauvre femme hésite; elle porte la cuillère à ses lèvres, mais le courage lui manque; sa main tremble, sa bouche se détourne. Enfin, elle fait un dernier effort, l'amour conjugal triomphe, et son mari ressuscite. — J'ai donné l'analyse détaillée de cette pièce parce qu'elle me semble de nature à caractériser bien nettement au moins une des faces du théâtre chinois : il est difficile de comprendre qu'une société civilisée jusqu'à un certain point puisse autoriser la représentation publique de scènes sur lesquelles nous sommes habitués à jeter un voile épais. De tels spectacles sont si loin de nos mœurs, des idées de décence que le christianisme nous a faites !

« On a donné la traduction de pièces chinoises beaucoup plus habilement composées que celle-ci, qui semblerait remonter à l'enfance de l'art dramatique. On lui trouve néanmoins quelque intérêt, si j'ai réussi à en donner une idée exacte.

« Les acteurs sont généralement bons; en faisant la part du goût national, en admettant les contorsions des hommes et les grâces affectées des femmes, que les peintures représentent assez fidèlement, on ne peut nier que leur jeu ne soit plein de naturel et de vivacité; nous n'avons pu nous empêcher d'admirer l'intelligence avec laquelle le jeune lettré a rendu quelques parties de son rôle. Au reste, rien ne peut mieux faire juger de leur talent incontestable que la curiosité avec laquelle nous avons suivi la pantomime d'une pièce dont les paroles étaient complétement inintelligibles pour nous.

« Certains passages ont vivement ému l'auditoire, dont l'intérêt a été excité au plus haut degré par les deux scènes entre le vampire et le lettré et par la scène du lépreux. L'émotion publique se manifestait par de violentes agitations; c'était comme une longue houle qui faisait onduler toutes ces têtes : l'impulsion partie du fond de la salle venait se briser contre la scène à laquelle les spectateurs du premier rang étaient forcés de s'appuyer; mais jamais ils n'ont donné de signes éclatants de blâme ou d'approbation. Le silence était parfait dans cette foule compacte et presque innombrable.

« La troupe que nous avons vue ne se composait que d'hommes; les rôles de femmes étaient joués par de jeunes garçons, dont la voix aiguë, la tournure et l'accoutrement ne laissaient pas deviner le sexe. Il paraît cependant que la profession de comédienne n'est pas interdite aux femmes; car Davis, dans son ouvrage sur la Chine, dit formellement que le mariage d'un employé du gouvernement avec une actrice est nul de plein droit, et que les contractants sont condamnés à soixante coups de bambou. »

Ces détails sont curieux, et témoignent d'un développement partiel très-remarquable de l'intelligence des peuples chez lesquels de pareils résultats peuvent se produire. Nous avons assisté nous-même en Chine à des représentations semblables, et nous avons aussi conservé le souvenir de scènes analogues jouées avec un véritable talent par des artistes ambulants, dans l'Hindoustan et à Java. Nous envisageons ces faits comme les conséquences naturelles du degré de civilisation *sui generis* auquel les peuples de l'extrême Orient sont parvenus, chacun selon les temps et les circonstances; civilisation qui a eu ses merveilles relatives, mais dont le dernier mot est dit depuis longtemps, et qui devra, dans sa décadence toujours croissante, faire place à un nouvel ordre d'idées, de conceptions et de résultats, que la prééminence intellectuelle de l'Europe et l'influence inévitable de ses sciences positives imposeront tôt ou tard à ces peuples que son épée n'a pu soumettre et que la parole évangélique n'a pu ranger encore sous les lois du monde chrétien!

Il est temps de revenir à nos voyageurs pour les ramener à Dézima, où nous prendrons congé d'eux.

Avant de quitter *Ohosaka*, ils reçoivent les diverses marchandises ou objets d'art ou de curiosité qu'ils avaient commandés en allant à Yédo. Ils se munissent aussi, avant de s'éloigner de la grande île de Nippon, de diverses provisions, et entre autres de charbon (de bois), qu'on ne se procurerait que difficilement et à un prix très-élevé à *Dézima*. Le tout est expédié, par eau, avec le gros bagage. Le personnel de la mission s'embarque pour *Amagasaki*, en descendant le *Yodo-Gawa*. L'hôte et plusieurs amis accompagnent les envoyés; quelques dames se joignent aussi à eux, et contribuent à rendre la traversée agréable. La dernière étape de la mission est *Yagami*, où elle passe la nuit, et où leurs amis de Nagasaki, interprètes et autres, se sont rassemblés pour féliciter les Hollandais sur l'heureuse terminaison de leur voyage. Ici, les malles et paquets des voyageurs sont visités une dernière fois et scellés du sceau de la douane ou de la police; mais la visite a été peu clairvoyante à dessein, et les articles prohibés, que l'on sait avoir été achetés en route et mêlés aux effets des voyageurs, échappent, par une convention tacite, aux rigueurs de la confiscation, beaucoup moins par égard pour les Européens que pour favoriser les spéculations des Japonais qui ont accompagné la mission.

La matinée suivante toutes les personnes de la connaissance des Hollandais viennent à leur rencontre, entre *Yagami* et *Nagasaki*. A l'arrivée de la barque qui porte le gros des bagages, le chef du comptoir donne un repas au *gobanyosi* qui a accompagné la mission à Yédo. Quelques jours après il rend une visite de cérémonie au gouverneur de Nagasaki, et ainsi se termine la grande affaire du voyage périodique dont nous avons fait connaître les principaux incidents.

APERÇU DE L'HISTOIRE DU JAPON.

Nous avons réservé pour la section de cet ouvrage qui traite de la mythologie japonaise et des diverses sectes religieuses, le peu que nous avons à dire des temps anté-historiques du Japon. Nous nous bornerons ici à ce que l'on peut considérer comme l'histoire authentique de cet empire, et nous en ferons passer rapidement les faits principaux sous les yeux de nos lecteurs, non que le sujet soit dépourvu d'intérêt ou qu'il ne puisse donner ample matière à des réflexions utiles, mais parce que, dans le but que nous nous proposons, il suffit d'enregistrer les événements qui marquent à la fois le caractère national et celui des époques qui intéressent le plus le moraliste, l'historien et l'homme politique.

L'histoire authentique du Japon commence avec le premier souverain mortel, *Zin-mo-ten-woo*, dont le nom signifie *le divin guerrier*, ou *le divin conquérant*. On peut en induire qu'il conquit en effet Nippon. — Quoi qu'il en soit, il y régna, selon les annales japonaises, *soixante et dix-neuf ans :* il y bâtit un *daïri*, ou *temple-palais*, dédié à la *déesse Soleil*, et fonda l'empire du *mikado*. — Quelle qu'ait été son origine, soit qu'il fût le plus jeune des fils du dernier dieu terrestre, ou simplement, comme le pense Klaproth, un guerrier et conquérant chinois, les *mikados*, jusqu'à ce jour, descendent de lui en ligne directe. Son établissement dans la souveraineté absolue de *Daï-Nippon* est généralement placé en l'année 660 avant J. C.

Pendant quelques siècles, les *mikados*, prétendant gouverner par droit divin et héréditaire, exercèrent en effet l'autocratie la plus complète, et même, après avoir cessé de commander leurs propres armées, et avoir confié ce dangereux commandement à leurs fils ou à leurs parents, leur pouvoir demeura longtemps incontesté et sans contrôle. Il reçut une première atteinte, selon toute probabilité, de l'habitude dans laquelle tombèrent les *mikados* d'abdiquer à un âge si peu avancé, qu'ils transféraient la souveraineté à leurs fils encore enfants; mal auquel les souverains qui avaient abdiqué tentèrent fréquemment de remédier, en gouvernant pendant la minorité de leurs jeunes successeurs. Enfin, un *mikado* qui avait épousé la fille d'un prince puissant abdiqua en faveur de son fils, âgé de trois ans; et l'ambitieux aïeul du *mikado* enfant s'empara de la régence, privant de sa liberté le souverain descendu volontairement du trône. Il s'ensuivit une guerre civile, pendant laquelle commença à paraître sur la scène *Yoritomo*, un des plus célèbres et des plus importants personnages de l'histoire japonaise (dont il a déjà été fait mention (1), et qui était, à ce qu'il paraît, un rejeton éloigné de la souche des *mikados*). Il marcha, comme le champion de l'ex-*mikado* emprisonné, contre l'usurpateur, beau-père de ce dernier. La guerre dura plusieurs années, pendant le cours desquelles arriva l'événement qui donna lieu à l'une des institutions des *aveugles*,

espèces d'ordres semi-religieux, dont nous aurons occasion de parler avec quelque détail dans un des chapitres suivants. A la fin, *Yoritomo* triompha, relâcha le père détenu du jeune *mikado*, et lui remit la régence entre les mains; mais le *fowo*, comme on l'appelait (1), n'exerça ce pouvoir que d'une manière nominale, laissant l'autorité réelle aux mains de *Yoritomo*, qu'il créa *sio i daï siogoun*, « généralissime combattant contre les barbares (2). » L'ex-*mikado* mourut, et, comme lieutenant ou député du souverain, *Yoritomo* gouverna en réalité pendant vingt ans. Son pouvoir s'affermit graduellement, et acquit une stabilité telle, qu'à sa mort, en 1199 (ou 1200 selon Siebold), son fils lui succéda dans son titre, sa dignité et son autorité.

Après celui-ci une suite de *mikados* enfants consolida le pouvoir des *siogouns*, et leur charge devint si positivement héréditaire, que les annales commencent bientôt à parler de *siogoun* qui abdique, de *siogoun enfant*, et d'*héritiers* rivaux combattant pour la dignité de *siogoun*. Cette modification si grave dans les institutions politiques du pays avait déjà tellement pris faveur du temps de la veuve de *Yoritomo*, que celle-ci, qui au décès de son époux était devenue une *nonne bouddhiste*, sortit de son couvent pour s'asseoir sur le trône, et gouverna pour un *siogoun* enfant. Elle conserva l'autorité jusqu'à sa propre mort, et elle est appelée dans les annales du *daïri*, *Ama Siogoun*, ou la *Nonne Siogoun*. Elle paraît être l'unique exemple d'une femme *siogoun*. Mais encore, bien que l'autorité active fût entre les mains de ces généralissimes, toute l'autorité apparente et une grande partie du pouvoir réel (par exemple, celui de désigner et de confirmer son lieutenant, le vice-empereur nominal, le *siogoun*) resta au *mikado*. Le gouvernement du Japon, ainsi dirigé par un empereur autocrate et un député souverain, se maintint dans cet état jusqu'à la dernière

(1) Voir p. 87.

(1) *Fówó*, empereur consacré prêtre de la religion bouddhique; selon Klaproth.

(2) La création de la charge ou dignité de *siogoun* paraît remonter à quatre-vingt-six ans avant J. C., c'est-à-dire à plus de dix-neuf siècles.

moitié du seizième siècle, époque à laquelle les *siogouns* étaient encore les chefs suprêmes, actifs et réels, d'un grand empire, et non ce qu'ils paraissent être aujourd'hui, d'insignifiantes marionnettes, étalant leur oisive magnificence dans une prison dorée, et n'agissant jamais que sous l'influence d'un *président du conseil*.

Ce fut durant cette phase de l'empire japonais que les Portugais y firent leur première apparition; un de leurs vaisseaux ayant été détourné de sa route par les vents contraires, et jeté sur les côtes jusqu'alors inconnues du Japon. Cet événement est raconté par un annaliste du pays, et traduit par Siebold, comme il suit : « Sous le *mikado* Konara (ou Gonarô) et le *siogoun* Yosi-Harou (ou Yosé-Farô), dans la douzième année du *nengo tenbun*, le vingt-deuxième jour du huitième mois (octobre 1543), un vaisseau étranger aborda à Tanega-Sima, près de Koura, dans la province éloignée de Nisimura. L'équipage, composé d'environ deux cents personnes, avait une apparence singulière; le langage de ces inconnus était inintelligible; leur patrie était, comme eux, inconnue. A bord était un Chinois, nommé Gohou, qui comprenait l'écriture; on sut par lui que ce navire était un vaisseau *nan-ban* (« barbare du sud », sous la forme japonaise, des mots chinois *nan-man*). Le 26 ce vaisseau fut conduit au port d'Aku-oki, au nord-ouest de l'île; et Toki-Taka, gouverneur de Tanega-Sima, en fit faire une investigation minutieuse; le bonze japonais Tsyu-syu-zu, servant d'interprète, au moyen des caractères chinois. A bord du bâtiment *nan-ban* étaient deux commandants, Moura-Syoukia et Krista-Mouta; ils portaient des armes à feu; ils firent alors connaître pour la première fois aux Japonais cette sorte d'armes, ainsi que la préparation de la poudre. »

Les Japonais ont conservé les portraits (curieux specimens de l'art graphique) de *Moura-Syoukia* et de *Krista-Mouta*, que l'on suppose être Antonio Mota et Francesco Zeimoto, les premiers Portugais qu'on sait avoir abordé au Japon.

Les Japonais étaient à cette époque un peuple commerçant; trafiquant, dit-on, d'une manière active et lucrative avec seize contrées différentes. Ils accueillirent avec joie les étrangers qui leur apportaient de nouvelles marchandises et de nouveaux produits de l'industrie. Ils étendirent promptement leurs relations avec les Portugais, et donnèrent même bientôt leurs filles en mariage à ceux qui s'établirent chez eux. Les missionnaires jésuites, qui arrivèrent peu de temps après, furent également bien reçus, et purent prêcher librement au milieu de ces peuples naturellement enclins à l'adoption d'idées nouvelles et de sentiments exaltés. Les succès rapides et extraordinaires des pères étonnèrent le monde chrétien. Même à *Miyako*, et jusque dans le voisinage du *daïri*, sinon dans ce lieu sacré, ils s'enorgueillirent de leurs néophytes. Une perspective si brillante fut détruite par la guerre civile, qui pour un moment avait semblé promettre, au contraire, l'établissement complet du christianisme au Japon. Le déclin et la ruine de ses espérances doivent être attribués, comme nous le verrons bientôt, à des causes politiques; et si les jésuites eussent soigneusement évité de se mêler des affaires du gouvernement, la religion du Christ serait probablement aujourd'hui la religion dominante au Japon. Peut-être l'ardeur de leur conviction et les exigences morales et matérielles de leur apostolat ne leur permirent-elles pas de s'abstenir.

Vers le milieu du seizième siècle, deux frères, de la race de Yoritomo, se disputèrent la dignité de *siogoun*; les princes de l'empire prirent parti pour l'un ou l'autre, ou contre tous deux, s'efforçant de se rendre eux-mêmes indépendants; alors la guerre civile envahit tout le Japon. Dans le cours de cette guerre, les deux rivaux périrent, et les princes vassaux combattirent pour la dignité vacante.

Le plus habile et le plus puissant d'entre eux était Nobounaga, prince d'Owari, champion de l'un des deux frères rivaux, tant qu'il vécut. Après la mort du prétendant qu'il soutenait, il combattit pour son compte personnel. Puissamment aidé par le courage et les talents d'un homme de basse extraction, nommé Hide-Yosi ou Fide-Yosi, qui s'était attaché à son service, et qui avait par degrés gagné sa confiance, le prince d'Owari triompha de ses antagonistes, et devint *siogoun*, le *mikado* l'ayant confirmé dans cette dignité, qu'il ne se sentait pas assez fort pour oser lui refuser. Le nouveau *siogoun* récompensa les services de Hide-Yosi en l'investissant d'un haut emploi militaire, et se montra d'abord l'ami zélé des chrétiens et des misssionnaires.

Dans la suite, Nobunaga fut tué par un usurpateur, qui se mit ainsi en possession de la dignité de *siogoun*. Peu de temps après le meurtier fut tué à son tour; et, au milieu de la confusion qui s'ensuivit, Hide-Yosi s'empara de la charge généralement convoitée. Cette fois encore, et sans hésitation, le *mikado* approuva ce qu'il n'avait pu empêcher, et confirma Hide-Yosi dans sa dignité de *siogoun*, sous le nouveau nom de Taïko, ou de Taïko-Sama, c'est-à-dire, le seigneur Taïko.

Taïko conserva sur le trône l'énergie et les dispositions guerrières qui avaient servi à l'y faire monter; et les Japonais le regardent encore aujourd'hui comme l'un des plus grands, si ce n'est le plus grand de leurs héros. Ce fut lui qui réussit le mieux à faire du *mikado* l'ombre d'un souverain. Avec ce *Richelieu* de l'extrême Orient commença le système que nous avons décrit, et qui réduisit à l'impuissance les princes de l'empire. Il porta les premiers coups au christianisme, dont il prévoyait et redoutait les tendances politiques; il soumit la Corée, qui s'était émancipée depuis que l'impératrice Sin-gou-kwo-gou en avait fait la conquête; et il avait déclaré son intention de conquérir la Chine, lorsque la mort termina sa carrière. *Taïko-Sama* a été un grand homme dans l'acception la plus légitime de ce mot, car il a conçu, dans un but à la fois glorieux et utile, un de ces plans gigantesques qui changent la face des empires, et l'a mis à exécution en dépit des obstacles. Les plus habiles de ses successeurs n'ont eu rien de mieux à faire que de l'imiter. Il mourut à l'âge de soixante-trois ans, en l'année 1598 (1). Hyde-Yori, fils unique de Taïko-Sama, était un enfant de six ans (1); son père pensa, à son lit de mort, lui assurer sa succession en le mariant à la petite fille d'Iyéyas (ou, comme quelques-uns écrivent son nom, Ye-Yasou ou Ijejasŭ (2), prince puissant de Mikawa, son ami personnel et son conseiller particulier, qu'il avait récompensé par le don de trois principautés additionnelles. Il obtint d'Yéyas la promesse solennelle de faire reconnaître Hide-Yori comme *siogoun* aussitôt que l'enfant aurait quinze ans accomplis.

La mort de Taïko-Sama fut le signal de nouvelles et violentes tentatives de la part des princes vassaux pour se soustraire, nominalement, au joug du *mikado*, en réalité à celui du *siogoun*; tandis que l'ambitieux et traître Iyeyas, qui aspirait depuis longtemps à la charge qu'il avait promis d'assurer au mari de sa petite-fille, fomentait en secret des troubles favorables à ses desseins. En qualité de régent pour Hide-Yori, il extorqua graduellement du *mikado* des titres de plus en plus élevés; enfin, il demanda et obtint celui de *siogoun*, et fit ouvertement la guerre à ce jeune prince son pupille, auquel il était cependant lié par des liens si sacrés et par la foi du serment. Hide-Yori fut soutenu par tous les chrétiens japonais, dont le zèle en faveur du fils de Taïko-Sama, si généralement admiré et regretté, fut chaudement approuvé, pour ne pas dire ouvertement encouragé par les jésuites Il faut avouer que les révérends pères devaient être tentés de s'employer activement en faveur du jeune prince, à part même toute idée de la justice de sa cause, puisque Hide-Yori leur montra une si grande bienveillance qu'ils pouvaient raisonnablement nourrir l'espoir flatteur de le voir, avant peu, professer ouvertement le christianisme; et dans le cas où il triompherait, cette religion devenait le culte national du Japon!

Mais, en 1615, Iyeyas assiégea l'époux de sa petite-fille dans le château d'Ohosaka, et s'empara, dit-on, de cette forteresse (la dernière qui restât à son

---

(1) C'est une particularité assez digne de remarque que *Taïko-Sama* était d'une très-petite taille.

(1) C'est le *Fide-Jori* de Kœmpfer, Charlevoix et autres.

(2) Siebold.

rival), comme il avait obtenu la dignité de *siogoun*, c'est-à-dire par une perfidie. Le voile du mystère reste suspendu sur le destin d'Hide-Yori. Suivant quelques-uns, se voyant sur le point de tomber aux mains de ses ennemis, il mit le feu au château, et périt dans les flammes ; suivant d'autres, il s'échappa au milieu de la confusion causée par cet incendie, et se rendit à la ville principale de Satzouma, où l'on croit que sa postérité existe encore. Il est certain que les *siogouns* ont des ménagements particuliers pour les princes de *Satzouma*, et recherchent leurs filles en mariage. L'épouse du *siogoun* actuel est une princesse de *Satzouma*.

Iyeyas, qui dans le cours de son usurpation avait pris successivement les noms de *Daï-fou-Sama* et de *Ongonchio*, n'avait plus qu'à s'assurer pour lui-même et à léguer à sa postérité la dignité de *siogoun*. Il y réussit en suivant avec la plus active persévérance les plans arrêtés par Taïko-Sama. Il affaiblit la plupart des grands vassaux, en ruina plusieurs, accorda des principautés confisquées à ses propres partisans et à ses plus jeunes fils, et affaiblit tous les fiefs, autant qu'il le put, en les morcelant. Il dépouilla même le *mikado* du faible pouvoir que Taïko-Sama lui avait laissé, réduisant l'autocrate absolu à cet état d'abandon relatif et de dépendance sans remède qui a déjà été décrit, comme la condition présente du fils du ciel. Enfin il donna un caractère plus violent encore à la persécution des chrétiens indigènes et des missionnaires étrangers, soutiens de son rival. Mais Siebold assigne positivement à cette persécution si cruelle des raisons politiques, et non des motifs religieux ; et ces mêmes raisons d'État ont fini par amener, sous le règne de son successeur, l'adoption définitive du système d'exclusion et de prohibition que nous voyons encore en vigueur au Japon. — Siebold, au reste, ne fait que reproduire l'opinion émise par Kœmpfer, qui, tout en déplorant les cruautés inouïes qui ont marqué le cours de cette longue et impitoyable persécution, donne clairement à entendre que sans l'extirpation du christianisme l'empire n'eût pu arriver (d'après ses convictions, au moins) au degré de tranquillité, de prospérité et de force réelle qu'il avait atteint de son temps, et auquel il paraît s'être maintenu (1). — Voici, en effet, ce que nous trouvons dans Kœmpfer (tom. II, p. 68 et suiv. du supplément) :

« ..... Ce fut pour ces puissantes raisons que Taico arrêta le progrès des Portugais qui s'accréditoient trop au Japon ; il commença aussi d'arrêter ceux que faisoit le christianisme. Cependant il avança peu un ouvrage de cette conséquence, qui sembloit demander beaucoup de temps. Il mourut peu de temps après, et laissa à ses successeurs le soin d'achever ce qu'il avoit commencé. Ils ordonnèrent, sous peine de la croix, à tous les Portugais, à tous leurs alliés japonnois, et à tout leur clergé, de vider l'empire. Il fut ordonné aux naturels du pays de demeurer à l'avenir chez eux, et à ceux qui en étoient dehors en ce temps-là d'y revenir dans le temps qui leur fut prescrit, au delà duquel terme ils seroient condamnés au même supplice s'ils étoient arrêtés ; et enfin que ceux qui avoient embrassé la foi et la doctrine de Jésus-Christ en feroient abjuration sans aucun retardement. Ce ne fut pas sans de grandes difficultés que ces ordres furent enfin exécutés : il en avoit coûté moins de sang païen aux empereurs pour s'emparer de l'empire, qu'il n'en fut versé de chrétien pour les y maintenir et leur en assurer la possession. Les nouveaux convertis ne pouvant pas être réfutés avec des raisons, on mit en usage les épées, les gibets, le feu, la croix et les autres arguments formidables, pour les convaincre, et leur faire sentir leurs erreurs. Malgré ces cruels traitements, et toute l'effroyable diversité des supplices inventés par leurs bourreaux impitoyables

---

(1) Montesquieu a dit : « Tous les peuples « de l'Orient, excepté les mahométans, « croient toutes les religions en elles-mêmes « indifférentes. — *Ce n'est que comme chan-« gement dans le gouvernement qu'ils crai-« gnent l'établissement d'une autre religion....* « *Ce sera une très-bonne loi civile, lorsque* « *l'État est satisfait de la religion déjà éta-« blie, de ne point souffrir l'établissement* « *d'une autre*, etc. »

bien loin que leur vertu fût ébranlée, on peut dire qu'à la honte éternelle du paganisme, les chrétiens du Japon scelloient avec joie les vérités du christianisme de leur propre sang, sur les croix où ils étaient attachés. Ils montrèrent des exemples si variés de constance, que leurs ennemis mêmes en étoient frappés d'étonnement et d'admiration.

« Cette cruelle persécution, qui n'a point de pareille dans l'histoire, dura environ quarante ans. Tyémitz, qui fut après sa mort appelé Teiyojin, fils et successeur de Fide-Tadda, ou, comme il fut nommé après sa mort, Teitokuni, et petit-fils de Iyéyas, donna à la fin le dernier coup de mort au christianisme : il extermina avec une barbarie qui n'avoit point d'exemple tout ce qui restoit de chrétiens au Japon : il en fit massacrer dans un seul jour plus de trente-sept mille, que le désespoir et les supplices insupportables que l'on avoit fait souffrir à leurs frères avoyent obligés de s'enfermer dans le château de Simabara, situé sur les côtes d'Arima, avec une ferme résolution de défendre leurs vies jusqu'à la dernière extrémité. Ce château fut pris après un siége de trois mois, le vingt-huitième jour du second mois du période quanye (c'est-à-dire le 12 d'avril 1638), conformément aux Annales imprimées du Japon, Nendaiki et Odaiki, et un autre livre publié au Japon sous le titre de *Simabara Gazen*, où toute l'histoire de cette révolte des chrétiens est racontée au long. Ce fut la dernière scène de cette sanglante tragédie ; et le sang chrétien ayant été versé jusqu'à la dernière goutte, le massacre et la persécution finirent environ l'an 1640. C'est ainsi que l'empire du Japon fut enfin délivré de tout embarras, et fermé à jamais, tant pour les naturels du pays que pour les étrangers. Ce fut inutilement que les Portugais établis à Macao envoyèrent une magnifique ambassade au Japon : ni le droit des gens, ni le caractère sacré des ambassadeurs, ne put les garantir du supplice auquel le gouvernement avoit condamné tous ceux qui oseroient entrer dans l'empire contre la teneur des déclarations. Les ambassadeurs et toute leur suite, au nombre de soixante et une personnes, eurent la tête tranchée par un ordre exprès de l'empereur (1) : on excepta quelques-uns de leurs plus bas domestiques, afin qu'ils pussent porter à leurs compatriotes les funestes nouvelles de cette barbare réception.

« Les choses étant en cet état, et l'empire étant entièrement fermé, rien ne put faire aucun obstacle aux vues et aux volontés des monarques séculiers. Ils n'eurent plus à rien craindre ni de l'ambition des grands qu'ils avoient assujettis, ni de la mutinerie et de la fougue du commun peuple, ni des conseils et des secours des nations étrangères, ni enfin du commerce et du crédit de ceux qu'ils recevoient chez eux, et qui y étoient tolérés. Les empereurs n'eurent plus les mains liées ; ils eurent la liberté et le pouvoir de faire tout ce qu'ils jugeroient à propos, et d'entreprendre des choses

(1) « Ce sanglant sacrifice étant parachevé, on ramena en la prison les treize qui restoient, et le jour suivant le gouverneur fit tirer du navire les meubles des Portugais, qu'ils firent voir aux prisonniers, et leur donnèrent ce qui leur étoit nécessaire pour retourner à Macao ; puis ils réunirent au navire ce qui restoit, qu'ils firent brûler suivant l'ordonnance ; après quoi ils conduisirent les mêmes prisonniers au lieu du supplice, leur montrèrent les têtes de leurs compagnons attachées par ordre sur des planches, selon qu'ils avoient été décapités, près d'une maisonnette où les corps étoient enterrés, sur lesquels y avoit un poteau où étoit écrit ce décret de l'empereur Tozogun : « Que personne à l'avenir,
« tant que le soleil illuminera le monde, n'ait
« à naviguer au Japon, même sous titre d'am-
« bassadeur, et que ce décret ne puisse jamais
« être révoqué sous peine de la mort, sans
« même excepter le Xuca, prince de toutes les
« idoles du Japon ; et même le Dieu des chré-
« tiens seroit traité comme les autres s'il con-
« trevenoit à cet ordre, et encore avec plus de
« cruauté. »

§ ...... « La volonté qu'ils avoient d'exterminer tout à fait la mémoire de la foi chrétienne étoit bien si grande, qu'ils ne se souvinrent pas de redemander dans cette patente ou autrement une somme de sept cent mille écus dont les marchands de Macao étoient redevables aux Japonois, à raison du commerce qui étoit entre eux. » (*Relation de la province du Japon*, etc.; traduit de portugais en italien et de l'italien en françois, par le P. Fr. Lahier. Tournay, 1645.)

dont on ne sauroit venir à bout dans un pays ouvert, où il y a un accès libre et un commerce établi. Ce fut d'établir un ordre très-exact et très-rigoureux, dans les villes, les bourgs, les villages, les colléges, les communautés et les sociétés, sans excepter les corps des arts et métiers; de réformer les anciennes coutumes, d'en introduire de nouvelles; d'assigner et de limiter à un chacun sa tâche; d'inspirer aux sujets un esprit d'industrie et de perfection dans les arts; de les obliger, par le moyen de la gloire et des récompenses, d'imaginer des inventions nouvelles et utiles, mais aussi en même temps d'avoir l'œil sur la conduite du peuple, de le retenir dans les bornes de l'obéissance, par le moyen d'un grand nombre d'inspecteurs et de censeurs rigides, nommés pour cet effet; de contraindre un chacun à la pratique exacte de la vertu; et, pour le dire en un mot, de faire de tout l'empire comme une école de civilité et de bonnes mœurs. Ainsi, les monarques séculiers ont en quelque manière ressuscité l'innocence et le bonheur des premiers âges. Exempts de crainte à l'égard des révoltes domestiques, et se confiant si fort sur l'excellence du pays et sur le courage et les forces de leurs invincibles sujets, qu'ils sont en état de mépriser l'envie et la jalousie des autres nations; et certainement tel est le bonheur de l'empire du Japon, *qu'il n'a à craindre aucune invasion des ennemis de dehors.* Liquéo, Jéso, la Corée, et toutes les îles voisines reconnoissent l'autorité de l'empereur du Japon; et bien loin qu'ils aient quelque chose à craindre de la Chine, quelque grand et puissant que soit cet empire, ils sont au contraire redoutables aux Chinois. Cette dernière nation est trop efféminée pour être capable d'une grande entreprise; et l'empereur qui règne sur eux aujourd'hui, Tartare d'origine, est déjà si chargé de royaumes et d'empires, qu'il ne peut guère songer à étendre ses conquêtes jusqu'au Japon. Tsinujos (fils de Ijetzna, après sa mort appelé Genjujin, et petit-fils de Teitoquini)(1), qui est maintenant sur le trône du Japon, est un prince fort prudent et d'une excellente conduite. Il a hérité des vertus et des grandes qualités de ses ancêtres; il se distingue d'ailleurs par une clémence singulière, et par une grande douceur, quoiqu'il fasse observer à la rigueur les lois de l'empire. Élevé dans la philosophie de Confutius, il gouverne ses États comme la nature du pays et le bien de ses peuples le demandent. La condition de ses sujets est heureuse et florissante sans doute, sous sa domination. Ils sont unis entre eux, et paisibles; instruits à rendre aux dieux le culte qui leur est dû, l'obéissance aux lois, et la soumission à leurs supérieurs, l'amitié et les égards à leurs voisins; civils, obligeants et vertueux; surpassant toutes les autres nations dans les arts et dans les productions de l'industrie; possédant un excellent pays, enrichis par le négoce et le commerce qu'ils font entre eux; courageux, pourvus abondamment de tous les besoins de la vie, et jouissant avec cela des fruits de la paix et de la tranquillité : une suite si continuelle de prospérités doit les convaincre nécessairement, lorsqu'ils font réflexion sur la vie libertine qu'ils menoient auparavant, qu'ils consultent les histoires des siècles les plus reculés, que leur pays ne fut jamais dans une situation plus heureuse qu'à présent, qu'il est gouverné par un monarque despotique et arbitraire, fermé, et gardé de tout commerce et de toute communication avec les nations étrangères. »

Iyeyas fut, à sa mort, déifié par le *mikado*, sous le nom de Gon-ghin ou Gon-ghin-Sama; sa politique eut d'heureux résultats. Sa postérité (la dynastie actuelle des *minamotos*) jouit encore de la dignité de *siogoun* dans une tranquillité parfaite; et, quoique ayant assez dégénéré de l'énergie et des talents de leur aïeul pour avoir laissé tomber le pouvoir de leurs mains dans celles de leurs ministres, ils regardent peut-être ce changement comme favorisant en même temps leur orgueil et leur indo-

---

(1) Tous ces noms ont été plus défigurés que d'habitude par le traducteur de Kœmpfer. — Il s'agit de *Tsouna-Yosi*, fils de *Yé-tsouna* et petit-fils de *Teito-Kouni* (?), ou *Fide-Todda.* Voyez plus loin la fin tragique de ce prince et la conduite héroïque de la princesse son épouse.

lence, et se contentent de cette sinécure impériale!

Tous les écrivains appartenant à la factorerie hollandaise, et par conséquent en position de se procurer les renseignements les plus exacts, assurent que toute révolte sérieuse est devenue impossible par suite de la soumission entière ou, plus exactement peut-être, de l'asservissement des princes, et que depuis l'insurrection d'Arima, l'empire jouit de la paix la plus profonde tant à l'intérieur qu'à l'extérieur (1). Le docteur Parker nous dit, à la vérité, dans son petit journal (2), qu'on lui assura que des soulèvements éclataient souvent et de toutes parts; mais, si l'on considère que *le Morrisson* fut repoussé hostilement de tous les points où il chercha à opérer un débarquement, et que ni Parker ni aucun des siens ne purent même mettre pied à terre, on comprendra qu'on ne saurait attacher une importance sérieuse à des renseignements fondés sur de simples ouï-dire. — Trois naufragés japonais arrivés à Macao au mois de février 1841 ont d'ailleurs confirmé de tout point ce que nous assuraient les Hollandais de la tranquillité générale dont jouissait l'empire. Ils ont seulement ajouté qu'en 1837 (époque à laquelle *le Morrison* se trouvait sur les côtes du Japon) et depuis il y avait eu des temps de disette, et que la famine avait été cruelle, dans de certaines provinces, où elle avait entraîné le peuple à commettre des excès. — Des calamités de cette nature doivent être rares au Japon, où le gouvernement prend des précautions extraordinaires pour assurer le service des subsistances. — Le docteur Burgher nous disait que le gouvernement avait toujours trois années de provisions dans ses magasins, et qu'une famine, dans l'acception rigoureuse de ce mot, était une chose inconnue au Japon! Ce que nous savons sur l'abondance et la variété des produits du sol, et la perfection de l'agriculture dans ce pays, ne nous permet guère de douter de l'exactitude de cette assertion.

Tout nous porte d'ailleurs à admettre avec confiance le tableau que nous a donné Kœmpfer de l'état dans lequel il avait laissé l'empire japonais en 1692. Le passage qui termine son exposé des causes qui ont amené cet état relatif d'indépendance et de prospérité nous paraît assez remarquable pour mériter d'être reproduit ici en entier.

« Les affaires de l'empire étant réglées et mises sur un pied que l'on n'avoit à craindre du dedans ni révolte ni séditions, malgré le penchant naturel des peuples, on crut qu'il étoit à propos de couper la communication avec les causes étrangères des changements qui pourroient avec le temps nourrir les troubles et les désordres dans l'empire. L'ouvrage avoit été déjà commencé et même fort avancé; mais il manquoit le dernier coup. Le bonheur naissant du nouveau plan de cet État devoit être élevé à un plus haut point, la tranquillité publique que l'on venoit de procurer devoit être assurée pour l'avenir, et toutes choses devoient être mises sur un pied ferme et durable. Cela demandoit tout l'esprit et toute l'application des empereurs. Quelques révolutions qui pussent arriver dans les suites, la postérité n'auroit ainsi aucune raison de les accuser de négligence ou de mauvaise conduite, et les charger des changements inévitables que certaines politiques attribuent ordinairement aux influences du climat ou aux révolutions fatales des empires humains. Les mœurs et les coutumes étrangères, soit qu'elles fussent portées par les naturels du pays, soit qu'elles fussent introduites parmi eux par les étrangers, furent le premier et le principal objet de cette réformation. Les cartes, les dés, les duels, le luxe, la profusion des tables et des habits, et toutes les friandises étrangères furent regardées comme des obstacles à la pratique de la vertu et de la continence. La religion chrétienne même, et la doctrine du salut du genre humain par les mérites de J. C., ne put point échap-

---

(1) Nous renvoyons le lecteur, pour les détails qui se rapportent à la période historique comprise entre 1540 et 1640, aux ouvrages de Kœmpfer, Charlevoix, Titsingh, etc., et nous leur indiquons comme résumé deux articles du VIᵉ volume du *Chinese-Repository*, p. 460 et 553.

(2) Voyage à Lewchew (Liou-Kiou) et au Japon sur le navire *le Morrison*. — *Chinese-Repository*, vol. VI, p. 209 et 255.

per à la disgrâce de ces rigides censeurs : elle fut déclarée très-préjudiciable à la forme du gouvernement qu'on venoit d'établir, à la tranquillité de l'empire, aux religions du pays, au culte de leurs dieux, à la sainteté et à l'autorité des mikados ou empereurs ecclésiastiques héréditaires, qui sont comme les papes du Japon : les voyages et le commerce des naturels du pays aux pays étrangers, ou des étrangers au Japon, furent jugés porter du préjudice à la paix publique, parce qu'ils servent seulement à nourrir des inclinations étrangères qui ne sauroient s'accorder avec la nature du pays et le génie de la nation. En un mot, tous les maux que l'État avait soufferts, ou auxquels il étoit exposé à l'avenir furent attribués aux mœurs et aux coutumes étrangères; on crut qu'il ne seroit pas possible de rétablir le corps dans sa première santé, si les parties gangrénées n'en étoient retranchées, et que ce seroit se flatter vainement de la cessation du mal si l'on en laissoit subsister la cause.

« L'état et la disposition de l'empire étant tels qu'ils étoient alors; la forme du gouvernement qu'on venoit d'y établir, le bonheur et la prospérité du peuple, la nature du pays et la sécurité de l'empereur, concouroient à la nécessité de fermer l'empire pour toujours, *à le purger des étrangers et des coutumes étrangères* : ainsi l'empereur et son conseil d'État vinrent enfin à résoudre par une loi irrévocable à jamais, que *l'empire seroit fermé.* »

Nous ne partageons pas à tous égards l'enthousiasme de Kœmpfer et surtout sa confiance évidente dans la durée illimitée du système qu'il préconise; mais il importe de montrer que ce système a porté ses fruits jusques à nos jours, et que sous son influence la civilisation japonaise a fait de notables progrès; et pour atteindre plus sûrement ce but, nous aurons recours au plus éclairé des observateurs modernes qui ont étudié sérieusement le Japon. Siebold, en 1846, c'est-à-dire cent-cinquante-quatre ans après Kœmpfer, s'est exprimé comme il suit :

« Deux siècles de paix ont élevé la civilisation japonaise au-dessus de toutes celles de l'ancien monde extra-européen.

« La loi qui sépara les Japonais des autres nations, qui défendit à ceux-ci la sortie, à celles-là l'entrée de l'empire, et ne fit d'exception que pour un petit nombre de négociants hollandais et chinois, cette loi força les aborigènes à tirer de leur propre fonds la plupart des objets que leur avait fournis jusques-là l'industrie exotique. En s'exerçant dans les arts, en explorant le sol de sa patrie, ce peuple ingénieux sut bientôt inventer des procédés et trouver des matériaux qui lui permirent de remplacer les principales productions du dehors.

« Le commerce extérieur, autrefois si florissant, vit presque toutes ses importations dépréciées; et les progrès industriels accomplis par les habitants ne firent qu'exhausser la barrière que la raison d'État avait élevée entre eux et les trafiquants étrangers.

« Les matières premières du pays augmentaient en valeur à mesure que l'on apprenait à se passer de marchandises importées; toutefois on continua de rechercher certaines productions devenues nécessaires aux aborigènes, et que leur refusaient le climat et le sol. L'industrie agricole et manufacturière fit de sensibles progrès. Le pays lui-même produisit en quantité croissante le coton, le sucre, les couleurs et les médicaments. De toutes parts, des mains laborieuses formèrent des étoffes, des instruments, des ustensiles et des objets de luxe qui rivalisèrent avec ceux que le Japon avait auparavant reçus des contrées les plus lointaines. Cet empire, qui s'étend sous quinze degrés de latitude, comprend des climats si variés que presque toutes les provinces ont des productions différentes et d'une excellente qualité, ce qui favorise au plus haut point les échanges à l'intérieur, et leur donne une importance qu'ils n'ont dans aucun autre pays du monde.

« Le grand négoce que les Japonais commençaient à faire entre eux accéléra la circulation du numéraire, dont les particuliers remplissaient auparavant leurs coffres, ou que les marchands étrangers emportaient à leur départ. Pour conserver un signe représentatif très-utile aux transactions entre aborigènes, on défendit expressément aux Hollandais l'exportation de l'or et de l'argent. En outre, le siogoun, par esprit de prévoyance, se déclara l'unique possesseur de ces précieuses matières, laissa lui-même reposer plusieurs mines, et fit ordonner à tous les princes vassaux de cesser les exploitations dans leurs provinces.

« Tandis que le commerce du dehors déclinait, sous le coup de la loi rendue contre l'importation des métaux, la nécessité de payer les étrangers en marchandises favorisait l'industrie au dedans. Richesses, population, activité, tout augmenta dans une rapide progression, et ce mouvement général développa le goût du luxe et des arts, dont le siogoun s'efforça politiquement de concentrer les manifestations dans sa vaste capitale.

Malgré les restrictions qu'il avait subies, le commerce d'outremer ne laissa pas d'exercer à cette époque une influence marquée sur l'industrie japonaise. En passionnant les habitants pour des satisfactions dont ils n'avaient pas encore eu l'idée, la spéculation provoqua parmi eux les inventions et les découvertes. Néanmoins, les nouvelles productions ne firent pas disparate avec les anciennes, et le type national triompha des modes étrangères. Lorsqu'ils imitaient les ouvrages d'industrie et d'art des Européens, c'était toujours en essayant de les perfectionner. La façon de vivre des Japonais, leurs mœurs, leurs usages et leur religion diffèrent trop profondément des nôtres, pour que des objets appropriés à nos besoins puissent jamais par voie d'importation ou d'imitation, se répandre dans leur pays. Tant que la population du Japon ne se sera pas croisée avec d'autres races, le commerce extérieur n'aura pas, dans cet archipel, l'importance qu'il a prise dans les pays où les Européens, par de grands établissements, se fondent avec l'élément indigène, ou lui imposent, en le subjuguant, leurs besoins et leurs habitudes, afin d'amener un mouvement d'échanges lucratif entre la métropole et les provinces transmarines. Dans l'état présent des choses, il n'y a pas plus de chance pour un tel croisement, ou pour la soumission du Japon à quelque puissance européenne, qu'il n'y en a pour la fondation d'un commerce libre entre cet empire et l'occident. Il faudrait d'abord détacher le peuple de sa religion et de la constitution de l'État, que la conduite tenue par les Européens de 1543 à 1640 n'a fait que lui rendre plus chères. Depuis la triste expérience que la nation et le gouvernement ont retirée de leurs premières relations tout amicales avec l'Europe, ils ne voient plus dans le commerce européen que l'ennemi de la richesse nationale; et toute entreprise ayant pour but d'introduire un culte étranger, que ce soit ou non le christianisme, est à leurs yeux un attentat aux droits de la dynastie régnante, dont le fondateur a donné la paix à l'empire, et dont les membres l'ont maintenue, en poussant le système de l'exclusion des étrangers jusqu'à ses dernières conséquences. Telle est la foi politique des Japonais, peuple tout différent des Chinois, et qui, particulièrement sous le point de vue politique, ne peut leur être comparé.

« D'ailleurs le commerce que ces insulaires font les uns avec les autres est devenu, par son extension nouvelle, un assez ferme soutien de la constitution, pour que le gouvernement pût, sans inconvénient, renoncer à celui des étrangers, et surtout à celui des Européens, si sa diplomatie et son respect pour d'anciennes coutumes ne lui défendaient pas de briser les liens qui l'attachent à la nation hollandaise. Nous le répétons, l'empire Japonais est presque indépendant des autres pays, même sous le rapport commercial. Avec son territoire actuel, il est un monde en lui-même, et peut abandonner les Européens sans compromettre sa prospérité. Le peu de relations qu'il a conservées avec la Chine suffisent pour le tenir au courant des affaires de l'ancien univers et pour donner satisfaction au besoin de productions étrangères que le peuple a contracté. Du reste, les marchés du Japon ne sont jamais dégarnis des provenances de la Corée, des îles Lioukiou, de Jézo et des autres Kouriles, pays dépendants et tributaires de l'empire, auquel ils tiennent lieu de colonies (1). »

(1) *Moniteur des Indes orientales et occidentales*, etc., 1er vol., 1846.

Que conclure, à notre tour, de l'ensemble de ces témoignages, et que devons-nous penser de l'avenir du Japon?

Il nous semble hors de doute, il faut bien l'avouer, que les trente et quelques millions d'hommes qui peuplent l'empire japonais sont plus heureux (d'après leurs idées d'indépendance et de bonheur) dans l'isolement où les placent leur mer orageuse et semée d'écueils, leurs institutions immuables et la volonté *héréditaire* de leur gouvernement, qu'ils ne le seraient sous l'influence rapide de nos idées européennes et de notre commerce éhonté! Mais tout est changeant ici-bas! Des changements intérieurs peuvent survenir et surviendront sans doute au Japon. Le premier ministre *héréditaire* (1) gouverne par le fait, car au Japon au moins *le roi règne et ne gouverne pas!* Ce gouverneur de fait aspirera peut-être à devenir souverain de droit, ou peut-être encore, abandonnant *Yédo* au *siogoun*, comme *Miyako* est abandonné au fils du ciel, il ira établir ailleurs une troisième cour, où il trônera comme représentant du lieutenant du *mikado!* Mais le système radical du gouvernement n'aura pas changé. Le Japon, toujours placé sous la protection des esprits célestes et le patronage de la déesse Soleil, sera pour les Japonais, comme par le passé, le premier pays de l'univers! Les institutions fondamentales de la monarchie et les coutumes séculaires, l'éducation à la fois héroïque, disciplinaire et religieuse des générations naissantes, maintiendront les rapports qui constituent l'enchaînement des pouvoirs et l'unité nationale; l'espionnage le plus fortement organisé qui soit sous le ciel continuera à envelopper dans son réseau fatal le souverain de droit, le souverain de fait, les ministres, les princes, les gouverneurs, les magistrats, les chefs de famille, et cette grande machine du gouvernement japonais fonctionnera dans les mêmes conditions que par le passé! Ce n'est donc point au dedans qu'il faut chercher des causes de changement, de révolution. La révolution qui changera les relations et les destinées du Japon viendra du dehors. Le monde européen, soit à tort, soit à raison, refusera quelque jour au Japon, comme il l'a déjà fait à la Chine, le droit de s'isoler et de se suffire à lui-même. Emploiera-t-il la violence pour entraîner dans son orbite ce satellite rebelle? Se bornera-t-il à exercer cette attraction puissante, et à la longue irrésistible, de ses sciences, de ses arts, de son industrie, sur un peuple avide d'instruction et de jouissances intellectuelles et sensuelles à la fois? C'est ce qu'aucun homme ne saurait prévoir à l'avance. Nous appelons de tous nos vœux la solution pacifique de ce grand problème; mais qui peut répondre que le génie du mal ne prévaudra pas au nouveau contact, inévitable sans doute, de l'Europe et de l'extrême Orient? Cette production incessante et démesurée qui caractérise particulièrement l'Angleterre ne réclame-t-elle pas à grands cris de nouveaux débouchés? N'a-t-elle pas pour l'appuyer dans ses audacieuses tentatives la marine la plus puissante de l'Europe et du monde entier? La voix désintéressée de l'humanité intelligente pourra-t-elle dominer ces clameurs avides? La France oserait-elle alors, noble et prévoyante médiatrice, se poser entre la soif des conquêtes, l'amour intempestif du gain, l'abus de la force d'un côté, et de l'autre la résistance meurtrière d'une nationalité héroïque autant qu'égoïste dans le rêve d'exclusion perpétuelle que caresse son ignorance et son orgueil? La France n'aurait-elle pas droit de compter, en acceptant le rôle que la Providence lui indique, sur les sympathies de tous les cœurs nobles, de tous les esprits justes, de toutes les âmes libres? La Hollande, l'Espagne, la Russie, l'Amérique refuseraient-elles leur concours à cette intervention calme mais énergique, entreprise dans l'intérêt de l'humanité? Ce sont là de graves questions sans doute et dont l'examen nous entraînerait bien au delà des bornes qui nous sont prescrites. Contentons-nous de les avoir posées dans cet écrit; mais, pour nous justifier de les avoir soulevées, qu'il nous soit permis, en terminant, de déclarer que ce n'est pas la première fois que les considérations que nous venons d'indiquer se sont présentées à notre esprit. Déjà, humble représentant des intérêts fran-

---

(1) Voir plus loin, le chapitre intitulé : *État politique du Japon.*

cais dans l'extrême Orient, nous avons pu nous convaincre que la voix de la France y serait écoutée quand elle s'élèverait pour défendre l'indépendance relative des peuples asiatiques, et nous avons prouvé pour la Chine ce que nous n'hésitons pas à prédire pour le Japon, savoir, que notre intervention, dans le cas où les événements viendraient proclamer son opportunité aux yeux de l'Europe libérale, serait accueillie aux confins de l'Orient par la confiance de ces populations, menacées de subir le joug de la spéculation britannique!

ÉTAT POLITIQUE DU JAPON.

On regarde en général le gouvernement du Japon comme purement despotique, et semblable en tout à celui de la plupart des États orientaux; mais cette définition a besoin d'être modifiée pour s'appliquer à la forme de gouvernement qui a prévalu dans ce pays; il faut surtout ôter à cette idée de despotisme un des attributs qui nous en semblent ordinairement inséparables, l'arbitraire. La liberté, il est vrai, n'existe pas au Japon comme nous la comprenons en Europe; elle n'existe pas même dans les relations privées et individuelles, et il serait bien difficile, pour ne pas dire impossible, de faire sentir à un Japonais qu'il y a une différence sensible entre la liberté véritable et la licence la plus effrénée. Mais, en revanche, il n'est pas dans la nation entière un seul personnage placé au-dessus de la loi. Le *mikado*, son lieutenant le *siogoun*, semblent aussi rigoureusement soumis au despotisme japonais que le dernier de leurs sujets. Le despotisme existe sans despote, ou plutôt le despote absolu sous lequel se courbent également tous les Japonais, c'est la loi, la tradition une, invariable, connue de tous. Peu d'actions dans la vie échappent au contrôle de ce tyran inflexible, dont le joug serait pour nous si plein d'ennuis; mais aussi le Japonais qui se soumet à ses prescriptions n'a à craindre ni arbitraire ni caprices de la part d'aucun de ses semblables.

Le Japon est un *empire féodal*, dans la plus rigoureuse acception de ce mot; le *mikado*, en sa qualité de successeur et de représentant des dieux, est à la fois le propriétaire et le souverain de l'empire; le *siogoun* est son lieutenant et son délégué. A l'exception du domaine particulier de la couronne, l'empire est partagé en principautés possédées à titre de fiefs par des chefs héréditaires; au-dessous de ces grands feudataires, la terre se subdivise en arrière-fiefs, également héréditaires, mais à la condition de fournir à l'armée impériale un contingent déterminé qui doit être entretenu à leurs propres frais.

Nous croyons avoir suffisamment montré [1] l'impuissance presque absolue de ces *mikados*, souverains de nom, esclaves de fait, écrasés en quelque sorte sous le poids des honneurs qui leur sont rendus. Aussi cherchent-ils bien souvent, ainsi que nous l'avons déjà fait observer, à se débarrasser de cet ennuyeux fardeau, en abdiquant leur dignité, qui passe sur la tête d'un de leurs enfants. En renonçant ainsi à leur rang suprême, ils n'acquièrent que bien peu de liberté; mais ils parviennent au moins à se soustraire à l'obligation de passer dans l'immobilité la plus complète leurs journées entières; le mouvement, selon toute probabilité, cesse de leur être interdit [2].

Le second personnage politique du Japon (quoiqu'il ne soit que le troisième ou le quatrième dans la hiérarchie mobiliaire) est le lieutenant du *mikado*, le *siogoun* ou *koubo* [3], car on lui donne

---

[1] Voyez page 87 et suiv.

[2] Certains cas de *force majeure* que mentionnent les annales japonaises ont singulièrement compromis la dignité du *mikado*, et l'ont rendu violemment à l'exercice de ses facultés de locomotion. Ainsi, en 1788, pendant un incendie qui ruina de fond en comble la grande ville de *Miyako*, le *mikado*, obligé de fuir d'abord dans sa voiture ordinaire, traînée par des bœufs, fut bientôt contraint, non seulement de marcher, mais de *courir* pour se soustraire à la rapidité des flammes! — Le fils du ciel, dans cette occasion, fut réduit à se nourrir, *pendant deux jours*, de riz commun (on choisit grain à grain le riz de première qualité qu'on sert au *mikado*) et d'employer pendant tout ce temps les mêmes ustensiles!

[3] *Siogoun*, qu'on prononce ordinairement (dit Klaproth) *seogoun*, s'écrit en japonais *sió goun*: c'est le terme chinois *tsiang-kioun* qui signifie *général en chef*.

indifféremment ces deux noms sans dire s'ils sont tout à fait synonymes. Klaproth, cependant, pense que le titre de *siogoun* est celui qui répond le mieux à la nature de ses fonctions, et Siebold montre clairement que telle est sa propre conviction, puisqu'il emploie constamment cette désignation. Bien des écrivains le représentent comme le souverain absolu *de fait*; mais il est facile de reconnaître, pour peu que l'on réfléchisse aux explications que nous donnent ces mêmes écrivains, que son pouvoir est à peu près aussi imaginaire que celui de son maître honoraire; il vit, comme lui, caché aux regards de la multitude, comme lui retenu dans les filets inextricables de la loi, de la coutume et de l'espionnage.

Il y a bien peu d'occasions dans lesquelles le *siogoun* puisse franchir les limites de son vaste palais, surtout depuis que ce n'est plus en personne, mais par délégués seulement, qu'il fait ses pèlerinages et ses voyages à *Miyako* pour y rendre hommage ou, comme disent les Japonais, faire son *compliment* au *mikado*. Les affaires d'État sont à peine dignes d'occuper ses pensées; et son temps est si habilement distribué par les exigences de l'étiquette qu'il lui serait impossible de donner une heure par jour aux soins de son empire, quand même il en aurait le désir.

Les cérémonies officielles imposées au *siogoun*, les audiences, les hommages ou *compliments* à recevoir, ainsi que les cadeaux, de tous les personnages autorisés à les présenter, et forcés de le faire aux nombreux jours de fête désignés pour les réceptions, suffiraient,

dit-on, pour remplir la vie de trois hommes. Ces importantes cérémonies sont dirigées par une armée de courtisans, qui occupent des fonctions domestiques, et qui entourent constamment le *siogoun*. Et comme l'on craint que cette honorable nullité ne réveille dans l'esprit du *siogoun* le sentiment de son impuissance; comme un favori ambitieux pourrait lui inspirer quelque velléité de sortir de l'état d'abaissement dans lequel il doit rester (de même que le *mikado*), ce personnage et toute sa cour sont surveillés sans cesse par une multitude d'espions entretenus par le conseil d'État, qui forme actuellement le pouvoir exécutif réel.

Les auteurs qui parlent du Japon ne sont pas d'accord sur le nombre des membres de ce conseil; mais d'après l'autorité la plus respectable (Siebold) nous le fixerons à treize, dont cinq conseillers de première classe choisis parmi les princes, et huit de seconde classe tirés de la noblesse. Il paraît qu'il y a des ministres qui ne font pas partie de ce conseil; ce sont les *seigneurs du temple*, qui, quoique laïques, sont chargés de l'administration des affaires religieuses, et les deux ministres que quelques écrivains nomment commissaires des affaires étrangères, d'autres lieutenants de police, ou chefs des espions; cette confusion se comprend en parlant du Japon, dont les relations avec les étrangers sont plutôt du ressort de la police que de toute autre administration. On choisit les conseillers des deux classes à peu près exclusivement parmi les descendants des princes et des nobles qui se sont distingués dans la cause du fondateur de la dynastie actuelle des *siogouns* (*Yé-yas* ou *Yé yasou*, appelé après sa mort *Gon-Ghin-Sama*), pendant la guerre civile qui a précédé l'usurpation de ces hautes fonctions par la famille qui en est investie aujourd'hui. Un conseiller de première classe préside le conseil d'État. Le président, qui porte le titre de *gouverneur de l'empire*, doit être un des descendants de Ino-Kamo-no-Kami, ministre célèbre, auquel la postérité de l'usurpateur doit d'avoir pu se maintenir sur le trône. Ses fonctions sont analogues à celles d'un premier ministre

---

C'est une faute d'écrire *djogoun* comme l'ont fait plusieurs auteurs : la consonne *dj* n'existe pas en japonais.

Le titre de *koubo* (littéralement, *palais*) est quelquefois appliqué au *mikado*, par métonymie, mais plus correctement au *siogoun*, avec l'addition de *sama* : — *koubo-sama* : seigneur du palais. — *Woü* est l'un des titres du *mikado*, et ne peut s'appliquer qu'au souverain légitime ou empereur. — On désigne parfois le *siogoun* par le titre de *tenka* ou *tenka-sama*. Selon Titsingh, on lui donne aussi communément le titre de *kió*. Ainsi l'on dit : *Yosi-moune-kió*, *Yeye-farou-kió*. — *Mikado* signifie littéralement : Fils du ciel, etc.

européen, ou plus exactement peut-être à celles d'un grand vizir, mais son autorité est plus étendue encore, et l'assimile probablement bien davantage aux *maires du palais* sous nos *rois fainéants!* Tous les autres conseillers, les chefs de toutes les administrations lui sont soumis; rien d'important ne peut s'entreprendre sans son concours, et l'on croit assez généralement au Japon que son autorité personnelle va jusqu'à déposer un *siogoun* qui gouvernerait mal, pour le remplacer par son héritier naturel; mais ce doit être là une méprise, et l'on aura confondu avec le pouvoir du président le pouvoir dont est revêtu le conseil entier, et qui s'exerce sans doute par l'intermédiaire du président, mais, comme nous le verrons bientôt, à ses risques et périls!

Toutes les affaires passent sous les yeux du conseil, qui décide toutes les questions; il confirme ou commue les sentences capitales prononcées par les gouverneurs impériaux; il nomme aux emplois élevés; il correspond avec les autorités locales. Chaque fois qu'il survient une difficulté, ou que dans une affaire quelconque la marche à suivre n'est pas nettement tracée, soit par une loi positive, soit par les précédents, le conseil doit être consulté, et en pareille circonstance les fonctionnaires les plus élevés ne peuvent faire un pas avant que sa décision ne soit connue. Chaque conseiller a son département particulier, dont il est seul responsable pour toutes les affaires courantes; mais dès qu'il s'agit d'un point important ses décisions doivent être discutées, adoptées ou rejetées par le conseil entier, présidé par le gouverneur de l'empire.

Après qu'une question a été mûrement étudiée la décision du conseil doit être soumise au *siogoun*. Le plus souvent il l'approuve, sans s'informer seulement du sujet dont il s'agit; mais il peut arriver, bien rarement il est vrai, qu'il lui prenne la fantaisie de se mêler de ce qui concerne son empire, et qu'il refuse sa sanction, soit par caprice, soit par conviction et pour des motifs sérieux. La marche à suivre en pareil cas est déterminée *par une loi*. Le projet n'est pas abandonné, comme pourraient le croire les personnes qui attribuent au *siogoun* un pouvoir despotique; on le soumet à l'arbitrage de trois princes du sang, les plus proches parents du *siogoun*, parmi lesquels se trouve son héritier présomptif, s'il a l'âge requis. Le jugement de ces arbitres est irrévocable; bien plus, il entraîne des conséquences importantes et qui paraissent même terribles à des Européens.

Si la sentence est favorable au conseil, le *siogoun* n'a qu'un parti à prendre; il ne peut plus révoquer son *veto*, pour se soumettre à l'opinion unanime des ministres et des arbitres, il doit abdiquer immédiatement en faveur de son fils ou de son héritier légal. Ces abdications sont si fréquentes, pour différents motifs, qu'elles portent le nom particulier d'*inkiou;* et il y a au Japon des résidences destinées aux *siogouns* après leur abdication, comme il y en aurait en Europe pour une reine douairière. Dès que les arbitres se sont prononcés contre lui, le *siogoun* se retire dans la nouvelle résidence qui l'attend, et laisse à son successeur la jouissance du palais impérial.

Dans le cas contraire, les conséquences sont beaucoup plus graves encore: le ministre qui a proposé et défendu le plus vivement l'acte non sanctionné, quelquefois le conseil tout entier (y compris le président dont l'autorité suprême devrait cependant attirer sur lui seul toute la responsabilité) doit se suicider en s'ouvrant le ventre, suivant la coutume des Japonais! Cet affreux dénoûment est rare, il est vrai; mais enfin il n'est pas sans exemple. Si l'on ajoute à cela que le conseil entier, soit individuellement, soit collectivement, est sans cesse entouré d'espions connus et inconnus, soldés par des supérieurs, par des inférieurs, par des rivaux, par ses propres membres; on sera forcé de reconnaître que ces ministres si puissants en apparence ne peuvent enfreindre la loi, se livrer à des actes de violence, à la confusion, à l'arbitraire, sans s'exposer littéralement à voir tomber sur eux l'épée toujours suspendue sur leur tête.

La puissance des princes vassaux de l'empire paraît être le sujet principal des appréhensions du *siogoun* et de son conseil. Ces principautés héréditaires, et sujettes à la confiscation dans le seul cas de trahison, étaient autrefois au nombre de soixante-huit. Mais les usurpateurs successifs, profitant des guerres civiles, eurent recours à la confiscation pour affaiblir leurs rivaux les plus redoutés, en morcelant leurs fiefs. Il en est résulté qu'il y a maintenant six cent quatre fiefs distincts, comprenant les principautés grandes et petites, les seigneuries, les provinces et les villes impériales.

Les princes, en japonais *kok'-siou* ou *seigneurs de la terre*, se divisent en deux classes : *daïmiou* ou *daïmió* (*très-fort honorés*), qui relèvent directement du *mikado*, et les *saïmiou* (*très-honorés*), qui relèvent du *siogoun* (1). Les uns et les autres sont souverains absolus, de nom, de leurs fiefs respectifs; ils sont entourés au moins de tout l'appareil de la souveraineté, et chacun d'eux, avec le concours des nobles ses vassaux, entretient sa propre armée. Mais ils sont si bien serrés dans les filets de la police centrale, qu'il est tout à fait impossible au plus puissant d'entre eux de rien entreprendre contre le *siogoun* ou son conseil. Il s'exerce sur eux une surveillance rigoureuse, à laquelle n'échappe aucun détail de leur vie privée; cette gêne est telle, que l'*inkiou* ou abdication en faveur d'un fils, est très-commune parmi tous ces personnages, et que l'on ne rencontre jamais au Japon un prince régnant d'un âge avancé (2).

Chacune de ces principautés, au lieu d'être administrée par le prince lui-même ou par des ministres de son choix, l'est par deux *gokaros*, ou secrétaires du conseil, dont l'un réside dans la principauté même, l'autre à Yédo, où l'on retient également en otage la famille du secrétaire absent. Il y a ainsi deux titulaires pour toutes les fonctions provinciales importantes; ils alternent ensemble, et c'est tour à tour que chacun peut venir passer une année dans sa famille. Ces secrétaires ainsi imposés aux princes n'administrent ni en leur nom propre, ni au nom de leur souverain honoraire; ils ne sont autre chose que les délégués du conseil, dont les ordres sont transmis par le secrétaire de Yédo à celui qui réside dans la province.

Les princes doivent passer à Yédo une année sur deux, ou six mois de chaque année; ils n'ont que ce temps pour jouir de la société de leurs familles, qui y sont retenues en ôtage. Pendant qu'ils résident dans leur domaine, éloignés de leurs familles légitimes ou illégitimes, il leur est expressément défendu d'avoir aucune espèce de relations, quelque innocentes qu'elles soient, avec des personnes d'un autre sexe. Les pratiques et cérémonies qui doivent remplir leur temps comme celui du *siogoun* sont réglées à Yédo. Ils ne peuvent sortir de l'enceinte de leurs palais que dans certains cas déterminés, et dans un appareil prescrit. Il n'y a pas jusqu'aux heures de leur lever et de leur coucher qui ne soient rigoureusement fixées par le conseil. Ces princes et ceux qui les entourent savent parfaitement que la moindre infraction à ces ordres si minutieux ne saurait échapper à la connaissance du conseil, servi par des espions sans nombre. L'on assure cependant que ces malheureux espions n'exercent qu'au risque de leur vie leurs tristes fonctions; il paraît qu'il en est revenu bien peu de *Satzouma* particulièrement. Le gouvernement central, qui ne les avoue pas, ne s'informe jamais de leur sort, et ne cherche pas à les venger.

Encore toutes ces précautions ne suffisent-elles pas pour rassurer pleinement le gouvernement. De peur que quelques-uns des princes, au prix de tout ce qui leur est cher, ne se liguent pour renverser le *siogoun*, on ne permet pas à des princes dont les fiefs se touchent de résider ensemble dans leurs domaines; on ne se départ de cette mesure générale que quand il existe entre eux quelque mésintelligence ouverte, et dans ce cas-là on a soin de leur ménager sans cesse

---

(1) Cela répond admirablement aux *most noble* et *right honorable* des Anglais! N'est-il pas surprenant qu'aux extrémités opposées de la terre on trouve deux peuples insulaires, également remarquables par leur esprit d'indépendance, leur orgueil national, leur respect superstitieux pour les vieilles institutions du pays, et en même temps passionnés pour les distinctions de toute espèce, serviles adorateurs de l'étiquette et des formes aristocratiques?

(2) Fisscher représente cependant le prince de *Satsouma* comme un vieillard vénérable; mais c'est peut-être la seule exception.

des causes nouvelles de discorde et de jalousie. Mais c'est surtout en les appauvrissant que l'on cherche à s'assurer leur obéissance. Les moyens ne manquent pas pour atteindre ce but.

Le service militaire pèse à peu près tout entier sur les princes. Ils doivent entretenir sur pied des troupes dont le nombre est proportionné à l'étendue de leurs domaines; ils doivent même fournir aux provinces impériales des garnisons qui sont placées sous la dépendance directe du conseil. Ainsi à Nagasaki, qui depuis deux cents ans est l'unique entrepôt du commerce étranger, tous les bénéfices passent entre les mains du *siogoun*, des conseillers, des gouverneurs et de leurs suppôts; c'est uniquement dans ce but que la ville a été détachée du fief dont elle faisait partie pour être convertie en ville impériale; mais la garde de la baie n'en est pas moins confiée aux princes de Fizen et de Tsikousen, dont elle baigne les possessions. L'effectif de l'armée a dû être réduit pendant les deux siècles de paix profonde dont le Japon a joui depuis l'adoption du système d'isolement. Il en est résulté une réduction considérable dans les dépenses, sans que les princes ni leurs sujets se soient ressentis en rien de cette économie. Le nombre des troupes que doit entretenir chacun des princes a été réduit, il est vrai, dans la proportion voulue; mais on les a forcés de verser au trésor de Yédo la somme à laquelle est évaluée l'entretien des troupes supprimées.

Un autre moyen de les appauvrir, c'est de les obliger, pendant le temps de leur séjour à Yédo, à une grande pompe, à une représentation folle, et de les entraîner à des dépenses, à des prodigalités sans fin. Quand tous les expédients ont échoué devant la fortune immense ou l'adresse extraordinaire d'un prince, on a recours aux deux grands moyens que nous allons mentionner, et dont l'efficacité ne s'est jamais démentie dans ce pays où Louis XIV eût trouvé des courtisans selon son cœur. Le *siogoun* s'invite à dîner chez son trop opulent vassal, dans le palais que celui-ci occupe à Yédo, ou obtient pour lui du *mikado* quelque haut emploi dans le *daïri*; or, la dépense qu'il faut faire pour traiter convenablement le *siogoun* ou pour recevoir l'investiture de l'une des fonctions élevées dans le *daïri* est telle, que jusqu'à présent nulle fortune au Japon n'a pu y suffire (1).

L'état des nobles est semblable à celui des princes; leurs fiefs sont de petites principautés gouvernées et administrées d'une manière tout à fait analogue à celle qui vient d'être décrite. Aussi nous dispenserons-nous d'en rien dire.

Les provinces et les villes qui forment le domaine impérial sont administrées par des gouverneurs que nomme le conseil d'État. On a recours aux mêmes moyens pour s'assurer de leur fidélité. Il y a par gouvernement deux gouverneurs (2), dont l'un réside à Yédo, où l'on retient également en otage la famille de son collègue; les deux titulaires passent alternativement une année à Yédo, une année dans leur gouvernement. Ils sont assujettis à une surveillance tout aussi minutieuse que les princes; leur autorité est à peu près la même, quoique leurs fonctions aient plus d'analogie avec celles des secrétaires chargés de l'administration des principautés. Il y a cependant cette différence, que les princes peuvent faire exécuter une sentence capitale de leur propre autorité,

(1) Quand les princes du premier ordre se comportent mal le *siogoun* n'a pas le droit de les priver de la vie; tout ce qu'il peut faire est de les forcer, avec l'assistance du *daïri* (l'autorisation du *mikado*), à remettre leur pouvoir à leur fils. — Ainsi, vers 1772, le prince de *Kiy* ayant encouru le déplaisir du *siogoun*, celui-ci s'adressa au *mikado*, qui priva aussitôt le coupable du titre de *tsiounagoun* (conseiller d'État de la 2ᵉ classe du *daïri*); lorsqu'il fut devenu ainsi un *prince ordinaire*, le *siogoun* le destitua, et lui fit défense de quitter Yédo. Son oncle fut chargé de gouverner jusqu'à la majorité de son fils. — A cette époque le prince eut ordre de se couper le ventre! (Titsingh). On trouve sur les subdivisions des premières classes (princes et nobles) des détails assez étendus dans l'ouvrage de Titsingh (*Cérémonies du Japon*, etc.; Paris, 1822). — Ces détails sont intéressants, mais nous devons nous contenter d'y renvoyer nos lecteurs.

(2) Il paraît même qu'il y en a eu quelquefois *trois*.

8.

tandis que les gouverneurs doivent surseoir à l'exécution jusqu'à ce que le jugement ait été ratifié à Yédo. Mais les uns et les autres évitent d'infliger la peine de mort; une condamnation de ce genre a toujours de graves conséquences pour eux, et l'on ne manquerait pas d'accuser de connivence, de négligence, ou au moins de mauvaise administration un fonctionnaire dans le département duquel se commettrait un crime assez grave pour entraîner une peine de ce genre (1).

Le gouverneur se décharge d'une partie de ses fonctions sur des bureaux, dont les employés, nommés par le conseil d'État, sont soumis aux mêmes règles que lui; le nombre en paraîtrait fabuleux si l'on ne savait que le gouvernement japonais a pour principe d'employer le plus de monde possible (2). Nous citerons pour exemple l'établissement de Nagasaki, le seul sur lequel les Hollandais aient pu recueillir des renseignements certains.

Le gouverneur a sous ses ordres deux secrétaires et plusieurs *gobanyosis* (3) ou employés supérieurs de la police; chacun d'eux est chargé d'un détail de service dont la responsabilité pèse sur lui; au-dessous d'eux sont placés les *banyosis* ou simples officiers de police; tous ces employés sont directement soumis au gouverneur. Il en est d'autres tout à fait indépendants de lui : tels que le trésorier, espèce de ministre des finances au petit pied, qui prend rang après le gouverneur; il a pour l'aider dans son travail un agent comptable. Après le trésorier marche le commandant militaire de la ville et du district. De tous ces employés (à l'exception des *banyosis*, dont la position est tout à fait subalterne), le trésorier et le commandant militaire peuvent seuls avoir leurs familles à Nagasaki. Tous sont environnés d'espions.

Mais il est temps de nous arrêter quelques instants sur cet espionnage qui reparaît à tout propos, et de dire quelques mots de ce grand ressort du gouvernement japonais. Le mot *metsiouke*, par lequel on désigne les espions, signifie, selon le docteur Siebold, « observateur inébranlable; » selon les interprètes hollandais, « homme qui regarde de côté. » Si l'on en excepte les princes, on trouve des espions de tout rang. Les nobles les plus fiers acceptent ces viles fonctions, tantôt pour obéir à un ordre qu'ils ne pourraient éluder qu'en se donnant la mort, tantôt par ambition, avec l'espérance de succéder aux fonctions lucratives du coupable qu'ils auront dénoncé. A Nagasaki les espions soumis au gouverneur peuvent lui demander audience à quelque heure que ce soit du jour ou de la nuit, et malheur à lui s'il s'exposait, en la refusant pour un motif quelconque, à ce que leur rapport parvînt à Yédo par un intermédiaire autre que lui. D'ailleurs il est lui-même surveillé par des espions inconnus. Le fait suivant s'est passé dans la province de Matsmaï, loin par conséquent de la factorerie hollandaise, dont les membres n'ont pu en être témoins; on peut, malgré cela, le regarder comme certain, et se faire, d'après cet exemple choisi entre mille autres, une idée du rôle que les espions jouent dans le gouvernement japonais.

On avait porté plainte contre le gouverneur de la province de Matsmaï. Le conseil prit des informations, et sut que les plaintes étaient fondées; le gouver-

---

(1) La responsabilité des magistrats, la solidarité des familles sont admises par les théories gouvernementales de la Chine et du Japon, et souvent pratiquées de la manière la plus impitoyable, en Chine surtout, où la magistrature nous paraît être moins humaine en réalité qu'au Japon.

(2) Il y a entre ce principe et celui qui semblait naguère guider la marche de notre gouvernement une analogie qui n'échappera pas à la majorité de nos lecteurs. Cependant nos fonctionnaires sont plus indépendants, Dieu merci ! La *police* et l'*espionnage* n'ont jamais atteint en France le degré de perfection qu'on a su leur donner au Japon ! C'est ce que prouvent les détails qu'on trouvera plus loin.

(3) *Gobanyosi* est un terme par lequel on désigne en général certains officiers du gouvernement ; peut-être à *Nagasaki* seulement, car les Japonais naufragés interrogés à Macao n'avaient jamais entendu parler de ces officiers. — *Go* signifie *impérial* ou *gouvernemental*; *ban* signifie *veiller, garder, juger* (*ban no iye* ou *ban-ya* est un corps de garde) ; *si* se traduit par *officier*. — Ainsi donc *Go-ban-yo-si* est un *officier surveillant du gouvernement*.

neur fut aussitôt destitué. Mais l'étonnement fut grand à Matsmaï quand on reconnut dans son successeur un journalier, hacheur de tabac, qui, peu de mois auparavant, avait déserté la boutique de son maître. Le journalier était un noble de la province, qui avait pris ce déguisement pour exercer plus sûrement le rôle d'espion pour lequel le gouvernement l'avait envoyé à Matsmaï.

Pour en revenir à Nagasaki, tous les fonctionnaires dont nous avons parlé sont employés du gouvernement. Il y a, en outre des autorités municipales, un conseil *des neuf*, chargé des affaires de la ville, de l'administration et de la police locales. Ces fonctions municipales sont héréditaires; les résolutions du conseil doivent être prises à l'unanimité; en cas de partage, les opinions sont soumises au gouverneur. Ce conseil a sous ses ordres un régiment d'*ottonas* et de *kashiras*, chargés de la tranquillité et de la propreté des rues, dont on ferme les portes à une certaine heure de la soirée, passé laquelle personne ne peut plus circuler sans la permission d'un *kashira* ou d'un *ottona*.

Mais cette organisation sévère ne suffit pas à la sollicitude, soit paternelle, soit despotique, de ce gouvernement ou plutôt de ces institutions, jalouses de maintenir la tranquillité parmi le peuple. Toute agglomération de maisons est partagée en groupes de cinq maisons, dont les chefs répondent les uns pour les autres; chacun d'eux est obligé de rendre compte à son *kashira* de tout délit, de tout fait irrégulier ou seulement peu ordinaire commis ou survenu dans la maison de l'un de ses quatre voisins; du *kashira* le rapport passe à l'*ottona*, et de celui-ci au conseil municipal; de sorte que ce ne serait pas assez de dire qu'une moitié de la nation espionne l'autre; la nation tout entière est un espion multiple occupé à s'espionner lui-même. Les chefs de famille doivent exercer sur la portion de rue contiguë à leur maison une surveillance continuelle; tout accident, une blessure, une querelle entre des étrangers, est imputé à leur négligence. Pour avoir oublié de faire un rapport plus ou moins insignifiant, on est condamné à l'amende, au fouet, à l'emprisonnement, ou aux arrêts. Cette dernière peine est beaucoup plus sévère au Japon que partout ailleurs : la famille entière du délinquant est privée de toute communication avec le dehors; les portes et les fenêtres de la maison sont fermées, pour prévenir toute évasion. Si le coupable est fonctionnaire, il est suspendu de ses fonctions et privé de ses appointements pendant tout le temps de son séquestre; s'il est marchand ou artisan, ses affaires restent en suspens; de plus il est interdit à tous les hommes qui habitent la maison de se raser, ce qui n'est pas moins déshonorant qu'incommode. On ne nous dit pas comment la famille du coupable pourvoit à sa subsistance pendant la durée de cette longue réclusion.

Avec ce système de mutuel espionnage il faut nécessairement que chacun puisse choisir les voisins dont on le rend solidaire. Aussi, nul ne peut changer de résidence sans avoir préalablement obtenu un certificat de bonne conduite des voisins qu'il veut quitter, et un consentement en bonne forme des habitants de la rue dans laquelle il désire fixer son domicile. L'on assure qu'un criminel ne peut trouver de refuge dans l'empire entier, et qu'il n'y a pas de pays au monde où les attentats à la propriété soient aussi rares; on peut y dormir les portes ouvertes sans avoir à redouter les voleurs. Mais il faut convenir que cette sécurité est bien chèrement achetée.

On ne connaît pas d'une manière précise la population du Japon : les auteurs qui ont essayé de la fixer ne sont pas d'accord; leurs estimations varient entre des limites fort éloignées : les uns n'accordent à tout l'empire que quinze millions d'habitants, tandis que d'autres en ont porté le nombre jusqu'à quarante millions. M. Burgher, qui a voyagé et résidé longtemps au Japon, et qui l'a exploré scientifiquement de concert avec Siebold, nous a paru convaincu que la population de toutes les îles japonaises n'excédait pas trente-trois à trente-quatre millions : ce serait, à peu près, la population de la France.

Les Japonais se partagent en huit classes, à peu près héréditaires. C'est un devoir de rester toute sa vie dans la classe où l'on est né ; on ne s'élève que par des circonstances tout à fait particulières, si ce n'est même extraordinaires ; toute tentative faite pour sortir de sa condition est vue de mauvais œil ; le mépris public poursuit ceux qui dérogent.

La première classe est celle des *kok'-siou*, ou princes, qui comprend à la fois les *daïmió* et les *saïmió*, dont le lecteur connaît déjà la condition.

La deuxième classe renferme les *ki-nin*, ou hommes nobles. Ces nobles, comme on l'a vu, sont les possesseurs des fiefs ; ils doivent le service militaire aux princes dont ils sont vassaux, ou au *siogoun*, quand leurs domaines se trouvent dans une province impériale. Le nombre de soldats qu'ils doivent entretenir est proportionné à l'étendue et à la richesse de leurs propriétés. C'est par des concessions de terre qu'ils s'acquittent envers ceux de leurs vassaux auxquels ils font prendre les armes. Parmi les *ki-nin* on choisit les ministres qui ne sont pas princes, les grands officiers, les gouverneurs, les généraux, etc. L'ardeur avec laquelle tous les nobles convoitent ces emplois les met dans la dépendance du gouvernement. Cela ne suffit pas néanmoins pour apaiser ses alarmes, et l'on emploie pour eux la plupart des précautions dont on fait usage pour les princes. Il est vrai qu'on ne les sépare de leurs familles que quand ils occupent quelque emploi élevé ; mais on les force à passer une partie considérable de chaque année à Yédo, et d'y déployer un luxe qui, bien qu'inférieur à la magnificence exigée des princes, est tout à fait hors de proportion avec leurs moyens. On y trouve le double avantage de les appauvrir, et de les forcer à diminuer le nombre de leurs vassaux militaires, afin de retirer de leurs domaines un revenu plus considérable. Comme depuis deux siècles le Japon jouit d'une paix profonde, il est probable que l'on y regarde ces mesures comme très-sages.

La troisième classe se compose des prêtres sinntou's et bouddhistes. Nous parlerons d'eux avec détail en traitant de la religion.

La quatrième classe comprend tous les *samoraï* ou militaires ; ce sont les vassaux des nobles. Le service que l'on exige d'eux n'est plus depuis longtemps que l'ombre du service militaire, et l'armée japonaise ne sert plus qu'à fournir des gardes au *mikado*, au *siogoun* et aux princes, à maintenir la tranquillité intérieure et à garder les côtes. — Mais autrefois, quand le Japon n'avait pas rompu toute relation avec les étrangers, et que les voyages à l'étranger n'étaient pas interdits à ses habitants, ils avaient dans toute l'Asie la réputation de soldats braves et expérimentés, et ils s'engageaient volontiers au service du premier prince qui avait besoin d'eux. Ces émigrations sont défendues maintenant ; il est donc impossible de savoir à quoi s'en tenir sur la valeur de l'armée japonaise, qui depuis deux cents ans n'a pas eu l'occasion de se signaler. Quoi qu'il en soit de son peu d'utilité, l'armée, dans l'opinion publique, passe immédiatement après ses chefs féodaux. On assure qu'outre les *samoraï* des provinces impériales le *siogoun* entretient un corps armé nommé les *dozinn*, que l'on regarde généralement comme inférieur aux *samoraï* (quoiqu'ils fassent partie de la même classe) et comme ayant plus d'analogie avec les hommes d'armes du moyen âge qu'avec des troupes régulières.

Le capitaine Golownin, dans la relation qu'il a publiée de sa captivité au Japon, dit que les soldats impériaux sont si bien tenus, comparativement à ceux des princes, qu'il avait pris les simples soldats pour des officiers. Les auteurs hollandais ne font aucune mention de cette différence. La position de Golownin, prisonnier dans une province éloignée, n'ayant d'autre interprète qu'un grossier kourile, est peu faite pour inspirer une grande confiance ; son témoignage a beaucoup moins de poids ordinairement que celui des Hollandais ; mais si l'on remarque qu'il n'a été entouré que des militaires qui le gardaient, qu'il a toujours vécu au milieu d'eux, on attachera plus de poids à son assertion, et nous sommes porté à croire que cette différence existe véritablement (1).

(1) Le témoignage de Siebold est très-favorable à la perspicacité de Golownin, dont il paraît apprécier surtout les observations sur le gouvernement japonais. — Il est donc prudent de tenir compte des assertions de Golownin.

Ces quatre classes sont les classes élevées du Japon ; seules elles jouissent du privilége si envié de s'armer de deux sabres et de porter le *hakama*.

La cinquième classe forme la portion supérieure de ce qu'on pourrait appeler bourgeoisie, tiers état. Elle comprend les employés subalternes et ceux qui se livrent à l'art de guérir. Elle jouit d'une certaine considération ; ses membres sont respectés des gens comme il faut ; ils ont le droit de porter le sabre et le pantalon.

La sixième classe se compose des négociants et marchands en gros ; quoique l'on ait pour eux le plus souverain mépris, c'est entre leurs mains que se trouvent presque toutes les richesses du Japon. Bien loin d'être obligés, comme dans les classes supérieures, à des dépenses effrénées, toute espèce de représentation leur est interdite ; ils sont soumis à des lois somptuaires rigoureuses.

Nous avons déjà parlé de la démarche humiliante au prix de laquelle les plus riches négociants peuvent acheter le droit de singer leurs supérieurs ; ils peuvent ainsi obtenir la faveur de porter un seul sabre, mais jamais, dans quelque cas que ce soit, ils ne peuvent aspirer à l'honneur de porter pantalon.

La septième classe renferme dans son sein tous les marchands de détail, les artisans, et, chose étrange pour nous, les artistes. Une seule branche d'industrie en est exclue, et forme une catégorie à part dont nous nous occuperons incessamment. — Il est difficile de donner une idée juste de la considération dont jouissent les membres de cette classe si nombreuse ; autant de professions, autant d'échelons inégaux : ainsi les peintres et les orfévres sont placés bien plus haut que les charpentiers et les forgerons ; mais nous ne savons pas si l'on établit quelque distinction entre les peintres de tableaux et les peintres en bâtiments.

La huitième classe comprend les paysans et les journaliers de toute sorte, pour la plupart serfs des nobles propriétaires ; ils sont écrasés, nous assure-t-on, par des redevances ou des contributions de toute nature ; ceux même dont la condition se rapproche le plus de celle de nos métayers paraissent végéter dans une indigence qui tend à les dégrader et à les abrutir. — Nous admettons ces allégations d'une manière générale, comme exprimant les conséquences inévitables du système féodal et seigneurial qui se maintient en vigueur au Japon ; mais nous croyons cependant qu'il y a de l'exagération dans ce tableau. Le peuple, en général, paraît content de son sort, et depuis Kœmpfer jusqu'à nos jours les voyageurs les plus dignes de foi nous représentent la masse de la nation comme pauvre, à la vérité, mais non comme avilie et complétement accablée par la misère ou réduite à ce désespoir qui enfante inévitablement les révoltes. On est en droit de penser, au contraire, que les Japonais des basses classes (et c'est d'eux qu'il s'agit) ressemblent aux classes les plus élevées par l'indépendance naturelle et l'élévation de leur caractère, et qu'ils supportent avec une fierté qui ressemble à l'indifférence les privations auxquelles leur condition les expose. — D'ailleurs, ils se contentent de peu, et ils tiennent infiniment plus à leur honneur (comme ils le comprennent) et aux plaisirs et distractions que leur offrent les fêtes publiques, l'appareil des processions et des cortéges, les théâtres ambulants, etc., qu'au bien-être matériel et à l'abondance ou au choix des aliments. Au reste, nous manquons nécessairement de renseignements *complets* sur les droits, les ressources, les habitudes de cette partie de la population, et nous pouvons seulement former à cet égard des conjectures plus ou moins probables.

A ces huit classes officiellement reconnues on pourrait en ajouter une neuvième, dans laquelle viendrait se placer l'exception que nous avons signalée en parlant de la septième classe, et qui s'applique aux tanneurs, aux corroyeurs et à tous ceux qui se livrent à la préparation et au commerce des peaux. La doctrine Sintou attache une idée de souillure à tout ce que la mort a touché ; c'est là sans doute l'origine du préjugé qui fait de ces malheureux les véritables parias du Japon. Il leur est interdit d'habiter avec les autres hommes : ils doivent se construire des villages particuliers ; ils n'entrent dans les villes que pour y servir de geôliers ou d'exécuteurs, et ce sont les propriétaires des maisons à thé qui leur doivent assistance, en cas de besoin. L'entrée des auberges et lieux publics leur est formellement interdite; en voyage ils mangent dans la rue le repas qu'ils ont acheté, et un aubergiste briserait plutôt que de reprendre le vase dans lequel un de ces malheureux aurait bu. Ils ne sont point compris dans les recensements, et, ce qui est plus extraordinaire encore, leurs villages, quand ils sont bâtis sur une grande route, ne sont point comptés dans la longueur de la route : on les regarde comme n'existant pas; les voyageurs, qui payent, d'après la distance parcourue entre deux villes, les hommes et le bétail qu'ils prennent à chaque relai, traversent gratuitement les villages habités par les ouvriers en peau (1).

Les lois japonaises sont sanguinaires; elles font peu de distinction entre les différents degrés de culpabilité; pour le vol, par exemple, on ne tient aucun compte des circonstances dans lesquelles il a été commis. L'amende n'est appliquée qu'à de légères infractions aux règlements de police municipale; les législateurs japonais pensent que des châtiments de ce genre donneraient au riche un injuste avantage sur le pauvre.

On prend un grand soin pour faire connaître les lois à toutes les classes. Dans toute ville ou village on proclame les nouvelles lois du haut d'une tribune entourée d'une palissade; on les y affiche ensuite pour l'instruction de ceux qui n'ont pu assister à leur proclamation. Les règlements de police y restent toujours affichés.

On dit que la justice s'administre avec une grande intégrité, sans distinction de riche ni de pauvre, de noble ni de vilain. Il est vrai que les attentats contre la sûreté de l'État sont plus sévèrement punis que les crimes envers les particuliers. Cela tient à ce que les employés du gouvernement chargés de la répression des premiers s'exposeraient à une mort probable en négligeant de les poursuivre; tandis que les seconds ne peuvent être poursuivis que par l'offensé, qui souvent ne veut ou ne peut pas, pour se donner le plaisir de la vengeance, ajouter les frais d'un procès criminel à tous les maux qu'il a déjà endurés.

Les plaintes de peu d'importance sont déposées entre les mains des *ottonas*, qui, avec l'aide et sous le contrôle des espions, jugent comme magistrats de simple police. Leurs jugements, ainsi que la procédure, sont secrets. On peut appeler de leurs décisions aux tribunaux publics. Mais c'est surtout pour éviter la publicité que l'on a confié à ces officiers municipaux le droit de redresser certains torts et de punir sans bruit, *naïboun*, les contraventions légères. On ménage ainsi l'honneur et l'amour-propre de plus d'un délinquant.

Les tribunaux publics ont une grande solennité; on les dit très-expéditifs, très-habiles à mener une procédure; rarement la vérité leur échappe; il faut malheureusement ajouter qu'à défaut de preuves ou de moyens naturels ils ont recours à la torture! Leurs jugements sont sans appel.

La peine de mort entraîne avec elle la confiscation des biens du coupable et la disgrâce de sa famille. Aussi tout criminel d'un rang élevé prévient-il le jugement public en se donnant la mort. S'il est arrêté trop promptement pour avoir recours à ce moyen extrême, et que sa famille excite assez d'intérêt pour que les juges et les directeurs de la prison veuillent s'exposer à quelques dangers en sa faveur, on a recours aux deux moyens suivants pour qu'il meure *naïboun* avant le jugement. Dans le cas le plus favorable, on lui fait secrètement passer une arme avec laquelle il se donne la mort; mais ce moyen est rarement employé : il expose à trop de dangers l'ami qui se dévoue ainsi. Le plus souvent on met le prévenu à la torture, comme pour lui arracher des aveux, et l'on donne ordre à l'exécuteur de le mettre à mort avant qu'on ne lui ait adressé aucune question. Dans les deux cas, on fait courir le bruit que le prisonnier est mort de maladie; et comme la présomption est en sa faveur tant qu'il n'a pas avoué son crime, on rend le cadavre à sa famille, qui échappe ainsi

---

(1) L'origine de ce singulier état de choses mériterait d'être recherchée. Il nous semble probable que cette proscription de la caste des tanneurs est une importation de l'Inde (Gangétique); mais l'examen, même superficiel, de la question nous mènerait trop loin.

aux autres conséquences d'une condamnation capitale.

Quand on juge le coupable indigne de ces ménagements, on le garrotte et on le conduit à cheval au lieu de l'exécution, qui est un espace découvert hors de l'enceinte de la ville. Son crime est inscrit sur un drapeau; on le crie sur son passage. Chacun, pendant le funèbre trajet, peut lui offrir des rafraîchissements; mais c'est une faveur dont peu de personnes profitent. Les juges et tous les membres du tribunal, entourés des insignes de leurs fonctions et de glaives nus, occupent les places d'honneur sur le lieu de l'exécution. Le bourreau offre une coupe de *saki* avec du poisson sec ou salé, des racines, des champignons, des fruits ou de la pâtisserie au condamné, qui peut partager avec ses amis ce repas suprême. On le place ensuite sur une natte entre deux tas de sable, et on lui tranche la tête avec le glaive.

On plante la tête sur un pieu; un écriteau fait connaître le crime du coupable. Ce n'est qu'après trois jours que la famille peut faire enlever et enterrer ce que les oiseaux de proie ont laissé du cadavre.

Telle est la description que donnent des auteurs hollandais d'une exécution à laquelle ils ont assisté à Nagasaki. Mais on peut présumer que cette forme d'exécution ne s'applique qu'aux malfaiteurs de bas étage : nous avons dit plus haut comment se mettaient à mort les coupables d'un rang élevé. Peut-être aussi est-il permis de croire que, malgré leur précision, les lois japonaises laissent au juge une certaine latitude dans le choix du supplice. Quoi qu'il en soit, il est certain que ce ne sont là que les formes les moins rigoureuses pour l'application de la peine capitale. Nous savons positivement que souvent on soumet les coupables à une torture publique, et que l'habileté du bourreau se mesure au nombre des coups (il ne doit pas dépasser seize) qu'il peut porter à sa victime sans la tuer. On dit qu'en pareille circonstance les jeunes nobles prêtent leurs armes neuves pour en faire essayer la trempe, et l'on affirme qu'ils prennent grand plaisir à ces exécutions sanglantes, surtout lorsque la torture en augmente l'horreur. De tous ces spectacles le plus divertissant pour eux, à cause des contorsions de la victime, est celui d'un malheureux couvert d'une chemise en joncs ou roseaux tressés, à laquelle on met le feu; ils l'ont appelé la « danse de la mort. »

Pendant que nous traitons ce sujet, nous devons dire que les *Annales des Siogouns* citent le *hara-kiri* comme un châtiment quelquefois imposé par l'empereur. Quoique ce fait ne soit constaté par aucun autre ouvrage, l'origine japonaise de ce livre lui donne un certain caractère d'authenticité. Mais si l'on observe que son traducteur supposé, Titsing, ne connaissait que très-imparfaitement le japonais; que la traduction a été réellement faite par les interprètes du pays, qui savent mal le hollandais; que le savant philologue Klaproth a trouvé d'autres traductions de l'*opperhoofd* pleines de contre-sens ; et enfin que cet ouvrage n'a été publié, pour la première fois, que bien longtemps après la mort de Titsing, et encore en français, on pourra raisonnablement expliquer ce passage, en supposant qu'il s'agit, au lieu d'un commandement, d'une simple insinuation de l'empereur, qui engagerait quelquefois de hauts personnages à avoir recours à ce genre de suicide.

Le régime des prisons pour les délits ordinaires est très-supportable. Celle dans laquelle le capitaine Golownin et ses compagnons d'infortune ont été détenus à Matsmaï est une des plus rigoureuses : c'était une suite de cellules dans une espèce de grange; et malgré les récriminations de Golownin, il est évident, d'après son propre récit, que ces cellules étaient aérées, chauffées et proprement tenues, et que les prisonniers étaient passablement nourris, en admettant, toutefois, que le régime des Japonais puisse convenir et suffire à des appétits russes. Plusieurs circonstances prouvent que le lieu de leur détention était bien une prison ordinaire. Ainsi, avant de l'y conduire, on l'avait prévenu qu'il allait être enfermé dans une véritable prison, et il y a trouvé un Japonais condamné à être flagellé; le nom japonais de *roya* (littéralement, *cage*), qu'il lui donne, est celui par lequel Kœmpfer désigne la prison.

Mais tout ce qu'on vient de dire ne

s'applique nullement aux prisons où l'on renferme les criminels avant ou après leur jugement; elles portent le nom de *gokuya (gokouya?)*, « enfer », et il paraît qu'elles le méritent. Dans ces cachots, situés dans la maison du gouvernement, on entasse quinze et vingt personnes dans une même pièce, qui n'est éclairée et aérée que par une petite ouverture grillée, pratiquée dans le plafond. La porte ne s'ouvre que pour faire entrer ou sortir un des prisonniers. On leur refuse livres, tabac, et toute espèce de distraction; ils n'ont point de lits; ils échangent leurs ceintures de soie ou de toile fine contre un ceinturon de paille, symbole d'ignominie. Le même trou sert d'issue aux excréments et de passage à la nourriture des prisonniers. Les vivres qu'on leur donne sont de la plus mauvaise qualité; et quoiqu'on leur permette d'acheter ou de recevoir de chez eux des comestibles, ils ne peuvent guère profiter de cette tolérance, à moins de s'en procurer une assez grande quantité pour satisfaire aux exigences de tous leurs compagnons, car il paraît que les habitants de cette infernale demeure sont livrés sans contrôle, pendant tout le temps de leur détention, à toutes leurs mauvaises passions; il s'ensuit que les plus méchants sont les maîtres, et que dans cette république de tous les crimes les faibles sont à la merci des plus forts (1)!

MŒURS ET COUTUMES DES JAPONAIS.

État social et vie privée.

Nous n'avons pour nous éclairer sur cet important sujet que les relations publiées, à diverses époques, par des membres de la factorerie hollandaise. Nous avons fait connaître le genre de vie auquel sont astreints les exilés volontaires de *Dézima*; et malgré leurs petites excursions aux environs de Nagasaki et le privilége dont jouissent certains d'entre eux, une fois en quatre ans, de faire le voyage de Yédo, on ne saurait attendre de ces étrangers, n'ayant pour la plupart qu'une connaissance très-imparfaite de la langue du pays, une peinture complète des mœurs japonaises. Il n'est pas douteux, cependant, que nonobstant les désavantages de leur position, ils ont recueilli de nombreux documents sur ce pays mystérieux. En ayant soin de classer les matériaux ainsi obtenus dans un ordre convenable, et de choisir dans le nombre ceux qui paraissent présenter le moins d'incertitude, nous parviendrons à donner au moins une idée générale à peu près exacte de cette société dont la civilisation, évidemment fort avancée, ressemble cependant si peu à la nôtre et à celle de tous les peuples qui nous sont le mieux connus.

Nous nous attacherons d'abord à mettre en relief ce qui donne aux mœurs nationales un caractère d'originalité incontestable, ce qui frappe surtout les étrangers et les pousse à rechercher les causes religieuses et politiques de cette originalité. Dans ce but, et désireux en même temps de ménager à cette esquisse une sorte d'unité, nous prendrons le Japonais à sa naissance et le suivrons à travers l'enfance, la jeunesse et l'âge mûr, jusqu'à son tombeau. Mais, comme la condition des femmes chez les différents peuples, et à différentes époques de la vie d'un même peuple, exerce une telle influence sur le développement de la civilisation, qu'elle imprime, pour ainsi dire, un cachet particulier à chaque civilisation, suivant le rôle que les femmes sont appelées à jouer dans la famille et dans la société, il nous semble indispensable de dire quelques mots, avant tout, sur la place que les femmes occupent dans la famille et la société japonaises.

A ce double point de vue, la position des femmes, au Japon, diffère notablement de ce qu'elle est dans le reste de l'Orient. La Chine est le seul pays qui présente quelques analogies de détail; mais, considérée dans son ensemble, la condition des Japonaises paraît se

---

(1) Sommes-nous beaucoup plus avancés? — Peut-on imaginer rien de plus affreux, de plus hideux, de plus déplorable que ce qui se passait à bord des pontons ou à « Stapleton prison, » etc., où tant de malheureux étaient entassés pendant les guerres de l'empire? — Que de réformes à faire, d'améliorations à apporter encore dans le régime de nos prisons! — Quand la politique et la guerre cesseront-elles de peupler de leurs victimes ces antres de perdition!

rapprocher autant de la condition des Européennes que de celle des Asiatiques. Comme les Européennes, les Japonaises occupent un rang distingué dans la société, et partagent tous les plaisirs honnêtes de leurs pères et de leurs maris. Elles sont libres autant et plus qu'elles (au moins que certaines d'entre elles). Elles abusent très-rarement de cette liberté, et dans les classes moyennes et élevées elles sont d'une chasteté exemplaire. Une femme adultère peut se rencontrer au Japon, mais c'est une exception (1). Leur intelligence est cultivée avec le même soin que celle des hommes, et nous avons déjà constaté qu'à la cour du *mikado* (dans le Daïri), en particulier on cite un assez grand nombre de femmes parmi les historiens, les moralistes et les poëtes les plus admirés. On les représente, en général, comme étant d'un caractère aimable, gaies sans affectation, élégantes et même coquettes dans leur mise, distinguées dans leurs manières, et faisant avec une aisance parfaite les honneurs de leurs maisons (2). Mais leur liberté ne s'étend pas au delà de ces relations de société auxquelles leur présence donne tant de charmes. Dans leur vie intérieure nous retrouvons la femme asiatique. Au sein de la famille elles restent dans un état de tutelle, de dépendance envers leurs maris, leurs fils ou leurs plus proches parents mâles. La loi ne leur reconnaît aucun droit. Elles ne sont pas aptes à témoigner en justice. Le mari peut introduire un nombre illimité de concubines dans la maison qu'elles gouvernent, et il arrive assez fréquemment que ces concubines ont un établissement séparé, et ne sont pas tenues dans un état de dépendance à l'égard de l'épouse légitime; cela doit s'entendre cependant des familles nobles et riches surtout. Il est rare de trouver des exemples de ces écarts polygamiques dans les classes inférieures. En général, ces femmes de la main gauche sont soumises à l'autorité domestique de l'épouse légitime; en signe d'infériorité il leur est interdit de se raser les sourcils; mais leur état n'a rien de criminel ni même de déshonorant aux yeux des Japonais. Le divorce est toujours facultatif pour les hommes; leur intérêt et les convenances peuvent seuls les entraver dans l'exercice de ce droit, qui est illimité. Le mari est obligé d'entretenir la femme répudiée dans une situation conforme à son propre rang toutes les fois que le divorce n'est pas prononcé par un tribunal pour une cause prévue par la loi, telle par exemple que la stérilité; mais la malheureuse femme qui n'a pas donné d'enfants à son époux n'a pas droit à ses secours. Dans aucun cas, sous aucun prétexte, la femme ne peut demander à se séparer de son mari. Chez elle elle est maîtresse,

(1) Les anciennes relations mentionnent plusieurs cas d'adultère et dans diverses classes de la société; mais les châtiments terribles infligés aux coupables, et dont on nous a conservé les détails, prouvent l'horreur qu'inspirent ces rares violations de la fidélité conjugale. Le Japonais du rang le plus infime n'est pas moins jaloux de son honneur que le prince, et se venge aussi cruellement que lui. *Voyez* Mandelslo, tome II, p. 498 à 500, et le *Chinese Repository*, vol. IX, p. 622, note.

(2) Au Japon, comme en Chine, une femme *bien élevée* doit savoir lire couramment (ce qui est plus difficile que chez nous), écrire une lettre avec élégance, et cela veut dire que son *écriture* et son *style* doivent être irréprochables. Si elle compose rapidement des vers sur un sujet donné, elle est accomplie. La musique et le dessin font également partie, et partie essentielle, d'une éducation soignée. Mais il est évident que cette éducation complète est l'apanage exclusif des femmes appartenant aux familles aisées. Les autres, en général, sont comme les femmes qui se trouvent chez nous dans des conditions analogues, condamnées par les exigences matérielles de leur position à une ignorance à peu près absolue. Il en est beaucoup parmi elles qui seraient hors d'état d'écrire une lettre. Il paraît certain

néanmoins que les classes inférieures au Japon sont *moins* ignorantes que les classes correspondantes en Europe. Nous ajouterons qu'au point de vue de la liberté accordée par l'usage aux Japonaises, elles sont dans une condition de beaucoup préférable à celle des femmes chinoises. Leurs relations de famille sont infiniment moins restreintes, et elles ont d'ailleurs sur les Chinoises cet immense avantage que leurs pieds ne sont pas condamnés à la mutilation, et qu'elles peuvent se promener librement, dans la véritable et complète acception du terme.

elle gouverne la famille; mais d'ailleurs on la regarde plutôt comme un jouet précieux destiné aux plaisirs de l'homme que comme une créature raisonnable faite pour partager toute son existence. Elle doit le distraire par ses talents, l'égayer par sa conversation vive et enjouée; elle ne peut pas alléger, en en prenant sa part, le fardeau de ses inquiétudes et de ses chagrins. Loin d'être la confidente de ses secrets, il la tient dans une ignorance absolue de ses affaires publiques ou privées; elle n'oserait hasarder une question sur de pareils sujets sans être taxée de présomption et de folle audace.

Après cette courte digression, nous allons raconter la vie d'un Japonais avec l'étiquette cérémonieuse qui semble la remplir, et à laquelle il est soumis avant d'avoir vu le jour.

Aux premiers symptômes de grossesse, on entoure le corps de la jeune mère d'une ceinture de crêpe rouge tressé (en japonais, *hère-obi*); cette cérémonie se fait en grande pompe; elle est accompagnée des rites religieux adaptés à la circonstance; le choix de la personne qui présente la ceinture est un point d'une importance extrême (1). Les savants japonais assignent à cette étrange coutume une origine assez curieuse. Il y a quelque seize siècles, disent-ils, un *mikado* mourut, laissant sa veuve dans un état de grossesse avancé. Après s'être ceinte de la ceinture rouge, elle prit à la tête de l'armée la place du *mikado*, et acheva la conquête de la Corée. Klaproth nomme cette amazone *Sein-Goû-Kono-Goû*, et Siebold, *Zingou-Kwo-Gou*; elle était elle-même de la famille des *mikados*, et ses exploits lui valurent le souverain pouvoir. Fût-elle ou non proclamée *mikado* par ses contemporains? C'est ce que les historiens japonais n'ont pas su clairement établir encore; mais il est hors de doute qu'elle gouverna l'empire pendant le reste de ses jours; elle mourut à l'âge de cent ans, après soixante-neuf ans de règne, et laissa la couronne au fils posthume de son époux, le monarque auquel les Japonais doivent l'introduction des caractères Chinois, par le divin *Wo-Nin*, qu'il fit venir de Corée en l'an 285 (1). Ils ont placé la mère et le fils au rang des esprits célestes. Parmi le peuple on regarde la ceinture comme une simple précaution, dont le motif est singulier, son unique but étant, selon bien des gens, d'empêcher l'enfant *d'abuser de sa position pour aller dérober la nourriture de sa mère, qu'il ferait ainsi mourir de faim!* Mais quelle que soit l'origine de cette coutume, elle existe, et l'on ne doit plus rien changer à la ceinture une fois qu'elle est attachée, jusqu'à la naissance de l'enfant.

Ce n'est que pour cet heureux événement qu'on délivre la mère de l'insupportable bandage; mais elle n'est pas au bout de ses peines, et l'on va voir ce qui lui reste à endurer encore de cérémonies et de pratiques superstitieuses. Aussitôt après ses couches, on l'installe sur son lit, assise sur son séant, entre trois sacs de riz placés sous ses bras et derrière

(1) Cette princesse est plus connue, à ce qu'il paraît, sous le titre de *Hatchiman Go* (ou *Fatsiman Go*), et son fils sous celui de *Ko Hatchiman Go* (*ko* signifiant *fils*); on appelle aussi ce dernier *Hatchiman Tarou*, et on raconte ses exploits sans nombre (a).

Le *hère obi* ou ceinture dont il est question est large d'environ trois pouces, et son usage le plus important est, au dire des Japonais, de soutenir et de fortifier la mère, qui porte cette ceinture extrêmement serrée. On assure que dans quelques localités la femme accouche de son premier enfant dans la maison paternelle, si l'état de la fortune de ses parents le permet. Ici, comme en Chine, des matrones, respectables par leur caractère et leur expérience, sont employées comme sages-femmes, sans que cela dispense la famille d'avoir recours au médecin, surtout après l'accouchement. Immédiatement après ses couches, la mère se rase les sourcils, quelquefois même, par anticipation, quand elle approche du terme. Les sourcils doivent demeurer ainsi rasés pendant le reste de la vie.

(a) Kœmpfer dit de cet empereur, qu'il appelle *Oosin* ou *Woosin*, et après sa mort *Yamatta Fatzman* (le Mars de Yamatta): « qu'il fut illustre dans la paix et la guerre, et fut aussi le véritable père de ses sujets. » Il monta sur le trône en 270, et mourut, âgé de cent treize ans, en 313. Nous trouvons mentionné dans les annales japonaises un grand général, *Fatzmantaro*, qui combattit les *Atsouma Yebis* (barbares de la région orientale de Nippon) en 1007. — Il y a peut-être ici quelque confusion.

(1) Meylan et Fisscher.

elle; elle passe ainsi neuf jours et neuf nuits, presque privée de nourriture, et sans fermer l'œil, de peur que pendant son sommeil elle ne change quelque chose à la position prescrite. Ce qu'il y a de plus extraordinaire, c'est que cette torture n'ait pas des suites plus fâcheuses pour les malheureuses qui y sont soumises. On a remarqué cependant que les femmes japonaises sont plus longues que les autres à se rétablir; résultat tout naturel de cette coutume cruelle. Pendant les cent jours qui suivent les couches on traite la mère comme malade; elle ne reprend ses fonctions domestiques qu'à l'expiration de ce terme de rigueur; c'est alors qu'elle se rend au temple, qu'elle s'acquitte de son pèlerinage ou des vœux qu'elle a faits à l'heure du péril.

Dès que l'enfant est né on le plonge dans un bain; puis on le laisse sans maillot, vêtu de manière à ce que rien ne s'oppose au développement de son corps. On ne le prive de cette liberté que le jour où il faut conférer un nom à ce nouveau membre de la société; cette cérémonie a lieu le trente et unième jour après la naissance d'un garçon, le trentième après celle d'une fille. On transporte l'enfant en grande pompe au temple de la famille; il est suivi des domestiques, qui portent sa garde-robe; c'est d'après la richesse et le nombre de ces petits vêtements que l'on juge du rang et de la fortune du père. La marche est fermée par une domestique qui tient d'une main la boîte contenant les honoraires de la prêtresse (1), de l'autre un morceau de papier sur lequel sont inscrits trois noms. Après avoir soumis, avec les cérémonies ordonnées, ces trois noms au Dieu patron du temple, la prêtresse proclame celui qui a obtenu le choix de la divinité; elle nomme l'enfant, qu'elle asperge d'eau. La cérémonie se termine par des chants sacrés accompagnés d'instruments. De là on transporte l'enfant dans plusieurs autres temples; avant de rentrer, on le présente au plus proche parent de son père, qui lui offre en cadeau un paquet de chanvre, symbole d'une longue vie, des talismans, des reliques et autres objets précieux; si son jeune parent est un garçon il ajoute à tous ses dons deux éventails, qui représentent le sabre et sont les symboles du courage; si c'est une fille, une coquille de couleur, symbole de beauté.

L'enfant grandit et se développe ainsi en toute liberté; ce n'est qu'à trois ans qu'il prend la ceinture; cette cérémonie reçoit la consécration religieuse qui accompagne tous les changements, toutes les époques de la vie des Japonais. En leur donnant la ceinture on leur enseigne leurs premières prières. A sept ans on les revêt du manteau de cérémonie, et, chose étonnante, après toute la solennité qui a présidé au choix de leur premier nom, on leur donne un nom nouveau. Après avoir revêtu le manteau les jeunes garçons sont admis dans le temple, et s'acquittent ponctuellement de leurs devoirs religieux.

Les enfants sont élevés dans des habitudes de rigoureuse obéissance. Les parents japonais pensent avec raison que cette discipline seule peut rendre inutiles les châtiments, et qu'elle forme le caractère. Les enfants des deux sexes, de toutes les classes de la société, se réunissent à peu près sans exception dans des écoles élémentaires, où on leur enseigne, outre la lecture et l'écriture, les notions fondamentales de l'histoire de leur pays. Là s'arrête ordinairement l'instruction des enfants pauvres, mais l'on affirme positivement qu'il n'est pas au Japon tout entier un journalier qui ne possède ces premiers éléments. Les enfants riches passent de ces écoles à des écoles supérieures, où s'achève leur éducation. C'est là qu'on leur inculque toutes les règles du savoir-vivre, qu'on leur enseigne les belles façons, les règles les plus minutieuses de l'étiquette : un Japonais bien élevé ne doit jamais hésiter dans ses relations avec un de ses semblables, quels que soient la nation, le rang et la famille de l'homme avec lequel il se trouve en rapport. Il doit connaître et suivre invariablement le code des

---

(1) Le *Chinese Repository* (vol. IX, p. 623 et 624, note) doute qu'il s'agisse ici d'une prêtresse. Il est certain, au moins, que la cérémonie de l'imposition du nom au nouveau-né varie suivant les provinces, et suivant les croyances, le rang et la fortune des familles.

convenances. On y exige d'eux la connaissance approfondie de l'almanach : rien de plus vulgaire et de plus dangereux à la fois que de se marier, que de commencer un voyage, ou toute autre affaire de quelque importance un jour néfaste. On enseigne encore aux garçons les éléments des sciences mathématiques, la gymnastique et le grand mystère du *Hara-Kiri* ou de l'art de se fendre le ventre, genre de mort qu'un homme comme il faut est souvent obligé de se donner. On leur apprend, non-seulement à s'acquitter convenablement de cette opération héroïque avec le cérémonial consacré en pareille occasion, mais à reconnaître les différentes causes qui rendent ce genre de suicide inévitable pour un homme bien élevé. Au lieu de ces terribles leçons, on familiarise les jeunes filles avec les travaux les plus délicats de l'aiguille, avec le gouvernement du ménage. On s'étudie à leur donner les talents et les habitudes nécessaires à la mère de famille comme à la maîtresse de maison.

A quinze ans on regarde l'éducation comme achevée ; le jeune homme prend sa place dans la société ; il se fait raser la tête à la mode japonaise, et change encore une fois de nom. Mais ce nom lui-même ne lui reste pas toujours : à chaque promotion nouvelle dans les fonctions publiques (et la moitié des Japonais au-dessus de l'état de manœuvres occupent des fonctions publiques), à chaque promotion nouvelle, le fonctionnaire change de nom. Bien plus, comme un subordonné ne peut jamais porter le même nom que son chef, s'il plaît au fonctionnaire promu de prendre le nom d'un de ses subalternes, celui-ci est forcé à son tour de changer de nom, et ainsi de suite jusqu'aux derniers degrés de la hiérarchie. On comprend facilement quelle obscurité cette étrange coutume doit jeter dans toutes les études historiques, et combien il doit être difficile de suivre les progrès d'un usurpateur, par exemple, dans le dédale de ces changements de nom (1).

(1) L'éducation des simples citoyens diffère de celle des jeunes gens appartenant aux familles nobles, surtout en ce que ces derniers apprennent l'escrime, la gymnastique et

On se marie jeune au Japon ; on y a horreur des mésalliances, et il n'est pas rare de voir, même dans les classes moyennes, des jeunes gens obligés, comme souvent les princes en Europe, de s'épouser sans s'être jamais vus. Le trésorier de Nagasaki, par exemple, n'est pas d'un rang assez élevé pour que sa famille soit forcée de résider à Yédo ; mais il n'y a pas de fonctionnaire du même grade que lui à Nagasaki ; il lui faut donc chercher pour ses enfants des femmes ou des maris dans des familles dont les chefs occupent une position assimilée à la sienne ; ces égaux peuvent quelquefois ne se trouver que dans des villes ou même des provinces éloignées.

Lorsqu'il ne s'élève pas d'obstacles de ce genre entre l'union de deux jeunes gens, et qu'un homme a fait choix

tout ce qui peut rendre un *gentilhomme japonais* accompli. La routine ordinaire des études, dans les écoles, embrasse la lecture des divers caractères (syllabaires), l'écriture, la composition épistolaire, les règles du savoir vivre. L'étude de l'histoire et des auteurs classiques est le complément d'une bonne éducation ; mais tous ne peuvent y atteindre. De sept à quinze ans l'enfant va à l'école. L'année scolaire commence avec l'année. A sept ans le nom de l'enfant est inscrit sur la liste des habitants, mais ce n'est pas un usage constant que de lui donner un nouveau nom à cet âge. A quinze ou à seize ans, suivant les provinces, le père donne à son fils un nouveau nom, et ce changement est l'occasion d'une fête de famille et des félicitations de la famille et des amis, comme si l'adolescent venait d'atteindre sa majorité. Il arrive souvent que par habitude on continue à appeler l'enfant de son ancien nom. C'est à l'âge de quinze ou seize ans, toutefois, qu'il prend la coiffure nationale, au lieu de conserver ses cheveux simplement relevés en une ou deux touffes.

Une fille qui se marie perd son *surnom* (ce que nous appellerions « son nom de baptême »), et prend le nom de son mari avec la terminaison explétive *o* ou *wo*, qui indique le sexe auquel elle appartient. Il y a au reste une grande analogie, à l'égard des noms qui indiquent la famille, le quartier, la profession, etc., entre les coutumes japonaises et les coutumes chinoises.

Les noms de famille et les surnoms, au Japon, datent, selon Klaproth, de l'an 415 de J. C.

d'une jeune fille de condition convenable, il lui fait connaître ses sentiments en attachant une branche d'arbuste (*celastrus alatus*) à la maison des parents de la jeune fille. La demande est rejetée quand la branche reste inaperçue; en la recueillant, on agrée la demande. Si la jeune fille veut faire voir qu'elle partage les sentiments de son futur époux, elle se noircit les dents, mais elle ne peut se faire arracher les sourcils qu'après la célébration du mariage. La déclaration par le rameau emblématique ne se fait pas quand les parents sont convenus d'avance d'unir leurs enfants. Dès que le mariage est décidé, quelques amis du fiancé, et autant de compagnes de la jeune fille sont chargés d'en régler les conditions et de préparer le contrat. Les jeunes mandataires, une fois d'accord entre eux, choisissent avec un bien grand soin deux jours propices, l'un pour la première entrevue des fiancés, l'autre pour les noces.

L'amant envoie à sa fiancée des cadeaux, dont la richesse répond à sa fortune; la jeune fille se hâte de les offrir à ses parents, en reconnaissance des soins qu'ils ont prodigués à son enfance, de l'éducation qu'ils lui ont donnée. Ainsi une fille, surtout si elle est jolie, sans être exposée à la honte d'être vendue par son père à son époux, comme la plupart de Orientales, ne peut que contribuer à l'accroissement de la fortune paternelle. Cependant la fiancée n'entre pas les mains tout à fait vides dans le domicile conjugal. Outre les bagatelles que les parents envoient à leur gendre en échange des dons magnifiques qu'il leur a faits, ils donnent à leur fille un beau trousseau et une partie de son mobilier, après avoir brûlé en grande cérémonie tous ses jouets d'enfance, et célébré ainsi son changement de condition. Ce mobilier se compose principalement de belles nattes, qui servent à la fois de table, de chaises, de divans et de lits. On y joint toujours un rouet, un métier et les ustensiles de cuisine en usage au Japon. Le jour du mariage, meubles et trousseau se transportent en grande pompe dans la maison du mari, où on en fait étalage.

Titsing affirme que le mariage ne se consacre par aucune cérémonie religieuse : malgré le poids d'une telle autorité, on comprend facilement que dans un pays tel que le Japon, un étranger, fût-il comme Titsing le chef d'une factorerie, a pu fort bien se trouver invité à toutes les cérémonies qui accompagnent l'installation de la jeune épouse dans sa nouvelle demeure, sans avoir jamais assisté à la consécration religieuse qui a dû les précéder, sans même en avoir entendu parler. Meylan affirme que le mariage est consacré par un prêtre, quoique ce soit un acte purement civil. Fisscher ajoute que le mariage doit être enregistré dans le temple que fréquente habituellement la famille des époux. Thunberg va plus loin : il parle d'un autel élevé exprès, de quelques prières marmotées par un prêtre placé à la gauche de la mariée, et ajoute que celle-ci allume une torche à une lampe (probablement posée sur l'autel), que le jeune homme allume la torche dont il est également porteur à celle de sa fiancée ; après quoi l'union de l'homme et de la femme est proclamée (1).

La femme, vêtue de blanc, emblème de la pureté, est enveloppée dans un

(1) Thunberg, t. II, p. 247.

Des Japonais interrogés à ce sujet, et qui appartenaient à la classe ouvrière, ont affirmé que la présence et le concours d'un prêtre n'étaient nullement nécessaires à la célébration du mariage. Cela est d'autant plus probable que toutes les cérémonies du mariage, au Japon, ont une grande ressemblance avec celles qui se pratiquent en Chine, et où les prêtres ne sont jamais pour rien. Au reste, il se peut faire que dans de certaines localités, ou dans des occasions particulières, les parents aient recours à l'intervention de ces saints personnages. Au mariage de l'un des Japonais auxquels nous venons de faire allusion le présent de noces, consistant en habillements, poisson sec, *saki*, etc., pouvait valoir une soixantaine de francs. La femme se noircit les dents (ainsi que nous l'avons déjà fait remarquer) avec une composition de charbon en poudre et d'un oxide métallique. — Il parait même que toute fille qui a atteint l'âge de vingt-cinq ans ou à peu près se noircit les dents et se rase les sourcils, afin de ne pas laisser deviner qu'elle a eu le malheur ou la honte de conserver sa virginité!

voile qui la couvre de la tête aux pieds. Ce voile est un linceul dont on la revêt quand elle passe de la maison paternelle à la maison conjugale, pour montrer qu'elle est morte à sa famille, et qu'elle ne doit plus vivre que pour l'époux auquel elle va être confiée. Après la proclamation solennelle du mariage, on l'installe dans un riche palanquin, et on l'emporte escortée par les jeunes négociateurs, par sa famille, et les amis invités à la fête. Les hommes sont en habit de cérémonie, les femmes ornées de leurs plus beaux atours, vêtues de leurs robes à bordure d'or. On parcourt ainsi processionnellement une grande partie de la ville, dont les habitants se pressent en foule à ce spectacle.

Arrivée à la maison conjugale, la jeune épouse, accompagnée de deux de ses amies d'enfance, entre dans le salon de réception, où elle trouve sur le siége d'honneur son mari, entouré de son père, de sa mère et de ses plus proches parents. Au milieu de la pièce se trouve une table d'un beau travail sur laquelle on a placé un sapin artificiel, en miniature, un prunier en fleurs, des grues et des tortues (également artificiels et en miniature), emblèmes de la vigueur de l'homme, de la beauté de la femme et d'une vie longue et heureuse. Sur une autre table se trouve tout ce qu'il faut pour boire le *saki*. La jeune mariée se place auprès de cette table. Alors on commence à verser, à s'offrir et à boire le *saki*, au milieu de formalités dont le nombre et la minutie passent tout ce qu'on pourrait imaginer; il serait impossible d'en donner le détail. Les demoiselles d'honneur, affublées pour la circonstance de noms de *papillons mâles et femelles*, jouent dans cette cérémonie un rôle important pour lequel elles ont sans doute besoin de nombreuses *répétitions*, afin de s'en acquitter convenablement. Ensuite les convives s'assemblent, et la soirée se passe à manger et à boire encore du *saki*. Le repas de noces est, dit-on, toujours très-frugal, en commémoration de la sobre simplicité des anciens Japonais. Bien des coutumes, encore en vigueur aujourd'hui, n'ont pour but que de rappeler aux contemporains les vertus de leurs ancêtres. Trois jours après leurs noces, les époux vont présenter leurs respects à la famille de la jeune femme; c'est la dernière formalité qui accompagne le mariage.

La femme habite la maison de son mari, ou celle de son beau-père si ce dernier, par suite des charges, servitudes et vexations de toutes sortes attachées à la condition de chef de famille, ne s'est pas décidé à abdiquer cette dignité en faveur de son fils. L'on assure que ce fardeau, qui augmente d'ailleurs avec le rang des Japonais, est d'un tel poids, que dans les plus hautes classes il n'est pas un père qui n'attende avec une vive impatience le jour où son fils sera d'âge à le remplacer, pour se mettre avec sa femme et ses plus jeunes enfants sous la dépendance de ce nouveau chef de famille. Et, chose surprenante, au milieu de ces innombrables abdications il ne s'est pas trouvé, nous assure-t-on, un seul fils dont la conduite dénaturée ait pu faire rougir l'humanité!

Malgré les embarras dont nous venons de parler, les Japonais en général ont beaucoup de loisir; les fonctionnaires publics eux-mêmes, en raison de leur grand nombre, n'ont que fort peu d'occupation. Aussi la plus grande partie de leur temps se partage-t-elle entre les plaisirs et les devoirs de société, dont ils sont esclaves. Parmi ces devoirs nous citerons particulièrement la correspondance ininterrompue que chaque Japonais doit entretenir avec toutes ses connaissances, et l'échange continuel de cadeaux, établi entre gens de tout rang, et réglé par des lois invariables comme toutes celles qui gouvernent la vie des Japonais. Dans certains cas la nature de ces cadeaux est rigoureusement déterminée; dans d'autres leur choix dépend du donateur, en observant toutefois que de supérieur à inférieur les présents doivent toujours avoir une utilité réelle, tandis qu'un subalterne ne peut offrir à son chef que des objets d'art ou de curiosité. Entre égaux on ne tient pas compte de la valeur des présents; on se donne souvent une douzaine d'œufs, une couple de mains de papier; il suffit que le tout soit renfermé dans une boîte élégante, liée avec un cordonnet de soie, placé sur un beau plateau, et enfin orné d'un nœud de papier de couleur, emblème de félicité. Il faut toujours qu'un cadeau, quel qu'il soit, soit accompagné d'une tranche de poisson sec; ce même poisson, des plus communs, est un mets indispensable aux plus somptueux festins; quoique chacun se garde d'y toucher, on ne manque jamais de le servir, en honneur des anciens Japonais, dont c'était le principal aliment. Tous les jours de fête, chacun envoie un gâteau à ses amis et à ses simples connaissances.

Tous les rapports de société paraissent réglés par une étiquette sévère. Quand deux hommes bien élevés se rencontrent dans la rue ils s'inclinent profondément, et restent quelque temps dans cette position; ils s'inclinent de même avant de se séparer, et ne se relèvent que quand ils se sont perdus de vue. Dans une visite du matin, celui qui arrive et celui qui le reçoit s'accroupissent tous deux sur leurs talons; ils appuient leurs mains sur terre et baissent simultanément la tête pour l'approcher autant que possible des genoux. Après cela on échange les compliments d'usage, auxquels on répond de part et d'autre par un « *hé, hé, hé!* » aspiratif, faiblement murmuré plutôt que prononcé. Puis on apporte les pipes et le thé, et ce n'est qu'après toutes ces formalités préliminaires que commence la conversation. Avant la fin de la visite on sert, sur une feuille de papier blanc, des confitures et d'autres friandises, qui se mangent avec des bâtonnets. Ce que le visiteur ne peut manger il l'enveloppe de papier avec soin, et le met dans la manche qui lui sert de poche. Cet usage d'emporter tout ce que l'on ne peut manger est général au Japon; dans les grands dîners, les domestiques des personnes invitées apportent des paniers disposés exprès pour enlever ainsi les restes du festin. Il paraît cependant que la coutume est de disposer de ces rogatons en faveur des pauvres gens, auxquels on les distribue.

Dans les dîners d'apparat les femmes ne paraissent pas, en général; mais en famille, ou dans des réunions intimes, elles mangent avec les hommes, ce qui est un des points remarquables de dissemblance entre les Japonaises et les femmes de plusieurs nations asiatiques.

A un grand repas les convives sont disposés sur deux rangs. Chaque convive, assis sur ses talons, a devant lui une petite table, sur laquelle les plats sont servis, et qu'accompagne parfois une table plus petite, comme succursale. Les domestiques servent en parcourant l'espace entre les deux rangées de convives. Les plats sont disposés sur la table, en quinconce. L'un contient du riz, un autre du poisson et des légumes confits dans du *soy*, un troisième du poisson bouilli, un autre encore, des *achars*, etc. Les différentes manières d'accommoder le poisson aussi bien que les différentes espèces de poisson servies sur les tables japonaises paraissent être innombrables. Certaines espèces sont particulièrement recherchées par les gourmets du pays, et on en paye des prix extravagants, quand ce n'est pas la saison (1). On mange aussi de la venaison, du porc, du lapin et quelques autres viandes, mais en petite quantité. A la fin du repas, comme en Chine, on sert à chaque convive un bol de riz précédé d'un service de confitures arrangées d'une manière aussi imprévue que possible et qui trompent l'œil aussi bien que le goût.

A la fête nommée *Hozhi*, et qui se donne à la fin de la période consacrée au deuil, on ne mange rien qui ait eu vie et on ne boit pas de *saki*; mais à toutes les autres fêtes ce sont des éléments indispensables du repas. L'amphytrion est toujours assis près de la porte d'entrée de la salle du festin pour faire honneur à ses hôtes entrants ou sortants. On se porte des santés dans de petites coupes ou tasses que l'on vide en même temps; ou bien, celui qui porte la santé de son voisin vide d'abord sa coupe, qu'il passe ensuite au voisin, qui la remplit et la vide à son tour. Le thé

(1) L'*aka-me* ou « dame rouge, » nommé vulgairement *taï* par les Japonais (*sparus aurata* ou *chrysophrys cristiceps*?) est un des plus estimés, tant parce qu'il est consacré au dieu marin *Yebis*, que pour sa beauté et pour la délicatesse de sa chair. — On paye souvent pour un individu de cette espèce, dans la primeur, jusqu'à 1,000 *kobangs* (26,000 fr. ou plus)!

et le *saki* sont les seuls breuvages admis dans ces occasions. L'eau en est exclue.

De même qu'en Chine, on sert à tous les convives leur part de chaque plat dans des tasses; ils ont auprès d'eux une tasse de riz que l'on tient toujours pleine, tandis que des domestiques des deux sexes, toujours attentifs, leur présentent les épices et assaisonnements, parmi lesquels le *soy*, le gingembre salé et le poisson salé jouent un très-grand rôle. Leurs repas se composent de végétaux de toutes sortes (sans en excepter les herbes marines), de gibier, de volaille et de poisson. Mais le poisson est le plat de fondation de tout dîner japonais; c'est pour eux ce que la pièce de bœuf rôti ou bouilli est chez les Anglais ou chez nous; il n'est point de poisson qu'ils ne mangent; les pauvres se régalent avec les tranches de baleine dont on a déjà tiré l'huile.

Un grand dîner se compose habituellement de sept ou huit services; après chaque service le maître de maison fait sa ronde, et boit le *saki* avec chacun de ses convives. Le principal but d'un Japonais qui donne à dîner n'est pas de rassembler chez lui une compagnie choisie; ce qu'il cherche surtout, c'est une occasion pour étaler à tous les yeux ses porcelaines et ses laques, pour en faire admirer la magnificence et la profusion. Rien n'est plus flatteur, plus agréable pour lui que d'entendre ses convives, émerveillés, lui adresser question sur question et s'informer de ce que lui ont coûté toutes ces richesses.

Le thé préparé comme nous le faisons, ou bien, bouilli, se boit avec tout; c'est la boisson habituelle de tous les Japonais. Ils ont, il est vrai, une autre façon de préparer et de servir le thé. Celle-là est très-chère; elle exige l'emploi de nombreux ustensiles, qui, selon l'étiquette, doivent tous être d'un grand prix; les riches mêmes ne donnent ce thé que dans les grandes occasions : c'est ce que l'on pourrait appeler *un thé par excellence*. La dépense doit consister surtout dans la magnificence des porcelaines, des laques, des soieries; car la confection du thé ne semble pas devoir être très-coûteuse, si la description qu'en font les voyageurs est exacte.

On mêle les espèces de thé les plus recherchées; on réduit les feuilles en poudre; on jette dans une tasse une cuillerée de cette poudre, sur laquelle on verse de l'eau bouillante, et l'on fouette le mélange avec des éclis de bambou jusqu'à ce qu'il *devienne crémeux?* C'est, dit-on, un breuvage fort agréable, mais très-échauffant.

Le portrait du bonze philosophe *Darouma* doit nécessairement se trouver dans le salon où l'on donne ce thé : il en est probablement l'inventeur; en tout cas, il paraît en être le *kami*, protecteur, ou saint patron (1).

La décoration d'un appartement varie au Japon avec les motifs pour lesquels on reçoit; c'est une science compliquée. Il n'y a pas de salon élégant sans *toko*. Le toko est une sorte d'enfoncement, comme une alcôve; il est garni d'étagères d'un travail précieux et faites des plus beaux bois. Dans ce *toko* il faut un tableau, pas davantage; sous ce tableau, un vase avec des fleurs. Mais ce tableau doit être en rapport avec le motif de la fête; il faut le changer chaque fois que l'on a du monde; les fleurs aussi, leur nombre, leurs espèces, la variété, la proportion des feuilles avec les fleurs, varient suivant les circonstances. Il y a pour régler ces détails importants des règles précises, un système entier, un gros livre que les jeunes filles à l'école sont obligées d'étudier avec une grande attention.

Malgré ces habitudes d'étiquette, cette nature cérémonieuse, les Japonais sont fort sociables; dans leurs élégants appartements, ils se réunissent souvent et en grand nombre; les femmes s'occupent d'ouvrages de fantaisie; elles font de la musique, elles dansent. Enfin on joue différents jeux dans ces ces réunions.

Les Japonais aiment passionnément la musique; leurs traditions donnent à

(1) Darouma, Darma ou plutôt *Dharma* ou *Bodhidharma*, vingt-huitième patriarche des Bouddhistes, était originaire de l'Inde méridionale et de la caste des *Kchattrias*. — Il vint à la Chine, où, selon les écrivains chinois, il mourut en 495. — Kœmpfer, d'après les autorités japonaises, place son arrivée en Chine en 518.

cet art une origine divine. Ils racontent que jadis la *déesse Soleil*, irritée de la violence d'un de ses frères, se retira dans une caverne. L'univers resta en proie aux horreurs des ténèbres et de l'anarchie. Les dieux, dans leur embarras, eurent recours à la musique pour attirer la déesse hors de sa retraite : il est évident qu'ils y réussirent, mais si la musique japonaise est, en effet, de leur invention, il faut convenir, d'après l'idée qu'on nous en donne, qu'elle est loin de rappeler, dans son état actuel, sa divine origine! — Les Japonais ont des instruments à cordes, à vent et à percussion; entre tous, c'est le fameux *samishen*, ou guitare à trois cordes, qui est le plus en honneur. La guitare proprement dite est le *biwa*, qui se fait entendre très-fréquemment aussi. Le *koto*, espèce de luth, plusieurs sortes de tambour ou de tambourin, des fifres, des clarinettes, des flageolets figurent dans la musique instrumentale. Mais, avec tous ces instruments, qui sont au nombre de vingt-et-un, les Japonais n'ont nulle idée d'harmonie; on peut dire que quand plusieurs d'entre eux jouent à la fois, ils jouent en même temps, mais non pas d'accord; ils ne sont pas plus avancés en mélodie : leurs airs ne rappellent ni les sauvages mélodies des bois, ni les accords savants de la musique occidentale. Malgré cela, les sons ne laissent pas que de les charmer pendant des heures entières. Ce n'est que parmi les gens sans aucune éducation que l'on pourrait trouver une fille incapable de chanter en s'accompagnant du *samishen*. Ces chants sont souvent de vrais impromptus. Dans les réunions dont nous venons de parler il n'est pas rare d'entendre une femme improviser une chanson, pour peu qu'une occasion vienne l'y solliciter.

Leur danse est du style oriental; c'est une pantomime dans laquelle les bras et le corps jouent un bien plus grand rôle que les pieds, qui sont presque immobiles et cachés sous de longues robes. Comme toutes les danses de caractère, elle représente ordinairement quelque scène de passion, de comédie, ou même un trait de la vie ordinaire. Les femmes figurent seules dans ces ballets domestiques, les hommes les contemplent avec des transports d'admiration. Les spectateurs hollandais, moins enthousiastes, n'ont trouvé à louer que la réserve pudique des danseuses, qu'ils opposent au voluptueux laisser-aller des bayadères. Il paraîtrait cependant qu'au Japon même il se trouve des femmes dignes de lutter en tout point avec ces dernières.

Les cartes et les dés sont prohibés; bien que cette loi soit violée, dit-on, dans des maisons de jeu clandestines, les Japonais la respectent chez eux. Leurs jeux favoris sont les échecs, les dames, et un jeu qui ressemble au *moro* des Italiens. Ce dernier jeu paraît se rapprocher beaucoup du *micare digitis* des anciens Romains. Il consiste à deviner immédiatement combien on a abaissé de doigts dans un mouvement rapide de la main. Il y a un autre jeu analogue, où il faut deviner dans quelle main on tient une balle. Toutes les classes de la population japonaise jouent aux échecs. Le nom du jeu est *shiyogi* (*chiogi* ou *gui*). L'échiquier contient quatre-vingt une cases. Il y a vingt pièces de chaque côté, dont neuf pions. Ces vingt pièces sont disposées sur trois rangs : le premier rang du côté du joueur en a neuf; le roi occupe le centre de ce rang. Le second en a deux placées à l'avant-dernière case de droite et à celle de gauche; le troisième enfin est occupé par les neuf pions. La marche des pièces diffère de celle des nôtres, mais l'esprit du jeu est le même.

Il y a un autre jeu de combinaisons qui se joue avec de petites pierres, sur un damier qui compte trois cent soixante cases, autant que de jours dans l'année.

Le jeu de paume, le ballon, le volant, le tir à l'arc, l'escrime, etc., sont au nombre des amusements ordinaires des Japonais; nous mentionnerons aussi un de leurs jeux de société, ce jeu paraissant leur être tout à fait particulier. — La compagnie se place autour d'un bassin rempli d'eau, sur laquelle on fait flotter une petite poupée; les uns chantent, les autres jouent du *samishen* pendant que la poupée se promène, et celui du côté duquel elle se tourne est condamné à boire du *saki* ou à donner des gages, comme lorsque l'on devine mal au *moro* japonais. Dans ces moments-là

9.

on foule aux pieds toutes les entraves du cérémonial, on voit régner la gaieté la plus échevelée, et la soirée se termine souvent d'une façon peu croyable pour les personnes qui regardent l'intempérance comme confinée dans nos régions du Nord et de l'Occident. Les hommes boivent du *saki* par pénitence ou volontairement, jusqu'à ce que, pour chasser les premiers nuages de l'ivresse, ils soient forcés de recourir au thé; — de l'antidote ils passent au poison, et du poison à l'antidote, en sorte que l'on finit par les emporter chez eux dans un état complet d'insensibilité.

En été les Japonais se réunissent souvent pour faire des parties de campagne, et surtout des parties de bateau, afin de jouir pleinement des beautés de la nature. On rencontre alors des embarcations, richement décorées, qui sillonnent les lacs, les baies, les rivières; de joyeuses compagnies passent ainsi la soirée et une partie de la nuit au milieu des concerts et des festins. Quand c'est dans le milieu de la journée, ils se réfugient dans quelque anse impénétrable aux rayons du soleil, d'où la vue puisse s'étendre au loin et que la brise du large vient rafraîchir le soir; le bruit des instruments éclate, et de toutes parts on voit se réfléchir dans les eaux les mille lumières errantes que renvoient les lanternes en papier peint de mille couleurs.

Pour mieux se divertir, et se mettre en garde contre les inconvénients d'une conversation trop prolongée ou d'une musique d'amateurs, on engage pour la journée des musiciens de profession, des jongleurs, des grimaciers, etc. Il s'y joint souvent des conteurs d'histoires, qui, au lieu de se farcir la mémoire de romans, comme les conteurs du reste de l'Orient, recherchent toutes les nouvelles du voisinage pour les répéter, avec additions et embellissements, à leurs auditeurs. On a souvent recours à ces colporteurs de scandale pour égayer la chambre d'un malade. Chose étonnante, ces mêmes hommes doivent être pour la compagnie qui les paye des modèles de politesse et de bonnes manières; il paraît qu'ils s'acquittent à merveille de ces doubles fonctions, si incompatibles en apparence; et l'on affirme que tout en se livrant, en leur qualité de bouffons, à toutes sortes d'extravagances, d'impudentes grossièretés, ils conservent tout leur sang froid et reprennent avec un parfait à-propos une contenance froide et distinguée, pour rappeler à l'ordre et à l'observation des règles la foule entière de leurs auditeurs.

Des plaisirs et des cérémonies qui remplissent la vie des Japonais il nous faut passer aux scènes de deuil qui la terminent; nous avons pris le Japonais à son berceau, nous ne le quitterons qu'à sa tombe.

Ordinairement il s'écoule un temps plus ou moins long entre la mort et la sépulture. Bien des Japonais d'un rang élevé meurent *naïboun*, soit naturellement, soit de leurs propres mains. La mort d'un fonctionnaire, par exemple, reste cachée, *naïboun*, et rien n'est changé au train de vie de sa famille jusqu'à ce que son fils ait obtenu la survivance de sa place. A la mort d'une personne endettée il en est de même; les appointements courent au bénéfice des créanciers, et le débiteur est censé vivant quoique son décès soit connu. Un homme tombé en disgrâce s'ouvre ordinairement le ventre en présence de sa famille, surtout s'il espère que ses enfants puissent trouver quelque avantage à laisser sa mort *naïboun*; tandis que celui qui s'est rendu coupable d'une offense de nature à attirer sur lui une peine sévère, telle que la confiscation, la dégradation de sa famille, se donne la mort dans une assemblée solennelle, formée de tous ses amis; ce suicide a pour but de satisfaire à la justice et de prévenir le châtiment encouru.

Quand la nécessité du *naïboun* cesse, et que le décès d'un Japonais devient officiel, que la mort soit naturelle ou qu'elle soit la conséquence du fameux *hara-kiri*, ses parents, en signe de deuil, commencent par retourner sens dessus dessous tous les paravents et les portes à deux coulisses de la maison, et ont soin de retourner également leurs vêtements à l'envers. Un prêtre vient garder le cadavre. La famille est censée trop absorbée par la douleur pour pouvoir s'occuper de tous les soins et du détail des préparatifs de la triste cérémonie; on la laisse pleurer dans une solitude que rien ne trouble; les amis intimes du défunt se chargent de veiller à la sépulture. L'un d'eux préside à l'exposition du corps, tandis qu'un autre ordonne les funérailles. Un troisième reste à la porte, en habit de cérémonie, pour recevoir les visites obligées de condoléance de tous les amis du défunt. Ces visites se rendent à la porte, pour ne pas se souiller en franchissant un seuil que la mort a touché. La fosse est creusée sous la direction d'un autre ami. On a soin de la placer, en général, dans le terrain ou au moins dans le voisinage d'un temple; on lui donne la forme d'un puits et on l'enduit fréquemment d'un ciment solide pour empêcher l'eau de s'y infiltrer. Quand le défunt est marié, on donne ordinairement au tombeau la capacité nécessaire pour contenir les corps du mari et de la femme. On élève un monument qui porte le nom du mort, s'il est marié; le nom de celui des époux qui survit est écrit en lettres rouges, que l'on noircit ou que l'on dore quand il a rejoint dans la tombe celui ou celle qui avait été son compagnon de voyage sur la terre.

Il est d'usage d'envoyer aussitôt après le décès chercher des prêtres qui chantent des hymnes funéraires, préparent la tablette mortuaire (*Ihaï* ou *I-Faï*) du décédé, le *Koï myo* ou désignation religieuse qui lui sera donnée au temple, etc.

Les préparatifs terminés, on lave le cadavre, et on l'enveloppe d'un linceul blanc, sur lequel un prêtre trace des caractères sacrés, sorte de passeport pour le ciel; on le place ainsi, à la manière japonaise, dans un cercueil cylindrique, que l'on renferme lui-même dans un grand vase en terre de même forme; c'est dans cet état qu'on l'emporte. La marche s'ouvre par des porteurs de torches; puis viennent les prêtres en grand nombre, chargés de leurs livres saints, d'encens, etc.; ils sont suivis par une foule de serviteurs, armés de longs bambous auxquels flottent attachées des lanternes, des ombrelles, des feuilles de papier ornées de maximes sacrées; c'est après eux que vient le mort, dont le cercueil, placé sur un corbillard couvert d'une espèce de cage en papier à dais arrondi, est couronné d'une guirlande qu'un serviteur porte suspendue à un bambou. Derrière le cercueil marchent en habit de cérémonie les amis et connaissances du défunt; ils entourent la portion mâle de sa famille; parents, domestiques, et porteurs sont tous en habits de deuil, blancs.

Les dames de la famille et leurs amies, toutes dans des *norimonos* et accompagnées de leurs femmes, ferment le cortége funèbre. Les *norimonos* des personnes de la famille se distinguent par la couleur blanche des vêtements des porteurs. Dans un convoi d'une classe inférieure (car, de même qu'en Europe, il y a au Japon des enterrements de diverses classes), les femmes de la famille de la personne décédée marchent avec leurs amies à la queue de la procession, après les hommes.

Dans le temple le convoi est reçu par des prêtres qui récitent une sorte de messe des morts, après quoi on enterre le mort, quelquefois au son des gongs et des cymbales ou d'autres instruments, quelquefois sans musique d'aucune espèce. Deux personnes de la maison du défunt s'établissent dans une des chambres de côté du temple, et prennent note exacte de toutes les personnes qui ont assisté à la cérémonie.

Les usages observés dans ces tristes solennités diffèrent, au reste, suivant les provinces; et le cérémonial, comme nous l'avons fait pressentir, se ressent des conditions de fortune dans lesquelles se trouve la famille. Certaines modifications sont dues, en outre, au rang, à l'âge, à la croyance dans laquelle a vécu et est mort celui qu'on va porter à sa dernière demeure. Les Japonais disposent de leurs morts de trois manières différentes : on enterre le corps dans un tombeau, ce qui s'appelle *doso*; ou bien on le brûle, on renferme ses cendres dans une urne ou vase que l'on enterre ensuite : ce mode de sépulture est appelé *kwaso*; enfin, on jette le corps dans l'Océan, ce que l'on désigne par le mot *souiso*. Ce dernier mode n'est plus maintenant en usage, à ce qu'on nous assure.

On trouve dans Titsing les détails de toutes les cérémonies. L'exactitude de la plupart de ces détails a été vérifiée. Le *Chinese Repository*, vol. IX, p. 633,

634 et 635, éclaircit ou complète les renseignements dus à Titsing, par les témoignages les plus récents et les plus dignes de foi.

Les funérailles avaient jadis un caractère tout différent. Ainsi au Japon même, dans ce pays dont les mœurs originales sont pour nous un type d'immobilité, les siècles en passant ont changé peu à peu ce que les coutumes avaient de cruel ou d'absurde. Dans les âges reculés dont nous parlons, quand un Japonais venait à mourir, on brûlait sa maison, après en avoir retiré ce qui devait servir à construire son tombeau. On se contente maintenant de la purifier, en allumant devant la porte un grand feu dans lequel on jette des épices et des huiles odoriférantes. Dans ces premiers temps de barbarie, les serviteurs étaient enterrés vivants avec leurs maîtres; puis, quand les mœurs s'adoucirent un peu, on leur permit de se donner préalablement la mort; mais il était expressément stipulé dans leur engagement qu'ils seraient enterrés avec leur maître pour être plus sûrs de l'accompagner dans l'autre monde! On remplaça depuis les serviteurs par de simples effigies (1).

Les mêmes usages ont passé en Chine par les mêmes modifications, et Confucius (cité par Mencius) disait, en y faisant allusion : « Ceux qui ont osé employer des images en bois (pour les jeter dans la tombe) ne seront-ils donc pas sans postérité? » — Condamnant ainsi l'imitation même de ces odieux sacrifices. Il est plusieurs pays de l'Orient où des serviteurs mâles ou femelles s'immolent encore volontairement sur le tombeau ou se font brûler sur le bûcher de leur protecteur.

Le deuil pour les familles qui suivent les pratiques religieuses de la secte *Sintou* dure un an entier. Mais les autres sectes ne pleurent leurs morts, à ce qu'il paraît, que quarante-neuf jours (1). Pendant les quarante-neuf jours de deuil tous les parents du défunt doivent rendre à sa tombe une visite quotidienne, pour y faire des prières et lui offrir des gâteaux particuliers, dont le nombre doit être égal à celui des jours écoulés depuis l'enterrement. Le cinquantième jour le *kwan* ou cerceuil extérieur qui avait été déposé sur la tombe est emporté et remplacé par le *si-seki* ou pierre tumulaire : les hommes se rasent la tête et la barbe, qui a dû rester inculte pendant sept semaines. On met de côté tous les signes de deuil; hommes et femmes reprennent leur genre de vie ordinaire; leur premier devoir est de faire des visites de remerciment à tous ceux qui ont suivi le convoi. Il faut ajouter toutefois que pendant cinquante ans les enfants et les petits enfants doivent continuer à déposer des offrandes sur la tombe de leur père ou de leur aïeul.

Anecdotes propres à faire connaître le caractère japonais.

Nous trouvons dans les anciennes relations, et notamment dans celle de notre naïf et intelligent observateur (mais aussi parfois trop crédule) Kœmpfer, une foule d'anecdotes qui semblent propres à faire connaître les traits les plus saillants du caractère japonais. — Nous n'avons pas négligé de consulter ces autorités, lors même que le témoignage des narrateurs paraissait porter l'empreinte de préjugés trop ou trop peu favorables. — Nous les prendrons en considération dans notre appréciation générale du caractère national; mais nous croyons devoir, dans le choix des récits qui peuvent jeter du jour sur cette intéressante question, recourir surtout aux *souvenirs* de Doeff et au recueil de Titsing (*Annales des empereurs, Coutumes du Japon*, etc.) nous appuyant, en outre, du témoignage de Fisscher, dont la relation est la plus récente que nous ayons pu consulter à cet égard.

Ces divers ouvrages renferment des détails tout à fait caractéristiques, et qui

---

(1) Ces sacrifices furent interdits (à ce que nous assure le docteur Burgher) sous le règne de *Souizinteno*, vers le commencement de l'ère chrétienne; mais on continua à les simuler jusque vers 1650. On trouve encore fréquemment dans les familles des figures en terre cuite dont on se servait dans ce but.

(1) Siebold affirme que dans de certaines circonstances les plus proches parents du mort restent treize mois dans l'état d'impureté, ce qui est synonyme du deuil.

font ressortir l'esprit vindicatif, l'opiniâtreté des Japonais, le peu de cas qu'ils font de la vie humaine toutes les fois que le meurtre n'est pas une injustice, leur goût pour la plaisanterie et les idées qu'ils se font du savoir-vivre; et (s'il nous est permis de nous servir de cette expression) du *savoir-mourir!*

Le récit suivant est emprunté à l'ouvrage de Doeff.

En 1808, le capitaine Pellew, commandant *le Phaéton*, en croisière dans les mers de l'Inde, cherchait à s'emparer des navires hollandais qui font le commerce du Japon. Son entreprise ne pouvait réussir; car cette année-là il n'y eut pas d'expédition pour ce pays; il alla cependant jusqu'à Nagasaki pour exécuter son projet.

A l'arrivée de la frégate sur la côte, on vint à Nagasaki annoncer qu'il y avait en vue un navire étranger; l'on prit aussitôt les mesures ordinaires, et qui avant l'événement dont nous rendons compte n'embrassaient pas la reconnaissance préliminaire et la remise des otages prescrites depuis. La députation se mit en route. Le canot qui portait les membres de la factorerie hollandaise précédait celui des commissaires japonais, et se dirigeait à force de rames vers la chaloupe de la frégate qui avait arboré le pavillon hollandais. Dès que les deux embarcations se furent abordées, on saisit les Hollandais; on les embarqua de force dans la chaloupe, et on les mena à bord du *Phaéton*. Le commissaire et l'interprète japonais, effrayés de cette catastrophe inattendue, se hâtèrent de virer de bord pour rendre compte du guet-apens dont leurs compagnons venaient d'être victimes. Le gouverneur, qui répondait sur sa tête de tous les agens hollandais, chargea deux *gobanyosis* de ramener les prisonniers au prix de leur vie; puis il envoya demander à Doeff ce que signifiait cette aventure et quels moyens il pourrait employer pour délivrer ses compatriotes. Doeff fit répondre que ce devait être un bâtiment de guerre anglais, et, que comme les prisonniers n'étaient pas des militaires, on pourrait les faire remettre en liberté par voie de négociation. Mais pendant cette correspondance *le Phaéton* poursuivait, sans pilote, sa route vers le mouillage; et les Japonais, épouvantés de cette témérité sans exemple, s'écriaient, tout stupéfaits, qu'il faisait route pour Dézima.

Le gouverneur, qui commençait à craindre qu'on ne lui enlevât sa factorerie tout entière, fit réunir dans son palais tous les Hollandais avec ce qu'ils avaient de plus précieux. Ils le trouvèrent plein de fureur. « Soyez tranquille, *operhoofd*, dit-il à Doeff; je vais ravoir vos compatriotes. » Bientôt après on reçut une lettre de l'un des prisonniers, qui annonçait que le navire était anglais et que son commandant, le capitaine Pellew, demandait des vivres et de l'eau.

Le gouverneur, fidèle à ses instruction, ne tint aucun compte de cette demande; il fit en toute hâte ses préparatifs pour exterminer ces téméraires étrangers. Il donna l'ordre de rallier sur le champ les troupes du poste voisin, qui se trouvait sur les terres du prince de Fizen, et où il devait toujours y avoir mille hommes sous les armes; on n'en trouva que soixante ou soixante-dix au plus; le commandant lui-même était au nombre des absents; — le gouverneur savait que cette négligence lui serait imputée, et que la mort seule pourrait l'absoudre; il persista néanmoins dans ses efforts pour recouvrer les prisonniers. Mais on devinerait difficilement le moyen auquel il eut recours; une pareille idée ne pouvait venir qu'à un Japonais. Le premier secrétaire alla trouver Doeff, et lui annonça qu'il avait reçu l'ordre de délivrer les Hollandais. « Mais comment? » — « Comme c'est par trahison que l'on s'est emparé d'eux, je vais me rendre seul et avec force démonstrations d'amitié à bord de ce bâtiment. Je demanderai au capitaine un instant d'entretien, et l'élargissement des captifs. S'il refuse je le poignarde, et je me tuerai moi-même. » Ce n'est qu'avec bien de la peine que Doeff parvint à persuader au gouverneur et à son secrétaire que sans aucun doute les prisonniers seraient égorgés par les marins exaspérés s'ils ne renonçaient à ce cruel projet.

Sur ces entrefaites, le capitaine Pellew envoya à terre, sur parole, un de ses prisonniers pour demander les vivres dont il avait besoin. Celui-ci raconta qu'on les avait interrogés en grand détail sur l'arrivée des bâtiments hollandais ; qu'on les avait menacés de les mettre à mort et de brûler tout ce qu'il y avait de jonques japonaises et chinoises dans le port dans le cas où l'on apprendrait que leurs réponses n'étaient pas exactes. Cette fois encore on eut bien de la peine à déterminer le gouverneur à laisser le prisonnier s'acquitter de sa parole en retournant à bord : on finit par lui faire comprendre que le salut de l'autre dépendait de la fidélité avec laquelle le parlementaire tiendrait ses engagements. On le renvoya donc avec un peu d'eau et quelques vivres ; on en promit davantage pour retenir les Anglais dans la rade jusqu'à ce que les préparatifs de guerre fussent terminés. Mais le capitaine s'était assuré que les prises qu'il cherchait n'étaient pas dans le port, son but était atteint ; il se contenta de ce qu'on lui envoyait, et fit mettre les deux Hollandais à terre. C'était rendre la vie aux deux infortunés *Gobanyosis*, qui tournaient et retournaient autour du *Phaéton* sans découvrir comment ils parviendraient à s'acquitter de la tâche qu'on leur avait imposée.

Le gouverneur s'occupait toujours de réunir les troupes nécessaires pour attaquer la frégate ; mais les renforts arrivaient lentement, et l'on chercha d'autres expédients. Le prince d'Omoura, qui était arrivé avec ses troupes avant l'aurore, proposa de brûler la frégate avec une cinquantaine de barques chargées de combustibles ; le président de la factorerie devait couler quelques jonques chargées de pierres dans les passes étroites et difficiles de la baie pour l'empêcher de sortir. Pendant que l'on discutait ces plans, que les troupes s'assemblaient, que des commissaires se rendaient en toute hâte à bord de la frégate pour ouvrir des négociations et gagner du temps, la frégate entrait dans les passes, et toujours sans pilote sortait de la baie comme elle y était entrée, au grand étonnement des Japonais, plus confondus que jamais !

Les Hollandais retournèrent à Dézima. Cette aventure ne devait pas avoir d'autres suites pour eux ; mais il n'en était pas de même pour les Japonais. Le gouverneur, bien malgré lui, il est vrai, avait manqué à son devoir en laissant échapper ces insolents étrangers ; il était coupable en tout cas d'avoir ignoré l'état d'abandon dans lequel se trouvaient les postes de la côte. Un Japonais ne pouvait pas hésiter sur ce qui lui restait à faire : il n'hésita point. Voici comment Doeff raconte la catastrophe :

« Il connaissait si bien le sort qui lui était réservé, qu'une demi-heure après notre départ il fit rassembler toute sa maison, et se coupa le ventre. Les commandants des postes abandonnés, quoique dépendant du prince de Fizen, suivirent son exemple ; c'était le seul moyen de sauver du déshonneur toutes leurs familles. Et l'on ne saurait douter que leur négligence n'eût attiré sur eux les peines les plus sévères ; car le prince de Fizen, quoique absent de ses États et établi forcément à Yédo, fut puni d'un emprisonnement de cent jours pour avoir vu ses subordonnés manquer à leur devoir. Il faut ajouter que le jeune fils du gouverneur de Nagasaki est en ce moment en grande faveur à la cour, et qu'on lui a confié d'importantes fonctions. En 1810, quand j'ai visité Yédo, l'on m'a raconté que le prince de Fizen, s'accusant d'avoir contribué à la mort du gouverneur en laissant déserter les troupes destinées à la garde des côtes, avait demandé au conseil d'État l'autorisation d'offrir au fils de ce malheureux la somme de 2,000 kobangs (environ 53,000 fr.). On ne se contenta pas d'acquiescer à sa demande : on lui permit, par grâce et faveur spéciales, et *afin de lui éviter de réitérer sa demande*, *de renouveler chaque année ce cadeau*. Cette *permission*, aussi caractéristique qu'inattendue, mais *qui équivalait à un ordre*, obligeait le prince de Fizen à faire une pension aux enfants de l'ancien gouverneur (1). »

(1) Meylan et Fisscher ont mentionné la visite du *Phaéton* et la catastrophe à laquelle cet événement a donné lieu, et sont entrés relativement à la conduite du capitaine Pellew dans des détails qui, en les supposant exacts, seraient peu honorables pour cet officier ; mais ils ne parlent évidemment que par ouï-dire et sous l'influence de préjugés regrettables. — Le récit de Doeff, témoin oculaire et l'un des acteurs, on peut le dire, de ce drame étrange, est le seul qui nous paraisse mériter confiance.

Cette histoire, dans laquelle Doeff a joué un rôle personnel, peint bien l'esprit du gouvernement japonais, et fait clairement comprendre les causes qui peuvent rendre le suicide obligatoire. Ce n'est pas sans regret que nous ajoutons que le docteur van Siebold a été la cause malheureuse d'une catastrophe semblable, quoiqu'elle ait fait moins de victimes. Les détails de cette affaire n'ont pas encore été publiés; mais voici comment on la raconte. — La grande réputation de savoir du docteur Siebold et la protection de quelques Japonais influents lui valurent la permission de rester à Yédo, où il devait donner des leçons à plusieurs membres du collège impérial, après le départ du colonel van Sturler pour Dezima; plus tard, chose bien plus extraordinaire encore, on l'autorisa à voyager dans l'intérieur de l'empire, à condition cependant qu'il ne leverait ni cartes ni plans. Il transgressa cette défense, et fut mis en prison. Il parvint à s'évader, grâce à la fidélité et à l'attachement de ses domestiques japonais. Mais la personne ou les personnes à qui sa garde était confiée n'ont pu trouver de refuge que dans le *harakiri*. C'est ainsi du moins que l'histoire a été racontée; nous n'en garantissons pas les détails, quoiqu'il paraisse malheureusement certain que l'évasion du savant Allemand, de même que celle des marins anglais, a entraîné des Japonais à se suicider (1).

L'histoire suivante, tirée des Annales des *siogouns* de la dynastie Gonguen, montre à la fois le naturel vindicatif, la fermeté à toute épreuve, les sentiments

(1) Dans le huitième numéro du *Moniteur des Indes*, tome II, le docteur Siebold fait allusion à « l'enquête dirigée contre sa « personne et contre plusieurs Japonais à « cause de cartes et autres objets ethnogra- « phiques défendus qu'il s'était procurés « malgré la défense expresse des lois du pays, » et annonce l'intention de publier quelques documents qui feront plus amplement connaître et l'événement lui-même et sa conduite personnelle. — C'est pendant le séjour de Meylan au Japon, comme chef du comptoir hollandais, que se passa l'événement que nous avons mentionné. — Les documents annoncés ne sont pas encore venus à notre connaissance.

exaltés d'honneur, la cruauté légale et enfin la reconnaissance héréditaire qui caractérisent les Japonais.

Pendant les guerres civiles survenues entre Gonguen et Hideyori, mari de sa petite-fille, le prince de Toza s'était fait remarquer parmi les partisans de ce dernier. Après la défaite et la dissolution de son parti, il tomba entre les mains du vainqueur. On lui fit endurer les traitements les plus cruels et les plus ignominieux; enfin on le condamna à avoir les mains tranchées, ce qui est au Japon le dernier degré du déshonneur. Le prisonnier reprochait énergiquement à Gonguen, qui assistait au supplice, et son parjure envers Hideyori et sa cruauté envers lui-même. Pour toute réponse on lui trancha la tête. Maroubozi-Tchouya, fils du prince de Toza, prit dès ce moment la résolution de venger son père; mais ce n'était encore qu'un pauvre enfant sans protection, âgé de neuf ans à peine : il cacha ses projets à tout le monde, et attendit patiemment que l'occasion de les exécuter vînt s'offrir à lui. Bien longtemps après, en 1651, à l'avénement de Minamoto-no-yeye-Mitsou, arrière-petit-fils de Gonguen, il fut nommé au commandement des gardes, armées de piques, de Yori-Nobou, oncle du nouveau siogoun. Tchouya jugea le moment venu. Il se concerta avec Ziositz, fils d'un habile *teinturier*, mais si distingué par ses talents qu'il avait été choisi pour servir de tuteur à Yori-Nobou. On a soupçonné ce prince lui-même d'avoir trempé dans le complot; si ces soupçons sont fondés, il a dû son salut à la fermeté inébranlable et à la présence d'esprit de ses complices. Au fait, il est difficile de croire qu'il n'ait pas connu l'existence de la conspiration; mais les projets des conspirateurs ont été dénaturés, ou bien il leur servait de dupe; car s'il était vrai que leur but eût été de massacrer toute la famille de Gonguen et de partager l'empire entre Tchouya et Ziositz, il serait impossible de s'expliquer la participation d'un prince de la famille proscrite à de pareils projets.

Après cinquante années de prudence, une indiscrétion de *Tchouya* fit découvrir le complot. L'ordre fut donné aussitôt d'arrêter Tchouya et Ziositz. Il était important de les saisir en vie tous les deux, surtout Tchouya, qui résidait à Yédo et dont on pouvait attendre des révélations. On fit donc crier au feu devant sa porte; il sortit pour reconnaître le danger : on l'attaqua, et malgré l'acharnement de sa défense il fut contraint de céder au nombre, après avoir tué deux de ses assaillants. Sa femme, qui avait entendu le combat, et qui en soupçonnait la cause, prit et brûla sur-le-champ tous les papiers de son mari qui pouvaient compromettre ses complices : il se trouvait parmi eux des princes et des personnages de distinction. Sa présence d'esprit fait encore l'admiration des Japonais, et le plus bel éloge qu'ils puissent faire d'une femme est de la comparer à la femme de Tchouya. Ce sont ses grandes qualités sans doute qui lui avaient valu l'honneur, bien rare pour les Japonaises, d'être la confidente de son époux.

Malgré ce premier succès, les espérances du gouvernement se trouvaient déçues. On fit arrêter tous les amis connus de Tchouya. Ziositz se suicida; mais on parvint à s'emparer de Ikiyemon et de Fatsiyemon, auxquels on fit subir un interrogatoire. Ils reconnurent leur participation à la conspiration, fort honorable suivant eux, mais ils refusèrent de faire connaître aucun de leurs complices. Après la destruction des papiers de Tchouya, il ne restait que les révélations pour découvrir les conspirateurs; on soumit donc les malheureux prisonniers à des tortures affreuses, dont nous ne parlerons que pour donner une idée de la cruauté des lois et de la fermeté héroïque des hommes au Japon.

Tchouya, Ikiyemon et Fatsiyemon, couverts d'une couche d'argile humide, furent étendus sur des cendres chaudes jusqu'à ce que l'argile en se séchant et se resserrant leur eût arraché et brisé la peau. Aucun d'eux ne changea de contenance. Semblable à un Mohauk entre les mains des Cherokis, Fatsiyemon raillait ses bourreaux : « J'ai fait un long voyage, disait-il : cette chaleur me fera du bien; elle rendra la souplesse à mes articulations et la vigueur à mes membres. » Après cette première épreuve, on leur fit dans le dos une entaille de huit pouces de long; on coula dans la plaie du cuivre fondu. Après avoir laissé refroidir le métal, on l'arracha avec les chairs qui s'y étaient collées. Le courage des victimes restait indomptable; Fatsiyemon disait que c'était un moxa perfectionné; et Tchouya, que l'on pressait de révéler ses complices pour éviter des nouvelles et atroces tortures, répondait à son juge : « J'avais à peine neuf ans quand je pris la résolution de venger mon père et de m'emparer du trône. Mon courage est aussi inébranlable qu'une muraille d'airain; je défie votre science infernale; inventez de nouveaux supplices, leur cruauté n'égalera jamais ma force d'âme. »

Le gouvernement finit par désespérer de découvrir de nouvelles victimes; le jour de l'exécution fut fixé. De grand matin on conduisit processionnellement par les rues de la ville les condamnés, au nombre de trente-quatre. Tchouya marchait en tête; à la queue du cortége marchaient sa femme et sa mère, l'épouse d'Ikeyemon et quatre autres femmes. De ces trente-quatre prisonniers on n'en mit que trois à la torture, sans doute parce que les chefs devaient seuls connaître les noms des conspirateurs; la femme de Tchouya, qui les connaissait, fut épargnée de même, parce que ses dépositions, venant d'une femme, n'auraient eu aucune valeur légale.

Le cortége funèbre arrivait à la place de l'exécution, quand un homme armé de deux sabres à poignée d'or, se frayant un passage à travers la multitude, s'approcha de l'officier de justice qui présidait à l'exécution : « Je suis Sibata-Zabrobé, lui dit-il, l'ami de Tchouya et de Ziositz; ma demeure est bien éloignée; dès que le bruit de leur complot et de leur arrestation est parvenu jusqu'à moi, je suis parti pour Yédo. Je suis resté caché jusqu'à ce moment, espérant que le *siogoun*, dans sa clémence, pardonnerait à Tchouya. Mais puisque c'en est fait de lui, je viens l'embrasser une dernière fois, et partager son sort, s'il le faut. — Vous êtes un brave homme, s'écria l'officier; je voudrais que tout le monde vous ressemblât. Je n'ai pas besoin de la permission du gouverneur de Yédo; allez rejoindre Tchouya. »

Les deux amis causèrent tranquillement ensemble; puis Sibata prenant un flacon de saki qu'il avait apporté, ils burent, et après avoir bu se firent un dernier adieu. Tous deux pleuraient. Tchouya remerciait tendrement son ami d'être venu le voir cette dernière fois; Sibata disait : « Notre corps sur cette terre ressemble à l'*asagawa*, cette fleur magnifique qui fleurit avant l'aurore, se flétrit et meurt aux premiers rayons du soleil; il passe comme le *Kogero*, cet insecte éphémère. La mort n'est que la porte d'un monde meilleur où nous jouirons sans obstacles de la société l'un de l'autre. » Il se leva après ces paroles; il quitta Tchouya, et remercia le ministre pour son indulgence.

Des croix étaient préparées; on y attacha les condamnés, et les bourreaux commencèrent à brandir leurs piques. Tchouya fut le premier achevé; on lui fit deux entailles au ventre en forme de croix; après lui, ce fut le tour de ses malheureux amis; sa femme mourut avec la fermeté qu'on devait attendre d'elle.

Le récit de cette exécution vient à l'appui de la conjecture que nous avons émise plus haut en parlant de la peine de mort, quand nous avons dit que sans doute le choix du supplice dépendait en grande partie du juge. Chaque écrivain ne peut décrire et raconter que ce qu'il a vu; mais nous ne connaissons pas la loi. On ne peut pas confondre le genre de mort de Tchouya avec le *Hara-Kiri*, qui est nécessairement un suicide, un véritable suicide; ici le condamné est éventré au lieu d'être décapité.

Quand ce massacre juridique fut terminé, Sibata présenta ses deux sabres précieux à l'officier qui avait présidé, et lui dit : « C'est à vous que je dois ma dernière conversation avec l'ami que j'ai perdu; soyez assez bon maintenant pour me dénoncer au *siogoun*, afin que je puisse mourir comme lui. — Dieu m'en préserve! vous méritez un meilleur sort, vous qui, tandis que tous ses amis se cachaient, de peur de se compromettre, êtes courageusement venu au-devant de ses embrassements. »

Le nom de Sibata-Zabrobé ne se retrouve plus dans les annales; on peut donc croire que ce courageux et fidèle ami regagna tranquillement sa demeure.

La destruction des papiers de Tchouya ne laissait aucune preuve de la complicité de Yorinobou; et cependant les présomptions étaient fortes contre lui. On visita son palais, sans trouver d'indices positifs de sa culpabilité. Son secrétaire, Karmofeymon, pour écarter les soupçons qui planaient sur son maître, vint déclarer que lui, et lui seul dans la maison de son maître, avait eu connaissance de la conspiration, et il se fendit le ventre. Ce suicide généreux mettait Yorinobou à l'abri de toute poursuite; malgré la défiance qu'il inspirait, ce prince vécut tranquillement à Yédo; ce qui montre bien que la loi au Japon est plus forte que le despotisme. A quelques générations de là, Yosimoune, descendant de Yorinobou, devint siogoun, et montra la reconnaissance de sa famille pour le service éminent rendu à son ancêtre, en élevant la famille de Karmofeymon à une des plus hautes dignités de l'État, et en la rendant héréditaire pour elle.

L'anecdote suivante est tirée de la même source.

Dans les premières années du dix-huitième siècle, le *siogoun* Tsouna-Yosi, prince dissolu, dont les débauches avaient ruiné la constitution, vint à perdre son fils unique. Comme sa dignité ne pouvait se transmettre à une femme, il se voyait forcé d'adopter un héritier. Cette obligation existe pour tous les Japonais sans enfants; mais la coutume ou la loi veut que l'on adopte de préférence les enfants de ses frères, ou, à leur défaut, ceux des plus proches parents. Sans égard pour la règle, pour les réclamations de son neveu, Tsouna-Yosi avait fixé son choix sur le fils d'un étranger, favori de basse extraction.

C'est en vain que le premier ministre Ino-Kamon-no-Kami représentait que ce choix, sans exemple dans l'histoire, exaspérerait les princes du sang et tous les grands de l'empire. La justesse de ses observations venait échouer devant le crédit du favori. En désespoir de cause, il s'adressa à l'impératrice (la *midaï*) (1); il lui fit part du projet

(1) Peut-être le titre de *midaï* est-il donné à cette princesse non en sa qualité de femme du *siogoun*, mais parce qu'elle était fille du *mikado*. Peut-être aussi le titre de *midaï* appartient-il à la femme légitime, ou épouse du premier rang, du *siogoun*, lors même

inique et dangereux du *siogoun*; il lui fit comprendre la possibilité, sinon la certitude, d'une insurrection générale dès que la volonté du prince serait officiellement proclamée; il lui déclara qu'elle seule désormais pourrait empêcher cette adoption, et écarter du Japon tous les maux qu'elle devait inévitablement entraîner. La *midaï* était fille du mikado régnant; sa grandeur d'âme était égale au moins à sa haute naissance et au rang qu'elle occupait; elle resta quelques instants plongée dans une méditation profonde; puis, levant la tête, elle rassura le ministre, et lui promit d'aviser; mais elle refusa positivement de lui confier son projet.

La fille du « fils du ciel » était depuis bien des années négligée par son mari; elle l'invita à prendre le saki chez elle la veille du jour fixé pour l'adoption. Pendant qu'il buvait elle entra dans son appartement pour écrire et envoyer ses instructions à Ino-Kamon; après une courte absence, elle reparut dans la salle du festin; elle avait à sa ceinture un petit poignard de luxe, que portent les femmes de haut rang. Elle pria le *siogoun* de vouloir bien lui accorder un entretien particulier, et congédia tous les assistants (1).

L'historien rapporte que dès qu'ils furent seuls elle supplia son époux de lui accorder la grâce qu'elle avait à lui demander; mais il refusait de s'engager avant de savoir ce qu'elle désirait si ardemment. « L'on m'assure que vous êtes décidé à adopter pour héritier le fils de Dewa-no-Kami. Un choix pareil, très-cher et honoré seigneur, irritera nécessairement tous les princes qui peuvent avoir droit à l'adoption; il soulevera tous les esprits et causera la destruction de l'empire. Je vous en supplie, renoncez à ce projet dangereux. » Le *siogoun*, irrité de voir une femme se mêler de ses affaires : « Comment oses-tu, toi, misérable femme, m'entretenir d'affaires d'État. L'empire m'appartient, je le gouverne à ma fantaisie; qu'ai-je à faire de conseiller de ton espèce; ôte-toi de ma vue, et que jamais je ne te revoie! » Il se leva plein de fureur, et se disposait à quitter l'appartement. La *midaï* le suivait et le retenait par son vêtement, en redoublant ses humbles instances : « Réfléchissez, ô mon souverain maître; réfléchissez, je vous en supplie : si ce désastreux projet s'exécute aujourd'hui, le soleil de demain verra tout le Japon soulevé. » Mais le *siogoun* restait inflexible; ces supplications, si douces, si respectueuses qu'elles fussent, ne faisaient qu'exaspérer sa colère. La fille du ciel, voyant ses remontrances et ses prières inutiles, désespérant de détourner le siogoun de sa fatale résolution, se précipita sur lui, et lui plongea à coups redoublés son poignard dans le cœur. Son bras était bien assuré; le monarque tomba; elle se prosterna à côté de lui en le priant de lui pardonner si, dans une circonstance aussi critique elle avait eu recours à cette cruelle extrémité pour conserver le trône à la dynastie Gonguen, et en l'assurant qu'elle ne lui survivrait pas. Dès que Tsouna-Yosi eut rendu le dernier soupir elle se frappa du même poignard, et tomba mourante sur son cadavre. Ses femmes, accourues au bruit de sa chute, trouvèrent les deux époux morts et baignés de sang. A ce moment suprême, Ino-Kamon accourait lui-même au palais pour avoir l'explication du billet de l'impératrice; on l'introduisit aussitôt dans la chambre funèbre. Il s'arrêta confondu devant cette scène affreuse; il resta quelques instants avant de se remettre, et finit par s'écrier : « Eh bien! c'est une femme qui a sauvé l'empire. Sans son héroïsme demain le Japon était à feu et à sang! »

La courageuse princesse ne s'était pas contentée d'empêcher l'exécution de l'inique projet du siogoun : elle avait donné dans sa lettre à Ino-Kamon des

---

qu'elle n'est pas issue de la famille impériale?

(1) Tout en reproduisant ce récit, dont les circonstances principales nous semblent indubitables, nous ne pouvons nous empêcher de faire observer que l'authenticité des *détails* qui suivent ne saurait reposer entièrement sur la lettre par laquelle l'impératrice faisait connaître au premier ministre ses intentions, et qu'il faut supposer : ou que *tous* les assistants n'avaient pas reçu l'ordre de quitter l'appartement, ou que quelque serviteur dévoué, cédant à une curiosité excusable en pareil cas, a pu entendre la conversation du *siogoun* et de la *midaï* dans cet instant terrible.

instructions précises sur la marche qu'il aurait à suivre. Le ministre, en s'y conformant, fit monter sur le trône l'héritier légitime. Il dédommagea le fils de Dewa-no-Kami en lui faisant accorder une principauté par le nouvel empereur Yeye-Nobou, qui récompensa les éminents services de son ministre en rendant la charge de gouverneur de l'empire héréditaire dans sa famille. L'héroïque *midaï* partage avec la femme de Tchouya l'admiration du Japon.

Mais laissons ces récits sanglants pour tâcher de faire ressortir les côtés moins sombres du caractère japonais.

Vers le milieu du siècle dernier, Fota-Sagami-no-Kami, homme renommé pour son intelligence et son savoir, fut élevé à l'une des places les plus importantes du conseil d'État par le jeune *siogoun*, Yee-Sigghe, qui venait de monter sur le trône. Comme administrateur, Fota-Sagami ne démentit pas les brillantes espérances qu'il avait fait concevoir; mais il souleva de vives animosités parmi les officiers de l'ancien siogoun; il les poursuivait avec une infatigable sévérité, et les privait souvent des récompenses qui leur avaient été accordées par leur précédent souverain.

Ceux qu'il dépouillait envoyaient pétition sur pétition; leurs suppliques restaient sans réponse. Avant d'avoir recours à la vengeance, ils essayèrent de recouvrer leurs honneurs et leurs richesses par des moyens d'intimidation. Un beau matin, on aperçut au-dessus de la porte du conseiller une citrouille découpée en forme de tête accolée à l'inscription suivante : « Ceci est la tête de Fota-Sagami-no-Kami; elle a été coupée et placée ici en récompense de sa cruauté. »

Grande fut la colère des serviteurs de Fota-Sagami à la vue de cette insulte faite à leur maître; bien plus grande encore leur terreur à l'idée de son courroux, qui allait en partie retomber sur eux. N'était-ce pas leur négligence qui avait permis à des insolents de lui faire cet outrage? Pâles et tremblants de crainte, ils se hasardèrent à venir lui parler de la malencontreuse citrouille et de l'inscription qui entourait. Tandis qu'il était plein de vie et de santé, sa tête tranchée avait été placée sur sa porte. Cette plaisanterie parut excellente à Fota-Sagami, qui en rit de bon cœur. A son entrée dans la chambre du conseil, il raconta à ses collègues sa décapitation en effigie. Son récit fut écouté avec de grands éclats de rire, qui n'étaient interrompus que par l'expression de l'admiration qu'inspirait le courage de Fota-Sagami-no-Kami. L'histoire ne nous dit pas si les plaisants rentrèrent en possession de tous les biens qui leur avaient été donnés par l'ancien *siogoun*.

Voici une autre histoire arrivée quelques années plus tard, pendant le même règne. Oka-Yetchisen-no-Kami, l'un des gouverneurs de Yédo, fut chargé de choisir pour le service du *siogoun* quelques hommes habiles, entre autres un bon comptable. Un nommé Noda-Bounso lui fut recommandé comme un arithméticien exercé et un homme propre de toute façon à bien remplir cet emploi. Oka-Yecthisen fit venir Noda-Bounsa, et lui demanda gravement quel était le quotient de 100 divisé par 2. Le candidat avec la même gravité tira ses tablettes, fit son calcul selon toutes les règles, et lui répondit après avoir terminé son opération : « Cinquante. — Bien; je vois que vous êtes aussi discret qu'habile calculateur, dit le gouverneur d'Yédo : vous êtes fait pour l'emploi que vous sollicitez. Si vous vous étiez hâté de me répondre, j'aurais eu une triste opinion de votre éducation; le *siogoun* a besoin d'hommes tels que vous, et vous aurez la place. »

C'est qu'en effet Yee-Sigghe avait besoin d'être entouré d'hommes discrets; il avait ruiné par ses excès toutes ses facultés intellectuelles, et était tombé dans un état voisin de l'idiotisme. Mais on n'eût pu faire une allusion trop directe à cette infirmité, ou donner au monarque le nom qui lui convenait, sans s'exposer à être accusé de trahison. Ses sujets respectueux tournèrent la difficulté, et, du nom d'une herbe qui cause une aliénation momentanée, ils le surnommèrent Yee-Sigghe *Amvontan* (1).

(1) En Chine et au Japon on saisit, avec autant d'empressement que chez nous, l'occasion de tourner en ridicule les hommes qui sont au pouvoir. — Le sens des jeux de mots

Le fait suivant est tiré du récit de ce qui se passa de remarquable au comptoir de Dézima pendant la longue administration du président Doeff.

Un navire américain avait été frété par les Hollandais de Batavia pour faire un voyage au Japon; c'était pendant la guerre, à une époque où la vigilance des croisières anglaises ne permettait pas d'espérer que des navires autres que des neutres pussent entreprendre une pareille expédition sans s'exposer à une capture presque certaine. Ce navire, chargé de cuivre et de camphre, appareilla pendant la nuit, toucha sur une roche, emplit et coula. L'équipage put gagner la terre dans les embarcations. Restait à faire le sauvetage. Le capitaine américain, les membres de la factorerie, les autorités japonaises se creusaient la tête pour résoudre ce difficile problème.

On songea d'abord à faire pêcher le cuivre par des plongeurs japonais. Mais deux plongeurs furent bientôt asphyxiés par cette eau saturée de camphre. Il fallut renoncer à l'espérance de décharger le navire; le relever sans l'avoir allégé était chose impossible : on ne savait plus quel parti prendre, quand un pêcheur de la principauté de Fizen, nommé Kiyemon, proposa de s'en charger, à condition qu'on lui payerait ses frais s'il réussissait. Dans le cas contraire ils resteraient à sa charge. On commença par rire de cet homme, qui n'avait peut-être vu de sa vie un navire européen ; mais on essaya en vain de le détourner de son entreprise. Il fit amarrer de chaque bord du bâtiment submergé des bateaux dans le genre de nos bateaux remorqueurs, au nombre de quinze ou dix-sept, que l'on réunit au moyen de fortes amarres ; il fit attacher à mer basse une grande jonque à l'arrière du navire; et après avoir bien fait roidir les amarres, il attendit une grande marée.

Au moment de la pleine mer on hissa les voiles partout; la masse pesamment chargée coulée bas se souleva, et se dégagea de la roche; l'ingénieux pêcheur la fit remorquer et échouer sur une plage de sable, où il devint facile d'opérer le déchargement et de réparer toutes les avaries. On remboursa à Kiyemon toutes ses avances; et le prince de Fizen l'autorisa à porter deux sabres, et lui donna des armoiries où figurent un chapeau et deux pipes hollandaises en sautoir.

Nous ne ferons aucune remarque, ni sur la singularité du choix de ces armes, ni sur la parcimonie extraordinaire des Européens auxquels le pêcheur avait rendu un si éminent service, resté, selon toute apparence, sans récompense pécuniaire; nous nous contenterons de faire observer que l'autorisation de porter deux sabres accordée à un homme de la classe inférieure prouve que la ligne de démarcation qui sépare les différents ordres n'est pas absolument infranchissable.

On raconte l'histoire d'un autre pêcheur qui, quoique moins honorable que celle de Kiyemon, annonce aussi dans son héros un esprit fort inventif. Après avoir rêvé aux moyens de tirer un parti avantageux de la folle passion qu'ont ses compatriotes pour tout ce qui est rare et étrange, il avait imaginé de réunir la partie supérieure du corps d'un singe avec la queue d'un poisson; et il avait assez bien réussi pour défier l'examen de la masse des curieux. Il fit publier qu'il avait pris dans ses filets un animal tout vivant, mais que peu d'instants après avoir été retiré de l'eau il était mort : grâce à son adresse, cette supercherie lui rapporta des sommes considérables. Après avoir fait payer la vue de ce monstre apocryphe, il déclarait aux spectateurs ébahis que pendant le peu d'instants qu'il était resté vivant hors de l'eau cet animal extraordinaire, doué de la voix humaine, lui avait annoncé plusieurs années d'une fertilité extraordinaire, ainsi qu'une épidémie meurtrière qui n'épargnerait que ceux qui auraient chez eux le portrait du prophète marin. Il se vendit un nombre immense de ces peintures. Un monstre semblable, le même peut-être, ou un de ses descen-

qu'on se permet à leur égard est quelquefois très-sérieux. — Ainsi, en 1831, la récolte ayant manqué et les approvisionnements se trouvant insuffisants, les Japonais décomposèrent les deux caractères qui expriment le titre du siogoun (encore aujourd'hui régnant) en cinq caractères dont la signification était : « le peuple n'a pas de quoi manger. » (Voir *Chinese Repository*, vol. X, p. 82.)

dants, né du succès de l'autre, fut vendu à la factorerie hollandaise et envoyé à Batavia, où il tomba entre les mains d'un spéculateur américain. Celui-ci transporta son acquisition en Europe, et la promena de capitale en capitale pendant les années 1822 et 1823 : il y excita l'admiration des badauds, souleva des discussions entre les savants, et remplit sa bourse tout aussi bien que s'il avait eu entre les mains une syrène véritable.

Nous demandons au lecteur la permission de mettre sous ses yeux un dernier trait, qui donne une idée précise du soin qu'apportent dans l'administration de la justice les délégués du conseil d'État.

Un usurier, nommé Tomoya-Kiougero, avait perdu une somme de 500 *kobans* (plus de 16,000 fr). On n'avait point vu d'étranger rôder autour de son domicile ; les soupçons tombèrent sur ses domestiques, et après bien des perquisitions finirent par s'arrêter sur l'un d'eux, nommé Tchoudyets. Mais on ne trouvait point de preuves ; le prévenu, en dépit de tous les interrogatoires, des menaces et des séductions, s'obstinait à nier le crime qu'on lui imputait. Tomoya s'adressa au gouverneur d'Ohosaka, lui remit sa plainte, et demanda que l'accusé fût jugé et puni. Le gouverneur, Matsôra-Kavatche-no-kami, qui avait été élevé à cette dignité pour son habileté, sa sagesse et sa vertu, fit venir Tchoudyets, et l'interrogea à son tour. Le prévenu protestait toujours de son innocence, et déclarait que la torture même ne lui ferait jamais avouer un crime qu'il n'avait pas commis. Matsora-Kavatche fit conduire Tchoudyets en prison ; il manda Tomoya et ses autres domestiques, leur communiqua l'enquête qu'il avait faite, et leur demanda quelles preuves ils avaient de la culpabilité de l'accusé. Ils n'en avaient aucune ; mais ils persistaient à soutenir que dans leur conviction Tchoudyets était le voleur ; et Tomoya insistait pour qu'on le fît immédiatement exécuter. Le gouverneur leur demanda s'ils étaient prêts à signer cette déclaration, ainsi que la demande d'exécution. Ils répondirent affirmativement. En effet Tomoya, ses domestiques et ses parents, signèrent la déclaration suivante : « Tchoudyets, domestique de Tomoya-Kiougero, a volé à son maître la somme de 500 *kobans*. Par ces présentes nous attestons le crime et demandons que le coupable soit puni, afin que sa mort serve d'exemple. En foi de quoi, nous tous, parents et domestiques de Tomoya Kiougero, avons signé et scellé les présentes, le deuxième mois de la première année Genboun (1736). » La déclaration fut remise au gouverneur, qui dit au plaignant : « Maintenant que je suis dégagé de toute responsabilité, je vais faire décapiter Tchoudyets. Êtes-vous satisfait ? » Tomoya lui répondit qu'il l'était, le remercia, et s'en retourna avec les siens.

Quelque temps plus tard, un voleur qui avait commis différents crimes, et à qui on avait appliqué la question, avoua que c'était lui qui avait dérobé l'argent de Tomoya. On fit part de cette découverte à Matsôra-Kavatche, qui fit aussitôt comparaître Tomoya, ses parents et ses domestiques, leur communiqua la confession du voleur véritable, et leur dit : « Voyez ! vous avez accusé Tchoudyets sans preuve, vous avez porté témoignage contre lui et signé votre déposition. Et moi, confiant dans la vérité de vos assertions, j'ai fait mettre à mort un homme innocent. Il faut, pour expier ce crime, que vous, votre femme, vos parents et vos domestiques, vous perdiez la tête. Quant à moi, pour n'avoir pas donné à cette cause toute l'attention nécessaire, je me couperai le ventre. » Ces terribles paroles jetèrent Tomoya et tous les siens dans le plus affreux désespoir ; ils pleuraient ; ils maudissaient leur sort ; ils demandaient grâce ; les magistrats et les fonctionnaires présents à cette scène de désolation unissaient leurs prières aux supplications des condamnés, et demandaient avec instance quelque adoucissement à cette sentence cruelle. Le gouverneur restait inflexible.

— Il attendit longtemps, les laissant en proie aux angoisses de leur horrible position. Quand il crut les avoir assez punis, Matsôra-Kavatche radoucit peu à peu l'expression de sa physionomie courroucée, et leur dit enfin : « Rassurez-vous, Tchoudyets est en vie. J'ai été convaincu de son innocence par ses réponses, et je l'ai tenu caché en attendant que la vérité se fît jour. » Puis il fit introduire Tchoudyets. « Tomoya, ajouta-t-il, votre fausse accusation a condamné un innocent à la prison, et a failli lui faire perdre la vie. Heureusement il a échappé à cet irréparable malheur ; je vous tiens quitte de la vie, mais en compensation de ce que vous avez fait endurer à cet innocent, vous lui payerez 500 kobans et le traiterez désormais comme un fidèle domestique. Que les angoisses que vous venez d'éprouver restent gravées dans votre cœur, et puisse cette leçon vous empêcher à l'avenir de porter contre qui que ce soit une accusation sans fondements suffisants. »

La décision de Matsôra-Kavatche fut universellement approuvée, et pour lui témoigner sa satisfaction le *siogoun* l'éleva peu après aux fonctions plus importantes et plus lucratives de gouverneur de Nagasaki.

ESQUISSE DE LA MYTHOLOGIE JAPONAISE ET DES SECTES RELIGIEUSES AU JAPON.

La religion primitive et nationale du Japon est nommée *sinsyou*, des mots *sin*, dieux, esprits célestes, et *syou*, foi. Ceux qui la pratiquent sont appelés *sin-tou*. Telle est du moins l'interprétation générale ; mais Siebold assure que le véritable nom japonais de cette religion ou doctrine sainte est *kami no mitsi*, c'est-à-dire la voie des *kamis* ou des dieux, et que les Chinois l'ayant traduit par *shin-taou*, les Japonais ont fini par adopter cette dénomination, en la changeant simplement en *sintoo*. La mythologie et la cosmogonie *sintoo* paraissent tout aussi extravagantes que celles de la plupart des peuples orientaux ; mais elles méritent cependant d'être étudiées dans un but ethnographique, car la comparaison des mythes en honneur chez les anciens peuples peut jeter un grand jour sur leur origine, non-seulement par les analogies que peuvent présenter ces mythes en eux-mêmes, mais aussi par la confrontation des vieux langages dans lesquels ils sont exposés. Toutefois, nous devons nous borner ici aux points qui tiennent essentiellement à l'histoire du Japon et à la suprématie du *mikado*.

Suivant les Japonais, du chaos primitif s'éleva un Dieu suprême, créé de lui-même, qui établit son trône au plus haut des cieux (comme cela est implicitement indiqué par son nom, d'assez longue haleine, qui est : *Ame-no-mi-naka-nusino-kami*), et beaucoup trop grand pour être troublé dans sa tranquillité par aucuns soins. Ensuite s'élevèrent deux dieux créateurs, qui du chaos formèrent l'univers, mais qui semblent s'être bientôt arrêtés à notre planète et l'avoir laissée encore à l'état de chaos. L'univers fut alors gouverné pendant quelques myriades d'années par sept dieux successifs, aux noms également longs, mais appelés d'une manière collective les dieux célestes. La terre doit son existence à *Iza-na-gino-mikoto*, le dernier de ces dieux, le seul qui se maria. Il s'adressa un jour en ces termes à sa compagne *Iza-na-mino-mikoto* : « Il faut qu'il y ait quelque part une terre habitable ; cherchons-la sous les eaux qui bouillonnent au-dessous de nous. » Il trempa dans l'eau sa lance ornée de joyaux, et les gouttes d'eau trouble tombant de l'arme lorsqu'il la retira se congelèrent et formèrent une île. Cette île, nommée dans les anciens temps *Onok oro-sima*, serait, à ce qu'il paraît, le *Kiousiou* de nos jours, la plus grande des huit qui composaient alors le monde, c'est-à-dire le Japon (1). *Iza-na-gi-mikoto* appela à l'existence huit millions de divinités, créa les « dix mille choses » (*yorodzou no mono*), et en confia le gouvernement entier à son enfant favori, sa fille, la déesse du soleil, connue sous les trois différents noms de *Ama-terasou-oho-kami*, *Ho-hirou-*

(1) Ce détail mythologique est emprunté principalement à Siebold. — Le récit cosmogonique japonais est curieux à lire en entier, tel que Siebold le reproduit. — Il nous a semblé y voir des indications assez précises des traditions japonaises sur l'apparition *successive* des diverses parties du *Nippon* qui n'auraient surgi des eaux de l'Océan qu'après *Onokorosima*, ce qui expliquerait comment celle-ci aurait été la plus grande des huit îles principales composant le Japon dans ces temps anté-historiques. — Mais ce ne sont là que des conjectures formulées en passant, et nous devons encore, cette fois, nous contenter de renvoyer le lecteur à l'ouvrage de Siebold.

meno-mikot, et *Ten-sio-daï-zin*, le dernier desquels lui est surtout donné dans ses rapports avec le Japon.

Avec la souveraineté de *Ten-sio-daï-zin* commença une nouvelle époque. Elle ne régna que deux cent cinquante mille ans environ, et fut suivie de quatre dieux ou demi-dieux qui gouvernèrent successivement le monde pendant deux millions quatre-vingt-onze mille quarante-deux ans. Ce sont les dieux terrestres ; et le dernier d'entre eux, ayant épousé une femme mortelle, laissa sur la terre un fils mortel, nommé *Zin-mou-ten-woû*, ascendant immédiat du *mikado*.

Mais de toutes ces hautes et puissantes divinités, et quoiqu'elles appartiennent si essentiellement à la mythologie *sintoo*, aucune ne semble être l'objet d'un culte, à l'exception de *Ten-sio-daï-zin*, et celle-ci même, quoique la divinité et la patronne spéciale du Japon, est trop grande pour qu'on ose lui adresser des prières, si ce n'est au moyen de la médiation des *kami's*, ou de son descendant, le *mikado*. Les *kami's* sont divisés en supérieurs et inférieurs, quatre cent quatre-vingt-douze étant nés dieux ou peut-être esprits, et deux mille six cent quarante étant des hommes déifiés ou canonisés. Ils sont tous des esprits médiateurs.

Bien qu'ils reconnaissent l'existence de cette multitude de divinités, les *Sintoo* ne sont pas idolâtres. Leurs temples ne sont pas souillés par des idoles, et tout ce qui est destiné à exciter la dévotion consiste en un miroir, emblème de la pureté parfaite de l'âme, et qui s'appelle *kagami*, et en un certain nombre de bandes de papier blanc attachées à un morceau de bois de cèdre, bandes ou bandelettes qui se nomment *gohéï*, et qui, suivant quelques écrivains, ne portent pas d'écriture et sont tout simplement un autre emblème de la pureté, ou, suivant d'autres, sont couvertes de sentences morales et religieuses (1). Les temples possèdent, il est vrai, les images des *kami's* auxquels ils sont particulièrement consacrés, mais ces mages ne sont point exposées pour être adorées : elles sont gardées, avec les trésors du temple, dans quelque réceptacle secret, et on les montre seulement à certaines fêtes. On dit que des familles privées ont les images des *kami's* leurs patrons sur des autels et dans des chapelles adjacentes au portique du temple ; mais Meylan assure positivement que chaque *yasiro* est consacré au seul Dieu suprême, et Siebold regarde toute image comme une innovation corrompue. Il semble penser que dans le pur *sinsyou*, *Ten-sio-daï-zin* est ou était seule adorée, les *kamis* étant analogues aux saints catholiques, et qu'on ne voyait aucune de leurs images avant l'introduction de l'idolâtrie bouddhique.

Il se trouve, comme cela était présumable, quelque confusion dans tout ce que les différents écrivains ont rapporté sur ce sujet, et en particulier sur ce que plusieurs d'entre eux ont dit touchant la croyance (sintoo) à un état futur ; Siebold, dont l'autorité nous paraît décisive, en parle en ces termes : « Les Sintooïtes ont une vague notion de l'immortalité de l'âme ; d'un état à venir et éternel de bonheur ou de misère, récompense respective de la vertu ou du vice ; de lieux séparés où les âmes vont après la mort. Des juges célestes leur font rendre compte de leur vie. Le Paradis est accordé aux bons, qui entrent dans le royaume des *kami's*. Les méchants sont condamnés et précipités dans l'enfer. »

Les devoirs prescrits par le *sinsyou*, et dont l'accomplissement doit assurer le bonheur ici-bas et dans l'autre monde, sont au nombre de cinq (le bonheur,

---

(1) On pourrait conjecturer que cette contradiction apparente est due à ce que dans les tabernacles qui surmontent l'autel (a) on place souvent, si ce n'est toujours, des *ifaï*,

(a) Ces espèces de tabernacles portent le nom de *bouds-gan* (siège de Dieu).

ou tablettes commémoratives, petites épitaphes écrites avec soin, parfois en lettres d'or, portant le nom du fondateur du temple ou de ceux d'entre les fidèles que leur zèle religieux a rendus dignes de cet hommage. Peut-être aura-t-on dans plusieurs cas confondu l'*ifaï* avec le *gohéï*. Certains *ifaïs* sont en grande vénération, et ne sont exposés à la piété des fidèles que dans des occasions solennelles.

ici-bas, étant regardé comme le résultat d'une disposition heureuse de l'esprit) : 1° La conservation du feu pur, emblème de la pureté et instrument de purification ; 2° la conservation de la pureté de l'âme, du cœur et du corps ; dans les premiers, par l'obéissance aux prescriptions de la raison et de la loi ; dans le dernier, par l'abstinence de tout ce qui peut souiller ; 3° l'observance des jours de fête ; 4° les pèlerinages ; 5° l'adoration des *kami's*, tant dans les temples que dans la maison.

L'impureté, qu'on doit éviter avec tant de soin, se contracte de diverses manières : par la société d'un impur ; en entendant un langage obscène, méchant ou brutal ; en mangeant de certains mets, et par le contact du sang ou d'un cadavre. Par exemple, si un ouvrier se blesse en bâtissant un temple, il est renvoyé comme impur ; on a même vu, en pareil cas, démolir l'édifice sacré pour le reconstruire entièrement. L'impureté est plus ou moins grande, c'est-à-dire de plus ou moins longue durée, suivant son origine ; la plus longue de toutes est celle qui résulte de la mort d'un proche parent. Durant l'impureté l'accès au temple et la plupart des actes de religion sont interdits, et on doit se couvrir la tête, afin que les rayons du soleil ne soient pas souillés en la frappant.

Mais on ne recouvre pas la pureté simplement par l'expiration du temps fixé. Il faut suivre un régime de purification qui consiste principalement en jeûne, prières et étude de livres édifiants, dans la solitude. C'est ainsi qu'on doit passer la période du deuil pour les morts. Les habitations se purifient par le feu. La personne purifiée dépose la robe blanche de deuil qu'elle portait pendant l'impureté, et retourne dans la société en habits de fête.

On a déjà fait allusion aux nombreuses fêtes sintoo ; et il pourra suffire d'ajouter que toutes commencent par une visite à un temple quelquefois spécialement désigné pour le jour. En approchant, le pieux visiteur, en vêtements de cérémonie, fait ses ablutions dans un réservoir destiné à cet usage ; alors il se met à genoux sur le portique, en face d'une fenêtre grillée, à travers laquelle il regarde le miroir ; puis il offre ses prières, avec un sacrifice de riz, de fruit, de thé, *saki*, ou de choses semblables ; et après avoir terminé ses oraisons, il dépose quelque argent dans un tronc, et se retire. Il passe à sa guise le reste du jour, à moins que ce jour ne soit consacré à des amusements particuliers. Tel est le mode ordinaire d'adoration des *kami's* dans les temples, dont on ne doit pas s'approcher avec un esprit chagriné, de peur que la sympathie ne vienne à troubler la félicité des dieux. Dans l'intérieur de la maison on fait de même des prières devant l'oratoire domestique et le *miya* du jardin, et la prière précède chaque repas ; l'argent des offrandes déposées par les dévots est destiné à l'entretien des prêtres qui appartiennent au temple. — Les prêtres *sintoo* sont appelés *kami nousi*, ou les hôtes des dieux ; et, conformément à leur nom, ils habitent dans des maisons bâties sur le sol de leurs temples respectifs, et où ils reçoivent les étrangers avec beaucoup d'hospitalité. Les *kami nousi* se marient ; leurs femmes sont des prêtresses, auxquelles des rites et des devoirs religieux particuliers sont prescrits ; comme, par exemple, la cérémonie qui consiste à nommer les enfants, et qui a déjà été décrite.

Mais le pèlerinage est le grand acte de la dévotion sintoo, et il y a dans l'empire vingt-deux temples ou chapelles qui réclament un pareil hommage ; l'un d'entre eux, cependant, a un caractère sacré tellement élevé au-dessus des autres, que c'est de lui seulement qu'il y a lieu de parler. Ce lieu sacré est le temple de Ten-sio-daï-zin, à *Isye*, regardé par le corps nombreux des dévots ignorants et bigots comme le temple primitif, sinon le lieu de la naissance de la déesse du Soleil. Le pèlerinage à *Isye* est enjoint impérativement, au moins une fois, à toute personne, homme, femme, ou enfant, de tous les rangs, et on pourrait presque dire de toutes les religions, puisque parmi les bouddhistes déclarés les bonzes seuls sont exemptés de l'accomplissement de ce devoir. Les personnes pieuses le renouvellent chaque année. Le *siogoun*, qui pour des motifs d'économie a, comme quelques-uns des princes du plus haut rang, obtenu la permission d'accomplir ce devoir par procuration, envoie chaque année à *Isye* une ambassade de pèlerins. Naturellement la plupart des pèlerins s'y rendent aussi commodément que les circonstances le leur permettent; mais la manière la plus méritoire est de faire le pèlerinage à pied, et comme un mendiant, en portant une natte destinée à servir de lit et une grande cuiller en bois pour boire. Plus le mendiant volontaire endure de peines, plus son mérite est grand.

A peine est-il besoin de dire que personne en état d'impureté ne peut entreprendre ce pèlerinage, et que toute occasion d'impureté doit être évitée avec soin pendant sa durée; on pense que c'est là la principale raison pour laquelle les prêtres bouddhistes sont exempts de cet acte de dévotion, quoiqu'il soit prescrit à leurs ouailles. Les bonzes, par suite des fonctions qu'ils exercent auprès des mourants et des morts, sont, d'après la doctrine *sintoo*, dans un état presque continuel d'impureté. Mais pour le pèlerinage à *Isye* ceux même qui sont purs se préparent par un régime de purification. De plus, la contamination de la demeure d'un pèlerin absent serait, à ce qu'on croit, suivie de conséquences désastreuses, desquelles on se garde en attachant sur la porte un morceau de papier blanc, comme un avertissement à l'impur d'éviter de souiller la maison.

Quand les cérémonies et les prières prescrites ont été accomplies au temple d'*Isye* et au *Miya* qui lui sert de succursale, le pèlerin reçoit du prêtre qui lui a servi de directeur une absolution, par écrit, de tous ses péchés passés, et il fait au prêtre un présent proportionné à sa condition. Cette absolution, appelée *oho-haraki*, est portée en cérémonie dans la maison du pèlerin absous, où on l'expose. Comme il importe d'avoir une absolution récente, à la fin de la vie, de là résulte la nécessité de répéter fréquemment le pèlerinage. Parmi les prêtresses d'*Isye* se trouve presque toujours une des filles d'un *mikado*.

Parmi le grand nombre de prêtres attachés au service des temples dans la province d'*Isye* (ou *Izé*, suivant Klaproth), on trouve toujours un fils du *mikado*, qui occupe le poste de grand prêtre à *Niko*, lieu de la sépulture de *Gonghén*, chef de la dynastie actuelle des *siogouns*, et où son *ifaï* ou tablette mortuaire et celles de ses successeurs sont conservées. (Le temple de *Niko* est situé à trois fois vingt-quatre heures de distance d'*Yédo*.) Ce grand prêtre est, selon Titsingh, en quelque sorte le primat du Japon. — Un autre fils du *mikado* est grand prêtre d'Ouye-no à Yédo. —On désigne ces deux princes de l'Église par le titre de *mya sama*. Il n'est pas permis de prononcer leur nom.

La fille du *mikado* qui réside à *Isye* porte le titre de *saï kou*.

Le temple d'*Isye* est un édifice simple et entièrement dépourvu d'ornements; il est réellement d'une grande antiquité, sans être néanmoins aussi ancien qu'on le prétend, et est environné par un grand nombre de *miyas* inférieurs. Le tout est occupé par des prêtres et des personnes attachées au temple, qui comptent sur la multitude des pèlerins pour subvenir à leur entretien. En arrivant au lieu sacré chaque pèlerin s'adresse à un prêtre qui le guide dans tout le cours des exercices de dévotion auxquels il est assujetti.

Outre les *kami nousi*, qui constituent le clergé régulier du Japon, il y a deux institutions d'aveugles, qu'on nomme ordres religieux, quoique les membres de l'une d'elles pourvoient à leurs besoins, principalement, dit-on, au moyen de la musique, et composent même l'orchestre ordinaire des théâtres. Les incidents auxquels se rapporte respectivement la fondation de chacune de ces deux communautés sont trop romanesques, et montrent trop bien le caractère japonais, pour que nous puissions les passer sous silence.

L'origine du premier de ces ordres, nommé *boussats sato*, est purement sentimentale; il fut institué, nous dit-on, il y a un grand nombre de siècles, par Senmimar, le plus jeune fils d'un *mikado*, et le plus beau de ses contemporains, en commémoration de ce qu'il s'était rendu aveugle à force de pleurer la perte d'une princesse dont la beauté

10.

égalait la sienne. Ces *boussats sato* existaient depuis deux siècles, lorsque, dans le cours de la guerre civile, le célèbre *Yoritomo* (dont il a déjà été question) défit son antagoniste, le prince rebelle *Feki*, qui succomba dans la bataille, et fit prisonnier son général, *Kakekigo*. La renommée de ce général était grande dans tout le Japon, et le vainqueur s'appliqua avec soin à gagner l'amitié de son captif; il le combla de bontés, et enfin il lui offrit la liberté. *Kakekigo* répondit : « Je ne puis aimer « le meurtrier de mon maître. Je vous « dois de la gratitude; mais vous êtes « cause de la mort du prince *Feki*, et je ne « puis jamais vous regarder sans désirer vous tuer. Le meilleur moyen de « me préserver d'une telle ingratitude « et de faire cesser toute lutte entre « mes divers devoirs, est *de ne plus* « *vous voir;* j'y parviendrai de cette « manière. » En parlant ainsi, il s'arracha les yeux, et les présenta à *Yoritomo* sur un plat. Ce prince, frappé d'admiration, le mit en liberté. *Kakekigo* partit pour une retraite, où il fonda le second ordre des aveugles, les *Fekisado*. Les supérieurs de ces ordres résident à *Myako*, et paraissent être subordonnés au *mikado*, ainsi qu'aux surintendants des temples à *Yedo*.

Le *sinsyou* est maintenant divisé en deux sectes principales. L'une (les *youitz*?) qui se prétend rigoureusement orthodoxe et ennemie de toute innovation; on dit qu'elle ne compte qu'un petit nombre de sectateurs, et qu'ils se composent presque exclusivement de *kami nousi;* Siebold doute même de l'entière pureté de leur *sinsyou;* — l'autre secte, le *riobou sintoo* (*Rioo-bu-sintoo*, Siebold), c'est-à-dire culte *kami* à double forme, mais que l'on peut considérer comme un *sinsyou* éclectique, et grandement modifié, comprend la plupart des *sintooïtes*. L'explication de cette modification deviendra plus intelligible après que quelques détails auront été donnés sur la principale religion coexistante, c'est-à-dire le bouddhisme.

On aurait pu présumer qu'une religion qui sert de base au gouvernement du pays serait demeurée la foi intolérante et exclusive du Japon, et qu'on ne pourrait tenter de la renverser que dans le dessein ouvert et avoué de déposer le fils du ciel. — Mais néanmoins deux autres religions coexistent dans le pays, avec le *sinsyou*, et cela depuis longtemps.

La première et la principale est le bouddhisme, celle de toutes les religions, sans exception, qui est le plus répandue sur le globe. L'évaluation la plus modérée porte le nombre des bouddhistes à 350 millions. Quelques mots au sujet de cette croyance serviront à expliquer sa co-existence et son mélange actuel avec le *sinsyou*.

Le bouddhisme ne prétend pas à l'antiquité ou à la dignité cosmogonique du *sinsyou*. De son véritable fondateur nous ne connaissons rien que la doctrine, qui s'est perpétuée par un grand nombre de *bouddhas* ou sages divinisés. La pluralité des *bouddhas* repose sur la croyance générale des bouddhistes; mais elle n'exclut pas l'admission d'un *Bouddha* historique (1) qui aurait été le prédicateur, l'apôtre par excellence de cette religion. La question, ainsi simplifiée, est encore une des plus obscures au point de vue chronologique, et des plus ardues quant à la doctrine qu'une saine critique doit exclusivement admettre comme bouddhiste. Quoi qu'il en soit, ce Bouddha terrestre, *Sakia mouni* ou *Sakia sinha*, appelé au Japon *Syaka*, est supposé né dans l'Inde Gangétique ou à Ceylan. Sa naissance et sa mort sont rapportées par diverses sectes à des époques qui varient de l'an 3112 à l'an 543 avant Jésus-Christ. Les dates les plus anciennes appartiennent au nord, les plus modernes au sud de l'Asie.

Depuis sa mort et sa déification on suppose que *Bouddha* s'est incarné dans quelques-uns de ses principaux disciples, qui, comme lui, ont été déifiés et sont adorés, mais, néanmoins, avec subordination au dieu suprême, *Bouddha Amida*.—Le bouddhisme, dans sa forme actuelle, est une religion essentiellement

(1) Voyez pour l'élucidation des questions chronologiques qui se rapportent à l'établissement et à la propagation du bouddhisme, *Histoire des rois du Cachemire*, traduite et commentée par A. Troyer (2 vol. in-8°, Paris, 1840), vol. II, p. 399-438.

idolâtre; sous d'autres rapports, ses dogmes et ses préceptes diffèrent de ceux du *sinsyou*, principalement par la doctrine de la métempsycose, d'où résulte : la défense d'ôter la vie à un animal, la théorie d'un état futur, la notion du bonheur par l'absorption dans l'essence divine, et du châtiment par la prolongation de l'individualité, c'est-à-dire par le renouvellement de la vie dans l'homme ou dans des animaux inférieurs; enfin, par l'établissement du sacerdoce, comme un ordre distinct dans l'état et astreint au célibat.

La théorie bouddhiste du ciel, théorie quelque peu hyper-philosophique, ne paraît pas avoir été enseignée au Japon; et quant au reste cette religion n'a évidemment rien de bien incompatible avec le *sinsyou*. — Après une période de cinq cents ans, pendant laquelle le bouddhisme avait vainement essayé de prendre racine au Japon, une idole de Bouddha et quelques livres bouddhistes furent introduits, pour la première fois, à la cour du *mykado* en 552. Enfin, en 579, un bonze venu de Corée prévint habilement les objections qui avaient fait écarter de nouveau cette religion rivale, et sut tirer parti des préjugés nationaux pour lui assurer un accueil favorable. Il représenta *Ten-sio-daï-zin* comme ayant été un *avatar* ou une incarnation d'*Amida*, ou bien Bouddha comme une incarnation de *Tensio-daï-zin* (on ne sait pas au juste lequel des deux), et un enfant, petit-fils du *mikado* régnant, comme un *avatar* de l'un des *kwan-won*, ou saints divinisés, protecteurs de l'empire. Cette déclaration flatteuse lui valut la direction de l'éducation du jeune enfant, qui, devenu homme, refusa d'accepter la dignité de *mikado*, quoiqu'il prît une part active au gouvernement de sa tante, élevée plus tard à cette dignité. Il fonda plusieurs temples bouddhistes, et mourut bonze dans le principal de ces temples.

Le bouddhisme fut alors pleinement établi, et se mêla bientôt avec le *sinsyou*, par là modifié, d'où résulta la seconde secte appelée *riobou sinsyou*. De plus, on dit que le bouddhisme proprement dit est au Japon divisé en une croyance mystique, pure et élevée, pour les hommes instruits, et en une idolâtrie grossière, pour le vulgaire.

Parmi les sectes nombreuses auxquelles ces deux croyances ont donné naissance les principales paraissent être les sectes *singon-siou*, *ikko-siou*, *hakke-siou*, *tendaï*, et celle des *yama-bósi*.

La secte *ikkosyou*, appelée aussi *syódó-siou-zjou* (nouvelle secte de *syódó*), est la plus éclairée, la plus populaire et, selon Siebold, la plus nombreuse qui existe au Japon. Elle eut pour fondateur un Japonais d'illustre naissance, le bonze *Sin-ran*, né en 1174 et mort en 1264, qui avait d'abord appartenu à la secte *tendaï*. Les prêtres de cette croyance et les moines bouddhistes *yama-bósi* (soldats ou pèlerins des montagnes) sont les seuls qui se marient et mangent de la chair des animaux; mais, vu l'importance numérique de ces deux sectes, il nous semble qu'on peut dire que la plus grande partie des religieux japonais mange de la chair et se marie.

Les temples d'*ikko-syou* sont d'un goût sévère. Le culte y est simple et austère. C'est celui d'*Amida* (*Amida* (1), sauveur, charitable, secourable). — « Le prêtre de cette doctrine, » dit Siebold, « ne cherche point à éblouir le peuple en lui offrant le spectacle de symboles incompris, de mystiques cérémonies et d'une multitude d'idoles de toutes les formes et de toutes les couleurs; humble séculier, connaissant par lui-même les devoirs de citoyen, de père et d'époux, il paraît au milieu de ses frères comme docteur et comme ami; il se fait leur intercesseur auprès de la divinité, à qui il ouvre une demeure sur la terre, et pour qui, grâce à lui, l'encens commun fume et monte vers le ciel. Aussi la doctrine *ikko-syou* est-elle la seule, parmi celles du bouddhisme, que révère la partie éclairée de la nation, la seule, chose remarquable, qu'aient reçue les *aino*, de l'île de Yézo, qui l'ont embrassée en dépit des efforts des autres moines. On ne saurait attribuer qu'à sa supériorité véritable la préférence qu'ont montrée pour cette croyance des hommes vivant encore sous une

---

* (1) Ou simplement *Mida* [*Ku-bon-no-mida* en japonais; « *Mida* sous une nouvelle forme. » Siebold.]

constitution patriarcale, et qui, par l'innocence de leurs mœurs, rappellent la simplicité des premiers âges (1). »

La troisième religion japonaise est appelée *sioutoo* (*siountou*: Burgher), ce qui signifie « la voie des philosophes »; et quoique désignée comme une religion par tous les écrivains, elle a beaucoup plus de ressemblance avec une croyance philosophique, compatible avec presque toute foi, vraie ou fausse. Elle consiste simplement en préceptes moraux enseignés par le Chinois Kung Footsze (Confucius), et en quelques notions mystiques sur l'âme de l'homme (ressemblant assez à celles du bouddhisme élevé), sans aucun rapport avec quelque mythologie ou quelques rites religieux que ce soient.

On dit qu'immédiatement après son introduction au Japon, le *sioutoo* fut non-seulement adopté par les sages et les savants, mais professé ouvertement et accompagné de l'abandon de la mythologie et du culte primitif *sinsyou*, et d'un entier mépris pour l'idolâtrie bouddhiste. Mais quand la reprobation du gouvernement et d'une grand partie de la nation commença à frapper le christianisme, il paraît que l'on conçut quelques soupçons au sujet du *sioutoo*, comme tendant à marcher dans la même voie. Le bouddhisme fut, au contraire, particulièrement favorisé, comme une sorte de boulevard contre le christianisme, et dès lors tout Japonais fut obligé d'avoir une idole dans sa demeure; suivant les uns, une idole bouddhiste; suivant les autres, l'image du *kami*, son patron. Cette dernière opinion est la plus vraisemblable, le docteur van Siebold affirmant d'une manière positive qu'aujourd'hui les classes inférieures sont bouddhistes, tandis que les classes plus élevées, et en particulier les hommes les plus sages, *sioutooïtes* en secret, professant et respectant le *sinsyou*, méprisent ouvertement le bouddhisme; et que tous, *sioutoïtes* et bouddhistes, professent le sintoo. M. Burgher regarde le *sinsyou*, modifié par la doctrine *sioutoo*, comme étant encore la véritable religion des Japonais, et pense que le bouddhisme, favorisé par des considérations politiques, n'est en vigueur au Japon et n'est professé ouvertement par le peuple, que pour satisfaire aux exigences du gouvernement. — L'immense majorité des Japonais est restée, selon lui, *sintooïte* au fond du cœur.

Tel est, dit-on, l'état actuel du Japon sous le rapport religieux. Mais nous ne devons pas clore ce sujet sans faire mention de ce que rapporte Meylan, de l'établissement d'une quatrième religion, coexistant avec les trois autres, antérieurement à l'arrivée des premiers missionnaires chrétiens. Il rapporte que vers l'an 50 après J. C. une secte de la religion de Brahma fut introduite au Japon; que les dogmes de cette secte étaient la rédemption du monde par le fils d'une vierge, qui mourut pour expier les péchés des hommes, leur assurant ainsi une heureuse résurrection; et une trinité de personnes immatérielles, constituant un dieu éternel et tout-puissant, créateur de toutes choses, devant être adoré comme la source de tout bien et de toute bonté.

Malgré le nom de secte brahminique donné à cette croyance, on ne peut, à la lecture de ses dogmes, se refuser à l'idée que le christianisme pénétra de bonne heure jusqu'au Japon; et il est certainement possible qu'il y soit parvenu par l'Inde. Mais on doit remar-

---

(1) La secte *sin-gon*, transportée de l'Inde méridionale en Chine, vers 648, et de là au Japon, en 717, et la secte *tendaï* sont remarquables en ce qu'elles font usage des caractères *dewanagri* modifiés. — Cette ancienne écriture des bouddhistes, appelée en Chine *fandsii*, au Tibet *hlajik*, et en Mongolie *estriün ussük*, est désignée plus spécialement dans ces deux derniers pays sous les noms de *landsa* et *landsha*, mais porte au Japon celui de *sittan*. — M. E. Burnouf a démontré l'identité de la langue de *fan* et du sanscrit; et l'alphabet du *sittan* japonais, comparé avec celui du *fan* ou *landsa* (a), s'est trouvé contenir identiquement les mêmes signes radicaux. — D'ailleurs les dictionnaires japonais chinois déclarent que le *sittan* est l'écriture de l'Hindoustan. — Seulement, dans l'écriture (*sittan*) japonaise les traits sont plus pointus et les têtes, fortement marquées dans le *dewanagari* et le *landsa*, se distinguent à peine ou manquent entièrement.

(a) Corruption probable de l'ancien nom de l'île de Ceylan : *Lanka*.

quer que ni Siebold, ni aucun autre écrivain, ne nomme cette religion; que Fisscher, dans son exposition du bouddhisme japonais, déclare que les qualités d'un bienfaisant créateur sont attribuées à *Amida*, et rapporte beaucoup de choses racontées de la vie de *Syaka*, ressemblant étrangement à l'histoire de l'évangile de notre Sauveur, tandis que la date assignée à l'introduction de cette prétendue secte brahminique coïncide parfaitement avec celle des premiers efforts infructueux faits pour introduire le bouddhisme au Japon. De plus, et pour en finir avec la douteuse assertion de Meylan, quiconque a lu quelque chose de la mythologie hindoue sait parfaitement que les légendes des brahmines sont remplies de faits qu'on peut aisément rattacher aux croyances chrétiennes. Mais, quoi qu'il en soit, cette foi ressemblait trop au christianisme pour survivre à sa chute, et elle a depuis longtemps disparu complétement (1).

(1) Pour quelques détails additionnels concernant les sectes religieuses et les croyances que l'on trouve chez les Japonais, le lecteur est renvoyé à un article du second volume du *Chinese Repository*, page 318 et suivantes, où il trouvera le résumé d'un travail communiqué par M. Burgher aux éditeurs de ce recueil. Ces détails correspondent parfaitement avec l'exposé que nous avons en grande partie emprunté à Siebold. Nous ajouterons cependant un petit nombre de remarques et l'explication de quelques-uns des termes employés dans cet exposé.

Suivant l'explication de Siebold, *sinsyou* signifie « la foi dans les dieux ou les esprits; »

Sintoo (*shin taou* en Chine) ou *kami no mitsi*, son simple synonyme, en japonais, ne signifie pas exactement « la voie des dieux », mais « la doctrine des dieux. »

Ama-terasou-oho-kami sont les mots japonais que représentent les quatre caractères *ten sio daï zin* (comme ils sont écrits pour nous), lesquels signifient « le grand esprit des cieux purs. »

Les *gohéi* sont de longues bandes de papier blanc, tenant lieu, nous dit-on, des esprits adorés, précisément comme la tablette mortuaire d'un ancêtre remplace celui dont elle porte le nom.

Buddou ou *Budtou* est « la doctrine de *Boudda* ou d'*Amida*. »

Yama-bousi est le nom populaire d'une classe ou secte de religieux bouddhistes qui,

Nous terminerons ce chapitre par quelques réflexions générales sur le gouvernement théocratique du Japon et l'indication de certaines coutumes qui montrent quelle est l'influence exercée par le système religieux dont le *mikado* et son cortège sont l'expression vivante.

C'est une chose bien étrange que la coexistence paisible de trois grandes religions ou croyances au Japon, en présence d'un gouvernement dont la base est éminemment théocratique! il faut cependant remarquer que de ces trois religions l'une, le *siouto*, résume les croyances philosophiques plutôt que religieuses de la portion la plus éclairée de la nation. Les deux autres régissent les masses par leur influence combinée, de l'aveu et avec le concours du *mikado*,

comme il est expliqué dans un ouvrage japonais, et comme l'expriment aussi les caractères chinois, se cachent ou errent dans les montagnes. Leur nom dogmatique (ou, pour parler exactement, celui de leur doctrine) est *syou-gen-doü* (ou *syou-guen-doü*), « doctrine pratique et investigatrice. » Ils tiennent leur corps dans l'esclavage des pratiques ascétiques en gravissant des montagnes élevées et dangereuses. Ils étudient les influences célestes, les huit diagrammes (*hakke* ou *hokke*), la chiromancie, l'art de prédire la bonne ou la mauvaise fortune, le moyen de retrouver les objets volés, et d'autres sciences semblables. Les *yama-bousi* portent une épée: ils ont aussi une coiffure particulière et une courroie au cou pour les distinguer. L'explication du nom *yama-bosi* ou *yama-bous* donnée par le docteur Burgher, *soldat des montagnes*, peut aussi être exacte, car le caractère qui signifie *un soldat* s'appelle aussi *bôsi*.

Zyodô ou *syodô* signifie « terre sainte, » ce qui indique la croyance dans une sorte de *Palestine bouddhiste*, si l'on peut s'exprimer ainsi.

Sin-gon exprime la même idée que notre mot *psalmodier*, etc.

La secte *tendaï* est ainsi nommée d'après une montagne et un temple en Chine (ou peut-être dans l'Hindoustan).

Siouto ou *siountô* signifie, selon Burgher, « la loi morale » ou « la voie » ou « doctrine des sages. » C'est la doctrine de Confucius.

Les sectes bouddhistes paraissent être beaucoup plus nombreuses que celles du *sintoo*, et leurs prêtres sont employés par toutes les classes à l'occasion des cérémonies funèbres et du deuil, d'où résulte sans doute la grande influence qu'ils possèdent.

pontife suprême, et du *siogoun*, chef du pouvoir exécutif, assisté de son conseil.

Bien que les *mikados* soient censés, pendant leur vie, appartenir plus particulièrement à la religion primitive du Japon ou à la doctrine *sintó* (culte des *kamis : kami no mitsi*), ils sont, ainsi que nous l'avons fait remarquer, les protecteurs des différentes sectes bouddistes qui toutes reconnaissent leur autorité, et on observe à leurs funérailles les pratiques et cérémonies du bouddisme. Ces funérailles ont lieu, nous dit-on, près du temple *Zin you si*, situé en dehors de la cour impériale (*Daïri*) et à côté du temple du *Daï Bouts*, ou du grand Bouddha. En face de ce temple coule une petite rivière, sur laquelle est jeté le pont nommé *Yomi-no-oukibasi*. C'est jusqu'à ce pont que le corps du *mikado* est apporté, accompagné de toute la pompe que le divin empereur étale pendant sa vie; mais arrivé là il est reçu par les prêtres de *Syaka* et enterré suivant leur rite.

Les *mikados*, déchus qu'ils sont de leur antique autocratie, conservent cependant encore une très-grande influence *morale* sur le gouvernement du pays; et on peut même dire que, loin de constituer un rouage inutile dans cette grande machine, ils en sont la cheville ouvrière, le ressort indispensable. C'est la clef de la voûte sans laquelle ce monument, merveilleux à tant d'égards malgré ses imperfections, tomberait en ruines. Le *siogoun* ne peut rien sans l'approbation, l'assistance tacite ou officielle du *mikado*; et du jour où cet appui du souverain légitime et pontife suprême lui manquerait il perdrait tous ses droits à la confiance ou à l'obéissance des Japonais. — Les détails suivants, que nous empruntons au savant résumé de Klaproth dans son *Supplément aux annales des daïri*, serviront à mettre dans tout leur jour ces vérités, que nous regardons, après mûr examen, comme incontestables. Elles complètent la notion générale que nous nous sommes efforcé de donner à nos lecteurs, du gouvernement exceptionnel qui préside aux destinées de l'empire japonais.

Tous les officiers de la cour ou de la famille du daïri sont d'un rang supérieur à celui du premier des princes ou des grands de Yédo. Lorsque ceux-ci rencontrent un officier du daïri ils s'inclinent aussitôt, en approchant la tête et les mains de terre; leur pique (ils ne peuvent en avoir qu'une seule en sa présence) est également mise par terre. « Le prince de Satsouma, dit Titsing, un des seigneurs les plus respectés et les plus puissants de l'empire, et dont la fille est fiancée au taïsi ou au daïnagon sama (le siogoun d'à-présent), n'est considéré par eux que comme un de leurs serviteurs. C'est pour cette raison que les princes, en se rendant à la cour du siogoun à Yédo, ou en en revenant, évitent soigneusement de passer par Myako, qui est la résidence du daïri; ils préfèrent la route qui conduit d'Oudzi à Fousimi, et qui passe en dehors de cette ville. Il y a quelques années que le prince d'Aki, parent du siogoun, commit une légère impolitesse à la rencontre d'un officier du daïri; celui-ci le fit poursuivre sur la route jusqu'à Fousimi, d'où il le fit revenir. Le prince d'Aki étant retourné sur ses pas, sans le moindre train et avec une simple pique, il le fit attendre pendant douze heures chez lui avant de l'admettre en sa présence. Le prince fit ses excuses, et fut renvoyé après une réprimande. » Les princes sont obligés de mettre leurs deux sabres de côté en présence d'un officier du daïri, ce qui est un grand crève-cœur pour leur amour-propre.

Il est d'usage que lorsqu'un prince doit s'arrêter en voyage, son nom, élégamment écrit sur une planchette, soit placé au bout d'un bambou, à l'entrée de la route. Ceci se pratique aussi pour les chefs de la Compagnie hollandaise. Si par hasard un officier du daïri arrive à l'endroit où le prince s'est arrêté, l'on met à l'instant ce bambou à terre. Quand un prince doit passer devant la demeure d'un tel officier, il va à pied, n'ayant qu'une seule pique à sa suite; s'il rencontre l'officier en personne, il se met la tête et les mains à terre. Sa chaise à porteurs (*norimon*) et tout son train s'éloignent avec la plus grande vitesse, et se réfugient dans quelque chaumière, ou, s'il n'y en a pas, se dirigent dans les champs. Enfin, tout est si complètement soumis au daïri, que quelques personnes de distinction à Yédo ayant demandé à Titsingh le sens du mot *empereur*, par lequel les Hollandais désignent mal à propos le siogoun, et, ayant appris que ce titre signifiait le *chef suprême de l'empire*, elles lui repliquèrent qu'il fallait n'en reconnaître qu'un seul, savoir le daïri, qui avait le pouvoir absolu, et que le siogoun, appelé par les Européens *empereur*, n'était qu'un officier à qui le daïri confiait l'administration de l'empire.

Autrefois le siogoun, à son avénement au pouvoir, allait lui-même à Miyako pour y présenter ses hommages au daïri : mais cet usage a cessé depuis qu'un des daïris porta, dans un moment de mécontentement, la main à son arc pour lancer une flèche au siogoun. Heureusement il fut retenu et ne put exécuter son dessein. Actuellement le siogoun envoie, le premier jour de l'an, des ambassadeurs pour féliciter le daïri, ensuite celui-ci dépêche une ambassade dans le même but à Yédo. Quand les envoyés arrivent au palais du siogoun, ils sont reçus comme le daïri lui-même. Le siogoun vient à leur rencontre, et les conduit à la salle d'audience, où, pendant tout le temps qu'ils s'acquittent de leur commission, il reste incliné devant eux, touchant de sa tête les nattes qui couvrent le sol. L'audience solennelle finie, le siogoun reprend son rang, et ce sont les ambassadeurs qui s'inclinent alors de la même manière devant lui ; ils restent dans cette position pendant tout le temps qu'il leur parle. Ils logent dans un grand palais à Yédo, nommé *Ten-sio-yaski*, et y jouissent des mêmes marques de distinction que les membres de la famille du daïri.

Devant ce palais est placée une caisse carrée de deux pieds de long ; elle a une petite ouverture et s'appelle *meyas fako* ou *Zosio fako*, c'est-à-dire *caisse pour recevoir les plaintes*. Quiconque se croit froissé dans ses droits peut y jeter une requête. La caisse est ouverte tous les ans pendant le séjour des ambassadeurs du daïri à Yédo ; ils emportent avec eux les papiers qui s'y trouvent pour les examiner.

Il y a de pareilles caisses dans toutes les principales villes de l'empire. A Nangasaki il y en a une tout près de l'hôtel du gouverneur : deux officiers subalternes y sont constamment de garde pour observer ceux qui y jettent des billets. Elle est ouverte six fois par an par le gouverneur, et sert à faire connaître les actes arbitraires des magistrats.

Le billet, scellé par le plaignant, et muni de son nom et de sa demeure, est envoyé directement à Yédo ; ceux qui ne sont point scellés, et qui n'ont ni nom ni adresse, sont brûlés ; mais si l'on trouve un pareil billet pour la troisième fois, il est aussi envoyé à Yédo. Il est pourtant rare que, dans une année plus de deux ou trois plaintes soient jetées dans la boîte. Celles qui arrivent à Yédo sont ouvertes à des jours fixes par le siogoun seul, puisque le but de cette institution est de connaître les mauvais procédés des conseillers d'État, des princes et des officiers inférieurs. Les recherches pour découvrir si les plaintes déposées dans les meyas fako sont fondées ou non se font sans délai ; si on les trouve fausses, on promène le plaignant à cheval par toute la ville, en portant devant lui un drapeau de papier, qui a quelquefois neuf pieds de large, et sur lequel sont énoncés son nom, son âge, sa conduite et sa faute. Le contenu de cet écrit est lu à haute voix dans tous les carrefours et dans les lieux où les ordonnances impériales sont ordinairement affichées. On finit par abattre la tête du délinquant sur la place destinée aux exécutions. Pendant le séjour de Titsingh au Japon un pareil jugement fut exécuté à Yédo sur la personne d'un certain *Mats moto genno sin*, un des officiers de *Kousi*, prince de Tango, alors gouverneur de Nangasaki. Ce seigneur était d'un mérite distingué et extrêmement chéri des habitants et des étrangers pour ses qualités aimables. Mats moto lui avait souvent demandé la permission de l'accompagner à Nangasaki ; mais comme cet officier avait souvent des discussions avec ses collègues, le gouverneur, pour éviter toute tracasserie pendant son voyage, le laissa à Yédo, quoique ce fût d'ailleurs un homme instruit. Mats moto, outré de cette humiliation, écrivit, pour se venger, un placet dans lequel il calomnia le gouverneur de toutes les manières, et nomma sa façon d'administrer abominable. Il le scella, le signa de son nom, y mit son adresse, et le jeta dans la caisse devant le palais des ambassadeurs du daïri. Ses accusations ayant été examinées et trouvées fausses, il fut traité comme nous venons de dire, et on lui trancha la tête.

Ce sont ordinairement deux princes peu riches qui reçoivent du siogoun la commission d'entretenir les ambassadeurs du daïri pendant leur séjour à Yédo. Cette commission est considérée comme une grande faveur et sollicitée par beaucoup de monde, car elle rapporte à chacun des deux fournisseurs un profit net d'environ quarante mille kobangs ou plus de quatre cent quatre-vingt mille francs.

En admettant l'exactitude de ces faits (et nous avons toute raison de les supposer vrais), en se rappelant d'ailleurs que le culte des *kamis* ou esprits célestes est pratiqué scrupuleusement par l'immense majorité des Japonais, et que ces esprits célestes sont, pour la plupart, des *hommes divinisés*, on ne peut se refuser à la conviction que le principe théocratique est au Japon non-seulement la base du gouvernement, mais le lien qui unit entre eux tous les Japonais, depuis le *mikado* et le *siogoun*, son lieutenant, jusqu'au dernier des paysans ou des pêcheurs. Tous sont les descendants des dieux ou génies tutélaires du pays; tous doivent, en suivant fidèlement, rigoureusement les coutumes et les pratiques de leurs ancêtres, ne pas déroger à cette divine origine; tous doivent vivre et mourir sous la protection de ces lois, de ces coutumes sacrées, les mêmes pour tous. Voilà ce qui fait la force de la nation japonaise; et tant que le *siogoun*, assisté de son conseil exécutif, se considérera comme une émanation du pouvoir impérial résidant dans la personne divine du *mikado*, et respectera les traditions sacrées et les coutumes séculaires de l'empire, il conservera avec l'unité morale de la nation l'efficacité et le prestige des pouvoirs qui lui ont été délégués.

LANGUE JAPONAISE; SES DIVERS SYLLABAIRES; LITTÉRATURE; POÉSIE.

On a regardé longtemps la langue japonaise, sinon comme un simple dialecte du chinois, du moins comme ayant avec cette dernière langue des rapports aussi intimes que ceux que la langue italienne et la langue espagnole ont entre elles ou avec la langue latine, d'où elles tirent leur origine commune. C'est une erreur dont l'étude et la comparaison des deux langues a fait promptement justice.

Les Japonais comprennent le chinois écrit parce que les caractères chinois font partie des nombreuses espèces de caractères en usage au Japon; cela se comprend parfaitement, quand on se rappelle que les caractères chinois représentent, non des lettres ni des sons sans signification, simples éléments constituants des mots, mais les mots eux-mêmes, ou plutôt les idées que ces mots expriment, et que par conséquent ils doivent communiquer les mêmes idées, bien qu'exprimées par des mots différents, à quiconque connaît la signification des caractères; c'est ainsi que les chiffres 1, 2, 3, font naître les mêmes idées de nombres, exprimées par des mots différents, chez les habitants de divers pays.

Il ne serait pas non plus exact de dire que les Chinois comprennent le japonais écrit en caractères chinois. Une phrase écrite de cette manière n'est rien autre chose que du chinois, et on n'a pas plus le droit de l'appeler, quant à la signification, *du japonais,* que du coréen ou du cochinchinois, ou même de l'anglais ou du français (1). Ainsi donc, la faculté qu'ont les Japonais de comprendre le chinois écrit, *après avoir appris le sens des caractères de cette langue,* quoiqu'ils ne puissent la parler, n'a rien de plus surprenant que de voir un Anglais comprendre un livre écrit en français, bien qu'il puisse à peine comprendre un mot de ce que lui dit un Parisien, quand il vient pour la première fois de traverser le détroit.

Une connaissance plus profonde et plus exacte des langues orientales, acquise dans ces derniers temps par les philologues allemands, anglais, français, a rectifié bien des idées erronées au sujet de la langue japonaise. Le sa-

(1) Voir le *Chinese Repository*, volume III, p. 15, pour le développement de ce principe fondamental.

vant Klaproth déclare explicitement, dans son *Asia Polyglotta*, que le japonais diffère tellement de toutes les autres langues, par sa construction, sa grammaire et ses particularités caractéristiques, qu'on peut en conclure que la nation qui le parle forme une race distincte. La discussion d'un pareil sujet serait ici déplacée, mais un coup d'œil jeté sur les spécimens donnés par Meylan et Fisscher suffit pour montrer qu'il existe une dissimilitude essentielle entre le chinois et le japonais. Chacun sait que le chinois est une langue monosyllabique, tandis que le japonais est polysyllabique; on pourrait même le nommer hyper-polysyllabique, puisque le simple pronom *je* ne peut être exprimé en japonais par un nombre de syllabes moindre que quatre, *watakusi*; et que pour changer *je* en *nous* l'addition d'un dissyllabe devient nécessaire, comme *watakusidomo*. Toutefois, il paraîtrait que dans la conversation on supprime souvent quelques-unes de ces syllabes surnuméraires, ou plutôt on a recours à la contraction, comme nous le faisons nous-mêmes dans la rapidité du discours (1).

De même que les Chinois, les Japonais ont pour exprimer les pronoms personnels une grande variété de termes, dont plusieurs donnent par eux-mêmes l'indication de la position respective des parties, ou indiquent jusqu'à un certain point la déférence envers la personne à laquelle on parle, ou envers celle de qui l'on parle, et le respect de la part de la personne qui parle. Ce trait de la langue japonaise n'est pas limité aux pronoms, mais il s'applique à beaucoup de mots qui indiquent une action, une décision, une parole, une chose, etc., venant d'un haut personnage, d'une divinité, d'un empereur, ou même d'un ami qu'on honore, qui forme le sujet de la phrase; de sorte qu'une phrase qu'on s'est appliqué à polir, et dans laquelle on a fait entrer l'expression de la déférence, devient beaucoup plus longue qu'elle ne le serait dans la conversation ordinaire. Ainsi, en parlant à un ami, on dit : *Konnichi omaiyerva nani no tokoroni yukuka* (*youkouka?*), ce qui signifie : où allez-vous aujourd'hui? Mais en parlant à un supérieur, cette phrase deviendrait : *Konnichi no kimirva nani no tokoroni on ide asobasaruka* (*asobasárouka?*). Dans l'exemple donné ci-dessus, *wasi* est le mot qu'emploie la première personne en parlant au milieu de ses égaux, ou en s'adressant à un inférieur, tandis que *watakusi* s'emploie en parlant avec respect à un supérieur ou à un étranger; il en est de même de *wasidomo* et de *watakusidomo* pour le pluriel *nous*. La syllabe qui disparaît n'est pas une syllabe surabondante, mais elle se contracte dans la prononciation, comme cela arrive généralement avec les mots dans la conversation; car les Japonais, dans la rapidité de l'élocution, élident fréquemment la dernière voyelle, lorsque l'euphonie de la phrase le réclame.

Fisscher dit que les sons de la langue japonaise sont doux et agréables; Meylan assure qu'à moins d'être né dans le pays on ne peut parvenir à prononcer correctement certaines lettres, chose assez vraisemblable, à en juger d'après la contraction difficile du pronom personnel. Le président ajoute qu'il n'y a point d'articles dans la langue japonaise, et que les noms se déclinent à l'aide de petits mots qui les suivent, comme le *domo*, qui suit *watakusi* et qui s'y lie pour en former un pluriel. Par le fait, ce que nous nommons *préposition* change de nom et de caractère en japonais, attendu qu'on la fait suivre au lieu de précéder. Quant aux verbes, ils ne varient ni pour les personnes ni pour les nombres, mais ils sont modifiés par les temps et par les voix.

Les exemples de poésie japonaise donnés plus loin fourniront quelques éclaircissements sur la prononciation de cette langue; c'est réellement une langue agréable, et qui admet d'ailleurs des

---

(1) Dans les dialogues japonais donnés par Overmeer Fisscher (qui avoue que sa connaissance de la langue se borne aux usages de la vie ordinaire), le *watakusi* (*watakousi?*) et le *watakusidomo* de Meylan sont contractés en *watakfs* et *watakfsdomo*, ce qui nous paraît beaucoup moins euphonique et à peu près aussi long. Il s'agit probablement d'une sorte d'abréviation aspirée que Fisscher aura mal exprimée, car les Japonais ne prononcent pas d'*f* dans ce mot, et Rodrigues, dans sa grammaire, ne l'écrit pas ainsi.

modifications importantes dans l'intérêt de l'euphonie. Lorsqu'on essaye de l'écrire en caractères européens, de deux lettres l'une est presque toujours une voyelle ; et lorsque des consonnes se lient ensemble et qu'on omet les voyelles, c'est en général dans des mots où la liaison des consonnes est facile, comme *shrano* pour *shirano*. Il y a cependant beaucoup d'exceptions à cette règle simple en apparence, et celui qui étudie a besoin d'exercice avant de pouvoir lire correctement, même lorsqu'il connaît les syllabes. Cette langue est très-riche, car non-seulement pour exprimer les idées elle peut employer ses propres ressources, mais elle peut encore faire un usage illimité de celles que lui offre la langue chinoise ; et les deux langues se combinent ou se séparent, suivant le caprice de l'écrivain. Le verbe en particulier est très-riche en modes et en voix.

Les Japonais ont un syllabaire de quarante-huit lettres, qui peut en quelque sorte être doublé, au moyen de signes joints aux consonnes pour en modifier le son, et le rendre plus dur ou plus doux. Ce syllabaire date du huitième siècle, et peut s'écrire en quatre séries différentes de caractères. Ce sont : le *kata-kana*, qui est considéré comme plus propre à l'usage des hommes ; le *kira-kana*, plutôt réservé pour l'usage des femmes ; le *manyo-kana* et le *yamato-kana*, dont la différence, quant à leur nature et à leur usage, sera indiquée plus loin. Outre ces quatre séries de caractères, le chinois s'emploie comme une sorte d'écriture savante ; indice et conséquence probables de l'importation des arts et des sciences de la Chine au Japon. Tous les ouvrages de science, ceux qui appartiennent aux hautes branches de la littérature, ainsi que les papiers officiels, les documents publics, s'écrivent ou s'impriment encore en caractères chinois. Cependant les savants eux-mêmes emploient leur propre *kata-kana* pour écrire des annotations sur des livres dont le texte est en caractères chinois. Les Japonais, comme les Chinois, écrivent en colonnes, de haut en bas du papier, en commençant par la droite. Il est bon de rappeler ici qu'indépendamment des quatre syllabaires usuels, les religieux japonais de plusieurs sectes bouddhistes font usage du syllabaire de l'écriture *sittan*, emprunté à l'Indoustan, et qui se compose de cinquante lettres. Les Japonais écrivent aujourd'hui le *sittan* en colonnes verticales, de droite à gauche, comme l'écriture usuelle.

D'après les recherches de Klaproth, il faudrait admettre que jusqu'au règne du seizième *mikado*, nommé *Oüzin tenwo*, les Japonais n'eurent aucune écriture ; toutes les ordonnances et les proclamations étaient faites de vive voix. Sous le règne de ce prince, les caractères chinois commencèrent à être employés. En l'an 284 av. J. C., *Oüzin tenwo* envoya une ambassade dans le royaume de *Hakou-saï*, qui existait alors dans la partie sud-est de la Corée, dans le but d'obtenir des gens instruits, capables d'introduire la civilisation et la littérature de la Chine dans ses États. A son retour, l'ambassadeur ramena le célèbre *Wonin* ou *Wang-jin*, qui accomplit parfaitement la tâche qu'on lui confia. Il descendait de l'empereur *Kaoutsoo*, de la dynastie *Han*, et, à son arrivée, il fut chargé de l'instruction de deux princes. Dans la suite, ses descendants remplirent de hautes fonctions militaires, et son propre mérite parut si grand aux Japonais que, plus tard, ils lui décernèrent les honneurs divins. Depuis le temps de *Wonin* les caractères chinois ont été constamment en usage chez les Japonais. Sous la forme de pur chinois, ils s'emploient principalement dans les ouvrages d'érudition, mais cela n'empêche pas qu'ils soient répandus dans tout le pays.

Cependant, comme la construction de la langue japonaise diffère essentiellement de celle de la langue chinoise, et que le même caractère chinois a fréquemment plusieurs significations, on s'aperçut bientôt du besoin de remédier à cet inconvénient ; et, en conséquence, au commencement du huitième siècle, on forma, au moyen de *parties* de caractères chinois, un syllabaire qui, pour cette raison, fut appelé *Kata-kana*, c'est-à-dire, *parties de lettres*. Ce syllabaire s'emploie, soit à côté, soit au milieu des caractères chinois ; à côté pour en indiquer la prononciation ou la signification, et au milieu pour indiquer les formes grammaticales de l'idiome rendue difficiles par l'emploi de caractères isolés.

On ne sait pas d'une manière certaine qui est l'auteur de ce syllabaire; mais la tradition en attribue l'invention à l'illustre *Kibi*. Un autre ouvrage japonais, appelé *Wa zi si* (Origine des choses au Japon), nous assure que *Kibi* composa le syllabaire *kata-kana*, et qu'il voyagea en Chine, d'où il revint en l'année 733 ap. J. C. Après lui fleurit le fameux *Koübo* (1), inventeur d'un autre syllabaire, susceptible d'être employé seul pour la langue japonaise, sans qu'il fût besoin de recourir au chinois. On l'appelle *Hira-kana* (2) « ou écriture égale, » et, comme le *kata-kana*, il dérive des caractères chinois.

Au sujet de l'invention du troisième syllabaire, les Japonais nous apprennent que « en l'année 1006 ap. J. C., un « prêtre de *Bouddha*, nommé *Ziakou so* « (ou *Shuhchaou*, en chinois) partit du « Japon *pour porter le tribut* en Chine. Il « ne comprenait pas le chinois parlé; « mais comme il l'écrivait très-bien, il « lui fut recommandé de dresser une « liste des caractères chinois, avec leur « signification en japonais. Ce fut alors « qu'il composa des lettres pour son « pays, au nombre de quarante-sept; ce « nombre fut adopté, parce que *le sylla-« baire apporté de l'Inde* en com,,tait « autant. » La quarante-huitième syllabe fut ajoutée plus tard. Ce syllabaire, qu'on emploie indistinctement avec le *Kira-kana*, tire son nom de celui de son inventeur.

Il y a encore un autre ancien syllabaire, avec lequel fut écrite la collection des odes appelées *les dix mille feuilles*, et qui est désigné, en conséquence, par le nom de *manyo-kana*. Les caractères de ce syllabaire sont fréquemment mêlés avec ceux des deux autres; l'ordre des caractères y est le même, et il est composé de caractères chinois complets, sous la forme ordinaire et également en écriture cursive. Plusieurs caractères s'emploient souvent pour représenter la même syllabe. Il est à remarquer que les caractères chinois qui composent ce syllabaire, aussi bien que ceux de tous les autres, ne représentent pas toujours le son chinois des mots qu'ils désignent. Ainsi, le caractère chinois *kiang* « rivière », représente la syllabe *ye*, qui en japonais a la même signification; de même *neu* « femelle », représente la syllabe *mi*, qui signifie la même chose en japonais.

Enfin, il y a encore un autre syllabaire, composé de caractères chinois considérablement contractés; on l'appelle *yamato-kana*, ou « écriture japonaise. » Il nous fournit un exemple d'une des manières d'employer les caractères chinois en japonais : *yamato-kana* est formé de trois caractères; le premier est un nom ancien qui signifie « Japon »; il se lit *yamato*, quoiqu'il ait le son *i*; des deux autres, le premier, conformément au *son* qu'on lui donne, s'appelle *ka*; le second, suivant sa *signification* en japonais, est appelé *na*, c'est-à-dire, « nom », et de la combinaison des deux, est dérivé *kana*, « syllabe ou caractère. » Les caractères chinois pour *hira-kana*, *kata-kana* et *manyo-kana*, s'emploient tous de la même manière.

On peut ajouter qu'à l'exception du *kata-kana* ces différents syllabaires s'emploient rarement seuls; ordinairement on entremêle les caractères de deux ou de trois d'entre eux, sans aucune règle, ce qui rend le tout beaucoup plus difficile à déchiffrer. Et comme si la difficulté n'était pas encore assez grande, les caractères chinois s'entremêlent çà et là, avec ou sans l'indication de leur signification à côté, tout à fait selon le caprice de l'écrivain. De sorte que si d'abord on considère le nombre des signes de chacun des cinq syllabaires et de leurs variations (qu'on peut appeler caractères synonymes), ce qui fait un total de près de trois cents; si ensuite on songe à l'emploi illimité que les Japonais font des caractères chinois dans l'écriture cursive, et de forme ordinaire, on avouera que les savants du Japon ont réussi à rendre leur langue une des plus difficiles à lire du monde entier,

---

(1) Voir, pour quelques détails sur *Koübo* et *Kibi*, l'ouvrage de Klaproth déjà cité (Notes de la trad. des Annales du Japon).

(2) Ou *Fira-Kana*. Le son japonais que nos lettres *F* ou *H* ont pour but d'exprimer diffère en réalité de celui que fait entendre la prononciation japonaise. Klaproth lui-même écrit tantôt *Hira-Kana*, tantôt *Fira-Kana*.

si toutefois elle ne tient pas le premier rang à cet égard. Les rapports qui existent entre les deux langues sont si intimes et si nombreux, qu'avant de pouvoir faire des progrès satisfaisants dans la littérature de sa propre langue, le Japonais qui étudie doit acquérir la connaissance de trois ou quatre mille caractères chinois ; il doit en outre s'exercer à connaître l'emploi qu'en ont fait les écrivains de son pays, les divers modes de combinaison des deux langues, et les différentes manières d'écrire le même caractère. Aussi, comme on peut aisément le supposer, le savant a dû consumer une grande partie de son temps à apprendre simplement à lire et à écrire ; et pour achever de faire comprendre combien de difficultés matérielles il a à surmonter dans cette étude ingrate avant d'arriver à lire ou écrire rapidement, nous ferons observer que plusieurs des caractères chinois usuels sont employés sans indication soit de leur signification, soit de leurs sons, et que les caractères qui ont été expliqués une fois reparaissent sans leurs signes explicatifs quand ils sont répétés bientôt après.

Afin de faire embrasser d'un seul coup d'œil les divers syllabaires employés dans l'écriture japonaise, nous les avions combinés ensemble sous forme de tableau d'après le *Chinese Repository*, vol. X, p. 210 et 211 ; mais nous croyons, vu l'aridité du sujet, devoir nous borner à donner ici les *sons* approximatifs de l'*iroha* ou syllabaire japonais avec les quarante-huit caractères qui les représentent dans l'écriture *kata-kana*.

Sons de l'Iroha (1), *ou syllabaire japonais actuel avec les caractères kata-kana.*

イ I.	チ Tchi ou Dji.	ヨ Yo.	ラ Ra ou La.	ヤ Ya.	ア A.	ヱ Ye.
ロ Ro ou Lo.	リ Ri ou Li.	タ Ta, Da.	ム Mou.	マ Ma.	サ Sa, Za.	ヒ Hi ou Fi, Bi, Pi.
ハ Ha ou Fa, Ba, Pa.	ヌ Nou.	レ Re ou Le.	ウ Ou.	ケ Ke, Ge.	キ Ki, Gi.	モ Mo.
ニ Ni.	ル Rou ou Lou.	ソ So, Zo.	井 I et Wi.	フ Fon, Bou, Pou.	ユ You.	セ Se ou Che. Ze ou Zhe.
ホ Ho ou Fo, Bo, Po.	ヲ Wô.	ツ Tsou, Dzou.	ノ No.	コ Ko, Go.	メ Me.	ス Sou, Zou.
ヘ He ou Fe, Be, Pe.	ワ Wa.	子 Ne.	オ O.	エ Ye et Ié ?	ミ Mi.	ン Ng ou 'n (2).
ト To, Do.	カ Ka, Ga.	ナ Na.	ク Kou, Gou.	テ Ie, De.	シ Si ou Shi Zi ou Zhi.	" *Nigori.* ○ *Marou.*

(1) Ou *Irofa*. Klaproth l'écrit ainsi.
(2) Introduit postérieurement aux quarante-sept autres caractères.

Il faut lire ce syllabaire verticalement, en commençant par la gauche. Les signes ou accents (˝)(*nigori*) placés dans la quarante-neuvième case modifient la prononciation en donnant à l'initiale un son plus dur ou plus rude, tandis que l'addition du signe (o) (*maru* ou *marou*) change l'initiale *h* ou *f* de plusieurs syllabes en *p*. — La quarante-huitième syllabe est un son nasal imparfait, destiné sans doute à représenter certaines terminaisons empruntées aux Chinois. En composition elle a toujours le son *n* (quelquefois *m*, par euphonie, dans le milieu des mots); mais, seule, elle ressemble à *ng* à demi prononcé, et se prononce en effet, dit-on, en rapprochant la langue du palais et émettant un son guttural.

On emploie en outre dans l'écriture ordinaire trois signes, ressemblant assez à nos trois accents (aigu, grave, circonflexe); celui qui ressemble à notre accent circonflexe étant toutefois *vertical* au lieu d'être *horizontal*. L'usage du premier consiste à indiquer la répétition de la syllabe qui précède; le second se place entre les caractères chinois pour indiquer qu'on doit les lire d'une manière continue, ou comme un seul mot en japonais. On l'emploie aussi, dans le *kata-kana*, après une syllabe pour en allonger le son. Le dernier signe indique la répétition d'un dissyllabe, ou d'un mot; par exemple, dans le mot *kotogoto*, ce signe est écrit au lieu de *goto*, et on l'accompagne d'un *nigori*, pour indiquer le changement de la première syllabe *ko* en *go*.

Les sons de quelques-unes de ces syllabes varient dans les différentes parties du Japon, et différentes manières d'écrire les mots japonais ont été adoptées par les savants de différentes contrées. Siebold écrit *lo*, et Klaproth *ro*, pour la seconde syllabe; il en est de même de *ra*, *re*, *ri* et *rou*; les indigènes que nous avons entendus prononcer ces syllabes disent *ra*, *re*; mais ils ne peuvent distinguer les deux sons de *ra* et *la* l'un de l'autre. Lorsque l'une ou l'autre de ces cinq syllabes commence un mot, le son *r* se prononce quelquefois comme s'il était précédé d'un *d* faible. Siebold remarque « que ce son est difficile à rendre, mais qu'il consiste en une vibration entre *l* et *r* qui ressemble aux premiers efforts des enfants pour prononcer l'*r* (1); dans le *Yédo* l'*r* prédomine, tandis que dans quelques provinces, c'est l'*l* qui prévaut. » Nous avons toujours entendu prononcer *ha*, *he*, *hi*, *ho*, etc.; mais Klaproth écrit *fa*, *fe*, *fi* et *fo*, et c'était l'ancienne coutume portugaise, encore conservée dans *Fatsisio*, *Firato*, *Figo*, etc. Les naturels qui se trouvaient à Macao, et dont le *Chinese Repository* parle souvent, prononçaient aussi *she* et *shi*, mais Siebold et Klaproth écrivent tous deux *se* et *si* La différence paraît être bien légère, ou même nulle, entre les sons des syllabes *i* et *wi*, *e* et *ye*, et nous les avons écrites comme on le voit dans ce tableau, parce qu'il est difficile de supposer qu'il se trouve deux syllabes précisément du même son; cependant, les indigènes (de trois provinces différentes) auxquels nous faisons allusion ne faisaient aucune différence entre ces syllabes, soit pour le son, soit pour l'usage.

En préparant des livres chinois pour le public japonais, ou en écrivant en chinois, les additions grammaticales sont plus ou moins nombreuses, suivant le caprice de l'éditeur ou de l'écrivain. Quelquefois, cependant, on se borne à la simple réimpression des ouvrages. On omet rarement les cas des noms, les terminaisons et les temps des verbes, ainsi que les signes indiquant la transposition des caractères. Dans les livres qu'on désire rendre très-clairs, on trace des lignes perpendiculaires entre les caractères, et on donne le sens des caractères difficiles et peu usités, ou bien l'indication de leurs sons. Nous sommes forcé de renvoyer le lecteur au *Chinese Repository* (volume cité) pour de plus amples détails et des exemples d'écriture japonaise et chino-japonaise.

Les préfaces des livres sont fréquemment écrites en chinois, tandis que le corps de l'ouvrage est en hira-kana; dans ce cas, l'écriture à main courante est souvent employée, ce qui augmente de beaucoup la difficulté de déchiffrer le texte, pour le lecteur qui n'a appris que la forme ordinaire.

Les livres destinés soit à l'instruction

(1) Ce son entre *l* et *r* se retrouve dans l'alphabet sanscrit, d'où il a passé dans un assez grand nombre de mots hindoustanis.

des enfants, soit aux classes inférieures, s'impriment invariablement en lettres *hira-kana* ; mais on nous dit que dans ceux qui sont destinés aux personnes ayant reçu une bonne éducation, les quatre sortes de lettres s'emploient souvent indistinctement, et s'entremêlent avec les caractères chinois; un mot, ou même une syllabe s'écrivant avec une certaine espèce de caractères, et le mot suivant ou la syllabe suivante s'écrivant avec une espèce différente ; ce qui n'ajoute pas peu à la difficulté de faire quelque progrès dans la littérature japonaise.

Depuis longtemps les Japonais sont en possession de l'art de l'imprimerie, d'une manière suffisante pour répandre leur littérature, mais ne pouvant rivaliser avec la magnificence de la typographie européenne. Les imprimeurs japonais ne connaissent pas les caractères mobiles, et ils multiplient les copies des manuscrits au moyen d'une sorte de stéréotypie en bois, fort imparfaite, ou par la gravure sur bois, plutôt que par une véritable imprimerie comme nous l'entendons. Cependant ils approvisionnent le public de livres, et on nous assure que la lecture est la récréation favorite des deux sexes au Japon, et surtout dans la capitale du *mikado*.

La littérature japonaise comprend des livres de science, d'histoire, de biographie, de géographie, de voyages, de philosophie, d'histoire naturelle, de poésie; des ouvrages dramatiques et des encyclopédies. Les écrivains hollandais ont une très-haute opinion du mérite des productions du génie japonais dans la plupart de ces diverses branches; mais si l'on considère qu'en général les membres de la factorerie de Dézima n'ont pas reçu une éducation philologique, ni peut-être une instruction très-solide, on nous permettra de n'accepter leur jugement qu'avec quelque défiance. Au surplus, ce manque de confiance dans le discernement critique de ces panégyristes de la littérature japonaise n'est en rien diminué par les données, incomplètes il est vrai, d'après lesquelles nous pouvons nous-mêmes former notre opinion.

Klaproth a donné une version d'un traité de géographie, et Titsingh a traduit ou fait traduire les annales du *daïri* et les annales des *siogouns* de la dynastie des *Gonghen's*. De ces deux ouvrages, le premier est de beaucoup le meilleur ; il est écrit d'une manière détaillée et donne une connaissance assez exacte de la géographie physique et politique des trois dépendances plus ou moins contestées de l'empire japonais, lesquelles sont : la Corée, les îles *Loukiou* et le *Yézo*, renfermant l'archipel des *Kouriles*. Les défauts de cet ouvrage sont la sécheresse et le manque de coloris, défauts inévitables, peut-être, dans une description géographique, et en outre, une grande insuffisance de données statistiques. Siebold, dans son intéressant travail sur la Corée, a fait faire un grand pas à l'histoire *européenne* de ce pays. Les Annales du daïri ont été corrigées et publiées par Klaproth ; il serait difficile de concevoir quelque chose de plus aride que ce récit des naissances, des mariages, des avénements, des abdications et des décès, avec quelques narrations de maladies, de pèlerinages et de rébellions; la manière dont sont traités, même ces derniers sujets, les rend à peu près dépourvus d'intérêt pour nos lecteurs européens; cet ouvrage est cependant une source précieuse de recherches pour la philologie et l'histoire comparée des diverses civilisations, et il jette un grand jour sur l'organisation politique et sociale du Japon. — Les annales des *siogouns* présentent le même caractère, quoique entremêlées de curieuses anecdotes; mais ces dernières sont racontées d'un style bien lourd, quoique quelques-unes d'entre elles soient, évidemment, tirées par Titsingh ou par ses traducteurs japonais d'autres sources que ces annales originales. En résumé, ces ouvrages, estimables à cause des renseignements qu'ils fournissent, mériteraient un examen plus détaillé que celui qu'il nous est permis d'esquisser ici.

Quant à la philosophie, tout ce qu'on peut en dire, c'est qu'elle consiste en commentaires sur les préceptes moraux du philosophe chinois *Kung-Foo-Tsze*, ou Confucius, commentaires sur la mythologie *sintoo*, où elle s'élève à des inductions sur les diverses époques de la création, etc. Les encyclopédies (dont Rémusat nous a donné un excellent spécimen) paraissent être à peine quelque chose de plus que des livres d'images avec des explications, le tout arrangé, comme les autres dictionnaires japonais, tantôt dans l'ordre alphabétique, et tantôt suivant une classification capricieuse et peu scientifique des sujets.

Aucun des écrivains que nous avons cités ne parle de l'art de la poésie japonaise, de la mesure, de la rime, ou de ce qui les remplace l'une ou l'autre; mais Meylan et Titsingh en fournissent quelques exemples, en tant qu'il soit permis de dire qu'une traduction en prose puisse donner une idée de la poésie. — Nous nous hasardons à reproduire ici quelques-unes des strophes qui ont été recueillies par ces auteurs, mais nous devons avertir nos lecteurs, d'avance, que, dans notre conviction, cette imitation des sons japonais à l'aide de caractères romains est très-imparfaite, et que probablement la réunion ou la séparation des syllabes, telles que nous les trouvons dans les exemples par nous reproduits d'après diverses autorités, sont en partie arbitraires. — Cependant il nous a semblé qu'il resterait assez de l'original japonais dans chacune de ces stances pour donner une idée approximative de la forme, du nombre, de la rime, etc. — On reconnaîtra d'ailleurs que la langue japonaise est susceptible d'une grande condensation en poésie, ou que la version hollandaise qui a servi, dans certains cas, de base à la nôtre est bien diffuse!

Aïta kampei (ou *kanbé*),
Karvo mita kampei,
Momani hana siwo,
Itasi ta kampei,
Outi (1) *siri lara*,
Sakamasi (2) *kampei*,
Sekenni warou kampei.

Oui! ardent est mon désir
De contempler ton visage,
Avec toi d'échanger quelques mots;
Mais je dois y renoncer :
Car s'il venait, dans ma demeure,
Par hasard à être une fois divulgué
Qu'avec toi j'ai conversé,
Alors ce serait une peine cruelle
Qui tomberait assurément sur moi,
Car sans nul doute ma bonne renommée
Serait perdue à jamais.

(1) Ou *Ouchy*.
(2) Ou *Yakamasi*.

Voici un exemple de strophe morale :

Kokoro da ni makotono,
Michi ni kanaï naba (1),
Inorazu totemo kamiya (2),
Mamoran (3).

Aie le cœur droit et pur;
Ainsi la bénédiction de Dieu
Sera sur toi pendant l'éternité.
De bruyantes prières ne serviront à rien,
Mais bien une conscience pure
Qui adore et craint en silence!

Un des spécimens de Titsingh, court poëme sur le meurtre de *Yamasiro*, conseiller d'État, est un peu plus poétique; il offre aussi des exemples d'allusions à de vieilles histoires ou légendes, et de jeux de mots qu'on dit caractériser la poésie japonaise. Titsingh, ou plutôt son traducteur français (4), a ajouté à la version française une traduction latine, à dessein littérale, et qui n'est pas plus longue que l'original. Nous allons reproduire deux strophes de l'original et des traductions :

Ki ra re ta wa
Ba ka to si yo ri to
Ki kou ta fa ya
Ya ma mo o si ro mo
Sa wa gou sin ban.

Præcidisse
Consiliarium minorem
Nuper audivi,
In montis castello
Turbas excitantem, novum custodem.

« J'apprends à l'instant qu'un des nou-
« veaux gardes a excité du tumulte au châ-
« teau, en assassinant un jeune conseiller,
« dans sa folie. »

Ya ma si ro no
Si ro no o ko so de.
Tche mi so mi te.
A ka do si yo ri to.
Fi to wa you nar.

Yamassiro
Candidam togam
Cruore tinctam
Rubentemque consiliarium
Omnes viderunt.

« La robe blanche de *Yamassiro* est teinte
« de sang, et chacun le nomme *le conseiller*
« *rouge!* » (ou : « chacun voit en lui le conseiller rougissant »).

(1) Ou *No mitri ni kana fi naba*.
(2) Ou *I! no ra tsou to te mo kami*.
(3) Ou *Iama mo ramou*.
(4) Rémusat.

Nous avons dû copier textuellement. — Nous remarquons que les syllabes sont séparées. — Pourquoi? nous l'ignorons.

REMARQUES. — *Ba ka to si yo ri.* — Un conseiller extraordinaire est nommé. *Wa ka to si yo ri,* ou *jeune conseiller*; le changement de la première lettre de son nom donne un nouveau sens, qui prouve combien *Yamassiro* était méprisé.

Ya ma si ro no. — *Yama*, montagne; *siro*, château; *no*, particule explétive qui sert à donner de l'expression et de l'élégance au langage (en prose ou en vers). — Dans ces deux mots se trouvent le nom et la qualité du blessé, ainsi que l'indication du lieu où l'événement a eu lieu, le palais du *siogoun* étant dans la dernière enceinte de la résidence impériale, sur une hauteur.

Sa wa you sin ban. — *Nouvelle mode qui fait beaucoup de bruit.* — Ces mots sont ici métaphoriquement pour un *nouveau garde.*

Si ro no o ko so de. — Chemise blanche ou robe de dessous que personne n'a le droit de porter, à l'exception de ceux qui ont le titre de *kami*, des femmes et des prêtres. — Nous ferons observer en passant que *kami* est ici un titre de noblesse équivalent, peut-être, à notre *chevalier*, et s'écrit ou se prononce différemment de *kami*, génie, esprit divin.

Un autre couplet sur le même sujet nous a semblé tellement caractéristique, que nous croyons qu'il vaut la peine d'être transcrit également.

Si yo daï mi o.
Mou sio ni ni kou mo ou
Nanats ou bo si
I ma si kou si re ba
Si mo no si ya wa si;

« Tous les grands de l'empire avaient en
« horreur l'*ourse*; qu'elle ne brille plus :
« c'est un heureux événement, même pour
« les moindres serviteurs (de l'empire). »

Ici encore nous copions littéralement, et nous nous contenterons de remarquer que le poëte, en parlant de l'*ourse* que les grands ont en horreur, fait allusion aux armes de *Yamassiro*, sept étoiles.

Ces sortes de jeux de mots sont assez communs dans la poésie des Chinois. — Les Japonais emploient les prononciations qui sont attachées chez eux aux caractères chinois aussi bien que les mots de leur langue naturelle : ils s'attachent ordinairement à exprimer des pensées ingénieuses avec le moins de mots possible et à se servir de mots à double sens pour faire des allusions.

Il paraît qu'il y a deux sortes de poëmes : l'*outa* ou *waka* est composé de cinq lignes, de cinq, sept, cinq, sept et sept caractères. — Le *nag-aouta*, ou long poëme, en a autant qu'on veut : les lignes sont de cinq et sept mots, et les deux dernières lignes doivent être chacune de sept. — Ces deux sortes de poëmes sont composés en *fira-kana* (ou *hira-kana*).

Les poëtes japonais, ainsi que nous l'avons déjà fait observer, se plaisent aussi dans des descriptions ou des comparaisons que leur fournit le paysage ou la riche variété des productions naturelles qui les entourent. — Nous trouvons dans Siebold une courte citation de ce genre, qui ne manque pas de charme. — Il s'agit dans le distique que nous allons reproduire du *kisi*, belle espèce de faisan. On entend souvent, le soir, le chant du mâle, qui cherche au loin, dans les champs, sa nourriture et celle de sa compagne qui s'est retirée dans les bocages les plus touffus. Le poëte japonais dit, à ce sujet :

Harouno no asouro kisi, sono tsouma roini,
Onoga arigawo fitoni sire tsoutsou.

« Le *kisi*, cherchant sa nourriture dans les
« champs en fleurs, découvre, par amour
« pour sa compagne, le lieu de sa retraite
« aux hommes. »

En voilà assez pour donner une idée de la poésie japonaise, qui ne s'élève guère, comme on le voit, au-dessus de la ballade, des romances et des chansons. — Nous avons dit ce que nous savions de l'art dramatique en parlant des représentations théâtrales d'*Ohosaka*.

Constatons maintenant en quelques pages quel est l'état des sciences et des arts au Japon.

SCIENCES AU JAPON.

Les seules sciences qu'on puisse regarder comme étant cultivées au Japon sont la médecine et l'astronomie, et on nous a assuré qu'on y voit constamment paraître des ouvrages originaux aussi bien que des traductions de toutes les publications européennes que les Japonais peuvent se procurer. Quant au mérite des ouvrages originaux, nous sommes porté à l'admettre par induction, d'après ce que nous avons appris de l'habileté et de l'étendue des connaissances des médecins et des astronomes japonais; le témoignage des étrangers instruits leur est invariablement favorable. Siebold donne des éloges au zèle avec lequel les médecins de toutes les parties de l'empire accouraient en foule auprès de lui pour acquérir dans la science des notions plus avancées que les leurs; et son opinion de l'intelligence et du savoir qu'indiquaient leurs questions a déjà été reproduite dans un de nos précédents chapitres. Cette remarque s'applique également aux astronomes; et on peut ajouter que leur conviction de la supériorité scientifique de l'Europe suffit pour placer les Japonais bien au-dessus des présomptueux Chinois.

En ce qui touche à la science médicale, il est important de faire observer que l'*acuponcture* ainsi que le *moxa* sont des inventions japonaises. Parmi les livres rapportés en Europe par Titsingh, il s'en trouve un qui contient une instruction faite avec soin sur l'emploi de l'acuponcture avec une énumération des maladies qu'elle peut guérir et une figure sur laquelle sont marquées les diverses régions du corps humain qui doivent être le siège de l'opération, suivant les différents cas. Kœmpfer avait donné une figure analogue, qui sert de guide aux chirurgiens japonais dans l'application du moxa. Thunberg donne quelques détails sur l'emploi de ces deux remèdes au Japon (ouvrage cité).

Les drogues désignées dans la pharmacopée japonaise appartiennent pour la plupart au règne animal ou au règne végétal, la chimie n'étant connue au Japon que d'une manière beaucoup trop superficielle et trop imparfaite pour permettre aux médecins de s'aventurer à employer des médicaments tirés du règne minéral. Mais la botanique, comme liée à la connaissance des simples, y est cultivée avec soin, et les médecines qu'on emploie sont, dit-on, généralement efficaces; les Japonais placent cependant leur principale confiance dans la diète, l'acuponcture et le *moxa*. La superstition est encore chez eux comme chez tant d'autres peuples l'obstacle le plus grand aux progrès de la médecine et de la chirurgie; on a déjà pu en juger par ce que nous avons eu occasion de dire de la *science des accouchements*! D'ailleurs, la souillure qui résulte du contact d'un corps mort rend la dissection et par conséquent la science anatomique impossibles.

En astronomie les connaissances des Japonais sont plus étendues, ce qui provient peut-être de ce que la superstition n'apporte pas d'entraves au progrès de cette science, bien qu'il y ait des *astrologues* à la cour du *mikado*! Les astronomes du Japon étudient les ouvrages les plus profonds qui ont été traduits en hollandais, et ils ont appris l'usage de la plupart des instruments européens. Ils ont enseigné aux artistes japonais à les imiter, et Meylan a vu de bons télescopes, des baromètres et des thermomètres sortis des manufactures japonaises. Par suite de ces progrès scientifiques, les almanachs, qui d'abord étaient apportés de Chine, sont maintenant composés au Japon, et le calcul des éclipses s'enseigne dans les colléges de *Yedo* et de *Miyako*.

La mesure et la division du temps au Japon sont fort singulières, et ne sont pas très-faciles à comprendre. Pour l'usage de la chronologie on emploie trois cycles indépendants l'un de l'autre, mais dont l'usage est simultané. L'un d'eux est formé par un mélange assez compliqué de l'astronomie avec d'autres branches de la physique; les deux autres sont simples, et peuvent en conséquence être mentionnés en premier lieu. Le cycle ordinairement employé en histoire pour les dates est le *nengo*. C'est une période d'origine chinoise, d'une longueur arbitraire, et par conséquent toujours variable depuis une jusqu'à un nombre quelconque d'années. Elle se règle suivant le plaisir du *mikado* régnant, et d'après quelque événement remarquable ou accidentel qu'il juge digne d'une telle commémoration; il peut, par exemple, fixer le commencement d'un nouveau *nengo* à l'époque de la construction d'un temple, à celle d'un tremblement de terre, etc., et il lui donne un nom indiquant son origine, soit simplement, soit, dans le style oriental, d'une manière métaphorique, allégorique et énigmatique. Ainsi, un *mikado* fit commencer un nouveau *nengo* à son abdication, et il le nomma le *nengo genrohf*; littéralement, « le *nengo* du bonheur de la nature et de l'art, » voulant dire que lui-même, dans sa retraite, aurait le loisir de jouir de tous les deux. Le nouveau *nengo* dure jusqu'à ce que quelque événement particulier détermine le même *mikado*, ou bien son successeur immédiat ou plus éloigné, à le clore et à en commencer un autre.

L'autre simple mode de supputation consiste à compter par le règne ou *daï* de chaque *mikado* successif. Ce mode est celui qu'on emploie communément comme étant le plus direct. La seule difficulté à laquelle il semble sujet, savoir, l'interruption d'un règne au milieu d'une année, s'évite par cette précaution que l'année dans laquelle un *mikado* abdique ou cesse de régner, se compte tout entière pour celui qui l'a commencée, et que le *daï* de son successeur ne compte qu'à partir du premier jour de l'année suivante.

Les années du règne du *siogoun* s'emploient aussi dans le calcul du temps, car les dates de tous les livres japonais vus par les éditeurs du *Chinese Repository* étaient comptées d'après le nombre d'années que le siogoun avait siégé sur le trône.

Le troisième comput, le cycle astronomique de six années, est bien différent, et c'est quelque chose de très-compliqué, sa construction étant tirée du calcul des signes du zodiaque et des éléments. — Les premiers sont au nombre de douze au Japon, ainsi que partout, peut-être, où l'astronomie a été étudiée; ils ne diffèrent des nôtres que par leurs noms. On les appelle collectivement *ziyuni no shi*, ou « les douze branches »; les voici dans leur ordre :

1. *Ne*, le Rat, qui correspond au Bélier.
2. *Oushi*, la Vache, qui correspond au Taureau.
3. *Tora*, le Tigre, qui correspond aux Gémeaux.
4. *Ou*, le Lapin, qui correspond au Cancer.
5. *Tats*, le Dragon, qui correspond au Lion.
6. *Mi*, le Serpent, qui correspond à la Vierge.
7. *'Mma*, le Cheval, qui correspond à la Balance.
8. *Hitsouzi*, la Chèvre, qui correspond au Scorpion.
9. *Sarou*, le Singe, qui correspond au Sagittaire.
10. *Tori*, le Coq, qui correspond au Capricorne.
11. *Inou*, le Chien, qui correspond au Verseau.
12. *I*, le Sanglier, qui correspond aux Poissons.

Les éléments des Japonais sont plus originaux. On les regarde comme étant au nombre de cinq, *dont l'air ne fait pas partie;* ils renferment le bois et le métal comme substances élémentaires. Mais on double ces cinq éléments d'une manière bizarre, en les envisageant, chacun dans deux sens différents, savoir : dans son *état naturel*, puis comme *adapté à l'usage de l'homme*. Ceci est assez curieux pour mériter d'être exposé en détail et dans l'ordre convenable.

1. *Ki no ye* est le bois dans son état naturel, comme *arbre*; c'est le premier élément, qui devient

2. *Ki no to* quand il est abattu et changé en bois de charpente.

3. *Fi no ye* est l'élément du feu dans son état originaire, comme manifesté dans la lumière solaire, les éclairs, les éruptions volcaniques, etc.

4. *Fi no to* est le feu allumé par l'homme, avec du bois, de l'huile, de l'encens, etc.

5. *Tsouchi no ye* est la terre dans son état inculte, sur le sommet des montagnes, au fond de la mer, etc.

6. *Tsouchi no to* est la terre comme travaillée par la main de l'homme, et changée en porcelaine, poteries et autres objets semblables. La terre labourée appartient à cet élément, qui est quelquefois représenté par un champ de riz.

7. *Ka no ye* est l'élément métallique dans son état naturel de minerai, quelquefois aussi symbolisé par un métal travaillé, comme un *sabre* ou une *cloche*.

8. *Ka no to* est l'élément métallique, fondu, travaillé et changé en marteaux, clous, cisailles, etc.

9. *Midzou no ye* est l'eau telle qu'elle coule des sources et dans les rivières, etc.

10. *Midzou no to* est l'autre élément aqueux, comme stagnant dans les étangs et les marais; curieuse déviation du principe établi, que l'adaptation à l'usage de l'homme constitue chaque second élément. (Il est cependant quelquefois représenté par de l'eau s'échappant d'un tuyau ou d'un réservoir.)

Or, ces dix éléments se combinant cinq fois avec les douze signes du zodiaque, d'une manière plus compliquée qu'intelligible, il en résulterait, dit-on, soixante figures, dont chacune compterait pour une année dans ce cycle scientifique.

Le *Chinese Repository* explique toutefois que la manière de combiner le *ziyouni no shi* ou les douze branches, avec les cinq éléments doublés (ou plutôt avec les dix caractères qui les représentent, et qui sont appelés collectivement *shikkan*, ou « les dix tiges »), est la même en Chine et au Japon, et que sans doute ce dernier pays l'a tirée du premier. L'adaptation subséquente des « dix tiges » aux cinq éléments appartient aux Japonais, et n'a aucun rapport avec la formation primitive du cycle; et les Japonais ne font rien de plus, en l'employant pour compter les années, que d'exprimer les caractères chinois qui répondent à une année donnée. La nature, en apparence compliquée, de cet arrangement, doit être attribuée moins au système en lui-même qu'à ses commentateurs hollandais (1).

L'année se divise en douze mois lunaires, mais elle renferme plus de trois cents trente-six jours, parce que le *mikado* et ses astronomes ajoutent deux jours à plusieurs des mois, et ils annoncent toujours dans l'almanach de l'année le nombre et le nom des mois qu'ils ont ainsi augmentés. La différence entre l'année lunaire, ainsi allongée, et l'année sidérale nécessite encore une correction qui s'opère, selon quelques-uns, en insérant tous les trois ans un mois intercalaire de longueur variable, suivant le nombre de jours *qu'il a plu au mikado* de rendre nécessaires.

Ici encore il faut observer avec le *Chinese Repository* que la division de l'année en mois est la même au Japon qu'en Chine, et qu'il est permis de supposer que le *mikado*, ou son officier, le *reki hakase*, qui surveille la rédaction de l'almanach à *Miyako*, ne fait rien de plus que de publier l'arrangement déjà établi des diverses périodes lunaires et solaires de l'année (1). L'année est de fait *luni-solaire*, et doit contenir douze mois, excepté quand, par ce mode de supputation, le temps lunaire se trouve en retard d'une révolution entière de la lune. Dans ce cas, on ajoute un mois intercalaire d'après la règle suivante : — si pendant un mois *lunaire* quelconque le soleil n'entre dans aucun des signes du zodiaque, c'est-à-dire s'il y a deux pleines lunes dans un même signe, ce mois est intercalaire, et par conséquent l'année renferme *treize* mois. L'année à intercalation contient trois cent quatre-vingt-quatre jours, et l'année commune trois cent cinquante-quatre; les premier, troisième, quatrième, huitième et douzième mois ont vingt-neuf jours; les autres en ont chacun trente. Outre ces divisions par mois, qui dépendent de la lune, l'année se divise encore en *vingt-quatre* périodes d'environ quinze jours chacune, et dont la détermination dépend de l'époque à laquelle le soleil se trouve dans le premier et dans le quinzième degré de chaque signe du zodiaque. Cette division vient aussi de la Chine.

---

(1) La combinaison des caractères appelés les « douze branches » et les « dix tiges, » par laquelle on désigne chaque année du cycle, est expliquée en détail dans le dixième volume du *Chinese Repository*; p. 122.

(1) L'année commence en février. Elle est luni-solaire, comme l'année chinoise. Les cycles coïncident avec ceux des Chinois, et selon les Japonais le premier cycle remonte à six cent soixante ans avant l'ère chrétienne. Mais en ce point ils ne sont pas d'accord avec les Chinois, qui placent le commencement de ce cycle à six cent cinquante-sept ans avant Jésus-Christ; ce qui parait certain, c'est qu'aujourd'hui le cycle japonais coïncide avec le cycle chinois.

Les Japonais ont pour chaque mois une sorte de terme descriptif qu'ils appellent son *wa miyo*, ou nom qui *harmonise*. Voici comment cela est expliqué dans le chapitre intitulé *Nippon gets rei zen*, ou « fêtes mensuelles du Japon », qui fait partie de l'ouvrage appelé le *Miroir de l'éducation des femmes*.

Le premier mois, ou *shiyo gwats*, est appelé *motsouki*, le mois amical, parce que les réjouissances de la nouvelle année font naître dans le cœur de chacun la douceur et la bienveillance.

Le deuxième mois, *ni gwats*, est appelé *ki-sara-gui*, le mois du changement d'habits, parce qu'alors on quitte les vêtements d'hiver.

Le troisième mois, *san gwats*, est appelé *yayoï*, le mois bourgeonnant, parce qu'alors la nature se réveille du sommeil de l'hiver.

Le quatrième mois, *shi gwats*, est appelé *ou dzouki*, ou le mois fleurissant, quand les fleurs s'épanouissent.

Le cinquième mois, *go gwats*, s'appelle *sa tsouki*, ou mois transplantant, parce que c'est alors que le riz se transplante.

Le sixième mois, *roku gwats*, s'appelle *mi-na dzouki*, ou mois sec, parce qu'à cette époque il ne tombe pas de pluie.

Le septième mois, *sichi gwats*, s'appelle *foumi dsouki*, ou le mois des lettres, parce que ce mois l'on écrit une ode aux étoiles sur des feuilles de papier que l'on suspend à des perches.

Le huitième mois, *hachi gwats*, s'appelle *ha dzouki*, ou mois des feuilles, parce qu'alors les feuilles d'automne commencent à tomber.

Le neuvième mois, *kou gwats*, s'appelle *naga dsouki*, ou le long mois, parce qu'alors les nuits commencent à devenir longues.

Le dixième mois, *ziyou gwats*, s'appelle *kami-na dzouki*, ou *mois sans dieux*, parce qu'on suppose que pendant ce mois toutes les divinités quittent leurs temples et vont à *Idzumo*, au nord du Japon (1).

Le onzième mois, *ziyou-ichi gwats*, s'appelle *shimo tsouk*, ou mois de la gelée blanche, parce que la pluie se congèle en neige et en gelée blanche.

Le douzième mois, *ziyouni gwats*, s'appelle *shiwasou*, le mois final ou terminant la saison.

Le nombre des fêtes et des cérémonies, civiles et religieuses, qui arrivent dans le cours de l'année est très-grand, et celles qui sont importantes sont soigneusement observées par toutes les classes. Titsingh a donné des détails sur quelques-unes des fêtes principales et d'autres qui sont observées par la cour; Siebold a publié un travail très-étendu sur ce sujet, dans son grand ouvrage, et l'a accompagné d'un grand nombre de planches d'autant plus intéressantes que les dessins originaux sont dus aux premiers artistes japonais. — Nous regrettons de ne pouvoir même offrir l'analyse de ce travail à nos lecteurs. Si la traduction du *Nippon* de Siebold s'achève, ces curieux détails et bien d'autres d'un égal intérêt seront enfin accessibles au public.

Des divisions du temps; au Japon, la plus bizarre, et assurément la plus incommode, est celle qui se fait par heures. — Dans ce pays, un jour et une nuit selon le cours de la nature, se divisent en douze heures, dont six sont toujours assignées au jour, c'est-à-dire à l'intervalle entre le lever et le coucher du soleil, et les six autres à la nuit, ou à l'espace de temps entre le coucher et le lever du soleil. De cette manière les heures du jour, au Japon, n'ont jamais la même durée que celles de la nuit, excepté à l'époque des équinoxes; en été les heures du jour étant longues, celles de la nuit sont courtes; et en hiver *vice versâ*. A parler exactement, la longueur des heures devrait varier d'un jour à l'autre; mais on se dispense d'un soin aussi grand, et l'on régularise les variations quatre fois seulement par an, en prenant un terme moyen sur trois mois.

De plus, le calcul de ces douze heures, qui semble si facile à quiconque sait compter jusqu'à douze, est si étrangement compliqué au Japon, que si l'on

---

(1) Si l'on compare cette assertion à celle que nous avons adoptée p. 88, on verra que ces deux assertions, puisées cependant à des sources également respectables, ont besoin d'être au moins conciliées par une explication dont les éléments nous manquent.

n'eût adopté l'expédient d'ajouter à chaque heure, outre sa désignation par un nombre, le nom d'un signe du zodiaque, ce serait une tâche assez difficile que de répondre à cette question qui paraît si simple : « Quelle heure est-il ? » Essayons de donner quelque explication de ce système obscur et original.

Neuf étant regardé comme le nombre le plus parfait (1), midi et minuit s'appellent tous les deux « neuf heures »: midi s'appelle neuf heures du jour; et minuit neuf heures de la nuit; tandis que le lever et le coucher du soleil sont respectivement « six heures du jour », et « six heures de la nuit ». Si l'on demande comment neuf peut se trouver deux fois dans douze; nous répondrons que l'impossibilité arithmétique est vaincue ou éludée en omettant le premier et les trois derniers nombres, et en commençant par quatre et finissant par le nombre parfait neuf. Les nombres intermédiaires se développent laborieusement au moyen de la table de multiplication; et le système est basé sur le profond respect professé pour le nombre neuf. Voici en quoi consiste ce procédé :

Neuf, étant l'heure de midi et de minuit, est le point d'où l'on commence à compter, et il est considéré comme la première heure. Deux fois 9 font 18; supprimez la figure décimale, et il reste 8 : c'est pourquoi l'heure qui suit midi ou minuit, c'est-à-dire la deuxième heure, est huit heures du jour ou de la nuit. Trois fois 9 font 27 ; supprimez la figure décimale, et il reste 7; et la troisième heure devient sept heures du jour ou de la nuit. Quatre fois 9 font 36; répétez l'opération; et vous trouverez que la quatrième heure, qui doit être invariablement celle du coucher ou du lever du soleil, est six heures de la nuit du du jour; cinq fois 9 font 45 ; et l'opération ordinaire fait que l'heure qui suit le coucher ou le lever du soleil, la cinquième à compter de minuit ou de midi inclusivement, est la cinquième heure de la nuit ou du jour. Enfin, 6 fois 9 font 54; et par la même opération, nous obtenons quatre pour la sixième et dernière heure, qui devient quatre heures de la nuit ou du jour. Alors revient de nouveau minuit; ou midi, ou bien neuf heures de la nuit ou du jour. Une table, qui sans explications préalables aurait été inintelligible, rendra maintenant claire pour le lecteur la suite des douze heures du jour selon la nature :

Minuit est *kokonots*; ou 9 heures de la nuit, l'heure du Rat.

2 h. av. midi est *yats*; ou 8 heures de la nuit, l'heure de la Vache.

4 h. av. midi est *nanats*, ou 7 heures de la nuit, l'heure du Tigre.

Le lever du soleil est *moutsou-doki*; ou 6 heures du jour, l'heure du Lapin.

8 h. av. midi est *itsoutsou*, ou 5 heures du jour, l'heure du Dragon.

10 h. av. midi est *yots*, ou 4 heures du jour, l'heure du Serpent.

Midi est *kokonots*, ou 9 heures du jour, l'heure du Cheval.

2 h. ap. midi est *yats*, ou 8 heures du jour, l'heure de la Chèvre ou de la Brebis.

4 h. ap. midi est *nanats*, ou 7 heures du jour, l'heure du Singe.

Le coucher du soleil est *moutsou-doki*, ou 6 heures de la nuit, l'heure du Coq.

8 h. ap. midi est *itsoutsou*; ou 5 heures de la nuit, l'heure du Chien.

10 h. ap. midi est *yots*, ou 4 heures de la nuit, l'heure du Sanglier.

Chacune de ces heures se divise en huitièmes (équivalant à nos quarts d'heure), et la notation des intervalles se fait au moyen d'additions au mot qui indique l'heure; ainsi, *kokonots han* est une heure avant midi; *kokonots han sougui* est une heure et demie; *kokonots han sougi maye* est une heure un quart, etc., etc. L'usage des « douze branches » pour désigner les heures est emprunté des Chinois, mais l'autre combinaison employée pour compter les six heures, comme il vient d'être expliqué, est particulière aux Japonais.

Ces heures sont toujours sonnées par les cloches des temples. Les mesurer semble une chose plus difficile, quoique l'on prétende que l'allongement et le raccourcissement du pendule suffisent à cet effet (naturellement on doit entendre que cette opération a lieu chaque

---

(1) A d'autres égards le nombre *huit* a la préférence; c'est le nombre parfait d'après la doctrine *Sintô*.

jour, ou deux fois par jour, au lever et au coucher du soleil). On rapporte aussi deux procédés indigènes : l'un, qui peut évidemment suffire au dessein qu'on se propose, consiste à brûler des corps de grandeur déterminée (1); le second consiste en une sorte d'horloge particulière (décrite d'une manière qui n'est pas très-intelligible), dont la pièce principale serait une balance horizontale, ayant un poids à chaque extrémité et se mouvant en avant et en arrière sur un pivot. Nous croyons pouvoir, en terminant ce chapitre des heures et des horloges, dire quelques mots d'une pendule dont on ne nous fait malheureusement pas connaître le mécanisme, mais que le gouverneur de Nagasaki fit faire en 1826 pour en faire présent au *siogoun*, et qui était regardée comme un chef-d'œuvre du génie de la mécanique. Comme telle, elle fut montrée avec orgueil à la factorerie hollandaise, et elle dénote assurément plus de talent que de goût.

« L'horloge est renfermée dans un cadre de trois pieds de haut, sur cinq de long, et représente un magnifique paysage. Des pruniers et des cerisiers tout en fleurs, avec d'autres plantes, forment le devant du tableau. Le fond du tableau consiste en une colline de laquelle s'échappe une cascade, habilement imitée en verre, qui forme une rivière coulant doucement, et serpentant d'abord autour des rochers placés çà et là, puis se précipitant à travers le milieu du paysage, et se perdant enfin dans un bois de sapins. Un soleil d'or suspendu dans le ciel indique, en tournant sur un pivot, que l'heure va sonner. Au bas du cadre sont marquées les douze heures du jour et de la nuit, et une tortue à la marche lente sert d'aiguille. Un oiseau perché sur la branche d'un prunier annonce par son chant et par le battement de ses ailes le moment où une heure expire, et aussitôt que son chant cesse, on entend un timbre sonner l'heure ;

---

(1) Des *bâtons à encens* ou allumettes chinoises, dont la combustion lente et égale offre, en effet, un moyen passablement exact de mesurer le temps. Nous avons vu employer ce moyen à Java, à la grande manufacture de thé, pour indiquer la durée à donner à certains détails de manipulation.

pendant cette opération une souris sort d'une grotte et court sur la colline. »

Chaque partie de cette ingénieuse composition, examinée isolément, paraît avoir été exécutée avec beaucoup de soin; mais l'oiseau était trop grand pour l'arbre et le soleil pour le ciel, et la souris gravissait la montagne en un instant.

Les Japonais possèdent quelques connaissances peu étendues sur les mathématiques, la mécanique, la trigonométrie et sur la science de l'ingénieur. Ils ont des canaux destinés principalement à l'irrigation, et une grande variété de ponts (1); ils ont appris à mesurer la hauteur des montagnes au moyen du baromètre, et ont dernièrement dressé de très-bonnes cartes de l'empire japonais. En fait de machines, ils ne sont guère capables de faire quelque chose de plus difficile que des tours et des moulins à eau, et ils ne désirent pas faire, de ce côté, de plus amples progrès. Leur opinion à cet égard s'est manifestée d'une manière très-remarquable à l'occasion d'un modèle de *moulin à huile* qui faisait partie des présents offerts, dans une de ces dernières années, au *siogoun* par le gouvernement hollandais. Le génie de cette invention et son mécanisme admirable furent hautement prônés; mais le modèle fut renvoyé, *parce que l'adoption d'une aide aussi puissante au travail aurait privé d'ouvrage tous les Japonais qui ga-*

---

(1) Siebold parle de plusieurs canaux importants établis pour l'usage du commerce : entre autres du canal *Ondoseto*, dans la province d'Aki, conduisant directement à la ville de commerce *Firosima*, et du grand canal de *Sentó no foutsi* (canal des Bateliers), dans la province de Fizen, canal de quatre-vingt-dix kilomètres de longueur, qui passe par Sâga, ville la plus considérable de toute l'île de Kiousiou et Foukou-oka, et réunit ainsi le golfe de Simabara à la mer du nord. — Le pont jeté sur ce canal à Sâga est orné d'une statue colossale, en airain, représentant un *dsizô*, ou saint tutélaire, qui porte le nom de *fôkwô wó*, et dont la mission divine est de « répandre la pluie et faire croître les cinq sortes de blé. » — La multitude des cours d'eau qui descendent des nombreuses montagnes de ce pays accidenté, et la situation des villes les plus populeuses, bâties à l'embouchure des fleuves les

gnent leur vie à faire de l'huile suivant la routine ordinaire! (1).

plus considérables et coupées en tout sens par des canaux, expliquent la quantité de grands ponts qu'on trouve au Japon.

On compte deux cent trente-neuf *grands ponts* dans tout l'empire, dont soixante-dix-neuf à *Ohosaka* seulement et soixante-quinze à *Yédo*.

Les ponts en pierre (*isi basi*) sont rares et ont une seule arche.

Les ponts en bois (cèdre, thuya, orme), dont le tablier est soutenu par des piliers de bois dont la base est en pierre, sont les plus communs, et ils se trouvent surtout sur les grands fleuves. Le pont d'Okasaki a trois cent quatre-vingt-dix-sept mètres de longueur.

Les ponts-levis (*fiki basi*) ne sont en usage que dans les forteresses.

Les ponts de bateaux (*funa basi*) ne sont pas rares. Celui sur lequel on traverse le *koutsou-gawa*, dans la province de *Yetsitsio*, est long d'environ sept cent soixante-dix mètres, et consiste en cinquante-deux bateaux rivés à une chaîne de fer et recouverts de planches. Enfin, il y a des ponts suspendus en grand nombre (*Voyez* notre planche 12).

(1) Dans les conditions toutes particulières où se trouve l'empire japonais, il nous semble qu'on ne peut qu'applaudir à cette mesure. Chez nous, peuples *autrement* civilisés que les Japonais, les inconvénients de l'introduction trop brusque de machines nouvelles, quelque admirables qu'elles puissent être, ont préoccupé plus d'une fois, et à juste titre, nos plus habiles économistes. — Le Japonais n'ont cependant pas repoussé d'une manière absolue l'introduction des machines européennes. — Siebold mentionne une espèce de moulin à crible, nommé *kometofosi*, c'est-à-dire tamis à orge, absolument construit sur le modèle des nôtres, et il ajoute : « Nous nous rappelons avoir entendu dire que l'importation en est due aux Hollandais. » — Il parle de moulins à blé dont le mécanisme consiste en une roue à godets et une roue dentée au bout du treuil, s'engrenant dans un pignon qu'elle mène et qui couronne la meule tournante. Le mouvement est imprimé par l'eau dirigée par un simple conduit en bois sur les godets de la roue supérieure. Les moulins à bras et à chevaux sont aussi en usage au Japon; mais les moulins à vent y sont inconnus. Les moulins à pilons dans lesquels on écrase le feldspath argiliforme sont d'un mécanisme commode et ingénieux, que Siebold a décrit en détail.

ARTS ET MANUFACTURES CHEZ LES JAPONAIS.

Il est difficile de se former une opinion sur l'état des arts au Japon, en partie parce que le témoignage des membres de la factorerie de Dézima n'est pas à cet égard d'une grande valeur, en partie (et cela résulte de l'assertion unanime des voyageurs) parce qu'il est à peu près impossible à un étranger de se procurer des spécimens ou échantillons de ce que chaque branche de l'art ou de l'industrie peut produire de plus parfait. Le rang que les artistes occupent dans la classification sociale semblerait, au premier coup d'œil, pouvoir jeter quelque lumière sur la question; mais cette classification caractérise plutôt le temps passé que l'époque actuelle, et tout ce qu'on peut légitimement conclure de l'ensemble des témoignages, c'est que les arts, en général, sont plus avancés au Japon qu'en Chine.

En ce qui concerne l'art musical, nous n'avons rien à ajouter à ce qui en a déjà été dit plus haut. — On nous assure que les Japonais aiment beaucoup la peinture, et s'occupent avec ardeur à faire des collections de tableaux; qu'ils esquissent hardiment avec du charbon et souvent avec de l'encre, n'ayant jamais besoin d'effacer; que leurs traits sont nets et leur dessin aussi bon que peut le leur permettre l'ignorance de la perspective et de l'anatomie. De cette ignorance résulte probablement leur inhabileté à saisir la ressemblance, les peintres de portraits s'attachant avec plus de soin à imiter les vêtements que les traits des personnes qui posent. Ils réussissent mieux à représenter les oiseaux et les fleurs; et l'on parle, comme d'un ouvrage magnifique, de deux volumes in-folio de fleurs peintes, avec le nom et les propriétés de chacune des plantes auxquelles elles appartiennent écrits sur la page opposée. Cet ouvrage, l'œuvre d'une dame japonaise, fut présenté par elle à Titsingh, ami de son mari. — Un fini délicat paraît faire le principal mérite de tous les artistes japonais.

Les écrivains qui ont traité ce sujet ont publié quelques essais d'une branche plus élevée de cet art, des paysages et des figures; mais ces dessins, qui ne sont pas sans mérite, accusent cependant un talent tellement inégal qu'ils embarrassent autant qu'ils aident le jugement. Les gravures de Titsingh représentent des noces, des processions funèbres, etc., d'après les tableaux d'artistes indigènes; on peut les mettre de niveau avec les peintures chinoises. Celles de Meylan valent un peu mieux. — Un fait rapporté par Meylan au sujet de l'habileté des artistes japonais, fait qui remonte à deux siècles, étonnera ceux qui ont vu la plupart de ces gravures. Selon Meylan donc, quand la cérémonie qui consiste à fouler aux pieds les images du culte catholique fut établie pour la première fois (1), il se trouvait

(1) Nous avons omis, par inadvertance, de donner quelques détails sur cette étrange cérémonie en rendant compte dans notre « Aperçu de l'histoire du Japon » des principales circonstances qui ont accompagné l'extirpation du christianisme. Nous comblons cette lacune en reproduisant le passage suivant de la relation de Charlevoix :

« ..... Vers la fin de l'année, on fait à Nangazaqui, dans le district d'Omura, et dans la province de Bungo, les seuls endroits où l'on soupçonne aujourd'hui qu'il y ait encore des chrétiens, une liste exacte de tous les habitants de tout sexe et de tout âge; et le second jour du premier mois de l'année suivante les ottonas, accompagnés de leurs lieutenants, du greffier et des trésoriers de chaque rue, vont de maison en maison, faisant porter par deux hommes du guet deux images, l'une de Notre-Seigneur attaché à la croix, et l'autre de sa sainte Mère, ou de quelque autre saint. On les reçoit dans une salle, et dès qu'ils ont pris chacun leur place, le chef de la famille, sa femme, ses enfants, les domestiques de l'un et de l'autre sexe, les locataires, et ceux des voisins dont les maisons sont trop petites pour recevoir tant de monde, sont appelés les uns après les autres par le greffier, à qui on a donné tous les noms, et à mesure qu'on les nomme, on leur fait mettre le pied sur les images, qu'on a posées sur le plancher. On n'en excepte pas les plus petits enfants, que leurs mères ou leurs nourrices soutiennent par les bras. Ensuite le chef de famille met son sceau sur la liste, qui est portée aux gouverneurs. Quand on a ainsi parcouru tous les quartiers, les officiers eux-mêmes font le Jesumi, se servent mutuellement de témoins, puis apposent leur sceau au procès-verbal. » Tome VI, liv. 20, p. 51 et 52.

quelques tableaux portugais représentant la Madone et l'enfant Jésus, ce qui permettait de fouler aux pieds en même temps ces deux images abhorrées; on fit faire à un peintre japonais la copie de l'un de ces deux tableaux, et la copie ne pouvait être distinguée de l'original. On doit remarquer que Meylan ne vit jamais cette copie, et que les connaisseurs qui ont prononcé sur l'impossibilité de la distinguer de l'original étaient japonais. Quoi qu'il en soit, le gouvernement considéra sans doute que la reproduction de ces images appartenant au culte proscrit était une souillure pour le nom japonais, ou voulut, par un raffinement de son implacable politique, punir la malencontreuse habileté du copiste; car le peintre eut, dit-on, la tête tranchée. Cette histoire, cependant, se concilie très-bien avec le genre de mérite des artistes japonais; ce sont de pauvres dessinateurs, mais, comme les Chinois, ce sont assurément d'excellents copistes.

Les spécimens donnés par Siebold, quoiqu'il ait visité le Japon avant Meylan, valent beaucoup mieux, du moins ceux d'entre eux qui ont été tirés de tableaux peints expressément pour lui; et il explique ce fait en disant que le jeune artiste indigène qu'il employait étudiait alors les principes européens de son art. Mais les planches qui se trouvent dans le splendide volume de Overmer Fisscher sont supérieures à toutes les autres; elles ont un tel fini, la lumière et les ombres y sont si bien ménagées, bien qu'elles soient défectueuses quant au dessin et à la perspective, qu'il est permis de soupçonner qu'avant de passer entre les mains du graveur les peintures japonaises dont il a fait usage ont été retouchées en Hollande; ce soupçon est justifié par l'inspection des salles japonaises du musée royal de la Haye, où on assure cependant que se trouvent les chefs-d'œuvre de l'art japonais.

On dit que le musée japonais de Siebold était plus riche que les chambres japonaises du musée royal. Le gouvernement hollandais en a fait récemment l'acquisition, pour l'ajouter au musée de la Haye.

Les Japonais ne connaissent pas la peinture à l'huile, mais ils sont habiles dans l'emploi de la gouache. Ils tirent leurs couleurs des minéraux et des végétaux, et obtiennent des teintes beaucoup plus belles et plus brillantes que les nôtres.

Ils ont un grand nombre de gravures, mais seulement sur bois. L'art de la gravure sur cuivre a cependant été récemment introduit chez eux, et adopté avec un empressement qui promet des progrès rapides.

On ne trouve jusqu'à présent dans les meilleurs ouvrages sur le Japon aucun renseignement scientifique sur l'art de la sculpture, si ce n'est çà et là quelques mentions faites avec éloges de sculptures d'ornements. Mais on nous dit que les Japonais ont atteint dans l'art de la fonderie un degré de perfection aussi grand que cela est compatible avec un entier mépris des proportions. On dit qu'ils fondent de beaux vases et de belles statues, et leurs cloches sont remarquables pour la richesse des bas-reliefs qui les ornent. Ces cloches n'ont pas de battants en métal, mais on les sonne en les frappant extérieurement avec une pièce de bois suspendue horizontalement, comme cela se pratique en Chine.

Ce que nous savons de l'architecture au Japon ne nous permet guère de supposer que la construction des édifices publics y repose sur une théorie scientifique ou même sur des règles positives autres que celles dont la police gouvernementale a prescrit l'adoption. Cependant le mode de construction des temples appartenant soit à la religion primitive (le culte des *kami's*), soit aux sectes qui en dérivent, semblerait indiquer un ordre d'architecture particulier; et nous remarquons que Siebold, parlant d'une chapelle construite près du tronc d'un camphrier gigantesque, la désigne comme étant de *l'ordre d'architecture mixte de ryô bou sintô*. Nous croyons le sujet digne d'un examen approfondi; mais les éléments de cette discussion nous manquent, et nous sommes forcé de renvoyer le lecteur à l'ouvrage de Siebold, où il est sans doute traité en détail.

Le génie militaire et la navigation (1), comme sciences, ne paraissent

(1) Voir plus loin la section intitulée : *Commerce et navigation*.

pas exister au Japon : les Japonais font cependant usage de la boussole, et probablement ils possèdent dans la tactique militaire des connaissances suffisantes pour l'attaque et la défense des places fortifiées comme le sont celles du Japon.

Au sujet des ouvrages en laque du Japon, tous les écrivains assurent qu'on ne peut s'en faire une idée juste d'après les échantillons ordinairement importés en Europe. Ceux qui sont réellement beaux ne peuvent être achetés par les étrangers; et les meilleurs qu'on puisse se procurer sont ceux que les membres de la factorerie de Dézima reçoivent, en présent, de leurs amis japonais; on les dépose ordinairement dans le musée royal de la Haye; et quoiqu'ils soient à peine regardés, comme étant de seconde qualité au Japon, ils sont réellement si supérieurs à tout ce qu'on peut voir ailleurs, qu'on ne peut se former une idée de la beauté des ouvrages de laque japonais sans avoir visité cette collection.

Le procédé employé pour vernir à la laque est extrêmement compliqué. Le vernis, qui est le produit résineux d'un arbrisseau appelé *ouroûsi nô ki*, ou plante au vernis (*rhus vernix*) (1), subit une préparation longue et minutieuse avant de devenir propre à être employé. On le mélange par un frottement très-lent et très-égal sur une palette de cuivre avec la matière colorante; et l'opération elle-même du vernissage est aussi ennuyeuse que ses préliminaires. On applique successivement au moins cinq couches différentes que l'on laisse sécher, puis on commence à broyer ou polir avec une pierre ou un polissoir en bambou (2). C'est seulement par ce tra-

(1) Cet arbrisseau donne un vernis de meilleure qualité que celui de l'arbre à vernis de la Chine (*augia sinensis*), tsichou et tsåtchou (cantonnais) des Chinois.

(2) La description de cette partie du procédé, que nous empruntons à Fisscher, ne semblerait permettre à la rigueur que l'emploi de la vague désignation de *roseau*, au lieu de celle de bambou que nous adoptons (car Fisscher fait usage du mot *bies*, qui signifie *jonc* ou *roseau*). — Broyer ou polir avec un *roseau* paraît sans doute étrange; mais si Fisscher (ou son interprète) comprenait le bambou dans la famille des roseaux ce qu'il

vail patient que le vernis acquiert son excellence. Les figures en nacre de perle s'obtiennent à l'aide de couches de nacre taillées et façonnées selon la forme demandée, et coloriées en dessous. On les applique ensuite sur le vernis, et on les soumet au même procédé d'application de couches et de polissage que le reste, ce qui leur donne un brillant si éclatant.

Les Japonais ne connaissent pas la taille des pierres précieuses, et, par suite, ne leur accordent aucune valeur, ce qui peut provenir de ce que ni l'un ni l'autre sexe n'emploie de bijoux pour la parure (1). En métallurgie, cependant, ils sont très-habiles, et on cite avec admiration la magnifique composition appelée *syakhoudo* (ou *syakfdo*), dans laquelle divers métaux sont en partie mêlés, en partie combinés, de manière à produire un effet ressemblant beaucoup à celui d'un bel émail; cette composition est employée au lieu de bijoux, pour les ceintures, les agrafes, les boîtes, les poignées d'épées, etc. Mais la branche de cet art dans laquelle ils surpassent la plupart des autres nations est la trempe de l'acier. Les lames de leurs sabres sont d'une excellence remarquable; elles ont le tranchant aussi affilé que celui d'un rasoir, et elles peuvent couper aisément un clou de fer sans s'ébrécher. On les estime en conséquence; aussi assure-t-on qu'une lame très-fine vaut de deux à trois mille francs, et qu'une lame ancienne, d'une trempe exquise, s'évalue fort au delà de ce prix. L'exportation en est prohibée, par suite des idées superstitieuses qui veulent que les Japonais tiennent de leurs divins ancêtres, comme héritages inséparables, l'indomptable valeur qui les distingue et l'excellence de leurs armes (1).

serait naturel de supposer, la difficulté disparaît. — Le bambou est, d'ailleurs, comme on le sait, un bois des plus durs.

(1) Est-ce là un trait distinctif du caractère japonais, ou bien cette particularité est-elle simplement le résultat d'une application rigoureuse des lois somptuaires? Nous l'ignorons. — On pourrait conclure d'un détail emprunté à Charlevoix (voir p. 28) que les femmes portent quelquefois des boucles d'oreilles. Nous trouvons aussi dans Siebold que les Japonais font le commerce des perles, qu'ils désignent sous le nom de *kaï no tama* (*pierreries d'huîtres*). — L'huître qui contient les perles véritables est pêchée ordinairement dans les baies d'Ohomura et d'Owari ou sur le rivage des provinces d'Isé et de Satsouma. On distingue les perles du commerce en *gintama* ou *pierreries argentées*, qui sont blanches, et *kintama* ou *pierreries dorées*, dont la couleur est d'un jaune d'or tirant sur le rose. Les *kintama* sont de la plus belle eau et ont un éclat remarquable. — Elles sont de la grosseur d'un petit pois, et se payent, dit Siebold, deux *kobans* (ce qui ferait, selon son calcul, à peu près 48 fr.; mais il y a ici erreur, puisque dans son travail sur les monnaies il estime le *koban* actuel à douze florins et demi de Hollande, ce qui fait à peu près 26 fr. 25 c.). Mais de ce que les Japonais font la pêche des perles et en font le commerce il ne s'ensuit pas qu'ils soient autorisés par les lois à les employer pour leur propre usage.

(1) Le chapitre des *armes* anciennes et modernes au Japon est traité avec beaucoup d'étendue dans l'ouvrage de Siebold. — Les Japonais connaissent l'usage des armes à feu, et se servent du fusil, mais seulement, à ce que nous assurent les Hollandais, du fusil à mèche. On conjecture que la préférence qu'ils accordent à cette arme imparfaite est due à deux causes : la rareté du silex dans les couches géologiques du pays, et l'aversion du gouvernement pour l'introduction de tout moyen de défense européen qui pourrait faire supposer que le Japon n'est pas en état de se suffire à lui-même. — Nous sommes porté à admettre le dernier de ces motifs : quant au premier, depuis l'invention des capsules, aujourd'hui, selon toute probabilité, connue au Japon, il nous paraît de peu de valeur. — Nous saisirons cette occasion de dire que nous ne possédons encore que des renseignements très-imparfaits sur l'organisation militaire de l'empire japonais. — Il faut consulter à cet égard Golownin et Siebold. — Dans ce qui a paru du grand ouvrage de ce dernier, nous avons remarqué le passage suivant : — « Les soldats « japonais sont loin d'avoir l'aspect martial « des nôtres; aussi s'efforcent-ils de faire ou-« blier leur tenue en donnant à leurs traits, « pendant les exercices, une expression fa-« rouche. La cavalerie cuirassée porte, en « guise de visière, un masque d'une figure « menaçante, qui effraye beaucoup plus l'en-« nemi que ne pourrait le faire le visage qu'il « couvre, et qui est destiné à donner au « peuple la représentation classique de la « valeur guerrière, comme dans les ancien-« nes tragédies grecques. »

Le nombre des troupes régulières entre-

Quant aux manufactures de ce pays, il faut remarquer d'abord qu'on y fabrique aujourd'hui tout ce qui est nécessaire à l'usage particulier des habitants. Les produits les plus remarquables de l'industrie manufacturière sont la porcelaine et les soieries. — La porcelaine a perdu, dit-on, de son ancienne supériorité, et on a attribué cette décadence à ce que l'argile fine d'une nature particulière qui sert à sa confection était devenue plus rare. Siebold contredit positivement cette assertion. Non loin de *Dasiro*, village situé sur la frontière des provinces de *Fisen* et *Tsikousen*, on voit des montagnes entières de terre à porcelaine appartenant à l'espèce très-recherchée qu'on rencontre parmi les rochers granitiques de l'île *Amakasa*. Dans toute la province de *Fizen* on fabrique une porcelaine d'une grande beauté. C'est de là que sont venus aux seizième et dix-septième siècles ces vases si recherchés aujourd'hui en Europe. Mais les établissements manufacturiers qui florissaient à ces époques ont été, pour la plupart, obligés de renoncer, par la suite, à fabriquer une aussi belle qualité de porcelaine, probablement parce que les frais de fabrication avaient fini par excéder les prix fixés par les contrats existants entre l'ancienne Compagnie des Indes et les autorités de Nagasaki.

Quant à leurs magnifiques soieries, elles sont tissées par les criminels de haute naissance, qui sont relégués sur une île de peu d'étendue, couverte de rochers et stérile, où ils sont privés de leurs biens, et obligés de payer par le travail de leurs mains les provisions qu'on leur fait parvenir par mer. L'exportation de ces soieries est également prohibée (1). L'industrie séricole est en grand honneur au Japon depuis bien des années. Elle y a été introduite par les Chinois et les Coréens vers l'an 310 de J. C. L'art d'élever les vers à soie y a fait de grands progrès. — Un ouvrage écrit au commencement du dix-neuvième siècle par *Ouckaki-Morikouni*, maire ou magistrat de *Kourakabé*, dans la province de *Tatsima*, sur cet important sujet, a été traduit dernièrement par le docteur J. Hoffman (de Leyde), et présenté à l'Académie des Sciences (le 1er mai 1848) par M. Bonafous, qui l'a accompagné d'éclaircissements, de commentaires et de notes. Cet ouvrage, dont le titre japonais est *Yo-san-fi-rok* (2), expose avec netteté et brièveté les doctrines, méthodes, règles adoptées au Japon dans l'élève des vers à soie, et ces pratiques séculaires, mises en parallèle avec les nôtres, donneront probablement lieu à d'utiles innovations.

La fabrication du papier au Japon mérite d'être mieux étudiée qu'elle ne l'a été; et probablement Siebold, dans la suite de son grand ouvrage, entrera à cet égard dans toutes les explications nécessaires : en attendant, nous aurons recours au récit de Kœmpfer, qui ne s'éloigne sans doute pas beaucoup de la vérité sur l'état actuel de cette industrie. Nous ferons observer avant tout que l'arbre avec lequel on fait le meil-

tenues pour la police de l'empire, et pour faire face aux éventualités, doit être considérable ; mais il est probable que ces corps armés pèchent par l'organisation, le choix des armes et la discipline. Toutefois, il nous parait indubitable que la masse de la population est brave, façonnée de bonne heure aux exercices gymnastiques, animée des sentiments patriotiques les plus exaltés, et que les trente ou quarante millions d'hommes qui peuplent le Japon trouveraient dans ces qualités nationales les éléments d'une résistance fatale à toute entreprise d'invasion qui pourrait menacer l'empire du *soleil levant*!

(1) Nous avons déjà donné quelques détails sur cette île (p. 5, note). — Nous ajouterons à ce que nous en avons dit, que les Japonais paraissent n'en avoir pris possession qu'en 1487, et que, selon l'encyclopédie japonaise, il y a dans cette île des cocons sauvages qu'on nomme *yama mayou*, ou cocons de montagnes, dont on fait une étoffe extrêmement forte, qui ne change jamais de couleur, mais que l'on ne peut pas teindre. — C'est selon l'ouvrage cité plus bas, dans le texte, la soierie connue sous le nom de *fatsi-syô-kinou*, et qui est fabriquée exclusivement pour le gouvernement. Elle n'entre donc pas dans le commerce; mais on en fait des contre-façons à *Miyako*. — Il paraît qu'on fabrique aussi aux îles Liou-Kiou des soieries rayées qui approchent beaucoup du fatsi-syô-kinou et sont très-recherchées.

(2) Littéralement : « Histoire secrète de l'éducation des vers à soie ».

leur papier est le *broussonetia papyrifera*, appelé *ko-zo* ou *kami-no-ki* par les Japonais; *Tchuchou* par les Chinois (1). Beaucoup plus blanc que le papier de bambou des Chinois, la couleur de l'espèce ordinaire est un blanc jaunâtre; et par un long usage sa surface devient velue, quoiqu'elle ne s'use pas vite. — Voici la description que donne Kœmpfer de la plante et du procédé de fabrication.

D'une racine forte, divisée et ligneuse, s'élève un tronc droit, épais, uni, chargé d'une grande quantité de branches, ayant une écorce épaisse, ferme, visqueuse, de couleur marron, rude à l'extérieur et unie à l'intérieur, où elle adhère au bois, qui est fragile et sans consistance, avec une moelle humide très-abondante; les branches et les rejetons sont très-gros, et sont couverts d'un léger duvet ou laine, de couleur verte tirant sur le pourpre brun.

Chaque année, après la chute totale des feuilles, dans le dixième mois japonais, qui correspond à notre mois de décembre, on coupe les rejetons en bouts dont la longueur n'excède pas un mètre : on les réunit en fagots pour les faire bouillir dans une lessive alcaline; ces fagots se placent verticalement dans une grande chaudière, qui doit être bien couverte, et là on les fait bouillir jusqu'à ce que l'écorce se resserre suffisamment pour laisser paraître au bout environ un demi-pouce du bois à nu; quand les baguettes ont bouilli suffisamment, on les retire de l'eau et on les expose à l'air froid; l'écorce est alors retirée du bois, séchée et gardée pour être fabriquée par la suite.

Quand on en a amassé une assez grande quantité, on la fait tremper dans l'eau pendant trois ou quatre jours, et quand elle est devenue molle, on ratisse avec un couteau la peau noirâtre qui la couvrait; en même temps, l'écorce plus forte, qui provient de la croissance entière d'une année, est séparée de la plus mince, qui couvrait les plus jeunes branches; la première sert à faire le papier le meilleur et le plus blanc, et la dernière une sorte de papier gris et de médiocre qualité. S'il y a quelque écorce dont la croissance date de plus d'une année, on la recueille, et on la réserve de même pour en fabriquer du papier plus grossier. Toutes les parcelles provenant des nœuds et les parties ternes sont aussi ramassées et mises de côté. Après que l'écorce a été suffisamment lavée et séparée, il faut la faire bouillir dans une lessive claire. Pendant toute la durée de l'ébullition, on l'agite continuellement avec un fort bâton ou bambou; cette partie de l'opération doit être continuée jusqu'à ce que l'écorce soit devenue assez tendre pour se séparer en flocons et en filaments quand on la touche doucement avec le doigt.

Après qu'on a fait bouillir l'écorce, il reste à la laver; opération qui n'a pas peu d'importance dans la fabrication du papier, et qui doit être traitée avec beaucoup de jugement et avec une grande attention; si on ne lave pas assez longtemps, le papier sera solide et épais, mais grossier et de peu de valeur. Si, au contraire, le lavage a duré trop longtemps, le papier sera plus blanc, mais d'une texture spongieuse, et impropre pour écrire dessus; de sorte que le plus grand soin et le plus grand discernement sont nécessaires pour éviter de tomber dans l'un ou l'autre de ces extrêmes. Le lavage a lieu dans une eau courante, l'écorce étant placée dans une sorte de van ou tamis qui laisse pénétrer l'eau au travers; on la remue continuellement avec les mains jusqu'à ce qu'elle devienne une pulpe laineuse molle et délicate. Pour le papier de l'espèce la plus fine le lavage doit être répété; mais dans ce cas on doit placer l'écorce dans un sac de toile, au lieu de tamis, de crainte qu'elle ne s'échappe avec l'eau. Lorsque l'écorce a été lavée suffisamment, on l'étale sur une table épaisse de bois uni, et on la bat avec un maillet de bois jusqu'à ce qu'elle soit assez fine.

---

(1) Les Japonais nomment quatre arbres ou arbrisseaux « arbres principaux ». — Ce sont :

1. Le mûrier (*morus alba*), *sang-chou* des Chinois, *kouva-no-ki* en Japonais, c'est-à-dire « l'arbre à la feuille qui marche »;

2. Le mûrier à papier (*broussonetia papyrifera*);

3. L'arbre à vernis (*rhus vernix*);

4. L'arbre à thé (*thea viridis*); en japonais *tsyà-no-ki* (*tchà* dans l'Hindoustan, *chà* à Java).

« On introduit l'écorce ainsi préparée, dans un tube étroit, avec une infusion visqueuse de riz et d'une racine appelée *oreni*. Alors on l'agite avec un bambou mince et propre, jusqu'à ce que les ingrédients se mêlent en une masse liquide et uniforme de consistance convenable : cela réussit mieux dans un tube étroit ; mais ensuite on place la pulpe dans un vaisseau plus grand et à plus large orifice. Les moules sur lesquels le papier doit se faire sont formés de tiges de bambous taillés en bandes étroites, au lieu de fils de laiton comme en Europe. Les feuilles de papier sont retirées du grand vaisseau, une à une, au moyen du moule. Alors il ne reste plus qu'à opérer convenablement pour les faire sécher. A cet effet, on les met en tas sur une table couverte d'une double natte, et on place entre chaque feuille une petite lame ou règle de bambou qui, sortant un peu, sert plus tard à lever les feuilles une par une. On couvre chaque tas d'un petit plancher ou pont de même forme et de même dimension que le papier ; au-dessus sont placés des poids d'abord très-faibles, à la vérité, de crainte que les feuilles encore très-humides et tendres ne se compriment en une masse solide ; mais on augmente la pression par degrés, pour exprimer toute l'eau. Le jour suivant on ôte les poids, et on enlève les feuilles, une à une, au moyen des lames de bambou déjà mentionnées ; puis on se sert de la paume de la main pour les porter sur une longue planche raboteuse, où on les fait sécher au soleil. »

Il paraît, au reste, qu'au Japon comme en Chine différentes espèces de bambous forment la base première du papier. Ces bambous, coupés à différents âges, sont rouis comme le chanvre et soumis aux procédés ordinaires de la papeterie. On emploie, en outre, les écorces filamenteuses du mûrier, du *broussonetia papyracea*, de l'*urtica japonica*, du *corchorus japonicus* et de divers autres végétaux de la famille des tiliacées. L'usage du papier au Japon ne paraît pas remonter au delà du septième siècle de notre ère.

COMMERCE ET NAVIGATION.

Ce que nous avons dit du commerce que le Japon entretient avec les Hollandais et les Chinois (pages 34, 54 et 55) et de son commerce intérieur (p. 109), avait surtout pour but de montrer à quelles restrictions la politique jalouse du gouvernement japonais a soumis les relations de ses sujets avec les étrangers, et quel développement merveilleux les ressources intérieures du pays ont acquis sous l'influence de cette politique d'exclusion, aussi intelligente dans son administration qu'inflexible dans ses lois. Nous aurons à examiner ici plus particulièrement quels sont les principaux éléments de l'un et l'autre commerce, les moyens qu'ils emploient et leur importance relative. Et d'abord, en ce qui concerne le commerce avec les étrangers, celui des Hollandais est de peu de valeur, bien que fort compliqué quant à sa forme et par rapport aux diverses opérations qui le constituent. En général, il se distingue en commerce du gouvernement et commerce particulier ou *kambang*. — Dans ces derniers temps, le commerce de *kambang* a été affermé pour 30,000 fl. (un peu plus de 60,000 francs) par an. C'est un commerce d'intrigue, d'agiotage et d'usure, qui a donné et donne encore lieu à des fraudes et des désordres de toute espèce. Pendant les dix dernières années, il s'est passé à Dézima, à l'occasion de ce trafic impur, des événements tels que les annales de la factorerie n'en avaient jamais offert de semblables. Un interprète convaincu de contrebande a été décapité, un autre s'est donné la mort (1). Les profits du *kambang* sont considérables. Le gain sur les importations peut s'élever, en moyenne, selon Siebold, à 100 pour 100 et même au delà. Les importations pour compte du gouvernement se composent : d'étoffes de laine, soieries, velours, indiennes, cotonnades et d'une variété d'autres articles, d'es-

(1) Voir à ce sujet, et en général pour tous les détails relatifs au commerce des Hollandais et des Chinois au Japon, l'Essai historique, statistique et politique sur le commerce du Japon, par Siebold, dans le *Moniteur des Indes*, etc., déjà cité.

pèces d'or et d'argent, et quelque peu d'étain, de plomb et de mercure. Les exportations (toujours pour compte du gouvernement) se bornent à deux articles, le cuivre en barres et le camphre. Les importations du *kambang* embrassent une multitude d'articles d'épicerie et de produits chimiques et une innombrable assortiment d'articles fabriqués, dont l'expression *articles Paris* peut seule donner une idée. Siebold, dans son exposé du commerce du Japon (*Moniteur des Indes*, tome II, p. 337), entre à cet égard dans des détails que nous ne saurions reproduire ici, mais qui indiquent surabondamment que le goût des frivolités de l'industrie européenne tend à faire des progrès au Japon (1).

Les articles les plus recherchés pour l'exportation du commerce de *kambang* sont : de la cire d'arbre (2), des cannes de bambou, du saki (sake) (1), du soy (soya), de la moutarde, des étoffes de soie, des boîtes en paille, des corbeilles et paniers tressés en bambou, des ouvrages laqués, des parasols, des éventails, des porcelaines et poteries ordinaires, de grands vases à eau, etc.

Depuis 1685 la valeur des importations hollandaises a été limitée à 50,000 kobangs ou 300,000 tails pour le commerce au compte du gouvernement, et à 40,000 tails pour le commerce de *kambang*. 300,000 tails, d'après la valeur du kobang à cette époque, représentaient au moins 2 millions de francs; mais aujourd'hui ils ne représentent plus que 600,000 florins, ou un peu plus de 1,200,000 francs (2). Quoi qu'il en soit,

---

(1) L'inspection de cette liste a fait naître quelques doutes dans notre esprit sur l'exactitude d'une assertion que nous avons accueillie plus haut (p. 172), et qui tendrait à établir comme un fait que les Japonais des deux sexes n'emploient dans leur parure aucuns bijoux. — Nous voyons figurer, en effet, parmi les articles énumérés, des boucles, des bijoux faux, de fausses pierres précieuses, des agates, des grenats, des perles fausses ou de verre coloré, et beaucoup d'autres articles de bijouterie.

(2) C'est le *rhus succedaneum* (*faze-no-ki*), dont le fruit contient une graisse qui produit une cire presque aussi bonne que celle des abeilles, et qu'on emploie généralement dans l'empire pour la confection des bougies. — Comme on ne connaît pas d'autre genre d'éclairage (car il n'y a point de chandelles), cette cire est un article de commerce d'une grande importance. Ce n'est seulement dans ces derniers temps qu'on l'a exportée à Java et même en Europe. Mais on n'a pas tardé à découvrir que c'était une graisse végétale, et que les bougies qu'on en faisait donnaient beaucoup de fumée, et depuis elle a été moins recherchée. Les Japonais, dit Siebold, remédient cependant à l'inconvénient d'une épaisse fumée par la manière dont ils composent les mèches de leurs bougies. — Au lieu d'une mèche en coton, ils prennent un cylindre creux de papier enduit de la moelle du jonc épart (*wi*) et retenu par un fil de soie rouge qui s'y colle facilement; la fumée se concentre dans ce cylindre et se consume avec lui, comme dans les lampes astrales. — L'arbre à cire croît surtout très-bien dans les provinces du sud et du sud-est; on l'y trouve au milieu des blés, planté d'espace en espace, à l'instar des arbres fruitiers de nos pays. — Aux feuilles près, qui sont ailées comme toutes celles de la famille des térébinthacées, il a l'apparence et la grandeur du pommier d'Occident. A l'approche de l'hiver il perd sa verdure, et les habitants de la campagne couvrent ses branches de gros radis qu'ils laissent sécher pour les saler.

Les grands vases à eau dont il est question plus loin sont des pots de terre connus sous le nom de *martouan* (*marou bon*, *pots ronds*). On fabrique ces pots de terre à *Siwoda* et à *Youmino Moura*, dans la province de Sonogui, île de Kiou-Siou. — C'est un excellent article d'exportation pour Batavia, où ces immenses pots sont employés pour conserver l'eau.

(1) Siebold écrit *sake* et quelquefois, mais très-rarement, *saki*; Fisscher *sakki* : peut-être la véritable prononciation est-elle *sa-ké*.

(2) Le *tail*, *taïl* ou *tahel* d'argent vaut, en Chine, environ 8 francs; mais, quoique les Japonais aient adopté pour exprimer le poids de leurs monnaies le tail et ses subdivisions, il est à peu près impossible de se faire une idée exacte de la valeur du *tail* japonais à l'époque actuelle. S'il faut en croire Milburn (*Oriental Commerce*, p. 525), le *tail* japonais était évalué par les Hollandais à 3 flor. et demi, ce qui équivaudrait à 7 francs 35 cent. Nous avions cette évaluation sous les yeux quand nous avancions (p. 33) que Siebold s'était trompé en ne portant qu'à 20,000 francs le montant du loyer de *Dézima*, et qu'il fallait lire 20,000 florins au lieu de 20,000 francs. — Peut-être Milburn nous avait-il induit nous-même en er-

depuis nombre d'années les importations n'ont pas atteint ce chiffre, à beaucoup près; du relevé que nous avons fait, en comparant avec soin les chiffres officiels ou réputés tels, il résulte que la moyenne des importations au Japon, de 1825 à 1833 inclusivement, a été de 289,050 florins, ou environ 607,000 fr.; celle des exportations (ou valeur des

reur. Mais, en cherchant à éclaircir ce point par de nouvelles recherches, nous trouvons mentionnés dans Siebold (l'autorité la plus récente que nous puissions consulter), un *tail* de compagnie qui ne représente que 1 *fl.* 33 $^1/_3$ *cents.* ou environ 2 fr. 80 cent. Un *tail* de *Kambang* qui vaut 1 fl. 60 cents., ou 2 fr. 80 cent.; enfin un *tail* d'argent, qu'il évalue tantôt à 2 fl., ou environ 4 fr. 20 cent., tantôt à 3 fr. 47 cent. — Le *kobang* (monnaie d'or), qui vaut six tails, sert de base à l'évaluation du chiffre des importations; mais comme son cours dépend de celui de l'or, qui au Japon est sujet à de grandes variations; comme d'ailleurs les Japonais ont exigé que les Hollandais, en payement de leurs marchandises, reçussent le kobang à 68 *monme* ou *monmé* (Voir à la fin du volume la table des poids, mesures et monnaies), au lieu de 60 *monmé*, sa plus haute valeur dans le pays, il en résulte que vendant pour 300,000 *tails* de marchandises, ils ne reçoivent par le fait que 260,000 *tails*. Les 40,000 *tails* restants constituent le fonds du commerce de *kambang*. — C'est-à-dire que, comme dédommagement de la perte que subit le commerce officiel ou de la compagnie (aujourd'hui du gouvernement), les Japonais autorisent le trafic particulier connu sous le nom de *kambang*, jusqu'à concurrence de 5,888 kobangs ou 40,000 tails (*a*). — Or, à ce trafic, ceux qui gagnent réellement sont les pacotilleurs privilégiés et les officiers japonais intéressés dans la direction du commerce hollandais. — Nous avons constaté d'ailleurs que le *kambang* est une source d'intrigues, de fraudes et de désordres perpétuels. — Au total, s'il est difficile de se rendre clairement compte des opérations ténébreuses et compliquées du commerce hollandais au Japon, et d'évaluer nettement le chiffre du bénéfice réalisé, il ne saurait exister un doute sur l'insignifiance matérielle de ce commerce et sur la déplorable stérilité des sacrifices que l'honneur néerlandais s'impose, depuis plus de deux siècles, pour le maintenir.

(*a*) Consulter à cet égard Kœmpfer, vol. II, p. 86 et suivantes.

12ᵉ *Livraison*. (JAPON.)

retours) pendant la même période, 702,695 florins, ou 1,475,659 fr.
Depuis cette époque l'importance de ce commerce a diminué. Ainsi en 1836 les importations ont été de 256,219 fl., soit 538,060 fr.; les exportations de 579,439 fl., soit 1,216,822 fr.
En 1846(1) les importations ont été de 231,117 fl., soit 485,345 fr.; les exportations, de 552,319 fl., soit 1,159,870 fr.
Si l'on ajoute à la différence moyenne en faveur des cargaisons de retour les 30,000 florins de la ferme du *kambang* et le montant de quelques droits perçus, on trouvera que, selon toute probabilité, le profit que retire le gouvernement du monopole du commerce du Japon n'excède pas aujourd'hui 400,000 florins ou environ 840,000 francs, desquels il faut déduire les frais de l'établissement de Dézima, des missions à Yédo, d'achats de présents, etc., que nous trouvons évalués à 200,000 florins environ, ou 420,000 fr., ce qui laisserait une balance nette d'à peu près 400 à 420,000 francs en faveur du commerce hollandais. Nous pouvons nous tromper; mais cette balance serait de quelques millions au lieu de se réduire à quelques centaines de mille francs, qu'elle nous semblerait achetée trop cher au prix dont la Hollande la paye à la face du monde civilisé.
Nous constaterons, en terminant ce court exposé du commerce hollandais au Japon, que depuis plusieurs années Java n'expédie qu'un seul navire à *Dézima*, et qu'en maintenant ce trafic anormal le gouvernement japonais paraît avoir obéi bien plus aux suggestions de sa vanité ou à son respect pour des engagements d'ancienne date, qu'au sentiment de ses intérêts réels; car le trésor impérial perd plutôt qu'il ne gagne aux misérables transactions dont l'îlot de *Dézima* est le théâtre (2).

(1) L'ensemble des opérations commerciales en 1845 a été, à quelques millions de florins près, le même qu'en 1846. — Nous ne connaissons pas les résultats de 1847.
(2) La chambre du trésor revend, il est vrai, à des profits considérables, les marchandises qu'elle achète des Hollandais. — Ce sont des compagnies privilégiées des cinq villes impériales, Yédo, Miyako, Ohosaka, Sakaï et Nagasaki, qui traitent avec la cham-

Il paraît bien démontré, d'un autre côté, que les Japonais retirent de leur commerce avec la Chine des avantages considérables, et ce commerce est conduit de manière à prouver que dans la pensée du gouvernement japonais, ces spéculateurs rivaux, les Hollandais et les Chinois, ne sont admis à Nagasaki que pour assurer l'introduction de certains articles devenus nécessaires à la consommation de l'empire, en sorte que ces deux sources d'importation puissent se compléter ou se suppléer au besoin. Cette politique du gouvernement japonais nous semble accusée avec évidence par les faits suivants, que nous acceptons sur le témoignage de Siebold.

Kœmpfer, auquel Siebold accorde pleine confiance, rapporte qu'en 1683 et 1684 plus de deux cents jonques avec dix mille hommes environ se rendaient annuellement au Japon de tous les ports de la Chine, de Formose, de la Cochinchine (Annam), de Siam et même des Indes-Orientales (Jakatra ou Batavia), et que les commerçants étrangers y jouissaient de toute la liberté possible, personnelle et commerciale. Cependant, quand la dynastie Mandchoue se fut étendue dans les provinces méridionales de la Chine et affermie sur le trône en la personne du célèbre empereur Kang-hi, protecteur éclairé du christianisme, le gouvernement japonais chercha aussitôt à restreindre ses relations avec cet empire; de sorte qu'en 1685 le nombre des jonques était réduit à soixante-dix, qui importaient pour une valeur de 600,000 *tails* en marchandises. Bientôt les commerçants chinois furent renfermés, comme les Hollandais l'étaient, depuis 1641, à Dézima. On leur assigna non loin de Nagasaki un camp entouré d'un fossé et d'une haute clôture de bambous, nommé *to sin yasiki* (hôtellerie des Chinois), où ils ont encore aujourd'hui leur demeure.

bre du trésor du débit ultérieur de ces marchandises; mais le gain qu'en retire le trésor est plus que compensé par l'obligation où il se trouve de livrer aux Hollandais le cuivre et le camphre à des prix qui s'élèvent à peine à la moitié de ce que ces articles valent dans le pays même. (Voyez Siebold, *Moniteur des Indes*, tome II, p. 336 et 337.)

Dès lors aussi les jonques chinoises, comme les navires hollandais, furent soumises à une visite rigoureuse; leurs livres et leurs écrits durent passer sous les yeux d'un censeur *ad hoc* établi à Nagasaki; car on savait fort bien qu'il se trouvait à la cour de Péking des missionnaires qui pour répandre leur doctrine écrivaient leurs livres en chinois. On redoubla de surveillance à l'égard du commerce de contrebande; dans les années 1690 et 1691, par exemple, quarante-trois Japonais furent condamnés à mort comme contrebandiers.

La classe commerçante a beaucoup souffert de ces restrictions apportées au commerce, et en particulier la ville de Nagasaki, qui commençait à se relever du coup que lui avait porté le bannissement des Portugais; le gouvernement voulut y remédier en imposant sur les marchandises chinoises une contribution de 60 pour 100; c'étaient les acheteurs qui devaient la payer. Le montant de cet impôt fut réparti entre les employés et les autres habitants de la ville. Cet impôt existe encore aujourd'hui; et la chambre du trésor, qui le perçoit, répartit, à titre d'indemnité, une somme de 42,200 *tails* (84,400 florins) entre les habitants de Nagasaki.

Sous l'influence de pareilles circonstances, la navigation des Chinois au Japon a diminué insensiblement : de nos jours on ne voit guère que dix à douze jonques à Nagasaki, le seul port ouvert au commerce étranger. Ces jonques viennent de Scha-pô (Saho), situé au nord-est de la célèbre ville commerçante de Hang-Tcheou, dans la province de Tsché-Kiang. Elles entreprennent leurs voyages au nombre de quatre ou six à la fois, pendant les mois de janvier et d'août et repartent en mai et octobre : la traversée est de sept à dix jours. Pendant le séjour de Siebold au Japon il est souvent arrivé que les jonques prétendaient avoir été forcées par la tempête d'entrer dans d'autres ports sur les côtes du Japon; chaque fois elles furent remorquées jusqu'à Nagasaki, souvent par des centaines de petites embarcations. On dit aussi avoir observé qu'elles arrivent quelquefois sans cargaison dans le port de Nagasaki; ce qui porte à croire qu'elles font la contrebande sur les côtes du Japon;

les habitants de Satsouma sont fortement soupçonnés de complicité.

Il faut distinguer dans le commerce que font les Chinois celui de la compagnie de Cha-pô et celui de quelques particuliers qui transportent eux-mêmes leurs marchandises, tandis que celles de la compagnie sont mises sous la garde des capitaines des jonques. La chambre du trésor fournit à chaque jonque une cargaison de retour (pour deux cinquièmes de cuivre en barres et trois cinquièmes d'autres marchandises que nous énumérerons plus bas), évaluée à 50,000 *tails* (environ 100,000 florins). Les marchandises exportées par les commerçants particuliers se montent à peu près de 10 à 25,000 *tails*. Comme mesure du commerce, on est obligé de s'en tenir aux exportations; car il est difficile de calculer la valeur des importations : or, les exportations se montent annuellement à 900,000 *tails* (1,800,000 florins) au plus. Les articles d'importation sont la soie écrue, les étoffes de soie, telles que : satins, damas, velours et autres riches étoffes brochées, le crêpe, qu'on envoie teindre au Japon; des étoffes de laine d'Europe : camelots, casimirs, mérinos, draps, tapis en feutre; des étoffes de coton, *chintses* ou tissus imprimés d'Europe ou de Bengale, perpétuanes, cotonnades grossières, nankins; des dents d'éléphant, des cornes de rhinocéros, de buffle et de bélier, des écailles de tortue, des peaux de raies, cuirs de Perse, musc; de l'aloès, anis, bois de Calambac, bois de Caliatour, curcuma, fruits confits, clous de girofle, ginseng, gomme gutte, gingembre, camphre-baros, poivre, noix d'arèque, rhubarbe, safran, sagou, bois de Sandal, bois de Sapan, réglisse et beaucoup d'autres drogueries; encre de Chine, cannelle, sucre brut et raffiné, arsénic, céruse, vif-argent, argent, fil d'or et d'argent, stéatite, zinc et cinabre; en outre du papier, des livres, du verre, du cristal, de la porcelaine, de la poterie, des montres et une multitude de quincailleries européennes et chinoises.

Les articles d'exportation que fournit aux Chinois la chambre du trésor se composent, pour chaque jonque, outre le cuivre en barres, d'une valeur de 20,000 *tails*, des articles suivants, savoir : du tripang (*sriko*), des ailerons de requin (*kinfiu*), du poisson sec (*katsou fousi*), des moules sèches (*hosi awabi*(1), *sekai, itarakai, kainohasira*), de la sépia sèche (*souroumé*), des écrevisses (*hosi-jebi*); des peaux de loutre et de renard, des perles, des champignons, (*situké*), une espèce particulière de champignons (*bukryo*), des noix de galle (*gobais-isi*), de l'indigo (*aisomé*), et d'autres teintures et drogues, du camphre, des varechs comestibles (*kambou, fucus saccharinus*), de la mousse marine (*rosaka*), des nids d'oiseaux, etc.; le tout ensemble va à 30,000 *tails* pour chaque jonque. Les commerçants particuliers prennent à leur retour des produits de l'industrie recherchés dans leur pays, tels que laque, parasols et parapluies, paravents, diverses étoffes précieuses de soie; des vases en cuivre, en fer et en terre et beaucoup d'autres objets de luxe ou de commodité pour la vie domestique. Ils exportent aussi des sommes considérables en or et en cuivre monnayé.

A l'exception de la quincaillerie et de certains articles, c'est la chambre du trésor seule qui fournit à la compagnie et aux commerçants particuliers leur cargaison de retour; et, malgré l'indemnité considérable qu'elle est obligée d'accorder aux habitants de Nagasaki, elle retire de grands avantages du commerce avec la Chine, qui contre-balancent les pertes qu'elle éprouve avec les Hollandais. On pourra s'expliquer cette disproportion apparente entre ces deux entreprises commerciales, en considérant : 1° que les marchandises d'origine chinoise sont plus estimées au Japon, à cause de la parenté de mœurs entre les deux nations; et qu'il y en a plusieurs dont on ne peut plus se passer; 2° que les Chinois peuvent livrer à meilleur marché les marchandises européennes, parce qu'ils les échangent eux-mêmes d'une manière fort avantageuse; 3° que la

---

(1) C'est la moule *awabi* qui fournit la plus belle nacre, celle que l'on emploie pour la mosaïque ou nacre des ouvrages en laque. La chair sèche d'*awabi* (*hosi awabi*) est regardée comme un mets exquis. On en exporte, pour la Chine seulement, près de 5,000 pikols par an, c'est-à-dire pour une valeur de plus de 75,000 francs.

12.

chambre du trésor fait payer le cuivre aux Chinois 25 *tails*, c'est-à-dire moitié plus cher qu'aux Hollandais, ce qui fait certainement le principal gain de ce commerce; 4° que la cargaison de retour des jonques se compose pour les trois cinquièmes des productions du pays et de la mer avoisinante, productions qui sont en abondance et que la chambre achète et revend ensuite avec profit.

L'introduction de certaines marchandises d'Europe par les Chinois a toujours été préjudiciable au commerce des Hollandais au Japon : aussi les directeurs de la factorerie ont-ils souvent porté leurs plaintes à ce sujet devant le gouverneur de Nagasaki; mais leurs efforts ont échoué chaque fois, comme on pouvait facilement le prévoir, devant les intérêts particuliers de ces magistrats et de la chambre du trésor. Les Chinois sont maintenant pour les Hollandais des concurrents aussi dangereux que le deviendrait toute autre nation européenne qui ouvrirait des relations avec le Japon; on pourrait même dire plus dangereux, puisque pour eux le chemin est déjà tout frayé par la parenté d'origine, de religion et de mœurs. Cette concurrence commence à se faire sentir de plus en plus; et par exemple les draps et autres étoffes de laine commandées en Hollande pour le commerce avec le Japon, qui en 1840 se montaient encore à 111,786 florins, sont tombés en moyenne, de 1841 à 1846, à 68,731 florins. Cependant la concurrence n'est pas l'unique cause de cette grande différence. Les restrictions que le nouveau *siogoun* a imposées lors de son avénement au trône (1842)(1) sur l'usage de produits étrangers, et les progrès que les encouragements prodigués par le gouvernement ont fait faire à l'industrie nationale, y auront aussi puissamment contribué. Car le gouvernement japonais, toutes les fois qu'il croit son système d'isolement menacé, semble avoir adopté pour maxime d'étouffer dans son germe le goût que ses sujets montrent pour les objets de luxe du dehors, en créant des produits similaires, et dépréciant ainsi par degrés la valeur des marchandises européennes. On ne saurait se dissimuler que ce système, suivi avec persévérance (obtint-on même des améliorations sensibles dans les rapports commerciaux), finira par élever des obstacles insurmontables aux spéculations des Européens.

Comme nous l'avons déjà dit, les équipages des jonques et les marchands chinois habitent un camp séparé, dont l'entrée est occupée, il est vrai, par une garde d'apparence féroce : cependant ils n'en jouissent pas moins d'une beaucoup plus grande liberté que les Hollandais à Dézima. Ils peuvent fréquenter sans escorte et sans espions les temples boudhiques de leur secte; il leur est permis de parcourir librement les rues de Nagasaki et d'y faire quelques petites affaires. Avec de l'argent ou des marchandises ils se procurent les vivres et les autres choses dont ils ont besoin. Et si l'on demande aux interprètes la cause de cette liberté plus grande qui forme un contraste si remarquable avec les restrictions imposées aux Hollandais : « C'est que, » disent-ils, selon Siebold, « ce sont des gens de la basse classe, et que les Hollandais sont des personnages importants! »

Ce qui résulte clairement de cet exposé, c'est que le commerce avec la Chine est devenu pour le Japon une véritable nécessité; et comme il favorise en outre maints intérêts particuliers, il sera préféré à celui des Hollandais, tant que des événements extraordinaires ou les exigences de la politique ne le proscriront pas. Chaque fois que les relations ont été interrompues, ces interruptions ont été le résultat d'événements politiques, sur le continent voisin de l'Asie; et chaque fois elles ont été renouées, après des changements dans le royaume ou dans la succession au trône, par une influence religieuse. L'importance de ce commerce croîtra ou diminuera désormais, selon que celui des Européens trouvera plus ou moins d'accès au Ja-

---

(1) Siebold. *Moniteur des Indes*, vol. II, p. 346. — Nous ne connaissons le fait de l'avénement du nouveau *siogoun* que par la mention qui en est faite, en passant, par Siebold, et qui, d'ailleurs, ne nous apprend même pas le nom de ce souverain. C'est probablement le prince désigné par le nom de *Sa Fou* dans la table du docteur Hoffmann. Voir la table chronologique, dernière page.

pon, soit par la violence, soit par des voies pacifiques.

Nous dirons quelques mots du commerce du Japon avec les îles Liou-Kiou, le Yézo et les Kouriles dans le chapitre spécial que nous avons consacré à ces dépendances du Daï Nippon.

La navigation et la science nautique ne peuvent avoir fait de grands progrès dans un pays où le commerce maritime se borne au cabotage et où les lois soumettent la construction des navires à des règles telles, qu'elles équivalent à l'interdiction de tout voyage de long cours. Cependant, les matelots ou mariniers japonais sont remarquables par leur agilité, leur intelligence des manœuvres et la hardiesse avec laquelle ils affrontent le mauvais temps, sur leurs frêles embarcations. Aussi la navigation des côtes est-elle parvenue, dans l'archipel, au même degré de perfection que le commerce intérieur, qui trouve beaucoup plus de facilités dans la multiplicité des baies et des ports et des nombreux canaux que dans les voies de communication par terre, auxquelles on n'a recours que lorsqu'il n'en existe point par eau. Les tendances naturelles d'une population insulaire avaient amené de bonne heure un développement considérable de la marine marchande et même militaire au Japon, et il est certain que dès la fin du deuxième siècle le Japon avait une flotte assez considérable pour lui permettre d'opérer une descente en Corée et de conquérir la plus grande partie de cette presqu'île. « Il est probable, dit Siebold, que les anciens navires japonais étaient faits sur le modèle de ceux des Coréens, qui fréquentaient le Japon (d'après les annales de l'empire) depuis l'an 43 avant J. C. » La forme des vaisseaux japonais de cette époque (deuxième siècle), qu'on voit représentés sur les tableaux suspendus dans les temples par la piété des fidèles, justifie cette opinion. — Mais le mode de construction qui a été adopté depuis, et qui s'est conservé jusqu'à nos jours, présente peu de ressemblance avec celui des Chinois, et n'en a aucune avec le nôtre, quoique les indigènes aient eu pendant plusieurs siècles l'occasion de les connaître et de les étudier tous deux. C'est un point qui ne nous semble pas suffisamment éclairci que celui de l'époque précise de l'introduction de ce mode de construction définitive et des motifs politiques qui ont pu en déterminer l'adoption. Quoiqu'il en soit, il paraît bien démontré que la construction actuelle des navires japonais s'oppose à ce qu'ils puissent, sans un danger imminent, courir les chances d'une longue traversée, et il est non moins certain que les lois interdisent l'expatriation, et que tout Japonais jeté par la tempête sur une rive étrangère, s'il rentre dans sa patrie, est soumis à une surveillance tyrannique ou détenu pour le reste de ses jours.

Les vaisseaux japonais sont construits en bois de cèdre, de sapin, de camphrier. On emploie aussi, mais rarement, le pin, l'orme et quelques autres espèces d'arbres. Ces navires ont une quille à peine sensible, une poupe ouverte et un avant qui se termine en poulaine. Ceux qui sont destinés à la navigation des fleuves sont sans poulaine, ont un pont plat et des flancs qui se rejoignent en formant presque un angle droit. Ils sont plus lourds et moins élégants que les bâtiments de mer, et sont loin d'être entretenus avec la même propreté, si l'on en excepte toutefois ceux qui sont destinés à des parties de plaisir. Tous ou presque tous n'ont qu'un seul mât composé de plusieurs pièces et portant une seule et grande voile. Les clous et les garnitures sont de cuivre. Les cordages sont en chanvre ou en tiges de feuilles de palmier à balai (*chamærops excelsa*). Les voiles sont en toile de coton ; celles des petites embarcations en nattes. Les ancres en fer ont quatre pattes. Sur les embarcations on se sert, au lieu d'ancres, de grapins en bois qu'on fait aller au fond avec une pierre. Les vaisseaux marchands ont de quinze à trente-cinq mètres de long, sur sept mètres de plus de large. Ils peuvent charger jusqu'à cent-cinquante tonneaux de marchandises. Siebold donne une longue énumération des différentes espèces de navires et de barques employées à la guerre, à la police des côtes, à la pêche, au commerce. Il assigne les caractères, ou les détails de construction qui les distinguent, et les noms qu'on leur donne dans le pays. Ainsi, les vaisseaux de guerre (*ikousa foune*) ont un double pont et une galerie à l'arrière ou bien un seul pont sans galerie : les vaisseaux marchands dits *akinai foune*, qui ont une poupe ouverte, un entrepont et une espèce de rouffle sur le tillac, se divisent en *bâtiments du nord*, qui font le commerce de la partie septentrionale du Japon et de Yédo (ce sont les plus grands, et leur poupe est très-élevée), et en *bâtiments du midi*, dont les uns (*sakai foune*) ont des sabords, et les autres (*inake foune*) n'en ont pas : il mentionne aussi les baleiniers (*koudsira foune*), les bateaux pêcheurs de thon (*katsouro foune*), les bateaux pêcheurs ordinaires (*dsouri foune*), etc. Mais nous remarquons que Fisscher décrit plusieurs autres embarcations de cette classe, et qu'il les désigne, ainsi que les bâtiments de plus grande dimension, tantôt par le nom générique de *founé*, qu'il écrit *foené*, en accentuant l'*e* final, tantôt par celui de *bouné*. La plupart des bâtiments japonais sont construits également pour la voile et la rame. Nous renvoyons le lecteur à Kœmpfer et aux deux autorités que nous venons de citer pour de plus amples détails. Nous ajouterons seulement que, selon Siebold, les vaisseaux dont les Japonais se servaient autrefois dans leurs voyages en Chine et à Java se rapprochaient de ceux des Européens; qu'ils avaient, comme ces derniers, trois mâts, un beaupré et un gouvernail, mais que les voiles et les cordages étaient pareils à ceux des jonques chinoises. Les navires qui vont à Liou-Kiou, à Tsousima et à Fousankaï, en Korée, seraient aujourd'hui, d'après le même voyageur, les seuls qui s'éloignent des côtes. Mais il oublie les *bâtiments du nord*, qui maintiennent les établissements du nord de Nippon dans la dépendance de l'empire, et qui font probablement les plus longues traversées. Les principaux chantiers de construction sont à Ohosaka, Sakaï et Fiôgo (1).

(1) Malgré l'exactitude apparente et l'abondance des détails dans lesquels sont entrés Siebold et Fisscher à l'égard de la navigation, nous sommes forcé d'avouer que ce qu'ils en ont dit nous paraît manquer de précision et de clarté. — La description que la Peyrouse

Les côtes offrent des ports nombreux, dont les meilleurs pour les gros navires sont : Nagasaki, Simonoséki, Fiôgo, Sakaï, Yédo, Isinomaki et Awomori. Les deux derniers se trouvent au nord de Nippon. Le port le plus fréquenté est celui d'Ohosaki; mais son peu de profondeur en interdit l'entrée aux gros navires. Toutes ces villes maritimes ont des bureaux (*tofi ya*) où se font les affaires, où se perçoivent les droits et où les capitaines marchands s'expédient. Dans les grandes cités commerciales il y a aussi des douaniers et des intendants de la marine, qui exercent une surveillance active et rigoureuse sur l'entrée et la sortie des marchandises.

La navigation des lacs et des fleuves ne contribue pas moins au développement du commerce que celle des côtes. Le *Yodo-Gawa*, qui prend sa source dans le vaste lac d'*Omi* et qui unit Ohosaka, le centre des affaires, avec les provinces d'*Omi*, *Yamasiro*, *Kawatsi* et même *Tanba* et *Iga*, facilite admirablement les échanges avec l'intérieur de Nippon. Le *Soumida-Gawa* et le *Naga-Gawa* assurent, par leurs bras sans nombre, comme par autant de canaux, l'approvisionnement de Yédo, tandis que les bacs établis sur les cours d'eau de moindre importance, tels que le *Seto-Gawa*, l'*Ohoï-Gawa*, l'*Abe-Gawa*, entretiennent le mouvement des popula-

nous a laissée d'une jonque japonaise, et celles que nous trouvons dans notre vieux Kœmpfer, ou, pour les temps modernes, dans le récit de Parker (*Chinese Repository*, vol. VI, pages 220 et 361), donnent une idée beaucoup plus nette de la construction des navires ou des barques du Japon. Nous ferons remarquer d'ailleurs, pour la seconde fois, que l'époque et les causes des modifications profondes introduites dans la construction de ces bâtiments ne sont pas suffisamment déterminées par Siebold. — Un changement aussi important et qui date, selon Siebold lui-même, de tant de siècles, ne s'accorde nullement avec ce que nous savons des relations plus récentes des Japonais avec l'archipel oriental. — Il faudrait, pour réconcilier ces versions contradictoires, admettre qu'il y a eu des alternatives de prohibition et de tolérance, et que le gouvernement japonais est définitivement revenu, lors de l'extirpation du christianisme, à la législation prohibitive.

tions, et contribuent ainsi à vivifier l'industrie.

Grâce à ces facilités et à la variété des productions du Japon, comme aussi au caractère de ses habitants, le commerce intérieur est d'une activité prodigieuse. Kœmpfer en avait fait la remarque. « Il est à peine croyable », disait-il, « jus-
« qu'où va le trafic et le négoce qui se
« fait dans les différentes provinces, et
« d'une partie de l'empire à l'autre;
« combien les marchands sont occupés
« et industrieux dans tous les différents
« endroits; combien les ports sont rem-
« plis de bâtiments; combien on voit
« de çà et de là de villes riches et mar-
« chandes. Il y a une si grande quantité
« de peuple le long des côtes et près des
« ports de mer; un tel bruit de rameurs
« et de matelots, un si grand nombre
« de vaisseaux et de barques, soit pour
« l'usage soit pour le plaisir, qu'on croi-
« rait que toute la nation s'est établie
« sur les bords de la mer et que l'inté-
« rieur du pays est désert et aban-
« donné. » Par terre, les marchandises se transportent sur des chevaux et des bœufs, qui montent et descendent les escaliers qui sont pratiqués sur le flanc des montagnes, ainsi qu'il a été dit page 60.

Les encouragements donnés à l'industrie dans le but d'affranchir par degrés l'empire japonais du tribut qu'il paye encore au commerce étranger, ont nécessairement hâté le développement du commerce intérieur. Nous avons déjà fait remarquer que les routes étaient belles et bien entretenues. Les moyens de correspondance sont également l'objet de la sollicitude du gouvernement (1).

(1) L'établissement des barrières, des relais de postes, la fixation du salaire des porteurs, etc., paraissent remonter au septième siècle, sous le règne du *mikado Ko-tok-ten-ô.* — C'est à ce souverain qu'est due l'institution des *Nengo,* ou périodes impériales dont nous avons parlé p. 163 et 164. — C'est à lui que paraît remonter également la répartition des affaires de l'État entre huit ministères ou départements, savoir:
1. Direction centrale,
2. Direction législative et de l'instruction publique,
3. Intérieur,

La direction générale des postes aux lettres et des courriers est établie à Ohosaka, la principale ville de commerce de l'empire. Il y a un mouvement continuel de cette ville aux capitales Miyako et Yédo, aux résidences des princes gouverneurs et à Nagasaki, rendez-vous obligé des étrangers. Les postes partent régulièrement les 7, 17 et 27 de chaque mois d'Ohosaka pour Nagasaki, et les 8, 18 et 28 pour Miyako et Yédo. On peut correspondre tous les jours entre Ohosaka et Miyako. Les dépêches sont renfermées dans un paquet enveloppé de toile cirée et portées au bout d'un bâton par le céléripède, qui court en criant vers la station prochaine, où il est relayé par un autre facteur auquel il jette son paquet, de manière à ce que le transport des lettres ne souffre pas le moindre retard. On prend par précaution, dit Siebold, pour les papiers de valeur, deux de ces coureurs, dont le nom japonais est *fi-kyak,* mot dérivé du chinois et qui signifie *pied ailé*(1). Si le plus grand prince de l'empire rencontre sur sa route les messagers de la poste, il doit leur faire place et prendre garde que leur course ne soit gênée par lui ou les siens. Outre ces postes régulières, on peut

4. Affaires du peuple et police générale,
5. Guerre,
6. Affaires criminelles,
7. Direction générale du trésor,
8. Maison de l'Empereur.

On lui attribue plus spécialement, en outre, la division territoriale d'après les montagnes et les rivières, l'institution de gouverneurs pour chaque province et de chefs dans les districts et communes; — l'enregistrement du nombre des maisons et des habitants, des impôts à payer, du produit des terres, etc. — Il aurait enfin réglé le rang de tous les officiers du gouvernement et en aurait formé dix-neuf classes distinguées par des bonnets de formes et de couleurs différentes. — Sa sollicitude paraît s'être portée sur d'autres points d'une nature aussi étrange, car il est mentionné dans les annales japonaises qu'il ordonna que sur chaque centaine de familles on envoyât une belle femme pour le service de la cour! — Ce *mikado* régna dix ans; de 645 à 654.

(1) Le transport des dépêches aux Indes Anglaises se fait exactement de la même manière.

toujours envoyer des courriers, dont le prix dépend du temps et de la saison. D'Ohosaka à Nagasaki on les paye de 200 à 400 francs. Ils sont principalement employés pour le commerce d'Ohosaka, et en particulier pour celui du riz et du poisson sec, qui donne lieu à une espèce d'agiotage assez semblable à nos jeux de bourse sur les fonds publics (1).

Quant à l'agriculture, les Japonais s'en occupent avec une activité et un succès merveilleux. A l'exception des routes et des forêts nécessaires pour approvisionner le pays de bois de charpente et de charbon, à peine un pied de terrain est-il laissé inculte jusqu'au sommet des montagnes. Là où les animaux ne peuvent tirer la charrue, des hommes prennent leur place ou substituent au labourage la culture manuelle. Le sol en général est de médiocre qualité; mais le travail auquel on le soumet, aidé par une irrigation active et judicieuse et par des engrais puissants, vient à bout de vaincre cette inaptitude naturelle à la production et trouve sa récompense dans d'abondantes moissons.

Le grain le plus cultivé est le riz, que l'on dit le meilleur de l'Asie. L'espèce ou variété la plus estimée est d'une blancheur de neige, et si nourrissante, selon Kœmpfer, que les étrangers qui n'y sont pas accoutumés n'en sauraient manger qu'une très-petite quantité à la fois. L'orge et le froment croissent également au Japon (2). Le premier de ces grains est presque exclusivement employé à la nourriture du bétail; le dernier est peu estimé. On fait cependant de sa farine des gâteaux, et on l'emploie comme l'un des principaux ingrédients du *soy*, sauce japonaise, qui est d'un grand usage dans tout l'archipel et qu'on transporte même en Europe. Elle se fait, nous dit-on, en laissant fermenter sous terre

(1) Quand on a à transmettre promptement des nouvelles importantes, on a recours à des feux placés sur le sommet des montagnes ou à des fusées, employées dans ce but à la Chine et au Japon depuis les temps les plus reculés.

(2) Les terrains où l'on sème principalement le riz, l'orge et le froment donnent souvent une seconde récolte de légumes et autres plantes usuelles.

de cette farine de froment, celle d'une espèce particulière de fèves ou de pois et du sel. On cultive, en outre, une grande variété d'autres grains et de légumes; on en trouve le détail dans Kœmpfer et dans Siebold, ainsi que la description d'une foule de produits utiles que l'industrie japonaise a su tirer du règne végétal. Nous avons déjà constaté (p. 108) que le Japon produit maintenant le coton et le sucre nécessaires à sa consommation, ou qu'il sera bientôt en mesure de se suffire à lui-même sous ce rapport.

Toutefois, après le riz la culture la plus importante au Japon est celle du thé. Elle fut introduite au Japon environ au commencement du neuvième siècle, quand le bonze *Yeitsin*, à son retour de la Chine, présenta la première tasse de thé au *mikado* Saga. Aujourd'hui, sa consommation est presque illimitée. Pour y subvenir, outre les grandes plantations où croît cet arbrisseau précieux, les haies d'un grand nombre de fermes en sont formées, et fournissent à la boisson de la famille du fermier et de ses garçons de labour. La meilleure espèce de thé exige des soins particuliers pour sa culture. Les plantations sont situées loin des habitations, et autant que possible, à distance des autres récoltes, de peur que la délicatesse du thé ne souffre de la fumée, des impuretés et des émanations délétères qui peuvent y être produites. On fume les terres à thé avec des anchois desséchés et une liqueur exprimée de la graine de moutarde. Elles doivent recevoir les rayons directs du soleil du matin, et réussissent le mieux sur le penchant des collines bien arrosées. On étête la plante pour la rendre plus touffue, et par conséquent plus productive, et on doit attendre qu'elle ait cinq ans pour en recueillir les feuilles. Le procédé employé pour récolter le thé, ou plutôt pour emmagasiner la récolte, est assez compliqué. A mesure qu'on cueille les feuilles, on sépare celles qui doivent servir à faire le thé commun de celles qui peuvent fournir du thé de qualité supérieure, et on n'en recueille pas plus de chaque sorte qu'il n'en peut sécher avant la nuit. Il y a deux manières de faire sécher le thé, la voie sèche et la voie humide. Par le premier procédé, les feuilles sont, sans autre préparation, rôties dans une bassine en fer, puis jetées sur une natte et roulées avec la main; pendant toute l'opération, qui se répète cinq ou six fois, ou jusqu'à ce que les feuilles soient entièrement sèches, il en sort un suc jaune ; telle est la préparation sèche. Quand le thé est traité par la voie humide, les feuilles sont d'abord placées dans un vase, où elles restent exposées à la vapeur de l'eau bouillante jusqu'à ce qu'elles soient fanées; alors on les roule avec la main, et on les sèche en les agitant dans un bassin en fer, où elles subissent une sorte de torréfaction.

Ainsi préparées, comme elles perdent moins de ce suc jaune qui leur est propre, les feuilles conservent une couleur verte et plus marquée, et en même temps leur propriété narcotique subit une moindre altération que par le premier procédé. De là Siebold conjecture que le thé noir et le thé vert sont le produit de la même plante, et que leur différence est due seulement à la manière dont les feuilles ont été préparées. C'est ce qui nous a été affirmé en Chine, où toutefois la différence entre les thés noirs et les thés verts est rendue beaucoup plus sensible par des procédés que l'on croit de nature à donner aux thés verts des qualités nuisibles à la santé.

Le thé s'imprègne très-aisément d'odeurs étrangères, de l'influence desquelles il faut le garder avec soin.

Avant de quitter cet important sujet de l'agriculture, sur lequel nous regrettons de ne posséder encore que des renseignements incomplets, il nous paraît indispensable d'entrer dans quelques détails statistiques, qui suffiront, tout imparfaits qu'ils sont, pour faire comprendre l'influence que la seule culture du riz exerce sur la prospérité publique, les revenus de l'État et l'appréciation des fortunes au Japon.

Les Japonais reconnaissent, dans leurs tableaux statistiques, quatre degrés de fertilité pour les terres, savoir : très-fertiles, fertiles, peu fertiles et infertiles. Cela posé, les terres à riz sont rangées dans les premières catégories, et tous les revenus, ceux de l'empereur et des princes comme ceux des moindres employés, sont évalués d'après le nombre de mesures de riz (*syó*) qu'ils représentent, cent *syó* de riz étant censés valoir, en moyenne, 25 francs environ. Trois sacs de riz équivalent à peu près à cent *syó*, et font ce que Kœmpfer appelle un *kokf* et Siebold un *kok* ou *kok'*. Quand on veut exprimer le chiffre des revenus d'un prince, par exemple, on dit qu'ils s'élèvent à tant de milliers de *kok'*. Ainsi, le prince régnant de Fizen (dans l'île de Kiou-Siou) a un revenu (selon Siebold) de 357,000 *kok'*, ou environ 8,925,000 francs. Les traitements des divers fonctionnaires s'évaluent d'après ce qu'ils reçoivent en argent et ce qui leur est alloué en riz. Ainsi, le président du collège des interprètes à Dézima reçoit 3,500 *tails* en argent et 1050 *syó* de riz, etc. (1).

La superficie des champs en culture est exprimée en *tsyó* ou *matsi* (le *matsi* vaut un peu plus d'un hectare). Chaque année, avant les semailles, les terres sont mesurées par des arpenteurs jurés, « qui sont extrêmement fiers de leur « capacité dans la géométrie, et qui ont « le privilége de porter deux épées, « privilége qu'on n'accorde qu'à la no-« blesse et aux soldats (2). » Aux approches de la moisson on procède à un nouveau mesurage, et les arpenteurs supputent le produit probable de la récolte. Leurs conjectures paraissent être, en général, d'une exactitude surprenante. S'il y a apparence d'une abondante récolte, ils font couper un espace déterminé du champ de riz ou de blé, font battre le grain et concluent de cette moisson partielle quel sera le produit du tout.

Les propriétaires, au Japon, reçoivent les six dixièmes de la récolte, riz, blé, froment, légumes, etc. Le fermier a droit aux quatre dixièmes restant. Ceux qui cultivent des terres de la couronne (soit dans les cinq provinces du Gokinaï, soit ailleurs) ne donnent que quatre dixièmes aux intendants du domaine impérial, et jouissent du reste. Celui qui défriche une terre a droit à l'intégralité

---

(1) Siebold : « Essai sur le commerce du « Japon, etc. » *Moniteur des Indes*, etc., vol. II, p. 334.

(2) Kœmpfer, vol. I, p. 104.

des récoltes pendant les deux ou trois premières années. Dans la fixation des fermages on a égard à la bonne ou mauvaise qualité des terres; mais, en général, les parts relatives des propriétaires et des fermiers paraissent être celles que nous indiquons. Si le cultivateur laisse passer une année sans cultiver son terrain, il perd son droit sur le sol.

Il nous reste à dire quelques mots des prodiges de l'horticulture. Nous avons déjà fait allusion à l'habileté extraordinaire des jardiniers japonais; mais nous leur devons une mention plus spéciale. Il paraît qu'ils excellent également à rapetisser certaines productions végétales et à en agrandir d'autres outre nature. Ainsi, Meylan rapporte avoir vu, en 1826, une petite caisse ou plutôt une boîte, qu'il décrit comme n'ayant qu'un pouce de diamètre sur trois de hauteur, mais que Fisscher représente d'une manière un peu moins incroyable, comme longue de quatre pouces et large d'un pouce et demi, dans laquelle croissaient avec toutes les apparences d'une végétation vigoureuse, un sapin, un bambou et un cerisier, ce dernier en pleines fleurs! Le prix de ce bosquet portatif était d'environ 2,500 francs. Comme exemple des succès de ces horticulteurs dans la branche opposée de leur art, Meylan décrit des pruniers couverts de fleurs, chaque fleur égale en grosseur à quatre belles roses! Il cite aussi des radis pesant de cinquante à soixante livres : ceux qui ne pèsent qu'une quinzaine de livres se rencontrent communément. Siebold parle d'une laitue gigantesque (*tussilago gigantea*) qui, dans les jardins, produit des feuilles d'un mètre de long. La culture donne aussi des dimensions extraordinaires à certains arbres, aux sapins en particulier. Siebold mentionne un de ces sapins fameux, dans la province de Kaï et un salisburi colossal, dans celle de Kadsousa, qui a, dit-on, dix pieds de diamètre. On a observé, dans le voisinage d'un temple, des sapins monstrueux. On ne précise pas le diamètre des troncs; mais on nous dit que leurs branches, à la hauteur de sept ou huit pieds, sont dirigées à l'extérieur en les étayant sur leur trajet, et d'une longueur telle qu'elles donnent une ombre de trois cents pieds de diamètre.

Thunberg fait aussi mention d'un pin qu'il vit à Odewara, non loin de Yédo, et dont les branches horizontales, supportées par des perches, s'étendaient à vingt pas en tout sens, formant un toit végétal, au-dessus d'un pavillon de plaisance.

Les détails qui précèdent montrent l'agriculture et l'horticulture au Japon comme présentant beaucoup d'analogies avec ce qu'on observe en Chine. Le goût pour les monstruosités végétales est le même dans les deux pays. Un grand nombre de procédés soit dans les arts, soit dans l'économie domestique sont à peu près les mêmes, et le système social tout entier offre chez les deux peuples des rapports intimes. Cependant le caractère national diffère essentiellement à de certains égards, et nous sommes porté à croire que cette différence est en faveur des Japonais. Ils ont, en général, perfectionné ce qu'ils ont emprunté aux Chinois, et ce qu'ils ne doivent qu'à eux-mêmes les place, selon nous, à un rang plus élevé dans l'échelle de l'humanité.

Nous donnons dans notre table annotée des poids, mesures et monnaies, à la fin de cet essai, les détails les plus précis que nous ayons pu nous procurer sur le système monétaire de l'empire : nous terminerons donc ce chapitre en engageant nos lecteurs à la consulter.

TENTATIVES DES ÉTRANGERS POUR ENTRER EN RELATION AVEC LE JAPON DEPUIS L'EXTIRPATION DU CHRISTIANISME.

A partir de l'époque où le christianisme a été définitivement extirpé du Japon, et où le commerce de cet empire avec l'Europe a été réduit aux affaires qui se sont faites à la factorerie hollandaise de Dezima, l'isolement politique volontaire de cette fière nation a été respecté pendant de longues années, sans que personne parût songer à y porter la moindre atteinte. C'est à peine si l'on peut citer comme exception la timide et maladroite tentative faite par les Anglais sous le règne de Charles II, en 1673; elle avorta par plusieurs motifs, dont le principal fut, sans aucun doute le fait connu du gouvernement japonais et logiquement fatal aux prétentions commerciales qui se renouvelaient si inopinément de la part des Anglais, après un demi-siècle: savoir que la reine d'Angleterre était une princesse portugaise.

Faute d'aliment, les passions qui avaient dicté ces lois d'exclusion finirent par s'éteindre; vers la fin du siècle dernier le système prohibitif se soutenait cependant toujours, mais l'indifférence des Japonais pour le commerce extérieur et leur respect pour les coutumes existantes y contribuaient plus que la haine ou la crainte que leur inspiraient les étrangers. Dans cet état de choses, le commerce et toute relation inutile avec les étrangers restait défendu, il est vrai; mais au moins permettait-on à leurs navires en détresse de s'approcher de la côte, où on leur fournissait les vivres et les approvisionnements dont ils avaient besoin. Le capitaine Broughton, qui explorait les mers du Japon pendant les années 1795-97, a peut-être été le dernier navigateur anglais qui ait ainsi profité des dispositions hospitalières et confiantes des Japonais. Depuis cette époque, il a été fait quelques tentatives malheureuses, qui ont eu pour effet, s'il faut en croire les Hollandais, de rendre à l'éloignement de ce peuple pour les étrangers toute son ancienne énergie. Siebold met cependant en doute cette réaction; il assure que si elle a eu lieu, il n'en reste plus de traces aujourd'hui.

Les Américains sont les premiers qui aient cherché à enfreindre les lois japonaises. Leur tentative remonte à l'époque de la guerre entre l'Angleterre et la Hollande, alors soumise à la France. On a déjà vu que les autorités hollandaises de Batavia, pour ne pas exposer leurs transports à être enlevés par les croisières anglaises, avaient frété des neutres, pour continuer le commerce de Java avec le Japon. Le premier navire américain expédié en cette qualité fut *l'Éliza*, de New-York, capitaine Stewart, qui fit son voyage en 1797.

Son arrivée éveilla tout de suite les soupçons des Japonais. Un navire sous pavillon hollandais, dont l'équipage parlait l'anglais et non le hollandais, semblait aux autorités de Nagasaki une inexplicable anomalie; cette découverte les jeta dans la consternation. Ce n'est pas sans peine que le président de la factorerie parvint à faire comprendre au gouverneur que ces prétendus Anglais n'étaient pas des Anglais véritables, mais des Anglais de seconde qualité (c'est ainsi qu'on les désignait en Chine), habitant des contrées bien éloignées de l'Angleterre, et soumis à un roi différent. Mais toutes ces explications étaient insuffisantes; il fallait surtout prouver que les Américains n'étaient pour rien dans le commerce; qu'ils n'étaient employés que pour le transport des marchandises, et à cause de la guerre. Le gouverneur finit par se laisser convaincre que ces nouveaux étrangers ne venaient en rien se mêler d'affaires, et que l'emploi de bâtiments neutres dans l'état des choses était une mesure indispensable; il consentit en conséquence à recevoir *l'Éliza* comme un navire hollandais.

L'année suivante, à un second voyage, le capitaine Stewart perdit son navire; c'est l'événement auquel nous avons fait allusion p. 142. Il est très-probable que les rapports fréquents et prolongés que le capitaine Stewart eut avec les Japonais pendant le renflouage et la réparation de son bâtiment lui inspirèrent l'idée de nouer avec eux des relations directes. Le président Doeff n'explique bien clairement dans son récit ni le plan du capitaine ni les moyens auxquels il eut recours pour le mettre à exécution. Voici cependant ce qu'il paraît raisonnable de conclure des détails qu'il donne à ce sujet.

Après s'être réparé et avoir rembarqué son chargement, *l'Éliza* mit à la voile. Bientôt après, elle fut démâtée dans un coup de vent, et rentra à Nagasaki pour y chercher des mâts. Ces accidents successifs la retardèrent considérablement; un autre navire américain, *le Franklin*, capitaine Devereux, frété pour faire le voyage de 1799, était arrivé et était sur le point de terminer son chargement, quand le capitaine Stewart se trouva prêt à entreprendre sa traversée de retour. Mais il refusa obstinément de retarder son appareillage pour naviguer de concert avec son compagnon, et partit définitivement dans les premiers jours de novembre 1799. L'année suivante on vit reparaître le capitaine Stewart, mais avec un autre bâtiment, et dans des dispositions nouvelles. Il n'avait pu, disait-il, arriver à Batavia : *l'Éliza* s'était perdue ; avec elle il avait vu s'engloutir toutes ses richesses, ainsi que la cargaison hollandaise. Heureusement un de ses amis établi à Manille lui avait fait les avances nécessaires pour construire et armer le brick avec lequel il venait pour rembourser à la factorerie les frais de la réparation de *l'Éliza*, en vendant une partie de la cargaison qui lui appartenait.

Mais, pendant son absence, le président hollandais avait été changé : à un fonctionnaire peu capable avait succédé un homme qui paraît n'avoir manqué, ni d'habileté, ni d'énergie, bien que Siebold l'appelle quelque part *un certain* Willem Waardenaar. Wardenaar eut bientôt vu que cette nouvelle visite de l'Américain cachait des projets insidieux ; qu'il n'était amené que par l'espoir d'ouvrir avec le Japon des relations commerciales soit en son nom particulier, soit pour le compte des États-Unis. La fausseté de l'histoire forgée par Stewart lui sembla évidente quand on eut reconnu à bord du prétendu brick de Manille différents objets que l'on se rappelait avoir vus figurer sur *l'Éliza*, quoique, selon lui, on n'eût pu sauver aucun débris de son naufrage. L'*opper-hoofd* prit ses mesures en conséquence. La cargaison du capitaine Stewart fut vendue, et servit à payer les dettes qu'il avait contractées envers la factorerie. Mais on ne donna point de cargaison de retour au brick, dont le capitaine fut saisi et envoyé à Batavia sur un bâtiment hollandais, pour rendre compte de la perte de la cargaison de *l'Éliza*.

Pendant l'instruction de cette affaire, Stewart parvint à s'échapper de la colonie hollandaise, et pendant un an ou deux il ne fut plus question de lui. En 1803, cependant, il reparut dans la baie de Nagasaki, mais ouvertement et sans aucun subterfuge. Son navire était sous pavillon américain ; sa cargaison venant du Bengale et de Canton était propriété américaine ; il demandait à trafiquer et à faire sa provision d'eau et d'huile. On répondit à sa première demande par un refus formel ; on lui accorda la seconde ; mais aussitôt l'embarquement terminé, on le força de partir. Le capitaine Stewart ne revint plus ; il avait fini apparemment par être convaincu de l'inutilité de ses efforts.

En 1800, 1801, 1802 et 1803, ce furent des navires américains, sous pavillon hollandais, qui maintinrent le commerce entre Batavia et Nagasaki. — En 1806, ce furent un américain et un brémois ; en 1807, un américain et un danois ; enfin, en 1809, encore un américain, *la Rebecca*. — Dans cet intervalle, de 1800 à 1804, nous ne trouvons mentionnées que les deux tentatives que nous venons d'indiquer de la part des Américains pour commercer directement avec le Japon, l'une en 1800, par Stewart, sur le brick *l'Empereur du Japon*, l'autre en 1803 par des négociants anglais de Calcutta qui envoyèrent deux navires à Nagasaki, dont un, comme nous l'avons vu, était encore commandé par Stewart.

Depuis lui, on n'entend plus parler des Américains jusqu'en 1807. A cette époque un de leurs navires se rendait de Canton à la côte occidentale d'Amérique ; il se disait en détresse et demandait de l'eau et du bois ; à la sollicitation de Doeff, on lui fournit gratuitement, comme on l'avait fait pour le capitaine Stewart, ce dont il avait besoin. Sa déclaration était-elle vraie, était-ce encore une tentative pour entrer en relation commerciale ? c'est ce que les membres de la factorerie n'ont jamais su d'une manière bien positive.

Plus récemment des négociants américains de Macao ont tenté un nouvel essai d'un caractère moitié religieux moitié commercial. Au mois de juillet 1837, un missionnaire docteur en médecine et le savant orientaliste Ch. Gutzlaff, partirent de Macao sur *le Morrison*, bâtiment qui n'allait, disait-on, au Japon que dans le but bien désintéressé de rapatrier quelques Japonais naufragés. *Le Morrison* se présenta dans la baie d'Yédo, dont l'entrée est interdite même aux bateaux venant des dépendances du Japon ; après quelques pourparlers, dont les missionnaires auguraient favorablement, on tira sur leur bâtiment. Ils se hâtèrent de reprendre le large, et vinrent mouiller dans la baie de Kago-Sima, principauté de Satzuma; on les en repoussa d'une façon exactement semblable. Indignés de ce que le révérend docteur Parker nomme, dans sa relation, la trahison des Japonais, les pieux aventuriers se décidèrent à revenir à Macao, sans visiter le seul port où il eût pu leur être possible de débarquer leurs protégés. Nous ne savons pas si cette faute ou cet oubli fut le résultat de leur ignorance, ou celui de la défiance que leur inspiraient les Hollandais, aux intrigues desquels ils attribuaient l'avortement de toutes les tentatives précédemment faites pour communiquer avec le Japon. Ils ramenèrent avec eux les naufragés à Macao.

Nous verrons plus tard quel a été le résultat d'une dernière tentative faite par ordre du gouvernement des États-Unis.

Les Russes, au commencement du dix-neuvième siècle, avaient également essayé de se frayer un passage; un moment on eût pu croire qu'ils allaient réussir. Mais ils ont laissé échapper l'occasion, qui depuis ne s'est plus présentée.

Sous le règne de Catherine II un bâtiment japonais se perdit sur la côte de Sibérie; l'impératrice donna l'ordre de ramener chez eux tous les matelots sauvés du naufrage. Un navire russe vint effectivement débarquer les Japonais à Matsmaï en 1792; le capitaine Adam Laxmann, qui le commandait, s'empressa de faire des ouvertures relatives au commerce. On lui adressa des remercîments officiels pour avoir rapatrié les matelots japonais, et on lui permit de se ravitailler à Nagasaki, où il pourrait discuter ses propositions avec des autorités compétentes. On lui déclara en outre que le port du Nagasaki était le seul où les étrangers pouvaient être admis, et que si jamais des Russes venaient à débarquer ailleurs, fût-ce même pour ramener des naufragés, on les ferait prisonniers.

Le capitaine Laxmann n'alla pas à Nagasaki. L'attention de l'impératrice fut probablement détournée d'un sujet d'aussi peu d'importance par le caractère grave et menaçant que prenaient les événements politiques en Europe, et cette première ouverture fut négligée. Nous devons dire que le docteur Van Siebold doute qu'il y ait jamais eu d'ouvertures sérieuses; il suppose que l'espérance d'entrer en arrangement avec les autorités de Nagasaki a dû être donnée aux Russes par le prince, ou par son secrétaire, pour les éloigner pacifiquement de la ville de Matsmaï, évidemment hors d'état de résister à l'attaque du navire de guerre russe.

En 1804 on tâcha de réparer cet oubli; un navire de guerre fut envoyé à Nagasaki; il portait le comte Resanoff, ambassadeur du tzar au siogoun, muni des pouvoirs nécessaires pour négocier et conclure un traité d'amitié et de commerce entre la Russie et le Japon. Le comte était officiellement recommandé au président de la factorerie par le gouvernement hollandais; on avait de plus envoyé de Batavia des instructions relatives à l'ambassade russe. Le président Doeff en avait communiqué une partie au gouverneur; les autorités japonaises étaient donc en quelque sorte préparées à l'arrivée de l'ambassade.

Ce fut le 7 octobre que l'on signala le navire russe à l'entrée de la baie. La commission ordinaire fut envoyée pour le visiter et recevoir ses armes en dépôt; mais, par respect pour l'ambassadeur, on invita le président à se joindre lui-même à la députation. Dès la première entrevue, des différends entre les Russes et les fonctionnaires japonais éclatèrent. Ceux-ci, se regardant comme les représentants du *siogoun*, prétendaient que, conformément à l'usage, on leur rendît à eux-mêmes tous les honneurs qui lui étaient dus; l'ambassadeur, de son côté, regardait un hommage rendu aux envoyés d'un simple gouverneur de province comme une démarche humiliante pour lui, et tout à fait inconvenante dans la haute position où il se trouvait placé (1). Il s'éleva une autre discussion

(1) Il n'est pas inutile de mentionner à ce sujet les discussions qui s'étaient élevées entre la Corée et le Japon, et qui ne furent apaisées que pendant la présidence de Doeff. Il est d'usage que le roi de Corée envoie une ambassade pour rendre hommage aux nouveaux siogouns, et les féliciter sur leur avénement. Autrefois ils se rendaient toujours à

au sujet des armes que les Russes refusaient obstinément de remettre. Dans celle-ci comme dans la première il ne s'agissait que du point d'honneur, et nullement de la sécurité : car les Russes se déclaraient prêts à débarquer et à remettre aux Japonais toutes leurs munitions de guerre.

Le président Doeff affirme que ce n'est qu'à ses bons offices, et à son influence personnelle sur le gouverneur que le navire russe dut l'autorisation d'entrer dans le port, pour attendre, dans une position sûre, la réponse du gouvernement relative aux questions de cérémonial qui venaient d'être soulevées. Cette soirée du 7 octobre fut la seule que les bons Hollandais purent joyeusement passer en compagnie d'Européens. Il paraît que dès le lendemain il s'éleva des soupçons dans l'esprit des autorités de Nagasaki; on commença à craindre l'alliance de ces étrangers, dont les intérêts étaient cependant si manifestement opposés. A partir de ce moment, il leur fut interdit d'échanger une seule parole. Ils parvinrent néanmoins à correspondre en français, au moyen des interprètes, qui semblent toujours prêts à favoriser la violation des règlements : c'est la compensation ordinaire, quoique regrettable, des lois trop rigoureuses.

Les craintes des Japonais allèrent si loin que la navire expédié de Java cette année, navire véritablement hollandais cette fois, fut éloigné de son mouillage habituel pendant qu'il était en

Yédo pour s'acquitter de leur mission; mais le dernier siogoun refusa à l'ambassade coréenne l'autorisation de visiter la capitale, et fit donner aux envoyés l'ordre de rendre hommage au prince de Tsousima, suzerain ou plutôt surveillant immédiat de la Corée, où il entretient, ainsi que nous l'avons vu plus haut (p. 7) une petite garnison. Les Coréens refusèrent de se soumettre à cette humiliation; ils persistaient dans la prétention d'être admis à Yédo. La discussion dura plusieurs années; l'hommage n'avait pas été rendu. Enfin l'on envoya à Tsousima le prince de Kokura, grand trésorier, et le ministre des finances, en qualité de représentants du *siogoun*, pour recevoir l'hommage des Coréens, qui se soumirent à cet accommodement. La députation passa à Dézima, où elle rendit visite à Doeff, en retournant à Yédo.

chargement ; on le mouilla à une grande distance des Russes, et quand il appareilla on défendit formellement au capitaine et à l'équipage de rendre les salutations amicales et les souhaits de bon voyage que lui adressaient les Russes. C'est à peine si l'on permit au capitaine hollandais d'agiter son chapeau en l'air. Ce manque de politesse offusqua beaucoup les Moscovites, qui l'attribuèrent à une jalousie de marchands.

Cependant l'ambassadeur sollicitait instamment la permission de débarquer. Le capitaine Krusenstern, qui commandait le navire, ne désirait pas moins vivement l'autorisation de se réparer. Ces demandes étaient contraires à la loi. — Il fallait en référer à Yédo. Tous ces embarras furent cause que Nagasaki posséda ses deux gouverneurs à la fois; c'était un fait sans exemple dans les annales du Japon; dans une circonstance aussi critique, le gouverneur résidant n'osait abandonner son poste, quoique son collègue fût arrivé pour le remplacer. Ils délibérèrent longuement ensemble, en attendant les ordres d'Yédo. Ils s'informèrent d'abord si la factorerie hollandaise pourrait recevoir l'ambassade à Dézima. Doeff souscrit à cet arrangement, bien que l'établissement eût été en partie détruit par un incendie tout récent. Mais les gouverneurs ne renouvelèrent point leur proposition, et songèrent à établir les Russes dans un temple. Ce projet fut encore abandonné, et l'on se décida enfin à les loger dans un marché au poisson, situé à l'extrémité de la ville, un peu au-dessus et en face de Dézima. On se hâta de le faire évacuer et nettoyer, de le disposer pour la réception de l'ambassade en le faisant entourer de palissades destinées à empêcher toute communication avec le dehors. Ces arrangements préliminaires se trouvèrent terminés vers le milieu de décembre; le comte Resanoff vint donc s'installer avec sa suite dans ce singulier hôtel, autour duquel des soldats russes montaient la garde avec des fusils déchargés. On assure que la cour d'Yédo désapprouva formellement ce manque d'égards : on pouvait refuser de recevoir l'ambassade, mais il fallait la traiter avec courtoisie, surtout dans des détails de peu d'importance. Un *siogoun* avait bien pu jadis faire décapiter des ambassadeurs portugais et ne renvoyer vivants que les témoins nécessaires pour rendre compte du sort de leur mission; mais il s'était gardé de les humilier ou de les insulter.

Doeff attribue tous ces retards, toutes ces difficultés et ces vexations au refus fait par les Russes de livrer leurs armes et de se soumettre aux prosternations voulues (quoique moins humiliantes que le *kôtou* chinois). Les Russes les attribuent, de leur côté, à la malveillance et aux intrigues des Hollandais. Cette question ne vaut pas la peine qu'on s'y arrête; évidemment la factorerie ne devait pas désirer bien vivement la réussite des propositions faites par la Russie; mais il faut convenir aussi qu'il n'était guère besoin de sourdes menées pour les faire échouer. Le cas néanmoins parut grave même à Yédo, et Fisscher assure que ce fut une des rares occasions où le *siogoun* crut devoir consulter le *mikado*, probablement pour mettre sa responsabilité à couvert dans une démarche qui pouvait amener une guerre.

Vers la fin de mars, un commissaire, qui, selon toute apparence, était un espion du rang le plus élevé, arriva avec la réponse du *siogoun*. L'ambassadeur fut invité à une audience pour entendre la lecture de ce document. Le gouverneur engagea Doeff à prêter son propre *norimono* à l'envoyé russe pour le transporter de sa résidence à l'hôtel du gouvernement. Mais tous les préparatifs que l'on fit pour cette entrevue solennelle n'avaient qu'un seul but, c'était d'empêcher l'Européen de connaître la ville et ses habitants. On fit donc fermer tous les volets des fenêtres dans les rues par lesquelles il devait passer; on fit barricader toutes les rues qui venaient aboutir à son passage, et l'on ordonna à tous ceux des habitants de Nagasaki que leur service n'appellerait pas au dehors de se tenir enfermés chez eux.

L'ambassade russe traversa la baie dans un canot de plaisance appartenant au prince de Fizen; le *norimono* du président hollandais attendait l'ambassadeur au débarcadère: ce fut la seule attention accordée à sa dignité. Toute sa suite dut le suivre à pied. Le lendemain on lui accorda une seconde audience, et comme il pleuvait à verse, on procura des *cagos* aux officiers russes. La réponse était un refus positif; on invita Doeff à aider les interprètes à traduire le document officiel du japonais en hollandais. Il fit observer que très-probablement les Russes n'entendaient pas cette langue, et il offrit d'en faire sur le même papier une version française. Mais les Japonais, qui ne savaient ce que c'était que le français, auraient été incapables de s'assurer de la fidélité de cette autre traduction, et cette considération leur parut beaucoup plus importante que la bagatelle de savoir si leur réponse serait intelligible ou non pour ceux auxquels elle s'adressait.

L'objet principal de la négociation était donc péremptoirement écarté; mais la négociation n'était pas terminée pour cela. Le *siogoun* avait refusé les cadeaux que lui envoyait le tzar; le comte Resanoff en conséquence ne pouvait pas accepter ceux qu'on lui offrait à lui-même. C'était là un sujet qui avait pour le gouverneur de Nagasaki personnellement une importance véritablement capitale; il avait reçu l'ordre de faire accepter les cadeaux par l'ambassadeur russe : si ce dernier lui faisait l'affront de les refuser, il n'avait qu'une ressource, c'était de s'ouvrir le ventre; et son exemple eût été suivi probablement par un assez grand nombre de ses subordonnés. A force de supplications, les interprètes, qui avaient fini par apprendre un peu de russe, parvinrent à le déterminer à accepter quelque chose. Il faut convenir que s'il avait été informé, soit par les interprètes, soit par une lettre de Doeff, de la conséquence inévitable d'un refus obstiné, il ne pouvait, sans cruauté, persister dans sa résolution.

Les Japonais, conformément à l'usage établi en pareil cas, défrayèrent complétement les Russes pendant leur séjour à Nagasaki, et fournirent au bâtiment tout ce qui lui était nécessaire au moment de son départ.

Le malheureux Resanoff n'a pas assez vécu pour connaître toutes les charges que Doeff à élevées contre lui, ni pour donner une relation de son ambassade. Mais si courte qu'ait été sa vie après cet échec diplomatique, il a su trouver le temps nécessaire pour préparer une vengeance qui a fermé et fermera pour longtemps, si ce n'est pour toujours, à ses compatriotes tout accès au Japon.

Il avait résolu, pour se venger du traitement qu'on lui avait fait subir à Nagasaki, d'attirer sur le Japon la colère de la Russie. Dans ce but, il profita de son séjour en Sibérie ou au Kamschatka pour envoyer deux officiers de la marine russe, MM. Chwostoff et Dawidoff, commandant temporairement des navires de commerce, et faisant les voyages du Kamstchatka à l'Amérique russe, effectuer un débarquement sur les îles les plus septentrionales du Japon ou sur leurs dépendances.

Il faut dire ici que les Russes s'étaient petit à petit emparés de quelques-unes des îles Kouriles au nord de l'archipel, quoique depuis des siècles ces îles fussent regardées comme dépendantes de l'empire du Japon, et comme relevant directement du prince de Matsmaï. La perte de ces îles sauvages et incultes était peut-être inconnue à Yédo; ce fait peu important n'a pu être éclairci à la factorerie hollandaise; mais il est naturel de supposer que si le prince et ses premiers secrétaires ont pu se garantir des espions, ils auront jugé prudent de cacher au gouvernement cette spoliation humiliante sans doute, mais de peu d'importance d'ailleurs.

Ce fut l'île de Krafto (*Saghalien*), l'une des Kouriles du sud restées soumises au Japon, que Chwostoff et Dawidoff choisirent pour opérer leur débarquement. Ils l'attaquèrent en 1806, et comme c'est de tout l'empire la partie la plus mal gardée, ils purent piller plusieurs villages, ravager les campagnes et emmener un assez grand nombre de paysans sans trouver de résistance. Avant de se rembarquer, ils laissèrent dans l'île des manifestes en russe et en français, dans lesquels ils déclaraient que leur expédition avait eu pour but de faire connaître aux Japonais la puissance de la Russie, et de leur montrer combien leur conduite avait été coupable et folle en rejetant les ouvertures amicales du comte Resanoff.

L'administration provinciale et le gouvernement reçurent avec stupéfaction la nouvelle de cet outrage. Le gouverneur de Nagasaki, obéissant sans doute à des ordres supérieurs, demanda à différentes reprises ce que le président hollandais pensait de cette attaque; il envoya à la factorerie le manifeste français, en priant Doeff de le lui traduire. Quelques-uns des interprètes avaient appris assez de russe pendant le séjour de l'ambassade pour faire une espèce de traduction de l'original; le conseil d'État voulait s'assurer par la comparaison de deux versions de la fidélité de celle de Doeff.

Cette vaine insulte n'eut d'autre résultat direct que la dégradation du prince de Matsmaï. Il fut déclaré incapable de défendre ses États et de protéger ses sujets. En conséquence la principauté de Matsmaï fut convertie en province impériale, et placée avec l'île d'Yezo et les Kouriles, ses dépendances, sous les ordres d'un gouverneur.

Les renseignements que nous avons pu nous procurer à Batavia sur les causes qui avaient fait échouer aussi complétement l'ambassade de Resanoff, et en particulier le témoignage de M. Burger, nous ont convaincu que le but que se proposait la Russie eût été, très-probablement, atteint si les négociations eussent été entamées sur d'autres bases et conduites par un homme plus prudent et plus intelligent que ne s'est montré Resanoff. — Nous croyons cette conviction justifiée par l'extrait suivant d'un passage inédit des mémoires de Golownin, extrait dû aux recherches de Siebold.

« Quant à la conduite de M. Von Resa-
« noff comme ambassadeur, le capitaine
« Krusenstern n'en a pas autant ra-
« conté à ce sujet que nous en avons
« appris des Japonais, mais assez toute-
« fois pour convaincre tout homme im-
« partial que c'est uniquement à ce
« plénipotentiaire que la Russie doit de
« n'avoir pu réussir à conclure une al-
« liance commerciale avec le Japon. —
« Qu'il me soit permis d'observer que
« Resanoff aurait immanquablement
« atteint le but de sa mission si, au
« lieu de se parer du haut titre d'envoyé
« plénipotentiaire du plus puissant mo-
« narque de la terre, il s'était contenté
« du titre plus modeste d'envoyé de la

« Compagnie russe américaine. Au lieu
« du document impérial dont il était
« muni, il aurait dû simplement être
« porteur d'une lettre signée des Di-
« recteurs de la Compagnie; au lieu des
« gentilshommes de l'ambassade et de
« cette garde d'honneur dont il se fai-
« sait escorter, il eût dû avoir à sa
« suite quelques négociants bien au fait
« de ce qui regarde le Japon. Il aurait
« dû pousser les négociations d'après
« les ordres de son gouvernement, mais
« sans jamais nommer une seule fois
« l'*Empereur*. — La Compagnie hol-
« landaise des Indes orientales dans ses
« relations avec le Japon et la Compagnie
« anglaise dans ses rapports avec la Chine
« sont les meilleurs exemples que je
« puis citer en faveur de mon opinion. »
Cette manière de voir de Golownin est
partagée par Siebold. Une simple demande d'être admis à commercer, venant d'une société de commerce, n'aurait pas été repoussée par le gouvernement japonais; car il est plus conforme
à ses principes d'avoir à faire à des
marchands, que de conclure des traités
de commerce ou des alliances avec des
souverains, ces alliances pouvant amener des malentendus et créer des complications inattendues. Ce n'est pas,
selon Siebold et Burger, parce que
l'empereur de toutes les Russies entoura d'une grande pompe son ambassadeur au Japon, que le but de l'ambassade, c'est-à-dire l'ouverture de relations commerciales, entre les deux
empires, fut manqué, mais parce que
la lettre de l'empereur était rédigée
de manière à trahir l'ignorance des
termes et des usages japonais, parce
que les négociations furent conduites
avec une maladresse marquée, et qu'on
négligea de se prévaloir de certains précédents dont la mission de Laxmann
permettait d'invoquer l'autorité. —
Nous serons plus complètement édifiés,
à cet égard, quand le docteur Siebold
aura publié l'appendix qu'il promet à
son intéressant travail sur le commerce
du Japon.

Quatre ans après les événemens que
nous venons de mentionner, le capitaine
Golownin fut chargé d'explorer, sur une
frégate les mers du Japon et plus particulièrement la portion de l'archipel des
Kouriles dépendant de cet empire. Durant ce voyage de découvertes, si bien fait
pour heurter tous les sentiments des
Japonais, quelques hommes de son équipage débarquèrent témérairement sur
l'île Eeterpoo, ou, selon Siebold, Yetorop, auprès d'une forteresse. Ils faillirent
être arrêtés. Mais Golownin persuada
au commandant que la descente de
Chwostoff et Dawidoff n'avait été qu'un
acte de piraterie individuelle, que leur
conduite avait été punie, et que lui-même
ne s'était approché de la côte que pour
avoir du bois et de l'eau. Golownin avait
pour interprètes un Kourile qui parlait
russe, et un Japonais qui parlait kourile.
Le commandant japonais, satisfait de ces
explications, traita le capitaine russe avec
hospitalité, et lui donna une lettre pour
le commandant d'une autre forteresse de
la même île, près de laquelle il trouverait
un meilleur mouillage, et aurait plus de
facilité pour embarquer ses provisions.

Golownin ne jugea point convenable
de faire usage de cette bienveillante recommandation; il continua pendant
plusieurs semaines à croiser dans l'archipel, qu'il explorait avec détail conformément à ses instructions. Enfin les
besoins qu'il avait allégués sans fondement se firent sentir d'une manière
pressante; mais au lieu d'aller chercher
le mouillage de Yetorop qu'on lui avait
recommandé, il vint jeter l'ancre dans
une baie de l'île Kunashir (*Kounasiri*),
l'une des plus méridionales de l'archipel.
Il eut avec le commandant d'une forteresse voisine les mêmes démêlés qu'avec
celui de Jetorop; mais l'issue n'en fut pas
aussi heureuse pour lui. Le Japonais lui
fit très-bon accueil, et ne tarda pas à lui
inspirer une pleine sécurité; mais un
jour qu'il débarquait sans précaution, il
le fit enlever avec les officiers qui l'accompagnaient et tous ses canotiers.

Le mélange de cruauté et de douceur
qui caractérisa leur traitement étonna
beaucoup les Russes, quoiqu'il semble
naturel aux personnes qui ont quelque
connaissance du caractère japonais. On
pensait qu'une excessive rigueur était
nécessaire à leur bonne garde, et on
ne reculait devant aucune des tortures
qui devaient servir à prévenir leur évasion. D'un autre côté, le naturel des Japonais est plein d'humanité, et on les

trouve toujours disposés à témoigner leur compassion pour ceux qui souffrent et à leur accorder les petites faveurs, les adoucissements, les distractions que permettent les circonstances. — Ainsi les Russes furent tous garrottés avec de petites cordes ; on ne leur laissa que tout juste assez de liberté pour marcher ; ils ne pouvaient faire aucun usage de leurs mains ; on leur donnait à boire et à manger comme à des enfants. Chaque bout de corde était tenu par un soldat ; c'est dans cet état qu'on les faisait voyager par terre ; pour traverser les bras de mer, on les empilait les uns sur les autres dans des bateaux. Leurs liens avaient fini par entrer dans la peau ; malgré leurs plaintes réitérées, jamais on ne les leur enleva, jamais on ne les relâcha ; mais chaque soir on pansait leurs blessures avec beaucoup de soin ; leurs gardiens, bien qu'excédés eux-mêmes de lassitude, étaient toujours prêts à les porter quand ils étaient fatigués, et ne refusaient jamais aux bons villageois des deux sexes la permission d'offrir aux prisonniers quelques mets nourrissants ; ils semblaient même prendre plaisir à voir ces malheureux se rafraîchir et recevoir comme des enfants la pâture de la main de leurs généreux bienfaiteurs. On répéta d'ailleurs plusieurs fois aux Russes qu'ils n'étaient pas plus étroitement garrottés que ne l'auraient été des prisonniers japonais de leur rang.

Ils finirent par arriver à Matsmaï, où on les mit en prison. Quelque temps après, on disposa pour eux une bonne maison, où l'on pourrait s'assurer de leurs personnes sans leur être aussi désagréable. Ils profitèrent de cet adoucissement à leur sort pour tâcher de s'évader ; cette tentative n'eut d'autre effet que de les faire resserrer plus étroitement dans une prison sûre. Le gouverneur ne leur temoigna pas moins de bienveillance après cette escapade, dont le succès l'eût contraint à avoir recours au *hara-kiri*, dont il fut sérieusement menacé, puisque ses prisonniers restèrent plusieurs jours hors de ses mains. On trouve une autre preuve tout aussi marquée de la bonté naturelle des Japonais dans la conduite d'un de leurs gardiens ; ce brave homme, qui était soldat, se trouvait de faction quand ils s'évadèrent ; pour sa négligence on le dégrada, et on le réduisit à la condition de geôlier ; quoique victime de leur imprudence, il ne cessa de s'employer de toute sa force à leur procurer quelque adoucissement. Les plaintes de Golownin, pendant sa captivité, roulent toujours sur le manque de vivres, et les questions importunes dont on l'assommait ainsi que ses compagnons ; mais il est peu surprenant que les Japonais, dont la sobriété est très-grande, n'aient pas pu mesurer toute la voracité d'un appétit de matelot russe, et que la présence de ces Européens ait éveillé chez leurs hôtes une curiosité que, dans des circonstances inverses, les premiers auraient sans aucun doute été très-désireux de satisfaire.

Le gouvernement mit à profit la captivité des Russes pour perfectionner ses interprètes dans la connaissance de leur langue. Il chercha de même à faire profiter le Japon de leurs connaissances astronomiques, qu'il supposait devoir être plus étendues chez ces navigateurs que chez les marchands hollandais. Au nombre des savants qui furent envoyés d'Yédo dans ce but se trouvait l'ami de Doeff, l'astronome Takahaso Sampaï, qui, suivant l'*opperhoofd*, était en même temps commissaire du gouvernement et adjoint au gouverneur de Matsmaï. Golownin le nomme Teske, et parle de lui avec affection ; mais il ne paraît pas avoir soupçonné son caractère politique, en sorte qu'il est probable que dans cette circonstance le savant astronome a joué le rôle de *metsuke* ou d'espion.

Il s'était écoulé près de deux ans depuis l'enlèvement de Golownin, quand la cour d'Yédo reçut enfin des autorités compétentes russes un désaveu officiel et satisfaisant de la conduite de Chwostoff et de Dawidoff. Après une négociation qui traîna en longueur, les explications et le désaveu furent agréés, et l'on permit aux prisonniers de se rembarquer sur la corvette même de Golownin, commandée dans l'intervalle par le capitaine lieutenant Ricord, second de Golownin, qui avait été chargé de la négociation entre les deux empires. On dit que la joie affectueuse et la sympathie des amis que les Russes laissaient au Japon avait quelque chose de très-touchant.

On chargea Golownin d'une note par laquelle on faisait savoir aux Russes que toute tentative ultérieure de leur part pour commercer avec le Japon serait parfaitement inutile. Ils paraissent avoir tenu compte de cet avertissement, et si depuis cette époque ils ont eu des relations avec les Kouriles méridionales, c'est par la voie de la contrebande.

Il ne nous reste plus, pour épuiser ce sujet, qu'à ajouter quelques mots sur les efforts tout aussi infructueux tentés récemment par les Anglais pour ouvrir à leur commerce le débouché du Japon. Leur première tentative eut lieu peu de temps après la dernière visite du capitaine Stewart. A la nouvelle de l'approche d'un navire étranger, les députations hollandaise et japonaise se mirent en route. Le capitaine répondit à leurs questions que le navire était anglais, et venait de Calcutta dans l'espoir de trafiquer avec le Japon. Pour être mieux reçu, il portait le pavillon anglais sans la croix qui le distingue. Malgré sa déférence pour les préjugés des Japonais, on lui refusa la permission qu'il demandait et on le pria de s'éloigner.

Le premier navire anglais qui parut après celui-là au Japon fut la frégate *le Phaéton*, dont nous avons parlé plus haut. Nos lecteurs se rappellent sans doute que son but n'était rien moins que commercial. Mais cette visite inopportune, dont les suites furent si désastreuses pour bien des innocents, eut pour résultat naturel d'inspirer aux Japonais une haine violente contre les Anglais; elle a certainement nui à l'établissement de relations commerciales et pacifiques; elle a fait sentir la nécessité de nouvelles mesures de précaution. Ainsi ce n'est que depuis cette époque, suivant Siebold, que l'on exige des ôtages des navires qui se présentent, avant de les laisser s'engager dans les passes.

Le commerce anglais n'a pas fait de nouvelles démarches pour s'ouvrir l'accès du Japon; mais en 1811 Batavia fut attaqué par une expédition anglaise, et le gouverneur général Janssens capitula pour l'île de Java et pour ses dépendances. Les Anglais prétendaient assez naturellement que le comptoir de Dézima se trouvait incontestablement compris dans la capitulation, puisque l'*opperhoofd* et tous les membres de la factorerie avaient toujours été nommés par le gouverneur général, que l'*opperhoofd* avait toujours été soumis à ses ordres et n'avait correspondu qu'avec lui. Le gouverneur anglais sir Stamford Raffles, considérant la factorerie comme dépendante de son autorité, voulut s'y faire reconnaître et donner encore à l'Angleterre cette part de la succession de la malheureuse Hollande. Les mesures qu'il prit furent entièrement pacifiques; il expédia comme d'habitude les deux bâtiments qui vont chaque année faire le commerce; mais il y envoya un nouveau président, M. Cassa, Hollandais, qui avait prêté serment à l'Angleterre, pour remplacer le président Doeff, qui avait conservé ses fonctions deux fois plus longtemps (et même davantage) qu'on ne le permettait habituellement. Ce nouveau président était accompagné de deux commissaires, l'un hollandais, Wardenaar, le prédécesseur et le patron de Doeff, l'autre anglais, le docteur Ainslie, chargés d'examiner et de régler contradictoirement les affaires de la factorerie.

Les Japonais prirent tout simplement ces deux navires pour des américains frétés par les Hollandais. Les employés de la factorerie soupçonnaient bien quelque mystère; mais ils ne pouvaient en pénétrer la nature ni la portée. Enfin Waardenaar débarqua; il expliqua au président et au garde-magasin l'état des affaires : la Hollande n'était plus; les provinces du continent étaient converties en départements français; les colonies s'étaient soumises à l'Angleterre. Ces explications, comme nous le verrons bientôt, ne furent pas acceptées; Doeff refusa de croire à l'anéantissement de la Hollande, et par conséquent de se soumettre à l'autorité de l'Angleterre (1).

(1) Doeff prétend qu'on ne lui fournit aucune *preuve* de ces grands changements qu'on venait lui annoncer, pas même un *journal* d'Europe. Il constate la même absence de documents *officiels* l'année suivante. — Sir Stamford Raffles est mort avant d'avoir pu répondre aux charges que fait peser sur lui le récit de Doeff. — La question ne peut être étudiée que sur les pièces officielles : elle est d'ailleurs tout à fait étrangère au sujet qui nous occupe.

L'action du directeur Doeff est louable, parce qu'elle présente un caractère vraiment patriotique. Mais il paraît malheureusement que l'intérêt personnel n'y a pas été étranger. Doeff repoussa les négociateurs avec une noble fierté; mais il employa la ruse et les menaces pour leur faire payer à prix d'or leur inutile séjour au Japon. — Waardenaar dut repartir avec l'agent anglais (Daniel Ainslie) sans avoir rien obtenu et après avoir payé, sur le montant de la vente de sa cargaison, une somme de 80,270 tails (plus de 160,000 fr.), à laquelle s'élevait la dette de la factorerie hollandaise au gouvernement japonais, depuis trois ans. Voici le détail de cette singulière transaction.

Déterminé à rester *opperhoofd*, à garder entre ses mains la factorerie et tout le commerce, Doeff se servit habilement de la haine que les Japonais portaient aux Anglais; il rappela à propos l'aventure du *Phaéton*, les nombreux suicides qui l'avaient suivie; il mit à profit la bonne volonté des interprètes avec lesquels il était depuis longtemps en relation. — Il fit venir à Dézima les cinq interprètes en chef; en présence de Waardenaar, il leur fit connaître les faits qu'on lui annonçait; il leur déclara qu'entre toutes ces nouvelles, la seule qui lui parût admissible était la conquête de Java par les Anglais, attendu que les navires mouillés dans le port étaient effectivement anglais. L'idée seule de ces grands changements politiques frappa de stupeur les Japonais; la responsabilité qui pesait sur les autorités de Nagasaki leur inspira une profonde terreur. Une seconde fois des navires anglais, abusant de leur confiance, avaient pénétré dans la baie! — Aussi les interprètes accueillirent-ils avec empressement le plan suivant, que leur proposait Doeff. On devait tenir cachée l'histoire de la conquête, et annoncer seulement qu'on avait envoyé de Batavia un nouveau président pour le remplacer dans le cas où les autorités japonaises s'opposeraient à ce qu'il conservât plus longtemps des fonctions qu'il occupait déjà depuis bien des années; mais que le gouverneur de Batavia désirait, avec l'assentiment du gouverneur de Nagasaki, conserver à Doeff les fonctions de président, afin de le dédommager en partie de la longue interruption du commerce. Après la réussite de cette première partie de son plan, il proposa d'acheter les cargaisons des deux navires, de se charger de la vente de ces cargaisons et de l'achat des marchandises de retour qu'il revendrait ensuite aux commissaires anglais.

Doeff et les interprètes s'attachèrent ensuite à convaincre les Anglais de la nécessité d'accepter les offres de Doeff et d'éviter ainsi l'effusion de sang et les malheurs de toute espèce qui résulteraient de la connaissance de la vérité. La haine violente que le gouvernement japonais portait aux Anglais, depuis la funeste aventure du *Phaéton*, devait faire redouter les plus terribles conséquences, dans le cas où l'expédition serait reconnue pour anglaise. Ces considérations présentées avec chaleur, avec une insistance solennelle, eurent l'effet qu'on en avait espéré. Les commissaires anglais acceptèrent les conditons qui leur étaient offertes. Les navires passèrent pour américains, Doeff resta chef du comptoir, et Dézima fut un moment le seul point du monde encore hollandais de fait (1).

En 1814 M. Cassa revint à Dézima, toujours comme opperhoofd; il apportait la nouvelle des grands événements de 1813, annonçait l'insurrection de la Hollande en faveur de la maison d'Orange, la probabilité de la prochaine restitution des colonies hollandaises occupées par les Anglais. Sir S. Raffles et M. Cassa espéraient lever ainsi toutes les objections de Doeff et le déterminer

(1) Le docteur Ainslie, qui, selon Doeff, visita Nagasaki en qualité de médecin américain, fut, s'il faut en croire les mémoires de sir Stamford Raffles, accueilli avec beaucoup de bienveillance et avec une hospitalité cordiale par les Japonais; il partit enchanté de leurs manières, de la société des femmes, dont la condition lui parut très-douce et les habitudes pleines de distinction. D'après cette même publication, il serait possible que le docteur Ainslie eût été reconnu pour être anglais. Il y est positivement dit que les Japonais lui parlèrent de ses compatriotes avec beaucoup d'estime, et lui exprimèrent la conviction où ils étaient que jamais les Anglais ne se fussent compromis comme l'avait fait l'ambassade russe.

à obéir comme autrefois aux ordres émanés de Batavia ; mais Doeff jouait toujours l'incrédulité. Il eut recours à la tactique qui avait si bien réussi l'année précédente : les interprètes, dont la vie était sérieusement compromise dans le cas où la vérité se ferait jour, le servirent de tout leur appui.

Cette fois cependant Cassa s'était préparé à la lutte ; il avait dressé des contre-batteries. Sans les servantes d'une maison à thé, sur l'appui desquelles il comptait, il eût vraisemblablement triomphé. Il parvint à gagner deux des interprètes, et obtint d'eux non pas qu'ils révéleraient toute la vérité, qui eût été leur arrêt de mort, mais qu'ils feraient leur possible pour déterminer le gouvernement à rejeter la demande faite en faveur de Doeff. Mais celui-ci avait parmi ces femmes des espions, qui lui firent savoir ce qui se tramait contre lui. Il menaça les interprètes gagnés de découvrir au gouverneur toute la vérité, quoi qu'il dût en coûter. Cette menace leur lia les mains, et son prétendu successeur fut encore une fois renvoyé. Sir S. Raffles jugea superflu de renouveler ses tentatives dans les circonstances critiques où se trouvait alors l'Europe. Il cessa d'envoyer des navires ; et comme ce n'est qu'en 1817 que M. Bloomhoff arriva pour prendre les fonctions de président, Doeff acheta la gloire de son triomphe au prix de plusieurs années passées sans commerce, sans appointements et sans aucune des ressources que lui procuraient les navires européens.

Le Japon possède maintenant, à ce qu'on nous assure, des interprètes anglais, russes et hollandais, qui depuis 1830 sont distribués sur différents points de la côte pour se trouver à portée si quelque navire étranger venait à s'en approcher. Il est étonnant que le docteur Parker, dans le récit qu'il a fait de sa tentative avortée en 1837, ne parle pas d'eux ; il est possible que, trouvant M. Gutzlaff disposé à servir d'interprète, ils aient jugé convenable de ne pas faire voir qu'ils comprenaient l'anglais. C'est ainsi sans doute qu'ils ont découvert le projet du missionnaire ; c'est cette découverte qui aura amené la brusque attaque du bâtiment auquel on n'avait pas, comme d'habitude, signifié l'ordre de se retirer.

Le docteur Siebold parle de querelles qui ont eu lieu de son temps avec des baleiniers anglais, qui auraient violé l'entrée du port japonais, soit contraints par la nécessité, soit uniquement pour satisfaire leur curiosité. Mais comme depuis cette époque quelques-uns de ces baleiniers ont obtenu du bois et de l'eau, il paraît que l'animosité des Japonais contre les Anglais s'est un peu calmée dans ces derniers temps, à moins toutefois qu'elle n'ait été ravivée par la tentative du docteur Parker, que l'on a dû prendre pour anglais, dans l'ignorance où l'on est au Japon de la différence qui existe entre l'Angleterre et les États-Unis d'Amérique.

Dans ces dernières années, le succès de la grande expédition anglaise dirigée contre la Chine, en démontrant que le Céleste Empire, en dépit de ses protestations emphatiques, pouvait être contraint à renoncer au système d'isolement qu'il avait maintenu jusque alors, a ramené l'attention des publicistes et des spéculateurs sur l'empire japonais, placé, par une volonté plus ferme, il est vrai, et appuyée par des moyens de résistance plus efficaces, dans des conditions analogues. — Pendant notre séjour à Java en 1844-1845, nous eûmes connaissance d'une tentative faite à cette époque par le roi de Hollande pour amener le gouvernement japonais à examiner sérieusement s'il ne serait pas dans l'intérêt du Japon d'aller au-devant des tendances inévitables de la civilisation et du commerce européen, et d'ouvrir graduellement ses ports aux navires des nations autres que la nation hollandaise. Cette tentative, si remarquable par son point de départ, comme par le but honorable qu'elle se proposait, loin d'avoir eu le résultat que méritait cette généreuse initiative, semble avoir, au contraire, confirmé les Japonais dans leur système d'exclusion. S'appuyant sur l'exemple de la Chine, que des événements inattendus venaient de forcer à multiplier, malgré elle, ses points de contact avec toutes les nations de la terre, le roi de Hollande, dans sa lettre au *siogoun*, faisait remarquer que la proximité dans laquelle se trouve le Japon de la colonie anglaise de Hon-kong et de l'embouchure du Yang-tse-kiang, ouverte aujourd'hui aux navires européens, entraînerait fatalement cet empire vers une crise prochaine, dont il paraissait prudent de prévenir les conséquences par des concessions capables de satisfaire les Européens. Guillaume II engageait donc formellement le *siogoun* à ouvrir non-seulement le port de Nagasaki, mais deux ou trois autres ports, soit dans l'île de Nippon, soit dans celle de Yézo, aux navires étrangers, sans distinction de pavillon.

« Vous comprendrez facilement, ajoutait le roi de Hollande, que mon intérêt devrait me suggérer des conseils contraires à ceux que je vous donne, puisque, aussi longtemps que vous persévérerez dans le système actuel, ma nation sera seule à exploiter le monopole de votre commerce; mais c'est précisément l'amitié dont vous nous avez favorisés de préférence aux autres peuples qui nous impose le devoir d'appeler vos regards sur l'avenir qui vous menace. Si vous refusez plus longtemps de prendre parmi les nations commerçantes la place que vous devez tenir, on vous forcera dans vos retranchements, et vous serez humilié comme le Céleste Empire vient de l'être. Épargnez-vous cette honte, en temps opportun, par des mesures généreuses qui vous concilient l'estime et la sympathie des puissances européennes. »

Deux années après la remise de ces sérieuses exhortations la réponse du *siogoun* est venue détruire l'espoir qu'on avait pu concevoir enfin que ces îles lointaines s'ouvriraient au commerce et aux idées du monde européen. Le sens de la réponse du souverain japonais au monarque néerlandais, son fidèle allié, est reproduit ici aussi exactement que possible : « J'ai suivi avec attention les événements qui ont amené une réforme fondamentale dans la politique de l'empire chinois. Ces événements mêmes, sur lesquels s'appuient les conseils que vous m'adressez, sont pour moi la preuve la plus claire qu'un royaume ne peut jouir d'une paix durable que par l'exclusion rigoureuse de tous les étrangers. Si la Chine n'avait jamais permis aux Anglais de s'établir sur une vaste échelle à Canton, et d'y prendre racine, les querelles qui ont causé la guerre n'auraient pas eu lieu, ou les Anglais se seraient trouvés si faibles, qu'ils auraient succombé dans une lutte inégale. Mais dès l'instant qu'on s'est laissé entamer sur un point, on est devenu plus vulnérable sur les autres. Ce raisonnement a été fait par mon trisaïeul lorsqu'il s'est agi de vous accorder la faculté de commercer avec le Japon, et, sans les témoignages d'amitié sincère que vous avez souvent donnés à notre pays, il est certain que vous auriez été exclus, comme l'ont été toutes les nations de l'Occident. A cette heure que vous êtes en possession de ce privilège, je veux que vous continuiez d'en jouir; mais je me garderai bien de l'étendre à quelque autre peuple que ce soit, car il est plus facile de maintenir une digue en bon état de conservation que d'empêcher l'agrandissement des brèches qu'on y laisse faire. J'ai donné à mes officiers des ordres en conséquence; l'avenir vous prouvera que notre politique est plus sage que celle de l'empire chinois. »

Il paraîtrait donc désormais impossible de déterminer le gouvernement japonais à se départir des règles qu'il a adoptées à l'égard des étrangers, depuis l'extirpation du christianisme ! Il semble même superflu d'ajouter aux preuves que nous avons déjà citées de l'importance immense que ce gouvernement attache à maintenir dans un isolement relatif les populations aux destinées desquelles il préside. Nous croyons devoir cependant, dans un intérêt historique, terminer cet exposé par le récit des tentatives les plus récentes qui, dans l'ordre chronologique, ont suivi la démarche solennelle du souverain néerlandais.

Dans un supplément du *Singapore Frees Press*, en date du 21 mai 1846, se trouvait une relation détaillée d'un voyage au Japon entrepris par un baleinier américain sous le commandement du capitaine Mercator Cooper. Cette expédition avait pour but immédiat de transporter dans leur pays quelques naufragés japonais que le capitaine avait recueillis en partie sur l'île de

Saint-Pierre, au sud-est de Nippon et en partie sur une jonque japonaise échouée. Voici quelles ont été les principales circonstances de l'expédition d'après la relation indiquée.

Le capitaine Cooper étant à la pêche (en 1845), au nord de l'archipel japonais, eut le bonheur de sauver onze Japonais naufragés sur un rocher et onze autres qui s'étaient jetés dans une petite barque prête à couler bas.

Après un voyage de neuf jours le long des côtes du Japon, le capitaine réussit à mettre à terre deux des naufragés; mais la violence du vent et de la mer ne lui permit pas de rendre le même service aux autres. Le lendemain, il débarqua encore deux hommes, mais, forcé de reprendre le large, il jeta l'ancre, trois jours après, à l'entrée de la baie d'Yédo. Trois jonques de l'empereur vinrent apporter la permission d'y entrer. Toutefois, retenu par un calme plat, le baleinier dut rester au mouillage; mais, le lendemain, trois cent soixante-dix à trois cent quatre-vingts jonques, montées chacune de quinze à trente hommes et bien armées, remorquèrent le navire, et l'amenèrent devant une ville, la seconde résidence de la province, où il fut gardé par trois files de jonques, à petite distance, ce qui rendit la position de ces embarcations assez critique, lorsque le navire évita à la marée montante. L'affluence du monde à bord fut grande; les officiers japonais s'empressèrent de mesurer le bâtiment, les mâts, les vergues, tout enfin jusque dans les moindres détails; on fit des dessins de tous les objets, de même que plusieurs portraits des hommes de l'équipage; on prit des informations minutieuses. On adressa un grand nombre de questions sur la situation de diverses parties du monde; on examina les cartes géographiques, les planches, etc. Cependant, les Japonais se gardèrent bien d'accepter le plus petit présent, comme aussi ils n'osèrent rien offrir. Ils portaient constamment la main au cou, pour faire comprendre qu'ils s'exposeraient à être mis à mort s'ils acceptaient ou donnaient la moindre chose. Le gouverneur, quoique parent de l'empereur, après avoir promis d'envoyer à bord quelques objets désirés, refusa le lendemain, en faisant le même signe expressif. Le navire, en attendant les ordres de l'empereur, était resté trois jours dans la baie, et semblait exciter de jour en jour davantage la curiosité du peuple, qui accourait en foule sur le rivage pour repaître ses yeux de cet étrange spectacle; enfin, le capitaine reçut l'ordre de partir, par une lettre (?) expresse, lue par le gouverneur en présence de cinq officiers supérieurs, et traduite en hollandais par un interprète. Cette traduction fut remise par écrit au capitaine. On avait eu soin de lui envoyer une grande quantité de provisions, et on lui rendit les armes qui avaient été saisies à son arrivée. Mais le gros temps qui était survenu l'empêcha d'appareiller le lendemain; les trois cent soixante-dix ou trois cent quatre-vingts barques qui l'avaient remorqué en entrant le prirent de nouveau à la remorque; ces embarcations formaient une file de plus d'un mille de longueur. C'est ainsi que le navire quitta le port dans lequel aucun autre bâtiment étranger n'avait (dit la relation) jamais été toléré. La lettre remise à l'interprète et traduite par lui portait à peu près littéralement ce qui suit :

« J'ai appris par la bouche des naufragés que ces naufragés de notre pays ont été ramenés par votre navire et qu'ils y ont été bien traités. Mais, d'après nos lois, ils ne peuvent être rapatriés que par des Chinois ou des Hollandais; néanmoins, dans le cas présent, on fera une exception, parce que le retour de ces naufragés (*par votre intermédiaire*) doit être attribué à l'ignorance de ces lois. — A l'avenir les sujets japonais ne seront plus reçus dans des circonstances semblables, et devront être traités rigoureusement quoique ramenés. — Voilà ce dont vous êtes avertis et que vous devrez faire savoir à d'autres.

« Comme, par suite d'un long voyage, les provisions, le bois et l'eau manquent à votre bord, on aura égard à votre prière et tout ce dont vous avez besoin vous sera donné.

« Aussitôt après la réception de cet ordre, le bâtiment devra partir et retourner au plus vite dans son propre pays. »

Ce document indiquait assez clairement sans doute que le gouvernement japonais entendait persister dans sa résolution d'exclure les étrangers, autres que les Hollandais et les Chinois, de toute communication avec l'empire; mais une manifestation plus directe et certainement inattendue vint confirmer ces indications.

Le ministre des Pays-Bas à Paris fut chargé de remettre à notre ministre des affaires étrangères une note rappelant, d'après le désir du gouvernement japonais, un décret impérial promulgué en 1843, et conçu à peu près en ces termes :

« Les naufragés de la nation japonaise ne pourront être ramenés dans leur patrie qu'à bord de navires néerlandais ou chinois ; car, dans le cas où ces naufragés seraient ramenés sur des navires d'autres nations, *ils ne seraient pas reçus.*

« Vu la défense expresse, pour les sujets japonais eux-mêmes, d'explorer ou de faire, de leur autorité privée, des reconnaissances sur les côtes ou sur les îles de l'empire, *cette défense*, à plus forte raison, s'étend aux étrangers (1). »

Le ministre des Pays-Bas paraît avoir été chargé de faire connaître expressément à notre gouvernement que les autorités japonaises avaient exprimé le désir que le gouvernement néerlandais voulût bien se charger de communiquer le contenu de ce décret aux nations qu'il pourrait intéresser. Ainsi, après plus de deux siècles de relations entre les deux peuples, c'est la première fois que le gouvernement néerlandais est invité par celui du Japon à transmettre une communication diplomatique quelconque à d'autres gouvernements. Si le cabinet de la Haye n'avait pas donné immédiatement suite à la demande du gouvernement japonais, en ce qui concernait la France, c'est, au dire des Hollandais, que rien en 1843 n'annonçait de la part de la France l'intention d'ouvrir des relations avec le Japon, et que cette question a été soulevée depuis. — Nous allons bientôt voir comment et avec quel succès ; mais, à propos de cette communication officieuse du gouvernement néerlandais, nous ne pouvons nous empêcher d'exprimer notre étonnement que ce même gouvernement n'ait pas saisi l'occasion qui se présentait si naturellement de porter à la connaissance de la France l'honorable tentative d'intervention de 1844-45 et d'annoncer son intention de la renouveler avec persévérance dans l'intérêt général de l'humanité.

Ni la France ni l'Amérique, que nous sachions, n'avaient eu connaissance de cette tentative royale, quand l'amiral Cécille, commandant notre division navale dans les mers de Chine, et le commodore Biddle, Américain, montant un vaisseau de ligne et accompagné d'une frégate, se présentèrent, vers la même époque, celui-ci devant Yédo, celui-là (avec plus de prudence) devant Nagasaki.

Le but des représentants des deux puissances était d'une nature bien différente. L'amiral français se dirigea de son propre mouvement sur le Japon, et mouilla avec ses navires dans les eaux de Nagasaki, dans l'intention de faire connaître à la cour de Yédo « que la France aussi possède de grands navires de guerre, montés par des équipages aguerris, qui savent faire respecter les droits de leur pays et les intérêts de leurs concitoyens. ». Le commodore américain, au contraire, porteur d'instructions spéciales, avait été chargé de proposer l'établissement de relations commerciales entre les deux pays limitrophes du grand Océan.

Les vaisseaux américains avaient à peine jeté l'ancre, qu'ils furent environnés de quelques jonques armées et d'une multitude de petites embarcations portant au plus deux hommes, et le plus grand nombre conduites par un seul, non à la rame, mais à l'aide d'un aviron placé à l'arrière du canot. Deux officiers montèrent à bord du vaisseau portant le pavillon du commodore ; ils posèrent deux petits bâtons surmontés d'une espèce de banderolle, l'un sur l'avant, l'autre à l'arrière du navire. Le commodore, qui les avait laissés faire, aussitôt qu'il eut appris que ces enseignes indiquaient une défense de communication, soit avec la terre, soit entre les deux navires, les fit enlever sans que les officiers japonais s'y opposassent. Dès que la chaloupe du vaisseau voulut se rendre à bord de la frégate, les petites em-

---

(1) Cela est clair et positif ; mais c'est un défi porté à l'avenir, et l'avenir l'acceptera, selon toutes probabilités.

barcations se pressèrent autour d'elle, mais lui firent place au moment où le commodore donna l'ordre de passer outre. La note écrite dans laquelle le commodore expliquait le but de sa visite fut expédiée au palais de l'empereur, à peu de distance du lieu où se trouvaient les navires américains. En attendant la réponse, les officiers japonais s'entretinrent avec le commodore par le moyen d'un interprète japonais qui parlait parfaitement le hollandais. Leurs manières étaient polies, et indiquaient l'intention de ne blesser en rien les étrangers avec lesquels ils étaient en rapport. Il n'y avait rien en eux qui rappelât l'obséquiosité et l'astuce des Chinois. — Après quelque temps la réponse arriva; elle rejetait les propositions d'établir entre les deux nations des relations commerciales. Les vaisseaux américains levèrent l'ancre; et comme il y avait peu de vent, le commodore accepta la remorque qui lui fut offerte des bateaux à rames jusqu'à sa sortie du port. — Le rapport officiel du commodore a été publié récemment, et nous le traduirons littéralement en son entier, parce qu'il nous semble digne d'attention. La rédaction de ce rapport n'offre, à la vérité, rien de remarquable, soit au point de vue politique, soit comme observation de localités, de mœurs nouvelles, de caractère national, etc.; mais le récit du commodore est marqué à ce coin d'originalité, de franchise, et d'exactitude militaire qui commande la confiance sans exclure l'intérêt.

A l'honorable G. Bancroft, secrétaire de la marine, à Washington.

A bord du vaisseau des États-Unis
le *Columbus*, en vue des côtes
du Japon, le 31 juillet 1846.

« Monsieur,

« Le *Columbus* et le *Vincennes* ont fait voile des îles Chusan le 6 du courant. Comme vos instructions me prescrivaient de m'assurer si les ports du Japon sont accessibles, je me suis dirigé en quittant la côte de Chine vers la côte du Japon.

« Les Japonais, comme vous le savez, ont toujours été plus rigides dans l'exclusion des étrangers que ne l'ont été les Chinois eux-mêmes. Les seuls Européens admis à commercer sont les Hollandais de Batavia, et leur commerce est confiné à un seul port et limité à *un* navire annuellement. Par les lois du Japon les navires étrangers ne peuvent jeter l'ancre dans aucun port de l'empire, excepté celui de Nagasaki. Une tentative pour pénétrer au Japon faite à ce port serait hostilement accueillie par les Hollandais, dont les efforts ont réussi jusqu'à présent à leur garantir le monopole. Les officiers japonais à Nagasaki n'ont pas qualité pour traiter avec des officiers étrangers : ils ne pourraient consentir à aucunes propositions ; ils pourraient seulement les transmettre au siège du gouvernement à *Yeddo* (*sic*). La distance entre Yeddo et Nagasaki est de *trois cent quarante-cinq lieues* (*sic*), et le voyage entre ces deux villes se fait ordinairement en sept semaines, selon un ouvrage sur le Japon, publié à *New-York* en 1840. Je conclus, en conséquence, à me rendre directement à la baie d'Yeddo, où je jetai l'ancre le 19 de ce mois en compagnie du *Vincennes*. Nous n'étions pas encore arrivés au mouillage, qu'un officier avec un interprète hollandais vint à bord. Il s'informa du motif qui m'avait amené au Japon. Je répondis que je venais en ami, pour m'assurer si le Japon avait, comme la Chine, ouvert ses ports au commerce étranger, et, dans le cas où il en serait ainsi, pour fixer par un traité les conditions auxquelles les navires américains commerceraient avec le Japon. Il me pria de mettre cette réponse par écrit, et je lui remis une note écrite, dont la copie est ci-jointe. Il m'informa que le gouvernement me fournirait toutes les provisions dont je pourrais avoir besoin. A ma demande: « Si on me permettrait d'aller à terre ? » il répondit négativement. Il voulait s'opposer à ce que le *Colombus* et le *Vincennes* communiquassent par le moyen de leurs embarcations, mais j'insistai, et il céda. Quand je mouillai, le vaisseau fut entouré par un grand nombre de bateaux du gouvernement, et bientôt une foule de Japonais montèrent à bord. Je ne m'y opposai pas, afin qu'on pût se convaincre de nos dispositions amicales, et qu'on vît en même temps que nous étions en mesure à tout événement de nous protéger nous-mêmes (« *to take care of ourselves* »).

« Dans la matinée du jour suivant, un officier qui paraissait être d'un rang plus élevé vint à bord. Il me fit observer que les navires étrangers en entrant dans un port du Japon envoyaient toujours à terre leurs canons, mousquets, sabres, etc. Je lui dis qu'il m'était impossible d'en agir ainsi, et l'assurai que nous étions dans les dispositions les plus pacifiques.

Il m'informa que mon écrit du jour précédent avait été transmis à l'empereur, qui se trouvait à quelque distance d'Yeddo, et que la réponse arriverait dans cinq à six jours. Je lui demandai pourquoi nous étions entourés de bateaux ; il me répondit que c'était pour être prêts à nous aider dans le cas où nous désirerions qu'ils nous prissent à la remorque. Ceci, bien entendu, n'était pas vrai, leur but étant tout simplement de nous empêcher de communiquer avec la terre. Quand nous envoyâmes quelques-unes de nos embarcations pour sonder à quelque distance du mouillage, des bateaux japonais les accompagnèrent, mais sans les molester. Pendant tout le temps que nous restâmes dans la baie, ces bateaux ne nous quittèrent pas. J'avais à bord des exemplaires, en chinois, des traités passés avec les Français, les Anglais, les Américains. J'offris ces traités à l'officier japonais, qui ne voulut pas les recevoir, en disant qu'il ne pouvait pas le faire sans la permission de son empereur (sic). J'ai offert depuis ces mêmes traités à d'autres officiers japonais, qui refusèrent également de les recevoir.

« Il peut être à propos de mentionner que le premier jour que les Japonais se chargèrent de me fournir d'eau, il nous en envoyèrent environ cent quatre-vingts gallons et le second jour huit cents. Notre consommation journalière était d'à peu près huit cents gallons. Je dis à l'officier qu'à moins qu'on ne nous fournît ce dont nous avions besoin, j'enverrais mes embarcations à terre pour faire de l'eau. Il me dit qu'il y aurait du bruit si j'envoyais nos canots à terre ; je répliquai que je serais cependant obligé de le faire si l'on continuait à nous servir aussi insuffisamment qu'on l'avait fait jusques là. Le résultat fut que, le troisième jour, on apporta plus de onze mille gallons et le jour suivant près de dix mille.

« Le 25, n'ayant reçu aucune réponse aux lettres envoyées à terre cinq jours auparavant, j'exprimai à l'officier japonais ma surprise de ce délai, et le priai d'informer le gouverneur d'Yeddo que je désirais une réponse aussi prompte que possible.

« Le 27, un officier avec une suite de huit personnes vint à bord avec la reponse de l'empereur. La réponse fut traduite par l'interprète ainsi qu'il suit :

« D'après les lois japonaises, les Japonais
« ne peuvent commercer qu'avec les Hollan-
« dais et les Chinois. Il ne sera pas permis que
« l'Amérique fasse un traité avec le Japon ou
« commerce avec cet empire, attendu que
« cela n'est permis avec aucune autre na-
« tion. Ce qui regarde les pays étrangers est
« déterminé à Nagasaki, mais non ici dans
« la baie ; en conséquence, vous devez partir
« le plus tôt possible et ne plus revenir au
« Japon. »

« Je fis observer à l'officier que les États-Unis ne désiraient faire un traité de commerce avec le Japon qu'autant que le Japon lui-même désirerait un traité ; que j'étais venu pour me renseigner sur ce point, et que m'étant assuré maintenant que le Japon n'était pas encore disposé à ouvrir ses ports au commerce extérieur, je mettrais à la voile le jour suivant si le temps le permettait. Cette réponse, à la demande de l'officier, fut reproduite par écrit et lui fut remise. J'ai expédié la lettre de l'empereur au docteur Parker, à Canton, par *le Vincennes*, pour être traduite, et ai prié le docteur Parker de vous transmettre l'original et la traduction.

« Je puis mentionner ici que M. Walcott, notre consul à Shanghai, m'a informé qu'il avait fait des ventes assez considérables de cotons américains à des marchands chinois pour être expédiés à Nagasaki. Nous pourrions peut-être, de cette manière, fournir le Japon de tout le coton dont il a besoin.

« Pendant mon séjour à Batavia, en octobre dernier, j'ai été informé que le commerce hollandais au Japon se montait à une somme insignifiante ; que les profits couvraient à peine les dépenses de la factorerie et les présents d'usage, et que les Hollandais attachent de l'importance à leurs relations avec le Japon, uniquement ou principalement parce que leur pavillon est le seul pavillon étranger qui y soit admis ; distinction flatteuse pour leur orgueil national. Ces détails sont confirmés par ce fait que la Compagnie hollandaise des Indes orientales a volontairement abandonné le commerce du Japon au gouvernement il y a quelques années. Ils le sont également par une lettre qui m'a été adressée par notre consul à Batavia, M. Roberts, négociant expérimenté et qui réside depuis longtemps dans ces pays.

« Il me reste à vous communiquer une circonstance d'un caractère désagréable. Dans la matinée où l'officier vint dans une jonque avec la lettre de l'empereur, on me fit demander de me rendre à bord de la jonque pour recevoir la lettre. Je refusai et informai l'interprète que l'officier devait me remettre à mon bord toute lettre qui m'était destinée. L'officier y consentit, mais fit observer que ma lettre ayant été remise à bord du navire américain, il pensait que la lettre de l'empereur aurait dû être remise à bord du navire japonais. Comme l'officier japonais, bien qu'attachant de l'importance à sa proposition, avait consenti immédiatement à la retirer, je crus que je ferais bien de lui faire ce plaisir, et informai l'interprète que je me rendrais à bord de la jonque et que là je recevrais la lettre. L'interprète se rendit à bord de la jonque. Une heure après, j'étais dans mon canot et en uniforme, le long du bord de la jonque. Au moment où je mettais le pied sur le pont, un Japonais me donna un coup, et me repoussa de manière à me rejeter dans mon canot. Je criai immédiatement à l'interprète de faire saisir l'homme, et retournai à bord du vaisseau, suivi par l'interprète et par un nombre d'officiers japonais.

« Ils exprimèrent tous la plus grande consternation de ce qui s'était passé, assurant que le coupable était un simple soldat et qu'il serait sévèrement puni. Ils me demandèrent comment je désirais qu'il fût puni, et je répondis : « Suivant les lois japonaises. » Je fis observer que les officiers eux-mêmes étaient fort blâmables, attendu qu'ils auraient dû être sur le pont pour me recevoir. Ils me déclarèrent qu'ils ne s'attendaient pas à me voir le long du bord, et je pus me convaincre qu'en effet, par suite d'une interprétation inexacte, ils avaient cru que ma décision finale avait été de les attendre à mon bord. Je pris soin de leur faire comprendre l'énormité de l'outrage, et combien ils étaient redevables à ma modération, à mon indulgence. Ils manifestèrent beaucoup d'anxiété et de crainte, et cherchèrent de toutes manières à m'apaiser. Dans le cours de la journée, le gouverneur d'Yeddo m'envoya un officier pour m'informer que l'homme serait sévèrement puni, et m'exprimer l'espoir que je ne prendrais pas cette affaire trop au sérieux. La conduite de l'homme en question est d'autant plus inexplicable, que tous les Japonais, soit à bord, soit autour de nous, s'étaient montrés d'une bienveillance parfaite (*great good nature*) dans leurs rapports avec nous.

« Comme j'étais convaincu que l'insulte avait été faite sans la participation et tout à fait à l'insu des autorités japonaises, et comme on m'avait immédiatement fait toutes les réparations que je pouvais désirer, je n'aurais peut-être pas jugé nécessaire de porter ce fait à votre connaissance, si je n'avais craint qu'il ne fût reproduit dans les journaux d'une manière inexacte.

« J'ai mis à la voile de la baie d'Yeddo le 29. *Le Vincennes* s'est séparé de nous hier. Ci-inclus copie de ses instructions.

« Très-respectueusement,

« Votre très-obéissant serviteur,

« (Signé) JAMES BIDDLE. »

Les Japonais se sont montrés, dans cette circonstance, aussi polis, aussi serviables que la nature de leurs institutions le permettait : ils ont agi en même temps avec cette décision, cette fermeté qui semblent caractériser leur gouvernement. Les officiers américains ont d'ailleurs été frappés, comme les nôtres, de la différence que présentent les manières des Japonais, leur attitude vis-à-vis des étrangers, comparées aux manières et à l'attitude des Chinois dans leurs rapports avec les Européens. Il y a dans l'air du Japonais, dans ses gestes, dans son langage, une sorte d'aisance, de dignité et de franchise qu'on ne rencontre presque jamais chez son voisin du Céleste Empire. Les témoignages sont unanimes à cet égard, et ne nous permettent pas de douter de la supériorité morale du Japonais sur le Chinois. Nous n'avons pas la relation officielle de la courte visite faite par *la Cléopatre* et sa conserve à Nagasaki ; mais le récit suivant, emprunté aux *Débats* du 5 janvier 1847, donne sur cette tentative de l'amiral Cécille des détails que nous savons être exacts, et qui confirment en tout point les conclusions auxquelles nous sommes arrivé.

« Parti du port de Manille le 18 juillet 1846, l'amiral Cécille mouillait avec ses navires le 28 du même mois à Nagasaki (1).... A peine mouillés, ils

(1) Le *Journal des Débats* ajoute ici : « Lorsque la force des circonstances semble entraîner aujourd'hui vers ces parages toutes les puissances commerciales et maritimes, lorsque la Hollande fait de nouveaux efforts pour développer ses relations avec ce pays, lorsque le commodore américain va le visiter et porter à son souverain un message du président des États-Unis ; lorsqu'il paraît certain que l'amiral Cochrane y est allé montrer le pavillon britannique, lorsqu'il est plus que probable qu'avant peu l'Angleterre tentera de faire brèche dans cet empire impénétrable, que n'eût-on pas dû reprocher à un amiral français qui n'aurait paru dans ces mers que pour y garder un honteux incognito ! L'amiral Cécille avait à sa disposition de plus grands moyens qu'aucun des officiers envoyés avant lui dans ces parages ; c'était pour s'en servir sans doute. Il devait donc conduire ses bâtiments dans les eaux du Japon ; seulement,

se voyaient entourés par une multitude de bateaux chargés de curieux, de marchandises, de légumes, de volailles, de vivres frais qu'on venait offrir à la vente (?). Dans le nombre, quelques embarcations, mieux ornées que les autres, portaient des officiers qui montèrent à bord avec leur suite, sans défiance comme sans hauteur. Ils venaient demander à l'amiral, au nom des lois du pays et dans l'intérêt de leur propre vie à eux-mêmes, de ne faire aucune tentative pour descendre à terre. D'ailleurs, ils étaient fort polis, s'engageaient à fournir aux bâtiments tout ce dont ils pourraient avoir besoin, et se montraient particulièrement curieux de visiter ces puissantes machines de guerre inconnues à la plupart d'entre eux. L'amiral les fit conduire partout, ordonna qu'on leur montrât dans le plus grand détail les installations, les approvisionnements, les manœuvres, les canons, les armes, et jusqu'à la manière dont nous nous en servons; il garda à dîner quelques-uns d'entre eux, qui ne se retirèrent qu'assez tard.

« Pendant la nuit, toute la côte s'éclaira d'une multitude de feux et de fanaux; on remarquait un grand mouvement à terre, et surtout dans les forts et les batteries dont le beau port de Nagasaki est entouré. Toutefois, il ne s'agissait, du côté des Japonais, que de simples mesures de surveillance; car dès la pointe du jour, le lendemain, les visiteurs de la veille, et d'autres, plus nombreux encore, vinrent à bord. Tout se passa comme le jour d'avant : c'était toujours la même politesse, la même attitude pacifique et la même curiosité à examiner tout ce qui frappait les regards. Quand ils furent à bout de questions, quand ils eurent bien pris toutes leurs notes, car parmi eux il y avait un certain nombre de scribes qui ne cessèrent d'écrire toute la journée, l'amiral leur annonça sur le soir qu'il avait complété ses vivres, et qu'il allait

comme il n'avait pas d'instructions spéciales, il ne pouvait pas négocier : en fait, il n'y a pas même songé. Et en tout cas il devait présenter la France aux Japonais comme une puissance pacifique, sinon amie, et c'est ce qu'il a fait. »

en conséquence appareiller pour continuer sa campagne.

«.... La cour de Yédo sait maintenant, par les rapports de ses officiers, que la France possède aussi de grands navires de guerre, montés par des équipages aguerris, qui savent faire respecter les droits de leur pays et les intérêts de leurs concitoyens. »

Nous avons copié presque littéralement ce petit exposé, qui ne donnera lieu de notre part qu'à une seule observation. Nous approuvons entièrement la conduite tenue par notre amiral, mais non pas par les motifs que fait valoir le *Journal des Débats*. M. Cécille n'eût pas visité le Japon que nous nous serions bien gardé de qualifier cette réserve de *honteux incognito*. La France peut, à la rigueur, se soucier aussi peu du Japon, en ce moment, que le Japon paraît se soucier d'elle, et nous sommes convaincu en outre que la vue de nos *grands navires de guerre* ne pouvait avoir pour résultat de modifier au moindre degré les convictions actuelles du gouvernement japonais quant à la sagesse des résolutions qu'il a adoptées depuis plus de deux siècles pour interdire l'entrée de l'empire aux étrangers. Ces résolutions demeureront longtemps encore inébranlables; et si le Japon se convertit un jour aux idées européennes, ce sera probablement par des voies pacifiques. La violence, sur une échelle gigantesque, réussirait peut-être à renverser la barrière; mais, comme nous l'avons dit ailleurs, ce serait dans ce cas le génie du mal qui présiderait à un pareil changement, et ses conséquences immédiates seraient contraires aux véritables intérêts de la civilisation et du commerce et au progrès normal de l'humanité.

Overmeer Fisscher, faisant allusion aux immenses obstacles que rencontrerait l'invasion du Japon, résume, à peu près en ces termes, son opinion sur le caractère de ces fiers insulaires.

Les Japonais seront invincibles tant qu'ils resteront fidèles à leurs institutions religieuses et politiques. Un Japonais mourra plutôt que d'abandonner le poste qui lui a été confié, car il sait qu'il n'y a ni excuse ni justification possible pour un Japonais qui manquerait à son devoir.

La plus sérieuse menace, l'affirmation la plus solennelle, le sentiment le plus orgueilleux qu'il lui soit possible d'exprimer sont renfermés dans cette énergique formule : « Je suis Japonais ! » Cela signifie qu'il est d'origine divine, qu'il remplit un devoir sacré en respectant et maintenant les lois de son pays et en servant fidèlement l'État, qu'il a le droit d'y obliger tout le monde ; et que si, contraint d'employer la force pour atteindre ce but honorable, il vient à perdre la vie, ce glorieux trépas le placera au rang des bien heureux *Kami's*, ses valeureux ancêtres. Allez donc envahir un pays déjà si efficacement protégé par la nature et dont l'indépendance est défendue par une population unanime de quarante millions d'âmes !

Telles sont les convictions de la plupart des Hollandais. Elles ne sont pas partagées par certains publicistes anglais et français. Ceux-ci peuvent faire valoir, en effet, la supériorité incontestable, immense à certains égards, des moyens d'attaque dont dispose l'Europe sur les moyens de défense que mettrait en œuvre le patriotisme le plus exalté. Ils font observer comme Crawfurd, que l'empire japonais, par cela même qu'il se compose d'un grand nombre d'îles, est vulnérable sur plusieurs points, qu'il est en fait formé de plusieurs principautés qui ont conservé une partie de leur ancienne indépendance, et que l'on réussirait probablement à détacher du faisceau féodal auquel elles appartiennent ; qu'on pourrait aisément, en tout cas, s'emparer de l'une des îles du Japon et s'y maintenir contre toutes les forces de l'empire avec l'aide d'une puissante marine, etc., etc. Nous ne contestons pas la valeur de plusieurs de ces arguments ; mais nous persistons à croire que la conquête du Japon ou même celle de l'une des îles principales dont il se compose serait une œuvre des plus ardues, qui exigerait un déploiement de forces considérable, habilement dirigées, qui entraînerait des frais immenses, et dont après tout le résultat pourrait ne répondre que très-imparfaitement aux espérances qu'aurait fait concevoir cette expédition aventureuse. Nous sommes arrivés à cette époque de la vie des peuples où (à de rares exceptions près) la guerre, la conquête, loin de répondre aux véritables tendances, aux besoins réels de la civilisation et du commerce, ne peuvent que détruire ou retarder sans rien fonder de durable, sans rien continuer d'utile, sans faire faire un pas au progrès normal de l'humanité. Une guerre avec le Japon nous semblerait, dans l'état actuel du monde, un contre-sens politique. Les difficultés que nous oppose la juste défiance du gouvernement japonais, difficultés qui paraissent insurmontables, ne doivent pas, selon nous, décourager la persévérante intelligence de l'Occident. Au lieu d'attaquer de front, *vi et armis*, cette position jugée inexpugnable, il faut la tourner à l'aide des ressources illimitées que présentent ces deux agents si puissants que nous nommions tout à l'heure et auxquels appartient l'avenir : la civilisation, le commerce. Petit à petit, de proche en proche, les relations entamées jadis par les Hollandais et continuées dans un but exclusif de lucre mesquin, maintenues dans ces derniers temps, nous nous plaisons à le reconnaître, dans un but plus honorable, dans l'intérêt des sciences et de l'humanité ; ces relations, disons-nous, s'étendront par l'intermédiaire hollandais, par les Chinois, par la contrebande habilement dirigée des Russes dans le nord, par le concours des grandes puissances maritimes, qui, sans vouloir porter atteinte à l'indépendance du Japon, auront été amenées à multiplier les expéditions d'exploration et les croisières dans ces mers. Ces mesures sont en effet réclamées par les besoins de la navigation, pour la sûreté du commerce, qui se développe sur une gigantesque échelle dans les mers de Chine et qui devra se créer dans un avenir prochain des moyens sûrs de communication et de transport des confins de l'Asie postérieure aux côtes ouest et nord-ouest de l'Amérique. Nous ne pouvons qu'indiquer ici ces éléments de la solution pacifique du grand problème qui nous occupe. Si l'on y joint un autre élément de succès, non moins précieux et que nous avons déjà signalé, le caractère ouvert, naturellement sociable des Japonais, leur intelligente curiosité, leur avidité si remarquable pour l'instruction solide et variée, dont ils reconnaissent l'Occident comme étant la source unique et intarissable ; on partagera, nous l'espérons au moins, les convictions que nous nous plaisons à exprimer et qui nous montrent l'empire japonais cédant avant un siècle, avant un demi-siècle peut-être, non aux frégates à vapeur et aux batteries flottantes de l'Europe, mais à l'action combinée, pénétrante et féconde de l'intelligence, de la science, du commerce et de l'industrie des Européens. Cette conquête morale du Japon sera plus profitable au monde que la conquête brutale que rêvent des spéculateurs qui regardent, par exemple, l'Angleterre comme la souveraine légitime du commerce de l'Orient, et qui n'hésiteraient pas à frayer à cette légitimité commerciale un passage sanglant au nouveau trône qu'elle convoite.

SUR LES ÉTABLISSEMENTS JAPONAIS AU NORD ET AU SUD DU JAPON PROPREMENT DIT.

Dans notre tableau des principales divisions géographiques de l'empire japonais (p. 5), nous avons indiqué comme dépendances du Japon proprement dit : *Yézo*, *Hikasi-Yézo* (ou les Kouriles du sud), *Kita-Yézo* (*Krafto*), les îles *Bonin* (*Mounin-Sima*) et l'archipel *Liou-Kiou*. Ces îles ne sont encore que très-imparfaitement connues. Ce que nous savons des établissements japonais dans le nord est dû surtout aux voyages d'exploration de l'infortuné Lapeyrouse et des navigateurs russes, de Krusenstern en particulier. L'archipel Bonin se compose de trois ou quatre groupes et peut-être d'une centaine d'îles ou îlots et rochers. *Bonin-Sima*, la principale de ces îles, paraît avoir été découverte par les Japonais en 1675, et nommée par eux ainsi parce qu'ils la trouvèrent inhabitée (1). Peut-être est-ce le nom donné au groupe septentrional, car nous remarquons que les deux îles principales mentionnées par les géographes japonais comme dépendantes du Japon portent les noms de *Kita-Sima* et *Misamisi-Sima*. Les Européens ne connaissent guère que l'île appartenant au groupe du nord, visitée par Beechey en 1827, et nommée par lui île de *Peel* (*Peels' island*). Dans la partie sud de l'île quelques aventuriers anglais, américains, un danois et un génois, amenant à leur suite quelques indigènes des îles Sandwich, ont formé un petit établissement qui est visité de temps à autre par des baleiniers, et qui, nommé dans l'origine *port Lloyd*, a reçu depuis la désignation de *port Saint-Georges* et enfin celle de *port Saint-William*, s'il faut nous en rapporter à la relation du docteur Ruschenberger, qui sur *le Peacock*, frégate américaine, relâcha aux îles Bonin en 1836. Des établissements japonais sur une ou plusieurs de ces îles, nous ne savons rien de positif, et nous ne trouvons aucun renseignement à cet égard dans les relations les plus récentes; mais nous supposons que cette lacune sera comblée par Siebold dans le cours de son grand ouvrage. Quant à l'archipel *Liou-Kiou*, il est divisé par les géographes japonais en trois groupes : *San-Bok'*, groupe du nord ; *Zyu-San*, groupe du milieu; *San-Nan*, groupe du sud. Nos géographes reconnaissent deux groupes principaux : celui de *Liou-Kiou* proprement dit, celui de *Madjicosima* dans le sud-ouest, et à une distance assez considérable du premier : c'est le groupe *San-Nan* des Japonais. La division de l'archipel *Madjicosima* en deux groupes secondaires, celui de *Patchung-San* et celui de *Typin-San*, a été adoptée dans les cartes les plus modernes. Les îles *Madjicosima* ont été visitées en dernier lieu par le capitaine sir Ed. Belcher sur la frégate anglaise *le Samarang* (décembre 1843) (1). Quant

---

(1) *Mônin* ou *Bônin*, en chinois *Woo-jin*; ce qui signifierait en effet : *sans habitant*. Mais en consultant Kœmpfer (traduction française) nous trouvons simplement ce qui suit :

« .... Ils l'appelèrent Bnuesima, ou l'Isle « de Bune ; et parce qu'ils n'y trouvèrent point « d'habitants, *ils le marquèrent du caractère* « *qui désigne une isle déserte.* » Vol. I, p. 60.

(1) Voir dans le *Chinese Repository*, vol. XIII, p. 150 et suivantes ; « notes sur une visite du navire de S. M. B. *le Samarang* aux groupes Madjicosima ». Le récit du capitaine Belcher nous montre les habitants de ces îles sous un jour au moins aussi favorable que les paisibles et hospitaliers insulaires de Liou-

à l'archipel du nord où se trouve la grande *Liou-Kiou*, les relations des navigateurs anglais Beechey, Basil Hall, Mac-Leod, le journal du docteur Parker (sur le navire américain *le Morrisson*) et diverses notices publiées soit en Europe, soit en Amérique, soit dans l'extrême Orient, ont jeté beaucoup d'intérêt sur ce petit coin du globe qui par son voisinage de la Chine et du Japon, par la dépendance politique et commerciale dans laquelle il se trouve de ces deux empires, par la base d'opérations qu'il semble donner aujourd'hui aux tentatives du christianisme pour s'introduire de nouveau au Japon, et enfin par le caractère de ses habitants, mérite en effet une attention particulière. Les derniers navires européens qui aient visité *Napa-Kiang* (ou *Napa-Fou*), principal port de *Liou-Kiou*, paraissent avoir été les corvettes françaises *l'Alcmène* et *la Victorieuse* en 1844 et 1846. *La Victorieuse* paraît même y être retournée en 1847. L'amiral anglais Cochane, sur le vaisseau *l'Azincourt*, fit aussi, vers 1846, une longue escale à Napa.

De ces renseignements généraux sur les possessions ou dépendances japonaises, au dehors du Japon proprement dit, passons à quelques détails historiques et ethnographiques qui se rapportent principalement aux îles du nord et à la plus grande île du groupe *Liou-Kiou*.

Yézo et terres voisines.

Le passage découvert par Lapeyrouse en 1787, entre le 45ᵉ et le 46ᵉ parallèle, au nord du Japon, coupe en deux parties une île que l'on avait crue unique jusqu'alors. Celle du nord fut reconnue être le *Oku-Yézo*, c'est-à-dire *Haut* ou *Nord-Yézo* des cartes japonaises, identique avec *Tarakai* (*Tschoka*, *Saghalin*, *Karafouto*, *Krafto*), et la partie sud, l'île de *Yézo* elle-même, dont l'extrémité sud, *Matsmaye* (Matsmaé, Matsoumaï) est séparée par le détroit de *Sangar* de l'extrémité nord de *Nippon*

Kiou. Les deux groupes *Patchung-San* et *Typin-San* sont des dépendances de *Liou-Kiou*. Le premier groupe compte au moins neuf îles, et le second sept. L'archipel du nord se compose d'une vingtaines d'îles ou îlots; en tout trente-six, selon les géographes japonais.

(entre les parallèles 41° et 42° latitude nord). Lapeyrouse donna au cap le plus sud de *Krafto* le nom de *cap Crillon*. Du haut de ce promontoire on put se convaincre de l'existence du nouveau passage, qui obtint le nom de détroit de Lapeyrouse, et l'on constata également l'existence d'un fort courant qui de l'Océan ouvert se précipitait à travers le détroit vers l'occident. Les flots se brisent avec violence sur les îles rocheuses placées en avant du cap; une d'elles, éloignée de quatre lieues du cap, fût nommée *la Dangereuse*; le chenal avait, avec une largeur de dix à douze lieues, seulement vingt-trois brasses de profondeur; mais à peine avait-on doublé cette porte rocheuse, que le navire entra dans une mer plus profonde : la sonde donna cinquante brasses, on était en plein océan; les courants violents se calmèrent, et vers le *nord*, à l'est du cap *Crillon*, s'ouvrit, en forme de croissant, la grande baie *Aniwa*, qu'on vit limitée à l'est par un second cap, nommé cap *Aniwa*. Cette contrée était déjà connue par les navigations antérieures des Hollandais, et fut depuis explorée avec plus d'exactitude par *Krusenstern*. Nous allons résumer en quelques pages les renseignements recueillis par *Lapeyrouse* sur les habitants de l'extrémité sud de l'île *Tschoka*, près du cap *Crillon*.

Ce furent les premiers insulaires qui visitèrent les navires des étrangers. Les habitants des deux côtés du golfe Tatare n'avaient montré aucune curiosité de voir ces gros bâtiments, les premiers cependant, selon toute apparence, qui se fussent montrés dans ces eaux. Les visiteurs actuels se familiarisèrent bientôt avec leurs hôtes. Des cadeaux qu'on leur fit, le tabac et l'eau-de-vie parurent avoir pour eux le plus d'attraits. Un de leurs anciens ayant reçu en présent une bouteille d'eau-de-vie, il en laissa tomber une ou deux gouttes dans la mer, et parut clairement donner à cette libation la signification d'une offrande au Très-Haut. *Lapeyrouse* représente ces hommes comme forts, d'une conformation régulière et même belle, la peau brune foncée, comme celle des habitants de la côte, les bras, le cou et le dos couverts de poils, la barbe retombant jusque sur la poitrine, sérieux dans leur manières, et seulement importuns dans leurs demandes de cadeaux, sans témoigner la moindre reconnaissance pour ce qu'ils ont reçu. On aurait acheté d'eux avec grand plaisir des provisions de saumon, mais ils se montraient d'une exigence déraisonnable. La joie qu'éprouvaient les navigateurs français d'avoir découvert le passage transversal les avait disposés à la plus entière libéralité; mais la différence entre la conduite de ces insulaires et la grande modestie des *Orotchis* était trop frappante, pour ne pas arrêter cet élan de générosité. Ceux-ci étaient très-timides en acceptant les cadeaux, craignant, pour ainsi dire, de se charger de trop d'obligation. Ils paraissaient autant surpasser ces insulaires sous le rapport moral, que ceux-ci leur étaient supérieurs par leur structure corporelle, leur nature robuste et leur industrie. Quoique issus de deux races différentes, les uns étant *Toungouses* et les autres évidemment *Aino's*, ils avaient cependant la même manière de vivre; ils construisaient leurs huttes de la même façon, en y plaçant des idoles grossières, ils avaient les mêmes pirogues. Les deux peuples ne connaissaient ni agriculture ni éducation des bestiaux, et vivaient uniquement de la chasse et de la pêche; ceux-là appartenaient, comme les Samoyèdes et les Lapons, aux formes dépéries de l'espèce humaine, pareils aux bouleaux et aux pins rabougris du Nord polaire; ceux-ci, au contraire, supérieurs par leur structure, leur énergie, même aux Mandchous, aux Japonais et aux Chinois, et ayant des traits presque européens. Leurs vêtements étaient en tissus qu'ils se fabriquaient eux-mêmes, leurs maisons propres, même élégantes, ce dont il n'y avait aucune trace chez les autres, leur ameublement presque tout entier de *fabrique japonaise;* plusieurs possédaient jusques à des vases de luxe en laque. En échange de ces différents articles, ils offrent à leurs voisins du sud un article d'exportation qui manque complètement aux Aino's de la côte occidentale; c'est *l'huile de baleine*. Lapeyrouse n'avait rencontré aucun de ces animaux dans sa course précédente dans le golfe de Tartarie : mais à peine eut-on gagné le *Détroit de Lapeyrouse* qu'on les rencontrait en troupes, aussi fréquemment que dans le détroit de *le Maire*, près la Terre de feu. Ils coupent, dit Lapeyrouse, la chair de la baleine en pièces, laissent écouler l'huile au soleil, la ramassent dans des paniers d'écorce et dans des outres en peaux de chien marin, et ce produit fait leur richesse. Leur sol ne paraît pas contenir de métaux; les naturalistes français n'y trouvèrent que des productions volcaniques. La végétation n'était pas riche, mais cependant plus forte que sur la côte opposée du continent Tatare. Ces insulaires, avec leurs avantages physiques, sont aussi plus courageux que les habitants du continent, dont les coups des flèches ne sont pas assez forts pour tuer des ours et des élans, ce qui fait qu'ils se contentent de leur dresser des piéges, des lacs. Les Aino's insulaires, au contraire, pendant leurs chasses d'hiver, entrent souvent en luttes personnelles avec les ours, qu'ils tuent à coups de flèches et de massue. Ils rapportent parfois de ces rencontres aventureuses des blessures qu'ils montrent avec orgueil. Leurs *pirogues* ne sont que des troncs de sapin creusés qui tirent de douze à quinze pouces d'eau; chacune d'elles peut porter de six à sept personnes : ils naviguent dans ces grossières embarcations du 42° au 53° latitude nord, en faisant tous les jours une douzaine de lieues, mais sans s'éloigner des côtes de plus d'une portée de pistolet, excepté pour traverser d'une terre à l'autre. La manière dont ils pêchent la baleine est encore inconnue; Krusenstern lui-même se tait complétement là-dessus ; mais il ne dit pas non plus qu'ils pêchent des baleines, il ne parle que des chevaux et des lions marins. Serait-ce de ces animaux-là qu'on tirerait l'huile, et Lapeyrouse se serait-il trompé? *Krusenstern* remarque que même les Japonais de son temps ne faisaient pas la pêche de la baleine, bien que la baie *Aniwa* fût très-riche en animaux de cette espèce. L'auteur japonais Rinsifée remarque également qu'ils ne connaissent pas la manière de prendre la baleine, mais qu'ils la regardent comme leur grand bienfaiteur, parce qu'elle fait venir sur leur côte, en les pourchassant, une multitude d'autres poissons. Lorsqu'on questionna les habitants de la baie

Aniwa sur leur île, ils en firent le même dessin que leurs confrères de l'ouest, issus de la même souche; ils marquèrent chaque station du cabotage et en donnèrent le nom. C'est un fait remarquable, que malgré leur éloignement de l'embouchure de l'*Amour* (plus de cent cinquante lieues), ils en avaient, comme les autres Aino's, une connaissance assez exacte. Il est naturel d'en conclure que ce fleuve est très-fréquenté, quoique son embouchure soit presque inhabitée; semblable en cela au *Gange*, qui se rend à la mer en traversant par mille canaux les déserts de *Sonderbunds*. Sans cette veine de communication (fonction principale des grands fleuves) et sans les *Mandchous*, qui sont ici les seuls intermédiaires avec l'ouest, nos insulaires du cap Crillon n'auraient pas entendu parler des Orotchis, des Chinois, des Tongouses, et n'auraient pas plus échangé leurs marchandises avec eux que les Canadiens de l'Amérique du nord. Il faut remarquer en effet que la côte de la Tartarie est isolée par le fleuve *Amour*, et que, soit à cause de ses hautes montagnes inhospitalières, soit par ignorance, soit par des motifs politiques, elle n'est visitée ni par les *Chinois* ni par les *Coréens*.

La *côte orientale* voisine de leur propre île parut complètement inconnue aux *Aino's du cap Crillon*. Mais ils connaissaient très-bien l'île de *Yézo* (nommée par eux *Chicha* ou *Chica*), située pour eux droit au sud et dans leur voisinage. Ils en reçoivent encore plus aisément les marchandises japonaises, que les marchandises chinoises de l'ouest ne leur parviennent par les Mandchous, ce qu'il faut attribuer surtout à ce que l'extrémité méridionale de l'île *Yézo* possède depuis longtemps une colonie japonaise, *Matsmaye*.

Lapeyrouse observe que les environs du cap Crillon, avec les habitations répandues sur les hauteurs avancées dans les baies, parmi des collines verdoyantes et de petits cours d'eau, ne lui parurent pas dépourvus de charme. Il évalue la population aino sur l'extrémité sud de l'île à environ trois mille âmes. L'ensemble des petites peuplades observées par l'expédition sur toute la côte de Tartarie qu'elle avait explorée ne s'élevait pas à autant de centaines d'hommes (1).

Les indigènes du cap Crillon ne connaissaient pas les noms de *Yézo* et *Oku-Yézo*; ils nommaient leur île *Tschoka*, et *Lapeyrouse* lui conserva ce nom. Il était d'opinion que les habitants de la chaîne des îles *Kouriles*, ainsi que ceux de *Yézo* et *Tschoka*, constituaient une *population homogène*, une d'après ses caractères physiques et *son origine*, mais *différente* de celle du continent asiatique, et que ce n'était point une colonisation de celle-ci. Cependant, *Klaproth* (2) remarque que la *langue aino* montre quelque parenté avec la *langue samoyède* et autres dialectes de l'Asie septentrionale. D'une autre part, suivant Lapeyrouse, les langues parlées à *Yézo*, à *Tschoka* et dans les *Kouriles* appartiennent à la même souche; et ceci est constaté par les investigations philologiques de *Klaproth*, qui a comparé les vocabulaires des *Aino's* ou *Kouriles* (3) de la *pointe sud* de *Kamtchatka* (en russe, *Kurilskaya lopatka*) avec ceux des *Kouriles* et des *Aino's* sur le *Yézo* et le *Tarakai*. Ils se donnent eux-mêmes le nom d'*Aino*, c'est-à-dire *hommes*; le nom *Kouril* vient probablement, selon *Klaproth*, de *Kour* ou *Gourou*, ce qui paraît signifier également *homme* ou *tribu*, *souche*. L'identité historico-génétique de ces tribus paraît en effet susceptible de démonstration, malgré la dispersion lointaine de ses ramifications actuelles, isolées sur une mer si vaste et si orageuse, soit que l'on déduise leur origine, jusqu'à présent restée sans mélange, de la plus éloignée,

(1) Aussi Riter (*Erdkunde. Asien. Band.* III, p. 468) fait-il observer que toute la côte an nord de la Corée paraît être un des plus grands déserts inhabités de la terre, dans des latitudes encore hospitalières. Sur une étendue de côtes de mille lieues marines, un navire de trois cents tonneaux ne trouverait pas assez de marchandises pour son chargement.
(2) *Asia Polyglotta*, p. 302.
(3) *Asia Polyglotta*, p. 300-315. Comp. *San Kokf Tsou Ran To Sets* de *Rinsifée*, ou *Aperçu général des trois royaumes*, traduit de l'original japonais-chinois par Fr. G. Klaproth, Paris, 1832-1838. *Vocabulaire de la langue des Ainos, de Kamtchatka, de Tarrakai et de Yézo*, p. 242-255.

Kurilskaya lopatka, ou des îles *Kouriles* les plus orientales. Sur leurs pirogues fragiles, et sur ces mers orageuses, il n'est pas admissible qu'ils eussent pu faire une *traversée directe* de cent vingt milles géographiques depuis le cap *Kamtchatka* jusqu'à *Tschoka*; mais cependant une *progression successive* d'une *île à l'autre*, d'un *détroit à l'autre*, le long de la *chaîne des Kouriles*, paraît très-vraisemblable. On comprend également que de proche en proche, à travers *Yézo*, et ensuite le long de la grande île *Tschoka*, la population ait pu s'étendre, en remontant vers le nord, jusqu'à l'embouchure de l'*Amour*, ralliant ainsi dans une origine commune les tribus voisines de cette embouchure aux Aino's, aux Kouriles et aux Kamtschadales du sud.

Le grand circumnavigateur russe Krusenstern pouvait se poser comme problème de compléter la découverte de son remarquable devancier, celui-là ayant commencé là où celui-ci avait été forcé de finir. Le 2 mai 1805 il entra dans la baie sur l'extrémité nord de l'île *Yesso* (*Yéso*, *Yetzo* où *Yezo* dans Klaproth, *Insu* dans Broughton), à laquelle il donna le nom de *baie Romanzoff*, près du cap *Romanzoff*, dont il détermina la position par 45° 25′ 50″. Sur beaucoup d'endroits il y avait encore des couches épaisses de neige; on n'apercevait aucun signe de printemps: point de verdure, point de feuillage. Au *Kamtchatka*, dit *Krusenstern*, il fait plus chaud à la même époque. Dans la Russie occidentale il faudrait, selon lui, remonter jusqu'à *Archangel*, à dix-huit degrés plus au nord, pour trouver la nature aussi rude en avril qu'elle l'était ici au commencement de *mai*. L'*expédition russe*, qui venait de quitter le Japon (le 16 avril 1805), et y avait communiqué son plan de passer entre le Japon et la Corée, devait exciter l'inquiétude soupçonneuse du gouvernement japonais. Les interprètes avaient été chargés de représenter à Krusenstern l'impossibilité de traverser le détroit de *Sangar* (entre le Japon et *Yézo*), en le lui décrivant comme rempli de rochers, large seulement de trois milles japonais (un mille nautique) et très-dangereux. On avait préparé un ordre impérial enjoignant aux Russes de ne s'approcher nulle part de la côte japonaise, à moins d'y être contraints par le mauvais temps, auquel cas on leur porterait du secours. Cependant Krusenstern avait reçu tacitement la permission d'explorer la côte nord-ouest du Japon dans l'intérêt de la sûreté de sa navigation ultérieure; mais il s'était engagé à ne plus s'approcher du Japon pendant sa traversée de retour de Kamtchatka en Russie. Aussi des officiers japonais appostés ici (à la baie *Romanzoff*), comme *gardiens du commerce*, insistèrent-ils pour que le navire russe s'éloignât sans délai; et l'on ne put persuader au principal d'entre eux d'accepter le plus léger cadeau, pas même un peu de bon *sakky* japonais (hautement apprécié, cependant, dans ces régions), soit qu'il eût cru déroger par là à la dignité de ses fonctions, soit qu'il ne voulût pas s'exposer, ce qui est plus probable, à enfreindre des ordres positifs qui prescrivent de ne rien recevoir des étrangers. Quoi qu'il en soit, ce Japonais donna les renseignements géographiques suivants.

Il nomma le district dans lequel il était employé *Notzambu* (ou *Notsambu*; prononcer *Nossambu*, d'après Klaproth), et un autre au sud de là, *Soya*. La petite île dans l'ouest sur laquelle se trouvait le *Pic de Langle* (et que Lapeyrouse pensait erronément devoir être une montagne située dans *Yézo*, mais que *Broughton* avait déjà reconnue pour être une petite île), *Timo-Shi* (1), ainsi qu'une autre plus plate et située à peu de distance de celle-ci, dans le nord, *Ti-Shi*, furent appelées par le même officier *Rii-Shery* et *Refuni-Shery*. Krusenstern rectifia les positions assignées à ces deux îles. Le détroit qui sépare ces îles de la grande île *Yézo* n'avait pas, selon ce Japonais, plus de cinq milles géographiques (dix-huit milles marins) de largeur, et *Yézo* était éloignée de la même distance de l'île de *Karafouto*, qu'on pourrait distinguer aisément si

(1) Il faudrait probablement, en suivant les indications données par Siebold, prononcer *Timo si*, et les noms mentionnés plus loin se prononceraient *Ti si*, *Ri si ri* et *Re funi si ri* (voir le tableau, p. 5).

le ciel était serein. C'est pour la première fois qu'on entendit faire usage de cette dénomination de *Karafouto*, qui paraîtrait avoir reçu dans les cartes et les descriptions japonaises plusieurs acceptions. Cette fois *Karafouto* ou *Krafto* était identique avec l'île nommée *Tschoka* par Lapeyrouse. Dans le nord, dit le Japonais, *Krafto* était séparée d'une autre terre par un petit détroit. *Krafto*, d'après lui, devait être grand comme la moitié d'*Yézo*. D'après son opinion, *Karafouto* était à moitié aussi grand que *Yézo*, mais il n'en connaissait pas la partie nord, que les Aino's avaient surnommée *Sandan*, les Japonais n'ayant exploré exactement que la partie sud. Là il y avait, disait-il, un poste de troupes impériales ; il montra aussi la situation de *Matsmaye* dans le sud, et nomma vers le nord-est quatre îles *Kouriles* appartenant au Japon. Il nomma aussi d'autres caps, rivières, etc., que l'on trouve sur les cartes japonaises. Les habitants primitifs de ces îles, disait encore le Japonais, qui chez les Russes s'appellent les *Kouriles velus*, se nomment eux-mêmes *Aino's* ; mais ils n'habitent que la pointe nord de l'île *Yézo*, parce que l'extrémité sud à *Matsmaye* est dans la possession immédiate des Japonais ; sous le nom d'*Oku-Yézo*, c'est-à-dire *Grand-Yézo*, qui est l'île du nord, ces Aino's comprennent les Kouriles méridionales.

Ni ici, ni plus tard dans la baie d'Aniwa, les noms de *Chica* ou *Tschoka* recueillis par Lapeyrouse n'étaient connus ; *Tschoka* désigne peut-être seulement la côte occidentale, avec la baie *de Langle*, *Karafouto* l'extrémité sud avec la baie Aniwa, et le *Sandan*, chez les *Aino's*, seulement l'extrémité nord de la même île, qui dans Krusenstern a conservé le nom antérieur de *Sachalin*. Krusenstern apprit encore de l'inspecteur du commerce japonais, que les *Aino's* de la pointe nord de *Yézo* ne pouvaient fournir que du poisson, de mauvaises fourrures, des peaux de renard et de loup, et les échangeaient contre des pipes, du tabac, du riz, des ustensiles de ménage et différents objets en laque, qu'ils obtiennent des Japonais ; mais que ce commerce ne se fait qu'en été, et que lui-même, l'inspecteur, revenait passer l'hiver au sein de sa famille à *Matsmaye*.

La baie *Aniwa* (*Gamary Aniwa*), visitée ensuite par Krusenstern, s'enfonce profondément dans la terre sous la forme d'un immense croissant dont le cap *Crillon* et le cap *Aniwa* forment les cornes rocheuses. Dans l'intérieur de cette grande baie, sur son côté ouest et dans sa plus grande profondeur, se trouve une autre baie, plus petite, à laquelle *Krusenstern* a donné le nom de *baie des Saumons*, avec une factorerie japonaise (par 46° 36' latitude nord). Cette détermination et cette découverte sont dues entièrement au capitaine russe, et c'est par lui que nous apprenons pour la première fois que les *Japonais* se sont étendus jusqu'ici.

Le côté occidental de la *baie Aniwa* est, selon Krusenstern, très-montagneux. Les montagnes étaient encore couvertes de neige dans certains endroits. Devant le village japonais de la baie des Saumons était mouillé un navire japonais à un mât, chargé de poisson sec. Aux questions faites au navigateur japonais il répondit par les mêmes indications géographiques que celles qu'on avait obtenues de l'inspecteur du commerce ; seulement il fit l'observation qu'un navire tirant de sept à huit pieds d'eau ne pourrait traverser le canal au nord de *Sandan*. Il disait que les officiers japonais postés à cet endroit avaient pour mission de surveiller le commerce avec les *Aino's*, afin de défendre ces derniers des exactions auxquelles ils pouvaient être exposés ; mais on apprit, plus tard, d'un autre marin japonais, que le commerce dans ces parages était d'une haute importance pour le nord du Japon, qui en tirait sa principale nourriture, le poisson sec ; qu'autrefois ce commerce était libre, mais que depuis quelques années le gouvernement s'en était attribué le monopole, dont il retirait de grands bénéfices, au détriment des populations, obligées de payer fort cher une denrée de première nécessité.

L'inspection avait par conséquent un autre but encore que celui qu'elle avouait, quoique, en général, Krusenstern remarque que les *Aino's* sont traités avec douceur par les Japonais. Lorsqu'on visita la *baie des Saumons* les habitations japonaises paraissaient tout nouvellement construites : on compta sur une petite rivière huit magasins remplis de poissons, de sel et de riz. Les officiers japonais parurent frappés de terreur à l'arrivée des étrangers. Ils tremblaient tous, craignant sans doute une attaque. Environ vingt Japonais et une cinquantaine d'*Aino's* étaient réunis autour d'eux. Dix grandes barques plates étaient mouillées dans la petite rivière; dans le voisinage on ne voyait que quelques huttes des *Aino's*. Le commerce ici doit employer annuellement de dix à douze caboteurs japonais de cent à cent vingt tonneaux.

Mais le siége principal du commerce japonais paraît être dans *Tamary-Aniwa*, où il y a une factorerie plus considérable; on y voyait plus de cent maisons des *Aino's*, et plus de trois cents individus étaient occupés à nettoyer et à sécher le poisson. Cinq petites embarcations à mâts et une grande barque, ainsi que beaucoup de bateaux de charge, mouillaient dans le port, qui est petit mais sûr. La vallée colonisée était plus attrayante que les autres endroits de la côte; les officiers qui résidaient à cet endroit paraissaient d'un rang plus élevé que ceux de la *baie aux Saumons;* chacun d'eux, en effet, portait deux épées, tandis que les autres n'en portaient qu'une. Ils ne témoignèrent aucune crainte, et se montrèrent très-hospitaliers envers les étrangers.

Les baies abondaient en *baleines*, dont le nombre fut même si considérable, que les navires russes ne pouvaient avancer qu'avec précaution; leur nombre augmenta encore à l'est de la *baie Patience*. Sans doute le cachalot donnerait ici de grands bénéfices si les Japonais voulaient se mettre à faire la pêche de ces géants marins, ce qu'ils n'ont pas fait cependant jusqu'à présent, quoique les produits de cette pêche, comme le blanc de baleine et l'ambre gris, soient très-prisés au Japon. Les rivages étaient riches en huîtres, écrevisses et poissons. Dans les deux factoreries, plus de quatre cents *Aino's* sont occupés uniquement du curage du poisson, qui se présente ici en telle abondance qu'à la marée basse on le puise, pour ainsi dire, à pleins paniers.
— De là le nom de *baie aux Saumons*. Des deux côtés de la rivière s'élevaient les plus belles forêts de sapin, qui fournissaient du bon bois de charpente pour la construction des maisons et les chantiers des navires.

Krusenstern croit que cette localité conviendrait à merveille à une colonie européenne; avec un dépôt de marchandises européennes on pourrait facilement faire d'ici le commerce avec les Japonais et les Chinois. Le poisson et les fourrures sont devenus si nécessaires à ceux-ci que le débit en serait assuré; et à ce commerce d'une activité certaine viendrait se joindre celui des marchandises européennes, dont le Kamtchatka pourrait se pourvoir aussi avec facilité, quoiqu'il ne pût offrir que quelques fourrures en échange. La fondation d'un pareil établissement serait facile pour les Anglais de l'Inde ou les Espagnols des Philippines; mais il conviendrait surtout aux Russes, à cause du Kamtchatka, si le peu de population de la Sibérie et la difficulté des communications entre Pétersbourg et les possessions russes du nord de l'Asie ne créaient pas d'assez grandes difficultés à l'exécution d'un pareil projet.

La possession d'*Aniwa*, selon le navigateur russe, ne devrait pas coûter une goutte de sang. Une flotte japonaise, portât-elle dix mille hommes, serait facilement repoussée par deux cutters de seize canons et de soixante hommes d'équipage, avec une bonne brise. Les Japonais n'ont aucun droit à la possession exclusive de *Sachalin*; le nombre de leurs troupes à *Matsmaye* est très-exigu; une marche par terre de là vers l'extrémité nord de *Yézo*, à travers cette grande île, serait complétement impraticable, à cause du manque de chemins dans ce pays sauvage; et au nord de *Yézo*, comme dans la factorerie d'*Aniwa*, on n'aurait à craindre aucune résistance. (Effectivement une expédition militaire russe, désavouée depuis (1), fut envoyée plus tard de *Kadiak* par le chambellan *Résanoff* pour détruire cet établissement japonais.)

A l'est de la *baie Aniwa* s'élève une série de hautes montagnes, qui s'étend vers le nord et paraît marquer la plus grande étendue de l'île dans la direction du méridien. Les montagnes étaient en-

(1) Voyez p. 194.

core couvertes de neige lorsqu'on doublait le 16 mai un des promontoires qui jusque alors n'avaient pas été découverts, le *cap Lowenörn*. Derrière celui-ci se montra le *cap Tonym*, et derrière ce dernier on longea la *baie Mordwinoff* (46° 48' latitude nord). Les habitants des côtes, les *Aino's* de cet endroit, étaient mieux conformés et avaient plus d'aisance que leurs compatriotes méridionaux dans *Yézo* et la baie *Aniwa*, quoiqu'ils parlassent la même langue qu'eux. Vêtus de peaux de chien marin, ils étaient occupés de la pêche de ces animaux et de celle des lions marins, qui leur donnent en grande quantité l'huile dont ils font commerce avec les Japonais. La factorerie d'*Aniwa* n'est éloignée de là, par terre, que de cinq milles géographiques. Les ustensiles de ménage et les meubles de ces *Aino's* étaient tous japonais. Le *rivage oriental* de l'île procède de la *baie Mordwinoff* directement vers le nord, et saillit de nouveau en forme de croissant vers l'est dans la *baie Patience*. Dans l'intérieur de l'île la série des montagnes se prolonge vers le nord. Le plus haut sommet arrondi (situé sous le 47° 33' latitude nord) avait été déjà nommé *Spenberg* par les Hollandais; une partie en était encore couverte de neige (le 20 mai). La côte orientale, couverte de verdure, avait des vallées riches en bois et des avantages prononcés, d'après l'opinion de Krusenstern, sur les extrémités sud et nord de l'île. Cependant le 21 mai il neigeait encore dans le voisinage de la *baie Patience*, où on jeta l'ancre, quoique le mouillage ne fût pas favorable.

Au sud-est du *cap Patience* se trouve un banc de roches très-dangereux, l'*île Robben*, de trente-cinq milles géographiques de longueur, contre lequel les flots de l'Océan se brisent de la manière la plus violente. Au nord de cette île on n'a vu, en la longeant, le 26 mai, qu'un champ de glace, à perte de vue. Les brisants se montrant à l'est aussi loin que l'œil pouvait atteindre, le navire s'en approcha seulement par trente-neuf brasses de profondeur. Le vent soufflait du nord-nord-est, de hautes lames s'élevaient de l'est, l'air était sombre et nébuleux; on fut forcé de gouverner à l'est-sud-est, pour tourner les *masses énormes de glaces* qui plus loin à l'est arrivaient en flottant. La navigation plus au nord devint donc impossible cette fois; déjà sous le 48° latitude nord elle avait offert quelque danger. Le capitaine Krusenstern se détermina en conséquence à se rendre directement au *Kamtchatka* par les Kouriles, pour retourner, pendant la saison plus avancée et plus favorable, au *cap Patience* et compléter le relèvement des côtes de cette île singulière. Le banc de roches de l'*île Robben* fut déterminé avec précision pendant cette traversée et celle qui la suivit. Nous emprunterons à la relation de Krusenstern quelques détails intéressants sur les *Aino's* au sud de l'île *Tarakai*.

Aino's est le nom des habitants de l'extrémité nord de l'île *Yézo* ainsi que de ceux de l'extrémité sud de *Sachalin* (c'est-à-dire *Tschoka* ou *Tarakai*, et le *Krafto* des Japonais). La taille, la figure, la langue prouvent que les deux populations sont de même extraction; c'est pourquoi les anciens navigateurs, auxquels le détroit de Lapeyrouse était inconnu, pouvaient croire que les deux n'en formaient qu'une, dont les habitants étaient les mêmes que ceux qu'on avait surnommés les *Kouriles velus*, depuis que le capitaine russe Spangenberg (1739) avait visité ces parages. Ils sont de taille moyenne, presque égale, et ont tout au plus cinq pieds deux pouces, une teinte foncée presque noire, avec une barbe forte et touffue, des cheveux noirs hérissés mais retombant à plat, ce qui, à l'exception de la barbe, les fait ressembler aux Kamtschadales; cependant les traits de leur visage sont beaucoup plus réguliers. L'opinion, plus ancienne, qu'ils étaient velus sur tout le corps n'a pas été confirmée par Krusenstern: il la traite de fable ou au moins de grande exagération.

Les femmes ont les cheveux longs, d'un noir de charbon, une teinte de visage foncée; des lèvres teintes en bleu, des bras tatoués, et la crasse dont elles sont couvertes leur donne un aspect repoussant, quoique leurs manières soient très-modestes et que l'expression de leurs traits ne soit pas dépourvue d'une certaine noblesse. A la place de l'avidité et de l'amour du pillage, qui sont les vices ordinaires des habitants des îles de la mer du Sud, on ne trouve ici que bon vouloir, franchise, désir d'obliger. Leurs vêtements sont en peaux de chien domestique, de chien marin, et aussi en peaux d'ours. Ils emploient également une étoffe grossière, tissée en écorce d'arbre et bordée en drap, et portent en dessous le vêtement léger des Japonais. Les hommes portaient des boucles d'oreilles en laiton. Dans *Aniwa* il y avait plus de bien-être que sur le *Yézo*. Les huttes, mieux construites que sur la baie *Romanzoff*, étaient pourvues de tous les ustensiles de ménage japonais pour huit ou dix personnes, trahissaient une certaine aisance et paraissaient bien supérieures aux huttes temporaires de la baie *Aniwa* ou dans les Kouriles, comme à Kamtschatka. La boisson ordinaire était l'eau de neige. Dans chaque maison on rencontrait un jeune *ours*, qu'on y élevait et qui y avait sa place dans un coin de la chambre commune. Quoiqu'il parût être un hôte assez incommode, on ne pouvait cependant déterminer aucun propriétaire à vendre le sien. La tradition (reproduite, comme nous le verrons plus loin, par des voyageurs très-modernes) que ces ours sont allaités par des femmes n'est peut-être qu'une exagération comme tant d'autres.

On n'a trouvé chez ces *Aino's* aucune trace d'agriculture ni d'élève de bestiaux; ils n'utilisent que les chiens, pour tirer les traîneaux en hiver. Leur organisation est patriarcale (1). Ils se montraient

(1) Suivant les recherches les plus récentes, et en résumant les opinions de nos plus savants géographes, les *Aino's* appartiennent à la race mongole, et s'étendent par petites tribus non-seulement à Yézo, mais aussi à Tarakai et dans les îles Kouriles jusqu'en Kamtchatka. *Ye zo* est le nom japonais et *Hia i* le nom chinois de ce petit peuple, nom qui signifie *petits barbares*. L'île nommée par les Européens *Yé zo*, d'après le nom du peuple qui l'habite, contient, suivant les relations japonaises, cent seize hameaux, divisés en six *kours* ou tribus. Les marchands japonais visitent régulièrement ces hameaux, pour traiter avec les *Aino's*. Ils obtiennent l'autorisation nécessaire à cet effet en offrant des présents au prince de *Mat-su-mae*.

L'île de *Karafto* ou *Karafouto*, dont le véritable nom est *Tarakai*, ne compte, en tant

parfaitement satisfaits des cadeaux qu'on leur distribuait, pleins de prévenances de tout genre, toujours prêts à rendre service, et se mettant avec leurs canots à la disposition des étrangers sans exiger la moindre rétribution.

Leur nombre, très-exigu à l'extrémité nord de *Yézo*, n'excédait pas quatre-vingts personnes dans les huit maisons habitables de cet endroit. Plus à l'intérieur du pays on ne voit pas d'habitations, la pêche maritime étant la principale ressource de ces tribus. Dans les

qu'elle n'est pas occupée par les Chinois, que vingt-deux hameaux aino's, dont les habitants, comme tous les *Aino's*, sont d'un naturel bon et amical, et vivent dans les mêmes conditions qu'à *Yézo*. Ils entretiennent un commerce actif avec les Japonais et les Mantchoux, et même avec les Russes, qui occupent la plus grande partie des îles Kouriles et les ont placées sous la dépendance du gouvernement de leurs colonies américaines.

Après Yézo une seule de ces îles est visitée, celle que les Japonais nomment *Zi sima*, c'est-à-dire *mille Îles*, et qui porte le nom intraduisible de *Ki ita zub*.

La chasse aux bêtes à fourrure de terre et de mer est la principale occupation des *Aino's*; le produit de leur chasse leur procure par voie d'échange les marchandises des peuples étrangers, consistant principalement en étoffes pour vêtements ordinaires, en étoffes de soie, en pipes, en tabac, en riz, en vin japonais ou *saki*, etc. Les *Aino's* n'ont point de temples; le nom de leur dieu est *Kamoi*. Pour l'honorer ils allument sur les montagnes et sur les côtes de grands feux, et c'est à cela que se borne tout leur culte. Les *Yezo* ou *Aino's* n'ont, d'après les relations japonaises, ni roi, ni princes, ni grands seigneurs. Dans chaque hameau le vieillard le plus estimé est le chef chargé de la gestion des affaires de la commune. Bien que l'intelligence des habitants de ces pays soit fort peu développée, ils se distinguent néanmoins par leur excellent caractère. Ceux d'entre eux qui sont en rapport avec les Japonais s'informent avec beaucoup d'intérêt de leurs usages et de leurs lois; les enfants comme les parents adressent des questions à ce sujet. « On peut d'après cela présumer, dit un géo- « graphe japonais, que ce peuple se civilisera « de plus en plus; par suite de ses rapports « de commerce et de navigation avec les Ja- « ponais, son esprit se développera, et les « excellentes qualités de son caractère rece- « vront la direction la plus favorable à ses « intérêts. »

baies du *Saumon* et d'*Aniwa* il y avait, pendant la pêche, trois à quatre cents personnes réunies, de manière qu'au total toute cette population, sur les deux rives du *détroit Lapérouse*, peut ne pas dépasser cinq cents personnes.

Les annales du Nippon font mention au deuxième siècle d'expéditions militaires victorieuses jusqu'au détroit qui sépare le nord du Japon de Yézo; cependant les Japonais ne prirent définitivement pied dans cette île (et cela seulement dans la partie méridionale, aujourd'hui Matsoumaë) que vers le milieu du septième siècle (659), ou plus tard encore d'après un auteur japonais, *Haye Sibeï*, que Siebold croit très-digne de confiance. — Les nouveaux venus eurent sans cesse à lutter contre les sauvages indigènes; et l'histoire ne mentionne aucun rapport avec ces derniers du neuvième au quinzième siècle. — Il paraît cependant qu'un établissement japonais a continué à subsister à Matsoumaë: le père Jérome de Angelis et d'autres jésuites qui visitèrent l'endroit en parlent positivement; mais l'autorité des Japonais ne s'établit que sur une faible portion de l'île de Yézo, dont ils étaient loin de reconnaître alors toute l'étendue. — En 1670 des troubles agitèrent l'île de Yézo; et nous lisons dans le *Wan nen Kei*, ou annales du Japon, que « les habitants de Yézo furent attaqués et vaincus ». Depuis cette époque l'île de Yézo fut soumise à un gouverneur impérial, qui porta le titre de *Matsoumaï no Kami*, prince de Matsoumaë (1). La ville de Matsoumaë, sa résidence, devint le centre du commerce de Yézo avec le Japon. Vers la fin du dix-huitième siècle la domination japonaise s'étendit sur la partie orientale de cette île et (comme nous l'avons vu) sur la partie méridionale de Krafto (Tarakaï ou Seghalien). — Ce fut un officier japonais, Magami Tok'naï, qui le premier passa de Yézo à Krafto (en juillet 1785), c'est-à-dire deux ans avant que la Pérouse eût découvert le détroit qui sépare ces deux îles; et c'est à lui que le Japon doit les premières données un peu exactes sur cette île, à tous égards si remarquable. Quelques années plus tard le gouvernement japonais, dont les voyages de la Pérouse, de Broughton, et la visite de Laxmann et autres avaient attiré l'attention sur ces îles, chargea des officiers de confiance de parcourir le pays, de l'examiner et d'en prendre possession. Mais ce qui contribua le plus à étendre les découvertes, les établissements et le commerce des Japonais dans les îles situées au nord de leur empire, ce furent l'ambassade russe de Resanoff et les événements qui eurent lieu à Krafto et aux Kouriles sous Chwostoff, Dawidoff et Golownin. — Jusqu'alors la ville de Matsoumaë et le sud de l'île de Yézo avaient seuls été habités par les Japonais; mais depuis ce moment ils se sont aussi établis dans tout le Yézo, sur les deux Kouriles déjà nommées et au sud de Krafto; et pour protéger ses sujets dans ces contrées, comme aussi pour en écarter les étrangers, le gouvernement y a fait élever une foule de petits forts et de tours d'observation. Comme les indigènes (*Aïno's*), les Japonais s'occupent ici de la pêche ou cherchent à tirer tout le parti possible du voisinage de la mer. Pour le Japon, dont la population, toujours croissante, se nourrit surtout de riz et de poisson, l'importation de poisson sec ou salé de Yézo et des autres îles septentrionales, qui en sont abondamment pourvues, est devenue une véritable nécessité. Les autres produits de la mer, le tripang, les varechs, les sèches et les moules *awawi* (ou *awabi*) sont pour la chambre du trésor de Nagasaki un article très-avantageux dans son commerce d'exportation avec la Chine. — Ainsi donc, pour le Japon le commerce avec les pays voisins vers le Nord, qui lui fournissent une partie des vivres de consommation journalière, est beaucoup plus important que le commerce avec les autres pays voisins placés sous sa protection, et même que celui avec la Chine, d'où ne lui viennent que des objets de luxe et d'agrément. — La pêche du saumon, du stockfish, du tri-

---

(1) Depuis 1825 Matsoumaë a été cédé à titre de fief au prince de *Sima*, avec l'obligation de se rendre tous les cinq ans à la cour de Yédo, d'y offrir les présents accoutumés (des queues d'aigle, des peaux de loutre de mer et de l'argent), et de recevoir d'autres présents en retour.

pang et des sardines, est particulièrement abondante dans ces parages; on commence aussi à y faire la pêche de la baleine, dont les Japonais recherchent le lard et la chair plus encore que l'huile qu'on en retire. Les autres articles d'exportation sont des pelleteries, telles que peaux d'ours, de renard, de loutre de mer et de rivière, de chien de mer, des plumes d'aigle pour les flèches, que les *Aino's* offrent comme tribut ou en échange au seigneur de Matsoumaë. On exporte en outre des drogueries, du bois de construction, de l'huile de baleine, du caviar et d'autres produits du sol moins importants. L'île de Yézo possède, dit-on, de riches mines d'or; plusieurs de ses rivières roulent des particules de ce même métal; mais l'ouverture de ces mines a été sévèrement interdite par le siogoun; et la poudre d'or que recueillent les *Aino's* doit être livrée au seigneur de Matsoumaë.

Les importations se bornent aux objets d'un usage journalier pour les Japonais, tels que : habillements, ustensiles domestiques, vivres (surtout du riz), tabac, saki et soya. Du reste, il y a longtemps que les *Aino's* font usage de ces derniers articles; car quand leurs chefs viennent à Matsoumaë apporter leurs tributs, c'est précisément de ces articles qu'on fait choix pour les présents de retour, après que les chefs ont été admis à l'audience et fêtés convenablement. En créant ainsi de nouveaux besoins, cette branche de commerce doit acquérir bientôt une importance majeure. Déjà les importations de tabac et de saki à Yézo sont fort considérables. En outre, les étoffes de laine grossières, les poteries, porcelaines et articles de cuivre destinés aux usages domestiques, surtout des objets en fer, les armes et les laques ordinaires trouvent un abondant débit parmi les indigènes.

Le commerce des villes impériales, savoir : Ohosaka, Sakaï, Yédo et Nagasaki, avec les ports de Yézo est fort animé; il se fait au moyen de grands bâtiments construits dans ce but, avec la poupe plus élevée que les bâtiments ordinaires et nommés *hoksen*, ou navires marchands du Nord. Les ports les plus fréquentés de Yézo sont, au sud : Matsoumaë et Hakotade; sur la côte orientale, Akesi et Nemora, et à la pointe septentrionale, Soya. Matsoumaë est le point central du commerce de Yézo; et c'est là que la chambre du trésor de Nagasaki a ses agents. Akeri et Nemora commercent aussi avec les Kouriles, et Soya avec la partie méridionale de Krafto, où il existe, à Siranousi, un établissement japonais très-florissant. La côte orientale de Krafto est souvent fréquentée pendant l'été par des pêcheurs japonais; le commerce du Japon s'étend aussi insensiblement le long de la côte occidentale de l'île. Seulement on évite soigneusement toute collision avec les marchands et les employés Mandschous, qui possèdent un établissement et un entrepôt considérable à Deren, sur la rive droite de l'Amour, d'où la domination chinoise s'exerce sur une population de pêcheurs qui n'ont pour richesses que leurs rennes et les peaux qu'ils se procurent par la chasse. Les habitants du pays de l'Amour, que les Japonais nomment *Santan* ou *Sandan*, commercent aussi avec les Aino's sur la côte occidentale de Krafto. Ils montent de petits bâtiments sur lesquels ils apportent leurs marchandises. Ils les déposent sur le rivage, et s'éloignent; les Aino's les examinent, choisissent ce qu'ils préfèrent, et les remplacent par leurs propres denrées; c'est ainsi que se conclut facilement un échange qui repose sur une probité sans exemple et une confiance réciproque. Les Santanais importent d'ordinaire des étoffes de soie de la Chine, qui sont connues au Japon sous le nom de *Yézo nisiki* (damas de Yézo), des grains de corail, d'obsidianes bleues (*Krafto tama*, pierres précieuses de Krafto); les Aino's leur cèdent des pelleteries en échange. Il existe aussi des relations commerciales d'Ouroup, la dernière des Kouriles japonaises (la dix-huitième île selon les cartes russes) entre les sujets russes et japonais; et nous tenons de source certaine que ces relations, tolérées par le gouvernement du Japon, acquièrent d'année en année plus d'importance, et continueront sans interruption tant que le gouvernement russe ne s'en mêlera pas : car dans ces parages la politique japonaise reste fidèle à sa maxime, d'éviter soigneusement toute relation directe avec les puissances maritimes de l'Europe : maxime contre laquelle sont venues échouer toutes les tentatives faites pour obtenir un commerce libre avec cet empire.

Les cinq provinces dont Yézo se compose sont habitées par une population qui ne connaît ni argent ni besoins et ne vit que de chasse et de pêche. Ils se vêtissent de peaux d'animaux, tels que : ours, loups, renards, castors, etc., qu'ils tuent au moyen d'arcs et de flèches. Pourtant les riches habitants de Yézo se fournissent d'étoffes de provenance chinoise et japonaise, qui leur sont données en échange par les habitants de *Krafto* ou les Japonais de *Matsmaye;* ils se parent en outre de boucles d'oreille en or ou en argent et d'autres ornements composés de boutons et de perles, et attachent un haut prix aux étoffes bariolées ou bordées de belles couleurs. Ils n'ont de considération que pour le droit acquis par l'âge, car leurs différends sont jugés par les vieillards ; mais ils sont, sous certains rapports, au niveau des animaux. Le frère vit ici avec la sœur, et chacun suit ses goûts sans être soumis à des lois quelconques. Fisscher, auquel nous empruntons ces détails, ajoute, d'après l'ouvrage japonais *Sankokf tsou ran to sets*, que dans la plupart des familles de jeunes ours sont nourris aux seins des femmes, afin que pour la saison d'hiver les Aino's aient un bon morceau à manger et pour tirer parti de la bile de cet animal, qu'ils considèrent comme un remède salutaire. Dans la plupart des hameaux habités par les Aino's, et situés en grande partie sur les côtes, il y a une maison ou un bâtiment où se fait leur commerce d'échange ; et pour y être autorisés les *Aino's* payent au seigneur de *Matsmaye* un tribut en peaux et en poisson sec. Le pays est très-montagneux et rocailleux, sans routes régulières, et devient par ce fait impénétrable pour l'étranger. Un peuple habitué à une vie aussi rude doit être doué d'une grande force physique. Les hommes s'occupent de chasse et de pêche, tandis que les femmes se chargent du reste des travaux domestiques. Leur seule arme est l'arc muni de flèches empoisonnées, qui rendent toute blessure mortelle, et les mettent à même de venir à bout des plus grands animaux sauvages. Quelques couteaux et de vieux sabres, dont ils font un certain usage, leurs sont apportés par les Japonais.

C'est par leur commerce avec les *Aino's* que les Japonais trouvent quelquefois occasion de se mettre en rapport avec les habitants des îles *Kouriles*, qui sont sous la domination russe ; ces derniers visitent aussi la côte de *Yézo*, et font avec les habitants de *Krafto* un grand commerce de pelleteries. Les Japonais les nomment *Oorousya;* et quoique très-éloignés de la capitale, et, sous le rapport de la civilisation, inférieurs à leurs compatriotes, les Japonais ont plus de considération pour eux que pour les habitants de Yézo, et il existe un ordre formel du gouvernement japonais concernant la nature des rapports à entretenir avec ces insulaires, qui témoigne de l'importance qu'il attache au maintien de ces relations.

Les îles Liou-Kiou.

Autant le gouvernement japonais évite d'entrer en contact avec la Chine et avec les étrangers en général, autant il favorise l'extension du commerce et la colonisation dans les îles situées au nord et au sud de l'empire. Les îles Liou-Kiou sont placées sous sa protection depuis le milieu du quinzième siècle, quoique ces relations de bonne amitié aient souvent été troublées par les instigations des Chinois et par les pirateries des Japonais eux-mêmes. L'habile fondateur de la dynastie actuelle des siogoun's, *Yeyasou*, profita d'un moment doublement favorable pour soumettre à sa puissance le roi des Liou-Kiou, Chang-ning (japonais-chin., *Sjônei*) ; car les troubles qui agitaient alors la Chine ne permirent pas à l'empereur Wan Leih (de 1571-1619) de secourir le roi des Liou-Kiou ; et au Japon, où la guerre civile était allumée, Yeyasou, qui gouvernait sous le nom de son fils, le nouveau siogoun, chargea le seigneur de Satsouma, le plus puissant des princes de Kiou-Siou, de forcer les Liou-Kiou à lui payer tribut : par là il avait un ennemi de moins et se l'attachait par l'intérêt, le plus fort des liens. Yosifisa, tel était le nom du prince, parut en 1609, avec une puissante flotte devant *Nava* (*Napa*), prit d'assaut Syouli (*Scheuli*), résidence du roi, et le fit lui-même prisonnier. Et quoique ce dernier, qui d'abord avait été transporté au Japon avec quelques-uns des grands de son royaume, eût ensuite été remis en liberté et renvoyé dans son pays, Liou-Kiou n'en demeura pas moins tributaire du Japon, ou plus exactement de Satsouma, et lui paye encore annuellement un tribut de 200,000 *kok*, à peu près 1,200,000 *tail* (environ 5 millions de francs). Les relations commerciales avec les habitants de Liou-Kiou, dont le caractère est honnête et bienveillant, la religion et les mœurs assez semblables à celles des Japonais, sont très-actives, surtout de la part de Satsouma, et de nombreux établissements japonais se sont formés dans les îles septentrionales du groupe, à Ohosima et à Tokousima. Les îles Liou-Kiou produisent des drogueries, des matières colorantes, de l'encens, de l'ambre, de la nacre et autres moules estimées, des vases émaillés, de l'étain, du cinabre, du soufre, du sucre, des soieries et une espèce de toile fabriquée avec les fibres des feuilles d'une espèce particulière de bananier (*musa coccinea*) (1).

Liou-Kiou étant à la fois tributaire du Japon et de la Chine, il s'ensuit que beaucoup d'articles de ce dernier pays entrent par cette voie au Japon, comme aussi beaucoup d'articles du Japon en Chine. Ce furent précisément les précieuses marchandises du Japon qui, offertes par le roi des Liou-Kiou à l'empereur de la Chine, éveillèrent l'ambition de ce dernier, et le décidèrent, au commencement du dix-septième siècle, à cette guerre contre le Japon dont l'issue fut si malheureuse pour lui. Certaines marchandises européennes s'introduisent également au Japon par les Liou-Kiou. Aussi le prince de Satsouma a-t-il un comptoir (*Satsouma yasiki*) à Nagasaki, où se font les achats de marchandises hollandaises et chinoises importées par cette voie. L'ouverture du port de *Napa* serait à tous égards d'une grande importance pour le commerce européen; on pourrait en faire l'entrepôt de toutes les marchandises recherchées sur les marchés du Japon, puisque le commerce des Japonais aux îles Liou-Kiou est beaucoup plus considérable que celui des Chinois. Ce serait en outre une excellente relâche pour les bâtiments de guerre, les bateaux à vapeur et les baleiniers. L'importance de cette station augmenterait encore quand le commerce entre le vieux et le nouveau Monde se serait frayé une route à travers l'océan Pacifique.

Nous emprunterons à la relation de Mac-Leod, chirurgien de *l'Alceste*, quelques détails qui nous ont paru intéressants et propres à donner une idée assez exacte de l'aspect de la grande île Liou-Kiou, de son climat, de ses productions, et du caractère de ses habitants.

« L'habillement des habitants du Liou-Tchiou, dit Mac-Leod, est aussi remarquable par sa simplicité que par son élégance. Leurs cheveux, qui sont d'un noir luisant (étant frottés d'une substance onctueuse que leur donne la feuille d'un certain arbre), sont relevés par devant et par derrière, et vont se réunir au sommet de la tête, où ils sont attachés étroitement ensemble. On a grand soin qu'ils soient tous parfaitement unis; et la partie des cheveux qui est au-dessus du cordon, et dont on forme une espèce de petite fontange, est retenue par deux anneaux, appelés *camesachi* et *usisachi*. Ces anneaux sont d'or, d'argent ou de cuivre, suivant le rang et la fortune de celui qui les porte, et le *camesachi* est surmonté d'une petite étoile. Ce genre de coiffure est universellement adopté, depuis le roi jusqu'au dernier de ses sujets, avec la plus stricte uniformité, et produit un effet très-agréable. A l'âge de dix ans les enfants commencent à porter l'*usisachi*, et à quinze ils y joignent le *camesachi*. A l'exception des personnes en place, qui ont un bonnet, mais seulement pendant l'exercice de leurs fonctions, les habitants ne paraissent point se couvrir la tête, du moins lorsqu'il fait beau. Ils portent une espèce de chemise et des caleçons, et mettent par-dessus une longue robe flottante, avec des manches très-amples et attachés

(1) On fabrique des tissus de cette dernière espèce et d'une grande finesse aux Philippines.

par une large ceinture. Ils ont à leurs pieds des sandales, artistement faites avec de la paille ; et les grands mettent aussi des guêtres blanches, qui montent au-dessus de la cheville. La qualité de leurs robes dépend du rang de celui qui en est revêtu. Les classes supérieures portent des étoffes de soie de diverses couleurs, avec une ceinture d'une nuance toute différente, et qui quelquefois est brodée en or. La basse classe se sert généralement d'une espèce d'étoffe de coton, dont la couleur est ordinairement brune, quelquefois blanche tachetée de bleu.

« Les grands ou officiers publics sont divisés en neuf classes, et distingués par leurs bonnets ; nous en remarquâmes quatre sortes : le plus remarquable était porté par un membre de la famille royale. Il était de couleur violette, et orné de fleurs d'un jaune éclatant ; ensuite venait la couleur pourpre, puis la jaune, et enfin la rouge, qui semblait être le partage de la dernière classe.

« Nous ne pûmes faire que peu d'observations sur la toilette des femmes. On dit que les plus distinguées portent simplement une robe large et flottante, sans aucune ceinture. Elles laissent flotter leurs cheveux sur leurs épaules, ou bien les relèvent sur le côté gauche de leur tête, en les attachant avec un ruban autour duquel des boucles de cheveux frisés retombent de toutes parts. Les femmes du peuple ont de petits jupons, assez semblables aux jupes écossaises, avec une robe courte, mais très-large, par-dessus.

« L'île de Liou-Tchiou est située dans le meilleur climat du globe. Rafraîchie par les brises, qui, d'après sa position géographique, soufflent sur ses côtes dans toutes les saisons de l'année, elle n'est pas tourmentée, comme beaucoup d'autres pays, ni par des chaleurs ni par des froids excessifs ; tandis que par la nature même du sol, qui ne donne naissance qu'à des ruisseaux et à des rivières sans être infecté par des étangs et des marais fangeux, cette source malheureusement si féconde de maladies, dans les climats plus chauds, n'existe pas sur ses bords, et le peuple y paraît jouir d'une santé robuste ; car nous ne vîmes nulle part d'êtres souffrants et maladifs, non plus qu'aucune espèce de mendiants.

« Les plaines verdoyantes et les paysages romantiques de Tinian et de Juan-Fernandès, si bien décrits dans le voyage d'Anson, se montrent ici aux regards dans une plus haute perfection et sur une échelle plus magnifique, car la culture y prête un nouveau charme aux beautés de la nature. Du haut d'une éminence qui dominait sur les vaisseaux, la vue est dans toutes les directions pittoresque et délicieuse. D'un côté, ce sont les îles qui, de distance en distance, sortent du sein de l'Océan, tandis que la clarté de l'eau permet à l'œil de sonder la profondeur de la mer, et d'apercevoir tous ces récifs de corail qui protègent l'ancrage. Au midi, s'élève la ville de *Napa-Fou*; plus bas sont les bâtiments à l'ancre dans le port, avec leurs banderoles qui flottent dans les airs ; et dans l'espace intermédiaire paraissent de nombreux hameaux, parsemés sur les bords des rivières qui baignent la vallée. Partout l'œil est charmé par l'aspect des couleurs variées du superbe feuillage qui serpente autour de leurs habitations. A l'est, les maisons de Kint-Ching, la capitale, captivent l'attention tant par la singularité de leur architecture que par la beauté de leur position. Elles semblent sortir du milieu des arbres charmants qui les entourent et les couvrent de leur ombrage, et s'élèvent l'une sur l'autre, dans une progression successive et pittoresque, jusqu'au sommet d'une montagne que couronne le palais du roi. Les plaines qui séparent Kint-Ching de Napa-Fou, à la distance de quelques milles, sont ornées d'une longue suite de maisons de campagne. Au nord l'œil découvre d'immenses forêts, dont il ne peut embrasser l'étendue.

« Non loin de cette éminence un sentier conduit le voyageur à ce qui ne semble d'abord qu'un petit bois. En y entrant, sous une arcade formée par les branches entrelacées des arbres plantés des deux côtés du chemin, on se trouve dans un labyrinthe qui forme mille détours, et serpente de tous côtés, sans laisser voir d'issue. A peu de distance on aperçoit des petites portes d'osier ; et en en ouvrant une, on est tout surpris de voir une basse-cour et une maison et tous les attirails d'une ferme : entrez, et vous verrez une nombreuse famille, qui n'est qu'une faible image de mille autres répandues tout autour ; de sorte que tandis que le voyageur se croit dans une retraite isolée et solitaire, il est en effet au milieu d'un village nombreux mais invisible.

« La nature a prodigué tous ses dons à l'île de Liou-Tchiou ; car telle est la bonté du sol et du climat, que des productions du règne végétal de nature très-différente, et qui se trouvent ordinairement dans des pays très-éloignés l'un de l'autre, y croissent en même temps et dans le même verger. Ce n'est pas seulement, comme on pourrait le croire, le pays des oranges et des citrons ; mais le bananier de l'Inde et le sapin de la Norwége, le thé et la canne à sucre y viennent également. Indépendamment de tous ces avantages, qui ne se trouvent pas souvent réunis, cette île possède encore des rivières et des ports excellents ; et ce qui surtout lui fait le plus d'honneur, c'est l'heureux caractère, l'affabilité et la bienveillance de ses habitants.

« Les habitants de Liou-Tchiou sont très-petits, la taille des hommes n'excédant jamais cinq pieds. Presque tous les animaux sont aussi remarquables par leur petitesse ; mais tous sont excellents dans leur espèce. Leurs bœufs pèsent rarement plus de trois cent cinquante livres ; mais ils sont gras et robustes, et la chair en est fort belle ; leurs chèvres et leurs cochons suivent la même proportion ; leurs volailles seules font exception. Cependant, quoique petits, les hommes sont forts, vigoureux et bien constitués. Nous n'eûmes pas d'occasion de mesurer les femmes ; mais leur taille nous parut être proportionnée à celle des hommes.

« Ces insulaires sont très-probablement originaires du Japon et de la Corée, ayant beaucoup de rapports dans les traits du visage avec les habitants de ce dernier pays, quoique leurs traits soient plus doux et plus délicats. Il est certain qu'ils ne sont point d'origine chinoise, car ils n'ont rien de cet œil singulièrement coupé et sans expression qui distingue éminemment ce peuple ; et il ne parait pas que le peu de Chinois qui se sont établis dans l'île se soient jamais mêlés par alliance avec les naturels du pays, les traits nationaux et les caractères des deux peuples étant parfaitement distincts et différents sous tous les rapports. Ils n'ont pas non plus dans leur physionomie le moindre rapport avec les Indiens, et ils sont tous aussi blancs que les Européens du midi ; ceux même qui sont le plus exposés aux ardeurs du soleil sont à peine aussi basanés que les laboureurs espagnols ou portugais.

« La langue chinoise est apprise par quelques habitants, comme le français l'est en Angleterre ; mais les bonzes, qui sont aussi maîtres d'école, apprennent aux enfants la langue du pays, qui est un dialecte du Japon, et qui est douce et harmonieuse. Ils n'ont rien de cette hésitation, de cette difficulté à prononcer que l'on remarque dans les Chinois, et qui demandent souvent que les mains viennent au secours de la langue, et que les gestes facilitent la sortie des paroles. Les ordres et les statuts du gouvernement sont tantôt dans la langue du pays, tantôt dans celle du Japon ; mais ils ont des livres écrits en langue chinoise. »

L'exactitude de ces renseignements généraux est confirmée par les relations les plus récentes. Les témoignages sont unanimes quant à la douceur du caractère de ces insulaires, à leur obligeance, à leur intelligence, à l'urbanité de leurs manières. Aussi les sociétés qui se sont formées dans les deux Mondes pour la propagation de la religion chrétienne ont-elles songé de bonne heure à envoyer des missionnaires à Liou-Kiou. Les directeurs du séminaire des missions étrangères sollicitèrent du pape et obtinrent la juridiction nécessaire pour le vicaire apostolique de Corée, que l'on supposait avoir plus de facilités que les évêques voisins pour établir des communications avec ces îles. Une connaissance plus exacte des habitudes maritimes des populations ne tarda pas à prouver qu'après le Japon la province chinoise du *Fohkien* était le pays qui communiquait le plus régulièrement avec Liou-Kiou ; mais l'emploi de cette voie par les missionnaires présentait une double difficulté, attendu que l'entrée du Fokien leur était interdite, et qu'en supposant même la connivence des marins chinois, il était très-difficile de s'interner dans ces îles malgré le gouvernement local. Huit ou neuf ans s'écoulèrent sans qu'on eût trouvé le moyen de surmonter ces obstacles; mais en 1842-1843 les missions étrangères durent à la présence d'une escadrille française dans les mers de Chine et aux dispositions obligeantes du chef de cette division, le commandant, depuis amiral, Cécille, de trouver une occasion favorable pour s'introduire ouvertement aux Liou-Kiou. La corvette *l'Alcmène* partit de Macao vers la fin d'avril 1844 pour *Napa*, capitale des Liou-Kiou, où elle mouilla dans les premiers jours de mai. Elle y transporta deux missionnaires, qui furent désignés au gouvernement local comme interprètes, et qu'elle y laissa vers le 7 mai, en annonçant l'intention de revenir avec d'autres navires de guerre français, mais dans des intentions toutes pacifiques et amicales. Il paraît que le roi des Liou-Kiou, fort surpris de l'apparition de *l'Alcmène* et de l'annonce qui lui était faite de la visite prochaine de l'escadre française, fort embarrassé d'ailleurs de la conduite qu'il aurait à tenir envers les deux missionnaires qui lui étaient imposés, et qui avaient déclaré ouvertement, après le départ de *l'Alcmène*, leur caractère apostolique, écrivit au gouvernement chinois pour rendre compte de ce qui s'était passé et demander des instructions. En octobre 1844 le commissaire impérial porta l'affaire à la connaissance de notre envoyé extraordinaire et ministre plénipotentiaire, M. de Lagrené, et demanda des explications. Le résultat de la correspondance fut l'envoi tardif de *la Victorieuse*, qui se rendit (plus d'un an après) en 1846, à Napa-Kiang, d'où elle ramena les deux missionnaires. Vers la même époque l'amiral anglais Cochrane mouillait devant Napa, sur le vaisseau *l'Agincourt*, et le révérend B. J. Bettelheim, médecin missionnaire américain (naturalisé Anglais, nous assure le *Chinese Repository* de janvier 1848), s'y introduisait avec toute sa famille, et y commençait la prédication du méthodisme (avril 1846). Encouragé sans doute par l'exemple des Américains, notre amiral fit reporter les missionnaires catholiques à Liou-Kiou, pendant l'été de 1847, par cette même corvette *la Victorieuse*, qui quelques mois plus tard devait se perdre avec la frégate *la Gloire* sur les côtes de la Corée, en cherchant à accomplir une autre mission de la même nature!

Ce qui a pu transpirer depuis cette époque sur le sort des missionnaires chrétiens, qui s'efforcent avec un zèle si persévérant de propager les doctrines évangéliques parmi les paisibles insulaires de l'archipel Liou-Kiou, ne semble pas encourageant pour l'avenir de la foi. On écrivait de Chine il y a un an : « Les « missionnaires qu'on a laissés aux îles « Liou-Kiou se trouvent dans une singulière position. On ne leur fait aucun « mal, on leur donne à manger; mais « on évite tout entretien avec eux, et « quand ils essayent d'entamer la conversation, ceux auxquels ils s'adressent se bouchent les oreilles et s'enfuient à toutes jambes! »

Nous nous permettrons quelques réflexions générales à ce sujet. — Les commencements sont en tout difficiles. Le christianisme se montre aujourd'hui dans l'extrême Orient avec des moyens d'action qu'il doit aux progrès de la civilisation et des sciences européennes, et dont l'emploi judicieux pourra le faire accueillir à la longue parmi les cultes tolérés. Les services rendus, les bienfaits persuadent mieux que la parole la plus éloquente. Nos missionnaires sont admirables de dévouement, d'abnégation, d'humanité, de zèle. Là où on leur permettra de rester, ils parviendront à se faire aimer, et l'homme fera peut-être accepter le prédicateur. Tel est notre espoir, au moins, et nous verrions dans sa réalisation un acheminement important à la solution pacifique de ce grand problème dont nous avons indiqué les données, et qui se pose chaque jour d'une manière plus précise et plus pressante entre le génie de la production et du libre échange en Europe, et l'esprit d'isolement et de résistance dans l'extrême Orient.

Au moment de terminer ce résumé (si incomplet, nous ne saurions nous le dissimuler) de ce que des révélations de la politique et du commerce ont appris à l'Europe sur l'état actuel de l'empire japonais, nous sommes heureux de pouvoir fournir à nos lecteurs une preuve aussi curieuse que convaincante des progrès continuels que l'influence de la haute civilisation de l'Occident fait dans l'esprit du gouvernement japonais. Nous devons la connaissance des faits que nous allons mentionner à une communication toute récente dont la parfaite exactitude ne saurait être révoquée en doute.

Nous rappellerons avant tout que la langue savante du Japon est le hollandais, et que tous les Japonais de quelque distinction lisent au moins le hollandois, s'ils ne savent pas le prononcer, et qu'ils sont extrêmement curieux des ouvrages scientifiques écrits en cette langue et en particulier des ouvrages relatifs à l'art militaire. Cela posé, il peut ne pas paraître étonnant que le siogoun lui-même ait appris à lire et à écrire le hollandais; mais le fait remarquable auquel nous venons de faire allusion, et qui nous est affirmé par notre honorable correspondant, c'est que le *siogoun* aujourd'hui régnant a écrit, il y a quatre ans, une lettre autographe en hollandais au roi des Pays-Bas, pour le prier de faire confectionner et de lui faire parvenir divers objets que désignait la lettre particulière en question. Parmi les objets désignés figurait un *mortier de marine* de grandes dimensions (15 pouces) qui a été coulé à la fonderie de canons de Liége. Un *affût de bord* a été construit pour ce mortier en Hollande. On a fourni de plus au souverain japonais, sur sa demande, un *moulin à poudre*, un grand nombre d'armes de luxe (la plupart fabriquées à Liége), etc. Avec le mortier et le moulin à poudre, on a envoyé à l'*empereur* (comme l'appellent les Néerlandais) des notes explicatives sur la manière d'en faire usage.

Si l'on rapproche ces curieux détails de ceux que nous avons donnés p. 169 et 172 on restera convaincu que la civilisation japonaise, loin de repousser d'une manière absolue l'influence de la nôtre, se montre de plus en plus disposée à s'en aider dans sa marche ascendante, et que l'avenir des relations de l'Europe avec le Japon repose sur l'exploitation prudente et éclairée, mais constante, de cette tendance qui honore le caractère japonais.

Les derniers avis venus du Japon par voie de Batavia font pressentir l'expédition d'une frégate américaine à Nagasaki, dans le but de réclamer du gouvernement d'Yedo la mise en liberté de seize ou dix-sept naufragés américains retenus prisonniers comme soupçonnés d'espionnage. — Les mers du Japon étant maintenant le principal rendez-vous des baleiniers, les naufrages y deviendront, selon toutes probabilités, plus fréquents que par le passé, et nécessiteront l'intervention des puissances maritimes intéressées. Espérons que les négociations auxquelles ces regrettables accidents donneront lieu par la suite seront conduites avec la modération et la prévoyance désirables, et qu'elles auront pour résultat de déterminer le gouvernement japonais à se relâcher par degrés de tout ce qu'il y a d'injuste, d'inhumain et, il faut bien le reconnaître, de dangereux pour l'indépendance même du Japon, dans la politique d'exclusion absolue qu'il maintient depuis deux siècles avec une inflexible sévérité!

TABLE CHRONOLOGIQUE (1).

PREMIÈRE PÉRIODE.

Depuis ZIN MOU, le conquérant, jusqu'à la première guerre de Corée.

(Depuis 667 av. J. C. jusqu'à 200 de J. C.)

	MIKADO'S.				*MIKADO'S.*	
667 av. J. C.	1ᵉʳ	ZIN MOU.	214 av. J. C.	8ᵉ	KÓ GEN.
561	2ᵉ	SOUÏ SEÏ.	157	9ᵉ	KAÏ KWA.
548	3ᵉ	AN NEÏ.	97	10ᵉ	SYOU ZIN.
510	4ᵉ	I TOK.	29	11ᵉ	SOUI NIN.
475	5ᵉ	KÓ SEO.	71 de J. C.	12ᵉ	KEÏ KO.
392	6ᵉ	KÓ AN.	113	13ᵉ	SEÏ MOU.
290	7ᵉ	KÓ REÏ.	192	14ᵉ	TSIOU UI.

DEUXIÈME PÉRIODE.

Depuis la première guerre de Corée jusqu'à l'introduction du bouddhisme au Japon, ou bien depuis ZIN GOU KWO GOU jusqu'à BINDATS.

(Depuis l'an 200 de J. C. jusqu'à 572.)

	MIKADO'S.				*MIKADO'S.*	
201	15ᵉ	ZIN GOU KWO GOU.	480	23ᵉ	SEÏ NEI.
270	16ᵉ	WO ZIN.	485	24ᵉ	KEN SÓ.
313	17ᵉ	NIN TOK.	488	25ᵉ	NIN GEN.
400	18ᵉ	LI TSIOU.	499	26ᵉ	MOU RETS.
406	19ᵉ	FAN SYÓ.	507	27ᵉ	KEÏ TAÏ.
412	20ᵉ	IN KYÓ.	534	28ᵉ	AN KAN.
424	21ᵉ	AN KÓ.	536	29ᵉ	SEN KWA.
457	22ᵉ	YOU LIAK.	540	30ᵉ	KIN MEÏ *ou* KIN MYÓ.

TROISIÈME PÉRIODE.

Depuis l'introduction du bouddhisme jusqu'à l'établissement du pouvoir des SYOGOUN's, par MINAMOTO YORITOMO.

(Depuis l'an 572 de J. C. jusqu'à 1286.)

	MIKADO'S.				*MIKADO'S.*	
572	31ᵉ	BINDATS *ou* BIDATS.	687	41ᵉ	TSI TÓ *ou* DSITÓ.
586	32ᵉ	YO MEÏ *ou* YOU MYÓ.	697	42ᵉ	MON MOU.
588	33ᵉ	SYOU ZYOUN.	708	43ᵉ	GEN MEÏ *ou* GEN MYÓ.
593	34ᵉ	SOUÏ KO *ou* TOYORAÏ MIYA.	715	44ᵉ	GEN SYO *ou* GEN SEÏ.
629	35ᵉ	ZYO MEÏ *ou* ZYÓ MYÓ.	724	45ᵉ	SYÓ MOU.
642	36ᵉ	KWÓ GOK.	750	46ᵉ	KÓ KEN.
636	37ᵉ	KÓ TOK.	759	47ᵉ	OHGI NO MIKOTO.
655	38ᵉ	SAÏ MEÏ *ou* SAÏ MYÓ.	765	48ᵉ	SYÓ TÓK.
662	39ᵉ	TEN TSI.	771	49ᵉ	KWO NIN.
673	40ᵉ	TEN MOU.	782	50ᵉ	KAWN MOU.

(1) Nous avons rédigé cette table chronologique d'après Klaproth et Siebold (ou plutôt Hoffmann). Le travail d'Hoffmann, comme le plus récent, est celui qui semble devoir inspirer le plus de confiance. Nous y avons cependant remarqué des lacunes que nous ne nous expliquons pas, et que nous avons comblées de notre mieux d'après les documents historiques que nous avions à notre disposition. — Nous signalons ces lacunes dans les notes.

MIKADO'S.

806	51ᵉ	Feï zeï ou Heï zeï.
810	52ᵉ	Sa ga.
824	53ᵉ	Zyoun wa.
834	54ᵉ	Nin myó.
851	55ᵉ	Mon tok.
869	56ᵉ	Seï wa.
877	57ᵉ	Yo zeï.
885	58ᵉ	Kwó kó.
888	59ᵉ	Ouda.
898	60ᵉ	Daï go.
931	61ᵉ	Syou zyak.
949	62ᵉ	Moura kami.
968	63ᵉ	Reï zen.
970	64ᵉ	Yen you.
985	65ᵉ	Kwa san.
987	66ᵉ	Itsi teo ou Itsi syó.

MIKADO'S.

1012	67ᵉ	San teo ou San syó.
1017	68ᵉ	Go itsi teo ou Go itsi syó.
1037	69ᵉ	Go syou zyak.
1046	70ᵉ	Go reï zen.
1059	71ᵉ	Go san teo ou Go san syó.
1073	72ᵉ	Sira gawa.
1087	73ᵉ	Fori gawa.
1108	74ᵉ	Toba.
1124	75ᵉ	Syou tok.
1142	76ᵉ	Kin ye ou Kou ye.
1156	77ᵉ	Go sira gawa.
1159	78ᵉ	Ni syó ou Ni tfó.
1166	79ᵉ	Rok syó ou Rok teó.
1169	80ᵉ	Taka koura.
1181	81ᵉ	An tok.
1184	82ᵉ	Go toba.

QUATRIÈME PÉRIODE.

Depuis que la dignité de siogoun est devenue héréditaire, sous Minamotono Yoritomo, jusqu'à Minamotono ye yas.

(Depuis 1286 de J. C. jusqu'à 1603.)

MIKADO'S.

1199	83ᵉ	Tsoutsi Mikado.
1211	84ᵉ	Syoun tok.
1222	85ᵉ	Go feri gawa.
1233	86ᵉ	Si teó ou Si syó.
1243	87ᵉ	Go saga.
1247	88ᵉ	Go foukakousa.
1260	89ᵉ	Kame yama.
1275	90ᵉ	Gouda.
1288	91ᵉ	Fousimi.
1299	92ᵉ	Go fousimi.
1302	93ᵉ	Go nisyó ou Go niteó.
1308	94ᵉ	Pana zono.
1319	95ᵉ	Go daï go (ou Ko).
1332	96ᵉ	Kwó gon (1).
1337	97ᵉ	Kwó myó.
1349	98ᵉ	Zo (ou Siou) Kwo.
1252	99ᵉ	Go kwó gou.
1372	100ᵉ	Go yen you.
1383	101ᵉ	Go ko matsou.
1413	102ᵉ	Syó kwó ou Syou kwó.
1429	103ᵉ	Go pana zono.
1465	104ᵉ	Go tsoutsi Mikado.
1501	105ᵉ	Go kasiva bara.

SIOGOUN'S.

1186	1ᵉʳ	Minamotono Yoritomo.
1202	2ᵉ	Minamotono Yori iye.
1203	3ᵉ	Minamotono Sanetomo.
1220	4ᵉ	Foudsivarano Yori tsoune.
1224	5ᵉ	Foudsivarano Yori tsougou.
1252	6ᵉ	Mounetaka sinwó.
1266	7ᵉ	Kore yasou sinwó.
1289	8ᵉ	Fisa akira sinwó (Kou meï sin o de Klap.).
1308	9ᵉ	Mori kouni sinwó.
1333	10ᵉ	Mori yosi sinwó.
1334	11ᵉ	Nori yosi sinwó.
1338	12ᵉ	Minamotono taka oudsi.
1358	13ᵉ	Yosi kasi (Yosi saki de Koempfer).
1368	14ᵉ	Yosi mitsou.
1394	15ᵉ	Yosi motsi.
1423	16ᵉ	Yosi kazou.
1428	17ᵉ	Yosi nori.
1441	18ᵉ	Yosi katsou.
1449	19ᵉ	Asikaga yosimasa.
1472	20ᵉ	Yosi fisa. (Yosi navo de Koempfer et Charlevoix?)
1490	21ᵉ	Yosi tane.
1494	22ᵉ	Yosi zoumi. (Yosi symmi de Koempfer et Charlevoix.)
1521	23ᵉ	Yosi farou.

(1) Go-daï-ko, forcé plusieurs fois de prendre la fuite pendant les guerres civiles qui désolaient le Japon, établit définitivement sa cour à Yosino, dans le Yamata. — Kwó-Gon forme avec ses successeurs Kwó-Myó, Sin-Kwó, Go-Kwó Gon, Go Yen-You et Go-Ko-Matsou une suite d'usurpateurs (quoique tous de race divine) qui, soutenus par le parti des siogoun's, se sont établis à Miyako. — Pendant cette période de soixante ans environ le Japon a eu deux empereurs ou deux mikado's : celui du nord, celui du sud. — En 1592 le mikado du sud vint à Miyako, et fit sa paix avec le mikado du nord, auquel il remit tous les pouvoirs (a) : il accepta le titre de taï-ziô-ten-ô, et se retira dans un couvent.

(a) C'est-à-dire les trois signes impériaux : savoir : la Boule (ou « Planchette, » dit Klaproth, ce qui nous semble contradictoire), le Glaive, le Miroir; ces trois objets précieux sont, selon les Japonais, d'origine divine.

JAPON.

		MIKADO'S.
1527	106e	Go nara (1).
1558	107e	Ohoki matsi.
1587	108e	Go yó sei.

		SIOGOUN'S.
1546	24e	Minamotono yosi térou (2).
1568	25e	Yosi naga (Minamotono yosi ghiei).
1568	26e	Minamotono yosi aki.
1573	27e	Tairano nobou naga.
1582	28e	San fosi (3).
1586	29e	Toyo domi fide yosi (ou Taiko sama) (4).
1591	30e	Fide tsougou (5).
1598	31e	Fide yori (6).

CINQUIÈME PÉRIODE.

Depuis MINAMOTO YE YASOU, fondateur de la dynastie actuelle des SIOCOUN's, jusqu'à nos temps.

(Depuis 1603 de J. C. jusqu'à 1822.)

		MIKADO'S.
1612	109e	Go midsounowo.
1630	110e	Mei syó ou Mió syó.
1644	111e	Go kwo myó.
1655	112e	Go sai.
1664	113e	Reï gen.
1687	114e	Figasi yama ou Tó san.
1710	115e	Nakano mikado.
1736	116e	Sakoura matsi.
1747	117e	Momo sono.
1763	118e	Go sakoura matsi.
1771	119e	Go momo sono.
1780	120e	(Sen tó) (7).
1817	121e (ou 123e ?)	Kou syó (8).

		SIOGOUN'S.
1603	32e	Minamoto ye yasou.
1605	33e	Fide tada.
1623	34e	Iye mitsou.
1650	35e	Iye tsouna.
1681	36e	Tsouna yosi.
1709	37e	Iye nobou.
1713	38e	Iye tsougou.
1716	39e	Yosi moune.
1745	40e	Iye sige (ou sigue).
1762	41e	Iye farou.
1787	42e	Iye nari (9).

(1) C'est sous le règne de ce *mikado* et du *siogoun* Yosi Farou, en 1543, que le Japon fut découvert par les Portugais. — Six ans après, saint François Xavier y prêchait l'Évangile.

(2) Yosi-Térou mourut de mort violente, en 1568. — De 1568 à 1568, différents chefs se disputent le pouvoir. — En 1568 Yosi-Ghiei devint *siogoun*, et prit le nom de Yosi-Naga; mais il mourut le neuvième mois de cette année, et le dixième Yosi-Aki fut promu à la dignité de *siogoun*. Le *siogoun* Yosi-Naga n'est pas mentionné dans la table chronologique d'Hoffmann, qui passe, sans aucune observation ou explication, du XXIVe au XXVIe *siogoun*.

(3) Akitsi-no-mitsou-fide, qui s'était révolté contre l'autorité de Nobou-Naga (voir p. 103), et l'avait contraint (ainsi que son fils ainé Nobou-Tada) à se donner la mort, gouverna pendant douze jours seulement. — Eut-il le titre de *siogoun*? — Cela ne paraît pas probable. San-fo-si, troisième fils de Nobou-Naga, fut certainement *siogoun*, mais dut se résigner à voir le pouvoir suprême passer entre les mains de Fide Yosi. — San-Fosi est pour nous le XXVIIIe siogoun. — La liste du Dr Hoffmann passe brusquement du XXVIIe au XXIXe siogoun, sans explication.

(4) Depuis l'année 1467 l'empire avait été constamment agité par la guerre civile. — Taïko-Sama y rétablit la paix, qui fut de nouveau troublée à sa mort, arrivée en 1598, par la lutte qui s'établit entre Ye-Yas et plusieurs prétendants au pouvoir.

(5) Fide-Tsougou était fils d'un frère de Taïko-Sama, et avait été adopté par celui-ci, qui l'associa à l'empire (ou au moins à la lieutenance de l'empire) en 1591. Il ne paraît pas que Taïko-Sama ait jamais porté le titre de *siogoun*; il fut *kwanbak*, ou régent; et quand il devint *taï-syo-daï-sin*, il fit nommer son fils adoptif *kwanbak*, et prit alors le titre de *taïko* (voyez Klaproth, *Annales des Empereurs*, p. 405, note). — Fide-Tsougou ayant encouru le déplaisir de son père, par suite de ses cruautés et de ses excès, fut confiné dans un temple, où il se suicida, en 1595.

(6) Fils de Taïko-Sama, détrôné par Yeyasou (voir p. 105 et 104). Il est passé sous silence (comme *siogoun*) dans la table du Dr Hoffmann, en sorte qu'on va du XXXe au XXXIIe *siogoun*, sans explication aucune.

(7) Ce nom du 120e *mikado* est ainsi placé entre parenthèses dans la table du Dr Hoffmann. Pourquoi? *Sen-tô-Go-sio*, selon Klaproth, n'est pas un nom, mais le titre qu'on donne à chaque mikado qui abdique. — Il y a là un point à éclaircir.

(8) *Kou-Syo* est, selon la table déjà citée, le 123e *mikado*, et non le 121e; mais le CXXIe et le CXXIIe de cette table manquent, et nous ne trouvons aucune indication qui puisse nous aider à combler cette lacune, d'autant plus extraordinaire dans le travail de Siebold et d'Hoffmann, qu'ils mentionnent positivement dans les remarques qui précèdent leur table chronologique qu'elle comprend 123 mikados. — Klaproth donne à Kou-Syo, qu'il appelle Kiu-Ziô-ten-ô, le n° 121, et le fait régner de 1818 jusqu'à nos jours.

(9) Le *siogoun* Iye-Nari régnait encore en 1830. — Nous ignorons si son successeur désigné en 1822 (*Sa-Fou*, selon la table d'Hoffmann) est aujourd'hui sur le trône. Siebold mentionne simplement (dans son Essai sur le commerce du Japon) l'avènement du nouveau *Siogoun* comme ayant eu lieu en 1842.

15e Livraison. (JAPON.)

TABLEAU DES MESURES, POIDS ET MONNAIES (1).

MESURES DE LONGUEUR.

Le pied japonais, *sasi* ou *syak'* (jap.-chin.), peut être considéré comme l'unité de longueur, et est évalué par Siebold à 0,303 mètres ou environ 0 pied 11 pouces 11 lignes, mesure anglaise. C'est donc, à très-peu près, le pied anglais.

Le *sasi* se subdivise en 10 *sun*, 100 *bun* et 1,000 *rin*.

Considéré comme employé dans les arts et métiers, comme règle et comme équerre, le *sasi* prend le nom de *kane sasi* et *magali gane*.

                                            mètres.
10 *rin* font 1 *bun* . . . . . . = 0,00303
10 *bun* — 1 *sun* . . . . . . = 0,0303
10 *sun* — 1 *syak'* ou *sasi*. . = 0,303
6 *syak* et 3 *sun* font 1 *ken* (2). = 1,909
60 *ken* font 1 *tsyoo* ou *matsi* (3). = 114,540
36 *tsyoo* ou *matsi* font 1 *ri* (correspondant au *li* chinois). . = 4123,44

Le *ri* équivaut à $\frac{14}{14}$ de lieue commune (de 25 au degré) ou à un peu plus d'une lieue de poste.

28 ri et ¼ font un degré, selon les astronomes de la cour de Yédo.

Une ancienne lieue de 50 *matsi* est encore en usage dans quelques provinces (4).

---

(1) Nous avons dû consulter de préférence Siebold pour la rédaction de ce tableau; mais nous avouons qu'il nous reste des doutes sur l'exactitude des chiffres auxquels il s'est arrêté, surtout en ce qui concerne les *poids* et la *valeur des monnaies*. Nous n'avons, en conséquence, admis dans notre énumération que les valeurs qui (comparaison faite des diverses autorités) nous ont paru devoir se rapprocher le plus de la vérité.

(2) Ou, considéré comme unité : *Ikken* ; à Désima *ikye*.

(3) Qui paraît signifier littéralement *rue*.

(4) Anciennement la lieue japonaise se divisait en cinquante *matsi*, le *matsi* en soixante *pu* (*pou?*) ou *deux pas*, et le *pu* en six pieds (*syak*) cinq pouces (*sun*). Depuis

Les mesures suivantes sont aussi en usage :

Le *zyoo* (en chinois *dschang*), espèce d'aune employée pour mesurer les étoffes et que Siebold dit être de 2 *ken*, ou 3,ᵐ 8178 (?).

Le *tsune sasi* ou *kouzira sasi*, employé pour divers tissus et par les tailleurs, valant environ 0 mètre 379, ou 1 pied 2 pouces de France.

Le *ghé syak'*, qui sert à mesurer le bois. (Il se rattache à l'emploi de cette mesure quelque idée superstitieuse, selon Siebold, qui ne nous donne au reste aucune évaluation de sa longueur.)

Enfin le *hiro* (ou *firo?*), qui répond à notre toise et à notre brasse, et qui vaut (toujours selon Siebold) *environ* 5 syak'.

MESURES DE SUPERFICIE.

Le *pou* ou *ippou*, unité de surface, est une mesure d'un *ken* carré et équivaut à 3 mètres carrés 644 environ.

Le *sé* ou (considéré comme unité) *hito-sé*, rectangle de 6 *pou* de long sur 5 *pou* de large.

Le *tan* (*ittan*, un *tan*), de 20 *pou* de long sur 15 de large, ou 300 *pou* carrés, sert à mesurer les champs de riz. — (*Ittan*, dit Siebold, est l'espace régulier qu'occupe un champ de riz, *Den-ho*.)

Le *tsyó* (ou *tsyoo*) ou, considéré comme unité, *ittsyó*, est long de 60 *pou*, large de 50, et sa surface est conséquemment de 3,000 *pou* carrés. — Ces mesures agraires ont été introduites sous le *siogoun* Taiko Hide Yosi, de 1586-1590 (1).

---

le moyen âge, une lieue comprend trente-six *matsi* et un *pu* de six pieds. La lieue actuelle fait donc six lieues de Chine (6 *li*). Il paraît que dans le nord on a généralement l'habitude de calculer les distances par lieues de six *matsi*, ou lieues de Chine.

(1) Les mesures auparavant en usage étaient :

Le *sé*, de 36 *pou* carrés.
Le *tan*, de 360 idem.
Le *tsyó*, de 3,600 idem.

MESURES DE SOLIDITÉ ET DE CAPACITÉ.

Le *syoo* ou *syó* (ou *masu* et, considéré comme unité : *Is syó*, *itsi masu*) est l'unité de solidité.

Il équivaut, selon Siebold, à 0,0174 mètre cube environ.

Le *syó*, considéré comme mesure de solidité, est la seizième partie du pied cube japonais et a 5 *sun* de long, 5 de large et 2 *sun* 5 *bun* de profondeur. — Le *syó* se divise en 10 *goo* (ou *gó*), et chaque *goo* (*itsi goo*) en 10 *syak* ou 2 *go syak*.

Le *to* (*itto*) ou, considéré comme mesure de capacité, *to masu*, contient 10 *syó*.

Le *kok'*, *itsi kok'*, est de 10 *to* ou 6 $^1/_4$ pieds cubes japonais.

La moitié d'un *is syó* ou 5 *goo* (*go goo*) est la mesure de riz qui est censée suffire à la nourriture d'un homme pour un jour.

L'*ippio* ou *tawara* = 1 balle de riz, fixée par le dernier siogoun (selon Siebold) à 35 *syó*.

POIDS.

Le *monme* ou *monmé* est l'unité de poids, et vaudrait, d'après Siebold, 0,1750 grammes, ou environ 1 gramme $^3/_4$.

Le *monme* se divise en 10 *poun*,
Le *poun* — en 10 *rin*,
Le *rin* — en 10 *moo*.

10 *monmé* d'argent en poids (*zyou monmé*) font 1 tail au comptoir hollandais (1).

100 *monmé* ou 1 *hyak'mé* font 10 tail.

1,000 *monmé* ou 1 *ikkwan mé*, ou simplement *kawn mé*, font 100 tail (2).

MONNAIES.

Le *mon* (*itsou-mon*), la plus petite des monnaies ayant cours dans l'empire, est l'unité pour les monnaies de fer ou de cuivre. — Le *mon* est connu sous le nom vulgaire de *zeni* ou *sen* (et par les Hollandais sous celui de *pitjes*). Il répond à *un rin* d'argent.

10 *mon* ou 1 *rin* (*ziou mon*) font 1 *poun* = environ 3,5 centimes.

Dans les provinces du domaine impérial il faut 96 *mon* pour faire un *monme*. Dans les

(1) Voir plus loin : *Monnaies*.
(2) 160 *moumé* font une livre japonaise, *kin*, qui pèse environ 280 grammes. Le *kwanme* pèse 6 $^1/_4$ *kin*, ou environ 1 kilogramme $^3/_4$. La charge d'un cheval est estimée à 36 *kwanme*, ou environ 63 kilo (soit 130 liv.).

autres provinces, tantôt plus, tantôt moins. Il y a de doubles *sen's* et de simples ; les uns et les autres, de forme circulaire, sont percés d'un trou carré au centre et enfilés en chapelets ou *ligatures* de la valeur d'un *monme*, puis réunis en paquets de la valeur de 10 *monme*. — Cette espèce de menue monnaie est courante en Chine, au Japon et dans plusieurs parties de l'Archipel et de l'Indo-Chine (1).

Siebold désigne l'unité pour les monnaies d'argent sous les noms : *ryoo*, *ryoo-gin*, et pour les monnaies d'or sous celui de *ryoo-kin*.

L'*itsi ryoo*, 1 *ryoo*, pèse, en argent (*gin*), 4 *monme* 3 *poun*. — 10 *ryoo*, ou 43 *monme*, font un *mai*, ou *itsi mai*, etc. — L'*itsi ryoo* en or (*kin*) équivaut à 60 *monme* argent ; c'est la valeur du *kobang*, mais la valeur commerciale du *kobang* varie, par le fait, de 58 à 65 *monme* argent.

Les principales monnaies d'argent sont les *ita kane* (ou *ita-gane*), mot à mot *bandes métalliques*, et les *kodama's*, ou *petites pierres précieuses*. — Ces dernières de forme globuleuse irrégulière, les autres plates et allongées, et qui se prennent les unes et les autres au poids.

Nous n'entrerons point ici dans l'énumération complète des diverses monnaies ayant eu cours ou ayant en ce moment cours au Japon : c'est un travail qui nous semble encore à faire, malgré les recherches de Siebold et des savants éditeurs du *Chinese Repository* (2). Nous nous bornerons à quelques observations générales.

Le numéraire en circulation dans le pays est en or, argent, cuivre et fer. — Le papier-monnaie a également cours dans quelques provinces.

Un ouvrage japonais sur la numismatique intitulé *Kin gin dzu rokou* (mémoire et planches sur les monnaies d'or et d'argent), publié à Yédo, dans la sixième année du *nengo bun chei* (1822), en 7 vol. in-8°, et qui contient un traité sur les monnaies anciennes et

(1) C'est le *tchen* chinois, connu des Européens sous les noms de *cache*, *cash*, *sapèque*, etc.
(2) Nous indiquerons cependant comme contenant une foule de renseignements et de détails curieux à cet égard, l'ouvrage publié à Saint-Pétersbourg sous ce titre : *Recueil des monnaies de la Chine, du Japon, de la Corée, d'Annam et de Java*, etc., etc., par le baron S. de Chaudoir ; Saint-Pétersbourg, 1842, in-f°.

modernes, décrit cinq cent cinquante espèces de monnaies, dont la plupart sont figurées et les figures coloriées au moyen de l'impression (ce qui est digne de remarque et ce qui n'a été observé dans aucun ouvrage analogue publié en Chine).

Les monnaies courantes, soit or, soit argent, soit cuivre, sont coulées et non frappées ; mais le fini du travail et la netteté de l'empreinte sur plusieurs des pièces feraient honneur à des artistes européens.

Sur la valeur de la plupart des monnaies en circulation, nous en sommes encore réduits à de vagues appréciations, ainsi qu'on a pu le voir dans le cours de ce résumé.

L'*oho-ban*, la plus grande des monnaies d'or connues, vaut nominalement 20 *ryoo* d'or (*niziou ryoo*) ou *koban's*, et avec l'agio, de 24 à 26, et se donne seulement en présents.

Le *kobang* ou *koban* actuel est estimé par Siebold à 12 ½ florins de Hollande ou (au cours moyen de 2 fr. 10 le florin) à 26 fr. 25 de notre monnaie (1).

Ces deux belles pièces de monnaies sont très-plates et de forme elliptique ; elles portent, ainsi que plusieurs autres pièces en or et en argent, les armes du mikado, c'est-à-dire une fleur et trois feuilles de l'arbre appelé par les Japonais *kiri* (*driandra*) (1).

Siebold parle de *koban's* parfaitement ronds (*kosyou kin*) qui sont encore en circulation dans la province de *Kaï*.

Il y a des *demi-kobang* (*ni pou*), des *quart de kobang* (*itsi pou*) et des *seizième de kobang* (*issyou*) en or. — On trouve aussi des pièces d'argent de la valeur d'un huitième et d'un seizième de kobang.

Le papier-monnaie qui a cours dans de certaines principautés est désigné en général par les mots *fouda* ou *sats* (*petites tablettes*). Les *gin-sats* (ou *petites tablettes d'argent*) valent 1 *monme*. Les billets de moindre valeur sont appelés *zéni*. Il y a des billets d'un demi-quart de kobang que l'on nomme *ha gaki*. — Siebold a donné la figure d'un de ces billets (pl. II, fig. 13 et 13 a). — On a recours à divers expédients pour rendre la contrefaçon impossible ou au moins très-difficile. La loi punit de mort le contrefacteur.

(1) Nous le trouvons évalué dans l'Annuaire du bureau des longitudes pour 1848 (p. 140-141) à 39 fr. 69 cent.! et le vieux cobang à 51 fr. 24!

(1) Kœmpfer dit : « la feuille avec trois boutons épanouis. Tom. I, p. 103.

NOTE SUR LA CARTE DU JAPON.

Dans notre petite carte de l'Empire japonais nous nous sommes efforcé de mettre à profit les indications fournies par les cartes japonaises, en les combinant avec les travaux hydrographiques les plus modernes. La carte de l'océan Pacifique, travail remarquable de M. Vincendon-Dumoulin (1845), nous a été d'une grande utilité. Nous lui avons emprunté le contour de la grande île *Nippón*, celui des îles *Kiou-Siou* et *Sikok'*, et le tracé des principales montagnes. Les cartes de Krusenstern et de Siebold nous ont guidé pour les îles du nord, et nous avons consulté pour les autres groupes la carte japonaise. Les noms imposés aux divers groupes dans notre carte sont ceux que Siebold a définitivement adoptés d'après la même autorité. C'est ainsi que nous nous sommes décidé à écrire *Liou-Kiou* au lieu de *Lew-Chew* (orthographe anglaise),
ou *Lou-chou* et *Liqueo* (orthographe de la belle carte de Vincendon-Dumoulin). En adoptant l'orthographe de Siebold, nous avons cru nous rapprocher davantage de la prononciation japonaise et même de celle des habitants du groupe en question (1). En général, nous avons suivi, dans notre nomenclature géographique et sur notre carte l'orthographe de Siebold, comme celle qui représente le mieux les dénominations en usage parmi les Japonais.

Pour la plus complète intelligence de la carte et de nos indications géographiques, nous donnerons ici, d'après Siebold, la signification de quelques mots japonais, japonais-chinois et ainos. — Nous conservons dans cette légende l'orthographe de Siebold (orthographe assez variable d'ailleurs, comme nous l'avons déjà fait observer, p. 6, note).

Sima, Zima	(jap.)	} Île.
Too ou *Dó*	(jap.-chin.)	
Siri, Mosiri	(aino)	
Saki, Misaki	(jap.)	Cap.
Gawa	(jap.)	Rivière.
Bets, Naï	(aino.)	
Jama	(jap.)	} Montagne.
San	(jap.-chin.)	
Dake	(jap.)	Pic.
Katou	(aino.)	Maison, habitation.
Too ou *Dó*	(jap.-chin.)	Contrée, région.

(1) Selon Mac-Leod, Parker et d'autres narrateurs, *Doo Tchoo*, ou *Dou-tchou* est le nom donné à la grande île et à tout l'archipel par les indigènes des basses classes.

LISTE

DES PRINCIPAUX OUVRAGES CONSULTÉS,

AVEC L'INDICATION DES ÉDITIONS QUI ONT FOURNI LES PASSAGES CITÉS OU AUXQUELS LE LECTEUR EST RENVOYÉ.

Cardim (le Père François), *Relation de la province du Japon*, etc., dédiée à la Sainteté (sic) d'Innocent X; traduite du portugais en italien, à Rome, et de la copie (sic) italienne, en français, par le P. François Lahier, de la même compagnie (de Jésus). A Tournay, 1645, in-12.

Charlevoix (le Père de), de la compagnie de Jésus, *Histoire du Japon*, etc. Nouvelle édition. Paris, 1754, 5 vol. in-12.

Chinese Repository; from may 1832 to 1845. Canton, in-8°. 14 vol.

Fisscher (J. F. Van Overmeer), *Bijdrage tot de Kennis van het Japansche Rijk*. Amsterdam, 1833, 1 vol. in-4°.

Golownin (M.), *Voyage de*, contenant le récit de sa captivité chez les Japonais, pendant les années 1811, 1812 et 1813, etc.; traduit sur la version allemande, par J. B. B. Eyriès. Paris, 1818, 2 vol. in-8°.

— *Recollections of Japon*, etc.; by captain Golownin R. H. etc. London, 1819, 1 vol. in-8°.

Hogendorp (comte B. S. W. de), *Coup d'œil sur l'île de Java et les autres possessions néerlandaises dans l'archipel des Indes*, etc. Bruxelles, 1830, 1 vol. grand in-8°.

Humboldt (Alexandre de), *Examen critique de l'histoire de la géographie du nouveau continent*, etc. Paris, 1836, 5 vol. in-8°.

Jancigny (A. D. B. de), *Journal d'une mission aux Indes néerlandaises pendant les années 1844 et 1845*. MS.

Kœmpfer (Engelbert), *Histoire naturelle, civile et ecclésiastique de l'empire du Japon*, etc.; traduite en français sur la version anglaise de J. G. Scheuchzer (par J. Neaulme?) La Haye, 2 vol. in-f°. 1729.

Klaproth (J.), *Aperçu de l'histoire mythologique du Japon*, et notes de la traduction des *Annales des empereurs du Japon* par Titsingh. Paris, Imprimerie royale, 1 vol. in-4°, 1834.

Krusenstern (A. J. de), *Voyage autour du monde*, etc. Traduction revue par J. B. B. Eyriès. Paris, 1821, 2 vol. in-8°.

Milburn (W.), *Oriental Commerce*, etc. London, 1825, 1 vol. grand in-8°.

Moniteur (Le) des Indes-Orientales et Occidentales, etc. (commencé en 1846, sous la direction de P. F. de Siebold et P. Melvill (de Carnbee); rédaction française confiée aux soins de M. F. E. Freisinet; — continué par le baron P. Melvill (de Carnbee) seul). La Haye, 1846 et 1847, in-4°.

Pinto (Fernand Mendez), *Les Voyages advantureux de*, etc.; fidèlement traduits du portugais en français par le Sr Bernard Figuier, gentilhomme portugais, etc. Paris, 1628, petit in-4°.

Siebold (Ph. Fr. von) *Nippon. Archiv zur Beschreibung von Japon*, etc. Leyden, 1832 et années suivantes, in-f°; premières livraisons et ce qui a paru de la traduction française commencée en 1838, vol. 1 et 5, 1840.

Thunberg (A. P.), *Voyages au Japon*, etc.; traduits, rédigés et augmentés de notes, etc., par L. Langlès, etc. Paris, an IV (1796), 2 vol. in-4°.

Titsingh (Isaac), *Annales des empereurs du Japon*, etc.; traduction revue, complétée et corrigée sur l'original japonais-chinois par J. Klaproth. Paris, Imprimerie royale, 1834, in-4°. — *Cérémonies du Japon*, etc. Paris, 1822, in-8° et in-18.

Varenius (B.), *Descriptio regni Japoniæ*. Amstelodami, 1649, 1 vol. in-24.

INDO-CHINE [1].

INTRODUCTION.

Ritter fait observer (2) que le haut pays de l'Asie orientale envoie des fleuves dans toutes les régions du monde, et que ces fleuves sont au nombre des plus profondément encaissés, des plus étendus et des plus ramifiés dans leur cours. Ils arrosent les contrées les plus accidentées et en partie les plus peuplées et les plus cultivées de la terre. On peut les diviser en deux groupes : l'un septentrional et occidental, l'autre oriental et méridional. Les fleuves appartenant au premier groupe nous conduisent au nord sibérien de l'Asie et aux steppes arabo-caspiennes et sarmatiques qui relient la grande pente de l'occident asiatique à l'Europe. Dans le second groupe sont compris : le système du fleuve Amour, le système des doubles fleuves chinois, joints de la manière la plus grandiose, en ce système unique, par le rapprochement de leurs sources et la réunion de leurs embouchures dans un pays de delta commun, et enfin les systèmes fluviaux de l'Inde antérieure et de l'Inde postérieure. Dans ce dernier système, les cours d'eau diminuent quant à la grandeur, mais augmentent quant au nombre ; et le démembrement tellurique (pour nous servir de l'expression de Ritter) qui en résulte se complique et se manifeste de la manière la plus décidée par une divergence constante vers le sud-est. Aussi ne faut-il pas chercher dans l'Indo-Chine cette unité de formes et d'influences géologiques que nous remarquons à des degrés divers dans les autres portions ou dépendances du grand noyau continental asiatique, vivifiées par les systèmes fluviaux que nous avons indiqués. Ce qui nous frappe ici c'est la variété des formes et l'isolement plus ou moins complet des masses secondaires : les unes, parties intégrantes du continent, sans doute, mais trahissant au point de vue géologique, comme au point de vue ethnographique, leur indépendance du haut pays commun : les autres, formant dans leur ensemble l'archipel de la Sonde et situées au loin, devant le cours inférieur du système fluvial, comme autant de *satellites telluriques* (1). L'influence de la civilisation, qui manque presque totalement au système du fleuve Amour, mais qui s'étend sur tout le cours moyen et intérieur du système chinois et même sur les pays voisins, se borne presque exclusivement aux pays d'embouchures dans le système fluvial de l'Inde postérieure. La cause en est dans la nature physique même de ce système, très-imparfaitement connu, il est vrai, mais dont les cours moyen et supérieur (nous avons toute raison de le croire), sont emprisonnés dans des masses montagneuses qui présentent un obstacle invincible au développement de la population.

Nous ne saurions nous proposer d'embrasser dans cet essai la description de tous les pays qui appartiennent au vaste domaine fluvial de l'Indo-Chine. Certaines provinces ou principautés autre-

---

(1) Nous adoptons cette dénomination pour désigner les pays compris entre l'Inde anglaise ou gangétique et la Chine, non pas que nous la croyions correcte ou satisfaisante à tous égards, mais parce que nous la voyons généralement admise et préférée, peut-être avec raison, dans l'usage ordinaire, à celle d'*Inde-Transgangétique* (adoptée cependant par Balbi), ou d'*Inde-Postérieure*. Il nous paraîtrait plus correct d'écrire *Hindo-Chine*, mais en ce point encore nous nous soumettons à l'usage qui nous semble avoir prévalu.

(2) *Asie*, vol. III, p. 425.

(1) Ritter, volume cité, p. 428.

fois dépendantes de l'empire Birman sont passées sous la domination anglaise. Une partie de la presqu'île de Malacca reconnaît la même autorité, et a déjà été décrite dans le IIIe volume de l'*Océanie*.

Nous nous occuperons donc spécialement ici des grandes divisions de l'Indo-Chine qui n'ont pas encore subi le joug européen, et qui peuvent être considérées comme indépendantes, bien que l'une d'entre elles (la Cochinchine) reconnaisse la suzeraineté de la Chine, et que la vanité chinoise classe les deux autres (le royaume de Siam et l'empire Birman) parmi les vassaux de l'empire du milieu.

Nous jetterons un coup d'œil général sur ces trois grandes divisions, pour faire connaître leur aspect géographique, la nature de leurs productions et les principaux faits ethnographiques qui les distinguent. Nous résumerons ensuite pour chacun de ces pays ce que les relations les plus dignes de foi et les plus récentes nous ont appris sur l'histoire, le gouvernement, les mœurs, les usages des peuples qui les habitent.

Les géographes s'accordent aujourd'hui à assigner pour limites à l'Indo-Chine : au *nord*, partie de l'empire chinois, savoir, le Boutan, le Tibet et la Chine proprement dite ; à l'*est*, une petite portion de la Chine et la mer de Chine ; au *sud*, cette même mer et les détroits de Malacca et de Singapour ; à l'*ouest*, la majeure partie du détroit de Malacca, le golfe du Bengale, le Bengale lui-même et partie du Boutan.

L'Indo-Chine a deux pentes principales : une vers le golfe du Bengale, l'autre vers la mer de Chine. — La masse continentale qui la constitue paraît être sillonnée par cinq chaînes de montagnes que lui envoie l'immense noyau central du Tibet et qui courent parallèlement au sud en s'inclinant vers l'est. Ces chaînes principales divisent le pays en quatre magnifiques vallées longitudinales, arrosées par quatre grands fleuves : l'*Irawaddy* ou rivière d'*Ava*, la *Thaluayn* (*Thaluén*) (*Saluaen* : Ritter ; *Salouen*, *Tshanlouen* : Balbi) ou rivière de *Martaban*, le *Ménam* ou *Mainam* ou fleuve de *Siam*, et le *Mai-Kong* (*Menam-kong* de Balbi : *Mekon*, *May-Kaoung* de Vincendon-Dumoulin), ou rivière de Kambodja (*Kambodje*, Camboge, etc.). — Outre ces grandes artères fluviales on compte un grand nombre de cours d'eau considérables, mais de moindre importance, parmi lesquels nous nommerons dès à présent la rivière d'*Arakan*, dont l'embouchure est très-large ; le *Sétang* (*Zittang* de Balbi et de Vincendon-Dumoulin : *Chitoung*, *Zittaun*, *Setang* de Ritter), dont l'embouchure est plus semblable à un bras de mer qu'à un fleuve, et qui traverse une partie du pays des Birmans et le Pégou ; le *Tenasserin*, qui traverse la province anglaise de ce nom, et le *Sing-Ka* ou *Sang-Koï*, qui est la rivière la plus considérable du Tonquin (*Tong-King*). — L'*Irawaddi*, le *Sétang* et la *Salouen* communiquent entre eux par des canaux naturels, permanents et navigables.

Des cinq chaînes principales qu'indique la discussion des observations les plus récentes, celle qui sépare l'empire birman du Bengale et des plaines de Chittagong s'abaisse de plus en plus en traversant la province d'Arracan, et se perd dans de petites collines avant d'atteindre le cap *Négrais*. — Sa distance des côtes varie de dix à cent milles. — On connaît peu de chose de celle qui sépare la vallée d'Ava du bassin de la *Salouen*. — La chaîne principale, surpassant les deux autres en hauteur aussi bien qu'en longueur, paraît être celle qui sépare l'empire Birman de la grande vallée du *Mei-nam* (1). — La vallée de Siam est séparée du bassin de la rivière de Kambodje par une quatrième chaîne, qui s'unit, dit-on, aux montagnes du

---

(1) Dans la plupart des cartes, même dans celle de Vincendon-Dumoulin, on voit cette grande chaîne se prolonger jusqu'à l'extrémité de la péninsule malaise : mais il paraît certain qu'elle s'arrête brusquement au col de la presqu'île, l'isthme de *Krah*. Au sud de cet isthme, une nouvelle chaîne commence et suit la direction générale de la presqu'île, c'est-à-dire qu'elle incline vers l'est et se bifurque probablement au sud, où elle se termine par le cap *Romania*, désigné longtemps comme le point sud extrême de l'Asie, et le cap *Bourou* (a), qui l'est en effet, puisqu'il est de sept ou huit minutes plus rapproché de l'équateur.

(a) *Tandjong Bourous* de Berghaus, cap *Bouro* de Melvill, *Boulous*, *Bouros* de Ritter, *Bourou* de Balbi, etc.

Yunnan (Chine), vers le 22ᵉ degré de latitude, et s'étend presque jusqu'à la mer, près de la rivière de *Tschantibon* (1), qui paraît former au sud la limite entre le *Siam* et *Kambodje*. — La cinquième et dernière chaîne, l'une des plus considérables de l'Asie et qui rejoint probablement les hautes montagnes du *Yunnan*, forme, en s'inclinant vers l'est, la limite du Tong-King et de la Cochinchine du côté de l'occident.

L'Irawaddy (2) divise le territoire birman en deux parties inégales. La partie orientale s'étend sur un espace d'environ cent cinquante milles jusqu'à la *Salouen*, qui forme sa véritable limite du côté de Siam. — Une très-faible portion de cette contrée est cultivée ou habitée. — Les deux fleuves sont séparés par une haute chaîne de montagnes. — L'Irawaddy est pour Ava ce que le Gange est pour le Bengale, la grande route de la population et du commerce; et l'ancienne capitale aussi bien que la moderne sont situées sur ses bords. — Le fleuve est navigable pour les bateaux du pays jusques à Quantong, sur la frontière du Yunnan; et il offre conséquemment les plus grandes facilités pour établir des relations commerciales avec les possessions chinoises du côté du sud-ouest. — A l'ouest de l'Irawaddy, les Birmans, avant la conquête d'Arracan, possédaient, sur la rive droite du *Khien-Douen*, branche occidentale du fleuve, un territoire variant en largeur de dix à trente milles, s'étendant jusqu'au 24ᵉ degré de latitude, et borné par une chaîne de montagnes habitée par les *Kains* ou *Kiayns*, peuplade sauvage à peu près indépendante. — Plus loin, au nord, le pays est, dit-on, montagneux et désert : de sorte qu'à l'exception des plaines fertiles de *Mantchiouban* ou *Montchabou*, qui s'étendent entre le *Kiayn-Douem* et la branche orientale ou principale de l'Irawaddy, plaines qui sont considérées comme le grenier d'Ava, et qui occupent l'espace compris entre le 22ᵉ et le 24ᵉ degré de latitude, il ne paraît pas que les Birmans puissent tirer grand parti du vaste territoire qu'ils possèdent au nord de Prome; ils n'exploitent utilement qu'une zone de quinze milles environ des deux côtés de la rivière. — Au-dessous de Prome, frontière du Pégou, le pays est, en général, plus plat et plus propre à la culture, et les bords du fleuve offrent un sol aussi riche qu'il soit possible de le désirer. — Celui des provinces septentrionales se compose d'une terre grasse et sablonneuse sur un lit de roches ferrugineuses : dans les provinces méridionales les terres argileuses et végétales dominent. — Au sud-est de Prome est situé l'ancien royaume de *Tonghou*, ou *Taungou*, qu'on dit fertile mais peu peuplé. — Au-delà de *Tonghou*, à l'est et au sud de ce dernier, le colonel Franklin place un autre ancien royaume, celui de *Sittong* (?), qui paraît être le véritable centre du Pégou, le berceau de la nation *Talain*. — Tout le pays qui s'étend au sud et à l'ouest de *Tonghou*, jusqu'à la mer, y compris le delta de l'Irawaddy et les terres basses arrosées par la rivière de Martaban, en un mot le *Pégou* proprement dit, a reçu des Birmans le nom de *Henzawaddy* (1).

L'inondation périodique des vallées et des plaines dans le voisinage de la mer, par suite de la crue des rivières, est un phénomène commun à toutes ces contrées. Cependant ces crues périodiques ont lieu à des époques diverses qui indiquent que les sources de ces grands cours d'eau sont situées à des distances sensiblement *inégales* de leurs embouchures. L'inondation du *Mei-Nam* ou rivière de Siam est la plus considérable et la plus régulière; et on en a conclu que le *Mei-Nam* a sa source dans les montagnes les plus éloignées du Tibet central. Peut-être faut-il chercher la véritable cause de cette crue extraordinaire dans le grand nombre et l'importance des affluents

---

(1) Le *Tchantibon* (*Tschan-ta-bon* de Berghaus) est un pays montagneux, situé presque au fond du golfe de Siam, dont il forme la côte nord-est.

(2) *Airawati* de *Aira-Vata*, nom de l'éléphant du dieu *Indra*.

(1) *Henza* est le nom birman d'un oiseau connu dans l'Inde sous le nom d'oie ou canard brahmanique. Il paraît que l'étendard birman porte la figure de cet oiseau, qui joue ainsi le même rôle que l'aigle chez les Romains, et le coq chez nous.

de cette noble rivière. — D'anciens voyageurs l'ont confondue avec le *Mei-Kong* ou rivière de Kambodje. — Mais, ce qui paraît certain, c'est que les deux rivières communiquent par au moins une branche navigable, appelée *Anan-Myet*. — Kœmpfer représente d'ailleurs le *Mei-Nam* comme envoyant des branches dans le Kambodje et le Pégou; et il est au moins probable, comme nous l'avons déjà dit, que les grands fleuves de l'Indo-Chine, surtout pendant la saison des pluies, communiquent par de nombreux canaux, ce qui doit rendre les inondations immenses; on a remarqué que les débordements du *Mei-Nam*, comme ceux du Paraguay, sont plus considérables au centre du royaume et bien moindres dans le voisinage de la mer; fait qui fortifie l'idée d'une communication avec d'autres eaux pendant la saison pluvieuse. Le royaume de Siam peut être considéré comme une large vallée, le bassin central de cette vaste région étant terminé par un golfe large et profond; et il y a plusieurs raisons de penser que le bassin du Mei-Nam est de toutes les vallées la moins élevée au-dessus du niveau de la mer. Toute la partie sud, appelée par les Birmans Dwara-Waddy, paraît être entrecoupée de cours d'eau, et le sol est employé à la culture du riz. La partie nord est peu connue. On a supposé qu'elle était séparée du Laos par des montagnes; mais nous n'avons de cela aucune preuve évidente, et plusieurs géographes sont portés à croire que ce pays, si imparfaitement exploré, renferme à la fois d'immenses forêts et des terres basses et marécageuses s'étendant du Mei-Nam au Mei-Kong, et est en partie inondé par les eaux de ces deux rivières. Les récits vagues et apparemment contradictoires de divers voyageurs pourraient se concilier en quelque sorte à l'aide de cette hypothèse. Un de ces voyageurs nous dit (1) que le Laos ne possède aucune espèce de rivière, mais que néanmoins le riz est la seule production de ce pays; et ce riz est cité par d'autres voyageurs (2) comme le meilleur de toutes ces con-

(1) M. de la Bissachère.
(2) Marini et Wusthof, cités par Malte-Brun.

trées! On y cultive aussi diverses légumineuses en grande quantité. Le pays de Lac-too, ou *Lac-tchoo*, qui, selon M. de la Bissachère, est situé au nord de Laos, que Malte-Brun suppose être le même pays et que Berghaus place entre le Laos du nord et celui du sud, est aussi décrit comme étant sans rivières, mais ayant, nonobstant, un sol humide, abondant en bambous et cultivé en champs de riz, mais ne possédant aucune ville. S'il n'a pas de rivière, il doit avoir des lacs et des canaux, probablement une série de lacs; et nous entendons dire, en effet, qu'un voyageur portugais est allé de Chine au Laos en descendant une rivière et en traversant un lac. D'ailleurs l'opinion reçue est que le Laos est arrosé par la partie haute de la rivière de Cambodje, qu'un ancien voyageur représente comme sortant d'un lac immense, tandis qu'un autre en fait un bras du Mei-Nam. Si ces deux rivières communiquent quelque part par un bras navigable, comme cela paraît certain, il n'est pas impossible que plus haut leurs eaux s'unissent dans quelque mer intérieure périodique. » On nous représente le pays au nord-est de Siam comme couvert de vastes forêts et de marais impraticables. Là probablement sont les forêts de *Laos*, où l'on dit les éléphants en si grand nombre que le pays a tiré son nom de cette circonstance. On y élève aussi beaucoup de buffles. Les Siamois avaient autrefois l'habitude de se rendre à Laos en caravane de chariots traînés par des buffles, et mettaient deux mois à faire ce voyage (1). De tels voyages n'auraient pu s'accomplir à travers de hautes montagnes. Prenant en considération toutes ces circonstances, nous en inférons qu'au sud du Yunnan il y a un immense espace de pays bas et plat, abondant en lacs et marais marécageux (2), comme le Hou-

(1) Malte-Brun, vol. III, p. 365.
(2) Les districts situés près la base de grandes chaînes de montagnes, spécialement en deçà des latitudes tropicales, ont toujours été trouvés malsains. Les montagnes du Yunnan sont d'une élévation considérable, tandis que le grand Nu-Kiang, navigable, dit-on, entre cette province et Ava, doit couler principalement à travers un pays plat et comparati-

Quang, ou pays des lacs de Chine, ou celui des *Sete-Lagoas* (sept lacs) du Paraguay; qu'ici les eaux des rivières de Siam et de Cambodje, dans certaines saisons au moins, s'unissent, quoique la source de l'un de ces deux fleuves ou les deux puissent être placées beaucoup plus loin (1); tandis qu'à l'est du royaume de Siam des embranchements de la troisième chaîne pénètrent les vastes plaines de Dwarawaddy jusqu'au canal rocheux du Mei-Kong. Ce ne sont là, cependant, que des conjectures plus ou moins probables et que nous hasardons à défaut d'explorations précises et complètes. — Nous reviendrons sur la constitution orographique de ces pays.

L'Indo-Chine, au point de vue ethnographique, présente également trois grandes divisions : Birmah, Siam, et Annam, outre la péninsule de Malacca et les différentes principautés indépendantes des montagnes du côté des frontières. — Les Malais forment une race distincte, que l'on suppose procéder originairement de l'archipel indien, et leur langue primitive se mélange aujourd'hui de polynésien, de sanscrit et d'arabe. Toutes les autres nations indo-chinoises ressemblent plus ou moins aux races mongoles et chinoises dans leur ensemble; visage carré, teint jaune, cheveux rudes et épais, yeux obliques : ils sont évidemment une race de même origine. Leurs langues montrent aussi les mêmes caractères distinctifs, les mêmes qualités, les mêmes défauts, que les langues monosyllabiques du Tibet et de la Chine. La triple division politique de ce pays correspond d'ailleurs aux trois langues distinctes qui y ont prévalu; le *birman,* qui est parlé à Ava et à Arracan; le *siamois,* qui s'étend sur Laos au nord et sur la presqu'île malaise au sud; et l'*annamite*, qui est usité au Tonking, en Cochinchine, et à Cambodje. On assure cependant que le Pégou a un dialecte original, appelé le *Môn;* mais il est trop peu connu pour pouvoir déterminer quels rapports il présente avec l'une ou l'autre des trois classes que nous venons d'indiquer. Ces langues sont plus ou moins mêlées avec celles de la Chine ou de l'Hindoustan, selon que les peuples qui les parlent se rapprochent davantage de l'Inde ou de la Chine. La langue sacrée de Birmah est le *pali.* Le dialecte birman a aussi emprunté l'alphabet sanscrit; cependant, le caractère ordinairement usité est une sorte de *nagari,* consistant en traits courbes qui suivent les analogies du *pali* carré, et s'écrit de gauche à droite, comme les langues d'Europe. Le code birman est un des commentaires des *Instituts* de *Manou* (1). En ceci, comme en beaucoup d'autres points, les Birmans montrent leur affinité avec la famille hindoue, tandis que les Siamois, les Annamites et les Pégouans, ont une ressemblance plus fortement marquée avec les Chinois (2).

Les divisions politiques des contrées indo-chinoises ont subi les changements perpétuels qui sont la conséquence des frontières mal définies et des conflits continuels de différents États rivaux pour obtenir la suprématie. La plus puissante monarchie à une époque, et probablement la plus ancienne, était celle de Siam, qui s'étendait du golfe de Martaban à Cambodje et, vers le sud, à Malacca. Plus tard le Pégou paraît avoir été l'État le plus florissant; et, s'il faut en croire leurs annales, dans le courant du seizième siècle un des rois de ce pays aurait détruit de fond en comble la capitale de Siam, se serait rendu maître

(1) C'est un fait singulier que la première version de la traduction de sir William Jones, des Instituts de la loi hindoue, a été faite en langue birmane, par un Arménien, pour l'usage de l'empereur birman, en 1795.

(2) Les langues en usage dans l'Indo-Chine peuvent se diviser en deux grandes classes, dont chacune compte plusieurs dialectes principaux ; savoir : Langues polysyllabiques : telles que le *malais* et la langue savante, le *pali;* langues monosyllabiques, telles que le *birman* (*marama*), le *siamois,* le *cochinchinois,* le *kaomen,* ou langue du Kambodje, etc.

vement bas. (Marsden's *Marco-Polo*, note, p. 858.)

(1) Marini place les sources du Mei-Kong dans la province chinoise de Yunnan. L'envoyé hollandais Wusthof l'a remonté dans un bateau au nord de Cambodje, et a rencontré de grandes cataractes, ce qui rend probable que ses bords sont rocheux, et qu'il descend d'un niveau plus élevé que le Mei-Nam.

de l'éléphant blanc, et aurait saccagé la ville de Martaban. Entre Siam et le Pégou il paraît avoir existé de temps immémorial de constantes luttes pour obtenir la suprématie. — On dit qu'à une certaine époque le Pégou avait été conquis par un roi de *Tonghou*; mais que l'éléphant blanc, l'*Apis* des bouddhistes, avait été enlevé au Pégou par un roi d'Arracan (1). Lorsque les Portugais, au commencement du seizième siècle, eurent réussi à se rendre maîtres de Malacca, ils trouvèrent les régions entre le golfe du Bengale et l'Annam divisées entre les quatre puissants États qui ont été depuis connus sous les noms d'Arracan, Ava, Pégou et Siam. Leurs historiens nous disent que les Birmans, quoique auparavant sujets du roi de Pégou, étaient récemment devenus maîtres d'Ava; et ces mêmes Birmans furent aidés par les Portugais dans leurs guerres subséquentes contre les Pégouans. Ava n'est à proprement parler que le nom d'une ville, et ne paraît pas avoir jamais été reconnu par les naturels comme le nom de leur pays. Outre cela, comme ce nom est employé d'une manière générale, il est difficile de comprendre comment les Portugais purent entrer en alliance avec les habitants d'un pays si avancé dans les terres, et dont ils ne pouvaient approcher sans traverser l'Arracan ou le Pégou. Mais, dans le fait, les noms d'*Ava* et de *Pégou* paraissent avoir été, dans l'origine, appliqués par les Portugais à deux rivières; l'une l'*Irawaddy*, et l'autre probablement le *Sétang* ou *Zit-tóng* (la rivière de *Tongou* ou *Toung-ou*), quoique *Bagou-Mioup* ou *Pégou* soient des noms appliqués à une rivière plus petite, navigable seulement à l'aide de la marée et communiquant avec le bras de l'Irawaddy appelé communément rivière de *Rangoun* ou *Syriam*. Le nom véritable des Pégouans, celui par lequel les Birmans les désignent, est *Ta-lien* ou *Ta-láin*, ce qui coïncide avec la dénomination donnée à la grande rivière de Martaban, le *Caypoumo* des anciens voyageurs. Leur pays originaire paraît être la contrée située à l'est de cette rivière, et qui est traversée par le *Sétang*. Le Martaban aurait été anciennement, s'il faut en croire les historiens, une dépendance du Pégou. Il n'est pas improbable, en effet, que les *Taláin* aient occupé les deux bords du fleuve et se soient étendus vers le sud, du côté de Malacca. — L'isthme qui conduit à la péninsule malaise semble avoir été un théâtre de luttes continuelles entre les Siamois, les *Taláin*, les Birmans et les Arracanais. Il serait peut-être impossible de déterminer aujourd'hui auquel de ces peuples il a appartenu primitivement; mais ceux dont la domination embrassait l'embouchure des grandes rivières qui se jettent dans le golfe de Martaban semblaient avoir le meilleur titre à la possession des côtes de l'ouest.

Après ce coup d'œil jeté sur l'aspect général de l'Indo-Chine et les principales indications ethnographiques et politiques qui s'y rapportent, il convient que nous essayions de donner une idée exacte des productions les plus remarquables de ces contrées.

---

(1) « Seigneur de l'éléphant blanc, » est le titre distinctif du prince possesseur légitime de ce symbole incarné de Bouddha, et qui est par ce fait élevé au-dessus de ses égaux; ce n'est donc pas un titre vide de sens, mais qui donne, au contraire, une supériorité véritable. De même les rois d'Égypte regardaient l'*Apis* comme le symbole d'Osiris. Cette distinction enviée a été depuis des siècles autant un objet d'ambition dans les États bouddhistes, que l'empire universel l'a été parmi les nations de la chrétienté: Le souverain de Tonghou était autrefois en possession de ce titre avec toutes ses prérogatives; il lui fut enlevé par le roi de Siam, de qui, après des torrents de sang versé, il passa à la monarchie des *Talains*. Aussi Vincent Leblanc, parlant des guerres continuelles qui ont désolé ces deux royaumes, assigne-t-il pour cause à cette lutte obstinée la seule possession d'un éléphant blanc (a). « Fatale et malheureuse bête, qui a coûté la vie à cinq rois! » Et il mentionne parmi ces victimes royales « le dernier roi de Pégou, auquel l'éléphant blanc a été pris par le roi d'Arracan. »

(a) Nous trouvons dans les annales siamoises la preuve de l'importance que les souverains de ce pays attachent à la possession non pas seulement d'un éléphant blanc, mais d'un aussi grand nombre d'éléphants blancs qu'il leur est possible de s'en procurer. — Ainsi nous voyons qu'en 1548 le roi de Siam se glorifiait d'avoir eu sa possession sept éléphants blancs, — circonstance tout à fait extraordinaire et qui ne pouvait être attribuée qu'à la faveur divine.

Dans l'Inde postérieure, que nous avons dû nommer également Indo-Chine, non-seulement parce que cette expression est aujourd'hui d'un usage général, mais encore parce que, en effet, les habitants de cette partie de l'Asie présentent dans leur organisation physique, aussi bien que dans leurs institutions sociales et politiques, un mélange des types hindou et chinois ; dans l'Inde postérieure, disons-nous, les productions de la nature sont aussi riches que variées ; et la constitution géologique du pays aussi bien que le climat ont donné à ces productions un caractère général de transition, pour ainsi dire, qui n'exclut pas, dans certains cas, une sorte de spécialité que nous aurons soin d'indiquer. — Comme rien ne fait mieux ressortir la physionomie d'un pays et ne la précise d'une manière plus claire, plus distincte, plus inaltérable, que l'ensemble de ses productions végétales, nous dirons d'abord quelques mots de la flore de l'Indo-Chine.

Dans la région fluviale de l'Irawaddy, l'aspect du règne végétal diffère essentiellement suivant la nature du sol. — Dans le Pégou, ou delta du fleuve, la végétation ressemble à celle du Bengale, tandis que dans Ava, arrosé par le cours moyen du fleuve, elle offre plus de rapports avec les productions du Mysore. — La cause principale de cette différence est dans la fréquence des pluies, qui tombent beaucoup plus abondantes au Pégou que dans l'Ava. — Le sol d'Ava, plus sec et souvent aride, doit être arrosé au moyen de canaux ou de réservoirs ; et c'est par cette irrigation artificielle que le cultivateur amène le riz à maturité. En se rapprochant des montagnes qui forment la limite septentrionale d'Ava, et qui du côté occidental de l'Irawaddi séparent ce fleuve de la mer, la végétation prend un autre aspect, et a beaucoup de rapport avec la végétation du littoral occidental de l'Inde antérieure, où sont situées, au bord du golfe de Bengale, les provinces de Tschatigang et d'Arrakan.

Un des caractères les plus saillants de cette végétation est la disposition de plusieurs arbres de forte dimension à se joindre, à s'entrelacer et à former ainsi des fourrés impénétrables. Ces lianes gigantesques (*funes sylvestres Rumphii*), souvent plus grosses que le corps d'un homme, s'étendent fort loin, et dominent les forêts les plus grandes et les plus élevées. La nature de cette végétation est telle, que même plusieurs palmiers de l'espèce *calamus* ou *rotang*, famille remarquable par sa forme roide et droite, sont ici des plantes grimpantes, qui, après avoir dépassé les cimes des arbres les plus élevés, laissent tomber des branches, lesquelles prennent racine et s'entortillent à leur tour autour des arbres voisins. De cette manière ces palmiers forment avec d'autres plantes grimpantes, plus grosses, mais d'une nature moins vigoureuse, un fourré qui devient impénétrable. Cette végétation épaisse produit une fraîcheur agréable, et entretient une humidité qui enrichit le règne végétal de nombreuses et belles plantes parasites appartenant surtout aux familles *felices*, *aroideæ*, et *orchideæ*. Toutefois on conçoit que le climat soit peu favorable aux personnes dont la constitution n'est pas habituée à cette humidité.

Dans ce beau pays les vallées sont d'une fertilité remarquable et produisent, étant bien arrosées, d'abondantes récoltes de riz. On cultive aussi des tubercules très-nourrissants, produits de diverses espèces d'*aroïdes* et *dioscorées*, et qui peuvent être considérés comme particuliers au pays. — Les arbres les plus nombreux appartiennent aux familles *urticeæ*, *euphorbiaceæ*, *terebinthaceæ*, *magnoliæ*, *meliæ*, *guttiferæ*, *sapotæ*, *viticeæ* et *eleagni*, et forment avec le palmier, le bambou et les plantes grimpantes, un ensemble dont l'aspect paraît singulier à l'Européen, qui ne rencontre dans cette végétation presque aucun rapport avec celle de son pays. Malgré cette grande différence dans l'aspect général, plusieurs arbres se rapprochent de ceux d'Europe, et les forêts contiennent l'*æsculus* et plusieurs chênes et lauriers. Voilà à peu près la végétation de tout le littoral indo-chinois, qui possède dans le riz, le maïs, l'*arachis hypogæa*, le *convolv. batatas*, ses branches de culture alimentaires ; où croissent le cocotier et l'aréquier ; où sont plantés la canne à sucre et le thé ; tandis que le chêne indien, le fameux bois de *teck* (*tectona grandis*) fait la richesse des forêts du Pégou et de Siam.

Tel est aussi en général le caractère du règne végétal dans tout l'Archipel Asiatique, dans les îles Andaman et les Nicobar, dans les îles de la petite et de la grande Sonde, dans les Philippines, etc.

Le règne animal, dans l'Asie méridionale, nous offre un grand intérêt et une grande variété. Parmi les mammifères, nous citerons en première ligne les singes et les babouins, qui y sont très-nombreux et de l'existence desquels on n'a découvert aucune trace en Europe depuis les temps les plus reculés. Ces animaux de nature imitative et grotesque se multiplient à mesure qu'on approche de l'équateur. En effet, c'est dans la presqu'île de Malacca que l'on rencontre les *gibbons* à longs bras, tandis que les orangs-outangs semblent habiter plus particulièrement les îles de l'archipel Asiatique. Les races des *hylobates*, des *presbytes*, des *nasalis* et des *semnopithèques*, sont originaires de l'hémisphère oriental, où l'on compte déjà vingt-trois espèces de singes babouins. L'analogie qui existe entre les animaux de l'Asie équinoxiale et ceux de cette espèce qui vivent sous la même latitude en Afrique est frappante. Les singes et les babouins de ce dernier continent se rencontrent sous la même latitude, et dans plusieurs cas ils appartiennent aux mêmes races; seulement ils sont plus nombreux. Cependant, il faut remarquer, comme preuve de la différence qui existe entre le règne zoologique de ces deux parties du monde, que jusqu'à présent on n'a découvert qu'une seule espèce qui se trouve à la fois sur les deux continents : c'est le babouin gris, *cynocephalus Wagleri*, *simia hamadryas*, qui s'étend par l'Arabie jusqu'au golfe Persique, pays qui représente le passage entre les deux continents. Nous trouvons l'orang-outang indien représenté en Afrique par le *troglodites niger*, Geof., qui a été pris pour un sauvage, et qui, suivant ce que rapportent plusieurs voyageurs et ce que prétendent les Nègres de la côte d'Or, marcherait toujours debout. L'éléphant asiatique est de même représenté par l'éléphant africain, et l'on a ignoré pendant longtemps qu'ils fussent d'espèces différentes. Les faunes de l'Asie méridionale se distinguent par les singes et les orangs-outangs du règne animal de l'Asie intérieure ; tandis que les nombreux rongeurs, tels que les marmottes, hamsters, etc., qui se trouvent en si grande quantité dans l'Asie septentrionale, sont pour ainsi dire inconnus dans les pays au midi de ce grand continent.

Les ours, que l'on rencontre dans d'autres parties du monde, ne vivent que sous des climats froids, ou au moins tempérés ; mais on a découvert dans l'Inde, depuis peu d'années, plusieurs ours à poil lisse et noir, dont on ignorait l'existence ; l'*ursus labiatus* au long museau, l'*ursus malayanus*, l'ours malais ; il faut signaler aussi à Bornéo l'*ursus euryspylus*, et au Tibet l'*ursus thibetanus*, qui habitent les contrées montagneuses, et qui par conséquent appartiennent, suivant toutes les apparences, plutôt au règne animal de l'Asie centrale qu'à celui de l'Asie méridionale : on trouve cependant, à ce qu'il paraît, plusieurs espèces analogues dans diverses parties de l'Indo-Chine.

Le chameau n'est point connu dans l'Indo-Chine : en revanche, le bœuf (*bos taurus*) et le buffle (*bos babalus*) y sont abondants, et sont une des richesses du pays. — Le cheval et l'âne, la chèvre et le mouton n'y jouent qu'un rôle très-secondaire. — Le chien domestique est très-commun. On le voit vaguer en grandes troupes dans les rues des villes. — Mais, chose remarquable, aucune des autres espèces du genre *canis*, si communes dans l'Hindoustan, pas même le *canis aureus*, le chacal, ne se montre dans ces vastes pays, qui s'étendent entre le Bengale et la Chine (1) ! On n'y voit point de loups, point de hyènes, point de renards. — La famille des chats y a de nombreux représentants. La variété dominante du chat domestique a la queue courte. — Le tigre royal, le léopard moucheté et une grande variété de chats sauvages infestent les forêts, surtout dans les provinces méridionales. — Certaines espèces de chats-tigres paraissent être particulières à l'Indo-Chine et aux plus

(1) Le *chacal*, ou *canis aureus*, est le même dans l'Inde méridionale qu'en Afrique.

grandes îles de l'Asie, et aucunes des espèces que l'on rencontre en Afrique ne se trouvent en Asie. — Quant aux lions, le *leo asiaticus*, Sw., était considéré autrefois comme une variété de l'espèce africaine; mais un couple de ces animaux apportés vivants en Angleterre a démontré qu'ils appartiennent à une espèce différente de celle qui se rencontre dans l'Afrique méridionale et septentrionale. On ne trouve toutefois aucune espèce de lion dans les contrées déjà explorées de l'Indo-Chine.

Les *rhinocéros* sont différents de ceux d'Afrique. — Le sanglier, le cochon domestique, le cerf, le chevreuil, et quelques petits quadrupèdes, complètent la liste des mammifères, parmi lesquels on doit s'étonner de ne voir figurer aucune espèce d'antilope.

Le caractère ornithologique de l'Asie se développe entièrement dans l'Inde méridionale, et surtout à Malacca et dans les îles qui sont voisines de l'extrémité méridionale du continent. Sous certains rapports, les groupes qui se trouvent placés sous le tropique en Asie ont beaucoup d'analogie avec ceux de l'Afrique équinoxiale; mais dans beaucoup d'autres cas ils s'en éloignent.

Parmi les familles d'oiseaux qui sont concentrées dans l'Asie méridionale, mais qui, sous l'apparence d'autres espèces, se rencontrent aussi en Afrique, on distingue les *drongo*, *edolius*, Cuv.; le *ceblepyres*, Cuv., les véritables chasseurs de mouches à longue queue, qui sont représentés comme le type de l'oiseau du Paradis chasseur de mouches, *muscicapa paradisea*; les beaux coucous barbus à plumes de perroquet, *bucco*, L.; les grives à courtes pattes, *brachyppus*, Sw.; les grives à longues pattes ou aquatiques, *crateropus*, Sw.; les jolis petits pinçons, *estrelda*, Sw.; les *tisserands*? à bec court ou gros bec, *amodina*, Sw.; les pies noires luisantes, *lamprotornis*, Tem.; et les brillants petits suceurs de fleurs ou mangeurs de miel, *cynniris*, Cuv., qui représentent dans l'Inde et dans l'Afrique tropicale les colibris de l'Amérique. Tous ces groupes s'étendent sous des climats chauds en Afrique, et plusieurs d'entre eux se trouvent aussi dans l'hémisphère austral : mais en Asie ils paraissent se concentrer uniquement dans les pays du midi, et il n'y a pas d'exemple que ces groupes se soient présentés en Perse, dans l'Asie Mineure, et encore moins en Sibérie ou en Europe.

Parmi ces groupes ornithologiques qui se présentent exclusivement dans l'Asie méridionale, on remarque : les grives aux couleurs vives, *pitta*, et leurs analogues les verts *boulbouls*, *chloropsis*, Jard.; la magnifique *joera* ou *pirole* noire et bleue, *iora*, Horsf.; les véritables pies, *gracula*, L.; les hochequeue ou bergeronnettes à queue fourchue, *enicurus*, Tem.; les bouvreuils, *mirafra*, Horsf.; les pies à larges queues, *timalia*, H., et, enfin, les *nyctiornis*, Sw. Le rhinocéros à bec cornu, *buceros rhinoceros*, un des plus grands et des plus rares de son espèce, est en même temps un des oiseaux les plus remarquables de l'Inde. Mais les oiseaux qu'en général on distingue le plus appartiennent à la famille des perroquets et à celle des gallinacés proprement dits. L'Afrique est très-pauvre en animaux de la première espèce; mais la région de l'Asie sous la même zone nous fournit des races et des espèces d'oiseaux au plumage riche et brillant, qui sont toutes originaires de ce continent, tels que le *cacadus*, *microgrossum*, Geoff., le grand *cacadus* blanc de Malacca; les élégantes perruches du continent et les *lories* rouge cramoisi des îles. Enfin nous devons mentionner le paon du continent et les coqs sauvages des îles, qui se divisent en races de *pavo*, *polyplectron*, *argus*, *lophyrus*, *lophophorus* et *gallus*, et qu'on ne rencontre pas au delà des limites de l'Asie méridionale.

Il y a peu de chose à dire des poissons, reptiles et serpents originaires de ces contrées, parce que ces races d'animaux n'ont pas encore été soumises à un examen bien étendu. Toutefois, les nombreuses espèces qui ont été signalées par divers observateurs prouvent que la nature s'est montrée aussi féconde dans la production de ces races d'animaux, et il est probable qu'elle a doté l'Inde postérieure d'une quantité d'espèces qui ne se trouvent pas ailleurs.

Les mers des Indes possèdent plus que toute autre partie de la terre une quantité très-variée de mollusques testacés ; ce qui forme un contraste assez frappant avec la pauvreté des espèces qui vivent sous les mêmes latitudes, en Afrique et en Amérique. Il est à remarquer que près des trois quarts de ces animaux appartiennent à la race carnivore ; pour pourvoir à leur existence, ils se livrent, comme les tigres du continent, à une guerre d'extermination contre les animaux plus faibles de leur espèce ; telles sont les nombreuses espèces de : *conus*, *oliva*, *voluta*, *mitra*, *cyprœa*, *turbinella*, *dolium*, *cassis*, *strombus* et *harpa*, dont la plupart habitent la mer des Indes. Le beau groupe des coquilles turbinées compte environ deux cents espèces, dont à peine dix ont été trouvées ailleurs que dans les mers des Indes. Lamarck compte soixante-deux *olives*, dont cinq seulement appartiennent à d'autres mers. Les *kauries* ou diverses variétés de *porcelaines*, *cyprœæ*, et les *strombi*, se rencontrent dans la même proportion.

Le fameux escalier tournant ou *scalaria pretiosa*, Lam., les fuseaux, *rostellaria*, Lam., les marteaux, *malleus*, Lam., la coquille éthiopienne, *voluta œthiopica*, caractérisent principalement la conchyliologie de l'extrême Orient.

L'absence presque complète de mollusques d'eau douce est un fait remarquable. Les fleuves n'ont fourni à nos naturalistes que six ou sept espèces, tandis que dans l'Amérique du Nord on en compte plus de cent cinquante. Les espèces paraissent être les mêmes ; cependant le sous-genre *dipsus*, Leach, ne nous est encore arrivé que de la Chine. Les coquilles de terre sont encore plus rares : toutefois l'espèce de mollusque *scarabus*, Monte., paraît être concentrée dans les îles de l'Asie méridionale, et parmi les testacés sans coquilles, l'*onchidium* paraît être exclusivement propre à cette partie de la terre.

Nous indiquerons présentement, en décrivant séparément (quoique d'une manière sommaire) les trois grandes divisions de l'Indo-Chine, les productions minérales les plus remarquables particulières à chacune d'elles. — Nous nous réservons d'ailleurs de revenir plus tard sur la zoologie et la phytologie des grandes divisions de l'Indo-Chine.

EMPIRE BIRMAN, OU AVA.

Parmi les trois grands États dans lesquels se divise aujourd'hui l'Indo-Chine, Birmah occupe la partie la plus occidentale dans la grande région fluviale de l'Irawaddi. En supposant que la frontière orientale de l'empire soit le Salouen, les limites actuelles du Birmah sont : au *nord*, l'Assam dépendant des Anglais, les cantons occupés par des tribus de montagnards peu connus et la province chinoise d'Yunnan ; à l'*est*, cette même province et le Salouen, qui le sépare des territoires de Siam et de la partie anglaise du Martaban ; au *sud*, le golfe de Bengale ; à l'*ouest* enfin, ce même golfe, le royaume d'Arrakan et autres provinces dépendantes de l'Inde Britannique. La superficie de Birmah dans ces limites, dont l'appréciation est assez vague (comme il en est du reste pour tous les États non européens), est, selon Berghaus, de neuf mille neuf cents milles carrés d'Allemagne, dont huit mille pour le Birmah proprement dit et dix-neuf cents pour les pays tributaires. La population, s'il faut s'en rapporter à Ritter, Berghaus, etc., peut être évaluée tout au plus à quatre millions. — Nous avons cependant peine à croire qu'elle ne dépasse pas ce chiffre. — Quoi qu'il en soit, cette population ne se divise pas en moins de dix-huit nations, différentes par le langage, les mœurs, les usages et la religion, mais présentant en général le type hindou chinois. Cette diversité résulte de ce qu'ils sont placés, ainsi que les Siamois et les Annamites, à peu près entre les Hindous et les Chinois, et dans le voisinage du peuple malais.

Parmi cette population hétérogène de l'empire d'Ava, nommé en chinois *Mian Tian* (ou *mien tien*?), on remarque particulièrement deux peuples qui se sont disputé pendant longtemps, et avec opiniâtreté, la possession du pays d'Irawaddi ; notamment les *Marama's* et les *Ta-la-ain*. Les uns occupent le pays autour du cours moyen du fleuve Irawaddi, contrée montagneuse, tandis que les autres habitent le sol marécageux et plat du delta, qui embrasse un espace d'environ mille soixante-dix milles carrés d'Allemagne ; le pays des *Marama's* a une étendue de deux mille cinq cents milles carrés d'Allemagne.

Depuis le milieu du dix-huitième siècle, les *Taláin* sont définitivement soumis aux *Marama's*, suzerains de tout le pays. *Taláin* est le nom birman des habitants du *Pégou*, qui s'appellent eux-mêmes *Môn*. Depuis leur asservissement ils se sont fondus dans le peuple marama, et leur langage n'est plus qu'un dialecte de la langue birmane, laquelle dans sa pureté originaire est une langue monosyllabique qui, par suite de l'introduction du *pali* avec le bouddhisme, a admis beaucoup de syllabes de cette dernière langue.

En outre de l'alphabet pali, les *Marama's* (*Mrama's Varma's*, *Barmas*, *Birmahs*, *Birmans*) possèdent, ainsi que nous l'avons déjà fait observer, une écriture qui leur est propre; leur littérature est cependant excessivement pauvre, ce peuple se trouvant encore dans un état tellement arriéré que les autres peuples qui professent les principes du bouddhisme paraissent leur être tous intellectuellement supérieurs. L'islamisme et le christianisme ne peuvent trouver accès dans ces pays, d'où les repousse instinctivement la politique intérieure. L'admission d'une de ces religions aurait, en effet, pour résultat de désunir ou même de briser entièrement le lien social qui relie les habitants dans les divers échelons de la hiérarchie sociale; ce qui ne saurait être toléré par les principes de leurs gouvernements.

Outre les deux nations principales que nous venons d'indiquer, qui, ayant vécu ensemble à peu près un siècle, se sont fondues en une seule, il y a encore les *Schans* ou *Thai*, dans la région la plus septentrionale de l'empire. Quant aux autres races, qui ne présentent toutes ensemble qu'une faible population, les *Karian* et *Khian* seuls méritent d'être cités, comme constituant les débris de la population originaire présumée. Parmi les étrangers qui se sont établis dans le royaume de Birmah et qui s'y sont fixés, les Chinois du centre de la région de l'Irawaddi méritent d'être mentionnés avec éloges, pour le zèle et l'intelligence avec lesquels ils ont réussi à établir, même parmi le peuple marama, leur système de culture.

Nous avons déjà dit que les *Marama's* ou Birmans avaient à peine quitté leur enveloppe barbare. En effet, ils sont, même sous le rapport des travaux agricoles, bien au-dessous de leurs voisins, sans en excepter les Siamois. Le riz est ici, comme dans l'est et le sud de l'Asie, le produit principal : toutefois il n'exclut pas les légumes. Le thé est cultivé sur une petite étendue de pays. Le Pégou possède une grande richesse dans ses forêts de teck (teek, taik, *tectona grandis*), qui fournissent du bois de construction qu'on ne trouve nulle part de qualité aussi durable et aussi parfaite. Un navire construit en teck a quatre fois plus de durée qu'un navire construit en chêne. Les Birmans n'ont encore pour concurrents dans cette production si précieuse que les provinces anglaises au delà du Gange, la côte de Malabar et Java. L'élève des animaux domestiques tels que bœufs, buffles, chevaux est très-négligée. L'éléphant ne sert que comme objet de luxe pour la maison impériale, et non comme bête de somme, excepté toutefois dans les provinces de Schan ou Thai. Le mouton et la chèvre ne figurent qu'en petit nombre dans le règne animal. Le pays est très-riche en volatiles; la chasse est abondante. Il n'y a pas d'oiseaux de basse-cour. La pêche est très-productive, le sol de Birmah renferme de l'or, de l'argent, et du platine. La vallée de Koubbo, que baigne le cours supérieur des eaux du Khiendouen, qui se jette dans l'Irawaddi, est le deuxième lieu de l'ancien monde et le troisième lieu de toute la terre où l'on rencontre ce métal (les deux autres sont l'Oural et la Nouvelle-Grenade). Il y a des mines de fer.

Si l'on considère que l'agriculture est chez les Birmans dans un état aussi arriéré, l'on doit encore moins attendre de l'industrie pour la fabrication des étoffes. Entourés de tous côtés par des pays dont les habitants se font remarquer par leur application au travail; à l'ouest par les Hindous, à l'est par les Chinois, il est surprenant que les *Marama's* soient aussi arriérés. Il n'existe guère de métier dans lequel les Birmans se soient élevés au-dessus de la plus humble médiocrité. La filature du coton est chez eux très-imparfaite : la filature de la soie y est à peu près dans l'enfance, à l'exception cependant des produits du Khiän; on en peut dire autant de la teinture et de presque toutes les autres branches des arts industriels, la dorure exceptée. — Le commerce intérieur et extérieur est cependant considérable. Le commerce avec la Chine introduit à Birmah diverses marchandises chinoises, dont la soie écrue forme l'article le plus important, tandis que le principal article d'exportation en Chine est le coton écru. On a estimé la valeur des marchandises qui forment ce mouvement d'échange à un demi-million de piastres environ, ce qui pourrait bien être exact si l'on considère que *Bamou* (ou *Bhaumô*), ville située aux frontières de la Chine sur les bords de l'Irawaddi, est visitée dans la saison pluvieuse par cinq à six mille bateaux chinois venant de Yunnan, et que pendant la saison de sécheresse, de grandes caravanes se croisent dans les montagnes. Bamou est le centre du commerce chinois; c'est une ville de quatorze mille habitants, qui peuvent être considérés comme les plus civilisés de tous les Marama's, ce qu'ils doivent à l'influence de leurs rapports avec les Chinois. Ils s'habillent mieux que les autres Marama's, habitent des maisons spacieuses et commodes, ont un caractère très-doux, et paraissent doués de beaucoup d'intelligence. De Bhamô, ce commerce avec la Chine s'étend plus loin par deux voies; l'une se dirige par l'Irawaddi vers Ava, et généralement à l'intérieur de l'empire; l'autre passe par le nord-ouest, vers Munipour, Djintya, et autres petits États tributaires de l'empire Indo-Britannique, et s'arrête au gouvernement du Bengale. Une grande voie navigable traverse le royaume d'Ava dans toute sa longueur du nord au sud; c'est l'Irawaddi, qui forme l'artère du pays; à son embouchure orientale se trouvent la ville et le port de Rangoun, ayant douze mille habitants. Rangoun jouit à peu près à elle seule du monopole du commerce maritime. Le bois de teck est le plus considérable des articles d'exportation par mer. Birmah reçoit en échange des articles d'origine européenne, mais particulièrement les marchandises provenant des manufactures et fabriques anglaises et des Indes. Le commerce par terre, qui se fait à travers les montagnes, avec les provinces voisines britanniques n'est que de peu d'importance; par contre, le commerce avec le riche voisinage de Siam, qui se fait par Laos, est très-considérable. Dans cette direction se trouvent les villes de *Seinni* et *Monay*. Cette dernière, résidence d'un prince tributaire des Schans ou Thai, est située dans la partie de Laos appartenant à l'empire birman. Comparativement aux autres contrées de l'Inde postérieure, ce pays est très-peuplé. Dans un pourtour de douze milles carrés d'Allemagne on compte, non compris ces deux grandes villes, les villes de *Lagoung*, *Mungpei*, et *Mungnam*, ayant chacune une population de vingt-cinq mille habitants, *Labong* avec une population de quatorze mille habitants et plusieurs autres villes de moindre importance.

Le système despotique qui régit Annam et Siam est aussi celui qui a prévalu dans le Birmah ou Ava (comme on désigne souvent ce royaume d'après le nom de sa capitale). Chaque habitant est la propriété du souverain, qui en dispose librement sans que toutefois les corvées soient organisées d'une manière aussi régulière que dans les deux États précités de l'Inde ultérieure. Aussi la population birmane se divise-t-elle en sept classes. Les membres de la famille royale, les fonctionnaires, les prêtres, les négociants, les propriétaires fonciers et les paysans, les esclaves et les prolétaires. La classe des esclaves est très-nombreuse, et se divise en esclaves temporaires et héréditaires. L'autorité est exercée au nom du roi par deux corps d'État supérieurs, un conseil intime et un conseil d'État, composés chacun de quatre membres. Ils nomment les conseillers intimes, *atwen woun*; et les conseillers d'État, *woun-ghy* ou *wôn-gui*; les gouverneurs de province, *myo woun*. Les princes héréditaires de la province de Schan de Laos portent le titre honorifique de *saub wa* ou *schab wa*. Ces gouverneurs dirigent toutes les branches de l'administration : l'administration de la justice, la levée des impôts, l'autorité militaire et civile. Leur système financier repose sur la violence et la concussion, et chaque fonctionnaire s'efforce d'augmenter ses revenus aux dépens du souverain et des populations. Il n'est pas question d'armée régulière; en cas de nécessité, la population d'hommes en état de porter les armes se rassemble en masse, est armée d'épées, de lances et de quelques armes à feu et envoyée ainsi à l'ennemi afin de le culbuter, s'il se peut, comme le vent disperse les sables du rivage.

Parmi les États qui professent les mêmes principes religieux que le Birmah, ce pays occupe le dernier échelon de l'organisation politique. Il est complétement isolé, sans alliés, sans appui d'aucune puissance influente, et environné d'ennemis. A l'ouest s'étend le vaste Empire Indo-Britannique, qui, de 1824 à 1826, punit sévèrement les Marama's des violences et vexations continuelles qu'ils exerçaient envers ses alliés, et réussit peut-être à les humilier dans leur fol orgueil. A l'est est l'Empire Chinois, qui, à plusieurs reprises, a fait des tentatives pour enlacer le Birmah dans le cercle de ses États tributaires, et en dernier lieu de 1776 à 1780. Birmah est avec Siam dans un état d'hostilité permanent. Depuis la guerre de 1824 à 1826, les rapports entre le royaume Birman et le gouvernement Indo-Britannique se sont améliorés. Les Marama's ont appris à connaître la force matérielle et morale d'un peuple civilisé, et ils ont compris leur infériorité. Depuis cette époque le gouverneur général des Indes Anglaises entretient des relations diplomatiques peu actives avec la cour d'Ava, mais surveille attentivement les dispositions si changeantes de cette cour à demi barbare.

Ava et *Amarapoura* sont deux villes rapprochées l'une de l'autre, situées sur la rive gauche de l'Irawaddi, et alternativement la résidence des rois de Birmah. Ces deux cités et la ville de *Sagaing*, située de l'autre côté du fleuve, ont, dit-on, avec les faubourgs, la population considérable de 354,000 habitants. L'Empire Birman ne compte au total que trente-deux villes, qui toutes ressemblent plutôt à de grands villages qu'à des villes, à l'exception toutefois de celles habitées par les Schans en Laos. Outre celles que nous avons citées plus haut, les suivantes méritent d'être mentionnées, savoir: *Prome*, avec 8,000 habitants; *Montschabo*, *Bassein*, 3,000 habitants; *Martaban*, 1,500. Cette dernière ville, située à l'embouchure du Saluen, vis-à-vis de la province anglaise voisine, se trouve presque entièrement dépeuplée par suite des nombreuses émigrations pour cette province qui ont eu lieu dans ces derniers temps: c'est un fait significatif, dont la mention termine convenablement cette introduction sommaire à l'histoire de l'Empire Birman.

LE ROYAUME DE SIAM.

Cet État est situé au centre de l'Indo-Chine. Il a une étendue de treize mille trois cent trente milles carrés d'Allemagne, et est borné, au *nord*, par la province chinoise de *Yunnan*, à l'*ouest*, par l'Empire *Birman* et les provinces britanniques au delà du Gange, au *sud*, vers la presqu'île de *Malacca*, par les États Malais indépendants, ainsi que par le golfe de *Siam*, et à l'*est* par le royaume d'*Annam*. *Siam* se compose du pays de Siam proprement dit, d'une partie du *Kambodje*, et des pays tributaires de *Laos*, ainsi que des principautés malaises, tributaires, de *Ligor* (*Lakon* en langue siamoise, *Lokuen* en chinois), *Patani*, *Kalantan* (*Ky lian tan*, en chinois), *Tringano* et *Kedda* ou *Quedda*. — L'État de *Siam* proprement dit a une superficie d'environ six mille trois cent quatre-vingts milles carrés allemands, la partie siamoise du *Kambodje* environ neuf cent trente milles carrés, et les États tributaires malais embrassent onze cent dix milles carrés; le *Laos* Siamois compte quatre mille neuf cent dix milles carrés: nous empruntons ces évaluations à Berghaus.

Le royaume de *Siam* paraît être plus peuplé que le Birmah, quoique très-inférieur, sous ce rapport, au royaume annamite. L'estimation la plus élevée de la population donne cinq millions d'habitants, dont un quart de million appartient à la race *malaise*, un demi-million aux populations *chinoises* établies ici, et un quart de million aux peuples sauvages habitant les montagnes à l'intérieur. Les quatre millions restant représentent le chiffre de la population

16.

siamoise y compris les *Kambodjiens*. Les *Siamois* forment une branche de la grande race *mongole*. Ils se nomment eux-mêmes *Thai*, ce qui veut dire *affranchis, libres*, et leur pays, nommé par eux *Muon Thai*, signifie *royaume libre*. Les peuples voisins, tels que les Chinois, les Birmans, les Malais et les Kambodjiens nomment les *Thai, Siuan, Schan* ou *Tschiam* (en Portugais *Sião*), d'où dérive notre dénomination de *Siam*. Les *Thai* ou Siamois forment le peuple dominant dans toute la contrée fluviale du *Ménam*, et s'étendent fort loin jusque dans la province *Yunnan*, où ils sont soumis, sous le nom de *Lolo's*, à la souveraineté immédiate de l'Empire Chinois. Leur langue est, il est vrai, une langue distincte; mais elle comprend une grande quantité de mots des langues *pali, sanskrite* et *chinoise*; quoiqu'elle diffère essentiellement de la langue de leurs voisins à l'ouest, les *Pegouans* et les *Birmans*, elle ne lui en a pas moins emprunté plusieurs mots. — On peut la considérer comme une langue monosyllabique. C'est une langue écrite, possédant sa propre littérature, quoique fort pauvre; elle diffère en cela de la langue *Annamite*. Il existe trois dialectes principaux, celui de *Siam* proprement dit, dans la région du *Ménam* inférieur, celui de *Laos* dans les pays du *Ménam* central et supérieur et du *Maikhong*, jusqu'aux frontières de *Tongking*, et le dialecte des *Pape* et *Lolo's* dans le *Yunnan*.

La langue et la littérature *pali* sont pour *Siam* et *Ava* ce qu'est la langue chinoise pour *Annam*. — C'est la langue prédominante pour toute l'Inde postérieure jusqu'aux frontières de *Cochinchine*; c'est aussi la langue du culte de *Bouddha* et de sa littérature, qui a pris racine dans les pays au delà du Gange, par suite de l'introduction de cette religion. Les Siamois sont plus stricts observateurs des formes extérieures de leur culte que leurs voisins à l'est. Ils ont un nombreux clergé, qui se fait remarquer çà et là par une certaine science dans la sphère de ses attributions; ils possèdent des temples nombreux et bien ornés; mais, tout bien considéré, les *Siamois* sont aussi tièdes *bouddhistes* que les *Annamites*. — Outre les peuples ou tribus déjà nommés, le royaume de Siam renferme encore les *Kariang* et *Lowa* (*Laoua, Lao*, habitants de *Thai* en *Laos*), peuple sauvage et nomade aux frontières de Birmah, dont ils envahissent le territoire; les *Ka*, peuple également sauvage, sur lequel les *Siamois* font la *chasse aux esclaves*, et habitant les montagnes aux confins nord-est de Siam proprement dit; les *Tchong*, formant une peuplade non moins sauvage dans la partie sud-est de Siam. Toutes ces peuplades diffèrent entièrement des Siamois, et même entre elles, tant sous le rapport physique que par le langage, et l'on ne peut encore savoir si elles appartiennent à la race mongole ou à la race caucasienne par alliance avec la race hindoue. — Enfin, il reste encore à mentionner la race noire ou les *Negritos*, que l'on appelle communément du nom malais *Papouah*, ce qui veut dire *cheveux crépus*. Un débris peu considérable de cette race vit, sous les noms de *Samangs* et *Bilas*, en peuple sauvage et chasseur, dans les pays montagneux des districts malais, au sud du royaume de Siam. — En dehors de ces peuples indigènes, parmi lesquels les Malais professent la religion mahométane et prennent une part importante dans les affaires publiques, il existe encore des Hindous appartenant au culte de *Brahma* et quelques milliers de descendants d'anciens colons portugais, qui ont conservé la langue de leurs pères, et professent le christianisme, qui à Siam a fait fort peu de progrès. L'Église catholique romaine entretient depuis cent quatre-vingts ans des missions à Siam. — Les fidèles de cette Église sont au nombre de deux mille deux cent quarante pour tout le pays, parmi lesquels sont compris huit cents *Annamites* qui se sont établis ici depuis peu d'années. Il existe des communes chrétiennes (*chrétiennetés*, selon le langage des missionnaires) à *Ayouthia*, à *Tschantabon* (une dans chaque endroit) et trois à *Bangkok*. Beaucoup de ces chrétiens sont, comme il a été dit plus haut, des descendants de Portugais qui vivaient avec des femmes indigènes, et quelques *bouddhistes* convertis. — Sous le rapport de la vie sociale ils sont encore au-dessous des Siamois, et, dans toute la population de *Bangkok*, il n'y a pas de gens plus mal élevés. Les enfants ne reçoivent aucune instruction ; leur éducation morale ne fait aucun progrès, et leur instruction chrétienne est très-limitée; les habitudes industrieuses de la population chinoise leur sont inconnues; mais d'un autre côté ils sont très-forts pour les niaiseries qui accompagnent ici les cérémonies religieuses, et sous ce rapport ils dépassent de beaucoup les *bouddhistes*; les processions avec étalage d'un grand luxe sont des choses indispensables lors des fêtes de l'Église romaine. Des missionnaires protestants, principalement des États-Unis de l'Amérique du Nord, se sont établis à *Bangkok*; ils paraissent avoir été bien accueillis par le peuple et principalement par les Chinois.

Les Chinois établis à *Siam* ont relevé l'économie politique de cet État. Ce sont eux, en effet, qui ont fait revivre l'agriculture, dont les produits sont les mêmes qu'à *Annam*, l'exploitation des métaux précieux et du zinc (dans la presqu'île malaise) et l'industrie en général : tous les travaux sont sous l'influence de leur activité. Le Siamois, ainsi que l'*Annamite*, soumis aux corvées, est condamné par un gouvernement despotique (qui accorde cependant de grands priviléges aux Chinois et se sert même de leur appui comme fonctionnaires), à un état d'abrutissement et d'ineptie. La situation du peuple de *Laos* paraît être meilleure, parce que, par suite de son éloignement, le despotisme siamois n'a pas exercé une influence aussi grande sur son organisation, ce pays devant être considéré plutôt comme tributaire; une de ses parties, le *Zemmaï*, peut même être regardée depuis quelque temps comme indépendante de l'Empire Siamois. — Malgré toutes les entraves auxquelles il est sujet, le commerce intérieur et extérieur est très-important; mais ici encore les Chinois jouent le principal rôle ; le commerce par terre et par mer est entre leurs mains. Les Siamois, par suite de leurs institutions politiques, ne prennent presque aucune part au commerce maritime, si ce n'est cependant le cabotage, qui se fait principalement par un grand nombre de mariniers siamois.

Bangkok est le seul port du pays pour le commerce extérieur; il est aussi le plus important des ports, dans les eaux de l'Inde postérieure, qui sont en rapports directs avec les ports de la Chine méridionale, particulièrement avec ceux à l'est de Canton, avec la Cochinchine, avec les pays malais de la presqu'île et de l'archipel, avec *Manille* et *Singapore*, et même avec *Batavia*. Des navires chinois, c'est-à-dire des navires navigant sous pavillon chinois, prennent part à ce commerce. Il n'est pas rare de voir à Bangkok des navires européens navigant sous pavillon anglais, hollandais, espagnol et portugais et venant des possessions de ces puissances dans l'Inde, quoique les affaires soient difficiles, à cause du système de monopole adopté par le roi de Siam, comme par tant d'autres petits souverains de l'extrême Orient qui se sont faits négociants. Le commerce intérieur est facilité par le fleuve Ménam et ses branches. Cependant, là où les marchandises ne peuvent se transporter par eau, on emploie comme bêtes de somme, dans les provinces méridionales, l'éléphant, et dans le nord, à *Laos*, le cheval et la mule. Ces deux derniers animaux servent au commerce qui se fait avec la province de *Yunnan*, avec *Birmah* et les provinces britanniques au delà du Gange, et avec *Maulmein*, à l'embouchure du *Saluen*. Ce commerce, fort considérable, a, dans ces derniers temps, ouvert la route aux produits des manufactures anglaises vers les provinces sud-ouest de la Chine.

La forme de gouvernement est la même à Siam qu'à Annam ; mais le système despotique y domine encore plus, s'il est possible; à Siam tout le monde est esclave, sans distinction de classe; chacun est avec son bien et sa personne la propriété de l'autocrate, qui prend le titre de *Kong-Louang*, ce qui veut dire potentat, tout-puissant, infaillible, et qui en effet est considéré comme un être supérieur. Le *Siam* proprement dit est, ainsi que le *Kambodje*, sous la dépendance immédiate du roi, qui y exerce son pouvoir par l'entremise de ses ministres ou *phrias*, et dans les provinces par des *tschao mouang*'s, ou vice-rois. Il change ces fonctionnaires à volonté. A *Laos*, divisé en quatre provinces : *Zemmaï*, *Lanschan*, *Pasak* et *Louang Prahbang*, le gouvernement est entre les mains de princes héréditaires, qui portent le titre de *tschao-peia* ou *tschob-wa* (en birman), et doivent être considérés non pas comme des fonctionnaires sous la dépendance immédiate du *kong-Louang*, mais comme des vice-rois tributaires. Il en est de même des pays malais, à l'exception toutefois de *Patani*, qui forme une province immédiate de l'Empire. Les Chinois sont exemptés du service des corvées, moyennant un impôt personnel. Les revenus de l'État de Siam sont évalués à 22 millions de piastres. Il n'existe pas de milice régulière, parce que le despote craint de voir éclater des révoltes dans l'armée; des troupes indisciplinées forment la garde de l'autocrate, qui, en cas de besoin, sait en peu de temps mettre sur pied une armée, qui alors est composée en majeure partie de fantassins armés d'épées, de lances ou de mousquets.

Bangkok, située à peu de distance de l'embouchure du *Ménam*, est la capitale du royaume, et peut être considérée comme la ville la plus grande et la plus peuplée des pays de l'Inde postérieure ; elle compte, dit-on, quatre cent mille habitants dont les neuf dixièmes sont chinois (1). Outre les villes déjà citées de *Ayouthia*, avec cent vingt mille habitants, et de *Tschantabon*, l'État de Siam proprement dit n'a pas de villes importantes.

En *Laos* il y a des villes passablement bien peuplées : *Zemmaï*, nommée par les *Thaï* de Siam *Tschengmaï*, avec vingt-cinq mille habitants : c'est le centre du commerce de Siam avec la Chine et l'Empire Birman; *Lanschan*, autre ville des principautés de *Laos*, située sur le *Maikhong*, etc.

(1) Nous nous défions de ces évaluations dans ces régions à demi barbares de l'extrême Orient, où les préjugés, les habitudes locales et l'imperfection des moyens d'administration ne permettent que d'assez vagues approximations. La population du Bangkok doit cependant être très-considérable.

LE ROYAUME D'ANNAM OU COCHINCHINE.

Ce pays, composé des États de *Tongking*, *Cochinchine*, d'une partie de l'ancien royaume de *Kambodje*, ainsi que des deux petits États montagneux de *Tschampa* ou *Tsiampa*, et de *Moï*, s'étend le long de la côte orientale de la presqu'île de l'Inde postérieure, et a une superficie de neuf mille sept cent milles carrés allemands. Il est borné au *nord* par la Chine, à l'*ouest* par Siam, et est baigné des deux autres côtés par la mer de Chine.

Les données relatives à la population sont très-vagues. On peut toutefois tenir pour certain que la partie septentrionale, ou vice-royauté de *Tongking*, est très-peuplée, tandis qu'au contraire la population est peu considérable dans la partie du centre, ou *Cochinchine*, et dans la partie du sud, ou vice-royauté de *Kambodje*. Selon certains observateurs, le *Tongking* aurait, pour sa superficie de trois mille trois cents milles carrés d'Allemagne, dix-huit millions d'habitants; la *Cochinchine*, pour deux mille six cent quarante milles carrés, un million et demi; et *Kambodje*, pour deux mille neuf cent milles carrés, n'aurait qu'un million. Une évaluation approximative de la population de tout l'empire la porte à onze millions. Crawfurd, dont Ritter partage l'opinion, ne l'évalue pas à plus de cinq millions deux cent mille. — Peut-être se rapproche-t-il, en effet, de la vérité, car il est peu probable que sous une administration tyrannique et spoliatrice la population prenne un développement normal. Les *Annamites* sont les habitants de *Ngan-nan*; nom chinois du *Tongking* et de la *Cochinchine*; ce dernier nom est inconnu dans le pays; il dérive de la dénomination chinoise de *Kue-tscheng-tsching*, ce qui signifie royaume de *Tschen-Tsching*, c'est-à-dire *Tschampa*, et a été changé par les Portugais, les premiers explorateurs de l'Inde, en *Cochinchine*. Toutefois le nom chinois de la *Cochinchine* est *Kuang nan*. Les *Tongkinois* et les *Cochinchinois* forment un peuple uni par une même langue et appartiennent à la race mongole. Leur langue est monosyllabique, et a beaucoup de rapports avec les dialectes chinois : aussi a-t-elle pris rang, au moyen des caractères chinois, au nombre des langues écrites ; cependant sa littérature est nulle. Les *Annamites* puisent leur instruction dans des livres chinois ; ce royaume est placé sous ce rapport dans les mêmes conditions qu'une province chinoise. Les *Kambodjiens*, nommés par les Chinois au treizième siècle *Kan phon tsche*, et par les Chinois actuels *Tung-pu Tschai*, par les Annamites *Kaomen*, et par eux-mêmes *Kammer*, paraissent former une branche de la famille *Annamite*, et leur langue ne semble s'écarter de la langue *annamite* que par une différence de dialecte. Outre ces deux nations principales de *Cochinchine*, on distingue les *Loï*, habitant l'État jadis indépendant de *Tschampa*. Ils parlent leur langue particulière, mais ils n'ont pas encore été étudiés sous le rapport ethnographique ; il en est de même de l'État de *Moï*, le quatrième peuple primitif d'*Annam*, dont on ne connaît que le nom. Les étrangers établis à *Annam* comme colons sont les Chinois, les Malais et les Européens. Les premiers sont les plus nombreux ; toutefois les Européens, qui dès le seizième siècle se sont introduits à *Annam* comme missionnaires de l'Église catholique romaine n'ont pas laissé que d'avoir quelque influence sur les rapports politiques du royaume, influence exercée alternativement par les Français, les Espagnols et les Portugais. Leur propagande a eu pour résultat que le nombre des chrétiens *annamites* pouvait être évalué il y a quelque années à plus d'un demi-million (1) ; ils vivent entourés du mépris de leurs compatriotes. Quant à la forme, les *Annamites* sont *Bouddhistes* ; mais, quant au fond, ils n'ont aucune religion ; ils n'ont que peu ou pas de prêtres ou de catéchistes ; chacun vit au jour le jour, sans se préoccuper du salut de l'âme ; sans les idoles de *Bouddha*, qui sont répandues dans le pays, on ne pourrait supposer que le bouddhisme, qui probablement leur est venu de Chine, ait eu accès parmi eux. La petite colonie malaise établie sur la côte de *Kambodje* professe la religion mahométane. Les *Loï*, dont l'idiome diffère essentiellement de celui des *Annamites*, paraissent être plus stricts observateurs du culte de *Bouddha*.

Quoique l'agriculture n'ait pas atteint en Cochinchine le degré de perfection où elle est portée en Chine ; on ne peut contester que les *Annamites* n'aient fait de grands progrès dans les travaux agricoles et industriels, et ne surpassent de beaucoup à cet égard tous les peuples de l'Inde postérieure et les peuples indépendants de l'Archipel.

Le riz, principal produit alimentaire, est cultivé avec beaucoup de soins depuis les plaines de *Tongking* et *Kambodje* jusqu'au sommet des montagnes de *Cochinchine*. On s'occupe aussi avec zèle de la culture des *cocotiers*, des *arékiers*, des *bananiers*. La canne à sucre est très-répandue, et la fabrication du sucre occupe un grand nombre de bras ; mais elle ne produit pas de résultats bien importants, parce que les procédés d'extraction et de cuisson y sont encore très-imparfaits. Le cannellier est cultivé en *Cochinchine* et dans le *Kambodje* ainsi que le thé et le poivrier. On cultive le coton dans tout le royaume. — *Kambodje* est renommé pour ses magnifiques forêts, qui produisent le plus beau bois de charpente et une quantité d'autres bois utiles ou précieux. On distingue particulièrement le bois d'*aigle*, espèce d'*aloès* (*aquillaria agullocha*, Roxb.), qui, à cause de son parfum, constitue un des principaux objets de commerce ; on l'exporte jusqu'à la Mecque et dans des parties encore plus reculées de l'Asie orientale. L'élève des vers à soie constitue l'une des industries les plus répandues, et forme, avec le tissage de la soie, l'art le plus perfectionné, quoique la matière brute ou fabriquée ne puisse encore atteindre la perfection des produits chinois. Le buffle est le plus précieux des animaux domestiques, principalement à *Kambodje* et dans les provinces méridionales de *Cochinchine* : dans le nord il s'abâtardit ; c'est la véritable bête de labour avec le bœuf ; le cheval à *Annam* est petit et sans vigueur ; l'éléphant est en général la bête de somme. La volaille et les oiseaux de

---

(1) Les rapports des missionnaires en 1844 portaient le nombre des chrétiens dans l'Empire Annamite à près d'un million.

basse-cour sont très-répandus et très-beaux; nulle part on ne trouve d'aussi belles poules (la poule ordinaire et le faisan) qu'en Cochinchine : on les recherche surtout pour les combats de coqs, qui forment un des principaux amusements des *Annamites* et des Chinois. La chasse est abondante et la pêche a une grande importance. — Outre le tissage de la soie, les manufactures de coton, toutefois sans application de couleurs, forment la principale industrie. Les marchandises vernies (laquées?) de *Tongking* sont de qualité supérieure. — A l'exception de la fonte des canons, introduite par des Français, la fabrication d'objets en métal n'a pas été poussée fort loin. — On exploite quelques mines d'or et d'argent dans les provinces septentrionales. — Il y a aussi des mines de fer et quelque peu d'étain. — Dans l'empire d'Annam, comme dans les autres États de l'Indo-Chine, ces exploitations sont entre les mains des Chinois. — Tout bien considéré, l'industrie est moins avancée que l'agriculture. Les lois défendent aux *Annamites* de sortir du royaume. C'est pourquoi leur commerce se borne à l'intérieur; et ce n'est que dans des cas particuliers, et avec une autorisation spéciale du gouvernement, qu'ils se livrent au commerce extérieur, qui est aujourd'hui entièrement entre les mains des Chinois, et qui se fait tant avec la Chine, qu'avec Siam, les possessions britanniques, les détroit de Malacca, Singapore, et les Indes néerlandaises. Le cabotage intérieur est très-important, et se fait par les *Annamites*, qui se montrent bons et habiles matelots. Les principales places de commerce sont *Kescho* en *Tongking*; *Huë*, *Faifo*, *Quinhone*, *Fu-jen*, *Ia-Thrang*, en *Cochinchine* ; *Sai-Goun* et *Kangkao* en *Kambodje*. Les nations chrétiennes ne prennent part que de temps à autre au commerce direct avec *Annam*; ce sont les vaisseaux hollandais, français, anglais et anglo-américains qui apparaissent de temps en temps dans les ports de *Cochinchine*.

La forme de gouvernement du royaume d'*Annam* est celle d'une monarchie absolue, despotique et même tyrannique, où tout dépend du bon plaisir du *hoangti*, c'est-à-dire autocrate, dont les volontés ne fléchissent que devant les anciens usages et la crainte d'une révolte possible. Il y a deux castes, la caste des *mandarins*, qui, comme en Chine, compose la *noblesse fonctionnaire* et se divise en dix classes, et la caste du peuple. Le maintien des charges de mandarins dans les familles dépend de l'accroissement de revenu que l'on procure à l'État ou plutôt au prince qui représente l'État. Tout individu âgé de seize à soixante ans doit un service personnel à l'État; cette obligation ne se borne pas seulement au service militaire, mais s'étend à tous les travaux publics, les routes, les ponts, les canaux et le service maritime, ainsi que le service des mandarins, etc., et forme par conséquent une corvée de la pire espèce. Le souverain se sert pour faire exécuter ses volontés d'un ministère composé de six membres. Dans chacune des provinces qui forment les subdivisions de l'empire (*Tongking*, quinze; *Cochinchine*, sept; *Kambodje*, six) il y a un mandarin militaire, placé à la tête de l'administration, qui partage ses pouvoirs avec deux mandarins civils. Chaque province est divisée à son tour en trois *hou-jen*, ou cercles, et chacun de ces *hou-jen* en quatre *fou*, ou districts. Les administrateurs des villages sont choisis par les habitants. Les lois sont les mêmes qu'en Chine; mais elles sont appliquées plus mal et avec plus de partialité, et le bambou y joue le principal rôle pour le jeune homme comme pour le vieillard, pour le plus humble sujet comme pour le premier ministre; personne n'est à l'abri de la bastonnade. Un peuple d'esclaves châtié de cette manière ne doit être classé que parmi les peuples à moitié civilisés. Cependant les *Annamites* sont assez bons soldats, et se distinguent en cela d'une manière très-avantageuse des lâches Chinois. L'armée, organisée dans l'origine à l'européenne par les Français, s'élève, dit-on, à cinquante mille hommes; la marine est assez importante; elle consiste en quelques corvettes, de petites chaloupes canonnières au nombre d'environ deux cents, et plusieurs centaines de bateaux à rames. On a pourvu à la défense du pays par des forts construits à l'européenne. Outre les services personnels dont l'*Annamite* est passible envers l'État, il est encore soumis à une contribution en argent, aux impôts sur les personnes et les terres, aux droits de douane, aux impôts extraordinaires ; cependant ces impôts sont modérés. Le droit minime qui est imposé aux navires chinois s'étend aussi aux bâtiments chrétiens.

La capitale de l'empire est *Hué* en *Cochinchine*, avec une population de trente mille habitants. Les autres villes principales de cette partie du pays sont *Nathrang*, *Fai-fo*, *Han-san* ou *Turon*. *Kescho* est la capitale du *Tongking*, et *Pingeh* celle de *Kambodje*; la principale place de commerce dans ce dernier gouvernement est *Saigoun*, ayant une population de cent quatre-vingt mille habitants, située tout près de *Pingeh*. — *Panompeng*, ci-devant capitale de l'ancien royaume de *Kambodje*, est située assez loin de ces deux villes, dans le nord-ouest, sur le Maikông, et compte trente mille habitants.

Nous nous sommes attaché, dans cette introduction, à résumer les principaux faits géographiques et ethnographiques propres à donner une idée exacte de ce que les relations les plus récentes nous ont appris sur l'état actuel de l'Indo-Chine. — Les difficultés que tout critique consciencieux rencontre dans un travail de ce genre s'augmentent ici de la multiplicité et de la diversité des témoignages. — Les documents qu'il faut consulter et comparer, lors même qu'ils se rapportent au même état, embrassent des localités très-imparfaitement connues et des peuplades que la conquête a placées dans la dépendance plus ou moins ancienne, plus ou moins complète, du peuple principal qui donne son nom à l'État. — C'est ce qui fait que, selon l'expression de Ritter, les pays de l'Inde postérieure vous apparaissent comme une mosaïque, à couleurs variées, due aux travaux de plusieurs siècles et dont plusieurs parties ont été laissées dans l'ombre. — Cependant les travaux des vingt ou vingt-cinq dernières années ont beaucoup éclairci certains points de la géographie et de l'histoire de l'Indo-Chine, surtout en ce qui touche aux contrées maritimes. — Les provinces intérieures sont encore très-imparfaitement connues, et toute la zone montagneuse qui sert de transition du massif central de l'Asie aux chaînes méridiennes et au domaine moyen des grands fleuves parallèles de cette partie de l'extrême orient, est à peu près inexplorée (1).

(1) En suivant la direction donnée par la haute chaîne de montagnes qui forme le bord sud du massif de l'Himalaya, et si nous considérons cette chaîne comme la limite naturelle de l'Indo-Chine du côté du nord, nous trouvons sous le même parallèle, aux extrémités ouest et est, les deux grands systèmes fluviaux du Brahmapouttra dans l'Inde anglaise et du grand Kiang en Chine. — Si, dans le but de préciser la longueur de la base que nous venons d'indiquer, on adopte comme points extrêmes l'embouchure commune du Brahmapouttra et du Gange (la *Megna*), et celle du fleuve limite, beaucoup plus petit, le Ngau nan Kiang, qui sépare le Tongking de la Chine, la distance directe de ces deux embouchures, de l'est à l'ouest, c'est-à-dire un arc de dix-huit degrés de longitude environ (ou de 230 milles ou lieues géographiques d'Allemagne, 170 myriamètres), marquera la plus grande largeur de l'Indo-Chine. — Plus loin, vers le sud, cette largeur diminue; sous le parallèle du golfe de Martaban (sous le 17e degré de latitude septent.) elle n'est plus, de l'ouest à l'est, que de cent trente-sept myriamètres environ; au parallèle du golfe de Siam (14° latitude sept.) elle n'est plus que de cent dix-neuf myriamètres. De là elle se resserre tout à coup, et arrive à des dimensions très-minimes dans la presqu'île Malaise (qui, dans une direction oblique au méridien, occupe une étendue en longueur de plus de 200 milles géographiques); car cette presqu'île ne conserve qu'une largeur moyenne d'environ vingt-cinq milles géographiques, bien qu'elle se resserre encore (sous le neuvième degré de latitude sept., à Ligor et au détroit de Krah) jusqu'à un minimum de dix milles géographiques. Le maximum de sa largeur croissante, vers l'extrémité sud, dans la direction de Malacca, est, sous le 4e degré 50' de latitude septent., de quarante-trois milles géographiques. La longueur totale de la grande presqu'île Indo-Chinoise, depuis le pied de la chaîne des montagnes Neigeuses, entre les monts Langtam et Talifou, jusqu'à la pointe méridionale de. Singapore, est de plus de quatre cents milles géographiques (296 myriamètres). On peut concevoir, d'après ces données, que l'ensemble de ces démembre-

Il résulte de cette pénurie de renseignements précis et de données scientifiques, que nous ne pouvions prétendre à donner une description générale de l'Inde postérieure qui fît connaître l'ensemble organique de cette région et permît de lui assigner nettement sa place d'après son importance géologique, comme aussi d'indiquer clairement le rôle qu'elle a joué dans le passé et celui qui lui est destiné dans l'avenir de l'humanité. Nous ne pouvons, par les mêmes motifs, promettre à nos lecteurs une description complète de l'une quelconque des grandes divisions que nous avons signalées. — Nous nous efforcerons toutefois, en mettant à contribution les relations des voyageurs anciens et modernes, en nous appuyant de tous les documents que la guerre ou la diplomatie ont fait entrer dans le domaine de la publicité, de donner une idée exacte de la constitution physique et de l'état intellectuel de chaque pays, de ses ressources naturelles et de son industrie, de son gouvernement; enfin du caractère des habitants, de leurs mœurs et de leurs coutumes.

BIRMAH.

OROGRAPHIE ET HYDROGRAPHIE.

Des trois principales divisions que la nature aussi bien que la politique semblent avoir formées dans la vaste région ments du continent asiatique qui constituent l'Indo-Chine ne le cède pas en étendue superficielle (comme l'établissent Berghaus et Ritter) à tout le pays de montagnes de l'Europe, depuis l'angle nord-ouest de la mer Adriatique et l'angle sud-ouest du golfe Baltique, à l'embouchure de la Trave, jusqu'à la pointe sud-ouest du Portugal. Selon les calculs faits sur la carte de Berghaus (a), la superficie de l'Inde postérieure est de plus de quarante mille lieues géographiques carrées (40,322); et en déduisant la langue de terre malaie, d'environ quatre mille lieues carrées, il resterait encore pour le continent d'Indo-Chine une surface de trente-six mille lieues géographiques carrées, ou l'étendue de l'Espagne, de la France, de l'Allemagne et de l'Italie, et si l'on comprend la presqu'île malaise dans le calcul, on obtiendra en sus l'étendue de la Grande-Bretagne.

(a) H. Berghaus, *Mémoire géograph. et hydrographique sur la carte de l'Inde postérieure*, p. 22.

qu'arrosent l'Irrawaddy, le Maï-Nam et le Maï-Kong, celle que la guerre, le commerce et les explorations isolées ont contribué à faire le mieux connaître, dans ces derniers temps, est l'Empire Birman.

Nous avons indiqué dans l'Introduction les limites de cet État, son étendue, les principaux traits de sa topographie, etc. Nous devons, en revenant spécialement sur ce sujet, entrer dans quelques détails que nous suggère la savante carte de Berghaus, que nous avons en ce moment sous les yeux, et le résumé que Ritter a tracé, avec sa supériorité accoutumée, de toutes les recherches et observations de quelque valeur antérieures à 1834.

La carte de Berghaus, immense travail où cet éminent géographe a cherché à résumer non-seulement les observations les plus exactes, mais encore les indications fournies par les indigènes aussi bien que par les voyageurs les plus intelligents, doit être considérée comme conjecturale dans plusieurs de ses parties. Néanmoins, les traits principaux du relief du pays et des systèmes fluviaux qui s'y rattachent y sont tracés avec assez de certitude pour qu'on puisse les étudier avec fruit. Ce qui doit frapper l'observateur le plus superficiel au premier coup d'œil jeté sur l'ensemble des contrées indo-chinoises, c'est l'étrangeté grandiose du contour qui les termine du côté de l'Océan et le parallélisme sensible des grandes chaînes de montagnes comme aussi celui des cours d'eau gigantesques qui les sillonnent. Il est bien difficile, pour le dire en passant, de se refuser à l'idée que ce phénomène géologique est le résultat d'un immense soulèvement lié au gonflement primordial de la masse centrale du plateau de la haute Asie.

Quatre des golfes de la mer des Indes, qui s'enfoncent profondément dans le continent du sud au nord, savoir : le golfe de Tong-King, la baie de Siam, le golfe de Martaban et celui de Bengale, isolent en partie l'Inde postérieure du continent, et la partagent du côté de la mer en ses trois grandes parties principales; tandis que du côté du continent ils font ressortir les vallées et les systèmes fluviaux grands et petits qui y aboutissent du nord au sud. Le développement de côtes qui résulte de cette irruption de golfes n'est pas, selon Berghaus, de moins de quatorze cent soixante-sept milles ou lieues géographiques d'Allemagne de quinze au degré. La ligne de côtes la plus courte (de 540 milles géog. environ) forme les limites de la baie de Bengale, qui pénètre par le golfe de Martaban dans la côte ouest de la presqu'île ; la plus longue, d'au moins neuf cent milles, entoure la mer de Chine depuis le cap Romania jusqu'aux frontières de la Chine.

La côte sud de la presqu'île de Malacca, vers le détroit de Malacca, occupe à peine vingt milles géog. — Parmi les trois golfes qui s'enfoncent dans la forme de la presqu'île indo-chinoise, celui de Tong-King occupe dans la vaste courbure de ses côtes une ligne de cent soixante-trois milles géog. (du cap Turon jusqu'à l'embouchure du Ngan-nan-Kiang) ; le grand golfe ou baie de Siam, moins ouvert, mais beaucoup plus profond, offre un développement de trois cents lieues géog. (du cap Pantani sur la langue de terre de Malacca au sud-ouest jusqu'au promontoire de Kambodje au nord-ouest), tandis que le golfe occidental de Martaban, le plus petit des trois et se terminant en un angle plus aigu, n'occupe pas tout à fait cent lieues de côtes, du cap Negrais par delà les embouchures de l'Irrawaddi jusqu'à l'embouchure du fleuve Setang, dans l'angle le plus avancé du golfe, et de là jusqu'à l'embouchure du fleuve Saluaen. Le golfe de Martaban, bien que le plus petit des trois, nous paraît le plus important au point de vue hydrographique, car deux grands fleuves (dont l'un, l'Irrawaddi, est certainement l'un des cours d'eau les plus gigantesques du globe, si, comme on le suppose, sa branche principale a sa source au Tibet), et un troisième, considérable par le volume de son cours inférieur (*Setang* ou *Zittang*), lui apportent le tribut de leurs eaux. Le bassin dans lequel se développe ce système fluvial avec une exubérance si remarquable est formé par deux grandes chaînes de montagnes que nous avons déjà indiquées, mais dont nous devons dire encore quelques mots.

L'une, la chaîne de montagnes côtières d'Arrakan, est la première des grandes chaînes méridiennes qui caractérisent l'Indo-Chine. Si nous la suivons à partir du cap Negrais, nous la voyons se diriger vers le nord en plusieurs lignes parallèles, qui descendent jusqu'à la mer du côté de l'ouest, et, tombant ensuite dans la vallée du fleuve d'Arrakan, elle va se joindre aux hautes terres de Manipour et de Nora (1). Elle est plus exactement connue depuis qu'elle a été plusieurs fois traversée pendant la dernière expédition des Anglais contre les Birmans. Le fleuve d'Arrakan, *Koladyng*, le premier des fleuves parallèles de l'Indo-Chine, est un des moins longs ; cependant il n'est pas sans importance : il a sa source dans la partie sud du haut pays de Manipour, et sépare plus loin, au nord-ouest, le pays coupé de Tchittagong, qui occupe le bas du pays montagneux au fond du golfe de Bengale, à l'est des bouches du Gange, et va s'appuyer aux montagnes les plus orientales de Garrou, du pays élevé au sud d'Assam, où règnent (au nord-ouest de l'Empire Birman) beaucoup de petits princes et chefs qui, depuis la dernière guerre, se sont rangés sous la protection des Anglais. Le groupe nord-ouest du haut pays se lie avec plusieurs provinces montagneuses pour former un large plateau que le fleuve Brahmapoutra entame d'abord à l'ouest, et, depuis Goalpara, au sud-ouest, pour atteindre enfin la direction normale du fleuve voisin, qu'il conserve (sur une courte longueur, il est vrai) jusqu'à son embouchure dans le golfe de Bengale.

La chaîne de montagnes qui trace la démarcation entre le *Saluaen* et l'*Irrawaddi*, ou chaîne de montagnes d'Ava,

(1) Il est digne de remarque que les deux systèmes méridiens et opposés qui bordent le golfe de Bengale sont accompagnés symétriquement, vers leur extrémité et à leur pente sous-marine occidentale, de traînées d'innombrables îles ou îlots dirigées nord et sud. Ainsi, à l'ouest de la chaîne des Ghâtes, les îles Laquedives, Maldives et Chagos ; dans le prolongement de la chaîne des monts d'Arrakan, les Preparis, les Andaman et les Nikobars, sont les manifestations de rides parallèles, de longues crevasses sur lesquelles ont surgi, au fond de l'Océan, des roches ignées et volcaniques, dont les sommets, dans la suite des siècles, se sont couverts de coraux (*a*).

(*a*) Voir sur l'orographie de l'Asie, d'Archiac, *Histoire des progrès de la géologie* ; Paris, 1847, in-8°.

qui sépare aussi les peuples moins connus du *Schanwa* à l'est, des *Mranma's*, (*Bramas, Barmas*) ou Birmans, à l'ouest, et du Pégou vers le sud-ouest, est la seconde des grandes chaînes qui sillonnent l'Indo-Chine du nord au sud. C'est elle qui s'élève, au nord-ouest d'Ava, capitale du pays, de 1,300 à 1,600 mètres au-dessus du niveau de la mer, et qui fut vue dans la dernière mission anglaise, sous J. Crawfurd, en 1826, par le célèbre botaniste Wallich (1), dans une expédition très-instructive mais trop courte, entreprise dans un but d'exploration scientifique. Nous n'avons que des conjectures sur le reste du pays, vers le nord, jusqu'à la jonction avec la chaîne de montagnes neigeuses au nord de *Teng-yuc-tschu*. Si l'embranchement nord se continue sur la rive occidentale du grand fleuve Irrawaddi (selon Berghaus et Klaproth), alors la courbure occidentale de l'Irrawaddy devrait, au-dessus de *Bhanmo* (ou *Bhamô*), couper d'abord cette chaîne méridienne par une violente rupture transversale, pour entrer bien avant dans la province d'Ava. Nous ne savons pas que jusqu'ici on ait rien appris de positif sur l'existence d'une pareille vallée transversale. Nous ne pouvons également que former des conjectures sur la continuation de cette chaîne de montagnes-limites au sud de la capitale du pays, Ava, jusqu'à l'angle le plus enfoncé du golfe de Martaban. Les anciennes cartes faisaient passer un prétendu fleuve Pégou à travers le milieu de cette chaîne ; il paraît cependant que sous le vingtième degré de latitude septentrionale elle présenterait un encaissement d'où, comme point de partage, sortiraient : au nord, un cours d'eau qui se dirige vers Ava et que Crawfurd appelle *Pan-laung* ; au sud-est, la *Yungzalaen* (*Mohia* de Crawfurd, *Mobraeh* de Berghaus), qui court se joindre au Saluaen ; au sud-ouest, enfin, la source principale du fleuve parallèle voisin, le Setang, qui reçoit aussi dans son cours supérieur le nom de *Pan-laung*, et se jette dans l'angle le plus enfoncé du golfe de Martaban. Selon la carte de Crawfurd, ce serait à ce point de partage que se trouverait le lac des montagnes, *Gnaunrue*, que la carte de l'Inde postérieure de Berghaus ne donne qu'hypothétiquement et qui figure parmi un grand nombre de figures anastomoses, hypothétiques, du pays des Birmans, qui ne nous sont connues que par les récits des indigènes. Il est certain toutefois que cette chaîne de montagnes-limites s'étend au sud, jusqu'aux côtes de la mer, sur la rive orientale de l'embouchure du fleuve Setang, puisque, selon Fr. Hamilton, du temple *Schue modo*, dans la capitale de Pégou, on en découvre dans la direction de l'est, les sommets élevés que l'on appelle dans le pays la chaîne de montagnes de *Zingi* ou *Zingai*. Le grand fleuve d'Ava, l'Irrawaddi, ce puissant fleuve des Birmans, le second des remarquables fleuves parallèles, mais (dans ses formes colossales) le premier des quatre grands fleuves de l'Indo-Chine, occupe à peu près dans son cours inférieur le centre de ce riche bassin dont nous venons de préciser les limites. Le système fluvial de l'Irrawaddi est, sans contredit, le plus remarquable de la presqu'île Indo-Chinoise, au point de vue historique comme sous le rapport géologique. Il est le plus exactement exploré, ayant été étudié dans son cours inférieur et moyen par l'expédition anglaise dans la mémorable campagne contre les Birmans. Une partie de son cours supérieur est, dit-on, assez clairement tracée jusqu'à une source ; mais une branche orientale, s'il faut en croire les géographes chinois, s'enfonce dans le nord, et se tournant ensuite vers l'ouest pénètre dans le Tibet, qu'elle traverse en entier.

Sur le domaine moyen de ce roi des fleuves de l'Indo-Chine se trouvent les plaines cultivées et assez bien connues des capitales Ava et Amarapoura ; à son cours inférieur, compliqué d'innombrables embranchements et anastomoses, sont les bas-fonds du delta. Mais à ceux-ci se joint, du côté de l'est, un pays à gradins montagneux, qui remplit le territoire entre Ava et Pégou de ses surfaces nombreuses et accidentées, s'appuyant à l'est à la chaîne de montagnes limites d'Ava, autour de la source du

---

(1) Excursion du docteur Wallich, *Journal d'une ambassade à la cour d'Ava*, de J. Crawfurd ; Londres, 1829, pages 267 à 273.

Setang, et tombant à l'ouest, aux environs de l'ancienne capitale du Pégou, dans les bas-fonds de l'Irrawaddy; c'est la contrée que Ritter désigne sous le nom de bas-plateau du Pégou et que Berghaus appelle bas-plateau d'Ava. C'est par là et par la côte d'Arrakan que les Européens ont pénétré chez ces peuples semi-barbares, et leurs premiers établissements ont servi de point d'appui moins encore, comme nous le verrons bientôt, aux entreprises commerciales, qu'aux intrigues politiques et aux luttes sanglantes qui ont désolé ces contrées.

HISTOIRE DES BIRMANS.

Le nom indigène du pays improprement appelé Ava est, selon Buchanan, *My-am-ma* : les Chinois le connaissent sous le nom de *Mien-Tien* ou *Zo-Mien*. Nous devons la première connaissance que nous ayons de ce pays aux voyages de Marco-Polo, qui donne le récit d'une mémorable bataille qui eut lieu en 1272, dans la province de Vochang ou Yunshang, entre le grand khan et le roi de *Mien* et *Bangala*, dans l'Inde. Ce dernier fut défait, et le grand khan obtint par sa victoire possession de tous les territoires du roi de Mien et Bangala, qu'il réunit à ses États. D'Anville et d'autres ont supposé que le pays désigné par le mot *Mien* était le Pégou. Cette erreur provient, à ce que suppose le savant éditeur de Marco-Polo (Marsden), de ce que les Pégouans ayant conquis jadis le pays d'Ava ou des Birmans, en ont été chassés par la suite. Il ajoute que depuis l'année 1757 le Pégou a été une province dépendante du royaume d'Ava. Le fait est que la dénomination de Pégou a été souvent appliquée par négligence ou par erreur à tout ce pays. Vincent le Blanc dit au reste très-positivement (1660) que *Verma* (Birmah) a appartenu autrefois au royaume de Bengale, et que le souverain d'Arrakan prenait le titre de roi d'Arrakan, Tiparat (Tipperah), Chacomas (Catchar?), Bengale et Pégou, ce dernier pays ayant été conquis par lui. Il distingue aussi le royaume de *Verma* ou *Berma*, à l'ouest d'Ava, d'un autre royaume, qu'il place à l'est du Pégou et qu'il appelle *Brama*. Fernand Mendez Pinto parle longuement du pays de *Brama* et de ses habitants, qu'il appelle les *Bramaas* ou *Bramas* : mais il place ce pays au nord du Pégou. Les indigènes écrivent eux-mêmes, nous assure-t-on, le nom de leur pays *Barma* (1), mais ils le prononcent *Byamma*, *Bomma* et *Myamma*. D'un autre côté, le nom national des Arrakanais est *Maramma*. On regarde ce mot comme une corruption de *Maha-Vermâ* (le grand *Vurmâ* ou *Varma*), indiquant particulièrement les tribus d'extraction hindoue de la caste de *Tchettryas*. Et comme les Birmans reconnaissent être originaires d'Arrakan (*Rakhaing*), il est probable que le nom du pays et celui du peuple ne sont que des modifications du même mot (2). La langue sacrée de tous ces pays est le pali ou maghada. Les traditions historiques, la religion, les coutumes, le caractère et les habitudes martiales des Birmans et des Arrakanais paraissent dénoter clairement non-seulement leur origine hindoue, mais encore qu'ils sont issus de la caste guerrière presque entièrement détruite à l'époque de la grande lutte qui se termina par la chute des empires *Pandou* et *Maghada*, caste des *Tchettryas*, dont les débris sont en effet dispersés dans le nord et l'est du Bengale. Les Birmans, selon toute probabilité, se sont d'abord établis sur les bords du *Kiayn-Douem*, d'où ils se sont étendus du côté de la Chine, et, descendant le grand fleuve Irrawaddy, se sont

(1) Hamilton, *East India Gazetteer*, éd. in-8°, p. 50.
(2) Les Arrakanais et les Birmans sont évidemment d'extraction hindoue et seulement des tribus différentes d'une même souche. — Il paraît probable que dans les *Mághs* ou *Maugas* (nom sous lequel les Arrakanais sont connus au Bengale), les Birmans et les Pandouans d'Assam, il faut reconnaître les débris de la caste militaire (les *Tchettryas*) exterminée dans la grande lutte dont le *Mahabârat* a perpétué le souvenir. — La manière dont la nation birmane s'est établie et développée, agrandie, n'a pas démenti cette origine guerrière. Chaque homme, dans le Birmah, doit le service militaire, et la lutte que les Birmans ont soutenue en 1824-25 contre les Anglais a prouvé qu'ils possédaient les qualités du soldat.

mis en possession de la côte orientale jusqu'au cap Negrais, tandis qu'au sud ils se trouvaient en contact avec la puissante nation *Ta-la-ain*, dont les principaux établissements occupaient les bord de l'Irrawaddy au sud de Prome. Avec l'aide des Portugais, qui avaient alors des comptoirs dans le Tchittagong, les Birmans portèrent la guerre chez les Pégouans. Le véritable sujet de la lutte qui s'établit entre ces deux peuples, et qui se termina en 1757 par l'entière et définitive conquête du Pégou, était la souveraineté du cours de l'Irrawaddy, de cette artère vitale, de cette importante voie de communication, base indispensable de tout grand commerce et du développement de toute industrie dans cet immense bassin. Depuis l'annexion du Pégou à l'empire d'Ava jusqu'à la guerre de 1824-25. dont l'issue permit aux Anglais de dicter les conditions du traité de *Yandabou*, les Birmans avaient considérablement étendu et affermi leur domination dans tout le domaine fluvial de l'Irrawaddy. Les limites que cette domination atteignait en 1824 étaient déterminées : au sud, par le 8e degré de latitude nord ; au nord, par le 27e ; à l'est, par le 89e degré de longitude est du méridien de Paris ; à l'ouest par le 100e. Le traité de *Yandabou*, en assurant aux Anglais la possession, à perpétuité, des provinces d'Arrakan, Martaban, Tavoy et Merghui, a resserré l'empire Birman entre les 15° 30′ et 25° 30′, latitude nord, les 92° et 96° longitude orientale. Son plus grand diamètre longitudinal est donc aujourd'hui d'environ deux cents lieues et son plus grand diamètre transversal d'environ cent lieues. Nous allons examiner rapidement quelles sont les causes politiques, quelle est la succession d'événements qui ont amené cet état de choses. A proprement parler, l'histoire des Birmans ne paraît encore reposer sur des données authentiques et régulières qu'à dater du dix-septième siècle. Nous dirons quelques mots des époques antérieures quand nous traiterons de l'introduction du bouddhisme dans Birmah et des diverses époques chronologiques que ces peuples ont admises et auxquelles se rattachent certains faits dont nous discuterons alors brièvement la valeur historique.

Notre présent résumé commence avec le dix-septième siècle.

Dès 1618 les Portugais avaient visité la côte orientale du golfe du Bengale (1), et un grand nombre d'aventuriers de cette nation s'étant établis à Tchittagong ou dans la province d'Arrakan, aidèrent les Arrakanais à porter le ravage et la désolation dans les districts sud-est du Bengale. Ils prirent aussi le parti des Birmans dans leurs guerres contre les Pégouans, et exercèrent, en général, une grande influence sur tous ces pays aussi longtemps que le nom portugais retentit dans l'extrême Orient comme celui, sinon de la plus grande, au moins de la plus entreprenante et de l'une des plus puissantes nations de l'Occident. Bientôt les Hollandais, les Anglais et les Français portèrent leur attention et leurs vues sur l'Indo-Chine. Les Hollandais, les Anglais et, plus tard, les Français, avaient formé des établissements sur divers points de l'Empire Birman. Les imprudences et les intrigues des uns ou des autres amenèrent l'expulsion de tous les Européens. Ce ne fut que plusieurs années après que les Anglais et les Français furent réinstallés dans leurs factoreries d'Ava et de Syriam, et que les Anglais s'établirent sur l'île Negrais, à l'entrée de la rivière d'Ava (en 1687). Les Birmans, qui, secondés par les Portugais, avaient réussi à soumettre le Pégou, y maintinrent leur domination pendant le dix-septième siècle et jusques vers 1740 ; mais en cette année une révolte générale des Pégouans commença une guerre d'extermination, qui

(1) Il paraît qu'il y a eu des Portugais dans le Pégou et dans Ava depuis 1540 et même avant cette époque. — Ils étaient établis en maîtres à Syriam (appelé par les Birmans *Thalyen* ou *Thalayen?*) au commencement du dix-septième siècle, et l'un de leurs chefs s'était même fait proclamer roi de Pégou. — Mais Syriam fut assiégé et pris par le roi d'Ava, Maha Damma Radjah, qui fit empaler le chef portugais et transporter les Portugais dans le voisinage d'Ava, où on montre encore aujourd'hui leurs descendants, qui se reconnaissent, assure-t-on, à la couleur moins foncée de leurs cheveux et de leurs yeux. Dans le résumé de Ritter, cette transportation est placée à une époque beaucoup plus récente et attribuée à Alom-Prá,

fut poussée des deux côtés avec une égale férocité, et dans le cours de laquelle le comptoir anglais de Syriam fut ruiné et tout commerce suspendu pendant plusieurs années. Enfin les Pégouans, mieux approvisionnés d'armes à feu européennes, et dont l'artillerie était dirigée par quelques renégats hollandais et des métis portugais, remportèrent plusieurs victoires sur les Birmans dans le cours des années 1750 et 1751, et dans l'année 1752 la capitale d'Ava se rendit après un siége de courte durée. *Dwipdi*, dernier roi birman de la cinquième dynastie, fut fait prisonnier avec toute sa famille, excepté deux fils, qui trouvèrent moyen de s'échapper et demandèrent asile à la cour de Siam. Beinga Della, roi de Pégou, retourna en triomphe avec les captifs dans sa capitale, laissant son frère Apporatsa pour gouverner le pays vaincu, avec ordre d'exiger serment de fidélité de tous les Birmans dont les biens ne seraient pas confisqués. Le pays se soumit en apparence, le serment prescrit fut prêté sans difficulté, et Birmah sembla se résigner à sa mauvaise fortune et se prosterner sans hésitation aux pieds du vainqueur. Mais à ce moment suprême un homme obscur, un aventurier d'humble extraction, que la Providence voulait élever au rang des héros, parut tout à coup sur la scène, qu'il agrandit bientôt et qu'il remplit de l'éclat de son nom et de ses merveilleux exploits. Indigné de l'humiliation de son pays, il résolut de l'affranchir d'un joug odieux, y réussit par l'une des plus étonnantes révolutions qui jamais aient marqué le cours des affaires humaines, et jeta les fondements de la grandeur de l'empire Birman. Son nom était Alom-Prâ (1). Il était plus connu sous celui d'*Aumdzia*, c'est-à-dire le Chasseur. Il était de basse extraction, et occupait lors de la conquête d'Ava par les Pégouans le poste de chef du village de Montchabou, village de peu d'importance à cette époque et situé dans l'ouest de Kéoum-Méoum, à douze milles environ de la rivière. Doué d'une rare intelligence, d'un esprit entreprenant, d'une habileté égale à son audace, il était prêt à profiter de la première occasion que pourrait lui fournir l'arrogante imprévoyance du nouveau monarque, qui l'avait maintenu ou, pour mieux dire, l'avait oublié dans son petit commandement. Cette occasion ne tarda pas à se présenter. A son retour à Pégou, le vainqueur, dans les termes du plus insolent triomphe, annonça que le royaume Birman subjugué par ses armes serait annexé comme simple province conquise à ses États, dont Pégou serait à l'avenir la métropole. Alom-Prâ avait sous la main, à cette époque, une centaine d'hommes dévoués, sur le courage et la fidélité desquels il pouvait se reposer entièrement, tandis qu'on ne comptait à Montchabou qu'une cinquantaine au plus de soldats du Pégou, qui traitaient les habitants avec le plus outrageant mépris. Saisissant pour prétexte de sa rébellion quelque acte particulier d'iniquité et d'indigne violence, Alom-Prâ sut si bien travailler l'esprit de ses partisans, qu'ils se ruèrent sur les Pégouans avec une violence irrésistible, et les passèrent tous au fil de l'épée. Cependant, Alom-Prâ, jugeant utile de dissimuler encore ses véritables intentions, écrivit à Apporatsa en termes de regrets, lui représentant l'affaire comme un acte de violence non préméditée occasionné par une irritation mutuelle. Le vice-roi, appelé à la métropole par quelque affaire urgente et faisant trop bon marché des moyens de résistance de son adversaire, se contenta d'ordonner qu'on réduisît *Montchabou* à l'obéissance et qu'Alom-Prâ fût emprisonné jusqu'à son retour. On envoya donc quelques troupes à Montchabou pour s'emparer de sa personne et l'emmener à Ava : mais, en approchant du village, les Pégouans, à leur grand étonnement, le trouvèrent fortement palissadé, et furent accueillis par les plus insultants défis. Alom-Prâ n'était pas homme à leur donner le temps de revenir de leur surprise. A la chute du jour, il se mit à la tête de sa petite bande, et tombant avec furie sur ses ennemis, qui étaient à peine un millier d'hommes, il les mit dans une déroute complète, et les poursuivit l'espace d'une lieue environ. Après cet exploit, il engagea les populations du voisinage à venir se ranger sous son étendard. Beaucoup se rendirent à cet appel, tandis

---

(1) Plus correctement *Alaong-B'houra* (destiné ou voué à Bouddha?).

que d'autres, trouvant l'entreprise encore trop hasardeuse, hésitèrent à se déclarer. Lorsque la nouvelle de ce désastre parvint à Ava, Dotatchéou, neveu d'Apporatsa, qui gouvernait en son absence, balança sur le parti à prendre, ne sachant s'il devait marcher à la tête de ses troupes, attendre un renfort, ou se retirer à Prome; et tandis qu'il flottait encore indécis, Alom-Prâ, que l'affection de ses compatriotes tenait fidèlement instruit de ce qui se passait, résolut hardiment d'avancer avant que Dotatchéou eut pû se renforcer des troupes répandues dans tout le pays. Le bruit de son approche suffit pour exciter les Birmans à se lever en masse contre leurs oppresseurs, Dotatchéon prit la fuite, et tous les Pégouans restés en arrière furent massacrés. Alom-Prâ, par suite de cette coopération spontanée et si décisive, pouvant se dispenser d'avancer sur Ava en personne, se contenta d'envoyer son second fils, Shembuam (ou Schembuan) prendre possession de la capitale.

A cette époque les Anglais et les Français avaient rétabli leurs factoreries à Syriam et avaient naturellement des intérêts opposés; les Français secoururent les Pégouans, les Anglais épousèrent la cause des Birmans. Les deux partis cependant se contentaient d'aider clandestinement leurs alliés par leurs intrigues et par quelques secours d'armes et de munitions. Toutefois, au commencement de l'année 1754, le roi de Pégou, éveillé par l'imminence du danger, envoya Apporatsa, de Syriam, avec une nombreuse flotte de bateaux armés, sur l'Irrawaddy pour reconquérir les provinces révoltées. La saison dans laquelle cette expédition fut entreprise n'était pas favorable. Pendant les mois de sécheresse, janvier, février, mars et avril, la rivière baisse tellement que les bancs de sable, les bas-fonds la rendent à peine navigable; d'un autre côté, les vents du nord, qui invariablement s'élèvent dans cette saison, retardent beaucoup la marche des bateaux de charge. Harcelé par des attaques continuelles de la part des Birmans, sur les rives du fleuve, Apporatsa réussit cependant à le remonter jusqu'à la capitale Ava: mais la place était assez forte pour supporter un siége en règle, et Shembuan résolut de se défendre jusqu'à la dernière extrémité. Alom-Prâ avait, pendant ce temps, réuni dans le voisinage immédiat d'Ava, à Kéoum-Méoum, une puissante flotte et une armée de dix mille hommes; et Apporatsa, préférant les chances d'une bataille aux douteuses opérations d'un long siége, laissa Ava de côté, et s'avança pour attaquer les forces des Birmans. Le combat fut acharné et sanglant. Enfin la nouvelle, habilement répandue, que Shembuan arrivait sur leurs derrières avec la majeure partie de la garnison jeta le désordre et la confusion dans les rangs des Pégouans, qui furent mis en pleine déroute. Un grand nombre furent tués dans cette retraite précipitée, et Shembuam, sortant en effet du fort d'Ava, acheva leur destruction. Cette victoire signalée assura l'émancipation d'Ava. Exaspérés par cette série de désastres, les Pégouans eurent recours à des mesures de vengeance qui tournèrent bientôt à leur confusion et à leur ruine totale. Leur vieux et inoffensif prisonnier, le roi détrôné des Birmans, fut accusé d'avoir conspiré contre le gouvernement de Pégou, et, sur cette accusation sans preuves, mis à mort. Les principaux Birmans dans les districts qui restaient encore au pouvoir des Pégouans furent traités comme impliqués dans le complot, c'est-à-dire partout saisis et impitoyablement massacrés. Ces atroces et sanglantes exécutions n'eurent d'autre résultat que de pousser au désespoir les nombreux Birmans dans les villes et les districts de Prome, Keounzeik, Lounzay et Denobbiou. Furieux du meurtre de leur monarque et du carnage de leurs concitoyens, ils se levèrent spontanément contre leurs oppresseurs; et ayant exterminé les différentes garnisons, ils se rangèrent sous le chef désormais illustre que la Providence leur avait suscité parmi leurs compatriotes.

A cette époque, le fils aîné du monarque qui avait été dépossédé et mis à mort, apprenant les succès d'Alom Prâ, revint à Montchabou, avec une troupe de braves et fidèles partisans, d'une province à l'est de Siam, et s'aventura imprudemment à s'entourer des insignes de la royauté. Alom-Prâ toutefois manifesta si clairement ses propres prétentions au trône, que le prince trouva prudent d'assurer son salut par la fuite, et alla de nouveau chercher un asile chez les Siamois. Dans l'automne de 1754, Beinga Della, roi de Pégou, ayant fait les plus grands efforts pour réunir de nouvelles levées, s'avança et mit le siége devant Prome; la ville était fortifiée par une muraille, un fossé et des redoutes palissadées; et pendant quarante jours fit une vigoureuse défense contre tous les assauts qui lui furent livrés, jusqu'à ce qu'Alom-Prâ, ayant réuni ses meilleures troupes, descendit la rivière avec une flotte formidable de bateaux armés; une rencontre sanglante eut lieu entre les deux armées; la victoire fut longtemps incertaine, mais à la fin les Birmans remportèrent une victoire décisive, et les Pégouans, vaincus, cherchèrent leur salut dans la fuite. Une profonde terreur se répandit à l'approche du conquérant, et suffit pour lui soumettre les deux rives du fleuve jusqu'à la mer et à étendre son autorité sur tout le delta formé par les puissantes eaux de l'Irawaddy. Là, avant de retourner à Montchabou, sur les ruines d'une grande et populeuse cité appelée en *pali* Singounterra, Alom-Prâ fonda le florissant port de mer de Rangoun (1), depuis si fréquenté par les navigateurs et les commerçants, tant européens qu'asiatiques. Le temple révéré de Shoe Dagon (le Dagon d'or), noble et imposant monument, s'élève à trois milles des bords de la rivière.

La lutte soutenue par les efforts expirants des Pégouans étendit encore longtemps ses ravages sur les districts riverains de Persaïm (ou Basseïn) Syriam et Martaban; mais Alom-Prâ finit par triompher de tous ses adversaires. Exaspéré par les preuves de duplicité et de faiblesse que déployaient tour à tour les principaux personnages des factoreries anglaises et françaises, qui se rangeaient toujours du côté du plus fort et trahissaient conséquemment les deux partis, il en tira une vengeance sanglante en mettant à mort les principaux Européens des deux nations, et détruisant les factoreries (2). Poursuivant sa carrière victorieuse, il investit enfin Pégou, la capitale rivale, ce constant ennemi de Bir-

blissement des Portugais dans le delta de l'Irawaddy, du rôle important qu'ils y avaient joué et de la ruine de leur domination ou au moins de leur influence à une époque déjà bien reculée, nous avons fait allusion à la mort violente de leur chef. C'est une histoire à la fois curieuse et lamentable que celle de cet aventurier. Nous devons, sur ce point, à l'érudition éclairée de notre ami M. Ferdinand Denis quelques renseignements que nos lecteurs nous sauront bon gré de résumer dans les lignes suivantes.

Le nom du chef portugais qui nous occupe était *Filippe de Brito Nicote*, né à Lisbonne, d'un frère du célèbre Nicot, qui avait épousé la marquise de Brito. Filippe était donc le propre neveu de ce Nicot, sieur de Villemain, ambassadeur de France en Portugal en 1560. Passé aux Indes-Orientales dès l'âge de dix ans, il montra de bonne heure les qualités brillantes qui assurèrent plus tard son influence non-seulement sur ceux de ses compagnons qui suivirent sa fortune, mais sur les princes gentils (comme on les appelait alors) avec lesquels les événements de cette époque, où l'histoire a tous les caractères du roman, le mirent en relation. Il devint le favori du roi d'Arakân, qui n'entreprenait rien d'important sans le consulter. Il aida ce souverain dans ses guerres avec ses voisins, et fut nommé, en récompense de ses services, vice-roi de Pégou (ce qui suppose que dans ce temps-là le Pégou se trouvait momentanément sous la domination d'Arakân). Il se maintint dans cette haute dignité pendant douze années, et durant cet espace de temps donna des preuves éclatantes de sa capacité et de sa valeur; mais ayant, dans la plus mémorable de ses expéditions, vaincu et fait prisonnier le roi de Tounghou, considéré dans ces contrées comme le suzerain politique et spirituel (1612), le puissant roi de *Brama* (voir p. 253) marcha contre Filippe de Brito, l'assiégea dans la forteresse de Syriam avec une armée de cent cinquante mille hommes de pied et de quinze mille chevaux, et une flotte de trois mille embarcations qui l'attaqua du côté de la mer. Nicote, s'il faut en croire son historien, résista pendant quarante-huit jours à ces forces prodigieuses. Barbosa prétend que pendant cette admirable défense soixante mille hommes périrent! Quelle que soit la part qu'il faille faire à l'exagération dans ce récit, il est certain que la forteresse fut prise après une défense obstinée. De Brito-Nicote se présenta au vainqueur, qui exigea qu'il se proster-

---

(1) Siangoun ou Dzangoun, dit le colonel Symes, signifie *victoire*.

(2) En parlant un peu plus haut de l'éta-

mah. Ayant élevé un grand nombre de redoutes palissadées, de manière à former une ligne de circonvallation autour de la cité, en juin 1757, il attendit le résultat lent mais certain de la faim et de la détresse. Une courageuse résistance, de suprêmes efforts signalèrent l'agonie de cette nation naguère si puissante, et qui se refusait à subir les dernières humiliations dont la menaçait ce siége rigoureux. Enfin, le roi de Pégou, dont l'imbécillité semble avoir égalé la mauvaise fortune, se mit lui-même avec toute sa famille à la discrétion du vainqueur, et Pégou fut livrée à un impitoyable pillage.

Retournant du côté du sud, Alom-Prâ s'appliqua à réduire le vaste district de Martaban, et l'importante ligne des côtes maritimes depuis le bas de la rivière, à travers la péninsule de Tenasserim jusqu'à Mergui, ainsi que l'État indépendant de Tavoy. Dans une expédition subséquente, occasionnée par la révolte des provinces du sud, il arracha Mergui et Tenasserim aux Siamois; et, voulant tirer une vengeance éclatante de l'appui qu'ils avaient donné aux insurgés, il résolut d'incorporer le royaume de Siam à ses États. Il mit le siége devant la capitale en mai 1760. La décision et l'intelligente énergie qui caractérisaient toutes ses mesures eussent probablement assuré le succès de cette entreprise hardie; mais une mort prématurée vint interrompre la carrière de ses triomphes, et sauva les Siamois d'une ruine totale. Prévoyant sa fin prochaine, il leva le siége, espérant revoir encore sa patrie; mais à deux jours de marche de Martaban il expira dans sa cinquantième année. — Le court espace de sept années avait suffi à Alom-Prâ non-seulement pour assurer l'indépendance de son pays et étendre sa domination par de brillantes conquêtes, mais encore pour laisser dans de nombreux édits relatifs à l'administration civile et judiciaire, les preuves éclatantes de l'étendue et de la solidité de son esprit. — Il assit l'empire Birman sur des bases larges et profondes, qui n'ont pu être ébranlées depuis que par la puissance colossale de l'Angleterre, qui les a sagement respectées; et bien que quelques provinces éloignées du cœur de l'État soient passées sous la domination britannique, l'empire d'Ava est encore intact, et la postérité d'Alom-Prâ porte encore son sceptre. Il est malheureux que la réputation de mauvaise foi que s'étaient attirée à juste titre les chefs des premiers établissements européens dans ce pays, pendant la lutte où triompha le grand Alom-Prâ, ait longtemps survécu au règne de ce héros des Birmans. — L'opinion défavorable que les populations, et surtout les administrations indigènes, avaient conçue des Européens a pénétré profondément dans l'esprit du gouvernement birman; et il faut tenir compte de cette impression fâcheuse dans l'appréciation des causes qui ont amené la rupture sanglante dont nous aurons bientôt à retracer les dramatiques péripéties.

Le fils aîné d'Alom-Prâ (Oupa-Radja, Anando-Prâ) succéda au trône vacant, mais non sans subir les tristes épreuves de ces luttes sanguinaires, de ces guerres civiles qui désolent continuellement les contrées opprimées par le despotisme oriental. Anando-Prâ, que nous voyons

---

nât devant lui. L'intrépide capitaine préféra la mort à cette souillure. Cette mort devait être affreuse; et telle fut l'épouvantable habileté du bourreau, que sa victime vécut un jour entier fixée au pal! Cet horrible martyre eut lieu le 16 mars 1613. Le fils de ce héros chrétien eut un sort analogue à celui de son père. Filippe de Brito-Nicote est auteur d'un livre intitulé (en Portugais) : « Relaçāo do « sitio que os reys de Arracan et Tângu pu- « zerāo por mar e terra a Fortaleza de Se- « riāo na india no anno de 1607. » Cette relation se trouve en manuscrit dans la bibliothèque du roi d'Espagne. Nous avons peine à concilier cette attaque combinée et cette date de 1607 avec les faits principaux mentionnés dans cette esquisse biographique. Nous n'expliquons pas non plus pourquoi de Brito est représenté par quelques-uns comme s'étant fait proclamer roi de Pégou, tandis que d'autres le font nommer vice-roi de ce pays par le roi d'Arakan; etc. Mais ces détails, comme tant d'autres qui se rapportent aux premières relations des Européens avec les souverains de l'Indo-Chine, auraient grand besoin d'être soumis à un examen critique, qui en déterminerait l'exactitude et la valeur réelle, et nous devons ici nous borner à des indications générales.

désigné par la plupart des auteurs sous les noms de *Nandoji-praw* ou *Mendoji-praw* (*Noung-dau-gye* : grand frère aîné), trouva un rival dans son plus jeune frère, Shembuam (ou Sambuen), qui, étant avec l'armée au moment du décès de son père, non-seulement essaya d'obtenir l'appui des soldats, mais alla jusqu'à déclarer par une proclamation qu'il avait été désigné comme héritier de la couronne par le monarque décédé. Convaincu bientôt, cependant, qu'il était hors d'état de soutenir ces prétentions, il sollicita une amnistie que son frère eut la magnanimité d'accorder. Celui-ci rencontra un compétiteur plus dangereux, dans la personne de Meinla-Radjah, général qui avait joui d'une grande influence sous le dernier roi, et qui non-seulement s'empara de Tonghoo, la plus forte place du pays d'Ava, mais réussit même à se mettre en possession du vieux Ava, l'ancienne capitale. La promptitude de ses premiers mouvements fut telle qu'il fut sur le point de se rendre maître de la personne d'Anando-Prâ. — Ce prince avait fixé son séjour habituel à Montchabou, résidence favorite et capitale élue de son père Alom-Prâ. Il fit de nouvelles levées pour s'opposer aux rebelles; mais il plaçait son principal espoir dans la jonction de ses recrues inexpérimentées avec les vieilles bandes que son père avait conduites devant Siam, et dont il pressait le retour. La saison favorisait ce grand dessein, car la fonte des neiges dans les montagnes du Tibet, en alimentant tout le système fluvial de l'Irawaddy, augmente considérablement la force et la rapidité du courant, et même dans les mois de juin, juillet et août, la navigation de l'Irawaddy serait impraticable si elle ne trouvait dans la mousson du nord-ouest, qui règne à cette époque de l'année, un si puissant auxiliaire, qu'aidés de cette mousson les bateaux birmans accomplissent leur trajet en amont d'une manière plus sûre et plus prompte qu'en aucun autre temps. La distance de la capitale actuelle de Birmah à Rangoon, par la rivière, est d'environ cinq cents milles, que la flotte franchit en se tenant soigneusement au milieu du chenal, sous toutes voiles, en sorte que, quoique si loin de la mer, la noble largeur du lit du fleuve, aidée de l'inondation, plaça les forces royales hors de la portée de toute attaque en passant devant les murs d'Ava, qu'elles dépassèrent pour faire leur jonction avec le roi; cette réunion de forces le mit à même de réduire la ville après une défense obstinée, et d'exterminer les rebelles.

Deux autres révoltes sans importance occupèrent l'attention de Namdojee-Prâ pendant son court règne de trois ans. Un seul événement mérite d'être rapporté. Les Anglais et les Birmans parurent oublier d'un commun accord les circonstances relatives à l'expulsion des Anglais de leur factorerie de Négrais, et il leur fut concédé autant de terrain qu'il pouvait leur convenir d'en occuper à Persaïm (1). — Namdojee-

(1) Lorsque les Pégouans avaient été chassés de Rangoon par Alom-Prâ, les Anglais et les Français s'étaient retirés avec eux dans Syriam. — Les Anglais ne tardèrent pas à évacuer la place et à se soustraire pour un temps à la vengeance d'Alom-Prâ, qui tomba cette fois tout entière sur les Français lorsqu'il se fut emparé de Syriam. — Nos malheureux compatriotes, placés depuis longtemps, par la faute de leurs chefs, dans une position qui les rendait, il faut l'avouer, justement suspects aux deux partis, furent convaincus d'avoir, en dernier lieu, servi la cause des Pégouans, et massacrés par ordre d'Alom-Prâ; mais, vers la fin de la guerre, les Anglais, qui avaient negocié avec Alom-Prâ et qui étaient rentrés dans ses bonnes grâces, ayant de nouveau donné lieu de suspecter leur bonne foi, tous les Anglais qui se trouvaient à Négrais furent égorgés à leur tour et leur factorerie détruite! Le capitaine Alves, commandant du navire qui avait apporté le chef du comptoir, échappa seul, par une espèce de miracle, et porta au Bengale la nouvelle du désastre. — Quand Alom-Prâ mourut (15 mai 1760) le capitaine Alves fut renvoyé à Négrais, d'où il se rendit à Ava avec des lettres et des présents du gouverneur du Bengale et de celui de Madras. — Sa mission avait ostensiblement pour objet d'obtenir satisfaction pour le massacre de Négrais, la liberté des prisonniers faits à cette époque, et dédommagement pour la perte d'un navire anglais dont les Birmans s'étaient emparés, etc. Cette satisfaction, ces dédommagements demandés, furent refusés avec hauteur par la cour d'Ava; mais quelques facilités accordées à leur commerce satisfirent les Anglais, et le sanglant

17.

Prâ avait le caractère d'un juge sévère et rigoureux, punissant de légères infractions à la moralité avec la sévérité due seulement à de grands crimes. Ainsi, sous son règne, une récidive du vice d'ivrognerie entraînait inévitablement la peine de mort; et les offenses contre les dogmes de la religion ou ses ministres étaient punies avec la même rigueur. Il laissa un fils encore enfant. Mais Shembuam, son frère, auquel nous avons vu qu'il avait si généreusement pardonné sa révolte, s'empara immédiatement du trône, et prouva par la vigueur de son administration et ses qualités guerrières qu'il était digne de l'occuper. Le règne de ce monarque, qui dura douze ans, fut une suite continuelle de faits et de succès militaires. Poursuivant les plans de son père Alom-Prâ contre les Siamois, Shembuam au commencement de l'année 1766 s'avança contre la capitale, qui bientôt se rendit, et le roi devint son prisonnier. Shembuam nomma un gouverneur pour ce pays; mais la haine des Siamois contre les Birmans est si invétérée qu'une prompte exterminaton eût pu seule retenir ce royaume sous le joug étranger. Cette haine nationale se manifesta bientôt par une explosion terrible. Pe-ya-tai, fils d'un riche Chinois et d'une femme du pays, gouverneur de la province de Muong-tai, excita une révolte qui, après une lutte violente et les plus persévérants efforts, délivra les Siamois du joug des usurpateurs. La prise et le pillage de Yuthia, l'ancienne capitale, en même temps que les désastreux événements qui suivirent avaient forcé beaucoup d'habitants à abandonner la place. Pe-ya tai, réunissant les débris dispersés de cette population désespérée, se trouva bientôt en état de fonder une nouvelle cité. Bankok, également assise sur la grande rivière de Siam, le Mei-nam, alors place de peu d'importance et renommée principalement pour l'excellence de ses fruits; Bankok, dont la situation offrait des avantages supérieurs pour la promptitude des communications et le commerce, devint à dater de cette époque le centre du gouvernement. Sa population et ses richesses s'accrurent rapidement, et elle a toujours été depuis lors la capitale du royaume.

Dans l'année 1744 Shembuam envoya des forces formidables contre le radjah de Munnipoore, et les Cassay-shân, portant ses armes victorieuses jusque dans les gorges lointaines des districts montagneux du Brahmapootra. Le radjah de Catchar fut contraint de s'engager à envoyer au monarque birman, comme tribut, outre une somme d'argent, une vierge du sang royal et un arbre avec ses racines encore entourées de la terre natale; indiquant ainsi que les personnes et les biens de la terre étaient à la disposition de son souverain plaisir. Dans le sud de ses États, Shembuam réprima une très-formidable rébellion des Pégouans, et il saisit avec une joie cruelle cette occasion de faire juger et exécuter comme un criminel ordinaire Beinga-Della, le vieux monarque de Pégou, qui avait langui vingt ans en captivité. Ainsi se trouva balancé par de sanglantes représailles l'acte de barbarie dont Beinga-Della lui-même s'était rendu coupable envers son vassal le roi captif de Birmah.

L'événement le plus singulier et le plus important du règne de Shembuam fut une invasion des États birmans par une nombreuse armée de Chinois. A peine la guerre des Siamois fut-elle terminée que l'empereur chinois, pensant que probablement cette lutte longue et sanglante avait affaibli ses voisins, prépara une expédition qui avait pour objet d'annexer à ses possessions immenses les fertiles contrées de l'Irawaddy. Ce fut en 1767 que le monarque birman fut informé qu'une armée chinoise de cinquante mille hommes, soutenue par un corps puissant de cavalerie tartare, s'était déjà avancée vers les frontières ouest de Yun-Nan, et traversait les montagnes qui séparent l'empire Chinois du pays des Birmans. Shembuam avait formé deux corps d'armée, l'un consistant en dix mille hommes d'infanterie et deux mille de cavalerie, sous le commandement d'Amiou-Mée (ou Amiou-Mî) pour occuper l'attention des Chinois et

---

outrage de Négrais fut oublié. — Ce point, alors si important, fut oublié lui-même dans une occasion où il eût été honorable pour l'Angleterre d'en revendiquer la possession : lors de la signature du traité d'Yandabô. — C'est ce qu'on verra plus loin.

arrêter leurs progrès ; tandis qu'un autre, plus considérable, commandé par Tenjia-Boo, général de haut rang, avait ordre de gagner les derrières de l'ennemi par les montagnes situées plus loin au sud. Les Chinois cependant approchaient à marches forcées ; laissant la province de Bamoo à l'ouest, ils pénétrèrent par Gouptong. Entre cette place et Quantong il y a un *jee* (*djî?*) ou marché où les Birmans et les Chinois se rencontrent pour échanger les produits de leurs pays respectifs. Le *djî* fut pris par les Chinois et pillé, et près de Pun-djî les forces avancées d'Amiou-Mî eurent à soutenir un combat où leur infériorité numérique les contraignit à reculer. Ce succès insignifiant, en enflant l'orgueil de l'armée chinoise, la conduisit à sa perte : elle crut qu'aucun obstacle ne pouvait l'empêcher d'arriver à la capitale. Abandonnant la grande route, probablement pour mettre plus facilement le pays à contribution, les Chinois s'étaient avancés par Tchengio aussi loin que la ville de Tchiboo, lorsque l'armée de Tenjia-Boo parut tout à coup sur les derrières, tandis que le gouverneur de Quantong, ayant joint Amiou-Mî, prit une forte position devant leur front. Cernée ainsi de tous côtés, l'armée chinoise dut tenter un effort désespéré pour rompre ces barrières vivantes qui l'environnaient et la pressaient de toutes parts. Supposant que le corps d'Amiou-Mî était le plus faible, les Chinois attaquèrent sa division avec la furie du désespoir ; mais après une longue et sanglante mêlée l'arrivée de nouvelles forces décida de leur sort. Des cinquante mille Chinois aucun ne retourna dans son pays. Les Birmans ont toujours adopté une tactique d'extermination envers leurs ennemis, et ont puni chaque révolte ou toute résistance prolongée à leurs armes avec une telle cruauté qu'ils ont frappé de terreur tous les États voisins. Ils savent cependant, dans l'occasion, concilier cette férocité guerrière avec l'intérêt national. — Environ deux mille cinq cents Chinois épargnés par le sanglant triomphe des Birmans furent conduits enchaînés à la capitale, où un quartier leur fut assigné pour leur résidence. Ces captifs, conformément aux usages de l'empire, furent encouragés à épouser des femmes de l'Empire Birman et à se considérer comme naturels du pays. Cette particularité remarquable nous rappelle la libéralité des Lacédémoniens ou le génie des institutions romaines. Elle témoigne de la supériorité des vues qui ont guidé les législateurs hindous (dont les Birmans suivent les prescriptions), et qui permettent à chaque secte la pratique de ses rites religieux. Tolérant en même temps le chrétien, le musulman, le juif, la loi accorde une protection égale aux sectateurs de Confucius ou du prophète arabe, et leurs enfants, s'ils naissent d'une femme birmane, ont les mêmes droits à cette sollicitude protectrice que s'ils descendaient d'une longue succession de parents birmans.

Shembuam pouvait croire désormais son pouvoir fermement établi sur ces deux bases que l'Orient semble encore regarder comme les plus solides colonnes de toute domination : le respect et la terreur ! — Il voulut toutefois confirmer et sanctifier, pour ainsi dire, aux yeux de ses sujets l'impression produite par le succès de ses armes. — Il eut recours, à cet effet, à une solennité qui devait lui assurer les sympathies superstitieuses des populations. Le temple sacré de Dagon près Rangoon, où Gotama (Gaudama) Bouddha avait été adoré de temps immémorial, avait, dans l'année 1769, été fort dégradé par un tremblement de terre, et le *tee* (*tî* ou *zî*) sacré, ou parasol en fer ouvré qui couronnait le sommet avait été jeté par terre et endommagé d'une manière irréparable. En Birmah une pagode n'est estimée sanctifiée que quand elle a reçu le *tee*, et c'est un acte de grande solennité. Shembuam, ayant ordonné qu'un *tee* magnifique fût construit à Ava, annonça l'intention de descendre l'Irrawaddy et d'assister en personne à son inauguration. Accompagné par une suite nombreuse de nobles birmans et une garde de cinquante mille hommes, il quitta sa capitale, et arriva à Rangoon en octobre 1775. A différentes stations de son voyage, il infligea les plus cruels châtiments à plusieurs Pégouans de haut rang qui avaient été impliqués dans une récente rébellion ; et ce fut sur ce prétexte qu'après un simulacre d'instruction et de procédure il condamna et fit mettre à mort, comme nous l'avons dit plus haut, le vieux monarque qu'il avait traîné à sa suite. Ces cruautés et ces actes de dévotion à Bouddha furent les derniers faits du règne de Shembuam. A son retour dans sa capitale, il fut saisi d'une maladie mortelle, et il expira dans le prinptemps de l'an 1776.

Momien, fils de Nandojee-Prâ, était alors élevé pour être religieux ; il avait été reclus dans le monastère de *Lo-ga-ther-poo*, à une petite distance du fort d'Ava, et il était encore destiné à habiter cette retraite. Chengousa ou Sen-kousa, fils de Shembuam, monta, comme héritier direct, sur le trône que son père avait arraché à l'enfance de Momien. Arrivé lui-même à l'âge de maturité, trouvant l'empire dans un état si florissant, les institutions solidement établies, et puissamment soutenues par des adhérents fidèles et d'habiles conseillers que lui avait légués son père, tout lui présageait un règne brillant et prospère; mais la courte et ignominieuse carrière de Chengousa ne fut marquée que par de honteuses débauches et par des actes de barbarie de la plus grande cruauté. Excité par la jalousie, il ordonna que Chilenza, son plus jeune frère, fût mis à mort. Son oncle Terroug-mee tomba également victime de ses soupçons, et ses autres parents furent aussi retenus en prison ou molestés par une inquiète surveillance. Son premier mariage ayant été stérile, il prit pour seconde femme la fille de l'un de ses *attawouns* ou principaux conseillers de sa cour. Son intempérance lui ayant promptement aliéné l'affection de sa nouvelle épouse, sur un soupçon mal fondé de jalousie, cette victime infortunée fut traînée en plein jour hors du palais, enfermée dans un sac rouge, et jetée dans l'Irrawaddy, à la vue de mille spectateurs, parmi lesquels étaient son malheureux père et plusieurs de ses parents. Les honteux caprices de ce prince le conduisirent à abandonner la plupart des plans du dernier roi : il rappela ses armées, et disgracia *Maha-see-sou-ra*, général de la plus haute réputation. Non content d'avoir rapporté les édits contre l'ivrognerie, il se montrait constamment lui-même dans un état d'ivresse. Par sa conduite méprisante envers la classe sacerdotale, avec laquelle les souverains de ces régions doivent, dans leur intérêt, se maintenir intimement et étroitement liés, il s'attira la haine de cet ordre puissant; ce qui permit à ses sujets de se révolter contre sa tyrannie et de s'affranchir de son joug.

Quoique despotiques, les souverains de Birmah sont néanmoins circonscrits dans leur pouvoir, en apparence illimité, par les *rhahaáns* ou prêtres. C'est ce qu'on peut voir clairement dans cette circonstance. Protégé par la retraite qu'il avait choisie et la sainteté des fonctions auxquelles ils s'était destiné, Momien avait dû à l'intervention des rhahaáns de ne pas avoir été victime des craintes et des jalousies de Shembuam et de celles, encore plus dangereuses, de son fils et successeur Chengousa. Ils se préparèrent en silence à profiter de leur ascendant sur leur élève, dont le peu de capacité pouvait faire de lui l'instrument docile de leur volonté. Minderajee-Prâ, le jeune frère de Shembuam, homme de grands moyens et très-ambitieux, forma des plans qui favorisèrent leurs desseins. L'instabilité d'esprit qui marquait la conduite de Chengousa le portait à s'éloigner fréquemment de la résidence royale et à y rentrer par caprice pour s'en éloigner de nouveau (1). — Il était allé à Kiouktaloum, à trente milles environ au-dessous d'Ava, pour y célébrer une grande fête, lorsque Momien, revêtu des insignes de la souveraineté et entouré, par les soins de ses conseillers, d'un cortège royal, se présenta à minuit à la porte d'or, se faisant annoncer comme Chengousa et demandant à être admis. La porte lui fut ouverte; mais, sur quelque soupçon, un effort fut fait pour la refermer, ce qui eût pu devenir fatal à l'entreprise. Les conspirateurs se précipitèrent dans l'intérieur, et après un vif combat obtinrent possession du palais. Le jour suivant, de bonne heure, Momien fut proclamé souverain de Birmah, et Chengousa fut déclaré hors la loi. Des forces

(1) L'importance d'une capitale, résidence habituelle du souverain, siége de sa magnificence, fortifiée avec soin, contenant ordinairement le trésor royal, est plus grande encore, peut-être, dans l'Orient qu'en Europe, et la possession de la capitale est presque un titre à la couronne.

furent envoyées par eau et par terre à Kiouktaloum pour se saisir sa personne : mais Chengousa, informé de ce danger, s'enferma dans la forteresse de Chaquing (Sagueing?). Là il fut investi par les troupes du nouveau roi, et bientôt, s'apercevant qu'il n'est pas d'être plus faible qu'un tyran détrôné et méprisé, il se décida à fuir dans le pays de Cassay, et à y réclamer la protection du radjah de Munnipour. Durant les six années de son règne il avait observé la conduite la plus pacifique envers ses vassaux et ses voisins : il pouvait donc espérer qu'il trouverait un asile à Munipour. Mais il en fut détourné par sa mère, la veuve de Shembuam-Prâ, qui l'exhorta à préférer la mort au milieu de sa cour brillante à une vie de dépendance qu'il devrait aux humiliantes bontés d'un vassal. Chengousa, quoique si longtemps plongé dans le vice et la débauche, céda à ce conseil, et montra par ce dernier acte de sa vie qu'il y avait encore dans son âme de l'élévation et du courage. Ayant en secret préparé un petit bateau, déguisé et accompagné seulement de deux amis, il traversa l'Irawaddy, et débarqua sur la plage, au pied des murs du palais, où il fut sur-le-champ accueilli par le *Qui vive!* des sentinelles. Dédaignant de se cacher plus longtemps, il cria à haute voix qu'il était Chengousa-Nandoh-Yeng-Prâ : — Chengousa, légitime souverain du palais. Surpris par une conduite si inattendue, si hardie et si noble à la fois, les gardes, qui n'ignoraient pas d'ailleurs que les lois défendent expressément de verser le sang royal, permirent à Chengousa d'avancer, et la foule, qui déjà s'était amassée, s'ouvrit respectueusement sur son passage. Il avait pénétré jusqu'à la porte de la première cour du palais, et telle est l'inconstance des choses humaines qu'il allait peut-être ressaisir le pouvoir suprême, lorsqu'il se trouva face à face avec l'*attawoun* père de la jeune reine si inhumainement jetée dans l'Irawaddy. Chengousa, en l'apercevant, s'écria : « Traître, je suis venu pour reprendre possession de mes droits et tirer vengeance de mes ennemis. » A peine eut-il achevé ces mots que son ennemi, exaspéré, saisissant le sabre d'une des personnes de sa suite, l'étendit sans vie à ses pieds. Cependant, comme coupable de régicide, le malheureux attawoun fut bassement livré à l'exécuteur ! — Momien, simple instrument de ceux qui s'étaient servi de lui pour hâter la chute du tyran, fut précipité lui-même du trône au bout de six jours, par l'ambition de son oncle Minderajee-Prâ ; et le nouveau roi, pour écarter dans l'avenir le danger de ses prétentions, le fit périr dans les eaux de l'Irawaddy.

En 1782 Minderajee-Prâ commença son règne ; et quoiqu'il dût son avénement à des actions sanguinaires il gouverna avec clémence et avec justice. Rappelant et replaçant Maha-si-soura et les officiers et conseillers de son frère et de son père, rassuré contre les ennemis du dehors et dégagé pendant tout le cours de son règne des querelles de famille, il fut cependant à la veille de perdre le trône et la vie par une conspiration, dont les circonstances et les motifs ne sont que très-imparfaitement connus. Le chef de cet audacieux attentat était un homme de basse extraction, nommé Magoung. On le représente comme s'étant fait remarquer seulement par la régularité de sa conduite et quelque chose de sombre dans ses idées. — Il faut cependant qu'il ait joui d'une certaine considération pour réussir à réunir une confédération d'une centaine de fanatiques dévoués et déterminés comme lui. Ces hommes étaient liés entre eux par un serment de secret inviolable et de fidélité les uns envers les autres, pour ôter la vie au roi, soit que Mindarajee-Prâ eût enfreint quelque privilége, ou qu'il eût encouru la haine des conjurés par l'attentat dont il s'était rendu coupable sur la personne sacrée de Momien. Quel que fût leur motif, leur attaque fut si brusque, si inattendue et si énergique, que, se jetant au travers de la garde ordinaire de sept cents hommes, ils furent sur le point de réussir. Le hasard voulut que le roi se fût ce jour-là retiré inopinément dans l'appartement de ses femmes. Ce fut ce qui le sauva. Ayant manqué leur proie, les conjurés furent entourés, pris par les gardes, et tous mis à mort.

Bien que les Birmans comme sectateurs de Bouddha soient exempts du joug des castes hindoues, et ne rendent aucun culte aux innombrables divinités de la mythologie hindoue, il y a néanmoins un étroit rapport entre les deux formes de superstition. Les brahmanes admettent Bouddha dans leur panthéon comme une incarnation de Vishnou le conservateur, tandis que les Birmans, quoique estimant les brahmanes inférieurs en sainteté à leurs *rhahaâns*, professent cependant pour eux un grand respect. Ces personnages sont depuis quatre siècles dans l'usage d'émigrer de Cassay et d'Arakân à Ava. Les habitudes des brahmanes et leurs communications fréquentes avec la société les rendent fort supérieurs en connaissances générales aux prêtres birmans, qui sont un ordre de moines vivant dans des couvents, et qui regardent comme un abus de se livrer à aucune des occupations ordinaires de la vie. Les brahmanes, se servant adroitement du penchant que montrait Minderajee-Prâ, pour la science astrologique, et, le flattant par de favorables présages, s'introduisirent à la cour et y exercèrent une grande influence; ils obtinrent un collége et des terres pour leur entretien. Ils s'attribuèrent bientôt la rédaction du calendrier national et la désignation des jours favorables ou funestes pour toutes les entreprises, d'après des pronostics infaillibles; et c'est ainsi qu'ils ont trouvé le moyen de s'établir d'une manière permanente à Birmah. Un certain nombre de ces brahmanes forme une troupe de fanatiques augures, qui, comme les mages d'Irân ou les druides de la vieille Bretagne, ne quittent pas la personne du souverain et sont pour ainsi dire les gardiens du trône (1). — Par l'avis de ces conseillers, Minderadjee-Prâ (2) abandonna

(1) Le colonel Symes les appelle « les chapelains particuliers » du roi. — Le jour de l'audience « quatre Brahmines en cape et robe blanche chantèrent la prière d'usage au pied du trône : un rhabaân s'avança alors dans l'espace vacant devant le roi, et psalmodia le nom de chaque personne qui devait être introduite, en suppliant Sa Majesté de daigner accepter ses présents. » Symes, vol. III, p. 169.

(2) Ce souverain est appelé par Crawfurd *Padunmang* ou *Montavakri* (?); *Badonsachen* ou *Badonsachan*, par le père San-Germano; *Minder aghi Prah*, par Symes; *Menderagée-*

l'ancien siége du gouvernement, Ava-Kaung, ou le vieil Ava, et fonda une nouvelle métropole. Son choix fut judicieux. A environ quatre milles d'Ava, vers le nord-est, est un lac étendu et profond appelé Tounzemaun, formé par une irruption de l'Irawaddy, durant la mousson, à travers un canal étroit qui un peu plus loin s'étend en une belle nappe d'eau de huit milles de longueur et environ un mille et demi de large. Sur une péninsule formée d'un côté par ce lac et de l'autre par l'Irawaddy est située Amara-Poura (Ummera-Poura), ou la cité immortelle, métropole de l'empire. La situation est saine et salubre; et Amara-Poura a été de bonne heure une des mieux bâties et des plus florissantes villes de cette partie de l'Orient.

L'événement principal du règne de Minderadjee-Prâ fut la conquête d'Arakân, pays défendu par la nature, et dont l'invasion fut aussi hardiment exécutée que conçue. Arakân, ou Yée-Kien, s'étend de la rivière Naff (ou Naaf), qui le sépare du district de Chittagong, aussi loin au sud que le cap Négrais. La grande chaîne de montagnes de l'ouest, appelée Anou-Pectou-Miou,

Praw, par Cox, etc. — Cette confusion, qui s'étend plus ou moins aux noms des autres souverains, tient surtout à ce qu'on les désigne quelquefois par le nom qu'ils portaient avant de monter sur le trône, ou par le titre particulier qu'ils ont adopté, et à ce que les voyageurs ou les historiens européens ont cherché à exprimer les noms birmans tels qu'ils sont prononcés par les Birmans eux-mêmes, ce qui diffère beaucoup, dans certains cas, des noms écrits. — Ainsi le nom du prince fils d'A-lom-Prâ, que nous appelons Shembuan, paraît s'écrire en birman *Schan p'hru Schang*, et se prononce *Sen p'hiou s'hen* (Roi des éléphants blancs). San-Germano en a fait *Zempiuscien*, et les Anglais et nous *Shembuan!* En général il ne faut considérer les noms de lieux et de personnes, de l'Orient et de l'Indo-Chine en particulier, tels que les Européens les reproduisent, que comme des approximations plus ou moins satisfaisantes. Tout ce que nous pouvons faire, c'est de choisir parmi les diverses autorités en mentionnant celles qui nous paraissent s'appuyer sur une certaine connaissance des langues du pays.

l'entoure à peu près. De Basséin ou du cap Négrais, sa frontière sud ne peut être envahie que par eau. Au nord elle est accessible de la frontière de Chittagong, seulement par les côtes, qui sont continuellement coupées par des canaux, et les défilés des Ghâts d'Anou-Pectou-Miou sont si difficiles, qu'une poignée de gens déterminés pourrait les défendre aisément contre des forces supérieures. Quoique la grande rivière sur laquelle la ville d'Arakân est située présente une belle étendue d'eau, son entrée est obstruée par des sables et des îles nombreuses. Cependant, une flotte considérable de bateaux descendant l'Irawaddy entra dans les eaux d'Arakân par les baies et les canaux de la rivière de Basséin, et une bataille navale qui s'engagea à deux milles environ du fort se termina à l'avantage des Birmans. L'approche d'un puissant détachement, sous le prince de Prome, qui avait pénétré par les défilés des montagnes, acheva la victoire. Maha-Sunda, radjah d'Arakân, épouvanté de la hardiesse et de la valeur de ses ennemis, chercha son salut dans la fuite; mais il fut pris et envoyé avec toute sa famille à Amarapoura, où il mourut dans la première année de sa captivité. La ville et le fort d'Arakân tombèrent après une faible résistance. Cette victoire fut suivie de la soumission des îles de Chédouba, Ramrie et des îles détachées. Une multitude de *Mughs* (pron. *Meughs* ou *Măghs*?) (1) ou naturels d'Arakân, préférant la fuite à la servitude, se réfugièrent dans les montagnes du Dumbock, sur les frontières du district de Chittagong et dans les *Djongols* ou déserts qui les entourent; et là, s'étant formés en bandes de voleurs, ils ne cessèrent de faire des incursions sur le territoire Birman. Quelques-uns s'établirent dans les districts de Dacca et de Chittagong, sous la protection du pavillon anglais; tandis que les autres, plutôt que d'abandonner leur pays, se soumirent au conquérant.

La soumission totale d'Arakân ne demanda que quelques mois. On dit que

(1) Corruption de *mogo*, terme qui désigne une personne sainte, et qui ne devrait s'appliquer, à proprement parler, qu'à la classe sacerdotale et au radjah.

le butin fut considérable; mais, parmi les objets précieux qui tombèrent au pouvoir des vainqueurs, ce qui parut hors de prix aux Birmans fut la statue de Guadma ou Godama Bouddha, en bronze admirablement poli (1). Ce bel ouvrage, accompagné de cinq autres statues colossales du même métal, représentant des *racshasas* ou démons hindous, gardiens du sanctuaire, et un énorme canon de bronze de trente pieds de long furent envoyés par eau à la capitale, en grande pompe, avec des cérémonies superstitieuses. On nous dit à cette occasion que le monarque birman, ayant pris possession de cet important trophée et succédant aux prérogatives du grand *Mogo* (2), prit le titre de *boa* et la dénomination encore plus orgueilleuse de seigneur de l'éléphant blanc, la plus haute distinction dans le monde bouddhique (3). Cette importante conquête ne put cependant encore satisfaire l'ambition du vainqueur. L'État rival de Siam retrouvait sa première vigueur après avoir joui d'un long repos par la cessation des hostili-

(1) « La figure a environ dix pieds de haut, dans la posture habituelle, avec les jambes croisées, les pieds reposant sur les cuisses et conséquemment les plantes des pieds renversées, la main gauche sur le genou et la droite pendante. On regarde cette statue comme le portrait du *rishi* (pron. *richi*), ou saint, fait de son vivant, et elle est si vénérée que depuis des siècles, de tous les pays où l'autorité spirituelle de Gaudama est reconnue, les pèlerins accourent faire leurs dévotions aux pieds de son image. » (*Symes*, vol. I, p. 253.)
(2) Titre religieux des radjahs d'Arakân.
(3) En consultant les documents les plus authentiques, recueillis dans ces dernières années par le capitaine A. P. Phayre, commissaire-adjoint du gouvernement à Arakân (1846), nous trouvons que le titre adopté de préférence par les souverains d'Arakân, avant 1652, était celui de « seigneur de l'éléphant blanc, seigneur de l'éléphant rouge, » l'éléphant *rouge* prenant même quelquefois le pas sur le *blanc*. — A peine les Birmans eurent-ils pris possession d'Arakân, en 1784, qu'ils firent couler ou frapper une monnaie avec cette inscription : « Pays conquis par le « seigneur d'Amarapoura et d'un *grand nom-* « *bre d'éléphants blancs!* » — Il est à remarquer que de 1652 à 1784 les souverains d'Arakân n'ont pris sur leurs monnaies que le titre de « seigneur du palais d'or ».

tés; mais l'empereur birman résolut de pousser plus loin ses conquêtes du côté de l'ouest, le long des côtes de la péninsule. Après un inutile effort fait par une expédition qu'il avait envoyée de Rangoon pour prendre possession de l'île de Jonkseylon, Minderadjee quitta sa capitale, à la tête de trente mille hommes et un train de vingt pièces de campagne; il prit la route de Tonghoo, et atteignit Martaban au printemps de 1786. A peine entré sur le territoire siamois, il rencontra le roi de Siam, à la tête d'une puissante armée. Un engagement eut lieu, dans lequel les Birmans furent complétement défaits; leurs inutiles canons furent pris, et l'empereur lui-même tout près d'être fait prisonnier. Il paraît cependant que ce grave échec ne découragea pas les assaillants. Les hostilités continuèrent sans résultat décisif pendant plusieurs années; mais, enfin, en l'année 1793, des ouvertures de paix furent faites par les Siamois, qui consentirent par un traité à céder aux Birmans les villes maritimes de l'ouest jusqu'au sud de Mergui, comprenant l'importante province de Tenasserim et le port de Tavoy; avantage considérable, tant au point de vue politique que sous le rapport commercial. La province de Bhammo et le fort de Quantong avaient aussi été enlevés aux Chinois, et les frontières de l'empire reculées jusqu'aux hauteurs boisées qui séparent la province chinoise Yun-nan d'Ava. L'empereur birman se trouva ainsi en possession de la souveraineté incontestée d'un territoire égal en étendue à la France entière.

Tel était l'état des choses lorsqu'en 1794 un événement survint, qui faillit engager les Birmans dans de nouvelles hostilités avec un ennemi plus puissant que ceux qu'ils avaient jusque-là rencontrés. Le commerce d'Arakân avait longtemps souffert des attaques des pirates; et même des flottes chargées du produit des douanes impériales avaient été inquiétées par ces hardis flibustiers, la plupart émigrés d'Arakân, qui ne se faisaient d'ailleurs aucun scrupule d'exercer le même brigandage sur terre que sur mer. Après ces expéditions, comme l'affirmaient les Birmans, ils transportaient leur butin de l'autre côté de la rivière Naaf, frontière du district de Chittagong et sous la protection du pavillon anglais, vivaient ainsi, en toute sécurité, du produit de leurs brigandages, jusqu'à ce qu'il leur convînt de recommencer. Sa majesté birmane ayant été informée de ces faits, et dédaignant de s'enquérir plus particulièrement ou de se plaindre, envoya un corps de cinq mille hommes avec ordre de pénétrer dans ce district, d'y saisir et de lui amener les principaux auteurs de ces attentats. Le gouvernement anglais, surpris de cette agression, envoya aussitôt un fort détachement avec de l'artillerie pour repousser les Birmans. Srie-Nunda-Kioso, leur général, paraît s'être conduit dans cette circonstance avec une modération remarquable pour un Birman. Après que son armée eut passé la rivière et qu'elle eut campé à l'est sur ses bords, il adressa une lettre au magistrat anglais de Chittagong, l'assurant que le seul objet de cette expédition était de se saisir des coupables qu'il désignait, et ne menaçait les Anglais d'aucunes hostilités; mais il déclarait en même temps sa résolution de ne pas quitter le territoire de la compagnie qu'il n'eût accompli sa mission; et, ayant fortifié son camp avec une enceinte palissadée, il montra qu'il était déterminé à exécuter sa résolution. Cependant, à l'approche du major général Erskine, Srie-Nunda-Kioso envoya un parlementaire, et proposa de traiter sur les bases déjà posées; après quoi, montrant la plus noble confiance dans le caractère anglais, il vint lui-même trouver le général Erskine, qui paraît avoir agi, de son côté, avec beaucoup de prudence et de fermeté. Lorsqu'on eut fait comprendre au général birman que ses réclamations ne pouvaient être admises qu'après l'évacuation préalable du territoire anglais, les Birmans repassèrent la rivière, sur la parole qui leur fut donnée que les faits qui formaient le sujet de leur plainte seraient examinés sans délai. Les réfugiés étaient déjà sous bonne garde, et, après un court délai, les trois principaux coupables furent envoyés au général birman, qui, ayant atteint le but de son expédition, se retira avec ses prisonniers de la frontière anglaise.

Le gouverneur général des Indes anglaises (sir John Shore) pensa qu'il serait convenable de se mettre en bonne intelligence avec ce redoutable voisin et de former avec lui, si la chose était possible, une liaison plus étroite que par le passé; dans cette vue il résolut d'envoyer une ambassade à la cour du monarque birman, et en 1795 le capitaine (depuis colonel) Symes fut envoyé avec le titre d'agent plénipotentiaire et une suite de plus de soixante-dix personnes (1). C'est au précis historique qui précède la relation publiée par Symes, et aux renseignements que contient cette relation sur les mœurs et les usages politiques du pays, que l'on a emprunté pendant de longues années les détails les plus intéressants et qu'on devait regarder comme les plus positifs sur ces pays peu connus. — Depuis 1795, des communications plus fréquentes, de nouvelles missions, entre autres celles du capitaine Cox, en 1796-98, la seconde mission du colonel Symes en 1802, celles du capitaine Canning en 1803, 1809 et 1811, enfin celles de Crawfurd en 1826-27, du major (depuis colonel) Burney en 1829 et années suivantes, et du colonel Benson, ont considérablement augmenté la masse des données authentiques qu'il est indispensable de consulter pour se former une idée à peu près exacte de l'état présent de l'empire birman. Le commerce entre Rangoun, Calcutta et Madras s'est d'ailleurs continuellement accru depuis la même époque. L'exportation des bois de construction (Teck) en forme la branche principale (2).

(1) Les Anglais attribuaient à cette époque au gouvernement français l'intention de profiter des avis de l'amiral Bailli de Suffren, qui avait plus d'une fois désigné le Pégou comme le point par lequel on pouvait attaquer les Anglais dans l'Inde avec le plus d'avantage.

(2) Pour prouver l'importance du commerce de Pégou, le colonel Symes fait observer qu'on ne peut construire un bâtiment de transport vraiment solide et durable dans la rivière du Bengale qu'à l'aide des bois que l'on tire de Pégou. Madras s'approvisionne par Rangoun de tous les bois de construction dont elle a besoin, et Bombay même, bien qu'elle tire de la côte de Malabar une grande partie de son approvisionnement, a recours au Pégou pour une quantité considérable de planches de Teck.

Dans le cours de l'année 1799 et en 1800, de nouvelles hostilités eurent lieu entre les Birmans et les Siamois, dans lesquelles ces derniers furent les agresseurs. Ils obtinrent d'abord des avantages considérables, et défirent les forces que les Birmans leur avaient opposées; mais les énergiques efforts de Minderadjee-Prâ et les grandes ressources qu'il déploya dans cette occasion critique obligèrent bientôt les Siamois à battre en retraite. Le résultat de cette guerre paraît avoir été la reconnaissance des anciennes frontières entre les deux États et une trêve de plus longue durée que par le passé. — Le système féodal de conscription en vigueur dans l'empire mettant le souverain en état de lever en très-peu de temps des forces considérables, la cour d'Amarapoura, peut, sans beaucoup de difficulté, concentrer par le moyen de ses grands feudataires, les vice-rois de Pagham, Prome, Tonghoo et autres chefs, un corps de soixante ou quatre-vingt mille hommes sur un point donné, et à l'aide des belles rivières qui traversent le pays en tout sens. diriger ces grandes forces avec précision vers le lieu indiqué. Ces mouvements militaires sont si bien dirigés que dans l'invasion d'Arakân en 1783 une attaque combinée de trois divisions de troupes et d'une flottille de bateaux de guerre s'exécuta avec une précision telle que les troupes de terre et la flottille parurent presqu'au même instant devant Arakân; et depuis ce pays a toujours fourni son contingent de troupes pour les armées de Birmah. Mais durant la guerre avec les Siamois en 1799 et 1800 une grande quantité d'Arakânais, pour se soustraire aux nouveaux règlements sur la conscription, émigrèrent en masse dans la province anglaise de Chittagong, et, après bien des disputes et des altercations avec les Birmans, on leur permit enfin de s'établir paisiblement dans les districts qui leur furent désignés sur le territoire anglais. La trêve avec Siam dura jusqu'en 1810. A cette époque une guerre terrible commença et se termina comme à l'ordinaire, à l'avantage des Birmans, qui étendirent et consolidèrent leurs conquêtes sur les côtes ouest, depuis Mergui jusqu'à l'île de Junkseylon.

Les relations commerciales entre l'Inde britannique et Birmah ne furent pas interrompues pendant la durée de ce règne; mais l'empereur birman ne cachait pas la profonde jalousie que lui inspirait le voisinage de la puissance anglaise, et ce sentiment de haine instinctive le porta à s'unir secrètement aux Mahrattes dans le but de renverser la domination anglaise dans l'Inde. Lord Hastings, alors gouverneur général, eut soin d'éviter la lutte en affectant de rejeter sur l'imposture les torts d'une provocation indirecte mais menaçante. — Il renvoya au souverain birman les pièces qui avaient été saisies et qui prouvaient ses intentions hostiles, en l'assurant qu'il ne lui ferait pas l'injure de regarder ces documents comme émanés de son autorité. L'empereur profita sagement de cet avis, et les relations établies continuèrent sur le même pied entre les deux pays. Ceci se passait en 1818; en juin 1819 Minderadjee-Prâ termina sa carrière, longue et prospère, après un règne de trente-sept ans. La proclamation officielle de ce grand événement annonça, selon la formule usitée chez les Chinois, que l'immortel souverain « était allé se divertir dans les régions célestes. » Il eut pour successeur, sans aucune opposition, son petit-fils l'*engy tekin*, ou *eing-shi-men* (ou *ian-yi-men*), c'est-à-dire prince royal (1). Le nouvel empereur fut proclamé en juin 1819, et le 2 novembre suivant, jour anniversaire de sa naissance, il fut couronné solennellement à Ava. Il paraît qu'aussitôt après son avénement il se mit en campagne pour soumettre la province de Cassay (Mannipour); car en juin 1820 il célébra sa victoire en présence des missionnaires baptistes américains. Par cette victoire les frontières de Birmah furent reculées au nord et à l'ouest jusqu'à la frontière est du Bengale, à Dinapour et ses districts, aux Garrows, aux montagnes de Sylhet et à la chaîne de Katchar. Ce voisinage immédiat ne tarda pas à amener de nouveaux débats avec le gouvernement de l'Inde britannique. En 1822, pour échapper aux persécutions dont ils étaient victimes, un grand nombre d'Assamais émigrèrent sur le territoire britannique, où ils furent suivis de près par un corps considérable de Birmans envoyé pour les réclamer. — L'assurance donnée par les autorités anglaises que les plus strictes mesures seraient prises pour que les émigrés ne se permissent aucun acte d'hostilité contre Ava sembla cependant satisfaire le général birman, Maha-Baudoulâ, et il reprit avec la majeure partie de ses troupes le chemin de la capitale, laissant son collègue Maha-Thêlawa avec deux mille hommes dans Assam, dont il était nommé gouverneur. — Il est heureux qu'à cette époque l'attention du souverain Birman ait été entièrement absorbée par le plan qu'il avait formé pour l'entière soumission de Siam, objet favori de l'ambition de ses prédécesseurs : car il résulte de l'aveu des Anglais eux-mêmes que si les Birmans, déjà commandés dans ces circonstances par le célèbre Maha-Bandoula, eussent franchi la frontière, rien ne se serait opposé à ce qu'ils pénétrassent dans l'intérieur, le gouvernement de la compagnie n'étant pas en mesure de rassembler à temps sur les points menacés des forces suffisantes pour repousser l'agression. — Il ne paraît pas, au reste, que l'expédition dirigée contre Siam, et pour le succès de laquelle le roi d'Ava comptait sur la coopération du roi de Cochinchine, ait eu aucun des résultats qu'il en attendait, puisque les frontières des deux États restaient les mêmes en 1824, quand éclata la rupture entre Birmah et l'Inde anglaise.

La jalousie et le mécontentement des Birmans s'étaient déjà manifestés par plusieurs actes de mauvais vouloir et de provocation indirecte, lorsqu'en septembre 1823 un corps de leurs troupes, fort de mille hommes environ, s'empara de force de l'île de Shâpourie, située à l'embouchure du Naaf à l'extrémité sud de la province anglaise de Tschattigong. — Quelques cipahis furent tués ou blessés dans cette occasion, et les Birmans, qui se déclaraient et se croyaient peut-être souve-

(1) *Eing-shi-men* paraît être non-seulement le titre honorifique par lequel on désigne le prince royal d'Ava, mais encore l'indication d'une charge ou emploi considérable qui donne au prince qui en est revêtu un pouvoir presque égal à celui du roi.

rains légitimes de l'embouchure du Naaf et de l'île, se contentant d'avoir chassé le poste qui occupait Shâpourie, y arborèrent leur étendard, et se retirèrent. — L'île fut de nouveau occupée par les troupes anglaises au mois de novembre suivant. — Des explications furent demandées et des négociations entamées pour la fixation des limites; mais bientôt (en janvier 1824) une intervention armée, dont le but était de replacer sur le petit trône de Katchar le radjah Govind Tchander, qui avait été déposé et avait cherché un refuge dans les États birmans, amena une rupture définitive.

Pour comprendre l'importance de cet incident, véritable goutte d'eau qui faisait déborder le vase, il ne faut que jeter les yeux sur la carte et se rappeler le rôle politique que les Birmans jouaient depuis plusieurs années dans les petites principautés avoisinant Assam d'un côté, les provinces anglaises du nord-est de l'autre. — Ils étaient déjà souverains d'Arakân, maîtres absolus dans l'Assam; et de jour en jour leur ambition, aussi turbulente qu'orgueilleuse, leurs prétentions à la suzeraineté des petits États qui les séparaient encore du Bengale, leurs incursions répétées jusque sur le territoire britannique, sous prétexte de se saisir de sujets réfractaires, augmentaient les difficultés que présentent toujours les questions de limites, et indiquaient de la part des Birmans un insolent et prochain appel aux chances suprêmes de la guerre. Ce fut la succession disputée au trône de Katchar qui en fournit le prétexte. — Le récit exact des petites convulsions politiques qui avaient amené ce déplorable état de choses, dont les Anglais et les Birmans cherchaient à tirer parti, dans l'intérêt de leur domination, serait probablement impossible : il faut se borner à enregistrer quelques faits, les uns certains, les autres probables, que nous révèlent l'étude et la comparaison des pièces officielles ou des récits les plus dignes de foi. — Voici donc, en quelques lignes, ce qui s'était passé au sujet de Katchar.

Mardjît-Singh, l'un des princes de Mannipour, avait trouvé asile chez les Birmans, et avec leur assistance il chassa son frère aîné, Tchardjît-Singh, de Mannipour, et devint radjah à la condition de payer tribut aux Birmans. Chassé à son tour par les Birmans en 1819, il se dirigea sur Katchar avec cinq mille de ses adhérents, attaqua Govind-Tchander, radjah de ce pays, et avec l'aide de son frère Gombir-Singh, qui avait trouvé refuge comme lui chez les Birmans, et commandait une partie des troupes, il détrôna ce prince, et se mit à sa place. — Les deux frères se disputèrent bientôt le pouvoir suprême : les Anglais intervinrent, dans le but de pacifier avant tout le pays et avec le but ultérieur de concilier les prétentions rivales des princes de Mannipour et les intérêts légitimes de Govind-Tchander; mais les Birmans, qui avaient pris sous leur protection Govind-Tchander, voulurent le replacer de vive force sur le *Gaddy* de Katchar, envoyèrent l'ordre positif au radjah du petit État voisin de Djintya, placé sous le protectorat anglais, de se reconnaître dépendant d'Assam et sujet d'Ava, et menacèrent d'envahir le territoire anglais, de s'emparer de Dhacca et de Mourshedabab (1), etc. — Ils demandèrent, avant tout, qu'on leur livrât les trois chefs fugitifs de Mannipour, Tchardjît-Singh, Mardjît-Singh et Gombîr-Singh, et déclarèrent qu'ils viendraient les prendre partout où ils pourraient les trouver (2). — Dans ces cir-

(1) Ils prétendaient pouvoir revendiquer ces provinces, comme anciennes dépendances d'Arakân.

(2) En 1825 les Birmans furent chassés de Mannipour, et Gombir-Singh placé sur le trône par les Anglais. — Il est mort en 1834, et son fils Kirta-Singh lui a succédé. Vers la même époque, Govind Tchander fut réinstallé à Katchar, sous la protection du gouvernement anglais, et les princes ou chefs de Mannipour pensionnés. Govind-Tchander fut assassiné en 1830, à l'instigation, dit-on, de Gombir-Singh, et avec lui s'éteignit la race royale de Katchar. — Le pays est passé en grande partie sous la domination directe des Anglais.

Katchar et Mannipour avaient été conquis en 1774 par les Birmans, et se trouvaient depuis cette époque dans la dépendance plus ou moins absolue d'Ava. Katchar est borné au nord par Assam, à l'est par Mannipour, au sud par Sylhet, à l'ouest par le pays de Djintyâ,

constances, la guerre devenait inévitable.

Le 5 mars, le gouverneur général, lord Amherst, auquel son prédécesseur semblait avoir légué cette guerre (1), se vit contraint de publier une proclamation qui déclarait le gouvernement d'Ava ennemi de la Grande-Bretagne, et qui enjoignait à tous les sujets de S. M. britannique, soit européens, soit indigènes, de cesser toute communication avec les sujets de l'empereur birman jusqu'à ce que réparation eût été obtenue. — « Le « silence étudié de la cour d'Amera- « pours », disait le gouverneur général, « aussi bien que l'ensemble et l'impor- « tance des mesures prises par ses offi- « ciers, ne permettent plus de douter « que les actes et déclarations des au- « torités subordonnées soient sanction- « nés par leur souverain. — Le gouver- « neur général en conseil se sent donc « impérativement appelé, pour la sû- « reté des populations et la protection « de nos frontières, déjà alarmées et in- « sultées par l'approche des armées bir- « manes, à prévenir l'invasion dont « notre territoire est menacé. — L'hon- « neur et l'intérêt national demandent « évidemment que satisfaction soit exi- « gée pour une conduite aussi outra- « geante et si insolemment persévé- « rante, et que nous arrachions par la « force des armes ces garanties contre « toute insulte ou agression futures, « que nos expostulations et nos remon- « trances amicales n'ont pu obtenir de « l'ambitieuse arrogance du gouverne- « ment birman. »

La guerre dans laquelle, cette fois, le gouvernement anglais allait s'engager était, il faut en convenir, une guerre défensive. C'était, de plus, une guerre sérieuse, beaucoup plus sérieuse qu'il n'avait été possible de le prévoir; car lorsqu'il fallut s'occuper des moyens de la commencer et de la pousser avec vigueur on s'aperçut avec étonnement que le gouvernement ne possédait que des renseignements très-incomplets sur le pays, sur les routes et les passes par lesquelles on pouvait y pénétrer, sur sa population, ses ressources, et que personne n'avait encore songé au plan de campagne qu'il était le plus convenable d'adopter, à l'époque la plus favorable pour commencer les opérations; qu'enfin, malgré les avertissements donnés déjà depuis longtemps par les circonstances, la question n'avait jamais été étudiée! — On pensa d'abord à attaquer du côté d'Arakân; mais ce pays était trop malsain pour en faire la base des opérations, et on se détermina enfin, au commencement de mai, à embarquer un corps de troupes considérable, à Port-Cornwallis, sous les ordres du major général sir Archibald Campbell et du commodore Grant. Cette expédition arriva le 10 mai devant Rangoun, dont elle s'empara le 11, presque sans coup férir. Un fort détachement avait été envoyé contre l'île de Tchédouba, située au sud d'Akyab, sur la côte d'Arakân, et un autre pour occuper Négrais, à l'entrée de l'Irawaddy. Le double but fut atteint; mais il se trouva (dit P. Auber dans son livre intitulé : *Rise and progress of the british power in India;* 2 vol. in-8°, Londres, 1837) que l'île Négrais ne valait pas la peine d'être occupée! — Le 10 juin les stockades (redoutes palissadées) de l'ennemi à Kemmundine, (*Kyi-myen-taing*, selon la prononciation birmane), furent enlevées : l'armée s'avança le long du fleuve, que la flottille anglaise remontait en même temps. — Le 1er juillet les Birmans attaquèrent sur toute la ligne, mais furent repous-

---

(1) « Les plus ambitieux parmi les gouverneurs généraux de l'Inde n'avaient pas songé à étendre l'empire de ce côté. Lord Hastings, à la fin de son administration, avait soigneusement évité la lutte, en affectant de rejeter sur l'imposture les torts d'une provocation indirecte, mais menaçante (*a*). Cependant lord Amherst, le plus modéré, le plus pacifique de ces vices-rois, fut obligé, peu de temps après, d'ajouter à l'empire déjà si énorme des Indes anglaises de vastes provinces couvertes pour la plupart de forêts impénétrables, presque désertes, malsaines, en dehors des limites naturelles de cet empire..... Il était absolument nécessaire d'interposer cette barrière entre les paisibles sujets de la Compagnie et leurs barbares voisins, etc. » (*Revue des deux Mondes*, 1841 : — *Progrès de la puissance anglaise en Chine et dans l'Inde en* 1840.)

(*a*) « Lord Hastings renvoya au souverain birman les pièces qui avaient été saisies et qui prouvaient ses intentions hostiles, en l'assurant qu'il ne lui ferait pas l'injure de regarder ces documents comme émanés de son autorité. »

sés; et dans un autre engagement, qui eut lieu le 8, ils perdirent beaucoup de monde. Cette position de Kemmundine dont ils avaient été chassés une première fois, mais qu'on leur avait laissé occuper de nouveau, leur fut reprise; et cette fois les Anglais comprirent la nécessité de s'y maintenir (1). Un bateau à vapeur qui accompagnait la flottille anglaise fut d'une grande utilité. On raconte à ce sujet que les Birmans, d'après une ancienne tradition, croyaient que leur capitale serait imprenable jusqu'à ce qu'un vaisseau pût remonter l'Irawaddy sans rames et sans voiles! La lutte sur le fleuve fut aussi obstinée que sur terre, et les brulôts lancés par les Birmans, et d'incessantes attaques de leur bateaux plats auraient fait grand tort à la flottille, sans l'intervention miraculeuse de ce steamer (armé dans l'Inde par un simple particulier), qui portait la terreur, le désordre et la destruction partout où il se montrait. Étonnés et alarmés du bruit de ses roues, de leur action mystérieuse et des colonnes de fumée qui s'échappaient de son sein, les braves mariniers birmans virent avec désespoir la plupart de leurs embarcations fracassées et coulées bas; l'armée birmane, qui avait disputé le terrain pied à pied, précipita sa retraite dans l'intérieur, mais pour se reformer dans une position avantageuse, et y attendre les Anglais.

Cependant, sur la côte de Tenasserim, les importantes positions de Tavoy et de Mergui étaient tombées au pouvoir des forces britanniques; et le 30 octobre une expédition partie de Rangoun, sous les ordres du colonel Godwin, avait pris possession de Martaban, autre point de grande importance; en sorte que toute la côte birmane se trouvait soumise avant la fin de l'année 1824. A Rangoun même et dans le voisinage les affaires n'étaient pas, à beaucoup près, aussi avancées, puisque le 1er décembre sir Archibald Campbell avait en tête le célèbre Bandoula avec plus de cinquante mille hommes bien retranchés, et

(1) Thaongba-wounghy, qui commandait aux sept stockades, le 8 juillet, s'y comporta bravement, et y fut tué. — Le roi en apprenant sa mort s'écria, dit-on : « L'imbécile! « pourquoi ne s'était-il pas enfui! »

qu'il était obligé d'emporter leurs retranchements d'assaut! Le généralissime birman avait été rappelé de Tchittagong, où il venait de remporter un avantage considérable sur les forces anglaises qui lui avaient été opposées à Ramou, et d'où les habitans de Calcuta s'attendaient, non sans les plus vives appréhensions, à le voir fondre sur le Bengale, alors très-dégarni de troupes. Un autre corps birman, dans le Silhet, fut forcé de battre en retraite devant la brigade aux ordres du colonel Jones. Il était aisé de pressentir que les grands efforts, que la lutte suprême allaient se rapprocher du cœur de l'empire. Après quelques manœuvres et quelques engagemens de détail destinés à assurer complètement sa base d'opérations, sir A. Campbell se prépara, en février 1825, à s'avancer avec toutes ses forces de Rangoon sur Prôme.

Le général Cotton prit les devants avec la flottille, sous les ordres des capitaines Alexander et Chads, et se trouvait le 6 mars à deux milles au-dessous de Donabiou, situé sur la rive droite de l'Irawaddy (1), où l'armée birmane s'était retranchée. Il fit débarquer ses troupes, et un fort détachement, sous les ordres d'un colonel, reçut l'ordre d'attaquer la position. La première ligne de retranchemens fut enlevée après une vive résistance; mais à la seconde les dispositions avaient été si bien prises par l'ennemi et les obstacles à surmonter se trouvèrent tellement redoutables, qu'après avoir essuyé une perte énorme, la colonne d'attaque fut obligée de se retirer. Les troupes se rembarquèrent, et le général Cotton attendit des renforts. Le général en chef, aussitôt qu'il apprit ce grave échec, se rapprocha de Donabiou, qu'il avait dépassé dans la persuasion que les forces aux ordres du général Cotton suffiraient pour le réduire, mais qu'il sentit la nécessité d'attaquer en règle. Ce ne fut que le 27 mars qu'on put commencer à élever les batteries, et elles ouvrirent leur feu le 1er avril. Le 2 au matin on apprit dans le camp anglais que le brave Bandoola, le seul chef habile que la cour d'Ava pût opposer à son redoutable

(1) *Dennophiou*, selon la prononciation birmane. Crawfurd écrit *Danubyu*.

ennemi, venait d'être tué d'un éclat d'obus(1)! La garnison de Donabiou, consternée de la perte de son général, se débanda, malgré les efforts de ses chefs. Le Dieu des batailles se déclarait pour les Anglais; les Birmans se mirent en retraite. Le général Campbell prit possession de Donabiou, et continua sa marche sur Prôme, où il entra le 25 avril. Il y prit position, et en fit sa seconde base d'opérations. Les hostilités continuaient pendant ce temps dans le nord et dans l'ouest. Rungpour, capitale d'Assam, se rendit le 1er juillet au colonel Richards, et les Birmans évacuèrent entièrement cette province. Du côté de Mannipour (situé à deux cents milles environ dans l'ouest de la capitale d'Ava) s'avançait le général Shuldam, et le général Morrison s'emparait de l'ancien royaume d'Arakân, après avoir défait le corps d'occupation birman dans plusieurs rencontres sanglantes.

On put croire et on crut en effet, au mois de septembre, que la paix allait se conclure, des propositions à cet effet ayant été portées au général en chef par des officiers birmans, au nom du premier ministre. Il résulte même des relations officielles qu'une sorte de traité préliminaire fut échangé le 17 septembre entre ces officiers et deux délégués de sir A. Campbell (le lieutenant-colonel Tidy et le lieutenant Smith), à *Miady* (1), place située sur la rive gauche du fleuve, trente milles environ au-dessus de Prôme. Il était stipulé dans cette convention que les hostilités cesseraient du 17 septembre au 17 octobre; que le premier ministre d'Ava se rencontrerait avec les autorités anglaises le 2 octobre à l'effet d'ouvrir des négociations pour un traité définitif; qu'une ligne de démarcation serait tirée, et que, comme le rang et la dignité du premier ministre ne permettaient pas qu'il se mît en marche sans une escorte de cinq cents hommes armés de fusils et de cinq cents autres armés de sabres, le commandant en chef de l'armée anglaise se ferait escorter d'un nombre égal, s'il le jugeait nécessaire. L'entrevue eut lieu, en effet, le 2 octobre ; mais elle n'aboutit qu'à la reprise des hostilités, le roi ayant absolument refusé de ratifier toute convention qui aurait pour base la cession d'une partie quelconque du territoire ou le payement d'une indemnité de guerre. — La saison des pluies avait arrêté les opérations. Les provisions et munitions de toute espèce arrivaient à l'armée anglaise, à Prôme, de Rangoun, en remontant l'Irawaddy sous la protection de la flottille armée, commandée par le capitaine Alexander.

Cependant les Birmans avaient mis à profit l'interruption causée par la saison pluvieuse et les délais calculés dus à de vaines négociations. Une armée de soixante mille hommes, réorganisée par les derniers efforts de la cour d'Ava, sous le commandement d'un vieux général, Maha-Nemiou (*Nemyo : descendant du soleil !*), digne au moins par sa valeur de succéder à Maha-Bandoula, s'avança sur Prôme avec l'espoir de culbuter les Anglais dans le fleuve. Leur attaque fut habilement et sagement conduite; et les positions que prirent les Birmans, se retranchant et s'entourant de redoutes à mesure qu'ils avançaient sur les deux rives de l'Irawaddy, montrait en eux une entente de la guerre, une intelligence et un sang froid qui firent

(1) Crawfurd ne nous donne pas une haute opinion de ce fameux général. — Bandoula, au moment de sa mort, était âgé d'environ quarante-cinq ans. — C'était un bel homme, et ses traits avaient une expression remarquable. — On le disait *honnête homme*, rare qualité pour un courtisan birman! — Crawfurd prétend que, comme tous les autres généraux birmans, il n'exposait jamais volontairement sa personne dans l'action. — Il maintenait la discipline dans son armée par une sévérité presque toujours entachée de barbarie. — Ses talents comme chef militaire paraissent avoir été fort exagérés par la plupart des narrateurs anglais. — Nous aurons occasion de donner quelques détails sur ce singulier personnage, en parlant de la cour d'Ava. — Quand il fut tué, le commandement de l'armée fut offert à son frère, qui le refusa et s'enfuit à Ava, où il fut exécuté, par ordre du roi, une demi-heure après son arrivée, non pas tant pour avoir quitté son poste que pour avoir refusé l'honneur du commandement.

(1) *Meaday :* sur la carte de Berghaus. Probablement *mi-a-day* ou *Myédé* (selon Crawfurd), approche beaucoup de la prononciation birmane de ce nom.

cette fois encore l'admiration de leurs ennemis. Une forte reconnaissance envoyée à leur rencontre paya de la mort de son chef, le colonel Mac-Dougal, les renseignements qu'elle obtint sur la marche et la force de l'armée birmane, et dut se replier rapidement sur le quartier général. Enfin, le 1er décembre 1825 sir A. Campbell quitta Prôme pour attaquer la grande armée birmane. Il avait formé la sienne en deux divisions, l'une, celle de droite, placée sous les ordres du général Cotton; l'autre, celle de gauche, dont il s'était réservé le commandement. La division de droite fut la première engagée, à *Simbike* (Simbaïk) distant de Prôme de onze milles anglais environ, et enleva les *stockades* échelonnées de l'ennemi, malgré une résistance furieuse, qui dura deux jours. Les Birmans perdirent toute leur artillerie et tout le matériel de leur armée. La division du général Campbell se mit à la poursuite des Birmans, et les mesures prises se concertèrent si bien avec les opérations de la flottille, que les forces birmanes sur la rive gauche de l'Irawaddy furent entièrement dispersées, et que toute leur artillerie, leurs munitions et leurs approvisionnements tombèrent au pouvoir des Anglais. La division du général Cotton fut portée par la flottille, le 5 décembre, sur la rive opposée, enleva les retranchements qui protégeaient la portion de l'armée birmane qui avait manœuvré sur cette rive, et mit les Birmans dans une déroute complète, après leur avoir tué beaucoup de monde (1). Sir A. Campbell ne perdit pas un instant pour marcher sur la capitale : il atteignit Miady le 19, et prit position à cinq milles environ de Patanogah (ou, selon Crawfurd, *Patanago*), vis-à-vis *Melloune* (1), où l'ennemi avait rallié et concentré toutes ses forces. Le 26 ils envoyèrent un parlementaire. Le 1er janvier 1826 il y eut une conférence où les délégués birmans ne purent se résoudre à admettre le principe de l'indemnité de guerre et de la cession d'une portion du territoire : cependant, le 3 ils parurent comprendre la nécessité de céder, et signèrent le traité devenu célèbre, depuis sa ratification tardive, sous le nom de traité d'*Yandabô*. En vertu de ce traité Arakân, Mergui, Tavoy et Yéh étaient cédés à la Compagnie. Assam, Katchar et Mannipour seraient administrés par des princes du choix du gouvernement anglais, et un *crore* de roupies (2) serait payé par le souverain birman comme indemnité pour les dépenses de la guerre. Le traité devait être ratifié par le roi, et la ratification remise au camp anglais dans le délai de quinze jours. Les plénipotentiaires birmans ne croyaient pas eux-mêmes, malgré leurs protestations, à la ratification royale; et ils essayaient de déterminer sir A. Campbell à se replier sur Prôme. Le 18 était le terme fatal. Le traité ratifié n'ayant pas paru ce jour-là, les batteries anglaises commencèrent le 19 leur feu sur les positions occupées par l'ennemi. Malaôn fut attaqué et pris. Un engagement général eut lieu le 25 ; et les Birmans, mis de nouveau en déroute, laissèrent le général anglais continuer sa marche sur Amarapoura. Un docteur Price, missionnaire

(1) Nous avons suivi, en général, dans cette partie de notre résumé les indications données par P. Auber; mais nous sommes porté à croire que dans cette dernière grande affaire, comme dans la plupart des actions de quelque importance déjà mentionnées, la courageuse résistance des Birmans a été grandement exagérée. — Crawfurd entre à cet égard dans des détails qui nous ont semblé concluants. — (Voir p. 72, 73 et 74 de son 1er vol.) — A l'affaire de *Simbike*, c'est-à-dire le 1er décembre, on trouva parmi les blessés une jeune fille de quinze ou seize ans, habillée en homme. — C'était, à ce qu'il paraît, une de ces femmes qui se croient inspirées, et que les Birmans désignent par le nom de *Nat-Kadau* : esprits ou génies (Nat) femelles. — Un certain nombre de ces malheureuses fanatiques avait été mis en réquisition par le gouvernement birman pour augmenter par leur présence le courage des soldats, et dans l'espoir que leurs conjurations accéléreraient la défaite et la destruction de l'armée ennemie. — La pauvre blessée reçut tous les soins que son état exigeait, et en témoignait sa reconnaissance d'une manière touchante ; mais elle mourut une demi-heure après être tombée entre les mains des Anglais. (Voir Crawfurd, vol. I, p. 75.)

(1) Crawfurd écrit *Meloon*, *Melloon*, *Malun* et *Melun*, que les Birmans, selon lui, prononcent *Melwan*.

(2) Cent *laks* : environ vingt-cinq millions.

américain, qui déjà avait été envoyé près de sir A. Campbell avec des propositions inadmissibles, et M. Sandford, prisonnier anglais, vinrent au-devant du vainqueur, par le désir exprès du roi, porteurs de ses protestations solennelles de son désir de faire la paix ; mais le traité n'ayant pas encore été ratifié sir A. Campbell refusa positivement de faire halte, après ce qui s'était passé. Les Birmans tentèrent une dernière fois le sort des armes à Paghammiou. Ils furent complétement battus et dispersés, et rien désormais ne pouvait empêcher sir A. Campbell d'entrer à Amarapoura.

Le souverain birman se détermina enfin à céder. Le 24 février le traité dont nous avons indiqué les principales conditions fut échangé à Yandabô. Une des stipulations de ce traité portait, ainsi qu'il a été dit plus haut, que le gouvernement d'Ava payerait un crore de roupies (environ 25 millions de notre monnaie) : les Anglais consentirent à diviser cette contribution de guerre en quatre payements égaux de 25 lacs chacun, dont le premier serait payé comptant, à la condition que l'armée anglaise se retirerait à Rangoun ; le second devait être versé trois mois après, et suivi de l'évacuation du territoire birman par l'armée d'occupation ; le troisième versement devait se faire avant l'expiration de l'année, et le quatrième enfin avant deux ans révolus, à dater de l'époque de la ratification. Mais les Anglais, par une négligence qui nous semble peu explicable, ne prirent pas de sûretés pour l'exécution ponctuelle de cet arrangement.

Aussitôt après les ratifications échangées, sir Archibald Campbell envoya les capitaines Lumsden et Havelock complimenter le roi sur la cessation des hostilités. Ils arrivèrent à Ava dans la nuit du 28 février, et furent conduits en cérémonie, avec une suite nombreuse, à la résidence de *Moung-shive-Loo*, commandant de la porte septentrionale du palais, où ils furent traités avec la plus parfaite hospitalité. Le roi, complétement abasourdi et démoralisé par l'issue fatale de la lutte, avait d'abord résolu, à ce que nous disent les relations anglaises (1), de ne pas donner audience aux députés du général en chef ; mais il se résigna cependant à les recevoir. Cette audience fort courte, mais cependant polie, eut lieu le 1er mars, et le 3 les officiers anglais quittèrent la « ville d'Or », assez satisfaits en apparence de leur réception. Cependant, quand on réfléchit que les choses avaient été arrangées de manière à ce qu'ils arrivassent de nuit, qu'il n'avait été préparé aucune résidence royale pour les recevoir ; que de tous les dignitaires birmans le seul qui les accueillit chez lui fut *Moung-shive-Loo*, commandant de la porte du nord, et qu'à l'exception de l'audience royale, extorquée plutôt qu'accordée de bonne grâce, ils ne furent l'objet d'aucuns égards officiels : il semble que sir A. Campbell n'ait pas eu beaucoup à se louer de la réception faite à ses délégués dans cette occasion importante. On pensait dans l'Inde anglaise, et avec raison, que le général en chef aurait agi plus sagement, en vue de l'avenir, en envoyant tout d'un coup à Ava un officier supérieur qui y aurait exercé provisoirement les fonctions de résident, aurait eu ainsi caractère pour régler d'avance, d'une manière convenable, le cérémonial de sa réception et toutes les questions d'étiquette (au moins les principales) ; établi, en un mot, la légation ou résidence anglaise à la cour birmane avant que l'armée eût commencé son mouvement de retraite.

Ce mouvement s'exécuta selon les conditions du traité. Un bataillon, sous les ordres du capitaine Ross, retourna par terre à Arakân (1), et le reste de l'armée se retira à Rangoun avec sir A. Campbell, pour y attendre le payement du second quart de l'indemnité stipulée.

---

(1) Nous mettrons en tête des autorités que nous avons consultées sur les relations des Anglais avec les Birmans, et en particulier sur les négociations qui ont précédé et suivi le traité d'Yandabô, un résumé inséré dans le *Calcutta monthly Journal* de 1835, et intitulé : *Historical Review of the political relations between the british government of India and the empire of Ava*, etc. ; by G. T. Bayfield, esq., *acting assistant to the resident in Ava*, and revised by lieutenant-colonel Burney, british résident.

(2) Nous donnerons plus loin un extrait du journal de marche de ce détachement.

L'article 7 du traité de Yandabô portait qu'un traité de commerce entre les deux pays serait négocié dans le plus bref délai possible. Le gouvernement suprême des Indes anglaises confia à M. Crawfurd cette importante mais très-délicate négociation. Ses instructions définitives paraissent avoir porté la date du 5 août 1826. M. Crawfurd s'embarqua le 1er septembre suivant sur le steamer *Diana*, entra le 4 dans la branche principale de l'Irawaddy, atteignit Henzada le 8, Prôme le 16, Yandabô le 27, et Kyouk-ta-loun, douze milles environ au-dessous d'Ava, le 28. Nous entrerons dans quelques détails sur cette mission, parce que c'est la première mission de ce genre qui ait été à peu près convenablement reçue, et que, même dans cette circonstance, les manœuvres des fonctionnaires birmans pour satisfaire leur vanité nationale, et humilier autant que possible la race maudite dont la présence leur était imposée par la conquête, jettent un jour remarquable sur les habitudes gouvernementales, l'étiquette puérile, les prétentions orgueilleuses et l'absence presque complète de bonne foi et de sens moral qui caractérisent le gouvernement d'Ava.

A Kyouk-ta-loun M. Crawfurd rencontra une députation d'officiers birmans d'un rang respectable, qui exprimèrent le désir qu'il voulût bien attendre dans cet endroit qu'on eût reçu des instructions de la cour à son égard. M. Crawfurd s'y refusa, d'après ce double motif qu'il était convenu depuis longtemps qu'il se rendrait directement à Ava, et qu'il était impossible de supposer qu'il n'y fût pas reçu convenablement. Il continua donc sa route jusqu'au village de Poukt'au, qui n'est qu'à trois ou quatre milles d'Ava. Ici il apprit qu'une seconde députation, plus considérable et plus respectable que la première, allait venir le prendre et l'escorter jusqu'à la capitale. Il consentit à faire halte en conséquence, et le jour suivant, 29 septembre 1826, un *woondauk* (1) le conduisit à une résidence temporaire qui avait été construite pour lui, un peu au-dessous d'Ava, où le *wounghie maun-lá-kain* et le *kyî-woon-atwenn-woon* (1), *maung-pa-rauk*, deux fonctionnaires d'un rang élevé, l'attendaient pour le recevoir. La mission de Crawfurd s'annonçait ainsi sous des auspices plus favorables qu'aucune de celles qui l'avaient précédé. Il apprit bientôt que la cour d'Ava désirait avant tout la prompte évacuation de Rangoun par les troupes anglaises; et dès le 3 octobre le kyî-woon-atwenn-woon et d'autres dignitaires se rendirent auprès de l'envoyé, et le supplièrent de congédier le corps d'occupation. Crawfurd se contenta de leur remettre sous les yeux les stipulations expresses du traité, qui portaient que les troupes évacueraient Rangoun aussitôt après le payement du second quart de l'indemnité, dû depuis longtemps. La présence de l'escorte européenne de l'envoyé avait jeté l'alarme dans la capitale, et les bruits les plus étranges y circulaient sur le but réel de la mission. Enfin, le 9 octobre, cédant aux urgentes sollicitations du kyî-woon-atwenn-woon, Crawfurd consentit à entrer en négociation avant sa présentation au roi. Cette présentation devait avoir lieu le 16, jour choisi de préférence par la subtilité orgueilleuse des Birmans, parce que ce jour là était un de ceux que les coutumes royales ou impériales désignaient comme l'un des jours de *kadaó*, ou *jours de pardon*. Dans ces réceptions solennelles tous les *tsawbwas* ou *saubwas*, princes tributaires de Lao, tous les vassaux et principaux sujets de sa majesté lui offrent des présents, font les prosternations d'usage (*shiko* ou *chiko*), et implorent le pardon royal pour toutes *commissions* ou *omissions* dont ils ont pu se rendre coupables dans le passé. — Le 12 les commissaires ou délégués birmans, deux des *atwenn-woons* ou secrétaires d'État de l'intérieur, se rendirent en grand cos-

---

(1) *Wundauk*, selon l'orthographe de Crawfurd; — de *wun*, un fardeau, et *tauk*, appui, soutien : ce qui équivaut à assistant ou député; le *wundauk* ou *wuntauk* (la lettre *t* étant prononcée euphoniquement *d*) est en effet assistant-ministre ou sous-secrétaire d'État.

(2) *Wounghi*, ministre; *kyî-woon-atwenn-woun*, surintendant des greniers royaux, membre du conseil privé. (*Atwenn*, intérieur; *woun*, fardeau.)

tume sous une espèce de tente ou de pavillon érigé à l'effet de s'y rencontrer avec l'envoyé anglais, qui avait proposé, mais en vain, de les recevoir chez lui, et les conférences sérieuses commencèrent. Après les préliminaires d'usage, M. Crawfurd présenta aux commissaires birmans un projet de traité de commerce dont les dispositions principales avaient pour but d'assurer la libre exportation des métaux précieux et l'entrée aussi bien que la libre sortie du territoire birman aux négociants anglais et à leurs familles. Les trois journées suivantes furent occupées par des courses ou joutes sur l'eau, et le 16 une seconde conférence eut lieu, mais sans résultat. Comme il plut ce jour-là, la présentation annoncée fut remise au 20, et le *kadaó* fut, comme on peut bien le croire, désigné pour le même jour. Le 20 donc deux barges royales de parade, richement dorées, et dix bateaux de guerre ordinaires vinrent prendre M. Crawfurd et sa suite, et les transportèrent sur la rive opposée, où la mission fut reçue par une députation de *tsarè-daó-guys* (1), avec quelques éléphants et des chevaux, etc., ainsi que des moyens de transport pour les présents destinés au roi. Les autorités birmanes s'opposèrent à ce que l'escorte européenne de l'envoyé entrât armée dans la ville; mais M. Crawfurd, ne voulant pas consentir à ce qu'elle fût désarmée, se détermina à la renvoyer à bord du steamer. C'était un premier manque d'égards, suivi bientôt d'une impertinence marquée, les ts-arè-dao-guys ayant prétendu exiger de M. Crawfurd qu'il mît bas son parasol, par respect *pour le voisinage* du palais! On le mena, comme en parade, autour d'une grande partie des cours du palais, de manière à satisfaire la curiosité insolente du public birman, et on le fit descendre de sa monture à l'angle sud-est du palais et marcher le long de la façade est jusqu'à la principale porte d'entrée, bien que les officiers birmans du dernier rang puissent s'y rendre à cheval si cela leur convient. Il avait bien été convenu d'avance que la mission ferait halte au *Rùngd'hau* (prononcé *Youm-dao*), ou palais de justice; mais on le leur fit dépasser à dessein, et les tsarè-dao-guys eurent l'impudence de demander que Crawfurd se prosternât devant la résidence royale. Il s'y refusa avec indignation, et, s'apercevant que les Birmans avaient voulu se jouer de lui, il revint immédiatement sur ses pas, monta au *Rungd'hau* avec ses souliers à ses pieds, et exigea que les maîtres des cérémonies qui avaient abusé de sa condescendance fussent punis. Nonobstant cette démonstration vigoureuse et les témoignages de son mécontentement et de son impatience, on le fit attendre deux heures et demie au *Youm-daó* avant de lui signifier qu'il allait enfin être admis en présence de l'auguste souverain! Il demanda un plateau en or ou en argent pour y placer la lettre du gouverneur général; mais on lui apporta un vieux plateau en bois, dont la dorure avait presque entièrement disparu, et il préféra remettre la lettre au lieutenant Montmorency (nom remarquable en pareil pays et en pareilles circonstances!), qui la porta à l'audience M. Crawfurd ôta ses souliers (ou ses pantoufles) au pied de l'un des trois escaliers ou perrons conduisant à l'entrée du palais (celui de droite, l'escalier du centre étant réservé au roi). On lui avait permis de les porter en traversant les cours un peu au-delà de l'endroit où Symes avait été contraint de se déchausser lors de sa première mission. Il eut à attendre encore une dizaine de minutes dans la salle d'audience, et enfin le roi parut, et toute la cour se prosterna. Immédiatement après lui la reine entra, et s'assit également sur le trône, à la droite du roi, et reçut de la cour les mêmes hommages que le souverain. Crawfurd ôta son chapeau, et salua ou plutôt fit son *salam* à la manière hindo-européenne, avec la main droite portée au front et ramenée ensuite vers la terre.

---

(1) Ce sont les mêmes officiers que Cox désigne sous le nom de *seereedoghee-seeree*; *seeree* (sìrì) signifiant un écrivain ou secrétaire, et *seereedoghee*, un écrivain principal, ou secrétaire en chef du gouvernement. — Crawfurd explique que le nom véritable de ces fonctionnaires est, en birman, *sair-d'haukri*, ordinairement prononcé *saye-d'haugyi* et *sarégyi*, et correspond au titre de « principal secrétaire du gouvernement ». — Il paraît que ces officiers remplissent aussi les fonctions de maîtres des cérémonies.

Il ne faut pas oublier que la cour avait désigné ce jour-là pour l'un des « jours de pardon ». Or, tous les dignitaires birmans firent leurs présents au roi avant que l'envoyé anglais pût offrir les siens; et à l'insu de M. Crawfurd un des officiers de la cour lut une adresse ou espèce de requête à leurs majestés (le roi et la reine), exprimant les sentiments d'humble respect et de soumission du gouverneur général (lord Amberst) aux désirs des souverains « aux pieds d'or », et *demandant pardon*, comme la foule des autres vassaux, pour les offenses passées ! Ni le roi ni la reine ne prirent la peine de s'enquérir du gouverneur général ; la lettre de sa seigneurie n'eut même pas l'honneur d'être présentée officiellement ; elle fut remise, sans plus de cérémonie, et, chose singulière, par ordre de M. Crawfurd lui-même, à un *nakan-daó* (1) ; et la mission fut congédiée du palais.

Le 22 octobre il y eut une conférence qui se ressentit de la mauvaise humeur que M. Crawfurd devait naturellement témoigner après la réception qui lui avait été faite à la cour. Les commissaires birmans, en réponse à des questions que leur mauvais génie leur avait inspirées ce jour-là, apprirent, à leur extrême mortification, de la bouche même de l'envoyé anglais, que la cour de Siam lui paraissait infiniment supérieure à la leur en tenue, en décorum, en splendeur ; que le roi de Siam avait *six éléphants blancs ;* qu'il avait le sentiment des convenances envers les étrangers de distinction, et qu'enfin M. Crawfurd était excessivement mécontent de la manière dont il avait été reçu à Ava, etc. Une très-longue discussion, pendant laquelle les Birmans insistèrent pour demeurer maîtres du cours de la rivière Saluen, n'aboutit à aucun résultat ; et du 23 au 25 il n'y eut encore rien de fait. L'envoyé alla visiter le prince royal et les princes Tharawady et Menza-guia (ou, comme les Anglais l'écrivent parfois, Men-tha-gyi) (2) : ce dernier, frère de la reine, et alors l'homme le plus puissant du royaume ; l'autre (Tharawadi) se préparant dès lors à s'emparer du trône, que son frère n'occupait que de nom. Les conférences furent reprises le 3 novembre, et continuées avec assez de régularité jusqu'au 24 mai, non sans une foule d'incidents qui menacèrent plus d'une fois de faire entièrement avorter ces négociations. Les commissaires birmans espéraient toujours amener M. Crawfurd à faire des concessions sur le payement de l'indemnité ; et après avoir essayé de le corrompre par l'offre d'un présent de cinq *viss* d'or (de la valeur d'environ 12,000 roupies, 28,000 à 30,000 francs) ; après avoir hasardé quelques contre-propositions de la nature la plus étrange, trouvant Crawfurd inébranlable, ils avaient déclaré le 10 qu'ils consentiraient à signer un traité à très-peu près semblable au projet remis par Crawfurd, mais à la condition que le payement des troisième et quatrième quarts de l'indemnité serait reculé d'un an. Crawfurd y consentit ; mais, à peine eurent-ils obtenu cette importante concession, les Birmans insistèrent pour un délai ultérieur de trois mois. L'envoyé perdit entièrement patience, et, pour la septième fois depuis l'ouverture des conférences, on se sépara sans qu'il fût possible de prévoir si elles seraient reprises et amenées à une conclusion raisonnable. Elles le furent cependant ; mais nous ferons grâce à nos lecteurs des détails des négociations ultérieures, qui se terminèrent par une déclaration de M. Crawfurd qu'il renoncerait à son projet de traité et qu'il accepterait les propositions des commissaires birmans eux-mêmes, pour peu qu'elles fussent accep-

---

(1) Crawfurd écrit *nakand'hau*. Ce titre signifie en birman : Oreille royale, ou celui qui écoute pour le roi.

(1) Crawfurd écrit *Sarawadi*, et nous apprend que le titre de — *Sarawati-men*, prince de Sarawati, lui est donné parce que cette province de Sarawati ou Sarawadi, célèbre pour ses forêts de *Téck*, était son apanage. — Quant au frère de la reine, Crawfurd explique que le titre qu'on lui donnait communément, *Men-tha-gyi*, signifiait à peu près « le grand prince » ; mais que ce n'était, à dire vrai, qu'un surnom dont on le gratifiait, par crainte ou par flatterie ; son titre véritable, tiré, selon l'usage, de son apanage, étant *Salen-men* ou « Prince de Salen ». — Salen est un des plus riches districts du royaume.

tables ! Il ne fut plus question des concessions demandées de part et d'autre, et un traité en quatre articles entre le gouverneur général, désigné par le titre de *Engleit men*, la Compagnie des Indes (*India Company Buren*) et le roi d'Ava, fut enfin arrêté et signé par les plénipotentiaires le 24 novembre.

L'article 1er stipule la libre entrée et sortie des marchands munis de laissez-passer délivrés par l'autorité anglaise du pays d'expédition, à la charge par eux de payer les droits ordinaires. Ils ne doivent pas être molestés dans leurs transactions.

L'article 2 n'est qu'une répétition de l'article 9 du traité d'Yandabô, avec le désavantage d'une rédaction beaucoup trop vague, les droits à payer par les navires marchands n'étant spécifiés que par les mots : « droits ordinaires ».

L'article 3 est relatif aux négociants ou marchands des deux pays, qui après avoir séjourné dans l'un de ces pays désirent le quitter pour se rendre où bon leur semble. Cet article se trouve virtuellement compris dans l'article 1er, dont il n'est guère que la répétition.

L'article 4 stipule que les navires en détresse ou naufragés sur les côtes seront secourus ; que l'assistance donnée par les habitants des villes ou villages voisins du lieu du sinistre donnera droit à une commission de sauvetage, et que tout ce qui aura été sauvé du naufrage sera restitué aux propriétaires légitimes.

M. Crawfurd paraît avoir eu hâte de se débarrasser de cette malencontreuse affaire ; car, à peine le traité eut-il été signé, qu'il témoigna le désir d'accélérer son départ ; et lorsque les commissaires birmans parlèrent de s'entendre sur un délai à accorder pour les troisième et quatrième quarts de la contribution de guerre, M. Crawfurd répondit à diverses reprises que sa mission était achevée, et qu'il ne devait songer qu'à prendre congé le plus promptement possible. Cependant, dans une discussion relative aux Cassays et Assamais pris par les Birmans dans le cours de la guerre, et dont plusieurs étaient retenus dans le pays contre leur gré (1),

(1) Aux termes du onzième article du traité d'Yandabo, tous Anglais ou Améri-

Crawfurd ayant demandé qu'on fît appeler ces malheureux, afin qu'il pût s'assurer par lui-même de ce qu'ils désiraient qu'on fît pour eux, les commissaires royaux lui firent observer que cette demande était déplacée, puisque, d'après sa propre déclaration, sa mission était terminée, etc. Il fut informé le 4 décembre que le roi le recevrait le jour suivant, au palais de l'Éléphant. Il demanda de nouveau la remise des prisonniers Cassays et Assamais, et même Anglais, retenus dans Ava contrairement au onzième article du traité d'Yandabô, et offrit aux commissaires birmans une liste nominative, qu'ils refusèrent de recevoir. Il réclama alors la succession d'un négociant anglais nommé Stockdale, mort à Ava trois ans auparavant, et dont les biens, s'élevant à une valeur d'environ 20,000 roupies (50,000 francs); avaient été confisqués par la reine (1);

cains et autres de race blanche, toutes personnes comprises sous la dénomination de *koulanet* ou « étrangers noirs » (natifs des pays à l'ouest d'Ava), qui auraient été détenus par les Birmans pendant la guerre devaient être mis en liberté.

(1) C'était une femme d'une naissance obscure, mais dont l'habileté et les intrigues, secondées probablement par les charmes de sa personne, avaient merveilleusement servi l'ambition et l'avarice, ses deux passions dominantes. Elle partageait avec son royal époux non-seulement la puissance souveraine, mais, ce qui est beaucoup plus extraordinaire dans ces contrées de l'extrême Orient, toutes les prérogatives extérieures et officielles de la souveraineté. — Nous l'avons vue, à la réception solennelle de la mission anglaise, assise sur le même trône que le roi et à sa droite, et il paraît qu'il était d'usage à cette époque de ne pas les mentionner séparément, mais bien de s'exprimer ainsi : « Les deux souverains seigneurs » (Crawfurd, vol. I, p. 243).— Ces détails sont curieux, en ce qu'ils montrent clairement que nonobstant le préjugé qui, dans l'opinion des Asiatiques, assigne en général un rang inférieur à la femme et la condamne à une réclusion plus ou moins complète, une Birmane peut s'affranchir de cette dépendance matérielle et morale sans révolter l'opinion. Telle était la reine d'Ava en 1826. Elle avait une influence sans bornes sur le roi, dont elle était la seconde femme quand il n'était encore que prince royal, et l'avait déterminé, à son avènement au trône, à répudier

mais on lui opposa les mêmes fins de non recevoir, et force lui fut de se contenter de prendre acte de ses demandes. Le 6 et le 7 il eut audience du roi au palais de l'Éléphant et au palais de l'Eau, et fut obligé, pour se rendre à la première de ces audiences, d'ôter ses souliers et de marcher sur des briques brûlantes la distance d'une centaine de mètres! Le 12 l'envoyé reçut quelques présents en retour de ceux qu'il avait apportés, mais point de lettre pour le gouverneur général, et, le roi ayant daigné accorder *des titres* aux différentes personnes de sa suite, M. Crawfurd quitta Ava le jour même; il était de retour à Rangoun le 17 janvier 1827. Il avait mis trente-six jours à descendre le fleuve. Après une halte de quelques jours, pendant laquelle il eut une entrevue particulière avec le vice-roi, qui lui remit une lettre respectueuse « des ministres d'Ava aux chefs de guerre du Bengale », Crawfurd se rembarqua, toucha à l'établissement naissant d'Amherst, et arriva à Calcutta le 21 février 1827.

Les fonctionnaires anglais qui lui ont succédé à Ava et toute la *communauté mercantile*, comme on le dit chez nos voisins, ont reproché à Crawfurd d'avoir accepté le traité tel qu'il lui avait été offert par les Birmans. On pensait d'ailleurs avec raison que la cour d'Ava ne considérait cette transaction que comme une *permission royale* (*akh-whendan*), arrachée par l'importunité des étrangers, et qui laissait intacts les droits du souverain, puisque les *droits accoutumés* seraient perçus sur les navires et les marchandises. L'exportation des métaux précieux n'était pas défendue par le traité d'Yandabô. Les efforts de M. Crawfurd auraient dû tendre à faire considérer cette exportation comme une conséquence naturelle de ce traité, à repousser toute prétention de la part des négociateurs birmans à s'y opposer. Il aurait dû également entretenir des communications fréquentes avec sir A. Campbell, et insister pour que cet officier général ne quittât pas Rangoun avant

sa femme légitime et à l'élever elle-même au premier rang, à la place de cette infortunée, qui végétait dans l'obscurité et la misère dans un coin de la capitale.

d'être informé de la conclusion du traité de commerce.

Le second quart de l'indemnité de guerre fut payé quatre jours avant le départ de M. Crawfurd, et le 9 décembre 1826 l'armée anglaise, sous les ordres de sir A. Campbell, évacua Rangoun, où le général en chef laissa le lieutenant Rawlinson, en qualité d'agent pour la protection du commerce anglais et pour presser la rentrée des deux derniers quarts de l'indemnité.

En mars, une ambassade, envoyée par le gouvernement birman, arriva à Calcutta. Elle avait pour but :

1° D'obtenir un délai pour le payement des deux derniers quarts de l'indemnité ;

2° De protester contre l'occupation d'un petit village près de Bassein par les troupes anglaises ;

3° D'objecter à ce que des officiers anglais traversassent le territoire birman et levassent des plans dans le territoire du radjâh Gumbîrsingh près de la frontière birmane, et surtout à ce que le gouvernement anglais sanctionnât l'occupation, par ce prince, de la vallée de *Koubo*, appartenant à l'empire birman de temps immémorial.

Les ambassadeurs birmans furent accueillis avec tous les égards possibles et traités comme des hôtes de distinction, non-seulement par le gouvernement suprême, mais par la société de Calcutta. On les renvoya au général sir Archibald Campbell pour la discussion ultérieure et le règlement définitif des points en litige ; mais le vice-président en conseil les prévint cependant qu'il ne croyait pas possible qu'on leur accordât le délai qu'ils demandaient pour le payement des derniers quarts du tribut. Les envoyés arrivèrent à Moulméin le 3 juin, et commencèrent à négocier avec sir Archibald, comme les Birmans négocient, c'est-à-dire avec des hésitations, des protestations, des précautions, des finesses et des restrictions mentales sans fin. Cependant, comme ils n'étaient venus à Moulméin qu'à leur corps défendant, et comme il leur tardait de se retrouver sur le territoire birman ; comme, d'ailleurs, il était évident qu'ils n'étaient réellement pas en mesure de payer aux époques arrêtées précédemment, on s'entendit assez promptement : sir A. Campbell consentit à un délai, et accepta une obligation signée promettant de payer le troisième quart dans un délai de cinquante jours, à dater du 4 septembre 1827, et le quatrième dans un délai de cinquante jours également, à dater du 31 août 1828. Les envoyés birmans retournèrent à Rangoun. Des commissaires anglais et des commissaires birmans furent désignés bientôt après pour régler la question de limites pendante entre l'État de Munnipour et Birmah ; mais cette affaire éprouva des retards et des difficultés considérables, dont nous aurons à dire quelques mots plus loin.

En novembre 1829 un grave incident vint rembrunir l'horizon politique, mais laissa, en définitive, une impression très-favorable à la consolidation du pouvoir des Anglais dans ces contrées. Leur établissement à Moulméin avait eu à souffrir des incursions fréquentes de bandes de voleurs venues de la province et de la ville de Martaban. Le général en chef et le commissaire du gouvernement anglais à Moulméin avaient inutilement adressé les plus énergiques représentations à la cour d'Ava à ce sujet, et résolu de se faire justice eux-mêmes ; les Anglais envoyèrent des troupes dans le Martaban avec ordre de se saisir des principaux chefs de bandits. A l'approche de ce détachement, les autorités du pays et la majeure partie des habitants de Martaban prirent la fuite, et on ne put arrêter aucun des malfaiteurs ; mais quelques Taliens qui accompagnaient l'expédition mirent (de leur propre mouvement, disent les Anglais) le feu à la ville, qui fut entièrement consumée. Ces terribles représailles, naturellement mises par les indigènes sur le compte du gouvernement anglais, firent cesser, comme par enchantement, les désordres et les pillages qui les avaient provoquées, et depuis cette époque Moulméin a joui (à une exception près, dont nous dirons quelques mots ailleurs) de la tranquillité la plus profonde.

Enfin, en vertu de l'article 7 du traité d'Yandabô, stipulant qu'un envoyé du gouvernement anglais résiderait à la cour d'Ava, le major (depuis colonel) Burney fut nommé résident le 31 décembre 1829, et reçut pour instructions :

1° De résider d'une manière permanente à la cour d'Ava, et d'établir un service de postes (*dâk*) entre Ava et les provinces récemment annexées, d'Arakân et de Moulméin ;

2° D'adresser au gouvernement birman des remontrances pressantes relativement aux retards apportés dans le payement du quatrième quart de l'indemnité, qui, aux termes du traité, eût dû être effectué au mois de février 1828, ou au moins, d'après les concessions consenties par sir Archibald Campbell, en septembre et octobre de la même année ;

3° De veiller à ce que la sûreté des frontières anglaises ne fût pas menacée du côté de Birmah ; de favoriser le développement du commerce entre les deux pays, de s'assurer de l'impression produite à la cour d'Ava par la destruction de Martaban, et de recueillir des renseignements de toute espèce sur la cour et le gouvernement, etc. ;

4° De régler la question de limites entre l'État d'Ava et celui de Munnipour, et de s'assurer *quel équivalent territorial le gouvernement birman serait disposé à offrir au gouvernement anglais en échange des provinces de Ténassérim, dont la rétrocession était autorisée ou même désirée par le gouvernement de Londres*, etc. (1).

Le major Burney, déjà accoutumé aux formalités et aux lenteurs comme aux déceptions et aux désagréments de toute espèce qui accompagnent invariablement toute négociation sérieuse avec les cours de l'extrême Orient (il avait été envoyé en 1826 à la cour de Siam, où il avait négocié un traité d'amitié et une convention commerciale), rencontra néanmoins plus d'obstacles

(1) Cette partie des instructions du résident anglais est remarquable. On regardait évidemment à cette époque la possession de Ténassérim comme une charge, un embarras pour le gouvernement de l'Inde. Nous verrons plus loin que les provinces de Ténassérim ont acquis, sous la domination anglaise, un degré de prospérité et d'utilité qui les rend une acquisition précieuse.

encore qu'il n'en avait prévus dans l'accomplissement de sa mission. Il lui fallait, avant tout, se *poser* convenablement à la cour d'Ava, et donner aux relations qui allaient s'établir entre le souverain birman, la famille royale, les ministres et lui, soit comme représentant du gouvernement anglais, soit comme particulier, le caractère le plus propre à maintenir et à augmenter sa considération et son influence. Il nous paraît y avoir mieux réussi que Crawfurd; et on doit lui en tenir d'autant plus compte (au point de vue européen) qu'il a eu à lutter à la fois et contre les prétentions de la vanité birmane, toujours empressée de déconsidérer les agents européens, et contre l'indifférence ou la négligence ou l'ignorance de son propre gouvernement. Ainsi le 2 janvier 1831, c'est-à-dire près d'un an après son arrivée à Ava, le major reçut la première réponse dont ses dépêches eussent été honorées par le gouvernement suprême. Au moins cette réponse était-elle satisfaisante. Le gouverneur général en conseil allouait au résident un certain nombre de chaloupes canonnières montées par le nombre nécessaire de Lascars… Ces bateaux de service armés arrivèrent presque en même temps que la lettre du secrétaire général, et rendirent tout d'un coup le résident indépendant, pour les moyens de communication et de transport, des caprices des autorités birmanes, ce qui contribua très-puissamment à augmenter sa considération et son influence. Il eut, d'ailleurs, grand soin dès l'origine de se refuser, de la manière la plus péremptoire, à toute conférence ou discussion avec des agents inférieurs; et il parvint, non sans lutte, il est vrai, et sans avoir menacé plus d'une fois de rompre avec la cour et de se retirer, il parvint, disonsnous, à se placer sur un pied d'égalité à peu près complète avec les hauts dignitaires birmans. Il s'établit même à la longue entre eux et lui des relations cordiales et presque intimes, qui, malgré les alternatives de bonne intelligence et de froideur entre les deux États, se maintinrent jusqu'au départ du major Burney. Dans les audiences qu'il eut du roi, dans ses visites au palais ou aux princes du sang, dans ses conférences officielles au *lhwottau* (1), c'est-à-dire au lieu de réunion ou conseil des ministres, le résident anglais fut traité avec plus d'égards, d'attentions et de courtoisie qu'aucun des agents du gouvernement britannique qui l'avaient précédé à Ava.

La question du subside ou de la contribution de guerre donna lieu aux plus vives discussions. Nous n'entrerons pas dans tous les détails de cette affaire; mais nous en constaterons la conclusion dans le court résumé suivant, qui ne laissera pas que de jeter quelque lumière sur la conduite des Anglais et des Birmans dans l'exécution du traité d'Yandabô, et plus particulièrement dans l'interprétation de la clause financière de ce traité.

Le gouvernement d'Ava avait envoyé des vakîls à Calcutta pour y surveiller ses intérêts, et principalement pour constater les versements faits à l'hôtel des monnaies en payement de l'indemnité consentie par le souverain birman, et qui s'élevait à un crôre de roupies, dont il restait un quart, c'est-à-dire vingt-cinq laks (environ 6 millions de francs) dus au temps dont nous parlons. Les vakîls prétendaient que la valeur réelle des versements faits en lingots ou en numéraire excédait de deux laks au moins ce qui était légitimement dû, bien qu'ils eussent entre les mains le compte fourni par la monnaie et démontrant au contraire un déficit beaucoup plus considérable que le prétendu *surplus*. Les ministres, s'appuyant sur ces rapports mensongers des vakîls, résistaient obstinément aux instances du résident anglais, qui les pressait de faire verser à Rangoun la balance depuis si longtemps promise du *crôre* d'indemnité. La major Burney les informa cependant, le 28 décembre 1831, que le gouverneur général entendait positivement que le compte du directeur de la monnaie *fût admis sans discussion*, et que la balance fût payée, comme à l'ordinaire, en argent *daine* (nous verrons bientôt ce que c'est), et assigna un délai extrême de cent quatre-

---

(1) Crawfurd écrit *l'hut-d'hau*, et fait observer que ce mot devrait s'écrire correctement *l'hwat*, mais se prononce en réalité *l'hut-d'hau*.

vingts jours pour parfait payement, à compter de cette date. Ils répondirent à cette concession en niant l'exactitude du compte fourni par le directeur de la monnaie, et affectant de s'en rapporter à la balance établie par les comptes de l'officier chargé à Rangoun de recevoir et de transmettre à Calcutta les versements faits par le gouvernement birman; ce à quoi le résident ne pouvait consentir, l'agent en question ne pouvant, quelle que fût son exactitude et la justesse de son appréciation, constater que la valeur brute ou approximative des envois. Le 4 janvier 1832 une autre longue discussion eut lieu, dans le cours de laquelle le major Burney s'efforça de faire comprendre aux ministres comment et pourquoi le compte provisoire tenu par l'officier chargé des recettes à Rangoun, et le compte fourni par le directeur de la monnaie de Calcutta, après pesées et essais, différaient et devaient différer. Enfin les ministres consentirent à accepter le compte de la monnaie, à condition qu'on leur accordât dix mois pour parfait payement, s'engageant à payer intérêt à raison de un pour cent par mois pour toute somme qui pourrait rester due après ce délai expiré. Le résident, désirant vivement terminer la discussion relative à *l'évaluation* de l'argent, accéda à cette dernière proposition des ministres; les actes nécessaires furent dressés en conséquence, et la séance fut levée. — Les Birmans n'ont, à proprement parler, aucun système monétaire, et on ne trouverait probablement pas dans tout l'empire deux de leurs pièces d'argent ayant exactement même valeur. Les officiers anglais préposés à la recette des versements faits par les autorités birmanes en payement de la contribution de guerre n'avaient pas stipulé que la *valeur* des lingots ou espèces serait déterminée par le produit net à la monnaie de Calcutta: ils n'avaient même reçu aucune instruction à cet égard, et le traité d'Yandabô n'avait pas spécifié si le *crôre* de roupies serait payé en roupies *siccas*, ou en roupies *madras*, qui se trouvaient être les espèces courantes au camp anglais au moment de la signature du traité. Il était résulté de cette étrange omission des difficultés imprévues, qui se trouvèrent augmentées par la *rédaction* de la version *birmane* du traité, portant à l'article de l'indemnité d'un crôre de roupies consentie par le souverain birman, que S. M. s'engageait à payer « 75,000 *viss* de *bon* argent », définition bien vague pour un engagement de cette nature. Les Birmans soutenaient, avec quelque apparence de raison, qu'aux termes du traité leur argent *yowetni*, ou bon argent courant, était précisément celui dans lequel ils avaient payé *plus* de 75,000 *viss*, et que conséquemment ils avaient, et au delà, acquitté leur dette. Le résident eut beaucoup à faire pour leur expliquer, leur faire comprendre, les obliger logiquement à admettre que le *bon* argent stipulé par le traité devait être l'argent de la qualité désignée par le mot *daine*, et qui, d'après les essais multipliés faits à la monnaie de Calcutta, valait, en moyenne, de sept à dix pour cent de plus que le *yowetni*; que conséquemment il était de toute justice de continuer et de compléter le payement de l'indemnité en argent *daine*, et non en *yowetni*. Il était d'autant plus nécessaire que les Birmans consentissent à s'en rapporter à cet égard à la science et à la bonne foi européennes, qu'il fut prouvé que dans le premier versement fait à Yandabô l'évaluation exacte de la monnaie donna un déficit de trois laks sur l'évaluation des officiers qui avaient reçu l'argent, tandis que sur le second versement il y eut un surplus de 170,000 roupies! Le major Burney conduisit cette négociation délicate à bonne fin; surtout, on doit le reconnaître, par la conviction qu'il réussit à créer dans l'esprit des ministres birmans que le gouvernement anglais était de bonne foi dans cette discussion, et qu'on pouvait s'en rapporter à sa loyauté en pareille matière. La cour d'Ava tint ses derniers engagements, et au 27 octobre 1832 elle se trouva avoir payé, tout compte fait, 14,000 roupies siccas en sus de la contribution stipulée. Il lui a été, sans aucun doute, tenu compte de ce surplus.

Les conséquences plus ou moins immédiates, plus ou moins directes, du traité d'Yandabô sont de nature à faire naître de graves et utiles réflexions; mais nous devons nous contenter d'avoir indiqué celles de ces conséquences qui prouvent le mieux combien il est difficile de rédiger un traité avec la libéralité et en même temps la précision que réclament les droits respectifs des nations et les intérêts de la civilisation et du commerce.

Le major Burney n'éprouva guère moins de difficultés et de désagréments dans la question des limites à déterminer entre Birmah et Munnipour que dans le règlement définitif de l'indemnité de guerre. Les Birmans sont aussi susceptibles sur tout ce qui touche à leur honneur et à leur dignité nationale que sur ce qui appauvrit leurs ressources et leur puissance matérielle.

La question territoriale entre le petit État de Munnipour et Birmah roulait principalement sur la possession légale d'une étendue de territoire connue par les Anglais sous le nom de *vallée de Koubo*, et par les Birmans sous celui de *Thoungthwal*. Les commissaires anglais avaient d'abord décidé en faveur de Munnipour, ce qui avait amené les plus vives protestations de la part des commissaires birmans, et ce qui détermina le major Burney à appeler l'un des commissaires anglais à Ava, du consentement des ministres, pour que les arguments employés de part et d'autre pussent être débattus en sa présence. — Le résultat de cette enquête, sans justifier les commissaires birmans des mensonges et des supercheries sans nombre auxquels ils avaient eu recours pour faire prevaloir leurs prétentions, établit, contrairement à l'opinion des Anglais, de la manière la plus complète, le droit des Birmans à la possession de la vallée en dispute. — Il fut prouvé par des documents authentiques, tirés des archives de l'empire :

1° Que le royaume de *Goug* ou *Mogoung*, que les Munnipouriens prétendaient leur avoir cédé la vallée de *Koubo* en 1475, avait été conquis par les Birmans et était devenu tributaire d'Ava trente-trois ans avant l'époque de la cession invoquée par Munnipour ;

2° Que de nombreux documents historiques et autres établissaient que la vallée de *Koubo* était considérée depuis un très-grand nombre d'années comme faisant parti du royaume ou de l'empire d'Ava;

3° Que cette même vallée, comme pays entièrement distinct et séparé de Munnipour, avait été dans la possession incontestée de l'État Birman pendant au moins douze ans, lorsque la guerre éclata entre les Anglais et les Birmans.

En conséquence de ces faits, clairement établis par le résident et portés à la connaissance du gouvernement suprême, les commissaires envoyés à Munnipour reçurent l'ordre de remettre les Birmans en possession de leur chère vallée, et les limites définitives à tracer entre les deux États furent indiquées de la manière la plus précise et la plus détaillée dans les instructions qui leur furent transmises. — Les Birmans voulaient que l'on adoptât pour frontière, du côté de l'ouest, une chaîne de montagnes qu'ils désignaient sous le nom de *Yoma*, et qu'ils regardaient, avec raison, comme la prolongation de la grande chaîne que nous avons indiquée comme commençant au cap Negrais et qui sépare tout le pays d'Arakan d'Ava ; mais les commissaires anglais, se tenant à la lettre de leurs instructions, désignèrent une autre chaîne de montagnes, six à sept milles dans l'est de la première, qu'on nommait quelquefois, à ce qu'il paraît, monts *Muring*, et qui avait été confondue avec les monts *Yoma*. — Les Birmans s'efforcèrent de changer cette détermination ; mais le résident vint enfin à bout de les convaincre de l'inutilité de prolonger cette discussion ; la convention territoriale fut signée : la commission mixte parcourut la limite, et y fit élever les bornes convenables ; et cette affaire, qui depuis des années avait causé mille tracas, mille embarras et une infinité de rancunes, de mauvais vouloir et d'irritation (1) dans les deux pays, à Ava en particulier, fut enfin terminée à la satisfaction des deux principaux gouvernements. — Les Munnipouriens seuls se crurent ou affectèrent de se croire lésés.

Nous ne sommes entré dans ce détail que pour montrer combien la géographie de ces contrées est encore imparfaitement connue et sur quelles bases

(1) « *An infinity of ill will and irritation at Ava.* » Historical Review, etc., déjà cité p. 73.

douteuses reposent les décisions des gouvernements qui font passer sous telle ou telle domination secondaire des populations dont les intérêts naturels sont souvent sacrifiés aux convenances politiques des grands États.

Nous avons déjà remarqué que les instructions du résident l'autorisaient à négocier la rétrocession des provinces de Tenassérim. — Le gouvernement birman croyait si bien savoir que ces provinces n'étaient qu'une charge de plus pour le gouvernement anglo-indien, qu'il croyait que le but principal de la mission du major Burney était d'arriver à la restitution pure et simple de cette importante conquête sans compromettre sa dignité, et qu'il cherchait seulement une occasion favorable de manifester les intentions de son gouvernement à cet égard. — Les ministres le sondèrent ou le firent sonder plus d'une fois sur ce point, qui leur tenait fort à cœur. — Nous voyons par le journal du résident (1) que le 25 juillet 1830, à une conférence au *lhwottau*, dont les discussions de limites avec Munnipour étaient le principal motif, les ministres, après avoir exprimé le désir que le gouverneur général déposât le radjah Gumbir-Singh et fît asseoir Mardjit-Singh à sa place sur le *gaddy* (trône) de Munnipour, avouèrent qu'ils s'attendaient à ce que les provinces de Tenassérim leur seraient rendues aussitôt que le tribut serait entièrement payé (la contribution ou indemnité de guerre d'un crôre de roupies); et quand on les eut désabusés à cet égard, ils manifestèrent la plus grande surprise. — Cette question de la rétrocession de Tenassérim fut remise sur le tapis au mois d'octobre, et il paraît que le résident proposa cette fois un échange non-seulement de Tenassérim, mais encore d'Arakân, contre divers autres territoires, dont un seul, l'île Negrais, se trouve mentionné dans le résumé que nous avons sous les yeux (2). Quoi qu'il en soit, le narrateur anglais reconnaît expressément que le souverain birman était décidé à ne pas céder un pouce de son territoire actuel en échange de Tenassérim, et il ajoute que le major Burney ayant fait allusion à la possibilité que son gouvernement traitât avec les Siamois de la cession de ces provinces, l'*atwenn-woun Moung Yit* menaça, dans ce cas, de les leur reprendre de force. — Cela se passait le 21 octobre, et le 30, les ministres ayant dîné avec le résident, l'atwennwoun revint sur la rétrocession désirée, et fit valoir comme un motif suffisant d'un abandon pur et simple des provinces de Tenassérim, les nombreuses faveurs dont le roi avait honoré le major Burney! — La dernière trace que nous trouvons de la reprise, sinon des négociations, au moins des tentatives des Birmans à ce sujet, nous amène au 5 avril 1832. Les ministres, qui dînèrent avec le résident ce jour-là, renouvelèrent tous les arguments dont ils avaient fait usage précédemment, et insistèrent fort inutilement pour la rétrocession de Tenassérim et d'Arakân, puisqu'ils persistaient en même temps à ne rien offrir en échange.

Le 10 avril le major Burney, dont la santé l'avait obligé à demander son remplacement momentané, et qui avait eu son audience de congé du roi le 10 mars, quitta la capitale birmane. Les ministres s'étaient séparés de lui dans les meilleurs termes possibles, et le woundauk *Moung-Khou-Yi* l'escorta une partie du chemin, c'est-à-dire qu'il descendit la rivière avec lui jusqu'à une certaine distance.

Les deux années passées par le major Burney à Ava furent marquées, comme on le voit, par des négociations actives, et promettaient de bons résultats pour l'avenir des relations entre les deux pays. Le résident avait eu de fréquentes communications avec le souverain, qui lui avait témoigné de grands égards, lui avait conféré, ainsi qu'à plusieurs autres Européens (à sa recommandation), des titres et des distinctions (1), et avait

---

(1) *Historical Review*, etc., déjà cité, p. 59.
(2) Il faut donc admettre que le gouvernement anglais avait changé d'opinion, et que la possession de l'île Negrais lui paraissait, après tout, désirable.

(1) Le major Burney avait reçu le titre de *woundauk* et un *tchattah* (ou parasol) doré. Le roi l'avait aussi gratifié d'une chaîne d'or que les grands du pays portent comme marque de distinction. Plusieurs officiers anglais

consenti, sur ses représentations, à faire expédier une réponse, en son nom, à la lettre du gouverneur général (3), et même à accepter la médiation de ce haut fonctionnaire dans la question si délicate de la restitution de la *vallée de Koubo*. Il avait réussi à établir ses relations avec les *wounguies* sur le pied de la plus parfaite égalité et de la familiarité la plus cordiale : il avait organisé un *dâk* (service de postes régulier) entre Ava et le Bengale d'un côté, entre Ava et Moulmein de l'autre ; c'était un pas important de fait, et qui doit d'autant plus fixer l'attention que cet établissement, nouveau dans le pays, a mis dans un jour remarquable certaines qualités que l'on aurait pu être tenté de refuser au caractère birman. Il résulte, en effet, de la déclaration du major Burney lui-même qu'il a reçu par ces voies nouvelles des centaines de dépêches ou paquets de Rangoun, Moulmein, Calcutta, Arakân, Munnipour, dont un très-grand nombre sous la charge d'officiers birmans, et qu'il n'est pas arrivé une seule fois qu'un des paquets à son adresse ait été décacheté, ouvert, ou perdu, ou même retenu ou retardé un instant, par mégarde. Burney ne négligea pas non plus les intérêts du commerce. Il remédia autant que possible aux omissions justement reprochées, il nous semble, à Crawfurd, assura au commerce qui se fait avec Arakân, ou par la voie de cette province, la protection, la sûreté et les encouragements convenables, et obtint que les marchandises importées seraient soumises à un tarif déterminé. Les exportations par cette voie furent déclarées libres de tous droits. Des marchands étrangers, arméniens, mogols et autres, durent à son intervention l'issue favorable de leurs démêlés avec les autorités birmanes, ou le règlement d'affaires importantes dont leurs sollicitations n'auraient pu réussir à hâter ou même à obtenir la conclusion sans son appui. Tout indiquait donc que le major Burney avait tiré le meilleur parti possible des circonstances, dans l'intérêt de son gouvernement comme dans celui de sa dignité personnelle ; mais le gouvernement birman, en se résignant à subir les conséquences du traité d'Yandabô, et tout en reconnaissant les droits que le résident anglais s'était acquis à l'estime, à la considération, aux égards des autorités, était loin d'abdiquer son orgueil national, son éloignement instinctif de la race européenne, ses rancunes et son vague espoir de vengeance. Le roi, en particulier, quoiqu'il eût déjà donné, avant le départ du major Burney, des marques du dérangement d'esprit qui servit de prétexte à l'ambition qui le détrôna en 1837, ne pouvait se résoudre à subir la résidence permanente d'un agent anglais dans sa capitale, regardant la présence de cet agent comme une flétrissure et une ignominie que le triomphe de ses ennemis lui infligeait à la face de sa nation. Burney n'ignorait pas que tels étaient les sentiments du souverain birman, et ils lui furent communiqués, pour ainsi dire, d'une manière officielle dès le 4 mars 1832 ; car ce jour là le *tshau-atwenn-woun* parla au résident de la possibilité d'abolir la résidence permanente, et proposa de lui substituer une *ambassade, qui aurait lieu tous les dix ans*, comme cela avait lieu à l'égard de la Chine. Les susceptibilités et les préjugés du monarque étaient partagés par toute la cour (1),

---

avaient aussi reçu des titres ou des parasols dorés et d'autres distinctions honorifiques, à sa demande. Le gouvernement suprême (dans une dépêche datée du 25 février 1831, et que le résident avait reçue *avant* le 19 mai) n'approuva point que de semblables faveurs fussent demandées ou même acceptées, et prescrivit de s'en abstenir désormais. Le résident reçut en même temps l'ordre d'éviter soigneusement toute discussion à l'égard des provinces conquises, *le gouvernement suprême ayant abandonné l'idée de la rétrocession*.

(3) Ce fut le 9 octobre 1830 que les envoyés birmans, porteurs de la lettre du roi au gouverneur général, se mirent en route, accompagnés par le lieutenant G. Burney, assistant du résident. La lettre portait pour suscription : « *A l'Angaleitmen* » ou chef anglais ; et c'est par ce titre, convenu entre le roi et le résident, que le gouverneur général était désigné dans le cours de la lettre. C'était la première fois qu'un souverain birman adressait une lettre au gouverneur général des Indes anglaises.

(1) Déjà du temps de Crawfurd le gouvernement Birman avait essayé d'amener les

et nous en trouvons la preuve non-seulement dans le journal du major Burney, mais dans le témoignage du docteur Bayfield, qui n'hésite pas à étendre à toute la nation ce que le résident entendait plus particulièrement des classes supérieures. « Le 4 décembre (1831), dit
« M. Bayfield, les ministres dînèrent
« avec le résident, et le pressèrent de
« s'entendre avec eux sur plusieurs
« points, déjà tant de fois discutés.
« Dans le cours d'une conversation ami-
« cale qui eut lieu ce jour-là entre le
« major, le *myola-woun* et le trésorier,
« il fut aisé de se convaincre que l'es-
« prit martial de la cour était encore
« debout, et que beaucoup de seigneurs
« birmans, loin de redouter une nouvelle
« guerre, en espéraient un résultat
« tout différent. Tel est, si j'en juge par
« mes propres observations, le senti-
« ment général dans toutes les classes,
« à quelques exceptions près, mais plus
« particulièrement parmi ceux qui n'ont
« pas été engagés personnellement dans
« la dernière guerre. »

Il y a sans doute quelque chose d'honorable dans ces manifestations du sentiment national blessé par l'invasion et le triomphe de l'étranger, et qui rêve

Anglais, par une interprétation forcée du texte du traité d'Yandabô, à renoncer à l'établissement d'un résident à la cour d'Ava. — Nous lisons, en effet, dans la relation de Crawfurd (1er vol., p. 28 et 29), qu'à sa première entrevue avec le wounghie *Maong-Kaing*, ce dignitaire lut un mémorandum en forme de commentaire sur le septième article du traité d'Yandabô, duquel il serait résulté, selon lui, que *Rangoun* et non *Ava* était la capitale que le traité avait en vue pour la résidence de l'agent anglais. — Dans le texte anglais du traité il était dit que les deux États auraient des agents « at each other's *Durbars* », c'est-à-dire « cours respectives ou siéges respectifs de gouvernement ». — La version birmane exprimait la même idée en faisant usage des mots « mrama myodau, » — « ville royale de Birmah ». — Or, le wounghie soutenait que Rangoun était aussi bien « myodau » ou « ville royale » qu'Ava, etc. — On ne voulut pas admettre à cette époque cette étrange interprétation du traité; mais en fait, dans ces derniers temps, les Anglais, comme nous le verrons plus loin, ont jugé prudent de renoncer à entretenir un résident à la cour d'Ava.

de sanglantes représailles; mais il faut surtout voir dans ces rodomontades (et nous regrettons de le dire) la preuve de l'ignorance et de l'incorrigible vanité qui caractérisent la plupart des gouvernements de l'extrême Orient et, à de rares exceptions près, les populations elles-mêmes. Les Birmans et les Siamois se sont toujours fait remarquer par l'imperturbabilité de leur orgueil. Les Chinois et les Japonais sont également vaniteux; et les Chinois surtout *n'avoueront* jamais leur infériorité, à l'égard des grandes nations européennes, dans les sciences, les beaux-arts, la guerre et la navigation; mais il en ont la *conscience*. Le Birman et le Siamois sont trop ignorants et trop insouciants pour la comprendre, et se croient fermement l'élite de l'humanité. Puérile et déplorable vanité, que les relations entretenues avec ces peuples par les gouvernements chrétiens, dans l'intérêt momentané de leur politique ou de leur commerce, ont longtemps encouragée, et que la conduite d'un grand nombre d'aventuriers européens qui ont visité l'Indo-Chine ou qui s'y sont établis a fortifiée plutôt qu'elle ne l'a ébranlée! Le gouvernement birman n'a cependant pas conservé toutes les illusions qui donnaient à sa conduite envers la colonie anglaise, sa voisine, un caractère si marqué de hauteur et de mépris, quand le grand Alom-Prâ, avec un geste d'ironie insultante, déclarait à un officier anglais envoyé près de lui, et en présence de toute sa cour, qu'il ne se souciait ni du bon vouloir ni de l'alliance de la Compagnie (1), et

(1) Nous citerons à peu près textuellement :
— « Quand on lut à Alom-Prâ la lettre dont
« le capitaine Baker était porteur (lettre du
« chef du comptoir anglais à Négrais), à l'en-
« droit où il était dit : *Et par ce moyen votre*
« *majesté obtiendra l'amitié et l'assistance de*
« *la puissante et honorable compagnie;* » le roi se prit à rire de tout son cœur; et, retroussant « son *putsho* (a) avec un geste de la plus
« insolente provocation, c'est-à-dire en frap-
« pant avec la paume de sa main sur ses bras
« et sur ses cuisses : *Voyez*, s'écria-t-il, *comme*
« *je me soucie de votre assistance!* » (Histo-

(a) Crawfurd écrit *pus'ho* : c'est le vêtement qui entoure les reins, et qui se compose, comme le *dhoti* des Hindoustanis, d'une pièce de toile ou de soie, longue de dix coudées, dont on laisse un bout pendre par devant.

quand, en retour des présents qui lui étaient humblement offerts, le souverain birman faisait remettre au lieutenant Lester, autre envoyé de la compagnie :

18 oranges ;
24 têtes de maïs ;
5 concombres (1).

Mais, nous le répétons (2), « il est peu « probable que la terrible leçon que re- « çurent les Birmans ait suffi à leur don- « ner une idée exacte de l'immense su- « périorité de leurs adversaires... Néan- « moins le gouvernement de l'Inde a « sagement évité jusqu'à ce jour d'ac- « cepter les occasions de rupture que « l'imprévoyante ambition des succes- « seurs d'Alom-Prâ lui a offertes. »

On n'apprend que graduellement à bien juger le caractère d'une nation, comme le caractère d'un individu. Les Anglais ont pu croire en 1826 que l'orgueil birman s'était humilié de bonne foi devant la supériorité du génie européen, de l'organisation militaire, de la science stratégique, de l'intrépidité persévérante qui avaient assuré leur triomphe. La cour d'Ava avait changé de ton à mesure que l'armée anglaise avançait sur la capitale. Quand les troupes débarquèrent à Rangoun, le gouvernement birman parlait de cette affaire comme d'une excursion de brigands sur le territoire de l'empire, et pressait l'arrivée de ses soldats, dans la crainte que ces aventuriers ne parvinssent à lui échapper. La cour refusa de traiter, jusqu'à l'occupation de Prome par l'ennemi. Là elle s'arrangea pour conclure un armistice, dans l'espoir de gagner du temps. Après les défaites, en 1825, elle se détermina enfin à négocier; mais les négociateurs birmans insistèrent pour que les conférences eussent lieu sur une barque birmane mouillée entre les deux armées. Il était évident qu'ils ne se regardaient pas encore comme battus; et les Anglais se félicitèrent, en conséquence, de ce qu'à cette époque les négociations fussent rompues. A Yandabô, sir Archibald Campbell exigea que les conférences se tinssent dans sa tente; et tout ce qu'il demanda fut accordé sans difficulté : la menace de continuer sa marche sur Ava suffit pour couper court aux équivocations et aux lenteurs ordinaires des plénipotentiaires birmans. Après la signature du traité, la cour fit un singulier effort pour cacher son humiliation aux yeux de ses sujets. L'argent destiné au premier payement de la contribution de guerre fut apporté clandestinement pendant la nuit, et les habitants avaient reçu l'ordre de rester chez eux, sous peine de vie, afin qu'ils ne pussent être témoins de la honte de leur gouvernement. On renonça bientôt à ce subterfuge, et avant que le payement du premier quart de l'indemnité fût complété l'argent était transporté ouvertement d'Ava en plein jour (1). Il était donc permis de penser que les Birmans avaient enfin la conscience de leur infériorité, que leur vanité et leur légèreté héréditaires ne les privaient pas entièrement de l'usage de leur raison, et qu'ils comprendraient de plus en plus la nécessité de se maintenir en bons termes avec leurs redoutables voisins. Nous avons vu, cependant, que du temps de Crawfurd et pendant le premier séjour du colonel Burney à la cour d'Ava des symptômes non équivoques avaient trahi le retour du gouvernement birman à l'intolérance politique, aux prétentions orgueilleuses, aux puériles illusions de l'ignorance. C'est même dans cette recrudescence d'orgueil national qu'il faut chercher le principal motif de la révolution qui, bientôt après le retour du colonel Burney à Ava, plaça sur le trône le prince Tharawaddy. Il ne sera pas sans intérêt de nous arrêter quelques instants sur les causes de ce grand événement, et de montrer combien le caractère et les actes de l'usurpateur ont trompé les prévisions de ceux qui le croyaient supérieur à ses compatriotes, surtout par son intelligence, la franchise de ses habitudes et la noblesse de ses sentiments (2).

---

rical *Review*, etc., déjà citée ; et Crawfurd, *Journal of an Embassy to the court of Ava*, vol. I, p. 308 et 309.)

(1) *Historical Review*, etc., p. 7.
(2) Voir la *Revue des deux Mondes* : « Progrès de la puissance anglaise en Chine et dans l'Inde, etc. » 1841.

(1) *Voyez* Crawfurd, *Ambassade à Ava*, vol. I, p. 132 et suivantes.
(2) Bayfield, dans le mémoire que nous

Tharawaddy ou Tharet-men s'était fait distinguer parmi les membres de la famille royale par la libéralité de ses vues et par son opposition constante au parti de la reine. Pendant la dernière guerre il commandait un corps de troupes, à la tête duquel il se trouvait lors des premiers engagements dans le voisinage de Prome. Quand les Anglais s'emparèrent de cette place, le prince fut le premier à en porter la nouvelle au roi son frère et à le supplier d'entrer en arrangements avec un ennemi beaucoup trop redoutable pour que l'on pût lui résister longtemps avec les ressources dont on disposait. Cet avis fut très-mal reçu des ministres, qui affectèrent de regarder le prince comme traître à son souverain et à son pays, et réussirent à lui faire interdire l'entrée du palais. De ce moment, s'il faut en croire les mieux informés, date la lutte sérieuse, la lutte implacable entre le parti de la reine et celui de Tharawaddy. Pendant longtemps de ténébreuses intrigues exercèrent de part et d'autre l'habileté perfide des agents employés; et dans ce genre de combat l'avantage devait rester à Tharawaddy, le plus rusé, le plus corrompu et le plus corrupteur des Birmans. A l'aide de promesses, de largesses, en affichant une compassion sans bornes pour les misères du peuple, un culte admiratif pour la mémoire du grand *Alaong-Pra*, son aïeul, un désir enthousiaste de l'imiter dans son dévouement à la gloire et à l'indépendance de sa patrie, il augmenta rapidement le nombre de ses partisans, se procura secrètement des armes, et enfin, vers le mois de mars 1837, il leva l'étendard de la révolte, à Monzabo (le lieu de naissance et la résidence favorite d'Alom-Prâ), où il s'était réfugié. Sous prétexte que le roi son frère était depuis longtemps dans l'impossibilité de diriger les affaires de l'empire, par suite d'un breuvage empoisonné qui lui avait été donné par le prince Menthaguiy (frère de la reine et régent de fait), et qui l'avait privé de l'usage de sa raison, il déclara sa résolution de s'emparer de vive force de la capitale et de l'autorité souveraine; mais il protestait n'agir que dans l'intérêt même du gouvernement légitime, promettant solennellement de respecter la personne du roi et les droits du prince royal son neveu. Il sut se ménager l'appui du résident anglais, le colonel Burney, qui, regardant la révolution comme inévitable et se fiant aux promesses de Tharawaddy, usa de son influence pour lui faire ouvrir les portes d'Ava et y établir sa domination sans coup férir. Le 30 avril, selon les relations les plus dignes de foi, Tharawaddy fit publier une proclamation par laquelle il annonçait au peuple que son frère avait abdiqué en sa faveur; et le même jour le monarque détrôné fut transporté du *Lhwatlaw* à une humble résidence, dans un quartier éloigné de la ville. Les habitants se pressaient en foule pour voir passer leur malheureux monarque, accompagné de ses quatre reines principales; et la crainte de l'usurpateur ne put les empêcher de témoigner leur vive sympathie et leur compassion pour cette grande infortune. Ces sentiments favorables au roi détrôné et à sa famille parurent à cette époque gagner rapidement toutes les classes. La populace, qui avant l'événement avait montré une grande partialité pour Tharawaddy, dont elle admirait les qualités brillantes, commença bientôt à s'apercevoir qu'elle n'avait rien gagné à changer de maître. Le commerce était interrompu; les exactions et le pillage, conséquences ordinaires des guerres civiles, désolaient l'intérieur du pays; de nombreuses bandes de voleurs et des brigands de toute espèce se montrèrent sur divers points du royaume, et, au nom de l'un ou l'autre parti, commirent toutes sortes d'excès et d'atrocités. L'ancienne popularité de Tharawaddy ne pouvait résister longtemps à de semblables énormités, dont il semblait, pour ainsi dire, avoir donné

---

avons cité plusieurs fois, s'exprime ainsi qu'il suit sur le compte du prince Tharawaddy:

« ....C'est le frère du roi, et l'on sait qu'ils « ont une très-grande affection l'un pour l'au-« tre. Il est âgé de quarante-deux ou qua-« rante-trois ans (en 1834), intelligent, d'un « caractère franc et ouvert, généreux, et « même au delà de ce que ses ressources lui « permettent. — Il s'est toujours montré « grand partisan des étrangers, et *des An-« glais en particulier*, etc. » On va voir comment ce tendre frère a traité son frère; cet homme franc et généreux, ses compatriotes; cet anglomane, les Anglais!

lui-même le signal, et un sentiment contraire, au moins parmi le peuple, ne tarda pas à succéder à l'affection dont il avait été l'objet. Dans les premiers temps qui suivirent l'usurpation, le fils aîné de l'ex-roi (le prince héréditaire) parut avoir été oublié; et on le laissa en possession des districts qui avaient formé son apanage. Nous verrons bientôt quel triste sort lui était réservé par l'inquiète ambition de son oncle. Dans le but de s'affermir sur le trône qu'il venait d'usurper, celui-ci commença bientôt à se débarrasser par les supplices de tous ceux qu'il considérait comme ses ennemis; et comme si ces exécutions sanglantes eussent développé son penchant naturel à la cruauté, il en vint promptement à condamner au dernier supplice des malheureux qui n'étaient coupables que d'offenses légères, sans aucun rapport avec la politique. Ainsi, le 9 mai sept de ces infortunés furent exécutés sous les prétextes les plus frivoles. Mais le misérable médecin qui était accusé d'avoir administré au monarque déposé le filtre qui avait troublé sa raison fut condamné à un genre de mort que le raffinement de la vengeance la plus cruelle pouvait seul suggérer. Il fut scié perpendiculairement entre deux planches! Le 10 la plus grande partie de ceux qui avaient été mis en liberté furent saisis de nouveau et jetés en prison. Toutes les affaires publiques étaient interrompues; on n'entendait parler que de confiscations journalières, et les remontrances du résident anglais ne pouvant désormais, dans un pareil état de désordre et de trouble, être d'aucun avantage, soit au gouvernement actuel, soit à l'ex-roi et à ses ministres, le colonel Burney demanda la permission de se retirer à Rangoon, permission que Tharawaddy se hâta de lui accorder. Il était heureux, en effet, de se débarrasser d'un témoin incommode, dont la présence n'avait pas été moins désagréable à la cour de son prédécesseur qu'à lui-même: bien plus, le roi, malgré ses professions réitérées, ne tarda pas à manifester un éloignement plus marqué pour les étrangers que ne l'avait fait son frère. Il fit intimer aux missionnaires américains l'ordre de s'abstenir à l'avenir de distribuer parmi

19ᵉ *Livraison.* (INDO-CHINE.)

le peuple des pamphlets religieux. Nous ferons connaître un peu plus loin l'opinion de l'un de ces intelligents et persévérants propagateurs de l'Évangile sur la révolution de 1837.

Les astrologues, dont nous avons mentionné plus haut (p. 263) la présence à la cour d'Ava et constaté l'influence, furent consultés par le nouveau roi sur le choix d'un jour propice pour inaugurer sa souveraineté de récente date. Après de longues consultations, le 15 mai fut déclaré le jour fortuné; et Tharawaddy, accompagné de la reine et de toute sa cour, se rendit au palais pour y prendre possession du trône. Dans cette occasion solennelle, un raffinement de politique détermina Tharawaddy à omettre certaines parties du cérémonial qui eussent indiqué une usurpation trop absolue du pouvoir que son malheureux frère était censé lui avoir délégué, imitant ainsi, sans le savoir, la conduite d'Aureng-Zeb à l'égard de son père, shah Djéhan, et cherchant à se concilier par les mêmes moyens les sympathies de ses sujets. Ainsi, il évita de s'asseoir sur le trône; et, au lieu de faire élever au-dessus de sa tête le parasol blanc, attribut exclusif du pouvoir souverain, il se contenta de faire nouer quelques bandes de mousseline à son *tchâta* doré. Quelques-uns supposaient que, toujours entraîné par son idée favorite d'imiter en tout son grand aïeul Alom-Prâ, il voulait préalablement mettre à exécution son projet de transporter à Montshobo le siège de l'empire; et qu'il ne s'entourerait de tout l'appareil de la royauté que lorsqu'il serait établi dans sa nouvelle capitale. Heureusement pour Ava, dont la ruine eût été inévitable si la cour s'en fût éloignée pour toujours, on parvint à déterminer Tharawaddy à renoncer au plan qu'il avait formé.

Pour achever de faire connaître à nos lecteurs l'impression produite par l'usurpation de Tharawaddy, nous reproduirons la lettre écrite sur ce sujet par M. Kincaid, le missionnaire américain auquel nous avons fait allusion plus haut. Cette lettre est du 17 août 1837.

« Quand la révolution éclata, dit M. Kincaid, et jusqu'au moment où les portes d'Ava s'ouvrirent au prince rebelle, l'opinion publique semblait lui être entièrement favorable. On le regardait comme un homme persécuté par ses ennemis, noblement engagé dans une lutte dont le but était pour lui le salut de la famille royale et celui du pays. C'était le prince Mentaguiy, que l'on accusait de projets d'usurpation, et auquel on attribuait ouvertement l'intention de massacrer le roi et toute sa famille. Dans la capitale et dans les villes voisines on croyait fermement à l'imminence de ce danger; et le prince Tharawaddy avait solennellement juré qu'il n'avait aucun dessein d'attenter à la personne ou à l'autorité du roi son frère. En s'approchant de la capitale il avait, cependant, fait circuler le bruit de la mort du roi et engagé le peuple à se joindre à lui pour chasser le frère de la reine, qui voulait, disait-il, usurper le pouvoir suprême. Les troupes appelées par le gouvernement se montrèrent peu disposées à le défendre, ou passèrent du côté du prince qu'elles supposaient le plus fort. Le prince de Bamho, qui commandait une division de l'armée royale, fût le seul qui se conduisit honorablement dans ce moment critique. Grâce à la médiation du colonel Burney, les portes d'Ava furent ouvertes au prince Tharawaddy, qui, s'emparant immédiatement du pouvoir, et au mépris de ses serments et de ses promesses, détrôna le roi, mit les princes en arrestation, fit jeter tous les membres de l'ancien gouvernement en prison et les chargea de fers. Les confiscations, les tortures, les exécutions sanglantes se succédèrent dès lors sans interruption. C'était un crime d'avoir été employé de manière ou d'autre par l'ancien gouvernement; un crime de posséder quelque chose de la moindre valeur : c'était le règne de la terreur. Les moyens les plus barbares, les plus révoltants de détruire la vie en faisant souffrir la victime, furent ceux que le nouveau despote encouragea de préférence. Sans la présence et l'influence du colonel Burney dans les premiers jours, la ville d'Ava eût été pillée et réduite en cendres et le nombre des victimes eut été décuplé. A peine Tharawaddy eut-il pris possession d'Ava, qu'il commença à manifester des sentiments peu bienveillants à l'égard du gouvernement anglais. En toute occasion il s'efforçait de le dénigrer. Chaque fois que je me présentais au palais, il ne manquait pas d'amener la conversation sur ce sujet, tantôt sérieusement, tantôt sur le ton de la plaisanterie. Dans deux de ces circonstances, en présence de toute sa cour, il passa plus d'une heure à m'expliquer ses opinions sur le gouvernement indo-britannique. Il s'exprimait à l'égard du gouverneur général avec une hauteur insultante, le comparant à l'un de ses gouverneurs de province; déclarant qu'il ne voulait avoir aucuns rapports avec lui, et que si le gouverneur général désirait entretenir des relations avec l'empire birman, il devrait se contenter de correspondre avec le gouverneur de Rangoon. Je me suis trouvé plusieurs fois chez le roi en même temps que le colonel Burney : comme particulier, il était traité avec beaucoup de respect et d'égards; mais comme représentant du gouvernement anglais, on affectait, au contraire, de le traiter avec indignité. Le colonel Burney, quoique ferme, était d'un caractère doux et conciliant. Il s'efforça de ramener le roi à des sentiments de justice et d'humanité : il prit des peines infinies et se soumit volontairement à une foule de désagréments pour arriver à maintenir la paix et prévenir de déplorables conflits. Je n'aurais pas supposé qu'un officier anglais pût endurer ce qu'il se résigna à endurer. Le roi avouait hautement son dessein de suivre la même ligne politique qu'Alom-Prâ, d'éloigner tous les étrangers et de cesser, aussitôt que possible, toutes relations avec les Anglais. Quant à nous, comme missionnaires, tous nos travaux sont interrompus; en cela, comme en toute autre chose, le nouveau roi a trompé nos plus chères et nos plus raisonnables espérances. En arrivant au pouvoir il nous envoya prévenir avec menace de renoncer à instruire le peuple; et peu de jours après il me dit lui-même qu'il ne pouvait nous permettre de distribuer les livres chrétiens et d'enseigner publiquement, ajoutant qu'il était roi maintenant et qu'il voulait être obéi.

Tout semblait indiquer, à l'époque où cette lettre était écrite, une rupture prochaine entre les deux gouvernements. Les causes immédiates de cette rupture, que la conduite ferme et prudente du gouvernement anglais réussit, cependant, à prévenir, ont été appréciées d'une manière aussi juste que piquante dans un écrit inséré dans le *Journal Asiatique* publié à Londres en 1841 (1). Nous emprunterons à cet écrit les considérations et les faits suivants.

Ayant constamment combattu les principes qui servaient de base au gouvernement de son frère et professé une grande admiration pour les Européens, on devait supposer que l'usurpation du prince Tharawaddy serait le signal de l'adoption d'un système de politique plus libéral, et qu'il se montrerait en particulier plus disposé à favoriser l'établissement des étrangers dans le pays; mais Tharawaddy n'eut pas plus tôt chassé son frère du trône qu'il s'abandonna à des excès que sa conduite antérieure n'aurait jamais pu faire soupçonner dans un prince que l'on croyait animé de sentiments justes et élevés. Il commença par faire exécuter tous les membres de l'ancienne cour, y compris la reine et le prince royal : il força ensuite le résident anglais à s'éloigner de la capitale, et nomma viceroi à Rangoon un vieux chef de brigands qu'il avait employé auparavant comme son factotum. Celui-ci, cependant, eut le bon esprit de sentir qu'il n'était pas fait pour servir d'intermédiaire entre les deux gouvernements : il demanda instamment son rappel, et l'obtint. Un *ghaung*, ou maire de village, fut nommé a sa place. Alors commença ce que le roi appelait ses réformes ou plutôt ses restaurations; car il prétendait ne rien faire de nouveau, mais réparer seulement tout le mal causé par la mauvaise administration de son frère. Il alla fouiller parmi les vieilles proclamations de ses prédécesseurs pour faire revivre les dispositions pénales relatives à l'usure, aux litigations, à la partialité et à l'oppression des juges, aux extorsions des collecteurs, aux cruautés envers les esclaves, aux sacrilèges, etc., pour se donner aux yeux du peuple le mérite de rentrer dans les voies de la justice et de l'humanité, étouffer par degrés le respect des Birmans et leurs sympathies pour le roi déposé, et substituer ainsi sa popularité à celle dont son frère jouissait parmi la grande majorité de ses sujets. Les anciens édits exhumés dans ce but ne furent pas du reste plus exécutés cette fois qu'ils ne l'avaient été par le passé. Tharawaddy leva ensuite des recrues, et forma un parc d'artillerie qu'il plaça sous la direction de quelques métis portugais. Les recrues ne tardèrent pas à retourner aux travaux des champs, et le parc d'artillerie mourut de sa belle mort, faute de poudre. Le roi eut ensuite à déjouer une dangereuse conspiration, qui fut sur le point d'amener une révolte générale en faveur de son neveu, que le peuple s'obstinait à croire encore en vie. Il refusa ensuite une audience au résident anglais, qui se vit, en conséquence, forcé de quitter le royaume. C'était un triomphe pour Tharawaddy; mais il eût payé bien cher cette vaine satisfaction si le gouvernement anglais eût eu un intérêt réel à exiger par la voie des armes réparation immédiate de ces outrages. L'arrogance et la folie de cette conduite n'étaient, au reste, que l'expression la plus complète du caractère birman, *typifié*, pour ainsi dire, par Tharawaddy. Tous les Birmans sont vains, obstinés, soupçonneux; l'uniformité de structure qu'on remarque dans la race birmane semble être l'indice d'une égalité correspondante dans les tendances morales; la diversité des talents, la variété des physionomies, la disparité des formes, si remarquables parmi les individus de l'Europe civilisée, se rencontrent très-rarement parmi les *Mrammas*. Le prince Tharawaddy et son oncle le prince de Mékran paraissent avoir été les seules exceptions à cette médiocrité intellectuelle qu'on remarque dans la race birmane. Les traits distinctifs du caractère national que nous avons indiqués sont peut-être moins marqués chez les prêtres, par suite de la vie studieuse et contemplative à laquelle ils sont voués. Chaque individu se conforme aux habitudes de la masse; et sous le rapport des fortunes il y a plus d'égalité parmi eux que chez aucun autre peuple vivant dans les cités. Ils ont tous la même opinion d'eux-mêmes, de leur pays et des étrangers en général. Symétrique et robuste dans sa conformation physique, le Birman affecte un grand mépris pour les *noirs habitants* de l'Inde, aux formes comparativement souples et grêles, as-

---

(1) Burmah; *Asiatic Journal;* april 1841. l'article est signé *Jos: Smith*

sujettis aux distinctions des castes. Le pays que le Birman habite est la région la plus favorisée de *l'Ile du Sud* (le monde). Ses rocs sont de rubis; son sable est d'or; son roi reçoit annuellement le tribut de cent un vassaux du pays des *shans* et des *karins*; il a conquis *jadis* Arakân, Assam, Siam, Pégou, Tenasserim, et a mis en fuite une armée chinoise, « dont le poids déplaçait le centre de la terre! » Leur opinion des autres peuples se résume à peu près dans les définitions suivantes : tous ceux qui vivent à l'ouest du Gange, à l'exception des Arabes, sont « les étrangers », soumis au régime des castes, noirs, pauvres et timides. Les Chinois vivent près du soleil levant, ont le teint clair, sont ingénieux et industrieux : les Siamois sont les plus beaux et les plus lâches des hommes : les Arracanais sont les plus noirs, les plus pauvres et les plus serviles. — Telles étaient les notions extravagantes généralement répandues parmi les Birmans quand ils s'aventurèrent à faire la guerre aux Anglais en 1823; et, nonobstant leurs humiliantes défaites, il s'est fait bien peu de changement dans leurs idées. Le courage et la modération relative de leurs ennemis n'ont point excité leur admiration, et la vanité nationale, profondément blessée par le traité d'*Yandabô*, n'a pu pardonner aux Anglais de s'être maintenus en possession des provinces conquises. Ce même Tharawaddy, qui, fuyant devant les troupes anglaises à Prome, suppliait son frère de faire la paix avec ces redoutables étrangers, avait oublié ses propres craintes et abandonné ses convictions. Les riches présents des vice-rois du nord, du sud, de l'est de l'empire, ne viennent plus enfler son trésor ; la splendeur de sa race est éclipsée ; et l'aveugle confiance des peuples dans la divine excellence de son gouvernement est déjà ébranlée. Ces symptômes de décadence l'effrayent; mais il ne sait pas en connaître la véritable cause, et cherche à remédier au mal par des mesures qui trahissent la fausseté de son jugement. Au lieu d'attribuer les désastres de l'invasion de 1823 à l'insatiable ambition de ses prédécesseurs, et plus particulièrement aux provocations hostiles de son frère; au lieu de comprendre l'inégalité de la lutte entre un État riche et florissant, fortement organisé et un pays appauvri par l'oppression et mal gouverné, il s'obstine à trouver les causes immédiates de la guerre dans la politique artificieuse de la Compagnie, qui fait servir une question de limite de prétexte à une déclaration de guerre; il attribue les revers des armes birmanes à l'incapacité ou à la trahison des chefs employés par son frère. Au lieu de chercher dans de sages modifications de son gouvernement et dans leur adaptation aux exigences de ces temps de crise, un remède à la maladie qui menaçait son pays d'une dissolution totale, il s'imagine que s'il peut recouvrer les provinces que la conquête a violemment arrachées à son empire, il arrêtera les progrès de cette décadence fatale et rendra au pouvoir expirant sa première vigueur. Pour accomplir ce grand dessein, il comprend cependant qu'il a besoin de l'aide et des sympathies des peuples voisins. La soif immodérée de domination universelle qui caractérise le gouvernement anglais est le texte ordinaire de leurs déclamations, le sujet habituel de leurs préoccupations, la cause de leurs alarmes; ils ont tous souffert plus ou moins du voisinage des Anglais, et la puissance de la Compagnie est pour eux à la fois un sujet de crainte et d'envie. Si les princes indiens combinaient une fois leurs ressources et leurs efforts, ils réussiraient peut-être à chasser l'ennemi commun : c'est ce qui avait été tenté plus d'une fois et ce qui aurait lieu sans doute si l'on parvenait à saisir le moment favorable pour mettre ce grand projet à exécution. — Sous l'influence de semblables idées, Tharawaddy éloigna le résident anglais de sa cour; affectant de ne voir en lui qu'un espion, et de dédaigner l'alliance de la Compagnie, envoyant des émissaires en Chine et au Népaul, il accueillait avec une faveur marquée les Français qui visitaient ses États (1), et se préparait ouvertement

(1) Nous aurons occasion plus tard, en traitant des mœurs, habitudes, coutumes et cérémonies des Birmans, de donner quelques détails sur la réception qui a été faite, dans ces dernières années, à plusieurs de nos compatriotes par le gouvernement birman.

à se placer à la tête d'une coalition, possible peut-être, mais improbable à tous égards.

L'instabilité des idées de ce prince, l'irritabilité de son caractère, les complications inattendues d'une situation difficile, devaient cependant apporter des obstacles continuels à l'exécution des plans qu'il avait conçus, et il se montrait parfois disposé à se rapprocher des Anglais. Il serait trop long et peu instructif de tracer l'historique des événements, des négociations et des rapports diplomatiques qui ont occupé les dernières années du règne de Tharawaddy. Un pareil travail serait d'ailleurs nécessairement incomplet; les pièces officielles manquent, et aucun résumé analogue à celui que nous devons au docteur Bagfield, et que nous avons eu souvent occasion de citer, n'a été, que nous sachions, publié depuis la révolution de 1836. Nous devrons donc nous borner à indiquer brièvement les principales phases de la décadence des relations amicales entre le gouvernement de Calcutta et la cour d'Ava, et les faits, plus ou moins exactement constatés, qui se rattachent à la nouvelle révolution dont le résultat a été la déposition de Tharawaddy et la restauration de l'ancien roi, il y a quatre ans environ.

Le colonel Burney était de retour à Ava le 27 juillet 1835. Il y avait été reçu avec empressement par tous ses anciens amis, et en particulier par le prince Tharawaddy. À cette époque le malheureux roi, toujours d'une santé languissante et d'une faiblesse d'esprit qui ne lui permettait pas de s'occuper des affaires publiques, passait presque tout son temps enfermé dans son palais. Le prince Menthaguiy, son beau-frère, gouvernait le royaume. Nous avons vu comment la lutte entre son parti et celui du prince Tharawaddy éclata et comment, avec le concours du colonel Burney, ce dernier se fit ouvrir les portes d'Ava et s'y établit en maître. Le colonel avait pensé que ce grand changement serait favorable à son influence, et conséquemment aux intérêts anglais. Nous avons montré combien le déception fut complète. Convaincu qu'en prolongeant son séjour à Ava, au milieu des excès et des désordres auxquels il ne pouvait remédier, il compromettrait la dignité de son gouvernement et sa propre dignité comme aussi sa sûreté personnelle, le résident quitta la capitale le 17 juin 1836, et était le 6 juillet de retour à Rangoun, d'où il ne tarda pas à s'embarquer pour Calcutta avec le consentement du gouvernement suprême. Le nouveau souverain paraissant avoir établi fermement son autorité dans tout l'empire, le gouverneur général nomma au poste de résident à Ava le lieutenant-colonel Beuson, qui s'embarqua pour Rangoun le 26 juin 1838, y arriva le 16 juillet, et, malgré les délais et les désagréments que lui suscitèrent les autorités birmanes, à l'instigation de la cour d'Ava, persista à vouloir se rendre à son poste. Il atteignit Prôme le 14 septembre et Amarapoura le 4 octobre suivant. La réception presque insultante qui lui fut faite à son arrivée, les dégoûts de toute espèce qu'il éprouva dans le cours des négociations qu'il avait entamées pour obtenir une audience du roi, devaient lui faire prévoir l'issue déplorable de la mission qu'il avait acceptée. On lui avait préparé un logement (et quel logement!) sur une île ou plutôt sur un banc de sable, au milieu de l'Irawaddy. Il eut beaucoup à souffrir d'une inondation qui eut lieu pendant les cinq mois qu'il passa devant la capitale, et enfin, au bout de ces cinq mois, n'ayant pu réussir à voir le roi, qui remettait de jour en jour la réception promise, sous un prétexte ou sous un autre, le colonel Beuson se détermina à demander son rappel; et vers la fin de février ou le commencement de mars 1839 il vint se rembarquer à Rangoun. Le capitaine (depuis major) Mac-Leod, secrétaire de la légation (assistant résident) particulièrement connu de Tharawaddy, fort aimé de lui, et laissé à Ava, par le colonel Beuson, pour y conduire les affaires de la résidence par *interim*, fut reçu en audience particulière par le roi, après le départ du colonel, très-bien traité comme homme; mais il lui fut absolument interdit de parler au roi au nom du gouvernement de Calcutta. Force fut donc à Mac-Leod de renoncer à son tour à l'espoir de remettre les relations entre les deux États sur un pied convenable : il demanda au roi l'autorisation de retourner à Rangoun ; et le roi se hâta de mettre à la disposition de son ancien ami tous les moyens de transport et de comfort qu'il pouvait désirer. Il le combla de présents, et le fit conduire à Rangoun par une de ses pirogues de guerre, avec tous les égards et les attentions les plus empressées. Depuis ce temps la Compagnie n'a plus eu d'envoyé résidant à la cour d'Ava. Rangoun est le seul point où elle entretienne, du consentement du souverain birman, un agent consulaire pour la protection du commerce anglais dans ces parages. En 1841, vers le mois de septembre, Tharawaddy visita Rangoun avec toute sa cour et une armée pour escorte. On crut un instant au renouvellement des hostilités. Les provinces anglaises du littoral furent mises en état de défense ; des forces navales se montrèrent à l'embouchure de l'Irawaddy. Des explications furent demandées au roi, sur sa présence inopinée dans le sud de son royaume avec des forces si considérables. Il fit répondre, à ce qu'on assure, qu'il ne savait ce que l'on voulait dire, qu'il était en tournée dans ses États, et qu'on ne pouvait trouver mauvais qu'il voyageât selon son plaisir.

Le but apparent de son séjour à Rangoun était le pieux dessein qu'il accomplit en faisant réparer et redorer le temple de *Shoe-Dagon*, ce monument gigantesque, l'un des plus remarquables de l'extrême Orient. Il en fit réparer et agrandir l'enceinte, et y fit construire un palais pour lui-même aussi bien qu'une résidence pour le gouverneur, et imposa à l'ensemble de ces édifices et de leurs dépendances le nom de *Ville-Nouvelle*. Ces constructions s'élèvent sur un assez grand nombre de monticules d'une hauteur moyenne de huit mètres au-dessus du niveau du fleuve.

De retour à Amarapoura, Tharawaddy paraît avoir donné, par sa conduite dans l'intérieur de son palais et par plusieurs actes politiques, les premiers indices d'un dérangement des facultés intellectuelles. — Il avait alors environ cinquante-cinq ans. — C'était un homme de taille moyenne pour un Birman (cinq pieds quatre pouces anglais), bien fait, robuste, d'une physionomie assez remarquable, à cause de l'instabilité de son regard, et surtout par suite de la hauteur démesurée de son front. — Cette dernière particularité d'organisation physique semblait lui avoir été transmise par son aïeul Alom-Prâ, ainsi qu'aux autres descendants mâles de ce conquérant. — Il était même désigné souvent par ses compatriotes, à ce qu'il paraît, comme le prince « au front Alom-Prâ ». — Que cette conformation exagérée du crâne ait contribué ou non au désordre de ses idées, à l'incohérence et à la violence de ses déterminations, il n'en est pas moins certain que dans les dernières années Tharawaddy se conduisit de manière à convaincre sa famille et ses adhérents qu'aucun ne pouvait se croire désormais à l'abri de ses cruels caprices et de ses violences imprévues. — Dans ces crises de folie furieuse, il devenait lui-même le bourreau de ses victimes. — Il paraîtrait que son premier ministre, ami intime de son fils aîné le prince de Prôme, ayant tardé à se rendre au palais, et ne s'étant présenté devant le roi qu'à la troisième sommation, il lui fit trancher la tête à l'instant. — Dans une autre occasion, et revenant, sans en avoir la conscience, à des instincts sympathiques envers son frère, le roi détrôné, il l'avait fait appeler, l'avait traité avec une tendresse marquée, l'avait autorisé à porter le parasol blanc (attribut distinctif, comme nous l'avons déjà dit, du pouvoir souverain), avait ordonné qu'on le logeât dans une résidence digne de son rang et qu'on le laissât en pleine liberté. — Un des wounghies ou ministres, présent à l'entrevue des deux frères, ayant cru devoir, après que Tharawaddy eut congédié son frère aîné, lui soumettre quelques humbles remontrances sur l'imprudence de sa conduite, Tharawaddy le tua de sa propre main. — Le prince de Prôme avait pris la fuite, et s'était réfugié avec quelques milliers de mécontents dans les États tributaires shans. — Le plus jeune fils du roi était désigné par l'opinion pour prendre la régence ; il devait épouser sa cousine, fille du vieux roi ; et les Birmans commençaient à espérer que ce monarque aimé, dont la raison était à ce qu'on assurait, entièrement rétablie, pourrait recouvrer entièrement non-seulement la liberté, mais le pouvoir ou au moins l'influence légitime que devaient lui donner son âge, son expérience, la confiance de son peuple. — Ces vagues pressentiments, ces espérances longtemps contenues se sont enfin réalisées à la fin de 1845. Tharawaddy, reconnu aliéné, a été déposé à son tour. Le vieux roi son frère, rendu à la liberté, a voulu que son plus jeune fils montât sur le trône et jouît de toutes les prérogatives du pouvoir suprême, se réservant le rôle de conseiller du jeune monarque. — Il paraît que les premières mesures adoptées pour l'inauguration du nouveau règne ont indiqué un retour sincère à une politique conciliante et un désir marqué de hâter le développement du commerce et de l'industrie. — Nous remarquons cependant que le gouvernement anglais continue à s'abstenir de toute mission, même temporaire, à la cour d'Ava. On assure, en outre, que les Anglais n'ont plus aucun agent officiel à Rangoun.

ASPECT GÉNÉRAL DU PAYS; RIVIÈRES, LACS; CLIMAT; POPULATION.

Nous reviendrons en peu de mots sur la description géographique de l'empire birman, que nous avons esquissée plus haut. — Crawfurd n'a que des conjectures probables à offrir sur les limites et l'étendue réelle des États birmans. Les limites extrêmes du côté de l'ouest peuvent, dit-il, toucher au 93° de longitude orientale (méridien de Greenwich); du côté de l'est, à 98° 40' à peu près. La limite extrême *sud* est placée par lui au 15° 45' latitude nord et celle du *nord*, probablement entre le 26° et 27° degré, ce qui donne pour les deux grands diamètres 5 degrés et demi en longitude ou même un peu plus, et environ 11 degrés en latitude. Crawfurd conjecture que la superficie de tout l'empire peut s'évaluer en nombres ronds à environ cent quatre-vingt-quatre mille milles carrés anglais.

Les limites sont : au nord et nord-est la province chinoise d'Yunnan; au sud, la mer; à l'est, le Lao (ou Laos) indépendant et le Lao siamois; à l'ouest Arrakân, Cassay (ou Kathé) et Assam (ou Athan).

L'aspect du pays peut être caractérisé de la manière suivante : de la mer au 17e degré et demi de latitude, bas et pays de plaines; du 17e degré et demi jusqu'à 22 degrés, pays élevé et montagneux. Ava est séparé d'Arrakân, Cassay et Assam par des chaînes de montagnes dont quelques parties atteignent à une grande élévation. Il est arrosé par quatre rivières considérables, le Salnen, le Sétang, l'Irawaddy et le Kyen-Dwen, toutes coulant vers le sud, ce qui indique le caractère du pays, *plaine inclinée vers le sud*.

Le Sétang, là où ses dimensions sont considérables, est plutôt un *bras de mer* qu'une rivière. Au delà de la limite où les marées se font sentir, la rivière n'offre qu'un cours d'eau fort ordinaire, et jusqu'à la ville de Tango n'est navigable que pour des bateaux. A son embouchure elle est obstruée par des bancs de sable, et la *maquerie* (*bore*) y est terrible, en sorte que la navigation de cette rivière est, au total, impossible pour de grands bâtiments et difficile pour de petits.

L'Irawaddy n'est, dit-on, navigable au-dessus de B'hamó que pour des canots. B'hamó est, selon les Birmans, à la même distance d'Ava qu'Ava l'est de Rangoun, c'est-à-dire environ trois cents milles. Les Birmans ne reconnaissent pas à ce fleuve une source principale, mais le disent alimenté et même formé par un grand nombre de ruisseaux venant des montagnes du Lao et de la province chinoise d'Yunnan. Wilcox et Burlton ont traversé les monts Langtan (venant de Seddiya) et visité l'Irawaddy par 27° 30' latitude nord. On leur dit que la source de ce fleuve n'était éloignée de ce point que de cinquante milles environ dans le nord, et qu'elle se composait de nombreux petits cours d'eau sortant de montagnes couvertes de neiges perpétuelles. Au point en question, l'Irawaddy n'avait que quatre-vingts mètres de large. Nous aurons bientôt l'occasion de constater les résultats de l'exploration du capitaine Hannay dans la même direction, en 1835-36. Il paraît certain qu'à partir d'Ava le fleuve n'est pas navigable, au moins aisément, pour des bateaux de commerce; autrement le commerce chinois aurait préféré cette voie à celle de terre qu'il a choisie. L'Irawaddy ne reçoit aucun tributaire de quelque importance après le Kyen-Dwen, et ne se partage pas avant d'entrer dans le Pégou, c'est-à-dire en quittant le pays montagneux d'Ava. Là il se divise en un grand nombre de branches, et se décharge enfin dans la mer, par quatorze embouchures.

Le Kyen-Dwen, très-inférieur à l'Irawaddy par le volume de ses eaux, paraît prendre sa source dans les montagnes d'Assam; il tombe dans l'Irawaddy par 20° 35′ de latitude après un cours de cinq degrés dans une direction à peu près sud.

Le territoire birman contient un grand nombre de lacs. Ceux des provinces du sud sont nombreux, mais petits : il paraît, d'après le rapport du capitaine Alves, qu'on n'en compte pas moins de cent vingt-sept dans la seule province de Basséin. Les lacs du haut pays sont beaucoup plus considérables; on en mentionne un, à vingt-cinq milles environ dans le nord-ouest de la capitale, qui a plus de trente milles de long, mais c'est le plus grand de tous.

Les côtes de l'empire birman offrent un développement d'environ deux cent quarante milles du cap Negrais à celui de Kyai-Kami, près du nouvel établissement d'Amherst. Toute cette côte est basse, marécageuse et coupée par au moins vingt lits de rivière ou bras de mer : les uns et les autres, battus par la mer et obstrués par des bancs de sable, sont pour la plupart impropres à la navigation. On ne compte que trois ports : ceux de Martaban, Rangoun et Basséin; le plus fréquenté est celui de Rangoun, situé près de la branche la plus orientale de l'Irawaddy. Ses communications avec la grande rivière sont faciles pendant toute l'année; circonstance qui l'a rendu de bonne heure le centre du commerce étranger. La rivière de Basséin forme la branche la plus occidentale de l'Irawaddy; mais elle n'est pas navigable depuis novembre jusqu'en mai au-dessus de Basséin, ou, pour les petits navires du pays, au delà de Lamena. Sans cet inconvénient le port de Basséin serait préférable à celui de Rangoun, étant plus sûr et d'un accès plus facile.

Les portions du territoire birman situées à de grandes distances de la capitale sont divisées en provinces ou vice-royautés; mais le nombre de ces divisions est variable et incertain, comme aussi les attributions et pouvoirs des différents gouverneurs. La circonscription la plus régulière et la plus ordinaire paraît être celle des myos ou chefs-lieux avec leurs banlieues. Les fonctionnaires birmans prétendaient que dans tout l'empire on n'en comptait pas moins de quatre mille six cents depuis de longues années; mais il est probable que cette assertion est fort exagérée. Dans le Pégou trente-deux semblent être le nombre favori; et chacune des provinces, Henzawati, Martaban et Basséin, contenait, disait-on, ce nombre de chef-lieux. En examinant la question de plus près, il se trouva néanmoins qu'Henzawati et Martaban contenaient à peine la moitié de ce nombre de grandes communes, et que Basséin n'en comptait actuellement que huit. Trois de ces districts se composaient de deux cents quarante villages; et en supposant les cinq autres aussi considérables en proportion, le nombre totale des villages de la province se serait élevé à six cent quarante. Or, la surface de la province étant évaluée à neuf mille milles carrés, et celles de l'empire à cent quatre-vingt-quatre mille, le nombre total des districts du royaume calculé d'après les mêmes proportions, s'élèverait en nombres ronds à cent soixante-trois et celui des villages à environ treize cents. Ceci n'est qu'un calcul approximatif, qui ne doit cependant pas s'écarter beaucoup de la vérité. Crawfurd, d'après les informations les plus exactes qu'il ait pu se procurer, ne compte guère que trente-deux villes proprement dites dans tout l'empire birman. Il estimait la population des sept principales, d'après des conjectures assez probables, à peu près comme il suit, savoir : Ava, Amarapoura et Sagaing, qui ne forment presque qu'une même ville, sur les deux bords de l'Irawaddy, à trois cent cinquante-quatre mille trois cents habitants. Rangoun à cette époque (la population s'est beaucoup accrue depuis), douze mille : Prôme, huit mille; Basséin, trois mille : Martaban, quinze cents. Il donne aux autres les noms suivants : Maksobo, B'hamo, Nyaong-ran, Mané, Thing-nyi, Kyaong-taong, Debarain, Badang, Salen ou Thalen, Pugan, Baclüain, Tango, Kyaok-mo, Ramathain, Mait'hila, Sagû, Légaing, Maindaong, Shwe-Gyen, Patanago, Melun, Myadé, Kyaong-myo et Sitaong.

Quelques particularités relatives à certaines de ces villes méritent d'être mentionnées.

Maksobo, dont nous avons déjà parlé, généralement connue des Européens sous le nom de Montchabo, est située à vingt-six *taings* (environ 52 milles) d'Ava, dans le nord-ouest; une assez bonne route y conduit : c'est une ville murée, dont la population et le commerce sont assez considérables. En 1756, Alom-Prâ, qui y était né, en fit sa capitale, et lui donna le nom pali de *Ratna-thinga* (*Ratna-singa*) (la perle des lions?). Nous parlerons de B'hamo en rendant compte de l'expédition du capitaine Hannay, auquel nous avons fait allusion. Debarain, à trente-six *taings*, ou 72 milles, dans l'ouest-nord-ouest d'Ava, est le chef-lieu d'une province populeuse, qui ne contenait pas moins, à ce que rapporte Crawfurd, de neuf cent mille *pés* de terre cultivée. La ville de Badang, chef-lieu d'un district de même nom (comme toutes les autres villes birmanes) est située dans l'ouest d'Ava, sur la rive droite de l'Irrawaddy, à la distance de trente taings, ou trois journées de marche; elle est entourée, comme la précédente, d'un mur en briques. Un village du même district, appelé Naparen, est célèbre, comme le lieu de naissance du général birman Bandoula. La ville de Tango, entourée également d'une muraille, est une place de quelque importance; elle est située au sud d'Ava, à la distance de cent taings, sur la rivière Sétang. Pendant la saison sèche, des barques qui peuvent porter deux cents sacs de riz peuvent remonter jusqu'à la ville. Pendant la saison des pluies les plus grands bateaux birmans peuvent faire ce trajet. Ce chef-lieu a dans sa dépendance cinquante-cinq districts ou cantons. Dans la portion du Lao ou pays des Shans, qui est tributaire des Birmans, les villes les plus considérables paraissent être Moni et Thing-nyi; la première, dit-on, l'une des plus grandes du royaume et centre d'un commerce assez actif, en même temps qu'elle est la résidence d'un fonctionnaire birman chargé de la surintendance des États tributaires. Thing-nyi est aussi une place de quelque importance, située sur les frontières du Lao siamois.

Population. — La population de l'empire birman avant son démembrement par les Anglais était évaluée par les Européens à dix-sept, dix-neuf ou même trente-trois millions d'habitants. Crawfurd avait fort bien démontré que le plus bas de ces chiffres devait encore être très-exagéré. Il concluait de la discussion des éléments de calcul qu'il s'était procurés que le nombre réel des habitants de cette vaste contrée ne devait pas dépasser, si même il atteignait, quatre millions. Les recherches subséquentes dues au colonel Burney, basées sur des documents officiels, tirés des archives du royaume, ont prouvé que ce chiffre conjectural s'écartait peu de la vérité. Les documents communiqués comprenaient l'énumération des maisons de chaque district dans le Birmah propre et le Pégou. Le nombre des familles qui devaient le service militaire ou les corvées et le nombre des maisons dans les trois cités principales, Ava, Amarapoura et Tsagain (le Sagaing de Crawfurd), avec les villages de leurs dépendances. Ces chiffres étaient le résultat des dénombrements de 1783 et de 1826. De ces diverses données, combinées avec des renseignements obtenus d'autres sources par le résident, il concluait que le nombre total des maisons dans le Birmah et dans le Pégou en 1836 s'élevait à trois cent trente-six mille neuf cents quatre vingt quatorze; et, comptant sept personnes par maison (moyenne déduite des observations), il arrive à un total de quatre millions deux cent trente mille trois cent soixante-huit, en y comprenant deux millions pour les États tributaires. En 1783 Amarâpoura était la capitale et Ava presque entièrement déserte. En 1826 Ava fut rebâtie et Amarâpoura abandonnée; mais en 1837 Tharawaddy transporta de nouveau le siége du gouvernement à Amarâpoura, et Ava, pour la seconde fois, est tombée en ruines.

Le chiffre de quatre et même cinq millions d'habitants est bien peu de chose pour un grand pays possédant un beau climat, un sol fertile, des rivières navigables et de bons ports. Les causes qui ont entravé le développement de la population sont faciles à assigner. Un gouvernement despotique et capricieux, des lois mal définies et mal appliquées; une taxation excessive; des guerres fréquentes, des insurrections; l'anarchie, en un mot, voilà ce qui a sans cesse étouffé les germes naturels de prospérité dans ce beau pays. Les famines sont rares, et plutôt dues à des causes civiles et politiques qu'à la stérilité accidentelle du sol et aux variations du climat. Les maladies épidémiques ne sont ni fréquentes ni dangereuses. La petite vérole et, dans ces dernières années, le choléra ont pu seuls affecter le chiffre de la population. La peste, ce fléau de l'Europe orientale et de l'Asie occidentale, est inconnue. Les Birmans se marient de bonne heure : les unions sont fécondes, puisque la moyenne des familles est estimée par eux à sept individus. La prostitution n'est pas commune et l'infanticide est inconnu : enfin, les salaires sont élevés partout, de sorte que les classes laborieuses jouissent, au total, d'une aisance remarquable. Il ne faut donc chercher l'explication du chiffre très-restreint de la population que dans les causes politiques énumérées ci-dessus.

La grande diversité des nations ou tribus qui occupent le territoire d'Ava, et qui diffèrent non-seulement en langage, mais souvent par leur religion, leurs institutions et leurs coutumes, est à la fois la preuve de l'exiguïté de la population et de l'humble degré de civilisation auquel les habitants sont parvenus. Les Birmans, proprement dits, se partagent en sept tribus, qui forment en réalité autant de nations distinctes. Leurs noms sont mentionnés par Crawfurd comme il suit : *Mrranma's*, ou Birmans de race pure; les *Talaen*, ou Pégouans; les *Rakaing*, ou Arakânais; les *Yau*, qui habitent à l'ouest de la rivière Kyen-Dwen, à peu près par le parallèle d'Ava; les *Taong-su*, peuple pasteur établi entre les rivières Sétang et Saluen; les habitants de *Tavoy* et les *Karînes* ou Karaëns. Viennent ensuite les Shans ou habitants du Lao, qui parlent à peu près le même langage que les Siamois et sont disséminés sur toute la frontière de l'est et du nord-est.

Les tribus, plus sauvages, qui n'ont aucune affinité avec les Birmans ou Siamois sont : les *Zabaing*, *Kyen*, *Palaon*, *Pyu*, *Lenzen*, *Lawà*, *D'hanu*, *D'hanao* et *Zalaung*. On ne connaît guère de ces races incivilisées que les noms et la résidence actuelle. Quelques-uns vivent à l'état sauvage dans les montagnes, tandis que d'autres, comme les Karînes, les Zabaing, et même les Kyen, ne sont pas fort inférieurs en civilisation aux Birmans, leurs maîtres. Les Karînes et les Kyen paraissent être les plus nombreux et les plus avancés; ils s'occupent principalement d'agriculture; la culture du riz dans les provinces pégouanes est surtout entre les mains des premiers. Nonobstant cette disposition à la vie agricole, il y a tant de bonnes teres inoccupées, et les habitudes de ces peuples sont telles, qu'ils se soucient peu d'une résidence fixe, et qu'ils émigrent facilement d'un pays à l'autre; soit pour cultiver de meilleures terres, soit pour s'établir dans des localités plus saines, soit enfin par pur caprice. Comme, d'ailleurs, aucune de ces tribus n'a adopté la religion bouddhiste et qu'elles parlent des dialectes, sinon des langues distinctes du birman, elles se trouvent dispersées sur toute l'étendue du royaume, vivant au milieu des Birmans, mais sans se mêler avec eux. Ainsi, elles ont conservé leur rude organisation sous leur propre chef, leurs mœurs, leurs coutumes et la langue qui leur est propre, et payent tribut aux Birmans sans se soumettre à leur domination directe. Ils n'acceptent aucun emploi du gouvernement, et se refusent à tout service militaire ou aux corvées.

Les étrangers naturalisés ou résidant temporairement sur le territoire birman sont : Kassay's, Siamois, Cochinchinois, Chinois, Hindous de l'Inde occidentale, mahométans et quelques chrétiens. Les natifs de Kassay, captifs dans l'origine, mais aujourd'hui aussi libres, en général, que le reste des habitants, forment une partie considérable de la population de la capitale; beaucoup d'entre eux sont tisserands, forgerons ou artisans de quelque autre profession analogue; ce sont eux aussi dont se compose principalement la cavalerie birmane. Les Siamois, comme les Kassay's ou Mannipouriens sont aussi captifs ou descendants de captifs. Leur *wounn* ou chef birman, sous la police duquel ils sont placés, informa Crawfurd qu'ils se montaient en tout à seize mille. Les Cochinchinois comptent environ mille personnes, et ont été probablement amenés dans l'origine de Siam, par les armées birmanes qui ont envahi plusieurs fois ce royaume. On ne comptait guère dans la capitale du temps de Crawfurd que trois mille deux cents Chinois, dont trois mille à Amarapoura et deux cents répartis entre Ava et Sagaing. Il s'en trouve aussi quelques-uns dans toutes les villes de l'empire où il se fait un peu de commerce; d'autres, enfin, sont employés dans les travaux des mines; cependant, leur nombre total dans Ava est bien peu de chose en comparaison de la foule des colons de la même nation que l'on trouve établis dans la capitale de Siam et dans le reste de ce pays. Ceux-ci l'emportent non-seulement par le nombre, mais par leur intelligence, leur industrie et leur caractère entreprenant. Les Chinois établis dans le Birmah viennent, pour la plupart, de la province d'Yunnan, et sont tous adonnés au commerce. On trouve dans la capitale quelques Chinois de Canton, venus des établissements européens par la voie de Rangoun. Les artisans de cette classe sont tellement supérieurs aux ouvriers birmans, que là où un charpentier birman gagnera à peine cinq tikals par mois, un charpentier chinois en gagnera quinze. Les Hindous qu'on trouve en Ava sont, en général, des brahmans ou désignés comme tels; ils viennent de la partie est du Bengale et non du sud de l'Inde, comme à Siam : ils sont en nombre considérable, et conservent leur langage national, leur costume, leur religion et leurs habitudes.

Après cet aperçu général du pays et des races diverses qui l'habitent, nous donnerons, d'après quelques explorations récentes, des détails sur plusieurs provinces visitées par des Européens intelligents, postérieurement au traité d'Yandabô. La première expédition, à laquelle nous avons déjà fait allusion, a été accomplie par un détachement de l'armée anglaise, dans les circonstances dont nous allons rendre compte.

Les hostilités entre les deux gouvernements ayant cessé, et l'armée anglaise étant sur le point de retourner à Prome, le major général, sir A. Campbell, donna l'ordre au capitaine Ross de se rendre avec le dix-huitième régiment d'infanterie de Madras, cinquante pionniers et les éléphants de l'armée, à *Pakung-yeh*, de traverser l'Irawaddy à *Sembeg-Hewn* et de marcher de là sur *Aeng* en Arakân, en traversant les montagnes. Les autorités birmanes députèrent en même temps le *thunduck-woun* (nommé *Maunza*), chef d'un rang assez élevé, qui avait commandé précédemment dans la province de Thunduck, pour accompagner la colonne jusqu'à Aeng et lui donner toute l'assistance possible en lui procurant les bateaux, les vivres, etc., dont elle pourrait avoir besoin. — Le 6 mars (dit le lieutenant Trant, auquel nous devons le récit de cette expédition) la colonne quitta Yandabô, et arriva le 13 à Pakeng-ych, où on commença le même jour à passer les troupes et les bagages sur de très-petits bateaux, les seuls qu'on pût se procurer. Le détachement entier ne put être passé que le jour suivant. La rivière avait environ quinze cents mètres de large à cet endroit; mais le courant n'étant pas très-rapide, on put faire passer les bêtes de somme en en attachant cinq ou six à la fois aux côtés d'un bateau. Les éléphants plongèrent hardiment dans le fleuve, et sous la conduite de leur *mahawat* atteignirent sans accident la rive opposée, après avoir nagé au moins l'espace d'un mille. Le détachement mit pied à terre sur une bande de terrain plus basse que le niveau moyen de la rive naturelle, et conséquemment inondée pendant la saison des pluies. On trouva ce terrain entièrement cultivé, surtout en tabac, qui vient admirablement bien et en grande abondance dans cette partie du pays.

Sembeg-Hewn, à quatre milles du fleuve dans l'intérieur, était autrefois une ville florissante, contenant trois mille habitants. Elle avait été complétement brûlée par l'armée birmane dans sa retraite. Les habitants n'avaient pas encore commencé à rebâtir leurs cabanes. Les gens du voisinage ont la réputation d'être grands voleurs. Le pays d'alentour est une plaine très-fertile et très-bien cultivée, principalement en *pady* (c'est ainsi qu'on désigne le riz sur pied). Dans les environs de la ville on voit beaucoup de petits jardins plantés en bananiers, manguiers, etc. La rivière *Tcholain* traverse la ville; elle est considérable pendant la saison des pluies. Le 16 mars le détachement, qui avait campé le 15 en avant de Sembeg-Hewn, marcha sur *Tcholain-miou* par une excellente route, construite par ordre de *Menderagie-Praw* (écrit plus loin : *Mindraghie-Prah*). On trouva des ponts sur tous les ravins et cours d'eau : le pays était bien cultivé et couvert de villages. On voyait des champs de pady, aussi loin que la vue peut s'étendre, arrosés par des saignées faites à la rivière Tcholain ou plutôt au moyen d'endiguements qui font déborder la rivière. Des puits en grande abondance, des bosquets sacrés entourant de superbes *kyoums* (monastères bouddhistes) et des pagodes, se faisaient remarquer tout le long de la route. S'il faut en croire le Thanduck-Woun, la ville de Tcholain-miou a été fondée il y a plus de quinze siècles, quand Paghammian était le siége du gouvernement et que le souverain birman honorait souvent Tcholain-miou de sa présence. Menthaguiy, frère de la reine, avait occupé ce poste pendant sept mois, et l'avait abandonné quand l'armée anglaise s'approchait de Pakeng-ych. La population de Tcholain-miou serait, selon le lieutenant Trant, de dix mille habitants; mais ce chiffre nous semble fort exagéré. Le district de Tcholain, gouverné par un *musghi*, a une étendue d'environ cinq à six cent milles carrés et une population de deux cent mille âmes. Le lieutenant Trant, comparant les pays situés sur les rives opposées du fleuve, remarque qu'il existe entre les deux côtés une différence surprenante.

Du côté est tout est stérile, aride, brûlé, surtout dans le voisinage des puits de pétrole; on n'y trouve pas la moindre végétation; à peine un brin d'herbe de loin en loin : du côté ouest, au contraire, terrain fertile, bien arrosé, abondant en bon bétail, excellents pâturages et tout ce qui peut servir à la nourriture de l'homme et des animaux. Le sucre extrait du palmier s'y recueille en quantités considérables; on y manufacture également du salpêtre.

Le détachement, après avoir quitté le district de Tcholain-miou, rencontra la ville de *Sehdine*, à laquelle Trant donne encore dix mille habitants, puis la rivière *Maén*, qui paraît être considérable. On trouva au village de *Shoegoun* (Changaonn) des Shans de la tribu des *Kicaams*. L'étape suivante fut *Kévinoah*, sur les bords du Maén. A deux milles environ de cette dernière étape, après avoir traversé plusieurs fois la rivière, le détachement atteignit le rang de collines le moins élevé de celles qui se lient avec la chaîne *Koma-Pakaung*, et commença à monter, disant adieu aux plaines d'Ava et voyant, déjà dans le lointain, les hauts sommets des montagnes d'Arakân. On retrouva la grande route d'Aeng en parfait état d'entretien, avec des bâtiments de distance pour la réception des pèlerins qui vont faire leurs dévotions à la pagode *Shoccotah* (plus correctement, selon le lieutenant Trant, *Shwézetto*). En sortant du djongle, du sommet d'un *ghât* escarpé on découvre le *Shoccotah*, bâti sur une montagne à pic, très-élevée. La pagode et ses *kyaums* avaient, selon notre voyageur, une apparence magnifique, encadrés comme ils l'étaient par un paysage de la plus grande richesse. Le Shoccotah ou Shwézetto est en grande vénération parmi les bouddhistes, comme contenant l'empreinte des pieds de *Gaudama*, l'une à la base de la montagne, l'autre au sommet. Ces empreintes sacrées sont entourées de balustrades et recouvertes de temples richement sculptés et dorés. Ces temples sont desservis par des *paunghis*, qui habitent les kyaums au pied et sur le flanc de la montagne.

Les pèlerins qui se présentent devant l'enceinte où se trouve l'impression du pied sacré ne sont admis qu'en payant un droit d'entrée, qui varie de vingt à cinquante roupies, selon leur rang. On monte au temple par un escalier de neuf cent soixante-dix marches.

Dans la journée du 21 le détachement suivit le cours de la rivière Maên pendant plusieurs milles, montant presque insensiblement, et, après avoir franchi une chaîne de collines, entra dans une vallée délicieuse, large d'un mille à peu près, arrosée par la Maên, avec de nombreuses habitations sur ses rives, occupées en partie par la tribu *Kicaam*, déjà mentionnée. Un peu plus loin est situé *Napeh-miou*, la dernière ville ou plutôt le dernier village birman dans cette direction. Ce village, quoique peu considérable, se fait remarquer par sa situation pittoresque et par sa propreté. Construit sur une élévation, il domine toute la plaine et constitue une bonne position militaire. Il est palissadé et défendu en outre par quelques ouvrages avancés qui ont été évacués depuis la guerre. Le district contient vingt-quatre villages et quatre mille habitants. Ici le lieutenant Trant a recueilli quelques détails intéressants sur les *Kicaams*. Ils peuvent se résumer comme il suit.

Les *Kicaams* appartiennent à une race inférieure aux Birmans. Ils sont connus en Arakân sous le nom de *Kayengs*. Les *Kayengs* de la plaine diffèrent de ceux des montagnes. Ceux-ci sont indépendants; ils forment dans les montagnes, sur les frontières de Siam, de Chine et d'Arakân, de petites républiques où la seule trace qui reste du pouvoir souverain se trouve dans la personne du *passive* ou chef de leur religion. Ce personnage réside près de la source de la rivière Maô, sur une montagne appelée le *Pyou*. Ses fonctions de prophète ou de diseur de bonne aventure sont transmises à ses descendants mâles ou femelles. Comme l'écriture est inconnue à ces peuplades, les décisions de ces oracles sont verbales. On les consulte invariablement en cas de mariage ou de maladie, et toute altercation, tout différend, toute dispute leur sont soumis. Quant à ce que nous avons appelé leur religion, c'est un assemblage de croyances vagues et grossières et de pratiques superstitieuses. Ils adorent surtout un arbre qu'ils appellent *sabri*, et lui sacrifient (ou sans doute au génie qui fait sa demeure ordinaire de cet arbre sacré) des bœufs et des porcs. Ils croient néanmoins à la transmigration. Ils n'ont aucune idée de Dieu comme unité, aucune notion de la création. Ils adorent les pierres météoriques ou aérolithes, et les recherchent avec empressement. Leurs idées sur la différence entre le bien et le mal sont des plus étranges. Pour mériter d'être heureux dans une autre vie et que leur âme passe dans le corps d'un bœuf ou d'un cochon, il faut, selon eux, honorer et respecter ses parents; prendre grand soin de ses enfants et de son bétail; manger beaucoup de viande et se distinguer par l'abus des liqueurs fortes. Ceux, au contraire, qui ne savent pas apprécier toutes les jouissances sensuelles et s'y livrer avec ardeur ne sont pas dignes de récompenses futures, et ne méritent que le mépris. Le *passive* doit donner l'autorisation de sacrifier un animal avant qu'on ait le droit de l'égorger. Quand un *Kicaam* meurt, cet événement est considéré comme heureux: il y a de grandes réjouissances; on boit et mange à profusion pour célébrer le passage du défunt à une existence nouvelle. Les femmes ont généralement la figure tatouée, et l'origine assignée à cette coutume mérite d'être rapportée. Quand les Tartares conquirent les plaines et chassèrent les *Kicaams* vers les montagnes, ils leur imposèrent un tribut: à défaut de payement, ils avaient coutume de s'emparer des plus jolies filles du pays, qu'on présentait au chef, qui choisissait parmi elles un certain nombre de concubines. Les *Kicaams*, voyant leur population femelle ainsi décimée par le libertinage d'un despote étranger et leur tribu menacée d'une extinction complète, déterminèrent leurs femmes à se défigurer par la pratique du tatouage, et elles échappèrent au déshonneur par le sacrifice de leur beauté. A en juger par les échantillons du beau sexe, que notre narrateur vit chez les *Kicaams*, la précaution à laquelle ils eurent recours dans les circonstances que nous venons d'indiquer, serait aujourd'hui superflue. Quoi qu'il en soit, cette horrible opération n'est plus à la mode parmi eux ; les femmes ne se tatouent qu'entre trente et quarante ans, et encore est-ce pour elles seulement une affaire de convenance personnelle, et celles-là, de nos jours, ont recours à cette pratique qui tiennent à se distinguer ainsi de leurs campagnes.

Le détachement, après avoir quitté le village *Kicaam* de *Doh*, suivit le cours de la Maên, et s'engagea dans les passes des hautes montagnes où cette rivière prend sa source. Arrivé au poste de *Kaong*, qui avait été occupé par un piquet birman pendant la guerre, et où il ne restait plus que deux ou trois maisons, on remarqua que la rivière se partageait en deux branches. A dater de ce point, la montée devint des plus rudes, le détachement s'arrêta, au sommet de la chaîne, à une petite stockade, appelée *Nariengain*, construite sur la ligne de démarcation entre les deux États. On y jouit d'une vue magnifique. De ces montagnes en effet, coule la *Maên* à l'est, l'*Aeng* à l'ouest ; et quand le temps est parfaitement clair on distingue de ce point culminant, *Tchedouba*, *Ramri*, plusieurs autres îles et la grande vallée d'Ava, avec une partie considérable du cours de l'Irawaddy. La grande chaîne s'appelle *Komah Pokong Teoung*, et court sur 20° ouest. Le mont sur lequel *Nariengain* est situé se nomme *Morang Mateng Teoung*. Ici est la passe principale et la grande route commerciale. Le commerce entre Ava et Arakân occupait autrefois quarante mille personnes tous les ans. Arakân envoyait des marchandises européennes et indiennes, telles que velours, draps, cotonnades, soies, mousselines, sel, noix d'aruque et autres articles produits dans le pays, et recevait en retour de l'ivoire, de l'argent, du cuivre, du sucre de palmier, du tabac, de l'huile, et des boîtes laquées. Ce commerce avait considérablement augmenté depuis la paix ; mais l'avénement de Tharawaddy lui porta un coup presque mortel. Cependant, il paraîtrait que dans ces derniers temps il a repris de nouveau quelque activité. Il faut l'attribuer, en grande partie, à ce que la superbe route construite par les ordres de Minderadjee-Prâh (route commencée en 1816, et qui employait seulement cinq cents ouvriers à sept roupies par mois, pendant les deux premières années, puis sept cents pour l'achever) a été réparée avec soin. On a pourvu à son entretien par une précaution aussi curieuse que judicieuse ; chaque voyageur est tenu de réparer immédiatement, à son passage, le moindre dégât inaperçu par les voyageurs qui l'ont précédé ou qu'il a pu occasionner lui-même. On a aussi construit une nouvelle route, de plus de vingt milles, qui conduit le long de la rivière d'Aeng jusque près de la mer.

Le détachement était encore à *Nariengain* le 24 à dix heures du matin. Le 25 il atteignait *Sarawah*, sur les bords de la rivière *Aeng*, et le 26 il arrivait à *Aeng*, terme de sa marche par terre. Aeng se trouve donc séparé d'Ava par la distance de vingt-cinq à trente marches, selon la saison. Les avantages de cette communication paraissent considérables, et le lieutenant Trant fait observer, dans son rapport, daté de la rade d'Amherst, le 12 avril 1826, que désormais, en prenant la précaution d'envoyer un mois à l'avance un bataillon de pionniers pour écarter ou aplanir tout obstacle accidentel, la marche d'un corps d'armée par la route que son détachement a suivie ne saurait éprouver aucun retard sérieux.

Depuis l'époque de la petite expédition dont nous venons de rendre compte, l'esprit d'investigation et de recherches ne s'est pas endormi un seul instant parmi les Anglais auxquels leur position a permis d'explorer diverses parties du royaume d'Ava ou de ses anciennes dépendances. Ils ont étudié la géographie, la topographie, les mœurs, les coutumes, les langages ; ont recueilli et comparé une foule de documents historiques ; enfin, à l'appui des mémoires qu'ils ont publiés sur ces sujets, d'un intérêt si nouveau, ils ont fait graver ou lithographier des cartes, des plans, des dessins d'antiquités, d'objets d'histoire naturelle, des fac-similés d'inscriptions, etc. Parmi ces intelligents observateurs il faut citer les capitaines Bedford, Wilcox, Neufville, le lieutenant Burton, le docteur Mac-Cosh, le colonel Burney, le capitaine Hannay, et plus tard le docteur Richardson, le docteur Helfer, le lieutenant Mac-

Leod, le capitaine Phayre, le capitaine Low, etc., etc, dont les travaux, insérés dans les recueils scientifiques de Calcutta, de Madras, de Bombay et de Londres, ont jeté un grand jour sur une foule de questions dont l'histoire, la géographie, l'ethnographie et les sciences naturelles attendaient la solution ou l'examen. Les bornes qui nous sont prescrites par la nature même de ce résumé, et par la nécessité de le resserrer dans les limites d'un volume, ne nous permettront que l'indication des principaux résultats obtenus. En ce qui concerne le royaume birman actuel, nous nous contenterons d'extraire les passages les plus remarquables du journal du capitaine Hannay.

Dès les premières relations des Anglais avec l'empire birman, et lorsqu'ils cherchaient à former des établissements sur différents points de la côte, aux embouchures de l'Irawaddy, leur attention était souvent portée sur les stations de quelque importance situées sur le cours supérieur de ce grand fleuve. On savait dès lors que Bamou, Bamo ou B'hamo était le centre d'un commerce considérable entre les Birmans et les Chinois, commerce auquel les spéculateurs anglais auraient vivement désiré participer. Il paraît même qu'au commencement du dix-septième siècle ils avaient réussi à établir quelques comptoirs dans le voisinage (1), avec la permission du gouvernement; mais cette permission fut bientôt retirée, et les renseignements qu'on avait pu recueillir ne se sont pas retrouvés. Le gouvernement anglais employa vers 1684 ou 1685 un certain M. Dodds pour obtenir de nouveau l'autorisation du roi pour former des établissements dans le pays, et en particulier à « *Prammoo*, sur les confins de la Chine »; mais cette mission n'eut aucun résultat. S'il est à regretter qu'on

(1) L'auteur de l'*Historical Review*, déjà cité, fait remarquer, d'après D'alrymple (*Oriental Repertory*, vol. I, p. 98, et vol. II, p. 397), que des cartes et des mémoires relatifs au haut pays avaient été rédigés à cette époque, et qu'on pourrait peut-être encore les retrouver en fouillant dans les vieilles archives du gouvernement de Madras, alors en relations plus fréquentes avec le royaume d'Ava que le gouvernement du Bengale.

n'ait conservé que ces vagues renseignements sur l'époque que nous avons indiquée, ce n'est guère qu'au point de vue historique, car, grâce à l'expédition du capitaine Hannay, le haut pays et le cours de l'Irawaddy jusqu'aux villes de *Bamo* et *Mogaung* sont à peu près aussi bien connus que le sont les provinces méridionales. Plusieurs points géographiques d'un extrême intérêt ont été déterminés par cet observateur distingué, soit directement, soit par les témoignages qu'il a recueillis. *Bamo*, pour la première fois, a été vu par l'œil intelligent d'un Européen, décrit avec soin et son importance commerciale convenablement appréciée. La position de la remarquable vallée d'Houkong a été assignée; les mines d'ambre ont été visitées également pour la première fois, et les latitudes des principales villes entre *Ava* et *Maung Khang* ont été déduites d'observations astronomiques : en sorte que, grâce aux travaux du capitaine Hannay, les explorateurs futurs ont des points de départ ou de comparaison assurés.

La cause immédiate ou plutôt le prétexte de cette intéressante mission fut un conflit entre deux chefs Singphos; l'un tributaire d'Ava, l'autre sous la protection des Anglais. La petite ville de *Bisa*, résidence de ce dernier, avait été ravagée et pillée par le *gaum* ou chef de *Dupha*, et les habitants qui n'avaient pu se soustraire par la fuite aux violences du clan envahisseur avaient été impitoyablement massacrés. Ces circonstances étant venues à la connaissance du résident anglais à la cour d'Ava (alors le colonel Burney), il demanda une enquête, et exigea que des mesures fussent prises pour prévenir le retour de semblables aggressions. Une députation fut, en conséquence, envoyée à la frontière, et le colonel Burney profita de cette occasion pour attacher à l'expédition le capitaine Hannay, qui commandait son escorte.

Cette mission d'enquête, composée du gouverneur birman de Mogaung, nouvellement nommé à ce poste, du capitaine Hannay, de plusieurs officiers birmans d'un rang inférieur et d'une escorte assez nombreuse, quitta la capitale le 22 novembre 1835, sur trente-deux bateaux de différentes grandeurs. « Aucun étranger, dit le capitaine Hannay, les Chinois exceptés, n'avait eu jusque là la permission de remonter l'Irawaddy au delà du *tchoki* de *Tsampaynago*, situé à soixante-dix milles environ au-dessus d'Ava, et il n'est même permis à aucun indigène de dépasser ce poste sans une permission spéciale du gouvernement » La flottille passa, peu de jours après, devant *Kugyih*, où se trouvent, dit-on, plusieurs villages chrétiens ; et à son arrivée à *Yédau* elle entra dans la première gorge ou *kyouk-dwen*, où la rivière se resserre entre deux lignes de rochers. Plus bas, la largeur extrême de son cours avait varié de un à deux milles et demi ; mais ici elle n'atteignait pas un quart de mille, et la profondeur du fleuve ainsi que la rapidité du courant s'étaient augmentées en proportion. Pendant la saison des pluies les bateaux engagés dans ces passes étroites y glissent avec la rapidité d'une flèche ; et les nombreux tournants, occasionnés par les rochers qui avancent dans le fleuve, augmentent beaucoup les dangers de ce passage. Le 30 novembre l'expédition quitta le village de *Yédan-Yua*, où l'aspect du pays et de la rivière commence à changer visiblement. L'Irawaddy, au lieu de couvrir un espace de plusieurs milles de la nappe de ses eaux, est souvent réduit à une largeur de cent cinquante mètres ; mais, ce qu'il y a de remarquable, au lieu de se précipiter avec la rapidité et les accidents d'un torrent impétueux, comme on pourrait s'y attendre, sa surface paraît aussi tranquille que celle d'un lac. Dans quelques endroits sa profondeur dépasse dix brasses. Il coule au milieu d'une magnifique forêt où le *pipal*, le cotonnier gigantesque et les bambous attirent surtout l'attention. Le lit du fleuve et ses rives sont en général composés de rocs qui sur les bords s'élèvent à une hauteur considérable. A la station suivante, *Thihadophya*, le capitaine Hannay put constater un cas très-remarquable de singulière intimité entre les indigènes et les poissons qui peuplent la rivière, depuis un mille au-dessous du village jusqu'à une égale distance au delà. Si l'on jette du riz d'un bateau, on voit paraître une douzaine de poissons, dont quelques-uns n'ont pas moins de trois à quatre pieds de long, qui non-seulement mangent le riz, mais se le laissent mettre dans la bouche et permettent qu'on leur caresse la tête, ce que j'ai vu faire à plusieurs de mes gens. Ces poissons paraissent appartenir à l'espèce qu'on désigne dans l'Inde sous le nom de *gourou* et *roula* ; et les Hindous que j'avais à ma suite n'hésitaient pas à les appeler ainsi. Leur tête est d'une largeur remarquable, la bouche très-grande et sans dents. » Ce spectacle, tout étrange qu'il pût paraître au capitaine Hannay, le surprit moins encore que celui auquel il assista le lendemain matin quand il vit les poissons répondre à l'appel des bateliers, qui les invitaient à venir partager leur déjeûner.

Le 1er décembre l'expédition arriva à *Tsampaynago*, que nous avons déjà mentionné comme la limite au delà de laquelle les indigènes eux-mêmes ne peuvent pénétrer sans une permission expresse du gouvernement. Le *thana*, ou bureau de la douane, se trouve sur la rive droite du fleuve, et la ville de *Malé* ou *Malé-myou*, tout près de là, contient environ huit cents maisons, avec un très-grand nombre de temples richement dorés. La vieille ville de *Tsampaynago* est située à l'embouchure d'une petite rivière qui vient de *Mogout* et *Kyatpen*, et tombe dans l'Irawaddy, vis-à-vis la station moderne du même nom. D'après les indications données au capitaine Hannay, *Mogout* et *Kyatpen*, d'où viennent les plus beaux rubis du royaume, sont situés dans le nord, 80° est de Tsampaynago, à la distance de trente à quarante milles, derrière un pic fort remarquable, nommé *Shueou-Thoung*, qui peut avoir environ mille mètres de hauteur. La rivière *Madara* et celle de *Tsampaynago* coulent de ce même district ; ce qui doit faciliter beaucoup les communications. Il fut difficile de se procurer des renseignements sur la situation exacte des mines. On apprit cependant que celles de *Momeit* se trouvaient à vingt ou trente milles au nord de *Mogout* et *Kyatpen*, et que les principaux mineurs employés à *Mogout*, *Kyatpen*, *Loungti* et *Momeit* étaient des Kathays (Cassay's) ou Mannipouriens avec quelques *Shans* et quelques Chinois. De *Tsampaynago* le capitaine Hannay assure que l'on entend les bûcherons qui abattent les bambous dans les montagnes voisines. Ils en forment des paquets de cent cinquante à deux cents, qu'ils font rouler du haut de la pente escarpée, sur une chaussée construite avec des arbres qu'ils parcourent dans leur chute rapide, avec un bruit qu'on entend de trois lieues. Ces bambous sont ensuite flottés de la petite rivière dans l'Irawaddy pendant la saison des pluies. Ici nos voyageurs commencèrent à souffrir du froid. Ils atteignirent le 5 décembre *Tagbung-myou*, que la tradition veut avoir été bâtie par un roi de l'Inde gangétique, dont les descendants fondèrent ensuite les royaumes de Prome, Pagan, et Ava. Le capitaine Hannay y trouva, en effet, les vestiges d'anciennes fortifications, de murailles en briques, présentant un caractère différent de celui des constructions birmanes, et paraissant être le produit d'une autre civilisation, le travail d'une autre race. A un mille de là, dans le sud, les ruines de *Pagan* s'étendent jusqu'aux limites de l'horizon. Le capitaine Hannay y trouva des briques d'une composition particulière, ou plutôt des terres cuites, avec des impressions d'images bouddhistes d'origine indienne et des inscriptions, qu'il envoya au colonel Burney, et qui ont fait le sujet d'un mémoire inséré dans le numéro 51 du *Journal de la Société Asiatique de Calcutta*.

Le journal du capitaine Hannay, principalement à dater de ce point, abonde en détails intéressants, que nous regrettons vivement de ne pouvoir reproduire; mais force nous est de nous borner aux renseignements les plus importants.

Sur la rive gauche du fleuve, entre *Hengamyo* et *Tagoung*, l'arbre de teck se montre pour la première fois; et à *Kyundoung*, sur la rive opposée, on trouve des arbres assez gros pour former de grands bateaux d'une seule pièce.

Le 13 décembre la flottille s'arrêta près de *Katha*, ville de quelque étendue, située sur la rive droite, et contenant environ quatre cents maisons. Le bazar paraissait bien fourni de poissons frais et salés, de porc vendu par les Chinois, noix de coco sèches, légumes de différentes espèces, cannes à sucre et riz de toutes les qualités. Le capitaine Hannay y vit aussi du *stick-lac* en petite quantité, mais cher et de qualité très-inférieure à celui qu'on se procure à Rangoun et qui vient du territoire Shân, à l'est d'Ava. Là aussi, mais en moindre quantité qu'à *Kyundaung*, on voyait étalées des toileries de manufacture anglaise. Un *kyaung* (ou *kyoum*), ou monastère bouddhiste, récemment construit par le *myothagi* de *Katha*, attira particulièrement l'attention du capitaine. C'était un grand édifice en bois, sculpté avec un goût remarquable; les terrains environnants, qui s'étendaient jusques à la rivière, étaient plantés d'arbres à fruit et d'arbustes à fleur disposés avec beaucoup d'art. On arriva le 17 à *Kyouk-Guich*, où le *woun* de *Munyen* combla le capitaine et sa suite d'attentions et de prévenances. La demeure de ce chef se faisait remarquer par sa propreté et son élégance, par le joli jardin qui l'accompagnait, par la richesse de son ameublement birman et par le nombre de belles armes qui y étaient étalées. On approchait de *Bamo*, et le voisinage de ce célèbre marché se devinait par la multiplicité de villages qu'on rencontrait depuis plusieurs jours. De *Shuegou-myou* à *Bâlet*, c'est-à-dire sur un espace de trois milles environ, les habitations se succédaient sans interruption. L'île *Kywoun-do*, située entre ces deux villes, et couverte de cent pagodes, est le rendez-vous des habitants, qui viennent y célébrer leurs principales fêtes, à de certaines saisons de l'année. Près de ce lieu on entre dans la seconde passe ou *Kyouk-Dwen*, dont le capitaine Hannay décrit ainsi la magnifique apparence : « La rivière semble percer ici les montagnes qui s'élèvent perpendiculairement de chaque côté à une hauteur de quatre cents pieds; elles se composent de roches, de formes aussi singulières que diversifiées, et que la présence d'un certain nombre d'arbres rend encore plus pittoresques : une partie du défilé, sur la rive droite, s'élève, comme une immense muraille de cinq cents pieds de hauteur, formant ainsi à la fois le plus magnifique et le plus effrayant des précipices. Ce *Kyouk-Dwen* n'a pas

20ᵉ *Livraison*. (INDO-CHINE.) 20

moins de quatre milles d'étendue; et les roches qui le forment sont de grès à leur partie supérieure, reposant sur une base de calcaire bleuâtre mêlé de veines de marbre d'un blanc éclatant. Je remarquai sur un point de grandes masses de calcaire primitif avec des blocs de spath calcaire. »

A *Koung-toun*, que la flottille atteignit le 20, ville célèbre par la belle défense de sa garnison birmane pendant la dernière guerre avec les Chinois, notre voyageur vit un grand nombre de *Kakhyens*, espèce de sauvages appartenant à une tribu qui habite les montagnes à l'est de la ville. La physionomie de ces montagnards forme une exception singulière à la règle générale dans ces contrées; car, loin d'offrir le type tartare, les *Kakhyens* ont la figure longue, le nez droit, les yeux d'une expression repoussante, qu'augmente encore la coutume qu'ont ces étranges créatures de ramener leurs cheveux, noirs et plats, sur le front et de les couper au niveau des sourcils. Cette tribu, bien qu'entourée par les Shans, les Birmans et les Chinois, diffère si complétement de tous, qu'il est impossible de conjecturer à quelle race ils ont appartenu dans l'origine.

Ce même jour, 20 décembre, la flottille jeta l'ancre devant un village à cinq milles au-dessous de Bamo. Le *woun* de Mogoung, étant un dignitaire d'un rang supérieur à celui du gouverneur de Bamo, il devenait nécessaire de faire quelques arrangements pour lui assurer une réception convenable. En approchant de la ville, le jour suivant, la navigation du côté de la rive droite, sur laquelle la ville est située, parut si difficile, qu'il fallut traverser la rivière; et sur ces entrefaites, quelques points d'étiquette ayant donné lieu à un différend entre le woun de Bamo et celui de Mogoung, celui-ci se remit en route le 22. Le capitaine Hannay se vit ainsi obligé de différer ses recherches à l'égard de cette importante station jusqu'à son retour en avril suivant; il ne manqua pas, cependant, de prendre, à son premier passage, toutes les informations qu'il put se procurer: mais la présence du woun de Mogoung empêchait alors les gens du pays de répondre franchement à ses questions. Il les trouva beaucoup plus communicatifs au retour; nous ferons connaître ici le résultat des renseignements obtenus dans les deux occasions.

Un point géographique de la plus haute importance mérite, avant tout, notre attention. En s'enquérant de la situation des principales villes sur les bords de l'Irawaddy, il s'était trouvé que plusieurs des indigènes questionnés au sujet de Bamo affirmaient que cette ville était située sur l'Irawaddy, tandis que d'autres, qu'on devait supposer également bien informés, niaient positivement l'exactitude de cette assertion, et plaçaient Bamo sur une petite rivière qui se jette dans l'Irawaddy à un mille environ au-dessus de la ville actuelle. Le capitaine Hannay est parvenu à concilier ces deux versions, de la manière la plus satisfaisante, par la remarque suivante. La ville *moderne* de Bamo, construite sur le bord de l'Irawaddy, doit son origine aux facilités que présente cette position pour le transport des marchandises du côté d'Ava. Le *vieille* ville (shân) de Manmo ou *Bamo* est située, à deux journées de marche de là, sur la rivière *Tapan*, qui tombe dans l'Irawaddy, à un mille environ au-dessus de la nouvelle ville de *Bamo* ou *Zecthec-zeit*, qui signifie *nouveau marché* ou *débarcadère du marché neuf*.

La ville moderne est bâtie sur un terrain inégal et assez élevé, dont la partie qui avoisine la rivière, et qui est formée d'un banc d'argile, peut avoir de quarante à cinquante pieds de hauteur. C'est, si l'on en excepte Ava et Rangoun, la ville la plus considérable de l'empire birman et la plus intéressante, sans exception, si nous en croyons notre intelligent explorateur. La nouvelle de l'arrivée de la flottille, et surtout d'un officier européen, avait attiré une grande foule sur le rivage; et, mettant pied à terre, le capitaine Hannay se crut transporté tout à coup dans un pays civilisé en se voyant entouré de gens au teint presque européen, portant des pantalons et des vestes, au lieu de ne rencontrer, comme par le passé, que les traits durs et les vêtements bariolés des Birmans. Cette population d'un nouvel aspect se composait principalement de Chinois de la province d'Yunnan et de Shans tributaires de la Chine. Bamo contient quinze cents maisons; mais, en y comprenant les villages qui se confondent, pour ainsi dire, avec la ville, le capitaine Hannay porte le chiffre des habitations à deux mille, dont deux cents au moins sont occupées par des Chinois. Outre la population permanente, il y a toujours à Bamo un grand nombre d'étrangers, tels que Chinois, Shans et Kakhyens, qui s'y rendent pour faire des achats ou y être employés comme ouvriers : on voit aussi un grand nombre d'Assamais, tant dans la ville que dans les villages de la banlieue, et parmi eux plusieurs membres de la famille du radja de Tapan ou Assam. Bamo est le *djaghir* (apanage) de la sœur du radja de Tapan, l'une des femmes du roi d'Ava. — Les habitants de ce district vivent dans des maisons assez grandes et bien distribuées, couvertes en herbe et dont les murs sont faits de roseaux : elles sont en général entourées d'un grillage en bois, et tous les villages sont palissadés en bambous. Les *Palongs* de la frontière chinoise forment une peuplade remarquablement industrieuse : ils sont bons teinturiers, charpentiers et forgerons, et tous les *dhâs* ou sabres du pays sont faits par eux. Les gens de Bamo étaient tellement persuadés que le but du capitaine Hannay, en entreprenant ce voyage, était de trouver une route par laquelle les troupes anglaises pourraient pénétrer en Chine, qu'il lui fut extrêmement difficile d'obtenir des renseignements sur les voies de communication de cette partie du pays. Les Chinois eux-mêmes se montrèrent, cependant, plus communicatifs, et ce fut d'eux qu'il apprit qu'il existait plusieurs passes par lesquelles on pouvait se rendre de Bamo dans le Yunnan. L'une de ces passes, présentant de beaucoup plus grandes facilités que les autres, est celle que l'on choisit généralement pour les expéditions commerciales. Voici quel est à peu près l'itinéraire que suivent les caravanes chinoises par cette voie. A la distance d'un ou deux milles au-dessus de Bamo se trouve l'embouchure de la rivière *Taping* ou *Tapan;* la direction de cette rivière est nord 66° est pendant deux journées de marche environ ; la rivière traverse alors la chaîne de montagnes du pays des Kakhyens, et dans ces montagnes est située la vieille ville de Bamo ou Manmo. Les Chinois transportent leurs marchandises par eau du Bamo moderne à ce lieu, et se rendent ensuite par terre au *tchoki* ou *ken* de *Loailong*, près *Mowan*, en trois jours : de là à *Mounyen* au *Tengyechew*, dans la province de Yunnan, où ils arrivent en huit à neuf jours. La route de Bamo à Loailong est en bon état et très-fréquentée ; elle passe par les montagnes qu'habitent les Kakhyens et les Palongs, puis à travers le pays des Shans, que les Birmans appellent *Kopyi-doung*. La rivière Tapan Khyaung n'est pas navigable pour les grands bateaux. Aussi les Chinois ont-ils l'habitude de se servir de doubles canots, sur lesquels ils placent une plate-forme pour le transport de leurs marchandises jusqu'à Manmo : ils se servent ensuite, pour le reste du voyage, de ponies ou de mules. Le capitaine Hannay ne donne pas à la rivière Taping une largeur moyenne de plus de cent cinquante mètres : ce qu'il nous apprend de la direction et des dimensions de ce cours d'eau ne permet plus de l'identifier, comme le voulait Klaproth, avec le Tsanpo du Thibet.

Il se fait un grand commerce à Bamo, surtout en coton, qui y est apporté par les Chinois dans les mois de décembre et de janvier ; la plus grande partie de cette importation prend la direction d'Ava, et se répand de là dans tout l'empire. Ils importent également des ustensiles de cuivre, des tapis et des articles d'habillement pour la saison froide. Indépendamment de ce commerce, entièrement entre les mains des Chinois, les Shans, Palongs et Singphos, tributaires de la Chine, viennent acheter à Bamo du sel en grande quantité, du *gnapi* (poisson haché et mis en pâte ou en sauce), du poisson salé et du riz. Les Shans se distinguent par la blancheur de leur teint, par leurs figures larges et leurs physionomies ouvertes et riantes : ils portent des turbans et des pantalons en cotonnade bleue; ils ressemblent beaucoup aux Chinois ; et un grand nombre d'entre eux parlent le dialecte d'Yunnan ; aussi les désigne-t-on généralement par le nom de *Shans-Taroup* ou Shans-Chinois. Les Palongs, quoiqu'ils parlent le shan, ont aussi un dialecte qui leur est propre. Les hommes, bien que de petite stature, sont remarquablement bien faits et de formes athlétiques : ils ont, en général, le nez plat et les yeux gris; leurs cheveux sont noués en touffe sur le côté droit de la tête : ils portent le turban, la veste et le pantalon de toile bleu-foncé. Ce sont des montagnards, qui occupent le pays situé entre le Birmah et la Chine ; mais ceux qui habitent à l'est de Bamo ne sont tributaires d'aucun des deux États, et sont gouvernés par leurs propres chefs ou *tsobuas*. Les Shans, les Palongs et les Singphos payent en argent tout ce qu'ils achètent. Le capitaine Hannay évalue à trois lacs de roupies (environ 750,000 francs) par an les revenus du district de Bamo ; et il ajoute : « S'il faut juger de la prospérité de ce district par les apparences extérieures, les habitants de Bamo montrent, par la manière dont ils sont logés et vêtus, qu'ils jouissent d'une aisance remarquable. J'ai vu plus d'ornements d'or et d'argent à Bamo que dans aucune ville du Birmah. »

En quittant Bamo, l'aspect du pays devint beaucoup plus montagneux. L'expédition prit de grandes précautions pour se garantir de toute surprise de la part des Kakhyens : l'escorte fut augmentée de cent cinquante soldats ; les Shans qui composaient ce détachement étaient de beaux hommes, et contrastaient d'une manière frappante, par leur apparence et leur tenue, avec la misérable escorte birmane qu'on avait prise à Ava. Au village de *Thaphan-beng* la flottille entra dans le troisième *Kyoukdwen* : on avait de ce point une vue magnifique de la fertile vallée de Bamo, bornée à l'est par les montagnes des Kakhyens; cultivées jusques à leurs sommets. Ici la rivière, dans de certains endroits n'avait pas plus de quatre-vingts mètres de large, avec une profondeur de trente pieds ; et comme, pendant la saison des pluies, la crue élève la surface du fleuve à cinquante pieds au-dessus de ce niveau, l'impétuosité des eaux doit être effrayante à cette époque. Les indigènes déclarèrent, en effet, que le mugissement du torrent était tel dans cette saison, qu'on ne pouvait s'entendre parler, et que le défilé ne pouvait être franchi que sur des radeaux. Cette portion du pays paraît être habitée, du moins en partie, par une nouvelle race, celle des *Phwans*, venue originairement du nord-est. Leur langue maternelle diffère entièrement de celles des Birmans et des Shans. On distingue deux tribus de cette race, toutes deux agricoles. La construction de leurs habitations différait totalement de ce que le capitaine avait vu jusque alors : c'étaient des espèces de hangards, arrondis aux extrémités, et dont la couverture, en paille ou en herbe sèche, atteignait presque jusqu'au sol. L'intérieur de ces maisons, à la hauteur de huit à dix pieds, était divisé en appartements formés par des séparations en nattes. Ces habitations singulières étaient beaucoup plus commodes qu'on aurait pu se l'imaginer, d'après leur apparence extérieure ; et la grande épaisseur aussi bien que la forme particulière du toit devait les protéger efficacement contre le froid et la chaleur. Il paraîtrait que les Shans de la vallée de *Koubo* construisent des habitations semblables, et il est probable que les *Phwans* ont emprunté leur style d'architecture à quelques tribus de cette nation.

Le 26 la flotte atteignit la partie du cours de l'Irawaddy dont la navigation est considérée comme la plus dangereuse, et que les indigènes appellent *Puskau* : le fleuve n'a ici que trente mètres de large, mais pas moins de neuf brasses (env. 54 pieds) de profondeur au centre de son lit. Les rochers qui bordaient son cours portaient les traces évidentes d'une action volcanique aussi énergique qu'irrégulière. La couleur de ces rocs variait du brun au jaune, du rouge au vert et au noir de jais, qui les rendait aussi luisants qu'un miroir ; les couches qu'ils présentaient à l'œil offraient également l'aspect d'une confusion étrange, se montrant tantôt verticales, tantôt horizontales, tantôt contournées et tordues, comme si elles fussent sorties en fusion d'une immense fournaise.

A une petite distance au-dessus du village de *Namhet* on rencontra, pour la première fois, une succession de *rapides*, dangereux à passer, même dans cette saison. En arrivant à *Tshenbo*, situé à dix milles environ au-dessous de l'embouchure de la rivière de *Mogoung*, l'expédition dut échanger les bateaux qui l'avaient transportée jusque alors contre des bateaux plus petits, mieux adaptés à la navigation de cette étroite et tortueuse rivière. Celui que montait le capitaine Hannay était fait d'un seul tronc d'arbre et bordé d'une planche de dix pouces de large. Cette espèce de bateau se nomme, en birman, *loung*, et emploie vingt-cinq rameurs. — *Tshenbo* a été autrefois la capitale ou ville principale de la tribu *Phwon* : les Birmans en sont maîtres depuis soixante-quinze ans environ. Le 31 décembre la flottille arriva à l'embouchure de la rivière de *Mogoung* (par 24° 56′ de latitude septentrionale). Ici l'Irawaddy est encore un beau fleuve large d'un demi-mille et d'une profondeur moyenne de deux brasses et demie (cinq mètres). L'expédition commença à remonter la rivière de *Mogoung*, bordée presque partout d'impénétrables djongols, et d'une navigation difficile par suite des roches qui obstruent son cours et des rapides qu'on y rencontre fréquemment, et qui donnent au courant une impétuosité extrême. En luttant contre ces obstacles le capitaine Hannay eut occasion de remarquer combien les bateliers *phwons* et *shans* se montraient supérieurs aux Birmans et aux *Kathays* (*Cassays*) ou *Mannipouriens* : les premiers travaillant avec ardeur, ensemble et discipline, tandis que les seconds se distinguaient par leur insubordination et leur turbulence, parlant tous à la fois et se renvoyant les injures les plus grossières. Notre voyageur n'hésite pas à regarder les races *phwons* et *shans* comme très-supérieures à la race birmane.

Le capitaine rend compte ensuite de son arrivée (le 5 janvier) à la ville de Mogoung, vieille fortification à demi ruinée et misérable chef-lieu d'un district à moitié dépeuplé et complétement ruiné par les exactions des gouverneurs birmans. Il donne quelques détails sur l'installation du nouveau *myo-woun*, sur la ville elle-même, sur la population du district, ses productions et ses ressources, etc. Il explique comment, grâce à l'impuissance et à l'incurie de l'administration locale et au déplorable état de ses relations avec les populations voisines, force lui fut de renoncer à se rendre en Assam en traversant, ainsi qu'il en avait reçu l'ordre, la chaîne des monts *Patkoï*, et il dut se résigner à visiter seulement la vallée de *Houkong* et les mines d'*ambre*. Encore eut-il bien de la peine à décider le gouverneur à entreprendre cette petite expédition. Il y parvint cependant ; et le 19 janvier l'avant-garde de la colonne de marche traversa la rivière, sacrifia un buffle aux *Nhât-quies*, c'est-à-dire aux *esprits* des trois frères *tsawbuas* (chefs) de *Mogoung*, et tira une volée en leur honneur, préparatifs indispensables, à ce qu'il paraît, à toute expédition de ce genre. Le gouverneur ne put néanmoins ou ne voulut pas se résoudre à se mettre en marche avant le 22 ; et il fallut pour vaincre son obstination ce jour-là que le capitaine Hannay menaçât de reprendre immédiatement la route d'Ava. Nous devons passer rapidement sur le compte-rendu de cette partie de l'exploration dirigée par cet habile officier.

Le 30 janvier notre voyageur se trouvait campé à une petite distance de *Meikhnwon* ou *Moung-Khoum*, chef-lieu de la vallée de *Houkong*. Là il fallut s'arrêter : les provisions étaient épuisées et l'escorte sur les dents. Le capitaine s'occupa sans délai de recueillir des renseignements sur cette curieuse vallée, dont l'étude offre un intérêt particulier, au point de vue géologique, comme ayant formé, à une époque qui n'est probablement pas très-reculée, le lit d'un lac alpin de grande dimension, et comme étant le site des fameuses mines d'*ambre* (*payendwen*), qui furent dans cette occasion visitées pour la première fois par un Européen. La vallée a une longueur d'au moins cinquante milles de l'est au nord-ouest, sur une largeur qui varie de quinze à quarante-cinq milles. Elle est complétement entourée de montagnes et arrosée par plusieurs rivières, dont la principale est le *Namtunaï* ou *Khyendwen*. La population, peu considérable, se compose en grande partie de *Singphos*, avec leurs esclaves *assamais*. Le seul chef-lieu, *Moung-Khoum*, qui ne compte que trente maisons, est habité par des *Shans*.

Les richesses minérales de la vallée sont le sel, l'or et l'ambre. Il se fait un commerce assez considérable de ce dernier article. L'or se recueille dans le sable des rivières ou sur leurs bords, en paillettes et quelquefois en grains de la grosseur d'un pois. Le capitaine Hannay a rapporté plusieurs échantillons de charbons de terre ; et il a entendu dire que dans la rivière *Numtarong* on trouvait du bois fossile en grande quantité. Les marchands chinois apportent ici des vestes chaudes, des tapis, des chapeaux de paille, des ustensiles en cuivre et de l'opium, qu'ils échangent contre de l'ambre et contre un peu d'ivoire et de poudre d'or : ils payent aussi quelquefois en argent. Ils vient également dans la vallée quelques marchands birmans, avec des toiles de leur propre fabrique et de manufacture anglaise. Plusieurs marchands singphos venus de Mogoung font le même commerce de pacotille ; quelques-uns d'entre eux sont même allés, dans ces dernières années, jusques en Assam avec de la poudre d'or, de l'ivoire et un peu d'argent, qu'ils ont échangé contre des fusils, des draps, de l'eau-de-vie et de l'opium. Les draps venus par cette voie sont d'une qualité supérieure. Les Singphos de la vallée portent un habillement semblable à celui des Shans et des Birmans de Mogoung : on les voit souvent avec des vestes de camelot rouge ou de velours, qu'ils ornent de boutons en métal, et ceux qui sont assez riches pour se permettre ce luxe se drapent dans un châle de drap européen. Les armes dont on se sert ordinairement sont le sabre court, *dhau*, et la lance. Les femmes portent des surtouts très-propres, de grosse toile bleue ; et leurs jupons, ou *thamines*, sont amples et retenus à l'aide d'une ceinture. Leur habillement est, au total, beaucoup plus décent que celui des femmes birmanes. Celles qui sont mariées portent leurs cheveux noués au sommet de la tête, comme les hommes ; mais les jeunes filles nouent les leurs par derrière, près du cou, et les attachent avec des épingles d'argent ; toutes portent le turban de mousseline blanc, des boucles d'oreilles en ambre, des bracelets d'argent, des colliers de grains ressemblant beaucoup au corail, mais d'une couleur jaunâtre. Ces colliers ont dans le pays une valeur telle, qu'ils se vendent pour leur poids en or.

Parmi les différentes races qui habitent les vallées qu'arrosent les principales rivières, le capitaine Hannay signale les *Kanties* ou *Khumpties*, race robuste, déterminée, passionnée pour l'indépendance, et que les Birmans ont vainement essayé de subjuguer. Ils paraissent être en communication constante avec les *Khunoungs*, tribu sauvage, habitant les montagnes au nord et à l'est et qui leur procurent de l'argent et du fer.

De *Meing-Khwan* le capitaine Hannay voyait les montagnes dans le voisinage desquelles la rivière *Ouran*, l'un des principaux affluents du *Khymchoen*, prend sa source. Les célèbres mines de serpentine sont situées non loin de là : elles se trouvent, suivant notre voyageur, à l'intersection de deux lignes tirées, l'une de Mogoung dans la direction nord cinquante-cinq degrés ouest, l'autre de Meing-Khwon sud vingt-cinq degrés ouest. Les Chinois s'y rendent fréquemment, en remontant la rivière de Mogoung jusqu'au village *Kammein*, où un petit ruisseau, nommé *Engdau-Khyoung*, tombe dans la rivière de Mogoung ; de ce point une route, longeant ce petit cours d'eau, conduit à un lac de plusieurs milles de circonférence, appelé *Engdau-Guyi* : dans le nord de ce lac, à huit ou dix milles de distance, se trouvent les mines de serpentine, sur une étendue de dix-huit à vingt milles. Il y a encore une route plus courte, qui y conduit de Kammien, dans une direction nord-ouest. Le lac que nous venons de mentionner occupe, dit-on, le lieu où s'élevait jadis une grande ville shan appelée *Tumansat* : les indigènes affirment que cette ville a été détruite par un tremblement de terre, et la description qu'ils donnent d'une montagne dans le voisinage permet d'assigner la catastrophe à l'action d'un volcan.

Le capitaine Hannay, à son retour à Mogoung, vit plusieurs bateaux récemment arrivés du pays des mines. Les pierres de serpentine dont ils étaient chargés étaient d'assez grandes dimensions pour qu'il fallût trois hommes pour les soulever. Les propriétaires de ces bateaux, Chinois musulmans, répondirent avec beaucoup de politesse aux questions qui leur furent adressées. Le capitaine apprit d'eux que quatre cent quatre-vingts Chinois ou Shans avaient visité les mines dans le cours de l'année. Il y a, à de certaines époques un millier d'hommes occupés de l'extraction de la serpentine : ce sont des Birmans, des Shans, des Shans-Chinois et des Singphos. Ils payent un quart de *tikal* par personne, et par mois, pour la permission d'extraire la pierre, dont ils disposent ensuite comme de leur propriété. Les Chinois qui viennent acheter la serpentine ont à payer de un et demi à deux et demi tikals d'argent pour la permission de se rendre aux mines, et un et demi tikal par mois pendant leur séjour aux mines : on perçoit ensuite un droit sur le transport de la serpentine; tant par bateau ou par pony. A leur retour à Mogoung les Chinois ont encore à payer une taxe de dix pour cent *ad valorem*, et enfin une dernière taxe d'un quart de tikal par individu en arrivant au village de *Tapo*.

Le 31 mars le capitaine Hannay fut enfin visiter les mines d'ambre. Parti à huit heures du matin, il était de retour à deux heures du soir. La direction suivie jusqu'au pied des montagnes était à peu près le sud vingt-cinq degrés ouest et la distance trois milles. A la fin du troisième mille, sur une élévation de terrain d'une centaine de pieds, se trouve une espèce de temple, où les indigènes qui vont aux mines présentent leurs offrandes aux *nats* ou esprits. A cent mètres de ce lieu on remarque des traces de puits creusés autrefois pour l'extraction de l'ambre; mais ce côté de la montagne est maintenant abandonné, et il faut aller trois milles plus loin pour trouver les puits qu'on exploite depuis plusieurs années, et où l'ambre est en grande abondance. Tout ce terrain est une succession de monticules, dont les plus élevés et les plus abruptes atteignent à une hauteur de cinquante pieds : ces monticules sont couverts d'arbustes de différentes espèces, parmi lesquels la plante à thé se montre en grande abondance. Le sol est une argile jaune et rougeâtre, et dans les puits exposés depuis longtemps à l'air on sent une odeur de goudron, tandis que de ceux qui ont été récemment ouverts se dégage une odeur aromatique très-marquée. La profondeur de ces puits varie de six à seize pieds, avec une largeur de trois pieds; et la terre en est si dure, que les parois du puits n'ont pas besoin d'être étayées. La présence des officiers birmans qui accompagnaient le capitaine Hannay suffit sans doute pour décider les travailleurs à cacher tout l'ambre de belle qualité qu'ils avaient pu extraire; car on ne lui en montra pas un morceau qui valût la peine d'être acheté, quoiqu'il n'y eût pas moins de dix puits en exploitation. Les instruments employés sont, au reste, d'une simplicité et d'une imperfection remarquables : chaque mineur n'étant pourvu que d'un bambou pointu et d'une petite pelle en bois. Les endroits les plus favorables pour creuser sont les espaces dépourvus d'arbustes ou de buissons sur le côté des petits monticules dont nous avons parlé. Il paraît que plus les puits sont profonds, plus l'ambre qu'on en retire est de belle qualité; aussi le capitaine Hannay fait-il observer que pour se procurer la plus belle qualité, qui est d'un jaune pâle brillant, il faut, selon ce qu'on lui a assuré, creuser jusqu'à une profondeur de quarante pieds; ce qui ne s'accorde cependant pas avec ce qu'il nous dit de la profondeur des puits auxquels on travaillait en sa présence.

Quelques jours après cette visite aux mines d'ambre, les différents *tsobuas* ou chefs tributaires, parmi lesquels se trouvait le *gaum* de *dupha*, s'étant rendus près du gouverneur birman, de leur propre mouvement, s'engagèrent solennellement à vivre désormais en bonne harmonie. Le capitaine Hannay assista à la cérémonie du serment : on commença par assommer un buffle à coups de maillet, et l'animal fut dépecé pour le grand repas préparé à cette occasion. Chaque tsobua présenta ensuite son sabre et sa lance *aux esprits* des trois frères tsobuas de Mogoung, qui étaient supposés avoir accompagné le gouverneur et habiter trois petites huttes érigées sur la limite du camp. Des offrandes de riz, viande, etc., furent faites aux nats ou esprits; et cela fait, chacun de ceux qui devaient prêter serment prit un peu de riz dans sa main, et s'agenouilla les mains jointes au-dessus de sa tête, pendant qu'on lisait à haute voix la formule du serment, écrite en shan et en birman; après quoi le papier sur lequel la formule du serment était écrite fut réduit en cendre, que l'on mêla avec de l'eau. Une tasse de ce mélange fut présentée alors à chaque tsobua, qui avant de boire répéta à haute voix la promesse de se conformer au serment exigé de lui; les chefs s'assirent alors et mangèrent tous au même plat, et la cérémonie fut terminée.

Le 5 avril le capitaine Hannay quitta Meingkhwan pour retourner à Ava, content de son séjour parmi les Singphos, qui lui parurent une race intelligente, très-disposée aux progrès, et dont les défauts sont surtout attribuables au système oppressif du gouvernement sous lequel ils sont placés. Un de leurs chefs, conversant avec le capitaine, exprima de la manière suivante son opinion sur les peuples avec lesquels les Singphos sont en relation : « Les Anglais sont honorables, et ainsi sont les Chinois; parmi les Birmans vous en trouverez peut-être un sur cent qui, s'il est bien payé, sera juste envers ceux qui sont sous sa dépendance; les Shans de Mogoung sont les chiens des Birmans, et les Assamais sont pires que tous deux, car ce sont les plus faux et les plus perfides des hommes. »

Le 12 avril le capitaine Hannay était de retour à Mogoung, le 17 à Bamo, et le 1er mai à Ava. Ainsi, le voyage de retour n'avait occupé que dix-huit jours, tandis que pour se rendre d'Ava à la frontière d'Assam il n'avait pas fallu moins de quarante-six journées de marche effective.

Nous voudrions pouvoir faire connaître à nos lecteurs les principaux détails des explorations entreprises par les officiers anglais dans d'autres parties de l'empire birman; mais nous nous voyons forcé à regret de nous borner à indiquer, comme sources principales des renseignements à étudier, les recueils déjà mentionnés.

ORGANISATION SOCIALE; GOUVERNEMENT; REVENUS; LOIS ET COUTUMES.

On peut reconnaître chez les principales nations indo-chinoises sept classes distinctes de la société, caractérisées par des priviléges ou des occupations spéciales; ces classes se présentent dans l'ordre suivant : la famille royale, les fonctionnaires publics, qui sont, à proprement parler, la noblesse du pays; les religieux; les marchands distingués, aussitôt qu'ils ont acquis un certain degré d'aisance, par le titre de *thutté*, littéralement « homme riche (1), » ce sont les *notables* du pays; les cultivateurs et travailleurs; les esclaves et les *hors-caste*. La seule classe de fonctionnaires qui possède en réalité la noblesse à titre héréditaire se compose des *thaubwas* ou *saubwas* (2), princes tributaires : les autres fonctionnaires sont élevés au rang qu'ils occupent ou destitués, selon le caprice des souverains; et leurs titres, leurs emplois et le plus souvent leurs propriétés ne peuvent être transmises à leurs enfants. D'un autre côté, et comme par compensation, tout sujet birman qui n'est ni esclave ni hors-caste peut aspirer aux premières dignités de l'État. En fait, les plus hauts emplois sont souvent occupés par des personnes de la plus basse extraction : chaque promotion nouvelle entraîne, en général, l'obtention d'un nouveau titre; et il est rare qu'aucun titre soit conféré en dehors des fonctions publiques (3).

(1) Ceci semble correspondre exactement aux *orankayas* des Malais.
(2) Ce terme de *saubwas* dérive probablement du titre *chau-pya*, par lequel les Siamois désignent les princes tributaires Shans ou Laos.
(3) Les Birmans attachent une extrême importance aux titres et aux costumes qui distinguent les divers rangs des fonctionnaires. La principale marque distinctive dans le costume des hauts dignitaires est une chaîne en or (*tsalou*), portée en sautoir de l'épaule gauche au côté droit, et l'élévation relative des titres se reconnaît au nombre de syllabes dont ils se composent. Le plus petit nombre de chaînons qu'un sujet puisse porter dans la chaîne en or dont nous venons de parler est de *trois*; le plus considérable, de

Les prêtres ou religieux forment une troisième classe, importante par le nombre comme par son influence sociale. On ne comptait pas moins de vingt mille de ces religieux ou talapoins dans le district d'Ava du temps de Crawfurd, dont six mille dans la ville d'Ava. Parmi ces personnes cloîtrées il faut comprendre un certain nombre de nonnes, ou religieuses, connues sous le nom de *thi-lashen*. Celles-ci, quoique bien moins nombreuses que les talapoins, se rencontrent plus fréquemment dans le Birmah que dans le royaume de Siam. La plupart sont de vieilles femmes; mais on en voit aussi quelques-unes de jeunes : ces dernières ne se font pas scrupule de quitter le couvent aussitôt qu'elles trouvent à se marier. Toutes se rasent la tête et portent un vêtement de forme particulière, généralement blanc, et jamais jaune, à ce qu'assure Crawfurd. Elles habitent d'humbles cabanes près des monastères, et font vœu de chasteté, mais seulement aussi longtemps qu'elles appartiennent à la communauté religieuse, qu'elles sont libres de quitter quand cela leur convient. Le peuple n'a pas beaucoup de considération pour ces saintes femmes, dont la principale occupation, à vrai dire, est de mendier. Un *phounghi*, ou prêtre, ne mendie jamais ; il attend seulement qu'on lui fasse la charité. Les nonnes, au contraire, s'en vont quêtant de maison en maison et demandant l'aumône jusque dans les bazars. Quelques-unes, cependant, se distinguent par une conduite plus honorable, et embrassent la vie religieuse sous l'inspiration d'une dévotion sincère. Le colonel Symes, qui avait visité Ava longtemps avant Crawfurd, avait appris, par des témoignages dignes de foi, qu'il existait jadis de véritables couvents de religieuses, vierges, portant, comme les phoungis et les rahans, la robe jaune, se rasant la tête et entièrement vouées à la vie contemplative et à la prière. Ces communautés avaient été supprimées depuis longues années, comme nuisibles à l'accroissement de la population. Nous reviendrons plus tard en détail sur l'organisation de ces vastes confréries, où une grande partie de la population mâle du Birmah et du Siam reçoit son éducation ou vient se fixer pour toujours.

La quatrième classe, celle des marchands, a des rapports fréquents, mais onéreux, avec la cour et avec les principaux fonctionnaires publics qui ne négligent aucune occasion de la mettre à contribution. Crawfurd raconte que l'un de ces *thutté* ou homme riches, qu'il a eu souvent occasion de voir pendant son séjour à Ava, avait reçu du roi l'invitation formelle d'envoyer au palais sa fille unique pour y être élevée, et qu'il n'avait pu se soustraire à cet insigne honneur qu'en payant une somme de 1,000 *tikals!*

La masse de la population considérée comme libre comprend les petits propriétaires, les laboureurs et les artisans de toute espèce. Par le fait, cependant, tout Birman est esclave du roi, et en quelque sorte sa propriété : il peut en disposer en tout temps, soit comme soldat, soit comme artisan, soit comme laboureur. Aucun Birman ne peut, en conséquence, s'absenter du pays sans une permission expresse, et cette permission, toujours motivée, ne s'accorde jamais que pour un temps limité. Les femmes n'y peuvent prétendre sous aucun prétexte : la rigueur de cette interdiction ne peut s'expliquer que par la rareté de la population et le haut prix de la main-d'œuvre qui en est la conséquence nécessaire. Le roi d'Ava a droit aux services personnels de chacun de ses sujets, en toutes circonstances et sans que la durée de ces services soit limitée à une certaine période, comme

---

douze. — Les nombres intermédiaires sont *six* et *neuf*. — La famille royale a seule le droit de porter une chaîne de *vingt-quatre* chaînons. — Quant au nombre de syllabes de chaque titre, il est de rigueur que ce nombre augmente avec la dignité ; mais il importe aussi, lorsqu'il s'agit d'un sujet, que le titre commence par le mot *pali maha*, qui veut dire grand, ou par celui de *thato*, s'il s'agit d'un membre de la famille royale. La signification de ce dernier mot nous est inconnue. — Le titre adopté par l'un des derniers rois comprenait *vingt et une* syllabes ; et comme la langue birmane n'admet pas de mots de plus de deux syllabes, on peut aisément se figurer combien de vertus et de hautes qualités un pareil titre devait embrasser.

cela a lieu dans le royaume de Siam. Les corvées ou contributions en nature sont exigées, suivant l'occasion, par décrets du roi.

Il y a deux classes d'esclaves : les esclaves pour dettes et les esclaves héréditaires. La première paraît être de beaucoup la plus nombreuse; elle se compose de débiteurs qui, ne pouvant autrement acquitter leurs dettes, s'engagent au service de leurs créanciers. Les conditions de ce singulier engagement sont toujours stipulées dans un acte passé devant l'officier public. La classe des esclaves héréditaires se compose généralement des prisonniers de guerre, soit donnés en présent par l'autorité royale, soit achetés au marché, à vil prix. Leur nombre est peu considérable; et ils sont traités, ordinairement, comme les esclaves pour dettes; mais dans le cas même où ils parviendraient à se racheter ils sont considérés comme sujets birmans, et ne peuvent quitter le pays. Du temps de Crawfurd une grande partie de la population d'Ava et d'Ammarapoura se composait des captifs venus de Mannipour, Catchar, Assam, ou de leurs descendants; et la plupart d'entre eux étaient traités comme débiteurs ou aussi libres que le reste des habitants. Les prisonniers de guerre sont, au total, beaucoup mieux traités par les Birmans que par les Siamois : on n'en voit jamais d'enchaînés et condamnés aux travaux publics, comme à Siam. Tout ce qui regarde les esclaves des deux catégories est minutieusement réglé par le code birman.

La classe des hors-caste embrasse un grand nombre d'individus, et se subdivise, suivant les conditions, de la manière suivante : sont considérés et traités comme hors-caste : les esclaves des pagodes; ceux qui brûlent les morts; les geôliers et bourreaux; les lépreux et autres incurables; les personnes amputées ou mutilées; et enfin les prostituées. Tous sont privés, plus ou moins, de leurs droits civils et, comme conséquence naturelle dans ces pays, de l'exercice de leurs droits ou devoirs religieux. Tous, à l'exception des personnes amputées ou mutilées par accident, doivent habiter les faubourgs ou les environs des villes et villages, et ne peuvent même entrer dans les maisons occupées par des familles respectables et qui seraient souillées par leur présence. Parmi ces personnes impures, la loi range les prostituées de profession, mais non les femmes faciles; car la chasteté n'est pas en grand honneur parmi les Birmans; et les prostituées qui renoncent à faire trafic de leurs charmes rentrent immédiatement et sans difficulté dans la classe des femmes honnêtes. Nos lecteurs pourront se rappeler que c'est précisément ce qui se passe chez les Japonais, peuple autrement civilisé que les Birmans. Nous ferons observer à ce sujet que les femmes birmanes, quoique de mœurs plus relâchées que les femmes japonaises, sont citées comme ces dernières, et par les observateurs les plus dignes de foi, pour la franchise de leur caractère, l'innocence de leurs manières et leurs qualités aimables, comme tendres mères et épouses dévouées (1).

Le gouvernement d'Ava est le despotisme le plus complet qu'il soit possible d'imaginer. Le roi, comme l'expriment ses principaux titres, est maître absolu de la vie et des propriétés de ses sujets. On peut dire que par le fait il pousse l'emploi de ses prérogatives aussi loin que le permet sa sûreté personnelle et celle de ses ministres; en sorte que le seul frein du despotisme royal est la crainte d'une insurrection. On ne trouve pas ici, comme dans la plupart des États de l'extrême Orient, un vizir ou premier ministre, au moins comme institution permanente : mais le roi a deux conseils, l'un public, l'autre privé, desquels émanent ses décrets. Le premier et le plus élevé en rang est le *Lat-d'hau* (plus correctement écrit *Lwat-d'hau*), dont nous avons déjà parlé d'après Bayfield (2). Les dignitaires qui composent ce conseil sont ordinairement au nombre de quatre; ce sont les *woun-guies* (3). Toutes les affaires publiques

(1) Voir le journal du capitaine Cox, p. 13.

(2) Bayfield écrit *L'hwottau*; Cox, *Laoto*, etc.

(3) Plus correctement : *wòun-kris*. — Nous savons déjà que le mot *woun* signifie *fardeau*, ou celui qui le porte, et s'applique aux emplois les plus élevés. Le mot *kri*, prononcez *guí*, est l'adjectif *grand*; en sorte

sont discutées dans ce conseil, et les décisions rendues à la majorité des voix. Les wounguies exercent à la fois les fonctions législatives, exécutives et judiciaires ; ces dernières quelquefois individuellement, mais soumises, dans ce cas, à la décision du conseil. Tout édit royal doit, selon la loi ou plutôt selon l'usage, recevoir la sanction du Lat-d'hau. Par le fait, le nom du roi ne paraît jamais dans aucun édit ou proclamation ; et les actes du Lat-d'hau sont considérés comme la manifestation officielle de sa volonté. Le roi préside fréquemment le conseil en personne. Chacun des quatre wounguies a son député ou son sous-secrétaire d'État ; ce sont des officiers de haut rang, le titre de leur office est *woun-dauk*, ou, plus correctement, *woun-tauk*. La dernière syllabe de ce mot signifie littéralement un *soutien*, un *support*. Les wound-dauks, quoiqu'ils siègent au conseil, n'y ont pas voix délibérative ; ils ont leurs propres assistants, appelés *sari-d'hau-guis*, ou secrétaires en chef du gouvernement, dont nous avons déjà parlé, page 276.

Le second conseil se compose ordinairement, comme le premier, de quatre dignitaires ; leur titre est *atwen-woun*, ou, plus correctement, *atweng-woun* : la dernière syllabe de ce mot a déjà été expliquée ; les autres signifient *dedans* ou *intérieur* : ce sont les conseillers privés du roi. Toute disposition émanant directement du roi est d'abord discutée en conseil privé, et transmise ensuite au Lat-d'hau. Ces grands officiers exercent collectivement ou individuellement les mêmes fonctions que les wounguies ; et comme ils ont un fréquent accès près de la personne du souverain, il arrive fréquemment qu'ils ont plus d'influence que les wounguies eux-mêmes. C'est encore un point douteux à la cour d'Ava si le rang d'*atwen-woun* est plus ou moins élevé que celui de *woun-dauk*. Il y a communément trente secrétaires attachés au conseil privé ; on les désigne par le titre de

que *woun-gui* signifie littéralement *le porteur du grand fardeau*, et correspond à l'idée qu'exprime chez nous le mot ministre.

Than-d'au-thans, prononcé *Than-d'hau-sens* ; ils sont aux atwen-wouns ce que les woun-dauks sont aux wounguies.

L'administration provinciale est organisée de la manière suivante. — Le pays est divisé en provinces, d'étendues fort inégales ; celles-ci en arrondissements ou districts, les districts en cantons, et les cantons en un nombre indéfini de villages ou hameaux. Le mot *myô*, qui signifie littéralement une ville fortifiée, s'applique également à la province ou au district ; et chaque district tire son nom de la ville principale où réside le gouverneur. Les subdivisions des districts prennent également leur nom du principal village qu'elles contiennent. Le gouverneur d'une province exerce à la fois les autorités civile, judiciaire et fiscale. Immédiatement après lui, dans les provinces maritimes, vient le *ré-woun*, littéralement le *chef de l'eau*. Le troisième dignitaire provincial est l'*ak'hwon-woun*, ou collecteur des taxes. Le quatrième est l'*akaok-woun*, ou collecteur des douanes. Les officiers de justice et de police forment une classe à part. Ceux que nous venons de nommer composent le conseil du *myô-woun*, et rien d'important ne peut se faire sans leur consentement.

Le myô-woun exerce en général le pouvoir de vie et de mort ; mais dans les causes civiles on peut appeler de sa décision au grand conseil de la capitale. Dans toutes les provinces de l'empire, les principaux fonctionnaires se réunissent dans une grande salle ouverte, appelée *rung-d'hau* (*d'hau* signifie *royal*) ; c'est là que la justice est rendue et que les causes se jugent ou devraient se juger tous les jours, excepté les jours de fête ; mais les magistrats éludent à cet égard la coutume et les ordonnances royales, en donnant audience à leur domicile (1). Le gouvernement des districts est confié à des fonctionnaires nommés *myo-thu-guis* (prononcez *myo-su-gui*), littéralement *chefs de district*. Les moindres districts, communes ou villages sont administrés par leur propre chef,

(1) Le *rung-d'hau* (dont nous avons déjà parlé, p. 276) est souvent appelé par les Européens *rondai*.

nommé *thu-gu'i* ou *rua-thu-gui*, le mot *rua*, prononcé *yua*, signifiant village ou hameau.

Aucun des fonctionnaires birmans ne reçoit un traitement fixe. Les principaux magistrats sont récompensés par des allocations de territoire, ou, pour parler plus correctement, le roi met à leur disposition le travail et l'industrie d'une portion donnée de la population. Les officiers inférieurs se payent en frais de justice, épices, cadeaux forcés et exactions de toute espèce. Tous sont également avides et corrompus. Le nombre de charges, d'emplois inférieurs, de petits gouvernements, de surveillants de toute sorte, est prodigieux. Indépendamment de toutes les charges qui tiennent au gouvernement du royaume ou au service du palais, chaque fils du roi, chaque reine, chaque membre de la famille royale, a sa cour particulière, où se reproduit, en miniature, le vain et coûteux étalage de dignitaires et de serviteurs de toute espèce. Parmi le grand nombre de femmes ou de concubines entretenues par le souverain, quatre sont ordinairement élevées au rang de reine, qui sont les reines de l'orient, de l'occident, du nord ou du sud, suivant l'appartement qu'elles occupent dans le palais. Elles affectent dans leur intérieur la même représentation et la même étiquette qui se remarquent chez le roi. Chacune d'elles a son majordome, ses chambellans, ses conseillers, etc.; et le roi assigne à chacun de ces inutiles des revenus sur les villes, les bourgs, les étangs, etc. Le fonctionnaire ou favori auquel le souverain alloue ainsi pour son entretien l'exploitation d'un district, d'une terre, etc., est nommé le *kyo-sa*, c'est-à-dire, à peu près mot à mot, le *mangeur* ou consommateur de ce district, de cette terre, etc. Ce que font les gouverneurs et les principaux magistrats dans les grandes villes du royaume, les *mangeurs* le font également dans leurs apanages ou fiefs temporaires. Le *mangeur* prélève une véritable dîme sur les productions de la terre; il perçoit, en outre, la moitié des profits que le chef de la vill ou du village et le juge qu'il y a établis réalisent dans le jugement des procès; mais il ne se contente pas de ce gain, et toutes les fois qu'il veut construire une nouvelle maison ou réparer la vieille, ou élever quelque pagode ou *baos* (1), il demande ou extorque de ses vassaux tout ce qui peut être à sa convenance. Ceux dont les fiefs sont sur le bord du fleuve ou de ses principaux affluents prélèvent sur toutes les barques qui passent un droit arbitraire, dont la perception donne naturellement lieu à des abus ou des excès de toute espèce. Depuis quelques années, il paraîtrait que des spéculateurs birmans, de concert avec quelques étrangers, ont établi des sociétés d'assurance contre le pillage des *mangeurs*, après s'être entendus avec ceux-ci; en sorte que, moyennant une somme d'argent payée d'avance au point de départ, soit pour monter, soit pour descendre le fleuve, on est dispensé de tout péage aux *tchokies* en présentant sa police. Toutes les extorsions et les vexations que nous venons d'indiquer sont peu de chose, à ce qu'on assure, si on les compare à celles que les mandarins font supporter au peuple dans quelques villes, et spécialement à Rangoun, qui est la plus exposée à leurs rapacités, à cause de son éloignement de la capitale et parce que c'est un port de mer où l'affluence des étrangers répand une aisance générale, qui n'existe pas dans les autres villes du royaume. Comme le roi n'assigne aucun traitement aux fonctionnaires publics, et que ceux-ci pour obtenir leurs places ont dû faire des dépenses qui s'augmentent chaque année, de présents considérables au roi, à la reine et aux principaux dignitaires du palais; que d'ailleurs ils sont obligés à plus de représentation, à un costume plus dispendieux, et qu'ils entretiennent une suite nombreuse, on comprend facilement que les sommes nécessaires à toutes ces dépenses doivent être payées par le peuple, de gré ou de force. Au résumé, les exigences, les oppressions, les extorsions sans nombre du roi et des gouverneurs et de leurs créatures ou subordonnés sont exorbitantes; et il ne

(1) Mot d'origine (dit-on) portugaise, et par lequel on désigne les couvents ou monastères de moines birmans. — Ce sont les *kyaongs*, *kyoung* ou *kyoums* de Crawfurd et autres voyageurs.

saurait en être autrement dans un État dont les finances ne sont alimentées que par des droits mal définis et capricieusement perçus, par des contributions en nature et des présents; où il n'existe pas, à proprement parler, d'impôt territorial; où le roi, en vertu de ses prérogatives héréditaires, dispose à son gré du travail manuel et de la fortune de ses sujets; et où les dépenses des agents du gouvernement ne sont soumises à aucun contrôle effectif.

Le système fiscal des Birmans est en effet caractérisé, comme le fait observer Crawfurd, par les imperfections grossières et le même désordre qui sont inhérents à leurs autres institutions. — Toute terre défrichée est considérée, plutôt par l'usage que par aucune loi écrite, comme la propriété du premier occupant. Dans le voisinage de la capitale, ou des autres grands centres de population, les terres peuvent être vendues, achetées ou hypothéquées; mais la plus grande partie des terres est inoccupée, et dans l'état actuel de la société birmane le sol cultivable, au moins en général, n'est pas plus un objet d'échange que l'eau et l'air que l'on respire. — Il n'y a donc dans Ava que de petits propriétaires cultivateurs; et si le gouvernement ne leur dénie pas le droit de propriété, c'est uniquement pour pouvoir exercer dans toute son étendue la prérogative en vertu de laquelle il exige le service des corvées et les contributions en nature ou les taxes extraordinaires. — L'impôt territorial, comme branche du revenu public, n'existe pas dans ce pays. — Les familles des cultivateurs sont soumises à une sorte de capitation qui n'a d'autres règles que le caprice de la cour dans les terres que le roi se réserve, celui des grands feudataires dans leurs apanages, ou des « mangeurs » dans leurs fiefs respectifs. — Les habitants des villes, soit commerçants, soit industriels, sont taxés par familles, exactement de la même manière que les cultivateurs, en sorte que partout l'impôt se prélève sur le capital plutôt que sur la terre, et partout aussi de la manière la plus arbitraire et la plus variable. Crawfurd entre à cet égard dans des détails curieux, pour la plupart desquels nous sommes forcé de renvoyer à son *Journal*, vol. II, chap. V. — Indépendamment des sources de revenus que nous avons indiquées, le roi perçoit, selon les districts, des droits sur les arbres à fruit, sur les pêcheries; sur la sauce de poisson (*ngâpi*), condiment favori des Birmans, que nous avons déjà mentionné ; sur la fabrication du sel; sur les œufs de tortue, les nids d'oiseaux; sur l'huile de pétrole; sur les mines d'or, d'argent, de saphir, d'ambre, etc.; sur l'exploitations des forêts de teck. — Les droits de douanes, au profit du trésor royal, s'élèvent à dix pour cent sur les importations et à cinq pour cent sur les exportations. — Les courtiers sont, en même temps, essayeurs-jurés, et payent au gouvernement une taxe d'*un* tikal d'argent pur pour chaque soufflet qu'ils emploient. — Dans quelques localités la main-d'œuvre est grevée d'une retenue de dix pour cent. — Les droits perçus pour l'administration de la justice sont considérables; mais ils constituent les honoraires perçus légalement par les officiers de justice, et n'entrent conséquemment pas dans le trésor royal, bien qu'ils doivent être considérés comme une de ses principales ressources indirectes, puisqu'ils dispensent le gouvernement de payer ces fonctionnaires. — Enfin, les offrandes faites, deux fois l'an, au roi par les différentes classes de dignitaires et par les chefs tributaires, viennent grossir la caisse de l'État d'une somme que Crawfurd évalue à environ 12,500 liv. sterl. ou plus de 300,000 fr. — Le total des revenus royaux en or et en argent est estimé par le même auteur, année commune, à 25,000 liv. sterl. ou un peu plus de 600,000 francs, somme de beaucoup inférieure, comme le fait observer Crawfurd, au revenu de plusieurs particuliers sujets de la Grande-Bretagne dans ses possessions de l'Inde! — Un pareil résultat aurait droit de nous surprendre si nous perdions de vue l'étrange et barbare système de gouvernement qui dispense le souverain birman de tous frais d'administration ou même de toutes dépenses autres que celles qui peuvent satisfaire ses goûts particuliers et sa vanité. — S'il faut entreprendre une expédition lointaine; s'il s'agit de construire un palais ou un temple ; si le roi envoie une ambassade en pays étranger, ou s'il en reçoit une des États avec lesquels il est en relations amicales, tous les frais encourus sont invariablement couverts par des contributions extraordinaires, soit générales, soit locales, dont un édit émané du Lat-d'hau détermine le montant et le mode de perception : en sorte que les contributions payées directement au trésor s'accumulent aux dépens du peuple, et pour l'avantage personnel du prince régnant.

Le roi des Birmans n'entretient pas d'armée régulière. Tous les hommes en état de porter les armes sont tenus au service militaire, mais non tous de la même manière. — La masse de la population mâle est divisée en une multitude de corps de milice, dont chacun a son chef; quelques-uns sont employés au service des armes à feu, d'autres sont armés de sabres, de lances, d'épieux; d'autres sont archers; d'autres enfin, en petit nombre, forment un corps de cavaliers qui combattent avec la lance et le sabre. — Les chrétiens et les Arabes d'Amarapoura et de Rangoun sont exclusivement employés au service de l'artillerie. Indépendamment des petits corps dont il vient d'être question, il y a dans les grandes villes une sorte de garde nationale, dans laquelle il entre plus d'étrangers que de Birmans : ceux qui la composent sont exempts du service militaire proprement dit ; mais, par compensation, ils sont surchargés de taxes et d'impositions nécessitées par les dépenses de la guerre. — En général, ceux qui ne sont point aptes au service militaire, ou qui possèdent quelque fortune, se rachètent du service personnel en payant une somme d'argent; et c'est avec cette taxe sur les riches que le gouvernement pourvoit aux besoins de l'armée. — Le roi ne fournit que les armes, qui doivent être religieusement gardées et dont la perte entraîne les plus sévères châtiments. — Tous les hommes, depuis dix-sept ans jusqu'à soixante ans, sont admis dans la milice active; mais on préfère ceux qui sont mariés et pères de famille pour avoir dans leurs femmes et leurs enfants autant d'otages, en cas de désertion, de mutinerie ou de rébellion. — La discipline ne se maintient dans les armées birmanes que par la terreur qu'inspire la sévérité impitoyable des chefs, de même que l'ordre ne se maintient dans la société civile que par la crainte des châtiments ou des supplices, invariablement marquées du sceau de l'inhumanité.

Nous n'avons dit que quelques mots de la manière dont se rend la justice dans l'empire birman. — Si les délits sont fréquents, les peines indiquées par la loi ou la coutume sont, en général, excessives. Le code birman paraît émané en partie du *Dharma-Shastra* des Hindous (que les Birmans appellent *Dammasat*), en partie de coutumes traditionnelles particulières au pays. — Nous nous dispenserons de dérouler aux yeux de nos lecteurs le tableau des atrocités de ce code sanguinaire ou celui des exactions ou des vexations inouïes qui marquent constamment la conduite des magistrats et des fonctionnaires de tous les ordres. — Les indications que nous avons données dans notre résumé historique ou dans le cours de cette section suffisent, et au delà, pour montrer combien la législation des Birmans, les formes et le mode d'action de leur gouvernement, nuisent fatalement au développement de la civilisation, au bonheur et à l'indépendance du peuple, au progrès de l'agriculture, du commerce et de l'industrie. — Nous passerons donc sans autre préambule à l'étude générale du caractère national, des mœurs et des habitudes de ces populations à demi barbares. — Les principales sources auxquelles nous avons dû puiser pour tracer cette exquisse sommaire sont : l'ouvrage de Crawfurd, celui du père San-Germano et les articles publiés dans la *Revue de l'Orient* par le commandant Leconte, qui, sur le navire de l'État *la Fortune*, a visité Rangoun en 1843. — Nous citerons plus d'une fois textuellement ce dernier, qui a lui-même emprunté au père San-Germano les principaux détails qu'il a publiés. — Nous aurons soin, cependant, d'accompagner nos citations et nos extraits des éclaircissements ou des notes que les travaux d'autres observateurs nous ont paru rendre nécessaires.

CARACTÈRE BIRMAN ; PARTICULARITÉS ETHNOGRAPHIQUES.

Les peuples ultragangétiques se divisent eux-mêmes en plus de trente branches, qui, à ce qu'ils affirment, se reconnaissent comme appartenant à la même souche, parce qu'elles ont la même conformation physique. Leur taille moyenne est, selon M. Smith (1), de cinq pieds trois pouces anglais; leur poids moyen d'environ cent vingt livres. — Ils sont actifs, charnus, vigoureux, et de formes symétriques. — Les Chinois, les Siamois et les Karinnes sont les plus blancs; les Arakânais, les Birmans et les Pégouans sont d'une teinte plus foncée : les trois premiers sont d'un jaune luisant, les trois autres d'un brun sombre : les autres tribus offrent toutes les nuances intermédiaires. Chez tous ces peuples on remarque un type de conformation plus uniforme que dans la race caucasique; les déviations de ce type sont rares et n'ont pas une grande importance.

Les Pégouans, qui habitent les provinces de Ténassérim depuis l'occupation anglaise, constituent déjà une communauté intelligente et prospère. Quant aux Birmans d'Ava, il ne saurait exister aucun doute, dans l'esprit de l'observateur le plus superficiel, qu'ils sont en décadence. — Tandis que leurs voisins de l'Inde, en dépit des entraves des castes, marchent à grands pas vers un meilleur avenir, les Birmans reculent de l'aube de la civilisation dans la nuit de la barbarie, puisent toute leur instruction dans des livres écrits depuis quatorze siècles, s'extasient avec une admiration puérile sur le savoir et les exploits de leurs ancêtres, acceptent comme des vérités les merveilleux récits de ces hauts faits mensongers, et gémissent stérilement de l'infériorité humiliante de leur propre condition. Leur gouvernement, faisant bon marché de la vie et du bonheur de ses sujets, décime par la guerre, l'oppression et la misère, des populations déjà épuisées. — Des villes jadis importantes ne sont plus que des villages; les villages deviennent des hameaux, et finissent par disparaître. Les communications deviennent moins fréquentes; le paysan, découragé, mais passionnément attaché au sol qui l'a vu naître, attend avec anxiété l'accomplissement de la prophétie qui promet à la nation Mramma le retour de son bonheur passé et de sa puissance, sous une dynastie juste et sage (1).

Les guerres qui avaient régné depuis le douzième siècle, tantôt entre les Shâns et les Birmans, tantôt entre les Siamois et les Pégouans, et plus tard entre ces derniers et les Birmans, avaient déjà ruiné et dépeuplé ces malheureux pays, quand les propensions belliqueuses d'Alom-Prâ et de ses descendants donnèrent le coup de grâce à la prospérité de l'empire birman. — Ces despotes, pour accomplir leurs expéditions ambitieuses, enlevèrent aux communes tous les hommes en état de porter les armes : ils envahirent successivement Siam, Arakân, Assam, Cassay, exterminant les populations qui essayèrent de défendre leur indépendance, si bien que du 93e au 98e degré de longitude, et du cap Negrais au tropique, le pays fut à peu près dépeuplé. Cette vaste contrée n'est guère aujourd'hui qu'un immense désert, renfermant dans sa gigantesque enceinte, les ruines sans nombre de forts et de temples qui marquent les lieux où naguère se pressait une population nombreuse, dont les descendants, maintenant disséminés en maigres groupes sur les bords des magnifiques rivières qui arrosent et fertilisent cette terre désolée, ont perdu l'esprit entreprenant et la valeur aventureuse qui la rendirent, pendant des siècles, la terreur des pays voisins. — Ils n'ont conservé de l'ancien esprit national que la vanité, l'entêtement et cette inquiète turbulence qui les a de tout temps caractérisés. Ces peuples dégénérés s'engagent rarement dans une entreprise qui demande une grande application mentale; leurs livres sur la religion et les sujets scienti-

---

(1) *Asiatic Journal*, numéro d'avril 1841. — Article intitulé : *Burmah*, et signé Jos. Smith.

(1) Une tradition fort répandue parmi les Birmans annonçait que le septième roi de la dynastie fondée par Alom-Prâ serait remplacé par un prince d'une sagesse surnaturelle, et dont la domination s'étendrait sur toute l'*île du Sud* c'est-à-dire sur le monde entier.

fiques sont des traductions du *pali*. Ils n'ont aucune notion de la perspective : leurs dessins sont tous de profil. Leur poésie nationale se borne à des odes et à des chansons d'amour et de guerre ; les grands poëmes qu'ils possèdent ne sont que des paraphrases des poëmes épiques des Hindous. Leurs connaissances en musique sont très-restreintes. L'anatomie est chez eux dans l'enfance. Ils n'ont aucune idée de la chimie, et croient à la transmutation des métaux. D'un autre côté, cependant, ils ont quelques notions de physiologie végétale, et reconnaissent les sexes des plantes ; ils travaillent l'or avec infiniment de goût ; ils tissent des dessins compliqués, qu'il a été difficile d'imiter même en Angleterre ; ils peuvent sculpter le bois avec assez d'adresse : mais en somme ils n'atteignent la perfection ou même la médiocrité dans aucun art qui exige l'habileté de la main ; et les produits de leurs manufactures étaient beaucoup plus parfaits à l'époque de nos premières relations avec ce pays qu'ils ne le sont aujourd'hui.

Un prêtre italien fort instruit, qui a passé de longues années chez les Birmans, et qui a vécu dans leur intimité (le père San-Germano?), prétend « qu'ils ne peuvent être gouvernés que par le fouet ». Nous ne cherchons pas à nous faire illusion sur les défauts ou même les vices d'un peuple que son organisation sociale tend à dégrader et à démoraliser, au lieu de développer ses bons sentiments et son intelligence ; mais nous croyons très-sincèrement que le ministre de l'Évangile qui a jugé les Birmans avec tant de sévérité n'avait pas assez tenu compte des habitudes oppressives, corrompues, de l'injustice, de la cruauté du gouvernement qui régit cette population à demi civilisée et lui donne l'exemple de tous les excès, de toutes les mauvaises passions. L'État a recours à la force dans les moindres cas d'opposition, car les lois sont conçues dans un esprit de vengeance, et la punition est considérée comme la juste conséquence de toute résistance. Les Birmans cependant ne sont pas moins sensibles à un traitement humain, ni plus sourds à la voix de la raison, que les habitants des contrées les plus civilisées de l'Europe ; comme les autres hommes ils souffrent impatiemment la tyrannie, et se vengent de tout acte de violence personnelle toutes les fois qu'ils peuvent le faire impunément : mais, par suite du peu de protection que les lois accordent aux faibles, et de la sauvage dureté de leurs supérieurs, ils se soumettent fréquemment à leur sort sans se plaindre, endurant les plus cruelles tortures avec la même grandeur d'âme, le même mépris de la douleur qu'un Indien de l'Amérique du Nord dans le camp de ses ennemis. Ici, toutefois, la ressemblance s'arrête : le Birman ne possède ni le noble front ni le calme maintien de l'Indien ; sa physionomie est sans intelligence ; sa bouche est grande et sensuelle, ses dents proéminentes, son nez plat. En résumé, le type national est d'une extrême vulgarité, et d'une telle roideur que les passions les plus violentes ont à peine le pouvoir de le détendre. Sous un autre rapport le parallèle peut se soutenir : si le sauvage de l'Amérique est vain de sa personne et des colifichets brillants qui ornent son costume, le Birman ne l'est pas moins de ses formes athlétiques, et de son riche *potso* de soie. Cette vanité immodérée se retrouve dans toutes les actions de la vie qui lui permettent de la déployer ; mais c'est surtout à la cour d'Ava qu'elle se fait remarquer. Il y règne une affectation de supériorité dédaigneuse à l'égard des autres nations qui aveugle le jugement des seigneurs birmans et les porte à une réserve ridicule, qui semble craindre à tout moment de se compromettre par quelque acte ou quelque expression de politesse ou d'amitié.

Cet orgueil, causé par la contemplation incessante de sa grandeur extraordinaire, conduit la dynastie régnante à adopter en toute occasion, dans ses rapports avec les autres gouvernements, un ton de hauteur et de mépris des plus offensants pour les Européens. Les qualifications outrées réservées à la famille royale sont reproduites à chaque instant. Le roi ne reconnaît point d'égal ; il appelle l'empereur de la Chine lui-même *son royal ami*, se donnant en même temps le titre de souverain de l'univers. Dans les instructions remises aux ambassadeurs, que le feu roi envoya à la cour de Cochinchine, il leur était enjoint de répondre dans les termes suivants aux questions qui pourraient leur être adressées sur la cour de leur maître : « Semblable au roi des anges, qui règne dans Thou-da-thana, sur le sommet du mont Meinmou, et réside dans le palais de Weydza-yanta, je siége dans l'un de mes cent palais dorés, resplendissants de l'éclat des neuf espèces de pierres précieuses, etc. » Cette vanité, qui ne se contente que du titre de souverain de l'univers, et qui compare le palais de bois de la capitale birmane à la demeure céleste d'une divinité, n'a cependant pas, comme on l'a cru généralement, sur l'assertion de Crawfurd, déterminé les historiographes birmans à représenter leurs désastres récents et le tribut qu'ils ont payé aux Anglais, comme des victoires et des présents de la munificence royale destinés à défrayer la dépense de la retraite de leur ennemi. Au contraire, les archives de l'État, qui ont été lues par plus d'un Européen, racontent avec une grande exactitude les principaux événements de la campagne. L'anecdote suivante, qui a quelque rapport avec ces événements, peut servir à mettre dans tout son jour un des traits les plus saillants du caractère birman :

Bandoula, le général qui commandait les forces opposées à l'armée anglaise, et qui fut tué à Donnabew, commença sa carrière publique en qualité de *lubesdau*, ou gentilhomme de la chambre, dans le palais du roi à Ava. Il conserva ce poste jusqu'à l'âge de trente-six ans ; tantôt pauvre, tantôt riche ; aujourd'hui mettant en gages ses boucles d'oreilles d'or pour acheter de quoi manger, et demain fouillant les boutiques des marchands étrangers pour se procurer les plus riches soieries et les plus fines mousselines. Comme les autres courtisans de bas étage, il était continuellement en querelle avec ses camarades ; mais, soit que dans le voisinage immédiat des appartements royaux il se montrât plus circonspect, soit que le roi ne daignât pas s'apercevoir de sa turbulence, il est certain qu'il n'avait jamais entendu son nom prononcé par les *lèvres d'or*, même pour lui adresser un reproche. Se sentant fait pour quelque chose de mieux que le rôle monotone d'un simple page, il rêva aux moyens d'attirer l'attention de son maître, et se résolut enfin à occasionner un grand tumulte dans le palais, sous les yeux même du roi. Tout bien balancé dans son esprit, il lui paraissait préférable de risquer sa vie dans une aventure de ce genre que de continuer à végéter dans l'intolérable nullité où il languissait depuis tant d'années. En conséquence, le lendemain matin, se trouvant dans l'antichambre, avec un seul compagnon qui partageait avec lui l'honneur d'être de service auprès du roi, il le saisit tout à coup par les cheveux, et se mit à le frapper de toutes ses forces. Les cris de la victime attirèrent sur les lieux un grand nombre de serviteurs effrayés, qui arrachèrent le malheureux courtisan des mains de son assaillant, et les conduisirent tous deux devant le roi. La cause du tumulte fut promptement expliquée, et l'accusé attendait sa sentence, quand le « royal grand-père (1) » appelant *Nga-Phyew* par son nom, lui demanda pourquoi il avait attaqué son compagnon. — « Uniquement, répondit *Nga-Phyew*, pour entendre mon nom prononcé par les lèvres d'or de Votre Majesté ! » Le roi, comme on le pense bien, fut frappé par la singularité de l'excuse que faisait valoir le jeune homme, et sa vanité n'étant pas à l'épreuve de la flatterie ridicule de son serviteur, il lui pardonna sur-le-champ, loua son courage, et l'admit dans son intimité. Le vieux roi, qui jugeait, dit-on, d'une manière infaillible le caractère de ceux qui l'approchaient, découvrit bientôt le mérite de *Moung-Phyew* (2) ; et, voyant que son penchant l'entraînait vers la vie militaire, il lui confia le commandement de la première expédition qui fut envoyée au dehors. Il s'en acquitta si entièrement à la satisfaction de son maître, qu'il fut employé dans toutes les expéditions suivantes. Lors de l'invasion du pays par les Anglais, le roi alors régnant choisit *Bandoula* pour conduire son armée contre les *étrangers blancs*. Il était assis à déjeûner en dehors de la ville de Dennophyew,

(1) Mendaraguy, le grand-père des deux derniers rois, n'est connu des Birmans que sous le nom de *Phandau*, ou « le royal grand-père ».

(2) Écrit ainsi, cette fois, par M. Smith, auquel nous empruntons cette anecdote.

quand un obus parti du camp de sir Campbell vint éclater près de lui, et priva le royaume du seul homme capable de se mesurer avec les Anglais(1). La personne de qui M. Smith tenait ce récit remarquait qu'on aurait pu raconter quelque chose d'analogue sur chacun des officiers du palais : préférant le changement, à quelque prix que ce fût, à la monotonie de la vie de cour, ils mènent une conduite désordonnée, jusqu'à ce que la patience de leur maître soit épuisée et qu'il se soit débarrassé d'eux par l'avancement, la disgrâce, ou la mort. Dans les classes inférieures, cet esprit inquiet, ce goût inné du changement, se manifestent par l'adoption d'une vie vagabonde. On voit les Birmans aller d'une ville dans une autre, ici porte-faix, là charpentiers, bateliers ailleurs; puis ils retournent chez eux pour recommencer au bout de peu de temps de nouveaux voyages.

La vivacité des Birmans se remarque dans leur conversation; ils parlent de bagatelles avec le même entrain, le même intérêt que les peuples des autres pays en mettent à discuter les événements les plus importants. Il faut malheureusement ajouter, pour être juste, qu'ils assaisonnent leurs discours des mensonges les plus renversants, qui ne font qu'exciter le sourire; car le mensonge n'est pas tenu chez eux à déshonneur; au contraire, c'est un axiome de vanité nationale que d'affirmer que les Birmans sont sans égaux dans leur adresse à cacher la vérité! La sincérité et la franchise leur sont inconnues; l'expérience leur apprend de bonne heure à être prudents, et ils pratiquent la dissimulation dans toutes les actions de leur existence. Heureux ou malheureux, leur physionomie ne trahit ni la joie ni le chagrin; questionnés sur le sujet le plus insignifiant, ils vous font une réponse indirecte. Leurs promesses sont vaines, leurs protestations d'amitié sont sans valeur; ils ont recours à la ruse et à la fraude, comme à des moyens légitimes d'arriver à leurs fins, et ils les regardent comme si nécessaires, que l'homme qui ne saurait employer ni l'imposture ni le stratagème pour atteindre son but passerait à leurs yeux pour un imbécile. A l'exception des villages isolés, à de grandes distances dans l'intérieur, on trouve chez tout le peuple absolument le même degré d'instruction; cela s'explique par ce fait, que tous les Birmans passent par la même routine d'instruction primaire. Cette éducation nationale, dirigée exclusivement par les prêtres bouddhistes, embrasse la lecture et l'écriture birmanes, et les premiers éléments du *pali*, exposés, à l'aide de quelques anciens livres, qui traitent de l'histoire des temps héroïques, et où le texte original est accompagné d'une traduction interlinéaire en birman. Les écoles n'ayant pas de revenus directs, les prêtres sont dans la dépendance du peuple, dont les offrandes volontaires défrayent leur nourriture et leur habillement; mais l'usage a imposé aux parents l'obligation de pourvoir aux dépenses de l'école dans laquelle leurs enfants sont élevés. Un grand nombre d'écoliers forme, par conséquent, le meilleur revenu de la communauté, ce qui explique l'énergie avec laquelle les *Pounghies* exhortent les parents à envoyer leurs enfants à l'école, dénonçant ceux qui négligent ce devoir comme les ennemis de la religion. Pris en corps, les prêtres birmans ne le cèdent pas au clergé de bien des pays plus civilisés, par l'extrême simplicité de leurs habitudes et leur conduite exemplaire. N'existant, comme nous venons de le remarquer, que par les dons volontaires du peuple, il est de leur intérêt de mener une vie irréprochable; leurs sermons sont en général à la louange de la charité. L'exemple des saints et des rois qui ont renoncé au monde et légué leurs richesses à l'Église est le thème ordinaire de leurs pieuses déclamations, et ils ont soin d'appeler sur ce sujet les méditations de leurs ouailles.

Quoique les prêtres soient si diffus sur la charité, sur ses mérites et sur les récompenses que le ciel lui réserve, ils ne négligent pas l'enseignement des doctrines générales de Godama. Le clergé se rassemble quatre fois par an dans ses colléges, et explique les dogmes de leur sauveur et de ses saints, insistant avec une prolixité pardonnable sur

---

(1) Voir p. 272, note, l'opinion de Crawfurd à cet égard.

leur humilité, leurs souffrances, et leur résignation dans les épreuves auxquelles ils furent exposés. Les persécutions qu'ils ont subies, telles que nous les trouvons détaillées dans les historiens bouddhistes, sont de nature à nous rappeler d'une manière frappante les douleurs et les maux des premiers martyrs de l'Église chrétienne. L'analogie ne s'arrête pas là : si nous jetons les yeux sur l'époque où fut établi le bouddhisme, nous voyons le fondateur de cette religion, né de l'immaculée vierge Maya (au figuré, l'imagination créatrice par laquelle l'Être-Suprême à fait toutes choses), enseignant l'unité de Dieu, l'horreur de la discorde, de l'ingratitude et de l'intempérance, et la félicité qui accompagne une vie de piété et de bienfaisance. La ressemblance entre les formes extérieures de leur culte et celles observées dans le rite catholique n'est pas moins remarquable. Le célibat des prêtres, leur séparation du peuple, le costume qui les distingue, leurs cierges, leurs processions, leurs rosaires, leurs offrandes et leurs images caractérisent l'une et l'autre religion; mais les doctrines bouddhistes telles qu'elles sont expliquées de nos jours, sont défigurées par de nombreux commentaires, et un panthéisme mystique a pris la place du culte primitif. Cependant, si déchue ou si dénaturée que soit la religion de *Sakya-mouny*, elle apprend encore que l'existence sur la terre conduit à un état de repos dans lequel l'individualité n'est pas détruite; que les animaux participent à cette immortalité par la transmigration des âmes, et elle défend le meurtre, le vol, l'adultère, l'ivrognerie, et toutes les mauvaises passions.

Au nombre des habitudes vicieuses auxquelles les Birmans sont particulièrement enclins, il faut malheureusement placer l'usage de la pipe à opium et les jeux de hasard. Le premier de ces vices ne se rencontre guère cependant que dans les hautes classes, tant parce qu'il en coûte beaucoup pour satisfaire ce goût dépravé que parce que le cigare est en grande faveur parmi l'immense majorité des Birmans. Ceux chez qui ces passions sont développées bravent les punitions sévères établies dans le but de les supprimer. On trouve, en général, le goût de l'opium et celui du jeu réunis dans le même individu; car le joueur cherche dans l'opium l'oubli de ses pertes, et y puise un courage factice qui le rend insensible à son désastre. Le fumeur d'opium de profession se trouve dans toutes les parties du pays, errant de ville en ville, tantôt célibataire, tantôt marié; l'époux d'un grand nombre de femmes et le père d'une multitude d'enfants. Vous le voyez aujourd'hui avec un *potso* de soie à trente raies; il a dans chacune de ses oreilles un rouleau de feuilles d'or d'un pouce de diamètre et porte à ses doigts des bagues de rubis enlevées sans doute à quelque riche veuve qu'il aura entraînée dans un mariage temporaire. Un mois plus tard vous le trouverez dans une partie éloignée du pays, en compagnie d'une troupe de musiciens : ses bagues ont disparu de ses doigts, et ses oreilles ont pour tout ornement un bouchon de bois; mais sa parole aisée et facile et la grâce avec laquelle il joue de la harpe ont déjà attiré l'attention d'une jeune femme dont les bagues et les bracelets seront bientôt en sa possession (1). Il y a cependant, selon Smith, une foule de personnages du plus haut rang qui se livrent à l'usage de l'opium avec tant de mystère et de précautions, qu'ils n'éveillent jamais les soupçons du monde (2). L'arrak paralyse les forces physiques et

(1) Les habitants de Shoey-daw et de Prome sont remarquables pour leur facilité d'élocution et la pureté de leur prononciation : ils ont dans tout le pays la réputation d'être grands coureurs d'aventures, fumeurs d'opium et libertins.

(2) Cette opinion sur l'extension qu'aurait prise chez les Birmans l'habitude de fumer l'opium n'est pas partagée par plusieurs observateurs dignes de foi : le docteur Helfer, dans son rapport sur Ténassérim inséré dans le *Journal de la Société Asiatique de Calcutta* de décembre 1839, fait observer que les Birmans sont généralement d'une tempérance remarquable, qu'ils font très-rarement usage de spiritueux, que quelques-uns seulement sont adonnés à la pipe à opium, et que la réputation de fumeur d'opium est considérée par la grande majorité de la nation comme dégradante. — Il y a d'ailleurs des raisons, que nous avons déjà indiquées, qui doivent faire supposer que le vice dont nous parlons

engourdit l'intelligence; mais l'opium, quoiqu'il affaiblisse le corps, n'a pas d'effets visibles sur l'esprit, quand on en use avec modération; ils ont donc recours de préférence à l'opium, comme un moyen d'excitation qui ne se trahit pas extérieurement. Un Birman auquel on reprochait l'usage immodéré qu'il faisait de cette drogue se défendait avec beaucoup d'adresse : « Je peux, dit-il, me servir de mes mains comme je l'ai toujours fait, et je puis exprimer mes pensées dans le langage habituel; mais l'opium éveille en moi d'autres facultés, d'autres sensations, qui sont indépendantes du corps et de l'esprit qui n'exercent pas d'influence sur eux, et qui ne leur sont pas soumises. » Quoique l'opium soit un article de contrebande, il pénètre dans toutes les parties du royaume, ainsi que toutes les liqueurs d'Europe, que les personnages de haut rang boivent avec avidité, bien qu'ils ne veuillent pas se brûler le gosier avec de l'arrak. Un officier qui visitait un des États *Shan's*, si éloigné et si isolé que, dans un voyage de dix jours, il n'avait rencontré qu'un voyageur sur la route, trouva le prince parfaitement capable de disserter sur le bouquet délicieux du *Cherry brandy*, la seule importation anglaise qui lui fût connue sous son véritable nom! — Quant à la passion du jeu, elle est indigène parmi toutes les nations indo-chinoises; le père la transmet à son fils, plus développée que tout autre penchant héréditaire.

Les courses de chevaux et de bateaux et les combats de coqs sont les amusements favoris des riches; les cartes et le jeu des fèves, ceux des pauvres. Ce dernier jeu est permis par l'État, qui autorise les chefs des villes et des villages à tirer un petit revenu des sommes gagnées sous le hangar qui sert de maison de jeu publique et est situé en général à quelques pas en avant de la cour de justice!

Le jeu se joue sur une petite plate-forme d'argile battue, avec de grandes fèves noires. Les deux partis mettent pour enjeu un nombre égal de fèves qui ont une certaine valeur convenue; ces fèves sont placées sur un même rang, à un intervalle de deux pouces et vis-à-vis les joueurs, qui visent à quinze pas avec une fève placée sur la paume de la main gauche et lancée avec l'index de la main droite. Chaque joueur ramasse ce qu'il a touché, et à la fin de la partie doit racheter ce qui lui manque de son enjeu. — Le jeu du ballon est aussi l'un de leurs passe-temps favoris; mais la manière de jouer diffère de la nôtre, en ce que les joueurs doivent chercher à tenir le ballon constamment en l'air et ne pas lui permettre de toucher la terre. Six ou sept hommes se placent en cercle; le ballon, fait en osier, est jeté à l'un des joueurs, qui le frappe soit de la plante du pied, soit du talon, soit du genou; le ballon rebondit vers un autre joueur, qui le lance à son tour : son élasticité et l'adresse des joueurs sont telles, qu'il est surprenant de voir avec quelle rapidité il passe de l'un à l'autre. Le plus grand mérite du jeu consiste à varier indéfiniment la manière de frapper le ballon; tantôt à la recevoir avec la plante du pied, tantôt avec le talon, avec le genou, la hanche, le dos, l'orteil. — Les joueurs conservent au milieu de leurs jeux la plus parfaite bonne humeur et une apparente indifférence à la perte ou au gain, leur orgueil ne leur permettant pas de trahir leurs émotions en public. Ils ne s'éveillent de ce monde imaginaire où les a plongés l'excitation du jeu et la fumée de l'opium que lorsque, rentrés chez eux, les reproches de leurs femmes, retentissant à leurs oreilles pendant des heures entières, les rappellent aux réalités de la vie. Ils reprennent alors leurs occupations; et comme on trouve partout du travail et les vivres à bon compte, leurs familles jouissent bientôt de l'abondance et du bien-être; mais le besoin irrésistible d'émotions les entraîne derechef vers la boutique d'opium et la maison de jeu, jusqu'à ce que de nouveaux désastres les forcent à reprendre leur rude labeur.

Les Arabes de Mascate et de Bassora et les Persans du golfe Persique furent les premiers marchands qui trafiquèrent avec les Birmans; les Arméniens et les gens de Surate suivirent leur exemple : mais les Arabes et les Persans du golfe

---

ne peut pas faire de grands progrès chez un peuple aussi pauvre et aussi simple dans ses habitudes que l'est celui-ci.

n'en continuèrent pas moins à monopoliser, pour ainsi dire, le commerce de ce pays jusqu'à l'arrivée des Portugais, qui paraissent y avoir fait un trafic très-considérable vers le milieu du seizième siècle. Pégou, Siriam et Martaban, étaient à cette époque des cités populeuses, entrepôts des plus riches produits des deux continents ; elles excitaient l'admiration des étrangers par l'ordre et la sécurité qui y régnaient. Les Portugais établirent des comptoirs sur beaucoup de points de la côte, et absorbèrent bientôt presque tout le commerce ; mais leur conduite turbulente et tracassière ne tarda pas à créer une impression qui leur fut défavorable : ils se montrèrent insolents comme des vainqueurs, intriguèrent avec les indigènes et encouragèrent même la révolte. Cette conduite donna lieu à la proclamation de divers règlements hostiles aux étrangers européens et nuisibles à l'extension du commerce ; le gouvernement, toujours disposé à se méfier des étrangers et à juger leur conduite avec sévérité, vit dans les allures impérieuses et factieuses des Portugais l'indication de dangers qui menaçaient sérieusement l'intégrité de l'État. Les Arabes, d'un autre côté, entrèrent en relations intimes avec le peuple, et flattèrent la vanité nationale en apprenant la langue du pays, et en se choisissant des femmes parmi les indigènes : en conséquence, quand la puissance des Portugais commença à décliner dans l'Inde, la nouvelle de leurs désastres fut accueillie avec joie, et le gouvernement, saisissant l'occasion qui s'offrait à lui de se venger avec impunité, imposa à leurs spéculateurs des restrictions et des charges de toute espèce, dont la conséquence fut la ruine de leur commerce, qui tomba de nouveau entre les mains des mahométans. Peu de temps après, les Anglais et les Français, dont les navires n'avaient visité ces côtes qu'à de rares intervalles, commencèrent à fréquenter les ports de ce royaume, et finirent bientôt par y affluer : se méfiant toutefois, non-seulement des indigènes, mais les uns des autres, ils construisirent des comptoirs uniquement destinés en apparence à l'emmagasinement de leurs marchandises, mais ils eurent soin de les entourer de fortifications pour se mettre en état de repousser les aggressions que leur conduite provoquait sans cesse. C'est ainsi, comme nous l'avons déjà fait remarquer, qu'à l'époque où les Birmans et les Pégouans se livraient la guerre la plus acharnée, ces spéculateurs rivaux, excités par l'espoir du gain, et toujours prêts à favoriser la mésintelligence parmi les nations avec lesquelles ils trafiquaient, se mêlèrent à la lutte, les Anglais prenant en général le parti des Birmans, les Français venant en aide aux Pégouans. Mais leur assistance incomplète et leurs intrigues continuelles contribuèrent seulement à prolonger la guerre et à faire couler plus de sang humain, sans conduire à aucun résultat décisif. Nous avons vu comment cette conduite des Européens amena la ruine momentanée de leur commerce, et laissa dans l'esprit des populations l'impression la plus défavorable. L'invasion anglaise, provoquée par les Birmans eux-mêmes, et dirigée avec la sagesse et la supériorité intelligente qui caractérisent aujourd'hui les expéditions européennes, a contribué puissamment par ses résultats à modifier l'opinion des indigènes à l'égard des peuples occidentaux. Les races indo-chinoises acquièrent maintenant de jour en jour des notions plus exactes sur le caractère européen, et commencent à comprendre que leur indépendance et leur bien-être augmenteront en proportion de l'influence que notre civilisation, nos sciences, notre industrie, nos théories gouvernementales, exerceront sur leurs destinées. L'avenir de l'Indo-Chine est lié désormais à cette influence, dont le progrès inévitable sera l'ouvrage du temps.

COSMOGRAPHIE BIRMANE ; TEMPS ANTÉ-HISTORIQUES ; HISTOIRE ANCIENNE ; RELIGION.

Les Birmans, comme toutes les nations de l'extrême Orient, font remonter leur histoire à une antiquité fabuleuse : leurs annales commencent par l'exposition d'un système cosmographique, emprunté en grande partie aux Hindous, et dont nous devons donner une idée.

La durée d'un monde, disent-ils, se partage en quatre périodes de longueur égale. Pendant la première période le monde est habité, pendant la seconde il est détruit par le feu, pendant la troisième il est à l'état de chaos, pendant la quatrième, enfin, une nouvelle création commence et se complète par le moyen de l'eau. — La durée de la période caractérisée par la présence des êtres vivants est déterminée par soixante-quatre augmentations et diminutions successives de l'âge qu'atteignent les diverses générations : dans une de ces phases la vie de l'homme est de dix ans seulement ; dans la seconde, de vingt ; dans la troisième de quarante, et ainsi de suite en progression géométrique jusqu'à ce que la vie humaine atteigne à un *a-then-kyé* (ou *a-sen-kyé*), nombre qui exprime plusieurs milliards d'années ; elle décroît ensuite dans la même proportion, pour revenir à dix ans. Cette période de vie croissante et décroissante, appelée *a-yan-kat*, répétée soixante-quatre fois, forme une période intermédiaire, *anta-ra-kat*, à l'expiration de laquelle le monde est détruit de nouveau par le feu, passe de nouveau à l'état de chaos, est vivifié de nouveau par l'action de l'eau et habité comme par le passé. Soixante-quatre *périodes intermédiaires* forment une *période quaternaire*, ainsi désignée parce que quatre de ces périodes forment une grande période, *ma-ha-kat*, ou révolution complète de la nature. Dans la grande période, à laquelle nous appartenons, onze des soixante-quatre révolutions de la vie humaine sont terminées et nous sommes au commencement de la douzième. Chaque période est marquée par l'apparition d'un être royal, surnaturel, quoique né de parents mortels : onze de ces êtres surnaturels ont, conséquemment, déjà paru. Au dernier de ces onze a succédé une dynastie de vingt-huit rois, qui ont vécu, comme lui, des milliards d'années et ont régné dans les pays nommés *Kak-t'ha-wadi* (*Kak-sa-wati*), *Hazagaya* (*Radja-gaya*), et *Mitela* (*Mit'hila*). A ceux-ci ont succédé cent rois, qui ont régné en *Kak-tha-wadi* seulement. Après eux les Birmans ne comptent pas moins de vingt-deux dynasties, qui ont régné sur différents pays, parmi lesquels on peut facilement reconnaître plusieurs noms hindous, tels que *Hastipoura*, *Madura*, etc. Le nombre total des rois, qui ont régné ainsi jusqu'aux temps de l'apparition de *Gauta-ma* (*Godama*), ne serait pas moindre de trois cent trente-quatre mille cinq cent-soixante-neuf! Sans nous arrêter davantage sur cette chronologie fantastique, nous remarquerons que la date probable, la plus ancienne, des temps historiques que les Birmans font entrer dans leur propre histoire est le commencement de l'ère établie par *Andjana*, grand-père de Godama, et dont la première année correspond à l'année 691 avant J.-C. La naissance de Godama est fixée par les Birmans et autres bouddhistes à l'année 68 de cette ère, et sa mort ou son passage à l'état de *nibban* (1) (*nirpon* en siamois, correctement en sanscrit *nirvanà*) eut lieu, selon eux, quatre-vingts ans après ; cette date correspond à l'année 544 avant J.-C. Le pays de Godama est ordinairement appelé par les Birmans *Kapilawat* (*Kapila-Warta*), mais aussi *Makata*, ce qui est certainement le *Magad'ha* des Hindous ou le Bérar moderne. La dynastie de Kapilawat s'éteignit par suite de l'abdication de Godama. Six rois régnèrent après lui dans un pays appelé, par les Birmans, Radjagaya, et chacun d'eux tua son propre père! Cette famille de parricides fut détruite soixante-douze ans après la mort de Godama, par le premier ministre du sixième souverain. Ce dernier personnage était né à *Withali*, aujourd'hui le petit État de *Djaintya*, sur les frontières du Bengale, où il établit le siège de son

(1) Le terme *nirvana* ne signifie pas, comme on l'a souvent affirmé, *annihilation*, mais bien *calme profond*. Dans son acception ordinaire, comme adjectif, il signifie *éteint*, comme un feu qui cesse de brûler : *couché*, comme un astre qui disparaît sous l'horizon, etc. — Son étymologie vient de la préposition *nir*, employée dans le sens négatif, et de *va*, « souffler comme le vent ; » il exprime l'absence de toute agitation. — La notion qui se rattache le plus naturellement à ce mot est celle d'une apathie complète, d'une sorte d'extase imperturbable. C'est l'état le plus heureux auquel, selon les Indiens, l'homme puisse aspirer. — On ne saurait même comparer l'état de *nirvana* qu'à un profond sommeil extatique ou magnétique, qui repose l'âme sans l'anéantir, comme le sommeil naturel repose le corps.

gouvernement. On le regarde comme descendu de Godama dans la ligne féminine. Son fils *Kala-sau-ka*, dans la dixième année de son règne, et cent ans après la mort de Godama, assembla tous les savants du pays, et se fit exposer par eux tout ce que l'on avait pu recueillir des doctrines de Bouddha ; car il n'existait encore aucunes *écritures*. Cette assemblée est connue des Birmans sous le nom de *deuxième concile;* le premier ayant eu lieu trois mois après la mort de Godama. De cette époque jusqu'à l'année 289 av. J.-C., c'est-à-dire en quatre-vingt-trois ans, on nomme douze princes qui ont régné en Withali; le dernier de tous, *Sri-d'hama-sauka*, est cité comme un personnage de grande piété, ce qui ne l'empêcha pas d'exterminer la famille de son père. Il étendit sa domination au loin, éclaircit tous les points importants de la doctrine religieuse; ne construisit pas moins de quatre-vingt-quatre mille temples et quatre-vingt-quatre mille monastères, et soutint par ses libéralités soixante mille prêtres! Ce fut le fils de ce pieux réformateur qui établit le siége du gouvernement à Prôme, comme nous allons l'expliquer.

La première ville dont il soit parlé comme capitale des Birmans est *Pri*, ou *Prôme*, anciennement appelé *Saré-k'etta-va* et *Rasé-myo*, et qui aurait été fondée 443 ans avant J.-C.; c'est-à-dire, selon les Birmans, cent quarante-six ans après le commencement de la mission de Godama et cent ans après sa mort. Pendant cent quarante-deux ans, ou jusque vers 301 avant J.-C., le souverain paraît avoir résidé tantôt à Prôme, tantôt à *Withali* ou *Djintya*, également appelé *Madjima*. En cette année 301 Prôme devint définitivement le siége du gouvernement, et depuis il n'est fait aucune mention de Madjima. Cela eut lieu sous le règne du fils de *D'hamasauka*, roi de Withali, que nous avons mentionné, il y a un instant. C'est à cette même année que Crawfurd rapporte le commencement de l'histoire authentique des Birmans et aussi l'introduction du bouddhisme parmi eux (1).

Prôme demeura pendant quatre siècles (moins cinq ans) capitale du royaume, et durant cet espace de temps on compte vingt-quatre rois qui auraient ainsi régné, en moyenne, de seize à dix-sept ans. Depuis que Prôme a cessé d'être la résidence royale jusqu'à nos jours il s'est écoulé mille sept cent cinquante-cinq ans, et dans le cours de cette période il paraît que les souverains birmans ont changé neuf ou dix fois le siége de leur empire, dont huit fois, au moins, pendant les cinq cent cinquante dernières années.

Treize ans après la mort du dernier roi de Prôme, une nouvelle dynastie, fondée par le neveu de ce souverain, bâtit la ville de *Pagan*, où elle régna pendant près de douze siècles. Cinquante-cinq princes composent cette dynastie, et la durée moyenne, assez élevée, de leurs règnes (de vingt et un à vingt-deux ans), aussi bien que l'étendue des ruines de *Pagan* et leur importance, doivent nous faire présumer que le pays birman a joui pendant cette longue période de la tranquillité relative et des ressources que supposent ces monuments, d'une civilisation assez avancée pour la phase sociale à laquelle ils appartiennent. C'est à cette même période que se rapportent les importants événements que nous allons indiquer.

En l'année 386 de J.-C. un prêtre birman, nommé par ses compatriotes *Bouddha Gautha* ou *Gausa*, rapporta de Ceylan une copie des livres bouddhiques. Ces saintes écritures n'étaient donc pas connues des Birmans à cette époque, ou ne l'étaient qu'imparfaitement. Cela ne prouve en aucune façon que les doctrines bouddhistes n'eussent pas été introduites antérieurement dans le pays; mais les formes du culte éprouvèrent probablement dans ce temps quelque importante modification; et en

---

(1) Le colonel Burney, d'après le troisième volume des chroniques birmanes, a donné dans le *Journal de la Société Asiatique du Bengale*, volume V, p. 257 et suivantes (1836), une note sur les émigrations de l'Inde centrale qui ont amené la fondation des villes et dynasties de Tagoung et de Prôme. Dans cette note, la fondation du royaume de Prôme est placée à la soixantième année après la mort de Godama correspondant à l'an 484 avant J.-C.

l'an 997 de nouveaux changements furent introduits, qui donnèrent à ce culte sa forme définitive, ou au moins celle qu'il a conservée jusqu'à nos jours. La présente ère vulgaire des Birmans fut établie sous cette dynastie, l'an 639 de J.-C.

En 1300 le siége du gouvernement fut établi à *Panya*, et cinquante-six ans après *Pagan* fut détruit. Trente-quatre ans avant la mort du troisième et dernier prince de Panya, un nouveau gouvernement fut établi, dit-on, à *Sagaing* (ou *Tchit-kaing*), vers l'an 1322. Sagaing conserva les honneurs de la résidence royale pendant quarante-deux ans, qui comprennent les règnes de six rois. En 1364 *Sa-to-mang-bya* fonda la nouvelle capitale *Angwa* (Ava) : *Tchit-kaing* et *Panya* furent détruites. Vingt-neuf princes ont régné à Ava pendant trois cent soixante-neuf ans, ce qui ne donne pour la durée de chaque règne qu'une moyenne d'un peu moins de treize ans. C'est durant cette période que se sont ouvertes les premières relations des Birmans avec les Européens. Il faut chercher principalement dans les mémoires du colonel Burney (insérés dans le *Journal de la Société Asiatique du Bengale*) l'analyse des documents historiques qui se rapportent aux époques éloignées que nous venons d'indiquer, comme aussi aux guerres ou aux relations politiques entre le Birmah et la Chine. Nous ne nous proposons de revenir sur ce que nous avons dit de l'histoire moderne, qu'en ce qui touche à l'invasion du territoire birman, sous le règne de *Shembuam* (ou *Sembuen*), troisième prince de la dynastie d'Alom-Prâ. On a longtemps cru, d'après le récit du colonel Symes, que dans cette occasion une grande armée chinoise avait été défaite par les habiles manœuvres des Birmans et ses débris emmenés en captivité à Ava. Il paraît certain, au contraire, d'après les annales birmanes, que, loin que le général birman eût capturé l'armée chinoise, la convention en vertu de laquelle les Chinois consentirent à évacuer le pays d'Ava fut considérée par le gouvernement birman comme des plus humiliantes.

Crawfurd pense que le bouddhisme s'est introduit d'abord chez les Birmans par le Bengale et Arakân, et que les réformes ou innovations qu'il y a subies subséquemment sont venues de la péninsule méridionale de l'Inde et de Ceylan, après que le bouddhisme eut cessé d'être la religion dominante de l'Inde septentrionale. Les Birmans pensent que la *grande période* actuelle a été honorée par l'apparition de quatre Bouddhas, qu'ils nomment *Kan-Krithan, Gau-na-gong, Ka-tha-pa* et *Gauta-ma*. Le cinquième Bouddha ou *A-ri-mi-te-ya* repose en ce moment, suivant l'opinion généralement reçue, dans une des régions célestes inférieures, et se manifestera en son temps.

Les communications des Bouddhas qui ont précédé Godama sont maintenant perdues, et les livres de la foi bouddhiste, règle unique des croyances, de la morale et des pratiques religieuses, parmi les peuples de l'Indo-Chine, se composent aujourd'hui des communications de Godama à ses disciples immédiats, conservées par tradition pendant cinq siècles; solennellement vérifiées dans cinq grands conciles, rédigées enfin par écrit sur feuille de palmier dans l'île de Ceylan, quatre-vingt-quatorze ans avant J. C., quatre cent cinquante ans après la disparition de Godama. Ces saintes écritures forment trois grandes divisions (*Pé-ta-kak*), subdivisées elles-mêmes en quinze sections, qui comprennent six cents chapitres.

Suivant ces écritures, l'univers se compose d'un nombre infini de *mondes* ou *systèmes sakya*. Un de ces systèmes *sakya* consiste en un mont central *Myen-mo* (le mont *Mérou* des Hindous), les *mers* et *dwipas* (îles et presqu'îles) environnantes, les régions célestes, comprenant les astres, et les régions infernales. La terre que nous habitons est la plus méridionale des quatre grandes îles (ou *dwipas*) qui entourent le mont Céleste, et chacune de ces îles est entourée de quatre cents autres plus petites.

Les régions célestes comprennent six cieux inférieurs et vingt supérieurs. Des six inférieurs le premier occupe le milieu et le second le sommet du *Myenmo* : les quatre autres s'élèvent graduellement l'un au-dessus de l'autre.

Les cieux supérieurs affectent une disposition semblable, mais sont distingués en seize visibles et quatre invisibles. Les régions infernales se composent de huit montagnes, l'une au-dessus de l'autre, chacune environnée de seize plus petites.

L'univers est peuplé d'une infinité d'âmes, qui parcourent le cercle des transmigrations de toute éternité: montant ou descendant l'échelle des existences, suivant les lois mystérieuses, mais immuables du destin, et selon les mérites ou démérites des individus. Aucun être n'est exempt de maladies, de la vieillesse et de la mort. L'instabilité, la peine, le changement sont les conditions inévitables de toute existence.

« Quelque élevé que l'on puisse être
« dans les régions célestes (disent les
« Birmans), et quels que soient les
« siècles de félicité déjà écoulés, le
« symptôme fatal des *sueurs froides*
« *sous les aisselles* doit enfin se mani-
« fester; » et quand ce moment fatal arrive l'être mortel doit être préparé à échanger les joies du ciel contre les tourments de l'enfer. Le but auquel l'homme doit aspirer est, selon eux, de terminer le cours fatigant des transmigrations pour arriver à l'état de *nibban*. Godama y est parvenu dans la quatre-vingtième année de son existence, et ses disciples immédiats ont participé à cet heureux destin. Pour que les races humaines actuelles puissent atteindre le même but et mériter d'entrer en communication avec le prochain Bouddha, le seigneur *Arimiteya* (le Messie des Bouddhistes), il est nécessaire que les hommes suivent les commandements du Bouddha Godama; qu'ils honorent et révèrent Godama, sa loi et ses ministres; qu'ils s'abstiennent d'attenter à la vie des êtres animés, du vol, de l'adultère, du mensonge, de l'usage des liqueurs fortes; qu'ils aient le même respect pour les images et les temples de Bouddha que pour lui-même; qu'ils observent soigneusement les rites religieux et assistent aux instructions des prêtres à tous les changements de lune; qu'ils soient exacts dans leurs offrandes aux ministres du culte, qu'ils accompagnent les processions des funérailles; et enfin qu'ils accomplissent tous les devoirs que prescrivent la religion et la charité.

Le bouddhisme, dans sa forme actuelle, à Ava, date du règne de *Anara-t'ha-men-sau*, qui monta sur le trône de *Pagan* (ou Pougan) en l'an 1541 de Godama, 359 de l'ère vulgaire des Birmans, correspondant à l'année de N. S. 997.

Nous allons, maintenant, jeter un coup d'œil sur les institutions, l'organisation actuelle et les habitudes de la classe nombreuse des ministres de Bouddha, connus, parmi nous, sous le nom de *talapoins*.

DES TALAPOINS.

Les talapuins ou *talapoins* (1) sont appelés *rahán* par les Birmans; ce mot, en *pali*, signifie « homme saint », faisant allusion à la sainteté qu'ils doivent manifester dans toutes leurs actions. Ce sont les prêtres et les docteurs du pays, moins parce qu'ils offrent des sacrifices et des oblations, ou parce qu'ils font des prières publiques pour le peuple, que parce qu'ils accompagnent les morts à la sépulture et y récitent le *tara*, espèce de sermon qu'ils font au peuple assemblé. Ils pourraient peut-être avec plus de raison s'appeler religieux cloîtrés, puisqu'ils vivent en communauté et dans le célibat, et qu'ils ont diverses règles et constitutions sévères à observer. Il n'y a pas de village, quelque petit qu'il soit, qui n'ait une très-grande maison en bois, véritable couvent, où vivent les talapoins, et que les Portugais des Indes ont appelé *baos* (2): l'architecture de ces édifices est variée; les talapoins du royaume d'Ava lui donnent une forme, et ceux du Pégou une autre. Chaque *baos* ou *kyoum* est dirigé par un chef ou grand talapuin, qui se nomme *pónghi* ou *pounghi* (voir p. 322), lequel a au-dessous de lui une espèce de diacre ou adjoint, appelé *pazen*. La communauté se com-

---

(1) Le mot *talapoin* dérive probablement du sanscrit *talpat*, éventail fait d'une feuille de palmier, et qui constitue l'une des parties indispensables de l'accoutrement d'un *rahán*.

(2) Nous avons vainement recherché quelle pouvait être l'origine de cette dénomination. — Les dictionnaires portugais ne fournissent aucune indication à cet égard (voir p. 316, note).

pose ensuite de *sciens*, qui sont comme les clercs ou les disciples du grand talapoin; pour la plupart ce sont des jeunes gens qui prennent l'habit religieux pour deux ou trois ans, car les Birmans aisés ont la coutume de faire prendre l'habit de talapoin à tous leurs fils, dès qu'ils sont arrivés à l'âge de puberté, non-seulement pour leur faire acquérir des mérites dans les transmigrations futures, mais surtout pour leur faire apprendre à lire et à écrire. Tous les talapoins qui vivent dans les divers baos d'une province relèvent d'un grand talapoin, qui correspond au provincial de nos ordres religieux; et dans tout le royaume ceux-ci sont subordonnés au *zarado* (1), ou grand docteur royal, qui réside à la capitale.

« De tous les édifices, dit San-Germano, les baos sont ceux dans lesquels l'architecture birmane est la plus remarquable; on en trouve qui sont complétement dorés du métal le plus pur, en dedans et en dehors, et plus particulièrement ceux que le roi et ses fils font construire au zarado.

« L'habit de talapoin consiste ordinairement en trois morceaux de toile de coton jaune. Ceux qui ont des bienfaiteurs riches le font aussi en soie ou en étoffe de laine d'Europe. Avec un des morceaux ils s'entourent les reins qu'ils serrent avec une ceinture en cuir; ce morceau tombe jusqu'aux pieds. Le second, qui a la forme d'un rectangle, leur sert de manteau, et ils s'en couvrent les épaules et le corps. Le troisième est un autre manteau, de la même forme, qu'ils portent plié en plusieurs doubles sur l'épaule gauche, et dont les deux extrémités flottent suspendues. Toutes les fois qu'un talapoin sort de son baos, soit pour accompagner les morts, soit pour tout autre motif religieux, il est tenu de porter l'*avana* (1) sur l'épaule droite; c'est une espèce d'éventail tissu avec des feuilles de palmier; et un des disciples qui le suivent porte un morceau de cuir sur lequel il s'asseoit au besoin. Tous les matins les talapoins doivent aller de maison en maison mendier du riz cuit et d'autres comestibles, et à cet effet ils portent avec eux un pot de couleur noire, dans lequel ils mettent confusément tout ce qu'ils recueillent.

« La règle défend aux talapoins qui sont *ponghi* ou *pazen* de faire la cuisine avec leurs propres mains, de travailler, planter, trafiquer; il ne leur est pas même permis de commander aux autres de faire la cuisine dans leurs baos. Ils ne peuvent avoir aucunes provisions, ou conserver aucune sorte de comestibles. Il leur est défendu de prendre avec les mains une chose qui se mange ou qui sert à leur usage, quelque petite qu'elle soit, si auparavant elle ne leur a été présentée; ainsi à tout moment, pour les choses qui sont nécessaires à ces talapoins, se pratique la cérémonie qui en *pali* est appelée *akal*, ce qui signifie offrande ou présentation, et s'accomplit de la manière suivante. — Quand un talapoin *ponghi* ou *pazen* a besoin de quelque chose, il dit à ses disciples: *Faites ce qui est permis;* et alors ceux-ci présentent la chose désirée, et répondent: *Maître, ceci est une chose permise;* et le talapoin la prend avec la main, la mange ou s'en sert. Cet acte de présentation doit se faire à la distance de deux coudées et demie, autrement le talapoin tomberait dans le péché; et si la chose présentée est un aliment, il commettrait autant de péchés qu'il aurait mangé de bouchées : de plus, il lui est défendu de demander directement ou indirectement une chose quelconque qui lui soit nécessaire; il peut l'accepter et s'en servir quand elle lui a été spontanément donnée ou présentée par un autre; mais cette dernière règle est peu observée.

« Il n'est pas permis aux talapoins de posséder de biens temporels; ils ne peuvent avoir d'esclaves achetés, et ils doivent se contenter de ceux qui sont

---

(1) Plus correctement, *saredaw* ou *zaredaw*. — Le véritable titre des chefs ou abbés des différents *kyoum's* ou monastères paraît être *zara*. — Nous soupçonnons que M. Leconte ou San-Germano ont confondu le *zara* avec le *pônghi*, et que ce dernier est le talapoin qui a passé par toutes les épreuves de noviciat, et qui a pris tous ses degrés comme nos docteurs en théologie. Alexander compare les *rahâns* (prononcé *γahâns*) à nos prêtres, et les *pônghis* à des prêtres d'un ordre inférieur! Il y a évidemment confusion.

(1) Le *talpat*.

au service des baos. Il leur est expressément défendu de toucher de l'or ou de l'argent avec les mains ; mais aujourd'hui il y en a peu qui prennent cette dernière règle en considération ; ils l'éludent en s'enveloppant les mains avec un mouchoir, et alors ils n'ont plus de scrupule de prendre n'importe quelle somme d'argent ; ils sont en général insatiables, et ne font que demander.

« Godama ordonna aux talapoins de porter leur habit formé de beaucoup de lambeaux d'étoffes, rebutés par le public et jetés par terre sur les chemins ou au lieu des sépultures. Ils observent cette prescription en formant leurs vêtements de beaucoup de morceaux cousus ensemble ; mais à l'égard de la qualité ils font toujours en sorte d'avoir de la meilleure.

« Quant à la continence et au célibat que gardent les talapoins, ils sont admirables, et suivent exactement la règle. Il leur est défendu de dormir sous le même toit où une femme doit sommeiller, de monter sur une barque ou un chariot où il s'en trouverait une, et surtout de recevoir directement des mains d'une femme une chose quelconque pour leur propre usage ; et la précaution en cela va si loin, qu'ils ne peuvent toucher le vêtement de la plus petite fille. Le scrupule cesse à l'égard des vêtements des femmes quand quelqu'un vient leur en offrir comme don, parce qu'alors ils croient qu'ils perdent toute cause d'impureté et que l'étoffe est en quelque sorte sanctifiée par le mérite de l'aumône. La loi leur impose, afin qu'ils puissent se maintenir chastes, de ne pas manger après le milieu du jour et encore moins le soir, parce que de doctes talapoins ont dit que le manger, excitant le mouvement du sang, sert de levain à la luxure. Les Birmans croient généralement que la continence est absolument nécessaire à l'état du sacerdoce, et ils estiment d'autant plus leurs talapoins qu'ils sont chastes et continents ; c'est par ce motif qu'ils honorent et respectent les missionnaires catholiques, et qu'ils n'ont aucune considération pour les prêtres arméniens, les imans des Arabes, et surtout pour les ministres *anglicans*, parce qu'ils savent qu'ils sont mariés.

« Quand il arrive qu'un talapoin, contre l'ordinaire, commet quelque acte de luxure, spécialement avec des femmes mariées, les habitants de l'endroit le poursuivent jusqu'à son baos, et cela quelquefois à coups de pierre ; le gouvernement même procède contre le coupable, lui retire l'habit, et le chasse publiquement. Le *zarado* du roi *Zingouza*, ayant commis une impudicité, et le délit ayant été constaté, il fut privé de tous ses honneurs, et fort heureux de pouvoir s'échapper, car le roi voulait absolument qu'il fût décapité.

« Les talapoins sont d'autant plus considérés des Birmans, que ce sont eux seuls qui dirigent l'éducation de la jeunesse. Tous les enfants, sans exception, aussitôt arrivés à l'âge de discernement sont envoyés tous les jours au baos, pour être instruits, et ordinairement, après quelques années, presque tous ceux qui ont de l'aisance, et ceux parmi les pauvres qui ont été remarqués des professeurs, revêtissent, ainsi qu'il a déjà été dit, l'habit de talapoin, afin de mieux apprendre les saintes écritures, et d'acquérir des mérites pour eux et pour leurs parents. La cérémonie qui accompagne cette prise d'habit est attrayante pour la jeunesse, et ressemble à un triomphe : l'enfant qui va être admis, montant un cheval richement harnaché, vêtu des plus somptueux habits comme s'il était un des premiers seigneurs du pays, est conduit dans tous les quartiers de la ville ou du village, accompagné de musiciens et suivi d'une foule de peuple ; un grand nombre de femmes précèdent le cortège, portant sur leur tête l'habit, le lit et les autres ustensiles de talapoin, des fruits et d'autres présents pour le ponghi et ses disciples. Lorsque le cortège est arrivé au lieu déterminé, le grand talapoin dépouille le candidat de son costume de cérémonie et le recouvre de l'habit de religieux.

« Les honneurs et le respect que les Birmans rendent aux talapoins, et spécialement aux ponghis, sont excessifs, et l'on peut dire semblables à ceux qu'ils rendent à Godama lui-même. Si un Birman rencontre un talapoin, il s'arrête et lui cède respectueusement le passage ; s'il va trouver un ponghi, il doit s'agenouiller, lui faire trois fois avec les mains élevées la révérence ou pour mieux dire l'adoration, et rester dans cette position jusqu'au moment de se retirer.

« Les talapoins ont tant d'autorité, qu'ils délivrent quelquefois les criminels du dernier supplice. Avant le roi Badonsachen, il était bien rare de voir quelqu'un décapité, parce qu'à peine les talapoins avaient-ils appris qu'on conduisait un condamné au supplice, qu'ils se réunissaient en troupe portant un gros bâton sous l'habit; ils assaillaient les gardes, et après les avoir contraints à fuir, s'emparaient du condamné, lui retiraient ses liens, le conduisaient dans leur baos, et après lui avoir rasé la tête, la couvraient d'un voile par lequel il devenait en quelque sorte sanctifié. Mais maintenant ils ne se livrent guère à cette pieuse violence qu'après avoir obtenu l'assentiment des magistrats. Comme dans la loi de Godama il est défendu d'ôter la vie à n'importe quel animal, même malfaisant, tels que serpents et chiens enragés, les talapoins croient faire un acte méritoire en sauvant la vie aux malfaiteurs, quels que soient les crimes qu'ils aient commis.

« Un des délits les plus graves est de frapper, même légèrement, un talapoin. La grande vénération que les Birmans ont pour les ponghis se fait surtout remarquer après la mort de ces guides spirituels. Comme de leur vivant ils sont réputés être en état de sainteté, leurs corps sont sanctifiés, et on les traite avec les plus grands honneurs. A peine un grand talapoin a-t-il rendu le dernier soupir, qu'ils lui retirent les entrailles et les enterrent dans un lieu respecté; ils embaument ensuite le corps et lui enveloppent tous les membres avec un drap blanc en plusieurs doubles, sur lequel on passe plusieurs couches de vernis, que l'on recouvre de feuilles d'or; puis ils le placent dans un grand cercueil et l'exposent à la vénération publique. Très-souvent les ponghis font construire leur cercueil à l'avance par les ouvriers les plus habiles. Les ornements dont il est recouvert excitent non-seulement la curiosité des indigènes, mais encore celle des étrangers; outre qu'il est tout doré, il est décoré de beaucoup de fleurs en relief, de petits miroirs incrustés et quelquefois même de pierres précieuses. Pendant le temps que l'on prépare les feux d'artifice et les autres choses nécessaires pour la fête des funérailles, le cercueil est continuellement entouré de musiciens jouant de toutes sortes d'instruments, et cela dure pendant un grand nombre de jours et même plusieurs mois; le peuple y accourt en foule, et chacun selon ses moyens, y fait religieusement des offrandes en riz, fruits et autres choses, qui se consomment pendant ces jours de deuil, ou qui se conservent pour la fête funèbre. Lorsque le jour de cette grande cérémonie est arrivé, le cercueil est placé sur un très-grand char à quatre roues, puis, avec de grandes cordes, tout le peuple, hommes, femmes, enfants, le traînent au lieu de la sépulture; et, comme les Birmans pensent qu'il y a un grand mérite dans cette opération, ils y mettent une ardeur telle qu'elle est curieuse à voir: ils se partagent en deux troupes à peu près égales, qui se mettent à tirer en sens contraire, et celle qui l'emporte a la bonne fortune de conduire seule le char à sa destination. Quelques moments après son arrivée, on donne le spectacle du feu d'artifice, lequel consiste entièrement dans de grandes fusées, dont je crois utile de donner la description. Les artificiers prennent un morceau de bois de teck arrondi, de deux à trois mètres de longueur et d'environ vingt-cinq centimètres de diamètre, et, après l'avoir foré, ils le remplissent et le chargent avec de la poudre faite seulement avec du salpêtre et du charbon pilé; ensuite ils lui attachent un très-long bambou ou jonc, pour lui servir de baguette. Indépendamment des fusées qu'ils font élever dans les airs, ils placent de pareils artifices, mais sans baguette, sur un grand nombre de chariots qu'ils font courir tout enflammés autour du lieu où l'on doit brûler le corps du talapoin. Cette dernière opération a lieu au moyen d'une fusée que l'on fait glisser le long d'une corde et qui met le feu au cercueil, autour duquel on a amassé des monceaux de poudre mal séchée, de bois sec et d'autres matières très-combustibles; dans peu de temps, le tout est consumé. Cette grande solennité se termine le plus souvent par la mort de quelques-uns des spectateurs, ou pour le moins par de fâcheux accidents, tels que fractures de bras ou jambes et autres blessures graves causées par la chute de ces fusées démesurées, et beaucoup plus encore par celles qu'ils font confusément courir sur les chariots, qui brûlent et blessent les personnes qu'elles rencontrent.

« Un des offices des talapoins est de dire le *tara* (sermon ou discours au peuple). Ces sermons n'ont pour la plupart d'autre but que l'incitation à l'aumône, non celle qui concerne les pauvres nécessiteux, mais bien celle que les talapoins eux-mêmes attendent de leurs bienfaiteurs. Ils sont loin de prendre pour modèle les sermons de leur dieu Godama, dans lesquels il traite beaucoup de l'aumône et de ses mérites, et où il donne d'utiles leçons sur les autres vertus morales; la plupart d'entre eux négligent les préceptes moraux, et ne préconisent que ceux qui sont dans leur propre intérêt.

« Après deux ou trois années passées dans les baos, la majeure partie de ceux qui prennent l'habit de talapoin le quittent, et retournent dans leurs familles. Ceux qui persévèrent et ont la volonté de se consacrer à l'état du sacerdoce sont d'abord admis comme *pazen*, ou adjoint d'un ponghi, auquel ils peuvent succéder après sa mort. Quoique les talapoins qui ont ces deux grades n'aient pas l'obligation formelle de garder toujours l'habit, et puissent à leur plaisir le déposer, le plus grand nombre cependant le conservent pendant plusieurs années et beaucoup pendant toute leur vie.

« La cérémonie à laquelle sont soumis ceux qui aspirent à la dignité de *pazen*, faisant connaître les principales règles auxquelles sont assujettis les talapoins, mérite d'être rapportée, et ce que je vais en dire est transcrit d'un livre appelé *Chaomaza*, qui est le livre pontifical écrit en *pali*. Le conseil des talapoins se rassemble en un grand édifice appelé *scin*; il est présidé par le plus ancien des ponghis, qui prend le nom d'*oupizzé*; un autre remplit les fonctions de maître des cérémonies, et s'appelle le *chammuazara*. Aussitôt que le postulant est en présence de ce saint conseil, on lui remet le *sabéit*, qui est le pôt avec lequel les talapoins vont tous les matins mendier du riz, et on lui ordonne d'adresser par trois fois à l'*oupizzé* les paroles suivantes : « Seigneur, es-tu mon maître l'*oupizzé*? » On lui dit ensuite de s'approcher, et le président l'interroge ainsi : « O candidat! ce *sabéit* que tu as en main est-il le tien? — Oui, maître. — Cette tunique et ces habits sont-ils à toi? — Oui, maître. » — Ensuite le *chammuazara* dit à l'adepte : « Éloigne-toi d'ici et te tiens à une distance de douze coudées; » puis, se retournant du côté des talapoins : « Que les ponghis et pazens ici rassemblés écoutent mes paroles : le candidat ici présent demande humblement à l'oupizzé à être admis dans l'ordre des talapoins, et certainement le temps est convenable pour ceux qui veulent embrasser cette sainte profession. — « O candidat! écoute : Il ne t'est plus permis de mentir et de cacher la vérité; si tu as quelques défauts ou vices qui ne puissent convenir à l'état religieux, tu ne manqueras pas, quand, au milieu de cette sainte assemblée, tu seras interrogé, de répondre sincèrement et de déclarer tes défauts comme aussi de faire connaître ceux que tu n'as pas; ne témoigne dans tes réponses ni honte ni crainte; écoute, car l'heure est arrivée ou tu vas être interrogé. » — Alors, quelques talapoins le questionnent ainsi : « Candidat, as-tu la lèpre ou quelque semblable et dégoûtante maladie? As-tu des scrofules ou quelque autre espèce d'affection pareille? — Maître, je n'en ai pas. — Souffres-tu de l'asthme ou de la toux? — Non, maître. — Es-tu tourmenté par quelque infirmité qui provienne d'un sang corrompu; de la folie et des autres maladies qui sont causées par les géants, les sorciers et mauvais nâts des bois et des montagnes? — Non, maître. — Es-tu véritablement un homme? — Je le suis. — Es-tu un mâle? — Je le suis. — Es-tu d'un sang pur et légitime? — Oui, maître. — Es-tu surchargé de dettes, ou garde de quelque magistrat? — Non, maître. — Tes parents t'ont-ils donné la permission de te faire talapoin? — Ils me l'ont donnée. — As-tu vingt ans accomplis? — Je les ai, seigneur. — Tes vêtements et le sabéit sont-ils prêts? — Ils le sont. » Cet interrogatoire terminé, le chammuazara reprend : « O pères et saints hommes religieux, qui êtes réunis en ces lieux, écoutez mes paroles : le candidat ici présent demande au seigneur oupizzé à être admis parmi les talapoins; il en est digne, car il est instruit. » Le postulant s'approche alors des ponghis, et leur demande par trois fois l'honneur d'être admis, dans les termes suivants : « Seigneurs, ayez pitié de moi, j'abandonne la vie de laïque, qui est un état de péché et d'imperfection, et je me retire dans celui du sacerdoce, état de vertu et de sainteté. »

Le chammuazara reprend ensuite : « Que les seigneurs talapoins ici présents écoutent mes paroles : le candidat que voici demande au seigneur oupizzé d'être admis dans le sacerdoce; il est libéré de tous défauts et de toutes imperfections, et de plus il a déjà préparé les ustensiles et les choses nécessaires. » Le postulant réitère sa demande, et l'assemblée prononce ordinairement l'admission. Si quelque ponghi trouve que le récipiendaire a des défauts et que sa conduite a encouru le blâme, le maître des cérémonies déclare qu'il est indigne d'être admis, et il le répète par trois fois. Si au contraire aucun talapoin ne s'oppose à l'admission ou ne blâme complétement la conduite de l'aspirant, c'est que celui-ci est jugé digne de passer de l'état d'imperfection et de péché à la condition de talapoin, et l'admission est prononcée. Le maître des cérémonies engage ensuite les membres du conseil à noter sous quel signe, à quelle heure et en quel temps l'ordination a été faite; puis, reprenant la parole, il fait au nouveau pazen l'instruction suivante sur les quatorze choses licites dont peuvent se servir les talapoins, et sur les quatre dont ils doivent s'abstenir :

« L'état de talapoin consiste à demander l'aumône et les aliments, avec fatigue et agitation des muscles des pieds. Ainsi, ô nouveau pazen, en tout temps tu dois gagner ta subsistance avec le travail de tes pieds; si ensuite l'aumône et les offrandes abondent, et que les bienfaiteurs viennent à t'offrir du riz et d'autres aliments, tu pourras te servir des suivants : 1° de ceux qui sont offerts à tous les talapoins; 2° de ceux qui le sont à tous les particuliers; 3° de ceux qui sont présentés dans les festins; 4° de ceux qui sont envoyés avec une lettre; 5° de ceux qui se donnent dans les jours de nouvelle et de pleine lune et dans les autres jours de fête.

« Il est prescrit au talapoin de se servir d'habits et de vêtements jetés dans les chemins et dans les lieux de sépultures et qui sont souillés de poussière. C'est pourquoi dans tout le cours de ta vie, tu te serviras de tels vêtements et habits; mais si par ton esprit, tes prédications et ton savoir, tu peux te procurer beaucoup de bienfaiteurs, alors il te sera permis de te vêtir avec des étoffes de coton, de soie ou de laine, d'un jaune roux.

« Une des conditions auxquelles il faut satisfaire dans l'état de talapoin est d'habiter des maisons construites contre les arbres des bois; mais si, par la suite, ton mérite ou ton esprit t'attirent des bienfaiteurs, tu pourras habiter les suivantes : celles qui sont entourées de murs, celles qui se terminent en pyramides triangulaires ou quadrangulaires, et celles qui sont ornées de bas-reliefs et de dorures.

« Étant agrégé à la société des talapoins, il ne t'est plus permis, à la manière des séculiers, de te livrer à aucune action luxurieuse, soit sur ta personne, soit avec un autre individu, qu'il soit mâle ou femelle, soit enfin avec des animaux. Le talapoin qui commet de tels actes ne peut plus appartenir à la société divine, et on doit cesser avec lui tout espèce de rapports : de la même manière que dans un homme décapité il ne peut se faire que la tête soit réunie au corps et qu'il vive de nouveau, ainsi le talapoin qui a commis un acte quelconque de luxure ne peut plus vivre avec les autres religieux : tu te garderas donc bien de commettre des actes de cette nature.

« Il n'est en aucune manière permis à un talapoin de s'emparer de quoi que ce soit ou d'usurper le bien d'autrui, ne serait-ce que la quatrième partie d'un *tikal* (le *tikal* vaut environ 3 francs); le talapoin qui aurait dérobé cette petite somme doit être réputé déchu de son état, et n'appartient plus à la société divine; il ressemble à la feuille sèche d'un arbre, qui ne peut plus reverdir : aussi le talapoin qui a volé ne peut plus faire partie de la société. Par conséquent, dans tout le cours de ta vie tu t'abstiendras de semblables fautes.

« Il est défendu aux talapoins de prendre un animal, fût-il le plus vil insecte, avec l'intention de lui ôter la vie. Celui qui en fait périr volontairement un seul cesse d'appartenir à la sainte société ; il devient semblable, par sa faute, à une grande pierre divisée en deux parties ; et comme il est impossible qu'elles se réunissent, de même celui qui cesse d'être un homme saint ne peut plus rentrer dans la société. Ainsi, dans tout le cours de ta vie tu te garderas bien de commettre de semblables meurtres.

« Il est défendu à celui qui est admis au nombre des pazens de s'enorgueillir et se vanter de sa sainteté, et de s'attribuer quelques dons surnaturels. »

« A chacune de ces injonctions le nouveau pazen répond : « J'ai bien compris, — ou, j'ai bien entendu, — ou, ainsi soit. »

« Outre les choses déjà exposées dans les règles et constitutions des talapoins, il y en a beaucoup d'autres, qui sont contenues dans un livre appelé *Vini*, dont la lecture leur est recommandée ; il leur est même ordonné formellement de l'apprendre par cœur ; il est écrit en pali, mais avec une traduction ou explication en langue vulgaire birmane. Dans divers articles ou chapitres, le *vini* traite de toutes les choses qui concernent les talapoins, soit pour leurs vêtements, soit pour leurs baos et leur alimentation. Je me bornerai à mentionner ce qu'il contient de plus remarquable, en évitant autant que possible les répétitions.

« Le ponghi, ou le supérieur d'un baos, est chargé de veiller à l'observation des règles. S'il voit s'élever des disputes ou des querelles, il doit réprimander et punir ; s'il trouve un talapoin qui ait de l'or, de l'argent ou toute autre chose prohibée, il doit prendre l'objet avec ses mains et le jeter promptement dans le chemin, et en faisant cette action il doit avoir la pensée qu'il jette une chose immonde.

« Il est défendu à tout talapoin de vendre, d'acheter ou de faire des échanges. S'il a un extrême besoin de quelque chose, il ne doit pas dire : Je désire acheter, mais il doit simplement demander le prix ; et s'il se trouve dans la nécessité de vendre ou d'échanger, il doit dire : Telle chose m'est inutile, et telle autre m'est nécessaire.

Le *Vini*, en traitant du précepte qui défend de toucher aux femmes, dit que si un talapoin voyait tomber sa mère dans une fosse, il ne pourrait la secourir ou la retirer avec ses mains, mais avec un bâton ou avec un pan de son habit, et que pendant qu'il lui porte secours il doit avoir la pensée que c'est un morceau de bois.

« Il recommande l'observance de quatre vertus, dites de la *sobriété* à l'égard des quatre choses nécessaires à la vie, qui sont le vêtement, l'aliment, l'habitation et la médecine. Quand un talapoin emploie ces choses, il doit mentalement se dire très-souvent : « Ce vêtement, cet habit, je ne le prends pas par vanité, mais pour couvrir la nudité de mon corps. Je mange ce riz non par goût, et parce qu'il est appétissant, mais bien pour satisfaire un besoin de la nature. J'habite ce baos non par vaine gloire, mais pour me préserver de l'intempérie de l'air ; et je bois cette médecine seulement pour recouvrer ma santé, et je ne veux me bien porter que pour m'appliquer davantage à la méditation et à l'oraison. »

« Le *Vini* recommande aux talapoins l'observance des quatre règles de *pureté*, qui sont : de se confesser de ses défauts, d'éviter toutes les occasions de pécher, d'être modeste et d'avoir de la retenue quand il va par les chemins, enfin de ne plus retomber dans aucun des grands péchés. Un talapoin doit en outre penser que s'il n'observe pas les règles, il devient un sujet inutile, et qu'en se servant des aumônes il fait une action semblable à celle de voler. En usant des choses permises, les talapoins doivent être modérés et sobres, en pensant que tout leur vient de leurs bienfaiteurs. Ils doivent toujours dormir habillés ; et si par hasard ils abandonnent leurs vêtements, ils doivent les tenir éloignés d'eux à distance de deux coudées.

« Il est défendu aux talapoins de creuser la terre, parce qu'en le faisant ils pourraient tuer quelque petit animal ou insecte ; ils peuvent seulement le faire dans quelque terrain sablonneux ou l'on ne coure pas risque de commettre de semblables meurtres; et ils doivent porter la plus grande attention à ne pas ôter la vie à quelque petit animal en remuant le sol, soit avec les pieds ou un bâton, soit avec tout autre objet. Il leur est semblablement interdit de couper n'importe quel arbre ou plante, de cueillir des fruits, des fleurs ou des feuilles; il faut avant qu'ils puissent manger un fruit qu'un séculier le coupe ou l'entame soit avec un couteau ou avec ses ongles, et que par ce moyen on lui ait ôté la vie qu'on lui suppose.

« Il leur est sévèrement prescrit de ne jamais dormir dans la même chambre où se trouverait une femme ou une petite fille, ou un animal femelle quelconque. Celui qui commet un tel péché doit être chassé immédiatement du baos.

« Les talapoins doivent se faire raser tous les poils du corps; cette injonction s'étend aux sourcils pour les pazens seulement : (généralement, maintenant, cette classe de talapoins les conserve aussi). Pendant tout le temps qu'ils sont entre les mains du barbier, ils doivent penser que les cheveux et la barbe proviennent des secrétions immondes de la tête, et sont des parties inutiles, et qu'en les conservant elles fomentent la vanité comme il arrive chez les séculiers; l'attitude d'un talapoin pendant qu'on le rase doit être celle d'une grande montagne au sommet de laquelle on arracherait les herbes sans les racines.

« Pendant le cours d'une année ils doivent garder vingt-quatre fêtes : douze dans les pleines lunes, et douze ou quatorze jours après les mêmes phases. Dans ces jours ils doivent se réunir dans le *scin*, qui est, comme il a été dit, un endroit consacré, et y faire la lecture du *Padimot*, qui est une récapitulation de tous les péchés et infractions aux règles de la communauté.

« Les Birmans ont un grand jeûne ou carême, qui dure ordinairement trois mois. Pendant ce temps les talapoins doivent faire des adorations continuelles à Godama, balayer et tenir dans la plus grande propreté les pagodes et leurs dépendances. Ils ne peuvent sans de graves motifs sortir de leur baos. Ils doivent laisser de côté toutes les pensées mondaines et celles qui appartiennent au temporel de leur couvent, et s'appliquer uniquement aux oraisons et méditations, à l'étude de la langue pali et autres choses saintes. Il ne doit sortir de leur bouche aucune parole oiseuse et inutile. Les talapoins doivent pendant ce temps éviter surtout les discussions ou controverses, mais seulement parler des faveurs de Dieu, des moyens par lesquels on peut acquérir la sainteté, et dans leurs paroles faire ressortir le vif désir d'être délivrés des passions et convoitises déréglées. Ils doivent se contenter de ne manger que ce qui est strictement nécessaire, de peu ou point dormir, et se livrer à des méditations sur la mort et sur l'amour qu'ils doivent porter aux hommes.

« Quand un talapoin a commis quelque manquement aux règles, il doit aller se mettre à genoux aux pieds du ponghi, et se confesser. Le *Vini* distingue cinq ou six espèces de péché, dont la première s'appelle *parasiga* : elle renferme les quatre péchés déjà mentionnés et qui font le principal sujet de l'exhortation du chammuazara lors de la réception d'un pazen; les péchés de cette nature ne peuvent être remis au moyen de la confession, et pour le talapoin qui s'en est rendu coupable il ne reste d'autre salut que de quitter le costume ordinaire, de se vêtir en blanc, qui est l'habit de deuil, et de se retirer dans un lieu écarté pour faire pénitence. La seconde espèce se nomme *sengadiséit*, et les péchés qui la composent sont au nombre de treize : 1° la pollution volontaire; si elle a lieu pendant le sommeil elle n'est péché que si on s'y est complu après être éveillé; 2° l'attouchement sur le corps d'une femme avec une intention coupable; 3° les discours amoureux et déshonnêtes, quand un talapoin veut induire un de ses bienfaiteurs à lui céder pour quelque temps sa captive ou esclave, sous le prétexte de la nécessité, mais avec l'intention de mal faire; 5° procurer des femmes à la luxure des autres; 6° construire une maison ou un baos sans l'assistance de quelque bienfaiteur; 7° faire planter des arbres dans un endroit rempli d'insectes qui seront immédiatement tués; 8° avoir recours à la calomnie suscitée par l'envie; 9° ou quand elle impute une action luxurieuse; 10° semer la discorde entre les talapoins, après avoir été averti trois fois dans le *scin* et ne s'être pas corrigé; 11° sont coupables du même péché que le précédent les partisans de ceux qui sèment la discorde; 12° l'inobservance des petites règles pour l'habillement, et ne pas écouter avec plaisir les avis et les admonestations des supérieurs; 13° scandaliser un séculier par de petites infractions aux règles connues, par des mensonges ou des histoires frivoles. — Quand un talapoin a commis un de ces treize péchés, non-seulement il doit se confesser au ponghi, mais aussi à ceux de ses confrères qui sont réunis dans le *scin*, pour recevoir une pénitence, laquelle consiste en certaines oraisons qu'il doit réciter; cette punition dure autant de jours qu'il en a laissé écouler avant de manifester son péché, et doit se faire pendant la nuit. Il doit aussi faire la promesse de s'abstenir à l'avenir d'un semblable péché. La pénitence finie, le pécheur doit demander pardon à tous les talapoins pour le scandale qu'il a causé, et solliciter humblement la faveur d'être de nouveau admis parmi eux. Outre la pénitence infligée, les talapoins s'en imposent volontairement d'autres, quand ils sont en doute d'avoir commis quelque péché. La confession n'est pas valide quand un talapoin a commis une grande faute et qu'il n'en a déclaré qu'une légère, et il en est de même s'il en confesse une de l'espèce *paraziga*.

« Toutes ces choses sur la confession sont en partie tombées en désuétude, et les talapoins ne font plus qu'une sorte de confession générale, dont la formule est à peu près celle du *confiteor* des chrétiens.

« Quant à ce qui concerne les *scins* ou les disciples, ils ont les dix préceptes suivants à observer : 1° ne tuer aucun animal; 2° ne pas dérober le bien d'autrui; 3° ne commettre aucune action luxurieuse; 4° ne pas mentir; 5° ne pas boire de vin; 6° ne pas manger après le milieu du jour; 7° s'abstenir de danser, chanter, ou jouer de quelque instrument de musique; 8° éviter de mettre en marchant de la boue à ses sandales; 9° ne jamais s'arrêter dans un lieu élevé et qui ne convient pas à leur humilité; 10° ne jamais toucher à de l'or ou de l'argent.

22° Livraison. (INDO-CHINE.)

— Les scins qui manquent aux cinq premiers de ces commandements doivent être chassés des baos; quant à ceux qui ont contrevenu aux autres, les supérieurs leur imposent des pénitences. »

Il a été déjà dit précédemment qu'un des principaux offices des talapoins est de dire le *tara* ou faire la prédication. Le *Vini* leur prescrit de prendre pour modèle les sermons de Godama, dans lequel ce dieu parle beaucoup des aumônes et de leur mérite, et où il prescrit de nombreuses et excellentes règles de morale. — M. Leconte donne d'amples extraits de ces sermons, auxquels nous nous contenterons de renvoyer les lecteurs curieux d'approfondir ce sujet. — Ce que nous avons dit sur l'organisation de l'ordre des talapoins et sur les devoirs publics ou privés de ces religieux nous paraît suffire pour montrer le rôle qu'ils jouent dans la société birmane et l'influence qu'ils y exercent.

DÉTAILS SUR LES MŒURS ET COUTUMES DES BIRMANS.

Nous devons la plupart des détails de mœurs qui font le sujet de ce chapitre, comme aussi le plus grand nombre des notions précises que nous avons recueillies sur la civilisation birmane, au Père San-Germano, à Crawfurd, au mémoire, comparativement récent, publié par M. Leconte dans la *Revue de l'Orient*, et aux relations de Cox, Alexander (1), Smith et autres voyageurs modernes. — Nous avons également consulté les anciens voyageurs.

Tous s'accordent à représenter les Birmans comme étant de taille moyenne et ayant les membres bien proportionnés; il est rare de voir parmi eux des hommes difformes (2). Comme dans

(1) « *Lieutenant Alexander's Travels*, etc. » in-4°, London, 1827.

(2) Nous avons vu (p. 319) que Smith assigne aux peuples de l'Indo-Chine une taille moyenne de cinq pieds trois pouces anglais. — Le lieutenant Alexander, parlant de la population de Rangoun, donne aux hommes (ce qui doit être fort exagéré) une taille moyenne d'environ cinq pieds huit pouces anglais, quelques-uns plus grands, mais rarement. — Il les représente comme athlétiques et très-robustes, avec des membres droits et très-musclés : les femmes de petite taille, mais bien

presque tous les pays chauds, les enfants sont nus jusqu'à l'âge de sept à huit ans, exposés à l'ardeur du soleil et à la pluie : aussi, quand ils deviennent adultes, ils sont alertes, robustes, et peuvent supporter toute espèce de fatigue. Les hommes du peuple vont pour ainsi dire toujours nus, sous les pluies, qui sont abondantes dans la partie méridionale du royaume.

Les Birmans, au dire de la plupart des voyageurs, ont une physionomie ouverte, agréable, et remplie de douceur ; les traits de leur visage n'ont pas la régularité de ceux des Hindous ; ils ont les pommettes des joues saillantes, la bouche grande, et les yeux obliques comme les Chinois. La couleur du visage et du corps est olivâtre plus ou moins foncé. Les femmes sont, en général, plus laides que les hommes, mais elles ont le teint plus clair : cela provient sans doute de leur vie sédentaire. Les hommes de sang mêlé (*birman* et *siamois*) sont plus blancs que les autres ; il n'y a pas de différence sensible pour le teint entre les métis portugais et birmans et les autres habitants.

Les hommes se ceignent les reins avec une pièce d'étoffe qui leur descend jusqu'aux talons, et qui a huit à dix mètres de longueur. Ils s'en couvrent quelquefois les épaules. Ils en relèvent les plis, surtout quand ils sont en voyage, et s'en entortillent le corps à partir du dessus des genoux. Quand un Birman se rend à la pagode, pour faire ses adorations à Godama, il met une espèce de chemise de toile blanche, ou de coton jaune écru, ouverte par devant, et qui descend jusqu'aux genoux. Il en est de même quand il va visiter un fonctionnaire ou toute autre personne d'un rang élevé, même un étranger.

Les fonctionnaires publics, qui sont très-nombreux, portent dans les grandes occasions, et dans les principales fêtes de l'année, un costume d'étiquette plus ou moins riche. Ils ont une espèce de justaucorps à manches (*engi* en birman, selon Crawfurd), sur lequel passe le baudrier, qui supporte un énorme sabre, droit, à fourreau doré ; ils portent au cou une espèce de pèlerine en velours de couleur, qui a trois rangs de collets découpés en festons, et bordés chacun d'un large galon d'or. Ils se coiffent d'un espèce de chapeau chinois doré, qui a la forme d'une pagode : cette coiffure, portée sur le sommet de la tête, est attachée sous le menton au moyen de larges jugulaires dorées, qui couvrent en partie les joues.

Le vêtement des femmes consiste en une pièce d'étoffe moins longue que celle des hommes, mais un peu plus large ; elle est généralement à grandes raies de couleurs vives dans le sens de la largeur : toutes s'en ceignent les reins. Chez les jeunes filles elle couvre les seins. Cette espèce de robe ou jupe (en birman *thabi*) descend jusqu'aux pieds ; tendue sans être drapée, elle reste ouverte sur le devant ; de manière que lorsque les femmes marchent, leurs jambes et une partie des cuisses restent à découvert (1). Quand elles sortent de leurs maisons, et particulièrement quand elles vont à la pagode, elles se revêtent d'une chemise semblable à celle des hommes, mais un peu plus courte.

(1) Les anciens voyageurs assignent à ce costume des femmes, tant au Pégou qu'à Siam, une origine singulière. — Gasparo Balbi (*Viaggio del l'Indie orientali*, etc. ; Venise, 1590) et Césare de Fédrici (*Viaggio nell'India orientale*, etc. ; Venise, 1587) sont très-explicites à cet égard : le dernier s'exprime ainsi :

« Les femmes, à quelque condition qu'elles
« appartiennent, portent une chemisette qui
« descend jusqu'à la ceinture et de là jusqu'au
« col de pied ; elles ceignent une pièce d'étoffe
« de trois brasses et demie, ouverte par de-
« vant, et tellement étroite qu'elles ne peuvent
« faire un pas sans montrer leurs cuisses
« presque jusqu'au haut, bien que, tout en
« marchant, elles feignent de s'efforcer de
« les tenir couvertes à l'aide de leurs mains,
« ce qui n'est pas possible vu l'étroitesse du
« vêtement. — On dit que cette coutume fut
« introduite par une reine du Pégou, dans
« le but d'appeler l'attention des hommes sur
« les personnes du beau sexe et de les éloi-
« gner ainsi de leurs *mauvaises habitudes*
« (« vitio contra naturam »). » P. 173.

Balbi tient précisément le même langage : F° 126, recto et verso.

M. Leconte fait aussi allusion à cette tradition.

faites et de formes agréables, le nez excepté, qui est en général plat ; l'air vif et inquisitif, etc.

Sur leurs épaules elles portent une sorte de mantille de mousseline ou de soie. Les personnes des deux sexes portent des sandales faites en cuir ou en bois ; celles qui sont en cuir sont presque toujours revêtues de drap d'Europe rouge ou vert. Dans les maisons les femmes sont pieds nus ; c'est pour elles une grande indécence que d'en montrer la plante, même ayant la chaussure dont je viens de parler. Quand une jeune fille riche s'agenouille dans la pagode, sa mère ou une esclave a soin de lui entortiller les pieds avec l'extrémité de la pièce d'étoffe qui fait son principal vêtement.

Les Birmans s'occupent beaucoup de leurs cheveux, qu'ils aiment à porter longs. Pour les conserver brillants, noirs et lisses, ils les frottent chaque jour avec de l'huile de *sésame*. Les hommes les réunissent sur le sommet de la tête, où ils sont attachés le plus souvent avec une aiguille ; ils se ceignent ensuite le front avec un mouchoir blanc ou de couleur, qui laisse en dessus la chevelure à découvert et qui est noué sur le côté de la tête ; ils aiment beaucoup à en tenir les pointes saillantes comme des aigrettes. Les femmes lient leurs longs cheveux avec un ruban rouge, et les laissent tomber sur le dos.

Tous les habitants du royaume, même les jeunes filles, étaient autrefois dans l'habitude de teindre leurs dents en noir ; cet usage paraît avoir cessé de nos jours parmi les jeunes gens des deux sexes. — Les hommes comme les femmes mettent beaucoup de vanité à montrer leurs bijoux et leurs ornements d'or et d'argent ; et si le roi leur permettait de se vêtir à leur goût et à leur fantaisie, ils dépenseraient tous leurs biens en vêtements et en ornements ; d'autant plus que dans ce pays on ne lave jamais les étoffes et le linge, et qu'il faut conséquemment, pour se tenir propre, renouveler souvent sa garde-robe : aussi, comme le pauvre peuple porte plus d'étoffes de couleur que d'autres, et qu'il les fait durer longtemps, il en résulte que l'ensemble de la population, excepté les jours de fête et de cérémonie, a un aspect de malpropreté, qui contraste avec celui de la généralité des peuples de l'Inde.

Les reines, les femmes de fonctionnaires et celles de race européenne, peuvent seules porter des tissus brodés d'or et d'argent. Il n'y a personne qui n'ait au doigt une bague ornée d'un diamant, d'un rubis, ou d'un saphir. Les jeunes filles, jusqu'à ce qu'elles soient mariées, ainsi que les jeunes gens jusqu'à l'âge de seize à dix-sept ans, portent des colliers d'or de formes variées, des bracelets de même métal, et aux pieds des anneaux d'argent ; ils ne peuvent pas avoir ces derniers en or ; il y a peine de mort pour ceux qui en porteraient de tels, cet ornement étant réservé pour la famille royale seulement.

Tous les Birmans des deux sexes ont les oreilles percées ; le jour où on les leur perce est un jour de fête et de solennité pour les familles ; c'est une distinction toute nationale. Dans le principe le trou est petit, mais ensuite on l'agrandit au moyen d'une feuille de métal d'or pour les gens aisés, roulée en spirale comme un ressort ; sa longueur est de huit à neuf centimètres et sa largeur de cinq à six ; ce petit cylindre est introduit dans le trou, et il tend par sa construction à l'agrandir continuellement. Nous ne savons quel nom ils donnent à cet ornement ; les Européens l'appellent *oreillettes* ; il a d'ordinaire la forme et la grosseur d'un long bouchon de bouteille commune ; il n'a rien de désagréable pour l'œil habitué à le voir.

Les hommes ont la coutume bizarre de se tatouer les cuisses en noir : ils pratiquent cette opération en se piquant la peau et en y introduisant, selon M. Leconte, le suc de certaines plantes, selon Crawfurd, du noir de lampe mélangé avec le fiel d'un certain poisson : cette partie du corps en est entièrement couverte. Un grand nombre fait descendre ce tatouage de manière à recouvrir une partie des jambes ; d'autres aiment mieux se faire graver sur ces dernières des figures de tigre, de chat, ou de quelque autre animal. « Aujourd'hui, dit M. Leconte, les Pégouans partagent cette coutume avec les Birmans : cependant il m'est quelquefois arrivé de demander, par curiosité, aux individus qui venaient me voir, s'ils étaient *biamma* ; aussitôt, pour m'en donner la preuve et m'ôter tout doute à cet égard, ils me montraient

22.

leur tatouage. Du reste, ils mettaient assez d'affectation à ce qu'il y eût assez de peau à découvert pour qu'on pût l'apercevoir. » Cette coutume aurait été introduite en même temps que le vêtement indécent prescrit aux femmes, afin que les femmes pussent plaire davantage, et que les hommes avec cette teinture fussent rebutés.

La vanité des Birmans les porte à faire de grandes dépenses pour les ornements d'or, de pierres précieuses et pour leurs vêtements; mais pour les autres choses, même les plus essentielles, ils sont d'une sordidité sans exemple; et voici la raison qu'ils en donnent : « Tout le monde remarque votre vêtement, mais personne ne vient voir chez vous ce que vous mangez, ni comment vous dormez. » Aussi, on observe dans la nourriture, le coucher, et les maisons une grande simplicité. Excepté à Rangoun, où, à cause de l'affluence des étrangers, il est toujours ou presque toujours permis de vendre de la chair de cerf, de porc, des poules ou du poisson, les Birmans ont une nourriture fort simple, rebutante même pour un Européen; elle consiste dans du riz cuit avec de l'eau sans sel, et qui a pour assaisonnement du *cari* dans lequel ils mêlent un peu de chair corrompue de bœuf ou de cheval, et c'est ce qu'ils trouvent le meilleur (1). Bien que, suivant leurs lois, il ne soit pas permis de tuer des animaux, cependant la pêche est tolérée, parce qu'elle est nécessaire pour faire le *gnapi*, qui est le principal assaisonnement de leurs mets. On tolère aussi à Rangoun la chasse du cerf, du lièvre et du petit gibier; cependant un bon observateur de la loi ne tuera jamais un animal, quoique sauvage.

« Pendant mon séjour dans cette ville, dit M. Leconte, le gouverneur m'avait autorisé à faire l'achat de quelques bœufs, pour servir à la nourriture de l'équipage de *la Fortune;* c'était une faveur tout exceptionnelle. Je ne pouvais les envoyer chercher que pendant la nuit et en dehors de la ville; les paysans les conduisaient au rivage, et s'enfuyaient ensuite à toutes jambes, ne voulant pas être témoins d'un acte aussi irréligieux que d'embarquer un tel animal pour le tuer et en faire sa nourriture. »

Les Birmans font deux repas par jour : l'un le matin, vers neuf heures, et l'autre au coucher du soleil. Quand le riz est cuit *dur*, c'est-à-dire que les grains se détachent facilement les uns des autres, on le verse dans un plat de bois qui est soutenu par un pied aussi de bois, et deux ou trois personnes, même davantage, assises par terre ou sur des nattes rangées autour du vase, mangent avec les mains, assaisonnant le riz, ainsi qu'il a été dit, avec du cari. Dans les fêtes, ou bien à la mort d'une personne (occasion dans laquelle on invite toujours les gens à manger), on ne manque pas de présenter trois ou quatre espèces de cari, de poisson, de la chair frite, et même des pâtés doux, faits avec la farine de riz et avec du *Jagre*. Leur boisson est l'eau pure. Avant la fin du règne de Zempuiscien il était permis de boire du vin et même de s'enivrer; mais en général les Birmans voient un aussi grand péché dans une goutte de vin prise que dans l'acte d'en avoir bu avec excès.

Leur vin n'est point fait avec du raisin, car ils connaissent à peine la vigne : c'est une liqueur qui est préparée avec du riz, comme l'arak, ou bien avec du sucre de palmier dissous dans l'eau et distillé, qu'on laisse fermenter pendant plusieurs jours. Les *Karians* (1) font usage de ce vin, qui leur est permis ainsi qu'aux chrétiens, parce que leur religion ne le leur défend pas; mais ceux qui naissent sur le sol birman supportent la même prohibition que les Birmans eux-mêmes.

Le lit consiste en une natte, étendue sur le sol, et un petit oreiller. Les voyageurs, au lieu d'oreiller, mettent sous leur tête un morceau de bois; seulement ceux qui sont aisés couchent sur des lits en bois, très-bas, et sur un très-mince matelas de coton; il se couvrent avec un ou deux draps de coton, suivant la température. En général, pour les voyageurs la même pièce d'étoffe qui sert de vêtement sert aussi de cou-

---

(1) Les forgerons birmans, selon Alexander, ont l'habitude de manger de la viande de cheval, qu'ils croient extrêmement fortifiante.

(1) *Karians*, *Karens* de Crawfurd.

verture. Les maisons, qui sont presque toutes en bambou et recouvertes de paille ou de feuilles sèches, ont une charpente en grosses poutres de *teck* : généralement elles n'ont qu'un rez-de-chaussée ; elles sont plus ou moins grandes, suivant le nombre des personnes qui composent la famille. On les divise, au moyen de cloisons faites avec du rotin tressé, en plus ou moins de pièces, qui servent à divers usages : pour dormir, faire la cuisine, etc. Les maisons des fonctionnaires publics sont en bois de *teck*, n'ont aussi qu'un rez-de-chaussée, et sont soutenues par des piliers du même bois. Il en est de même de celles des personnes riches ; mais les maisons des dignitaires sont recouvertes de tuiles très-fines, d'une forme presque carrée, unies, avec un rebord à leur extrémité, de deux centimètres de hauteur, afin qu'elles puissent se soutenir sur les traverses. Les maisons des fonctionnaires, quant à l'extérieur et au toit, ont une forme différente des autres ; mais cette forme varie suivant leur état et leur dignité. Cette manière de bâtir convient parfaitement dans les pays sujets aux tremblements de terre. Ce phénomène se présente rarement dans l'empire birman ; il n'inspire aucune crainte sérieuse, l'expérience ayant prouvé qu'il ne cause aux modestes demeures des indigènes aucun des accidents qu'entraînent des constructions plus solides ; cependant aussitôt que les Birmans ressentent les premières secousses, chacun d'eux bat fortement, avec du bois ou avec les mains, les parois de sa propre maison en poussant de grands cris. Ce qui porte le peuple à cet usage, c'est la croyance qu'il a que les tremblements de terre sont occasionnés par un mauvais esprit, qu'ils cherchent à épouvanter par des cris et par des clameurs. Pendant toute une année après la secousse éprouvée, une coutume superstitieuse leur prescrit de ne point construire de maisons. Le palais du roi diffère des maisons des dignitaires par l'étendue de l'édifice, par la multitude des appartements (1), et par un grand vestibule ou portique où le roi, assis sous un parasol blanc, a l'habitude de donner des audiences publiques : là il reçoit aussi les officiers, qui journellement viennent prendre ses ordres ; ils se mettent tous à genoux devant lui, élevant de temps en temps, surtout quand il leur parle, les mains jointes au-dessus de leur tête. Une des anciennes coutumes du pays est que le roi donne chaque jour de nouveaux ordres pour les vêtements d'étiquette qui doivent se porter et pour la police du royaume. Quand les dignitaires sont dans le palais, ils affectent de n'avoir entre eux pour sujet de conversation que les louanges du monarque. L'enceinte du palais est une immense citadelle, qui est le dépôt général de l'artillerie et des munitions de toute espèce que le roi possède : aussi, dit M. Leconte, quand la résidence royale est prise le royaume est réputé assujetti.

Généralement, pour la forme et la grandeur des maisons, il y a chez les Birmans une étiquette sévère ; il n'en coûterait rien moins que la vie à celui qui voudrait se construire une maison sur une forme que ne comporterait pas sa dignité ; et surtout s'il la voulait peindre en blanc, couleur réservée aux membres de la famille royale. Les maisons ont peu ou point de fenêtres, et celles qui existent sont petites ; il n'y a que les princes et les dignitaires qui puissent en avoir de grandes. Les maisons n'ont toutes qu'un seul étage, parce que les Birmans regardent comme une chose vile et abjecte d'habiter un endroit au-dessus duquel logent d'autres personnes, et surtout des femmes (1).

---

(1) Le palais du roi à Ava contient, selon le colonel Burney, cent dix-sept appartements ; sa longueur est de quatre cent quarante mètres, environ. — Sur le front de l'édifice se trouve une sorte de pyramide à gradins, haute de deux cent six pieds anglais (soixante-trois mètres.) Cette pyramide est richement dorée, ainsi que les divers bâtiments intérieurs.

(1) Crawfurd cite un exemple remarquable de la répugnance qu'un Birman de quelque distinction éprouve à s'exposer au danger de se trouver momentanément *sous les pieds* d'une personne quelconque, particulièrement d'une femme. — Un *wounghie* était venu rendre visite à l'envoyé, à bord du bateau à vapeur (avec une suite de quatre à cinq cents hommes) : on l'avait reçu sous la tente : il vint à pleuvoir, et l'envoyé insista pour que S. Ex. descendît dans la chambre de poupe : il s'en défendit longtemps, dans la crainte que

Les maisons, tant de bois que de bambou, semblent assez propres à l'extérieur; mais il règne dans l'intérieur une confusion et un désordre qui choquent un œil européen; et cela s'observe même dans celles des fonctionnaires, et dans les *baos* des talapoins, qui sont les édifices les plus beaux du pays.

Les négociants à Rangoun et à Basséin ont la permission de choisir pour leurs maisons la forme qui leur plaît; ils peuvent même les faire construire en briques, comme on le fait au Bengale et à la côte de Coromandel, ce qui n'est point permis aux Birmans; cependant ils aiment mieux s'en faire construire en bois de *teck*, non parce qu'il manque de briques dans le pays, mais parce que, le climat étant humide, il est prouvé que les maisons en bois sont plus saines que les maisons en maçonnerie: aussi l'on voit fort peu de ces dernières, et elles servent plutôt de magasins que d'habitations.

D'après la nature du gouvernement birman, on peut facilement comprendre que les indigènes ont des habitudes serviles et timides. Chaque Birman conçoit qu'il est esclave, et il proteste qu'il l'est, non-seulement devant le roi et les magistrats, mais encore en présence des personnes qui lui sont supérieures, soit par la fortune, soit par l'âge et les qualités morales: quand il leur parle, il ne dit jamais *moi*, mais *kiundo*, qui veut dire « votre *esclave* ». Quand un Birman demande quelque grâce ou quelque faveur au roi, à un dignitaire ou autres personnes d'un rang élevé, il fait tant d'adorations ou d'actes d'humilité, qu'il semble être en la présence d'un Dieu; quand il veut obtenir quelque chose, même d'une personne de son rang, il se met à genoux, élève les mains, et se prosterne. Autant il est vil et lâche devant le roi et les magistrats, autant il est fier, présomptueux, et impérieux avec ceux qu'il croit ses inférieurs; il n'y a point de mépris, d'oppressions et d'injustices dont un Birman ne soit prêt à accabler les autres quand il se croit protégé par le roi ou les gouverneurs. Vil et abject dans l'adversité, il est superbe et arrogant dans la prospérité. Il n'y a personne, quelque pauvre et quelque obscur qu'il soit, qui n'aspire à quelque emploi public; de même que c'est une chose fréquente dans ce pays de voir des hommes qui la veille jouissaient de peu ou point de considération devenir tout à coup, par un caprice du roi, ministres ou généraux. On assure que rien n'est plus curieux que de voir un Birman, qui était humble, affable et poli, affecter, aussitôt qu'il est devenu fonctionnaire, un ton de supériorité grave, et prendre un air imposant et sévère, qui fait un contraste singulier avec sa conduite habituelle.

La loi de Godama ne permet pas d'avoir plus d'une femme; cependant les riches entretiennent une ou plusieurs concubines, qu'ils gardent dans des maisons séparées pour éviter les discussions qu'elles pourraient avoir entre elles. Cette même loi veut que l'homme demeure jusqu'à sa mort avec sa femme légitime, et l'opinion publique, d'accord en cela avec les prescriptions religieuses, flétrit celui qui s'en sépare. Cependant les divorces sont très-fréquents, et il faut en chercher la cause dans les circonstances qui font perdre de bonne heure aux femmes birmanes leur fraîcheur et leur beauté relatives. Quand elles sont jeunes filles, elles sont toujours avenantes et gaies; mais aussitôt après avoir eu un enfant les Birmanes deviennent souvent tellement difformes, qu'elles ne sont plus reconnaissables. Cela provient moins de la nourriture, qui n'est pas substantielle, que de la manière dont on traite les femmes en couches. A peine l'enfant est-il né, qu'on allume un grand feu et d'une telle chaleur, qu'il est difficile à supporter, même pour ceux qui sont bien portants: il est entretenu jour et nuit avec beaucoup de soin, et la malheureuse accouchée, étendue à côté, doit en supporter l'ardeur ayant le corps découvert; souvent il arrive qu'il lui cause des bouffissures à la peau. L'action de ce feu, qui dure dix ou quinze jours, est si

---

quelqu'un ne vint à marcher au-dessus de sa tête; il fit demander très-sérieusement si aucune femme avait jamais mis le pied sur la poupe, et ce ne fut que sur les assurances réitérées qu'on lui donna du contraire qu'il se décida enfin à descendre. — Les Siamois sont esclaves du même préjugé.

violente que les pauvres créatures en sont desséchées et toutes noircies. Il est difficile de comprendre comment cette barbare coutume s'est maintenue malgré l'expérience que les Birmans doivent avoir de ses fatales conséquences.

Ainsi qu'il a déjà été dit, la loi de Godama ne permet à ceux qui l'observent que d'avoir une seule femme. Quand un Birman a fait choix d'une jeune fille et qu'il désire l'épouser, il envoie chez elle des personnes d'un âge avancé pour traiter avec ses parents, ainsi que pourraient le faire des courtiers de commerce. Comme le prétendu doit aller habiter chez sa femme et lui apporter une dot selon sa fortune, les entremetteurs mettent beaucoup d'application à régler convenablement ce dernier point. Quand les parents consentent, le contrat est dressé et le mariage conclu sans autre cérémonie. Alors, l'époux accompagné de ses parents et de ses amis, se rend chez sa femme, où il habite pendant trois ans, après lesquels, s'il est mécontent, il peut la prendre et la conduire ailleurs. Très-souvent les mariages se contractent entre le jeune homme et la jeune fille, sans le consentement des parents, et même malgré leurs expresses défenses; en cela les lois et les usages des Birmans sont favorables à la liberté des contractants; car ils prescrivent que ni le père ni la mère n'ont le droit de forcer leurs enfants à se marier avec des personnes qui ne leur conviendraient pas.

Les Birmans observent pendant la première nuit des noces une coutume aussi bizarre qu'extravagante : une troupe de jeunes gens se rassemblent autour de la maison de la mariée, y jettent tant de pierres et de morceaux de bois, qu'ils finissent souvent par briser les toits, atteindre les vases de la cuisine et même par blesser les personnes qui sont dans l'intérieur, et cela se continue jusqu'au matin. Il n'y a pas d'autre moyen de se préserver de ces insultes joyeuses que de se marier secrètement. L'origine et le but de cette coutume sont tout à fait inconnus.

Un des cinq préceptes que chaque homme est obligé d'observer est celui de ne pas mentir; mais le Birman est bien loin de le suivre : il est tellement enclin au mensonge, qu'il ne semble pouvoir dire la vérité; on dit même communément d'un homme qui parle sincèrement et qui ne ment pas, que c'est un niais et un bon enfant, et qu'il n'est point fait pour les affaires. Nous avons déjà signalé (p. 322) ce trait remarquable du caractère birman : il est inutile d'insister davantage sur ce point.

Quoique la qualité des terres, leur étendue, l'abondance des pluies, assurent de grandes récoltes à ceux qui se livrent à l'agriculture, le Birman, naturellement paresseux, se contentera de ne travailler qu'à ce qui lui est nécessaire pour l'entretien de sa famille et le payement de ses impositions. Enclin au repos, il aimera mieux, dans la belle saison, passer ses jours à fumer (1), à causer et à mâcher le bétel, ou bien à servir un officier de haut rang en qualité de garde, qu'à travailler utilement la terre.

Le Birman est enclin au jeu; celui qu'il préfère, d'après San-Germano, s'appelle *cognento*; il consiste à jeter certains fruits sauvages dans de petits trous creusés dans la terre, à peu près comme chez nous les enfants font avec des noix et des billes de marbre. Les hommes les plus âgés et les plus sérieux sont ca-

(1) Nous avons déjà dit que l'usage du cigare est universellement répandu parmi les Birmans des deux sexes et de tout âge. — Les mères nourrissent leurs enfants jusqu'à l'âge de deux ans environ; mais Alexander assure en avoir *vu* fumer son cigare avec délices après s'être amplement repu au sein de sa mère! Hommes et femmes ont l'habitude de fourrer leur cigare dans le trou dont le lobe de l'oreille est percé. — Le cigare birman se compose de deux tiers de tabac et d'un tiers de bois haché, le tout enveloppé d'une demi-feuille de *ficus indica*. L'immense consommation qui se fait de ce narcotique donne lieu à une industrie particulière dont nous devons dire quelques mots. — Dans toutes les rues des grandes villes ou des bourgs on voit de jeunes filles qui n'ont d'autre profession que de vendre des cigares aux passants; elles y gagnent beaucoup d'argent, des amants et quelquefois un mari : elles commencent ce petit trafic dès l'âge de douze ou treize ans, et le continuent jusqu'à ce qu'elles soient mariées ou même après.

pables de passer des journées entières à ce jeu. Ils ont une espèce de jeu d'oie, et une sorte de cartes en ivoire, lesquelles leur viennent de Siam. Ils font aussi de petits ballons tressés avec du rotin, qu'ils lancent et reçoivent, non avec les mains, mais avec les pieds; à certaine époque de l'année les jeunes gens passent plusieurs heures de la journée à cet exercice, que nous avons décrit plus haut (p. 324). Mais les jeux pour lesquels la jeunesse montre une sorte de fureur, de même que le font les habitants de Luçon et d'autres îles du grand archipel d'Asie, sont les combats de coqs, dont ils arment les pattes avec des dards et des couteaux : le Birman dont le coq est vainqueur dans cette lutte sanglante est fier de son triomphe.

L'oisiveté porte souvent les jeunes gens à devenir voleurs de profession, et le pays en abonde. La rigueur avec laquelle on punit le vol ne suffit pas pour réprimer la rapace avidité du Birman.

Comme toute règle a son exception, on ne doit point, d'après ce qui vient d'être dit, croire que parmi les Birmans il n'y ait point d'hommes vertueux, affables, courtois, bienfaisants, et même reconnaissants pour les services qu'on leur a rendus. On cite des exemples de naufragés qui ont reçu dans quelques villages du Pégou un accueil et une hospitalité qui ne se rencontrent pas toujours dans nos pays civilisés.

Une chose pour laquelle le Birman mérite d'être loué, c'est l'observance générale des fêtes, et la générosité qu'il met souvent à dépenser tout ce qu'il possède pour le bien public.

« Dans un mois qui est *lunaire*, dit M. Leconte, c'est-à-dire dans celui où se trouve une révolution entière de cet astre, la nouvelle, la pleine lune, ainsi que les deux quadratures, sont autant de jours de fête : dans ces jours, chacun abandonne son travail quotidien, et se rend avec un religieux empressement aux pagodes, pour adorer Godama et lui offrir du riz cuit et des fruits. Que le temps soit pluvieux ou orageux, que la pagode soit éloignée, même de plus d'une lieue, personne ne manquera à cet acte de piété. Il est difficile de se figurer l'affluence du peuple que l'on rencontre sur les routes qui y conduisent. Tous portent sur leurs épaules un bâton aux deux bouts duquel sont suspendues les offrandes. Après avoir fait leurs dévotions, il y en a qui s'en retournent chez eux; mais le plus grand nombre reste autour des pagodes; ils se mettent à l'abri dans des salles ou loges publiques qui en sont voisines, passent tout le jour à lire (tous les Birmans, ou à peu près tous, savent lire) divers livres de religion, à parler de Dieu et de ses lois, et, après avoir pris un seul repas avant midi, passent la nuit dans ces mêmes lieux, loin de leurs femmes. »

Outre les aumônes qu'ils font tous les jours à leurs talapoins (comme le peuple vit de peu, il n'y a pas de pauvres qui mendient), les Birmans mettent toujours de l'argent de côté pour construire soit un baos, soit une pagode, une salle ou loge, ou bien un de ces édifices qui servent sur les routes au repos des voyageurs, et que les Européens de l'Hindoustan appellent *chauderies* ou *bangalos*, un étang, un pont, etc. Ils sont très-portés à ces sortes d'œuvres, et ils se privent volontiers des choses nécessaires pour pouvoir construire de ces monuments publics. Il est vrai qu'ils sont mus en cela par la vaine gloire et l'ambition de se distinguer, et aussi par des motifs religieux qui leur font croire que pour chaque œuvre méritoire ils seront récompensés dans les transmigrations futures; ainsi ils croient qu'ils renaîtront hommes doués de beauté, savants, riches, et qu'ils arriveront à prendre rang parmi les Nats, etc. « Celui qui a construit une pagode, un baos, une loge, dit M. Leconte, reçoit du peuple les titres de *prátaga*, *kyoumtaga*, *zarataga*, c'est-à-dire bienfaiteur de pagode, de baos, de loge, etc. : ce sont des titres honorifiques qui valent pour eux nos titres de ducs, de marquis, de comtes, etc. Leur vanité est encore excitée dans les fêtes qu'ils ont l'habitude de célébrer le jour qu'ils consacrent ou dédient un baos, ou bien celui où ayant terminé un édifice d'utilité publique, soit un pont, soit une pagode, ils l'offrent au public. Dans ces jours on fait le *saducco*, ce qui veut dire « convocation du peuple pour le féliciter de l'œuvre faite ». On a coutume de donner un banquet à tous ceux qui viennent. Ces festins sont accompagnés d'une musique de tous leurs instruments, de bals et de chants.

Les instruments de musique que nous trouvons mentionnés dans les diverses relations sont peu variés. Le principal est le tambourin, dont la caisse est faite de rotin tressé, ou d'un gros tronçon de bambou, et recouverte de peau. M. Leconte parle d'une roue dans l'intérieur de laquelle sont suspendus plusieurs morceaux de cuivre et de laiton de diverses grandeurs; mais il n'entre dans aucune explication qui puisse faire comprendre le parti qu'on tire de ce singulier instrument. Quoi qu'il en soit, le tambourin et la roue musicale en question, presque toujours accompagnés d'une espèce de hautbois, figurent dans les cérémonies publiques et dans les fêtes. Parmi les autres instruments que l'on entend chez les officiers publics et dans les maisons particulières, les deux les plus remarquables sont « le crocodile », qu'ils appellent ainsi parce qu'il a la figure de cet animal, et le *pattala*: le premier, espèce de grosse flûte, qui a un son assez ressemblant à celui du trombone; l'autre, de la forme d'un petit bateau, recouvert de bandes d'écorce de bambou, que l'on frappe avec deux baguettes et qui produit un son assez agréable.

« Il y a dans le pays des danseuses de profession, qui sont une imitation des bayadères, tant pour le costume que pour le caractère de leur danse; mais elles ne sont pas, comme dans l'Hindoustan, attachées aux pagodes, bien s'en faut, puisque les talapoins ont fait vœu de chasteté (1). Quant aux danses du peuple, elles sont bizarres et insignifiantes;

(1) Certaines chanteuses et danseuses de profession sont, en effet, attachées aux temples hindous; mais cela n'implique pas nécessairement des relations de la nature de celles que cette comparaison pourrait faire soupçonner. Nos réserves faites à cet égard en ce qui concerne l'Hindoustan, nous ferons observer que plusieurs voyageurs européens parlent avec de grands éloges des bayadères birmanes. — Cox, entre autres, s'extasie sur les talents d'une petite danseuse et chanteuse d'une dixaine d'années! (Voir, sur la condition des chanteuses et danseuses dans l'extrême Orient, ce que nous avons dit p. 46 et 48 de ce volume.)

elles consistent principalement en contorsions continuelles du corps, de la tête, des mains et des doigts: ils y mettent tant d'action qu'ils ont l'air de démoniaques. »

Dans toutes les fêtes des Birmans ils brûlent des feux d'artifice, dans lesquels il n'entre que de grandes fusées; si en prenant feu elles s'élèvent droit dans les airs à de grandes hauteurs, la joie de ceux qui les ont lancées est une sorte de fureur, à laquelle ils donnent cours par des hurlements, des chants et surtout des danses. Ces fusées, plusieurs jours avant la fête, sont portées en procession dans les habitations; elles sont précédées des musiciens et de la plus grande partie de ceux qui ont concouru à la dépense. Dans le trajet, ils dansent et chantent des chansons qui font allusion à la bonté des fusées, à la force de la poudre qui les fera voler vers le ciel, etc. — Dans toutes leurs réjouissances publiques, à ce qu'assure M. Leconte, les Birmans se livrent à des luttes ou exercices de pugilat, dans lesquels ils ils sont fort adroits. Les prix destinés aux vainqueurs consistent en mouchoirs, morceaux d'étoffe et autres menus objets. — Un de leurs grands amusements dans ces fêtes est d'assister à des comédies que l'on fait jouer à de grandes marionnettes; ce spectacle se donne en plein air, le soir, un peu avant la nuit, et souvent même aux flambeaux.

Les observations suivantes nous montrent le caractère birman sous un aspect plus sérieux et plus recommandable.

« Il est facile de concevoir tout le bien qui résulte pour la société birmane de l'empressement des gens riches à faire construire des édifices d'utilité publique; car dans ce pays il n'y a pas d'hôtelleries pour les voyageurs, et le gouvernement ne prend soin ni de l'entretien des ponts ni de la propreté des rues et des routes. La sollicitude des Birmans pour les voyageurs est telle, que, de distance en distance, sur les chemins se trouvent placés de grands vases pleins d'eau, avec une moitié de noix de coco au bout d'un manche pour la puiser.

« Une chose remarquable chez les Birmans, c'est le respect qu'ils portent à la vieillesse; les vieillards sont les plus écoutés dans une conversation; ils ont la première place parmi tous, et on ne leur adresse la parole qu'avec déférence et vénération. — Excepté les magistrats et les talapoins, qui, les uns à cause de leurs dignités et de leurs charges, les autres pour des motifs religieux, reçoivent du peuple des honneurs excessifs, tous les autres individus sont sur le pied de la plus grande égalité, et se considèrent tous comme ayant le même rang et la même condition. Quand les magistrats ou autres fonctionnaires sont dépossédés de leurs charges, et lorsque les talapoins déposent leur habit, on n'a plus pour eux ni égards ni considération. Que les hommes des castes les plus méprisées de l'Inde, de l'Afrique, de la Chine, et de quelque couleur que ce soit, arrivent dans le pays, ils reçoivent des Birmans le même accueil et les mêmes attentions que tout autre étranger; on les traite avec politesse et on les admet au repas de famille. — Les maîtres traitent le plus souvent leurs esclaves comme s'ils étaient leurs enfants, et les regardent comme membres de la famille. Il n'est pas rare de voir un esclave devenir le gendre de son maître. L'esclavage n'est pas perpétuel, et chaque esclave peut se racheter aussitôt qu'il en a les moyens.

« Ces dispositions bienveillantes n'empêchent pas les Birmans de vendre souvent leurs fils, leurs femmes, leurs filles, et de se vendre eux-mêmes, quand ils ont besoin d'argent pour payer les impôts ou des amendes pécuniaires; mais en général ce sont plutôt des engagements que des ventes, parce que le contrat par lequel la liberté de l'individu est ainsi aliénée n'est jamais souscrit que pour un temps limité. »

Les détails qui précèdent et ce que nous avons déjà eu occasion d'exposer de l'organisation sociale des Birmans, de leurs institutions, du développement de leur industrie agricole et manufacturière, suffisent pour démontrer que ce peuple est très-inférieur en civilisation aux Hindous et encore plus aux Chinois. — Crawfurd les regarde comme étant à peu près au niveau des Siamois, et ressemblant beaucoup dans leur condition sociale aux Javanais. — Ce qui nous reste à dire confirme pleinement ces conclusions.

MALADIES, REMÈDES; MÉDECINS DES BIRMANS; FUNÉRAILLES.

La nourriture peu substantielle et assez mauvaise des Birmans et l'excessive transpiration les préservent de beaucoup de maladies, que la bonne alimentation, l'abondance du sang et le froid font éprouver aux Européens. Les maladies inflammatoires des poumons, les rhumatismes, la goutte, leur sont inconnus, ainsi que toutes les conséquences d'un tempérament sanguin. Les maladies qui leur sont communes avec nous, telles que les fièvres muqueuses et pernicieuses, ne sont pas aussi longues et aussi obstinées qu'en Europe, les symptômes n'en sont pas aussi effrayants, et rarement elles sont accompagnées de convulsions et de délire. Mais, au contraire, les Birmans sont très-sujets aux maladies causées par la débilité et le relâchement, telles que la dyssenterie, le ténesme, la diarrhée; et parmi elles la plus meurtrière est celle qu'ils appellent *dapieck*, ce qui veut dire « digestion gâtée ». Ceux qui sont attaqués de cette dernière maladie, qui vient à la suite d'une dyssenterie ou d'une diarrhée mal soignée, ne peuvent rien digérer; ils rendent les aliments autant par la bouche que par les voies ordinaires, sans qu'ils aient subi la moindre altération, et les malades deviennent peu à peu si maigres, qu'il ne leur reste plus que la peau sur les os. Les Européens sont encore plus que les autres habitants du pays sujets à cette maladie, à cause des excès qu'ils commettent dans le manger, et encore plus de l'abus des liqueurs fortes qui se préparent dans l'Inde, comme l'arack de Batavia et le rhum du Bengale.

Une maladie propre à ce pays, et que les Birmans nomment *teh*, « la montante », est une espèce d'engourdissement qui, commençant d'abord aux pieds, s'élève peu à peu en s'étendant, et finit par un tel anéantissement de l'énergie vitale que le malade perd la parole et le sentiment. Ils l'attribuent aux vents; mais il faut en chercher la vraie cause dans le peu d'exercice que prennent les hommes à un âge avancé, et l'abus qu'ils font des aliments visqueux et acides : aussi les jeunes gens, les laboureurs, et ceux qui malgré la loi, font usage des liqueurs fortes, sont-ils exempts de cette maladie, fréquente chez les talapoins et ceux qui passent les nuits près des morts. L'unique remède qu'ils emploient est de se mettre trois, ou un plus grand nombre de personnes, à masser violemment et fouler quelquefois même avec les pieds, les membres du malade, pour exciter de la douleur, et ils font durer ce massage jusqu'à ce que le patient ait retrouvé le sentiment. L'expérience a prouvé que ce remède était souvent efficace; mais il est aussi souvent une cause de mort, et cela par suite de la force et de la vivacité avec laquelle on masse le patient. Ainsi il est arrivé de voir huit ou dix hommes vigoureux unir leurs efforts pour frotter avec une espèce de fureur tous les membres, le cou et la poitrine de personnes surprises d'un fort accès de *teh*, et la mort s'ensuivre, le malade ayant été pour ainsi dire étouffé.

Quoique le choléra fasse moins de ravages dans le royaume birman que dans quelques autres contrées de l'Inde, et qu'il n'y soit pas endémique, de temps à autre, cependant, il sévit avec assez d'intensité. Les habitants distinguent deux sortes de choléra, et ils les attribuent à de fortes indigestions. Dans un des deux il y a de suite évacuation, à laquelle succède immédiatement une sueur froide, des crampes, les hoquets, la défaillance et la mort. L'autre est appelé choléra *sec;* et il passe pour le plus dangereux : l'estomac, dans ce cas, devient inapte à expulser par les vomissements ou les selles les matières qu'il renferme; les souffrances et les convulsions sont plus terribles dans ce cas que dans l'autre, et la mort est plus prompte. Les Birmans ne peuvent apporter de remède efficace à cette terrible maladie; ils la traitent avec des astringents, qui souvent en accélèrent la marche. Les chrétiens habitant le pays font usage d'un singulier traitement, qui paraît être de quelque efficacité : il consiste à frapper continuellement avec vivacité et sans interruption, avec deux doigts, le bras nu du malade, et cela jusqu'à ce que cette partie soit devenue rouge et douloureuse; c'est, comme on le voit, une sorte de remède révulsif; ils y joignent l'usage de quelques tisanes adoucissantes.

Avant la conquête de l'Arakân, sous Badonsachen, la petite vérole faisait un incroyable ravage des pauvres habitants du royaume, moins par sa malignité et le préjudice que causait un mauvais traitement, que parce que ceux qui n'en étaient pas attaqués, craignant la contagion, voyaient mourir leurs parents et leurs voisins sans leur donner aucune assistance, et abandonnaient souvent les lieux habités. Les Arakânais conduits en esclavage dans le royaume, et qui avaient quelquefois heureusement pratiqué l'inoculation, introduisirent cette méthode, qui a depuis sauvé la vie à beaucoup d'individus de tout âge. Les missionnaires et quelques aventuriers européens, se disant médecins, ont cherché à y introduire la vaccine; mais jusqu'à ce moment l'usage de ce traitement préventif est peu répandu et presque inconnu. Les Birmans, ainsi qu'on a déjà été même de le juger, sont fort peu avancés dans l'art de guérir. — La bonne médecine est fondée sur des connaissances anatomiques approfondies, sur de longues études de l'organisation humaine, et sur les modifications que le traitement doit subir, tant par suite de la diversité des tempéraments que par la nécessité d'avoir égard aux influences des localités. *Godama*, qui paraît avoir voulu parler de tout dans ses sermons, sans connaître l'anatomie, assigne le nombre d'os, de veines, de nerfs et de parties dont se compose le corps humain. De plus, dans un livre classique de médecine birmane, il est dit que le corps est composé de quatre éléments; l'air, l'eau, la terre et le feu, et qu'il contient le germe de quatre-vingt-seize maladies; qu'elles sont causées par les pensées affligeantes, par les saisons, et les aliments; que celles produites par les pensées ont leur siége dans le cœur; que celles occasionnées par les saisons et les aliments l'ont dans le ventre, et que les symptômes des maladies doivent s'observer dans les cinq sens, la vue, l'ouïe, etc. Nonobstant ces belles connaissances, la médecine birmane consiste toute dans l'emploi de diverses racines, écorces d'arbres et autres simples, que les Shans, spécialement, trouvent en abondance dans leurs bois, et parmi lesquelles il y en a peu qui aient quelques vertus propres à guérir les maladies. Les médecins birmans font aussi un emploi excessif des épices, telles que le poivre long, le piment, la noix muscade, le girofle, etc. Ils vont souvent eux-mêmes rechercher les racines médicinales dans le temps des éclipses de soleil et de lune, parce qu'ils croient qu'elles ont alors une vertu bien supérieure. — Tout Birman, quel qu'il soit, peut exercer la médecine sans être assujetti à faire des études, à subir un examen quelconque; un diplôme n'est pas exigé, et l'on n'a besoin de l'autorisation de personne. Il n'est pas rare de voir des gens qui se livraient aux plus rudes travaux manuels, et sachant à peine lire, devenir tout à coup médecins et docteurs. Lorsqu'un Birman est malade, il est curieux d'entendre toutes les personnes qui viennent le visiter; car il n'en est aucune, quel que soit son sexe, qui ne veuille donner son opinion, et faire prendre une médecine appropriée à la maladie. — Quand les médecins sont appelés à visiter un malade, ils apportent avec eux un petit sac, qui contient une variété de tronçons de roseaux ou de bambous, contenant des poudres, des pilules, etc., qu'ils ont préparées eux-mêmes. Après avoir fait quelques questions, ils ouvrent le sac pharmaceutique, présentent au malade quelques pilules qu'ils lui font prendre dissoutes dans l'eau chaude, et en se retirant ils laissent trois ou quatre doses qui doivent être administrés pendant le jour et la nuit ; comme ils savent que la confiance des malades est d'autant plus grande que le médicament est plus désagréable à prendre, ils sont prodigues de préparations qui ne laissent rien à désirer sous ce rapport. Quelquefois il arrive que dans les maladies aiguës les médecins restent pendant des heures entières dans la maison du malade, et dans les forts accès donnent eux-mêmes les médecines. Le remède n'est pas encore arrivé dans l'estomac qu'ils demandent au malade s'il éprouve du soulagement : si celui-ci répond que oui, ils s'empressent de lui redonner le même médicament. Si le malade dit, un peu de temps après, qu'il ne se sent pas mieux, ils changent, et font usage d'une autre poudre ou pilule, et ils chargent de tant de remèdes échauffants l'estomac du pauvre malade, que celui-ci meurt du traitement plutôt que de la maladie; cela arrive le plus souvent aux personnes riches et d'une santé forte, qui dès qu'elles se sentent malades font appeler de toutes parts médecins et docteurs; ceux-ci veulent tous donner leur médicament particulier, et l'on assure que dans beaucoup de circonstances, lorsque deux individus de condition différente ont la même affection sérieuse, le riche, entouré de médecins, court plus de risque que le pauvre. — Les médecins birmans ne consultent ni la nature des excréments ni la couleur de la langue, mais ils observent les pulsations des artères; ils le font à la fois en deux endroits différents avec chacune des deux mains; ainsi ils tâteront en même temps le pouls au poignet et au pied; s'ils battent également, ils disent que le sang est « égal » (ils pensent que lorsque le sang est vicié ou altéré, les pulsations observées dans deux régions différentes du corps sont inégales); peu leur importe, d'ailleurs, que le pouls soit faible, fort, ou intermittent; et comme les artères battent jusqu'au dernier soupir, ils continuent toujours cette observation sur les diverses parties du corps pour voir si le sang est bon, et ils y joignent jusqu'au dernier moment l'administration de leurs médicaments. — Souvent aussi les médecins prescrivent la diète; elle consiste dans l'interdiction d'aliments de certaine qualité. Dans la fièvre et quelques maladies aiguës, non-seulement ils n'interdisent pas la nourriture, mais ils affirment que dans ces cas l'alimentation ne peut aggraver le mal. Ils pensent que les purgations sont contraires à la guérison de la fièvre, et qu'elle doit se traiter avec des médicaments chauds et irritants; souvent ils en agissent ainsi avec les personnes qui ont une petite fièvre accidentelle, et le résultat de la médication est pire que le mal lui-même : il en résulte fort souvent que les fièvres, qui étaient assez légères dans le principe, deviennent, par suite du traitement, aiguës et pernicieuses. On assure que c'est parce qu'ils manquent de bons purgatifs qu'ils ont de la répugnance à purger les fiévreux : le seul purgatif qu'ils emploient est l'huile de ricin.

Des missionnaires italiens avaient découvert, dit-on, au Pégou une racine qui avait à peu près la même vertu que le jalap, et une autre qui avait celle de l'ipécacuanha; mais les médecins birmans tiennent à leurs anciennes méthodes, et ne veulent que difficilement adopter de nouveaux médicaments, spécialement quand ils viennent des étrangers. Nous avons déjà rapporté comme quoi ils contraignent les femmes en couche à souffrir l'action d'un feu ardent capable de les rôtir; ils leur font prendre en même temps des médecines très-chaudes et toniques, pour faciliter la sortie de l'arrière-faix et des lochies; ces malheureuses ne peuvent ainsi accoucher sans éprouver de graves désordres dans leur santé, et il arrive fréquemment de voir succéder à l'accouchement l'hémorrhagie, l'inflammation de l'utérus, la diarrhée et la fièvre pernicieuse : aussi on en voit beaucoup qui succombent. Malgré cette mortalité chez les femmes, le nombre en est toujours prodigieux, et l'on estime, dit M. Leconte, qu'il est triple de celui des hommes (1). Quand les médecins (ajoute-t-il) voient que la maladie qu'ils traitent ne cède pas aux remèdes après un certain nombre de jours de soins et de prescriptions, ils ont recours à un subterfuge pour mettre leur réputation à couvert, et déclarent avec une gravité toute doctorale que si le mal résiste à tant de bons et excellents médicaments, c'est qu'il est causé par de mauvais *nâts* ou par le maléfice des sorciers : car les Birmans sont persuadés que ces êtres privilégiés occasionnent souvent dans l'organisme des désordres et des phénomènes extraordinaires, entre autres le *tappen*, qui, suivant eux, est un morceau de chair, d'os ou de tendon, engendré et introduit par leur maléfice dans le corps humain. Les Birmans croient que les *nâts* président aux arbres, aux montagnes, aux terrains, etc., et entre tous un certain *nât* des bois, qu'ils distinguent des autres et qui est appelé *nâtzo*. C'est ce mauvais esprit qui a la réputation d'être l'auteur d'un grand nombre de maladies; si ce n'est lui, c'est un sorcier, et les médecins ont l'effronterie de dire que l'attouchement du pouls les en informe. Il est alors ordinaire que les malades aient recours à quelques pratiques superstitieuses, et ils apprêtent, comme ils le disent, la médecine des sorciers. S'ils croient que la maladie provient du *nâtzo*, les médecins prescrivent des offrandes de riz, d'aliments piquants, de poulets rôtis, de fruits, etc., lesquelles offrandes sont en définitive à leur profit, et ils font ensuite, ainsi qu'ils le disent, « danser le *nâtzo* ». Alors une femme flétrie, qu'ils appellent l'épouse de ce mauvais *nât*, danse au son du tambourin et de quelques autres instruments, dans une tente dressée à cet effet, et dans laquelle les parents du malade mettent quantité de fruits et d'autres choses qu'ils offrent au *nât*, et qui sont un bénéfice de plus pour le charlatan. Elle se met à gesticuler, à faire des contorsions, et se déclare possédée du mauvais esprit : alors elle prononce des paroles incohérentes, que les Birmans croient être la réponse du *nâtzo* sur l'état du malade et l'issue de la maladie. Si cette étrange consultation ne convient pas, il reste toujours au médecin la ressource de dire que la puissance et la malice du *nâtzo* sont supérieures à tous les remèdes.

Des missionnaires qui avaient étudié la médecine et la chirurgie furent envoyés dans ce pays il y a plus d'un siècle; ils firent tous leurs efforts pour amener les Birmans à reconnaître l'absurdité de leur traitement des maladies, et cherchèrent à combattre leurs superstitions. Ils réussirent quelque peu dans les lieux où ils avaient établi leur domicile; mais il leur fut impossible d'ôter au peuple son attachement pour les antiques usages. Les Birmans ne comprennent pas qu'il y a des maladies qui par leur nature sont de longue durée : ils sont tellement pressés de se guérir, qu'ils pensent que deux ou trois doses d'une bonne médecine doivent suffire. Quand après l'avoir prise ils voient que le mal ne diminue pas au bout de quelques jours, ils jugent le médecin

(1) Au sujet des maladies des femmes et des soins que leur donnent les médecins birmans, nous trouvons ce fait singulier, mentionné dans le voyage d'Alexander, savoir, qu'un médecin birman entreprend la cure d'une jeune femme à la condition que s'il la guérit, elle devient sa propriété, et si elle meurt, le docteur paye *ce qu'elle vaut* aux parents (p. 18)1

inhabile, et recourent à un autre; si celui-ci ne les guérit pas promptement, on en fait appeler un troisième, et si par hasard après les prescriptions de ce dernier, la maladie ayant parcouru ses périodes, le malade entre en convalescence, alors ce médecin acquiert une grande réputation de capacité.

A l'époque où M. Leconte recueillait les notes dont nous faisons usage, l'abbé Domingo, curé de Rangoun, exerçait la médecine parmi les chrétiens qui habitent cette ville et un certain nombre d'indigènes bouddhistes, qui, se trouvant fréquemment en contact avec les étrangers, sont un peu moins superstitieux qu'ailleurs et ont moins de préjugés; ils reconnaissaient la capacité du bon missionnaire, et des gens en place avaient même souvent recours à lui. Il traitait également les pauvres et les riches avec le plus parfait désintéressement; et comme il était bon, simple et tolérant, sa clientèle était très-nombreuse.

« Les Birmans, dit M. Leconte, s'adressent de préférence aux Européens pour le traitement des blessures et des maladies qui nécessitent des opérations chirurgicales. Ils n'ont pas de chirurgiens, et ordinairement ils ont recours à ceux qui se trouvent accidentellement dans le pays, surtout aux missionnaires, qui savent tous tirer du sang au moyen de la saignée, et qui par l'habitude qu'ils ont de panser les plaies et appliquer les onguents et remèdes convenables, font beaucoup de guérisons. Le sang des Birmans n'étant pas aussi actif que celui des Européens, une simple application d'eau-de-vie camphrée suffit le plus souvent pour guérir même de graves blessures. Les missionnaires font fréquemment usage d'un onguent composé de cire, d'huile, de tabac, et de résine, et ils en obtiennent les résultats les plus satisfaisants. » — Les Birmans reconnaissent depuis fort longtemps la nécessité de tirer quelquefois du sang; jamais cependant ils n'ont pensé à le faire dans le traitement des maladies, mais seulement lors de l'inflammation des blessures et des plaies. Voici comment ils s'y prennent : ils entaillent superficiellement en plusieurs endroits le membre affecté avec un couteau, et puis ils appliquent une espèce de ventouse.

Indépendamment de ce que la nourriture des Birmans est peu substantielle, comme ils ne prennent pas d'exercice, et qu'ils font un usage excessif du *gnapi* (qui, ainsi qu'il a été dit ailleurs, est du poisson salé corrompu), ils sont souvent sujets aux maladies de la peau. Le royaume est rempli de lépreux, lesquels habitent en dehors des villes, dans les lieux isolés; et comme il leur est permis de se marier, leur maladie se propage de plus en plus; ces malheureux, après les talapoins, sont à peu près les seuls mendiants du pays. Dans les villes de Tavoy et de Martaban, qui ne font plus partie du royaume, la lèpre est si commune, qu'il n'y avait avant l'occupation anglaise presque aucun habitant qui n'en fût en quelque sorte infecté, et cela spécialement dans la ville de Martaban : c'est pour cette raison que les Birmans appellent la lèpre *mal de Martaban*.

Comme la mort est le plus souvent la suite naturelle des maladies, le récit de ce qui se pratique aux funérailles paraît devoir trouver ici sa place, et fera le complément de cet article.

« A peine quelqu'un est-il mort, son corps est lavé dans toutes ses parties et enveloppé dans une toile blanche. Ensuite se font les visites de condoléance des femmes et des amis, lesquels, laissant les proches parents du mort exhaler leur douleur avec des cris et des pleurs, prennent soin de pourvoir à tout ce qui est nécessaire pour les obsèques. Cela consiste à faire construire un cercueil en bois de teck avec un piédestal, à préparer du bétel et du *lapech*, à en présenter à tous ceux qui accourent, à faire venir des musiciens, etc. Les Birmans, et encore plus les Pégouans, qui ont de l'aisance, se servent de la musique dans les funérailles, et les instruments sont les instruments ordinaires; mais les airs qu'on joue sont différents de ceux qu'on entend dans les autres fêtes.

« Dans ces circonstances (dit M. Leconte) les Birmans ont une coutume remarquable, qu'ils appellent *samenkienzu* (ce qui veut dire : réunion d'amis). Cent ou un plus grand nombre de personnes se réunissent en une espèce de confraternité, avec l'obligation de se secourir mutuellement dans toutes les occasions, et spécialement dans celle des funérailles (1). Ainsi, le jour même de la mort d'un Birman tous ceux qui composent la société dont il faisait partie viennent apporter de l'argent, du riz ou quelque autre chose qui puisse servir aux parents du défunt, pendant qu'ils sont en proie à leur douleur, et cela avec d'autant plus de profusion que le luxe dans les funérailles est généralement considérable; tous ont l'ambition de les faire plus splendides et plus somptueuses que ne leur permet leur fortune. Indépendamment du cercueil, du bétel et du *lapech*, les dépenses de la société consistent dans les aumônes qu'elle distribue aux talapoins et aux pauvres; ces aumônes sont des fruits de diverses espèces, des toiles blanches de coton et de la monnaie. Pour les magistrats et les gens en place, on dore ordinairement le cercueil; mais les riches n'en obtiennent la permission qu'à force de présents. Le corps est gardé dans la maison plus ou moins de temps, selon la dignité du défunt, le genre de maladie et le jour du décès. Les vieillards et ceux qui se sont distingués par quelque action d'utilité publique sont gardés deux ou trois jours, si les grandes chaleurs le permettent. Les enfants qui ne laissent ni frère ni sœur après eux, et ceux qui meurent subitement, doivent être immédiatement ensevelis : ceux qui meurent le jour de la pleine lune doivent l'être avant minuit du même jour; il est expressément défendu de passer cette heure.

« Tout étant disposé et préparé, on procède à la pompe funèbre. Les mendiants, les talapoins et les pauvres, marchent en tête; ensuite le plus grand nombre possible de femmes vêtues de blanc, qui sont une espèce de religieuses, portant des paniers remplis de bétel et de *lapech*, suivent les talapoins des divers couvents ou baos qui vont deux à deux. Le nombre de personnes qui compose le cortége est en rapport avec la fortune de ceux qui font les funérailles; et ils y mettent tant d'émulation, qu'il y a des familles qui sont réduites à une extrême misère pour en

(1) La souscription destinée à couvrir les dépenses des funérailles est ouverte pendant les sept jours qui suivent le décès. (Crawfurd.)

avoir fait de trop magnifiques. Après les talapoins, vient le cercueil, qui, lorsqu'il n'est pas doré, est peint en rouge; il est porté par huit ou par un plus grand nombre de personnes, qui sont des parents ou des amis du mort, ou des membres de la confrérie à laquelle il appartenait; sur le cercueil sont étendus les plus beaux vêtements qu'il possédait. Viennent ensuite les musiciens, puis les femmes, les fils et les parents les plus proches, tous vêtus de blanc et pleurant à qui mieux mieux, criant et appelant à haute voix le mort, et lui faisant diverses demandes. Dans les funérailles d'un fonctionnaire public, avant le cercueil marchent ses gardes ou satellites, portant les ustensiles, insignes de la dignité dont il était revêtu, et qui consistent en sa boîte à bétel, son vase en or pour boire, son crachoir, sa pipe, son sabre, son miroir, etc. Quand le décédé est sans parents, des femmes sont payées pour l'accompagner en pleurant. Le convoi est suivi par les parents éloignés, les amis, les esclaves et les subordonnés. Généralement, toutes les funérailles sont accompagnées de beaucoup de peuple, même celles des pauvres, parce que cela est considéré comme un acte de piété et de convenance. La plus grande partie de cette suite se compose de tous ceux qui sont appelés par les voisins, qui vont criant et invitant tout le monde à accompagner le mort.

« Le convoi arrivé au lieu des sépultures, le plus ancien des talapoins fait un sermon, qui consiste toujours dans la répétition des cinq commandements aux séculiers, et des dix bonnes œuvres que chacun est obligé de faire; lorsqu'il a terminé, il fait la remise du cercueil aux fossoyeurs (1) ou gens commis aux sépultures, qui élèvent dessus un bûcher, auquel ils mettent le feu. Pendant qu'il brûle, les mendiants des baos font la distribution des aumônes aux talapoins et aux pauvres, et ils offrent en abondance

(1) Selon Alexander, les morts sont brûlés quand la famille peut faire les frais de la cérémonie; autrement, ils sont enterrés dans des fosses étroites, profondes de trois pieds environ, où on les fait entrer de côté, enveloppés d'une natte.

du bétel et du *lapech* à tous ceux qui ont assisté à la cérémonie. »

Tous les cadavres ne sont pas brûlés; on enterre ceux des personnes mortes subitement ou de la petite vérole, ainsi que ceux des femmes mortes en couches.

Les funérailles des femmes en couches ou en état de grossesse sont soumises à des formalités particulières. — Le corps doit être avant tout exorcisé : car si on omettait cette précaution l'âme de la femme reviendrait, *comme esprit malfaisant*, visiter le lieu où la pauvre victime résidait de son vivant! — Il faut ensuite une permission expresse de la police pour obtenir que le corps d'une femme enceinte soit brûlé. — Crawfurd a publié dans son journal un document curieux à cet égard : c'est la pétition d'un peintre birman, ainsi conçue :

« *Pétition du peintre Ngatwantha, de Rangoun.*

« La femme du pétitionnaire étant morte en état de grossesse, il demande la permission d'accomplir les cérémonies funéraires, selon la coutume du pays. »

Sur quoi, le *rewoun*, ou second gouverneur, donne l'ordre suivant :

« Ordre. — Que les funérailles, ainsi que le demande la pétition, se fassent suivant la coutume.

« En l'année 1183, troisième jour du décours de la lune, *Tobhaong*, le secrétaire, écrit l'ordre du rewoun. »

Au bas de la pétition est la liste des frais à payer par le mari, et dont voici la traduction littérale :

	Tikals.
Pour permission *d'ouvrir l'abdomen*.	30 »
Amende imposée au mari.	30 »
Frais de justice.	30 »
Permission de brûler le corps.	15 »
Au bourreau pour ses peines.	17 8
Au principal officier de paix pour avoir assisté à la cérémonie.	15 »
Au secrétaire, pour enregistrement.	10 »
Total.	147 8

Le mari se rend au champ du repos, précédant le cercueil et agitant violemment, en tous sens, deux épées (*Dâ*) dont il est armé. — Le *divorce* est prononcé sur les lieux par l'officier public. — *Le corps de la femme est alors ouvert par un* « brûleur de morts » ; *le fœtus, extrait du sein de sa mère, est montré aux assistants*. — Le mari fait trois fois le tour du cercueil, rentre chez lui, se lave la tête, revient au cimetière, et le corps est brûlé avec les cérémonies ordinaires. — Au Pégou l'usage a substitué à l'éviscération réelle l'éviscération en effigie; le corps de la mère est représenté par un bananier dont on ouvre le tronc pour en retirer la *moelle* qui représente l'enfant (1).

Les noyés doivent être enterrés au bord du fleuve, de la rivière, ou de l'étang, où l'accident est arrivé.

Le troisième jour après la cérémonie des funérailles (selon M. Leconte), les parents du défunt, vêtus de blanc, accompagnés des intimes et de quelques amis, retournent au lieu du bûcher, recueillent les restes des os brûlés, qu'ils mettent dans un vase de terre cuite qu'ils déposent ensuite dans la terre. Ceux qui possèdent quelques biens y érigent un monument en brique. Pendant huit jours après le décès on veille toutes les nuits dans la maison du mort; il y a beaucoup de personnes qui y prennent du thé, des douceurs faites avec leur sucre de palmier, ou même avec celui de la canne, et surtout du lapech, qui, comme il a été dit précédemment, est une espèce de thé grossier fermenté, qui a la vertu de priver de sommeil. Les nuits se passent en conversations et en lectures de livres d'histoires et de poésies, lectures faites de préférence par des personnes que l'on paye et qui ont une voix belle et sonore; tout cela a pour but de divertir et récréer les esprits affligés des parents du mort. Après ces huit jours, la fête se termine par un festin de charité, donné aux talapoins et à tous ceux qui ont participé aux funérailles.

« Les Birmans ont beaucoup de superstitions concernant le transport des morts au lieu de la sépulture; une d'entre elles est qu'il ne peut se faire par le septentrion ou par l'orient, et par ce motif le lieu des sépultures est situé à l'occident, et au midi des villes et des villages. Tous ceux qui meurent

---

(1) Voir dans Crawfurd, vol. I, p. 482 et 483, les détails relatifs à la femme (*birmane*) du docteur Price, morte en couches, d'une attaque de choléra.

dans une ville murée doivent passer par une seule porte, qui est appelée « porte du deuil »; et c'est par elle aussi que doivent sortir les condamnés que l'on conduit au dernier supplice; si quelqu'un meurt dans les faubourgs, il doit faire le tour extérieur des murs, aucun mort ne pouvant entrer dans la ville. »

SUPERSTITIONS DES BIRMANS.

La nation dont nous décrivons les mœurs est peut-être une des plus superstitieuses du monde. Non-seulement les Birmans ont une confiance aveugle dans l'astrologie judiciaire, mais ils ont foi aux devins, à l'interprétation des songes, et ont un nombre infini d'observances superstitieuses. A peine un enfant est-il né, que l'on se hâte de demander au *brahmine* quelle est la constellation qui dominait au moment de la naissance; on écrit le jour et l'heure sur une feuille de palmier; cet écrit est conservé pour servir de base aux calculs des devins que le nouveau-né aura l'occasion de consulter dans le cours de sa vie.

Dans le *Béden*, qui est, comme il a été dit, un traité d'astrologie judiciaire, les étoiles sont divisées en un grand nombre de groupes ou constellations distinctes, qui ont des noms d'hommes, d'animaux, et d'autres choses matérielles; les Birmans croient que beaucoup d'hommes, de femmes, etc., ont subi une métamorphose, et qu'ils ont été placés au nombre des constellations, auxquelles ils attribuent différentes vertus correspondantes à la cause qui leur a fait donner le nom qu'elles portent. Ainsi, par exemple, on raconte de la manière suivante l'événement merveilleux qui a fait briller au firmament la constellation du *Navire*: « A l'orient du Pégou, une géante, voulant un mari, prit la forme d'une femme ordinaire paraissant posséder une grande fortune; par ce moyen elle parvint à son but. Après sa mort, et comme on la transportait au lieu de la sépulture, le chariot sur lequel on la conduisait avec grande pompe fut soudainement renversé, changea de forme, et s'éleva au ciel sous la figure d'un navire : de là vient que tous ceux qui naissent sous cette constellation sont de laide figure, mais riches; ils ont le naturel brusque, et les hommes spécialement sont de grands spéculateurs. »

Au sujet d'une autre constellation, appelée la *Tête de cerf*, on raconte également que « un roi allant à la chasse rencontra une biche pleine, laquelle mettait au monde un petit faon, dans un lieu couvert. Le roi ramassa ce petit animal, qu'il fit élever soigneusement, et qu'il prit en si grande affection qu'il allait tous les jours le visiter. La reine en devint si ennuyée et si jalouse qu'elle fit tuer secrètement le pauvre favori, et il fut transformé en constellation. Quand le roi apprit ce triste événement, il devint tellement chagrin qu'il en mourut. Voilà pourquoi ceux qui naissent sous la constellation du Cerf sont susceptibles de mourir de chagrin. »

Outre le *Béden*, les Birmans ont un autre gros livre appelé *Deitton*, qui traite des signes et des présages favorables ou funestes, et qu'ils consultent non-seulement sur le choix du bois qui doit servir à construire leurs maisons, leurs barques et leurs charrettes, mais aussi sur l'aspect du soleil, de la lune et des planètes; sur les aboiements des chiens, les chants des oiseaux, et même encore sur les mouvements involontaires des membres. Suivant cet étrange manuel, les bois propres à la construction se distinguent en diverses espèces : d'abord le bois *mâle*, dont l'arbre est cylindrique et aussi gros au sommet du tronc qu'au pied; le bois *femelle*, qui est plus gros au pied qu'à l'autre extrémité; le bois *neutre*, dont l'arbre est renflé dans son milieu; le *gigantesque*, qui est plus gros au sommet qu'à son pied; enfin le bois *de singe*, qui étant coupé « tombe, dit M. Leconte, loin du lieu où était planté l'arbre ». Ceux qui habitent une maison de bois *mâle*, en tous les temps et en tous les lieux, et dans n'importe quelle affaire, sont sûrs que tout leur réussira. Si la construction se fait avec du bois *femelle*, ceux qui l'habiteront jouiront constamment d'une bonne santé. Mais, si le bois est *neutre*, ils n'auront que des misères; et s'il est *gigantesque*, ils mourront prochainement. On ne nous dit pas ce qui adviendra dans le cas où la maison serait construite en *bois de singe*.

Les divers nœuds qu'on rencontre

dans les pièces de bois dont sont faits les escaliers, les barques, les charrettes, etc., fournissent aussi des pronostics dont le *Deitton* signale toute l'importance. Il examine la signification de certains trous et autres accidents de terrain; celle des rencontres faites en voyage, selon les jours de la semaine; celle des mouvements involontaires des yeux, de la tête, du front, etc.

Il se préoccupe non moins gravement des aspects et de la marche des planètes.

« Quand elles approchent du disque de la lune ou le traversent, c'est toujours de mauvais augure; tel royaume ou tel pays sera détruit ou ruiné. Quand le soleil à son lever est d'un rouge foncé, c'est que cet astre est terrible et poursuit des meurtriers; s'il est trop resplendissant, c'est un signe de guerre. Le *Deitton* dit qu'il y a sept mauvais mois, pendant lesquels il faut s'abstenir de se marier, de faire construire une nouvelle maison, de se couper les cheveux, sous peine de mourir noyé, brûlé, ou de toute autre mauvaise mort : ces mois sont les quatre mois pendant lesquels Vénus ne paraît pas sur l'horizon, celui dans lequel il y a quelque éclipse, celui qui suit un tremblement de terre, et enfin celui par lequel commence l'année.

« Si Mercure s'approche de la lune, c'est signe que les digues des rivières seront endommagées et que l'eau se dessèchera; si Saturne s'approche du même astre, c'est l'annonce que sur les frontières il y aura des guerres; et si c'est Mars, tout se vendra à un prix excessif. Si cette dernière planète passe à gauche des Pléiades, il est certain qu'il y aura un grand tremblement de terre, et il en est de même de beaucoup d'autres signes qui se prennent de la position des planètes et de l'apparition des comètes. »

Les événements les plus simples, les rapprochements les plus évidemment dus au hasard, ont aussi une signification importante. Ainsi, pour ne citer que quelques exemples de ces extravagances, si une poule pond son œuf sur du coton, celui auquel elle appartient deviendra pauvre; si quelqu'un en peine d'un procès rencontre en son chemin une personne portant une pioche ou un balai, le procès sera long, et il sera trompé.

Quand dans les fiançailles, selon la coutume, on va porter du bétel dans la maison du fiancé, et que le vent envoie des feuilles dans le chemin, c'est signe que le mariage aura une mauvaise fin, et que les époux se sépareront, etc.

« Dans divers endroits, le *Deitton* parle des pronostics qui doivent se prendre du coassement des corbeaux, de l'aboiement des chiens, de la manière dont les abeilles font leurs ruches, leur disposition et les différents lieux où elles les placent; de la manière dont les poules pondent; des augures particuliers que donnent divers oiseaux, comme le vautour, le corbeau, etc., lorsqu'ils se posent sur le toit des maisons. Ce livre traite aussi des signes que donnent les souris quand elles rongent diverses choses, et des formes variées des trous qu'elles font. Ensuite il parle des songes, de l'heure à laquelle ils ont lieu et des différentes choses songées, et il en tire divers pronostics bons ou mauvais pour celui qui a rêvé. »

Ce que nous avons dit de ce livre suffit pour démontrer qu'il se borne à enregistrer toutes les folles croyances que les astrologues, sorciers, devins, magiciens et autres fanatiques ou imposteurs ont pris soin (dans l'intérêt de leur profession) de propager parmi les peuples de l'Inde gangétique et de l'Indo-Chine. Aucun système, aucune théorie ne paraît s'efforcer de lier entre eux ces faits prétendus, pour les élever à l'état de science ou de doctrine révélée.

Le *Deitton* est l'indice du niveau intellectuel que les Birmans ont atteint, et où les observateurs européens les trouvent stationnaires depuis trois siècles.

M. Leconte, d'après San-Germano, se donne la peine d'expliquer comment et dans quelles circonstances les devins sont consultés, les horoscopes calculés, la chiromancie pratiquée, etc. Nous ne le suivrons pas sur ce terrain, et nous nous contenterons d'ajouter quelques détails sur les talismans en vogue parmi les Birmans et qui sont pour la plupart d'origine hindoue. Nous dirons aussi un mot de quelques recettes superstitieuses et de quelques habitudes étranges qui nous ont semblé dignes de figurer dans le déplorable catalogue des *excentricités* de notre espèce, et nous nous hâterons d'envisager la société birmane sous d'autres aspects.

« Les Birmans ont une grande foi dans les talismans; ils en ont de diverses sortes, qu'ils suspendent à leur cou en guise de collier ou portent en bracelets, et ils leur attribuent certaines vertus, comme de prémunir contre les maladies, les enchantements, et les sortiléges. Ils en ont un dont usent particulièrement les soldats, et qui consiste dans l'introduction entre la chair et la peau de morceaux de plomb ou d'un autre métal (1), et ils se croient alors invulnérables. Les figures de tigres, de chiens et autres animaux, que les Birmans se font imprimer sur les jambes sont autant de talismans qui préservent de toute attaque ennemie, et particulièrement de celle de l'animal représenté. Un des plus puissants est la figure d'un singe monstrueux, reproduite plusieurs fois sur un manche ou une poignée d'ivoire ou de corne de buffle. Les seigneurs birmans et tout le peuple croient qu'une pareille poignée communique au poignard et au sabre une vertu telle que celui qui les porte est en état de résister à une armée entière! Voici l'histoire qui est racontée à ce sujet et sur laquelle est fondée leur croyance. Un certain nât, appelé *Mannât*, étant mort, passa dans le ventre d'un singe femelle, qui fut la mère d'un gros singe qu'on appela *Hanouman*, parce qu'en venant au monde il eut la voix *hanou*, qui veut dire « de singe ». « Cet animal est d'une stature énorme; il a le don de l'agilité, par lequel il peut sauter jusqu'au ciel, et d'un seul bond franchir une mer de quarante oudjainas d'étendue; il possède aussi la faculté de se transformer en un petit singe ordinaire; il a une force immense, par laquelle il peut arracher n'importe quelle montagne et la transporter dans un autre lieu. Enfin il est doué de l'immortalité, et c'est pourquoi nul ne peut le tuer, excepté le seul et très-puissant

---

(1) Cette coutume, l'une des plus étranges qui aient été constatées chez les peuples de l'Indo-Chine, paraît être fort ancienne, et s'étendait encore il y a un siècle ou deux à une partie du corps où l'imagination européenne la plus désordonnée n'aurait certes pas deviné son application.

On trouve à cet égard des indications précises dans quelques anciens voyageurs peu connus, entre autres dans :

Ralph Fitch, marchand anglais, qui visita l'Inde Postérieure de 1583 à 1591, et publia son journal, cité assez souvent par Crawfurd;

Gasparo Balbi, joaillier vénitien, qui était au Pégou vers la même époque, et dont la relation a été publiée à Venise en 1590 (petit in-12);

François Martin de Vitré, marchand français, qui voyageait dans ces contrées en 1602, et qui, par ordre du roi, publia son journal à Paris, en 1609 (petit vol. in-24) (a);

François Martin parle de cette *incroyable* coutume comme étant particulière au royaume de Siam : Fitch et Balbi, comme appartenant au Pégou : — le fait est qu'elle a prévalu, à une certaine époque et pendant longtemps, dans les deux pays. — François Martin s'exprime ainsi :

« ... A ce royaume de Siam y a une loy
« fort estrange, laquelle a été inventée pour
« empescher la grande brutalité des hommes...
« Par leur loy sont constraints porter à...
« trois ou quatre clochettes, faites fort subtilement d'or, argent ou cuivre doré, cha-
« cune de la grosseur d'une noix, toutes
« rondes, sans aucune ouverture, et au-dedans y a de petites chambrettes, rendant
« chacune un son différent, qui est fort
« doux et plaisant. D'autres en ont de petites
« comme avelines, en ont plus grand nombre,

« jusques à sept ou huict, les mettent... en
« couppant la peau du ventre, les faisant
« couler entre la peau et près le muscle...
« jusqu'au bout... etc. » (p. 84 et 85).

Balbi est encore plus circonstancié, et son récit ajoute un fait très curieux au fait de l'opération; c'est qu'elle était pratiquée pendant le sommeil léthargique du patient, sommeil produit à l'aide d'un certain breuvage! — Nous renvoyons au *texte* pour de plus amples détails : 1° 126, recto et verso.

Crawfurd, faisant allusion à cette même opération, assure que depuis longtemps on a cessé d'y avoir recours dans le pays d'Ava; mais les soldats, comme il a déjà été dit, et les bateliers birmans s'introduisent encore fréquemment des morceaux d'or ou d'argent au bras, entre cuir et chair; et Alexander nous apprend que les soldats anglais, dans la dernière guerre, ayant observé cette coutume, avaient soin par la suite de débarrasser leurs ennemis morts de ces talismans superflus.

(a) Le récit de François Martin est précédé d'une « *Ode* sur le voyage du sieur François Martin de Vitré », signée de mademoiselle de Beaulieu.

roi *Ramanen* (1). Ce gros singe entend le langage humain et peut le parler. Un jour pensant que le soleil était un fruit bon à manger, il s'élança sur lui, le saisit avec les mains, et voulut par force l'emporter à terre. Alors le nât du soleil le maudit, et lui déclara que, pour le punir d'une telle audace, il serait métamorphosé en petit singe et perdrait tous ses dons de force, d'agilité et de puissance, jusqu'à ce qu'il apparût dans le monde le très-puissant roi *Ramanen*, lequel lui restituerait sa première forme avec tous ses dons extraordinaires, en lui passant trois fois la main sur le dos. Aussitôt que cette malédiction fut prononcée, *Hanouman* devint un jeune petit singe incapable, faible et impuissant. Quelque temps après, le puissant chef *Ramanen*, voulant déclarer la guerre au roi des géants (2), et ayant appris la malédiction et la prédiction du nât du soleil, comprit qu'*Hanouman* pourrait l'aider dans son entreprise; et l'ayant mandé près de lui, il lui passa trois fois la main sur le dos; l'animal reprit sa première stature, et ses dons lui furent restitués. Le grand roi se servit de lui dans les plus difficiles entreprises; avec son assistance, il obtint une victoire complète sur les géants, et enleva la femme de leur roi (3). Depuis cette époque les Birmans qui ont porté à la poignée de leur arme l'image d'*Hanouman* ont eu l'avantage sur leurs adversaires. »

Les médecins et les sorciers ont beaucoup de recettes que les amoureux emploient pour se faire aimer. Les Birmans non-seulement croient à l'existence des sorciers, mais ils en ont une frayeur qui va jusqu'à l'extravagance; et comme les femmes qui ont la prétention d'être sorcières se cachent avec soin, ils emploient beaucoup de moyens superstitieux pour les découvrir, parmi lesquels je raconterai l'épreuve suivante. Lorsque l'on soupçonne qu'une femme est sorcière (et il suffit pour cela de la dénonciation d'un ennemi), on la conduit devant un magistrat, qui la fait mener au bord d'un étang; rendue là, on la force à s'asseoir sur une petite barre de bois dont les extrémités sont posées sur les bords de deux bateaux, ensuite on lui jette sur la tête et sur tout le corps un vase rempli d'immondices; par le poids de cette pauvre créature les deux bateaux s'écartent naturellement, et elle tombe dans l'eau. Si elle va au fond, elle est promptement retirée, au moyen d'une corde faite avec des herbes vertes qu'on lui avait attachée au milieu du corps, et alors elle est déclarée innocente; mais si elle reste au-dessus de l'eau, elle est réputée sorcière, et ordinairement on la relègue dans quelque lieu isolé où l'air est malsain.

LANGUE; ÉCRITURE; LITTÉRATURE; POÉSIE. — SCIENCES ET ARTS DES BIRMANS.

D'après ce que rapportent les Européens qui habitent Rangoun, il est très-difficile de déterminer de quel idiome dérive la langue birmane, c'est-à-dire celle de l'ancien royaume d'Ava, qui est la plus généralement répandue; car, ainsi qu'il a été déjà dit ailleurs, elle est altérée parmi le peuple dans quelques provinces, et dans d'autres, excepté pour les gens en place, le langage est tout à fait différent. La langue nationale, qui se parle dans l'Ava, le Pégou et le Martaban, a une force et une grâce qui, selon certains observateurs, manquent aux langues européennes (?). Avec quelques particules explétives, dont on accompagne un mot, on donne au discours le ton de gravité, de soumission, de grâce et d'affabilité, qui convient au rang et à la qualité de la personne à laquelle on s'adresse. Les nombres singulier et pluriel sont indiqués dans le discours par quelques particules, qui expriment en même temps la qualité essentielle de la chose dont on parle. Par exemple, qu'on veuille dire un magistrat, on dira MEN-TABA, c'est-à-dire « magistrat une personne »; en parlant d'un grand talapoin, on ne dit pas simplement PONGHI, mais bien PONGHI-TABA, c'est-à-dire « ponghi une personne »; un homme en général se dira *tajauch*; un animal, *tachaun*; d'une chose ronde, un œuf par exemple, on dira *u talon*, c'est-à-dire un œuf rond; enfin, si l'on

---

(1) *Ramah*. Toute cette légende est empruntée, plus ou moins fidèlement, au *Ramahyana*.

(2) *Rawana*, roi de Ceylan.

(3) C'est-à-dire qu'il recouvra sa propre femme *Sita*, enlevée au contraire par *Rawana*.

veut exprimer une chose qui est plate, on dira *pin tabia*, c'est-à-dire une table plane ; etc. Quant aux choses qui ne sont pas animées, et qui manquent de cette propriété dont il vient d'être parlé, on adopte la particule *kou* : ainsi *til, nil, son*, etc., qui veulent dire un, deux, trois, etc., deviendront, *til kou, nil kou, son kou*, etc., c'est-à-dire une chose, deux choses, trois choses, etc. La langue birmane est, de toute manière, difficile à apprendre pour un Européen, et cela pour une foule de raisons. La première est la construction, qui diffère totalement de la nôtre ; la seconde est dans les nombreuses aspirations gutturales et nasales avec lesquelles les voyelles se prononcent ; la troisième est dans la terminaison presque uniforme qu'ont un grand nombre de mots, bien qu'ils diffèrent totalement dans leur signification. Un ou deux exemples rendront cela évident. *Za*, par exemple, veut dire avoir faim ; *zau* : riz cru ; *zà*, sel. De même, *ta* veut dire empêcher ; *tha*, surgir ; *thau*, conserver ; *chiaa*, tarder ; *chia*, tomber ; *chia à* exprime en même temps attendre et tigre ; enfin, l'extrême difficulté de cette langue provient encore de ce que les différentes expressions sont, pour ainsi dire, comme autant de phrases différentes, et de ce qu'un verbe qui a servi pour exprimer une action ne peut plus servir pour une autre. En voici un exemple : nous pouvons employer en français, le verbe « laver » pour exprimer l'action de nettoyer le linge, les étoffes, les mains, etc. Mais dans la langue birmane, chaque chose qui se lave exige un terme différent et même une autre phrase : ainsi, pour laver les mains il y a un verbe qui n'est pas le même que celui qui exprime l'action de se laver la figure, laver le linge avec du savon, le laver simplement avec de l'eau, laver le corps, les vases, etc.

L'alphabet est composé de quarante-quatre lettres radicales, dont plusieurs viennent de l'alphabet *pali*. Elles sont toutes formées de courbes, de cercles, et d'arcs de cercle ; elles s'écrivent horizontalement de gauche à droite, et cela contrairement à ce qui se pratique dans tout l'Orient. L'aspect de cette écriture est assez régulier ; on la trace avec un stylet, qui laisse une empreinte blanche sur des feuilles de palmier séchées et noircies, ou sur du *prabaich* (1), qui est une espèce de papier grossier, fait avec du rotin macéré, détrempé dans l'eau et noirci avec du charbon joint au suc de quelques plantes, et dont les feuilles sont repliées comme celles d'un paravent. — Parmi les quarante-quatre lettres, il y a sept voyelles, dont deux *e*, un muet, l'autre ouvert ; et deux *o*, dont un long et l'autre bref. Les noms n'ont point de déclinaison, et l'on ne distingue leurs divers cas que par certains articles que l'on met après eux. Ainsi, la maison se dit en birman *eim si* ; de la maison, *eim i* ; à la maison, *eim a* ; la maison, accusatif, *eim go* ; par la maison, *eim ga*. Le pluriel se reconnaît en ajoutant la particule *do* ; ainsi, les maisons, *eim do* ; des maisons, *eim do i*, etc. Il n'y a point de différence entre les genres ; seulement quand on veut dire la femelle d'un animal, à son nom générique on ajoute le mot *mà* : ainsi chien en birman se dit *choè* ; pour exprimer la chienne on dit *choè ma*. Les verbes n'ont point de terminaisons différentes dans leurs temps ; on distingue le présent par l'addition de la particule *si* ; le passé, *bi* ; et le futur, *mi*. L'impératif se distingue encore en y ajoutant *tò*, après l'interrogatif *là*, et le gérondif *lien*.

La versification n'offre pas plus de variété que le chant et la musique. Les Birmans ont beaucoup de livres historiques et instructifs écrits en vers, lesquels sont tous composés de quatre monosyllabes (selon M. Leconte), et il

(1) Dans ces deux premiers paragraphes, empruntés presque littéralement à M. Leconte, nous avons conservé son orthographe, autant que possible ; mais nous sommes porté à croire qu'elle représente fort imparfaitement la prononciation birmane. Nous ferons remarquer, en passant, que partout où M. Leconte écrit *ch*, Crawfurd, Alexander, etc., auraient écrit *k*. — Quant au papier, que M. Leconte désigne par le mot *prabaich*, Alexander nous dit que ce papier (fait, selon lui, d'une toile frottée de noir de lampe ; selon Crawfurd, fabriqué avec les fibres du jeune bambou et frotté d'un mélange de charbon et d'eau de riz) s'appelle, dans la langue vulgaire, *paruæk*.

n'y a que les deux derniers d'un chapitre qui soient rimés. En se reportant à la cosmographie et à la cosmogonie des Birmans, à leurs croyances et à leur goût prononcé pour le merveilleux et l'emphatique, on se persuadera facilement que leur poésie peut plaire même à l'oreille délicate d'un Européen. Le Birman est généralement porté à la lecture des livres de poésie, et souvent même cette lecture est faite en chantant par des personnes qui ont une belle voix et que l'on paye à cet effet, ainsi qu'il a été dit en parlant des funérailles. Un grand nombre encore s'appliquent aux compositions poétiques, pour lesquelles tous les livres qui traitent de Godama, des nâts, etc., leur offrent d'abondants matériaux.

Nous dirons ici quelques mots du drame birman.

Le *Ramadaat* (*Ramayana*) et autres poëmes ou histoires des temps fabuleux ou héroïques fournissent ordinairement les sujets des drames birmans.

Les personnages qui figurent nécessairement dans les compositions de cette nature sont : un roi, une reine, une princesse, un ministre d'État et un *monstre*. Ces personnages sont représentés presque exclusivement par des hommes, parce qu'on regarde comme inconvenant et indécent qu'une femme soit actrice. Chaque troupe a un directeur, qui *dresse* ses acteurs à l'aide de notes courantes, qui ne contiennent que quelques chansons et la substance des rôles.

Nous devons à un Anglais (M. J. Smith) l'analyse de l'un des principaux drames héroïques birmans, « *Mananhurry, ou la princesse de la ville d'Argent* (1), » dont nous avons grand plaisir à offrir l'extrait suivant à nos lecteurs.

« Neuf princesses de la *ville d'Argent*, séparée de la demeure des mortels par une triple barrière (la première de roseaux épineux, la seconde de cuivre en fusion; la troisième, un *Belou* ou démon), ceignent leurs ceintures enchantées, qui leur donnent le pouvoir de traverser l'air avec la rapidité d'un oiseau, et visitent une belle forêt dans les limites de l'*île du sud* (la terre). Pendant qu'elles se baignent dans un lac, elles sont surprises par un chasseur, qui jette sur la plus jeune d'entre elles son filet magique ou nœud coulant et l'emmène chez le jeune prince de *Pyentsa*, qui, frappé de sa beauté merveilleuse, en fait sa principale reine, quoiqu'il ait épousé tout dernièrement la fille de l'astrologue royal. Le prince est obligé, peu de temps après, par l'ordre du roi son père, de marcher à la tête de l'armée, contre des rebelles. L'astrologue profite de son absence pour expliquer un songe qu'a fait le roi, en lui persuadant qu'il n'a d'autre moyen d'apaiser le mauvais génie qui en veut à son pouvoir, qu'en lui sacrifiant la belle *Mananhurry* (celle qui a supplanté la fille de l'astrologue dans les affections du prince). La mère de celui-ci, ayant appris le danger dont la bien-aimée de ce fils chéri est menacée, va la trouver, et lui rend sa ceinture enchantée, qui avait été ramassée par le chasseur sur le bord du lac et présentée par lui à la vieille reine. La princesse retourne immédiatement à la montagne d'Argent; mais, en chemin elle s'arrête chez un saint ermite, qui s'est retiré sur le bord de la forêt, et, après lui avoir raconté ses aventures, elle lui confie une bague et quelques drogues magiques qui permettent à celui qui les possède de franchir sans danger les barrières qui séparent l'*île du sud* de la montagne d'Argent. Le jeune prince, ayant réussi dans son expédition, retourne à *Pyentsa*, et n'y trouvant plus sa bien-aimée repart immédiatement pour aller à sa recherche. Arrivé sur les confins de la belle forêt, il y entre seul, visite le pieux ermite, qui lui remet la bague et les drogues enchantées; franchit les barrières, et, après des aventures sans nombre, arrive enfin à la ville de la montagne d'Argent. Il fait connaître son arrivée à la princesse en laissant tomber la bague enchantée dans un vase rempli d'eau que l'une des filles du palais va porter au bain de la princesse. Il se présente au roi père de sa bien-aimée, et lui fait la demande de sa main : le roi ne veut consentir à cette union que lorsque le prince se sera soumis aux épreuves qu'il lui désignera et en sera sorti victorieux. Le prince accepte sans hésiter : il dompte

---

(1) *Specimen of the Burmese Drama*, etc.; vol. VIII du Journal de la Société Asiatique du Bengale, 2ᵉ partie, juillet 1839.

des chevaux et des éléphants sauvages, bande un arc dont de simples mortels n'auraient pu faire usage, et tire une flèche avec une vigueur et une adresse merveilleuses; enfin, et pour couronner tous ces exploits, il parvient à distinguer le petit doigt de *Manan* parmi les doigts des princesses ses sœurs, qu'on lui présente au travers d'un écran! Le roi ne peut résister à cette preuve éclatante d'amour et de discernement, et les amants sont unis! »

Le style de ce drame, dont M. Smith nous a donné quelques exemples, est métaphorique et emphatique au dernier degré (1).

Indépendamment des bibliothèques que conservent les talapoins dans leurs baos, il en existe une considérable et, dit-on, fort curieuse dans le palais du roi, à Ammérapoura.

Bien qu'il soit rare de trouver chez les Birmans une personne qui ne sache ni lire ni écrire, parce que, ainsi qu'il a été dit, on a la coutume de confier dès leur jeune âge les enfants aux talapoins, les sciences ont fait peu de progrès parmi eux. Excepté quelques-uns qui s'adonnent à la profession d'avocat et à l'étude du *Dammasat* (codes des lois), tous les autres aiment mieux passer les jours dans l'oisiveté, causant et mâchant le bétel, et si quelquefois ils se mettent à lire, ils prennent quelques livres chez les talapoins, dont les bibliothèques se composent principalement des ouvrages qu'ils sont, d'après leurs institutions, forcés d'étudier, tels que la *Sacla*, qui est la grammaire de la langue pali; le *Magata*, le *Vini* et le *Padimot*, qui traitent de leurs règlements; le *Sottan*, qui est la règle pour la manière de vivre. Outre ces livres, il y en a encore un autre, qui vient de Godama, et c'est une de leurs principales écritures : il s'appelle *Abidama*; il traite des idées et des conceptions ou volontés qu'ont tous les êtres animés dans les différents états heureux ou malheureux, et ce livre est réputé le plus difficile à comprendre de tous. L'étude des talapoins est plutôt de mémoire que d'intelligence; chez les Birmans on estime plus la mémoire que le raisonnement, et celui qui a la mémoire la plus heureuse est réputé le plus savant : on trouve des talapoins qui ont appris de cette manière le *Vini*, qui est un ouvrage assez étendu. Tous ces livres sont écrits en langue pali; mais le texte est toujours accompagné de l'interprétation birmane, à peu près comme le français se trouve à côté du latin dans les livres d'heures, paroissiens, etc.; presque tous ces ouvrages ont été portés de Ceylan dans le royaume birman et pays adjacents par des talapoins ou des brahmines. Le *Beden*, livre d'astrologie judiciaire, dont nous avons déjà eu l'occasion de parler, est aussi écrit en pali.

Quant aux livres écrits en birman, ils sont fort nombreux; mais ce sont pour la plupart des productions dépourvues de génie, où l'on ne trouve qu'une phraséologie sauvage, froide et incohérente. Cependant, il y a quelques ouvrages écrits par des hommes sages, pour l'instruction des rois et de la jeunesse, dans lesquels on rencontre de bons enseignements moraux, et des principes non-seulement d'une politique saine et ferme, mais même du machiavélisme le plus réfléchi. Parmi ces livres, celui qui mérite la première place est intitulé *Aporazabon* : c'est une espèce de roman, dans lequel paraît un vieux ministre, appelé *Aporaza*, à qui le roi et les chefs adressent diverses questions sur le moyen de gouverner les peuples. En voici quelques passages, qui pourront en donner une idée; ils ont été recueillis par le père San-Germano.

Un jour le roi demanda à *Aporaza* ce qu'il devait faire pour rendre son royaume florissant et peuplé. Voici ce que lui répondit le vieux ministre : « 1° Prendre à cœur les affaires de vos « sujets comme s'ils étaient vos propres « enfants; 2° diminuer les redevances et « les droits de transit; 3° proportionner

---

(1) Parlant des dangers qui menacent le prince, l'ermite dit : « Chaque pas de cette « route fatale est *aïeul* à l'égard de celui « qu'on vient de franchir! »

Le prince, après avoir reçu la bague, etc., exprime sa reconnaissance à l'ermite dans les termes suivants :

« Si les cheveux de votre révérence étaient « longs de plus de trois coudées, ma véné« ration pour vous irait plus loin (ou serait « plus longue) encore! »

« les impositions aux moyens de cha-
« cun ; 4° être libéral ; 5° demander et
« vous informer souvent comment vont
« les affaires du royaume ; 6° aimer et
« estimer vos bons et fidèles serviteurs ;
« 7° être poli avec tous, et leur parler
« humainement. Vous devez encore
« faire de manière que le pays augmente
« en population, et qu'il acquière de
« l'honneur et de la réputation auprès
« des nations étrangères. Vous ne devez
« point maltraiter les riches ; au con-
« traire, vous devez les soutenir et
« veiller à leurs intérêts. Vous devez en-
« core avoir des égards pour les géné-
« raux des armées, et les ministres qui
« gouvernent au nom du roi ne doivent
« point être repris et abaissés devant
« le peuple. Vous ne devez point mé-
« priser l'homme doué de prudence et
« d'adresse. Vous devez être juste et
« modéré dans vos tributs, et les pro-
« portionner aux productions et au
« commerce : cela se confirme par
« l'exemple des fruits avant qu'ils soient
« mûrs. Voyez (dit le vieux ministre)
« quand les fruits sont cueillis dans
« l'état de maturité, ils sont savoureux
« et agréables au goût ; au contraire, ils
« sont insipides, amers et âpres quand
« on les cueille verts. Le riz récolté à
« temps fait notre nourriture ; il est,
« au contraire, privé de substance
« quand on le recueille avant sa matu-
« rité. »

Le vieux ministre conseilla encore au roi de ne point fermer les portes de son royaume, c'est-à-dire de donner accès aux marchands étrangers pour le faire fleurir par le commerce. Peu de temps après être monté sur le trône, le roi ayant appris qu'un chef des Shans, à la tête d'une troupe nombreuse, venait faire des excursions dans ses États, fit appeler *Aporaza*, et lui demanda conseil sur le parti qu'il devait prendre dans cette occasion. Le vieux ministre lui répondit : « Seigneur, ce n'est point seulement le feu qui brûle et fait du bruit qui cause la mort ; mais l'eau aussi, qui de sa nature est froide, coule tranquillement et sans bruit, la donne à ceux qui s'y plongent et sont submergés. Pour détruire votre ennemi, laissez de côté l'impétuosité du feu, et imitez la froideur et la lenteur de l'eau.

O roi ! rappelez-vous que l'éléphant sauvage et furieux s'adoucit avec la femelle ; donnez à ce chef quelqu'une de vos parentes en mariage, et vous verrez qu'il cessera tout désordre. » Une autre fois, deux petits rois, s'étant mutuellement déclaré la guerre, recoururent tous deux au grand roi birman pour lui demander appui et assistance. Le roi, selon sa coutume, consulta *Aporaza*, qui lui répondit en ces termes : « Une fois deux coqs se mirent à se battre devant un paysan. Après un long espace de temps, les deux adversaires, épuisés, ne pouvaient plus s'élancer l'un sur l'autre : alors l'homme de la campagne, courant sur eux, les prit tous deux. C'est ainsi, ô roi ! que vous devez vous comporter dans cette circonstance : laissez ces deux rois se battre entre eux ; et quand vous les verrez privés de force, précipitez-vous sur eux, et emparez-vous de leurs États. »

Un homme de basse extraction était monté sur le trône par les intrigues d'un vieux mandarin. Celui-ci voulut ensuite faire le puissant et commander en quelque sorte au roi lui-même, qui, après avoir dissimulé pendant quelque temps, pensa enfin à s'en défaire. Se trouvant donc un jour en présence d'un grand nombre de courtisans et de celui par les intrigues duquel il était monté sur le trône, il lui adressa la parole, et lui demanda ce que l'on faisait du *zen*, qu'on élève autour des pagodes, quand une fois ces édifices étaient dorés et peints (le *zen* est un échafaudage très-élevé, formé de bambous et de grosses cannes, sur lesquels s'assoient ceux qui dorent et peignent les pagodes). « On a l'habitude, dit le vieux mandarin, de l'abattre et le détruire, afin qu'il ne gêne pas la vue de la pagode et qu'il n'en gâte pas la beauté. » — « Justement, répondit le roi, pour monter sur le trône j'ai eu besoin de toi, comme les doreurs et les peintres ont besoin du *zen* ; mais maintenant que j'y suis monté, et que je suis obéi et respecté comme roi, tu es devenu inutile et tu ne servirais même qu'à me troubler. » En même temps il le chassa du palais et le relégua dans un village. Pendant que ce mandarin subissait son exil, il se déchaîna un jour une horrible tempête. Durant cet ouragan, le courtisan exilé, s'étant mis à regarder la campagne, observa que les grands arbres qui résistaient à la force du vent et ne pliaient point finissaient par être rompus ou déracinés, et qu'au contraire les hautes herbes et les bambous, qui se courbaient sous la puissance du vent, se redressaient après l'orage. « Oh! se dit-il alors en lui-même, si j'avais suivi l'exemple de ces bambous et de ces roseaux, je ne me trouverais pas réduit maintenant à un aussi misérable état. »

Après ce petit aperçu de l'*Aporàzabon*, San-Germano donne quelques sentences extraites d'un livre intitulé *Loghanidi* (ou *Loganit'-hi*), c'est-à-dire règles et instructions sur la manière de vivre dans le monde. Nous en citerons quelques-unes :

« Ce qui fait la beauté et le prix d'une femme, c'est le soin qu'elle a de son mari. »

« La richesse d'une femme, c'est la beauté; celle du serpent, c'est son venin. »

« La richesse d'un roi, c'est son armée bien fournie de soldats et de braves officiers; celle d'un talapoin, c'est la stricte observance de ses devoirs. »

« Dans le monde, celui-là compte beaucoup d'amis qui est doux et poli dans son langage; au contraire, celui qui est rude et désobligeant dans ses manières est évité de tout le monde. On peut les comparer au soleil et à la lune : le premier de ces astres, par sa splendeur éclatante et la force de sa lumière, chasse les planètes et les étoiles quand il se montre à l'horizon, et il est contraint de finir son cours dans le ciel, seul et sans aucun cortège; la lune, au contraire, avec sa pâle et douce lumière, se promène dans le firmament au milieu des étoiles et des constellations comme accompagnée d'une suite nombreuse. »

« A l'époque où nous vivons, la considération et l'estime ne s'attachent qu'aux richesses. Qu'importe que l'on soit d'une vile naissance, que l'on soit difforme, qu'on ait peu de jugement, que l'on soit ignorant? Pourvu qu'on ait de l'argent on sera recherché et vanté par tout le monde. Soyez pauvre, au contraire, vos amis et vos parents vous abandonneront pour courir après ceux qui possèdent, car dans ce monde c'est l'argent qui fait les parents et les amis, etc. »

On peut consulter au sujet de la littérature birmane, en général, le mémoire de Buchanan inséré dans le sixième volume des *Asiatick Researches*. D'ailleurs, la langue birmane peut maintenant être étudiée hors des pays où elle est parlée, grâce à la publication de plusieurs ouvrages intéressants, parmi lesquels il convient de distinguer les grammaires des docteurs Carey et Judson et le dictionnaire de ce dernier. — Il est permis de douter, cependant, que l'étude de cette langue puisse avoir d'autre but utile que celui de faciliter les recherches historiques, les Birmans possédant, à ce qu'on assure, un assez grand nombre d'ouvrages de ce genre. Quant à la littérature en elle-même, elle est évidemment de peu de valeur. — Les beaux arts ne présentent pas un résultat plus satisfaisant.

Nous avons peu de détails sur l'architecture birmane; M. Leconte fait remarquer qu'elle est fort simple dans son caractère oriental, et que les édifices publics sont, ainsi que les habitations des particuliers, bâtis sur un plan à peu près uniforme. La description que cet auteur nous donne des ponts construits sur les principales rivières nous fait supposer que ce ne sont pas, à proprement parler, des *ponts*, mais bien des *jetées* qui avancent plus ou moins dans le fleuve, et qui se terminent par de beaux escaliers fort commodes; ce sont des massifs de charpente en grosses pièces de bois de teck, propres à résister à l'action d'un courant rapide. On en voit de soixante à soixante-quinze mètres de longueur; comme les escaliers qui les terminent sont fort larges, on construit à l'extrémité une grande salle entourée de bancs, sur lesquels les seigneurs et les gens riches vont respirer l'air frais du fleuve. On y traite quelquefois les affaires, comme on le ferait dans nos bourses en Europe. Enfin, toute l'étendue de ces ponts ou jetées est couverte de kiosques dont le plus élevé est celui qui surmonte le salon. Ces édifices sont généralement peints en rouge foncé.

Lors du voyage que Tharawaddy fit à Rangoun en 1841, on lui fit élever un palais dans la nouvelle ville, près de la grande pagode. C'est une immense charpente en teck, du centre de laquelle s'élève une grande pyramide quadrangulaire tronquée, surmontée de kiosques superposés. Sa hauteur est estimée par M. Leconte à soixante-dix mètres au moins : elle est à jour. A une élévation de près de vingt-cinq mètres du sol, on remarque une plate-forme sur laquelle était placé le trône au milieu des plus riches ornements : le roi y passait une grande partie des jours, et y donnait audience publique, à la vue de tout le peuple groupé dans le voisinage. On arrivait près de sa personne par un bel escalier, qui dans toute sa longueur était garni d'officiers et de gardes.

Les pagodes et les grandes statues, avec les quais qui bordent quelques étangs, sont les seuls ouvrages en maçonnerie ; tous ces édifices sont construits en briques et en terre argileuse recouverte d'un enduit ou sorte de stuc peint et quelquefois tout doré ; ainsi sont faites toutes ces pagodes dont l'aspect paraît si beau et si imposant. — Les édifices que les Européens désignent par ce mot de *pagode* ne ressemblent en rien aux temples de l'Inde ; leur nom birman est *shou* (prononcez *chou*). Ce sont des massifs de maçonnerie. Dans l'intérieur de quelques-unes de ces constructions, cependant, il y a une petite niche où l'on place une statue de Godama. Elles ont toutes à peu près la même forme, se terminant en cône allongé dont les côtés, ainsi que ceux des chapeaux chinois, sont des courbes concaves. Comme c'est un acte méritoire de construire une pagode, le nombre en est prodigieux, et dans les villes on les groupe presque toutes dans le voisinage de celles qui ont la plus grande réputation de sainteté. Leur hauteur varie depuis cinq mètres jusqu'à la dimension la plus gigantesque. Elles sont toutes surmontées d'un *ti*, ou couronne de fer fondu ou forgé, souvent dorée, semblable à un parasol, découpée à jour et entourée de clochettes, qui, résonnant au moindre vent, produisent un bruissement assez doux, qui ne déplaît pas à l'oreille. Le *Shou-Dagón*, ou grand temple de Rangoun, est le plus remarquable du royaume : sa hauteur est d'environ cent trente-cinq mètres ; c'est probablement l'édifice le plus élevé de toute l'Asie (1).

(1) Alexander (qui écrit *Shoé-Dagoon*) parle de ce temple avec admiration. Il le décrit comme octogonal à la base, conique dans sa partie supérieure, et haut d'environ trois cent trente pieds. Des statues ou statuettes (probablement toutes de Godama), en marbre et en bois, étaient placées dans de petites ni-

Il renferme, disent les fidèles, des cheveux de Godama, et est réputé saint parmi tous. Ce bel édifice est assis sur une très-grande plate-forme carrée, élevée de sept à huit mètres, et cette place est couverte de peuple pendant les jours de fête. On y arrive par de larges escaliers, on y entre par de grandes portes situées au milieu des quatre faces. La base de la pagode est octogone, et elle s'élève sous cette forme à peu près jusqu'au tiers de sa hauteur. Cette pyramide tronquée se termine par une sorte de corniche, qui a peu de saillie et qui est couverte de sculptures en relief ; elle se prolonge ensuite dans les airs en cône renflé d'abord et puis évidé gracieusement jusqu'à son sommet ; sa couronne, en or massif, est un réseau dentelé qui n'a pas moins de cinq mètres de diamètre ; toute sa surface est dorée, et entretenue avec le plus grand soin. L'aspect en est grand, et d'autant plus imposant que les autres pagodes qui l'entourent, au nombre de cent au moins, semblent être placées là pour servir de point de comparaison et la faire ressortir davan-

ches tout autour du monument, c'est-à-dire dans des niches pratiquées dans le revêtement. Ces statuettes ont été enlevées pendant la guerre, par les Anglais, et dispersées dans l'Inde anglaise ou en Europe. Les petites pagodes qui entourent *Shou-Dagón* avaient été également dévastées, à l'exception d'une seule, qu'un chirurgien major de l'artillerie de Madras (le docteur Campbell) était parvenu à sauver du pillage. Dans un pavillon situé du côté sud du grand temple se trouve une image de Godama, de dimensions tellement gigantesques, qu'un officier anglais avait pu placer son lit dans la main gauche de l'idole. — Le vieux voyageur Ralph Fitch, qui avait visité ce temple en 1586, le décrit avec une exactitude telle, que cette description représente encore avec une fidélité admirable les traits principaux et plusieurs détails du monument, « ce qui prouve à la fois (dit Crawfurd) la véracité de l'écrivain et l'immobilité de la société birmane ». Nous croyons que cela prouve seulement que les Birmans ont conservé leurs habitudes religieuses ou au moins leur respect pour les formes extérieures du culte bouddhiste. Leur civilisation nous paraît avoir subi, au contraire, de grandes modifications depuis deux siècles et demi ; et nous la croyons en décadence, comme celle de tous les peuples de l'extrême Orient, même au point de vue religieux.

tage; on l'aperçoit de fort loin, réflétant les rayons du soleil, et dominant les arbres des forêts voisines de Rangoun.

Mais comme le sol est humide et le climat généralement pluvieux, et que la végétation est active, pour peu que l'entretien d'une pagode soit négligé, ce qui arrive souvent, les semences apportées par le vent y germent et deviennent des arbres, dont les racines, s'insinuant dans l'édifice, le fendent et le mettent en ruines. Aussi ces monuments, dont quelques-uns sont gigantesques, ne sont pas susceptibles de traverser les siècles dans leurs belles formes élancées, mais resteront des masses informes ou coniques, comme les tumulus phrygiens des temps héroïques que l'on trouve encore dans les champs troyens.

Aux quatre angles de presque toutes les plate-formes des pagodes sont placées d'énormes et grotesques statues d'animaux, principalement de *naga's* (dragons ailés), aussi maçonnées en briques et enduites de stuc à l'extérieur. On rencontre de pareilles figures, mais plus petites, dans les escaliers des baos.

A Rangoun, au milieu de cette ville de pagodes qui se trouve dans le voisinage du *Shou-Dagón*, sont des baos et des salles publiques pour les pèlerins : ces dernières sont de grandes galeries en bois, qui ne sont murées que d'un côté; elles sont remplies de statues de Godama ou de ses disciples; la sculpture en est médiocre, et ne mérite pas l'éloge que quelques voyageurs en ont fait. Godama et les autres saints personnages y sont généralement représentés la tête nue et rasée : assis à terre, les jambes croisées à l'orientale, les deux mains sur les genoux, les doigts longs et pendants, et toujours la même figure sans expression. Quelques-unes sont en maçonnerie, un très-petit nombre en marbre blanc avec incrustation; mais généralement elles sont en bois, les vêtements peints de diverses couleurs, ou couvertes de petits miroirs et autres petits plaques brillantes incrustées avec assez d'art. — Les statues et figures que les Birmans ont dans leurs maisons sont souvent en marbre ou en pierre; on leur enchâsse quelquefois sur le sommet de la tête un diamant ou un saphir entouré d'une couronne de petits rubis. Dans une seule salle il y a souvent vingt ou trente statues de mêmes dimensions, alignées contre le mur; elles sont de chaque côté d'un Godama placé au milieu, ou bien le dieu est placé de l'autre côté de la salle, vis-à-vis cette rangée. La taille de cette dernière statue est en général de neuf coudées : c'est celle qu'avait le dieu d'après les saintes écritures; M. Leconte en a remarqué deux à Rangoun, qui n'avaient pas moins de dix mètres; une était assise ayant à ses pieds une autre statue, de taille ordinaire, couchée sur le ventre et en adoration; l'autre était couchée de côté sur une sorte de lit de plus d'un mètre de longueur.

La sculpture des bas-reliefs sur bois fixe quelquefois l'attention : les Birmans y ont acquis un certain art par l'habitude qu'ils ont d'en orner l'intérieur des baos, des salles publiques et les cercueils des talapoins.

Les Birmans n'entendent pas le dessin et ne comprennent pas la perspective; leurs peintures sont bizarres, fantastiques, et ont quelque chose de sauvage. Ils ne peignent pas trop mal les fleurs, mais encore sont-ils bien au-dessous des Chinois sous ce rapport.

La construction de leurs charrettes est digne de remarque, non-seulement par sa simplicité, mais encore parce qu'ils n'y emploient pas de clous. Les excellents bois que produit le royaume offrent aux habitants d'abondants matériaux pour construire des barques de toute grandeur, dont un grand nombre sont d'un seul tronc d'arbre; on en voit d'une dimension gigantesque; la forme de quelques-unes est bien entendue, et elles sont susceptibles d'atteindre une grande vitesse à la rame. Les *balons*, ou pirogues de guerre, ont jusqu'à quarante rameurs; celles-là ne sont jamais d'une seule pièce. Au milieu est placé un pavillon, qui sert de cabine au chef qui se trouve à bord, et qui est surmonté d'un parasol doré, si la dignité dont le chef est revêtu lui permet d'étaler cet insigne. Si la proue est basse, fendante et pointue, la poupe est large et très-élevée; un fauteuil est placé sur son sommet, dans lequel s'asseoit le patron ou timonier.

Les Birmans travaillent assez bien les métaux, et font des ouvrages assez remarquables en orfèvrerie. Au moyen de soufflets cylindriques à piston, ils donnent au feu une activité capable de fondre presque tous les métaux. Avec du laiton ils font des vases à boire, d'une forme presque demi-sphérique, et d'autres ustensiles de ménage; avec le fer fondu, ils font des poëles à frire qui ont beaucoup de profondeur. « Je ne pense pas (dit M. Leconte) que dans nos fonderies en fer, on pût obtenir beaucoup mieux que les couronnes de toute taille, pour les pagodes, et qui sont d'un grand débit; elles sont gracieuses, légères et découpées en dentelle. »

L'art de fondre les cloches et les clochettes est très-estimé chez les Birmans : les pagodes ont généralement deux ou trois grandes cloches qui sont placées au pied du monument et que l'on fait résonner en les frappant extérieurement avec un bois de cerf. Tous ces édifices ont, ainsi qu'il a été dit, des clochettes attachées à leurs couronnes ; on a aussi l'habitude d'en toujours suspendre au cou des bœufs.

La très-grande simplicité qu'ont les Birmans dans leurs habitations et dans leurs vêtements nuit chez eux au développement des arts et des métiers. Excepté un nombre plus ou moins considérable de maçons, de menuisiers, de charpentiers et de forgerons qui sont employés à la construction des maisons, des navires, des couvents de talapoins, des pagodes, on n'observe point cette variété de professions que le luxe et la vanité ont introduites dans les pays plus civilisés : chacun est capable de construire et de réparer sa petite maison de bambous, et chaque femme peut coudre les vêtements nécessaires à sa famille. A l'exception des habitants des grandes villes, qui, pour la plupart, s'adonnent au commerce et à quelques-uns des arts dont il a été question, tous les autres, dans les petites villes et les villages, hommes et femmes, se livrent à la culture du riz, du coton, de l'indigo, etc. : au temps de la récolte, les hommes vont avec leurs chariots ou bien avec de petites barques chercher leur approvisionnement, et les femmes restent ordinairement à la maison, à filer et à tisser des étoffes pour l'usage de la famille.

Dans le royaume d'Ava, où l'on recueille beaucoup de soie, on tisse des étoffes dont se revêtent habituellement les habitants des grandes villes; ceux des petites villes et des villages en ont au moins un vêtement pour paraître dans les jours de fête et de cérémonie. Bien que les étoffes de soie et de coton n'aient point ce lustre et cette perfection que l'on remarque dans les nôtres et dans celles des Chinois; bien qu'elles n'aient pas non plus cette finessse des toiles de Madras et de la mousseline du Bengale, elles sont cependant remarquables par leur force et surtout par l'éclat de leurs couleurs.

Les Birmans ont un talent particulier pour tresser le rotin taillé en lames très-fines; ils font ainsi leurs boîtes à bétel et une partie de leurs vases pour boire, et les couvrent de ce vernis que nous appelons « de la Chine », et que les Chinois tirent en grande partie du royaume birman. Ils font aussi usage de poteries, dont on fabrique de grandes amphores qui sont d'une belle apparence, mais d'une grande fragilité.

Avant de terminer cet article, il est convenable d'ajouter qu'en outre des motifs déjà donnés qui empêchent le développement de l'industrie, il faut tenir compte des obstacles que les habitudes despotiques du gouvernement apportent sous ce rapport à la production. Le goût et le génie national porteraient les Birmans vers le luxe et les arts : mais dès que le roi ou les chefs apprennent qu'il existe quelque part un artiste ou un ouvrier habile, ils le contraignent à travailler pour eux, et ils ne lui donnent pour salaire qu'une protection fort précaire (1).

CALENDRIER BIRMAN; CLIMATS ET SAISONS.

Les astronomes et les astrologues du royaume birman sont, ainsi qu'il a été dit ailleurs, des brahmines venus, les uns du côté du Bengale, les autres de Ceylan ou de la côte de Coromandel :

(1) Des artistes européens sont allés à diverses époques, dans le Pégou pour s'y établir ; mais ils se sont tous vus obligés de se retirer dans le Bengale ou à la côte de Coromandel, parce qu'on les forçait à travailler pour les chefs; en outre, un pauvre artiste est toujours exposé aux caprices du roi, qui peut, à son gré, permettre ou prohiber les vêtements et objets de luxe de nouvelle mode.

on les distingue des Birmans par leur costume en coton blanc. Ils sont généralement fort estimés, parce qu'ils pratiquent l'astrologie judiciaire, dans laquelle les Birmans ont une grande foi, et parce qu'ils prédisent les éclipses et règlent le calendrier. C'est surtout à la cour qu'ils jouissent d'une grande considération : il y en a toujours un certain nombre, pour répondre aux questions qu'on leur adresse, afin de trouver les heures propices ou défavorables à telle ou telle entreprise, et le roi ne fait jamais rien sans les consulter.

Parmi les brahmines du palais, on en choisit un qui doit veiller sur l'horloge d'eau qui s'y conserve, et dont voici la forme : on remplit un vase d'eau sur laquelle on pose une petite tasse trouée par le fond ; cette tasse, se remplissant peu à peu, finit par s'enfoncer dans l'eau. Immédiatement on en place une autre de même forme, qui s'y plonge également, et chaque descente de tasse indique une certaine heure, que l'on sonne en frappant un certain nombre de coups avec un marteau de bois sur une grande feuille de cuivre. On compte soixante heures ou plutôt *nari's*, trente pour le jour et trente pour la nuit ; et comme la durée des jours et des nuits varie toujours dans le cours de l'année, les tasses sont aussi de différentes grandeurs, de manière que celles qui servent pour les nuits dans le solstice d'hiver, servent aussi pour le jour au solstice d'été. Le jour, comme la nuit, est divisé en quatre parties égales, et à chaque quart de jour ou de nuit un homme, par l'ordre du brahmine, monte près de la cloche qui est placée dans le grand vestibule du palais, et bat alternativement sur la cloche et un grand tambour pour indiquer les quarts et les heures qui sont écoulés. Comme les heures birmanes n'ont pas la même durée, les nombreuses pendules que le roi a reçues en présent des Européens ne sont pour lui qu'un objet de curiosité (1).

Les mois sont lunaires de vingt-neuf et trente jours alternativement, et parce que douze mois lunaires ne font pas une année solaire, à chaque troisième année ils ajoutent un mois de plus : ainsi elle ne se compose pas exactement de douze mois ; depuis déjà longtemps le premier jour de l'année birmane tombe le 12 d'avril. Le matin de ce jour n'est point le commencement de l'année, mais c'est selon que le soleil a fini son entière révolution dans l'écliptique, et les Birmans savent qu'elle s'accomplit en trois cent soixante-cinq jours et un quart environ (1).

Le commencement de l'année est toujours annoncé par un coup de canon, à

(1) Voir, pour quelques détails curieux au sujet de la mesure du temps, le Journal de Crawfurd, vol. II, p. 108.

(1) Les noms des mois birmans sont : (*a*) *ta-gu, ka-chon, na-yon, wa-cho, wa-gaong, tau-tha-leng, tha-den-kywot, ta-chaong-men, nàt-dau, pya-tho, ta-bo-dwai*, et *ta-baong*. Nous en ignorons la signification précise. Chaque mois est divisé en deux parties déterminées par le *cours* et le *décours* de la lune. Le 1er jour du mois est appelé le premier jour du croissant ou *cours* de la lune ; le 16e jour du mois est le premier du *décours* de la lune. La nouvelle lune, le huitième jour de son cours, la pleine lune et le huitième jour du décours sont jours fériés, surtout les nouvelles et pleines lunes. La semaine birmane correspond à la nôtre et à celle des Hindous. Les noms des jours de la semaine sont donnés par Crawfurd (vol. II, p. 107) et par Prinsep (tables chronologiques, dans un appendice au *Journal de la Société Asiatique du Bengale*), précisément dans le même ordre et avec les mêmes significations que dans notre calendrier. Les Birmans ont quatre ères ou époques : 1º la *grande époque*, qui commence avec l'an 691 avant J.-C. ; 2º l'*époque sacrée*, qui date de la mort de Godama, 543 ans avant J.-C. ; 3º l'*ère de Próme*, an 79 de J.-C., et 4º l'*ère vulgaire*, la plus usitée, correspondant à l'an 639 de J.-C. La date du traité d'Yandabô, 24 février 1826, correspond au quatrième jour du décours de la lune *taboung* (que Crawfurd écrit aussi *ta-baong*), année 1187 de l'ère vulgaire. — On trouve d'assez amples détails sur le même sujet dans le mémoire de Buchanan (vol. VI des *Asiatick Researches*), déjà cité. — Nous engageons nos lecteurs à consulter ce mémoire, qui traite de la religion et de la littérature des Birmans, surtout d'après San-Germano ; et celui du Dr. J. Leyden « sur les langues et la « littérature des nations de l'Indo-Chine, » *Asiatick Researches*, vol. X, p. 158 et suiv.

(*a*) Selon Crawfurd (vol. II, p. 107), qui ne les écrit cependant pas toujours de la même manière. Nous avons conservé l'orthographe anglaise.

Ammérapoura ou à Rangoun. C'est pour les Birmans le moment de la descente d'un grand *nât* parmi eux, et ils croient que chaque année a son *nât* tutélaire.

Pendant les trois jours qui précèdent celui où commence l'année, tous les hommes, excepté les talapoins, et toutes les femmes et jeunes filles, ont l'habitude de se divertir en se jetant mutuellement de l'eau, avec de grosses seringues de bambous, et ils s'en inondent des pieds à la tête. Les étrangers ne sont point exempts de ces joyeuses attaques de la part des femmes et des jeunes filles, et ceux qui veulent éviter de mouiller leurs habits doivent s'abstenir de sortir. « Je me trouvais à Rangoun le 12 d'avril (dit M. Leconte); je fus prévenu officiellement de cet usage; les personnes de l'état-major qui étaient jeunes bravèrent le danger, ainsi que les hommes de l'équipage, et ils y trouvèrent une occasion de s'amuser. Des ordres sévères avaient été donnés à mon sujet, et je pus vaquer à mes affaires et à mes promenades sans recevoir une goutte d'eau; car, comme j'avais eu une occasion solennelle de me montrer en public, j'étais connu de tout le monde. »

« Quant à la division des saisons et à la température de l'air, il faut distinguer le royaume d'Ava de celui de Pégou. Dans ce dernier, qui commence au Martaban et finit à la ville de Prôme, les moussons alternatives du sud-ouest et du nord-est y produisent deux saisons : celle des pluies et celle de la sécheresse. Depuis la fin d'avril ou le commencement de mai jusqu'au mois de juillet, les vents du sud-ouest apportant les vapeurs de la mer sur les forêts du Pégou, elles s'y condensent, et se dissolvent en pluies très-abondantes, qui tombent journellement à cette époque, au commencement et à la fin de laquelle les pluies sont presque toujours accompagnées de vents impétueux; l'atmosphère est remplie d'électricité, les éclairs brillent et la foudre gronde avec d'horribles fracas, tombe sur les pagodes, les édifices, les arbres élevés, et tue des hommes et des animaux. Depuis le mois de juillet jusqu'à la fin de septembre les pluies sont moins abondantes, sans tonnerre ni éclairs; ensuite la mousson cesse et fait place à celle du nord-est, qui s'établit et dure jusqu'au mois d'avril; le temps se met au beau, et la sécheresse devient continuelle. Il y a des années où il pleut dans le mois de février, mais la pluie est fine et de peu de durée.

« Dans le royaume d'Ava, c'est-à-dire depuis la ville Prôme jusqu'aux 26° et 27° degrés de latitude septentrionale, l'année se divise en trois saisons : celle du froid, celle de la chaleur, et celle des pluies. Les quatre mois de novembre, décembre, janvier et février constituent le temps froid : depuis le commencement de mars jusqu'à la fin de juillet, c'est celui de la chaleur; et les quatre autres mois font la saison des pluies. Le froid n'est sensible dans l'Ava et le Pégou que pendant la nuit et les matinées, et il l'est davantage dans le premier de ces deux pays, qui est le plus au nord. Dans les mois de novembre et de décembre la rosée blanche est assez abondante; mais on ne voit jamais de neige; la grêle, qui tombe quelquefois vers la fin d'avril, peut donner aux Birmans quelque idée de la neige et des glaces de nos hivers. Dans tout le royaume l'époque du froid est la plus belle et la plus délicieuse; c'est le temps où l'on fait la récolte du riz et des autres grains, et celui où l'on cultive avec le plus de succès toute espèce de légumes; ceux apportés d'Europe y viennent à merveille.

« L'été n'est pas, comme chez nous, précédé d'un riant printemps, et le passage du froid au chaud est très-brusque; tellement que c'est dans les mois de mars et d'avril que l'on éprouve les plus grandes chaleurs : le thermomètre s'élève de 30 à 32 degrés centigrades à l'ombre. C'est vers cette époque que les arbres renouvellent en partie les feuilles, qui sont en général persistantes, comme dans tous les pays situés dans la zone torride. Le royaume d'Ava, quoique placé par une latitude plus élevée que celui du Pégou, éprouve cependant des chaleurs plus fortes et de plus longue durée : pendant ces temps chauds et secs l'atmosphère est remplie de vapeur; une brume épaisse couvre pendant les nuits l'Irawaddy et ses nombreux embranchements, et ne se dissipe que vers le milieu du jour. Dans le Pégou, la pluie commençant à tomber vers la fin d'avril ou le commencement de mai, l'atmosphère se purge dès lors des vapeurs suffoquantes, et, le sol étant humecté par les eaux, la chaleur diminue et devient supportable. Au contraire, dans l'Ava, après quelques pluies abondantes qui tombent dans le mois de mai (il y a souvent des années où il n'en tombe pas du tout), le vent du sud-ouest, à cause des montagnes qui du nord au midi séparent l'Arrakân d'Ava, et le Siam du Pégou, prenant avec rapidité son cours du sud au nord, transporte les nuages qui ne se fixent pas, et pendant le même temps ces nuages se fondent en pluies très-abondantes dans les forêts de Siam et du Pégou, ainsi que dans les montagnes d'Assam et du Thibet. Ce sont ces grandes pluies, surtout celles du haut pays, qui produisent dans les mois de juin, juillet et août, ces grandes inondations et débordements de l'Irawaddy, qui, comme ceux du Nil, sont cause de la fertilité des campagnes. Quelquefois l'eau s'élève jusqu'à la hauteur de dix mètres au-dessus du niveau qu'elle avait au mois de février, époque à laquelle les eaux sont les plus basses : alors le fleuve s'élargit de telle sorte, que dans beaucoup d'endroits on ne peut voir d'une rive à l'autre. Le sol, engraissé par le limon que les eaux en se retirant y ont laissé, ce qui arrive ordinairement vers la fin d'octobre, est propre à produire et à faire croître toute espèce de végétaux utiles.

« Après les grandes pluies qui tombent jusqu'au commencement de juin, et qu'on appelle premières pluies, il se passe souvent près de deux mois et demi dans l'Ava sans qu'il tombe de l'eau ; mais depuis le mois d'août jusqu'au commencement d'octobre il pleut ordinairement : c'est ce que les Birmans appellent les secondes pluies, qui sont plus ou moins abondantes. C'est alors que les habitants se mettent à planter du riz, à semer du coton, du sésame, de l'indigo et du tabac, qui n'est pas inférieur à celui d'Amérique, etc. Quand par malheur la deuxième pluie vient à manquer, la récolte ne suffit pas aux besoins de la population, et il y a disette ; mais dans ce pays elle n'est pas à craindre, parce que les pluies étant toujours abondantes dans le bas Pégou, on y récolte une quantité prodigieuse de riz, et les habitants s'empressent d'envoyer à ceux de l'Ava le surplus de ce qui leur est nécessaire. Quoique les Birmans n'aient pas l'habitude de manger du pain, ils cultivent cependant du froment : la plus grande partie est envoyée à Rangoun, où il sert de nourriture aux étrangers, et plus particulièrement à faire le biscuit pour les navires ; quelquefois aussi on en fabrique dans la capitale pour les provisions des fonctionnaires civils et des officiers militaires lorsqu'ils vont en campagne, car ils ont pu remarquer qu'il est plus commode que le riz pour le transport. Avec le froment nettoyé seulement de sa balle, mis dans du lait et mélangé du suc d'un palmier, les Birmans font une espèce de bouillie très-substantielle et bonne au goût ; ils font aussi un mélange avec du riz, diverses sortes de grains de fruits sauvages et avec les racines de quelques arbres, qu'ils font préalablement ramollir ; et lorsque le tout est bien amalgamé ils le font cuire dans de l'eau. En outre, les habitants de l'Ava ont déjà, depuis quelque temps, commencé à cultiver le manioc, lequel ne recherche pas l'humidité et n'est pas difficile sur la nature du terrain, et qui dans l'occasion peut secourir les plus pauvres contre la famine.

« De Rangoun à Ammérapoura, dans le voisinage du fleuve, l'air est généralement bon et salubre ; dans quelques lieux déterminés, cependant, il se présente des cas de fièvre intermittente, peu maligne et qui cède facilement au traitement par le quinquina, et plus encore à l'emploi du sulfate de quinine. Mais dans l'Arrakán, dans l'île Negrais et son voisinage, au nord d'Ammérapoura, et surtout dans les bois et les montagnes voisines du royaume de Siam, l'air est généralement mauvais : tous ceux qui s'arrêtent en ces lieux et y dorment, même pendant une seule nuit, sont attaqués de fièvres d'une nature pernicieuse à laquelle beaucoup de malades succombent. Il en est de même de ceux qui habitent le long du fleuve et qui en boivent l'eau. Dans l'intérieur du pays les Birmans font quelquefois usage de l'eau de pluie, qu'ils recueillent, mais beaucoup plus de celle des puits, qui est généralement bonne. Ces puits sont peu profonds et fort larges ; ils en tirent l'eau au moyen d'une bascule. Un homme, les deux pieds posés sur le bord, pèse avec la main, de haut en bas, sur un bambou lié à l'extrémité d'une longue poutre à laquelle se trouve attaché un grand seau, lequel lorsqu'il est rempli d'eau s'élève avec facilité par l'effet d'un contre-poids placé à l'autre bout de la poutre. Les seaux dont ils se servent sont quelquefois en bois ou en terre cuite ; mais ceux dont l'usage est le plus fréquent sont faits avec du tissu de rotin enduit d'un vernis épais.

« Dans tout le royaume on peut habiter le voisinage des lacs sans en éprouver aucun effet nuisible : l'action du soleil, raréfiant extrêmement l'atmosphère, affaiblit les vapeurs de ces lacs et leur enlève leurs qualités délétères. »

PRODUCTIONS MINÉRALES ET VÉGÉTALES ; ANIMAUX.

Comme nous ne saurions avoir la prétention de résumer ici en une sorte d'exploration scientifique de l'empire birman les observations recueillies par les voyageurs les plus éclairés, nous nous bornerons à donner à nos lecteurs une idée générale des productions du pays, et nous examinerons brièvement quelle application ces ressources naturelles ont trouvée dans l'industrie nationale ; quelle influence elles exercent sur le caractère et les habitudes des populations ; quel avenir elles promettent au commerce et, d'une manière contingente, à la civilisation. Peu de pays sous ces divers rapports peuvent être considérés comme plus riches de leur propre fonds que ne l'est l'empire birman ; et il nous sera facile de nous en convaincre par l'énumération rapide de ses productions dans les trois règnes.

Règne minéral. — Les principaux minéraux dont l'existence a été constatée dans les pays sujets à la domination du souverain birman, et qui sont l'objet d'une exploitation plus ou moins régulière, sont : la pierre calcaire, le marbre, les pierres précieuses, la serpentine, le fer, l'or, l'argent, le cuivre, l'étain, le plomb, l'antimoine, l'ambre, le charbon de terre, le pétrole, le sel, le nitre ou plutôt nitrate de potasse, le natron, etc. Le territoire birman peut se diviser, au point de vue minéralogique, en quatre régions principales : — *a*. Le grand terrain d'alluvion formé par le cours inférieur des fleuves Irawaddy, Sétang et Salwen ; — *b*. Le terrain de formation secondaire ou tertiaire, qui s'étend du 18e au 19e degré de latitude nord jusque près du 22e ; — *c*. La région montagneuse, de formation primitive, qui borne Ava au nord-est et à l'est; c'est le Laos ou Lao, autrement dit le pays des Shâns ; — *d*. Enfin, le pays élevé et montueux qui forme la limite occidentale des bassins de l'Irawaddy et du Kyen-Dwen. La troisième de ces divisions paraît être de beaucoup la plus riche. On trouve dans le voisinage d'Ava des carrières de marbre propre à la statuaire et de la plus belle qualité; on l'a jugé, d'après les échantillons apportés en Angleterre, égal à celui de Carrare. Les Birmans ne l'emploient, selon M. Leconte (ou le père San-Germano), que pour faire des statues de Godama. Les pierres précieuses que l'on extrait du sol birman appartiennent principalement à la famille des saphirs et des rubis : on les recueille en creusant le lit de certains ruisseaux et par le lavage du gravier. Le saphir est peu estimé; il n'en est pas de même du rubis : les mines dans lesquelles on le trouve sont dans les pays de *Palaon* et de *Koé* (1). Le roi y tient des inspecteurs avec des gens armés. Toutes les pierres qui dépassent un certain poids et une certaine grosseur sont réservées pour le trésor royal, et il y a peine de mort pour ceux qui cachent, vendent ou achètent ces rubis réservés. Crawfurd mentionne avoir vu deux pierres fines participant à la fois du saphir et du rubis. — Le produit des mines est la propriété exclusive du roi. Le plus gros rubis reçu par le roi du temps de Crawfurd pesait cent vingt-quatre grains. Aucun étranger n'a la permission de visiter les gîtes gemmifères.

Le fer est de très-bonne qualité et très-abondant ; mais les Birmans sont si ignorants dans l'art de traiter le minerai, qu'ils n'en tirent qu'un très-médiocre parti. Une mine, située dans le voisinage de *Miédu*, fournit un fer qui, selon M. Leconte, égale l'acier pour la dureté : les mines les plus exploitées se trouvent près de la ville de *Prôme*. L'or se recueille en petite quantité dans les sables de quelques torrents, dans la rivière Sétang, dans celle de Pégou ou *Bagó*, et dans une autre au-dessus de Prôme ; d'où il est permis de conclure que les montagnes où ces torrents et ces rivières prennent leurs sources recèlent des mines d'or ; mais personne n'ose se livrer à des recherches ou des tentatives d'exploitation qui entraîneraient des frais et donneraient lieu à des exactions de toute espèce ; et comme la consommation de l'or est excessive dans tout le royaume, il faut que l'importation étrangère alimente les marchés de ce précieux métal. La majeure partie de celui qui se consomme dans le pays vient de la Chine, de la côte de Malacca et d'autres lieux. Cet or s'emploie pour des bracelets, des bagues, des rouleaux pour les oreilles et autres ornements à l'usage des deux sexes, mais surtout pour la dorure des *baos*, des temples, des palais, qui, étant toujours exposés à la pluie et aux intempéries de l'air, ont souvent besoin d'être réparés et redorés. L'argent se tire exclusivement de mines qui se trouvent dans le pays des Shâns, non loin de la province chinoise d'Yunnan. Le principal lieu d'exploitation, selon Crawfurd, est appelé *Bartwang* : les entrepreneurs et mineurs sont tous Chinois. Crawfurd estime le produit des mines à trois millions environ, sur lesquels les Chinois payent au roi d'Ava un droit d'exploitation d'un vingtième à peu près, soit 150,000 francs.

Les Birmans, tous imbus des préjugés

---

(1) Sont-ce les mêmes localités que Crawfurd désigne sous les noms de *Mogant* et *Kyat-pëan*?

de l'alchimie, sont fermement persuadés que les métaux communs peuvent être convertis en or ou en argent, à l'aide de certaines opérations mystérieuses. Beaucoup de personnes aisées dissipent tous leurs biens en préparations chimiques pour arriver à cette transmutation désirée, et les imposteurs, en possession des prétendues recettes infaillibles qui doivent conduire à la consommation du grand œuvre, trouvent, journellement encore, des dupes dans toutes les classes de la société birmane, sans en excepter la famille royale. Le cuivre, l'étain, le plomb et l'antimoine existent certainement, et probablement en grande abondance, dans le *Laos*, mais l'exploitation en est fort restreinte; en sorte que les Chinois importent annuellement du plomb et de l'étain. En général on peut affirmer que telle est l'infériorité industrielle des Birmans, que les richesses métalliques de leur pays leur sont à peu près inutiles, et qu'ils sont réduits à demander à l'importation étrangère des ressources que leur propre sol leur livrerait en abondance s'ils savaient l'exploiter.

Le pétrole s'extrait en quantité considérable de puits situés à *Ré-nan-gyaoung*, et que Crawfurd a décrits avec soin dans son Journal. Ce pétrole est très-épais, et a l'odeur très-forte et désagréable; on le transporte dans toutes les parties du royaume, où on l'emploie principalement à l'éclairage; il sert aussi à enduire, presque tous les ans, les maisons construites en planches de bois de teck, auxquelles il donne du lustre, et qu'il conserve surtout en les préservant des attaques des fourmis blanches. On en exporte une très-grande quantité à Rangoun et Bassein, et de là dans les ports de la côte de Coromandel et du Bengale. La production totale annuelle est estimée par Crawfurd à vingt-deux millions de *viss*, ou plus de quatre-vingts millions de livres *avoir du poids*.

Dans tout le royaume on recueille une très-grande quantité de nitrate de potasse (salpêtre), qui se vend à vil prix, mais l'exportation en est défendue. Le sel abonde ainsi que le natron : ce dernier à l'état d'efflorescence ou d'incrustation, à la surface du sol, est employé, par les Birmans, en guise de savon; le sel commun ou muriate de soude se recueille dans plusieurs lacs des provinces septentrionales. On trouve de tous côtés dans l'Ava (dit M. Leconte) une certaine terre alcaline que les Birmans appellent *xappia*, qui est employée pour blanchir les toiles. C'est probablement le natron ou carbonate de soude, dont nous venons de parler.

Règne végétal. — Parmi les productions végétales du royaume d'Ava, les plus remarquables, comme aussi les plus utiles, sont : les bois de construction, les palmiers, et les bambous; le teck se rencontre en de vastes forêts dans tout le bassin de l'Irawaddy et dans la province de Martaban, sur les bords des principales rivières, mais seulement à dater du point où la marée cesse de se faire sentir. Le teck d'Ava est regardé comme inférieur à celui du Malabar pour la construction des navires, mais il lui est préféré pour toutes autres constructions? Après le bois de teck vient celui de *thingan*, hopæa odorata des botanistes, arbre de haute futaie, très-abondant dans les provinces du sud et fort employé pour la construction des bateaux. Le *bois de soundrie* de l'Inde (*heretiera robusta*) y est aussi fort commun. Le bambou y atteint des dimensions extraordinaires; nous nous rappelons avoir vu la partie inférieure d'un jet de bambou du Pégou, apportée à Calcutta, et qui n'avait pas moins d'une vingtaine de pieds de long sur huit à dix pouces de diamètre. Un nœud de ces gigantesques bambous forme un excellent vase pour puiser ou conserver l'eau. Le *mimosa catechu*, que l'on rencontre dans toutes les forêts du pays, est aussi un arbre d'une grande utilité, tant à cause de la dureté de son bois, dont on fabrique le plus grand nombre des instruments aratoires et des ustensiles de ménage, que parce qu'on en extrait, par la cuisson, du *cachou* (*terra japonica*) de bonne qualité, surtout dans les provinces septentrionales. Le cocotier et l'aréquier sont assez abondants dans le sud; mais on en voit moins à mesure qu'on remonte la vallée de l'Irawaddy, et dans le voisinage de la capitale ils sont excessivement rares; mais, en récompense, le palmier connu sous le nom de *borassus flabelliformis* est universellement répandu et cultivé dans cette partie du pays. On en extrait, par incision, un suc qui soumis à la cuisson s'épaissit et se concentre en un sucre grossier (*jagre* ou *jagri*), dont il se fait une immense consommation. Les feuilles de ce même arbre s'emploient universellement pour couvrir les maisons (*atap*). On s'en sert aussi pour écrire (avec un poinçon) les lettres courantes; l'écorce des grosses côtes des feuilles fournit d'excellents liens pour les constructions rurales en bambou. Enfin, comme l'intérieur du tronc est mou et filamenteux, il est facile à forer, et les Birmans l'emploient à la conduite des eaux. Les forêts renferment une grande quantité d'arbres utiles, et entre autres des arbres à vernis, l'arbre à caoutchouc; le *pa-douk*, espèce de *pterocarpus* qui produit la gomme *kino*; un autre arbre de la même famille, duquel on extrait le *gurdjun* ou « huile de bois »; le *garcinia elliptica*, qui produit une espèce de *gamboge*; le *nan-ta-rouk*, (*liquidambar altingia*), le *ficus indica* (le *beurr*, *bârr* des Hindous), le *ficus religiosa* (1) (*peepul*, *pipeul*, *pipâl*

(1) De ces deux arbres remarquables, qu'on retrouve dans toute l'Inde postérieure, le premier, le *bârr* ou *bätt* (de *vatt*, « lier »), se distingue par ses racines pendantes, dont plusieurs deviennent des troncs supplémentaires, et dont les plus fines sont employées dans diverses parties de l'Inde en guise de cordes : c'est le *multipliant* (*waringhin* des Malais). Cet arbre ne se trouve pas sur les montagnes; on le considère comme sacré, et on ne se permet pas de couper une de ses *tiges-racines* (précieuses pour divers usages par leur élasticité et leur dureté) avant d'avoir apaisé, par le sacrifice d'une chèvre, le *génie* de l'arbre. — Les Birmans le désignent, selon San-Germano, par le nom de *gonclan*; il est sacré à leurs yeux parce que leurs écritures disent que c'était sous son ombrage que Godama adressait ses prières au Bouddha, qui l'a précédé. Le *pipâl* (de *pa*, « conserver ») est encore en plus grande vénération, au moins parmi les Hindous; car il ne suffirait pas d'un sacrifice pour effacer le crime de blesser ou mutiler cet arbre saint, et heureusement le bois n'en est bon à rien : c'est *l'arbre de science*, *bodhidrooma*, de la mythologie hindoue, ou simplement *bodhi*, « savoir, » d'où le fameux *bo* des bouddhistes. — Il est à remarquer que les synonymes sanscrits, pour

des Hindous); le *sâl* ou *saul*, *valeria robusta* ou *shorea robusta*; le *ssisou*,

pipâl, sont : *nagbundhoo*, « aimé par les éléphants », *koonjurashun*, « nourriture pour les éléphants. » — *Gadjasshun* et *gadjbhukshuk* ont des significations analogues et si vraies, que les fosses dans lesquelles on attire les éléphants sauvages sont, autant que possible, creusées près d'un *pipâl* ou d'un *bârr*. — *Munaka*, nom sanscrit de l'éléphant, vient de *mun* (pron. : *măun*, *meunn*) « penser, comprendre. » — Le major Madden, dans un article des plus intéressants inséré dans le *Journal de la Société Asiatique du Bengale*, (mai 1848) fait observer à ce sujet que les Hindous ont *déifié* la sagacité de l'éléphant dans *Ganeish*, et que peut-être ils ont attribué cette sagacité à l'usage habituel des feuilles de *pipâl* comme aliment! — Voilà une origine *rationnelle* de *l'arbre de science*. — Milton ne craint pas d'affirmer que le figuier du paradis était le *ficus indica*, et que ses feuilles ont été le premier vêtement de nos premiers parents, etc. — Si nous nous laissons guider par les traditions et les étymologies, ajoute le major Madden, nous reconnaîtrons dans *l'arbre de vie* le *cupressus semper virens*, et dans *l'arbre de la science*, *bodhidrooma*, le *ficus religiosa* ou le *ficus indica*... Pline le Naturaliste observe que le fruit du *ficus indica* est rare et de la dimension d'un pois, et qu'il acquiert en mûrissant au soleil une saveur délicieuse, « digne, ajoute-t-il, de cet arbre merveilleux. » — L'un des noms sanscrits du *ficus indica* est *vrikshadun* : mot à mot, *l'arbre qui nourrit*. — Le *Padma pourana* contient à cet égard un passage remarquable, que nous ne pouvons nous refuser au plaisir de reproduire :

« Or il arriva que les femmes des *Tre-
« pourassours*, dansant autour de *l'uswattha*
« (*pipâl*), *qui est le roi des arbres*, cher-
« chaient à cueillir les fruits qu'elles voyaient
« pendre de ses branches élevées. — Vishnou,
« prenant la forme d'un prêtre, leur dit
« qu'elles ne réussiraient à se procurer le
« fruit, objet de leur convoitise, qu'autant
« qu'elles danseraient *nues* autour de l'arbre;
« elles obéirent à cette injonction, et Vish-
« nou, pénétrant à l'instant l'arbre sacré,
« comme il pénètre tout sur terre et au
« ciel, l'agita avec un bruit semblable à celui
« du tonnerre; les femmes, effrayées, se
« pressèrent autour du tronc, qui prit immé-
« diatement la forme d'un jeune homme *nu*
« comme elles, et dont les embrassements leur
« procurèrent le fruit qu'elles désiraient, en
« leur faisant perdre néanmoins l'innocence
« qui donnait l'immortalité à leurs époux. »

espèce de *dalbergia* qui atteint des dimensions gigantesques ; le *sitsaul*, autre espèce de *dalbergia*; le grand cotonnier à fleurs rouges, etc.; une variété infinie de lianes, parmi lesquelles on en cite une que l'on peut qualifier de *désaltérante* par excellence, car, suivant le capitaine Halsted, de la corvette *Childers* (Rapport sur l'île de Tchedouba : *Journal de la Société Asiatique*, vol. X), un tronçon de cette liane, de deux pieds de long, a fourni plus d'une demi-pinte d'eau parfaitement claire et de bon goût; des rottins de cent quatorze pieds de longueur sur un pouce et demi de diamètre; des cactus, etc., etc.

La canne à sucre, appelée par les indigènes *kran*, paraît avoir été connue dans le Birmah depuis des temps reculés ; mais à l'époque où Crawfurd se trouvait à Ava on ne cultivait cette plante qu'en petite quantité ; et on ne savait en extraire le suc que par la mastication : l'art d'en faire du sucre était ou paraissait inconnu. Selon M. Leconte cependant, les Chinois qui habitent Amarapoura ont commencé à y manufacturer le sucre de canne et à le raffiner dès la fin du siècle dernier; et aujourd'hui cette industrie a pris un assez grand développement dans les provinces du nord, où l'on fabrique, assure-t-il, d'aussi beau sucre qu'au Bengale.

L'agriculture birmane a fait peu de progrès, et les Birmans se montrent, comme cultivateurs, inférieurs à tous les peuples qui les entourent. Heureusement, la fertilité du sol supplée en général à l'ignorance et à l'indolence des indigènes. Ici, comme dans toute l'Asie postérieure, le riz est la principale culture. Cette culture se fait à peu de frais dans les provinces méridionales, où la mousson pluvieuse détrempe et féconde le terrain. Il n'en est pas ainsi dans le nord, où, avec infiniment plus de travail, le riz (*s'han* ou *sampa* en birman) rend au plus de quinze à vingt pour un, tandis que dans le sud le produit est fréquemment de cinquante à soixante pour un. Il en résulte que le riz est communément de cinquante pour cent plus cher dans le haut pays, où on en importe annuellement des provinces méridionales. Le maïs et le millet indien (*holcus sorghum*) sont généralement cultivés dans le nord d'Ava ; mais le produit, qui dans plusieurs autres pays s'élève à *quatre* et *cinq cents* pour un, atteint à peine ici *cent pour un*. Le froment vient à merveille : il est d'excellente qualité, et rapporte quarante pour un. Mais c'est un grain peu estimé des Birmans, qui ignorent en général l'art d'en faire du pain (1). Crawfurd fait observer à ce sujet que si le haut pays d'Ava eût été habité par une des races de l'Occident, le froment, et non le riz, serait devenu, selon toute probabilité, la base de la nourriture du peuple. Les autres grains cultivés pour l'alimentation de l'homme sont surtout le *phaseolus max* (*mash-ki-dâl* des Hindoustanîs), le *dolichos bengalensis*, le *cicer arietinum* (*gram* de l'Hindoustan), etc. La pistache de terre, *arachis hypogæa*, est également cultivée, mais en petite quantité, et non pas pour son huile, comme dans d'autres contrées de l'Inde maritime. Selon M. Leconte, les Birmans ont toutes les espèces de haricots connus, tous les légumes d'Europe viennent parfaitement dans toutes les parties du royaume, et ils possèdent des espèces qui nous manquent. S'il en est ainsi, plusieurs légumes, etc., doivent être d'introduction récente dans le pays; car du temps de Crawfurd la *yam* ou *igname* venait d'être introduite de Malacca, la patate douce était à peine connue et la pomme de terre ordinaire ne l'était pas du tout. Des graines oléagineuses la seule qui paraisse être l'objet d'une culture régulière en Birmah est le *sesamum indicum*, le sésame, qui fournit une huile excellente, non-seulement pour l'éclairage, mais encore pour la friture et pour l'assaisonnement des aliments.

L'horticulture est dans son enfance. Bien que la consommation en fruits, légumes, herbages, soit très-considérable, elle est alimentée par les champs, les bois, les étangs, bien plus que par des *jardins*, luxe à peu près inconnu aux Birmans. Les fruits sont les

(1) Le froment est appelé en birman *g'hyun sampa* et *kula sampa*. Le premier nom est tiré de l'hindi *ghéoun*, « blé », et signifie « blé-riz »; l'autre, « riz des étrangers occidentaux ».

mêmes que ceux des autres parties de l'Inde. On prend peu ou point de soin des arbres fruitiers. Les plus ordinaires sont le manguier, l'oranger, l'ananas, le bananier, le jack, le papayer, un arbre particulier au Pégou, que Crawfurd assure être une espèce de manguier et auquel il donne, d'après les mahométans du pays, le nom de *mariam*, et que M. Leconte désigne par celui de *marioné*, arbre fort estimé des Birmans; le corossolier (*anona squammosa*), « sheriffa » des Hindoustanis, que Crawfurd nous paraît confondre avec le goyavier (*psidium pomiferum*), qui doit être aussi très-commun dans le pays birman; le tamarinier, etc., etc.

Parmi les végétaux utiles, et qui sont l'objet d'une culture spéciale, il faut mentionner le tabac, le cotonnier ordinaire, *gossypium herbaceum*, appelé par les Birmans *gwon*; l'indigo (en birman *mai*), qui paraît fournir un produit de très-bonne qualité, mais dont la fabrication perfectionnée par les Européens n'a pas encore été introduite au Birmah; le thé, qui croît spontanément dans plusieurs districts, et dont Tharawaddy a encouragé la culture, avec un entier succès, dans les environs d'Ava. Le commandant Leconte dit avoir bu de l'infusion de ce thé birman avec plaisir. Ordinairement les Birmans *mangent* les feuilles de ce thé indigène, assaisonnées à l'huile et à l'ail, et réservent le thé chinois pour l'infusion.

Vers le milieu du siècle dernier, un Français établi à Ava a essayé d'y cultiver la vigne, dans le but de faire du vin. Le raisin, parvenu à maturité, n'avait qu'une médiocre saveur. M. Leconte pense qu'en plantant la vigne plus au nord, on obtiendrait des résultats satisfaisants.

La *flore* de l'intérieur du pays est aussi riche que variée. La famille des orchidées et celle des liliacées y sont représentées par des plantes magnifiques. « Les jeunes gens des deux sexes (dit M. Leconte) aiment passionnément les fleurs; ils en tressent de petites guirlandes, et s'en entourent la tête : la végétation, en toute saison, est fort riche. Les fleurs brillent des couleurs les plus belles, et quelques-unes sont fort odorantes, telles que les jasmins, qui sont d'espèces très-variées..... Il y aurait beaucoup à recueillir et à apprendre pour un botaniste dans ces vastes forêts, encore mal explorées. Le savant qui s'en est le plus occupé est un prêtre italien (le père *Giuseppe*, dit l'*Aimé*), qui a passé près de trente années dans la mission du Pégou; il a beaucoup recueilli d'objets d'histoire naturelle, et les a envoyés en Europe dans les premières années de ce siècle; il est probable que l'on n'aura pas dédaigné le fruit de son travail et de ses études. »

Règne animal. — Nous avons essayé, d'après le docteur Cantor, dont le *Journal de la Société Asiatique du Bengale* a publié un travail fort étendu sur ce sujet (1846), de faire connaître les résultats les plus récents des recherches des zoologistes sur la faune de l'Indo-Chine. Nous donnerons cette analyse à la suite de notre description de la Cochin-Chine; et nous y renvoyons ceux de nos lecteurs qui s'intéressent plus particulièrement aux progrès des sciences naturelles. Nous nous bornerons, pour le moment, en ce qui concerne l'empire birman, à quelques renseignements généraux, que nous emprunterons surtout à Crawfurd et au mémoire de M. Leconte (1). — Ce que nous avons à dire ici se rattache à l'aspect du pays, à ses harmonies naturelles, au degré de civilisation que les Birmans ont pu atteindre, aux ressources générales dont ils disposent, soit pour l'alimentation, soit pour l'agriculture, soit pour améliorer les moyens de transport et assurer ou augmenter l'aisance de la vie domestique.

Le *nombre* d'animaux de différentes espèces est prodigieux dans les provinces birmanes, depuis les grands quadrupèdes jusqu'aux insectes; mais il

(1) Nous ferons observer que dans notre tableau zoologique nous avons dû nous restreindre aux mammifères et aux reptiles, et que dans le résumé suivant la classe des oiseaux et celles des poissons et des insectes n'ont pu être envisagées d'un point de vue scientifique, les nombreux mémoires sur ces différentes branches de la zoologie de l'Indo-Chine étant épars dans divers recueils, et n'ayant encore été concentrés, que nous sachions, dans aucun travail d'ensemble. Nous avons cependant donné déjà quelques indications utiles à ce sujet, dans notre introduction, p. 239.

est remarquable que certaines espèces manquent entièrement, entre autres le chameau, le lion, l'âne, le mulet, le loup, le renard, etc.

Parmi les grands quadrupèdes, celui qui attire naturellement l'attention est l'éléphant, dont il semble que l'Indo-Chine soit la patrie de prédilection. Ces animaux abondent surtout dans le Pégou, le Siam et le Laos; mais ce n'est guère que dans ce dernier pays qu'on l'emploie comme bête de charge : dans Ava et dans le Siam on ne s'en sert que comme monture ou comme animal de parade. On nous dit que l'éléphant atteint dans le Birmah des dimensions énormes; mais nous n'avons sur ce sujet aucun détail précis : nous savons seulement que tout éléphant dont la taille dépasse trois mètres un tiers est réservé pour le souverain, et qu'il n'est pas permis de le vendre (1). Les Birmans, selon M. Leconte, en distinguent trois espèces : la première, dont les mâles ont de grandes défenses, les femelles n'en ayant que de très-petites ou en étant même dépourvues; la seconde, dont les mâles ont de petites défenses; la troisième, enfin, dont les mâles sont privés de défenses; et ceux-ci sont les plus mauvais et les plus féroces. Dans Ava, s'il faut en croire Crawfurd, tout éléphant sauvage ou domestique est considéré comme propriété royale; et tuer un éléphant, même sauvage, est un délit qui rend passible d'une amende considérable. Le roi, par faveur spéciale, autorise ses femmes, ses concubines, ses frères, ses fils et quelquefois, mais très-rarement, quelques-uns des grands dignitaires de l'État à se servir de l'éléphant comme monture. Le roi entretenait du temps de Crawfurd un millier d'éléphants, divisés en deux classes, ceux déjà apprivoisés et dressés pour le service, mâles pour la plupart; et un grand nombre d'éléphants femelles, uniquement employées pour attirer les éléphants sauvages, et maintenues à cet effet dans l'état à demi sauvage, sur la lisière des forêts. Ces deux corps sont placés sous deux chefs différents : l'un appelé le *sen-woun*, « ou gouverneur des éléphants », et l'autre *aok-mà* ou *aong-mà-woun*, ce qui signifie « gouverneur des séducteurs femelles. » Crawfurd s'est assuré que les éléphants du roi se recrutent régulièrement par ce moyen, et par la reproduction dans l'état demi-domestique que nous venons d'indiquer : ce dernier fait est digne de remarque. Les conclusions auxquelles Crawfurd a été amené, par ses observations personnelles sur les mœurs et le degré d'intelligence de l'éléphant, méritent aussi mention particulière. Selon lui, on a beaucoup exagéré la distinction d'instinct, l'intelligence et les qualités de cet animal. « Le courage et la sagacité de l'éléphant ont été beaucoup trop vantés, ainsi que sa modestie ou sa pudeur. Sa taille, sa force, sa trompe surtout, constituent réellement sa supériorité : si l'homme a été regardé comme le plus habile des animaux, parce qu'il possède des mains, l'éléphant est le premier des quadrupèdes parce que la nature l'a pourvu d'une trompe. Sans cet admirable instrument, il est douteux que l'intelligence de l'éléphant dût lui assigner un rang plus élevé que celui qu'occupe un animal méprisé, de la même famille : le cochon! » Les meilleurs éléphants viennent des districts montagneux et en particulier du Laos; ceux du Pégou ne sont point estimés, parce que, bien que forts de carcasse, ils ont les membres faibles et les défenses trop petites.

Le cheval de grande taille est inconnu à Ava, comme, au reste, dans tous les pays asiatiques à l'est du Bengale. Les Birmans ont cependant un grand nombre de chevaux, petits, fort légers et durs à la fatigue. Les districts qui en produisent le plus sont ceux du Pégou, selon San-Germano ou Leconte; ils y sont rares, au contraire, s'il faut s'en rapporter à Crawfurd, et ils abondent au Laos, d'où on en amène tous les ans pour les vendre à la capitale. Nous croyons l'assertion de Crawfurd la plus exacte, en ce qui concerne le Pégou,

(1) Nous remarquerons que certaines relations mentionnent des éléphants de quatorze pieds anglais de haut; mais aucun voyageur, que nous sachions, ne dit avoir *mesuré* ces géants de l'espèce, et le fait seul que tout éléphant dont la taille dépasse trois mètres et un tiers est réservé pour le souverain indique clairement que les éléphants qui dépassent dix à onze pieds doivent être excessivement rares.

pays très-humide, comme il le fait observer, et où l'on peut difficilement se servir de chevaux. Le cheval de race birmane pure est plus estimé que celui du Laos : les *ponies* birmans sont fort recherchés à Calcutta, et on en transporte jusqu'en Europe. Dans le pays on n'a pas l'habitude de le ferrer et l'on s'en sert presque exclusivement pour la selle. Le roi et le gouverneur de Rangoun ont des voitures européennes, qu'ils ont reçues en cadeau de négociants anglais ou autres : le roi seulement peut les faire traîner par des chevaux, mais il est rare qu'il s'en serve, surtout pour se montrer en public. L'étiquette orientale veut qu'il se fasse voir presque toujours monté sur un éléphant. Le roi et les princes du temps de Crawfurd se montraient habiles à conduire eux-mêmes parfois, l'éléphant qui leur servait de monture.

Au Birmah, comme dans les autres contrées de l'Inde postérieure, deux espèces du genre bœuf se montrent particulièrement nombreuses : le bœuf proprement dit (*nwa*), et le buffle (*kouwé*); celui-ci surtout dans le bas pays, où il atteint des dimensions extraordinaires, tandis que l'autre domine dans les provinces septentrionales. Le buffle, comme dans l'Inde gangétique, est principalement employé pour l'agriculture; le bœuf, presque exclusivement comme bête de somme, et pour le transport des marchandises (1).

Le rhinocéros unicorne est fort commun dans tout le bas pays. Il a été constaté dans ces derniers temps que le rhinocéros bicorne existe dans la province de Ténassérim. On voit aussi des ours dans cette même partie du pays et dans le Martaban.

Le nombre des cerfs et des daims est prodigieux; il y en a une espèce de grande taille, que les Birmans appellent *zat* : les gouverneurs dans le Pégou tolèrent la chasse de cet animal; et les Européens trouvent toujours de sa chair sur le marché de Rangoun. Pour les tuer on emploie généralement de gros chiens; mais il y a aussi une chasse aux flambeaux (ou aux fanaux), qui permet d'en faire un grand carnage.

Le sanglier est fort commun dans toutes les forêts. Dans les villages on nourrit peu de porcs, mais il n'en est pas de même dans la capitale et à Rangoun, où les étrangers en font une grande consommation. Les Birmans sont friands de la chair de cet animal, et ils estiment que c'est la plus exquise de toutes, mais la coutume du pays leur défend de s'en nourrir.

Le chien domestique se rencontre partout, dans un état intermédiaire entre l'indépendance sauvage et la domesticité réelle, errant dans le voisinage des habitations ou séjournant en troupes plus ou moins nombreuses dans l'intérieur même des villes et des villages. Ces quadrupèdes, vagabonds, mendiants et pillards sont tous de même race, ressemblant un peu à nos chiens courants, de couleur grisâtre, fort laids et très-sales. Leur nombre, dans de certaines localités, dépasse certainement celui des hommes. Quelques variétés de nos chiens européens sont très-recherchées par le roi et les grands seigneurs du pays, surtout quand ces animaux sont bien dressés à toutes sortes d'exercices. Pendant le séjour du commandant Leconte à Rangoun, le capitaine d'un navire marchand (de Nantes) avait vendu un caniche 800 francs au prince de Prôme.

Les Birmans élèvent quelques chèvres et quelques moutons de petites races, la plupart venus du Bengale. On rencontre le lièvre dans les bois, mais en petite quantité. Il est fort petit, et sa chair est peu savoureuse.

Les singes sont en grand nombre, et d'espèces fort diversifiées par la grandeur, la couleur et la figure. On en voit en troupes considérables sur les bords

---

(1) Les Birmans attellent à leurs grands chariots quatre et souvent six bœufs. Le colonel Symes dit avoir rencontré une fois un chariot que quatre bœufs vigoureux entraînaient *au grand galop*, sous la conduite d'une jeune paysanne, qui maniait les guides et un grand fouet avec un sang-froid et une dextérité remarquables. Les chariots birmans paraissent être construits solidement et avec soin, et passablement commodes pour voyager. Symes parle également d'une caravane de seize chariots tirés chacun par six bœufs, et contenant, avec des marchandises, des familles entières, femmes, enfants, singes, chats, perroquets et toute la fortune du conducteur.

de l'Irawaddy et de ses affluents, surtout au Pégou. C'est un spectacle fort amusant pour les voyageurs qui remontent ou descendent ces rivières, que de voir ces animaux se livrer des combats, faire mille gambades et grimaces, donner la chasse aux petits poissons, aux crabes et aux écrevisses qui restent à sec sur le rivage à la marée descendante.

Les oiseaux domestiques ne sont pas très-nombreux. Ce sont les mêmes espèces que chez nous, à peu près; le dindon manque cependant dans les basses-cours birmanes. Les gallinacés à l'état sauvage abondent; mais ils ne paraissent pas comparables (selon Crawfurd) aux espèces de plusieurs pays voisins, soit pour la richesse de leur plumage, soit pour l'excellence de leur chair. Leconte affirme, néanmoins, que le paon des forêts est un manger très-délicat. Les pigeons sont répandus dans tout le royaume; et il suffit de leur faire un colombier pour qu'ils se multiplient à l'infini : il y en a de sauvages entièrement verts. Les tourterelles sont aussi fort communes. Les moineaux, que l'on trouve partout, inondent, pour ainsi dire, les campagnes, et dévastent souvent, malgré toutes les précautions des cultivateurs, les champs ensemencés.

Les corbeaux et les corneilles sont extraordinairement multipliés, peut-être parce qu'ils trouvent du riz cuit en abondance, soit celui qu'on offre dans les temples, soit celui qu'on jette aux nâts. Dans les villes et villages on voit des troupes immenses de ces oiseaux voraces, qui sont tellement hardis, qu'ils entrent dans les maisons pour y dérober tout ce qu'ils trouvent de comestibles : on prétend même qu'ils vont jusqu'à découvrir les pots et les vases et arracher des mains des passants la chair ou le poisson. Les aigles, les milans, les vautours, d'espèces souvent différentes des nôtres, sont aussi très-nombreux par tout le pays. Les oiseaux aquatiques, surtout les échassiers et les pélicans, sont fort communs. On les voit se promener par bandes sur les bords des fleuves et des étangs. Parmi les palmipèdes, on trouve l'oie sauvage, beaucoup de canards d'espèces très-variées, entre autres le *henza* (*hans* des Hindous), dont la chair est délicieuse et fort recherchée par les voyageurs et les résidents européens. Plusieurs oiseaux terrestres se font remarquer par la beauté de leur plumage; les plumes sont pour les Chinois un objet de commerce.

Le nombre des perroquets est immense : cet oiseau, dit M. Leconte, est abhorré par les Birmans, à cause des dégâts considérables qu'il cause aux arbres fruitiers, sur lesquels des troupes nombreuses viennent s'abattre, gâtant et rongeant les fruits avant qu'ils n'aient atteint leur maturité et les faisant tomber à terre. Pour les épouvanter et les éloigner, les paysans suspendent des clochettes au cou des bœufs et des autres animaux domestiques : ils s'efforcent aussi de mettre en fuite ces hôtes incommodes et les moineaux en tendant d'un arbre à l'autre de longues cordes avec des sonnettes et des chiffons de diverses couleurs que le vent fait voltiger; et en même temps qu'ils agitent les cordes ils poussent des cris, et parviennent ainsi à garantir, au moins en partie, leurs récoltes de la dévastation qui les menace sans cesse.

La classe des reptiles est très-nombreuse dans ces contrées, et les serpents s'y montrent dans de certaines localités en quantités prodigieuses. Une espèce particulière que M. Leconte désigne, d'après les indigènes, sous le nom de *nau*, paraît être fort redoutable. Nous hésitons, cependant, à ajouter foi aux récits merveilleux que ce voyageur reproduit au sujet de ce reptile et d'une certaine araignée qui lui fait la guerre. Dans tout le royaume, et spécialement en Ava, les habitants mangent de presque toutes les espèces de serpents, après leur avoir coupé la tête. Les lézards de toute grandeur, de couleurs et d'habitudes variées, se rencontrent à chaque pas. On voit peu de crocodiles dans l'Irawaddy et ses principaux embranchements; mais dans les nombreux canaux et cours d'eau qui communiquent d'une rivière à l'autre ils sont prodigieusement multipliés ainsi que dans les étangs : on les voit étendus au soleil sur ces bords fangeux, prêts à s'élancer à l'eau au moindre bruit. Après le crocodile, le plus grand des sauriens est le *talagoja*; les Birmans sont persuadés qu'avec le temps il se transforme en crocodile; sa chair et ses œufs sont d'une excellente saveur. Le *padat*, autre espèce d'iguane probablement, atteint aussi de grandes dimensions; sa chair est fort recherchée, et ressemble pour le goût à celle du poulet. Le caméléon se voit sur beaucoup d'arbrisseaux. Le *tauthé* est un autre lézard, de la longueur du caméléon, mais plus gros; son dos, d'un beau noir, a, selon M. Leconte, l'apparence du chagrin : il se tient ordinairement blotti aux angles des maisons et des piliers qui les soutiennent, et fait la chasse aux souris et autres petits animaux; il a une voix forte, qu'il fait entendre jour et nuit, et c'est probablement de son cri *tau-tau* qu'il tire son nom.

Les Birmans sont très-friands de la chair et des œufs des tortues de terre et de mer : on en fait la pêche, et on recueille leurs œufs sur les bancs de sable, où elles vont les déposer en quantité si considérable, qu'ils sont un objet de commerce, tant à l'intérieur qu'à l'extérieur. — On sale la plus grande partie de ces œufs pour les conserver.

Les rivières et les côtes sont très-poissonneuses, et les poissons paraissent appartenir aux mêmes espèces que dans l'Inde Gangétique; mais cette partie de l'histoire naturelle du pays birman n'a encore été que très-imparfaitement étudiée.

L'immense famille des insectes est riche au delà de toute expression. — La variété des papillons est infinie; on ne peut, dit M. Leconte, se faire une idée de la quantité de mouches, moustiques et cousins qui s'engendrent dans les forêts du Pégou pendant la saison des pluies. — Des nuages de moustiques viennent assaillir les barques qui naviguent dans les canaux du fleuve, et il est de toute impossibilité d'y dormir pendant la nuit : lorsqu'il y a nécessité de la passer sur l'eau, on ne peut écarter ces ennemis obstinés qu'en agitant sans cesse de grands éventails et en brûlant du tabac dont la fumée les éloigne. Il y a des villages, situés à d'assez grandes distances du fleuve, où les habitants, non-seulement pendant la nuit, mais aussi dans le jour, sont contraints de se tenir enfermés dans de grandes moustiquaires, où ils filent, font leurs tissus, etc.

Les scorpions, dont la piqûre est quelquefois mortelle; les cent-pieds, dont la morsure occasionne pendant plusieurs heures une cuisson et une douleur insupportables; les fourmis de toute couleur, abondent dans tout le royaume, et font le tourment des habitants. — Les Birmans sont friands de diverses espèces d'insectes, et spécialement d'une sorte de fourmis rouges, qu'ils font frire avec ses œufs ou qu'ils mangent en salade avec le *gnapi* (elles ont une saveur acide et piquante, que les Européens mêmes ne trouvent pas désagréable). Mais ce qui fait leurs délices, c'est un certain ver ou chenille qui ressemble un peu au ver à soie, et qui se trouve dans le cœur d'un arbuste : on en envoie tous les mois à Amarapoura pour la table du roi ; ils se mangent frits ou rôtis, et en général les Européens trouvent que c'est un bon manger !

Nous terminerons ici cette énumération, assez singulière au point de vue alimentaire, et passerons, de notre description sommaire des productions de l'empire birman, à l'exposé des ressources et des habitudes commerciales du pays.

COMMERCE.

Comme complément à ce que nous avons dit de l'économie domestique, et des habitudes du pays, et surtout comme introduction à l'esquisse que nous allons tracer des ressources et des coutumes commerciales de l'empire birman, nous dirons un mot du *système des poids et mesures*. C'est encore ici Crawfurd qui nous paraît être la meilleure autorité [1].

L'unité des mesures de longueur est la coudée royale, ou *taong*. Crawfurd a eu, pendant ses conférences avec les dignitaires birmans, l'occasion de comparer soigneusement l'*étalon* qui lui a été présenté au *yard* anglais, et l'a trouvé exactement de 19 pouces 1/10, ce qui équivaut, à très-peu de chose près, à

---

[1] Les valeurs assignées par Crawfurd ne s'accordent parfaitement ni entre elles ni avec les évaluations des mesures anglaises telles que nous les prenons dans l'*Annuaire du bureau des longitudes*. — Il ne faut donc considérer les chiffres que nous avons adoptés que comme des approximations ; et ces valeurs sont probablement un peu au-dessous des valeurs réelles.

0 mètre 4,851. Cela posé, les subdivisions du *taong* sont les suivantes :

	mètre.
Le *t'hwa*, ou 1/2 taong (empan) =	0,2425
Le *maik*, 2/3 du t'hwa (palme) =	0,1616
Le *t'hit*, 1/8 du *maik* (doigt). . =	0,0202
Le *mo-yau*, 1/4 du *t'hit*. . . . . =	0,0050
Le *n'hon*, 1/6 du *mo-yau*. . . . =	0,0008
Le *cha-k'hyi*, 1/10 du *n'hon*. . =	0,00008

et ses multiples :

	mètres.
Le *lan*, de 4 *taongs* (brasse) =	1,94
Le *ta* ou *bambou*. . . . . =	3,40
Le *ok-tha-pa*, de 20 *tas*. . =	67,91
Le *kosa*, de 20 *ok-tha-pas*. =	1,358,20 (1)
Le *taing*, de 7,000 *taongs* =	3,396,00
Le *gawot*, de 4 *kosas*. . . =	5,432,30
Le *oudjana*, de 40 *gawots* =	217,312,00

Les poids sont les suivants :

	kilogr.
Le *paiktha* (ou *viss* des Européens) = 3,65 liv. *avoir du poids* anglaises (selon Crawfurd), soit.	1,655
Le *kyat* (ou *tikal* des Européens), 100ᵉ partie du *paiktha*. . .	0,01655
Le *mat'h*, 1/4 du *tikal*. . . .	0,00413
Le *mu* (ou *mou* ?), 1/2 de *mat'h*	0,00206
Le *bai*, 1/2 du *mu*.	0,00103
Le *rwé*, 1/4 du *bai*.	0,00025
Le petit *rwé*, 1/2 du *rwé* (2). . .	0,00012

Les mesures de capacité sont :

	kil.
Le *ten* (ou panier de riz) *devrait peser* (dit Crawfurd) 16 viss de riz mondé ou 58 2/5 liv. *avoir du poids*, soit environ.	26,5
mais ne se compte généralement que pour.	25,4
Le *sait*, 1/4 du *ten*. . . . . . =	6,35
Le *sarat*, 1/2 du *sait*. . . . . =	3,18
Le *pyi*, 1/2 du *sarat*. . . . . =	1,6
Le *salé*, 1/4 du *pyi*. . . . . =	0,4
Le *lamé*, 1/2 du *salé*. . . . =	0,2
Le *lamyet*, 1/2 du *lamé*. . . =	0,1

La seule mesure agraire que nous trouvions mentionnée avec quelque exactitude est :

Le *pé*, de 25 *bambous* en quarré ; chaque bambou de 7 coudées birmanes, c'est-à-dire (selon Crawfurd) environ 7,569 *yards* carrés, ou 309 yards carrés de plus qu'un acre et demi, ce qui équivaudrait (à très-peu de chose près) à . . . . hectare 0,71

(1) Le *kosa* et l'*oudjana*, d'origine indienne, ne sont plus usités.

(2) Le petit *rwé* est, selon Crawfurd, la graine de l'*arbos precatorius*, et le *rwé* est la fève de l'*adhenantera pavonina*.

Il n'y a point, à proprement parler, de monnaie chez les Birmans : l'or et l'argent informe ou en lingots la remplacent. Les payements, comme en Chine, se font en pesant dans des balances les poids de métal fin (ou, s'il s'agit de menus achats, de plomb) convenus, en échange de la denrée ou du travail livrés. Nous avons déjà donné quelques explications sur les différentes espèces de lingots d'argent en circulation (p. 281 et 282) ; nous nous contenterons d'ajouter ici que l'or et l'argent qui paraissent sur le marché sont toujours plus ou moins altérés, et que les prix des denrées haussent ou baissent en raison composée de leur abondance ou de leur rareté, et du plus ou moins de pureté des lingots avec lesquels se font les payements. La monnaie basse dans les villes d'Ammarapoura, Rangoun et Basséin, est de plomb ; mais ce métal n'a pas non plus toujours la même valeur. Cette valeur croît ou diminue à proportion de son abondance ou de sa rareté sur le marché. Quelquefois un tikal d'argent avec alliage équivaut à 200 tikals de plomb, quelquefois à 1,000 et plus. A Rangoun, où le marché des comestibles est bien approvisionné, et où il se fait beaucoup de ventes au détail, on met d'un côté dans la balance les petits morceaux de plomb qui servent de monnaie, et de l'autre la chose que l'on achète, et il en est ainsi pour la plupart des denrées ; mais il en est d'autres, telles que le poisson frais, certains fruits recherchés, etc., dont la valeur est double de celle de plomb ; et d'autres denrées que l'on donne au double du poids du métal. Dans les anciennes provinces de Martaban, Tavoy et Merguy, ils avaient adopté pour monnaie courante des médailles d'étain mal frappées, avec l'empreinte d'un *henza*, qui forme pour ainsi dire (comme nous l'avons vu) les armes birmanes.

Le commerce extérieur est entièrement exercé par les étrangers, comme les Chinois, les Anglais et les Français, et il se fait plus spécialement dans l'Ava et le bas Pégou. En dehors des grandes villes, le commerce des objets nécessaires à la nourriture et aux vêtements est plutôt un échange qu'un achat ou une vente ; les habitants des lieux dans lesquels abondent le riz, le coton, etc., vont échanger ces produits dans d'autres parties du royaume, où l'on récolte le gingembre, le tabac, l'indigo, etc. Dans tous les villages de l'Ava le riz est ordinairement la denrée avec laquelle on se procure le poisson, les légumes et les autres choses nécessaires à la vie. Les Shâns font un commerce étendu, parce qu'ils transportent dans toutes les autres parties du royaume le *lapech*, ce thé grossier dont nous avons eu plusieurs fois l'occasion de parler précédemment, et qui se boit (ou se mange) dans les funérailles et dans la conclusion des marchés et des procès. A l'égard du commerce extérieur, les Chinois de Yunnan descendent par Kanton et par le fleuve Irawaddy, et avec de grandes barques transportent à Ammarapoura leurs produits, parmi lesquels sont spécialement des soieries ouvrées, du thé, du papier, diverses sortes de fruits et autres bagatelles; ces barques s'en retournent chargées de coton, de soie écrue, de sel, de plumes d'oiseaux, de *cevoni*, qui, selon M. Leconte, est un vernis noir que les Birmans extraient d'un arbre, et qui, étant préparé et purifié par les Chinois, forme ce vernis laque que nous admirons tant en Europe.

Les grands entrepôts que l'Angleterre a placés sur tous les points de l'Inde et dans les mers de la Chine lui ont tout à fait assuré le monopole du commerce dans cette partie de l'Orient, et il est très-difficile aux marchands français, malgré tous les traités possibles, même les plus récents, de tenter la concurrence. En effet, les grands vaisseaux anglais portent les produits britanniques, qui sont en général de bonne qualité, même pour les objets les plus communs, et dont l'usage est le plus général, dans leurs grands établissements de Bombay, Madras, Calcutta, Singapour et dans les ports de la Chine où flotte depuis peu leur pavillon; de tous ces lieux le commerce d'escale ou de cabotage s'établit avec des navires, n'importe sous quel pavillon, montés par des équipages arabes, lascars, malais et chinois, dont la nourriture coûte fort peu de chose et qui n'ont qu'un très-faible salaire. Les grands dépôts n'expédient dans tous les pays indiens qu'à coup sûr; les spéculations ne sont pas aussi hasardeuses que celles de nos négociants, qui, apportant directement d'Europe, trouvent souvent, en arrivant à leur destination, les marchés encombrés des marchandises sur lesquelles ils comptaient le plus pour faire des bénéfices : les produits français qui sont déposés à Bourbon n'en sortent qu'à haut prix, et en général ce sont des objets de rebut de toutes nos manufactures. Notre commerce se fait sur une trop petite échelle; nos négociants travaillent plutôt pour eux que pour une raison de commerce, qui doit vivre comme une dynastie; on sacrifie trop souvent à un bénéfice *actuel* tout l'avenir des relations importantes qu'on pouvait se créer. « Aussi (fait observer M. Leconte) le commerce français ne jouit-il pas à l'étranger de toute la considération possible; il faut bien le dire et que chacun le sache : en vain le gouvernement fera-t-il les plus grands efforts; si les marchands ne veulent pas entrer dans une autre voie, ces efforts seront inutiles. »

Toutes les marchandises qui vont dans le royaume birman, qu'elles y soient apportées par des navires arabes ou par des navires anglo-indiens (*country ships*), ou même par des chinois, sont de provenance anglaise et prises dans les grands dépôts de l'Inde. Quatre maisons anglaises et deux ou trois arméniennes exploitent ce vaste pays; elles sont établies à Ammarapoura, Rangoun et Basséin; tout le reste du commerce se fait par des Arabes, des Chinois et quelques chrétiens de race portugaise.

Le commandant Leconte émet l'opinion que de tous les pays de l'Inde Ava serait celui où le commerce français pourrait tenter avec le plus de chances de succès une lutte sérieuse contre l'industrie anglaise : il voudrait qu'une société française établît une maison à Ammarapoura avec succursale à Rangoun; qu'elle y eût des agents sûrs et bien payés; qu'elle se contentât dans les commencements de petits bénéfices; qu'elle n'envoyât que des produits de bonne qualité, à un prix modéré, etc., etc. Cela suppose, avant tout, que l'établissement d'une maison française dans les deux villes citées ne rencontrerait aucune difficulté. Nous ne partageons pas à cet égard les convictions de M. Leconte ; mais, en admettant même que les difficultés que nous prévoyons fussent surmontées, nous doutons fort que dans un pays où le commerce est surtout un commerce de détail, des Français pussent soutenir la concurrence avec les pacotilleurs anglo-indiens, arabes, arméniens, et métis-portugais, qui sont depuis longtemps en possession d'alimenter les marchés d'Ava et du Pégou, de marchandises principalement d'origine anglaise et de meilleure qualité que celle que nos détestables habitudes nous font généralement exporter dans les pays d'outremer. C'est là, au reste, une question qui mériterait d'être examinée de plus près ; et il faudrait avant tout que quelques essais d'importation française, consciencieusement dirigée, missent notre commerce à même de juger jusqu'à quel point les produits de nos manufactures pourraient être favorablement accueillis par la population birmane ; nous devons donc nous borner à enregistrer l'opinion de M. Leconte et à appeler sur ce point l'attention de nos armateurs.

« La bonté des ports du Pégou (dit M. Leconte) et les excellentes productions du royaume birman y attirent un assez grand nombre de navires, moins cependant que dans le siècle dernier ; ils y viennent non-seulement de toutes les parties de l'Inde, mais encore de la Chine et de l'Arabie. » Après quelques observations sur les avantages et les inconvénients relatifs que présentent la rivière de Basséin et celle de Rangoun, M. Leconte remarque que plusieurs ports sur la côte du Pégou et même dans l'embouchure de quelques bras de l'Irawaddy nous sont à peine connus. Il termine son rapport de la manière suivante :

« Les navires qui vont de la Chine, de la côte de Malacca et du Ténassérim au Pégou, sont pour la plupart anglais, et portent des chargements d'arec et de certains produits chinois, comme le nankin, la porcelaine commune, le thé, etc. Les choses qui se vendent assez bien sont le sucre, les mousselines du Bengale, les toiles de Madras, et spécialement les mouchoirs blancs et de couleur, dont les Birmans s'entourent la tête et dont la consommation est prodigieuse, puisqu'ils n'ont pas l'habitude de les laver. Les velours de couleur pour les vêtements d'étiquette et d'apparat sont très-recherchés, ainsi que les alépines ; il en est de même des étoffes imprimées à couleurs vives (*andrinoples?*). Autrefois, et on s'en souvient à peine, les vaisseaux de commerce français fréquentaient Syriam et plus tard Rangoun. Ils y apportaient de l'île de France divers articles, dont ils retiraient un grand bénéfice, tels que des miroirs, des fusils, de la quincaillerie et surtout des ustensiles en cuivre, métal dont les Birmans font un grand usage et qui ne se trouve pas dans le royaume ; ils portaient pareillement des étoffes de laine de diverses couleurs, dont ils trouvaient un grand débit : les habitants s'en servent comme couvertures pour la nuit, ou les portent sur leurs épaules en guise de manteau. Aujourd'hui les Anglais seuls font ce commerce. Parmi les objets principaux que l'on transporte au Pégou on peut aussi ranger les noix de coco, qui sont très-recherchées et dont les Birmans sont friands ; les navires en se rendant à cette destination en prennent souvent des chargements entiers aux îles Andaman et surtout aux Nicobar ; on importe d'Europe des drogues aromatiques, des raisins secs, des amandes ; les Arabes apportent du café, des dattes, etc. — Les navires qui vont au port de Rangoun ne peuvent remonter la rivière sans y avoir préalablement envoyé prendre un pratique du fleuve ; ils mouillent en dehors de l'embouchure. Le capitaine ou un de ses officiers se rend à la ville, qui en est éloignée de huit lieues, va de suite à la douane, et fait sa déclaration ; tout ce qui pourrait, par la suite, se trouver à bord en surplus est considéré comme contrebande. Le navire arrivé devant Rangoun doit être désarmé ; les canons, les fusils, les autres armes et les munitions qu'il peut avoir à bord, sont transportés à terre ; tout récemment encore on était obligé d'y faire porter aussi le gouvernail (1).

(1) Le commerce européen ou étranger est donc encore soumis dans ces pays aux mêmes humiliations que celles que nous avons signalées au Japon.

Le premier soin du capitaine est de faire un cadeau pour le roi et d'en donner un moins considérable au gouverneur; il doit être muni de beaucoup de petits objets de la valeur d'une roupie environ (2 fr. 50 c.), tels que mouchoirs pour mettre à la tête, et en donner en présent pour lever les entraves qu'il trouve sur son chemin, et conséquemment en rencontre fréquemment. Le droit que payent les marchandises est de 12 pour 100, dont 10 pour le roi et les 2 autres partagés entre les principaux fonctionnaires de Rangoun; comme les marchandises pourraient être évaluées par la douane à un taux plus élevé que la valeur réelle, les négociants anglais sont dans l'usage de payer les droits en nature. Les navires qui retournent en Chine et dans les îles de la Malaisie prennent des chargements de gomme laque, de cachou et de ventricules de poissons. Les Chinois emploient la gomme laque et le cachou pour les teintures, et les ventricules pour faire de la colle. Les principales denrées qui s'exportent par l'Occident, c'est-à-dire pour le Bengale et la côte de Coromandel, sont les huiles de bois (1), de pétrole, et par-dessus tout le bois de teck, qui est supérieur à celui de tous les autres pays (2); le prix en est très-modéré,

quel que soit le nombre des navires en charge; mais comme la plupart de telles pièces sont équarries à la hache et font un grand encombrement, que les planches sont sciées à la main : beaucoup de navires préfèrent aujourd'hui prendre les bois à *Maulméin*, parce que, l'équarrissage et le débit se faisant à l'aide de machines, les chargements se trouvent plus de choix et mieux assortis; l'entrée dangereuse du Salwen porte cependant encore beaucoup d'Anglais à préférer Rangoun pour y charger des bois de construction. A Rangoun, comme à Maulméin, il y a des constructeurs européens qui, vu l'abondance des matériaux et le bas prix de la main-d'œuvre, y construisent des navires pour divers négociants étrangers. Comme il est défendu de sortir de l'argent du royaume, des visites fréquentes et scrupuleuses sont faites à bord des navires; et comme la moindre contravention entraînerait la confiscation du navire pris en faute, il en résulte qu'aucun ne quitte le port sans prendre des bois ou tout autre chargement permis, tels que le sésame et les grains qui servent à la nourriture des animaux. L'exportation des chevaux est aussi permise; mais il faut une autorisation spéciale du gouvernement. Quant au riz, qui est si abondant au Pégou, et au froment, qui ne le serait pas moins si les indigènes donnaient plus d'extension à sa culture, l'exportation en est sévèrement défendue; cependant le roi accorde quelques licences......... Le *schabandar* (le capitaine du port) de Basséin, qui est ar-

(1) *Gurjun* (qu'il faut probablement prononcer *gardjoune*), ou huile de bois : produit d'un *dipterocarpus*, obtenu par entaille profonde ou excavation dans le corps de l'arbre, et à l'aide du feu qu'on y allume. Ce *dipterocarpus* se trouve en grande abondance tout le long de la côte. *Bolt*, dans ses *Considerations of India*, mentionne particulièrement le commerce que les Portugais faisaient de cette huile dans les premiers temps de leurs expéditions aux Indes. Elle est employée, depuis un temps immémorial, en Arakan et dans le Birmah, et est d'ailleurs connue dans toute l'Inde, où on s'en sert principalement avec le *dammer* pour le calfatage des embarcations, pour défendre les bois de construction des attaques des fourmis blanches, etc., etc. On a essayé d'importer cette huile en Europe; et c'est un fait curieux que la douane de Londres n'ait voulu l'admettre que comme un produit manufacturé.

(2) Le teck d'Ava, comme bois de construction navale, est regardé comme inférieur à celui de Malabar; mais des expériences faites avec soin ont prouvé qu'il était plus propre qu'aucun autre pour la construction des machines, des affûts, etc.

Des barres de teck de Maulméin, de sept pieds anglais de long et de deux pouces d'équarrissage, reposant sur des appuis, à la distance de six pieds l'un de l'autre, et chargées de 1137 livres (poids anglais), ont rompu en 2,73 minutes, après avoir fléchi de quatre pouces. — Le teck de Malabar donne à peu près le même résultat. Une charge moyenne de 870 livres a suffi pour faire rompre les autres espèces de teck. Les *extrêmes* de ces expériences sont très-remarquables : un échantillon de teck de Rangoun s'est rompu avec une charge de 650 livres, tandis qu'il en a fallu 1,162 pour rompre un barreau de teck de Malabar.

mateur, est à peu près le seul en ce moment qui jouisse de cette faveur, et il fait de grands bénéfices. »

Pour de plus grands détails sur le commerce birman, nous sommes forcé de renvoyer à l'ouvrage de Crawfurd, déjà tant de fois cité, chap. VI du deuxième vol., et p. 137 à 140 de l'appendix. Nous ne quitterons cependant pas ce sujet sans dire quelques mots sur les espérances que les renseignements recueillis dans ces dernières années ont fait concevoir de l'établissement probable d'un commerce direct entre Calcutta et la Chine par le nord de l'empire birman (1).

La distance directe de Calcutta à la frontière chinoise de Yunnan est d'environ cinq cent quarante milles, ou cent quatre-vingts de nos lieues ordinaires (même distance que de Calcutta à Agra). La route à parcourir peut se diviser en trois portions ; 1° de Calcutta à Silhet ; 2° de Silhet, à travers Catchar, à Mannipour ; 3° à travers l'empire birman.

De Calcutta à Silhet la communication par eau est ouverte en toute saison ; on remonte ensuite la rivière *Barak*, appelée dans le Silhet le *Surmah*, à travers Catchar (capitale *Khaspour*). Le Barak est navigable jusqu'à *Kalanaga-Ghât*, mais pendant l'été seulement jusqu'à *Talayn*. Les monts *Khaïnbunda*, qui forment plutôt un plateau élevé, séparent Catchar de Mannipour : la route passe sur ce plateau, et se dirige vers la limite orientale montagneuse que quelques géographes appellent les monts *Mirang*. Il faut traverser cette chaîne, descendre dans la vallée de *Koubo* (dont nous avons eu déjà occasion de parler au sujet des négociations pour la fixation des limites, du temps du colonel Burney) et atteindre la rivière *Ningthi*, sur laquelle se trouve la première ville frontière birmane, *Monnfou*.

Il faut compter à peu près 420 milles :

De Calcutta à Silhet, presque toujours par eau, 250 milles ;

De là à Kalanaga-Ghât, 65 milles ;

De Kalanaga-Ghât à Monnfou :

Pour traverser les monts *Khaïnbunda* (bonne route), 40 milles ;

Pour traverser le plateau de Mannipour, 30 milles ;

Pour traverser les monts *Mirang*, 35 milles.

Les peuplades que l'on rencontre sur la route, à l'est de Silhet, sont : les Catcharis, puis les habitants du haut Mannipour et les montagnards des environs ; tous différant des Bengalis, et appartenant au même groupe que les *Thaïs* et les *Shâns*, les Birmans et les Siamois ; tous gens d'humeur indépendante, fort actifs, pauvres, mais contents dans leur indépendance. Ils bâtissent leurs villages dans les gorges les plus élevées et sur les sommets les plus inaccessibles des montagnes. Ce sont des hommes très-vigoureux et infatigables, qui feraient d'excellents *porteurs* pour le transport des marchandises à travers les montagnes.

De Monnfou sur la rivière Ningthi, à l'Irawaddy, il faut compter soixante-dix milles, distance directe. On ne sait *rien, absolument rien* sur cette portion du trajet ; mais il est permis de supposer que cette partie du pays, comme le reste de l'Indo-Chine, présente des chaînes parallèles de montagnes courant nord et sud, et peu élevées, dont la *traversée* n'offrirait pas d'obstacles sérieux. Sur l'Irawaddy, près de *Koutha mio*, sous le 24° degré de latitude, nous tombons sur la grande route de caravane qui conduit d'Ava à la province chinoise d'Yunnan, en passant par Bamo. Nous avons appris à connaître, par le journal du capitaine Hannay, l'importance commerciale de cette ville, la plus considérable de l'empire birman au nord. Deux fois l'an, au commencement et à la fin de la saison sèche, une caravane chinoise arrive à Bamo, et y vend ses marchandises : quelques marchands seulement se rendent à Ava. Ce marché est fréquenté depuis des siècles, et il l'était beaucoup plus autrefois qu'il ne l'est maintenant. Marco-Polo visita ces contrées, en qualité d'envoyé de Kublaï-Khan, à la fin du treizième siècle : c'est le premier voyageur qui nous ait donné quelques renseignements sur ce marché et sur la route qui y conduit de la province d'Yunnan. Le commerce y est encore considérable, et consiste principalement dans l'échange de divers produits de Yunnan et des au-

---

(1) Voir « *Journal of the Asiatic Society of Bengal*, february 1848 : une note sur ce sujet par le baron Otto des Granges.

tres provinces chinoises voisines contre les produits de Birmah et des pays du nord, c'est-à-dire des *Bhar Khamtis*, des *Mismis* et des *Singphos*, jusqu'à Assam et jusqu'au Tibet. Les articles de ce commerce sont, selon Crawfurd, dont les assertions sont confirmées par Hannay :

1. *Exportations de la Chine :* Cuivre, orpiment, mercure, cinabre, alun, étain, plomb, argent, or, porcelaine, peintures, chaudronnerie, tapis, rhubarbe, thé, soie grége et soieries, velours, miel, musc, papier, éventails, etc. La soie et la rhubarbe sont les articles principaux. Crawfurd estime que l'importation de soie grége n'est pas de moins de vingt-sept mille paquets ou ballots, qui représentent, année commune, une valeur de plus de 80,000 livres sterl. ou environ 2 millions de notre monnaie.

2. *Importations en Chine, de Birmah :* Coton, nids d'oiseaux, ivoire, corne, serpentine, pierres précieuses, plumes et divers produits des manufactures anglaises. Le coton seul figure dans cette liste, toujours selon Crawfurd, pour la valeur moyenne de 14 millions de livres ou environ 228,000 livres sterl., près de 6 millions de francs. Les plumes, principalement celles d'une belle espèce de geai bleu, sont recherchées par les Chinois pour orner les habits de cérémonie des mandarins : les saphirs sont employés comme boutons pour les bonnets de ces hauts fonctionnaires : les cornes de rhinocéros et de cerfs sont travaillées en coupes ou employées pour leurs propriétés médicinales, etc. L'importance des importations et exportations réunies varie de 400,000 à 700,000 livres sterling, c'est-à-dire de 10 à 18 millions de francs, environ.

Ces données complètent et rectifient celles que nous avons indiquées dans notre introduction, page 242.

Si l'attention des spéculateurs, encouragés par la protection du gouvernement de l'Inde anglaise, se portait sur l'établissement des communications commerciales directes que nous venons d'indiquer, le commerce entre le Bengale et ses dépendances à l'est et la Chine pourrait prendre avant peu d'années un grand développement. Silhet deviendrait dans ce cas l'entrepôt de ce nouveau commerce. Le transport des marchandises aurait lieu du Bengale à Silhet par eau, et, par l'intermédiaire des Chinois, de Bamo à Silhet par terre. L'opium et les draps anglais formeraient probablement deux des principaux éléments de ce commerce d'échange du côté de l'Inde anglaise, tandis que les richesses minérales du Yunnan, le thé et la soie écrue, constitueraient les principales branches d'importation du côté des Chinois. Il serait à désirer, sans doute, qu'on pût s'assurer, par une exploration sérieuse, de la nature et de l'importance des produits de la province d'Yunnan, et la difficulté serait d'y pénétrer dans ce but; mais on pourrait se contenter de rencontrer la caravane chinoise à Bamo. L'établissement de liaisons convenables avec les marchands chinois qui fréquentent le marché d'Ava faciliterait grandement l'exécution de ce plan ; et il ne serait évidemment pas impossible, d'après ce que nous savons déjà des excursions de quelques pacotilleurs birmans et shâns dans la direction d'Assam, de déterminer les uns et les autres à tenter quelques essais d'échanges par la route que nous avons indiquée. Il faudrait que l'on pût compter, dans ce but, sur le concours du gouvernement birman, et depuis la déposition de Tharawaddy la cour d'Ava paraît disposée, ainsi que nous l'avons vu, à favoriser le développement du commerce extérieur.

Les intérêts généraux de notre commerce ont conduit dans le port de Rangoun un certain nombre de nos navires de guerre, et quelques-uns de nos bâtiments de commerce s'y montrent de loin en loin. Les Français ont été, en général, bien accueillis dans les États birmans pendant ces courtes apparitions. *La Chevrette*, corvette de l'État, commandée par M. Fabri et ayant à son bord l'un de nos naturalistes les plus distingués, M. Charles Bélanger, était au Pégou à la fin de l'année 1827. Les travaux de M. Fabri et de ses coopérateurs ont considérablement augmenté les renseignements que nous possédions sur cette partie du monde asiatique. Les observations de M. Charles Bélanger n'ont encore été publiées qu'en partie ; mais les travaux hydrographiques de l'expédition ont été l'objet d'un compte-rendu inséré aux *Annales maritimes et coloniales* (année 1829). Le plan de l'entrée de la rivière de Rangoun a été levé avec beaucoup de détails, ainsi que celui de la branche nord-ouest de l'Irawaddy, jusqu'à Dannobion ; la branche nord-est de la même rivière a été levée jusqu'à Pégou, ancienne capitale du royaume de même nom.

Le 30 mars 1843, c'est-à-dire seize ans après le départ de *la Chevrette*, *la Fortune*, autre bâtiment de l'État, sous le commandement de M. Leconte, mouillait devant Rangoun, qu'il saluait de vingt et un coups de canon, et ce salut lui était rendu coup pour coup. Il fut convenu que le gouverneur de Rangoun recevrait le commandant Leconte, avec sa suite, le 2 avril suivant, *et avec la chaussure européenne*. Pendant les deux jours d'attente le commandant français reçut la visite de toutes les notabilités de race européenne. L'évêque d'Héliopolis, missionnaire arrivant d'Europe et devant se rendre à la résidence d'Ammarapoura, vint le voir, accompagné du curé de Rangoun, d'un autre missionnaire et de l'évêque arménien schismatique d'Eutichès. L'abbé Domingo, curé de Rangoun, est Tyrolien ; il résidait au Pégou depuis douze ans. Homme de grand sens et très-spirituel, parlant et écrivant correctement le birman et plusieurs autres langues ; imprimant lui-même son catéchisme en langue birmane, exerçant la médecine pour les pauvres, jouissait dans le pays d'une considération extraordinaire. C'est dans la conversation et les communications de ce bon missionnaire et observateur éclairé que M. Leconte a puisé les renseignements qu'il a publiés, et dont nous avons fait usage pour compléter nos recherches.

Le 2 avril, à dix heures du matin, le commandant Leconte descendit à terre, accompagné de quatre personnes de son état-major et de deux officiers mariniers en uniforme, le sabre au côté. Des chevaux avaient été préparés pour eux : le cortège se dirigea vers le vieux gouvernement, éloigné d'à peu près un demi-mille ; des gardes armés de fusils ornés de fleurs bordaient la haie. Arrivés à la grande salle d'audience, on fit proposer au commandant d'ôter ses bottes, il s'y refusa très-positivement ; on n'osa pas insister, et il entra avec sa suite dans la salle, où se trouvaient réunies plus de cinq cents personnes. Des orchestres, placés des deux côtés, faisaient une musique assourdissante. A gauche se trouvait une troupe de bayadères en costume brillant ; au milieu de la salle étaient assis les principaux chefs, en grand costume d'étiquette, presque entièrement de velours bordé et broché en or. Au fond était un trône vide ; vis-à-vis, près de la porte d'entrée, on avait placé un fauteuil et des sièges pour le commandant et les officiers de *la Fortune*. Au-devant de ces sièges, une grande table portait un repas copieux et splendide, servi à l'anglaise. La distance de cette table au trône était de huit à dix pas.

Peu d'instants après l'arrivée du commandant Leconte, le gouverneur de Rangoun parut, dans une espèce de calèche traînée par huit hommes ; deux parasols dorés, insignes de ses hautes fonctions, étaient portés au-dessus de sa personne ; sa tête était couverte d'un bonnet ressemblant assez à la tiare papale, mais avec une simple couronne en feuilles d'or. Il portait une longue robe en velours violet, bordée d'un large galon en or : il entra par le fond de la salle, et alla s'asseoir sur son trône ; l'interprète s'approcha de lui en rampant à genoux les deux mains à terre. La conversation s'établit avec le secours de M. Fizeau, enseigne de vaisseau, qui traduisait les paroles de l'interprète, celui-ci parlant assez mal l'anglais. La conférence, qui n'avait aucun caractère politique, ne paraît pas avoir été de longue durée : le gouverneur se leva, et se retira avec gravité ; à peine était-il sorti que la musique et les danses recommencèrent, et, sur l'invitation du maître des cérémonies, les officiers français se mirent à table. Après avoir assisté quelques instants aux danses des bayadères, le commandant remonta à cheval avec sa suite, et retourna à l'embarcadère avec les mêmes honneurs qu'il avait reçus lors de son débarquement.

Le lendemain de cette audience une pirogue de guerre arrivait d'Ammarapoura, apportant la nouvelle du remplacement du gouverneur. Le nouveau gouverneur, l'un des favoris du roi, devait arriver vers la fin d'avril amenant avec lui un nouveau *schabandâr* (collecteur); celui-ci, Ignace Lanciégo, était le fils de don Gonsalez de Lanciégo, qui avait été lui-même schabandâr du temps de Crawfurd(1). Les relations déjà établies entre le commandant Leconte et le gouverneur qui allait être remplacé furent interrompues par la disgrâce imprévue de ce dernier. Pendant le reste de son séjour au Pégou, M. Leconte eut souvent recours à lui pour faciliter les achats qu'il avait à faire à Rangoun. Une foule de petits obstacles, causés par les coutumes et les habitudes locales, étaient levés par l'intervention obligeante de ce dignitaire. La production de son cachet ou d'un écrit signé de sa main, faisait cesser toutes difficultés. — Les marins de *la Fortune* reçurent le meilleur accueil des habitants : on les engageait à entrer dans les maisons; on tolérait même qu'ils visitassent les pagodes et autres lieux sacrés où sont élevées les idoles. A Rangoun l'église catholique romaine a placé le signe de la rédemption sur un clocher en bois qui figure modestement au milieu des temples du boudhisme. Sa cloche retentit au loin et appelle les fidèles à la prière. Pendant le temps que *la Fortune* fut mouillée devant la ville, tous les dimanches, dit M. Leconte, trente marins de bonne volonté, conduits par des sous-officiers, allèrent entendre la messe. M. Leconte y alla lui-même, accompagné de ses officiers. Ce détachement d'hommes en grande tenue d'équipage de ligne, marchant silencieusement en ordre et sans armes, et rentrant de même à bord, produisit un grand effet dans le pays. La sagesse de leur conduite à terre dans les permissions qui leur furent accordées, fut remarquée de tous, et les Anglais eux-mêmes avouèrent que la manière d'être de nos hommes faisait contraste avec les rixes journalières qui ont lieu lorsque les matelots du commerce anglais vont en ville.

La Fortune quitta Rangoun le 30 avril 1843.

Nous terminerons ici cette imparfaite esquisse des pays Birmans, nous réservant, lorsque nous traiterons des provinces de Ténassérim, de compléter, dans les limites qui nous sont prescrites, l'ethnographie de ces contrées, d'après les renseignements les plus récents.

---

(1) Don Gonsalez de Lanciégo à l'époque où Crawfurd visitait la cour d'Ava, en qualité d'envoyé du gouvernement suprême des Indes Anglaises, était âgé d'environ cinquante ans; il avait résidé trente ans dans les États birmans. — Né en Espagne, d'une famille noble, il avait été envoyé dans son enfance à Paris, où il avait été élevé. — Venu au commencement de la révolution à Bourbon, dont son oncle maternel était gouverneur, il avait contribué à l'armement d'un corsaire, sur lequel il fit plusieurs campagnes pendant la guerre. Ce corsaire ayant été forcé par le mauvais temps de relâcher à Bassein, M. Lanciégo y débarqua, et fut amené par ses affaires dans le port de Rangoun, où il s'établit en qualité de négociant.

Il y épousa la fille d'un Indo-Portugais, intendant pendant longtemps de ce même port, et dont une autre fille était la reine n° 4 du dernier roi. De Rangoun M. Lanciégo se rendit à la capitale, devint le favori du roi (alors prince royal), et par son influence obtint le poste de receveur général des douanes (*schabandâr*) à Rangoun. Quand la guerre éclata entre les Anglais et les Birmans, il se trouvait à Ava, où il était allé porter les recettes de l'année. Il suffit d'une ou deux lettres à lui écrites par des négociants anglais, lettres cependant insignifiantes, tombées entre les mains de ses ennemis, pour le rendre suspect, et, malgré les dispositions favorables du roi à son égard, il fut arrêté, jeté dans un cachot et mis aux fers. D'autres lettres de commerce étant arrivées à son adresse, ses ennemis prétendirent qu'il entretenait des relations coupables avec les Anglais, et l'on trouva des témoins qui jurèrent que ses émissaires avaient été vus dans le camp de sir Archibald Campbell. Le roi donna l'ordre de *l'examiner selon la coutume*. On l'envoya donc chercher à sa prison; on le soumit à la torture, et on confisqua ses propriétés. On ne le mit en liberté qu'à la paix, mais sans lui restituer ses biens. Son innocence fut cependant reconnue, et on punit ses accusateurs. A l'occasion de la mission de Crawfurd, on avait pensé qu'il pouvait être utile, et il avait été rappelé à la cour.

SIAM.

GÉOGRAPHIE ET HYDROGRAPHIE.

Le royaume actuel de Siam comprend quatre parties principales : le *Siam* proprement dit, que les Siamois appellent pays de *T'haï* ou des *Thaï ;* une portion considérable des contrées connues sous le nom de *Lao* ou *Laos ;* une partie de l'ancien royaume ou État de *Cambodje ;* et enfin une partie importante de la péninsule Malaise, occupée par les princes tributaires de *Ligor, Patani, Kalantan, Tringano* et *Quédah* (ou *Keddah*.)

Les frontières extrêmes du royaume sont : au sud, sur la côte occidentale de la presqu'île, à peu près sous le 5ᵉ degré de latitude septentrionale, non loin de la ville de *Kourao ;* sur la côte orientale, seulement un peu plus vers le sud, près de *Kamamang*. Au nord, elles atteignent peut-être le 20ᵉ degré de latitude septentrionale. Les renseignements recueillis à cet égard par Crawfurd, dans le pays même, ont été confirmés par l'itinéraire du docteur Richardson, qui en 1839 a pénétré jusqu'à *Zim-May*, capitale des États *Shân*, près du 19ᵉ degré. La domination siamoise s'étendrait donc sur une zone de quinze degrés de latitude environ, ou à peu près deux cent trente mille géographiques. La frontière occidentale, si on la recule jusqu'aux îles qui accompagnent le bord de la péninsule Malaise, au nord de la grande route de Malacca, passe par les 97° 50' de longitude orientale comptée du méridien de Greenwich, tandis que la frontière orientale est probablement indiquée par le bras moyen du fleuve de Cambodje, au nord de *Pontaipret* (ou Cambodje), sous le 105ᵉ degré de longitude, ce qui donne au plus grand diamètre transversal environ cent milles géographiques de l'est à l'ouest.

Crawfurd évalue la superficie territoriale du royaume à onze mille huit cent soixante-quinze milles géographiques carrés (190,000 milles anglais carrés). Berghaus, d'après sa carte, la porte à treize milles trois cent trente milles carrés ; c'est un peu plus que toute la superficie de l'empire autrichien. Dans ce chiffre total les États siamois proprement dits entrent pour plus de moitié ; les pays tributaires du nord pour cinq mille milles carrés environ, et les États malais, plus rapprochés du sud, pour onze cents. Les peuples limitrophes sont : au nord-ouest, le Pégou, sous la domination birmane ; à l'ouest, partie des provinces anglaises de Ténassérim ; au nord, les Birmans et la province chinoise de Yunnan ; à l'est, le Cambodje-Cochinchinois et la Cochinchine.

Le sol, à l'exception de quelques grandes plaines alluviales, autour du golfe de Siam, sur les rives du May-Nam et du côté de Cambodje, est montagneux, mais d'une élévation médiocre. Les chaînes dont il est sillonné s'étendent souvent jusqu'aux rivages, où elles forment un grand nombre de caps. Leur liaison septentrionale avec les démembrements du massif central de la haute Asie n'est que très-imparfaitement connue. La chaîne de montagnes qui fait la démarcation entre Laos-Cambodje à l'est et Siam à l'ouest est la seconde des grandes chaînes parallèles que nous avons signalées dans l'introduction. Elle sépare la longue vallée du fleuve May-Khong (ou *Maé-Khaun*, etc.) de la vallée du May-Nam, dans le royaume de Siam. Au nord, ses racines se trouvent visiblement dans la partie la plus méridionale de la chaîne des montagnes neigeuses du Yunnan, entre le 23ᵉ et le 24ᵉ degré de latitude septentrionale (ce qui s'accorde d'ailleurs avec les vagues données que fournissent la Loubère et Valentyn). Cette chaîne s'étend dans ses embranchements, peu connus toutefois, à travers le territoire des peuplades du Kas ou Panong ; plus loin, vers le sud, à travers les terres incultes des Tchongs ; et elle borne la grande vallée de Siam à l'est. Au sud elle ne se prolonge pas jusqu'à la pointe de Cambodje, mais s'affaisse beaucoup plus tôt, vers le nord, entre le 12ᵉ et le 13ᵉ degré de latitude sep-

25ᵉ *Livraison.* (INDO-CHINE.)

tentrionale, dans la plaine de Tchantibon, en sorte que le delta de Cambodje, ce sol fertile en céréales, apparaît au géologue comme un immense terrain d'alluvion au pied de ces montagnes. Le May-Nam, ou grand fleuve de Siam, longe, pendant tout son cours, à l'ouest, cette suite de montagnes jusqu'à l'angle le plus enfoncé du golfe de Siam, où est situé Bangkok, capitale actuelle du royaume. La partie supérieure de son cours appartient au Laos (*Lactho*), et sa partie inférieure au pays de Siam.

La chaîne de montagnes de Siam proprement dite, ou celle qui forme la ligne de démarcation entre Siam à l'est et Ava à l'ouest, ou, en d'autres termes, entre le May-Nam et le fleuve de Martaban, est la troisième grande chaîne de montagnes méridiennes de l'Inde postérieure ; ses racines, baignées par la source du May-Nam, doivent se trouver également au nord, dans le Yunnan, sur les frontières du Laos supérieur, mais vers le sud de *Pung-Tschang-Fou* et à l'est du *Lou-Kiang* ou *Nou-Kiang* des Chinois, qui est le *Saluaen* des Birmans. On a reconnu ses embranchements et ses barrières rocheuses faisant obstacle au cours supérieur du May-Nam et du Saluaen, qui le longent dans leur marche impétueuse, l'un à l'est, l'autre à l'ouest, et qui finissent par percer ces masses montagneuses vers le 18ᵉ degré de latitude, par le parallèle de *Kakayet* (ou *Hakayet*). De là, vers le sud, cette chaîne *des montagnes de Siam* s'étend toujours davantage, mais, à ce qu'il semble, avec des formes plus radoucies. Elle continue cependant à limiter le domaine fluvial des deux grands cours d'eau que nous venons de signaler, et se maintient dans son importance géologique jusqu'au 11ᵉ degré de latitude septentrionale, où elle arrive, à l'entrée de la péninsule Malaise proprement dite, au minimum de sa largeur, aux bas fonds de l'isthme de Krah, et semble subir une interruption complète. On sait que cette chaîne primitive atteint dans plusieurs points de son trajet de seize cents à dix-huit cents mètres de hauteur absolue ; et le Laos tout entier, s'il faut en croire les Siamois, est hérissé de montagnes.

Le territoire siamois est arrosé par un grand nombre de rivières, dont la plupart ont un cours très-restreint et dirigé vers le littoral du golfe. On en connaît à peine les embouchures, et on ne sait rien de leurs cours dans l'intérieur du pays ; mais les trois grandes rivières navigables qui le traversent dans la direction du nord au sud, soit au centre, soit vers ses frontières orientale et occidentale, le Cambodje, le May-Nam et le Martaban, ont été explorés dans une certaine portion de leur trajet ; et le May-Nam, comme grande artère fluviale de cette région centrale de l'Indo-Chine, mérite que nous nous en occupions plus particulièrement. Le cours inférieur de ce fleuve est assez bien connu. Il prend probablement sa source, ainsi que nous l'avons dit ou plutôt répété d'après les Siamois, dans la province chinoise de Yunnan, où il prend le nom de *Nan-King-ho*. A Chang-May (Zimmay), situé, selon la carte de Richardson, par 18° 50' de latitude septentrionale, il n'est encore navigable que pour de petites embarcations. D'après cette même carte, il est connu dans cette partie de son cours sous le nom de *May-Ping*, où, pour mieux dire, le *May-Ping*, qui passe par Zim-May, est probablement la branche occidentale du May-Nam, la branche orientale portant le nom de *May-Nam-Yai* (ou grande rivière) (1). Après avoir reçu un grand nombre d'affluents, parmi lesquels les plus considérables paraissent être le *May-Tian* et le *May-Wang* (2), qui se jettent dans le May-Ping, et le *May-Nium*, qui se joint à la branche orientale ; la jonction des deux branches s'opère

(1) Le May-Nam, selon Crawfurd, devient navigable en août et septembre pour des bateaux plats qui descendent la rivière avec des trains de bois et de bambous, portant, sous des abris, des marchandises de diverses espèces. Ils arrivent à Bangkok en grande quantité, dans les mois de novembre et décembre.

(2) Le mot *May-Nam* signifie littéralement « mère des eaux », et s'applique, selon Crawfurd, à toutes les rivières, mais surtout à la rivière de Siam, comme la rivière *par excellence*. — Chez les Siamois, comme dans bien d'autres pays asiatiques, le nom d'une rivière change dans les diverses parties de son cours.

(toujours d'après la carte de Richardson), par environ 16° 10′ de latitude septentrionale; et trente ou quarante milles plus bas, non loin d'un lieu que Richardson désigne par le nom de *Koomkapa*, le fleuve se bifurque et le delta commence, delta fort allongé, fort irrégulier et coupé par de nombreuses anastomoses. Le bras le plus oriental conserve le nom de *May-Nam* jusqu'à son embouchure, et reçoit entre les parallèles de 15° et 15° 15′ les eaux du *Watpratsak* ou *Kanmau*, et du *Sauki*, qui paraissent être des rivières considérables. Le bras occidental prend depuis la tête du delta jusque par le 14e degré de latitude le nom de *Soophan*; plus bas nous le trouvons désigné par celui de *Nakouchathoe*, et près de son embouchure par le nom plus connu de rivière de *Tatchinn* (que Richardson écrit *Tat-Chin* (prononcez : *Tatchinn*) dans son journal). — Il communique par un canal transversal avec une rivière considérable, qui coule dans l'ouest du delta, le *May-Khong*, que Ritter désigne comme l'un des bras du grand fleuve, mais que nous trouvons tracé comme cours d'eau indépendant sur la carte de Richardson. Le *Tatchinn* et le *May-Khong* tirent leurs noms de deux villes qui se trouvent situées près de leurs embouchures respectives.

Le *Tatchinn* est le plus connu, à cause des plantations de canne à sucre et des raffineries de sucre qui sont sur ses bords. Il est non moins célèbre par la fabrication du beau sel gris qu'on recueille à son embouchure, et qu'on transporte de là dans tout le royaume. Les deux embouchures latérales, de même que la plus grande, sont entravées par des barres de sable et de bourbe, en sorte qu'à la marée basse, et même dans les flots ordinaires, les navires ayant un fort tirant d'eau, comme nos navires européens, sont forcés de jeter l'ancre au bas de la rivière. Quelques-uns seulement, d'un petit tonnage, peuvent entrer avec les grandes marées.

Les vaisseaux du pays franchissent cependant ces barres, et trouvent des ports aux trois embouchures. Le May-Nam, en admettant que sa source soit placée où les Siamois l'indiquent, n'aurait, en tenant compte des détours, guère plus de deux cents milles allemands de longueur, ou environ trois cents lieues. Il serait, sous ce rapport, comparable au Don, en Europe (175 milles), qu'il surpasse d'ailleurs beaucoup par le volume de ses eaux. Il faut donc le ranger parmi les fleuves considérables de troisième ou quatrième rang; mais il est certainement fort inférieur à ses deux voisins, le May-Khong et l'Irawaddy.

Le golfe de Siam avec son territoire riverain est, à proprement parler, la seule partie de ce pays qui soit bien connue; et l'exploration, surtout commerciale, de ses côtes a fait connaître une foule de particularités intéressantes, soit au point de vue géographique, soit sous le rapport ethnographique; nous allons essayer d'en donner une idée, et nous commencerons par la côte orientale.

Sous le 10° 40′ latitude septentrionale, et marquant l'extrême frontière sud du territoire siamois, est située l'île *Kong* (*Ko-Kong*), habitée par des Siamois, par des Chinois, des Cambodjiens et des Cochinchinois. Cette île semble former l'extrémité occidentale de la série d'îles innombrables connue des Anglais sous le nom d'*archipel Hastings* (archipel encore inexploré). Sur le rivage continental opposé, un peu vers l'intérieur du pays, et sur les bords d'une rivière, se trouve la ville de *Kong*, résidence d'un gouverneur. Les îles *Ko-Sitchang*, *Ko-Kud*, *Ko-Mak* et *Ko-Massi*, situées un peu plus vers le nord, sont également habitées (au moins la première) par un mélange de différentes races. Vis-à-vis, à huit heures de marche de la côte, on remarque la ville de *Toung-Yai* (c'est-à-dire, *Grande Terre basse*), chef-lieu d'un district. Ici la grande chaîne côtière qui commence à Kang-Kao est interrompue, et fait place à une grande plaine, qui s'étend jusqu'à Tchantibon (*Tchantabun*). Un large bras de mer, qui reçoit les eaux de trois petites rivières, conduit à *Toung-Yai*, située sur le plus septentrional de ces trois cours d'eau. Le canal entre *Ko-Tchang* et la côte aussi bien que le bras de mer qui s'enfonce dans la direction de *Toung-Yai* sont d'excellents mouillages. La petite ville de *Nam-Tcheo* (*Mam-Tcheo* sur la carte de Crawfurd), située sur le bord de la mer, vis-à-vis de *Ko-*

Tchang, est habitée par une population nombreuse de Malais.

Tchantibon, que Crawfurd écrit *Chan ta bun*, Richardson *Chantiboon*, et Finlayson *Chantiboona* ou *Chansibond*, chef-lieu d'une province importante, est la place la plus considérable de la côte orientale du golfe, et située, d'après l'indication des Siamois, à douze heures de marche de la mer, au bord d'une rivière de même nom. A la fin du dix-septième siècle, deux jésuites embarqués sur une jonque chinoise furent forcés par le mauvais temps de se réfugier à l'entrée de cette rivière (1). Ils la trouvèrent assez large, mais peu profonde et très-boisée. Ils la remontèrent dans un petit canot jusqu'à la ville, qu'ils trouvèrent située sur une éminence entourée de forêts, au pied de la chaîne de montagnes qui court du sud au nord et sépare le Siam à l'ouest, de Cambodje à l'est. Le côté par où ils entrèrent dans la ville avait une enceinte de vieilles planches, plus propre à la défendre contre les incursions des bêtes fauves que contre une invasion étrangère. Tchantibon est devenu une place plus importante, de même que Toung-Yai et autres villes des côtes, depuis cette époque, par suite du grand nombre d'émigrés chinois qui s'y sont établis et ont donné une extension considérable à la culture du poivre. *Tchantibon* produit par an 30,000 à 40,000 piculs de cette épicerie, et Toung-Yai 10,000. Ici est également le siége principal du commerce de gomme-gutte.

En dedans de la pointe *Lemsing*, et à l'embouchure de la rivière de Tchantibon, il y a, dit-on, un mouillage très-sûr par cinq à six brasses; mais les Siamois n'en permettent pas l'entrée aux vaisseaux étrangers. En passant sous 12° 38' de latitude septentrionale et 101° 30' de longitude orientale, le long de cette côte, Crawfurd voyait s'élever à l'horizon des chaînes de montagnes assez hautes; à leur pied s'étend un immense terrain d'alluvion, l'un des plus fertiles, des mieux cultivés et des plus peuplés de tout le royaume, et riche surtout en riz,

(1) Lettre du père Fontenay citée par le père Tachard dans son second Voyage au royaume de Siam. Amsterdam, 1689, in-12, p. 127 et suiv.

en poivre, en cardamome et en gamboge.

Les districts de Toung-Yai et Tchantibon sont le pays habité primitivement par la race *Tchong*.

La côte à partir de Tchantibon, en remontant vers le nord, est peu garnie d'îles, dans la première partie de son développement, c'est-à-dire entre la rivière de Tchantibon et le cap *Sanut*. Crawfurd ne mentionne même, par la latitude que nous venons de citer, qu'une petite île inhabitée. C'est une masse de granit et de roches quartzeuses couvertes d'une multitude d'oiseaux de mer. Des bandes de marsouins se jouent dans ses eaux, qui paraissent fourmiller de mollusques et de poissons de toute espèce.

Finlayson nous peint la province de Tchantibon comme un pays de montagnes, extrêmement riche et pittoresque, et qui, malgré les dévastations dont il a souffert pendant les guerres des Cochinchinois et des Siamois (dans le cours du siècle dernier), est encore admirable par la variété et l'importance de ses produits. La navigation du fleuve qui le traverse est, à la vérité, entravée, comme cela arrive à la plupart des fleuves de cette côte, par la barre qui s'est formée à son embouchure; mais cet obstacle est franchi par des bateaux et même par de petits navires. Le commerce, autrefois considérable, a dû tomber par suite de l'annexion au royaume de Siam, qui a concentré à Bangkok tout le commerce étranger. Les produits provinciaux qu'on exporte d'ici sont : le poivre, le benjoin, le stick-lac, l'ivoire, la corne de rhinocéros, les peaux de vache et de buffle, du *gamboge* (de la gomme-gutte), des cardamomes, et des pierres précieuses d'une qualité inférieure. Crawfurd dit que les plus belles sont des saphirs rouges et bleus, qui pourtant se vendent à un prix bien bas. Le poivre est le produit qu'on y cultive le plus, mais exclusivement pour le compte du roi, qui s'en réserve le monopole.

Les forêts fournissent d'excellents bois de construction, qui alimentent plusieurs chantiers où l'on construit un assez grand nombre de jonques. Non loin de la côte, vers l'intérieur du pays, s'élève une très-haute montagne nommée *Bombasoe*, du sommet de laquelle la vue s'étend sur le Tchantibon et le Cambodje. Devant le port de Tchantibon se trouve la petite île de *Banggacha*, avec un bon port ; on dit qu'on y trouve beaucoup de pierres précieuses. Une autre petite île à l'est du port, nommée *Samarayat*, produirait de l'or, etc.

La population de cette province est évaluée à un million par les uns, à moitié moins par d'autres. Elle se compose de Cambodjiens, de Cochinchinois, de Siamois et surtout de Chinois, qui y prédominent non-seulement par le nombre, mais par l'autorité et l'influence qu'ils exercent. Les produits et les richesses du pays se trouvent entre leurs mains ; lorsque Crawfurd visitait cette côte, en 1822, le gouverneur de la province était un Chinois, sinon de naissance, au moins d'origine. On comptait aussi dans le Tchantibon de deux cents à trois cents chrétiens indigènes. Les habitants aborigènes de cette province maritime sont un peuple particulier, peu connu, qui se nommait *Tchong*, et qui paraît s'être retiré dans les montagnes de l'intérieur du pays quand son territoire a été envahi par les étrangers ; c'est ce qu'ont fait tant d'autres races aborigènes dans l'est et le nord, par exemple, les *Ciampa* ou *Tchampa*, les *Moi*, les *Lao* et autres. Ceux-ci ne sont pas sauvages ; ils forment même, à ce qu'il paraît, une petite peuplade industrieuse. Le seul individu appartenant à cette race que Crawfurd ait eu occasion de voir (et cela, par accident, pendant une relâche aux îles *Sitchang*), lui parut différer essentiellement des Siamois, et par les traits et par la couleur. Ses cheveux étaient plus doux, sa barbe plus forte, les contours de son visage plus proéminents, et la couleur de sa peau beaucoup plus foncée. Mais ces différences, toutes marquées qu'elles fussent, pouvaient être propres à l'individu, et ne pas caractériser la variété de race à laquelle il appartenait. Son langage paraissait différer entièrement de celui des Siamois. Crawfurd nous en a donné un court vocabulaire, où l'on remarque quelques affinités avec le dialecte cambodjien.

La baie profonde de *Conkaben*, au nord de Tchantibon, est, à ce qu'il paraît, le seul point de la côte bien habité vers le nord jusqu'au cap Lyant ; mais elle n'a pas plus de trois brasses de profondeur, et est exposée à la mousson du sud-ouest. Il paraît cependant que le bras de mer entre la petite île de Ko-Samet et le continent offre un bon abri aux navires ; elle n'est pas habitée. Toute l'étendue de la côte jusqu'ici est un désert montagneux et couvert de magnifiques forêts primitives, qui à la vérité ne contiennent pas de bois de *teck* (le meilleur pour la construction des vaisseaux) ; mais il y a abondance d'autres arbres, qui fournissent également d'excellents bois de charpente et des bois de teinture, parmi lesquels on cite le bois de rose.

Le cap Lyant, situé, d'après les observations de Crawfurd, sous 20° 36′ 3″ de latitude septentrionale, s'avance de beaucoup (de 12 milles anglais) plus au nord qu'on ne le trouve indiqué sur les anciennes cartes. Sa longitude, déterminée d'après deux bons chronomètres, serait de 101° 11′ à l'est du méridien de Greenwich, ou de seize milles plus à l'ouest qu'on ne la plaçait autrefois. Vers le sud-est, et dans le voisinage du cap, se trouve un bourg assez considérable nommé *Rayung*. Vers le sud se trouve devant ce cap, que les *Siamois* appellent *Sammesan*, une petite île, séparée du continent par un canal assez profond (4 brasses et demie) pour donner passage à de grands navires et aux plus grandes jonques. Les bords de ce bras de mer offrent quelques baies sablonneuses et des coteaux nus ou couverts de bois. On recueille dans ces baies une grande quantité d'œufs de tortue, friandise fort appréciée à Siam.

A l'ouest et au nord-ouest de ce même cap se trouvent beaucoup de petites îles, entre lesquelles le navire qui portait Crawfurd put passer sans accident. Quelques-unes d'entre elles sont habitées, par exemple *Kô-Kram* (ce qui signifie *île de l'Indigo*) et *Kô-Han*, qui sont les plus considérables. Leurs habitants sont un mélange de Siamois et de Cochinchinois, qui, dans leurs colonisations, se sont répandus vers l'ouest. La côte du continent est ici également habitée par un mélange de Siamois, de Cambodjiens, de Cochinchinois et de Chinois ; mais aussi par quelques races plus sauvages et peu connues. La tranquillité de cette population maritime est souvent troublée par les incursions des pirates malais. De là, en allant vers le nord, on trouve sur la côte la ville *Bongpomung*, située vis-à-vis le groupe des îles Sitchang, d'où l'on découvre devant soi la terre d'alluvion, qui s'élève à peine au-dessus du niveau de la mer, tandis qu'au loin, dans l'est, se dresse la haute montagne de *Bangposoe*, qui domine l'intérieur du pays. Son nom lui vient de la ville maritime de *Bangposoe*, située à l'embouchure du grand fleuve *Bangpacung*, qui traverse la basse terre et qui ne le cède guère au May-Nam pour la largeur et pour le volume de ses eaux. Sa barre a du moins la même profondeur, et en dedans de la barre il conserve deux brasses et demie d'eau.

La ville de *Bangposos*, qui a une palissade en bois, est assez importante comme place frontière du côté de la Cochinchine. On lui donne plusieurs milliers d'habitants; son territoire, bourbeux et fertile, touche au *delta* formé par le May-Nam, et n'est pas moins riche que le delta en rizières et en plantations de cannes à sucre. D'ici une communication intérieure est établie par eau jusqu'à la station frontière de Toungyai. Le fleuve *Bangpakung* prend sa source dans les montagnes qui séparent le Cambodje du Siam. Il indique, selon Crawfurd, *la direction de la grande route militaire* que suivaient les expéditions des Cambodjiens contre Siam. Un peu au-dessus de l'embouchure du fleuve, et à une demi-journée de cette embouchure, est situé *Patrigu*, où le gouverneur de la province a sa résidence. Vers le nord ouest du fleuve, on voit la plaine riveraine du delta du May-Nam, s'étendant, plate et unie, jusqu'au fleuve principal, dont l'abord est si difficile, tant à cause de son peu de profondeur que par l'absence de bonnes marques à terre ou points de relèvement pour le navigateur. Trois jonques chinoises, dont le navire de Crawfurd fit heureusement la rencontre, lui servirent de guides dans cette étroite partie du golfe de Siam.

Les *îles Sitchang* (*Kó-Sitchang*), le *dernier groupe* de ces séries d'îles innombrables qui bordent la côte orientale du golfe du côté du nord, sont intéressantes, à cause de leur position devant Bangkok, et parce qu'on y trouve de très-bonne eau et d'autres avantages pour le navigateur. Leur découverte complète est due à la mission de Crawfurd, qui nous a donné une carte de ce groupe. Il paraît se composer de huit îles. Les deux îles principales s'appellent *Sitchang* et *Ko-Kam* (*Koh-Kam* ou *Ko-Kram*); entre les deux le navire de Crawfurd trouva un bon port. Lorsqu'il quitta *Bangkok* et l'embouchure du May-Nam pour se diriger vers Saigon, il fut obligé, pour passer la barre à l'embouchure du May-Nam, de dégréer et d'alléger son navire, et le groupe des îles Sitchang lui offrit une excellente station pour se réparer et faire sa provision d'eau fraîche et de bois. Un séjour de neuf jours (du 5 au 14 du mois d'août 1822) dans ces îles, autrefois presque inconnues, lui permit de constater la richesse de leur sol, et lui montra leur importance pour la navigation. L'équipage du navire, qu'une station de deux mois à l'embouchure du May-Nam ou à Bangkok avait beaucoup affaibli, se trouva bien, sous le rapport sanitaire, de cette courte mais tranquille relâche à Sitchang. Ces îles ont été mentionnées par le navigateur anglais Hamilton, vers la fin du dix-septième siècle, sous le nom de « Dutch-Islands » *Iles-Hollandaises*. Il donna à la plus grande le nom d'*Amsterdam*. Il est probable, dit Crawfurd, qu'elle servait d'asile aux navires de la compagnie des Indes hollandaise, qui venaient s'y mettre à l'abri de la mousson du sud-ouest; on y voyait sans doute aussi quelquefois des bâtiments de commerce anglais : mais la connaissance qu'on pouvait avoir de ces îles se bornait alors à de vagues renseignements.

Sitchang, l'île principale (qui donne son nom à tout le groupe), est située (selon Finlayson) sous 13° 12′ de latitude septentrionale et 105° 55′ de longitude orientale, seulement à quatre heures de navigation de l'embouchure du May-Nam vers le sud-sud-est; le port y est bon et commode. L'île a deux lieues (cinq milles anglais) de longueur, et une bonne demi-heure de marche (1 mille 1/4 anglais) de largeur; elle est rocailleuse, montagneuse, couverte de bois jusqu'à la mer et presque sans culture. L'île de *Ko-Kam* n'a qu'un quart de l'étendue de cette dernière, et il y a un village habité par des pêcheurs siamois, qui ont défriché une partie du sol et l'ont ensemencé de maïs et de légumes. On y observe, ainsi que dans l'île de Sitchang, mais seulement le long du rivage, du granit et de la pierre calcaire bleue. On y remarque des cavernes auxquelles les stalactites et les stalagmites dont elles abondent donnent un aspect des plus étranges et des plus pittoresques.

C'est à la marée descendante seulement que Finlayson put constater l'existence des larges couches de granit à gros grains empilées horizontalement et mêlées de mica et de beaucoup de schiste qui, d'après son opinion, constituent le noyau de l'île. Sur ces masses de granit reposent des couches de quartz et de pierre calcaire granuleuse, avec des veines de dolomite, surmontées d'une couche végétale assez riche.

Les îlots et écueils plus petits dispersés çà et là consistent en quartz, avec des filons de minerai de fer. La stratification de ces espèces de roches est dirigée de l'est à l'ouest, en s'inclinant vers le nord.

La *flore* naturelle de ces îles est aussi riche et se montre à l'observateur européen aussi nouvelle que la culture lui apparaît pauvre, ou, pour parler plus exactement, misérable; cependant, les arbres n'y sont pas d'une végétation très-vigoureuse, et leurs troncs ne pourraient pas être employés à faire des mâts. Dans la grande île de *Sitchang* il y a seulement des traces d'une ancienne culture; la plupart des îlots sont nus. Les pêcheurs de l'île *Kô-Kam* ne cultivaient que l'*igname* (*dioscorea alta*), du *poivre*, des *patates* (*convolvulus batatas*), un peu d'*indigo*, des *bananiers*, un peu de *maïs* (*zea maïs*), du *piment* (*capsicum*), etc. Un fait remarquable, c'est que tout ce groupe d'îles ne renferme pas un seul palmier, quoique l'on en trouve plusieurs espèces dans le voisinage. Les plantes arborescentes y prédominent, à la vérité, mais sans atteindre une grande hauteur. Le tamarinier se montre assez fréquent dans les deux plus grandes îles; mais comme on ne le trouve que dans ces endroits, les plus anciennement cultivés, il est probable qu'il n'y est pas indigène; il ne produit que peu de fruits, par manque de terrain alluvial; les *rhizophores* (« mangroves » des anglais), qui font la richesse des basses terres de la rive opposée, y manquent absolument. Mais, par compensation, Finlayson y observa plusieurs espèces de très-hauts *figuiers* (ficus), un grand nombre de *caprifoliées*, des espèces encore plus nombreuses d'euphorbes, une très-grande quantité d'*aroïdées*, les plus belles *apocynées*, parmi lesquelles de très-élégantes *hoyas* (?), etc. Avec cela, beaucoup d'espèces d'*asparaginées* propres à ce groupe d'îles, des plantes rampantes aux formes élégantes, ornées du plus riche feuillage et grimpant jusqu'aux plus hauts sommets des arbres des forêts, et les enveloppant comme d'un manteau végétal. Une de ces plantes, une espèce d'igname (*dioscorea*), nouvellement découverte, se distingue par la grosseur énorme de ses racines tuberculeuses, dont on prépare une nourriture farineuse et que les Siamois appellent *pai-puntchang*, ce qui signifie *igname éléphant*. Une de ces monstrueuses racines, transportée à bord, pesait cent cinquante livres, une autre trois cent cinquante, et une troisième quatre cent soixante-quatorze livres! Cette dernière avait plus de neuf pieds de circonférence! Elles sont trop dures pour servir de nourriture; on ne fait usage que de leur suc. Seulement un quart de la racine est sous terre, le reste se trouve au-dessus. La tige qui sort de ces tubercules difformes n'a que tout au plus un demi-pouce de grosseur. On a trouvé cette plante sur trois ou quatre îles de ce groupe, généralement dans un sol pauvre et rocailleux, non loin de la mer, et toujours à l'ombre des arbres. La pulpe en est blanche, farineuse et un peu amère au goût. Les habitants n'en mangent qu'en temps de disette. Cette racine pulvérisée paraît avoir des propriétés fébrifuges. L'*igname cultivée*, *dioscorea alata*, comme *Finlayson* l'a observé, y pousse également avec une énergie particulière, mais n'*est pas indigène*. Finlayson ne l'a trouvée nulle part *solitaire*. Toujours en groupes et à l'état de culture, elle a donc sans doute été apportée ici comme le tamarinier.

La *faune* (c'est-à-dire le règne animal) de l'île n'est pas moins variée que la *flore*, seulement elle est encore plus bornée. On n'y a trouvé de la classe des mammifères qu'une grande espèce de rat, et une nouvelle espèce d'écureuil, long d'un pied environ, et blanc comme du lait, avec des pattes noires. Quant aux oiseaux, c'étaient de beaux pélicans noirs, des butors bleus, une espèce de faucons blancs, mais surtout de belles espèces de pigeons, dont plusieurs particulières à ce groupe d'îles. Indépendamment d'un petit pigeon vert avec la poitrine jaune, *colomba litoralis*, qui est commun à toutes ces côtes de l'Inde postérieure, on cite une grande espèce blanche, qui a les pointes des ailes noires, et qui se trouve dans plusieurs de ces îles riveraines du golfe de Siam, mais nulle part sur le continent; et enfin un autre pigeon, rougeâtre, avec un reflet métallique, espèce toute nouvelle.

Un très-beau lézard vert, deux magnifiques espèces de crabes de terre, une grande quantité de nouvelles espèces de poissons, aux formes bizarres, et beaucoup d'autres animaux de mer servent de nourriture aux habitants. Les huîtres de roche y sont en très-grande quantité, ainsi que les *nids d'oiseaux* (salanganes) qu'on mange; mais on ne met aucun soin à les recueillir : on les laisse vieillir, et ils perdent ainsi beaucoup de leur valeur. Il y a abondance d'*holothuries* (biches de mer); mais on néglige aussi ce produit.

Au petit hameau de pauvres pêcheurs de l'île appelée *Ko-Kam*, hameau qui ne compte que dix à douze cabanes, les Anglais reçurent un accueil fort amical. Les cabanes de ces braves gens étaient couvertes de feuilles de palmier; on n'y trouva que de misérables vieillards, de vieilles femmes et des enfants vieillis avant l'âge. Crawfurd conjecture que cette petite colonie se composait d'exilés politiques, qui semblaient, du reste, assez contents de leur sort. Du sommet d'une des montagnes de l'île, on jouit d'une vue magnifique tant sur l'île que sur le continent voisin. Dans *Sitchang*, qui est la plus grande de ces îles, on trouva sur le rivage une *bonne source d'eau douce*, et une autre, qui du haut d'une colline se répand vers le sud-ouest et s'y jette dans la mer. Sur une colline de l'île on avait trouvé un *prachidi*, ou autrement dit une *pagode* ayant la forme d'une tour, et élevée sur une base solide de trente pieds de hauteur; mais on n'y avait vu personne. Cette pagode, située à l'extrémité sud de l'île, a été construite sans doute par les navigateurs cochinchinois, comme limite du pays et pour y apporter aux dieux de la mer des offrandes votives. Ils y abordent pour prendre de l'eau et du bois, en retournant de *Bangkok* dans leur pays. Crawfurd avait déjà passé neuf jours dans l'île sans avoir remarqué aucune trace d'habitants, lorsqu'à la fin il découvrit au fond de l'île un sentier, et en le poursuivant il trouva dans une *Arcadie solitaire*, entourée de tous côtés par des montagnes et des forêts, un vieillard septuagénaire, Chinois, et sa vieille femme, née à Laos, tous deux déjà à moitié aveugles. Ils possédaient quelques arpents de terre, où ils cultivaient du maïs, des ignames et des patates douces, qu'ils portaient au rivage pour les vendre aux navigateurs, gagnant ainsi péniblement leur vie. Ils paraissaient avoir été dans leur jeunesse habitués à une existence plus aisée, et se voyaient, sur leurs vieux jours, probablement par suite d'une condamnation, contraints de végéter dans cette solitude. Pour une grande colonisation les îles *Sitchang* offrent trop peu de terrain fertile et d'espace; mais leur grand port, bien protégé, situé entre les deux îles principales, et où le flot monte de dix pieds, leurs sources d'eau douce, leur richesse en bois de charpente et à brûler, leur position devant le delta du May-Nam : tous ces avantages incontestables en feraient une excellente relâche et *station commerciale* pour le commerce d'exportation entre *Singapore*, Siam et la Cochinchine, et leur permettraient de jouer un rôle analogue à celui qu'*Ormuz*, *Macao* et autres ports doués des mêmes avantages ont joué dans le commerce maritime de l'Orient.

Les côtes occidentales du golfe sont jusqu'ici encore moins connues que celles de l'est. Si nous connaissons mieux ces dernières, nous le devons à ce que dans la navigation de Crawfurd, après avoir doublé la péninsule de Malacca, avec la mousson de sud-ouest, il a fallu traverser toute la largeur de la mer de Chine, dans la direction des îles *Natunas*, vers le nord-est, pour aller prendre connaissance de *Poulo-Ubi* (Poulo-Oubi), et qu'à partir de *Poulo-Ubi* on a longé la côte orientale du golfe de Siam, jusqu'à l'embouchure du May-Nam. Au retour de *Bangkok*, au contraire, après la relâche aux îles *Sitchang* (au mois d'août), il était plus prudent de pénétrer d'abord vers le sud jusqu'au cap Kivi (Kii), en suivant la côte occidentale du golfe de Siam (du 14 au 17 du mois d'août), pour traverser ensuite (comme cela se faisait un siècle et demi auparavant, du temps des Hollandais) le golfe de l'ouest à l'est (en trois jours, du 17 au 19 août), avec la mousson du *sud-ouest*, et prendre de nouveau connaissance de *Poulo-Ubi*, qui marque la route à suivre vers la Cochinchine. C'est ainsi qu'une partie de la côte occidentale du golfe de Siam devint l'objet d'une exploration directe. Ce que nous savons du reste de cette côte est dû aux récits des indigènes ou à la tradition.

En quittant les îles *Sitchang*, le 14 août 1822, *le John-Adam* mit le cap sur la côte occidentale avec une belle brise, qui lui fit traverser la baie intérieure en quelques heures. Pendant la traversée on voyait de hautes terres des deux côtés. Le golfe n'avait pas dans sa partie la plus étroite, qui constitue cette baie intérieure, plus de cinquante milles de largeur. A midi, le 15, le navire était tout près de la côte occidentale, par 13° de latitude septentrionale et par cinq brasses de fond. On voyait à quelques milles dans le nord l'embouchure d'une rivière, sur laquelle serait située, selon Crawfurd, la ville de *Kwi*, qui donne son nom à une pointe que Crawfurd place cependant sur sa carte, beaucoup plus au sud (1). La vue dans la direction de l'occident lui parut nouvelle et imposante (2). La plage était sablonneuse et séparée, seulement par une bande de terre boisée, d'un amas de pics montagneux, qui s'étendait jusqu'aux dernières limites de l'horizon. Quelques-uns de ces pics ne paraissaient pas elevés de moins de trois mille pieds (environ 1,000 mètres). Derrière ces traî-

(1) Il dit ailleurs (vol. II, p. 209) que les petites villes de *Kwi* et *Prau* sont situées dans le voisinage de la pointe.

(2) Vol. I, p. 297.

nées de montagnes pittoresques, la profonde vallée du fleuve *Ténassérim* s'allonge vers le sud, jusqu'à la mer de Bengale. Ce sont les *Sam-Roi-Yot*, ou *les trois cents pics* des Siamois, dénomination très-caractéristique : ils courent du nord au sud. Leurs cônes hardis se roidissent presque inaccessibles du côté de l'est, mais présentent des pentes plus douces du côté de l'occident.

Quelques-uns des plus hauts pics paraissent être isolés ; trois d'entre eux, selon Finlayson, sont des cônes absolument isolés ; extrêmement escarpés et séparés les uns des autres par des espaces de plusieurs milles, ils paraissent surgir d'un sol alluvial. Ritter se demande si ce seraient des cônes volcaniques, comme le Vésuve.

Au nord de cette chaîne, vers l'ouest du delta du May-Nam, ou plutôt du May-Khong, jusqu'à *Yisan*, où le sol devient propre à la culture du riz et passablement peuplé, on ne voit qu'une épaisse forêt, qui borde le rivage et qui ne fournit que du bois à brûler, dont elle alimente la capitale. A commencer d'Yisan le pays change d'aspect. Il est traversé et fertilisé par trois branches d'un fleuve assez considérable, qui se jettent dans le golfe près de la ville de *Pripri*, qui a, dit-on, des remparts en pierre ; ces trois bras s'appellent *Bangtabunnoë*, *Bangta-bunyai* et *Banglem*. La partie du pays qui avoisine l'embouchure paraît être bien peuplée et il s'y fait un commerce assez actif ; le sucre de palme forme la principale branche des exportations. Le fleuve est trop peu profond pour pouvoir être accessible à des navires d'un port un peu considérable.

C'est au sud de la chaîne des *Trois-Cents-Pics* que s'avance tout à coup, vers le sud-est, la pointe *Kwi* ou *Kui*, écrite sur les cartes plus anciennes, *Cui*, plus tard (par erreur des copistes, qui avaient transféré le point de l'*i* au premier jambage de l'*u*) *Cin* : d'Anville dit, en effet, *la pointe Cin*. De cet endroit on pouvait distinguer au nord-est les hauteurs du cap *Lyant*. — Lorsque dans un jour de pluie (c'était le 5 juin 1690) notre intelligent explorateur et naturaliste E. Kœmpfer passait devant ce cap, qu'il appelait très-bien *Kui*, l'aspect de la côte lui rappela les formes rudes de la côte suédoise; il vit, ici comme là-bas, beaucoup d'îles et d'écueils arides, incultes et inhabités, dont les navigateurs doivent se méfier. A partir de ce point la mousson du sud-ouest fut favorable au *John-Adam* pour le trajet du golfe de Siam. En trois jours de temps, pendant lesquels le vent était toujours modéré et le ciel couvert de nuages, on était arrivé à *Poulo-Ubi*. Pendant le trajet une foule de petites hirondelles entouraient continuellement le navire. La mission de Crawfurd put constater que vers le sud du cap *Kivi* ou *Kui* la chaîne de montagnes se prolongeait aussi loin que la vue pût s'étendre; mais là s'arrêta l'observation directe. Il paraît certain, toutefois, que la côte orientale conserve, à quelques interruptions près, le caractère montagneux, vers le sud, jusqu'au cap *Romania*. Il est certain qu'à partir du même point le pays devient de moins en moins peuplé; mais les richesses minérales paraissent augmenter en proportion, et c'est ici qu'on commence à trouver ces mines d'étain qui constituent l'un des points les plus saillants du caractère géologique de la péninsule.

Dans la courbe rentrante de la côte, vers le sud du cap Kivi et vis-à-vis la grande courbure en sens contraire du fleuve *Ténassérim*, sont situées les petites villes riveraines *Bangirom*, *Muanglai* et *Muangmui*, peu peuplées, et entourées de forêts de *sapan* (*cæsalpinia sapan*). De la dernière de ces villes une grande route militaire conduit vers l'ouest dans la direction de Merghui. Cette route fut établie, il y a environ soixante ans, par le roi de Siam, père du roi actuel, pour faciliter à ses armées l'invasion de l'empire Birman. Elle est praticable, à ce qu'on assure, pour les gros bagages et les éléphants, et même jusqu'à un certain point pour des voitures à roues. Le trajet au travers des montagnes ne prend que trois jours, en sorte que cette partie de l'intérieur du pays ne doit être que médiocrement élevée.

A partir de *Muangmai* jusqu'à *Tchampou* la terre riveraine devient pauvre et déserte. Près de *Bangtaphan* sont des sables aurifères, dont on extrait l'or par le lavage, et un peu plus loin, vers le sud, près de *Patyu*, on pêche en grande abondance des chevrettes, dont on prépare le condiment favori des Malais, le *blatchang*, dont il s'exporte des quantités considérables.

Tchampou (ou *Champou*), sur les bords du fleuve riverain Tayung, est le chef-lieu d'un district qui fournit de l'étain, du bois de charpente et d'excellent rotin. Le sol entre *Pumring* et *Bandon* commence à être plus fertile et mieux habité. La rivière *Tayoung*, qui arrose ce territoire, et dont le cours est si restreint qu'il n'y a que quatre heures de marche entre sa source et celle de la rivière de *Ponga*, qui se jette dans la mer du Bengale (quoique toutes deux coulent à peu près entre les mêmes parallèles), paraît être la plus considérable de la côte occidentale, et des navires qui ne tirent que douze pieds d'eau peuvent la remonter probablement jusqu'à *Tchampou*. Par la ligne qu'indique le cours des deux rivières que nous venons de nommer passe un commerce assez important d'exportation, de Junk-Ceylan, de l'Inde et même de l'Europe, et qui, par mer, aboutit à Bangkok.

A partir de la pointe *Limlui* au nord de Pumring, jusqu'à *Bandon*, dans le sud, il y a autour de la grande baie aux innombrables îles une basse terre large et étendue, une véritable *plaine de bourbe*, qui se découvre à la marée basse, tout le long de la côte, et abonde en crabes de différentes espèces, crevettes, chevrettes et autres animaux de cette classe, dont la pêche occupe un grand nombre de personnes.

Plus loin vers le sud est située, devant la côte, la grande île *Tantalem*, qui n'est séparée du continent que par un canal profond. C'est la première dans ces parages qui soit d'une certaine importance, car au nord il n'y en a que quelques-unes, toutes de petites dimensions, comme *Ko-Samni* (ou *Poulo-Karnam*), habitée en grande partie par des Siamois, mais aussi par quelques Chinois de *Hainan*, dont les jonques y viennent annuellement, au nombre de dix à quinze, pour y chercher du coton et des nids d'hirondelles : l'île encore moins considérable *Ko-Phangan* (sur les cartes *Poulo-Sancori*), qui n'a pour habitants qu'un petit nombre de *Malais*.

L'île *Tantalem* (probablement *Ta-*

lung-Bun; ce qui signifierait cap ou *pays antérieur de la province Talung*) est à la vérité beaucoup plus grande, mais pourtant bien moins cultivée que les autres ; et elle n'est habitée qu'à son extrémité montagneuse du sud, vis-à-vis la ville de *Sungara*, sur la côte malaise. — Son extrémité nord est un pays plat, et le détroit qui l'y sépare du continent est fort peu profond, n'ayant, même à la marée haute, que tout au plus deux ou trois pieds d'eau. C'est une place *inapprochable*, à cause des *essaims de moustiques* dont elle est infestée.

Dans le nord-ouest de l'extrémité septentrionale de l'île *Tantalem* se trouve l'état tributaire malais de *Ligor*. La ville siamoise qu'on y a bâtie et son district s'appellent chez les Malais *Ligor*; mais les Siamois les nomment *Lakou*. — Le petit fleuve qui coule près de la ville se nomme *Tayang*; il n'a pas plus de trois pieds de profondeur.

La petite rivière sur laquelle est située Ligor se jette dans le *Tayang*. La ville doit avoir cinq mille habitants, la plupart Malais et Chinois, avec un certain nombre de Siamois. — Trois ou quatre jonques chinoises arrivent annuellement à *Ligor* pour y chercher du coton et des marchandises malaises, c'est-à-dire de l'*étain*, du *poivre noir*, des rotins, etc.

Talung est le district qui dans l'est de la grande île *Tantalem* s'étend sur le continent; le même nom appartient au fleuve riverain qui se jette ici dans le détroit. Autrefois ce pays était fort peuplé, il est encore bien cultivé; mais l'oppression siamoise a forcé les habitants à émigrer à *Poulo-Pinang* (*île du Prince de Galles*), située très-près de là, au sud, où ils jouissent au moins du peu qu'ils possèdent, sous la protection européenne. De la ville de *Talung*, qu'on dit située à six journées de chemin, en remontant le fleuve *Talung*, il y a, en traversant la péninsule, six journées de marche pour les éléphants jusqu'à *Trang*, sur la côte occidentale.

Sungora, que les Siamois appellent *Sungkla*, est le district siamois le plus méridional de cette province malaise qui entoure le golfe de Siam. La ville, située en partie sur la côte malaise et en partie sur l'île opposée de Tantalem, a une certaine importance, à cause de son port. Trois jonques qui y entrent annuellement en rapportent du riz, du poivre, du bois de sapan, etc.

Tana, à peu de distance au sud, est la dernière station de la colonisation siamoise sur la frontière entre le *royaume de Siam* proprement dit et les *États tributaires malais*, qui commencent avec *Quéda* à l'ouest, vers le sud de *Trang*; et à l'est avec le cap Patani.

La côte *siamoise* occidentale de la péninsule s'étend du septième au onzième degré de latitude, du territoire maritime de Lungu (Loungou) jusqu'à Pak-Shân sur le territoire de Ténassérim, près du golfe de Martaban. — C'est un pays presque désert, et conséquemment peu cultivé : couvert par une multitude d'îles, dont quelques-unes ont de l'importance. — La ville la plus considérable de toute cette côte paraît être *Ponga* (*Phounya* ou *Pounpin*), qui compte trois ou quatre mille âmes, dont environ un millier de Chinois, qui ici, comme dans l'île voisine, sont surtout occupés de l'exploitation du minerai d'étain. La plus grande des îles est *Solang*, nommée communément *Junk-Ceylon* par les Européens (de Ujung-Salang ou Sailon, selon les Malais, ce qui signifie : *pays antérieur de Ceylan*). C'est aussi la plus peuplée. Elle est la résidence d'un gouverneur, qui avec le titre de *phya*, administre sept districts, parmi lesquels sont compris *Ponga*, *Bangneti* et d'autres jusqu'à l'ancienne frontière birmane, aujourd'hui frontière anglaise, près *Pak-Shân*.

En récapitulant ce que nous avons dit des divisions principales du royaume de Siam, et y joignant quelques considérations suggérées par l'étude et la comparaison des explorateurs les plus modernes, on arrive à l'énumération suivante.

Les parties intégrantes du royaume de Siam sont :

a. Siam proprement dit (*T'hay*), qui comprend *la vallée du fleuve May-Nam* et le *pays à son embouchure ou son delta*. Il s'étend de l'intérieur du golfe de Siam vers le nord, c'est-à-dire de 14° à 18° de latitude septentrionale, sur un espace de soixante milles géographiques d'Allemagne, jusqu'à la contrée inconnue que l'on nomme *Pitchai* (ou *Pichai*), et occupe probablement une surface de plus de six mille milles carrés. Borné à l'est et à l'ouest par de grandes chaînes de montagnes, la première s'étendant de *Laos* à *Cambodje* et l'autre qui le sépare du royaume d'Ava, il forme la grande vallée du fleuve May-Nam, qui pourtant, *s'il faut en croire les récits* des indigènes, communiquerait par un embranchement hydrographique avec le fleuve de Cambodje. Mais tout ce qu'on a dit là-dessus ne nous paraît, bien que nous en ayons tenu compte dans notre introduction, ni clair ni conséquent.

Crawfurd nomme comme capitales de ce pays, d'abord Bangkok, résidence actuelle du souverain, aux bords du May-Nam, longue d'une lieue et large d'une demi-lieue, située en grande partie sur la rive gauche du fleuve (nous avons déjà dit un mot de la population de cette ville; nous y reviendrons plus tard); ensuite l'ancienne capitale, *Siam*, de la même grandeur et nommée *Ayuthia* (Judja selon *Kœmpfer*), qui a peut-être une population plus considérable; mais elle est située plus haut, dans l'intérieur du pays, et n'a pas été visitée dans les temps modernes. Kœmpfer l'avait décrite, avec son exactitude ordinaire, en 1690. — *Pisaluk* (*Pitchillook* de la carte de Richardson), entourée d'un mur, est citée par Crawfurd comme *troisième* ville principale, et par Richardson comme ancienne capitale du royaume: elle serait située, selon lui, entre le 18° et le 19° de latitude septentrionale; mais nous la trouvons placée sur la carte de *Berghaus* entre les 17° et 18° et sur celle de Richardson par 16° 35'.

b. Le pays de Lao ou Laos, habité par des peuples qui parlent un dialecte siamois, et qui paraît être depuis longtemps partagé entre les Birmans, les Chinois et les Siamois. Nous n'avons sur ce point que des renseignements incomplets. Reculé dans l'intérieur du continent et d'un accès difficile pour les Européens, le Laos a été exposé de tout temps aux invasions de ses voisins; mais sa géographie est restée jusqu'ici dans une obscurité profonde. Crawfurd le représente comme composé de petits États qui payaient en 1822 tribut aux trois puissances limitrophes; plusieurs d'entre eux sont incorporés au gouvernement siamois; ce sont: *Chang-Mai* ou *Zim-May*, *Labong-Lagon*, *Muang-Nan*, *Muang-Pay* ou *Muang-Phé*, et *Muang-Luang-Phaban*. Leurs chefs sont des princes héréditaires. *Chang-Mai* (Zaenmae, Zimmai, Yangmai, etc.), le *Zangoma* d'autrefois, est une petite principauté dont la capitale, du même nom, est située, d'après Crawfurd, par 21° 15', d'après Berghaus par 21°, mais plus exactement (comme nous l'avons vu plus haut), d'après l'*Itinéraire* du docteur Richardson, par 18° 50' de latitude septentrionale, et sur la branche orientale du May-Nam. *Muang-Nan* ou *Muang-Nam* est aussi considérable que *Zim-May*: les autres États voisins sont de peu d'importance.

Muang-Luang (ou *Moung-Loung-Phaban*), situé dans l'est, et à une grande distance de Zim-May, paraît, au contraire, l'emporter de beaucoup sur cette province, en étendue et en puissance. — Le chef-lieu, de même nom (15° 45' de latitude septentrionale selon Crawfurd, qui le désigne par le nom de Lan-Chang [et Lang-Chang]; 18° 30' selon Berghaus, qui l'appelle *Lantschang;* 17° 48' d'après la carte de Mac-Leod [*Journal de la Société Asiatique du Bengale,* 1837]), a été, comme l'observe Crawfurd, toujours considéré comme la capitale de Lao: il dit qu'elle est située sur le bord du *haut Cambodje* (May-Khong), qui aurait ici la largeur du *Mé-Nam* près de *Bangkok*, et que sa population est aussi forte que celle de cette dernière ville: mais cela paraît peu probable. Les Chinois fréquentent ce marché. On y compte, à ce qu'il paraît, huit mille colons du *Yunnan*, que les Chinois de cette province appellent *Ho* ou *Hungseh*. — Un indigène de Lao disait à Crawfurd qu'en dehors des provinces que nous venons de nommer, et dont deux ne lui étaient connues que par leurs noms, il y avait, à quinze journées de chemin, dans le nord-est de *Lang-Chang*, une *cinquième* ville, chef-lieu d'une province lao nommée *Siang-Kwang*. Il lui donna l'alphabet et lui fit connaître quelques mots de la langue qu'on y parlait, et qui parut à Crawfurd extrêmement rude et pauvre, d'après cet échantillon. L'ordre alphabétique était différent de celui de l'*écriture nagari* (le sanscrit). — Les Siamois comptent en tout, dans la portion du Laos sur laquelle s'étend leur domination, environ cent-une localités, tant grandes que petites.

c. Siam possède du *royaume de Cambodje* la grande province occidentale, dans l'ouest du cours moyen du fleuve Cambodje, qui est appelée *Batabang* (*Bat tam bang*). Le reste, qui forme la partie la plus considérable de l'ancien royaume de Cambodje, est soumis à la Cochinchine. Le morcellement de ce royaume de Cambodje commença avec la guerre civile en 1809 : une partie du pays appela à son secours les Siamois, et l'autre les Cochinchinois, qui restèrent maîtres de la presque totalité. La partie siamoise paraît être fort peu connue, excepté ce qui a déjà été indiqué plus haut en parlant de Tchantibon.

d. Les États malais tributaires, qui sont : Quédah, sur le côté occidental de la péninsule; Patani, Kalantan et Tringano dans l'est.

Dans ces dernières années, les Siamois avaient élevé des prétentions à la suzeraineté de Perak; mais, par un traité avec le gouvernement anglais, ils ont abandonné ces prétentions. A l'exception de Patani et Quédah, dont ils ont à peu près l'administration directe, leur domination dans les États malais de la péninsule est à peu près nominale.

Les princes malais tributaires sont tenus d'envoyer tous les trois ans, comme signe de leur dépendance, un arbre d'or ou d'argent. — En temps de guerre, ils doivent fournir leur contingent de troupes, de provisions et d'argent.

Climat et productions. — Une contrée qui s'étend du septième degré, dans le voisinage de l'équateur, jusqu'au vingtième degré de latitude septentrionale, doit nécessairement présenter d'assez grandes variétés de climat. Ces différences sont augmentées par la nature du sol, le pays présentant dans de certaines parties l'aspect de vastes plaines alluviales sujettes à des inondations périodiques, tandis qu'il est montueux dans d'autres parties, ou même sillonné par de grandes chaînes de montagnes couvertes, pour la plupart, de forêts primitives. D'ailleurs, la mer le pénètre fort inégalement sur divers points, ce qui complique l'appréciation des données climatériques. Les observations de Crawfurd ne s'étendent guère au delà du climat de Bangkok.

Comme dans les autres pays tropicaux voisins de l'équateur, l'année, pour la latitude de Bangkok, ne se compose que de deux saisons : la saison sèche, la saison humide. En 1822 les pluies périodiques commencèrent de bonne heure dans le mois de mai; on n'eut d'abord que des pluies légères, mais vers le milieu du mois l'eau tomba par torrents, et la mousson de sud-ouest s'établit au milieu des ouragans et des orages. Il paraît que dans le golfe de Siam pendant le reste de l'année on ne connaît pas ces ouragans, qui se font sentir, surtout vers l'équinoxe, dans les autres parties de la mer des Indes. La température en est sensiblement abaissée. Au cœur de l'été, ou de la saison sèche, le thermomètre monte entre midi et quatre heures, à l'ombre, jusqu'à 28° et 29° Réaumur (95° et 96° Farenheit). Aux mois de décembre et de janvier, qui sont les plus frais de l'année, le thermomètre tombe à 18° Réaumur (72° Farenheit). Ce sont les extrêmes de chaleur et de froid. A partir du mois de juillet le beau temps revint, le ciel se maintint pur et la température modérée jusqu'au départ de la mission, en août suivant; mars et avril avaient été également très-beaux.

La *mousson* de nord-est prédomine vers le solstice d'hiver, la *mousson* de sud-ouest vers le solstice d'été. On compte six semaines environ de vents variables et de calme aux changements de *mousson*.

Kœmpfer résumait en quelques lignes, comme il suit, les observations faites de son temps sur ces changements de saison. « Entre Malacca et le Japon on a pendant quatre mois de l'année un vent fait du sud et du sud-ouest, ensuite quatre autres mois avec un vent de nord et nord-est. Entre ces deux époques s'écoulent environ deux mois, pendant lesquels le vent change continuellement. » Les Siamois eux-mêmes déterminent leurs saisons, de la manière suivante, par rapport à la crue et à la baisse du May-Nam, dans le rayon de ses inondations périodiques.

Au sixième mois de leur année, qui correspond généralement à la fin d'avril et aux premiers jours de mai, la saison des pluies commence. La cérémonie ou fête de l'agriculture, pendant laquelle le souverain met la main à la charrue, a lieu le sixième jour de la moitié claire ou éclairée de ce mois lunaire, et signale à la fois le changement de saison et la reprise des travaux des champs. — Dans le septième mois les pluies augmentent, et atteignent toute leur force dans les huitième, neuvième et dixième mois; elles diminuent considérablement dans le onzième, et cessent entièrement dans le douzième. Ce n'est qu'avec le dixième mois que le May-Nam à Bangkok commence à monter : pendant le onzième et le douzième mois il grossit considérablement. Dans le premier mois il a atteint sa plus grande hauteur, environ dix-huit pieds, et dans le second il commence à tomber; dans le quatrième, cinquième et sixième mois de l'année (avril et mai) il est à Bangkok à sa plus petite hauteur. Dans son cours supérieur, vers la frontière septentrionale du royaume, le May-Nam commence à monter dès le septième mois.

Le climat de Bangkok dans les terres basses, sujettes à une inondation périodique, au milieu des étangs et des champs de riz, est très-chaud, mais non malsain. Les habitants sont d'une constitution robuste et vigoureuse, et gagnent sous ce rapport à être comparés aux Hindous. Durant un séjour de quatre mois dans le pays, de cent trente personnes, dont se composait la mission de Crawfurd, pas une seule ne mourut, quoique tout le monde y fût assez mal logé.

La Loubère, envoyé français, qui avait été à même d'observer pendant une séries d'années le climat de ce pays, dit que les Siamois distinguent trois saisons : *nanaou*, c'est-à-dire *le commencement du froid* (décembre et janvier); *narón*, c'est-à-dire le *commencement de la chaleur* (février, mars, avril), leur *petit été*; et *narón-yai*, c'est-à-dire le *commencement de la grande chaleur* (de mai à décembre, ou leur *grand été*), pendant lequel, par l'effet d'une chaleur excessive, les arbres sont dépouillés de leurs feuilles comme ils le sont dans les zones tempérées pendant l'hiver. Leur hiver est, par le fait, aussi chaud que la plupart des étés en France. Le *petit été* est leur printemps; seulement ils ne connaissent pas d'automne ; ils pourraient compter un double été, car le soleil se trouve deux fois à leur zénith. Heureusement, de remarquables couches de nuages accompagnent toujours les rayons verticaux du soleil et des averses ou même des giboulées continuelles contribuent à en adoucir l'action, sans quoi ce pays tropique serait certainement aussi peu habitable que le sont en général les pays situés dans le voisinage immédiat de l'équateur. Ainsi, dans l'hiver, quand le soleil est au sud de l'équateur il règne des vents de nord (*mousson de nord-est*) qui purifient l'atmosphère, et donnent de la fraîcheur au pays; dans l'été, au contraire, ce sont les vents du sud (*mousson de sud-ouest*) qui prédominent, et alors c'est le temps de la pluie; c'est cette variation des mouvements atmosphériques que les Portugais dans ces mers de l'Inde ont nommée *Mongaves* (*motiones aerts*), nom qui leur est resté et qui a passé dans l'usage général. Ces variations de vent sont minutieusement indiquées par la Loubère. Aux mois de *mars, avril et mai* règnent dans le Siam des vents de sud, qui déjà au mois d'avril sont accompagnés de fortes pluies. Dans le mois de *juin* le vent tourne à l'ouest ou au sud-ouest, et les pluies continuelles deviennent plus abondantes. Aux mois de *juillet, août* et *septembre*, le vent vient directement de l'ouest, les eaux débordent, et l'inondation a souvent jusqu'à dix lieues de largeur. A plus de cent cinquante lieues en remontant le fleuve cette inondation couvre la vallée du May-Nam, et le flot s'y fait sentir. Ce n'est qu'au mois d'*octobre*, pendant les vents de nord-ouest (venant de la haute Asie), que les pluies cessent complétement; au mois de décembre le vent souffle en plein du nord, le ciel est clair et serein; c'est le temps des plus basses marées; l'eau des rivières reprend sa douceur ordinaire, et la conserve même au dehors des embouchures, à une lieue au large, dans le golfe partout ailleurs salé. Alors la barre du May-Nam est infranchissable pour les navires d'un fort tonnage. Au mois de *janvier* le vent se fait de la partie *de l'est* ou du *nord-est*, et dès le mois de *février* il tourne au *sud-est*. C'est ainsi que les vents terminent dans l'année leur cours circulaire autour de l'horizon. Si cela arrive dans le court espace d'un seul jour, alors il y a *ouragan*, ou *typhon*.

Qualités naturelles du sol. — Minéraux. — Le large *sol alluvial* sur les deux rives du *May-Nam* est le seul qui ait été visité par les Européens avec un soin minutieux. Les montagnes les plus voisines consistent, selon Crawfurd, en roches calcaires, et pourvoient la capitale de ce matériel de construction. Les détours nombreux du fleuve May-Nam, ses ramifications communiquant par des canaux jusque au-dessus de *Yuthia*, montrent clairement le peu de pente du *terrain bourbeux* qui s'étend d'un côté dans l'intérieur du pays, et de l'autre fort au loin dans la mer, et même à plusieurs milles de distance de l'embouchure du fleuve ; le fond du golfe est de l'*argile molle* ou de *la bourbe*, traversée par des bancs de *terre glaise*. La Loubère considère tout le pays comme semblable au *delta* du Nil, et sorti récemment des eaux. On ne trouve dans le lit du fleuve aucune pierre, aucun caillou. Les forêts, de grande étendue, sont extrêmement marécageuses, et jusqu'à nos jours la plaine est inhabitable. Il n'y a, à proprement parler, que les digues élevées près des rives du May-Nam qui soient habitées. Les montagnes voisines, qui entourent les *basses terres*, se composent sans doute de plusieurs espèces de terrains et de minéraux, mais qui n'ont pas été étudiées jusqu'à présent. On nomme bien quelques-uns des métaux et pierres précieuses qui s'y trouvent ; mais les renseignements à cet égard sont encore très-incomplets.

Le *minerai d'étain*, dit déjà la Loubère, a été exploité par les Siamois depuis les temps les plus reculés, et fournit un étain pur et riche (le *calin* des Portugais), très-estimé, selon lui, dans le commerce. Il parle aussi de l'alliage dont cet étain est la base et qui est connu sous le nom de *tutenague*. Il observe encore que bien que l'or fût prodigué pour l'ornement des palais et des temples dans le Siam, on ne connaissait pourtant pas une seule mine d'or dans le Siam ; et un aventurier espagnol du Mexique, qui à cette époque jouissait d'une grande faveur à la cour de Siam, après l'avoir leurrée pendant vingt ans de l'espérance de découvrir des mines d'or, finit par exploiter une misérable mine de cuivre, dont le minerai, de peu de valeur, mélangé avec un peu d'or, produit l'alliage qu'on y nomme *tombac*. Un médecin français, le docteur Vincent, qui s'occupait pareillement de la recherche des gîtes métallifères, prétendait, à la vérité, avoir trouvé des veines d'or et d'argent, des mines de fer et autres minéraux précieux ; mais on en était resté à de vagues indications. Les communications de Crawfurd sont un peu plus complètes. Les mines d'étain, dit-il, qui accompagnent toujours la formation granitique, sont ici beaucoup plus étendues que dans toute autre partie du monde, traversant de leurs filons toute la *péninsule* Malaise, du cap *Romania* jusque dans le territoire siamois, sous 14° de latitude septentrionale, au golfe de Siam jusqu'à *Tchampan*, et du côté de Bengale jusqu'à *Tavoy* et *Merguy*. Dans toute cette étendue se rencontre le minerai d'*étain, soit à l'état d'oxyde dans des filons*, soit dans les débris des roches primitives. Les gîtes les plus riches sont au sud de la province de Merguy, et dans l'île de *Junk-Ceylan*, où le minerai se trouve précisément dans les mêmes conditions qu'à Banka, et probablement aussi riche s'il était convenablement exploité. Les autres points où l'on exploite des mines d'étain pour compte de Siam sont, sur la côte orientale, *Sungora, Mardilung, Ligora, Tchampan* et *Puaya*. La quantité totale d'étain livrée à la capitale du temps de Crawfurd, et exportée annuellement de là, se montait à huit mille piculs, ou à environ cinq cents tonneaux.

L'or, qui se rencontre disséminé sur une immense étendue dans la péninsule Malaise, comme l'étain et dans des circonstances géognostiques semblables, se trouve aussi, selon Crawfurd, dans le Siam et dans les mêmes circonstances. On lui a assuré qu'on en recueillait surtout à *Bangtapan* et à *Rachan*, et que celui qui venait de la première de ces localités (située sous le 12° degré environ de latitude nord) était remarquablement pur (à dix-neuf karats).

Mais comme les seuls ouvriers mineurs sont des Siamois, et que les Chinois dans le Siam ne se sont pas encore emparés de cette exploitation, comme ils l'ont fait ailleurs, les mines produisent peu de chose et ne suffisent pas à la consommation du pays, par suite de l'usage continuel de la dorure pour les temples, les statues, etc. Quant au cuivre, Crawfurd dit que les Français, du temps de Louis XIV, essayèrent d'exploiter quelques mines, et que les Chinois s'en sont également occupés, sur une petite échelle, dans le cours de ces dernières années. Il cite, d'après la Loubère, comme le principal ou peut-être le seul gîte de ce minerai, la chaîne de petites montagnes primitives près de *Louro* ou *Nukburi*, sous le 15e degré de latitude nord ou à peu près, dans le nordest de l'ancienne capitale *Yuthia*. Le plomb paraît se présenter plus abondamment. Les mines sont situées plus loin vers le nord, à *Paknek* (nord-ouest de *Bangkok*), dans le pays montagneux d'une tribu sauvage de *Lawa's*, qui les exploitent seuls et en extraient annuellement deux mille péculs environ. Ce qui indique que ces mines sont riches et d'une exploitation facile. On trouve du *zinc* et de l'*antimoine* à l'est du May-Nam, dans un district qu'on appelle *Rapri*; mais les mines de zinc ne sont pas exploitées. Il paraîtrait qu'on se procure une certaine quantité d'antimoine pour le livrer aux Chinois, qui s'en serviraient pour faciliter la fusion du fer. En tout cas, l'existence de ces deux produits minéraux serait prouvée par le fait que quelques tribus de montagnards payent ainsi leur *tribut* en nature. Les mines de fer sont les plus généralement et les plus utilement exploitées. Crawfurd assure qu'elles sont toutes éloignées de la capitale. Il nomme comme les plus considérables celles des districts de *Pisiluk*, *Lakousawan*, *Raheng* et *Metak*, toutes situées sur le May-Nam ou dans le voisinage de ce fleuve.

Le fer est à bas prix à Bangkok. On en exporte de grandes quantités, depuis que l'industrie et l'intelligence chinoises ont su perfectionner la manutention.

Il convient d'ajouter aux richesses minérales de Siam un petit nombre de pierres précieuses : le saphir, le rubis oriental et la topaze. D'après Crawfurd, les montagnes de la province *Tchantibon*, sur le côté oriental du golfe de Siam, par 12° de latitude septentrionale, sont le seul endroit où on en trouve; on les extrait, par le lavage, du sol alluvial, qui est le domaine du roi, comme à Ceylan. Le gravier est porté à la capitale pour y être examiné. On en offrit à Crawfurd, qui constata que ce résidu consistait principalement en *uclase*, où se trouvaient mêlés quelques petits saphirs. Toutes les pierres qu'on lui proposa lui parurent de qualité très-inférieure. Le saphir et le rubis de Siam sont loin d'avoir la même valeur que ceux d'Ava.

Règne végétal. — Le règne végétal offre à Siam un vaste champ de recherches, jusqu'ici pourtant fort négligé, par suite des obstacles contre lesquels ont eu à lutter toutes les explorations européennes. Quand la mission de Crawfurd se trouvait dans ce pays, l'excellent botaniste qui l'accompagnait, le Dr Fynlaison, fut malheureusement presque toujours malade. Les observations recueillies ne s'étendent que sur le voisinage immédiat du fleuve, et de nos jours elles se renferment dans les basses terres autour de Bangkok, qui offrent peu de différence d'avec les autres zones tropicales indiennes, de formation analogue. Les descriptions anciennes ont peu de valeur botanique.

Les renseignements fournis par Crawfurd consistent principalement en ce qui suit :

Parmi les *céréales*, le *riz* (*kaosan* en siamois) tient la première place; c'est l'*oryza sativa*, dont il y a cependant, comme partout, d'innombrables variétés; ici c'est surtout le *riz de montagnes* et le *riz de marais* qui sont cultivés. De ce dernier on compte un grand nombre de sous-variétés comme dans tous les pays tropicaux où sa culture remonte à plusieurs siècles. C'est la culture qui *comparativement avec le moins de travail* rapporte *le plus grand et le plus sûr bénéfice*. Le climat de Siam et les inondations périodiques sont extrêmement favorables à la culture du riz, et Crawfurd prétend que, si l'on en excepte le *Bengale*, aucun pays n'exporte autant de riz que Siam. Les champs de riz près de Bangkok rapportent quarante pour un.

La régularité et la *certitude* de cette récolte si importante sont un plus grand bienfait pour le pays que son abondance même.

Le riz est donc à fort bas prix, et, la subsistance du peuple étant ainsi assurée, le gouvernement, contrairement aux usages adoptés par beaucoup d'autres États de l'Indo-Chine, autorise presque toujours l'exportation de cette denrée. Le monopole du riz formait autrefois une des principales branches des revenus royaux.

Le maïs (*kac-pot* des Siamois) est cultivé partout, mais surtout dans les districts montagneux, sans être cependant un objet d'exportation, ce qu'il ne saurait être nulle part en Asie, attendu que le prix qu'on en pourrait obtenir ne contre-balancerait pas les frais de transport. Jusqu'ici il n'y en a, à la vérité, qu'une espèce de connue, le *zea mays* des Américains; mais comme, d'après *Siebold*, on trouve déjà dans d'anciennes peintures japonaises d'une époque antérieure à la découverte de l'Amérique, des épis de maïs figurés dans des scènes mythologiques, il y aurait peut-être lieu de rechercher s'il n'existe pas réellement une espèce de ce grain *voyageur* particulière à l'Asie orientale (1). Parmi les légumineuses, on cultive le plus ordinairement les *phaseolus radiatus* et *max* et l'*arachis hypogœa*; parmi les *racines farineuses* ce sont surtout les *patates douces* (*convolvulus batatas*). Les espèces les plus communes appartenant à la famille des *palmiers* sont l'aréquier et le cocotier. Ce dernier arbre est ici, comme dans tout le reste de l'extrême Orient, grandement apprécié par les habitants, qui retirent de son fruit, à peu de frais, l'huile qu'on emploie pour l'éclairage, etc.

Les *espèces de fruits* sont extrêmement variées et, sous bien des rapports, supérieures à celles du Bengale, de Bombay, de la péninsule malaise, et même de Ceylan, de Java et d'autres

(1) Peut-être aussi ne faut-il voir dans le fait mentionné par Siebold qu'une indication des communications qui peuvent avoir existé, à une époque reculée, entre le Japon et l'Amérique?

contrées tropicales de l'Inde. Les environs de Bangkok ne sont à proprement parler qu'une seule et immense forêt d'arbres fruitiers. Aussi les fruits forment-ils avec le riz la principale nourriture des Siamois. Déjà autrefois cette grande forêt d'arbres fruitiers fournissait ses riches produits aux provinces intérieures, et en particulier à l'ancienne capitale *Yuthia*, ainsi que nous le voyons par les relations des Français qui étaient établis à Siam à la fin du dix-septième siècle, et y exerçaient alors une si grande influence. Les fruits les plus exquis sont l'*ananas*, la *mangue*, le *mangoustan*, le *dourian*, l'*orange* et le *litchi*. La récolte des fruits est surtout abondante du mois d'avril au mois de juillet. Les *mangoustans* (*garcinia mangustana*) et les *dourians* (*G. duria*) ne portent de fruit ni l'un ni l'autre dans l'Hindoustan; et plus loin, dans l'est de la Cochinchine, les deux arbres disparaissent entièrement : ici, au contraire, ils sont chargés de fruits, même vers l'intérieur du pays, jusqu'à *Korat*, entre 16° et 17° de latitude septentrionale. Ces deux arbres paraissent, d'après les noms malais que les Siamois leur donnent, avoir été introduits dans leur pays : mais par qui et à quelle époque? C'est ce qu'on ignore.

Les *litchis* (*scytalia litchi*) mûrissent vers la fin de mars et au commencement d'avril, et c'est de la Chine du sud, leur véritable patrie, qu'ils ont été introduits ici. Comme les anciens auteurs du dix-septième siècle n'en font pas mention dans l'énumération des fruits qu'on trouvait à Siam, *Crawfurd* les regarde comme d'une introduction récente dans ce pays, qui a dû, selon lui, s'enrichir de diverses autres espèces de fruits étrangers. Il est constant qu'indépendamment de ceux que nous venons de nommer, la *goyave* (*psidium pomiferum*), qui est encore à présent nommée chez les Siamois *maloko*, c'est-à-dire *fruit de Malacca*, et la figue *carica* (*carica papaya*) du Brésil, que les Malais appellent *kloa fâreng*, ce qui signifie *banane des Francs*, ont été apportées au Siam par les Européens.

La canne à sucre y est connue depuis un temps immémorial; mais sa culture pour la fabrication du sucre n'y a été introduite que tout dernièrement (au commencement de notre siècle) par les colons chinois. En 1822 la production de sucre siamois, *le meilleur et le plus blanc de l'Inde entière*, s'élevait déjà au-dessus de 3,600,000 kil. (60,000 piculs), qui s'exportaient en Chine, dans l'ouest de l'Hindoustan, en Perse et pour le marché d'Europe. Les plantations les plus considérables sont situées sur le bas May-Nam, ou la rivière *Tatchinn*, près les localités *Bam-Pasoi*, *Lakonchaise*, *Bang-Kong* et *Petriu*. On plante la canne au mois de juin, on la coupe au mois de décembre, et au mois de janvier le nouveau sucre paraît sur le marché de Bangkok. On n'emploie que des Siamois pour la culture, mais les Chinois s'occupent seuls de la *fabrication*.

Le *poivre noir* (*piper nigrum*), dont le nom siamois, *prikthi*, nous fait croire qu'il est aussi bien indigène au Siam que sur la côte de Malabar, y est cultivé dans des conditions absolument semblables, comme aussi sur la côte occidentale de Malacca et dans l'Ile du Prince de Galles. Le *poivre siamois* est cependant meilleur que le *poivre malais*, mais inconnu comme marchandise sur les marchés étrangers, excepté en Chine, où on le préfère à tous les autres. Y était-il déjà connu du temps de Marco-Polo? Il n'est cultivé que sur la côte orientale du golfe de Siam, entre le 11º et le 12º degré de latitude septentrionale, à Tchantibon et Tung-Yai, où sa culture est exclusivement entre les mains des Chinois. Ces districts produisent annuellement environ huit millions de liv. (plus de 60,000 piculs), dont deux tiers doivent être livrés au roi de Siam, qui les achète des planteurs au prix de 8 tikals le picul, pour les revendre à Bangkok avec un profit de 100 pour 100. Crawfurd évalue la production totale de poivre sur toute la surface de la terre à 50,062,500 livres avoir du poids, ou 375,000 piculs (un picul vaut 133 1/2 livres av. du p.). La côte occidentale de Sumatra en fournirait 150,000, la côte orientale 60,000, les îles du détroit de Malacca 27,000, la Péninsule malaise 28,000, Bornéo 20,000, Siam 60,000, et la côte de Malabar 30,000 piculs.

Les mêmes districts qui produisent le poivre produisent aussi deux espèces de cardamome. Sont-ce de simples variétés de l'*amomum cardamomum*, ou faut-il regarder l'une de ces graines comme le produit de l'*elettaria cardamomum*, arbrisseau commun au Malabar? Ce qu'il y a de certain, c'est que dans le Siam et au Cambodje on regarde ces espèces comme parfaitement distinctes, et que l'une d'elles est considérée comme très-supérieure à l'autre. On leur donne aussi des noms différents. Les forêts qui les produisent sont du domaine royal, et gardées avec soin. Crawfurd essaya de propager la plus belle espèce à Singapore, en en semant la graine, mais ne put jamais y réussir. Le marché où cette épice s'exporte de préférence est la Chine, où on paye la meilleure sorte jusqu'à 500 piastres le picul. Le prix des deux qualités au marché de production varie de 50 à 800 tikals. Les capsules de la belle espèce, dit Crawfurd, étaient blanches, et trois fois plus grosses que les plus beaux cardamomes de la côte de Malabar, les graines extrêmement aromatiques et probablement très-échauffantes. — C'est peut-être à ces qualités qu'elles doivent la préférence que les Chinois leur accordent. Ce sont des qualités analogues, réelles ou supposées, qui font que ce peuple met tant de valeur au camphre malais, aux nids d'hirondelle, etc. Le tabac, que les Siamois naguère encore tiraient en grande quantité de l'île de Java, est maintenant cultivé partout dans le pays, et dans les districts *Tchantiban* et *Bangpasoi* il est d'une qualité supérieure. Les Siamois en exportent même à présent beaucoup en Cochinchine et dans les pays malais. Il est à remarquer que le nom donné par les Siamois au tabac signifie littéralement (au moins Crawfurd nous en donne l'assurance) « médecine! »

Le coton (*fai* des Siamois, *gossypium herbaceum* ou *indicum*) est très-généralement cultivé ; il ne réussit pas bien dans les terres basses exposées à l'inondation, mais dans les districts montagneux de *Pakprek* et autres on en récolte beaucoup pour l'exportation. Il paraîtrait qu'il s'en expédie 20,000 piculs environ tous les ans pour l'île d'Haïnan.

Une gomme ressemblant au benjoin, et que les Siamois appellent *kamnyan* (à peu près le même nom que celui que lui donnent les Malais), est le produit spontané d'un arbre qui croît dans les forêts du Laos, dans les districts *Rahaing, Tchiangmay* et *Lakon*. Cette gomme est à bas prix dans la capitale, ce qui indique que le produit est abondant; et comme d'ailleurs l'*habitat* indiqué s'étend jusque vers le 20° degré de latitude nord, il est probable que l'arbre en question est différent du *styrax benzoin* de Sumatra, qui croît près de l'équateur, et demande une culture particulière.

La portion du Cambodje qui appartient au royaume de Siam et quelques districts siamois voisins fournissent la drogue connue sous le nom de *camboge*, et employée comme médicament et comme matière colorante. Il est remarquable que l'espèce de *garcinia* qui produit cette résine précieuse croît dans la même région que le poivre et le cardamome, c'est-à-dire entre le 10° et le 12° degré de latitude nord. — Les districts que nous venons de nommer sont, au reste, *les seuls* où l'on ait jusqu'à présent récolté cette exsudation végétale, que l'on recueille à l'aide d'incisions faites dans l'écorce de l'arbre.

Le bois d'aloès (*kisna* des Siamois, *aquilaria agallocha* de Roxburgh) se trouve également comme indigène dans les *districts forestiers montagneux*, extrêmement productifs, de *Tchantibon*, et vers le nord, jusqu'à 24° de latitude septentrionale, mais aussi vers le sud, jusqu'à l'équateur. On le recueille en grande quantité, et dans sa plus grande perfection, sur la côte orientale du golfe de Siam et dans les îles voisines, à partir de Bangpasoi, par 13° 30' de latitude septentrionale.

On s'accorde généralement à penser, d'après les renseignements obtenus, que ce bois doit les qualités qui le font rechercher à un état maladif de l'arbre. L'*aquilaria agallocha* appartient à la décandrie monogynie, c'est une ombellifère et son fruit est une drupe. Ce qu'il y a de singulier est la transformation du nom; en sanscrit il se prononce *aguru* ou *agara*, que les Malais ont changé en *aguila*, en mettant *l* pour *r*; et c'est de là, probablement, que les Portugais ont formé *aquila* et *aguillaria* (en allemand *adlerholz*, et, par traduction, en français *bois d'aigle*, et en anglais *eagle wood*).

Les forêts du Siam sont une des grandes richesses du pays, et renferment sans aucun doute bien des produits intéressants encore inconnus. Quoique la grande *basse terre du delta* du *Mainam*, dans son sol alluvial, aussi loin que s'étend l'inondation, soit bien cultivée, il résulte néanmoins des informations les plus exactes que la plus grande partie de ce delta est encore couverte de forêts semblables à celles qui couvrent les districts montagneux. Lorsque Kœmpfer, le premier botaniste qui ait visité Siam, profitait de chaque halte de la barque qui le portait, en remontant le May-Nam, pour recueillir et étudier les végétaux du pays, ses explorations dans les forêts riveraines furent trop souvent entravées par les eaux qui submergeaient le terrain ou par le voisinage des tigres qui infestaient le pays. Quelques produits de ces forêts ne sont connus que par leur valeur commerciale; ce sont surtout, outre ceux que nous avons nommés plus haut, le sumac des teinturiers, le sumac des corroyeurs, le bois de rose, le bois de teck, etc. Autrefois il ne venait que fort peu de ces bois en Europe : les bois de teinture des forêts du nord de l'Amérique étaient généralement connus sur les marchés d'Europe; mais ceux des *forêts de l'Asie* étaient connus, depuis des temps immémoriaux, des Chinois seulement, et utilisés par eux. Le bois de *sapan* à matière colorante rouge était le seul qu'on vît dans nos marchés : ce n'est que dans ces derniers temps qu'on y a introduit le bois de *sapan jaune*. Depuis l'établissement du port franc de Singapour, le commerce européen s'est enrichi des produits variés des forêts malaises, de celles des îles de la Sonde et de Siam, sans cependant qu'on ait encore réussi à déterminer botaniquement le plus grand nombre des plantes auxquelles on doit ces produits.

Le bois de sapan (*cœsalpinia sapan*), *fang* chez les Siamois, produit une couleur rouge dont on fait grand cas dans la *Chine* et au *Japon*. Ce bois, dont l'emploi en Europe et dans l'Inde Anglaise est d'une date récente, fait la richesse principale des forêts du Siam. Il se rencontre en grande abondance entre 10° et 13° de latitude septentrionale; les arbres atteignent une hauteur de seize à vingt mètres, et un diamètre de six à sept décimètres. Leur exploitation coûte peu de chose, et alimente une exportation très-considérable. Les plus grandes forêts de sapans sont situées sur la côte occidentale du golfe de Siam, autour du cap *Kui*. On en trouve aussi en Cambodje, selon *Kœmpfer*. A l'extrémité méridionale de la péninsule malaise on ne le rencontre plus; mais il se retrouve dans l'ouest, dans les forêts du Birmah, où jusqu'à présent il ne sert que comme bois à brûler.

On a rapporté dernièrement de Siam et des pays malais des bois qui fournissent des matières colorantes jaunes, mais ils sont souvent confondus avec le *bois jaune* américain. Il y a surtout deux différentes espèces de *kleh* des Siamois, qu'on ne trouve jusqu'à présent, au moins en grande quantité, que dans les forêts sur la côte de *Ligor*, et qu'on exporte aussi aux Indes, où on en tire une couleur jaune très-brillante et solide; puis le bois de l'arbre de Jack (*artocarpus integrifolius*), qui fournit le jaune si estimé du costume des prêtres. C'est probablement avec la poussière de ce bois que les personnes de la haute société siamoise donnent à leur peau, déjà naturellement jaune, une teinte plus foncée, l'employant ainsi comme un fard particulier, qui fait paraître le corps absolument *de couleur d'or*.

Un autre *bois rouge*, le *waideng* des Siamois, est connu des chrétiens portugais du Siam sous le nom de *paorosa* ou bois de rose; quoi qu'il soit, selon Crawfurd, absolument différent des bois connus en Europe sous ce nom (1). Il croît dans les forêts situées entre le 12° et le 13° degré de latitude septentrionale, dans le district déjà nommé de *Petriu*, et dans ceux de *Rayung* et *Bangpomung*. C'est un arbre très-élevé; son bois, coloré rouge et d'un grain très-fin, prend un beau poli. Les Chinois l'exportent en grande quantité, et l'emploient surtout en ébénisterie.

Le bois de teck (*tectona grandis*), de la même espèce qu'en *Ava* (car jusqu'à présent il paraît qu'il n'y a qu'une espèce connue dans ce genre, d'une si grande importance économique et commerciale), est une des richesses principales des forêts siamoises. L'exploitation des forêts de tecks n'est cependant pas encore dans le Siam la base d'un commerce extérieur. Le bois est flotté de cinquante à soixante milles dans l'intérieur du pays, par le *May-Nam*, et arrive à la capitale dans le huitième ou le neuvième mois siamois, pour être employé à la construction des jonques (1). Les indigènes distinguent pourtant deux espèces de ce bois : une espèce plus dure, qui est la plus recherchée, et croît dans le pays montagneux de *Raheng* et *Chang-May*; et l'autre, de qualité inférieure, qui provient du pays bas de *Pitchillou*. La zone occupée par les forêts de tecks à Siam est la même que celle où croissent les magnifiques forêts d'Ava et du Pégou. Indépendamment de la construction des navires, le teck est constamment employé par les Siamois dans la construction de leurs temples.

Règne animal. — Sous le rapport zoologique Siam n'a encore été que très-imparfaitement exploré. Ce que l'on sait de la faune siamoise, indépendamment des animaux domestiques, qui ne comptent dans ce pays qu'un petit nombre d'espèces, se rapporte surtout aux mammifères et aux oiseaux.

Le cochon (en siamois *mu*; — *sus indicus?*) est le plus répandu de tous les quadrupèdes, ici comme dans toutes les autres contrées de l'Asie tropicale. On le trouve en grand nombre à l'état sauvage. Domesticisé par les soins des chinois, on le voit partout dans les

---

(1) Il ne paraît pas qu'on ait encore déterminé à quel genre et quelle espèce appartient le *waideng* : il en est de même du *bois de rose* du commerce ! — Voir, à ce sujet, le très-intéressant rapport du capitaine Munro sur les bois de construction du Bengale, *Journal of the Asiatic Society of Bengal*, novembre 1847.

(1) Crawfurd affirme que les jonques siamoises sont toutes construites à Bangkok, sous la direction d'un charpentier chinois, et qu'il s'en lance, année commune, six à huit de la plus grande dimension. La carcasse est faite de *marbas*, *metrosideros Amboinensis*, le pont et les bordages de teck.

villes et villages du delta, et Crawfurd assure, d'après les informations qu'il a prises, qu'on n'en tue pas moins de deux cents par jour pour la consommation de Bangkok et pour l'exportation. Le lard, préparé par les Chinois avec un soin tout particulier, est en effet exporté, au moins en partie, dans les colonies voisines européennes.

Le bœuf (*bos taurus*) est sauvage dans les forêts de Siam, où on lui fait la chasse. Sa chair (préparée pour l'exportation), ses cornes, sa peau sont des articles importants pour le commerce chinois; on le trouve aussi partout à l'état domestique. Ceux que Crawfurd vit à Bangkok se distinguaient par leurs jambes courtes, leur corps trapu, et souvent par l'absence des cornes. Ils étaient pour la plupart de couleur rouge ou brune, jamais blanche ou grise, comme les bœufs de l'Indostan; il leur manque aussi la bosse charnue qui distingue ces derniers. Ils donnent peu de lait, et ne sont guère utilisés, en conséquence, que pour les travaux des champs. Il est défendu, même aux étrangers, d'envoyer aucun de ces animaux à la boucherie. Pour tuer un bœuf les gens de *Crawfurd* étaient obligés de s'éloigner de Bangkok à la distance de trois ou quatre milles, et de faire cette opération pendant la nuit.

Le buffle (*bos bubalus*), chez les Siamois *kwai* et *karbau* (ce dernier nom emprunté aux Malais), se trouve en bien plus grand nombre dans le pays de Siam que l'espèce précédente. Il convient encore mieux à l'agriculture dans un sol marécageux, où sa force supérieure répond plus aisément aux exigences du laboureur. Il ressemble aux buffles des îles de la Sonde, et après l'éléphant et le rhinocéros il est le *plus grand quadrupède* de l'Inde méridionale. Le genre cheval (*ma* chez les Siamois) n'est ici représenté que par une petite race de bidets (*ponies*), dont la taille moyenne atteint à peine treize mains, et qui est répandue sur toute l'Asie méridionale. Dans aucun des pays tropicaux, à l'est du Barrampoutter, sans en excepter la Chine, on ne trouve, ni sur le continent ni dans les îles, la race de haute taille qui prédomine dans les pays secs du centre ou de l'ouest de l'Asie. Cette race de petite taille n'est même pas très-nombreuse dans le pays de Siam proprement dit; on en élève davantage dans le Laos, et on dit que ces chevaux y sont amenés quelquefois de la province chinoise voisine, de Yunnan. Un cheval anglais de race, entier, de belle taille, qui faisait partie des présents apportés par Crawfurd pour le roi de Siam, fut considéré par ce prince et par toute sa cour comme la plus grande curiosité qu'on eût vue à Siam depuis longtemps, et le roi, en apprenant son arrivée, fit demander avec insistance qu'on le débarquât pour le lui amener à l'instant même.

L'âne, qui dans l'Asie centrale et occidentale est si fréquent et souvent de très-belle race, manque entièrement dans ces contrées humides de l'Inde postérieure.

Le mouton, connu des Siamois sous le nom de *keh*, ne paraît cependant pas être indigène dans le Siam, ou y avoir été naturalisé.

La chèvre, *pé* chez les Siamois, vit sans doute à l'état sauvage dans quelques montagnes du pays, car on assure qu'on leur fait la chasse à cause de leurs cornes, qui sont employées comme médicament. On voit une race de chèvres plus petites aux environs des temples, où il n'est pas permis de les tuer; elles ne donnent que peu de lait.

Le plus important des animaux domestiques dans ce pays est sans contredit l'éléphant, *chang* en siamois, qui se trouve dans toutes les parties du royaume, même dans les parties malaises, en Cambodje et dans le Laos. On trouve les plus beaux entre 14º et 15º de latitude septentrionale, dans le nord-ouest de la capitale, à *Suphan;* mais c'est au Laos qu'ils se rencontrent en plus grand nombre, et le nom même de la capitale, *Lan-Chang* (qui signifie dix mille éléphants), est une indication de l'usage extrêmement fréquent qu'on y fait de ces énormes quadrupèdes dans une foule de circonstances de la vie domestique. Un habitant du Laos, interrogé à cet égard par Crawfurd, lui donnait comme preuve décisive de ce fait, que chez eux les éléphants servaient *même* à transporter les femmes et le bois à brûler! Ceci est caractéristique, en ce que dans la capitale de Siam l'usage des éléphants est absolument réservé aux personnes de la haute classe, et que le conducteur de l'éléphant du roi, du moins au temps de *Kæmpfer* (1690), devait être toujours un prince du sang, et habitait l'une des résidences royales. En 1636, selon J. Schouten, on ne comptait pas moins de trois mille éléphants apprivoisés dans la capitale. Siam est regardé dans l'extrême Orient comme la véritable patrie de ce noble animal ; il paraît y atteindre le plus haut degré des qualités qui distinguent cette espèce, si utile à l'homme. L'éléphant de *Chittagong*, à la frontière de Bengale, et celui de la Cochinchine approchent cependant beaucoup de celui de Siam, et tous ceux que Finlayson a vus dans ce pays étaient selon lui *plus petits* de taille que ceux de *Ceylan*. La race siamoise était autrefois la plus recherchée à la cour des grands mogols à *Delhi*, surtout sous l'empereur *Aurengzeb*, d'après le rapport de *Bernier* (1663). Il paraît que les éléphants étaient alors transportés, par des commerçants mahométans, de *Mergui* et *Taboy* (sur la côte occidentale de la péninsule malaise), à la côte de Coromandel. Dans le Laos supérieur, des chasseurs d'éléphants sont employés en assez grand nombre pour tuer les mâles, dont les défenses surtout sont un objet de commerce. Cette chasse est, à ce qu'on assure, très-pénible et dangereuse. On a dit que l'ivoire était recueilli au profit du *domaine royal*; il ne paraît pas pourtant qu'on y regarde de très-près, puisque le roi n'en reçoit pas par an plus de quatre cents piculs. Les peaux d'éléphant forment un article important dans le commerce avec la Chine. — *Jod. Schouten*, dès 1636, citait comme l'une des grandes curiosités du pays de Siam *l'éléphant blanc*, qu'on ne connaît pas du tout dans la Cochinchine, et un certain *Gotthards*, allemand de Dantzik, au service militaire hollandais, qui séjournait à Siam, nous raconte que deux *éléphants blancs*, en la possession du roi de Siam, occasionnèrent, en 1568, une attaque imprévue du roi, alors puissant, de Pégou. Comme chez les Pégouans, *l'éléphant blanc* est un animal sacré : le roi avait offert pour avoir ceux de son voisin des sommes d'argent considérables; et comme ils lui furent néanmoins refusés, il résolut de s'en emparer de force, marcha sur la capitale de Siam, et dut au triomphe de ses armes ce qu'il n'avait pu obtenir d'une négociation amicale. Lorsque Crawfurd et Finlayson étaient à Bangkok, après l'audience solennelle qu'ils eurent du roi, on conduisit les étrangers, selon l'étiquette, au palais des *éléphants blancs*. Ces animaux ont aux yeux de Siamois une valeur inestimable, parce que dans tous les pays *bouddhistes*, où l'on croit à la métempsycose, les éléphants blancs sont vénérés comme des *animaux sacrés*, dans les corps desquels résident les âmes des grands ancêtres. Il est ordonné, en conséquence, toutes les fois qu'il s'en montre un dans les forêts, de l'emmener à la cour, où il est logé le plus près possible du palais du roi. Si plusieurs se montrent à la fois, c'est un bon augure pour la famille royale. Celui qui a le bonheur de découvrir un éléphant blanc reçoit une couronne d'argent et une dotation en terres, qui ne paye aucun impôt et qui est héréditaire jusqu'à la troisième génération. En 1822 il y avait à Siam six éléphants blancs, plus que le roi n'en eût possédés depuis bien longtemps (1), ce que l'on considérait comme un signe évident de la faveur céleste. On en montra quatre aux Anglais; tous avaient été pris dans les provinces de Laos et de Cambodje, mais aucun dans le pays de Siam. Les États tributaires malais n'ont jamais fourni d'*éléphants blancs*. Leur rareté augmente ainsi leur valeur, et plusieurs circonstances entretiennent les idées superstitieuses qui s'attachent à la possession de ces animaux, puisqu'ils ne se trouvent, à ce qu'il paraît, que dans les demeures des tribus montagnardes, où il faut probablement chercher aussi la souche primitive des Siamois. Chaque éléphant blanc a son établissement à part et son titre royal. Le roi de Siam lui-même ne monte jamais un éléphant blanc, attendu que celui-ci, comme on le disait un jour à un jésuite, pourrait bien être une majesté aussi grande que le roi lui-même. Chacun d'eux à *Bangkok* avait son écurie à lui seul et dix domestiques à son service; leurs dé-

(1) Voir, page 236, la note extraite des *Annales Siamoises*.

fenses étaient ornées d'anneaux d'or; ils avaient sur la tête un réseau d'or et un coussin de velours sur le dos. Mais, comme leurs frères de couleur, ils étaient punis par leurs domestiques toutes les fois qu'ils commettaient un vol ou une autre faute. Leur couleur avait le ton d'une chair claire, et, comme le dit Crawfurd, leur poil était si fin que l'on apercevait la peau à travers. Le plus petit n'avait pas plus de six pieds six pouces de hauteur; les autres étaient d'une grandeur ordinaire et d'une santé parfaite. Mais le docteur *Finlayson* dit expressément que ce sont des *albinos*, qui avaient le poil très-fin, peu épais et jaunâtre, et qu'ils forment une variété, jusqu'ici inconnue, de l'*espèce ordinaire*, qui, sauf cette particularité, est *identique* avec celle de l'*Indostan* et de l'île de *Ceylan*. Il l'appelle l'*éléphant albinos*. Crawfurd l'a retrouvé plus tard dans le pays d'Ava. Cependant *Fynlaison* remarquait, outre la petite hauteur des éléphants siamois, qu'aussi leurs dents étaient plus petites et moins recourbées que celles des éléphants de l'*Indoustan*; que, si l'on en excepte la cour, leur usage y est sans importance, parce qu'il n'y a en général que fort peu de chemins praticables dans ce pays et que les communications par eau y sont prédominantes. Parmi les éléphants blancs il y en avait un marqué par devant de taches noires, grosses comme de petits pois. Parmi les *éléphants foncés* on en trouvait beaucoup avec des taches blanches sur une partie de la tête et de la trompe. Le plus grand de tous avait huit pieds de hauteur, et avait été, comme les blancs, pris dans *les forêts de Laos*. Dans les écuries des éléphants on entretenait aussi des *singes albinos*, qu'on avait pris dans les forêts à dix journées en remontant le May-Nam, dans le voisinage de *Pitchillou*. On prétendait que vivant avec les éléphants ils éloignaient de ces animaux précieux les maladies qui pouvaient les menacer! Parmi les buffles Fynlaison remarqua fréquemment dans le pays de Siam des *albinos*, qui toujours étaient plus grands que le buffle noir. Il y a également dans ce pays parmi les bêtes fauves beaucoup d'*albinos*; cette dégénérescence leuco-éthiopique chez les grands mammifères est un fait très-remarquable, circonscrit, il est vrai, dans une sphère géographique très-limitée, mais qui, dans l'étendue de cette sphère, se reproduit fréquemment dans des classes d'animaux très-différentes les unes des autres. Ce même phénomène a-t-il lieu chez l'homme dans ces contrées? C'est ce qu'on ignore. *Fynlaison* est toutefois d'opinion que ces anomalies sont dues à l'influence du climat. Outre les animaux que nous avons indiqués, il y a dans le pays de Siam un très-grand nombre de singes, mais jusqu'à présent mal connus. Lorsque Kœmpfer remontait le fleuve May-Nam jusqu'à la capitale Yuthia, en 1690, il remarqua qu'une foule innombrable de singes se montraient dans les forêts riveraines; c'étaient, dit-il, des espèces noirâtres, très-grandes et aussi de petites espèces grises; on les voyait pendant la journée se promener oisifs sur les arbres et sur le rivage sec; mais le soir ils grimpaient sur les plus hauts arbres, et s'y établissaient par masses compactes, comme font dans d'autres pays les corbeaux. Pendant ce temps les femelles tiennent leurs petits constamment pressés contre leur sein. Ils se nourrissent principalement des fruits d'un arbre, *tjaak*, c'est-à-dire le grand arbre à lait (?), sur lequel nous n'avons que des renseignements incomplets: Ses fruits, acerbes, ressemblent, dit-on, à des pommes aplaties. Les voyageurs de nos jours ne font mention ni de cet arbre ni des singes, probablement parce qu'ils n'ont guère visité que les points situés près du rivage de la mer et ne connaissent rien de l'intérieur du pays.

Le rhinocéros à une corne (*rhinoceros indicus*), *ret* en siamois, est après l'éléphant le plus gros animal terrestre connu. On lui fait une chasse fort active, quoiqu'il soit toujours seul; on calcule pourtant que mille cornes passent annuellement en Chine, où on les emploie à cause de leurs vertus médicinales, vraies ou supposées, et où celles qui sont marquées de certains signes se vendent à un prix très-élevé. Si ce chiffre de mille cornes de rhinocéros exportées annuellement est exact, il faut que cet animal soit beaucoup plus commun au Siam que dans aucun autre pays.

Les *peaux de tigres* et celles des *léo-*

pards avec des taches noires forment également un article important d'exportation en Chine. Les os de tigres y sont aussi recherchés comme médecine! mais plus souvent encore broyés et employés dans les environs des grandes villes pour donner, comme engrais, de nouvelles forces aux champs épuisés par la culture. Ces bêtes féroces rendent partout périlleuse l'entrée dans les forêts siamoises; pendant les nuits il n'est pas rare que les tigres pénètrent jusque dans les demeures paisibles des hommes. Ils sont avec les serpents les hôtes les plus dangereux de ces pays.

On voit aussi dans le Siam des ours (*ursus malayanus*), que l'on croyait semblables à ceux de l'île de *Bornéo* et de la péninsule malaise; mais l'espèce que Crawfurd a vue a été regardée par le docteur Horsefield comme devant constituer un genre nouveau, qu'il a désigné sous le nom de *helarctos*.

Il y a dans les forêts siamoises des *chiens à l'état sauvage*. On les entend très-souvent pousser des hurlements à la manière des renards ou des chacals. Le *chien domestique* est vilain, aux oreilles pointues, grand, seulement de trois couleurs, noir, brun et blanc; il est commun dans les villes et les villages, pas précisément apprivoisé, mais vaguant çà et là comme dans les pays mahométans, sociable, accompagnant l'homme sans être ni inquiété ni nourri par lui. Le *loup*, le *chacal*, la *hyène* et le *renard* n'ont pas été vus jusqu'à présent dans le pays de Siam, et ils paraissent y être *étrangers*, comme dans tous les pays entre l'*Arakân* et la *Chine*. Le *chat commun* s'y trouve, au contraire, et à l'état *sauvage* et *apprivoisé*; on en compte plusieurs *espèces entièrement sauvages*, dont quelques-unes de très-grande taille. Le *lièvre* et le *lapin* sont tout à fait inconnus dans le pays; mais en revanche il y a plusieurs *viverrins*, et la civette, *viverra civetta*, est élevée par les Siamois à cause de son musc. Les écureuils sont très-nombreux et d'espèces très-variées. Parmi les porcs-épics Crawfurd ne nomme que l'*histrix cristata*. Dans l'ordre des édentés on remarque un *manispentadactyla* ou pangolin, dont la peau s'exporte en Chine pour un usage officinal, et quelques animaux de l'ordre des rongeurs, entre autres une nouvelle espèce, ressemblant à la souris domestique commune; deux nouveaux rats, qui se rapprochent du *mus decumanus*, et plusieurs autres; une loutre (*lutra leptonix* d'après Horsefield), dont la peau va aussi en Chine, etc. Parmi les animaux ruminants, quelques espèces de cerfs et de chevreuils (*cervus elaphus? cerv. muntjac*) et le petit *cerf moschifère* (le chevrotin: *moschus pygmæus* et *javanicus*), dont les peaux, du moins à l'époque où le commerce florissait entre la Hollande et le Japon, formaient une branche d'exportation importante.

Oiseaux. — Le pays de *Siam* paraît être particulièrement riche en oiseaux; l'économie et la distribution de ces animaux y offrent bien des particularités remarquables, dont l'étude approfondie conduirait probablement à plus d'une découverte intéressante. Parmi les oiseaux de proie on cite des aigles blancs, le vautour (*vultur aura?*), le milan (*milvus*), le corbeau (*corvus corone*), ce dernier en grande quantité et d'une impudence et d'une familiarité excessives; parmi les gallinacés, le coq, *phasianus gallus*, à l'état sauvage et domestique, le magnifique argus (*phasianus argus*), le faisan à dos de feu (*phasianus ignitus*), et d'autres espèces de cette famille. Le paon (*pavo cristatus*) se rencontre, en grand nombre, sauvage dans les forêts de Siam: une petite espèce, très-bel oiseau, avec un double éperon, qu'on a décrite comme un nouveau genre, sous le nom de *polyplectron bicalcaratus*, se trouve dans les provinces malaises voisines. On y compte aussi plusieurs nouvelles espèces de perdrix; mais aucune dans le Siam, pas même la gelinotte grise (*tetrao cinereus*), qui dans l'Hindoustan, pays beaucoup plus sec, est très-commune. Le *tetrao coturnix* (caille commune) s'y rencontre cependant en abondance. On mentionne beaucoup d'espèces nouvelles de pigeons. Quant aux *perroquets*, les voyageurs ne nous en disent pas un mot. D'un autre côté, les *oiseaux aquatiques* (*grallæ*) sont extrêmement nombreux dans tout le royaume, et cela s'explique par la nature même du pays, si riche en eaux courantes, en lacs, en étangs alimentés par des pluies torrentielles périodiques; mais ces oiseaux n'ont pu encore être étudiés. Les côtes sont couvertes de grands essaims de *mouettes* (*larus*), de *sternes* ou *hirondelles de mer* (*sterna*), de *pélicans*, de cormorans (*pelicanus onocrotalus* et *p. carbo*) et de fous (*sula*). Crawfurd n'a pas pu s'assurer si l'oie sauvage ou domestique, *anas anser* (*han* des Siamois), se trouvait indigène dans le delta du May-Nam en général. Il en est de même du *canard domestique commun* (*anas boschas*), qui s'appelle ici *pet*, et que les Chinois élèvent en grand nombre. L'*anas moschata*, dont la patrie est en Amérique, est répandu, comme animal domestique, par toute l'Asie orientale; on ne l'élève cependant qu'en très-petite quantité dans les environs de Bangkok, où son nom étranger, *pet-manila*, indique encore *par où* cette espèce a été importée.

On ne rencontre dans les basses-cours des Siamois que des canards en petit nombre et quelques gallinacés. Ils n'ont du reste ni oies, ni poules d'Inde, ni paons. Par compensation, les oiseaux sauvages abondent, ainsi que nous l'avons dit : des grues, plusieurs espèces de cigognes, des pélicans, etc., etc. Les plumes de plusieurs espèces sont exportées en Chine, où elles se vendent à des prix élevés.

Comme peuple pêcheur, les Siamois paraissent être bien inférieurs aux Cochinchinois et aux Chinois. Le May-Nam (comme le sont en général les fleuves de l'Inde tropicale) est très-poissonneux; mais le poisson est d'une qualité inférieure. On en fait sécher quelque peu, comme aussi quelques espèces de crabes, pour l'exportation. Les Siamois, quoique bouddhistes, n'ont nullement horreur de tuer le poisson; seulement ils ne se livrent à la pêche qu'à une certaine distance du palais du roi.

Tous les Européens qui ont habité dans le Siam se sont plaints du grand nombre des *reptiles* qui infestent ce pays. Dans la *saison pluvieuse* leur nombre s'accroît de la manière la plus gênante. Mais quant aux *tortues* et aux *crocodiles*, Crawfurd ne les trouvait pas aussi fréquents dans le May-Nam que dans le Gange. Sur les côtes, et surtout sur les *bancs* et les *îles* avancées de la *côte orientale* du golfe de Siam, les *tortues de mer* abondent; leurs œufs, dont le roi a le monopole, constituent une partie importante de la nourriture des Siamois. La tortue verte, *chelonia virgata*, est extrêmement commune. — Quant aux lézards des espèces les plus belles et les plus variées, Siam en est aussi richement pourvu que Java et autres pays de cette zone tropicale. Les cris rauques et monotones surtout des *geckos* (chez les Malais *tokaï*, qui se prononce *takké*) font, durant les soirées et les nuits entières, le tourment des Européens. Ces animaux augmentent en nombre dans la saison des pluies, ainsi que les serpents, qui se montrent alors partout et entrent même dans les habitations, les cuisines et les basses-cours, où ils font la chasse aux volailles. Il y en a aussi de venimeux; cependant Crawfurd n'en vit aucun pendant tout son séjour dans ce pays, mais bien trois différentes espèces de *boa constrictor* ou plutôt de *python*. Il n'en vit qu'un qui dépassât treize pieds de longueur; mais ils atteignent souvent vingt et vingt deux pieds. Lorsque Kœmpfer était à Yuthia, capitale de Siam, en 1690, on publia tout à coup défense à personne de se baigner ou laver dans le May-Nam; en s'informant du motif de cette prohibition, Kœmpfer apprit que plusieurs indigènes avaient été mordus par des serpents venimeux et en étaient morts; que ces serpents, qui infestent inopinément l'eau du fleuve, n'ont pas plus d'un doigt de longueur, et qu'ils ne se montrent que tous les neuf à dix ans et pour très-peu de temps! Ce serait un fait curieux à vérifier.

Parmi les insectes, les voyageurs modernes ne font aucune mention du *ver à soie*, que Kœmpfer lui-même passe sous silence; le mûrier n'est nommé par aucun d'entre eux, et pourtant on prétend que l'un et l'autre ont été jadis (dans le treizième siècle) apportés de Siam dans la Cochinchine; parmi les marchandises d'importation dans le royaume de Siam, Crawfurd nomme, au contraire, *la soie* comme l'article le plus important. Nous croyons devoir en conclure que Siam ne produit pas de soie, et qu'il tire ce qu'il en consomme de l'étranger. Mais, d'un autre côté, on y prépare la *matière colorante* connue sous le nom de laque, produit d'un insecte, *coccus lacca*, ressemblant à la cochenille américaine et qui est nommé *ksang* par les Siamois. Crawfurd observe que la laque de Siam est bien supérieure à celle de l'Indoustan, et qu'elle renferme beaucoup plus de matière colorante que celle que le commerce a tirée jusqu'ici du Pégou et du Bengale. On récolte le stick-lac (laque en *bâtons*) (1) surtout dans les forêts de Pisaluk, de Sakotai et de Chang-May (Zaeng-Maé, Zim-May), pays montagneux du Laos où dans la même direction; mais il est aussi indigène sur les montagnes de l'isthme entre le golfe de Bengale et la baie de Siam. D'après les renseignements donnés par les Siamois, Crawfurd était porté à conclure que dans quelques-unes de ces contrées cet insecte est élevé à la manière de la cochenille (*coccus cacti*) du Mexique. On a calculé que 18,000 piculs de cette marchandise sont annuellement exportés en Chine.

HISTOIRE.

Les Birmans donnent aux Siamois le nom de *Shan* (prononcé *châne* ou *shâne*) : les Chinois, les Cambodjiens et les Malais les appellent *Séam* ou *Siam*; et c'est évidemment le nom que les Européens ont, par métonymie, transporté au pays dont nous allons très-succinctement esquisser l'histoire.

L'histoire authentique de Siam ne remonte pas à une antiquité très-éloignée, et l'on peut même affirmer que les seuls faits d'ancienne date que l'on puisse considérer comme authentiques sont ceux qui se lient aux premières relations des Européens avec l'extrême Orient. — Il existe probablement des annales siamoises; il paraît même que la cour a de tout temps employé un historiographe chargé de tenir note de tous les événements remarquables, et que les documents ainsi recueillis sont déposés aux archives. En admettant qu'il en soit ainsi, ces matériaux pour l'histoire sont restés sans emploi, les Européens n'y ayant pas eu accès. Crawfurd s'efforça en vain d'éclaircir cette question : il ne put obtenir que des renseignements généraux, et trouva les principaux fonctionnaires fort peu au fait des affaires de leur pays

(1) Menues branches de certains arbres chargées d'agglomérations de *coccus lacca*.

ou fort peu disposés à lui faire part de ce qu'ils en savaient.

L'événement historique le plus ancien dont Crawfurd ait eu connaissance est l'introduction de la religion de Godama au Siam. Cette doctrine religieuse paraît y avoir été apportée par les bouddhistes de Ceylan en l'an 638 de J. C., et sous le règne d'un souverain nommé *Krek*. De cette époque jusqu'à l'année 1824 on compte, selon les Siamois, soixante princes; ce qui donne pour la durée moyenne des règnes, vingt ans à peu près. En l'année 1187 le vingt-troisième souverain siamois résidait à *Lakontai*, ville située sous le 20ᵉ degré de latitude septentrionale, près de la frontière de Lao. La dernière capitale, *Yuthia*, avait été fondée par le vingt-septième roi, en 1350.

En 1502 nous obtenons pour la première fois des renseignements sur l'histoire siamoise, par l'intermédiaire des Européens. En cette année le roi de Siam envoya contre la principauté de Malacca une expédition, qui échoua. En 1511 les Portugais, après la conquête de Malacca par Albuquerque, entrèrent en relations avec Siam. En 1547 une révolution éclata dans le pays, et une autre en 1549. En 1567 les Birmans firent la conquête de Siam, et le retinrent sous leur domination jusqu'en 1596, où les Siamois recouvrèrent leur indépendance. Le caractère et les circonstances de cette invasion paraissent avoir été semblables, à beaucoup d'égards, à ce qui s'est passé deux siècles plus tard, c'est-à-dire presque de notre temps. Quelques années après, vers 1612, on peut placer les premières relations établies entre les Siamois et les Anglais. Le 4 août 1612 un navire anglais remonta le fleuve jusqu'à Yuthia. En 1621 le vice-roi portugais de Goa envoya une mission à Siam, et dans le cours de cette même année les moines dominicains et franciscains s'introduisirent dans le royaume. En 1627 une révolution plaça sur le trône une dynastie nouvelle.

Le fils de l'usurpateur, cinquante-deuxième roi de Siam, est de tous les souverains de cet État celui qui a été le plus connu et le plus célèbre parmi les Européens. C'était un prince d'un mérite remarquable pour le pays et le temps où il vivait, et son premier ministre, par son caractère, par son origine, par les étranges péripéties de sa fortune et par la manière dont sa destinée et celle de son maître ont été liées au règne du grand Louis XIV, a plus de droits encore à l'attention de la postérité. Voltaire a déjà remarqué que l'histoire de Constance ou Constantin Phaulcon fournit un exemple frappant de la supériorité intellectuelle de la race européene sur les autres races humaines (1). Cet aventurier de génie avait su se concilier, par l'obligeance, l'urbanité et la distinction de ses manières, comme aussi par sa présence d'esprit et la vivacité de ses reparties, l'admiration et les sympathies de l'ambassadeur français et de toutes les personnes de sa suite. « Plus j'entretiens M. Constance (dit l'abbé de Choisy, dans ses lettres sur cette ambassade, dont il faisait partie), plus je le trouve habile et de bonne foi et d'une conversation charmante. Il a la repartie aussi prête qu'homme qui soit....... Cet homme a l'âme grande · aussi faut-il avoir bien du mérite pour s'être élevé au poste qu'il tient ici. Il est de Céphalonie, de parents nobles et pauvres. A dix ans il prit parti sur un vaisseau anglais, et a passé par tous les degrés de la marine. Enfin, après avoir fait commerce à la Chine et au Japon, après avoir fait naufrage deux ou trois fois, il s'attacha au barkalon de Siam, qui, lui trouvant de l'esprit et de la capacité pour les affaires, l'employa et le fit connaître au roi; et depuis la mort du barkalon, sans avoir aucune charge, il les fait toutes. Le roi plusieurs fois l'a voulu faire grand chacri, qui est la première charge de l'État; il l'a toujours refusée en faisant connaître à sa majesté que ces grands honneurs l'obligeraient à tant d'égards, qu'il en deviendrait inutile à son service, et ne pourrait plus aller partout, comme il fait, sans conséquence. Les plus grands mandarins sont devant lui en respect. »

Dans l'impossibilité où nous sommes d'entrer dans le détail des événements qui ont marqué cette époque intéressante de l'histoire siamoise, nous chercherons au moins à donner une idée exacte de la cour de Siam en 1685, et de la nature des relations inattendues qui s'établissaient alors entre cette cour orientale, à demi civilisée, et celle du grand roi de l'Occident. Nous aurons recours, dans ce but, au récit de l'abbé de Choisy, parce qu'il nous a paru em-

(1) « L'extrême goût que Louis XIV avait pour les choses d'éclat fut encore bien plus flatté par l'ambassade qu'il reçut de Siam, pays où l'on avait ignoré jusque alors que la France existât. Il était arrivé, par une de ces singularités qui prouvent la supériorité des Européens sur les autres nations, qu'un Grec, fils d'un cabaretier de Céphalonie, nommé Phalk Constance, était devenu *barcalon*, c'est-à-dire premier ministre ou grand vizir du royaume de Siam. Cet homme, dans le dessein de s'affermir et de s'élever encore, et dans le besoin qu'il avait de secours étrangers, n'avait osé se confier ni aux Anglais ni aux Hollandais; ce sont des voisins trop dangereux dans les Indes. Les Français venaient d'établir des comptoirs sur les côtes de Coromandel, et avaient porté dans ces extrémités de l'Asie la réputation de leur roi. Constance crut Louis XIV propre à être flatté par un hommage qui viendrait de si loin sans être attendu. — La religion, dont les ressorts font jouer la politique du monde depuis Siam jusqu'à Paris, servit encore à ses desseins. Il envoya, au nom du roi de Siam son maître, une solennelle ambassade avec de grands présents à Louis XIV, pour lui faire entendre que ce roi indien, charmé de sa gloire, ne voulait faire de traité de commerce qu'avec la nation française, et qu'il n'était pas même éloigné de se faire chrétien. La grandeur du roi flattée et sa religion trompée l'engagèrent à envoyer au roi de Siam deux ambassadeurs et six suites; et depuis il y joignit des officiers, avec huit cents soldats. Mais l'éclat de cette ambassade siamoise fût le seul fruit qu'on en retira. — Constance périt quatre ans après, victime de son ambition : quelque peu des Français qui restèrent auprès de lui furent massacrés, d'autres obligés de fuir; et sa veuve, après avoir été sur le point d'être reine, fut condamnée, par le successeur du roi de Siam, à servir dans la cuisine, emploi pour lequel elle était née (1). » — Voltaire, *Siècle de Louis XIV*.

(a) Ceci paraît inexact. La veuve de Phaulcon était Japonaise et de bonne famille. C'était une femme d'une grande beauté et d'un rare mérite. Livrée à l'usurpateur par le commandant français de Bangkok, près duquel elle était venue chercher un asile après la mort violente de son mari, elle résista aux persécutions amoureuses du fils du nouveau roi, qui voulait la faire entrer dans son sérail, et demeura longtemps esclave; mais enfin le tyran s'adoucit, et lui confia même l'éducation de ses enfants.

preint d'un caractère remarquable de vérité et d'intelligente franchise, et que ce tableau, spirituellement tracé, des mœurs, de l'étiquette et de la splendeur *barbariques* de Siam il y a près de deux siècles nous fournira un terme de comparaison des plus piquants et des plus instructifs quand nous rendrons compte des missions européenes qui ont visité Siam dans ces dernières années.

Voici comment l'abbé de Choisy rend compte de la réception solennelle de l'ambassadeur de Louis XIV.

« 18 *octobre*. Voici une grande affaire faite : l'entrée et l'audience. Il y a mille choses curieuses à remarquer, et je prétends vous en faire une relation en forme, quand je saurai les noms et les qualités de tous les personnages. Je veux pourtant vous en dire aujourd'hui quelque chose. Dès le matin M. l'ambassadeur a mis lui-même la lettre du roi dans une boîte d'or, et cette boîte dans une coupe d'or, et la coupe sur une soucoupe aussi d'or, et ensuite il l'a exposée sur une table. Il est venu d'abord deux oyas, qui sont les ducs et pairs du royaume de Siam, suivis de quarante grands mandarins, qui, après avoir complimenté M. l'ambassadeur, se sont prosternés devant la lettre. Après cela ils sont rentrés dans leurs ballons, et se sont mis en marche vers la ville. Alors M. l'ambassadeur a pris la lettre du roi, et me l'a remise entre les mains. Nous avons marché vers la rivière, moi toujours à sa gauche. Il a repris la lettre, et l'a mise dans un ballon doré, où le fils du roi n'entrerait pas. Ce ballon de la lettre a suivi les balons où étaient les présents, et était accompagné par huit ballons de garde. M. l'ambassadeur suivait dans son ballon tout seul. Je le suivais aussi dans un ballon du roi tout seul. J'avais une soutane de satin noir, un rochet avec le grand manteau par-dessus. Nous avions aussi à droite et à gauche des ballons de garde. Venaient ensuite quatre ballons, où étaient les gentilshommes que le roi a mis à la suite de M. l'ambassadeur, avec son secrétaire ; et dans d'autres ballons étaient tous les gens de la maison, maîtres d'hôtel, sommeliers, valets de chambre, tous fort propres, et ensuite les trompettes, et vingt personnes de livrée. La livrée est fort belle, et c'est ce que les Siamois ont trouvé de plus beau. Ils ont souvent des justaucorps dorés ; les petits marchands d'Europe en ont ici ; les serruriers sont habillés de soie. M. l'ambassadeur a quatre ou cinq habits dorés : ce serait beaucoup à Londres ou à Madrid ; on dit qu'ici il faudrait en changer tous les jours.

« Enfin le cortége finissait par les ballons de toutes les nations. Voilà la marche par eau, qui avait quelque chose de fort singulier. Tous ces ballons du roi étaient dorés, et avaient des clochers d'un ouvrage fort délicat et fort doré. Il y avait soixante hommes de chaque côté avec de petites rames dorées, qui toutes en même temps, sortaient de l'eau et y rentraient : cela faisait un fort bel effet au soleil.

« La loge des Hollandais et un vaisseau anglais nous ont salués en passant de tout leur canon, et, ce qui ne s'est jamais fait dans la capitale d'un royaume, le roi présent. La forteresse a tiré plus de vingt coups de canon. Le vaisseau français a aussi tiré plus de vingt coups. Il avait emprunté des pierriers, et faisait le plus de bruit qu'il pouvait. Enfin on a fait des honneurs à M. l'ambassadeur qu'il n'eût jamais osé demander. En mettant pied à terre, M. l'ambassadeur a pris la lettre du roi, et l'a mise sur un char de triomphe, encore plus magnifique que le ballon. Il est ensuite monté dans une chaise découverte dorée, portée par dix hommes. Il avait à ses deux côtés deux oyas, aussi dans des chaises, et je le suivais aussi dans une chaise portée par huit hommes. Je ne me suis jamais trouvé à telle fête, et je croyais être devenu pape. Suivaient les gentilshommes à cheval, les gens de la maison, trompettes et livrées à pied. Nous avons marché dans une rue aussi longue et plus étroite que la rue Saint-Honoré, entre deux doubles files de soldats, le pot en tête et le bouclier doré. Les uns ont des sabres et les autres des piques. Il y avait sur notre chemin de temps en temps des éléphants armés en guerre. Tout s'est arrêté à la première porte du palais. M. l'ambassadeur est descendu de sa chaise, a pris la lettre du roi sur le char de triomphe, est entré dans le palais en la portant, et ensuite me l'a remise entre les mains. Nous avons marché gravement, les gentilshommes devant et les oyas à droite et à gauche. Nous avons passé trois ou quatre cours. Dans la première il y avait un régiment de mille hommes, avec le pot en tête et le bouclier doré. Ils étaient assis sur leurs talons, leurs mousquets devant eux fichés en terre. Cela est assez beau à la vue ; mais franchement je crois que cinquante mousquetaires les battraient bien.

« Dans la seconde cour il y avait peut-être trois cents chevaux en escadron. Les chevaux sont assez beaux, et mal dressés. Mais, ce que l'on ne voit pas en nul lieu du monde, il y avait des éléphants bien plus grands que ceux du dehors. Nous en avons bien vu quatre-vingts, et entre autres le fameux éléphant blanc, qui dans les guerres du Pégou a coûté cinq ou six cent mille hommes. Il est assez grand, fort vieux, ridé, et a les yeux plissés. Il a toujours auprès de lui quatre mandarins avec des éventails pour le rafraîchir, des feuillages pour chasser les mouches, et des parasols pour le garantir du soleil quand il se promène. On ne le sert qu'en vaisselle d'or, et j'ai vu devant lui deux vases d'or, l'un pour boire, l'autre pour manger. On lui donne de l'eau gardée depuis six mois, la plus vieille étant la plus saine. On dit, mais je ne l'ai pas vu, qu'il y a un petit éléphant blanc tout prêt à succéder au vieillard, quand il viendra à mourir. J'ai vu aussi l'éléphant-prince, qui est le plus grand et le plus spirituel des éléphants : c'est celui que le roi monte. Il est fier et indomptable à tout autre, et quand le roi paraît il se met à genoux. On m'a dit qu'à l'Ouvo nous verrions ce manége. Enfin, dans la dernière cour, nous avons trouvé de grandes troupes de mandarins, la face en terre, appuyée sur leurs coudes. Il fallait monter sept ou huit degrés pour entrer dans la salle d'audience. M. l'ambassadeur s'est arrêté avec M. Constance, pour donner le temps aux gentilshommes français d'entrer dans la salle, et de s'asseoir sur des tapis. On était convenu qu'ils entreraient la tête haute, à la française, avec leurs souliers, et qu'ils se mettraient à leur place avant que le roi parût sur son trône ; et que quand il y paraîtrait, ils lui feraient une inclination à la française, sans se lever.

« Cependant M. l'ambassadeur et moi étions au bas du degré avec le barkalon, dont jusque-là on n'avait pas ouï parler. Il a dit à son excellence qu'à la nouvelle de son arrivée à la barre, il avait eu envie d'y aller ; mais que les affaires de l'État l'en avaient empêché. Dès que les gentilshommes ont été placés, on a ouï sonner les trompettes et les tambours du dedans ; ceux du dehors ont répondu. C'est le signal que le roi se va mettre sur son trône.

« Aussitôt M. Constance, nu-pieds, c'est-à-dire avec des chaussettes sans souliers, a monté les degrés en rampant, comme on fait à Rome en montant *la scala santa*, et encore bien plus respectueusement. M. l'ambassadeur l'a suivi : j'étais à sa gauche, portant la lettre du roi. Son excellence a ôté son chapeau sur les derniers degrés, dès qu'il a vu le roi ; et après être entré dans la salle, a fait une profonde révérence à la française. J'étais à sa gauche, et n'ai point fait de révérence, parce que je portais la lettre du roi. Nous avons marché jusqu'au milieu de la salle entre deux rangs de grands mandarins prosternés. Il y avait parmi eux un beau-frère du roi de Cambodje. Là M. l'ambassadeur a fait la seconde révérence, et s'est avancé vers le trône du roi, à la portée de la voix, et s'est mis devant le siége qu'on lui avait préparé. Il a fait sa troisième révérence, et a commencé la harangue debout et découvert ; mais à la seconde parole il s'est assis, et a mis son chapeau. Je suis demeuré debout, tenant toujours la lettre du roi. Il a dit : « Que le roi son maître, si fameux
« par ses victoires, et par la paix que
« plus d'une fois il a donnée à ses enne-
« mis à la tête de ses armées, lui a com-
« mandé de venir trouver sa majesté aux
« extrémités de l'univers, pour lui pré-
« senter des marques de son estime et
« l'assurer de son amitié. Mais que rien
« n'était plus capable d'unir ces deux
« grands princes que de vivre dans les
« sentiments d'une même croyance, et
« que c'était particulièrement ce que le
« roi son maître lui avait recommandé
« de représenter à sa majesté. » Il a ajouté : « Que le roi le conjurait, par l'in-

« térêt qu'il prend à sa véritable gloire,
« de considérer que cette suprême ma-
« jesté dont il est revêtu sur la terre ne
« peut venir que du vrai Dieu, c'est-à-
« dire d'un Dieu tout puissant, éternel,
« infini, tel que les Chrétiens le recon-
« naissent, qui seul fait régner les rois,
« et règle la fortune de tous les peuples;
« que c'était à ce Dieu du ciel et de la
« terre qu'il fallait soumettre toutes ses
« grandeurs, et non à ces faibles divinités
« qu'on adore dans l'Orient, et dont sa
« majesté qui a tant de lumières et de pé-
« nétration ne peut manquer de voir assez
« l'impuissance. » Il a fini en disant : « Que
« la plus agréable nouvelle qu'il pourrait
« porter au roi son maître était que sa
« majesté, persuadée de la vérité, se fait
« instruire dans la religion chrétienne;
« que cela cimenterait à jamais l'estime
« et l'amitié entre les deux rois; que les
« Français viendront dans ses États avec
« plus d'empressement et de confiance;
« et que par ce moyen sa majesté s'as-
« surerait un bonheur éternel dans le
« ciel, après avoir régné avec autant
« de prospérité qu'elle fait sur la terre. »

« La harangue finie, M. l'ambassadeur,
sans se lever et sans ôter son chapeau,
hors quand il parlait des deux rois, a
montré à sa majesté quelques-uns des
présents qui étaient dans la salle. Il m'a
ensuite fait l'honneur de me présenter,
et puis les gentilshommes. Aussitôt
M. Constance, qui a servi d'interprète,
s'est prosterné par trois fois avant que
de parler, et a expliqué la harangue en
siamois, M. l'ambassadeur demeurant
toujours assis et couvert. Dès que l'explication a été faite, M. l'ambassadeur
s'est levé, a ôté son chapeau, s'est
tourné de mon côté, a salué respectueusement la lettre du roi, l'a prise, et s'est
avancé vers le trône.

« Il faut vous expliquer ici un incident
très-important. M. Constance, en réglant
toutes choses, avait fort insisté à ne point
changer la coutume de l'Orient, qui est
que les rois ne reçoivent point les lettres de la main des ambassadeurs : mais
son excellence avait été ferme à vouloir rendre celle du roi en main propre.
M. Constance avait proposé de la mettre
dans une coupe au bout d'un bâton d'or,
afin que M. l'ambassadeur pût l'élever
jusqu'au trône du roi. Mais on lui avait
dit qu'il fallait ou abaisser le trône, ou
élever une estrade, afin que son excellence la pût donner au roi de la main à
la main. M. Constance avait assuré que
cela serait ainsi. Cependant nous entrons
dans la salle, et en entrant nous voyons
le roi à une fenêtre au moins à six pieds
de haut. M. l'ambassadeur m'a dit tout
bas : *Je ne lui saurais donner la lettre
qu'au bout du bâton, et je ne le ferai
jamais.* J'avoue que j'ai été fort embarrassé. Je ne savais quel conseil lui donner. Je songeais à porter le siége de
M. l'ambassadeur auprès du trône, afin
qu'il pût monter dessus, quand tout
d'un coup, après avoir fait sa harangue,
il a pris sa résolution, s'est avancé fière-
ment vers le trône, en tenant la coupe
d'or où était la lettre, et a présenté
la lettre au roi sans hausser le coude,
comme si le roi avait été aussi bas
que lui. M. Constance, qui rampait à
terre derrière nous, criait à l'ambassadeur, *Haussez, haussez;* mais il n'en a
rien fait, et le bon roi a été obligé de se
baisser à mi-corps hors la fenêtre pour
prendre la lettre, et l'a fait en riant ; car
voici le fait. Il avait dit à M. Constance :
*Je t'abandonne le dehors; fais l'impos-
sible pour honorer l'ambassadeur de
France; j'aurai soin du dedans.* Il
n'avait point voulu abaisser son trône,
ni faire mettre une estrade, et avait pris
son parti, en cas que l'ambassadeur ne
haussât pas la lettre jusqu'à sa fenêtre,
de se baisser pour la prendre. Cette
posture du roi de Siam m'a rafraîchi le
sang, et j'aurais de bon cœur embrassé
l'ambassadeur, pour l'action qu'il venait
de faire. Mais non-seulement ce bon roi
s'est baissé si bas pour recevoir la lettre
du roi ; il l'a élevée aussi haut que sa
tête, qui est le plus grand honneur qu'il
pouvait jamais lui faire. Il a dit ensuite
qu'il recevait avec grande joie les marques de l'estime et de l'amitié du roi de
France, et qu'il était presque aussi aise
de voir M. l'ambassadeur que s'il voyait
le roi lui-même. Il a demandé des nouvelles de la maison royale, et des nouvelles de la paix et de la guerre. M. l'ambassadeur lui a répondu que le roi,
après avoir pris la forte place de Luxem-
bourg, avait obligé les Espagnols, les
Hollandais, l'empereur, et tous les princes d'Allemagne, à signer avec lui une

trêve de vingt ans. Enfin le roi a souhaité à M. l'ambassadeur que le Dieu du ciel le remenât en France aussi heureusement qu'il l'avait amené au royaume de Siam. J'ai oublié à vous dire que M. l'évêque de Metellopolis et M. l'abbé de Lionne se sont trouvés dans la salle avant nous, et qu'après que M. l'ambassadeur a eu rendu la lettre du roi, je me suis assis sur le tapis à sa main droite, M. l'évêque étant à sa gauche, M. l'abbé de Lionne derrière l'évêque, et M. Constance un peu devant M. l'ambassadeur. Le roi a été quelque temps sans rien dire; après quoi on a ouï les trompettes et tambours, comme avant l'audience. C'est pour avertir au dehors que sa majesté va sortir de son trône. Il s'est retiré doucement, et à fermé sa petite fenêtre. M. l'ambassadeur est demeuré sur son siége, pour donner le temps aux gentilshommes de défiler avec M. Vachet, qui par l'ordre exprès du roi avait été leur conducteur. M. l'évêque, M. l'abbé de Lionne, et moi avons suivi, et un moment après M. l'ambassadeur et M. Constance. Aussitôt que le roi s'est retiré, le barkalon et tous les grands mandarins du royaume, qui avaient été prosternés pendant l'audience, se sont levés à leur séant. Or, entre ces mandarins il y a un beau-frère du roi de Cambodje, et des fils de roi. Je ne sais si je vous ai dit qu'à la porte du palais un jeune opra, favori du roi, est venu recevoir M. l'ambassadeur, et l'a suivi à l'audience. En sortant nous avons trouvé toutes choses dans le même ordre, les mandarins, les éléphants, et les troupes. M. l'ambassadeur, à la porte du palais, est remonté dans sa chaise, et moi dans la mienne; les gentilshommes ont suivi à cheval, tout le reste a pied. Il a fallu remonter dans les ballons pour aller au palais de son excellence. On a remis pied à terre au bout de la rue des Chinois, ensuite on a passé dans la rue des Mores : ce sont les deux plus belles de Siam. Les maisons sont de pierre et de brique : c'est beaucoup dire en ce pays-ci. La marche était toujours la même. Nous sommes enfin arrivés au palais de son excellence, au milieu d'une foule incroyable de peuple. On ne voyait que des têtes. La ville est assurément fort peuplée, mais ce n'est pas encore Paris. La cour de ce palais est grande, et fort gaie. A droite est un grand lieu à colonnes, qui est magnifique et galant; le haut est peint d'un jaune qui paraît or, les murailles sont blanches, toutes pleines de niches où il y a des porcelaines; ce jaune, ce blanc et ce bleu se marient fort bien ensemble. Il y aura dans deux jours une fontaine jaillissante. On travaille nuit et jour à un petit réservoir qui fournira l'eau. Voyez par là si ces gens-ci oublient quelque chose. A gauche est le corps de logis. M. l'ambassadeur y a une antichambre, une chambre, des garderobes, une galerie, et une fort belle terrasse. J'y ai une fort jolie chambre. La chapelle est grande, et nous aurons, dit-on, la consolation d'y voir des turbans chrétiens. Il faut que je vous aime bien d'écrire si longtemps, étant aussi las que je le suis. Les honneurs coûtent cher. J'ai porté la lettre du roi : les Siamois me regardent avec respect; mais je l'ai portée plus de trois cents pas dans un vase d'or, qui pesait cent livres, et j'en suis sur les dents. En arrivant M. l'ambassadeur a fait distribuer quatre cents pistoles en pièces de trente sols aux ballons qui l'ont conduit à la barre, et à l'audience, aux hommes qui l'ont porté sur leurs épaules et à ceux qui l'ont servi pendant qu'il a été à Tabanque. La libéralité est un peu forte, et je ne crois pas qu'il en soit quitte pour douze cents pistoles en présents. Mais comment ferait-il autrement? Les autres ambassadeurs en usent ainsi. Laissera-t-il tomber le nom du roi dans un pays où il passe pour le plus grand prince du monde? Et n'est-ce pas dans ces occasions qu'il faut donner jusqu'à sa dernière pistole? M. Constance vient de sortir d'ici : c'est un maître homme. M. l'ambassadeur lui disait qu'il avait été embarrassé en voyant le trône du roi si haut, parce qu'il avait bien résolu de ne pas hausser le bras en donnant la lettre, et qu'il aurait été désolé de déplaire à sa majesté. *Et moi*, lui a repondu M. Constance, *j'étais encore plus embarrassé : vous n'aviez qu'un roi à contenter, et j'en avais deux.* Il nous a montré, pendant l'audience, le beau-frère du roi de Cambodje, prosterné comme les autres. « Son excellence », nous disait-il, « a les pieds où les frères du roi

« ont la tête! » — En un mot c'est un drôle qui aurait de l'esprit à Versailles ! » etc.

L'ambassade siamoise qui avait provoqué celle dont nous venons de constater la réception avait eu lieu en 1684. Il paraîtrait que les ambassadeurs siamois, qui avaient pris passage de Siam en Europe sur un navire anglais, conclurent, cette même année, un traité de commerce avec la cour de Saint-James. La mission du chevalier de Chaumont eut lieu en 1685. Deux années après, Louis XIV envoya, selon ses promesses, une seconde mission, à la tête de laquelle figuraient MM. de la Loubère et Ceberet, avec une escadre et cinq cents hommes de troupes qui furent mis à la disposition du roi de Siam. Des officiers du génie français fortifièrent plusieurs points importants, qui furent confiés à la garde de nos compatriotes; l'influence française dans le royaume fut à la veille de prendre des développements tellement considérables, que l'on aurait pu croire que dans un avenir prochain notre domination se substituerait, par la force des choses, à la domination indigène. Les chances nous devenaient d'autant plus favorables qu'en 1687, l'année même de l'arrivée de la mission française, l'imprudence et l'arrogance des agents anglais dans cette partie de l'Inde avaient provoqué de sanglantes représailles de la part des Siamois : les Anglais qui se trouvaient à Mergui, alors port siamois, avaient été massacrés, et l'année suivante la factorerie anglaise, établie depuis quelque temps à Yuthia, avait été entièrement abandonnée. Mais en 1690 une révolution éclata à Siam. La famille régnante fut chassée du trône, le ministre Phaulcon, l'ami des Français, perdit la vie, et les Français se laissèrent expulser d'un royaume dont il semblait que les destinées fussent entre leurs mains. « Perdant ainsi, » dit Crawfurd, « par trop peu de modération dans le commencement et par manque d'énergie, de décision et de courage politique dans la suite, la plus belle occasion de fonder un empire français dans l'Orient. »

Le commerce de Siam paraît avoir attiré de bonne heure l'attention des spéculateurs européens. Dès 1610 une factorerie anglaise, qui subsista quelques années, fut établie à Bangkok par le capitaine Middleton. Mais il est probable qu'elle fut rappelée postérieurement à 1623, quand le roi de Siam et les Anglais établis à Jacatra entrèrent en relation. En 1662 le roi exprima le désir que les Anglais établissent une factorerie dans ses États, quoique les Hollandais eussent à cette époque des rapports commerciaux étendus avec le Siam et y chargeassent une quarantaine de navires par an. En 1664 ceux-ci, ayant eu un démêlé avec le roi, suscitèrent l'année suivante des obstacles dans ces mers au commerce anglais, objet principal de leur jaloux ressentiment. L'établissement d'une factorerie, dans de telles circonstances, dut être différé, quoiqu'il soit constaté que vers le même temps la nation anglaise était en haute faveur près du roi de Siam, qui donna aux négociants anglais une recommandation pour l'empereur du Japon, dont il avait épousé la sœur. L'affaire fut reprise en 1671, et les directeurs de la compagnie anglaise approuvèrent la proposition d'établir une factorerie à Bangkok, dans le cas où cela serait praticable. En 1674 le roi fit de nouvelles ouvertures pour l'établissement d'une factorerie anglaise dans ses États. Elle fut en effet rétablie en 1676, avec la perspective éventuelle d'ouvrir des relations de commerce avec le Japon. Les premiers rapports qui s'établirent à cette époque donnèrent de grandes espérances relativement à l'étain de siam, dont le trafic était alors presque exclusivement dans les mains des Hollandais; on pensa que le commerce avec Siam pourrait généralement donner des résultats plus avantageux que celui du Japon même. On crut aussi que ce pays offrirait un débouché important pour une grande quantité de draps fins (*broadcloth*), et l'agent anglais à Bangkok écrivit au roi de Siam pour lui recommander l'encouragement de cette branche de commerce, comme nécessaire au maintien d'une factorerie anglaise dans ses États. En 1679 on trouva que le Siam ne faisait par lui-même qu'une consommation médiocre de draps fins, la vente de cette marchandise étant d'ailleurs à la discrétion de la Chine et du Japon; et l'on décida, par conséquent, l'année suivante de rappeler la factorerie de Bangkok. Mais en 1683 et en 1684 on résolut de la rétablir. On était dans une situation favorable pour donner suite avec le Japon à un commerce sur lequel on fondait de grandes espérances. En conséquence sir John Child, en 1685, adressa au premier ministre de Siam une lettre dans laquelle il exposait la différence qu'il fallait faire entre les agents de la compagnie et les simples commerçants, à propos desquels il s'était élevé quelques malentendus. Une autre lettre fut ensuite adressée au roi. On y faisait remarquer que ce prince était favorablement disposé envers les étrangers, et que le Siam était un pays propre à un commerce considérable; on en concluait que les premières pertes de la compagnie devaient être attribuées à une mauvaise administration et à la malignité du premier ministre, Constantin Faulcon.

En 1687 il y eut à Bangkok une insurrection des macassars réfugiés, qui jeta le pays dans la confusion et fit courir les plus grands dangers au ministre, qui paya plusieurs fois de sa personne dans cette occasion. Les macassars furent tous détruits (1). Les pertes que ces troubles causèrent à la compagnie anglaise, comme on le voit par une lettre du président du fort Saint-Georges au roi de Siam, montaient à une somme de 65,000 liv. sterling. On demandait un dédommagement, et l'on menaçait de la guerre s'il n'était pas accordé. L'année suivante eut lieu le massacre des Anglais à Mergui. La compagnie fut en même temps avertie que six vaisseaux de guerre français, portant des troupes de débarquement, venaient d'arriver au secours du roi, et que Constantin Faulcon avait reçu de la France le titre de comte. Nous avons vu ce que dura sa prospérité!

En 1705 le gouverneur du fort Saint-Georges adressa une lettre au roi de Siam pour lui exprimer le désir que la première amitié, interrompue par un ambitieux ministre, fût renouvelée. En 1712 le p'hra-klang invita les Anglais à faire un établissement, leur offrant les mêmes facilités que celles garanties aux Hollandais. A cette époque cependant le Siam paraît avoir été dans un état habituel de désordre intérieur qui se prolongea pendant plusieurs années (1), et occasionna des complications sérieuses entre les deux gouverneurs, car en 1719 le gouverneur anglais de Madras rompit, dit-on, le traité conclu avec le roi de Siam en 1684, et déclara la guerre à ce souverain au nom de la compagnie. Mais il ne fut pas donné suite à ces démonstrations belliqueuses.

La nouvelle dynastie occupa le trône de 1690 à 1767; et pendant ce long espace de temps (plus de trois quarts de siècle) il n'y eut aucunes relations politiques entre le Siam et les puissances européennes, et le commerce avec l'Occident eut fort peu d'importance (2). En 1733 la guerre civile éclata, par suite de la rivalité du fils et du petit-fils de l'usurpateur, et ce malheureux pays fut livré à l'anarchie la plus complète jusqu'à l'année 1759. Le conquérant du Pégou, l'ambitieux Alom-Prâ (3), songea à profiter de cet état de chose, et résolut de s'emparer du royaume de Siam. Le prétexte de la déclaration de guerre fut, à ce qu'il paraît, l'asile que le gouvernement siamois avait accordé, dans le port de Mergui, à un haut dignitaire pégouan chargé de solliciter l'appui du gouvernement français de Pondichéry. Alom-Prâ vint d'abord à Martaban, et établit ensuite son quartier général à Tavoy, qui à cette époque était indépen-

---

(1) Il faut lire les détails de cette affaire dans la relation du père Tachard (*Second Voyage à Siam*, etc.; Amsterdam, 1689, in-12, p. 82 et suivantes).

(1) *Journal Asiatique*, 1822.

(2) Il y eut cependant un traité conclu par le gouvernement siamois avec l'envoyé extraordinaire du gouverneur général des Philippines Bustamonte, en 1718. Mais ce traité ne paraît avoir eu aucune conséquence utile au commerce espagnol.

(3) Nous avons dit dans notre introduction (p. 255) que le nom de ce prince s'écrivait correctement *Alaong-b'houra*, ce qui signifiait « dévoué à Bouddha » : Nous aurions dû dire que la véritable signification de ces mots était : « destiné à devenir un Bouddha! »; ce qui est moins modeste.

dant du Siam et du Pégou. Il envoya de là des forces qui détruisirent les villes de Mergui et Ténassérim, et s'emparèrent de toute cette province, qu'elles occupèrent. Encouragé par ce succès, il marcha en personne, avec le gros de son armée, sur la capitale siamoise, ravageant le pays par le fer et le feu, et s'abandonnant aux plus cruels excès; mais à trois marches de *Yuthia* Alom-Prâ fut saisi d'une maladie mortelle, qui lui fit rebrousser chemin, dans l'espoir de revoir sa terre natale avant de rendre le dernier soupir. L'armée, continuant sa marche, mit le siége devant la ville. Ayant été repoussés dans plusieurs assauts, les Birmans prirent le parti de battre en retraite, et ils évacuèrent même Mergui et Ténassérim. Pendant le court règne du successeur immédiat d'Alom-Prâ Siam ne fut pas menacé d'une invasion nouvelle; mais *Shembuen*, le second fils d'Alom-Prâ, peu de temps après son avénement au trône, revint avec ardeur au plan favori du grand roi, et la guerre recommença. Le premier pas à faire dans la campagne projetée était l'occupation de Tavoy, dont le gouverneur birman s'était déclaré indépendant et avait fait alliance avec les Siamois. Au commencement de 1765 l'armée birmane s'empara, par surprise, de Mergui, et bientôt après de Ténassérim. De Mergui l'armée se mit en marche pour attaquer Yuthia. Les Siamois, ayant rassemblé leurs forces, attendirent les Birmans de l'autre côté des forêts et des montagnes qui forment une barrière naturelle entre les deux pays, leur livrèrent bataille, et furent mis en déroute. L'armée d'invasion put dès lors avancer dans le plat pays et le ravager sans miséricorde; mais la guerre traîna cependant en longueur, car il paraît qu'au mois de mars 1766 ils étaient encore (les Birmans) à deux lieues de la capitale; et ce ne fut qu'en avril de l'année suivante que Yuthia fut prise d'assaut. Les excès commis par les Birmans dans cette circonstance dépassent en atrocité tout ce que l'on peut s'imaginer. Les habitants pillés, un grand nombre d'entre eux massacrés, d'autres mis à la plus cruelle torture pour les forcer à découvrir où ils avaient caché leurs trésors, des milliers emmenés en esclavage; la chaumière du pauvre, comme la maison du riche, saccagée, les temples mêmes (énormité presque incroyable chez un peuple superstitieux et professant la même religion que le peuple vaincu!), pillés et détruits; les images du saint divinisé arrachées du sanctuaire et allant augmenter le butin, soit entières, soit après avoir été fondues, si elles étaient en cuivre; les talapoins égorgés ou livrés à la torture; les premiers officiers du royaume chargés de fers et condamnés à ramer sur les galères birmanes; enfin le roi de Siam, reconnu par les assaillants et tué à la porte de son palais : tels sont les principaux actes de barbarie qui signalèrent l'entrée des Birmans à Yuthia. Le prédécesseur du souverain qui venait de perdre ainsi misérablement le trône et la vie avait abdiqué, et s'était retiré dans un monastère. On s'empara de lui; et il fut emmené à Ava comme prisonnier, avec les princes et princesses de sa famille. Le général birman n'avait probablement pas reçu d'autres instructions de son souverain que l'ordre de saccager, de dévaster et de ruiner le pays; et il l'exécuta avec l'insouciance qui caractérise sa race; car il évacua Yuthia, et commença son mouvement de retraite au mois de juin, sans avoir pris aucunes mesures sérieuses pour l'occupation permanente du Siam. Aussitôt qu'il se fut éloigné avec son armée, les Siamois s'insurgèrent : le petit nombre de Birmans qui étaient restés à la tête de l'administration du pays furent, ainsi que leurs partisans, massacrés partout où l'on put mettre la main sur eux. Un chef d'origine chinoise, homme intelligent, ambitieux, hardi de pensée et d'exécution, se mit à la tête du mouvement; et en l'année 1769 il s'empara du trône, et se fit proclamer roi. Ce prince, vulgairement connu dans le pays sous le nom de *Phia-Tak*, abréviation du titre *phra-métak* : seigneur ou gouverneur de Métak » (1), a été désigné en Europe par les noms les plus étranges, corruptions souvent inexplicables de celui que nous venons de citer. Ainsi

(1) *Métak*, province siamoise sur les frontières du Laos.

le colonel Syme l'appelle *Pecticksing!* Il montra qu'il était digne du pouvoir suprême, par la manière dont il l'exerça dès l'abord. Il s'occupa immédiatement de remédier par la sagesse et la vigueur de son administration aux maux causés par la guerre, la famine et l'anarchie. Il transporta le siége du gouvernement à Bangkok, que sa situation semblait désigner en effet comme le centre naturel du commerce. Il réduisit à l'obéissance les gouverneurs des provinces éloignées qui avaient profité de l'invasion birmane pour se déclarer indépendants. Il s'empara de la personne d'un prince siamois rebelle qui, revenu de Ceylan, s'était mis à la tête d'un parti, et le fit exécuter. Mais, vers la fin de son règne, les hautes qualités qui l'avaient conduit au rang suprême et l'y avaient maintenu firent place aux fatales inspirations de l'orgueil, de la superstition et de la plus capricieuse tyrannie. Siam, menacé en 1771 d'une invasion nouvelle par le roi d'Ava, avait échappé à ce danger, surtout par suite de la desorganisation de l'armée birmane, en conséquence d'une mutinerie qui avait éclaté parmi les troupes levées dans les provinces de Martaban et Tavoy. Ce malheureux pays se relevait graduellement de ses desastres, et aurait pu atteindre à une haute prospérité relative, sous l'administration ferme et intelligente de Phia-Tak: mais, comme nous venons de le dire, à cette administration à la fois paternelle et vigilante, qui avait concilié à l'usurpateur les sympathies de toutes les classes de la population, avait succédé un gouvernement tyrannique et capricieux, qui suscita bientôt à ce prince des ennemis mortels. Le bruit se répandit d'abord qu'il avait perdu la raison; et cette persuasion, probablement fondée, favorisa le mouvement insurrectionnel qui se déclara en 1782 contre son autorité. Le *tchakri* (le premier des grands officiers de la couronne), qui se trouvait en ce moment à la tête d'une armée dans le Cambodje, dirigea les mouvements des révoltés; il marcha sur la nouvelle capitale, détrôna le roi, le mit à mort (1), et s'empara de l'autorité suprême. Le premier prince de la nouvelle dynastie occupa le trône jusqu'en 1809, et fut remplacé, à sa mort, par son fils aîné, prédécesseur du roi actuel. Pendant le règne de ce souverain, en 1785, les Birmans, gouvernés alors par le cinquième roi de la race d'Alom-Prâ, entreprirent la conquête de *Junk-Ceylan*, qu'ils occupèrent quelque temps, mais d'où ils furent définitivement chassés. En 1786 le roi d'Ava, en personne, envahit de nouveau le territoire siamois, à la tête d'un corps d'armée qui s'était rassemblé à Martaban, tandis que deux autres corps s'avançaient l'un de Tavoy, l'autre de Chiang-May (ou *Zimmay*, en Laos). A peine avait-il franchi la frontière ennemie qu'il rencontra l'armée siamoise. Une action eut lieu. Le roi d'Ava perdit toute son artillerie, et se trouva sur le point d'être fait prisonnier. De 1786 à 1793 la guerre continua cependant, avec des chances diverses et beaucoup d'acharnement de part et d'autre. Mais en 1793 une trêve conclue entre les deux États maintint les Birmans en possession de la côte de Ténassérim, ce qui prouve que l'avantage leur était resté en définitive, malgré leur premier échec dans cette autre guerre de sept ans!

Le père du roi actuel de Siam monta donc sur le trône en 1809; et pendant que trois grands empereurs, pour décider à qui appartiendrait, après Dieu, l'avenir du monde européen, détruisaient en quelques heures à Austerlitz, à l'aide de la plus savante stratégie et de plusieurs centaines de bouches à feu, des dizaines de milliers de soldats, ce roitelet de l'extrême-Orient, trente-six heures après la mort de son père, faisait mettre à mort cent dix-sept personnes, fonctionnaires publics et autres, *suspectées* de ne pas voir d'un bon œil son avénement au trône! Parmi ces victimes se trouvait son propre neveu, le prince *Chao-fa*, objet depuis longtemps

(1) *Phia-Tak*, grâce au respect qu'inspiraient sans doute ses hautes qualités, plutôt qu'à la dignité royale dont il avait été revêtu, fut traité dans cette circonstance suprême comme s'il eût appartenu en effet à la race royale : on l'assomma avec une massue de bois de sandal; on mit son cadavre dans un sac, et on lui donna pour sépulture les eaux du May-Nam!

de sa secrète mais implacable jalousie, et qu'il avait juré, au lit de mort de son père, de traiter en frère chéri! Et cependant, chose étrange! après cet acte d'atrocité révoltante, son règne ne fut pas celui d'un prince sanguinaire! Il se montra, au contraire, juste et modéré dans l'exercice du pouvoir. Pendant les deux dernières années de sa vie il n'y eut point d'exécution capitale : fait extraordinaire à Siam! Il eut trois insurrections à réprimer pendant toute la durée de son règne. Le dernier de ces mouvements insurrectionnels éclata quelques mois seulement avant l'arrivée de Crawfurd, et eut pour cause une tentative du gouvernement (tentative fort étrange, il faut l'avouer, dans ces pays bouddhistes) d'aller chercher des recrues pour l'armée royale dans les rangs des talapoins! Sept cents d'entre eux furent arrêtés, mais on en relâcha la plus grande partie. Aucun de ces saints personnages ne fut mis à mort : on se contenta de dépouiller quelques-uns des plus mutins de leur robe sacerdotale ou de leur froc monacal; et on les obligea à couper de l'herbe pour les éléphants du roi. Sous ce règne le territoire de Siam, quoique souvent envahi, ne fut pas entamé, et le prince régnant, non-seulement conserva ce territoire intact du côté des Birmans, mais augmenta ses possessions de l'importante et fertile province de *Batabang*, dans le Cambodje : l'annexion eut lieu en 1809, année de son avénement. Dans l'affaire de Junk-Ceylan, dont nous avons parlé plus haut, le monarque siamois montra beaucoup d'activité et de fermeté. Les Birmans furent attaqués par des forces considérables, et obligés de se rendre à discrétion. Les principaux chefs eurent la tête tranchée, et la masse des prisonniers fut transportée à Bangkok, où Crawfurd vit encore un certain nombre de ces malheureux qui avaient survécu, enchaînés et travaillant aux travaux publics. Le roi mourut de maladie, le 20 du mois de juillet 1824, et le même jour son fils aîné, mais illégitime, le prince *Kroma-Chiat*, monta sans opposition sur le trône. Il s'y est maintenu sans avoir recours aux proscriptions et aux supplices. C'est un bouddhiste des plus zélés, et il a fait plus qu'aucun de ses prédécesseurs pour le maintien de la religion. Les revenus de l'État sont surtout employés à construire des pagodes, des temples, des images, et à des aumônes distribuées aux religieux. Le nombre de ces religieux dans tout le royaume était évalué, par le *Bangkok Calendar* de 1848, à environ trente-cinq mille. Le personnage le plus distingué de cet ordre est le prince *Chau-fa-Mung-Kut*, fils légitime du dernier roi, et qui était appelé par les coutumes du pays à lui succéder. A l'exaltation du roi actuel, il prit la robe jaune, et se voua à la vie ascétique. Les uns prétendirent qu'il voulait, en se retirant ainsi avec éclat de la vie politique, ôter tout prétexte de jalousie à son frère et mettre sa tête à l'abri. D'autres affirmaient qu'il avait adopté définitivement la vie monastique par orgueil, pour ne pas être obligé de se prosterner devant celui qu'il ne considérait que comme un heureux usurpateur, et l'obliger au contraire, selon la coutume, à s'humilier en sa présence par les salutations qui sont dues aux ministres du culte national, et que ceux-ci ne rendent jamais. Quoi qu'il en soit, son altesse royale (c'est ainsi que le désigne l'almanach de Bangkok) s'occupe exclusivement de théologie et de littérature; il est fort savant en *pali*, a étudié la langue latine, et s'est même, dans ces derniers temps, familiarisé avec la langue anglaise; il est grand prêtre du *wat* ou temple de *Poworoniwet*, à Bangkok, et président du conseil supérieur des études théologiques. Nous aurons occasion, avant longtemps, de reparler de ce prince, et de faire connaître à nos lecteurs son jeune frère, *Momfanoi*, l'homme le plus intelligent et le plus instruit comme aussi le personnage le plus intéressant et le plus important de l'empire siamois. Le roi, auquel il peut être appelé à succéder d'un instant à l'autre, est maintenant dans sa soixante-deuxième année, et son règne aura été l'un des plus longs et, au total, l'un des plus prospères que les annales siamoises aient eu à enregistrer (1).

(1) Il y a cependant eu deux révoltes des Chinois, sur la rivière *Tatchina*, en 1848, qui ont donné de sérieuses inquiétudes au gouvernement. Les insurgés s'étaient em-

MŒURS ET COUTUMES; ÉTAT ACTUEL DE LA SOCIÉTÉ SIAMOISE.

Dans l'impossibilité où nous sommes d'entrer dans les développements nécessaires à l'intelligence ethnographique complète de ce singulier pays, l'extrême importance des matériaux, leur multiplicité et leur analyse raisonnée, devant inévitablement absorber plus de temps et d'espace que nous n'en avons à notre disposition; nous nous bornerons à esquisser, à l'aide des relations les plus modernes comme aussi les plus dignes de foi, le tableau de la civilisation actuelle du peuple siamois. Les renseignements recueillis par le docteur Ruschenberger, attaché à la mission américaine envoyée à Bangkok en 1836, et à la tête de laquelle était placé M. Roberts, se font remarquer par leur variété et la vivacité piquante du récit (1); nous aurons d'abord recours à ce récit, postérieur de douze ans au journal de la mission de Crawfurd. Il servira, pour ainsi dire, de cadre aux observations et aux rapprochements qui nous sembleront devoir appeler plus particulièrement l'attention de nos lecteurs.

L'expédition avait appareillé de la rade de Batavia, après une relâche d'un mois environ, et, se dirigeant par le détroit de Banka, avait été prendre connaissance de la côte ouest de Bornéo.

Après avoir passé au nord des Natounas, la division américaine serra le vent dans la direction nord-est, et entra dans le golfe de Siam. La mer était belle et la brise modérée; mais, quoique le thermomètre n'eût subi qu'une altération presque insensible, on n'en éprouva pas moins à bord un surcroît considérable de chaleur. Les navires rencontrèrent sur leur trajet plusieurs petites îles flottantes de plus de vingt pieds d'étendue, couvertes de branches de palmier et emportées par le courant. De nombreux poissons se jouaient tout à l'entour, et des oiseaux aquatiques, volant en cercle, s'y reposaient quelquefois. Le golfe est le refuge d'un grand nombre de serpents de mer de différents genres; aucun de ceux que l'on prit ne dépassait deux pieds de long.

Le 25 mars, de bon matin, on n'était plus qu'à quelques heures de navigation de l'embouchure du May-Nam; et afin d'éviter toute perte de temps, on envoya *l'Entreprise* porter la communication suivante.

« *A son excellence le Chao P'haya-Prah-Klang, l'un des premiers ministres d'État de sa magnifique majesté le roi de Siam.*

« Edmond Roberts, envoyé spécial des États-Unis d'Amérique, a l'honneur d'informer votre excellence de son arrivée à la barre du May-Nam, sur le vaisseau des États-Unis *le Peacock*, commandé par le capitaine Stribling, et accompagné de la corvette *l'Entreprise*, capitaine Campbell, la division étant sous les ordres du commodore Kennedy.

« L'envoyé s'empresse de vous donner avis qu'il rapporte le traité qu'il a eu l'honneur de conclure entre sa majesté le roi de Siam et les États-Unis d'Amérique, le 20 mars de l'année 1833, traité ratifié par son gouvernement le 30 juin, et rapporté maintenant pour être échangé contre celui qui se trouve entre les mains du roi, après qu'il aura été dûment ratifié par sa majesté et que le sceau du royaume aura été apposé sur les articles aussi bien que sur le certificat nécessaire pour la ratification.

« L'envoyé a aussi l'honneur d'informer votre excellence qu'il a pris soin d'apporter les objets que sa majesté le roi de Siam et votre excellence avaient demandé qu'on leur envoyât de la part du gouvernement des États-Unis, à l'exception des statues, qu'on n'a pu se procurer, ainsi que des arbres, plantes et semences qui ont péri durant la traversée, le *Peacock* ayant malheureusement fait naufrage sur la côte d'Arabie, il y a environ six mois; mais les statues ont été remplacées par l'acquisition d'un certain nombre de lampes aussi élégantes que riches, auxquelles ont été ajoutés quelques autres articles.

« Votre excellence est par conséquent priée de vouloir bien envoyer une embarcation convenable pour recevoir les présents ci-dessus

parés en dernier lieu du fort de *Pétriu* et avaient battu les premières troupes envoyées pour les soumettre. — Le *p'hra-klang* et ses fils marchèrent contre eux à la tête d'un corps d'armée considérable. On en fit un grand carnage. Les relations siamoises affirment qu'on en massacra plus de dix mille; mais il paraît qu'il en périt deux mille au plus. Onze des principaux prisonniers furent exécutés dans les deux rébellions.

(1) *Voyage round the World*, etc., by W. S. W. Ruschenberger, M. D.; Philadelphia, 1838, 1 vol. in-8°.

mentionnés...., et de donner ordre qu'on fournisse à la mission le nombre nécessaire d'embarcations propres à transporter l'envoyé des États-Unis, ainsi que les officiers et les serviteurs qui l'accompagneront, au nombre de vingt-cinq personnes; et cela dans le plus court délai possible, l'envoyé ayant encore à visiter beaucoup de royaumes et à faire sur l'Océan une traversée de bien des milliers de milles, qui ne pourra pas être accomplie en moins de douze mois.

« Le soussigné a l'honneur d'être avec la plus haute considération, l'estime et le respect qui vous sont dus, de votre excellence l'ami, etc., etc.

» Daté du 24ᵉ jour de mars de l'année 1836, à bord du vaisseau de guerre des États-Unis le *Peacok*. »

« EDMOND ROBERTS (1). »

Bientôt après que l'*Entreprise* eut pris les devants pour accomplir la mission qui lui était confiée, le *Peacock* jeta l'ancre auprès de la plus grande des îles *Sitchang*, ou îles Hollandaises, situées à environ vingt milles de l'embouchure du May-Nam et à huit milles de la côte occidentale du Cambodje (2). L'île que les Américains visitèrent n'a pas cinq milles d'étendue; elle est élevée, rocheuse et couverte d'un maigre terrain, où croît une végétation rabougrie. Dans l'après-midi quelques officiers débarquèrent, et se divisèrent en petites bandes pour aller s'assurer de divers côtés s'il y aurait moyen de se procurer de l'eau pour la frégate; mais on n'en trouva qu'en très-médiocre quantité, et il paraît qu'on n'en trouve guère davantage, même pendant la mousson pluvieuse. On tua quelques écureuils blancs, un pigeon commun, et un animal qui a tout ce qui caractérise en général la chauve-souris, bien qu'infiniment plus gros. Ce *renard volant*, comme on l'appelle (espèce de *pteropus*), est très-abondant partout dans l'Inde postérieure; sa tête ressemble en effet assez à celle d'un renard; son corps a environ huit pouces de long, et ses ailes, quand il les étend, ont près de quatre pieds d'envergure. L'iris de ses yeux est d'un jaune opaque. On rencontre souvent ces animaux pendant le jour suspendus à des arbres sans feuilles, attachés, liés les uns aux autres comme des grappes. Ils commettent de grandes déprédations sur les arbres à fruits et dans les jardins; mais on les tient pour inoffensifs à d'autres égards.

Dans le cours de cette exploration, le docteur Ruschenberger découvrit un petit temple, qui avait été probablement élevé près du rivage par des pêcheurs qui voulaient se rendre favorable leur dieu tutélaire. Il consistait en une sorte de hutte en bois, élevée de deux pieds au-dessus du sol, sur des poteaux, ayant trois de ses côtés fermés et le quatrième ouvert du côté de la mer. Cet édifice avait à peu près quatre pieds de large sur six de long, et la hauteur de son toit de chaume pouvait bien aller à dix : sur le mur de derrière on voyait des bandes de papier rouge, sur lesquelles on avait tracé à l'encre noire des caractères siamois; à chaque coin se trouvaient une épée de bois et une mâchoire de squale-scie. Au milieu du plancher, sur un pli de papier doré, on avait placé un petit vase de porcelaine verte, plein de terre, et l'on y avait planté des brins de paille (1). A chacun des côtés on remarquait quelques morceaux de corail, sur lesquels reposaient de petites planchettes couvertes d'inscriptions en lettres siamoises, accompagnées des figures d'un éléphant et d'un cheval, comme on en voit parmi les jouets venus d'Allemagne.

Peu après la tombée de la nuit, un talapoin, ou religieux, vint à bord : il paraissait être le principal personnage parmi les rares habitants de l'île. Son attitude en entrant dans la cabine était assez humble : il se tenait à demi courbé, en signe de respect; mais il ne tarda pas à reprendre l'attitude ordinaire. Une robe de drap jaune sale lui descendait des épaules aux genoux; il avait la tête

(1) Le narrateur fait observer, au sujet de cette formule finale, que l'expression : « votre humble serviteur, » communément employée chez nous, doit être évitée avec soin dans la correspondance avec les Asiatiques, parce qu'ils l'interprètent littéralement, et qu'elle place dans leur opinion la personne qui écrit dans un rang d'infériorité et de peu de considération relativement à eux-mêmes.

(2) Nous avons décrit ces îles d'après Crawfurd, p. 390 et suiv.

(1) Ou probablement de ces bâtons à encens communément appelés allumettes chinoises.

et les sourcils complétement rasés, les bras et les jambes nus. Il s'assit, et tira de sa ceinture une petite boîte d'étain, dans laquelle il prit de quoi se remplir la bouche de noix d'arec, de feuilles de bétel et de tchounam (1). Une fois muni de ce fortifiant, il se mit à mâcher, à bavarder et à gesticuler de son mieux; mais son discours, bien qu'il pût avoir son mérite, ne parut à nos voyageurs, d'après le peu qu'ils en saisirent, que la répétition ennuyeuse des mêmes phrases. On lui offrit du pain, du tabac en feuilles et en poudre, du genièvre; il réserva cette liqueur pour son monde; quant au tabac à priser, au lieu de s'en remplir le nez, il l'enveloppa dans un morceau de papier, et donna à entendre que si la quantité avait été un peu plus grande le présent n'en eût été que plus acceptable. Il parut avoir de la répugnance à mettre ses lèvres en contact avec un gobelet, et, pour s'en passer, il but tout uniment dans le couvercle de sa propre tabatière. Il avait apporté une feuille de papier couverte d'un enduit couleur d'ardoise et d'une longueur de vingt pieds environ sur quinze pouces de largeur, laquelle se pliait alternativement, tantôt à droite, tantôt à gauche, de sorte que les dimensions du livre ou cahier qu'elle formait étaient à peu près deux pouces pour l'épaisseur, quatre pour la largeur et quinze pouces de longueur. Après lui avoir fait comprendre, à l'aide d'un court vocabulaire composé par M. Roberts, à sa première visite, quels étaient ses hôtes, et après qu'il eut écrit sur son livre, avec un crayon de stéatite, le nom du navire et celui du lieu où les Américains comptaient se rendre, etc., il prit congé, très-satisfait en apparence de tout ce qui s'était passé.

De bonne heure, dans la matinée qui suivit cette visite du talapoin, plusieurs officiers allèrent à la chasse des écureuils blancs. Grâce à la protection que ces petits animaux doivent aux préjugés religieux des habitants, il n'y a rien qui arrête leur multiplication; aussi en trouva-t-on des quantités considérables. Deux ou trois hommes, de physionomie mongole, se mirent à la suite des chasseurs, et se montrèrent fort empressés d'indiquer le gibier. A l'exception d'un sarong autour des hanches, ils étaient nus. Ils considéraient avec une admiration mêlée d'étonnement les habits des étrangers et leurs fusils de chasse. Ils ne furent satisfaits que quand ils eurent touché, article par article, tout le détail de la toilette européenne jusqu'aux souliers inclusivement. Ils mâchaient tous la noix d'arec avec ses accessoires; par conséquent ils avaient les dents noires et la bouche rien moins qu'agréable à contempler. Le docteur Ruschenberger se demande à ce sujet si ce n'est pas par suite de cette dégoûtante habitude que les nations de l'Orient qui mâchent le bétel ne connaissent pas la douceur et le charme intime du baiser?

« A notre retour au bateau, dit le docteur, nous trouvâmes les habitants du village qui prenaient leur déjeûner, consistant en riz bouilli et en poisson (1). Ils nous invitèrent avec beaucoup de politesse à nous joindre à eux; mais sous l'influence de nos préjugés, ennemis de toute apparence de malpropreté, nous refusâmes en remerciant. — Ils étaient accroupis autour d'un large plat, dans lequel ils remplissaient leurs tasses; après quoi ils se tenaient, à l'aide de bâtonnets, la bouche constamment pleine de riz. Le village consiste en une douzaine de huttes, faites de bambou et de planches, élevées au-dessus du sol d'un pied ou deux. Elles n'offraient rien d'agréable à l'œil, et ne se faisaient pas remarquer par leur propreté. Les femmes, en général, ne portaient qu'un sarong autour des hanches, quelques-unes y ajoutaient un morceau de crêpe noir grossier, plié diagonalement sur la poitrine, de manière à voiler en partie le sein. Quant aux jeunes filles, elles n'avaient pas d'autre vêtement que celui de la nature, et paraissaient aussi peu préoc-

(1) Chaux calcinée.

(1) Repas ordinaire, repas favori, bien simple, sans doute, mais assez nourrissant, de l'immense majorité des populations de l'extrême Orient : c'est-à-dire, selon toutes probabilités, de plus de deux cents millions d'hommes, depuis les îles orientales d'Afrique jusques et y compris les îles du Japon, en passant par l'Hindoustan, l'Indo-Chine, le grand Archipel et la Chine.

cupées de leur nudité, aussi étrangères aux émotions de la pudeur, qu'Ève avant sa chute. »

A trois heures de l'après-midi la frégate appareilla et fit route; mais bientôt elle toucha sur un rocher, au milieu du chenal, et y resta deux heures, jusqu'à ce que la marée vint la relever et la remettre à flot, sans accident. En sondant tout à l'entour, on trouva que le rocher n'avait pas plus de cent pieds d'étendue, et que l'eau qui le recouvrait ne dépassait pas quatre à cinq brasses de profondeur. En quelques heures la frégate atteignit la rade de Siam, où elle mouilla vers huit heures du soir, et échangea des signaux avec l'*Entreprise*.

Le jour suivant on chercha à découvrir la terre; mais sans lunette d'approche il n'y avait pas moyen de distinguer la côte. Le mouillage pour les vaisseaux qui tirent plus de douze pieds d'eau est à dix milles de l'embouchure du May-Nam, qui offre assez de profondeur jusqu'à la ville; mais à huit milles de l'entrée il y a un banc de sable qui arrête les grands vaisseaux, et peut être un obstacle sérieux pour le commerce étranger.

Avant de se rendre à Bangkok les Américains durent attendre patiemment une réponse à la dépêche dont nous avons ci-dessus donné la traduction. Quand elle fut portée de l'*Entreprise* à Paknam, deux milles en amont du fleuve, le vieux gouverneur ne se détermina à l'expédier au p'hra-klang qu'après force paroles et commentaires.

Le 28 mars la frégate fut visitée par le prince *Momfanoï*, héritier présomptif du trône de Siam. Le bateau dans lequel il vint ne se distinguait pas de ceux des gens du commun; il avait un toit de forme à demi cylindrique, fait de bambous et élevé sur la poupe. Là le prince reposait, abrité contre le soleil, mais souffrant du manque de ventilation, quoique les deux extrémités de la cabane fussent ouvertes. N'ayant pas l'habitude de la mer, peu de temps après être monté à bord, le cœur commença à lui manquer; ce qui fit qu'il abrégea sa visite, et partit de bonne heure pour le rivage.

Le prince portait une jaquette de crêpe damassé, couleur œillet, étroitement adaptée au corps, et allant des hanches à la gorge; son sarong était de soie noire, noué par-devant et laissant pendre les extrémités de la ceinture presque jusqu'à terre. Par-dessus il avait une écharpe légère, retenue par deux anneaux de grande dimension. Cette toilette lui laissait la tête, les bras et les jambes nus. D'ailleurs, regard vif et déterminé, taille de cinq pieds cinq pouces environ (1), membres forts et bien proportionnés, teint olivâtre, au moins aussi brun, assure le docteur, que celui de la majorité des Nègres que l'on rencontre dans les parties septentrionales et moyennes des États-Unis; chevelure épaisse et noire, mais conservée seulement au haut de la tête, où elle se dresse en touffe comme des soies de sanglier; le reste soigneusement rasé; traits généraux de la race mongole; œil de forme parabolique, la paupière supérieure descendant par un léger pli sur l'inférieure à chacun des côtés du nez, qui est légèrement aplati; lèvres épaisses, menton rentrant, et, à l'exception de quelques poils à la lèvre supérieure, pas de barbe; parties latérales du haut du front un peu aplaties, tandis que celles de devant, moyennes et supérieures, sont proéminentes; région susorbitale pleine et yeux bien séparés. — Tel est le portrait soigneusement tracé de l'individu qui parmi les Siamois de distinction parut au docteur Ruschenberger l'homme le plus intelligent et de meilleure mine, et dont il a voulu en conséquence décrire minutieusement la personne.

Pendant qu'il fut à bord, le prince Momfanoï déploya des connaissances étendues, et multiplia particulièrement ses questions sur tout ce qui concerne la marine. Il parla favorablement des missionnaires américains, qui lui avaient appris l'anglais, langue dans laquelle il s'exprimait de façon très-intelligible. Il paraissait parfaitement à l'aise à bord de la frégate; et quand quelque chose de particulier attirait son attention, il s'arrêtait, les poings sur les hanches, écartant les pieds le plus possible, et prenant un air de connaisseur, qu'on se serait plutôt attendu à rencontrer chez un amiral de la vieille école que chez un jeune prince de la cour de Siam.

(1) Cela ne fait guère plus de cinq pieds un pouce mesure française.

Les quelques serviteurs qui l'accompagnaient n'avaient que le vêtement du tour des reins; du reste, entièrement nus. Parmi eux se trouvait une espèce de favori nommé *Sap*, à qui son maître accordait la distinction de lui montrer souvent ce qui paraissait digne d'être remarqué. Ce personnage portait une petite soucoupe dorée, ayant un pied taillé en forme de gobelet, sur laquelle était une montre d'or, toujours dans la poche de cuir où l'horloger l'avait placée, une boîte de tchounam, un certain nombre de cigares à pointes coniques très-aiguës, faits de tabac siamois coupé et roulé dans des feuilles sèches de bananier; une mèche allumée (1), renfermée dans un tube semblable au *mechero* des Péruviens, avec des rouleaux de feuilles de *ciri* (bétel), etc. Un autre domestique portait une théière émaillée, avec une petite tasse de porcelaine : toutes les fois que le prince, dans ses promenades sur le pont, passait devant l'un d'eux, celui-ci s'accroupissait, et chaque fois qu'il prenait quelque chose sur la soucoupe le porteur s'agenouillait.

Le 30 mars, ayant pris la résolution d'aller à Bangkok, en dépit de toutes les formalités, le docteur partit avec un de ses amis. Ils atteignirent bientôt l'embouchure du May-Nam; et, suivant les indications du compas, ils donnèrent hardiment dans la rivière. Sur la barre ils remarquèrent (comme dans la plupart des rivières de l'extrême Orient) un assez grand nombre de pieux ou de poteaux, servant à indiquer ou le chenal ou des lieux de pêche, etc. Ces poteaux sont couverts de moules, qui ont des coquilles vert-pomme clair. La terre est basse et couverte d'une épaisse végétation jusqu'au bord de l'eau. Sur le rivage bourbeux qu'exposait aux regards la retraite de la marée on observait une certaine quantité de hérons et un crocodile qui avait au moins dix pieds de long.

Quand on est bien entré dans la rivière on jouit d'un charmant paysage. A gauche, un massif de verdure, à droite le village de Pak-Nam, avec sa forteresse blanche, et au centre, c'est-à-dire au milieu de la rivière, un fort circulaire avec de nombreuses embrasures, au haut duquel on remarque la spirale terminée en pointe d'une pagode construite en plein, sans appartement intérieur. En cet endroit la rivière a environ un mille de large.

« Nous avions résolu, dit le docteur, si l'on ne nous hélait pas, de remonter la rivière sans nous arrêter. Dans cette intention, nous tînmes le juste milieu entre le fort situé dans la rivière et celui de Pak-Nam. On ne nous héla pas précisément, mais on nous adressa force gestes; ces gestes provenaient d'un individu posté dans le voisinage du fort de la rive. Il mit tant de sérieux dans sa pantomime, qu'il vainquit notre résolution, et nous détermina à prendre terre. Un sentier, tracé parmi des touffes épaisses d'arbrisseaux en pleine croissance, nous mena vers un magasin solidement construit et orné d'une varande couverte, où, étendus sur le sol, quelques Siamois, nus, mâchaient gravement leur bétel, près d'un feu étouffant qui avait servi sans doute à préparer leur souper, que trahissait un certain nombre de vases en terre qu'on voyait non loin de là. Quand nous fûmes arrivés, nous nous trouvâmes en présence d'un individu qui avait l'air de s'offrir pour guide. Il nous fit signe de la tête, étendit la main du côté du village, qu'on ne voyait pas, se mit en route, et nous le suivîmes. A quelques verges de distance nous rencontrâmes un canal, que nous passâmes sur une levée de pierres, le pont le plus misérable et le plus grossier que j'eusse jamais vu. Par bonheur nous pûmes gagner bientôt un trottoir étroit, pavé de grandes briques, passant entre des huttes de bambous, ombragées d'arbres. Quelques-unes de ces huttes étaient des boutiques avec des fenêtres en saillie, sur lesquelles étaient étalés des œufs, des fruits, etc. A peine eûmes-nous atteint le village que nous fûmes salués par les aboiements d'une armée de vilains chiens maigres, plus effrayés de nous voir que disposés à nous faire peur. Quelques pas de plus nous amenèrent au bazar. Les femmes en étaient les seuls marchands. Elles étaient assises au milieu de leurs marchandises, sur des plate-formes de bambous, élevées d'environ deux pieds au-dessus du

(1) De corde faite avec la bourre de la noix de coco.

sol et recevant l'ombre des toits, en saillie, des huttes devant lesquelles les étaux étaient construits. Ces marchandes ne portaient autour des hanches et des membres inférieurs qu'un vêtement de coton bleu foncé, arrangé de manière à ressembler à une paire de caleçons. Quelques-unes avaient de plus un morceau de crêpe noir sur les épaules. Leur chevelure se bornait à une touffe au haut de la tête; le reste était coupé ras. Toutes mâchaient de la noix d'arec, du bétel ou de la feuille de *ciri*. Ici, pour la première fois en Orient, nous vîmes des cauris circulant comme monnaie courante. Leur valeur est si minime (environ 15,000 pour un dollar), que sur quelques étaux on en voyait des boisseaux pleins. Cependant un seul cauris suffit pour l'acquisition de certains articles, tels que noix d'arec, bétel, feuilles, etc. Cette menue monnaie offre de grands avantages aux pauvres, dans un pays qui produit en abondance et où l'on ne travaille que fort peu.

« Bientôt nous arrivâmes à la résidence de son excellence le gouverneur. Sa demeure, où nous parvînmes, en suivant notre guide, par une allée qui s'ouvrait sur un vaste enclos, était assise sur des poteaux élevés de sept pieds au-dessus du sol. Les murs étaient faits de bambous, percés irrégulièrement de trous octogones. Il n'y avait pas de fenêtres proprement dites, puisque les trous qui en tenaient lieu n'avaient ni châssis ni volets. Le toit de chaume se projetait d'environ cinq pieds, en avant du corps de logis ; et, étant supporté tout à l'entour par de solides poteaux, formait ainsi une sorte de varande ou balcon couvert. On montait par un escalier de cinq ou six marches, menant à un vestibule ou cour ouverte, bornée à gauche par les appartements de la famille, et à droite par une salle de trente pieds de long sur quinze de large, dont le plancher s'élevait de deux pieds au-dessus de celui de la cour. Le plafond de cette salle était uni, de couleur brune, haut de vingt pieds, et du côté de la cour, où il n'y avait ni séparation ni mur, soutenu par deux piliers de bois. Cet appartement était garni de chaises et de sofas de bambous, fabriqués en Chine. Dans l'un des coins se trouvait une chapelle consacrée aux dieux domestiques (?), curieusement sculptée, ressemblant à un bois de lit à la vieille mode, (usage auquel elle servait à l'occasion, comme nous le découvrîmes plus tard). Des lampes étaient suspendues au plafond, et plusieurs miroirs chinois, avec leurs cadres argentés, étaient fixés tout contre la corniche. Au milieu était un chandelier, qui consistait en un cercle de cuivre terni, travaillé dans un mauvais style, ayant quelques gobelets pleins d'huile et d'eau passés dans des anneaux de cuivre, suspendus par des chaînes à ses bords, et un autre gobelet au centre, soutenu de la même manière.

« Quand nous fûmes en présence de son excellence, nous la trouvâmes n'ayant pour tout vêtement qu'un misérable morceau de soie autour des reins. Elle était étendue sur le plancher de la salle, ayant le dos appuyé sur un coussin de cuir de forme prismatique, lequel touchait la base de l'un des piliers mentionnés ci-dessus. Le gouverneur reposait sur le coude droit, et sa main soutenait une longue pipe de bois, d'où il aspirait les vapeurs de l'opium. Il avait la jambe droite étendue parallèlement au bord du plancher, tandis que la gauche, repliée, lui permettait d'employer la main qu'il avait libre à se gratter les doigts du pied.

« Le plancher du vestibule était rempli d'esclaves ou de gens d'un rang inférieur, reposant sur leurs genoux et sur leurs coudes, le corps ramassé, et mâchant du bétel, aussi tranquillement que les vaches ruminent, en regardant le visage de son excellence, comme s'ils avaient écouté sa conversation, dont l'intonation rappelait désagréablement à nos oreilles les accents de l'ivresse.

« Nous vîmes tout cela d'un clin d'œil. Quand nous entrâmes, son excellence se leva, et, nous prenant cordialement la main, nous attira sur le même plancher où elle venait de reposer, nous invitant à nous asseoir. On servit incontinent des cigares et du thé sans sucre, dans de très-petites tasses. Quelques moments après un interprète arriva. Nous n'eussions certes pas soupçonné quelles étaient les fonctions de cet homme, s'il ne s'était mis de lui-même en mesure de nous faire comprendre que tel était son emploi. Il prit l'attitude des autres personnes d'un rang inférieur alors présentes. Avant de parler, il fit un salut, à la manière siamoise, c'est-à-dire en joignant les mains, les portant au front et les laissant ensuite retomber. Il s'appelait *Ramon*, chrétien portugais, dont la peau était presque aussi brune que celle du gouverneur. Son costume ne différait en rien de celui des autres Siamois présents.

« Nous informâmes son excellence que nous désirions aller à Bangkok, afin de nous y procurer de l'eau et des provisions pour notre vaisseau, nous étant en vain efforcés d'en obtenir à Pak-Nam. Il nous répondit que nous ne pouvions pas y aller, ou, au moins, que son autorité ne s'étendait pas jusqu'à lui permettre de nous en donner l'autorisation; et que s'il nous eût laissés passer outre, il se fût exposé à une mort certaine; qu'il enverrait cependant chercher de l'eau et des provisions.

« Telle fût en substance notre conversation. Nous visitâmes ensuite Piadadè, capitaine du port, Portugais également fié dans le Siam. Nous le trouvâmes dans une misérable hutte de bambous, mâchant de la noix d'arec. Il nous dit qu'il venait justement d'arriver de la ville avec une lettre pour M. Roberts. Il affecta une grande surprise quand nous l'informâmes que nous nous proposions d'aller à Bangkok. « J'en suis
« bien fâché, nous dit-il, mais vous ne
« pouvez y aller.

« — Qui nous en empêchera ?

« — Personne ne veut vous en empê-
« cher. Mais, supposé que vous y alliez,
« je vous le dis avec certitude, toute ami-
« tié sera rompue; vous me ferez fouet-
« ter, et ce pauvre vieux gouverneur
« vous aura l'obligation de se faire cou-
« per la tête! »

« Il nous offrit de nous accompagner chez le gouverneur pour y discuter ce sujet plus à fond. A notre retour, une grande soucoupe de cuivre, ayant un pied façonné en gobelet, fut apportée, chargée d'œufs de canard bouillis, de poisson, de cannes à sucre et de bananes. Tout cela fut posé sur une chaise; sur une autre, à côté, on mit un bassin de cuivre, plein d'eau, avec une petite coupe de même métal, flottant à la surface du liquide (1). Quelques-uns des visiteurs de l'*Entreprise* avaient fait présent à son excellence d'une bouteille de genièvre, qui fut produite en cette occasion. On nous invita à manger; mais, excepté une banane, nous ne touchâmes à rien.

« Nous fîmes de nouveau valoir la nécessité où nous étions de nous rendre à la ville; mais il nous fut répondu comme précédemment. Le capitaine du port était assis sur le plancher, ayant le vêtement indispensable autour des reins et un morceau de crêpe noir sur les épaules. Il insista sur les conséquences qu'aurait pour le gouverneur et pour lui-même notre obstination à vouloir nous rendre à Bangkok. Il était évidemment inquiet. Il proposa d'expédier une lettre à M. R. Hunter, qui, dit-il, nous enverrait tout ce que nous pourrions demander. Il appuya sur cette circonstance, que le roi était maintenant bien disposé pour nous; mais que si nous allions à la ville sans autorisation préalable, *nous romprions l'amitié*. Nous fîmes remarquer que ce n'était pas nous traiter bien *amicalement* que de nous tenir éloignés de la ville, sans eau et sans provisions. Il répliqua que chaque nation avait ses coutumes. « En
« présence de votre roi, que vous appelez
« président, on se tient debout, dit-il, et
« l'on ôte son chapeau; en présence du
« roi de Siam, on s'assied, et l'on ôte ses
« souliers. Je suis votre ami, M. Roberts
« peut vous le dire. Vos lois sont différen-
« tes de celles du Siam. Il en est de même à entre le ciel et… » Il se tut; et, nous regardant d'une manière significative, il fit en même temps un geste vers la région inférieure.

« Trouvant que nous persistions à nous rendre à la ville, il proposa que le gouverneur écrivît au p'hra-klang, pour obtenir la permission de nous laisser avancer. A la fin nous y consentîmes, disant toutefois à Piadadè que nous ne le faisions que par considération pour la tête du gouverneur et pour leur peau à tous deux. Ils en eurent évidemment une grande joie. On apporta notre bagage du bateau, et mon compagnon écrivit à M. Hunter.

« Pendant ce temps-là, j'allai jeter

(1) Probablement une clepsydre, ou horloge à eau.

un coup d'œil sur les possessions du gouverneur. A une vingtaine de verges de la maison se trouvaient quelques huttes, occupées par un certain nombre de ses esclaves. Des femmes se promenaient; une autre écossait du riz, à l'aide d'un moulin semblable à ceux en usage il y a quatre mille ans. Il consistait en deux pierres circulaires, de deux pieds de diamètre, reposant l'une sur l'autre. Une corbeille de bambous avait été disposée autour de la pierre supérieure de manière à former la trémie. Dans la partie de dessus de cette même pierre, et à égale distance du centre et de la circonférence, une cheville, fortement enfoncée, forme une manivelle grossière par laquelle la pierre supérieure tourne sur l'autre, fixée fortement sur le sol. A l'aide du mouvement ainsi imprimé, le riz passe par le milieu de la pierre supérieure, et s'échappe ensuite tout à l'entour d'entre les deux pierres (1). — Au-dessous de la demeure du gouverneur, je vis quelques canots, dont l'un ne me parut pas avoir moins de quarante pieds de long. Il était fait d'un seul arbre creusé. Parmi les richesses du Siam, il ne faut pas compter pour la moindre la multitude de ses canots en bois de construction.

« Aussitôt que la nuit fut venue, toutes les lampes furent allumées. Son excellence occupait toujours la même place, fumant sa pipe ou des cigares, et mâchant de la noix d'arec réduite en poudre et conservée pour lui dans un tube de fer, à cause de la perte totale de ses dents, qui lui rend toute autre mastication impossible. Ce dignitaire a la bouche très grande; et quand il baille, ce qu'il fait fréquemment, on s'imagine voir disparaître sa tête. Il passe son temps à boire des gorgées de thé, à mâcher et à cracher dans un crachoir de porcelaine qu'il a toujours près de lui. Il s'enquit de l'âge de chacun de nous, et s'étonna de nous trouver si jeunes; pour lui, il nous apprit qu'il avait soixante-quatre ans.

« Quelques-unes de ses petites-filles entrèrent ensuite. L'aînée avait douze ans. Pour les femmes, les années sont plus longues sous la zone torride que sous la zone tempérée. Elles étaient toutes dans le costume de notre mère Ève après qu'elle eut mangé la pomme, avec cette différence que leur feuille de vigne était d'or, travaillée en filigrane, soutenue par une riche chaîne du même métal passée autour des hanches. L'aînée demanda un cigare, qu'elle fuma avec l'aisance d'un vétéran. J'eus occasion par la suite de voir fumer des enfants beaucoup plus jeunes. Ainsi, hommes, femmes, enfants, vieillards, tous dans ce pays-là fument du commencement de la vie jusqu'à la fin.

« Nous nous assîmes sur le plancher, pendant une heure ou deux, fumant et buvant du thé, avec Piadadè, qui nous parut, au total, un excellent vieux bonhomme. Les fameux *jumeaux siamois* nous fournirent un sujet de conversation. Ils ont probablement rendu à leur pays autant de services qu'auraient pu le faire deux patriotes zélés, en attirant d'abord l'attention générale du monde chrétien sur ces contrées, ensuite en donnant à M. Bulwer un thème pour sa plume, et enfin en induisant quelques Siamois, qui s'intéressaient à eux, à s'enquérir de régions et de peuples dont ils ignoraient jusqu'à l'existence avant que les deux frères partissent pour leurs voyages. « Où sont les jumeaux ? » demandaient tous les nouveau-venus. Piadadè secoua la tête, et dit : « Leur pauvre mère se lamente « grandement à leur sujet. On dit qu'ils « gagnent beaucoup d'argent; mais ils « n'envoient rien à leur mère. » En effet ils ont dans le Siam la réputation d'enfants dissipés et dépourvus de piété filiale. Toutefois ils captivent toujours l'attention de leurs compatriotes..... Rigoureusement parlant, ils ne sont pas Siamois, quoique nés dans le Siam : leurs parents, m'a-t-on dit, sont Chinois (1).

« Des nattes de paille furent étendues au milieu du plancher. Par-dessus

(1) Cette même espèce de moulin à bras est universellement en usage dans l'Hindoustan.

(1) Leur mère devait nécessairement être Siamoise ou issue de parents siamois, attendu qu'on ne rencontre pas une seule *Chinoise pur sang* dans toutes les contrées où les Chinois sont dans l'habitude d'émigrer et de s'établir d'une manière plus ou moins permanente, depuis des siècles.

on mit deux matelas rapiécés avec du velours. Pendant ce temps-là le gouverneur dictait une dépêche, qu'écrivait, dans l'espèce de livre dont nous avons parlé, un secrétaire accroupi sous le vestibule. Quand cette affaire d'État fut terminée, son excellence se retira, et nous nous étendîmes au milieu de l'appartement, tandis qu'une demi-douzaine d'esclaves du gouverneur occupaient les sofas. Nous trouvâmes bientôt qu'il ne pouvait pas être question de dormir. Les lampes brûlaient toutes; les domestiques causaient; et allant et venant sur le plancher, fait de morceaux de bambous, ils imprimaient à nos lits, comme avec un ressort, à chacun de leurs pas, une secousse très-peu agréable. La nouveauté de notre situation, nos soupçons sur la propreté de notre couche, nos doutes sur l'honnêteté de nos compagnons de chambre, auraient été plus que suffisants pour nous tenir éveillés; mais des désagréments de plus d'un genre venaient encore se joindre à ceux dont nous parlons : les chiens, qui s'étaient enfuis à notre approche, dans l'après-midi, ayant trouvé un os à se disputer, cherchèrent à vider leur querelle près de notre maison. Les grognements courroucés des vainqueurs et les hurlements plaintifs des fuyards cessaient à peine, qu'une troupe de mélancoliques *yeckos* s'assembla sur le toit, et entonna ce chant lugubre à mesure brisée qui les distingue parmi tous les membres de la singulière famille à laquelle ils appartiennent. Enfin, quelques jeunes gens de Pak-Nam trouvèrent bon de venir nous donner une sérénade d'une heure, à la clarté des étoiles, avec une sorte de hautbois criard, dont les sons étaient de temps en temps relevés par les miaulements d'une demi-douzaine de chats blottis sous nos lits! Nous supportâmes longtemps ce tapage; mais à la fin, tout en riant à gorge déployée, nous nous levâmes, pour nous soustraire autant que possible à ces persécutions. Nous nous assîmes près d'une fenêtre, afin de respirer l'air frais et de fumer un cigare en guise de consolation. Il était plus de minuit; cependant nous vîmes, à diverses reprises, deux ou trois femmes traverser l'enclos avec des torches aux mains : l'une d'elles sortait de la chambre de son excellence, et se retira d'un pied léger. Passablement ennuyés, nous essayâmes de courtiser de nouveau le sommeil à l'aube matinale; mais à peine touchions-nous à un instant d'oubli, qu'un grand *gecok* s'en vint poursuivre quelques lézards jusque sur notre plancher. Notre tentative fut donc vaine. Plutôt que de m'exposer à passer encore une nuit semblable, à quatre heures du matin je pris congé de mon compagnon, et revins, avec l'officier du canot, à bord de la frégate, convaincu que Pak-Nam était le lieu le plus vil, le plus sale, le plus inhospitalier, le plus détestable, en un mot, de tous ceux où il m'eût jamais été donné de mettre les pieds. »

Dans l'après-midi du même jour, cependant, on reçut la permission demandée, et l'ami du docteur se rendit à la ville. Le jour qui suivit son arrivée, le roi, conformément à l'usage des Siamois, lui fit présent de huit *ticals* (1) pour ses frais de table. — Quand la mauvaise humeur du docteur se fut un peu apaisée, il reconnut, en y réfléchissant davantage, qu'il avait été injuste envers le gouverneur; car ce digne fonctionnaire avait traité ses hôtes comme il se traitait lui-même, et il ne pouvait certes pas lui entrer dans l'esprit qu'en leur donnant du thé, des cigares, les meilleurs mets du pays et un lit, il eût rien oublié de ce qui pouvait les satisfaire. La différence des habitudes, l'absence de toute sympathie, neutralisaient, sans qu'il pût s'en douter, les efforts de sa bienveillante hospitalité.

Il fallut attendre jusqu'au 5 avril les bateaux qui devaient transporter la mission à la ville, et ce ne fut pas sans un assez vif dépit de la part des Américains; car ils se voyaient réduits aux vivres salés et menacés d'être prochainement mis à la demi-ration d'eau, sous un ciel brûlant. La vue d'un brick américain qu'ils avaient laissé derrière eux, dans le détroit de Banka, arrivant quatre ou cinq jours après la frégate, quoiqu'il eût fait une relâche de deux semaines à Singapore, et obtenant la permission de monter de suite à la ville, n'était pas faite pour calmer leur impatience ni pour changer

(1) Environ vingt-cinq francs.

l'opinion défavorable qu'ils s'étaient déjà formée de l'étiquette siamoise. Piadadè, ce brave capitaine de port que nous avons vu figurer dans les scènes esquissées plus haut, et qui paraît avoir été envoyé à bord de la frégate précisément pour faire prendre patience à nos voyageurs, insista sur le peu de convenance qu'il y aurait, tant à cause de la dignité de la mission que par suite de l'amitié existant entre les deux nations, à ce que les membres de cette mission qu'il appelait « les hommes du roi, dans le vaisseau du roi », allassent à Bangkok à la hâte, sans que les mesures eussent été prises pour qu'ils y fussent reçus avec la considération et les honneurs qui leur étaient dus. « Plus le délai que nous éprouvions était long, » remarque assez plaisamment le docteur, « plus, à l'entendre, nous devions nous sentir honorés, puisqu'il y avait toute assurance que le temps était employé à nous préparer une réception convenable! Bien que de pareils arguments pussent être du goût de voyageurs plus fiers que nous et surtout mieux repus, il y en avait plus d'un parmi nous disposé à vendre ses droits à la considération siamoise pour un chapon rôti et une prompte arrivée à Bangkok. »

Pendant ces jours d'attente les Américains n'avaient pour se distraire que l'embouchure du May-Nam à contempler et des hypothèses à faire sur la destination de tous les bateaux qui se montraient de ce côté. Parfois on voyait une pesante jonque chinoise sortir de la rivière ou y entrer avec toute la célérité circonspecte que lui permettaient sa forme et les éléments. — A la fin, une jonque ou barque de cérémonie, portant un présent de fruits et quelques centaines de gallons d'eau, fût en vue. Ce bâtiment avait trois mâts, et dix perches garnies de bannières rouges qui ondoyaient à sa poupe. L'avant et l'arrière étaient carrés et armés chacun de deux pièces de canon en bronze, qui, avant que l'on fût bord à bord, saluèrent de treize coups l'envoyé de la république américaine. Au milieu du navire siamois on voyait une plate-forme élevée de quelques pouces au-dessus du pont : elle était garnie de chaises et protégée contre le soleil par une tente de canevas. Les agrès étaient d'un cordage fait entièrement avec les fibres du rotin et aussi souple qu'aucun de nos agrès de chanvre. Les haubans n'avaient pas d'enfléchures. Les Arabes, les Hindous, les Singalais, les Malais, les Siamois et autres Asiatiques, par suite de l'habitude où ils sont de ne pas porter ordinairement de souliers, ont le gros orteil plus séparé de son voisin qu'il ne nous semble naturel à nous, porteurs de bottes et de souliers. Cette conformation leur permet de saisir facilement une corde et de la presser entre le gros orteil et le doigt suivant avec presque autant de force qu'ils le feraient à l'aide du pouce et de l'index; en sorte que leurs matelots montent avec autant de rapidité et d'aisance, sans enfléchures, que les nôtres avec le secours de ces échelons de cordage.

Les Siamois, comme la plupart des Orientaux, sont gens d'étiquette, et donnent beaucoup à l'apparence. L'approche de la jonque royale, curieux échantillon, à tout événement, de leur architecture navale, paraît avoir eu quelque chose d'imposant. L'équipage consistait en trente-deux matelots et autant de soldats, ceux-ci éblouissant par leur uniforme vert et ceux-là par leur uniforme écarlate. Les matelots ressemblaient beaucoup plus à des personnages muets de théâtre qu'à de rudes fils des fleuves ou de l'Océan. Leurs jaquettes, aux manches élargies jusqu'aux coudes, étaient ornées de parements blancs et se boutonnaient de la ceinture au col. Leurs culottes étaient brodées aux genoux. Leurs bonnets de drap vert étaient façonnés comme des casques et garnis de bandes d'étoffe dorée; une bande de drap rouge, dont le bord supérieur était dentelé, leur entourait le front. Ils avaient les jambes et les pieds nus. Les trois officiers qui commandaient cette fastueuse troupe n'étaient pas équipés de façon moins bizarre. On eût pu croire en les voyant que le vieil Albuquerque et ses compagnons, sortis de leurs tombeaux, venaient visiter le théâtre de leurs exploits et se montrer à la terre asiatique avec cette même fierté d'allure qui les distinguait il y a quelque trois cents ans. Toutefois, il eût bien fallu remarquer qu'ils avaient subi une grande altération de couleur, et, du moins en apparence sinon réellement, une merveilleuse décadence de vigueur et de courage. En fait, ces officiers pouvaient se vanter d'une origine portugaise; mais, comme les autres descendants des Portugais, dans toutes les parties de l'Inde, bien qu'ils aient éprouvé peu de changements dans la conformation de la charpente osseuse, ils en ont subi un tel dans la couleur de leur peau, devenue en tout pareille à celle des naturels des contrées où on les trouve, qu'ils n'en peuvent être facilement distingués. Leur stature s'est également appauvrie; mais il ne faut pas attribuer au climat seul ces changements. D'ailleurs ces Lusitaniens asiatiques sont tellement déconsidérés, qu'on ne les emploie presque tous que comme domestiques ou dans des fonctions tout à fait subordonnées. Il faut convenir qu'il aurait été difficile de conclure *à priori* que l'influence du climat, du croisement des races et du changement dans les habitudes, dégraderait à ce point les descendants des premiers conquérants de l'Inde! En perdant la richesse de leur sang, ils n'ont conservé que la forme générale du corps et la religion de leurs pères.

Le premier des trois officiers, sexagénaire édenté, se montrait sur le passe-avant, point de mire de tous les regards, coiffé d'un chapeau vert à trois cornes, avec un justaucorps de satin noir chargé de broderies dorées et de boutons de perles. Il avait en outre un pantalon de soie rouge rayée, soutenu par une ceinture; mais il était sans chemise, sans veste et sans souliers. Le second officier portait un chapeau rond de feutre blanc, un léger justaucorps de velours bleu, brodé en or, un pantalon de soie rouge, des souliers, des bas et une chemise. Le troisième avait un semblable ajustement, et de plus une veste de satin blanc; et, quoiqu'il ne montrât pas de chemise, son cou était enveloppé d'une cravatte noire de grande dimension. Quand ils furent montés sur le gaillard d'arrière, ils firent gauchement la révérence, et se mirent à parler, d'une manière presque inintelligible, un langage qu'ils prétendirent être du portugais, mais qui ne parut pas moins étrange ni de meilleur goût que leur costume. Ces braves gens se firent bientôt remarquer également par leur curiosité importune et par leur penchant irrésistible à mendier ce qui était à leur convenance. Un des soldats adressa la parole au docteur, en latin très-intelligible. « Inquis latinum, domine? » On apprit de lui que tous ceux qui servaient sur la jonque du roi étaient chrétiens et avaient été élevés par les missionnaires portugais. Il ajouta qu'ils auraient pu tous parler latin, s'ils avaient été studieux; s'ils étaient ignorants, ils ne devaient s'en prendre qu'à eux-mêmes. Il est permis d'en douter. Quoi qu'il en soit, ces cent mâchoires se mirent bientôt à mâcher le bétel avec un zèle tout à fait siamois. Au coucher du soleil l'envoyé américain et les personnes de sa suite passèrent, avec leurs bagages, sur la jonque de cérémonie, dont on hissa lentement les voiles, et la mission se dirigea enfin vers le rivage : le salut fut alors rendu par la frégate. La jonque emportait vingt officiers et quelques domestiques, outre son équipage; on était par conséquent un peu serré à bord. A peine eut-on gagné le large, que les officiers, qui rappelaient Albuquerque et sa bande aventureuse, se dépouillant de leurs beaux ajustements, parurent en vestes blanches. La nuit était sombre : une lanterne de papier, suspendue au milieu de la jonque, et deux ou trois torches éclairaient de leurs clartés vacillantes ce rassemblement étrange, et donnaient à l'ensemble du tableau quelque chose de fantastique. Ayant le vent contraire, l'embarcation royale n'arriva qu'à neuf heures en vue de Pak-Nam, et alors la marée lui devint contraire. La jonque laissa tomber son ancre; et, bien qu'il commençât à pleuvoir, l'officier qui commandait s'opposa au débarquement, assurant que cela serait contraire à l'étiquette et l'exposerait en outre au danger de la bastonnade! Néanmoins, le commodore brava ses objections; et, prenant deux des officiers dans son canot, il alla droit au rivage. A peine cette avant-garde de la mission mettait-elle pied à terre, que la pluie tomba par torrents, et qu'il fallut se hâter de chercher un abri. On se rendit chez le gouverneur, qu'on trouva mieux préparé qu'on n'aurait de le penser à recevoir cette visite. Une robe flottante enveloppait toute sa personne, et son costume ne ressemblait pas mal à ceux qu'on donne aux personnages bibliques. Son appartement était nettoyé et arrangé avec un soin qui témoignait de ses égards pour les étrangers, qu'il accueillit avec une cordialité marquée, en exprimant ses regrets que ses nouveaux amis ne fussent pas tous réunis. Ses désirs, à cet égard, ne tardèrent pas à être comblés; car le reste de la mission arriva une demi-heure après, avec M. Roberts. Cependant le gouverneur avait changé de toilette. Il portait un lourd vêtement de soie pourpre autour des hanches et un châle de cachemire, de couleur orange, d'une propreté suspecte. On plaça sur une table les marques ostensibles de sa dignité. Elles consistaient en une petite soucoupe, en tasses contenant la noix d'arec et le tabac, etc.; en une boîte renfermant une pâte pour se nettoyer la bouche, en une sorte de carquois pour des cigares, en un crachoir façonné en coupe, le tout d'or fin, en une théière d'argent, admirablement émaillée, et en un sabre à poignée d'or dans un fourreau de velours rouge. Après avoir souhaité à M. Roberts une cordiale bienvenue, le gouverneur s'assit sur le vieux meuble en forme de sofa dont nous avons parlé, et commença à fumer sa longue pipe. En même temps on dressa une table pour le souper, ou, si l'on veut, pour le festin, qui fut en réalité, du dernier médiocre. La nappe était d'une mousseline grossière, la vaisselle de toutes sortes et de toute grandeur, les verres de l'espèce la plus commune; les couteaux, les fourchettes et les cuillers étaient de fer, et il n'y en avait pas assez pour tout le monde. Quant au matériel du festin, il consistait en poulets bouillis, riz, œufs de canard, porc rôti; le tout froid. En s'asseyant pour prendre part à cette somptueuse chère, dont, avant de visiter la capitale, tous les étrangers de distinction sont obligés de tâter, conformément à l'étiquette siamoise, les convives trouvèrent que la table leur venait au moins au menton : il fallait avoir bien faim pour passer par-dessus tous les désappointements gastronomiques qui les attendaient. Plusieurs d'entre eux furent forcés de couper leur viande avec leurs cuillers et d'autres avec leurs propres couteaux de poche. Nous étions à peine assis, que la salle se remplit de Siamois nus, qui venaient satisfaire la curiosité qu'ils avaient de voir les étrangers. Après qu'on eut desservi, le gouverneur demanda à voir la liste des présents destinés à sa magnifique majesté; mais il éprouva un refus. Un secrétaire écrivit alors les noms de tous les officiers qui faisaient partie de l'expédition, pour les envoyer à la ville par un courrier chargé de les y précéder.

Le commodore Kennedy et M. Roberts furent établis, par distinction, dans les niches des pénates, ces sofas dont nous avons parlé, et le reste s'installa, comme il put, sur les canapés et sur le plancher. La nuit se passa plus tranquillement qu'à la première visite que nous avons décrite, quoique la sérénade des chiens, des chats et des *geckos* ne fît pas défaut aux hôtes du fonctionnaire siamois.

Le lendemain, à la pointe du jour, après une toilette improvisée, chacun prit sa part d'un déjeuner composé principalement des débris du festin de la veille, et l'on se mit en marche pour le lieu de l'embarquement. En traversant le bazar, les matelots et les soldats des bateaux de cérémonie se pourvurent sans hésitation de fruits et de cigares, ne payant personne et n'essuyant nulle part la moindre opposition. Arrivés au bord de la rivière, on trouva une troupe de musiciens indigènes, qui jouaient de leurs instruments, et une foule de gens accourus pour voir la mission s'embarquer. Trois canots longs et étroits, bordant chacun quarante avirons, décorés de bannières rouges, de touffes de crin blanc et de plumes de paon, transportèrent les Américains dans la jonque de cérémonie, qui leur parut infiniment plus agréable à habiter que la résidence même du gouverneur. Quand tout fut embarqué, les canots furent envoyés à l'avant, où ils se placèrent de front, et commencèrent à remorquer la jonque par un calme plat. Les rameurs, tous en uniformes rouges, se tiennent derrière leurs avirons et accompagnent chaque coup d'aviron d'un battement du pied droit, qui répond exactement à la mesure que marque, avec deux morceaux de bois dur qu'il frappe l'un contre l'autre, un conducteur placé à l'avant du canot. Les rameurs étaient tous esclaves; de temps à autre, ils s'encourageaient par une espèce de chant. Ainsi mise en mouvement, la procession de bateaux remontait la rivière aux rives basses et verdoyantes, que les accents joyeux de ces visiteurs d'un autre monde faisaient parfois retentir. En ce moment la brise ridait la surface unie du fleuve; les pavillons flottants et les costumes de fête donnaient à l'ensemble du tableau un caractère pittoresque qu'à tout prendre le pinceau d'un artiste n'eût pas dédaigné.

Tout le long du cours du May-Nam, des deux côtés et à de petites distances, on voit des huttes de pêcheurs, construites sur des poteaux et dérobées presque entièrement au regard par le luxe de la végétation des arbrisseaux qui les entourent. A leurs branches sont suspendues des cages de papier et des images, pour chasser les fantômes et les mauvais esprits. De petits moulins à vent, destinés à l'amusement et hissés au haut d'un long bambou devant chaque porte, tournaient au souffle de la brise. On ne voyait que peu d'oiseaux.

Le cours du May-Nam (littéralement *la mère des eaux*) serpente beaucoup. Le fleuve a une profondeur moyenne de quatre à cinq brasses et point de bancs de sable. Sa largeur n'atteint pas un demi-mille. La marée, qui s'élève et redescend peut-être de sept pieds, n'est pas régulière, le flux et le reflux n'ayant lieu qu'une fois en vingt-quatre heures.

Vers le milieu du jour les officiers portugais trouvèrent leur parure européenne trop lourde pour la température; et, comme pour donner un commentaire de leur façon au titre de bateau de cérémonie, nous les vîmes se dépouiller jusqu'à la peau, sous nos yeux, et substituer à leurs beaux atours le simple vêtement du tour des reins. A moitié chemin, nous passâmes devant Paklat, ou *Cidade Nova*, où se trouvent des fortifications considérables, occupant les deux côtés de la rivière et dont la blancheur éclatante contraste agréablement avec le vert de la végétation. Ici des bateaux chargés de fruits s'approchèrent pour en faire hommage à la mission. Les artistes siamois payèrent cette attention par l'exécution, sans doute irréprochable, de l'un de leurs morceaux de prédilection.

A neuf heures du soir environ les Américains s'imaginaient toucher à la fin du voyage : la journée avait été ennuyeuse et étouffante, et il leur tardait de se soustraire à la gêne de leur situation. Mais ils découvrirent, à leur grand chagrin, que le commandant en chef de l'expédition, moitié par timidité, moitié par bêtise, avait fait jeter l'ancre. Il soutint qu'il faisait sombre, que la marée était contraire, qu'il y avait beaucoup de jonques dans la rivière, et qu'il valait mieux rester à bord toute la nuit que courir le moindre risque; que si, d'ailleurs, un accident arrivait, sa magnifique majesté ne manquerait pas de lui faire appliquer le bambou et ensuite couper la tête. A force de plaintes, de menaces, de lamentations et de malédictions en siamois, en portugais et en anglais, on finit par émouvoir ce brave homme, qui, voyant d'ailleurs sa responsabilité mise en partie à couvert par l'arrivée de Piadadè, se décida à lever l'ancre. La distance (un mille environ) fut bientôt parcourue, et nos voyageurs se trouvèrent enfin transportés à terre avec armes et bagages. Ils furent reçus, au débarcadère, par une autre sorte d'Albuquerque, qui portait un chapeau à trois cornes brodé et un magnifique justaucorps. On sut plus tard que c'était un général. Il avait avec lui son fils, garçon de dix ans, habillé de rouge avec des galons d'or. Des torches nombreuses brillaient dans la rue conduisant aux logements qu'on avait préparés, aux frais du roi, et où ces messieurs furent priés de vouloir bien entrer. Cette habitation temporaire était un superbe magasin, espèce de hangard à deux étages peu élevés. Le second, qui fut occupé par la mission, était divisé en quatre pièces, et s'ouvrait sur une varande ou large balcon auquel on parvenait par un escalier de bois. Piadadè avait obligeamment pourvu à tout. Le souper était prêt. Les lits, garnis d'une demi-douzaine de coussins de toute forme et de toute grandeur, avaient été préparés en nombre très-suffisant. Ils étaient tout neufs et protégés par des rideaux contre les moustiques, que l'on n'avait heureusement pas à redouter. Quelques-uns de ces rideaux étaient or-

28ᵉ *Livraison.* (INDO-CHINE.)

nés de grandes bordures de satin, brodées en soie. L'une des chambres à coucher servit de salle à manger, et le balcon de salon. Les chambres étant fermées de tous côtés, la chaleur qu'il y faisait était presque intolérable : le thermomètre marquait 92° F. (33° 1/3 centigr.). Cependant la fatigue était grande, les lits commodes, et le sommeil fit oublier les désagréments et les tracas de cette petite campagne. Il faut convenir, toutefois, qu'une circonstance mentionnée par le docteur eût suffi pour ôter jusqu'au désir du repos à des personnes d'une organisation nerveuse un tant soit peu délicate : les murs étaient peuplés pendant la nuit de lézards de toute espèce, et l'on voyait assez souvent des serpents rouler lentement leurs anneaux entre les tuiles et les solives qui formaient le toit du bâtiment! Pendant la chaleur du jour on avait vu, presque à chaque instant, d'autres reptiles, aux yeux brillants, hideux de forme et de couleur, venir se reposer sur les arbres du voisinage.

Le soleil s'était couché quelque temps avant que la mission eût même touché les extrémités de la capitale, et la nuit avait été si sombre, que l'on n'avait pu s'en former aucune idée, ni quant à l'apparence, ni quant à l'étendue. Pendant les deux derniers milles de la traversée on pouvait tout au plus distinguer les formes noires des vaisseaux à l'ancre et quelques lumières répandues çà et là sur le rivage. D'ailleurs, la fatigue rend l'œil et l'esprit si indifférents et si égoïstes, que toute l'attention des voyageurs avait été comme anéantie par le désir de s'échapper du bateau de cérémonie. Une chose était cependant certaine pour eux ; savoir que la capitale du magnifique roi de Siam, vue de nuit, n'offrait rien d'attrayant ou d'imposant.

Le jour suivant, les Américains s'éveillèrent, comme le dit Ruschenberger, « étrangers dans un lieu étrange ; » le plus étrange, ajoute-t-il, qu'il eût jamais vu! Tout leur parut entièrement nouveau, rien qui pût rappeler des pays chrétiens, si ce n'est que, comme Venise, la ville semblait être sortie des flots. La moitié de la population vit sur l'eau. A Bangkok tout a son type spécial ; on rencontre à chaque pas des choses dignes de remarque ; et bien que l'intelligent parateur que nous consultons ait mis à profit pour l'observation chaque moment de son séjour, il exprime sa conviction qu'il n'a vu qu'une très-faible partie de ce qui avait droit à son intérêt.

Bangkok est construit sur le May-Nam, à un endroit où cette rivière a environ un demi-mille de large, et à vingt milles peut-être de la mer, en ligne directe. La ville s'étend environ deux milles et demi le long de la rivière, sur une largeur d'un mille à un mille et demi de chaque côté. Le vrai Bangkok est sur la rive droite ou occidentale, tandis que celui sur la gauche est nommé Siayout'hia, du palais qui s'y trouve ; mais pour l'œil l'ensemble forme une seule ville. Le plan en est irrégulier et partout coupé de canaux. Les rues sont sales et étroites. Le chemin pavé qui est au milieu est à peine assez large pour deux personnes marchant de front. La raison en est selon les Siamois, peuple anti-républicain s'il en fut jamais, qu'il n'y a pas deux personnes du même rang dans le royaume, et que l'étiquette s'oppose à ce que des individus de degrés différents puissent marcher à côté l'un de l'autre. La plupart des habitations sont spacieuses ; mais le plus grand nombre ne se compose que de misérables huttes de bambous, sans aucune apparence de solidité, de commodité et de confort. Il y a partout beaucoup d'arbres, et la quantité de *wats*, ou temples de Bouddha, qui font briller au soleil leurs toits et leurs clochers à tuiles dorées et vernissées, donne à la ville un aspect pittoresque et même un air de richesse et de magnificence.

Les deux bords de la rivière présentent chacun leur ligne de maisons. Chaque maison est une boutique construite sur des radeaux de bambous, amarrés ou fixés au rivage par des pieux. Le devant de ces maisons est ouvert et disposé comme en varangue ; et on y voit des marchandises exposées pour la vente. Une rangée de jonques chinoises, du port de deux cents à six cents tonneaux, s'étend, dans une longueur de plus de deux milles, mouillée presque au milieu de la rivière. Elles restent souvent des mois pour vendre en détail leurs cargaisons. Quoique les rues, les canaux et la rivière soient remplis de gens et de bateaux, il n'y a jamais ce bruit et ce bourdonnement de multitude que l'on trouve dans toute cité chrétienne d'une population également nombreuse. La rivière présente un spectacle animé, dès le point du jour et jusqu'à la nuit. Les gondoles de cette Venise de l'Orient, appelées *sampans* (comme en Chine), sont de toutes dimensions, depuis la véritable coquille de noix jusqu'à celles qui sont mises en mouvement par une demi-douzaine de rames; et il y en a de grandes, occupées en permanence par des familles entières, le long des rives des canaux.

La meilleure espèce de sampan est un léger canot qui borde une demi-douzaine ou plus de courtes pagayes. Il y a une cabine couverte au milieu, sur le plancher de laquelle le passager repose, et où il peut être entièrement dérobé aux regards en tirant les rideaux. Quelques-unes de ces barques sont si petites, que nous étions étonnés qu'elles pussent flotter sous le poids d'un homme. D'autres, comme la gondole vénitienne, reçoivent leur impulsion d'une rame unique (godille), passée dans un trou à rame, à une hauteur de trois pieds. Le sampan de ce genre est ordinairement dirigé par une femme debout à l'arrière, sans autre parure qu'une paire de caleçons avec l'addition, parfois, d'un morceau de crêpe noir jeté sur ses épaules. Le corps penche avec grâce en avant sur la rame, et, afin d'obtenir un point d'appui solide, l'un des pieds dépasse l'autre, tandis que les bras, par un mouvement facile, impriment à l'embarcation la rapidité nécessaire. L'attitude et l'action de ces femmes sont éminemment gracieuses, quand on les voit se frayer leur chemin à travers un labyrinthe de jonques et de sampans de toutes les dimensions, qui, durant toute la journée, glissent d'un point à un autre de la rivière, dans toutes les directions et n'occupent jamais qu'un très-petit espace. Les sampans sont admirablement adaptés à la navigation des canaux et des fleuves. Les canots américains avec leurs longs avirons manœuvraient assez difficilement au milieu de ces petites embarcations, et il leur arriva souvent d'en chavirer quelques-unes. Les Siamois prenaient ces accidents avec une bonne humeur exemplaire, et regagnaient tranquillement le rivage à la nage, ou cherchaient à redresser leur bateau. Vivant si constamment sur l'eau, on peut dire que les Siamois sont un peuple de nageurs, bien qu'on assure qu'ils redoutent fort la mer. On les voit se baigner à tous les moments de la journée, soit qu'ils nagent, ou qu'accroupis sous leurs varandes, devant leurs maisons, ils puisent de l'eau de la rivière pour s'en arroser. Il n'y avait pas longtemps, lors de l'arrivée des Américains, que Bangkok avait offert le singulier phénomène d'un enfant amphibie, qui oubliait le sein de sa mère pour se jeter à l'eau en toute occasion.

Lucï-loï-nam, littéralement « l'Enfant des eaux », nageait qu'elle avait à peine un an. En 1832, à l'âge de trois ans, on la voyait fréquemment se jouer dans la rivière. Ses mouvements ne ressemblaient pas à ceux des autres nageurs. Elle flottait sur l'eau, sans aucun mouvement des membres, tournant sans cesse sur elle-même. Quand elle n'était pas dans l'eau, elle était chagrine et mécontente; quand on l'en retirait, elle criait et s'efforçait d'y retourner. Le lui permettait-on, elle s'y jetait et s'y roulait, pour ainsi dire, avec un plaisir extrême. Quoique bien formée, *Luck-loï-nam*, ne pouvait ni marcher ni parler : elle ne faisait entendre qu'une sorte de gazouillement, un son étouffé du gosier. Elle avait la vue imparfaite, et avant le temps dont nous avons parlé elle ne s'était jamais nourrie d'autre chose que du lait de sa mère. Elle prenait ordinairement le sein quand on la retirait de l'eau de son consentement. La mère de l'Enfant des eaux était une très-jolie femme, qui avait donné naissance à quatre enfants, deux garçons et deux filles. Les deux frères de l'Enfant des eaux étaient morts; et sa sœur, âgée de huit ou neuf ans, était toujours à nager de compagnie avec elle pour la protéger contre les accidents ou la diriger, afin qu'elle ne s'approchât point trop des bateaux ou des bords de la rivière. Comme il y avait quelque temps qu'on ne l'avait vue lors du séjour des Américains à Bangkok, on supposait qu'elle était morte.

La population de Bangkok, selon le recensement fait par ordre du gouvernement, en 1828, se montait, disait-on, à

401,300 individus, et voici comment on la répartissait :

Chinois (payant la capitation).	310,000
Descendants de Chinois.	50,000
Cochinchinois.	1,000
Cambodjiens.	2,500
Siamois.	8,000
Pegouans.	5,000
Laos, anciens résidents.	9,000
Nouveaux.	7,000
Birmans ou Bramas.	2,000
Gens de Tavoy.	3,000
Malais.	3,000
Chrétiens.	800
Total.	401,300 (1)

Une taxe d'environ trois dollars est levée sur chaque Chinois qui entre dans le pays. Elle est exigée ensuite de trois ans en trois ans. Elle leur assure le privilége de faire le commerce ou d'exercer telle profession qui leur convient, et les exempte aussi de la demi-année de servitude que le roi exige de tout autre étranger oriental habitant le Siam. En 1836 la population chinoise s'était accrue jusqu'au nombre de 400,000 individus, de sorte que l'on peut hardiment évaluer la population totale actuelle de la ville de Bangkok, avec ses dépendances, à un demi-million d'habitants.

Les résidents chinois viennent principalement du Teŏ-Chew (orthographe de Ruschenberger), subdivision de la province de Canton; mais il en arrive aussi beaucoup de Haïnan, de Canton et de Shang-Haé. Ceux qui font régulièrement le commerce restent annuellement de février à mai ou même jusqu'en juin. Le nombre des jonques qui sont sur la rivière durant cette époque s'élève de trente à soixante-dix, et chacune d'elles porte de vingt à cent trente hommes.

La plupart des artisans, des agriculteurs et des commerçants de Bangkok sont Chinois. Ils sont gais et industrieux, mais adonnés au jeu et au libertinage, n'ayant pas d'autres moyens d'amuser leurs heures de loisir. La taxe sur les Chinois et les maisons de jeu de la capitale donne un revenu considérable au gouvernement.

Le commerce du Siam avec les pays autres que la Chine est très-limité, quoique les ressources intérieures que ce pays possède, pour établir de bonnes relations avec l'étranger, paraissent considérables à tous égards. Son commerce avec Singapore, comme entrepôt pour l'Europe et les États-Unis, n'a pas été sans importance dans ces dernières années; en 1826 un traité avait été conclu entre les Anglais et sa magnifique majesté; nous ne sachions pas que les relations commerciales entre les deux pays aient beaucoup gagné à cette transaction. Le traité américain, dont les ratifications ont été échangées par M. Roberts, a encore moins réussi à assurer au commerce des États-Unis des avantages réels et durables. Le docteur Ruschenberger voyait l'avenir à cet égard sous les couleurs les plus favorables. Nous reproduirons bientôt les arguments sur lesquels il basait son opinion. A une certaine époque la marine marchande américaine n'employait pas moins de deux mille deux cents tonneaux dans son commerce avec le Siam; mais les nombreuses exactions auxquelles les spéculateurs étaient exposés sous forme de redevan-

---

(1) Il ne faut accepter ce recensement que comme une approximation assez grossière. Il résulte, en effet, des recherches les plus récentes qu'à l'époque indiquée plusieurs de ces chiffres devaient être inexacts. Ainsi les descendants des Chinois établis à Siam font à eux seuls au moins 150,000 âmes. Les Cochinchinois résidant à Bangkok dépassent de beaucoup le chiffre de 2,000. Il faut compter au moins 15,000 prêtres siamois, et les Siamois mâles qui n'appartiennent pas aux ordres religieux sont au nombre de 28,000 ou 30,000, et avec les femmes et les enfants il faut compter au moins 60 ou 70 mille âmes de cette classe. Les Birmans et les Tavoy's ne s'élèvent pas à plus de 1,000 ou 1,200; mais les Malais, en revanche, comptent de 8,000 à 10,000. Les descendants des Portugais qui se *prétendent* chrétiens vont peut-être à 5 ou 600; et c'est tout au plus si à Bangkok on trouve une douzaine de *chrétiens* véritables. En définitive, on peut estimer la population de Bangkok et de sa banlieue à plus d'un demi-million; mais nous répéterons ici ce que nous avons déjà dit plus haut (p. 246), c'est que nous nous défions des évaluations statistiques qui nous viennent de l'extrême Orient. Le *Bangkok Calendar* de 1848 estime la population de la capitale et de ses faubourgs à environ 200,000 âmes.

ces et de présents, etc.; les délais, conséquence de la maniere de conduire les affaires dans ce pays, l'obligation de former presque toujours les cargaisons de retour de petits achats faits à différents individus, et la hausse rapide du prix du sucre siamois aussitôt qu'on paraissait le rechercher; tout cela réduisait tellement les bénéfices, que les négociants américains perdirent presque le Siam de vue. Le *Sachem*, capitaine Coffin, et *la Marie-Thérèse*, capitaine O. Taylor, furent les seuls vaisseaux américains entrés dans le May-Nam depuis 1828, pendant une période de huit années; et probablement le dernier de ces navires ne s'y serait pas aventuré, si son commandant avait ignoré la mission du *Peacock* et la conclusion probable du traité. — Les principaux obstacles à un commerce avantageux avec le Siam, qui sont les charges irrégulières et exorbitantes dont on l'accable, ont été écartés en partie par les précautions prises dans les derniers traités. Le commerce peut donc revivre à la longue; mais Siam est trop loin de l'Europe ou de l'Amérique pour que ses produits, qu'on peut se procurer d'ailleurs à des points beaucoup plus rapprochés des centres d'expédition et à des prix modérés, offrent un attrait suffisant à la spéculation. L'importation est évidemment destinée à jouer ici un rôle plus important que l'exportation. Siam a besoin des produits des manufactures européennes ou américaines pour fournir sa nombreuse population d'une foule d'articles qui lui manquent; et ce n'est que par un système d'échange bien compris et sagement pratiqué que nous pouvons espérer retirer des avantages solides de notre commerce avec une contrée si éloignée. Le docteur Ruschenberger fait, à ce sujet, à peu près les réflexions suivantes:

« Les nations, aussi bien que les individus, sont souvent profondément affectées par l'influence de l'exemple, quoiqu'elles puissent être trop fières pour le reconnaître. Elles sont amenées à admettre des principes et des actes résultant de ces principes que sans cette influence elles auraient longtemps repoussés. Il est vrai que les préjugés des Asiatiques en général contre les chrétiens sont si enracinés et si forts, qu'il est naturel que l'exemple ne produise pas parmi eux un effet aussi prompt que chez d'autres nations; toutefois, il ne peut manquer à la longue d'exercer une très-grande influence. Les relations commerciales entre le Siam et la Cochinchine ont été jusqu'à la dernière guerre très-fréquentes; elles le sont également entre ces deux pays et la Chine, et par occasion même avec le Japon (1). Supposé que les Siamois fassent, par suite des stipulations des traités conclus avec les Anglais, ou les Français, ou les Américains, un commerce avantageux, leurs voisins ne manqueront pas de s'en apercevoir; et, pour des nations vouées au commerce par instinct comme par la nature même de leurs productions et de leurs besoins, découvrir une source de gain, c'est créer le désir d'y participer. Si ces prémisses sont exactes, la conclusion à en tirer (ajoute Ruschenberger) est que notre traité renferme les moyens éloignés d'ouvrir un vaste champ aux entreprises des Américains; des marchés nouveaux répondront pour ainsi dire à l'appel du nombre croissant de nos manufactures, et réclameront les produits de plus en plus riches de notre immense territoire. »

Les principaux marchands du Siam sont le roi, ses ministres, les Chinois et de vieilles femmes. Ils demandent de l'Europe et des États-Unis des armes et des munitions de guerre; peut-être encore une petite quantité d'ornements militaires, de la coutellerie commune, de la verrerie, des cotonnades blanches, qui ne doivent pas avoir moins de deux coudées de large; du *cotton twist*, du n° 20 au n° 30; des étoffes pour vêtements siamois de trois *yards* de long sur quarante pouces de large, ornées d'étoiles sur fonds rouges, verts et bleus, couleurs qui doivent être brillantes; des draps (*long-ells*) rouges et verts; des indiennes pour ameublement; des draps

---

(1) Il est possible qu'indirectement quelques-uns des produits de la Cochinchine ou du Siam parviennent aux marchés japonais; mais les Chinois, les Coréens et les Hollandais sont très-certainement jusqu'à ce jour les seuls peuples qui soient admis à commercer avec le Japon.

légers ou casimirs (*ladies' cloth*), rouges, jaunes, verts, pourpres et bleu clair ; de l'acier en petites barres de la dimension du fer à clous, qu'il est bon de mettre, pour ce marché, dans des tubes en contenant cent au lieu de boîtes. Nous ajoutons que du temps de Ruschenberger on demandait les cotons d'Amérique, quoique le prix en fût plus élevé, parce qu'on avait reconnu, à l'usage, qu'ils durent davantage. Ils ont par Bangkok un débouché dans les pays situés au nord du Siam.

En échange des articles ci-dessus, les Siamois offrent du sucre, de l'étain, de l'ivoire, du bois de sappan (*cæsalpina sappan*), du bois de rose, des rotins, diverses drogues, du fer de qualité supérieure, etc. Le sucre, principal article, coûte en moyenne huit ticals le picul de 133 1/2 lvs. Il revient à bord à environ cinq dollars le quintal ; mais il est difficile qu'il laisse un bénéfice à ce prix, après avoir acquitté le fret, les droits à l'entrée, l'intérêt, l'assurance, etc.

Quoique les droits stipulés dans le traité puissent, à la première vue, paraître élevés, étant de 4,275 piastres américaines (environ 21,375 francs) pour un navire mesurant vingt-cinq pieds de bau, on ne trouvera pas qu'ils dépassent dix ou douze pour cent pour une cargaison considérable.

On peut se former une appréciation du revenu de l'État et des ressources qu'il puise dans l'exploitation du commerce siamois par les tableaux suivants, dressés pour une année, que n'indiquent ni Ruschenberger ni Moor (1), mais que nous devons supposer être l'année 1835 :

I.

Tableau présentant le revenu intérieur, etc., du royaume de Siam, pendant une année, en bâts ou ticals.

PRINCIPALES BRANCHES DE REVENUS : FERMES ET TAXES DIVERSES.	Bâts ou Ticals.
Licences pour tavernes. Bangkok.	104,000
Sia-Yut'hia (ou Sientaja).	16,000
Bang-xang.	8,000
Suri-buri (ou Suraburi ?).	4,000
Krungtap'han.	4,000
Bazars. Bangkok.	39,200
Sia-Yut'hia.	12,800
Suri-buri.	1,600
Bang-xang.	1,600
Taxe sur les maisons flottantes	36,000
Taxe sur les maisons de jeu chinoises.	64,000
Taxe sur les maisons de jeu siamoises.	58,000
Revenu des provinces administrées par le *crommahathai*, ou premier ministre.	32,000
Id. id. administrées par le *crommakallahom*, ou second ministre.	24,000
Id. id. administrées par le *crommathu*, ou troisième ministre.	12,000
Revenu provenant de l'administration de la justice, sous la direction du *crommamuang*	4,800
Id. id. du tribunal royal (?).	8,000
Id. id. du tribut en or de la province de Bangtap'han, 180 ticals d'or, équivalant à	2,880
Id. id. de la province de Pipri, 60 ticals, équivalant à.	960
Id. id. du tribut payé par les Malais pour l'exploitation de certaines mines d'or, 216 ticals (2), équivalant à.	3,456
Total.	438,196
ou environ	1,214,588 francs.

(1) *Notices of the Indian Archipelago*; Singapore, 1837, 1 vol. in-4°.

(2) L'or est estimé valoir seize fois la même quantité d'argent en poids.

INDO-CHINE.

II.

Tableau de l'impôt territorial et des droits perçus sur divers articles de consommation et d'exportation.

IMPÔTS OU DROITS perçus sur les articles suivants :	QUANTITÉS.	TICALS.
Paddy (riz en glume) et riz.	1,696,424 koyangs(1)	862,358
Jardins ou vergers (68,235).	»	5,545,880 ?
Potagers (4.251).	»	17,800
Bois de tek.	127,000 arbres	56,000
Bois de sappan (2 qualités).	200,000 piculs	84,000
Huile de noix de coco.	600,000	60,000
Sucre (5 qualités).	96,000	40,000
Jagry, (sucre de palmier).	150,000 jarres	8,800
Sel.	8,000 koyangs	32,000
Poivre.	38,000 piculs	23,200
Cardamome.	550	5,400
Cardamome bâtard.	4,000	16,000
Stick-lac.	8,000	9,500
Etain.	1,200	18,200
Fer.	20,000	54,000
Ivoire.	300	2,500
Gomme-gutte (3 qualités).	200	1,200
Cornes de rhinocéros.	de 50 à 60	1,600
— de cerf.	28,000 paires	8,000
— de vieux cerf.	200 piculs	
— de buffle.	200	
Nerfs de cerf ou de daim.	200	
Peaux de rhinocéros.	200	800
Os de tigre.	50 à 60	
Peaux de buffle au nombre de.	500	
— de vache au nombre de.	100,000	1,600
Gomme de benjoin.	100	400
Nids d'oiseaux (3 qualités).	de 10 à 12	32,000
Poisson sec (3 espèces).	79,000	18,000
Crevettes sèches.	10,000	4,600
Balachang.	15,000 koyangs ?	8,000
Huile de bois.	15,000 piculs	5,600
Poix.	10,000	6,000
Bois de rose.	200,000 piculs	1,600
Damar (ou *dammer*). (Rusch.) — (Torches : Moor.) ? ?	200,000 paquets ?	5,600
Rotins (2).	200,000 paquets	5,600
Écorces (que Ruschenberger désigne, d'après les Portugais, sous la dénomination de *casca de pau*.)	200,000	1,600
Poteaux de bois (3 espèces).	230,500 en nombre	8,000
Bambous.	600,000,000 ?	8,000
Ataps, ou Attaps (feuilles de palmier employées pour la couverture des maisons).	95,000,000,000 ?	8,000
Bois à brûler.	»	14,000
	Total...	6,967,438
	ou environ	20,902,314 fr.

(1) Le coyang, koyang, koyan ou kian est une mesure pour les grains, le sel et certains liquides, fort en usage dans tout l'archipel Indien et dans l'Indo-Chine. Le coyang de Siam équivaut à 32 hectolitres environ.

(2) Dans Ruschenberger et Moor, la quantité annuelle de rotins soumise aux droits est estimée à 200,000 paquets ; mais Ruschenberger n'évalue les droits perçus qu'à 5,600 ticals et Moor les porte à 14,000 ticals ! — Ruschenberger porte, au contraire, 14,000 ticals pour droits perçus sur le bois à brûler, et Moor 8,000 seulement ! etc., etc.

III.

Revenus de Siam d'après Crawfurd.

IMPOTS.	TICALS.	LIVRES STERLING.	OBSERVATIONS.
Impôt sur les spiritueux	460,000	57,500	* Le revenu total, en argent ou en nature, exclusif des corvées s'éleverait, selon Crawfurd, à 3,159,468 ticals, ou 644,933 liv. sterl.; soit 16,125,528 francs. La Loubère nous dit que le revenu de Siam en argent comptant était estimé autrefois à 400,000 ticals, ou environ 1,230,000 francs, mais que le prince qui régnait de son temps avait porté ce revenu à 2,000,000 de fr.
Ferme des jeux	460,000	57,500	
Pêcheries du May-Nam	64,000	8,000	
Boutiques flottantes et autres	121,880	15,235	
Monopole de l'étain	54,000	6,750	
L'ivoire	40,000	5,000	
Cardamome et bois de sapan	?	?	
Bois d'aigle	45,000	5,625	
Cambodje	24,000	3,000	
Nids d'hirondelles	100,000	12,500	
Œufs de tortue	5,000	625	
Poivre	400,000	50,000	
Sucre	105,000	13,125	
Douanes	264,000	33,000	
Arbres fruitiers	520,000	65,000	
Impôt territorial	2,295,338	286,917	
Corvées	20,000,000	2,500,000 (?) *	
Capitation des Chinois	201,250	25,156	
Totaux	25,159,468	3,144,933 ou environ 78,623,325 fr.	

Les principaux éléments qui figurent dans les deux premiers tableaux, et dont notre voyageur dut la communication à M. R. Hunter, négociant anglais établi depuis plusieurs années à Bangkok (1), paraissent avoir été empruntés à des résidents portugais; on ne doit les considérer que comme fournissant des indications générales. La contribution foncière perçue sur les *jardins* ou, pour mieux dire, sur les *vergers* est portée dans le tableau que donne Moor (ouv. cité, p. 216) à 5 545,880 ticals. Ruschenberger ne la fait figurer dans le sien que pour 545,880 ticals (ouv. cité, p. 283). Cette énorme différence de 5 millions de ticals entre les deux évaluations nous paraît être due à une erreur commise par Ruschenberger en copiant les notes qui lui avaient été communiquées. Nous avons adopté ou plutôt cité de préférence le chiffre de Moor, parce que (d'après Ruschenberger lui-même) les vergers payent suivant le nombre d'arbres à fruits qu'ils contiennent et le genre ou la qualité des fruits; en sorte que les manguiers, par exemple, ou d'autres arbres à fruits recherchés, payent depuis un *fuang* jusqu'à un *tical* par arbre (de 37 centimes à 3 francs). Cependant nous croyons ce chiffre exagéré, s'il n'est censé représenter en effet que le produit de l'impôt sur les vergers. Encore une fois, il ne faut voir dans ces tableaux que des indications approximatives. Nous ne trouvons, au reste, dans les chiffres communiqués à Ruschenberger aucune indication sur le montant des droits d'entrée, sur le montant de la capitation des Chinois, etc. Crawfurd est plus complet et probablement plus exact. Ruschenberger fait observer que la taxe annuelle sur les rizières est levée à raison de trois fuangs par *rai* (ou *raï*?) carré (de cent trente pieds anglais carrés). La coutume du pays étant de ne plan-

---

(1) M. Hunter, par son activité, la prudence de sa conduite et les qualités estimables de son caractère, avait su se concilier l'estime et la confiance du gouvernement siamois. — Il était fort bien en cour, et le roi lui avait accordé un titre assez élevé : on pouvait même, à de certains égards, le considérer comme un dignitaire siamois : il paraît qu'il rendit toutes sortes de bons offices à la mission américaine, et que tous les Européens qui ont visité Bangkok avaient eu beaucoup à se louer de son intervention obligeante.

ter la canne que tous les trois ans, les plantations de sucre payent un tical pour la première année et pour les deux suivantes deux *salungs* par *rai* carré. La raison que l'on donne de cette différence est que la pousse de la première année est la plus importante. Une taxe d'un *salung* par picul est aussi levée sur le sucre avant qu'on ne l'apporte au marché.

Les taxes sont séparément affermées par le gouvernement. Celles sur le bois, sur les *ataps*, *ollas* (comme les appelle Ruschenberger), ou feuilles de palmier qu'on emploie pour couvrir les toits, sont d'un cinquième sur les quantités constatées. Les cultures autres que celles du riz paraissent être imposées par *rai* carré, plus ou moins, d'après la nature de leurs produits. Les vergers payent selon le nombre des arbres et la valeur des fruits; les cocos et les arbres à bétel payent un *fuang* par vingt pieds d'arbre; les *manguiers* et autres arbres, d'un produit comparativement considérable, payent beaucoup plus, ainsi que nous l'avons déjà remarqué.

Les taxes sur les tavernes, ou, pour parler plus exactement, sur les cabarets, ainsi que celles sur les établissements de jeu, sont affermées à des individus patentés, sans la permission desquels nul ne peut vendre des liqueurs spiritueuses ou bien ouvrir une maison de jeu qu'il n'encoure pour cette contravention un grave châtiment.

Il n'est permis à personne de jouer en particulier, fût-ce même sous son propre toit. Pour satisfaire cette passion, il faut qu'il aille dans quelqu'un des nombreux établissements autorisés, excepté à de certains temps de l'année, où la loi est suspendue. On accorde trois fois par an la permission de jouer partout : trois jours au commencement de la nouvelle année chinoise, trois jours au commencement de la nouvelle année siamoise, et trois jours à une autre époque. On peut voir alors des personnes de toutes les classes occupées à courtiser les faveurs de la fortune et empressées de lire leur sort sur la carte ou le dé que le hasard amène sous leur main. En ces temps privilégiés la richesse change souvent de mains : des gueux s'enrichissent, des riches tombent dans la misère : la passion fatale excitée par la contagion de l'exemple devient irrésistible; et quand la loi reprend ses droits et son action, ceux qui ont été maltraités par le sort courent à la table de jeu publique dans l'espoir de réparer leur désastre, les autres avec la confiance d'accroître leur gain. Les occupations honorables et lucratives sont oubliées ou extrêmement négligées; l'argent, s'il est rapidement acquis, est follement dissipé; l'intempérance et de fréquentes querelles surviennent; et souvent, sous le poids d'un désespoir accablant, le joueur siamois, comme le joueur de nos pays, a recours au suicide pour terminer une existence qui lui semble plus insupportable que l'éternité mystérieuse qui le menace.

Une espèce de loterie a été introduite par les Chinois. Elle a attiré beaucoup l'attention, et s'accorde fort avec les goûts du peuple. On vend un nombre indéfini de billets, sur lesquels on écrit, au choix de l'acheteur, le nom de l'une quelconque de trente-six cartes portant un titre connu. Une fois la semaine, on tourne une des trente-six cartes, et ceux dont le billet porte le même titre gagnent et reçoivent trente fois leur mise, c'est-à-dire trente fois ce qu'ils ont payé pour leurs billets, et qui est entièrement à leur discrétion.

La monnaie courante du Siam consiste en argent et en cauris exclusivement; ce n'est qu'accidentellement que l'or est monnayé ou plutôt marqué. On le regarde absolument comme une curiosité; et il ne saurait être considéré comme faisant partie du système monétaire. La coquille *cauris* (*cyprea moneta*) est en usage comme menue monnaie dans plusieurs pays de l'Asie; mais elle était infiniment plus répandue dans les temps anciens qu'aujourd'hui. On exportait les cauris en grandes quantités dans tous les marchés de l'Orient des îles Maldives, où on en faisait la pêche deux fois par mois, trois jours avant et trois jours après la nouvelle lune. Les femmes seules étaient employées à cette pêche. Elles entraient dans la mer, où elles s'avançaient ayant de l'eau jusqu'à la ceinture, et fouillaient le sable pour en retirer les coquilles, dont on formait des sacs contenant chacun douze milles cauris. Ces sacs s'expédiaient à Ceylan, au

Bengale, à Siam, etc.; mais dans les îles Maldives ces coquilles n'étaient pas monnaie courante.

Les pièces d'argent ont la forme de petites barres repliées sur elles-mêmes, et portent l'empreinte d'un poinçon. Elles ressemblent assez à des chevrotines ou à des balles. Elles se divisent en *ticals* ou *bâts*, *salungs* et *fuangs*. Toutes les autres monnaies mentionnées dans le tableau suivant, à l'exception des cauris, dont la valeur est variable, sont de convention. Le *tical* ou *bât* est l'unité. Il pèse, suivant l'appréciation de Calcutta, deux cent trente-six grains, et vaut deux shillings six pences ou environ, c'est-à-dire de cinquante-sept à soixante et un centièmes de piastre ou dollar, équivalant à peu près à 3 francs.

En avril 1836 les dollars étaient au taux de 150 ticals pour 100 dollars.

Tableau des monnaies et poids de Siam.

200 cauris	valent	1	phainung.
2 phainungs	»	1	songphai.
2 songphais	»	1	fuang.
2 fuangs, en poids	»	1	salung.
4 salungs	id.	»	1 tical ou bât.
4 ticals	id.	»	1 tumlung.
20 tumlungs	id.	»	1 catle.
100 catles		»	1 pleul, ou 133 1/3 livres anglaises, environ 62 kilogr.

Mesures de longueur.

12 travers de doigt	valent	1	empan.
2 empans	»	1	coudée = 19 1/2 pouces anglais.
4 coudées	»	1	brasse = 6 1/2 pieds anglais.
20 brasses	»	1	sen = 130 pieds.
400 sens	»	1	yote = 3 lieues 271 perches 8 1/2 pieds.

La seule mesure de superficie est le *raï* (ou *rai*), de 130 pieds carrés anglais, que nous avons déjà mentionné comme mesure agraire.

Mesures de capacité.

20 kans	font	1	tang ou seau.
80 tangs	»	1	ban.
2 bans	»	1	kian ou koyan.

Un kan égale environ une pinte et demie anglaise. Le tableau s'applique aux liquides comme aux solides. L'huile cependant se vend quelquefois au poids.

Mesure du temps.

Les principaux éléments de la mesure du temps ont été empruntés par les Siamois aux Chinois.

La manière de mesurer le temps n'est pas moins singulière que les autres. Le chronomètre des Siamois, comme celui des Hindous et des Birmans, consiste en une coupe flottant dans un vase rempli d'eau. Elle a une ouverture au fond par où elle s'emplit et tombe à l'expiration de chaque heure.

10 aksabs	font	1 pran.
6 prans	»	1 but (bout?)
15 puts	»	1 bât ou 1/10 d'heure.
10 bâts	»	1 tum ou heure de nuit.
5 tums	»	1 yam.
4 yams	»	1 khun ou nuit.
12 mongs (heure de jour)	»	1 wan ou jour.
7 wans	»	1 Revapatit ou semaine.
29 et 30 wans	»	1 duan, ou mois.
12 duans	»	1 pi ou année.
12 pis (ou 19 ou 60, suiv. les cas)	»	1 cycle.

Le jour, selon Ruschenberger, commence au lever du soleil. La matinée est divisée en six *quarts*, et l'après-midi en a autant jusqu'au coucher du soleil. De ce moment jusqu'à minuit on compte deux *quarts* de trois heures, et deux *quarts* de trois heures également de minuit jusqu'au matin. En siamois les heures de jour s'appellent *mong* et celles de nuit *tum*. — Nous devons supposer que les détails suivants, empruntés au *Bangkok Calendar* pour 1848 sont plus exacts et plus précis.

Les Siamois divisent le jour en vingt-quatre heures. Ils comptent six heures du lever du soleil à midi et six heures de midi au coucher du soleil; c'est-à-dire qu'il est six heures à midi et six heures au coucher du soleil. La nuit se divise en quatre quarts de trois heures chaque. Les heures de la nuit se comptent sans interruption, et il est douze heures au lever du soleil.

La division en semaines de sept jours, que le docteur voudrait avoir été introduite par les Portugais, est évidemment d'origine hindoue. Les Siamois nomment les jours de la semaine comme il suit :

Wanathit (littéralement jour du soleil)	*Dimanche*.
Wanchan (jour de la lune)	*Lundi*.
Wangangkhan	*Mardi*.
Wanput	*Mercredi*.
Wanprahat	*Jeudi*.
Wansuk	*Vendredi*.
Wahsou	*Samedi*.

Les Siamois comptent alternativement vingt-neuf et trente jours par mois : vingt-neuf jours pour les mois impairs, trente jours pour les mois pairs (1). Cela donne à leur année (lunaire) trois cent cinquante-quatre jours ; mais ils la complètent en ajoutant un mois intercalaire tous les deux ou trois ans, c'est-à-dire sept fois en dix-neuf ans, aux troisième, sixième, neuvième, onzième, quatorzième, dix-septième et dix-neuvième années. Le mois intercalaire prend le nom de *second huitième mois*. De plus, tous les six ans à peu près on ajoute un jour au septième mois ; moyennant ces intercalations, leur année moyenne se rapproche beaucoup de la nôtre. Ils divisent le mois en deux parties, l'une brillante et l'autre obscure, selon que la lune est dans son plein ou en décours.

L'année siamoise a trois saisons : la saison chaude, de la pleine lune de février à la pleine lune de juin ; la saison des pluies, de la pleine lune de juin à la pleine lune d'octobre ; et la saison fraîche ou froide pour le reste du temps. La nouvelle année commence, selon Ruschenberger, à la fin du cinquième mois ; selon le *Bangkok Calendar*, avec le cinquième mois ou la nouvelle lune d'avril.

La grande division du temps se compose de deux cycles, dont l'un, le plus considérable, est de soixante ans, et l'autre, le moindre, de douze ans. Ce dernier passe pour être employé dans les supputations astrologiques qui servent à dresser les horoscopes, etc. Toutefois on a soin, dans tous les papiers importants, d'en désigner spécialement chaque année par son nom propre. Ces noms propres sont ceux des signes du zodiaque, ainsi qu'il suit :

1re année, *Chuat*, ou année du Rat.
2e — *Chlu* (*Chlou?*), ou année de la Vache.
3e — *Khân* (*Khâne?*), ou année du Tigre.
4e — *Thô*, ou année du Lapin.
5e — *M'rong*, ou année du Dragon.
6e — *M'seng*, ou année du Serpent.
7e — *M'mia*, ou année du Cheval.
8e année *M'mé*, ou année du Bouc.
9e — *Wak* (1836), ou année du Singe.
10e — *R'ka*, ou année du Coq.
11e — *Chd*, ou année du Chien.
12e — *Kun* (*Kounn?*), ou année du Cochon.

En datant leurs lettres, etc., les Siamois font d'abord mention du jour de la semaine, ensuite du matin ou du soir du jour du mois, du croissant ou du décours de la lune, du nom et du rang de l'année. Dans tous les documents importants ils insèrent aussi l'année de leur *ère*. Notre année 1836 était, selon Ruschenberger, la 1197e depuis l'origine du magnifique royaume de *Thaï* (1).

Les Siamois ont deux ères, l'une sacrée ou religieuse, et l'autre civile ou populaire ; la première, employée par les talapoins dans toutes les matières relatives à la religion, date de la mort de Gotama ; la seconde fut établie en commémoration de l'introduction du culte de Gotama dans le Siam ; ce qui eut lieu dans la 1181e année de l'époque sacrée, correspondant à la 638e de notre ère ; de sorte que, selon les Siamois, Bouddha est mort depuis deux mille trois cent quatre-vingt-douze ans environ (2). Les Siamois rapportent sa mort à la pleine lune de mai, et c'est avec la pleine lune de mai que commence l'année religieuse. L'année civile commence avec la nouvelle lune d'avril.

L'année 1849 correspond à la fin de l'année 1210 et majeure partie de l'année 1211 de l'ère civile siamoise. Elle correspond également à la majeure partie de l'année 2392 de l'ère bouddhiste.

Nous placerons ici quelques remarques du docteur Ruschenberger sur l'état politique et social de l'empire siamois en 1836. Nous les enregistrons avec plaisir, parce qu'il nous semble toujours curieux et instructif de constater l'opinion d'un observateur intelligent et d'un esprit aussi indépendant que nous paraît l'être ce républicain voyageur, sur des institutions et des mœurs si différentes des nôtres. Il ne faut pas perdre de vue cependant que Ruschenberger n'a

---

(1) Nous avons complété ou rectifié les indications données par le docteur Ruschenberger (ou reproduites par lui), d'après le calendrier de Bangkok pour 1848, déjà cité.

(1) Voir plus loin la date du *certificat de ratification* du traité américain.

(2) Voir pour l'histoire du Bouddhisme, dans l'Indo-Chine, Birmah, p. 326 et suiv.

fait pour ainsi dire que passer au Siam, et qu'il n'a aucune prétention au titre d'explorateur scientifique d'un pays dont il n'a pu étudier sérieusement et à loisir la langue et les institutions. Nous nous efforcerons de compléter ou de rectifier, d'après les autorités les plus récentes (ainsi que nous l'avons déjà fait), les données et renseignements empruntés au récit du docteur américain.

Après quelques observations sur la difficulté de déterminer les limites réelles du royaume ou empire de Siam, et signalé l'erreur dans laquelle Crawfurd (1) est tombé en plaçant la limite extrême méridionale du côté de Cambodje, sur le même parallèle environ que celle du côté de la péninsule Malaise, etc., Ruschenberger fait remarquer qu'à l'exception du voisinage de Bangkok, le pays est montagneux et bien arrosé; que le sol en est fertile, abondant en fruits, en bois de teinture, gommes médicinales et bois de construction, etc.; et qu'enfin la population totale de l'empire s'élève, suivant Crawfurd, à 2,790,500 âmes (2). Il s'exprime ensuite sur la forme du gouvernement à peu près dans les termes suivants.

Le gouvernement est un despotisme de l'espèce la plus absolue. Le roi est le dieu, la loi du pays, et son nom n'est connu que de peu de personnes, afin qu'il ne puisse pas être pris en vain. Quand on parle de lui, on le désigne par quelques épithètes qui sont considérées comme particulièrement douces et flatteuses; telles que « le sacré maître des têtes; » — « le sacré maître des vies; » — « le possesseur de tout; » — « le maître des éléphants blancs; » — « le seigneur très-haut, infaillible et infiniment puissant. » Il y a même des termes adulateurs pour désigner les membres de son corps; ses pieds, ses mains, son nez, ses oreilles et ses yeux ne sont jamais mentionnés sans l'expression *seigneur* ou *sacré seigneur*. Toute chose appartenant ou attachée à la personne de sa majesté est aussi dite *d'or*. Lui faire une visite, c'est venir *aux pieds d'or* de sa magnifique majesté, pour parler à son *oreille d'or*, etc.

Le pays est divisé en gouvernements; chacun administré par un ministre, nommé par le roi, aidé de gouverneurs et d'autres officiers subalternes. Les provinces les plus éloignées sont sous des vices-rois ou rajahs. Il paraît qu'il n'y a pas de loi écrite; du moins on n'en observe aucune, la volonté ou le caprice des officiers décidant souvent de tout (1).

Tout le monde, à l'exception des Chinois et des résidents européens et américains, est virtuellement esclave ou en état d'esclavage. Les officiers à la tête des subdivisions de district requièrent les habitants pour travailler à des ouvrages publics, pendant un mois sur trois ou quatre, suivant leur bon plaisir; ce sont des temples, des jonques, des chemins ou autres constructions à faire : ces réquisitions portent le nom « d'appel aux choses publiques. » Si un officier supérieur a quelques travaux à faire exécuter, il s'adresse à l'un de ses subordonnés pour que celui-ci ait à lui fournir un nombre d'hommes plus ou moins grand, suivant les circonstances, pour le travail d'un mois; quand ce terme est expiré, il en appelle un autre, pour un contingent égal, et il continue ainsi jusqu'à ce que la corvée ait produit le résultat voulu. Les travailleurs s'entretiennent eux et leurs familles, et ne reçoivent en compensation de leurs services publics que le glorieux privilége de vivre dans le Siam ou *Thaï*, littéralement *le Pays libre!* « En vérité (remarque à ce sujet notre Américain), nous sommes tenté de dire, avec Sandeen O'Rafferty; « Ils travaillent pour rien, et vivent pour moins encore, » contents d'être esclaves aussi longtemps qu'ils *se disent* libres!

Une quantité de gens de différents pays sont tenus dans une servitude perpétuelle, y compris ceux qu'on a capturés à la guerre et ceux qui sont assez

(1) *Journal of an Embassy from the gov. gen. of India to the courts of Siam and Cochinchina;* by John Crawfurd, etc., etc.; in-4°, Londres, 1828.

(2) Elle excède probablement aujourd'hui trois millions.

(1) D'après le *Bangkok Calendar*, il existe un code de lois; mais ces lois ne sont pas exécutées, le plus souvent, ou sont généralement éludées.

malheureux pour avoir des dettes, puisqu'ils n'ont l'espoir de se libérer que si quelque ami se présente et satisfait à ce qu'on réclame d'eux. On n'accorde aux débiteurs aucune compensation pour leurs services; au contraire, on les charge pour nourriture, vêtements, soins médicaux, etc., de sorte que la dette primitive va augmentant toujours.

Excepté en cas de dettes, les Chinois sont exemptés de prendre part aux travaux publics, en payant, tous les trois ans, la taxe de quatre et demi ticals dont nous avons parlé. Quelques-uns disent que cette taxe se lève tous les ans.

La religion du Siam étant celle de Bouddha, elle enseigne qu'après la mort l'âme passe par le corps des animaux inférieurs, par une gradation en rapport avec le bien ou le mal que l'individu a fait dans ce monde, jusqu'à ce qu'il arrive, par des œuvres méritoires, à la condition de la suprême béatitude qui est l'état de *nibbân* (déjà défini : voir p. 326 (note) de ce vol.). Tout animal devant l'existence à quelque âme humaine, de là le respect général que l'on a pour sa vie. Quoique les Siamois s'abstiennent de tuer les animaux, toutefois ils en mangent généralement la chair, parce que le péché ne gît que dans l'action de chasser violemment l'âme de sa demeure temporaire.

Les talapoins, ou prêtres, qu'on suppose s'élever au moins à cent mille, sont entretenus par des contributions journalières de riz, etc., que leur paye le peuple, et par des présents annuels en argent et en drap jaune, pour robes, que leur accorde le roi. Ils reçoivent souvent des dons de grande valeur aux funérailles. Ils se réunissent tous les jours dans les *wâts*, ou temples, pour y réciter des prières qu'ils ne comprennent point (circonstance, pour le dire en passant, qui se présente assez fréquemment dans d'autres pays), parce qu'elles sont en langue *pali*. Il n'y a pas dix individus dans tout le royaume, assure-t-on, qui soient capables de lire, en en pénétrant le sens, les livres sacrés, tous écrits dans cette langue. D'ailleurs, à l'exception du riz bouilli et de quelques autres petites offrandes qu'ils en reçoivent journellement, ces prêtres dispensent le peuple de toute espèce de dévotion ou d'acte de piété. Chaque Siamois est obligé d'être talapoin trois mois de sa vie. La robe jaune ne se prend généralement qu'à l'âge de trente ans. Quand le terme est expiré, tous ceux à qui cela convient peuvent jeter de côté cette vie de mendiant ; mais s'ils reprennent la robe une seconde fois ils sont liés pour la vie. Leur nombre ordinaire dans la capitale est d'environ vingt mille, variant suivant le prix du riz et des provisions. Si la saison a été favorable à l'agriculteur, si des moissons abondantes ont fait baisser le taux des denrées, il semble que la ferveur religieuse diminue en proportion, et le culte du grand Bouddha en souffre : sa principale et gigantesque image, remarquable par ses soixante-huit pieds de haut et par les doigts de ses mains et de ses pieds, tous de la même longueur, voit les flots de ses adorateurs décroître dans le même rapport!

Les talapoins sont de différents grades ou classes. On compte, à ce qu'il paraît, six de ces classes : quand un Siamois entre dans l'ordre pour la première fois, il est désigné par le titre de *nen*, c'est-à-dire novice ou écolier. Ces religieux, ici comme dans le Birmah, reconnaissent un chef suprême, que, d'après la nature de ses fonctions, on peut, assez exactement, appeler leur pape. Il a au-dessous de lui d'autres prêtres correspondant, par leurs grades, aux cardinaux, aux archevêques, aux évêques et autres dignitaires de l'Église de Rome. On peut dire (ainsi que nous l'avons fait déjà observer) que tout le système bouddhiste, y compris la vie monastique et mendiante des gens d'église, a la plus grande ressemblance avec les institutions du catholicisme romain.

Les *wâts*, ou temples, sont nombreux et somptueux, quelques-uns même d'une rare magnificence. Ils occupent les meilleurs emplacements du royaume ; les prêtres y résident, et tous les Siamois mâles y font leur éducation.

Le peuple visite rarement les *wâts*, et n'y accomplit jamais, ou presque jamais, aucun acte de dévotion. Il est, aussi bien que les prêtres, toujours prêt à reconnaître que Bouddha est mort il y a longtemps, bien longtemps ; mais il croit qu'il y aura une autre incarnation de sa divinité, et qu'alors le Dieu aura tous les doigts et tous les orteils de la même longueur. C'est avec anxiété qu'il attend la venue de ce messie, et c'est peut-être aussi le motif pour lequel les Siamois éprouvent plus de curiosité pour voir le pied d'un étranger que sa figure. Cette égalité merveilleuse des doigts et des orteils étant le signe divin auquel on devra reconnaître la nouvelle incarnation de Bouddha, on assure qu'avant sa mort le dieu fit faire quelques modèles de ses statues, afin qu'on pût le reconnaître plus aisément quand il viendrait pour la seconde fois. C'est pour cette raison que toutes ses images dans le Siam sont sculptées d'après ce type.

Revenons à l'historique de la mission américaine.

Dans la matinée qui suivit leur arrivée les Américains visitèrent son altesse le prince *Momfanoi* (littéralement, « le prince du ciel, *junior* »). On l'appelle aussi Chawfanoï; et dans ce nom la dernière syllabe signifie *le jeune*. Il est demi-frère du roi actuel, et véritablement l'héritier légitime du trône, usurpé, à la mort du dernier roi, par sa magnifique majesté, qui proposa ensuite de créer *Chawfaya*, frère aîné du prince et légitime successeur du roi, *second roi*; mais *Chawfaya* rejeta cette proposition avec dédain, et, après avoir déclaré qu'il ne se plierait jamais à rendre hommage à l'usurpateur, il prit la robe jaune des talapoins, et se dévoua sans retour à la vie religieuse. De cette manière il put tenir sa parole, car les talapoins sont dispensés de toutes les cérémonies serviles de l'étiquette siamoise, et en présence des plus hauts dignitaires de l'ordre le roi lui-même ne se montre que sur les coudes et les genoux. Chawfaya ayant refusé la couronne dépendante qui lui était offerte, un oncle du roi régnant fut fait *second roi*. Mais depuis la mort de celui-ci, arrivée en 1832, le roi ne s'est pas occupé de lui donner un successeur; et l'on assure que sa majesté se soucie peu de faire un second roi, qui, d'après la coutume siamoise, aurait droit au tiers du revenu de l'empire (1).

Chawfaya mène une vie très-sainte, si on l'apprécie d'après les idées que les Siamois se font de la sainteté. Le rang dont il jouit est égal à celui d'un évêque. En prenant la robe jaune pour la seconde fois, il a rendu *Momfanoï* l'héritier légitime du trône; mais il n'est pas absolument certain que celui-ci y monte: le roi peut choisir son successeur, à son gré, parmi ses héritiers légaux. Il est vrai que le monarque régnant, bien qu'il possède plus de trois cents femmes, n'a pas d'enfant vivant *assez légitime* pour porter la couronne, et que depuis la mort du prince royal, son fils légitime, le prince *Momfanoï* s'est insinué peu à peu dans ses bonnes grâces. Le bruit courait même, du temps de Ruschenberger, que le roi avait le dessein de lui faire épouser sa fille favorite, quoiqu'il eût déjà neuf femmes. Si cette rumeur s'est réalisée, « le prince du ciel, *junior* » réunit toutes les conditions qui garantissent sa succession prochaine au trône.

Jouissant d'une grande popularité, entreprenant et d'humeur guerrière, le prince avait été d'abord regardé d'un œil jaloux et puis surveillé de près. Cette situation le rendait extrêmement circonspect, et lui faisait craindre de rien faire qui pût contrarier les vues de sa magnifique majesté. Pour cette raison, il sortait rarement de jour; mais, ainsi qu'il le disait lui-même avec gaieté, il s'échappait la nuit comme un voleur. Il allait fréquemment au palais après le coucher du soleil, temps choisi par le roi pour recevoir ses différents ministres et entendre leurs rapports, quand les affaires de la journée sont terminées. Ses amis américains trouvèrent son altesse à son bord, où elle leur souhaita une cordiale bienvenue. C'était un navire d'environ deux cents tonneaux, et jusqu'à un certain point dans le style européen; mais comme on avait d'abord songé à en faire une jonque, et que le premier plan fut abandonné quand l'ouvrage était assez avancé, il s'ensuivit qu'il tirait beaucoup plus d'eau à l'avant qu'à l'arrière. Le prince s'occupait alors à le gréer avec l'aide de trois matelots anglais à son service, et au point où l'on en était l'armement s'annonçait parfaitement bien (1).

(1) Voir à ce sujet *Moor's Notices of the Indian Archipelago.*

(1) Le fils aîné du *phraklang,* ou premier

Au lieu du costume que nous avons décrit, et qu'il portait pendant sa visite au *Peacock*, le prince n'avait pour tout vêtement de dessous qu'un sarong de soie. Il introduisit les visiteurs dans sa chambre, où il leur offrit du thé et des cigares. Les nombreux individus de sa suite, tous en apparence sur le pied de compagnons et de familiers, se tenaient alentour, appuyés sur leurs coudes et leurs genoux, mâchant la noix d'arec, dont n'usait pas le prince lui-même. Il avait deux superbes perroquets de Bornéo, qu'il semblait affectionner beaucoup. Les Américains visitèrent avec lui le navire, et trouvèrent que tout avançait rapidement. Généralement les ouvriers étaient établis sur le pont, et ne se trouvaient conséquemment pas dans la nécessité d'interrompre leurs travaux; ce qu'ils auraient dû faire s'ils avaient été à la tâche. Le prince lui-même prit une gouge des mains d'un ouvrier; et, s'accroupissant, commença à l'employer avec dextérité sur une pièce de bois reposant par ses extrémités sur des pointes semblables à celles d'un tour, et à laquelle un homme imprimait un mouvement de rotation à l'aide d'une corde enroulée au centre de la pièce, et dont il tirait alternativement les deux extrémités. On entendit tout à coup de grands cris de joie poussés sur la rivière. Ils venaient d'un long bateau ressemblant à un canot, et ne bordant pas moins de cent avirons. Chaque rameur se tenait debout, marquant bruyamment la mesure du pied droit, tandis qu'un homme de l'équipage, également debout sur l'avant, frappait, l'un contre l'autre, deux morceaux de bambou pour régler et cadencer les efforts de ses compagnons. Le bateau et l'équipage appartenaient au prince, qui les exerçait ainsi chaque jour; ce qui expliquait le salut que l'on venait d'entendre. Il a quelques milliers d'hommes qu'il forme de cette manière ou qu'il exerce au maniement des armes. Il prend l'intérêt le plus vif aux choses militaires; mais il ne néglige pas l'occasion d'acquérir des connaissances générales. Il paraît qu'une fois il demanda que l'on autorisât le tambour de l'un des bords américains à enseigner aux siens les roulements et les appels, etc.; et dans une autre circonstance il voulut qu'on lui expliquât de la manière la plus minutieuse l'usage des paratonnerres sur les vaisseaux. Le lendemain on trouva son armurier à l'ouvrage pour en confectionner de semblables. Il avait nommé le navire à la construction et à l'armement duquel il travaillait alors, *Royal-Adelaïde*, et avait peint ce nom en caractères anglais de sa propre main, au-

ministre, a construit à *Tahantibon*, en 1835, les premiers navires à vergues sur modèles européens. — Le frère de ce même ministre et plusieurs seigneurs siamois ont aussi obtenu la permission de construire des navires de cette espèce. Le prince *Momfanoï* paraît avoir puissamment contribué à introduire au Siam ce mode de construction. — Le *Bangkok Calandar* donne la liste suivante, qui montre clairement les progrès faits par les Siamois dans ce genre élevé d'industrie, depuis 1835.

NAVIRES CONSTRUITS A SIAM :

Noms.	Tonnage.	Année de la construction.
Ariel.	80	1835
Conqueror.	500	»
Fairy.	150	1835-36
Sir Walter Scott.	150	»
Caledonia.	780	1836-37
Victory.	1,070	1837
Success.	350	1839
Sea Lark.	80	1842
Lion.	130	»
Tiger.	120	1843
Favorite.	360	1847

Le *Conqueror* s'est perdu sur la côte d'Haïnan. Le *Caledonia* s'appelle maintenant *Neptune*. Les navires désignés ci-dessus sont employés comme navires de guerre ou de commerce, suivant les circonstances. — Quatre autres navires,

Mercury, de 100;
Seaforth, de 160;
Little Anna, de 105;
Celerity, de 250;

ont été construits par des seigneurs siamois. Il y en avait deux autres sur les chantiers et fort avancés en 1848. — Le prince *Momfanoï* avait complétement établi à cette époque un bel atelier de construction pour les machines, commencé dès 1844.

Ces détails sont importants, en ce qu'ils placent les Siamois fort au-dessus des Birmans dans une branche d'industrie qui ne peut fleurir que chez un peuple intelligent et destiné à de grands progrès.

dessus d'un râtelier pour petites armes, sur le panneau de l'écoutille d'arrière. Une grande caisse dans la chambre portait sur le devant son propre nom, *T. Momfanoï;* et il montra à ces messieurs quelques-uns de ses dessins, qui témoignaient au moins de son goût décidé pour cette branche de l'art.

Le navire était mouillé à environ dix mètres du rivage, devant son palais, qui ressemblait extérieurement à un fort. Les murs avaient la blancheur de la neige, et étaient garnis d'embrasures pour des canons. Les officiers américains accompagnèrent le prince au rivage, et, sur son invitation, jusque dans son palais. Dans le trajet du rivage au palais, tous les natifs qui se trouvaient sur le passage de *Momfanoï* se prosternaient la face en terre jusqu'à ce qu'il eût passé. Une fois chez le prince, les visiteurs trouvèrent partout des indices des goûts du maître. Une foule d'individus des deux sexes étaient à l'ouvrage, les uns tissant ou filant, les autres livrés à d'autres occupations. Plusieurs avaient des chaînes aux bras et aux jambes, et portaient sur le dos les marques de l'application récente du bambou. « C'était la première fois, observe ici notre voyageur, que je voyais des femmes enchaînées ; et à cette vue je sentis dans mon esprit un mouvement soudain de répulsion, mêlé de dégoût et de pitié, et peut-être du désir de voir ces malheureuses libres à l'instant même ; mais, en y réfléchissant, je cherchai à me persuader que ce châtiment n'avait rien d'excessif pour des femmes qui ne semblaient pas avoir le corps aussi délicat, à beaucoup près, que nos chrétiennes. »

Avant de faire entrer ses hôtes dans son appartement, *Momfanoï* les mena voir ses favoris, consistant en un gros singe, une demi-douzaine de beaux cerfs, deux grands ours noirs de Bornéo, marqués d'une bande blanche sur le devant de chaque épaule, tous les deux apprivoisés et très-familiers, et de plus un grand casoar de la Nouvelle-Hollande, privé au point de venir manger dans la main et se promenant par tout en liberté. Il appela ensuite leur attention sur une grande variété de perroquets et de kakatouas, logés dans la varande ou corridor qui entourait tout l'édifice. Il les conduisit de là à ses écuries, pour leur montrer son superbe haras, et leur fit encore faire connaissance avec quelques cigognes, des poules sauvages dans des cages et une demi-douzaine d'ânes et de singes. Il avait ordonné, pendant ce temps-là, qu'on apportât du lieu où on les tenait, sous l'écurie, trois ou quatre crocodiles dont on avait pris soin d'attacher les mâchoires, afin que l'on pût les examiner sans danger.

Dans une autre partie de la cour se trouvaient des pièces de campagne et des canons de divers genres et calibres, des espars, etc., le tout parfaitement en ordre, sous un hangar. Il avait de nombreuses questions à faire à propos de chacune des choses qu'il montrait ; et il n'était satisfait que quand il était sûr qu'il avait clairement compris les réponses qu'on lui faisait.

Il mena ensuite nos voyageurs dans l'intérieur de sa demeure, et leur dit en assez bon anglais : « Messieurs, vous êtes les bienvenus ; je suis charmé de vous voir. » L'intérieur était grand, quoique la maison n'eût qu'un étage, divisé en trois appartements par deux paravents, qui n'atteignaient pas au plafond. L'appartement du milieu était meublé, dans le style anglo-asiatique, aussi élégamment qu'aucune maison de maître dans l'Inde.

A l'un des bouts de ce salon, sur une table, auprès d'un sofa, il y avait des violons, des flûtes et un flageolet, instruments dont jouait son altesse. L'appartement voisin avait été disposé en salle d'étude. On y voyait une petite collection de livres anglais, un joli baromètre, etc. A côté, dans une petite chambre, le prince s'était arrangé un musée particulier, où il avait mis de nombreux et intéressants spécimens d'histoire naturelle : quadrupèdes, oiseaux, reptiles, etc., tous préparés et classés par lui-même. Ruschenberger parle ici d'un singulier animal désigné par les Siamois sous le nom de *khonpáá,* animal qui aurait été vu par le prince et cent autres personnes, et qui ressemble à un homme, a cinq pieds de haut, marche droit, *n'a pas d'articulations aux genoux,* et court plus vite qu'un cheval, etc. Il s'agit évidemment de quelque grande espèce de singe, d'un *orang-outang* ou d'un *pongo*. Ces grands singes ne se trouvent que dans les solitudes les plus retirées dans l'intérieur, et il est difficile de se saisir d'un individu vivant. Il paraîtrait, d'après le récit du docteur, qu'on en avait cependant amené un à Bangkok ; mais que, d'après les idées superstitieuses du roi ou de ses conseillers, on avait regardé la présence de cet animal comme de mauvais augure pour la capitale du grand monarque. Les propriétaires de ce merveilleux quadrumane avaient été, en conséquence, bâtonnés ou plutôt *bamboués*, et tout ce qu'ils possédaient confisqué au profit de sa majesté. On comprend que personne, depuis, n'eût été tenté de chercher et de produire aux yeux des curieux de Bangkok un autre *khon-pâa*.

« Étant revenus du musée au salon, on servit, par ordre du prince, des vins d'Oporto et de Madère excellents, avec des cigares de manufacture siamoise. — Il fit avec tant de grâce les honneurs de sa maison, malgré son état presque complet de nudité, que personne, s'il faut en croire le docteur Ruschenberger, n'aurait hésité à déclarer que la nature l'avait marqué au vrai coin de l'homme comme il faut. Il partageait également ses attentions entre tous ses hôtes, faisait des questions sur presque chaque objet ; et quand les réponses n'étaient pas parfaitement claires, recommençait toujours ses demandes, et sur deux ou trois points contestés s'en référait, pour soutenir ses opinions, aux livres de sa bibliothèque. Il fit voir à ses hôtes l'épée dont se servent les Siamois en combattant sur les éléphants, épée qu'on peut prendre pour une lance. Le manche avait quatre pieds de long, était d'un beau bois dur, parfaitement droit, et se vissait au milieu, à une jointure ménagée pour le rendre plus portatif. La lame n'avait qu'un tranchant, et formait une courbe élégante de deux pieds de long. La garde se composait d'un disque garni de pierres précieuses, et le fourreau était émaillé. Une arme semblable, dans une main hardie et déterminée, produirait l'effet d'une faux. On examina ensuite avec intérêt un instrument de musique inventé dans le *Laos*, au nord du Siam propre. Il se compose de quatorze bambous d'un demi-pouce de diamètre et de huit à douze pieds de long, placés sur deux rangs parallèles en contenant chacun sept. Les tubes cylindriques sont de longueurs graduées, comme ceux d'un orgue ; et la ressemblance que présentent les deux instruments nous autorise à nommer celui qui nous occupe l'*orgue du Laos*. A environ deux pieds de leur extrémité, les tubes passent par un court cylindre de bois, à angles droits, et à trois pouces, à peu près, au-dessus chaque tube est percé d'un petit trou auquel on applique le doigt en jouant. Celui qui joue de l'instrument le tient entre les paumes de ses mains et souffle dans l'extrémité ouverte du cylindre.

« Nous demandâmes au prince qu'il voulût bien nous faire jouer quelque chose par ses gens. « Oh ! » s'écria-t-il, suivant sa manière habituelle d'exprimer la surprise, « oh ! je jouerai bien « moi-même pour vous ; » et en même temps, appelant un vieillard accroupi à la siamoise, il prit l'instrument entre les paumes de ses mains. Le vieillard rampa jusqu'aux pieds du prince, et, s'asseyant à la turque, se mit à le regarder en face, tandis que son altesse préludait d'une manière brillante. Il tourna ensuite sa face amaigrie vers le ciel, et, les yeux fermés, commença à chanter un air mélancolique que son maître accompagna avec goût. La puissance de l'instrument nous surprit, et nous fûmes charmés de l'expression que le vieux ménestrel mit dans son chant. Il avait à peine terminé qu'il commença à se retirer lentement pour regagner sa première place ; mais un mot le retint aux pieds de son maître. « Maintenant, dit le « prince, je veux vous faire entendre un « air d'un autre genre » ; et aussitôt il se mit à jouer un air qu'on aurait pu prendre pour écossais, si nous n'avions eu la certitude qu'il était bien siamois. La musique donna de la confiance au ménestrel, qui mit plus d'âme dans son chant et produisit encore plus d'effet que la première fois.

« Quand nous fûmes au moment de prendre congé, *Momfanoï* retint à dîner quelques-uns d'entre nous. Il trouva le moyen d'amuser encore sa société par l'exhibition de diverses curiosités sia-

29ᵉ *Livraison*. (INDO-CHINE.)

moises, et par une conversation qui roulait sur tous les sujets. Vers les trois heures de l'après-midi, la table fut mise, dans un style moitié anglais moitié asiatique, mélange de comfort britannique et de pompe orientale. Le dîner fut remarquable, par la variété et l'exquise saveur des *carris*. Il y en avait un, regardé dans le Siam comme l'un des plus coûteux et des plus recherchés, qui se composait d'œufs de fourmis. Ils ne sont pas plus gros qu'un grain de sable, et, pour un palais qui n'y est pas accoutumé, n'ont rien de particulièrement savoureux, étant à vrai dire à peu près insipides. Lorsqu'ils sont accommodés, on les sert roulés dans des feuilles vertes, avec de petits morceaux ou des tranches très-minces de porc gras. Nous fûmes frappés d'un autre raffinement oriental. Deux esclaves se tenaient debout derrière la chaise du prince et agitaient des éventails : plusieurs autres individus de sa suite étaient tout autour de la salle, accoudés et agenouillés selon l'usage : il leur traduisait quelquefois les parties de la conversation qu'il pensait devoir les intéresser. Pendant qu'il siégeait ainsi, causant gaiement, faisant circuler ses vins de choix, rafraîchis avec soin, et veillant au bien-être de ses hôtes, un esclave, placé sous la table, était activement occupé à gratter les jambes nues de son altesse ! »

Dans une autre occasion, nos voyageurs visitèrent le prince, la nuit, à bord de *la Royale-Adélaïde*, qui, à ce qu'il leur parut, était en ce moment son *dada* favori. A peine étaient-ils sur le pont qu'il s'écria : « Oh! je suis charmé de vous voir ; venez dans la chambre. » Il leur montra un journal américain qui contenait la liste des officiers du *Peacock* et l'annonce de la mission projetée au Siam. Il avait le journal en sa possession depuis six mois, mais il n'avait jamais communiqué la nouvelle au roi. Il rit de bon cœur en leur contant cette anecdote.

Entre autres sujets, on vint à parler de phrénologie, et le docteur proposa au prince de lui en faire comprendre les principes par l'examen de quelques-unes des têtes des personnes de sa suite. La proposition fut agréée, malgré la répugnance superstitieuse que tout Siamois éprouve à se laisser mettre la main sur la tête (1).

Comme les Siamois brûlent presque invariablement leurs morts, il est à peu près impossible de se procurer aucun crâne pour l'autopsie phrénologique. C'est pourquoi le docteur s'était déterminé à faire naître, s'il était possible, l'occasion de mesurer quelques têtes de Siamois, et il parvint, en excitant leur curiosité, à endormir leurs préjugés. Il fut heureux dans ses conjectures sur les traits prédominants du caractère de ceux qui se soumirent à l'examen. L'un d'eux était frère du second phra-klang, et, selon le prince, c'était un gentilhomme *pur sang*. Quand le caractère que lui attribuait l'observation phrénologique lui fut interprété, il parut un moment stupéfait de surprise. Bientôt, saisissant la main du docteur, il s'écria : « Vous m'avez dit tant de choses que je regardais comme impossible pour vous de pénétrer, qu'il y en a une de plus que je vous supplie de ne pas me laisser ignorer. Quelle sera la durée de ma vie ? » A ces paroles, le prince et tous les assistants partirent d'un éclat de rire. Il avait l'air aussi grave en formulant cette étrange question que s'il se fût attendu à connaître par la réponse du docteur l'arrêt précis du destin.

Momfanoï annonça qu'il soumettrait une autre fois sa propre tête à l'examen phrénologique, mais en particulier ; malheureusement l'occasion ne se présenta plus. On peut toutefois déduire assez aisément le véritable caractère du prince Momfanoï des renseignements que fournissent sa conversation et ses habitudes. Ce prince est avide d'instruction, actif, déterminé ; et si l'on consi-

(1) Ou même à ce que quelqu'un se trouve, par accident, placé au-dessus de sa tête. On raconte à cet égard une anecdote du phra-klang. Quand l'envoyé du gouvernement de l'Inde anglaise (Crawfurd) était à Bangkok, en 1822, il occupait le second étage d'une maison ; et le digne phra-klang, homme pesant plus de trois quintaux, pour éviter le malheur et la disgrâce d'avoir, même en passant, quelqu'un au-dessus de sa tête, avait l'habitude d'entrer dans les appartements de l'ambassadeur par la fenêtre, à l'aide d'une échelle placée contre la partie antérieure de l'édifice.

dère qu'il appartient à une race encore plongée dans l'ignorance et la barbarie, on doit reconnaître qu'il pense noblement et qu'il lui a fallu une force d'esprit peu ordinaire pour s'affranchir de maints préjugés universellement répandus parmi ses compatriotes. Il a les manières aisées; mais elles ont plus de ressemblance avec celles des officiers de marine qu'avec celles des hommes de cour. Possédant des qualités éminentes et de rares facultés intellectuelles, ce serait un grand malheur pour sa nation et pour l'humanité s'il ne devait pas un jour exercer le pouvoir suprême dans ce pays, si mal nommé jusqu'à présent *pays des hommes libres!* Aimant à communiquer les connaissances qu'il acquiert, il avait enseigné à l'un de ses esclaves, garçon de seize à dix-sept ans, la langue anglaise, qu'il a lui-même apprise des missionnaires américains. — « Toutes les fois qu'il apprend quelque chose de nouveau (dit Ruschenberger), il le communique immédiatement aux personnes de sa suite, qui écoutent toujours attentivement ses moindres propos. Cette disposition à s'enquérir de tout et à communiquer l'instruction qu'il a acquise est si grande, qu'elle donne parfois une apparence puérile à l'ensemble de son caractère, par suite de l'empressement enfantin avec lequel il se montre prêt à entreprendre ou à exécuter tout plan qui cadre avec sa fantaisie..... Dans une occasion, on lui demanda s'il serait possible de se procurer un singe blanc. « Je ne sais pas, répliqua-t-il; c'est un animal *rare*. J'en ai un. » En ce moment il fut interrompu, et la conversation prit une autre tour. Au bout de quelques minutes, quoique la nuit fût venue et que nous nous trouvassions à bord de *la Royale-Adélaïde*, il envoya chercher le singe blanc. Aux lumières cet animal nous parut entièrement blanc et couvert de laine comme un mouton, mais à la clarté du jour il est de couleur jaunâtre : il a la face, la paume des mains et la plante des pieds noires, et les yeux d'un châtain très-foncé, pour ne pas dire noirs aussi. Il est de l'espèce qu'on désigne par le nom de singe à longs bras (1). Le bras, de l'é-

paule à l'extrémité du doigt du milieu, dans cet individu, avait une longueur de dix-neuf pouces, et l'animal entier, quand il était debout, n'avait que vingt-trois pouces de haut. » — Il paraît que le prince en fit présent à ses hôtes; car Ruschenberger remarque qu'il vécut quelque temps à bord du *Peacock*, qu'il était sérieux et disposé à dormir longtemps, et qu'on le voit maintenant empaillé dans la collection de l'Académie des Sciences Naturelles de Philadelphie.

Il est probable que si Momfanoï parvient au trône, de grands changements s'opéreront dans le Siam. Les progrès dans toutes les branches des industries utiles seront certainement hâtés par la protection éclairée de ce prince; l'éducation deviendra plus générale; les idées libérales se propageront par degrés. Ruschenberger rêvait dès 1836 les résultats les plus avantageux de l'avènement de Momfanoï pour la cause du christianisme. Il prévoyait aussi (et ce n'était pas un des points les moins importants) que sous le règne de ce prince le commerce jouirait *en réalité* de la protection et des encouragements que semblaient lui promettre les traités. « En tout, s'écriait-il, le prince ouvrira la marche, et son peuple suivra. » « *Qualis rex talis grex.* » Espérons avec lui que si toutes ces choses ne s'accompliront pas sous le règne désiré, au moins l'impulsion sera donnée, et le progrès, s'il est lent comme le temps dans sa marche, ne s'arrêtera pas plus que lui!

Les Siamois appartiennent à la variété de l'espèce humaine que les ethnographes désignent par le nom de race mongole. Leur taille moyenne serait, suivant l'estimation de Crawfurd, de cinq pieds deux pouces; et Ruschenberger est porté à croire que cette évaluation approche de la vérité. Ils ont les membres inférieurs forts et bien proportionnés, le corps long, d'où résulte pour la taille un certain manque de grâce; les épaules larges et les muscles de la poitrine bien développés; le cou court, et la tête bien proportionnée; enfin les mains grandes (au moins, selon Rus-

---

(1) Probablement l'*ungka pouti* des Malais; *hylobates Lar*; *pithecus variegatus* de Geoffroy : variété à pelage blanc ou jaunâtre.

chenberger) (1) et le teint olivâtre foncé, mais non pas noir. Parmi les femmes des hautes classes, qui passent la majeure partie de leur temps dans l'intérieur du harem, la peau est d'une couleur infiniment plus claire. La partie supérieure du front est étroite, le visage, entre les pommettes, large, et le menton étroit à son tour, ce qui fait que l'ensemble tient plus du losange que de l'ovale. Les yeux sont remarquables en ce que la paupière supérieure s'abaisse au-dessous de l'inférieure, à l'angle voisin du nez (2); mais elle est moins allongée cependant que dans la race chinoise ou tartare. Les yeux sont bruns ou noirs; le blanc en est sale ou d'une teinte jaunâtre. Les narines sont larges, mais le nez n'est pas aplati comme celui des Africains. La bouche n'a pas une forme gracieuse, les lèvres s'avançant un peu; d'ailleurs elle est toujours défigurée, selon nos idées de beauté, par l'odieuse habitude de mâcher perpétuellement la noix d'arec et le bétel. Les cheveux sont d'un noir de jais, résistants et rudes, presque comme des soies, et portés en touffe sur le haut de la tête; cette touffe a un diamètre de quatre pouces environ; le reste de la chevelure est rasé ou coupé très-court (3). Quelques poils, méritant à peine le nom de barbe, croissent dispersés sur le menton et la lèvre supérieure, et encore les arrache-t-on ordinairement.

La partie occipitale de la tête est presque verticale et, comparée aux divisions antérieure et sincipitale, très-petite. Ruschenberger remarque que les côtés latéraux de la tête ne sont pas symétriques : il n'avait encore observé cette particularité que dans quelques anciens crânes de Péruviens de Pachacamac. Le crâne offre une protubérance très-forte dans la région où les phrénologistes placent l'organe de la fermeté; cela est surtout vrai des Talapoins.

Les mesures suivantes, prises avec le compas sur *quatre* têtes purement siamoises, donnent une idée plus précise de la conformation du crâne qu'aucune description.

	Pouces.			
Entre les ouvertures des oreilles externes.	$5 \frac{1}{2}$	$5 \frac{1}{4}$	$5 \frac{1}{2}$	$5 \frac{1}{2}$
Entre les protubérances pariétales.	6	6	6	$5 \frac{3}{4}$
Entre la racine du nez et l'occiput, ou diamètre antéro-postérieur. . .	7	$7 \frac{1}{4}$	$7 \frac{1}{4}$	$6 \frac{3}{4}$
Entre les fosses temporales.	5	$4 \frac{3}{4}$	$4 \frac{3}{4}$	5
Entre les angles externes des yeux.	$4 \frac{3}{4}$	$4 \frac{3}{4}$	$4 \frac{1}{2}$	$4 \frac{1}{2}$
Entre les os des joues. . .	$5 \frac{1}{4}$	$5 \frac{1}{2}$	$5 \frac{1}{2}$	$5 \frac{1}{2}$
Entre les angles maxillaires.	$5 \frac{1}{2}$	$4 \frac{3}{4}$	5	$4 \frac{3}{4}$
Des incisives à la racine du nez.	$2 \frac{3}{4}$	3	$2 \frac{3}{4}$	$2 \frac{3}{4}$
Du menton à la racine du nez.	$4 \frac{1}{2}$	5	$4 \frac{1}{2}$	$4 \frac{3}{4}$
De la racine du nez à la ligne des cheveux. . .	$3 \frac{1}{4}$	$2 \frac{3}{4}$	3	2
De l'oreille à la suture sagittale.	$5 \frac{1}{2}$	$5 \frac{3}{4}$	$5 \frac{3}{4}$	$5 \frac{1}{4}$
Angle facial.	59°	67°	67°	59°

Crawfurd, dans le but de déterminer approximativement la taille moyenne des Siamois, mesura vingt d'entre eux. Le plus grand se trouva avoir cinq pieds huit pouces anglais; le plus petit, cinq pieds deux pouces; la moyenne des vingt mesures donnerait, selon Crawfurd, un pouce de plus aux Siamois qu'aux Malais, et un demi-pouce de moins qu'aux Chinois.

Crawfurd dit que les Siamois sont d'un brun peu foncé, beaucoup plus foncé cependant que celui des Chinois, mais un peu moins peut-être que la teinte qui caractérise la race malaise, et n'approchant jamais du noir de l'Africain ou de l'Hindou des classes inférieures.

---

(1) S'il en est ainsi, les Siamois font exception à cet égard à tous les Orientaux, qui se font remarquer en général par la petitesse de leurs mains. Nous doutons, nous devons l'avouer, de l'exactitude de cette assertion; elle est cependant confirmée en partie par Crawfurd : il dit que les mains sont fortes (*stout*), et n'ont pas cette douceur de peau et cette délicatesse de forme qui caractérisent celles des Hindous.

(2) Voir, sur cette particularité de l'organisation, la note de la page 26 de ce volume.

(3) Suivant Earl (*The Eastern Seas*, etc., p. 167) ce genre de coiffure serait d'introduction récente. Les Siamois portaient autrefois les cheveux longs. Earl a visité le Siam en 1832.

Les Siamois paraissent avoir eu de tout temps de singulières idées sur la beauté. Les portraits des plus belles femmes de la cour de Louis XIV ne furent nullement admirés à la cour de Siam (du temps de la Loubère) : mais, en revanche, une *grande poupée* qu'on montra aux principaux seigneurs fut tellement de leur goût, qu'un jeune courtisan s'écria, dans son admiration, qu'une femme de cette apparence vaudrait à *Youthia* 10,000 ticals! Quelques Siamois qui se trouvaient à Calcutta en compagnie de Crawfurd, comme celui-ci se préparait à la mission qu'il allait remplir, répondirent lorsqu'on leur fit remarquer une jeune Anglaise dans tout l'éclat de sa beauté, « qu'il verrait de bien plus belles femmes quand il viendrait à Siam! »

Les Siamois sont actifs, mais leurs habitudes ne sont pas celles d'un peuple guerrier. Les seuls exercices gymnastiques auxquels Ruschenberger les ait vus se livrer pendant son court séjour étaient de ramer et de jouer au volant avec les pieds. Leur manière de pratiquer ce jeu est exactement la même que chez les Chinois ou les Birmans. Une demi-douzaine d'individus, placés à égale distance l'un de l'autre, forment un cercle d'environ trente pieds de diamètre. Le volant est maintenu en l'air, seulement en le frappant de côté et d'autre avec la plante du pied ou le genou. Il est difficile de voir un exercice plus gracieux, ou qui demande plus d'activité et de souplesse dans les membres.

Comme tous les Asiatiques des basses latitudes, les Siamois sont portés à l'indolence et à la satisfaction des inclinations sensuelles, quand elles ne sont pas en contravention avec leurs idées religieuses, auxquelles, cependant, ils ne sont pas scrupuleusement attachés. Ils ont d'eux-mêmes une opinion outrée, qui les fait se mettre au-dessus de toutes les nations, la nation chinoise exceptée, qu'ils reconnaissent comme leur étant supérieure et à laquelle ils payent de temps en temps tribut, et celle des Birmans, qu'ils regardent comme de même rang que la leur. Ils consacrent tout leur superflu à bâtir des temples pour obtenir ce qu'ils estiment devoir être le profit futur de leurs âmes. Ils sont vils,

rapaces et cruels, et ne montrent jamais rien qui ressemble à cette élévation de sentiments qui commande notre admiration ou notre respect. Comme preuve de leur cruauté habituelle, nous n'avons qu'à citer l'usage où ils sont de réduire en servitude leurs prisonniers de guerre, sans égard ni pour l'âge ni pour le sexe, et le traitement qu'ils se firent un jeu barbare d'infliger au roi de Laos et à sa famille, qu'ils amenèrent à Bangkok dans une cage et exposèrent comme des criminels à la grossièreté d'une populace ignorante et sauvage (1). Ils sont soupçonneux, irrésolus, et dépourvus de ces principes d'honneur qui donnent de la stabilité à la société dans le monde chrétien ; la loi qui soumet la personne du débiteur à l'esclavage et au fouet, au gré du créancier, a son origine dans ces traits de leur caractère. Rampants et serviles à l'extrême envers leurs supérieurs, ils sont arrogants, hautains et tyranniques à l'égard de ceux qui sont au-dessous d'eux. « Quoique d'une humilité qui les faisait se prosterner dans la poussière devant leurs chefs, avec lesquels nos relations étaient dans les termes d'une parfaite égalité, ils se conduisaient envers nous avec une hauteur approchant de l'insolence sitôt qu'il n'y avait pas de Siamois de distinction présent. Ils ne nous témoignaient jamais volontairement le moindre respect, et leur foule importune s'imposait à nous à chaque instant : ils ne pouvaient être tenus à distance que par nos réprimandes ou l'emploi de la force; et n'eussions-nous été, en quelque manière, regardés comme les hôtes du roi, il me semble douteux que notre traitement, en général, eût été supportable, à moins que l'espérance de tirer de nous quelque profit ne l'eût rendu plus convenable. Ils étaient constamment à mendier tout ce qu'ils voyaient, avec la plus impudente effronterie, n'étant déconcertés en aucune façon par les refus les plus méprisants (2). »

Leurs vertus comme leurs vices ont un caractère vénal. Les services du juge

(1) Voyages de Gutzlaff; Toumlin ; *Residence in Siam*, etc.; Abel, *Residence in China and the neighbouring countries*, etc.
(2) Ruschenberger, etc. p. 301.

et ceux de l'assassin s'obtiennent également à un prix modéré; mais ils sont toujours vendus au plus offrant, et le triomphe de cette spéculation éhontée est de se faire payer par les deux parties.

La seule qualité recommandable qu'offre le caractère des Siamois, selon notre observateur américain, c'est le respect qu'ils conservent toute leur vie pour leurs parents, et qui se manifeste avec la même exactitude minutieuse dans l'âge mûr que dans l'enfance. Le fils ne se tient jamais debout devant son père ou sa mère; et quand il s'assied, ce n'est jamais sur un siége aussi élevé que celui qu'occupe son père. Sa magnifique majesté elle-même se soumet à cette loi d'humilité, et paraît devant sa mère sur les coudes et les genoux. La reine douairière et le chef des talapoins sont les seuls personnages dans le Siam qui n'aient pas de supérieurs.

Comme tous les hommes ignorants et dépourvus d'éducation, ils sont superstitieux. Ce trait de leur caractère, sans parler de la croyance aux esprits, aux jours bons et mauvais, etc., se montre assez plaisamment dans leur manière de découvrir les voleurs. Une personne qui avait résidé longtemps à Bangkok raconta au docteur l'anecdote suivante :
— On avait pris à un individu deux barres d'or dans son appartement. Toutes les personnes qu'il était, à la rigueur, possible de soupçonner du vol furent assemblées, et l'on fit appeler un conjureur pour procéder à la découverte du coupable. Il vint, pourvu de quelques barres carrées d'apparence métallique, de six ou sept pouces de long, de l'épaisseur du petit doigt, et reconnues à l'examen pour être faites d'une espèce d'argile. Le sorcier commença par demander à chacun individuellement s'il pouvait dire ce que l'or était devenu. La réponse étant négative, il alluma une petite bougie, de chaque côté de laquelle il appliqua un *tical* que lui avait donné l'homme qui avait perdu l'or. Puis, murmurant une invocation ou formule magique, il prit un morceau d'argile qu'il éleva trois fois, avec force cérémonies, au-dessus de sa tête. L'ayant ensuite très-soigneusement mesuré avec le petit doigt, il le rompit en fragments d'un pouce et demi de long, et donna trois de ces fragments à chacune des personnes soupçonnées, avec injonction de les mâcher aussi vite que possible et de prouver son innocence en crachant, quand la mastication serait accomplie. Tout le monde se mit à mâcher et bientôt à faire des efforts pour cracher; et comme du succès de cette opération laborieuse dépend l'innocence ou la culpabilité de l'accusé, d'après l'opinion des Siamois, on imagine aisément ce qu'une pareille scène présente d'étrange et de ridicule. Dans le cas qui nous occupe, il n'y avait pas moins de dix individus qui s'efforçaient de cracher, et qui à la fin, après beaucoup de contorsions, y parvinrent tous, à l'exception d'une fille de quinze ans, qui fut déclarée coupable. Le sorcier se retira triomphant avec sa bougie et ses deux ticals. — L'épreuve de l'argile est tellement en faveur au Siam, que souvent elle suffit pour faire charger de fers et fouetter journellement jusqu'à l'aveu du vol ou à la restitution de ce qui a été pris. Dans le cas cité la pauvre fille en fut quitte pour la peur; ce que le narrateur attribue plaisamment à l'habitude proverbiale qu'ont les Siamois de manquer à leur parole.

En revenant de leur visite chez *Momfanoï*, les officiers Américains trouvèrent M. Roberts se préparant à en faire une à un officier distingué du gouvernement, portant le titre de *phya-ratsa-pa-vadé*. Ruschenberger fait observer à cette occasion que, « désireux de se conformer le plus possible aux usages de l'Orient, » les Américains ne se montraient en public qu'avec autant de pompe et d'appareil que leurs moyens pouvaient le permettre; en grande tenue, *et précédés de leur musique*. Ce fut peine perdue avec les Siamois; car le docteur ajoute naïvement : « Nous nous mîmes donc en marche le long des rues étroites, aux sons d'une musique militaire, suivis de la foule; mais nous remarquâmes que personne ne se prosterna devant nous, ainsi que cela se pratique en présence des *nobles à théière* du magnifique royaume de *Thaï*. »

Le *phya-ratsa-pa-vadé* demeurait dans un grand bâtiment d'un seul étage, au centre d'une cour spacieuse. Le milieu de la façade s'ouvrait sur une vaste varande présentant une salle de quatre-vingts pieds de long sur quarante de large, dont le plafond était supporté par de nombreuses colonnes de bois. Le plancher était élevé d'environ quatre pieds au-dessus du sol et couvert de nattes. La salle était garnie de chaises, de tables et de miroirs chinois. Plusieurs lampes pendaient au plafond. Tout juste contre le milieu du mur du fond, le grand homme reposait sur un *daïs* (1), vêtu d'un sarong de soie. Devant lui, sur le daïs, étaient étalés ses titres de noblesse et les insignes de sa charge, consistant en une bouilloire à thé, une boîte à tchounam, des crachoirs et une coupe ou gobelet, le tout d'or pur. A sa gauche étaient accroupis, dans l'attitude la plus humble, un porte-éventail et un porte-épée, et des deux côtés ses nombreux esclaves et des officiers inférieurs. Ces détails font comprendre pourquoi Ruschenberger appelle par dérision les fonctionnaires siamois *nobles à théière*. La bouilloire à thé est en effet le principal indice du rang, nonseulement au Siam, mais dans beaucoup d'autres lieux de l'Indo-Chine et de l'Archipel. En général, au lieu de regarder à la toilette d'un Siamois, pour déterminer son rang il est nécessaire de jeter les yeux sur l'esclave qui l'accompagne et qui porte sur un plateau les objets qui désignent la condition de son maître. Des bouilloires d'or et d'argent, unies ou ornées, sont les insignes des plus hauts grades de la noblesse, et conférées par le roi, en guise de diplômes, aux fonctionnaires revêtus des diverses charges de l'État.

On avait mis, pour la commodité des visiteurs étrangers, un rang de fauteuils sous la varande, en face du phya-ratsa-pa-vadé ; ils y furent conduits par Piadadè, qui faisait l'office d'interprète. Celui-ci, s'étant laissé tomber sur les coudes et les genoux, s'avança ainsi, rampant de la manière la plus abjecte, et se plaça à égale distance du seigneur siamois et de ses hôtes. Au pied de chacune des colonnes du premier rang, se trouvaient un crachoir et un paquet de cigares placés sur des tabourets. Les portes menant aux appartements intérieurs étaient cachées par des portières de soie. Une nombreuse canaille nue stationnait dans la cour, et au delà du mur une foule compacte satisfaisait, par la contemplation de cette scène étrange, sa paresseuse curiosité. Le fils du général qui avait reçu les Américains à leur débarquement à Bangkok parut avec son superbe uniforme et son chapeau à trois cornes, et vint, en se traînant sur les genoux et sur une seule main, offrir, de l'autre main, des cigares à chacun des visiteurs. Cela fait, il apporta de la même manière une chandelle allumée et des mèches de papier pour allumer les cigares. On échangea d'abord, avec l'aide de Piadadè, qui faisait un *salam* au commencement et à la fin de chaque phrase, quelques questions et quelques réponses banales. Après quelques minutes, le ratsa-pa-vadé demanda si ces messieurs étaient satisfaits de leurs logements et de leur manière de vivre à terre, les engageant à mettre de côté toute cérémonie et à se considérer comme chez eux. Des tables chargées de fruits et de confitures de divers genres furent alors roulées devant les convives, et pendant l'entrevue on servit, à différentes reprises, du thé sans sucre et sans lait.

Sur la demande du ratsa-pa-vadé, la musique de la frégate joua plusieurs airs, qui lui parurent, comme il voulut bien le dire, la meilleure musique qu'il eût jamais entendue. Au bout d'une demi-heure, les étrangers prirent congé, non sans avoir échangé force poignées de mains, et s'en retournèrent dans l'ordre dans lequel ils étaient venus. Peu de temps après leur retour chez eux, des esclaves arrivèrent avec des fruits qu'envoyait en présent le dignitaire qui avait reçu leur visite. C'est un usage invariable dans le Siam que d'envoyer sur-le-champ des présents pour montrer que la visite qui a été faite a été reçue avec plaisir.

De bonne heure, dans la matinée du jour suivant, Ramon, que le lecteur peut se rappeler avoir été l'un des interprètes à Paknam, vint prier le docteur, au nom du *phya-pi-pat-kosa*, universellement connu des étrangers comme le second

---

(1) Espèce de table basse, sur laquelle les seigneurs siamois reposent quand ils reçoivent des visites. C'est le *takt* des Hindoustanis.

phra-klang, ou second ministre, d'aller le visiter en sa qualité de médecin. Ruschenberger promit de s'y rendre à dix heures. Quelques instants avant cette heure Ramon parut, et annonça que le ministre était prêt à recevoir le docteur. Accompagné d'un ami, Ruschenberger monta dans le sampan ou la gondole du phya-pi-pat-kosa, que mettaient en mouvement sept rameurs. Après avoir traversé la rivière, théâtre d'un mouvement continuel, ils entrèrent dans un canal dont ils suivirent le cours environ un mille, se frayant un chemin parmi des bateaux de toute espèce. Ils virent amarrés le long des bords plusieurs grands sampans, à toits demi-cylindriques, occupés en permanence par de nombreuses familles. Quelques-uns servaient de débits de sel, et d'autres contenaient de la poterie. Les gens qui les habitaient étaient presque nus, et, quoique manquant de dignité, possédaient cette aisance et cette souplesse de mouvements et d'attitudes qui plaisent au poëte. Ils tuaient, la plupart, le temps en s'occupant à poursuivre dans leurs rudes chevelures les hôtes incommodes qui s'y étaient réfugiés. D'autres, plus nombreux, nageaient dans le canal. Quelques-uns pêchaient, ayant des corbeilles attachées sur le dos pour y mettre ce qu'ils pouvaient trouver. Ils étaient dans l'eau jusqu'à la ceinture, et tenaient leur filet à la main. — La scène était intéressante par sa nouveauté; et nos observateurs s'étonnaient que tant de gens pussent vivre dans un espace si étroit; mais ces braves gens avaient en général un aspect misérablement sale, et si dégoûtant qu'on devait se trouver heureux de s'en éloigner.

Le sampan s'arrêta au pied d'un escalier par lequel on montait sur le rivage, où une porte cochère, décorée, donnait entrée dans une grande cour qui renfermait la demeure du second ministre. Elle était d'une vaste étendue, mais à un seul étage, comme la plupart des maisons de Bangkok. La façade présentait une salle ouverte, avec des murs peints et des solives sculptées, ce qui la faisait ressembler, pour la perspective, à une pompeuse décoration de théâtre. Après avoir prié le docteur d'attendre quelques instants, Ramon disparut derrière un paravent, et laissa aux deux Américains tout le loisir d'examiner l'appartement. Il n'avait que trois côtés, le devant étant ouvert et supporté par des piliers de bois de teck, et protégé contre les intempéries de l'air par une grande natte qui tombait de la gouttière en guise de rideau. Le seul ameublement qu'il renfermât était un *daïs*. Quelques esclaves étaient nonchalamment occupés à épousseter et balayer les nattes du plancher.

Sur ces entrefaites, Ramon fit un signe du coin du paravent, et les étrangers le suivirent dans une cour intérieure, sur laquelle s'ouvrait un appartement semblable à celui qu'ils venaient de quitter : seulement il n'était ni si propre ni si bien décoré. Là reposait sur un daïs, au milieu de sa famille, le phya-pi-pat-kosa, homme de petite taille et de forte corpulence, à la figure ronde et joviale, et vêtu d'un sarong de soie cramoisie. Une vingtaine de ses femmes étaient assises autour de lui, à la turque, avec un nombre peut-être égal d'enfants. Une esclave, agenouillée à quelques pieds du daïs, éventait sa seigneurie. Ruschenberger, grâce à son titre de médecin, se trouva ainsi introduit d'une manière inattendue dans l'intérieur d'un harem siamois. Les femmes étaient les plus belles qu'il eût encore eu l'occasion de voir dans ce pays; et il avoue que leurs manières étaient pleines de grâce. Elles avaient toutes la même toilette, consistant en des pantalons formant des plis nombreux autour de la ceinture et du cou-de-pied, et une écharpe de crêpe noir de Canton, jetée négligemment sur les épaules, ne voilant le sein qu'à demi et pour ainsi dire accidentellement. Elles tenaient leurs bras nus croisés sur leur poitrine, montrant de longs doigts effilés, qui paraissaient plus longs encore à cause de leurs ongles, laissés à toute leur croissance. Toutes conservaient une attitude modeste et silencieuse et les yeux baissés. Les enfants couraient à l'entour, entièrement nus, à l'exception d'une petite fille de six à sept ans, qui portait une feuille de figuier en or soutenue par une lourde chaîne passée autour des hanches. Cette enfant avait un air plus grave que les autres. Tant que dura l'entrevue, elle se tint debout, un doigt dans sa petite bouche, occupée à contempler les étrangers avec étonnement.

Le phya-pi-pat-kosa se leva sur son daïs, et serrant cordialement la main des étrangers, il les invita à s'asseoir sur le bord du daïs, à côté de lui. Ramon s'étendit sur les coudes et sur les genoux, et fit les salutations d'usage. Le fils de l'hôte, jeune homme de vingt-deux ans, était agenouillé dans la cour, qui se trouvait un peu au-dessous de l'appartement, et s'appuyait des bras et de la poitrine contre le plancher de la salle. — On apporta aussitôt du thé. Le ministre exprima le désir que le docteur vît sa nièce, qu'il avait fait venir de la campagne dans cette intention. Il lui adressa alors la parole, et l'attention du docteur fut appelée sur une femme aux proportions élégantes, dont les bras et les mains eussent pu servir de modèles à un sculpteur, et qui, dans une attitude accroupie, réussit à s'avancer le long de la natte du plancher. Elle avait les traits réguliers et une physionomie intéressante; mais Ruschenberger put voir d'un coup d'œil que son état ne devait attendre que peu de soulagement des secours de l'art. Elle était complètement aveugle, et cela depuis neuf ans! On ne lui aurait donné que vingt ans, mais son oncle assura qu'elle en avait vingt-sept. Le docteur ayant demandé si elle était mariée, le ministre se prit à rire de tout son cœur, et s'écria : « Qui est-ce donc qui voudrait d'une femme sans yeux ? » Cette exclamation provoqua un sourire général parmi les dames. Le docteur expliqua, à la malade qu'une opération pouvait être tentée dans le but de lui rendre la vue, mais que le résultat en était incertain; qu'en tout cas il ne pourrait songer à l'entreprendre lui-même, ne devant séjourner que peu de temps à Bangkok; que, par conséquent, il se voyait réduit à lui recommander de consulter le docteur Bradley, missionnaire américain résidant à Bangkok, et qui consacrait ses journées à rendre aux Siamois pauvres ou riches des services de cette nature. Un soupir de désappointement fut tout ce que fit entendre la malade, qui ne proféra pas une seule parole.

Le ministre présenta ensuite à Ruschenberger un enfant de deux ans, souffrant d'une déviation de la colonne vertébrale, et demanda si l'on pouvait guérir cette infirmité. Comme dans le cas précédent, on le renvoya à M. Bradley.

Ramon, ayant été témoin de quelques-unes des études phrénologiques du docteur américain, raconta ce qu'il avait vu au phya-pi-pat-kosa, dont la curiosité fut excitée au point de solliciter son hôte pour qu'il voulût bien déterminer, d'après l'inspection de la tête de son fils, quel pouvait être son caractère. Les remarques du docteur furent trouvées exactes par le père; et quand le phrénologiste prononça que le jeune homme aimait passionnément la société du beau sexe, il n'y eut parmi les dames qu'un cri d'approbation.

L'entrevue dura deux heures, pendant lesquelles on servit du thé, des fruits, des confitures et des cigares. Le docteur ayant fait observer qu'on regardait comme peu décent et même comme impoli parmi nous de fumer devant les dames : « Chez nous, répliqua le gai ministre, c'est au contraire un signe d'amitié, car jamais votre ennemi ne vous permettrait de lui fumer au visage. » Quand les deux Américains prirent congé du dignitaire, il leur serra la main à plusieurs reprises de la manière la plus amicale, en les invitant à renouveler leur visite. — Les femmes de haut rang ne sont pas absolument cachées à tous les regards; mais les étrangers ont rarement la permission de les voir. Elles ont beaucoup meilleure mine et ont le teint beaucoup plus clair que celles que l'on rencontre au dehors.

Ramon, qui reconduisit le docteur chez lui, ne cessa tout le long du chemin de célébrer la bonté, la fortune et la sagesse du ministre!

Ruschenberger nous conduit ensuite chez un autre haut fonctionnaire, le *phia-si-pi-pat*, frère du phra-klang (ou ministre des affaires étrangères), et chargé de l'intérim pendant l'absence momentanée de ce ministre. Cette visite de cérémonie eut lieu au coucher du soleil. Les Américains descendirent de leurs embarcations près de la maison du ministre, dans un lieu où les attendait leur musique. Il y avait, d'un bout à l'autre de la rue étroite sur laquelle s'étendait la résidence du haut dignitaire, une foule de Siamois accroupis qui regardaient avec étonnement les étrangers marcher précédés de cette musique militaire. La cour était aussi pleine que la rue. De cette cour le cortége pénétra dans une salle vaste et élevée, de deux des côtés de laquelle une série de portes s'ouvrait sur des varandes disposées à l'entour. Il y avait à droite une cloison (ou paravent) couverte de peintures chinoises et d'armes siamoises, et à gauche une table très-bien dressée à l'européenne et chargée avec profusion de fruits, de confitures et de vins. Le long du mur qui faisait face à l'entrée, étaient trois daïs couverts de housses de Perse, avec un tapis sur le plancher. Les colonnes ou piliers qui supportaient le toit ressemblaient à du marbre poli, mais ils étaient de bois et recouverts en stuc. Le phya-si-pi-pat reposait sur le premier daïs. C'était un gros homme d'environ cinquante ans, vêtu d'un sarong de soie. Il avait le côté droit du corps appuyé sur un coussin carré de soie cramoisie, brodé d'or, et le bras du même côté étendu par-dessus le bord du daïs, tandis que, de la main gauche, il se tenait la plante du pied droit tournée en l'air. La jambe gauche était pliée de manière à ce que le pied pût poser sur la housse. Il avait devant lui, sur le daïs, un grand vase plein d'eau, au milieu duquel flottait une coupe, un crachoir, une boite à arec et à tchounam ; le tout en or, surmonté de couvercles coniques en papier cramoisi et ornés de figures d'or ; de plus, une bouilloire d'or émaillée, une théière de porcelaine, des étuis d'or pour cigares, signes distinctifs et titres de sa noblesse. Un porte-épée était agenouillé à sa gauche, tenant dans un fourreau de velours cramoisi une épée à deux mains dont la poignée était garnie de brillants ; à côté se voyait, accroupi, mais remplissant les fonctions de son emploi, un porte-éventail.

Sur le daïs voisin était le phya-pi-pat-kosa, et à côté de lui un autre officier, de rang inférieur ; tous deux en costume et entourés des insignes de leurs grades respectifs, insignes semblables à ceux du phya-si-pi-pat.

La salle était éclairée par des lampes suspendues aux murs et au plafond, et réfléchies dans une quantité innombrable de petits miroirs. La musique du bord continuait à jouer ses symphonies guerrières ; une foule de spectateurs nus se pressaient à l'extérieur ; à l'entour du plancher rampaient les nombreux domestiques et les officiers inférieurs des ministres. A peine les Américains se furent avancés de quelques pas, que le phya-si-pi-pat, s'étant levé sur son daïs, serra cordialement la main de chacun d'eux, et les invita à se mettre à table. Dès qu'ils se furent assis, la musique cessa, et le ministre reprit son attitude orientale. Quelques phrases banales, comme il est d'usage en pareille occasion, s'échangèrent entre M. Roberts et le phya-si-pi-pat.

Au bout de quelques minutes, on servit du thé et du café, et ensuite du vin. M. Roberts proposa de porter la santé du roi de Siam et de ses ministres. Les Américains burent debout en faisant suivre le *toast* de trois *hourrahs*, qui probablement causèrent quelque surprise aux braves indigènes présents. Immédiatement après, M. Roberts proposa la santé du président des États-Unis, que l'on but en l'accompagnant de deux hourrahs seulement, ce qui fut universellement désapprouvé des officiers, comme impliquant en apparence une sorte d'infériorité de rang. Le fait est que ce toast n'avait pas été bien distinctement compris, sans quoi il eût obtenu, sans aucun doute, les honneurs de la troisième acclamation. On servit, après le vin, des noix de cocos fraîches et tout ouvertes, contenant des amandes grillées, qui ajoutent beaucoup à la saveur du lait et obvient aux effets peu agréables que ce breuvage a quelquefois sur la santé. La société se divisa bientôt en groupes dans la salle, chacun examinant ce qui le frappait davantage ou lui semblait le plus digne d'admiration ; ou bien faisant la conversation avec les dignitaires étendus sur les daïs. « Mon ami le phya-pi-pat-kosa » dit le docteur, « marqua qu'il me reconnaissait par de nombreux sourires, et m'envoya une tasse de thé de sa propre théière. Il me fit plusieurs questions relatives à la santé, etc., et se plaignit de douleurs aux genoux, qu'il avait fort durs. Les genoux et les coudes des Siamois, par suite de la coutume qu'ils ont de s'agenouiller et de ramper devant leurs supérieurs, deviennent aussi durs que la plante des pieds des gens qui vont habituellement pieds-nus. C'est ce que je remarquai parmi des personnes de toutes les classes de la société siamoise. Quand nous prîmes congé, le phya-pi-pat-kosa me serra la main dans les deux siennes, et ensuite, malgré mes dents, m'introduisit de force le pouce et l'index dans la bouche, et y déposa un bol d'épices de la plus agréable saveur. »

Le phya-si-pi-pat eut la curiosité d'examiner les sabres des officiers; et, comme contraste, il montra à ces messieurs son épée de parade; mais il parut fort agité quand un d'eux s'avisa de la tirer à moitié du fourreau, l'étiquette siamoise défendant d'exposer des armes nues aux regards des nobles et des grands.

Pendant sa visite à bord le prince Momfanoï avait minutieusement examiné les gros canons. Dans le courant de la soirée, le phya-si-pi-pat demanda qu'on envoyât une de ces pièces d'artillerie à Bangkok, attendu qu'il désirait en monter quelques-unes de la même manière. Le poids d'un canon de trente-deux ne devait pas mettre, selon eux, le moindre obstacle à ce qu'on leur accordât leur demande. Quoiqu'on leur promît un modèle, qu'on leur envoya ensuite, ils parurent avoir une médiocre idée de l'obligeance des Américains.

Comme marque d'attention, et pour témoigner à ses hôtes le plaisir que lui avait fait leur visite, le ministre proposa de leur donner prochainement le spectacle d'une représentation dramatique, et leur fit demander s'ils préféraient voir une grande ou une petite pièce, une pièce d'une heure ou une pièce de deux, de trois ou de quatre heures. On se décida pour une de ces dernières.

La visite se prolongea au delà de deux heures, et les Américains, en sortant, trouvèrent le chemin libre, de la porte jusqu'à la rue, au milieu d'une foule de Siamois accroupis. Des torches de bois d'aigle, exhalant un parfum agréable et tenues à des intervalles égaux sur tout le trajet du cortége, l'éclairèrent jusqu'aux bateaux. Un magnifique présent de fruits suivit les Américains chez eux.

Le docteur nous entretient, ensuite, des fréquentes visites qu'il fit aux missionnaires ses compatriotes, et nous représente les heures qu'il a passées dans leur société comme celles qui lui ont laissé les plus touchants et les plus agréables souvenirs. Bien que cette partie de son journal nous paraisse trahir un peu de partialité, puisqu'il ne s'est pas même informé de la part que les missionnaires catholiques prennent à l'œuvre philanthropique qui occupait si justement son attention, nous reproduirons ses observations avec plaisir.

Quelles que puissent être en effet nos opinions relativement à la légitimité des doctrines que professent les missionnaires américains, on ne saurait s'empêcher d'admirer le dévouement de ces disciples du Christ à la grande cause qui les excite et les anime. Nous les voyons, au milieu d'une race d'êtres dont la dégradation intellectuelle et morale, les misérables instincts et la pauvreté, font un appel constant à leur charité, dompter la plus forte passion qui puisse faire battre le cœur humain, c'est-à-dire l'affection qui lie l'individu à sa patrie, à la pierre de son foyer, et, privés d'amis, de société convenable, de la plupart des commodités de la vie, se sacrifier avec joie au triomphe de cette sainte cause, triomphe presque impossible, ou que du moins le plus confiant d'entre eux ne peut s'attendre à voir se réaliser de son vivant. Tandis qu'ils luttent contre toutes ces circonstances décourageantes, ils sont surveillés, épiés par les yeux d'individus (souvent leurs propres compatriotes!) dont l'intérêt est de s'opposer à la diffusion des connaissances et au progrès de la vertu et de la religion, et dont tous les actes tendent même à priver, par degrés, les pauvres missionnaires des minces priviléges qu'ils peuvent avoir obtenus. Cela est généralement vrai pour toutes les parties de l'Orient. On interprète mal les motifs de ces ministres de l'Évangile, on défigure, on dénature avec une malice perfide leurs actes et leurs paroles. Ceux qui se rendent coupables de ces manœuvres n'ont certainement pas examiné la question avec le calme et l'impartialité du bon sens. Ils ne s'aperçoivent pas qu'ils agissent contre leurs véritables intérêts, et que le progrès de la religion chrétienne favorise nécessairement le développement de l'intelligence et l'accroissement du commerce.

« Quelle que soit l'influence de mes « convictions philanthropiques sur mes « opinions (dit Ruschenberger), et sans « discuter, par rapport à la religion, la « question de la nécessité intrinsèque « du christianisme, je voudrais en favo- « riser la propagation dans toute l'A- « sie, la Polynésie, et, s'il faut le dire, « dans le monde entier, parce que je « pense que c'est là une bonne politique. « Le commerce profiterait d'un tel « changement. Nos spéculateurs, après « un examen impartial de la question, « trouveraient probablement leur in- « térêt à seconder de tout leur pouvoir « ces pieux individus qui sacrifient les « honneurs de ce monde pour obtenir « une couronne de gloire dans l'autre, « en s'efforçant de guider ces popula- « tions égarées dans le sentier de la « saine morale, de la vraie religion et « d'une sage liberté. »

Ici notre enthousiaste narrateur fait observer qu'il est impossible de se faire une juste idée de l'immense extension que prendrait notre commerce avec l'Orient par la conversion au christianisme du Birmah, du Siam, de la Cochinchine, de la Chine et du Japon. Certes, si ces millions d'Asiatiques embrassaient le christianisme, et par cela même se laissaient initier aux nouveaux besoins que le changement de leur condition sociale développerait infailliblement, le sol de nos pays, quelque riche, quelque vaste qu'il soit, serait à peine suffisant pour fournir ce qui leur manque. Un immense marché s'ouvrirait à nos manufactures de tout genre, et la littérature elle-même trouverait une augmentation indéfinie de demandes pour ses produits. Des milliers de vaisseaux déploieraient leurs voiles à l'est du cap de Bonne-Espérance, en destination pour les rivages de l'Asie et les îles semées dans l'océan Austral, et le commerce répandrait au sein du nouveau monde chrétien les richesses qu'il aurait recueillies dans l'ancien! — Mais il nous paraît difficile de supposer que les populations bouddhistes puissent être amenées à échanger leurs habitudes religieuses contre des croyances qui, malgré leur analogie frappante avec ces habitudes extérieures, sont cependant, dans leur nature intime, liées à d'autres mœurs, à d'autres instincts, à une organisation différente, à un système social, en un mot, diamétralement opposé. C'est toute une conversion dont il s'agit pour quatre cents millions d'êtres pensants, et le secret de cette conversion, dans ses proportions gigantesques, est entre les mains de Dieu!

Ruschenberger nous représente le docteur Bradley, assisté de sa femme, comme distribuant journellement, à cent Siamois au moins, des avis et des médicaments. Il passa quelques heures dans leur dispensaire, et les quitta avec les sentiments d'admiration et de respect qu'ils méritent, en se montrant, dit-il, bien plus comme des anges ministres de bienfaisance que comme des êtres humains. « Quand je comparais leur situation actuelle (ajoute-t-il) avec ce qu'ils auraient pu être aux États-Unis, et contemplais leur infatigable sollicitude envers des hommes plus faits pour exciter le dégoût que pour inspirer une pitié sans cesse agissante, le risque que couraient chaque jour leur santé et leur vie, je ne pouvais m'empêcher de croire leur conduite déterminée par l'influence d'un zèle enthousiaste, tendant plutôt à retarder qu'à faire avancer leur cause. Leurs efforts sont trop grands; ils doivent se détruire eux-mêmes. Il fallait s'y prendre d'une manière plus calme et plus prudente, au moins dans les premières années. Ils inclinaient à reconnaître la vérité de cette opinion; mais ils disaient: Comment pouvons-nous repousser loin de nous les affligés qui à toute heure viennent implorer l'aide de notre charité? Ils savaient que leur tempérament, qui n'avait pu se faire au climat, serait incapable de supporter longtemps encore tant de fatigues; ils savaient par expérience que le zèle excessif a été un rocher contre lequel plus d'une perspective brillante pour la cause du christianisme a déjà fait naufrage; ils savaient en outre qu'une patiente persévérance devait probablement faire plus, en ce cas comme en tout autre, que des efforts nécessairement interrompus, quelque grands qu'ils fussent; et cependant ils poursuivaient leur marche impolitique, incapables de réprimer en eux le désir ardent de faire le bien, et, dans leur œuvre de charité passionnée, oubliant que les lois du pays défendent de faire le bien tous les jours (1). »

(1) La résidence des missionnaires américains (dit un peu plus loin Ruschenberger) fut changée, peu de temps après leur arrivée, pour celle qu'ils occupent à présent. Cela se fit par l'ordre des autorités siamoises, qui prétendirent qu'elle était trop rapprochée de la demeure de sa magnifique majesté, qui une fois l'année avait à passer par là. D'ailleurs, les missionnaires faisaient du bien chaque jour, ce qui leur valait trop de crédit; chose contraire à la loi, puisque sa magnifique majesté elle-même n'avait pas le droit de faire le bien pendant plus de dix jours consécutifs. L'extrait suivant d'une lettre adressée par l'abbé Grandjean, missionnaire apostolique, à M. Gérard, professeur au séminaire de Saint-Diez, et insérée dans les *Annales de la Propagation de la Foi*, semble justifier et au delà les conclusions de Ruschenberger.

« Bangkok, le 2 juillet 1840.

« Mon bien cher ami,

« J'ai entendu dire que les ministres protestants se vantent de ne pas travailler sans succès dans le royaume de Siam : permettez-moi de citer quelques faits dont je garantis l'exactitude, et qui vous mettront à même d'apprécier à leur juste valeur les résultats de la propagande bibliste.

« On compte à Bangkok onze ou douze ministres; sur ce nombre, quatre demeurent à une demi-lieue de mon habitation, et paraissent se réserver pour la conversion des Chinois; je ne les connais pas assez pour vous en donner des renseignements certains. Quant aux huit autres, mes plus près voisins, je les vois chaque jour, et je puis assurer que tous, si on excepte le médecin Bradley, jouissent d'une constante oisiveté ; leurs temples seraient même toujours déserts si la famille du ministre, les domestiques surtout, obligés par état et sous peine d'être renvoyés, d'assister à la prière du soir et au prêche du dimanche, ne venaient troubler le silence de cette profonde solitude. Et cependant vous avez entendu le docteur Bradley, le chef de cette petite armée de pasteurs sans troupeau, publier, dans je ne sais quelles annales protestantes, qu'il voyait habituellement réunis autour de sa chaire cent à cent soixante prosélytes siamois, pégouans, laociens et chinois. En Europe on peut croire à de pareilles exagérations, mais nous, qui sommes sur les lieux, nous devons déclarer que cet auditoire, s'il a

« J'accompagnai M. et madame Bradley, de leur humble demeure, où ils ont toutes les petites commodités que les circonstances permettent, à leur dispensaire, qui consiste en une petite maison flottante sur la rivière. Nous y allâmes dans un sampan de l'espèce la plus commune, sans abri contre un soleil étincelant.

« Nous trouvâmes environ cent individus pressés sous la petite varande, et d'autres encore, qui attendaient dans des bateaux l'arrivée du docteur. Dans le nombre se faisaient remarquer plusieurs talapoins en robe jaune, et je crus m'apercevoir que tout le monde manifestait du plaisir à notre arrivée.

« Dans la varande les hommes et les femmes étaient séparés; mais un étranger eût distingué difficilement les sexes aux traits du visage. Le docteur, s'apercevant de mon indécision à cet égard, me dit avec une entière bonhomie : « Voici les femmes, et voilà les hommes. » Le devant du dispensaire est divisé en deux appartements, dont l'un est occupé par madame Bradley, qui fait des prescriptions aux femmes, et qui, quand le jamais existé, s'est complètement évanoui.

« Autrefois, le docteur Bradley, qui est aussi médecin, et qui n'accordait ses remèdes qu'à ceux qui avaient préalablement entendu ses sermons, pouvait se croire environné de disciples, parce qu'il se voyait consulté par un certain nombre de malades, qui lui demandaient, non de les baptiser, mais de les guérir. Mais à présent le ministre et le médecin sont tombés dans un égal discrédit ; en sorte que la pharmacie, aussi bien que le temple, est presque toujours fermée.

« Voilà donc M. Bradley réduit, comme ses confrères, à semer des bibles et des pamphlets. Les Siamois, qui ne voulaient point écouter sa parole, acceptent quelquefois ses livres, mais sans en être plus disposés à devenir chrétiens : les uns ne les lisent pas; d'autres, après les avoir parcourus et s'en être amusés, disent tout simplement au ministre que si l'Évangile était la parole du seigneur du ciel, il l'estimerait assez pour ne point le livrer sans précaution à toutes sortes de gens. Le mépris pour la religion de Jésus est donc le seul fruit qu'ait porté le protestantisme dans le royaume de Siam ; et le docteur Bradley est encore aujourd'hui *sans un seul prosélyte*, tel qu'il était lorsqu'il arriva il y a six ans. »

traitement doit être long, prend soin du détail, laissant ainsi à M. Bradley plus de temps à consacrer aux cas nouveaux ou plus pressants. En chaque occasion, l'ordonnance est écrite sur un morceau de papier au verso duquel se trouve un texte de l'Écriture en siamois, et les malades ont l'idée que c'est une partie importante du traitement. Je doute un peu que ce soit là la vraie manière de répandre les Écritures; cela ressemble beaucoup plus à des débris tombés du ciseau d'un sculpteur qu'on donnerait comme échantillons de quelque belle statue, ou à une brique qu'on présenterait comme un spécimen d'architecture. D'ailleurs, cela peut faire croire que les textes sont des caractères magiques nécessaires à la guérison des maladies.

« Je restai en ce lieu quelques heures, et je vis plusieurs espèces de maladies qui m'étaient auparavant inconnues; des affections variées de la peau, que l'on soupçonne à peine dans notre pays. Les maladies des yeux sont très-nombreuses : on peut les attribuer à la manière dont on est exposé dans les sampans de dernier ordre à la réverbération éblouissante du soleil sur la rivière. Les ulcères de divers genres abondent.

« Je m'éloignai, faisant les vœux les plus ardents pour deux personnes qui étaient, par leur philanthropie, les instruments d'une charité presque incalculable. »

Ruschenberger entre ensuite dans quelques détails sur d'autres missionnaires américains, qui s'occupent plus particulièrement de prêcher l'évangile aux Chinois établis à Bangkok et à ceux qui visitent annuellement cette ville sur les jonques du commerce. Il insiste de nouveau sur les difficultés qu'ils rencontrent, ainsi que leurs confrères, dans l'exercice de leur pieux ministère, et termine par le passage suivant :

« Les missionnaires n'ont pas la certitude d'obtenir l'autorisation absolue de rester; car les Siamois sont soupçonneux, et les confinent strictement dans la ville. Ayant demandé la permission de visiter Yuthia, l'ancienne capitale, à cent milles en amont de la rivière, cette permission leur fût refusée. Le docteur Bradley a visité Chantibun (sic), et à son retour fait une carte ou plan de la rivière. Pendant qu'il s'occupait de ce travail, son maître de siamois exprimait constamment la crainte qu'ils ne fussent découverts dans cet acte et n'encourussent un châtiment. Les missionnaires n'ont jamais eu d'audience du roi, et la requête que M. Roberts présenta en leur faveur ne fut pas admise. »

Entre les choses intéressantes que les missionnaires montrèrent à leurs compatriotes se trouvaient quelques livres siamois. Ils consistent en une longue feuille de papier pliée comme un paravent. Quelques-uns sont ornés de peintures, et ressemblent beaucoup aux manuscrits enluminés ; mais l'exécution en est très-inférieure. On s'assied par terre à la turque pour lire, et l'on déplie le livre devant soi.

Ruschenberger ne prit pas la peine de s'enquérir de l'état des missions catholiques dans le Siam. Il n'en avait pas été ainsi de Crawfurd, qui eut soin, au contraire, d'aller faire une visite au vicaire apostolique, évêque de *Sozopolis* (qu'il appelle M. Sozopolis), bien que les susceptibilités, toujours en éveil, du gouvernement siamois rendissent cette démarche assez délicate.

« J'eus (dit-il) une longue et intéressante conversation avec ce dignitaire de l'Église....., qui avait passé trente-quatre années de sa vie soit en Cochinchine, soit au Siam.... Son prédécesseur dans le diocèse de Bangkok avait été le premier vicaire apostolique nommé par le saint-siége, en 1659, et arrivé au Siam en 1662. Son autorité spirituelle s'étend sur tous les chrétiens catholiques de Siam et de la Péninsule. On en compte trois mille dans le Siam, dont mille environ à Bangkok. Voilà donc le résultat de cent soixante années de prédication, sans parler des efforts des Portugais, à une époque plus reculée, et de la mission des jésuites!

« L'évêque nous informa qu'il y avait trois chapelles catholiques dans la ville de Bangkok : Santa-Cruz, Santa-Anna et Santa-Assomption. Cette dernière chapelle n'est pas encore achevée, faute de fonds. Nous la visitâmes (sous la conduite d'un prêtre indigène) : elle fait, il faut en convenir, une triste figure à côté des temples magnifiques des bouddhistes! »

On parla à Crawfurd d'une église construite à la vieille capitale par cet admirable aventurier Constantin Phaulcon, et qui est encore debout, comme d'un beau morceau d'architecture. Il faut que les Siamois en aient eu cette opinion; car ils ont confisqué l'église au profit de leur culte.

Au retour de cette visite aux chapelles catholiques, Crawfurd revit l'évêque, et s'entretint encore longuement avec le pieux missionnaire des chances que présente l'établissement des croyances chrétiennes dans ces pays. Le résultat de cette conférence et de la conversation que Crawfurd venait d'avoir avec le prêtre indigène peut se résumer en quelques lignes.

Les plus grands obstacles à la conversion des Siamois sont leur indolence et leur vanité. « Ils trouvent que la route « par laquelle les chrétiens veulent les « conduire au ciel est trop difficile! » D'ailleurs, ils se regardent comme le premier peuple de la terre; et il leur semble souverainement ridicule que les Européens, en particulier, aient la prétention de se comparer à eux! Cela ne les empêche pas de redouter, en secret, les Anglais, dont ils connaissent vaguement la puissance et les tendances envahissantes. Quant aux Français, c'est tout au plus si on se souvient d'eux. On se rappelle leur apparition et l'alliance du magnifique empire de Thaï et de la France de Louis XIV, comme d'une histoire des temps reculés : voilà tout! « *Stat nominis umbra.* » C'est que dans l'extrême Orient on oublie plus vite encore qu'en Europe; et c'est beaucoup dire!

Au reste, il ne faut pas perdre de vue que l'indifférence des races Indo-Chinoises et de la nation chinoise tout entière en matière de religion est pour ainsi dire constitutionnelle. Chez ces peuples le sentiment religieux est en général peu développé, et *le culte des ancêtres* est par le fait le seul qui ait jeté de profondes racines dans la société, parce qu'il flatte la vanité de ces intelligences paresseuses en même temps que leur penchant à la superstition et au merveilleux. Phia-Tak (abbrév. de *Phria-Metak*), l'aventurier d'origine chinoise qui monta sur le trône de Siam, et dont nous avons succinctement raconté l'histoire, p. 418 et suivantes, avait donné des signes non équivoques d'aliénation mentale pendant les dernières années de sa vie. Dans un de ses accès de phrénésie religieuse, il s'était persuadé qu'en redoublant de dévotion il pourrait s'élever directement au ciel, exactement comme un oiseau qui prend son vol au firmament! Les talapoins, consultés par lui, déclarèrent cette ascension merveilleuse très-possible. Le roi voulut aussi avoir l'avis du clergé chrétien sur cette grande question; mais l'évêque catholique et ses missionnaires ayant eu le malheur de chercher à démontrer à ce fou couronné l'impossibilité physique de la faculté miraculeuse qu'il ambitionnait, ils reçurent chacun cent coups de bambou, et furent bannis du royaume!

Des jours meilleurs avaient été accordés à nos missions depuis cette époque, et dans ces dernières années notre vicaire apostolique à Bangkok s'était flatté de l'espoir que de nombreuses conversions couronneraient ses efforts et ceux de ses confrères. Il écrivait le 1er juillet 1848 :

« ..... Le jubilé de 1847 a produit des « fruits merveilleux parmi nos chré« tiens; dans chaque paroisse il n'y a « que trois ou quatre personnes qui ne « se soient pas approchées des sacre« ments. Quant aux païens, on peut dire « que jamais on ne les a vus si bien dis« posés envers notre sainte religion. Les « grands nous estiment et nous protè« gent. Tout dernièrement le roi nous « a permis d'établir des chapelles dans « les provinces, au moment même où « quelques gouverneurs mal intention« nés voulaient faire abattre celles que « nous y avons déjà. Mais ce qu'il y a « de plus étonnant, et ce qu'on doit pro« bablement aux prières ferventes de « vos pieux associés, c'est que presque « tous les grands personnages instruits, « à commencer par le roi lui-même, « sont livrés au trouble et à l'irréso« lution touchant la religion; ils re« connaissent que la leur est remplie de « fables puériles; ils cherchent, disent« ils, la vérité, et en attendant qu'ils « l'aient trouvée ils s'appliquent à pra« tiquer la morale des *dix commande« ments*, etc. » (*Annales de la Propagation de la Foi*, 1849.)

Malheureusement ces espérances ne devaient pas tarder à être démenties!

En juin 1849 le choléra épidémique fit de grands ravages parmi la population de Bangkok. Le nombre des victimes paraît avoir dépassé vingt-cinq mille. Lorsque cet horrible fléau commença à diminuer d'intensité, le roi consulta les astrologues sur la conduite qu'il avait à tenir pour apaiser entièrement la colère du ciel. Leur réponse fut que pour échapper à la guerre ou à la mort dont le souverain était menacé, il devait se concilier la protection divine par quelque œuvre méritoire à laquelle devraient participer toutes les nations qui habitent le royaume. Le roi ordonna, en conséquence, que tous les habitants de Siam offrissent des cochons, des poules et des canards à sa majesté, pour qu'ils fussent nourris dans le palais ou dans les pagodes, et qu'ils échappassent ainsi à la mort! Tel est, au moins, le motif assigné par les missionnaires catholiques à la conduite du roi dans cette circonstance (1). Les missionnaires baptistes, sur l'assurance qui leur fut donnée que l'offrande requise n'avait aucune signification religieuse ou idolâtre, et acceptant sans examen, comme ils en conviennent eux-mêmes, cette explication de la demande qui leur était faite, consentirent à faire cadeau au roi de vingt poules, seize canards et un cochon! Ils consentirent également à signer une adresse au roi, le félicitant sur la cessation de l'épidémie. La plupart des habitants européens de Bangkok se soumirent aux mêmes formalités. Les missionnaires catholiques, au contraire, s'y refusèrent absolument, malgré l'avis de l'évêque, qui penchait à se conformer aux désirs du roi, en faisant les réserves convenables. Le gouvernement siamois insista avec menaces de bannissement. Les missionnaires persistèrent dans leur refus, et les derniers avis reçus de Bangkok nous apprennent qu'ils ont tous été bannis, au nombre de huit. Il y a cependant quelque raison d'espérer que le gouvernement siamois reviendra à des sentiments moins hostiles à l'égard des ministres catholiques. Toutefois, nous sommes forcé de le répéter (et cela sans nous permettre de discuter à cette occasion la valeur relative des moyens qu'emploient les missionnaires catholiques ou protestants pour arriver au but religieux qu'ils se proposent, et tout en regrettant la manière dont se manifeste trop souvent leur pieuse rivalité!), la conversion des Siamois et des peuples de l'Indo-Chine, en général, aux dogmes du Christ rencontrera longtemps encore des obstacles à peu près insurmontables dans l'insouciance, les superstitions et les habitudes invétérées de ces peuples, comme aussi dans le principe exclusif de leurs gouvernements despotiques, intéressés, il faut bien le reconnaître, à repousser l'introduction des idées européennes et des notions d'égalité et de fraternité chrétienne qui sont la base de notre système social (1).

Revenons au récit de Ruschenberger. Il rend compte comme il suit d'une excursion au bazar de Bangkok.

« Peu de temps après le lever du soleil, nous entrâmes dans notre sampan avec Ramon pour nous rendre au bazar. Pendant la route sur la rivière, nous rencontrâmes un certain nombre de talapoins dans de petits canots, dont quelques-uns en contenaient deux ou trois. Ils faisaient leur récolte d'aumônes, et me rappelaient beaucoup les mendiants que j'avais vus, à l'entrée des cuisines des grands hôtels, recevoir les restes des

---

(1) Voir la lettre écrite de Singapour par le missionnaire Lequeux, le 9 septembre 1849, et insérée dans les *Annales de la Propagation de la Foi*, mars 1850.

(1) Il n'est pas sans importance de remarquer, en terminant ce que nous avons cru devoir dire sur ce sujet, que les analogies singulières que présentent le culte et les traditions bouddhiques avec la religion et les traditions évangéliques ont souvent été un obstacle à l'adoption de nos idées religieuses dans l'extrême Orient. — Ainsi, les traditions bouddhistes veulent que *Tavitat*, frère de Godama, se soit révolté contre son autorité, et qu'en châtiment de son crime il ait été *crucifié avec des voleurs!* — La ressemblance de cette légende en quelques points avec l'histoire du Christ a servi et sert encore de prétexte aux talapoins pour repousser l'admission des dogmes de notre Sauveur, attendu qu'ils affirment que *Tavitat* et *Jésus-Christ* sont une seule et même personne!

repas de la veille. Les prêtres du grand Guatama sont une sale race. Les robes qu'ils portaient n'étaient souvent plus jaunes, et nous pourrions dire d'eux avec vérité qu'on ne trouve *ni perro ni gato del mismo color*.

« A l'heure où nous étions la scène sur la rivière n'était pas aussi animée que plus tard dans la journée. Les Siamois trouvent plus agréable, à cause de la chaleur du climat, de passer la nuit ou une partie de la nuit à faire des visites et à s'occuper de leurs affaires. Le roi tient ordinairement ses conseils de cabinet entre le coucher du soleil et minuit.

« Nous tournâmes dans un canal encombré de bateaux, parmi lesquels nos gondoliers se frayèrent un chemin avec une adresse qui nous surprit et nous charma à la fois. Il est impossible de donner une idée du tableau étrange que nous avions sous les yeux. Nous débarquâmes devant la façade d'un wât dont le toit émaillé et la spirale dorée éclataient au soleil du matin. C'est une architecture singulière. Le toit est particulier : on en peut comparer la forme à trois selles mises l'une au dessus de l'autre et diminuant de grandeur de la base au sommet. L'effet est plus agréable qu'on ne peut l'imaginer. De la somptuosité de cette construction nous pûmes inférer que le sentiment religieux est très-fort dans le cœur des Siamois.

« Nous passâmes sur l'un de ces hauts ponts étroits qui ressemblent plus à ce que l'on pourrait s'attendre à trouver dans les déserts du monde occidental, qu'au pont d'une métropole qui compte une population d'un demi-million d'individus. Il consistait en une planche grossière soutenue sur des poteaux élevés enfoncés sur chaque rive et n'ayant de largeur que ce qu'il en fallait pour qu'une seule personne pût y passer. Dans nos excursions sur les canaux, nous rencontrâmes souvent des ponts semblables, dont plusieurs s'élevaient de quinze à vingt pieds au-dessus de nos têtes. Après avoir passé celui que nous venons de décrire, nous nous trouvâmes devant une ligne de huttes, occupées par des forgerons chinois, travaillant assis à côté de leurs enclumes, et ne maniant pas, comme nos vulcains, un énorme marteau d'un bras musculeux. Dans tout l'Orient les artisans des divers métiers travaillent assis. Le charpentier, le tailleur, le forgeron, le cordonnier, tous emploient leurs outils dans cette posture. Le charpentier se sert de ses pieds comme d'un écrou pour fixer le bois que sa main rabote.

« Il y avait juste en cet endroit une quantité de bateaux pêcheurs dont l'avant portait sur la rive. Une bruyante cohue d'hommes et de femmes recevaient dans des corbeilles des multitudes de jolis poissons tout vivants. Le tableau était animé par les exclamations, les injures qu'on s'adressait à pleine voix, par les cris des enfants et les aboiements des chiens. D'où vient que dans le monde entier les personnes adonnées à la pêche, hommes ou femmes, ont tant de penchant à vociférer ?

« Le chemin que nous parcourions, le long d'un canal, se terminait par une rue d'environ vingt pieds de large, croisant à angle droit et formant le bazar, qui a au moins un mille de longueur. Ce bazar est pavé de grandes briques carrées, couvertes alors d'une boue gluante. Il y avait de chaque côté des boutiques et des étaux, cinq ou six de même genre sur une ligne, alternant avec un nombre égal d'autres, d'espèce différente. On voyait cinq ou six boutiques de tailleur, et à côté autant d'étaux de viande de porc ; vis-à-vis, des confiseurs, et à côté de ceux-ci des marchands de volaille, qui s'occupaient, assis par terre, à arracher avec des pincettes le reste des plumes de la volaille morte, la rendant ainsi plus propre et meilleure qu'elle ne l'est par l'usage où sont nos cuisiniers de la flamber. Venaient ensuite des légumes et des fruits, et après, peut-être, des boutiques remplies de canards secs préparés pour la nourriture des matelots chinois. La rue était animée par la foule. C'étaient des pêcheurs avec leur poisson encore vivant et des porteurs d'eau avec leurs jarres pleines suspendues aux extrémités d'un bambou posé sur l'épaule ; des acheteurs portant leurs acquisitions et leurs sacs de cauris, se mêlant et changeant sans cesse, à mesure qu'ils avançaient dans les directions opposées. Le bourdonnement de la multitude s'élevait dans l'air calme ; mais partout où nous allions les chiens, par leurs aboiements, en rompaient la monotonie. Toutefois l'aspect dégoûtant de ces corps nus, ruisselants d'une sueur huileuse, suffisait pour ôter à cette scène étrange le caractère poétique dont l'imagination aurait pu vouloir la revêtir.

« A des intervalles de deux ou trois cents mètres le passage était interrompu en partie par une sorte de théâtre de huit ou dix pieds, élevé au milieu du bazar pour des représentations dramatiques.

« Après avoir eu la curiosité de visiter le bazar pendant le jour, nous voulûmes aussi le voir de nuit. Il était beaucoup moins envahi par la foule. Autour des théâtres s'empressaient des groupes qui s'amusaient à regarder des marionnettes et une sorte de diorama montré par des Chinois. Les maisons de jeu étaient ouvertes. Sur le devant on avait dressé des tables autour desquelles les gens venaient risquer leurs cauris, fuangs et ticals sur un coup de dé ou sur la retourne d'une carte, à la clarté de nombreuses lampes de cuivre nourries d'huile de coco. »

Ici notre voyageur fait observer avec raison qu'il est probable qu'on voit de pareilles scènes dans les villes du céleste empire, et qu'on doit supposer, à cause du grand nombre de Chinois qui demeurent dans la ville, qu'ils ont imposé leurs usages et coutumes au reste du peuple, et quelque chose aussi de leur style en architecture aux monuments de Bangkok.

« Le dimanche matin le phya-si-pi-pat nous fit savoir par un officier que, si nous l'avions pour agréable, nous pourrions le soir même assister, dans sa maison, à une représentation dramatique. Adoptant à l'instant la maxime qui dit de faire à Rome comme à Rome, nous acceptâmes l'invitation.

« Vers les sept heures du soir, nous partîmes, comme dans la première occasion; et, précédés de nos musiciens, nous allâmes du lieu de débarquement, à travers une foule d'indigènes nus et accroupis, à la clarté de grandes torches, jusque dans une cour remplie de gens qui n'étaient pas dans un costume moins primitif.

« On nous conduisit dans un grand appartement dont le plancher était interrompu par trois larges marches. Il s'ouvrait sur une cour par-devant, et était soutenu par de hauts piliers, couverts de chunam poli. Sur chacune de ces larges marches du plancher on avait mis une suite de sofas et de chaises. A notre droite, quand nous faisions face à la cour, nous voyions, reposant sur son daïs, le phya-si-pi-pat, entouré de toute la pompe et de tout l'apparat de sa charge. Le daïs était placé près d'une petite porte qui s'ouvrait sur un appartement tapissé en soie cramoisie. Le rideau de soie de la porte et celui qui fermait une petite fenêtre à treillis doré, à côté, étaient tirés, et quoiqu'il n'y eût pas de lampe dans cet appartement, nous apercevions, par la reflexion des nombreuses lumières suspendues dans la salle où nous étions, des femmes et des enfants, vêtus de soie et resplendissants de joyaux, qui cherchaient à surprendre quelque chose du spectacle. Sur la marche au-dessous de celle où était son père, reposait le fils du phya-si-pi-pat.

« La cour était couverte d'une belle natte blanche, et, à l'exception d'un espace vide, sur le devant, présentait une masse d'êtres humains, à moitié nus, se tenant sur les mains et sur les genoux. De chaque côté, à de petites distances, s'élevaient des flammes légères qui, à la première vue, semblaient provenir de barils pleins d'huile; mais, après un examen plus approfondi, il se trouva que c'étaient des bassins de métal placés sur des cylindres de bambou. Il y avait à gauche une vingtaine de musiciens, qui commencèrent à jouer quand nous entrâmes dans la cour. Leurs instruments consistaient en gongs, hautbois et pièces de bois d'un pied environ, qu'on frappait en accord avec les autres instruments, mais qui produisaient beaucoup plus de bruit que d'harmonie.

« Le ministre nous reçut cordialement, et quand nous eûmes pris nos places sur la marche supérieure de niveau avec lui, des serviteurs, rampant sur les mains et sur les genoux, vinrent mettre à nos pieds des cigares et des flambeaux allumés. On commença alors la représentation d'un drame pantomime qui avait pour titre : *les Anges*. Le sujet paraissait être allégorique, et se rapporter à certaine partie de l'histoire de la religion bouddhique. Les acteurs étaient accompagnés dans leur jeu par la musique, par un récitatif crié par une voix perçante de femme, et, de temps à autre, par un chœur : le tout plus que suffisant pour fendre les oreilles les plus aguerries.

« La première scène nous présenta deux personnages portant des jaquettes rouges fermées et adaptées à la taille jusqu'aux hanches, où elles se terminaient par un bord à grands plis. Ils portaient des masques et étaient coiffés de bonnets coniques de deux pieds de haut, avec une profusion de clinquant et de couleurs. En outre, ils avaient de longs ongles, qui paraissaient être de métal ; bref, ils représentaient des singes d'une espèce particulière (1). Leur premier acte, en entrant en scène, par une porte à droite, fut de se prosterner devant le phya-si-pipat en touchant le plancher du front. Cela fait, ils se mirent à exécuter une série de bouffonneries dans la mesure lente du menuet, faisant de temps en temps, rapidement, le saut périlleux, de côté, et se prosternant de nouveau. A la fin, ils s'assirent l'un d'un côté, l'autre de l'autre, et furent remplacés par douze autres personnages, habillés beaucoup plus magnifiquement, quoique de la même manière. Six d'entre eux représentaient des dames et les six autres des chevaliers. En supposant que le théâtre ait de l'influence sur le goût à Siam, il faut que les longs ongles y soient regardés comme une marque de grande élégance parmi les beautés de la capitale, puisque les actrices avaient les leurs allongés et ramenés en arrière par des étuis (?) de métal d'au moins trois pouces de long. Ces chevaliers et ces dames se mirent sur deux lignes vis-à-vis les uns des autres, comme dans une contredanse, et, se conformant à la mesure lente de la musique, prirent diverses attitudes, dont quelques-unes étaient pleines de grâce. Tantôt ils se promenaient en cercle et tantôt ils changeaient de place, les chevaliers prenant la main des dames avec les égards dus à leurs longs ongles, et manifestant constamment par leurs gestes leur brûlant amour, que toutefois les dames ne se pressaient pas d'agréer. Au bout d'une heure, ils s'assirent tous à la turque aux deux côtés de la scène, pour laisser le champ libre à un vaillant chevalier qui, d'après l'énergie de son geste, semblait provoquer quelqu'un au combat. Après qu'il eut extravagué un temps raisonnable, les dames et les chevaliers reprirent leur menuet pendant une heure, après quoi ils laissèrent de nouveau le champ libre. Une dame entra alors, suivie d'un chevalier en masque noir, dont elle fuyait la poursuite. Toutes les fois qu'elle en était serrée de trop près, elle poussait un cri, et évitait son étreinte avec beaucoup de grâce. Tous les deux disparurent. Le menuet des douze recommença. Au moment où ceux-ci venaient de reprendre leurs places, une forme de femme plus légère qu'aucune de celles qui avaient déjà paru, et habillée d'une manière beaucoup plus magnifique, entra portant à la main une boule étincelante. C'était l'ange de la lumière. Le masque noir se mit aussitôt à le poursuivre ; mais le globe lumineux avait la vertu d'un talisman : le masque noir tremblait devant les jets de clarté qui s'en échappaient toutes les fois qu'il en approchait. Après avoir vainement essayé de braver la vertu du talisman, une rencontre eut lieu entre lui et le chevalier qui l'avait défié. Tous les deux étaient armés d'épées courtes. S'étant promenés d'un air fier en se lançant maintes provocations pendant une demi-heure, et le récitatif devenant de plus en plus perçant, criard et discordant, ils en vinrent à la fin à croiser le fer. Ils se portaient de terribles bottes ; mais ils étaient trop adroits l'un et l'autre pour que la lutte ne fût pas longtemps prolongée. Cependant, le chevalier qui avait porté le défi tomba, et le chevalier noir mit le pied sur la poitrine de son ennemi ; mais celui-ci sut si bien se débattre qu'il finit par se relever et renverser le chevalier noir, laissant aux spectateurs à tirer pour conclusion que la vertu finit par triompher du vice.

(1) Il s'agit probablement ici de ces singes demi-dieux qui, sous la conduite de leur roi *Hanoumân*, aidèrent *Rama* à conquérir l'île de Ceylan, et les scènes qui sont décrites ensuite figurent la lutte entre *Rama* et *Rawana*.

Nous avons déjà constaté, en parlant des drames mythologiques, qui plaisent tant aux Birmans, que les peuples de l'Indo-Chine ont emprunté aux Hindous les légendes plus ou moins défigurées qui sont mises en action sur leurs théâtres.

« Les musiciens indigènes vinrent alors se placer devant nous, et se mirent à jouer différents airs. Notre musique leur rendit chaque fois leur politesse. Leurs instruments ressemblent à ceux qui composent le *gamelan* de Java.

« Le phya-si-pi-pat s'était retiré une demi-heure après le commencement de la pièce, s'excusant sur la nécessité où il était d'aller chez sa magnifique majesté. A peine avait il disparu, laissant vide sa place au milieu des insignes d'or de sa noblesse et de sa dignité, que son fils s'empressa de l'occuper.

« Avec les cigares, nous n'avions eu pour rafraîchissement, pendant la représentation, que de l'eau qu'on nous versait de vases d'or pur, et que nous buvions dans des coupes de même métal.

« Nous nous étions sentis grandement fatigués de cette représentation longtemps avant que les trois heures fussent expirées. Le moment venu, nous prîmes volontiers congé. Nous nous en retournâmes, comme nous étions venus, éclairés par des torches.

« En descendant dans la cour, Piadadé me demanda comment j'avais trouvé les actrices. Je répondis qu'elles me semblaient avoir bien joué, et quelques-uns d'entre nous ne furent pas peu surpris d'apprendre que c'étaient des hommes qui avaient rempli les rôles de femmes.

« La plupart des riches dignitaires siamois entretiennent chez eux, pour leur amusement particulier, une troupe et un théâtre semblables à ceux que nous venons de décrire.

« Dans la matinée suivante, les officiers, ayant à leur tête M. Roberts, furent mis en rang. Deux d'entre eux portaient une boîte contenant la copie américaine du traité. Précédés de nos musiciens, nous marchâmes vers la rivière, distante d'environ cent verges. A l'endroit de l'embarquement nous attendait, pour recevoir le traité, un canot de quatre-vingts pieds de long, muni de trente-quatre rames, et ayant ses deux extrémités recourbées. Un brillant baldaquin de soie cramoisie brodée d'or surmontait le centre du canot, et tous les ornements de cette embarcation étaient de la même richesse. Les rameurs portaient la livrée rouge du roi.

« Arrivé au bord de la rivière, M. Roberts prit le traité; et l'ayant élevé au-dessus de sa tête, en signe de respect, le remit à un officier siamois, secrétaire du phra-klang. Celui-ci l'éleva également au-dessus de sa tête; ensuite, à l'ombre d'un grand parasol de soie blanche, ou *tchatah* royal, tenu par un esclave, il le porta dans le bateau, où on le reçut sur un plateau richement orné pour le placer sous le baldaquin, après l'avoir recouvert d'un cône de papier doré. En ce moment nos musiciens cessèrent de jouer, et ceux des Siamois commencèrent. Le canot s'éloigna du rivage, et nous revînmes dans notre logement aux joyeux sons de l'air de *Yankee-Doodle*.

« Immédiatement après que la curieuse cérémonie de la délivrance du traité eut été accomplie, je partis en compagnie de quelques officiers pour Sia-Yuthia, résidence du roi située sur une île à deux milles environ de notre demeure, sur le côté opposé de la rivière. Pendant que nous nous y rendions, nous vîmes flotter divers petits objets qu'on nous dit être des offrandes faites aux âmes d'amis décédés.

« Après que nous eûmes débarqué, en dehors du mur qui entoure le palais et la ville, on nous mena voir un grand éléphant blanc. Nous le trouvâmes sale et farouche, et comme on ne l'avait pas encore apprivoisé, on l'appelait l'éléphant enragé. Chacune de ses jambes était attachée à un poteau enfoncé dans le sol; trois ou quatre esclaves le gardaient. L'iris de ses yeux était blanc.

« Nous entrâmes ensuite par une porte qu'on referma avec soin derrière nous, et nous nous trouvâmes dans une large rue composée de misérables maisons. Ce n'était rien moins que Sia-Yuthia, capitale du magnifique royaume de Thaï. Nous suivions notre guide Ramòn. Il nous fit passer dans l'enceinte d'un second mur renfermant une quantité d'édifices nullement propres en apparence. L'un des principaux est situé au milieu d'une cour ouverte. On l'appelle la salle de justice. Il ressemble à un vieux magasin. Ce n'est qu'un toit de tuiles supporté par de fortes colonnes de bois et dépourvu de murs. On y est à l'abri du soleil selon qu'on fait descendre de côté ou d'autre des nattes grossières disposées à cet effet. Le plancher est élevé de deux pieds au-dessus du sol. Il est couvert de nattes, et a le long de ses bords quelques bassins de cuivre où flottent des coupes à boire de même métal (1). Dans l'enclos où est cette salle on voit un certain nombre de canons de gros calibre montés et protégés séparément par un abri.

« La chaleur était extrêmement lourde ce jour-là, mais nous trouvâmes dans la salle de justice un agréable refuge contre le soleil. Nous y aperçûmes notre ami Piadadé avec une douzaine de Siamois environ, qui nous examinèrent longtemps avec attention, et dont quelques-uns portèrent la curiosité jusqu'à toucher l'uniforme de plusieurs des officiers.

« Nous n'étions là que depuis peu de temps, quand une foule considérable de Siamois s'assembla autour de la salle. Nous vîmes aussitôt paraître son altesse le prince Momfanoï, assis à la turque dans un palanquin, consistant tout simplement en une plate-forme fixée sur deux pièces de bois latérales, et ombragée par une tente soutenue par quatre montants. A son approche la foule tomba sur les coudes et sur les genoux. Le prince en nous voyant agita la main, et nous fit en passant un signe de tête familier. D'ailleurs, il reçut sans y prendre garde les salutations de ces centaines d'individus prosternés. Il était suivi de son fidèle *Sap*, qui portait sa bouilloire à thé en or et sa boîte à chunam. Un autre serviteur portait son épée. Quoiqu'il fût entré dans un autre enclos, toute la partie de la foule qui était encore sous son regard demeura prosternée. Je suivis son altesse, que je trouvai assise, en compagnie d'un ou deux nobles, sur un grossier daïs, abrité par un mauvais toit de bambous et par les branches étendues d'un grand arbre qui fournissait amplement de l'ombre. Il nous reçut avec gaieté : « C'est un endroit, s'écria-t-il, meilleur pour s'asseoir qu'aucun de ceux que le roi lui-même a à sa disposition, car nous avons une brise qui nous rafraîchit ». Ensuite, de la meilleure hu-meur du monde, il nous invita à nous asseoir et à prendre du thé avec lui, en l'accompagnant d'un cigare.

« Bientôt un vacarme de hautbois annonça l'approche du cortège qu'on avait eu la bienveillance d'assembler pour le plaisir des officiers qui étaient obligés de retourner à bord du vaisseau avant que la présentation eût lieu. Le prince se mit à rire de tout son cœur, et s'écria : « Allez voir ! allez voir ! » Poussés par la curiosité, nous obéîmes promptement.

« Une douzaine de musiciens en uniformes rouges et verts, les joues enflées par les efforts qu'ils faisaient en soufflant dans leurs instruments, s'avançaient suivis de près par sept éléphants. D'abord venait un grand éléphant noir, de quatorze pieds de haut (1), ensuite un grand éléphant blanc, suivi d'un autre, beaucoup plus petit, et de quatre autres, de grandeur ordinaire, qui étaient tachetés. A côté de chacun de ces éléphants marchaient un gardien et quelques esclaves portant des plateaux chargés de canne à sucre dépouillée de son écorce et de bananes douces. Le cornac se tenait assis sur le cou de l'animal, et il avait derrière lui le houdah ou la housse d'or. De grands anneaux d'or entouraient chacune des fortes jambes de ces colosses. D'autres anneaux, couverts de pierres précieuses, brillaient aux défenses des éléphants blancs, et de belles queues de crin d'un blanc éclatant pendaient à toutes les oreilles.

« Le cortège fit le tour de la salle de justice, et s'arrêta sur l'un des côtés. Chaque esclave posa alors un plateau devant l'éléphant confié à sa garde, et nous fûmes invités à admirer et à faire manger ces animaux, dont la possession, selon l'opinion des Siamois, donne à leur roi la prééminence sur tous les monarques de l'Orient.

« Le petit éléphant femelle passe pour la beauté par excellence de son espèce. Il a la peau douce et blanche, de beaux yeux châtains, et se prête de la manière la plus complaisante à prendre de la main de l'étranger la canne à sucre et la banane. L'autre éléphant blanc est beaucoup plus grand. Il a la peau de couleur jaunâtre. On les croit l'un et l'autre ani-

---

(1) Nous soupçonnons qu'il s'agit ici (comme dans un passage précédent), non de *coupes à boire*, mais de clepsydres pour la mesure du temps.

(1) Voir la note, p. 373.

més par les âmes de monarques siamois.

« Tous les éléphants tachetés sont grands. À l'exception des oreilles et des épaules, qu'ils ont marquetées plutôt que tachetées, ils sont d'un noir uniforme. On leur a peint à tous en noir le front avec une bordure blanche pour encadrement. Cela leur donne l'air d'avoir comme une coiffure sur la tête.

« Les soins et l'attention extrêmes que l'on prodigue à ces éléphants montrent en quelle estime on les tient. L'examen minutieux et l'admiration de notre société donnèrent une satisfaction visible aux gardiens aussi bien qu'à la multitude prosternée tout à l'entour. Quand nous nous fûmes éloignés, le cortège se reforma, et s'en retourna par où il était venu.

« Sur la demande de Piadadé, nous le suivîmes à une centaine de mètres de là, et, passant par une grande porte, nous entrâmes dans le *Wat-Phra-si-ratanat*, ou grand temple du roi. Nous fûmes éblouis et pour ainsi dire étourdis par la splendeur des obélisques dorés et des temples étincelants qui brillaient au soleil. Nous étions sous un large corridor qui entoure l'espace entier, et dont les côtés n'ont certainement pas moins de cent mètres de long. Le pavé est revêtu de chunam, et ressemble à du marbre poli. Les murs sont couverts de nombreuses figures aux couleurs brillantes. Elles représentent des événements de l'histoire de Godama et de celle du magnifique royaume de Thaï. Que de choses ces murs auraient pu nous apprendre si nous avions compris leur langage !

« Nous fûmes entraînés vers un grand temple situé au milieu de l'enceinte. Les murs étaient artistement incrustés de pierres précieuses, et le toit et les corniches embellis de précieux ornements en or et en émail. Nous montâmes une demi-douzaine de marches formant un escalier qui nous conduisit au plancher d'un superbe portique. Là une porte d'ébène incrustée d'ivoire était ouverte; mais un splendide paravent cachait l'intérieur du sanctuaire. Nous entrâmes, et nous ne fûmes pas moins éblouis de l'aspect intérieur que nous ne l'avions été de celui des murs extérieurs. Le plafond était élevé et curieusement sculpté. Un grand lustre en cristal pendait du centre, tandis qu'autour des murs on voyait un grand nombre de peintures et de lanternes chinoises. Une demi-clarté nous permit de contempler, presque au milieu du temple, le grand autel de Bouddha. L'ensemble était d'une forme pyramidale et avait environ trente pieds de haut. Deux ou trois cierges brûlaient à la base, en avant d'une housse s'étendant sur le plancher. Une grande plante de lotus d'au moins cinq pieds et d'or vierge s'élevait à gauche. De nombreuses petites figures du dieu Bouddha ornaient le tour de l'autel, richement sculpté, que surmontait la statue du dieu, de deux pieds de haut, et qu'on nous dit avoir été taillée dans une seule émeraude. Les yeux de l'idole consistaient en deux brillants qui répandaient une vive lumière dans le temple, et qui avaient coûté au Brésil 20,000 piastres. Quant à la valeur totale du dieu, elle nous parut inestimable. Je doutai bien un peu de l'authenticité de l'émeraude; mais Momfanoï m'assura que c'en était une, et non pas un béril, comme je crus pouvoir le faire entendre (1).

« Nous nous hâtâmes de sortir de ce temple pour entrer dans un autre, de grandeur moindre, et désigné, je crois, comme étant le *wât* de la reine. Pour nous y rendre, nous eûmes à passer à côté d'un grand nombre de petites figures dispersées çà et là, parmi des lits de fleurs et des plantes de lotus. Elles représentaient des éléphants, des chevaux, etc. Le wât est blanc et d'une architecture très-correcte. Il renferme trois statues de Bouddha en marbre blanc. Elles sont un symbole du passé, du présent et de l'avenir. L'une des trois, plus élevée que les autres, est assise derrière. Elles sont entourées de diamants et de pierres précieuses de tout genre, suspendus en festons, en grappes, en toutes sortes de formes.

« Entre les deux wâts se trouve la bibliothèque des livres sacrés, qu'on appelle en langue sacrée *Promodop*. Il est remarquable que dans la plupart des re-

(1) Crawfurd et Finlayson regardaient comme probable que cette prétendue émeraude n'était qu'une espèce de malachite ou une pierre analogue.

ligions les prêtres aient enfermé l'esprit et la lettre de leur foi dans quelque langue étrangère et oubliée, et cherché à ajouter par là un mystère de plus à des mystères toujours accueillis par le vulgaire avec avidité. L'extérieur de la bibliothèque ressemblait aux nombreux *prachadis* ou obélisques qui étaient au milieu de l'aire du temple. Une ascension de deux ou trois perrons nous conduisit dans une chambre d'environ dix-huit pieds carrés, au milieu de laquelle nous vîmes un prachadi d'ébène incrusté d'ivoire et de nacre de perles. On lui avait donné la forme exacte de l'édifice destiné à le contenir. Il occupait environ le tiers de l'aire de la chambre. Le reste était couvert d'une natte d'argent fin, faite de petites barres d'un quart de pouce de largeur environ. Dans cette magnifique cassette reposent les savants dogmes de la foi erronée de tant de millions d'individus !

« De là, nous errâmes comme enchantés parmi les lits de fleurs, les prachadis, qui sont au nombre de cinquante, tous ornés de sculptures, de figures de Bouddha et de dorures. Non, jamais la lampe d'Aladin n'évoqua quelque chose de comparable au Wât-phra-si-ratanat, pour la magnificence des ornements, pour l'art et la prodigalité des richesses en or et en pierres précieuses. Ceux d'entre nous qui avaient le plus voyagé déclarèrent que les beautés de ce temple surpassaient tout ce qu'ils avaient vu auparavant dans le monde entier. Et en effet le premier coup-d'œil est ravissant. On croit rêver en parcourant ce merveilleux labyrinthe... Le cerveau d'un poète exalté pourrait seul, dans l'ivresse de la composition, inventer quelque chose d'analogue. Ce qu'il y a de certain, c'est qu'une crédulité infinie, aidée de l'imagination la plus vive, voudrait à peine croire à l'existence d'un tel lieu, s'il était décrit en détail : je n'avais plus une idée précise du lieu une heure après l'avoir quitté! Il n'y a rien là de grand ni d'imposant, considéré isolément : rien qui porte l'empreinte du génie d'un maître, et cependant il n'y a rien de bas, de dépourvu d'élégance ou de goût. On y trouve des peintures provenant des meilleurs maîtres des écoles chinoises, des lits de fleurs, des étangs dans des bassins de pierre au milieu desquels flotte le sacré lotus, des pierres précieuses de tout genre et de grande valeur, de l'or en abondance, des ouvrages d'ébène, d'ivoire et d'écaille de tortue sculptés et incrustés, du marbre.... Et l'impression que tout cela laisse dans l'esprit est celle d'un chaos de choses charmantes. Pour avoir une idée de ce temple il faut le voir; mais pour en saisir les détails il serait nécessaire d'y vivre renfermé pendant un mois. Enfin, pour se rendre compte de cette création merveilleuse il faut ne pas perdre de vue que les Siamois ont la croyance que leur bonheur dans l'autre monde sera en proportion des honneurs qu'ils auront rendus à leur dieu dans celui-ci; et, de plus, que ce temple a été l'œuvre de monarques qui en se succédant sur le trône ont déployé le même zèle pour leur foi, et consacré à l'érection de ce monument de leur piété fanatique tout l'or de leurs peuples et toutes les forces de leur volonté et de leur intelligence. »

Nonobstant la vive impression produite sur l'esprit de notre observateur américain par la vue de ces étranges et splendides édifices, on pourrait penser, d'après certaines expressions (1) dont il a fait usage à la suite de la description que nous venons de reproduire, qu'il se défiait jusqu'à un certain point de l'enthousiasme qu'il avait ressenti et hésitait (après mûre réflexion) à voir autre chose dans les temples siamois que de brillants colifichets. Sans chercher à expliquer cette contradiction apparente, nous ferons remarquer que Crawfurd, esprit froid et réservé, s'est montré cependant disposé à assigner aux monuments dont il s'agit un caractère plus élevé et plus sérieux que celui que leur accorde Ruschenberger. « Je dois faire observer « (dit-il, en parlant du grand temple « qu'il avait visité rapidement) que la « première apparence d'un temple sia- « mois fit une grande impression sur « nous. Il était impossible de voir l'é-

(1) « ..... Well worth seeing, but not worth « a voyage from Europe or the United States « to see; » (p. 324.) — Ce qui veut dire exactement : « Cela vaut bien la peine d'être vu, mais ne vaut pas la peine qu'on fasse le voyage exprès! »

« tendue des constructions, le travail
« de la main-d'œuvre, la richesse des
« matériaux employés, sans *sentir*
« qu'on se trouvait au milieu d'un peuple
« nombreux considérablement avancé
« en civilisation, et gouverné despoti-
« quement par une théocratie super-
« sticieuse » (Vol. 1, p. 153.) Nous verrons plus loin que le docteur Richardson,
qui visitait Bangkok dix-sept ans après
Crawfurd, et qui, comme lui, avait eu
à peine le temps de parcourir rapidement le grand *Kyoung* (c'est ainsi qu'il
l'appelle), en avait rapporté l'idée d'un
monument *unique* dans son genre. Nous
pouvons donc conclure, en toute sûreté,
de l'ensemble des témoignages, que les
édifices religieux des Siamois attirent à
juste titre la curiosité des voyageurs, et
sont pour les connaisseurs l'objet d'une
admiration légitime.

Ruschenberger, après son intéressante excursion au *Wat-Phra-si-ratanat*, vers le 12 avril, fut obligé de retourner à bord de la frégate, où le choléra venait inopinément de se déclarer.
Le commodore Kennedy, assez gravement indisposé, quitta Bangkok avec le
docteur. Ils s'arrêtèrent à Paknam, où
ils passèrent la nuit. Ils n'eurent guère
à se louer cette fois de la réception
qui leur fut faite.

« Nous étions tombés au plus bas (dit
Ruschenberger) dans l'estime des gens
de Paknam. Les domestiques eux-mêmes
étaient disposés à nous manquer de respect. Un jeune esclave à qui j'avais donné
l'ordre de m'apporter du feu pour allumer mon cigare, me lança la mèche aux
pieds d'un bout du plancher à l'autre.
— Avec ces gens là ce qui réussit le
mieux, c'est un ton positif et presque
impératif. Si l'on essaye de se mettre
avec eux sur un pied d'égalité, ils deviennent suffisants et bien vite insolents. »

A la pointe du jour, le lendemain,
le commodore et le docteur quittèrent
Paknam; ils atteignirent la frégate vers
dix heures, et eurent la satisfaction de
trouver que l'épidémie avait diminué.
Aussitôt qu'elle avait fait son apparition
à bord, le vaisseau avait pris le large.
On lui avait fait serrer le vent de près,
en ayant soin de présenter alternativement ses flancs à la brise, ce qui l'avait
soumis à une ventilation complète. Quoique tous les cas survenus eussent présenté les indices du choléra : surface
froide et ridée, ongles bleus, il n'y eut
pas de cas nouveaux, et aucune des personnes atteintes ne succomba depuis que
le navire eut quitté le mouillage. Cependant la maladie régnait à Chantibon,
comme épidémique, c'est-à-dire à cent
milles du mouillage, et comme spora-
dique à Bangkok. Il n'y eut aucun cas à
bord de *l'Entreprise*.

Le 12 avril M. Roberts avait eu une
entrevue avec le radjah de Lagor (ou
Ligor), chargé par sa magnifique majesté
de régler l'importante affaire de l'appo-
sition des sceaux royaux à la copie siamoise du traité à échanger aussi bien
qu'au certificat de ratification. — Ce
radjah, ou plutôt vice-roi de *Ligor* (État
tributaire du Siam, situé sur la presqu'île
de Malacca), était probablement le même
petit prince dont le capitaine (aujour-
d'hui colonel) Low parle dans son histoire de Tenasserim (1), sous le nom de
« *Phraya* de Ligor, » et qui était le plus
jeune fils de l'usurpateur *Phria-Tak*.
L'objet de sa visite actuelle à Bangkok
avait été d'assister à une cérémonie funèbre qui avait eu lieu huit jours avant
l'arrivée des Américains. Il y avait six
mois que le seul fils légitime du roi était
mort; et suivant la coutume siamoise,
car une coutume ancienne a parmi eux
force de loi, le corps avait été embaumé
et récemment livré au bûcher. Cette cérémonie était d'une telle importance, que
tous les princes tributaires et les gouverneurs de l'empire avaient reçu de sa magnifique majesté l'ordre d'y assister.

Nous laisserons de nouveau parler
Ruschenberger :

« En débarquant, M. Roberts vit arriver le prince de Lagor, assis sur un palanquin, consistant en un siège garni
de coussins. Il avait les jambes nues et
pendantes de chaque côté. Il avait une
suite nombreuse. Aussitôt que l'interprète fut arrivé, le prince s'excusa de
n'avoir pas invité M. Roberts à venir
dans sa maison. Il le pria en même temps
de vouloir bien lui faire visite sur sa
jonque. Sa *maison* n'était à proprement
parler qu'une cabane de bambous; et pré-

---

(1) *Journal of the Royal Asiatic Society*, etc.,
vol. II, III, IV et V.

férant passer son temps dans son propre pays, il ne voulait pas se bâtir un palais à Bangkok, comme on l'avait pressé de le faire, parce que, aussi longtemps qu'il n'avait qu'un pied-à-terre à Bangkok, il lui restait toujours une excuse prête pour abréger ses visites. Ce prince est petit de taille et chargé d'embonpoint. Il a le maintien agréable et les manières polies. Il est âgé de soixante et un ans. On le regarde comme un ministre de haute capacité et comme le doyen des courtisans du Siam.

« L'épée de M. Taylor ayant attiré son attention, il demanda la permission de l'examiner, et mit ses lunettes dans cette intention. Il regretta de ne pouvoir traiter d'affaires ce jour-là; mais il espéra que M. Roberts ne lui saurait pas trop mauvais gré du dérangement qu'il lui causait.

« Quand on fut à bord de la jonque, on servit du thé dans des pots de terre, et on le but dans des tasses de porcelaine sans soucoupes. Une théière et une tasse étaient placées devant chaque personne sur un plateau d'or ou pur garni de pierres précieuses. Des bassins d'eau et des tasses, une boîte à chunam et des crachoirs d'or fin étaient posés sur des plateaux de même métal. Des fruits et des confitures furent présentés sur des plateaux de six pieds de circonférence, ayant des piédestaux de deux pieds de haut richement bosselés en argent. Des cuillers et des fourchettes d'argent étaient dans les différents plats, pour que chacun pût se servir sans user d'une assiette séparée. Le prince fut très-poli, et souvent il servit ses hôtes de ses propres mains.

« A huit heures du matin, le lendemain, M. Roberts, accompagné de M. Taylor, fit de nouveau une visite au radjah sur sa jonque. Ils furent reçus par le fils aîné du radjah, jeune homme de vingt-deux ans, qui leur fit servir du thé, des œufs, de la même manière que le jour précédent. Bientôt le prince lui-même parut. Il déclara que le sceau royal de Siam ne pourrait être apposé que sur le certificat de ratification. M. Roberts répliqua que le roi, dans le préambule du traité, avait promis d'apposer son sceau sur les articles, et que par conséquent cette formalité devait incontestablement être remplie; que d'ailleurs elle était de toute rigueur pour le certificat, car le traité ne pourrait être considéré comme ratifié sans cela. Après une courte discussion, le rajah céda à contre-cœur sur ce point, et promit que tout serait fait selon le désir de M. Roberts.

« Un des secrétaires demanda une liste des officiers qui avaient visité le Wât-Phra-si-ratanat, un jour ou deux auparavant, afin qu'on pût inscrire leurs noms dans les archives du gouvernement.

« Il était presque impossible de mettre des bornes à la curiosité excitée par les officiers parmi les Siamois. Ils nous touchaient fréquemment de la tête aux pieds; et ce jour-là même le radjah avait mis les mains dans les poches de M. Taylor, pendant que son fils était occupé à relever le pantalon de cet officier pour examiner ses bottes. Le radjah, son fils et ses deux petits-fils avaient autour de la ceinture, outre le sarong, des châles en crêpe blanc d'un très-beau tissu. Les Siamois portent, comme les Chinois, les ongles très-longs, et les dames les ont quelquefois garnis d'argent.

« Vers onze heures nous eûmes à bord la visite de Momfanoï, qui, accompagné d'un autre prince et d'un médecin, se rendait auprès de son frère le prêtre, atteint d'une indisposition. Le radjah céda à Momfanoï la place qu'il occupait, et se tint agenouillé sur le pont.... Le prince qui accompagnait Momfanoï, bien qu'il fût avec lui dans les termes de l'intimité et qu'il s'assît dans le bateau sur le même siége, n'avait pas manqué dès son arrivée sur la jonque de témoigner son respect par les salutations d'usage : il s'assit un peu au-dessus du radjah. Le costume de ces deux personnages était simple mais riche. Le vêtement de dessous, en soie pourpre, se terminait par une bordure magnifiquement brodée. Une écharpe d'un travail exquis passait par-dessus. Dès que les deux princes siamois furent partis, le radjah reprit sa place.

« A une heure de l'après-midi, un dîner, qui consistait en soupes, carris, côtelettes, canards, poulets et porc, suivis de fruits et de confitures, nous fut servi dans de la vaisselle d'or et d'argent. Il y avait vingt-six plats pour trois personnes, et l'on ne compta pas moins de cinquante-quatre articles de vaisselle d'or qui furent employés pendant le repas. Ce n'était point là de l'ostentation ou même l'apparence d'une tentative d'étalage ; on voyait bien qu'il en devait être habituellement ainsi chaque jour. L'hospitalier vieillard mettait de force dans les assiettes de ses hôtes des litchis de Chine, des *romania* (c'est un fruit qui ressemble à la datte). Pendant le repas il se tenait tranquillement assis, occupé à mâcher son bétel ; seulement il montait de temps en temps sur la table, pour venir plus promptement en aide à ses hôtes et leur signaler les mets qu'il préférait. Pour arranger les plats, les domestiques n'avaient pas hésité à monter aussi sur la table et à marcher sur la nappe ! — Avant la fin du dîner, Momfanoi revint sur la jonque. On répéta les mêmes cérémonies qui avaient eu lieu à sa première visite. Le radjah reprit sa place après son départ.

« Au bout de neuf heures de travail, le certificat de ratification en siamois, chinois, portugais et anglais fut prêt à être ajouté au traité. Aux États-Unis ou en Europe il n'aurait pas fallu le tiers de ce temps.

« Dans la même soirée M. Roberts alla voir le phra-klang *par intérim*, pour lever une difficulté survenue à propos du troisième article du traité et relative au jaugeage du brick *la Marie-Thérèse*. M. Roberts exposa que les officiers du gouvernement avaient mesuré le vaisseau de dehors en dehors, au lieu de mesurer le pont. Le phra-klang répondit que c'était la manière usitée pour mesurer les jonques siamoises et chinoises.... M. Roberts fit observer que le traité ne se rapportait qu'aux navires de construction américaine. Le phra-klang répondit que c'était une ancienne coutume, et que par conséquent on ne pouvait pas la changer. M. Roberts répliqua qu'il se verrait alors dans la nécessité de recommander au capitaine de protester, à son retour en Amérique, contre la violation du traité ; qu'il en serait référé au gouvernement de Washington, et qu'une controverse désagréable en résulterait inévitablement entre les deux pays. Mais comme rien ne pouvait être décidé sans prendre l'avis du roi, M. Roberts se retira, et revint voir le ministre dans une autre occasion.

« Le ministre eut l'air de rester inflexible. M. Roberts déclara alors que si les navires américains n'étaient pas jaugés conformément au troisième article du traité, il serait de son devoir d'en donner connaissance sur-le-champ au gouvernement des États-Unis, et il ajouta que le capitaine de *la Marie-Thérèse* protesterait certainement contre une telle infraction au traité. Toutefois le brick avait été mesuré pendant la journée ; mais M. Roberts n'en fut informé qu'après cette discussion. Le capitaine et le subrécargue furent alors mandés, et il résulta de leur déclaration que le navire avait été jaugé d'après une méthode si favorable aux Américains, qu'elle avait occasionné au trésor royal une perte de 170 ticals sur les droits qui auraient été perçus dans les circonstances ordinaires. Le phra-klang demanda alors si l'on était content. On répondit qu'on l'était pleinement. « Dans ce cas, dit le phra-klang, je suis charmé que toutes les difficultés aient été levées : ce sera pour l'avenir un précédent à l'égard du jaugeage des navires américains. »

Le 16 avril avait été fixé, quatre ou cinq jours d'avance, pour la réception de l'ambassade américaine à l'audience du roi. Il faisait une chaleur étouffante ; le thermomètre marquait dans un appartement aéré 98° 5′ (1) ; l'air était calme et pas un souffle de vent ne ridait le sein tranquille de la rivière. Elle ressemblait à une nappe d'or en fusion, agitée seulement par de nombreuses gondoles, glissant comme si elles eussent eu des ailes, sur sa brillante surface. Un grand nombre de personnes étaient sorties pour voir le cortège ; d'autres encombraient les varandes des maisons flottantes, quoiqu'il n'y ait pas de *Morning-Herald*, ou « de Journal du soir », qui répande les nouvelles parmi cette immense population. Tout le monde semblait connaître par instinct l'événement du jour.

A neuf heures, accompagné de vingt-deux officiers de l'escadre en grande tenue, du *master* et du subrécargue de *la Marie-Thérèse*, M. Roberts s'embarqua dans trois gondoles mises en mouvement chacune par trente rames. Quoi-

(1) 36° 94′ Centigr.

qu'il eût obtenu pour les deux chefs de la *Marie-Thérèse* de faire partie du cortége, il se vit refuser la même autorisation demandée pour les missionnaires américains, par le motif que cela était contraire aux usages siamois.

Les bateaux avancèrent rapidement, aux sons de la musique, qui jouait l'air de *Hail Columbia*. Les Américains furent étonnés de la foule de spectateurs qui attendait leur débarquement. Des officiers de police armés de rotins et de bambous, dont ils faisaient un fréquent usage sur les épaules nues des Siamois, étaient constamment occupés à déblayer le chemin devant le cortége.

A l'entrée de la première porte on trouva une quantité de petits chevaux de selle, caparaçonnés dans le style oriental et accompagnés chacun de deux palefreniers. La scène était aussi nouvelle pour ces animaux que pour les officiers américains. Ils témoignaient leur impatience en détachant de vives ruades dans la foule. Le cortége fut joint en cet endroit par plusieurs Arabes, Persans et juifs, tous dans les riches costumes de leurs pays respectifs. Après un court délai, provenant du choix que chacun faisait d'un cheval, tout le monde se trouva monté. Mais, à cause du peu de longueur des étriers, on avait les genoux presque à la hauteur du menton. On avança, à travers la multitude, jusqu'à la seconde porte, où les officiers durent laisser leurs épées, l'étiquette ne permettant pas de paraître armé devant le roi.

Le cortége fut reçu dans la salle de justice par le phya-pi-pat-kosa, qui, comme toujours, se montra plein de vie et d'expansion. On offrit de l'eau, du bétel et des cigares. Pendant qu'on attendait que le roi daignât faire annoncer qu'il était prêt à recevoir l'ambassade, un gros serpent vert roulait lentement ses anneaux sous les tuiles de la salle. Il y avait aussi une quantité de lézards et de geckos. Les Siamois s'étonnaient que de semblables bagatelles pussent attirer l'attention : tellement l'habitude rend les hommes indifférents à la vue des objets les plus hideux.

A la seconde porte, des files de soldats, embarrassés d'uniformes rouges et verts et portant des armes dont ils savaient à peine se servir, garnissaient, au nombre de plusieurs milliers, les diverses avenues. Tous les fusils étaient munis de leur baïonnette et chaque baïonnette de son fourreau. Les artilleurs étaient armés de larges épées qu'ils se tenaient prêts, la main sur la poignée, à dégaîner. Des porteurs de piques et de massues figuraient également dans cette pompe militaire. Quiconque a vu une grande armée de théâtre en désordre peut se représenter les troupes siamoises, et concevoir ce que deviendrait cette masse indisciplinée devant un petit nombre de soldats aguerris.

A cette porte la musique du bord fut obligée d'attendre le retour de l'ambassade.

Devant la salle de justice les éléphants défilèrent en parade, comme dans une autre occasion. La foule était grande; mais toutes les fois qu'elle dépassait certaines limites, elle était à l'instant refoulée par le rotin. Au bout d'une demi-heure, le cortége avança, et eut encore à passer deux portes. Le nombre des troupes augmentait toujours. Auprès du palais se tenait un corps armé de boucliers et d'épées. Sur les deux côtés du chemin suivi par le cortége on avait placé trois cents musiciens, rangés sur deux lignes, lesquels faisaient crier incessamment leurs hautbois ou retentir leurs tam-tam, et produisaient une cacophonie des plus assourdissantes. En cet endroit le chemin devenait plus large. De temps en temps l'œil surprenait, à travers le feuillage des arbres ou des arbustes plantés dans les enclos, la perspective d'un riche édifice ou d'une pyramide dorée resplendissant au soleil.

L'extérieur de la salle d'audience n'offrait rien de très-remarquable. Elle a sur chaque côté trois portes ornées de sculptures diverses et de divinités bouddhiques. Des paravents placés en dedans cachent l'intérieur de l'édifice.

L'étendue de la salle d'audience est, selon Ruschenberger, de soixante-dix pieds de long sur trente-cinq de large environ (1). Le milieu du plancher, comprenant environ la moitié de la largeur totale, s'élève de dix-huit pouces au-

(1) Crawfurd lui donne 80 pieds sur 40 environ ; Richardson 120 sur 60.

dessus du reste, et forme de chaque côté une sorte de galerie du quart de la largeur de la salle. Sur chacun des bords du plancher du milieu est une rangée de six piliers de trois pieds en carré. Les murs, le plafond et les piliers sont tendus d'un papier rouge doré et les planchers couverts de tapis. Des lustres et des lampes de divers genres pendent du plafond, et quantités de peintures et de miroirs chinois ornent les murs. Du point central de la salle le plancher forme un plan incliné qui s'élève graduellement jusqu'au trône : ce trône, placé au fond de la salle, a environ six pieds de haut, et est assez large pour qu'un homme puisse s'y asseoir les jambes croisées. Il est d'or ou richement doré, et orné de diamants et autres pierres précieuses. Il y a derrière, sans doute pour l'ornement, un morceau d'architecture qui ressemble à un autel. Un *tchattah* royal, sorte de parasol formé de cinq parasols superposés et de grandeur décroissant de bas en haut, ombrage le siège du monarque. De chaque côté, en allant du trône jusqu'aux piliers, sont six autres tchattahs qu'on a disposés de manière à former un arc qui sépare le roi de sa cour.

M. Roberts et ses compagnons, étant entrés par la porte du milieu du devant de la salle, et ayant passé le long du paravent, se trouvèrent en présence de sa magnifique majesté et de la cour du magnifique royaume du Thaï. Sa majesté, gros et gras homme d'environ cinquante ans, était assise sur son trône les jambes croisées comme le dieu Bouddha. Un riche vêtement de drap d'or l'enveloppait. Elle mâchait du bétel, et lançait de temps en temps sa salive dans une urne d'or, tandis que de nombreux serviteurs lui préparaient d'autre bétel et faisaient avec de grands éventails circuler l'air autour de son imposante obésité, trônant dans toute la pompe et toute la magnificence du rang suprême.

A l'exception d'un long espace vide de huit pieds de large, devant le trône, tout le plancher était couvert de nobles, de courtisans, de grands du pays, vêtus de costumes de soie et d'or, sortes de longues jaquettes serrées, à basques courtes et ressemblant assez, pour la forme, aux anciennes cottes de maille. Il y avait aussi des Arabes et des Persans, en riches turbans de châles de cachemire, contrastant par leur taille magnifique avec les Siamois aux formes trapues, et les effaçant par l'intelligence qui brillait dans leurs traits expressifs, fortement accentués par une moustache de jais et des yeux ombrés d'antimoine. Près de trois cents personnes composaient cette noble compagnie, qui se tenait tout entière agenouillée et accoudée, la tête inclinée vers le plancher La salle, n'admettant qu'un demi-jour, permettait aux joyaux de paraître à leur avantage. Les diamants et les escarboucles répandus sur la personne du roi brillaient et étincelaient, lançant dans toutes les directions comme de petits éclairs.

Plusieurs des officiers américains remarquèrent, entre autres choses, qu'en dépit de la stipulation de ne point paraître armés, fondée sur l'étiquette de la cour à cet égard, un grand nombre de Siamois ne laissaient pas que de porter le sabre.

Tel fut le spectacle que la salle et la cour présentèrent à l'ambassade américaine quand elle eut passé le paravent. Elle mit aussitôt chapeau bas. Puis, quand ils se furent avancés jusqu'à l'espace libre mentionné plus haut, les Américains firent trois salutations, ainsi qu'il en avait été convenu. S'étant assis sur un tapis, à une assez grande distance du trône, ils durent prendre garde de tenir les pieds en arrière, afin que sa magnifique majesté ne fût point choquée par la vue de ces membres inférieurs emprisonnés dans des bottes! car les Américains n'avaient pas voulu consentir à laisser leur chaussure à la porte et à paraître nus pieds devant le roi, comme avait fait, sous (le major, depuis colonel) Burney, en 1826, la mission anglaise envoyée du Bengale, en s'exposant au risque de trouver à la sortie (ainsi qu'il était arrivé à M. Burney) ses souliers volés (1).

(1) Avant l'audience qu'il eut du roi, en 1833, quand il négociait le traité que nous allons voir ratifier, M. Roberts avait refusé positivement d'ôter ses souliers en présence du monarque, si l'on ne lui permettait pas de

Après qu'on se fut assis dans cette nouvelle et par conséquent peu commode position, on fit trois saluts siamois. Toute la cour frappa trois fois le plancher de la tête; et sa magnifique majesté exprima sa satisfaction en lançant par trois fois sa salive dans un crachoir d'or, et renouvelant sa bouchée de bétel et de noix d'arec!

En avant de l'ambassade, on avait étalé une partie des présents apportés par M. Roberts, l'ensemble en étant trop volumineux pour figurer dans cette occasion solennelle. Immédiatement après que les saluts eurent été faits, on entendit un bas murmure s'élever derrière le trône. L'interprète expliqua que c'était le secrétaire du roi qui lisait la liste des présents envoyés par le gouvernement des États-Unis à sa magnifique majesté.

Cette formalité accomplie, le roi adressa à M. Roberts plusieurs questions qui eurent à passer par la bouche de trois interprètes ou secrétaires. L'un d'eux était accroupi tout près du trône et répétait à voix basse les paroles de sa majesté à l'un de ses collègues, placé à moitié chemin de la partie inférieure de la salle. Celui-ci les répétait d'un ton encore plus bas à Piadadè, l'interprète, qui, accroupi près de M. Roberts, les lui soufflait dans l'oreille. Les réponses étaient transmises de la même manière.

Quand le roi avait fini sa question, le secrétaire interprète faisait trois salams et récitait les titres du roi avant de la répéter au second secrétaire, et celui-ci allait faire la même cérémonie auprès du troisième. La réponse commençait par trois saluts de l'interprète, qui récitait une série de titres : « Phra, putie, chucka, ka, rap, si, klau, sī, kla, mom, kâ phra putie chow, » M. Roberts, « Ka phra râchâ, tan, krap, thun, hie, sap, thi, fa, la, ong, thule, phra, bat; » après quoi venait la réponse, accompagnée de trois salams. Comme cette formalité est invariable, on conçoit la lenteur et la fatigue d'un entretien avec sa majesté. Personne n'est

garder son chapeau. Après une longue discussion, on avait fini par en passer par où il avait voulu, et Roberts avait été ainsi le premier étranger paraissant en souliers devant le roi de Siam.

même assuré que ses expressions et ses paroles seront fidèlement transmises à *l'oreille d'or*. M. Robert Hunter raconta à Ruschenberger qu'ayant eu, quelques années auparavant, une audience de ce prince, celui-ci lui demanda s'il ne gagnait pas beaucoup d'argent dans son commerce. M. Hunter répondit que dans les commencements ses affaires allaient à merveille, mais que la dernière année il avait fait de grandes pertes. L'interprète en transmettant la réponse fit dire à M. Hunter qu'il avait gagné beaucoup d'argent les premières années, mais *moins* la dernière. Quand M. Hunter se plaignit de la manière dont sa réponse avait été reproduite, l'interprète répliqua qu'il n'aurait pas osé dire à sa magnifique majesté quelque chose d'aussi désagréable que des paroles exprimant que M. Hunter aurait perdu de l'argent.

Un semblable incident eut lieu dans l'audience donnée à l'ambassade. Le roi ayant dit que les Américains seraient traités sur le même pied que les Anglais, ce que nia M. Roberts, disant que tel n'était pas l'esprit du traité; le secrétaire le plus voisin du roi traduisit la réponse de M. Roberts, et lui fit dire que lui M. Roberts admettait cette assimilation et en était très-obligé à sa majesté. M. Hunter, qui était présent, avertit M. Roberts de la manière dont on avait altéré sa pensée. Il répéta ce qu'il avait d'abord dit, et cette fois on le traduisit correctement.

Durant l'entrevue, le roi s'enquit de la santé du président, ensuite de celle de tous les « grands » des États-Unis, de celle des équipages du *Peacock* et de *l'Entreprise*. Il demanda quand on avait quitté l'Amérique, où l'on avait été, quel avait été l'état de la santé de M. Roberts pendant les trois années qu'il avait été absent du Siam, etc.

Au bout de trois quarts d'heure, un son métallique aigu se fit entendre. Un rideau de soie d'or qu'on tira en travers de la salle devant le trône, et qui déroba sa majesté aux regards, annonça que l'audience était terminée. L'ambassade fit trois saluts, et toute la cour inclina par trois fois la tête jusqu'au plancher.

Pendant l'audience on avait servi de l'eau et du bétel. Quand la salle fut ouverte, des hirondelles, entrant et sortant, vinrent parfois se poser sur les lustres.

L'ambassade fut menée ensuite voir le haras de sa majesté, plusieurs éléphants, et enfin le wât précédemment décrit.

« Le 18 avril (dit Ruschenberger) avait été fixé pour la remise de la copie du traité que venait de ratifier le Siam. Le bateau de cérémonie dans lequel nous étions venus du vaisseau était prêt à nous y ramener. Nous dûmes, en conséquence de l'idée superstitieuse qu'avaient les Siamois que le traité porterait malheur à toute maison où il entrerait, après qu'on nous l'aurait remis entre les mains, le recevoir à bord du bateau de cérémonie, avec injonction de ne le rapporter à terre sous aucun prétexte, un tel acte pouvant être une cause de calamité dans l'opinion de beaucoup de gens.

« Vers une heure de l'après-midi, M. Roberts fut informé que les barges dorées du roi étaient en vue. Accompagné des officiers en grande tenue et de la musique, il se rendit au bateau de cérémonie, où il trouva le phya-pi-pat-kosa déjà arrivé. Il y avait là trois longs bateaux, richement dorés, décorés de pavillons, et chacun de ces bateaux était mis en mouvement par cent rames. Les rideaux étaient de drap d'or sur fond écarlate. L'embarcation royale qui portait le traité formait l'avant-garde. Le traité était dans une boîte couverte de soie jaune grossière brochée d'or. Cette boîte était placée sur un plat d'argent, posé sur un plateau ayant un grand pied de même métal. Au-dessus s'étendait un dais écarlate ombragé à son tour par le *tchattah* royal. Les uniformes écarlates des matelots, les coups mesurés de leurs cent rames, les bannières flottantes, la musique des fifres et des tambours, l'or et l'argent resplendissant au soleil, formaient un spectacle charmant, et montraient avec quel cérémonial scrupuleux on conduit tout à la magnifique cour de Siam.

« Quand la boîte fut enlevée, la musique siamoise fit entendre une sorte de mélodie douce et plaintive. Le phya-pi-pat-kosa porta la boîte à M. Roberts, et fit en même temps un salut au sceau royal attaché au traité. M. Roberts l'ayant reçue l'éleva, par respect pour le roi, jusqu'à la hauteur de la tête, pendant que notre musique jouait l'air *Hail Columbia*; et, la plaçant ensuite sur un plateau préparé à cet effet, il la déposa dans la chambre de la jonque de cérémonie.

On se dépêcha alors de tout préparer pour quitter Bangkok. Agissant en son nom privé, M. Roberts apostilla une requête des missionnaires au chao-phya-phra-klang, par laquelle ils demandaient la concession d'un terrain suffisant pour y élever une église et des habitations convenables, avec la permission d'en réserver une partie comme lieu de sépulture, la même chose ayant été accordée aux catholiques romains portugais, aux musulmans, aux Chinois et autres.

Avant de quitter la maison où elle était logée, l'ambassade reçut la visite d'adieu du phya-ratsa-pa-vadé, accompagné d'une suite nombreuse. Il exprima sa vive affection pour les Américains, et pria M. Roberts de fournir aux capitaines des navires de son pays allant au Siam des lettres pour lui, afin qu'il pût, autant que cela serait en son pouvoir, faciliter leurs affaires. Il assura M. Roberts qu'il était entièrement désintéressé, et n'accepterait aucun dédommagement pour quelque service qu'il eût à rendre. Pour montrer sa considération à M. Roberts, il voulut lui faire présent de plusieurs jouets pour ses enfants; mais M. Roberts s'était prescrit de ne rien recevoir pour lui-même d'aucun des grands de la cour.

Dans la soirée, M. Roberts fit une dernière visite au phya-si-pi-pot, chez qui il rencontra le phya-pi-pat-kosa. On avait réuni pour le recevoir et le divertir une troupe de musiciens amateurs, qui jouèrent séparément ou ensemble d'instruments ayant du rapport avec des guitares, des hautbois, etc. On lui dit que les Siamois possédaient plus de cent instruments de musique différents.

À minuit le temps que devait durer l'ambassade étant expiré, la jonque de cérémonie leva l'ancre et fut remorquée par trois galères, aidées du reflux. A midi, le jour suivant, on mouilla à Pakñam, d'où on partit à minuit pour se rendre à bord de la frégate, que l'on atteignit le 20 avril, à midi.

TRAITÉ D'AMITIÉ ET DE COMMERCE

Entre sa majesté le magnifique roi de Siam et les États-Unis d'Amérique (1).

Sa majesté souveraine le magnifique roi qui réside dans la ville de Sia-Yuthia, a chargé le chao-phaya-phra-klang, l'un de ses premiers ministres d'État, de s'entendre avec Edmond Roberts, ministre des États-Unis d'Amérique, envoyé par le gouvernement de ce pays et agissant en son nom, sur la conclusion d'un traité de sincère amitié et d'entière bonne foi entre les deux nations. Pour atteindre ce but, les Siamois et les citoyens des États-Unis d'Amérique entretiendront loyalement des rapports de commerce dans les ports de leurs nations respectives aussi longtemps que le ciel et la terre dureront.

Ce traité a été conclu le mercredi dernier jour du quatrième mois de l'année 1194, appelée pí-marong chatava-sok (ou année du dragon), date qui correspond au vingtième jour de mars de l'an de Notre-Seigneur 1833. L'un des originaux est écrit en siamois, l'autre en anglais. Mais, comme les Siamois ignorent l'anglais et les Américains le siamois, une traduction portugaise et une en chinois ont été annexées aux originaux pour servir de témoignage à leur contenu. L'écrit est de même teneur et date dans toutes les langues susdites. Il est signé, d'une part, du nom du chao-phaya-phra-klang et scellé du sceau de la fleur de lotus, en cristal, et d'autre part, signé du nom d'Edmond Roberts et scellé d'un sceau représentant un aigle et des étoiles.

Une copie du traité sera gardée dans le Siam, et l'autre emportée par Edmond Roberts aux États-Unis. Si le gouvernement des États-Unis ratifie ledit traité et y appose le sceau du gouvernement, le Siam le ratifiera alors aussi de son côté et y apposera le sceau de son gouvernement.

Art. 1ᵉʳ. Il y aura paix perpétuelle entre les États-Unis d'Amérique et le magnifique roi de Siam.

Art. 2. Les citoyens des États-Unis auront pleine liberté d'entrer dans tous les ports du royaume de Siam, avec leurs cargaisons, de quelque nature que soient lesdites cargaisons; ils jouiront en outre de la liberté de les vendre à tous les sujets du roi ou autres qui désireront les acheter ou échanger contre tous produits ou fabricats du royaume, ou tels autres articles que l'on peut y trouver.

(1) Nous donnons ici le texte du traité américain, parce qu'il est moins connu que les traités signés par Crawford et Burney, et que les remarques faites par Ruschenberger sur le certificat de ratification, etc., nous ont paru offrir un intérêt particulier.

Les officiers du roi n'imposeront aucun prix aux articles que les marchands des États-Unis auront à vendre ou aux marchandises qu'ils désireront acheter : le commerce sera libre des deux côtés, pour vendre, acheter ou échanger, aux termes et prix que les propriétaires jugeront convenables. Toutes les fois que lesdits citoyens des États-Unis voudront partir, ils auront la liberté de le faire, et les officiers compétents leur délivreront des passe-ports, à moins que quelque empêchement légal ne prescrive le contraire. D'ailleurs, rien de ce qui est contenu dans cet article ne doit donner à entendre qu'on garantisse la permission d'importer ou de vendre des munitions de guerre à d'autres qu'au roi, qui, s'il ne les demande pas, ne veut pas être engagé à les acheter; ni la permission d'importer de l'opium, regardé comme objet de contrebande, ou *d'exporter du riz, qui ne peut être embarqué comme article de commerce.*

Art. 3. Les navires des États-Unis qui entreront dans l'un des ports des États de sa majesté pour vendre ou acheter des marchandises payeront au lieu de taxes d'importation et d'exportation, droits de tonnage, licences de commerce ou quelque autre charge que ce soit, une taxe de jaugeage établie de la manière suivante : le mesurage sera fait d'un côté à l'autre, au milieu de la longueur du navire, et si c'est un navire à un seul pont, sur ce pont, dans le cas contraire, sur le bas pont. Pour chaque navire marchand il sera payé mille sept cents ticals ou *bats* par brasse siamoise de la largeur déterminée comme il a été dit ci-dessus, ladite brasse estimée à soixante-dix-huit pouces anglais ou américains, correspondant à quatre-vingt-seize pouces siamois. Mais si ledit navire vient sans marchandises et achète une cargaison argent comptant seulement, il payera alors la somme de quinze cents ticals ou bats par chaque brasse ci-devant décrite. De plus, la susdite taxe de mesurage ou jaugeage ni aucune autre charge quelconque ne pourront être exigées d'aucun vaisseau des États-Unis entrant dans un port siamois pour s'y radouber, obtenir des rafraîchissements ou s'informer de l'état des marchés.

Art. 4. Si par la suite on diminue en faveur de quelque autre nation les taxes que les vaisseaux étrangers ont à payer, on les diminuera également en faveur des vaisseaux des États-Unis.

Art. 5. Si un navire des États-Unis fait naufrage sur quelque point des États du magnifique roi, les personnes échappées au naufrage seront soignées, entretenues avec hospitalité aux frais du roi, jusqu'à ce qu'elles trouvent une occasion pour retourner dans leur pays. La propriété sauvée d'un tel naufrage sera conservée avec soin et rendue à ses légitimes maîtres. Les États-Unis rembourseront à sa majesté les dépenses occasionnées par le sauvetage.

Art. 6. Si un citoyen des États-Unis, venu au Siam dans un but de commerce, contracte des dettes envers des individus du Siam, ou si un individu du Siam contracte des dettes envers un citoyen des États-Unis, le débiteur sera obligé de produire et de vendre tous ses biens pour payer sa dette. Si le produit de cette vente de bonne foi ne suffit pas, le débiteur ne sera pas engagé pour le reste; et le créancier ne pourra ni le retenir comme esclave, ni l'emprisonner, ni le fouetter, ni le châtier de quelque autre manière que ce soit, pour le forcer au payement complet de sa dette; devant au contraire le laisser en pleine liberté.

Art. 7. Les marchands des États-Unis qui viendront dans le royaume de Siam pour y commercer et désireront y louer des maisons, loueront les factoreries du roi, et les payeront conformément au prix d'usage. Si lesdits marchands débarquent leurs marchandises, les officiers du roi en feront le compte, mais ne prélèveront aucune taxe sur ces marchandises.

Art. 8. Si des citoyens des États-Unis, leurs vaisseaux ou leurs propriétés viennent à tomber dans les mains des pirates et qu'on les amène dans les États du magnifique roi, les personnes seront mises en liberté et les propriétés rendues à leurs légitimes maîtres.

Art. 9. Les marchands des États-Unis faisant le commerce au Siam respecteront et suivront, dans toutes leurs prescriptions, les lois et ordonnances du pays.

Art. 10. Si par la suite quelque nation étrangère autre que la nation portugaise demande et obtient de sa majesté son consentement pour établir des consuls résidant au Siam, les États-Unis auront la liberté d'en établir aussi concurremment avec toute autre nation étrangère.

Certificat de ratification.

Le présent est pour certifier qu'Edmond Roberts, envoyé spécial des États-Unis d'Amérique, a délivré et échangé un traité ratifié au jour et à la date ci-après mentionnés, et que ledit traité a été signé et scellé dans la royale ville de Sia-Yuthia, capitale du royaume de Siam, le vingtième jour de mars mil huit cent trente-trois, correspondant au quatrième mois de l'année du dragon.

En foi de quoi, nous, le magnifique roi de Siam, ratifions et confirmons ledit traité, en y apposant notre sceau royal, ainsi que les sceaux de tous nos premiers ministres d'État, dans la ville de Sia-Yuthia, le quatorzième jour du cinquième mois de l'année appelée l'année du singe, le *sacarat* ou an de l'ère étant le onze cent quatre-vingt-dix-huitième, ce qui répond au quatorzième jour du mois d'avril de l'an du Christ mil huit cent trente-six.

Ici viennent les sept sceaux de l'empire. Ce sont des empreintes en encre rouge, d'environ deux pouces et demi de diamètre, offrant de curieuses devises.

Premier sceau. Le sceau royal de Siam ou « Prah I, Era Pot » (1), représente un éléphant à trois têtes, ayant de chaque côté deux parasols royaux ou tchattahs et portant sur le dos quelque chose de ressemblant à un château. C'est peut-être la porte d'entrée d'un wât.

Deuxième sceau. La devise, presque illisible, offre un animal à la fois dragon, lion, etc. Le sceau est appelé « Prah-Rachasè ». Il est employé par le chao-phaya-bodin-desha ou khroma-ha-thaï qu'on nommait auparavant phya-chakri. Il a la surintendance générale des provinces du nord voisines de Pégou et celle des principautés de Laos et de Cambodje.

Troisième sceau. La devise se compose d'un griffon. C'est le sceau du chao-phya-mahasena, ou khroma-kalahom. Il a le même rang que le précédent, et remplit la fonction de commandant en chef de toutes les forces de terre et de mer. Il a la surintendance des provinces du sud-ouest, où son autorité s'étend jusque sur le dernier radjah malais tributaire.

Quatrième sceau. On l'appelle « Trah-Boa-Kéan ». Il a pour devise un Bouddha, dans l'attitude ordinaire, tenant d'une main une fleur de lotus épanouie, et de l'autre une feuille de la même plante. C'est le sceau du chao-phya-prah-klang ou khromatha, ministre du commerce et des affaires étrangères, qui a la surintendance des provinces du sud-est, voisines de la Cochinchine.

Cinquième sceau. On le nomme « Trah-Prah-None-Tak-An ». Il a pour devise un ange chevauchant sur les épaules d'un homme ou d'un démon. C'est le sceau du chao-phya-therema-terat ou

(1) Nous donnons ici, comme nous l'avons fait dans le récit de l'audience royale, l'orthographe de Ruschenberger.

khroma-wang, gouverneur du palais du roi.

Sixième sceau. On l'appelle « Trah-P'hra-Peroon ». Il a pour devise un ange chevauchant sur un serpent et tenant un glaive de feu. C'est le sceau du chao-phya-phollatape ou khroma-na, qui est ministre de l'agriculture et des produits.

Septième sceau. C'est le « Trah » (sceau) « Prah-Yame-Kesing ». Il a pour devise un ange monté sur un lion et portant une lance. C'est le sceau du chao-phya-somarat, ou yomarat, ou khroma-merang, ministre de la justice criminelle.

La clause de l'article 2 du traité que nous avons soulignée, et qui interdit l'exportation du riz, dépouillait ce traité d'une grande partie de sa valeur, le riz étant un des articles principaux du commerce avec la Chine. En effet, les navires qui en sont chargés sont exempts de la contribution connue sous le nom de cumshâ, montant, dans la plupart des cas, à 3,000 dollars; ce qui fait que dans leur trajet des États-Unis à Canton, ils entrent souvent dans les ports à riz de Java ou de Manille, pour s'y pourvoir de cet article.

Depuis l'expulsion des Français du royaume de Siam jusqu'à l'ambassade américaine, on ne peut compter que deux tentatives importantes faites par l'Angleterre pour ménager à son commerce dans ces parages le développement et la sécurité nécessaires. L'une de ces tentatives n'eut pour résultat que la déclaration remise à Crawfurd, en 1822, par le gouvernement siamois, et promettant, de la manière la plus vague, aide et protection aux navires de commerce anglais qui visiteraient le port de Bangkok (après avoir déposé préalablement leur artillerie et leurs armes de toute espèce à *Pak-Nam!*), etc., sans rien changer aux droits de douane, et s'engageant seulement à ce que ces droits (toujours mal définis) ne subissent aucune augmentation par la suite. — La seconde mission, confiée, en 1826, au capitaine (depuis colonel) Burney, aboutit à la signature d'un traité qui semblait devoir remédier à la déplorable issue des négociations de Crawfurd, mais dont la mauvaise foi siamoise trouva bientôt le moyen d'éluder toutes les clauses réellement favorables au commerce européen.

Ce dernier traité eut, au reste, une importance politique incontestable, en fixant d'une manière précise (bien qu'injuste à plusieurs égards, selon diverses autorités compétentes) les relations à maintenir entre les États Malais de la Péninsule et le royaume de Siam, et entre ces mêmes États et la Grande-Bretagne (1).

Depuis le départ de la mission américaine aucun État considérable n'a envoyé, que nous sachions, de mission officielle et directe à Bangkok; mais en 1838 le docteur Richardson, que nous avons déjà fait connaître à nos lecteurs comme ayant visité le Laos, reçut l'ordre de se rendre à la cour de Siam, dans les circonstances suivantes.

La conduite, presque ouvertement hostile, du gouvernement d'Ava depuis l'usurpation de Tharawaddy et le départ du colonel Burney (voir p. 293), la prétention hautement manifestée de ne point se regarder comme lié par le traité d'Yandabô et de ne plus admettre de résident anglais dans la capitale, ses préparatifs de guerre (ou supposés tels), faisaient craindre au gouvernement de l'Inde anglaise qu'il ne devînt nécessaire, d'un instant à l'autre, de recourir aux armes. — Il parut utile, dans cette prévision, de s'assurer autant que possible les bons offices de la cour de Siam. Il était surtout important d'obtenir, sans délai, que les chefs Laos, tributaires de Siam, ainsi que les agents siamois à *Tchumpahoun* (2) sur le golfe de Siam, et à d'autres points de la frontière, reçussent l'ordre positif de ne gêner en rien le libre achat, par les agents anglais, du bétail ou des bêtes de somme dont les populations pouvaient disposer sans nuire aux besoins du pays.

(1) Voyez pour le texte du traité, etc., *Moor's Notices*, etc., déjà cité.

(2) Un agent, G. de Castro, expédié à *Tchumpahoun* par le commissaire des provinces de Ténassérim, pour acheter des éléphants et d'autres bêtes de transport, se plaignait, à cette époque, du mauvais vouloir et des tracasseries qu'il éprouvait de la part des autorités siamoises.

Le docteur Richardson fut envoyé dans ce but, non pas, à proprement parler, auprès du roi, mais auprès du ministre siamois, et il lui fut recommandé de demander à être lui-même le porteur des ordres du roi de Siam pour les princes du Laos. — Les circonstances dans lesquelles se faisait cet appel au bon vouloir du gouvernement de Bangkok et la possibilité, si ce n'était la probabilité, d'une rupture prochaine entre le Birmah et l'Inde anglaise, donnèrent à cette mission de Richardson une importance telle aux yeux du monarque siamois, qu'il jugea à propos de prendre connaissance directe des lettres que Richardson avait ordre de remettre à son ministre, de la part du secrétaire du gouvernement de Calcutta et du commissaire des Provinces du Ténassérim, et qu'il résolut de recevoir le docteur en audience solennelle.

Richardson avait quitté Moulmein le 18 décembre 1838 : muni de ses lettres de créance et de présents destinés à la cour de Bangkok. Les présents et les bagages étaient chargés sur trois bateaux, le docteur ayant été obligé de commencer son voyage en remontant la rivière Attaran (ou, comme il l'écrit dans son journal, *Attran*) et la petite rivière *Zimee* jusqu'à la station de *Nat-Kyeaung* (écrit *Nat-Kyoung* sur la carte), où la charge des bateaux fut répartie sur six éléphants, et d'où le voyage fut continué par terre jusqu'à *Nakou-chathee*. Là un canal unit la branche orientale du *May-Nam*, ou le *Soop han*, à la rivière de Bangkok. — Richardson arriva à cette capitale le 8 février 1839, après cinquante-trois jours d'un trajet très-pénible au travers des forêts ou par des routes mal entretenues, dans des districts mal peuplés pour la plupart, et luttant contre des accidents et des contrariétés de toute espèce. Des messagers avaient été cependant expédiés à l'avance, et avaient annoncé son arrivée prochaine ; en sorte qu'il trouva tout prêt pour sa réception, grâce surtout à l'intervention obligeante de M. R. Hunter, que nous nous rappelons avoir également rendu plus d'un service à la mission américaine (1). Les premières conférences du docteur avec le *phra-klang* furent des plus satisfaisantes, et il fut arrêté que, d'après le désir exprès de sa majesté, M. Richardson lui serait présenté le 17 février. La description qu'il nous donne de l'audience solennelle qui lui fut en effet accordée ce jour-là n'ajoute rien à ce que nous savons du cérémonial de cette cour, de la richesse du palais et du mélange continuel de vanité et de de bassesse, de splendeur réelle et de misère, qui caractérise à peu près tout ce qui vaut la peine d'être vu dans ce pays, soit hommes, soit monuments ; mais certains détails de la narration nous semblent assez curieux pour que nous nous y arrêtions quelques instants.

La réception faite au docteur Richardson paraît avoir singulièrement flatté cet orgueil national que les Anglais portent sur tous les points du globe où les conduisent les exigences de leur politique ou de leur commerce. « A tout prendre (dit-il dans son journal, publié dans les volumes VIII et IX du *Journal de la Société Asiatique du Bengale*, 1840), la réception qui me fut faite se distingue de toutes les audiences solennelles antérieures, non-seulement par la pompe et l'étiquette de la cérémonie, mais par sa durée, « une heure vingt minutes », par la bienveillance marquée du souverain siamois à mon égard, et par le nombre des questions qui me furent adressées : ce que j'attribue à une plus juste appréciation du pouvoir et des ressources de la Grande-Bretagne, à la conquête d'Ava et à la prise de possession d'une partie des provinces conquises, etc. »

---

(1) Nos anciennes connaissances le capitaine de port (que Richardson appelle Peadadee) et les autres métis portugais, etc., reparurent aussi dans cette occasion, et se montrèrent plus serviables encore qu'ils ne l'avaient été à l'égard des Américains. On était dans l'appréhension, à la cour de Siam, de ce que les Anglais, ces redoutables voisins, pourraient juger à leur convenance d'entreprendre un jour contre l'indépendance du royaume, et tout se ressentait de ces vagues appréhensions dans la réception, évidemment inattendue, qui fut faite par le magnifique souverain de Thaï à l'humble délégué du gouvernement du Bengale.

Richardson va jusqu'à remarquer que le roi, en cette occasion, avait voulu se montrer assis sur un trône plus élevé qu'aucun de ceux qu'il eût occupés jusque là, au dire de M. Hunter, qui servait d'interprète pendant cette audience (1).

En quittant la salle du trône, Richardson et les Européens qui composaient sa suite improvisée visitèrent un ou deux (sic) des plus riches *kyaungs*, ou couvents de prêtres; mais il paraît qu'ils ne firent que les traverser, car Richardson n'entre dans aucun détail sur l'aspect et les richesses de ces lieux saints, qui avaient excité à un si haut degré la naïve admiration de Ruschenberger et de ses compagnons. — Il porte néanmoins témoignage, en termes généraux, à la magnificence de leurs décorations, et semble avoir été frappé surtout du grand nombre de lustres qu'il y vit suspendus, et qu'on lui assura n'avoir pas coûté moins de 2,500 francs pièce. Il parle aussi de la fameuse image de Bouddha, haute d'environ dix-huit pouces à deux pieds, et que les Siamois affirment être faite d'une seule émeraude, mais dans laquelle Crawfurd et Finlayson n'ont reconnu qu'une pierre verte assez ordinaire, une espèce de malachite ou *péliotrope* (?), que les Chinois savent travailler avec beaucoup d'art. Il indique également le grand nombre de figures grotesques d'animaux fabuleux qui entourent l'édifice, et conclut en déclarant que l'ensemble de ces curiosités splendides lui a paru *unique* dans son genre.

Pendant son séjour à Bangkok, Richardson eut plusieurs fois l'occasion de voir et d'entretenir le prince *Momfanoï* ou *Tchaufanoï*, qui joue un si grand rôle dans la relation de notre spirituel Américain. Après une visite au ministre, Richardson se rendit un jour au palais du prince, situé à peu de distance de la résidence de la mission anglaise, sur la rive droite du fleuve. Ce palais, selon notre auteur, a été bâti par *Pya-Tack*, ce roi d'origine chinoise qui rétablit la monarchie et construisit la nouvelle capitale, sur l'emplacement de la vieille factorerie française, après que l'ancienne capitale Youthia (que Richardson écrit *Yodea*) eut été prise et la famille royale emmenée prisonnière par les Birmans. — C'est un édifice en briques, au milieu d'un fort qui touche à la rivière, à l'angle formé par la jonction du canal *Maha-tchi*. Le palais parut à Richardson d'une vaste étendue, et composé d'un nombre immense d'appartements et de passages, les uns couverts, les autres à découvert. La salle dans laquelle le prince reçut le docteur était meublée à l'anglaise : les murs étaient couverts de gravures anglaises, et des livres anglais, de choix, parmi lesquels on remarquait l'*Encyclopédie Britannique*, remplissaient une bibliothèque. Momfanoï présenta ses hôtes à la princesse sa femme. C'était une belle personne, d'origine talaïn, ayant de fort bonnes manières. Il fit aussi apporter, endormi, son plus jeune fils, très-bel enfant de cinq mois, qui venait d'être vacciné par le docteur Bradley. — Il montra ensuite aux étrangers ses bijoux, qu'on étala sur une table sans la moindre précaution, et que chacun put manier et examiner à son aise. Ils parurent au docteur Richardson d'une très-grande valeur. Il remarqua, entre autres, trois magnifiques ceintures en or, incrustées de diamants, et calcula que la plus petite des trois contenait au moins mille trois cents diamants, dont plusieurs d'une grosseur considérable : il y avait aussi un écrin de trente-cinq bagues, dont un grand nombre de très-beaux diamants. — Les domestiques du prince, dont plusieurs comprennent l'anglais (et sont tenus de répondre dans cette langue quand le prince leur adresse la parole), étaient debout ou allaient et venaient en liberté. Aucun seigneur siamois du dehors n'était présent à cette entrevue, qui se prolongea jusqu'à dix heures et demie, et qui laissa dans l'esprit du docteur l'impression la plus favorable du caractère, de la capacité, du mérite et des manières du prince Momfanoï.

Richardson ne voulut pas quitter Bangkok sans avoir visité « le camp des

---

(1) Hunter avait acheté pour le roi la *pendule à musique* que lord Amberst avait portée en Chine pour en faire présent à l'empereur. Il paraît que dans la circonstance que nous venons de mentionner cette pendule figurait sur le trône même, où elle était placée devant le roi.

chrétiens », ou « camp de Cambodje ». D'après la description qu'il en donne, ce doit être le quartier le plus sale de Bangkok. L'évêque était absent (à Singapore). Deux prêtres catholiques français avaient charge du troupeau, qui s'élevait alors (1839), selon notre voyageur, à mille sept cents chrétiens portugais et environ mille quatre cents Cochinchinois réfugiés. Ces pauvres gens vivent dans les plus tristes et les plus misérables cabanes qu'il soit possible d'imaginer. Richardson parle de nos missionnaires comme de personnes jouissant de la plus haute considération, ou du moins méritant cette considération par leur conduite. Il ne paraît pas avoir, à beaucoup près, une aussi favorable opinion de leurs ouailles.

Nous ne voyons rien de bien digne de remarque, outre ce que nous venons d'indiquer, dans le journal de Richardson, si ce n'est sa visite à l'*éléphant blanc*, car il assure qu'il n'en restait plus qu'*un* des *cinq* dont Siam se glorifiait au temps de Crawfurd. (Crawfurd dit *six* éléphants, dont il ne vit que *quatre*, les *deux* autres étant propablement *must*, c'est-à-dire dans cet état de rut qui les rend quelquefois furieux, surtout à l'aspect de quelque personne autre que leurs gardiens habituels.) C'était un bel animal, dit-il, mais vicieux, et qui dans ses accès de colère avait brisé ses défenses presque jusqu'à la racine.

Enfin après avoir réglé l'affaire du voyage par terre au Laos du Nord, et obtenu du gouvernement un passe-port ou plutôt un ordre tel qu'il pouvait le désirer, pour les princes ou chefs tributaires, Richardson fit ses préparatifs de départ, et demanda que le roi voulût bien lui accorder une audience de congé. Mais le ministre lui répondit que cette formalité n'était nullement nécessaire; que ni M. Crawfurd ni l'envoyé américain M. Robert n'avaient eu de semblables audiences, et que s'il avait quelque demande à faire, quelque désir à exprimer, lui, le « Phra-klang » se mettait entièrement à sa disposition. Le fait est que la cour de Siam, déjà rassurée sur le but de la mission du docteur et sur les intentions du gouvernement anglais, se souciait médiocrement de se déranger de ses habitudes paresseuses pour fêter, sans nécessité, un étranger d'un rang peu élevé et de peu d'importance politique, quelque distingué qu'il pût être, d'ailleurs, par son instruction, son caractère personnel et ses manières. Richardson rend compte de ses dernières visites aux principaux dignitaires, et d'une représentation théâtrale à laquelle il assiste chez l'un des ministres, et dont le sujet paraît avoir été emprunté aux chroniques de Java : il voit le prince *Chow-Fa*, et remarque que le prince avait lu la relation de Crawfurd (*Journal of an Embassy to the Courts of Siam et Cochinchina*, etc.), et qu'il s'étonnait que cet envoyé eût pu recueillir des renseignements aussi variés et aussi exacts. On lui remit les lettres des ministres siamois en réponse à celle du secrétaire du gouvernement de l'Inde Anglaise et du commissaire des provinces conquises; on lui remit aussi les éléphants (il ne dit pas combien) que la cour de Siam envoyait en retour des présents dont il avait été porteur, éléphants qui n'offraient rien de remarquable, et dont les *howdahs* se trouvaient être des plus mesquins et des moins solides. Il se rend par eau de Bangkok à Nak-Outchathée (*sic*), et le 23 mars 1839 commence enfin sa marche, au travers des « jungles, » le long de la rivière *Soop-hân*, dans la direction de Zim-May. Ce qui a été publié de son journal ne le conduit pas plus loin que *Nong-Keam*, village à quarante mille de *Nakoutcha-Thi*, qu'il atteignit le 25 mars ; mais nous avons sa grande carte dans le IXe vol. du *Journal de la Société Asiatique de Bengale*, qui donne avec la position de plusieurs points nouveaux des positions plus exactes de points déjà connus, et qui offre d'ailleurs d'autres indications utiles ; et, de plus, le vol. V du *Journal de la Société Asiatique* du 13 (1836) contient une relation assez détaillée de ses trois premières excursions dans le Laos : l'une en 1829-30, l'autre en 1834, et la troisième en 1835. D'un autre côté, le capitaine Mac-Leod avait été envoyé en décembre 1836, par le commissaire des provinces de Ténassérim, à *Kiang-Hung*, sur la frontière chinoise, pour ouvrir des relations directes avec le chef de cette principauté et les petits États intermédiaires, et encourager le commerce des caravanes chinoises à étendre ses opérations jusqu'à Moulmein. Le rapport, assez détaillé et très-intéressant, de cet officier a été inséré dans le VI⁰ vol. du *Journal de la Société Asiatique du Bengale*, 1837. Low, dans son mémoire, très-étendu sur l'histoire de Ténassérim, a donné une analyse critique des renseignements qu'il avait pu recueillir sur le Laos du Nord (vol. V du *Journal de la Société royale Asiatique de Londres*, p. 245 et suiv.) Enfin, dans ces derniers temps, quelques-uns de nos dignes missionnaires ont pu réussir à pénétrer dans diverses parties du Laos, et les récits de ces humbles mais courageux soldats du Christ, comparés avec les journaux des explorateurs anglais, nous ont paru devoir contribuer à faire connaître l'organisation sociale, les mœurs et les coutumes, en un mot la valeur ethnographique de ces peuples de l'Indo-Chine centrale. Nous allons essayer de résumer en quelques lignes les principaux faits qui nous semblent établis par ces divers témoignages; nous espérons pouvoir trouver place pour quelques citations du journal de nos missionnaires, les explorateurs les plus récents qui aient visité ces singulières contrées.

Nous ferons remarquer, avant tout, (et cela est encore plus frappant pour ce qui concerne le Laos que pour les autres parties de l'Indo-Chine) que les diverses autorités que nous avons consultées écrivent la plupart des noms propres de manières différentes, et si différentes qu'il faut renoncer, au moins quant à présent, à concilier ces diverses orthographes, ou même dans certains cas à en adopter *une* de préférence aux autres. Nous ferons de notre mieux pour que cette espèce de synonymie ne nuise pas à la clarté de cet exposé.

LAOS.

Les États Schân's ou Laos occupent un espace très-considérable, dont les limites sont difficiles à assigner d'une manière précise : on peut cependant reconnaître avec certitude que la limite *nord* des pays occupés par la race Shân est la frontière du Yunnan, que la limite *sud* est le Siam; que la limite *est* atteint, au delà du May-Kong (rivière de Cambodje), le massif de montagnes qui traverse l'empire Annamite, et qu'enfin la limite *ouest* passe au delà du Salwéen.

Le voisinage des grands peuples qui se sont groupés autour du Laos et s'y sont organisés en puissantes monarchies a eu pour effet de rendre les principautés du Laos tributaires de l'une ou l'autre de ces monarchies, ou quelquefois de toutes, mais à des degrés différents.

Celles de ces principautés qui ont été visitées de nos jours sont celles du Laos nord et celles de l'ouest. Pour ce qui regarde ces dernières, nous devons nous borner à quelques indications sommaires. Ces États, exposés aux incursions des tribus *Karines* indépendantes, ennemies jurées des Birmans, mal défendus par eux-mêmes et mal protégés par leurs suzerains, sont sous la dépendance d'Ava, sous la dénomination générale de *Camboza-tyne* (prononcez *Camboza-taèn*). Un gouverneur général birman, dernièrement un prince de la famille royale, avec le titre de général-prince (*bo-hmoo-meng-tha*), y a son quartier général dans la ville de *Monay*, où il se fait le plus souvent représenter par un député. Les princes ou chefs indigènes ont le titre de *tsawbwa's* ou *tsoboa's* (1), et ce même titre s'applique aux chefs laos du nord et de l'ouest. Le docteur Richardson, chargé par le commissaire de Ténassérim d'assurer, par des négociations autant que possible, le libre passage des marchands et de leurs pacotilles au travers des tribus *Karines* et des petits États Shans de l'autre côté du Salween, a visité deux fois ces contrées sauvages (en 1835 et en 1836), et paraît avoir réussi à établir des relations amicales et des communications régulières avec les chefs karines et les tsoboas tributaires d'Ava, dans le but indiqué. Les journaux de ces deux excur-

---

(1) Mac-Leod écrit *tsaubua*; Richardson *tsoboa*. Nous avons déjà parlé de ces petits princes tributaires à la page 275, et nous avons fait remarquer, à la page 308 (d'après la relation du capitaine Hannay), qu'un certain nombre de *tsoboas* exercent une autorité indépendante dans l'est de Bhamo et ne payent point de tribut aux Birmans.

sions sont insérés dans les deux volumes déjà cités des *Mémoires de la Société Asiatique du Bengale*, et nous y renvoyons à regret nos lecteurs, pour revenir aux principautés du Laos nord et sud (ou plutôt sud-ouest), qui sont définitivement restées dans la dépendance de Siam.

On compte en tout dans le Laos six principautés tributaires de Siam : *Zim-May* (ou *Chang-Mai*), que Mac-Leod écrit *Zumné* et *Zimmé*; *Labong* (Labon, Laboung), *Lagon*, *Moung-Pay* ou *Moung-Phé*, *Moung-Nan* ou *Muang-Nan*, et *Muang Luang-Phaban*. Les trois premiers de ces États constituent, à proprement parler, le Laos nord : les trois autres sont situés dans l'ouest de *Lagon*, et dans l'ordre dans lequel nous les avons nommés. La capitale du dernier de ces États (le *Lantschang* de Berghaus) est située sur la rive gauche du *May-Kong*, par environ 19° 45' de latitude nord et 103° 48' de longitude est du méridien de Greenwich (1) : *Zim-May* étant situé par 99° 20' de longitude, la distance entre ces deux points extrêmes paraît être d'un peu plus de quatre degrés.

La ville de *Zim-May* et celle de *Labong* ne sont éloignées l'une de l'autre que de dix milles environ. *Labong* est dans le sud-est de *Zim-May*, et *Lagon* dans le sud-est également, mais quarante milles plus loin. Ces villes donnent leur nom à leurs États respectifs, qui paraissent former le patrimoine d'une même famille, conjointement avec les deux autres principautés, déjà nommées, *Moung-Pay* et *Moung-Nan*, et celle de

(1) Les positions données par la carte de Berghaus pour les principales villes du Laos sont pour la plupart conjecturales; et cette partie de son travail n'est plus au niveau des connaissances déjà acquises (quoique bien imparfaites encore) sur la géographie de ces contrées. Il faut surtout consulter la grande carte jointe au dernier journal de Richardson et les croquis annexés aux journaux de ses excursions antérieures et au journal de Mac-Leod; on trouve aussi d'utiles points de comparaison dans les cartes du Laos commentées par F. Hamilton et publiées par lui dans le *Journal Philosophique d'Édimbourg*. (Voyez à ce sujet Ritter, *Asie*, vol. II, dernières pages.)

Kiang-Tung, dont il sera question plus loin. Les limites de ces États sont imparfaitement connues. Tout ce pays, il y a environ soixante-dix ans, était sous la domination birmane, quand sept chefs, tous frères, réussirent, avec l'aide du Siam, à secouer le joug d'Ava, chassèrent les Birmans de leurs villes, et se reconnurent tributaires de Siam, qui confirma dans la souveraineté de ces provinces, où les Bimans n'ont jamais pu rétablir leur autorité depuis cette époque. L'aîné des frères fut investi du titre de *chow-tchee-weet* (prononcez *tchào-tchi-wit*) ou « souverain seigneur, » (mot à mot : « maître des vies ! ») avec pouvoir sur tous les autres chefs; et ce titre descendit à chacun des frères successivement jusqu'au plus jeune, qui était encore en vie lors des deux premières visites de Richardson, mais qui mourut pendant son troisième voyage, à l'âge de soixante-treize ans. Il paraîtrait qu'ici, comme en Écosse, les alliances contractées entre les principales familles ont fini par rendre tous les chefs parents les uns des autres; mais les hauts emplois ne sortent guère des familles princières. Les *tsawbwa*'s exercent sans doute l'autorité suprême; mais ils ne l'exercent qu'avec le concours de divers chefs dont les fonctions répondent, jusqu'à un certain point, à celles de nos ministres, et dont les titres indiquent leur participation à cette autorité suprême. C'est ainsi que nous trouvons mentionnés dans les relations de Richardson et de Mac-Leod, et mêlés sans cesse à leurs négociations, le *chow-houa* (l'héritier désigné), le *chow-raja-wun* (prononcez *tchóa-radja-woun*), le *chow ràja brit*, etc. (Ces mêmes titres se reproduisent dans les différentes principautés.) Tous ces chefs sont jaloux les uns des autres; et les populations souffrent nécessairement, plus ou moins, de leurs dissensions et du désordre qu'elles introduisent dans l'administration. Il nous semble, au reste, que la dépendance dans laquelle ces petits États sont placés à l'égard de leurs puissants voisins, Chinois, Cochinchinois et Siamois, les assimile, à certains égards, aux principautés danubiennes de notre Europe; et c'est ce que nous aurons bientôt occasion d'indiquer assez clairement pour quelques-uns d'entre eux. En ce qui touche au Laos du nord, ou du moins aux États de Zim-May, Labong, Lagon, etc., la nomination des *tsoboa's* appartient exclusivement à la cour de Siam, qui désigne ou confirme également les principaux dignitaires qui forment le *conseil* de chacun de ces États (1). Ainsi, nous voyons qu'à l'époque où Mac-Leod visitait les petites cours de Zim-May, Labong, etc. (1836), c'est-à-dire après la mort du dernier *chow-tchee-weet*, les *chow-houä's* de Labong et Lagon venaient d'être élevés à la dignité de *tsoboa's*, et le *chow-ràja brit* de Labong, et le *chow ràja woun* de Lagon à l'office de *chow houa*, ou héritiers désignés.

Dans ces pays désolés par des dissensions intestines, et plus encore par des invasions étrangères, dont le but principal semble avoir été d'enlever le plus grand nombre possible d'habitants, pour les réduire en esclavage, la presque totalité des classes indigènes inférieures a disparu de son sol natal. Plus des deux tiers des habitants de *Zim-May*, Labong et *Lagon*, disent Richardson et Mac-Leod, sont des émigrés *talaïns* ou birmans. Il paraît démontré que les Siamois sont originaires du Laos, et que les Laossiens ou Laos eux-mêmes sont une émigration d'Assam et des pays voisins, dans des temps reculés. Ce qu'il y a de certain, c'est que toutes les langues parlées depuis les rives du *Barampoutter* jusqu'à l'embouchure du May-Nam ne sont, à vrai dire, que des dialectes de la même langue fondamentale. Ce qui nous frappe en comparant les récits des explorateurs les plus récents et les plus éclairés, c'est qu'il résulte de l'ensemble de leurs témoignages que la race shân au Laos proprement dite, malgré son état d'infériorité politique, est de beaucoup supérieure, en apparence physique, et au moins égale en intelligence et dans son aptitude aux professions industrielles et aux arts, à la race siamoise, dont elle subit le joug. Richardson, à son premier voyage, rendant compte d'une fête qui lui fut donnée à Labong, remarque que la plupart des femmes des chefs pouvaient passer pour des beautés asiatiques : leurs beaux yeux, grands et expressifs, n'offraient pas la moindre trace de l'obliquité mongole; elles avaient la peau fine, le teint clair; et si ce n'eût été pour leur petit nez birman, plusieurs d'entre elles eussent pu être remarquées partout pour la beauté de leurs traits. Sept de ces dames *laossiennes* exécutèrent devant Richardson une danse de caractère. Dans une autre occasion de même nature (à sa seconde visite, en 1834), trois chanteurs, un homme et deux femmes, attirèrent particulièrement son attention : leurs voix lui parurent de beaucoup supérieures, en douceur comme en étendue, à tout ce qu'il avait entendu hors d'Europe. Dans sa troisième excursion, en 1835, étant en route pour Lagon et à la veille d'arriver dans cette ville, qu'il visitait pour la première fois, il fit une halte au village de *Boulue* (orthographe de Richardson), et les gens de ce village, ayant ordre de fournir aux voyageurs tout ce dont ils pouvaient avoir besoin, avaient préparé d'avance le dîner de la petite caravane, consistant en riz et ragoûts de légumes, dont chaque maison du village avait fourni son contingent, selon la coutume du pays; ce dîner fut apporté par les femmes de la commune, jeunes et vieilles : les jeunes étaient, comme à l'ordinaire, nues jusqu'à la ceinture, et Richardson déclare, à cette occasion, qu'il eût été impossible de trouver dans le monde entier des beautés plus parfaites, et qu'un grand nombre de ces beautés villageoises avaient le teint tout à fait européen.

---

(1) La cour de Siam donne aux vice-rois des provinces du nord et aux chefs héréditaires du Laos le titre de *chow* (*chao, tchao*), qui équivaut à celui de prince. Les grands dignitaires reçoivent le titre de *chow-pia* (correctement *chow-phra*). Le titre de *tsoboa* ou *tsoboa* paraît être d'origine birmane. Ritter, qui l'accepte comme tel dans sa *Description du Laos* (*Asie*, vol. III, p. 1227), écrit *zabua*. Nous devons supposer que l'orthographe adoptée par Richardson, Mac-Leod, Hannay et autres explorateurs modernes, se rapproche davantage de la prononciation indigène de ce titre, qui s'est conservé dans le Laos nord et sud depuis que les Siamois y ont définitivement établi leur influence, probablement parce que ces pays avaient été pendant longtemps dépendants de Birmah.

Les Shâns ont beaucoup de traits de ressemblance avec les Birmans et les Siamois, mais ils ont le teint plus clair; ils sont bien faits, vigoureux, et en général d'une santé robuste; les yeux sont légèrement bridés, le nez plutôt petit qu'épaté, la bouche grande et défigurée par des dents et des gencives noires, et qu'ils ont grand soin d'entretenir dans cet état; les cheveux longs, droits, rudes et presque toujours noirs; le tatouage des extrémités inférieures est général parmi eux, mais occupe une moindre surface que chez les Birmans, ne s'étendant guère au-dessus des jambes. Leur habillement consiste en un *putso* de toile de coton, presque toujours bleu, et une camisole de même couleur, qui descend jusque au-dessous des hanches. Ils ont aussi un turban grossier de cotonnade rouge : beaucoup d'entre eux vont cependant tête nue. Les chefs portent le même costume; seulement il est plus riche, en crêpe ou en satin de Chine, avec des galons d'or ou d'argent. Les femmes sont comparativement blanches et ont de jolis traits : leur costume est plus élégant et surtout plus décent que celui des Birmanes ou des Siamoises, leur jupe n'étant ni ouverte par devant comme celle des Birmanes, ni retroussée entre les jambes comme celle des Siamoises : elles s'en enveloppent, cependant, de la même manière, sans faire usage d'épingles ou de cordons. Jeunes et vieilles sont nues jusques à la ceinture, ou se couvrent, seulement en partie, d'une sorte d'écharpe jetée sur les épaules. Plusieurs sont défigurées par des goîtres, qui n'atteignent pourtant jamais de grandes dimensions. Les Laos sont de bonnes gens, d'humeur douce et naturellement gaie, et ont peu de penchants vicieux. On ne sait guère parmi eux ce que c'est que fumer l'opium, et la passion du jeu ou celle des liqueurs fortes n'y sont point habituelles comme dans le Siam. La religion nationale est celle de Bouddha; conséquemment les cérémonies religieuses, les fêtes, les amusements, etc., sont à peu près les mêmes que chez les Birmans et les Siamois. Le langage offre la plus grande analogie avec le siamois; mais leur alphabet ressemble particulièrement à celui des Birmans.

Les ressources d'un pays aussi exposé aux invasions et aux dévastations de toute espèce que l'a été de tout temps le Laos sont difficiles à apprécier; mais la puissance productive du sol est indubitablement considérable. Les terres basses sont remarquablement fertiles, et rendent de soixante-quinze à cent vingt pour un. Les récoltes se succèdent sans interruption. Une espèce de riz glutineux forme la base principale de la nourriture des habitants; on cultive aussi le maïs, la canne à sucre, la pistache de terre, diverses espèces de lentilles, des navets, des radis, du coton, du poivre long, etc., etc. Le pays est riche en métaux, tels que l'étain, le fer, le plomb; mais l'exploitation de ces richesses minérales est encore dans l'enfance : il en est de même de l'exploitation des vastes forêts de tecks qui occupent les districts voisins des possessions anglaises, le transport des bois de construction ne pouvant s'effectuer par la rivière Salween, dont le cours est gêné par des rocs et des rapides. Une des grandes ressources du Laos consiste dans l'abondance du bétail, dont les Anglais ont encouragé l'exportation afin d'assurer l'approvisionnement de leurs cantonnements militaires dans les provinces conquises. Pour ménager, autant que possible, les préjugés bouddhistes, les Anglais sont censés n'acheter ces bestiaux que comme bêtes de somme; et les négociations conduites sous ce prétexte par les agens anglais (par Richardson, en particulier, dont les diverses missions se rattachaient principalement à cet important objet) paraissent avoir eu des résultats assez satisfaisants pour que les provinces de Ténassérim puissent se dispenser d'avoir recours au Bengale ou à Madras pour fournir, à grands frais, aux troupes européennes cantonnées sur la côte la viande de boucherie qui leur est nécessaire.

Le commerce du Laos est, dans son ensemble, peu important. Une ou deux caravanes chinoises visitent annuellement les principautés, où elles importent de la soie grège, des soieries, des satins, du velours et des draps (ces derniers produits, de manufacture anglaise, en général), des ustensiles de cuisine et quelques bagatelles de manufacture chinoise. Elles prennent en retour du coton, de l'ivoire et quelques autres articles de peu de valeur. *Maulamaéng* (Moulmein) envoie au Laos des toiles (cotonnades) anglaises, des chintz (indiennes), mousselines, de la vaisselle, etc., et reçoit en échange des bœufs, de l'ivoire et un peu de *stick-lac*. Il se fait aussi un trafic régulier avec les tribus demi-sauvages de l'autre côté du Salween (dont nous avons déjà parlé), qui tirent du Laos des bestiaux, des grains, de la noix d'areck (ce dernier article venu de Moulmein ou de Bangkok), et lui livrent en échange, selon Richardson, des esclaves, de l'étain, du plomb et du *stick-lac*. Mac-Leod confirme ces données générales. Il fait observer, en outre, que le seul article provenant de l'importation anglaise qui soit constamment demandé est une étoffe de coton rouge, que nous supposons être de l'*andrinople*, qui se vend cependant *au-dessous* du prix de fabrique; les spéculateurs s'indemnisent largement de ce sacrifice par le profit qu'ils font sur le bétail qu'ils obtiennent en retour. Mac-Leod remarque, de plus, qu'en dépit de leur inimitié profonde pour les Birmans, les chefs laos des principautés tributaires de Siam favorisent l'exportation, à *Kiang-Tung*, d'une quantité considérable de noix d'areck. Il paraîtrait qu'on ne trouve pas un seul pied d'aréquier dans cette dernière principauté, dont nous devons dire quelques mots, ainsi que de la province de *Kiang-Hung*, dans le but d'éclaircir ce que nous avons avancé plus haut relativement à la condition politique des États Shâns en général.

La ville de *Kiang-Tung* (orthographe de Mac-Leod), capitale d'une province qui a beaucoup souffert de l'oppression des Birmans et des guerres civiles, est ou du moins était du temps de Mac-Leod la résidence d'un *tsaubua*, frère des chefs de Zim-May et Labong, tous originaires de cette ville. Ce *tsaubua* avait d'abord fait cause commune avec les Siamois, ainsi que ses frères; mais, outré de la conduite des Siamois, qui n'avaient pas tenu leurs engagements envers sa famille, et ne pouvant déterminer ses frères à rompre avec eux, il s'était frayé un passage à main armée et avait regagné sa ville natale, qui sous son administration, à la fois sage et paternelle, renaissait, pour ainsi dire, de ses ruines. Cette petite capitale, construite sur un certain nombre de monticules entourés de hautes montagnes, est située, selon Mac-Leod, par 21° 47′ 48″ de latitude nord et environ 99° 39′ longitude est. Elle a une enceinte en terre et en briques en très-mauvais état. Les montagnes voisines sont peuplées de nombreuses tribus *Lawa's, Ka-Kua's* et *Ka-Kui's* (orthographe de Mac-Leod), et les villages de la vallée sont également très-populeux. Cet État est encore tributaire d'Ava, ce qui excite la jalousie du gouvernement siamois, au point de ne pas permettre de communications entre les principautés qui leur sont soumises et celle-ci. Les caravanes chinoises passent tous les ans, au moins une fois, par Kiang-Tung, se rendant à *Moné* et autres districts shân's de l'autre côté du Salween. Les marchands chinois apportent à *Kiang-Tung* des soieries, des ustensiles en cuivre, etc., et en emportent du coton *et du thé* (?), selon Mac-Leod, qui, pendant son séjour dans cette ville, eut de fréquentes relations avec ces marchands, et les laissa très-disposés à pousser leur commerce de caravane jusqu'à Moulmein, mais en passant par la route de *Kiang-Tung*.

Quant à *Kiang-Hung*, c'est, au dire de Mac-Leod, une petite ville, quoique assez bien bâtie : elle n'est pas fortifiée. La position qu'il lui assigne est 21° 58′ nord et environ 100° 39′ est. Elle a été construite sur le flanc d'une montagne et sur la rive droite du *Me-Khong* (orthographe de Mac-Leod), qui n'était, à cette saison de l'année (mars 1837), large ici que de cent mètres environ. Pendant les pluies le fleuve peut avoir d'une rive à l'autre deux cents à deux cent vingt mètres, et sa profondeur est de près de seize mètres. Il n'est guéable à aucune époque de l'année.

Kiang-Hung est la capitale d'une principauté très-étendue, comprenant au moins douze autres seigneuries administrées par autant de petits tsoboas; elle est tributaire de la Chine et d'Ava à la fois : néanmoins sa dépendance de la Chine est plus directe, plus complète, et entraîne au point de vue fiscal des conséquences beaucoup plus importantes, puisque les habitants payent à la Chine une contribution territoriale annuelle et d'autres taxes, perçues par des officiers chinois régulièrement établis au chef-lieu, tandis que la redevance à payer ou transmettre à Ava n'est exigible que tous les trois ans. La cour d'Ava entretient néanmoins un officier du rang de *tsutké* à *Kiang-Hung* pour y veiller à ses intérêts. Le pouvoir suprême attaché au titre de *tsaubua*, ne sort pas d'une certaine famille princière, mais la nomination ou le choix du gouverneur, parmi les princes de cette famille, appartient également à la Chine et au Siam : c'est-à-dire que l'une nomme au trône vacant et l'autre doit confirmer la nomination pour qu'elle soit considérée comme valide. Dans le cas où le choix de l'un de ces gouvernements ne serait pas approuvé par l'autre, il paraîtrait qu'ils nomment chacun leur prétendant, et laissent ensuite les deux élus décider la question par la voie des armes, sans s'en mêler davantage eux-mêmes le moins du monde. Ce cas étrange s'était présenté, dit Mac-Leod, peu d'années auparavant, et les choses s'étaient passées comme nous venons de l'indiquer. Ceci est une anomalie politique plus singulière encore que celle à laquelle nous l'avons comparée en rappelant la dépendance des grandes principautés danubiennes à l'égard de la Porte et de la Russie (1).

Revenons aux États tributaires de Siam.

Muang-Nan est aussi considérable que *Zim-May*; *Muang-Thé* est au contraire plus petit encore que *Labong*. Ces deux provinces sont riches en bétail, et produisent beaucoup de coton. Les territoires réunis de ces cinq États occupent tout l'espace entre le Salween et la grande rivière de Cambodje; mais sur la rive droite de ce fleuve se trouve la ville de *Muang-Luang-Phaban* ou *Lauchang*, capitale de la province de même nom (selon Mac-Leod), et selon quelques-uns (comme il le fait observer lui-même), de tout le Laos. Ce petit royaume, autrefois riche et puissant, a été complétement dévasté et ruiné par les Siamois, il y a une vingtaine d'années; et le *tsobua* ou « chow-wung-chan » (littéralement : roi de Shân ou Laos), qui s'était d'abord échappé avec quelques milliers de ses sujets, livré par les Cochinchinois, chez lesquels il avait été chercher un asile, mourut enfermé dans une cage de fer, où on lui faisait subir les plus cruels et les plus indignes traitements. Nous reviendrons sur ce pays, jadis florissant, aujourd'hui misérable et sur le sort de son malheureux souverain, quand nous traiterons des États appartenant au domaine fluvial du May-Kong. *Muang-Luang-Phaban* est visité annuellement par les caravanes chinoises qui viennent de *Muang-La* ou *Esmok* (1) : quelques pacotilleurs des

(1) Mac-Leod donne pour limites à la principauté de Kiang-Hung (qui s'étend, dit-il, sur les deux rives du Mé-Khong) au nord et nord-est, *Yunnan*; à l'est, la *Cochinchine*; au sud-est, une partie du territoire de *Lauchang*; au sud, sur la rive gauche du Mé-Khong, par *Muang-Luang-Phaban* et *Muang-Nan*; au sud, mais sur la rive droite du fleuve, par *Kiung Khiaing* (petit État tributaire d'Ava); et enfin au nord-ouest par *Muang-Lun* (*Moung-Lem*, sur la carte), qui, comme *Kiang-Hung*, est à la fois tributaire d'Ava et de la Chine. Mac-Leod ne dit pas clairement s'il entend par « territoire de *Lauchang* » partie du territoire de *Muang-Luang-Phaban*; mais nous devons le supposer.

(1) *Esmok* et *Muang-La* sont, à proprement parler, deux villes distinctes, l'une chinoise (c'est la première), l'autre shân; mais elles ne sont séparées que par un *nallah* ou torrent.

Mac-Leod, pendant son séjour à *Kiang-Hung* ou *Pioner* (que les Shâns appellent *Muang-Meng*), eut des rapports fréquents et intimes avec les chefs indigènes. Il fait remarquer que tous, sans exception, se montrèrent justes appréciateurs de la puissance anglaise et des idées libérales qui président au gouvernement de l'Inde-Britannique. Ils ne pouvaient, disaient-ils, comparer les Anglais qu'aux Chinois, dont ils faisaient le plus grand éloge. Ce sont des gens très-exacts et très-minutieux, ajoutaient-ils, dans leur administration; mais ils sont justes, et n'exigent jamais rien au delà de ce qui leur est strictement dû : bien différents, sous ce rapport comme à bien d'autres égards, des Birmans, qui sont la rapacité personnifiée et pour lesquels ils n'ont ni estime ni respect. — Ce témoignage des chefs laos, cette appréciation du caractère du gouvernement dans

provinces de Ténassérim ont poussé leurs spéculations jusqu'à ce point, et trouvé les habitants très-disposés, à ce qu'ils assurent, à entretenir des relations régulières avec ces provinces anglaises. Il n'y a pas de doute que la présence des Anglais dans le voisinage de Siam et d'Ava et de ces petits États tributaires a déjà eu pour résultat une amélioration sensible dans les rapports de ces principautés dépendantes avec leurs suzerains, comme aussi dans leurs rapports entre elles et surtout dans la condition des populations, que leurs gouvernements respectifs traitent avec plus d'humanité et d'égards depuis qu'ils ont commencé à comprendre que les familles, poussées à bout par l'oppression,

la dépendance desquels ils sont placés, nous ont paru dignes d'être reproduits. — Nous mentionnerons, avant de clore cette note relative au séjour de Mac-Leod à *Kiang-Hieng*, que les autorités chinoises d'*Esmok* ou *Muang-La*, auxquelles il s'était adressé pour obtenir l'autorisation de se rendre à Esmok et de remettre lui-même les lettres et les présents dont il était porteur, témoignèrent leur regret de ne pouvoir accorder l'autorisation demandée sans en référer à Péking (ce qui eût entraîné un délai d'un an, peut-être). Ils eurent soin de rappeler à Mac-Leod que les communications officielles et les relations commerciales entre les deux empires avaient eu de tout temps pour centre légitime le port de Canton; que par Canton seulement il leur semblait convenable qu'un officier chargé de mission pût pénétrer dans le Céleste Empire. Ils déclaraient d'ailleurs que les autorités chinoises n'avaient aucune objection à ce que les marchands venant des provinces anglaises commerçassent avec *Kiang-Hung*, l'une des villes de l'empire, et que les marchands chinois étaient également libres de se rendre à Moulmein, si cela leur convenait, etc., etc. En sorte qu'ils ne pouvaient voir la moindre utilité à ce que l'envoyé anglais pénétrât au delà de *Kian-Hung*, etc.

Kiang-Hung peut en effet passer pour une ville chinoise, et Mac-Lood dit formellement que les tshoas et autres chefs, sans exception, et les personnes de leur suite portent en public le costume chinois ; et le dîner qui lui fut servi quand il fut reçu par le prince de Kiang-Hung, dîner auquel prirent part tous les chefs en question, était entièrement servi à la chinoise.

pourraient trouver asile et protection sur le territoire anglais. Nous examinerons de nouveau cette intéressante question quand nous constaterons l'état des provinces de Ténassérim depuis leur occupation par les Anglais.

Le tribut que les principautés shân's payent à Siam paraît être peu considérable. Cinq de ces États s'acquittent presque entièrement de cette redevance par des envois de bois de teck, dont le grand nombre de rivières qui communiquent avec le May-Nam rend l'expédition facile. *Muang-Luang-Phaban* paye son tribut en ivoire, bois d'aigle, etc., qui s'expédient par terre, faute de communications avec Bangkok par eau. Cette principauté paraît être également tributaire de la Cochinchine et de la Chine. Elle envoie tous les trois ans des présents au roi de Cochinchine, et fait hommage de deux éléphants tous les huit ans au souverain du Céleste Empire.

Pour compléter ces renseignements sur le Laos central, nous extrairons quelques passages de l'intéressant récit de l'un de nos missionnaires, M. Grandjean (1). »

« Je sortis de Bangkok, dit M. Grandjean, le 5 décembre 1843, avec quatre rameurs. J'étais accompagné de M. Vachal, missionnaire arrivé à Siam depuis un an.

« De Bangkok à Lattéon-Lavan, ville que nous atteignîmes le 16 décembre, les bords du Meinam sont assez peuplés; on trouve continuellement des maisons éparses çà et là sur la rive; de temps en temps apparaissent de gros villages, et presque chaque jour on rencontre quelques petites villes où réside un gouverneur. Jusque là le fleuve n'est pas encore très-rapide, *et le voyage n'est pas sans agrément*. Mais lorsqu'on a dépassé Lattéon-Lavan l'horizon se resserre graduellement et s'assombrit : à droite et à gauche, on commence à apercevoir des montagnes, entre lesquelles le Meinam se précipite avec la fougue d'un torrent, couvert de gros arbres déracinés qu'il entraîne au moment des pluies, et qu'il laisse ensuite plus ou moins

(1) *Revue de l'Orient*, numéro de janvier 1846.

enfoncés dans le sable. Lorsque l'inondation a cessé, cet obstacle fait qu'on ne peut plus voyager de nuit, et rend même la navigation périlleuse pendant le jour; car il n'est pas rare que la barque heurte contre quelques-uns de ces troncs à demi cachés par l'eau, qu'on ne distingue pas toujours assez à temps pour les éviter.

« Les bords du fleuve ne sont plus que de vastes forêts, presque impénétrables, remplies de tigres et d'autres animaux féroces, qui ne permettent plus de dormir près du rivage; on est obligé d'amarrer la barque assez loin de ces bords dangereux. Ce n'est, au reste, qu'après deux, trois ou quatre jours de marche, qu'on rencontre un méchant village, où l'on ne trouve rien à acheter; les villes y sont encore semées à de plus longs intervalles : nous n'en avons aperçu qu'une assez petite, depuis Latteon-Lavan jusqu'à Rahang (1), où nous arrivâmes le 31 décembre.

« Dans tous ces pays il régnait une telle disette, qu'à peine avons-nous pu nous procurer le riz nécessaire : heureusement que nous avions apporté de Bangkok une assez bonne provision de poissons secs, et que nos gens nous tuaient de temps à autre quelques pélicans ou quelques gros hérons; sans quoi nous aurions souvent été obligés de nous contenter de notre riz tout seul.

« Du reste, ce premier mois se passa sans aucun accident fâcheux, et sans qu'on pensât même à nous arrêter; car comme nous étions tous sur des barques qu'on appelle *annamites*, et que les courriers du roi employent ordinairement pour leurs messages, on nous prit partout pour des agents du prince, en sorte que gouverneurs et douaniers ne songeaient pas même à demander à nos gens qui ils étaient ni où ils allaient...... Cependant, quand nous fûmes arrivés à Rahang, ville assez considérable, distante seulement de vingt ou trente lieues de Moulmein (qui appartient aux Anglais) sur le golfe du Bengale, nous y trouvâmes une douane très-sévère, qui ne laisse circuler aucune barque sans passe-port; aussi n'essayâmes-nous pas de franchir furtivement le port, comme nous avions fait ailleurs; mais nous jugeâmes plus à propos de nous rendre directement et en plein jour chez le gouverneur, pour voir s'il ne serait pas possible de le gagner par quelques petits présents, sauf, en cas de refus, à tenter le passage de quelque autre manière.

« Je pris donc avec moi une bouteille d'eau de Cologne, un petit paquet de thé et une paire de ciseaux, puis, me présentant hardiment devant lui, je lui annonçai que nous étions des *Bád-Luang de Bangkok* (car c'est ainsi qu'on nous appelle); que nous avions intention de nous rendre à *Xieng-Mai* (1), capitale du Laos occidental, et que nous n'avions pas voulu passer outre sans le voir et lui offrir quelques gages de notre amitié. Après ce début et sans laisser le temps de répondre, je lui demandai laquelle des deux voies il jugeait la plus facile, ou de continuer notre route en barque, ou d'aller par terre avec des éléphants.

« J'espérais, par ce ton d'assurance, lui faire croire que nous étions en règle, et qu'il était inutile d'en exiger la preuve; mais ma ruse ne réussit pas, car sa première parole fut de nous demander si nous avions des passe-ports : « Oui, nous en avons; » lui répondis-je aussitôt. Nous avions, en effet, une méchante lettre d'un mandarin chrétien, qui portait en substance qu'il y avait ordre de tel prince à tous les gouverneurs des villes, chefs de village et de douanes, de laisser circuler librement et de ne point molester tels *Bad-Luang*, qui allaient visiter les chrétiens chinois et annamites, dispersés dans le royaume; mais on ne disait pas qu'il nous fût permis de prêcher aux païens, bien moins encore que nous pussions franchir la frontière.

« Comme il demanda à voir ces passe-ports, force fut de lui présenter cette lettre, en laquelle nous n'avions aucune confiance, mais que le cas difficile où nous nous trouvions m'obligeait à manifester. Par la grâce de Dieu, elle fut mal comprise, et fut même regardée

(1) Probablement *Lahaing* ou *Yahaing?* par 17° 15' environ de latitude septentrionale et 99° 40' de longitude est, sur la carte de Richardson.

(1) *Zim-May* de Richardson.

comme une recommandation émanant du prince même dont il était question dans la lettre : aussi se garda-t-on bien de nous arrêter. Au contraire, après avoir lu cette pièce, le gouverneur nous dit que nous étions libres d'aller où nous voulions : quant à poursuivre notre route par le fleuve, nous ne le pouvions pas, ajouta-t-il, à cause des cascades nombreuses que l'on rencontre ; à la rigueur nous pouvions aller par terre avec des éléphants, mais les chemins étant très-difficiles : nous ferions mieux de prendre telle rivière qu'il nous indiqua (1), et qui nous conduirait à une ville appelée *Thoen* (2), d'où nous atteindrions plus facilement *Xieng-Mai* avec des éléphants ; je lui répondis que nous suivrions son conseil.

« Après avoir obtenu de lui une lettre, qui était un passe-port en bonne et due forme pour pénétrer dans le Laos, nous continuâmes notre route jusqu'à *Thoen*, où nous arrivâmes en sept jours.

« Arrivés à *Thoen*, nous confiâmes nos barques au gouverneur, et nous prîmes des éléphants pour traverser les montagnes immenses que nous avions devant nous. Elles ne forment pas une chaîne très-élevée ; mais elles sont remplies d'éléphants sauvages, de tigres et de panthères qui en rendent les défilés assez dangereux. Nous mîmes cinq jours à les franchir, pendant lesquels nous passions les nuits à la belle étoile, n'ayant que l'épaisseur des arbres pour nous garantir de la rosée et de grands feux allumés autour de notre camp pour nous préserver des bêtes féroces. Ces feux, que nous avions soin d'entretenir jusqu'au jour, servaient aussi à nous réchauffer ; car vous sentez bien qu'au mois de janvier, au milieu des forêts, et à une latitude de 20 degrés au moins, nous devions, surtout pendant les ténèbres, respirer un air assez frais.

« Lorsque nous arrivâmes au sommet de la plus haute de ces montagnes, et qu'il nous fut donné de jeter les yeux

(1) Probablement le *May-Wang* de la carte de Richardson.
(2) *Muang-Tuan* de la carte de Richardson, selon toute apparence. Cette ville n'est pas située sur le *May-Wang*, mais sur le *May-Ap*, petite rivière qui se jette dans le *May-Wang*.

sur ce pauvre *Laos*, où jamais missionnaire n'avait encore mis le pied, je me sentis ému ; mille pensées diverses roulaient dans mon esprit ; ne pouvant contenir les mouvements qui agitaient mon âme, j'entonnai à haute voix le *Te Deum*......

« Lorsque nous fûmes descendus dans la plaine, nous cheminâmes encore deux jours à travers une campagne assez vaste et assez agréable, qui paraissait avoir produit une belle moisson de riz : on venait de lever la récolte. Enfin, nous arrivâmes sains et saufs à *Xieng-Mai*, le 18 janvier 1844.

« Ce petit voyage à éléphant nous coûta 120 francs environ, sans compter les frais de nourriture, qui se sont élevés tout au plus à 6 francs pour mon confrère, pour moi, pour deux hommes et trois jeunes enfants. Dès la pointe du jour on faisait cuire le riz, qu'on mangeait à la hâte ; puis on marchait jusqu'à quatre heures du soir sans s'arrêter. On faisait alors un second repas semblable à celui du matin, après lequel on se délassait à rire et à causer près des feux qu'on avait allumés pour la nuit. »

Notre digne missionnaire rappelle ensuite la distinction que le tatouage établit entre les « Laos orientaux » et les « Laos occidentaux », désignés, dans le pays même, sous les noms respectifs de *Thoung-Khao* et *Thoung-Dam* (selon M. Grandjean), *Lao-poung-káo* et *Lao-poung-dam* dans Ritter, ce qui signifierait, d'après l'explication donnée à M. Grandjean, « Ventres-Blancs et Ventres-Noirs, » et simplement, selon les autorités citées par Ritter, « Laos blancs » et « Laos noirs ou bruns ». Il ajoute :

« Ils sont divisés en une foule de petits royaumes, dont chaque prince a droit de vie et de mort ; mais, à l'exception de deux ou trois seulement, ils dépendent tous du roi de Siam, qui les nomme ou les destitue selon son plaisir ; ils sont, de plus, obligés de lui payer un tribu annuel. Néanmoins, comme ils sont très-éloignés de Bangkok, et que s'ils se réunissaient, ils pourraient bien faire trembler toute la puissance siamoise, le prince suzerain a pour eux beaucoup d'égards ; il ménage ces vassaux couronnés, et leur fait toujours quelques présents lorsqu'ils apportent leurs tributs.

« En général les *Ventres-Blancs* ne tiennent pas beaucoup à leurs talapoins ni à leurs idoles; leur caractère se rapproche assez de celui des Cochinchinois; et il paraît qu'il ne serait pas bien difficile de les convertir au christianisme. Les *Ventres-Noirs* ont, au contraire, un naturel qui diffère peu de celui des Siamois; ils sont fortement attachés à leurs pagodes, à leurs livres religieux; et quiconque parmi eux n'a pas été talapoin, du moins pendant quelque temps, est généralement méprisé; on l'appelle *schon-dib*, c'est-à-dire *homme-cru* ou profane, et il a peine à trouver une épouse. Ils sont d'ailleurs asservis aux superstitions les plus grossières. »

M. Grandjean a fait un séjour de deux mois et demi dans la ville de Zim-May. — « Elle est (dit-il) bâtie au pied et à l'est d'une assez haute montagne, dans une vaste et belle plaine; elle a une double ceinture de murailles, entourées chacune de fossés larges et profonds. L'enceinte intérieure a, s'il faut en croire ce que le roi m'a dit, mille toises de longueur sur neuf cents de largeur. Comme cette ville est bâtie à peu près comme toutes celles de l'Inde, c'est-à-dire que les maisons ne se touchent pas et sont entourées d'arbres et de petits jardins, il n'est pas aisé d'en estimer la population. Le fils aîné du roi m'a assuré qu'elle renfermait plus de cent mille âmes; mais il a évidemment exagéré, et de beaucoup, car, après avoir parcouru Xieng-Mai plusieurs fois en tous sens, je ne crois pas qu'on puisse lui donner plus de vingt mille habitants, même en comptant les espèces de faubourgs qui sont hors des murailles, à l'est de la ville. A trois ou quatre minutes de l'enceinte fortifiée coule une rivière dont les bords sont en partie couverts de maisons; malheureusement elles sont toutes habitées par des banqueroutiers de Bangkok, qui se sont réfugiés là en changeant de noms pour éviter les poursuites de leurs créanciers. Le roi leur donne volontiers asile, parce que cela augmente sa puissance et ses revenus. Dans cet État, les villages sont assez nombreux; mais, ne les ayant pas vus, je ne saurais en évaluer la population totale.

« Le vin, les cochons et les poules sont à très-bon marché; en revanche il y a peu de poissons, encore sont-ils très-petits, et presque pas de légumes; en sorte que pendant le carême et les vendredis et les samedis nous n'avions à manger que des œufs avec les feuilles d'une certaine rave très-amère : aux gens riches sont réservés les porcs et les poules. L'argent est si rare que peu de familles peuvent se permettre l'usage de la viande. On vit communément de riz, sans autre assaisonnement qu'une espèce de poivre rouge très-fort, auquel la bouche d'un Européen a de la peine à s'accoutumer, ou de petits poissons qu'on a broyés et fait pourrir d'avance (1) : ces peuples ont aussi beaucoup de vaches, très-petites, qui n'ont presque pas de lait, et qu'on ne songe pas même à traire. Lorsque nous leur disions que dans notre pays on estime beaucoup le lait de vache et qu'on en fait un aliment savoureux, ils se mettaient à rire et n'avaient que du mépris pour nos compatriotes. Quant aux bœufs et aux éléphants, bien qu'ils fourmillent aussi, les habitants n'en tuent guère, et n'en mangent ordinairement la chair que lorsqu'ils tombent de vieillesse. Ils s'en servent pour labourer leurs champs, pour porter le coton qu'ils vont acheter dans les royaumes voisins, et pour rentrer le riz au temps de la moisson.

« Ce transport, dont j'ai été témoin plusieurs fois, se fait d'une manière trop curieuse et trop divertissante pour ne pas en dire un mot. — Ils battent le riz sur le champ même où ils l'ont récolté; puis, lorsque le grain est réuni en monceaux, ils s'y rendent tous les matins avec une suite de quinze, vingt ou trente bœufs. Le premier de ces bœufs, c'est-à-dire celui qui marche à la tête du troupeau, a ordinairement la tête couverte de guirlandes, surmontée d'un faisceau de plumes de paon, et le cou environné de petites clochettes. Tous ces animaux ont sur le dos deux espèces de hottes qui pendent de chaque côté, et qu'on remplit de riz, après quoi on revient à la ville en faisant un vacarme épouvantable; car le pont qui est aux portes de la cité

(1) C'est le *gnapi*, le condiment favori de toutes les populations de l'Indo-Chine.

n'ayant tout au plus que deux toises de largeur, les convois qui rentrent se heurtent avec ceux qui sortent, et il en résulte une mêlée générale. Chacun court çà et là pour reconnaître son bétail égaré; les clameurs des guides, les mugissements des bœufs, se confondent avec le carillon de mille sonnettes. Viennent, au milieu de cette cohue, les éléphants au pas grave, avec leurs grosses clochettes, qui ont toutes un timbre différent; puis les buffles, épouvantés de ce tintamarre, se frayent, en battant tout en brèche, une impitoyable trouée, suivis de leurs maîtres, qui crient : *Nen tua ha di kkuaï souak*, c'est-à-dire, gare! gare! c'est un buffle furieux! Enfin, les spectateurs oisifs, qui se rassemblent en foule, augmentent encore le tumulte par leurs cris et leurs éclats de rire continuels. Le tout fait un vacarme vraiment comique, une scène accidentée de trompes d'éléphants, de cornes de bœuf, de bâtons laociens, qui se dressent, se baissent et se croisent en tous sens, et ce spectacle, qui commence à la pointe du jour, se prolonge jusqu'à neuf ou dix heures, moment où on interrompt le transport, parce que le soleil devient trop ardent. Tel est pour les uns le travail; pour les autres le divertissement du mois de janvier.

« Chez ce peuple la culture se borne à peu près au riz. L'industrie est encore moins florissante. Comme la rivière qui va à Bangkok est très-dangereuse (de *Xieng-Mai* à *Rahang* on compte trente-deux cascades, où plusieurs barques se brisent chaque année), et que les communications avec d'autres villes ne peuvent se faire que par éléphant et à travers des montagnes sans fin, il est peu de Laociens qui s'adonnent au commerce. Aussi, dès qu'ils ont levé leurs récoltes, vivent-ils dans une oisiveté presque complète, jusqu'au mois de juin ou de juillet, où ils recommencent à labourer leurs champs. Par la même raison, ils ont peu de numéraire, et presque tous les marchés se font par échanges. Le sel surtout joue un très-grand rôle dans les transactions; avec du sel on peut se procurer tout ce qu'on veut; il vient de Bangkok, et se vend très-cher à Xieng-Mai.

« ..... Les lois du royaume sont d'une grande sévérité : pour un vol considérable il y a peine de mort, et pour un simple larcin, répété trois fois, on encourt la même condamnation. Aussi dérobe-t-on beaucoup moins qu'à Bangkok. Quoiqu'il y ait à Xieng-Mai un grand nombre d'ivrognes (les indigènes font tous du vin de riz, qu'ils boivent avec excès) (1). Il est cependant très-rare qu'ils se battent ou se disputent. Pendant tout le temps que je suis resté dans ce pays, je n'ai entendu parler que d'une seule querelle, et c'était entre femmes. L'une d'elles, dans sa colère, ayant voulu renverser la cabane de l'autre, celle-ci alla porter plainte au prince, qui arriva aussitôt avec une troupe de satellites, s'empara de la tapageuse, et la mit aux fers, où elle resta plus d'un mois; ce ne fut même qu'à force d'argent qu'elle parvint à en sortir.

« Quoique j'aie dit plus haut que le caractère des *Ventres-Noirs* diffère peu de celui des Siamois, je crois cependant les premiers plus curieux, et surtout plus mendiants; cette dernière qualité, si c'en est une, va si loin, qu'il est arrivé plusieurs fois au ministre du roi lui-même de nous demander tantôt un fruit, qu'il mangeait aussitôt devant nous, comme aurait fait un enfant, tantôt deux ou trois œufs, qu'il emportait chez lui. Je ne voudrais pas décider lequel des deux peuples est le plus rusé et le plus trompeur; cependant, s'il fallait adjuger une prime, je la donnerais aux Laociens, qui en imposent d'autant plus aisément, qu'ils ont un extérieur plus franc et plus ouvert. Ils sont d'ailleurs sans respect pour la décence. Je leur ai quelquefois reproché de n'avoir d'autre religion que les désirs dépravés de leur cœur, et ils me l'avouaient sans rougir.

(1) Ceci ne cadre guère avec les récits du docteur Richardson et du capitaine Mac-Leod; mais il faut se rappeler que M. Grandjean n'a pas eu occasion d'étudier les mœurs des villageois, que les excès de boisson dont il parle ont lieu très-probablement parmi les basses classes de la population des villes, et enfin que, d'après son propre témoignage, ces *excès* ne sont pas comparables aux tristes exploits de nos buveurs européens, puisqu'il n'a entendu parler que d'une seule querelle, et encore, comme il le dit, « entre femmes ».

« Pour les femmes, elles sont plus actives, plus laborieuses et plus intelligentes que les hommes : aussi ont-elles sur leurs maris un véritable empire, et peuvent-elles les chasser lorsqu'elles n'en sont pas contentes. Si le prince n'eût pas défendu, sous peine de mort, d'embrasser notre sainte religion, elles n'auraient certainement pas tardé à se faire chrétiennes, et leurs maris n'eussent pas manqué de les suivre..... (1).

« Il y a à *Xieng-Maï* presque autant de pagodes que de maisons ; on ne peut faire un pas sans en rencontrer à droite ou à gauche. On en compte dans cette ville seulement au moins une centaine qui sont habitées chacune par dix, vingt ou trente talapoins, sans parler de celles, en aussi grand nombre, qui tombent de vétusté et qu'on ne rétablit pas. Quant à ces talapoins, ce sont presque tous des jeunes gens qui savent à peine lire, et dont le temps se passe à manger, dormir, jouer, ou à faire pis encore. Ils m'ont eux-mêmes avoué plusieurs fois une partie de leurs désordres ; mais quand ils ne nous en auraient rien dit, nous en avons assez vu de nos propres yeux pour pouvoir affirmer sans crainte que toutes leurs pagodes sont des écoles d'immoralité.....

« Lorsque nous arrivâmes à Xieng-Maï, comme nous n'y connaissions personne et que personne ne nous y connaissait, nous débarquâmes dans une espèce de maison commune, que le roi a fait élever hors des murs de la ville pour les étrangers. Cette habitation, où nous avons passé la première quinzaine, n'ayant que le toit et le plancher, reste complétement ouverte à tous les vents ; en sorte que nous avions passablement froid pendant la nuit, et pendant le jour nous étions tellement obsédés par la multitude de curieux, que nous avions toutes les peines du monde à nous en débarrasser lorsque nous voulions prendre nos repas et réciter le bréviaire. Car il faut vous dire qu'à peine installés, la nouvelle en fut aussitôt répandue à plus de trois journées à la ronde ; on accourait en foule de tous côtés pour jouir d'un spectacle si nouveau ; et comme disaient ces pauvres gens en leur langue : *Na hà toù louang favangset the hac bo tkaï yan sàe tua* ; c'est-à-dire : *Nous venons de voir les grands talapoins français, que nous n'avions jamais vus de notre vie*. Il en arriva même de *Muang-Nan*, autre royaume laocien, distant environ de dix journées de *Xieng-Maï*. Ils venaient, disaient-ils, pour contempler les *toû koula*, c'est-à-dire les talapoins étrangers, qu'on leur avait peints comme des géants, hauts de six coudées......

« Dès que nous fûmes débarqués, nous allâmes trouver un grand mandarin (1), chargé de présenter les étrangers au roi, et nous le priâmes de solliciter pour nous une audience. Le lendemain ce personnage vint nous annoncer que son maître était disposé à nous recevoir dans la journée, mais qu'il fallait auparavant nous rendre à l'hôtel de ville, où l'on examinerait nos papiers, afin d'en rendre compte au prince. Nous partîmes donc, et l'on nous introduisit dans une grande et méchante salle, où huit à dix mandarins, d'un âge assez avancé et à face vénérable, étaient gravement assis et nous attendaient. Comme il n'y avait là ni bancs ni chaises, force nous fut de nous asseoir au niveau des vieux aréopagistes. On demanda nos passe-ports, qu'on trouva en règle, puis on nous interrogea sur le motif de notre arrivée dans le pays.

« Nous déclarâmes franchement que nous étions des prêtres, venus d'abord d'Europe, et ensuite de Siam, pour leur prêcher la religion du vrai Dieu, et leur

---

(1) On croit aisément ce qu'on désire : le résultat entrevu par M. Grandjean était *possible*, mais nous paraît peu probable. Au reste, ce passage suffit pour montrer à quoi a abouti la courageuse tentative de nos zélés missionnaires. M. Grandjean donne à cet égard des détails qu'il nous a paru superflu de reproduire.

(1) Les missionnaires font constamment usage de cette expression pour désigner les officiers publics ou fonctionnaires de quelque importance dans l'Inde postérieure et la Chine ; mais on sait que le mot est d'origine portugaise, et est, ainsi que sa signification, inconnu à l'immense majorité des populations indigènes.

enseigner unique chemin qui pût les conduire au bonheur. Cette annonce donna lieu à plusieurs questions, auxquelles nous répondions encore quand on vint nous annoncer que le roi nous mandait au palais. Il nous reçut assez bien, nous demanda en siamois plusieurs explications sur la religion chrétienne. Nous en profitâmes pour semer dans son cœur quelques paroles de vie; puis, lui ayant offert nos présents, nous sollicitâmes la permission de demeurer dans son royaume. Il nous répondit qu'il y consentait bien volontiers, qu'il nous ferait bâtir une maison convenable, et qu'en attendant nous pourrions rester dans la salle où nous étions logés. Ces présents que nous lui offrîmes consistaient en une petite serinette, une bouteille d'eau de Cologne, un prisme, un miroir à facettes et deux verres en cristal.

Le lendemain nous apprîmes que pendant la nuit le roi avait convoqué ses principaux mandarins, qu'il leur avait demandé avis sur notre arrivée, et que plusieurs avaient répondu: « Nous « avons un Dieu et des ministres à nous, « quel besoin avons-nous de prêtres in- « connus et de leur Dieu? S'ils veulent « rester ici, qu'on les place hors des « murs avec les étrangers. » Peu de jours après je demandai une nouvelle audience, sous prétexte de montrer au roi quelques curiosités que je lui offris encore, et, malgré l'opposition du conseil, j'obtins qu'on élevât notre maison dans la ville; mais cette habitation était si peu de chose, que nous commençâmes dès lors à prévoir ce qui arriva plus tard: c'était simplement une pauvre barraque en bambou, qui avait tout au plus coûté quarante francs. Quoiqu'elle n'eût ni fenêtres ni lucarnes, elle était tellement à jour de chaque côté, que nous y voyions très-clair, aussi clair à peu près que si nous avions eu le ciel pour toiture.

« Un prince étant un jour venu nous voir avec un de ses plus jeunes fils, je m'avisai d'offrir à cet enfant un petit pantalon en indienne. Pendant que j'étais encore à Bangkok, j'avais fait confectionner une vingtaine d'habillements semblables, pour les donner à des familles pauvres; ils me revenaient chacun à sept sous et demi. Je n'avais donc pas lieu de m'attendre à enchanter mon illustre bambin avec un si mince cadeau: mais il ne l'eut pas plus tôt reçu qu'il s'en revêtit, et retourna au palais, je ne dirai pas joyeux comme un prince, mais bien comme un roi. »

Le lendemain, la reine elle-même se rendit avec un troupeau de neveux et de petits-fils dans une maison voisine de la demeure des missionnaires, et leur envoya un lingot d'argent avec prière de lui vendre dix pantalons! — La réponse de M. Grandjean fut une offre de mettre les pantalons à la disposition de sa majesté, sans condition, ce qui satisfit la reine; et quelques jours après, elle envoya trois princesses, ses filles, toutes trois mariées, pour réclamer les vêtements promis. « Ces princesses étaient accompagnées de beaucoup de suivantes, dont les unes (dit le missionnaire) m'apportaient des présents en riz et en fruits, les autres portaient ou conduisaient par la main les petits princelots qui venaient se partager les pantalons. Je fis asseoir à terre mes nobles visiteuses; elles fumèrent chacune leur pipe et moi la mienne, en causant en laocien tant bien que mal, car alors je savais encore assez peu la langue. Chaque enfant reçut ensuite son pantalon, et fut heureux comme un ange. On voulut me faire accepter le prix, que je refusai, comme vous le pensez bien: je me trouvais déjà trop payé d'avoir pu, avec si peu de chose, me concilier de royales affections.

« Quant au peuple, il venait en foule nous entendre: quelques-uns paraissaient mal intentionnés, d'autres étaient assez indifférents, mais le plus grand nombre montrait des dispositions satisfaisantes. Parmi ces derniers il en était plusieurs qui auraient consenti à se préparer au baptême, s'ils n'avaient craint, disaient-ils, le roi et les princes. Cet aveu nous fit appréhender qu'on n'eût publié à notre insu la défense d'embrasser notre foi. Ce qui nous confirma dans cette pensée, c'est que jamais je ne pus, même en payant, trouver quelqu'un qui transcrivît les prières que j'avais traduites en laocien; tous ceux à qui j'en parlais me disaient pour toute réponse: « Je crains « le roi! » De plus, une bonne vieille nous ayant donné son neveu pour serviteur,

32ᵉ *Livraison.* (INDO-CHINE.)

cet enfant ne put rester qu'un jour avec nous; car le premier mandarin ne l'eut pas plus tôt su qu'il épouvanta cette femme et l'obligea de retirer son neveu. Ce ministre était sans cesse à épier les personnes qui venaient nous voir, et dès qu'il en connaissait de bien disposées, il les intimidait par ses menaces. Si le roi nous eût été favorable, pensez-vous que son ministre eût osé contrecarrer ainsi ses intentions? Quand on connaît bien les mœurs de ce pays, on comprend que c'est impossible. Cependant ayant eu à cette époque occasion de voir le prince, et lui ayant demandé s'il s'opposait à ce que ses sujets se fissent chrétiens, il m'assura que non; mais il parlait évidemment contre sa pensée, comme vous le verrez plus tard.

« Quelques jours après cette audience, la reine vint m'offrir quelques présents, et m'annonça que le roi souffrait beaucoup d'un mal que ses docteurs ne pouvaient guérir, qu'il me priait d'aller le voir, et que peut-être je lui rendrais la santé; car, quoi que je pusse dire, on voulait absolument que je fusse médecin; j'y allai effectivement, accompagné d'un jeune serviteur qui s'entendait un peu à traiter les maladies. L'audience ne se fit pas attendre: sa majesté arriva aussitôt, me rendit compte de son état, et me demanda si j'y connaissais quelque remède. « En ma qualité de prêtre,
« lui répondis-je, je ne me suis occupé
« que des moyens d'être utile aux âmes;
« mais j'amène avec moi un jeune homme
« qui a été pendant quatre ou cinq ans
« disciple d'un médecin du roi de Bang-
« kok, et qui peut-être calmera vos
« souffrances. » Élevant ensuite la voix pour me faire entendre de mon serviteur, qui était prosterné auprès de la porte: « Eh bien! lui dis-je, as-tu bien
« compris ce que vient de dire le roi?
« Connais-tu cette maladie, peux-tu la
« guérir? — Oui, père, je puis la guérir.
« — En combien de jours? — Je demande
« quinze jours. » Ce jeune homme alla soigner le prince fort régulièrement, et dès la première semaine il y eut un mieux si considérable, que le roi, tout joyeux, lui dit un jour: « Va, si tu peux
« me rendre la santé, ta fortune est
« faite! Ni tes maîtres ni toi ne manque-
« rez de rien; dis aux Pères de rester

« toujours dans ma ville; j'aurai soin
« d'eux. » Le lendemain, le roi m'envoya son ministre pour m'annoncer qu'il entrait déjà en convalescence; que s'il était un jour bien rétabli, il nous accorderait tout ce que nous lui demanderions, fût-ce même une église à colonnes dorées!

« Tout ceci nous réjouit beaucoup, parce que notre ministère y gagnait plus de liberté: les habitants, voyant que nous étions en grande faveur, commencèrent à prendre courage; un certain nombre d'entre eux vinrent même demander à se préparer au baptême. Mais, hélas! comme toutes ces espérances s'évanouirent bientôt! »

Après s'être récrié sur l'ingratitude du souverain, qui, guéri cependant par les soins de son jeune serviteur, se prétendait toujours malade et se croyait quitte envers son médecin en ne lui faisant pas couper la tête, M. Grandjean entre dans le détail des tribulations qui marquèrent les dernières semaines de son séjour à Zim-May et que faisaient pressentir ces paroles remarquables prononcées par le roi (le tsoboa) à la dernière audience qu'il lui avait accordée :

« Je n'ai défendu à personne d'em-
« brasser votre religion : je m'en tiens
« là ; je ne veux pas faire davantage. »

Nos pauvres missionnaires se décidèrent enfin à partir.

« Nous sortîmes de Xieng-Mai le vendredi de la Compassion de la sainte Vierge, et nous atteignîmes le même jour un autre petit royaume appelé *Lapoun* (1), au sud de Xieng-Mai. A notre arrivée, nous nous rendîmes au siège du gouvernement, hôtel de ville de l'endroit, où nous trouvâmes six à huit mandarins, qui se réunissent là tous les jours pour entendre les plaintes du peuple, juger les différends et administrer la chose publique, presque entièrement abandonnée à leurs soins. On nous demanda qui nous étions, d'où nous venions et quelles affaires nous amenaient dans le pays. Ils le savaient déjà; car plusieurs d'entre eux nous avaient vus à *Xieng-Mai*; mais ce sont là des questions banales par lesquelles on a coutume d'entamer la conversation. Nous en profitâmes pour annoncer la bonne nouvelle de Jésus-Christ;

(1) *Labong* de Richardson et de Mac-Leod.

un rire moqueur fut à peu près toute la réponse qu'on nous donna. On nous permit cependant de nous installer dans une espèce de salle, située hors de la ville, où nous prêchions du matin au soir les curieux qui venaient nous examiner. Nous n'y fûmes pas en repos. Pendant la nuit, quarante à cinquante talapoins se réunissaient autour de notre asile, battaient du tambour, et poussaient des vociférations qui ne nous permettaient pas un instant de sommeil; quelquefois même ils lançaient des pierres contre notre habitation, sans toutefois pousser plus loin l'avanie.

« Après en avoir inutilement porté plainte à l'hôtel de ville, je pris le parti d'aller seul trouver le roi ; j'entrai dans son palais sans me faire annoncer, et lui parlai avec tant de hardiesse qu'il eut peur, et fit aussitôt défendre à ses talapoins de nous molester à l'avenir. On l'écouta ; mais comme ce peuple n'était rien moins que disposé à recevoir la parole de Dieu, nous secouâmes la poussière de nos pieds, et nous dirigeâmes notre course vers le sud-est. Après quatre jours de marche, toujours au milieu des montagnes, n'ayant que du riz et des œufs à manger, nous parvînmes à un autre royaume, appelé *Lakhon* (1); nous y restâmes douze jours, ne recueillant, pour fruit de nos prédications, que des mépris, des railleries et des insultes. Les choses auraient même pu aller plus loin si nous n'avions pas eu des lettres de Bangkok : comme on croyait que ces recommandations avaient le sceau d'un prince royal, la malveillance n'osa pas en venir aux coups. Voyant donc ce peuple rebelle à la grâce, nous songeâmes de nouveau à continuer notre route, toujours vers le sud-est et toujours à travers des montagnes sans fin.

« Jusque alors j'avais voyagé sur le dos d'un éléphant, et, quoique la marche de cet animal soit excessivement rude et incommode, je me trouvais encore assez à l'aise; mais dans cette dernière station, n'ayant pu nous procurer que les éléphants nécessaires pour le transport de nos effets, il fallut nous résoudre à cheminer à pied. C'était au mois d'avril : le ciel était de feu; la chaleur avait desséché et fait tomber les feuilles des arbres ; les sources étaient presque toutes taries, et les sentiers que nous suivions n'offraient que des rochers très-aigus ou un sable brûlant. Dès le premier jour mes pieds avaient tant souffert qu'en arrivant au gîte où nous devions dormir, la peau était levée partout.

« Le lendemain, n'ayant pu mettre mes souliers, je me trouvai le soir avec la plante des pieds toute brûlée; quand vint la troisième étape, je pouvais à peine faire un pas. Afin d'éviter la grande chaleur du jour, je pris avec moi un de mes serviteurs, et nous poussâmes en avant dès le matin, comptant nous arrêter vers midi pour attendre les éléphants. Par malheur le guide s'endormit.

« Ne voyant rien arriver, nous commençâmes à craindre que la caravane, fatiguée, n'eût fait halte avant le lieu du rendez-vous. Que faire ? le jour baissait, et nous mourrions de faim : retourner sur nos pas sans savoir s'il faudrait aller loin, c'était impossible : nous étions sans force; passer la nuit sans feu, au milieu des tigres ; cela n'était guère praticable. Que faire donc? Comme on nous avait dit qu'il y avait devant nous, à peu de distance, un petit village, nous recueillîmes nos forces, et nous nous décidâmes à aller demander l'hospitalité dans ce hameau, où nous attendrions nos éléphants, qui ne manqueraient pas d'y passer le lendemain.

« La nuit s'avançait à grands pas, et nous n'apercevions encore aucune habitation : mon serviteur n'en pouvait plus; moi j'allais clopin clopant ; je commençais à croire que nous serions obligés de nous coucher à jeun, lorsqu'enfin nous vîmes près de nous une petite cabane. Nous allâmes y demander asile : les pauvres gens qu'elle abritait, n'ayant pas récolté de riz cette année, n'avaient à manger que des bourgeons d'arbres, avec une espèce de pommes de terre sauvages qui croissent naturellement au milieu des forêts. Ces pommes de terre seraient un poison mortel si on les prenait sans précaution; avant d'en faire usage, on les coupe en morceaux, on les laisse dans l'eau pendant plusieurs jours, on les expose ensuite au soleil jusqu'à ce qu'elles soient bien sèches, après quoi on les fait cuire; on peut

---

(1) *Lagon* des explorateurs anglais.

lors les manger quand on n'a pas autre chose.

« Ces pauvres gens nous dirent qu'ils n'avaient que cela à nous donner, et que si nous voulions aller chez le chef du village, dont la maison n'était pas loin, nous y pourrions trouver un peu de riz. Nous suivîmes leur conseil, et après avoir bu un verre d'eau, nous partîmes.

« A notre arrivée chez le chef du village, je déclarai qui j'étais, et comment je venais frapper à sa porte; puis je le priai d'accorder quelques aliments à deux hommes qui mouraient de faim, promettant de le récompenser le lendemain quand nos éléphants passeraient. On nous apporta un peu de riz froid, mêlé avec les pommes de terre sauvages dont j'ai parlé plus haut. Ce riz était pressé dans une espèce de corbeille en joncs, dont l'ouverture était tout juste assez large pour qu'on y pût passer le bras. Nous nous assîmes de chaque côté, mon domestique et moi, et tour à tour nous plongions la main dans cet étrange ragoût; il était si dégoûtant, qu'il fallait boire à chaque poignée pour le faire descendre.

« Le lendemain, nos éléphants n'arrivant pas, on nous dit qu'ils avaient sans doute pris un autre chemin qui passait à trois lieues du village où nous étions : nous envoyâmes à leur recherche, et le second jour seulement, nous apprîmes qu'on les avait vus sur la route de *Muang-Tré*, et qu'avant peu ils atteindraient cette ville. A cette nouvelle, mes hôtes me firent un ragoût avec la peau d'un éléphant crevé, et je partis. Mes plaies n'étaient pas encore guéries; mais il fallait avancer bon gré mal gré; car mon confrère, dont j'étais séparé depuis trois jours, était plus en peine que moi. Je le rejoignis à *Muang-Tré* le soir même. Cette fois mes pieds étaient tellement en compote, que je suis resté toute une semaine sans pouvoir marcher.

« Nous touchions à la saison des pluies; il était temps de songer au retour. Nous quittâmes donc *Muang-Tré*, et, après avoir encore couché quatre nuits dans les montagnes, nous atteignîmes une ville siamoise appelée *Tait*, sur un autre fleuve que celui par lequel nous étions montés. Là, nous avons acheté une barque, et en douze jours nous sommes arrivés à Bangkok. »

L'ensemble des témoignages que nous venons d'analyser nous montre les peuples du Laos formant un grand nombre de petits États isolés, sans importance politique, sans esprit national, sans lien commun, et conséquemment sans ressources contre l'invasion étrangère. C'est ce qui explique comment ils ont subi le joug des Birmans et des Siamois, et même, selon la position géographique de certains de ces États, la suzeraineté moins directe des Chinois et des Cochinchinois. Un coup d'œil jeté sur l'organisation de l'armée siamoise, en particulier, nous convaincra qu'elle aurait pu difficilement prétendre à réduire à l'obéissance des peuples déterminés à s'unir pour défendre leur indépendance.

DE L'ARMÉE SIAMOISE.

Pour se faire une idée de l'importance numérique et de l'organisation d'une armée siamoise, soit dans des circonstances ordinaires, soit dans un moment de crise où le gouvernement sent la nécessité d'un grand développement de forces, il est bon de se rappeler :

1° Que la population totale du royaume n'excède probablement pas trois à quatre millions, et que tous les sujets siamois de vingt et un à soixante ans (et dans les cas urgents de seize à soixante) doivent le service militaire (1);

2° Que certaines classes de cette population sont exemptes de la conscription : les prêtres, les employés du gouvernement, les Chinois, etc.;

3° Que les Siamois qui se trouvent dans les conditions indiquées par la loi ou la coutume comme rendant le service militaire obligatoire, peuvent cependant acheter leur exemption ou échapper à la conscription en entrant au service de quelque fonctionnaire;

4° Enfin, que le gouvernement siamois a toujours été et est encore hors d'état d'armer et d'équiper convenablement un corps de troupes dépassant une certaine importance numérique, ou de pourvoir à la nourriture d'une armée

---

(1) Ils sont *marqués*, en conséquence, du cachet royal, sur chaque bras, au-dessus du poignet.

considérable, c'est-à-dire de maintenir cette armée dans des conditions où elle puisse se nourrir.

On comprend qu'il puisse être facile d'ordonner une levée en masse et même de rassembler, sur un point donné et pour un temps, une multitude, armée tant bien que mal; mais il n'en saurait être ainsi d'une armée régulière ; et l'on doute qu'il fût possible au gouvernement siamois d'assembler une armée de vingt mille *Siamois*, bien armés, équipés, enrégimentés, et prêts à marcher. — Aussi ce gouvernement a-t-il eu, de tout temps, recours à des auxiliaires qu'il a pris à sa solde pour former ou compléter ses corps d'armée expéditionnaires. — Anciennement Siam entretenait des Japonais à son service : aujourd'hui ce sont surtout des Pégouans.

Dans la grande expédition envoyée pour chasser les Birmans de l'île *Junkceylan* (vers 1810), le corps d'armée expéditionnaire comptait vingt-sept mille hommes, mille fauconneaux ou pierriers (*djindjals*), dont quelques-uns sur des éléphants. Un tiers environ des hommes étaient armés de mousquets. L'ordre de marche est décrit ainsi qu'il suit :

1. L'avant-garde, appelée *soua-pa*, « tigres des forêts », et *mio san*, « chats vigilants » ; en tout trois cents hommes. — Ce petit corps précédait quelquefois le gros de l'armée de deux ou trois jours, quand on se savait encore loin de l'ennemi.

2. Le corps d'armée ou centre, précédé de l'artillerie.

3. Le *pik-khwa*, ou aile droite.

4. Le *pik-sai*, aile gauche.

Le général en chef avait ses gardes du corps, dont trois cents habillés de drap rouge, avec sabres et mousquets, et trois cents vêtus de drap bleu et armés de la même manière.

Chaque escouade de dix hommes avait son domestique pour porter les provisions.

L'étape moyenne était de vingt milles environ.

Des feux étaient allumés autour du camp, des sentinelles posées; des patrouilles se succédaient pendant toute la nuit, et toutes communications entre les différents quartiers étaient interdites sous peine de mort. Au bivouac les troupes n'avaient d'autre abri que leurs vêtements ou ce que les forêts pouvaient leur fournir. La nuit était divisée en quatre quarts ou veilles, et à l'expiration de chaque quart le gong se faisait entendre.

Le matériel était porté sur des éléphants, et dans des caisses ou des sacs.

Quant à l'organisation générale d'une armée siamoise, elle peut se résumer ainsi qu'il suit :

Quand les troupes sont rassemblées par les moyens ordinaires (et en retenant, comme cautions des conscrits, tout ou partie de leurs familles), l'armée est divisée en trois lignes, et chaque ligne en trois divisions. La première ligne se compose du *naa* ou centre (avancé) d'un *pik-khwa*, ou aile droite, et d'un *pik-sai*, aile gauche. La seconde ligne, ou *noun*, et la troisième ligne, *lany* (qui forme la réserve), sont divisées de la même manière.

Le général en chef, ordinairement un *phraya* ou dignitaire du premier ordre, est choisi bien plutôt à cause des qualités qu'il se donne que pour celles qu'il devrait posséder réellement. Sa responsabilité devient ainsi plus manifeste et plus grave; et le gouvernement, en cas d'insuccès, ne se fait aucun scrupule de punir sans examen le général malheureux. L'ordre hiérarchique dans l'armée paraît, d'ailleurs, admettre en général les mêmes désignations que dans les emplois civils : c'est-à-dire que les chefs doivent être pris dans les classes désignées par les mots : *chaau phraya*, *phraya phra*, *lo-ang*, *khun* ou *mun*, *phan*, et les sous-officiers et soldats dans les classes *nai* et *phrai*, comme dans l'ordre civil; mais les officiers supérieurs sont pris surtout parmi les *loang*: les *mun*, qui viennent ensuite, commandent chacun deux cents hommes. Ces deux classes d'officiers et le général en chef prêtent serment. Les *phan*, qui équivalent à nos lieutenants et sous-lieutenants, ne sont pas soumis à cette formalité [1]. Indépendamment de cette désignation de la classe à laquelle appartient le fonctionnaire militaire, il y

---

[1] Low donne la formule du serment (vol. IV du *Journal de la Société Royale Asiatique de Londres*, 1835).

a des titres qui sont exclusivement conférés aux commandants des corps d'armée; ce sont ceux de :

Khun-phou, commandant en chef;
P'hayakk'ha-naam, général tigre;
Sing'ha-naam, général lion ;
Nagha-naam, général serpent ;
Khrouttha-naam, général garouda (1).
Khotcha-naam, général lion (2) ;
Sunnakk'ha-naam, général chien.

La couleur nationale pour les militaires est le rouge; mais le gouvernement est trop pauvre pour habiller convenablement ses troupes, et il n'y a qu'un corps privilégié qui puisse prétendre à un *uniforme* rouge ou bleu, en sorte qu'une armée siamoise en ligne présente le coup d'œil le plus étrange, un grand nombre d'hommes étant nus jusqu'à la ceinture et les autres vêtus d'étoffes de toutes les couleurs. La discipline est à peu près nulle ; et le fantassin ne passe par rien d'analogue à nos écoles du soldat, du peloton, etc. Il apprend dans son village la gymnastique traditionnelle, et le maniement du sabre et du bouclier, mais au camp il ne fait pas l'exercice; et s'il est armé d'un fusil, il le charge et le décharge de la manière qui lui convient le mieux. Ils ont cependant, en général, le coup d'œil juste ; et ils tirent à la cible, à une distance convenable, avec assez de succès. Le soldat (selon le capitaine Low) ne reçoit aucune paye (3), mais il a droit à des rations, qui consistent en riz bouilli et séché au soleil, en poisson salé et quelhaut le voyage au Laos, M. Grandjean (*Revue de l'Orient*, mars 1845) :

« Un soldat reçoit une paye annuelle de trente-six francs ; un médecin et un interprète, de quarante-huit ; et pour un si beau salaire, ils sont assujettis à des corvées qui les occupent au moins deux ou trois mois par an. De plus, lorsqu'ils sont en campagne, leur absence se prolonge quelquefois une ou deux années, pendant lesquelles ils sont obligés de se procurer, à leur compte, la nourriture et les vêtements nécessaires ; car, près ou loin de leurs familles, en temps de guerre ou en temps de paix, ils ne reçoivent jamais que leur solde annuelle, qui se distribue en présence du roi avec une grande solennité. Aussi la plupart des chrétiens (a) sont-ils très-pauvres, et c'est presque toujours la femme qui nourrit le mari et les enfants, soit en faisant des gâteaux, soit en pêchant les écrevisses à la ligne, ou en élevant des porcs qu'elle vend aux Chinois....

« Lorsqu'une expédition est résolue, et qu'un chef a reçu ordre du roi de marcher à l'ennemi, il avertit aussitôt tous ses clients de se préparer à partir au premier signal. Chacun alors fait sa petite provision de riz, de tabac, de sel, d'areck et de bétel qu'il met dans un sac, ainsi qu'un vase en terre pour cuire son riz ; et au jour marqué on se rend chez le prince, où on attend qu'il soit prêt : il paraît enfin, monté sur son éléphant, et tous le suivent à pied, pêle-mêle, sans tambour ni trompette.

« Au bout de quinze jours, de trois semaines au plus, les petites provisions des soldats étant épuisées, il n'ont plus de ressource pour vivre que dans le vol ou l'aumône ; mais comme ils n'ont pas toujours occasion de piller ou de mendier, ils passent souvent un ou deux jours sans nourriture aucune. La fièvre fait alors parmi eux d'affreux ravages ; et ce qui multiplie encore les victimes, c'est que, n'ayant pas d'hôpitaux, les médecins ne soignent le malade qu'autant qu'il peut suivre le corps d'armée ; dès qu'il n'a plus la force de soutenir une longue marche, ne fût-il que légèrement blessé, on lui prépare deux rations de riz, et on l'abandonne ainsi au milieu des déserts, où il est bientôt la proie des bêtes féroces. Figurez-vous un de ces malheureux délaissé dans ces lugubres solitudes ; quel ne doit pas être son désespoir ! Mais c'est bien autre chose lorsqu'après une bataille on en abandonne ainsi deux ou trois cents qui ne peuvent plus marcher, et qui se voient mourir ou sont dévorés par les tigres.

« Il est vrai que les Siamois évitent le combat autant qu'ils peuvent, et qu'ils ne cherchent guère qu'à surprendre çà et là quelques hommes isolés, afin de les présenter au roi comme un gage de leur victoire. Quelquefois ils sont surpris à leur tour par l'ennemi, qui les massacre sans pitié, ou les renvoie dans leur pays, après leur avoir coupé le nez, les oreilles ou les extrémités des pieds et des mains, car les Annamites ne se soucient pas, comme les Siamois, de faire des prisonniers. »

---

(1) *Garouda* est le dieu ou demi-dieu-oiseau qui sert de monture à *Wishnou*.
(2) Il s'agit ici d'une espèce de lion autre que le lion divin : *singha*; et les Siamois en distinguent, à ce qu'il paraît, quatre espèces. Quoi qu'il en soit, nous dirons en passant que l'on se tromperait, ce nous semble, si l'on attribuait exclusivement le choix de ces titres redoutables aux analogies supposées ou désirées entre le caractère du *général* et celui de l'*animal* désigné; nous croyons qu'il faut aller chercher la principale cause de l'adoption de ces titres, si enviés dans tout l'Orient, dans des associations d'un ordre plus élevé et qui dérivent du système théogonique et cosmogonique qui a prévalu chez les nations de l'Asie postérieure.
(3) Selon les renseignements recueillis par le missionnaire dont nous avons analysé plus

(a) Selon l'abbé Grandjean, tous les chrétiens siamois sont ou militaires, ou médecins, ou interprètes.

ques condiments. Le gouvernement a formé sur divers points des dépôts ou magasins de riz et autres grains qui sont alimentés par les contributions des provinces, et qui sont destinés à renouveler de temps à autre les approvisionnements de l'armée.

Les mouvements de l'armée, comme les actes de la cour, sont en grande partie déterminés par l'avis des astrologues (*ma hon*), l'interprétation qu'ils donnent aux présages, le calcul des tables qu'ils consultent et où il est tenu compte de la position des astres, etc.

Un certain nombre d'éléphants est attaché à chaque colonne, suivant les circonstances, et chaque éléphant de guerre a son établissement d'une vingtaine d'hommes : savoir; le *mahout* (*mahawott*) ou conducteur, sur le cou de l'animal, deux hommes sur le howdah pour servir la petite pièce d'artillerie (le *djinjál*, ou pierrier) qu'il porte, quatre hommes, armés tant bien que mal, attachés comme escorte à chaque jambe de l'animal, et probablement (comme dans l'Hindoustan) un *couli*, ou aide du *mahout*, qui se tient pendant la marche près de la queue de l'éléphant pour accélérer son pas, etc., et qui le panse, le soigne, le charge et le décharge, aux lieux de halte, sous la direction du conducteur.

L'armée une fois en marche, sur trois lignes, le centre de chaque ligne est généralement en avance des ailes, et la première ligne tout entière en avance des deux autres, quelquefois de deux ou trois jours de marche; si elle rencontre l'ennemi, et qu'elle éprouve un échec, aussitôt que la nouvelle arrive sur les derrières, les deux autres lignes battent presque toujours en retraite. L'avant-garde d'une armée est précédée d'une troupe *d'enfants perdus*, condamnés de justice ou serviteurs de la cour ou des grands, en disgrâce momentanée, et qui ont la promesse de rentrer en grâce s'ils survivent à quelque beau fait d'armes.

Quand on arrive à portée de fusil de l'ennemi, les troupes avancent par rangs isolés qui font feu, en prenant avantage des accidents du terrain, et cèdent ensuite la place à d'autres. Quand ils attaquent une place fortifiée, ils commencent, autant que possible, par l'investir entièrement. Ils tirent quelques coups de canon de temps à autre, tandis que les pionniers et les mineurs poussent activement leurs travaux ; et quand les assiégeants sont parvenus à s'établir tout près de l'ennemi, ils font jouer une mine ; ou, s'ils croient que les assiégés ont peur et songent à fuir, ils se hasardent à donner l'assaut. Leurs sièges durent quelquefois des années entières.

Les préjugés et habitudes bouddhistes exercent une singulière influence sur les officiers et les soldats. Leur religion leur prescrit, en effet, « de ne pas tuer ». La loi militaire leur enjoint de tirer sur l'ennemi ; mais à grande distance, ou même hors de portée et sans viser. Tel est l'ordre donné, mais avec l'intention qu'il soit éludé ; et le soldat s'y prête d'autant plus volontiers que la crainte éloignée de l'enfer, bien qu'elle existe en lui, le touche moins que le danger présent de perdre la vie : en un mot, il aime mieux tuer que d'être tué !

Ici, comme en Birmah, les tentatives de désertion sont cruellement punies ; et les familles des coupables exposées à être envoyées au dernier supplice, comme responsables de la conduite du soldat. Dans ces circonstances, et en général quand l'occasion se présente de punir, la loi militaire ou civile se plaît à déployer tous les raffinements de la cruauté. Nous nous abstiendrons d'entrer dans le triste détail de ces atrocités.

Le soldat siamois n'est pas plus scrupuleux observateur de l'interdiction dont Godama a frappé les liqueurs fortes qu'il ne l'est du commandement qui lui prescrit de respecter la vie ou du moins d'avoir horreur du sang répandu. Il s'enivre d'arak quand il le peut (1) ; il fume l'opium pour s'étourdir ou se donner du courage ; et il doit, s'il veut devenir un héros, lécher le sang ennemi qui a rougi la lame de son sabre.

Les Siamois ont cinq principaux étendards, ou *tong-rap* : un à l'avant-garde, un au centre, un à chacune des ailes et un à l'arrière-garde.

Les étendards doivent être l'ouvrage

(1) On en donne aussi aux éléphants de guerre avant que la bataille ne soit engagée.

d'un « tchaukou » (chaukù : Low) (1), ou prêtre, ou d'un laïque d'une piété reconnue. Ils sont faits de soie, en général, et de couleur rouge, avec la figure du singe-dieu, *hanouman*. Les *k'hon-thu-thong*, ou porte-étendards, sont des hommes de quelque considération, mais pas nécessairement d'un rang élevé; ils doivent être purs de cœur, et leur corps doit être mis à l'abri de toute blessure dangereuse par l'intermédiaire de charmes, breuvages, amulettes, etc.

Les armes nationales sont : le sabre ou coutelas, la lance et l'arc.

Les armes introduites sont : le canon (traîné et servi par des hommes au nombre de vingt et quarante, suivant les dimensions de la pièce);

Le pierrier à éléphant, déjà mentionné (*djindjâl* des Hindoustanis, en général, *daulàng-châàng*, des Siamois);

Une autre espèce de pierrier très-portatif (pour un ou deux hommes), et qui s'établit, soit en campagne, soit sur un rampart, sur une espèce de trépied : « *pun-khâ-nok-yang* » des Siamois. Il paraît que cette petite pièce d'artillerie, quoique très-susceptible de perfectionnement, est une arme assez redoutable; les Birmans en ont fait un constant usage dans leur lutte avec les Anglais;

Le mousquet d'infanterie;
Le fusil à mèche;
Le pistolet;
L'espingole; *khâg-praé* (de manufacture chinoise).

Parmi leurs sabres, épées ou coutelas, on distingue l'épée à deux mains et le *ngao*, lame recourbée de dix-huit pouces de longueur, ayant un manche de six pieds environ (voir plus haut, page 449), et qui doit être une arme terrible dans une main courageuse et exercée. Parmi les armes défensives, il faut citer le bouclier (de bois, ou de cuir de buffle), la cotte de mailles, qui n'est guère portée que par des cavaliers (il y en a quelques-uns dans l'armée siamoise, mais en très-petit nombre), ou par ceux qui combattent sur des éléphants, des chausses-trapes de bambou, dont les soldats sont pourvus, et qu'ils jettent sur la route, en cas de retraite, pour empêcher ou retarder la poursuite, etc., et enfin des turbans ou bonnets de formes particulières, sur lesquels certaines formules, en *pali*, ont été imprimées ou écrites, ou tout autre objet qui peut être porté sur la personne et auquel les paroles mystiques prononcées par un religieux ou un sorcier ont nécessairement communiqué le pouvoir de garantir le corps contre toute espèce de blessures !

Ces renseignements (applicables en grande partie à l'armée birmane) (1)

---

(1) Cette expression, que nous empruntons au capitaine Low (qui écrit ailleurs *phra-chaukhù*) (a), ne se rencontre nulle part, dans Crawfurd, comme désignation d'un talapoin. Nous ne nous rappelons pas non plus l'avoir vue dans Symes, Cox, Alexander, etc.; mais nous lisons dans la relation d'un *Voyage aux Indes orientales et occidentales, au royaume de Cambodge*, etc., par Christoval de Jaque, écrit en 1606 (*Archives des Voyages*, etc.; par H. Ternaux-Compans, tome I) :

«... Ils nomment leurs prêtres *chucus*; ceux-ci portent, pour se distinguer, une pièce d'étoffe de coton jaune, dont les deux pointes leur tombent jusqu'aux pieds; ils se rasent aussi les cheveux, etc. »

Il s'agit évidemment de moines ou prêtres bouddhistes; et le mot *chucu* (qui se prononce en réalité *tchaucou* ou *tchoucou*) est certainement le même que celui par lequel Low désigne les talapoins siamois, tant dans son mémoire sur les provinces de Ténassérim que dans celui qu'il a inséré dans le vol. II du *Journal de la Société Royale Asiatique de Londres*, sous le titre de *On Buddha and the Phrabat* (1830). Nous trouvons d'ailleurs dans la *Description du royaume de Cambodge, par un voyageur Chinois* (à la fin du douzième siècle), traduite par Abel-Rémusat, le passage suivant, qui nous paraît propre à lever tous les doutes à cet égard :

«... Les prêtres de Bouddha se nomment « tchou-kou.... les tchou-kous se rasent les « cheveux; ils portent des habits jaunes....; « les moins élevés en dignité se ceignent d'un « morceau de toile jaune et marchent pieds « nus, » etc. (p. 50 et 51.)

(a) *Phra* est le titre qui s'applique généralement aux prêtres et aux idoles de Bouddha, spécialement à Bouddha et *Gotama* lui-même, au roi, à l'éléphant blanc, etc.

(1) A ce que nous avons déjà dit de l'organisation de l'armée birmane (p. 318), nous ajouterons, d'après le capitaine (aujourd'hui colonel) Low, quelques détails qui pourront servir à établir une comparaison utile entre les res-

suffisent pour montrer combien l'organisation actuelle de la force armée dans le Siam est imparfaite et défectueuse sous tous les rapports. Le gouvernement a le sentiment de sa faiblesse à cet égard, et s'est montré très-désireux dans ces derniers temps de se procurer de bonnes armes de fabriques européennes. A l'audience que le roi accorda à Crawfurd, les dernières paroles prononcées par le monarque furent les suivantes : « ... Communiquez à mon ministre ce que vous avez à dire; ce que nous demandons avant tout de vous, ce sont des armes à feu! » A peine ces derniers mots sont-ils prononcés que le son d'un gong se fait entendre, et un rideau d'étoffe d'or, comme tiré par un pouvoir magique, dérobe la présence auguste du souverain aux yeux des étrangers et des courtisans prosternés (1).

Le roi de Siam a acquis récemment une quantité assez considérable d'armes à feu des Anglo-Américains. Mais que sont de bonnes armes entre les mains de méchants soldats? Ce qui manque aux armées des peuples de l'Indo-Chine, de la Chine elle-même et du Japon, c'est l'organisation et la discipline.

sources militaires des deux peuples. — La grande armée birmane, dont les Anglais eux-mêmes avaient fait tant de bruit, n'a jamais excédé cinquante mille hommes présents sous les armes, ou soixante-dix mille hommes, tout compris. Cette armée était divisée en *laks* de dix mille : *lu-ta-taum*, milliers : *lu-tayu*, centaines. Le général en chef porte le titre de *bandoula*; son état-major se compose d'un *tchekk*, *hé* (orth. de *Low*), ou chef d'état-major; d'un *nak-han* et d'un *bodayé*, secrétaire. — Les officiers généraux et supérieurs portent le titre de *bô* : les principaux *bôs* commandent en général à un *lak*, ou dix mille hommes, les autres à un nombre indéfini de soldats. Le matériel birman est très-inférieur à celui des autres nations indiennes, sans en excepter les Siamois. Le soldat birman est tatoué : les Siamois pratiquaient autrefois le tatouage, puisqu'ils sont originaires du Laos, où cette pratique a été de tout temps en honneur; mais ils affectent aujourd'hui, par haine des Birmans, de regarder cette coutume comme barbare, tandis qu'un soldat birman considère le tatouage comme le complément indispensable de sa virilité guerrière. Ces deux peuples comprennent, au reste, la guerre absolument de la même manière, guerre à la fois défensive et très-activement offensive. Tous deux montrent la même habileté à prendre position et se retrancher en présence de l'ennemi : tous deux évitent les actions en ligne, en bataille rangée, et se font, pour ainsi dire, une guerre souterraine. La constitution physique, les moyens d'attaque et de défense, les principes stratégiques, sont tellement semblables, qu'on aurait peine à s'expliquer que le résultat de la longue lutte entre les Siamois et les Birmans ait été quelque peu en faveur de ces derniers, si l'on ne se rappelait que leurs relations plus actives avec les Européens leur avaient procuré une artillerie supérieure, un plus grand nombre de fusils et de munitions.

Le récit du docteur Ruschenberger et les observations recueillies par le capitaine Low et le docteur Richardson nous ont semblé particulièrement propres à donner une idée générale exacte de la civilisation actuelle des Siamois. Si l'on veut saisir, cependant, d'un point de vue plus général encore le caractère du peuple siamois, l'ensemble des ressources du pays, les conditions auxquelles paraît devoir être soumis son avenir politique et commercial, il faut consulter de préférence l'ouvrage de Crawfurd (souvent cité par nous), les mémoires épars dans le *Journal de la Société Asiatique du Bengale*, les *Notices* de Moore et quelques autres publications anglaises plus modernes. Un seul de nos voyageurs et observateurs français, dans ces dernières années, a jeté un coup d'œil philosophique sur le sujet qui nous occupe, et s'est élevé, dans ses récits, à des considérations de l'ordre que nous venons d'indiquer. Nous voulons parler de M. Laplace (aujourd'hui contre-amiral et préfet maritime), qui, dans son voyage de circumnavigation sur la frégate *l'Artémise*, a visité une partie de l'Indo-Chine. Nous ne partageons pas l'opinion de M. Laplace sur plusieurs points ethnographiques et sur plusieurs événements politiques qui ont influencé les destinées des peuples de l'Indo-Chine. Nous

(1) Crawfurd, ouv. cité, vol. I, p. 147.

croyons que ce qu'il a écrit, en particulier, sur les causes et les conséquences de la dernière guerre entre les Anglais et les Birmans trahit une connaissance très-imparfaite du caractère des deux nations et des faits qui ont précédé ou suivi la lutte. Mais le résumé qu'il trace de l'histoire de Siam et les réflexions qui lui sont suggérées par l'étude des ressources naturelles du pays, de ses rapports avec les nations européennes, de ses tendances politiques et commerciales, nous paraissent très-dignes d'attention.

M. Laplace conclut ainsi :

« Quoique ce tableau n'ait rien de brillant, celui que je pourrais tracer du gouvernement et de la police de cette vaste cité (1) le serait encore moins. Mais, je le répète, dans la nouvelle ère qui semble s'ouvrir pour les régions voisines de la mer de Chine, il est à croire qu'un grand rôle est réservé au royaume de Siam, à cette contrée si fertile, si riche en produits précieux, et que la nature a dotée de tout ce qui peut porter au plus haut degré la prospérité commerciale d'un pays couvert comme celui-ci d'une population forte, nombreuse et industrieuse. Il serait donc à désirer que, dans l'intérêt de ses armateurs et de sa politique, la France cherchât à renouer ses antiques relations avec la cour de Siam avant que nos voisins y soient devenus tout-puissants. »

Nous croyons, pour notre part, que si les Anglais ou les Américains trouvent avantageux de faire des expéditions régulières au Siam, ce ne sera que parce que le gouvernement siamois aura modifié ses tarifs et sa police commerciale de manière à encourager la spéculation honnête, intelligente et persévérante. Dans ce cas le commerce français pourra également trouver à Bangkok un débouché avantageux pour nos produits; car là aussi il y a place pour tout le monde. — Au reste, le vœu exprimé par M. Laplace paraît s'être réalisé tout dernièrement : M. le capitaine de frégate Jurien de la Gravière, l'un de nos officiers les plus distingués, a visité, sur la corvette *la Bayonnaise*, le golfe de Siam ; il a, à ce qu'on nous assure, relâché à Bangkok, et a renoué les relations, depuis si longtemps interrompues, des gouvernements français et siamois, de manière à assurer le développement prochain de notre commerce dans ces parages. — Nous désirons bien vivement que les résultats de la mission du commandant Jurien de la Gravière soient promptement livrés à la publicité.

(1) Bangkok. — M. Laplace n'a pas visité lui-même cette capitale.

PÉNINSULE MALAISE.

OROGRAPHIE. — GÉNÉRALITÉS ETHNOGRAPHIQUES.

Nous avons déjà eu occasion de remarquer (p. 232) que la chaîne de montagnes qui forme la ligne de démarcation entre le Siam, à l'est, et le royaume d'Ava, à l'ouest, ou entre le bassin du May-Nam et celui du fleuve de Martabân, semble constituer le commencement ou la base de la langue de terre connue sous le nom de presqu'île Malaise ou presqu'île de Malacca; mais nous avons ajouté que cette chaîne s'arrête brusquement avant d'arriver aux bas-fonds de l'isthme de Krah, partie la plus resserrée de la presqu'île. Plus loin, dans le sud, commence une nouvelle chaîne, que, selon Ritter, on pourrait nommer la *chaîne de montagnes de l'Ile Malaise*; car il ne faudrait, encore aujourd'hui, qu'une légère élévation de la mer pour inonder l'isthme de Krah et le transformer en détroit de Krah, ce qui ferait clairement apparaître la forme insulaire de Malacca. On est frappé d'ailleurs, en l'envisageant séparément, du changement total de la direction de son axe longitudinal, qui va commencer de ce point critique n'affecte plus le parallélisme au méridien, comme s'il eût été la continuation de la chaîne de montagnes de Siam, mais se dirige vers le sud-est, témoignant, pour ainsi dire, de l'analogie et du parallélisme de tous les rapports orographiques avec l'île voisine de Sumatra. Ces rapports intimes avaient été indiqués par d'anciennes traditions, dont nous retrouvons les traces dans les relations des vieux voyageurs. C'est ainsi que dans la *Description du premier voyage fait aux Indes orientales par les Français*, de François Martin (de Vitré) (1), nous trouvons, p. 61, le passage suivant: « Sumatra, par cy-devant « appelée la Taprobane, est située proche « du cap de Malacca, et est le lieu (selon « quelques-uns) où Salomon envoya « querir l'or d'Ophir, ce que témoigne « l'Escriture saincte. Quelques-uns tiennent qu'elle a été continente à la terre « ferme de Malaca. etc. »

Un demi-siècle auparavant ce poëte guerrier dont les chants ont assuré l'immortalité aux exploits de ses compatriotes dans cette partie du monde, Luiz de Camoëns, avait lui-même recueilli ces traditions, et les transmettait à la postérité dans les strophes suivantes de ses *Lusiades*, où « Thétys » révèle à Vasco de Gama les hautes destinées des Portugais dans l'extrême Orient (chant X, strophes CXXIII, CXXIV, CXXV):

« ..... Plus loin est Malacca : elle deviendra sous votre empire le centre d'un commerce immense et l'entrepôt des riches produits que de l'Orient lui apportera la vaste mer.

« *On prétend que de cette terre la mer, en soulevant ses puissantes ondes, a séparé la noble île de Sumatra; jadis les peuples les ont vues réunies.* On l'appela Chersonèse, et de ses abondantes veines d'or, qui courent dans les entrailles de la terre, on lui donna l'épithète de Chersonèse d'or; quelques-uns ont pensé que c'est l'antique Ophir.

« A son extrémité vois Singapour, où la route se rétrécit pour les vaisseaux; de là, dans ses sinuosités, la côte tourne vers Cynosure et marche droit vers l'aurore. Voici Pam, Patane, royaumes enclavés dans le long empire de Siam, qui les tient, eux et beaucoup d'autres encore, sous sa domination. Le fleuve Ménam (*May-Nam*), qui les arrose, prend naissance au grand lac nommé Camaï. »

Ce curieux passage montre à quelle époque reculée les États malais de la Péninsule étaient déjà placés dans la dépendance de Siam.

Selon les observateurs les plus modernes (1), la partie centrale la plus éle-

---

(1) Petit volume in-24 de 200 pages, « dédié au Roy » (déjà cité); Paris, 1609.

(1) *Narrative of the Surveying Voyage of H. M. ship Lily*, etc.; by J. Beete Jukes, etc.; 2 vol. in-8°, Londres, 1847.

vée de la presqu'île constitue moins une chaîne continue de montagnes qu'une série de groupes montagneux aux formes abruptes et pittoresques et pour la plupart granitiques. Dans le voisinage de ces groupes et jusques aux côtes, s'étendent des terrains bas et généralement plats, interrompus çà et là par de petites éminences rocheuses. Les productions de la partie montagneuse (qui se termine, comme nous l'avons dit, au cap Romania, ou, plus exactement, à la pointe Bourous, par 1° 15' de latitude nord) sont presque entièrement inconnues. M. Griffith, qui avait visité en 1842 le mont Ophir (car il y a deux montagnes de ce nom, l'une à Sumatra, l'autre dans la presqu'île Malaise), le *Gounong-Lédang* des Malais, par 2° 30' latitude nord, sur la frontière est de Malacca, masse granitique d'environ quatre mille pieds anglais (un peu plus de douze cents mètres), fit la découverte singulière qu'à partir de quinze cents pieds de hauteur la végétation change complétement, et prend à beaucoup d'égards un caractère polynésien ou australien. Jukes, dans l'ouvrage que nous avons indiqué plus haut, fait observer (p. 225, deuxième volume) que les côtes nord et est de l'Australie et l'île de la Nouvelle-Calédonie présentent dans leur aspect géologique beaucoup d'analogies avec la péninsule Malaise. Au commencement de 1847 le lieutenant-colonel James Low visita le pic de *Keddah* (« Queda » : Ritter et autres), *Gounong-Djéraï* des Malais, vis-à-vis la ville de même nom, par 6° 05' de latitude nord. Il remarqua que cette montagne était stratifiée et non granitique, et qu'elle abondait en minéraux. Sa hauteur, conclue de l'observation de l'ébullition de l'eau sur le petit plateau qui couronne le sommet du *Gounong-Djéraï*, serait d'environ cinq mille sept cent cinq pieds anglais au-dessus du niveau de la mer (à peu près 1740 mètres). Près du sommet la végétation devient très-rabougrie, et présente aussi le caractère australien. On peut, en général, considérer la presqu'île Malaise et l'archipel de la Sonde comme formant la transition du monde continental asiatique au monde maritime austral. Crawfurd, dans son bel ouvrage intitulé : *History of the Indian Archipelago*, est le premier qui ait étudié d'un point de vue philosophique et développé avec l'autorité de l'observation locale et de l'expérience d'un homme d'État, les rapports que le commerce et la politique ont établis entre les populations de l'Archipel et de la presqu'île Malaise et entre ces populations et les puissances européennes ou les grands États de l'extrême Orient. Nous devons nous borner ici à jeter un coup d'œil rapide sur une partie de ce vaste tableau, celle que présente la presqu'île Malaise considérée comme une dépendance plus ou moins directe du royaume de Siam d'un côté, de l'Inde anglaise de l'autre. Nous essayerons avant tout de donner à nos lecteurs une idée exacte de la nation qui a colonisé la presqu'île dès le douzième siècle.

La nation malaise dans ses ramifications et ses colonisations multiples appartient surtout au monde insulaire; mais ses plus anciennes colonisations sur la presqu'île Malaise la rattachent au continent asiatique, et créent ainsi un intermédiaire entre son pays originaire et ses colonies insulaires les plus éloignées. Ce qu'il nous est permis d'examiner ici, c'est le rôle que jouent les Malais de la Péninsule dans le sens le plus rétréci historico-généalogique.

Les Européens regardaient autrefois la presqu'île Malaise, nommée par les habitants *Tana-Malayou*, c'est-à-dire terre ou *Pays des Malais*, comme le siége primitif de ce peuple; mais les recherches classiques de Marsden (1) ont montré que le siége indubitablement primitif de ce peuple remarquable était dans l'île de Sumatra, et dans une contrée nommée *May-Nang-Kabao*, située entre les rivières de Palembang et de Siak à l'est et les rivières de Manjuta et de Tingkel dans l'ouest, par conséquent dans le centre de l'île et sous l'équateur. D'après les traditions des Malais, tous leurs États disséminés dans l'archipel de la Sonde ne sont que des émigrations de May-Nang-Kabao, qu'ils considèrent comme l'État, sinon le plus puissant, au moins le plus ancien et le plus célèbre de tout l'archipel. On trouve des traces

(1) M. Marsden, *History of Sumatra*, etc.; troisième édition, London.

nombreuses de son ancienne grandeur dans ses hautes plaines, vastes, fertiles, richement peuplées et cultivées depuis les temps les plus anciens. Cette fertilité naturelle et la salubrité du climat ont de bonne heure élevé la population de May-Nang-Kabao à un plus haut degré de civilisation que les populations de la côte voisine, basse, marécageuse et livrée sans défense aux ardeurs du soleil. L'accroissement rapide de cette population la mit en peu de temps hors de proportion avec le territoire, cependant assez étendu, qu'elle occupait, et motiva les émigrations et les *colonisations transmarines*, comme autrefois pour l'Hellade, devenue trop étroite pour ses habitants. La première de ces colonisations fut celle de *Singhapoura*, la moderne Singapoure. Crawfurd, au sujet de cette colonie, a déjà fait remarquer que des peuples chasseurs ou pêcheurs, peuples pauvres, sauvages, disséminés, ne fondent pas des établissements de cette importance. Sumatra tout entière a été soumise anciennement à la suprématie de May-Nang-Kabao, et on trouve des témoignages de l'antique grandeur de cet État et de ses prérogatives suzeraines non-seulement dans les pompeux édits et les titres de ses souverains (le radjah de May-Nang-Kabao était appelé par excellence maha-radjah de radjah) et le respect que lui portent toutes les branches et ramifications des familles princières attenantes, mais aussi dans la culture proportionnellement très-avancée de cette contrée intérieure et dans les monuments qu'on y a découverts dans ces derniers temps. La presque totalité de la population, qui s'élève à un ou deux millions d'habitants, est agricole. Une petite fraction de cette population est employée à l'exploitation des mines d'or. Les restes de sculptures et les inscriptions trouvées dans le voisinage de l'ancienne capitale correspondent, selon sir Stamford Raffles, aux monuments découverts à Java, et prouvent que ces contrées ont été sous l'influence de la religion hindoue, qui y a été prédominante (et probablement dans toute l'étendue de Sumatra) jusqu'à l'introduction de l'islamisme, au quinzième siècle. La tradition rapporte que le Koran avait été prêché dans cette île dès le douzième siècle; mais cela est incertain, et *de fait* on ne connaît pas l'époque précise de la conversion des Sumatriens au mahométisme. Mais cette tradition est importante, en ce que l'émigration des Malais à *Singhapoura* tombe aussi vers le milieu du douzième siècle (1160). Bien que, chronologiquement, la fondation de la colonie de Singapoure, telle qu'elle est rapportée par Marsden, prête encore le flanc à la critique dans plusieurs points de détail, ainsi que l'a démontré Crawfurd, et que les Portugais lui assignent une origine plus ancienne, avec d'autres circonstances et d'autres noms, cependant le fait principal de la colonisation malaise en dehors de Sumatra et d'une seconde émigration, qui a eu pour résultat la fondation de Malacca, est désormais mis hors de doute. La principauté maritime de Singapoure, sous une série de souverains portant le titre hindou de *radjahs*, acquit de bonne heure une importance commerciale qui excita la jalousie des souverains javanais; et l'État de Malacca était déjà puissant et prospère, et s'était élevé à un degré de civilisation surprenant, plein de luxe, de commerce, ayant des monnaies d'étain, des flottes, des canons, des éléphants, des relations avec la Chine, l'Inde, l'Asie continentale et l'Arabie, au moment où les Portugais apparurent dans ces mers comme conquérants. Par eux commença la décadence des États Malais!

Nous allons essayer de résumer, principalement d'après Ritter, ce que l'on sait de plus positif sur l'origine, le caractère, les mœurs, les institutions, la civilisation actuelle des Malais de la Péninsule. Nous donnerons ensuite une courte description de chacun des États qui occupent les côtes et de la petite principauté méditerranéenne de *Rumbo*.

L'un des fleuves de Sumatra, qui a sa source dans la montagne *Maha-Mérou*, la grande montagne des dieux du haut pays de May-Nang-Kabao, se nomme *Malayô*, et se jette, vers l'est, dans le fleuve littoral aux bords duquel Palembang est bâti. Le nom de Malayou est encore à présent celui de l'une des quatre divisions principales du peuple de May-Nang-Kabao. Il est donc certain que la colonie qui alla s'établir à Singapoure porta ce nom avec elle et le répandit dans toute la presqu'île, à mesure qu'elle y étendit sa domination et y distribua ses diverses races. Il arriva alors que de même que l'Italie avait eu des peuples de l'Hespérie le nom de Grande-Grèce, la presqu'île reçut des habitants de toutes les mers des Indes celui de *Tana-Malayou*, ou de terre malaise. En effet le peuple malayou domina toujours les autres tribus de même origine que lui, à quelque époque qu'elles fussent venues accroître la colonie. Le nom et le souvenir de la race primitive, restée à Sumatra, s'effacèrent, s'obscurcirent entièrement devant la grandeur et la gloire de Singapoure, mais surtout, un peu plus tard, de Malacca, dont les princes devinrent de très-zélés serviteurs du Koran, apporté de l'État indien de Guzurate, alors très-florissant. Par les colonies, les expéditions maritimes et le commerce, la langue malaise se répandit de bonne heure sur les rivages et les îles des archipels de l'Inde et de la Sonde, où elle devint la langue générale des relations, une sorte de langue franque du monde mercantile. Le nom d'*Orang-Malayo*, c'est-à-dire de peuple malais, qui encore aujourd'hui est celui des habitants du pays intérieur de May-Nany-Kabao, à Sumatra, ne servit pas seulement à désigner leurs descendants dans la presqu'île et les îles, mais encore les peuples mêlés ou soumis à ceux-ci et restés leurs sujets, et cela parce qu'ils durent accepter plus ou moins la langue et la civilisation malaises. Bientôt ce nom devint dans tout l'archipel oriental l'appellation particulière des peuples indigènes convertis au mahométisme; de sorte que jusqu'à présent même la manière la plus générale de les diviser consiste à nommer les uns Malais, comme synonyme de mahométans ou croyants, et les autres infidèles ou païens. Toutefois, la signification étendue attribuée au nom des Malais dut donner occasion à de nombreuses méprises touchant les rapports de ces peuples entre eux. Elles sont loin, même encore aujourd'hui, d'être entièrement éclaircies. Ce qu'il y a de certain, c'est que les Malais, qui se montrèrent extrêmement prompts à recevoir le Koran, commencèrent dès le douzième et le treizième siècle à se répandre en dehors de la presqu'île de Malacca, dans les parages orientaux de la Sonde. Ils y vinrent directement de cette colonie, qui n'était pas leur mère-patrie, ainsi que l'ont dit les anciennes histoires. Singapoure, Malacca, Djohor colonisèrent, dans l'île de Sumatra, les États Malais de Kampar et d'Aru, et, se répandant sur d'autres points, allèrent jusqu'aux lointaines Moluques. Le premier art nécessaire à la grande extension qu'ils prirent, bien qu'ils eussent été d'abord un peuple agricole habitant l'intérieur d'un pays, dut être l'art de la navigation; leur première division de la terre, sur un territoire exposé aux changements des moussons, dut être météorologique. Ils se bornèrent aux rivages des terres pour l'établissement de leurs colonies, et peut-être n'y eut-il jamais d'île ou de contrée dont ils s'emparassent en entier, semblables aux Phéniciens, qui suivirent le même système de colonisation. Ils n'occupèrent jamais complétement la presqu'île Malaise elle-même, quoique l'on ait prétendu le contraire. Il y eut là, comme dans toutes les îles et sur tous les rivages où les Malais s'établirent, de primitives et rudes races indigènes, qui des montagnes et des forêts de l'intérieur, où elles s'étaient retirées, vinrent constamment leur en disputer la possession. Mais ce ne fut pas le plus grand danger de ces colonies, qui, après avoir été longtemps dans les rapports les plus avantageux et les plus pacifiques avec les Arabes, les Persans et les Indiens, nations de navigateurs et de commerçants, se virent successivement ruiner par les Portugais et les Hollandais et autres Européens, qui les réduisirent à transformer en pirates leurs habitants, opprimés et fugitifs. Telle fut l'origine, dans les eaux peu habitées de la Malaisie, de cette redoutable population connue sous le nom d'*Orang-Laôt*, ou hommes de la mer, qui, à la fois pêcheurs, navigateurs, corsaires, sont encore aujourd'hui plongés dans l'ignorance et regardés comme à demi sauvages. Ils se sont mêlés de la manière la plus variée aux races indigènes primitives, ainsi qu'aux Siamois, aux Bougis et autres peuples. Ils entretiennent avec les États Malais civilisés, qui sont les recéleurs de leurs vols, des rapports très-nombreux. Toutefois, depuis l'établissement et la prospérité du port franc de Singapoure et l'activité croissante des tribus indigènes libres, leur nombre a considérablement diminué.

L'opinion généralement admise de l'absence complète de population sur toute l'étendue de la presqu'île avant l'arrivée des *Malayou* à Singapoure n'est pas vraisemblable, bien qu'il ne soit nulle part fait mention d'anciens habitants expulsés de la colonie. On ne pourrait à la rigueur accepter une telle assertion qu'en partie. Ce qui la rend des plus improbables, ce sont les espèces de nègres nommés *Samangs*, qui habitent encore aujourd'hui le pays montagneux de Keddah les grossiers *Samsams* d'origine siamoise, peut-être même encore les douteux *Jakongs* et *Benouas* des montagnes et de la lisière des bois de Rumbo; en outre, les anciens monuments funéraires qu'Albuquerque fit fouiller, ainsi que le temple antique de l'île Polvereira des Portugais, dans le voisinage de Malacca, et celui de Barala, dont malheureusement de Barros ne parle qu'en passant. Cependant une population faible et clair-semée peut fort bien avoir favorisé une rapide prise de possession, dans laquelle il n'est nullement question de grandes guerres avec les indigènes.

Après les traditions historiques, on doit considérer la langue comme la seconde source principale de la connaissance que l'on a acquise des Malais. Elle porte jusqu'à l'évidence l'origine, comparativement moderne, de la nationalité de ce peuple. La construction grammaticale en est de la plus grande simplicité. Il n'y a ni inflexions ni genres, ni nombres, ni cas. On n'y remarque pas les traces d'une ancienne culture, et elle manque absolument du feu métaphorique des autres langues de l'Orient. Les mots dont elle se compose ont trois origines diverses. Ils appartiennent ou au malayou propre, dans la proportion de 27 à 100, ou, dans celle de 50 à 100, à la grande langue de la Polynésie, telle qu'elle se trouve dans tous les dialectes, ou enfin, dans la proportion de 16 à 100, au sanscrit. Le reste se borne à une proportion de 5 à 100 pour l'arabe, et de 2 pour quelques termes javanais, kalingas, persans, mais surtout portugais et hollandais, avec un petit nombre d'anglais.

La partie polynésienne de la langue malayoue, de beaucoup la plus ample, atteste le premier et le plus infime degré de la civilisation, dans le système numérique, dans les noms des plantes, des métaux, des animaux les plus utiles, comme aussi dans une quantité de dénominations qu'ont également les langues les moins développées, telles que : ciel, lune, montagne, main, œil, etc. Quant aux mots sanscrits, moins nombreux dans le malayou que dans le dialecte de Java, ils ne représentent que des objets mythologiques ou des abstractions, comme : cause, temps, entendement, sagesse, etc. Ils sont, comme la poésie épique des Malais, qui chante des traditions mutilées du Mahabarat et des Ramayans, une preuve certaine de rapports antérieurs avec les Hindous. Ces rapports eurent lieu, selon toute apparence, avant que les Malais se fussent mêlés aux peuples d'origine arabe ou persane, qui leur apportèrent de leur côté, avec le Koran, de nouveaux termes pour leur langue et des sujets tirés des contes arabes pour leur littérature romantique. La langue telingae de la côte de Coromandel leur fournit principalement des expressions commerciales.

La littérature malaise manque d'originalité dans ses productions, qualité qui distingue au plus haut degré la littérature de Java. Le peu de poésie métrique qu'elle a mérite à peine ce nom. Elle est plus riche en prose imitée de celle des Arabes. La seule chose qui lui appartienne en propre dans les créations poétiques, ce sont les pièces de vers nommées *pantouns*. Elles consistent en des stances de quatre vers à rimes croisées. Les deux premiers vers expriment par des images ce que les deux autres rendent en sentiments, en passions et en traits moraux. Ces pantouns sont légers, gais et chantés par deux voix, qui se répondent alternativement. Ils servent pendant des heures entières de passe-temps aux Malais. Leurs *sayars* (de l'arabe « saiar ») sont de longues romances métriques imitées de l'arabe, mais dépourvues de toute espèce de verve. Leur prose ne renferme que des romans ou des narrations relatives à de certaines circonstances historiques, aux actions de certains héros ou chefs militaires. Ordinairement les sujets de ces compositions sont pris des grandes épopées indiennes dont nous avons parlé ou des contes et des traditions des Arabes, comme par exemple celle qui concerne *radjah Secander*, c'est-à-dire Alexandre. Tout cela d'ailleurs est défiguré, exagéré et, comme l'avoue Crawfurd, monotone, sans esprit, puéril et d'une moralité extrêmement faible.

Bien donc que la langue et la littérature des Malais n'aient pas une grande valeur comme productions résultant d'un certain point élevé de culture dans une portion de l'humanité, cependant elles ont une très-haute importance pour la connaissance spéciale de l'histoire de l'Orient, et principalement pour ce qui concerne les pays insulaires et péninsulaires de la vaste région indo-sundo-australe avant comme après l'introduction du Koran.

Les lois du Koran relatives à la religion, aux mariages et aux héritages furent plus ou moins introduites dans tous les États Malais. A côté de ces lois il y en eut d'autres, propres à ces États et qu'on nommait *undang undang*. Elles étaient d'une antiquité plus ou moins reculée, et chaque État avait les siennes. Elles s'accordent pour la plupart entre elles. Elles se rapportent au gouvernement, au commerce, à la vie des ports, à la propriété, à l'esclavage, aux prescriptions civiles et criminelles. Elles ont, par la simplicité du contenu et de la forme, un intérêt plutôt ethnographique que scientifique; mais elles acquièrent surtout une haute importance dans les relations avec la nation des Malais, répandue si loin, en partie dégénérée et en partie encore entièrement inconnue.

Les Européens ne connaissent les Malais que depuis la période de leur décadence, c'est-à-dire depuis l'arrivée des Portugais et la destruction, par eux, de Malacca en 1512. Il y avait eu auparavant une autre période plus brillante, comprise entre la fondation de Singapoure et la conquête de Malacca, du douzième siècle au commencement du seizième. Mais quelle que fût l'oppression que les vainqueurs fissent peser sur les vaincus, la navigation et les entreprises commerciales de ceux-ci s'étendaient trop loin sur l'archipel, et de là trop loin jusqu'à la Chine, pour que leur nationalité pût être facilement anéantie. D'un autre côté, ils avaient, à Malacca et à Achin, opposé une résistance trop longue et trop courageuse pour pouvoir espérer jamais une réconciliation avec leurs ennemis. D'ailleurs, la politique des Portugais cherchait, comme jadis celle de Rome à l'égard de Carthage, à détruire partout les colonies de la métropole et à compléter la ruine de Malacca par celle des établissements que cet État avait fondés. Il en résulta que les Malais se virent partout forcés de se retirer dans de plus petites positions, afin d'y échapper à la vigilance des Portugais. Ils devinrent, par nécessité et par crainte de nouvelles attaques de la part de leurs persécuteurs, fugitifs et pirates sur la mer, et c'est dans cet état que les Européens apprirent à les connaître et à les craindre. Ils jugèrent leur caractère sur celui qu'ils montraient dans les États maritimes, et déterminèrent la nature de leurs penchants d'après leur vie de pirates. Et cependant on peut dire que tant que dura la persécution portugaise et hollandaise, les Malais furent, par la force des choses et des circonstances, ce qu'ils ne pouvaient éviter d'être. Avec les prétentions des Portugais et des Hollandais à la domination exclusive de toutes les eaux de l'archipel de la Sonde, il ne leur resta rien de mieux à faire pour se ménager une existence indépendante. Les tortures cruelles et les châtiments atroces infligés à leur résistance les portèrent au désespoir et à de sanglantes représailles. Loin d'y voir quelque vertu, ils regardèrent la soumission comme le vice des lâches. Le métier de pirate leur parut au contraire un devoir d'honneur. Mais au fond, et primitivement, les Malais avaient été des peuples de l'intérieur des terres, voués à l'agriculture. Plus tard ils étaient devenus des commerçants d'une haute civilisation, envoyant, des rivages où ils s'étaient établis, leurs colonies à de grandes distances, jusqu'à ce que la persécution finit par faire d'eux des pirates, des *Orang-Laôt*, des pêcheurs descendus au plus bas degré de la vie sociale, en un mot, des demi-sauvages.

Malgré l'état d'abaissement où ils vivent, en l'absence de toute loi et même au sein de leur vie de pirates, les Malais montrent cependant de grandes qualités, qui en d'autres circonstances pourraient recevoir une direction remarquable. Un penchant prononcé à l'indépendance, un vif sentiment de l'honneur, beaucoup de susceptibilité pour les offenses, de la réflexion et un besoin habituel d'examiner mûrement avant d'agir, constituent les éléments des progrès qu'ils peuvent être appelés à accomplir, et leur garantissent un meilleur ordre social, que l'on voit déjà poindre. Leur état politique est basé sur les principes du régime féodal, aussi bien à Malacca, Sumatra et Bornéo, que sur tous les autres rivages qu'ils habitent. De là leur constance à reconnaître jusqu'ici la suzeraineté des May-Nang-Kabaos, leur profond respect pour la personne et la famille du prince descendant, par une longue suite d'ancêtres, des souverains malais de Djohor ou de May-Nang-Kabao, et parfois, dans la ligne musulmane, du prophète Mahomet lui-même. Leur noblesse se compose des principaux chefs, avec de nombreux vassaux auxquels ils commandent. Leur organisation civile, leur police intérieure, consistent en un mélange d'anciens usages nationaux et de coutumes mahométanes, celles-ci subordonnées aux autres cependant, et le tout réuni en corps de lois dans les grands États, et laissé à la tradition dans ceux d'une moindre importance. Ils professent le plus grand respect pour leurs ancêtres et la noblesse, le plus parfait dévouement envers leurs chefs et leurs partis, une vénération illimitée pour les institutions, les règlements, les expériences dont ils ont hérité de leurs pères. Ils n'entreprennent rien de nouveau sans peser mûrement l'avantage et le désavantage qui doivent en provenir. Mais une fois qu'ils ont entrepris quelque chose, ils s'y consacrent tout entiers. Réfléchis dans leurs travaux, intelligents dans l'exécution, ils déploient beaucoup d'activité d'esprit dans tout ce qu'ils font. Ils possèdent au plus haut degré le génie de la spéculation commerciale. Mais, quoique hardis et avides de gain, ils ne sont nullement parcimonieux ou avares. Ils l'emportent de beaucoup en courage et en audace sur leurs voisins du midi, les Javanais, qui les surpassent en civilisation, mais gardent toujours les traces profondes de l'influence étrangère. Ils ont infiniment plus de noblesse de pensée, d'amour de la liberté ou de l'indépendance que leurs voisins du nord-est, civilisés à la chinoise. Ils n'ont pas, comme leurs voisins de l'ouest, les Hindous, le malheur d'être dominés par le préjugé des castes, et ils ne sont pas non plus autant influencés par les principes du mahométisme que les peuples de l'Asie occidentale. Dans les relations commerciales, quoiqu'ils n'aient pas de bien grandes vertus, ils savent cependant en apprécier le mérite chez les autres. Ils accordent toujours la préséance à l'Européen qui les a traités avec loyauté. Leur langue, qui s'apprend en quelques mois, est indispensable dans les rapports que l'on peut avoir avec eux, soit pour vendre, soit pour acheter, les interprètes et les entremetteurs étant les plus grands trompeurs qui existent. D'ailleurs il est bon d'être constamment sur ses gardes, et de ne point tenter leur cupidité, car ils ne se font aucun scrupule du vol, et assassinent aisément pour une somme de cent dollars au plus.

Ces considérations, ces renseignements généraux sont applicables à tous les États Malais de la péninsule. Dans leur état actuel de décadence, ils présentent encore un sujet intéressant de recherches et de comparaisons ethnographiques.

LES CINQ ÉTATS MALAIS DES CÔTES EST ET SUD DE LA PRESQU'ÎLE DE MALACCA : — PATANI, KALANTAN, TRINGANO, PAHANG, DJOHOR ET LES ORANG-LAOT.

1. *Royaume de Patani.* Au sud de *Tana* commence avec le cap Patani, qui s'étend au nord-est, sous 7° 20′ de latitude septentrionale, l'État de Patani, le plus grand et le plus riche des États Malais de cette région. Il est encore soumis entièrement au Siam, et peuplé de Siamois qui forment la majeure partie de ses habitants. Le pays est plus fertile et d'un rapport plus considérable que les autres États Malais ; il produit beaucoup de riz, du sel, mais peu d'étain. L'État paye au Siam son tribut en blé et

en argent. Le royaume se compose de cinq districts, qu'on appelle : Pujut, Jambu, Saï, Raman et Suggeh ; les deux derniers situés à l'intérieur du pays, et les autres sur le littoral. Au commencement du dix-septième siècle les Hollandais eurent à Patani une factorerie. Dix ans plus tard les Anglais les y suivirent, et en 1612, reçus très-favorablement des rois malais, y fondèrent aussi une loge de commerce. Patani servait jadis d'entrepôt principal aux navigateurs qui de Surate et de Goa, des côtes de Malabar et de Coromandel, venaient se mettre en rapport avec le Siam, le Cambodje, le Tonkin et la Chine; mais déjà, vers 1700, la sûreté y étant pour ainsi dire nulle, les faits de pillage et de meurtre s'y multipliant, les marchands l'abandonnèrent, et portèrent à Batavia, Siam et Malacca, le commerce qu'ils y faisaient. Les relations de ce pays avec les Européens, interrompues plus tard pendant longtemps par de nombreux changements politiques, se sont renouvelées avantageusement depuis la fondation récente de Singapoure par les Anglais.

2. L'État de *Kalantan*, au sud du précédent, est borné au nord par le fleuve littoral *Banara*, et au midi par le fleuve littoral *Basut*. Il se compose de cinquante communes (mukims) qui lui donnent, sans tenir compte des résidants chinois, une population de cinquante mille habitants. Il n'est que de nom tributaire du Siam. Il produit de l'or, de l'étain et du poivre, ce dernier article s'élevant à 12,000 piculs par an, et l'étain à 3,000.

3. L'État de *Tringano* (Tringanou) est au sud de celui de Kalatan. Il s'étend, le long du rivage de la mer, du fleuve Basut jusqu'à Kamamang, sous le 4° 15' de latitude nord. Dans l'intérieur de la presqu'île, il est borné par l'État de Pérak, situé sur la côte ouest, et au sud par celui de Putan. La chaîne centrale de montagnes qui forme la limite entre Pérak et Tringano n'appartient pas à ce dernier pays, qui partout est entièrement plat. Il est divisé en trente-cinq mukims ou communes, qui ne comptent, en retranchant les résidants chinois, qu'une population de trente-cinq mille habitants. Au premier rang de ses produits figurent l'or et l'étain; celui-ci pour une quantité annuelle de 7,000 piculs. Pendant le séjour du capitaine Alexandre Hamilton, au commencement du dix-huitième siècle, Tringano possédait mille maisons habitables, dont la moitié était occupée par des Chinois, qui y faisaient un commerce important.

4. L'État de *Pahang* (Pahaung) s'étend au sud du précédent, de Kamamang jusqu'à Sadile, sous le 2° 15' de latitude nord. Entièrement libre de la suzeraineté du Siam, il ne relève, au contraire, comme État vassal, que du royaume malais de Djohor; situé au midi. Son souverain porte, il est vrai, le titre de trésorier ou de premier ministre du sultan de Djohor, mais on lui donne celui de radjah de Pahang, et il n'en exerce pas moins en cette qualité le pouvoir suprême, ce qui lui vaut toujours de la part de Portugais l'appellation de *re di Pan* (c'est-à-dire roi de Pahaung). Au commencement du dix-huitième siècle, l'Anglais Alexandre Hamilton se mit dans de bons rapports de commerce avec ce prince. On évalue, en ce moment, à cinquante mille âmes la population entière de cet État, dont l'or et l'étain sont, comme dans les autres, les principaux produits. Du temps du capitaine Hamilton on tirait l'or du fleuve Pahang, qui vient de l'intérieur du pays, à trois toises de profondeur, en parcelles légères ou en masses compactes, et d'autant plus que le fleuve était plus profond. Ce sont les Malais qui se livrent aux travaux des mines d'étain, produisant une quantité de 1000 piculs annuellement, tandis que les Chinois exploitent les mines d'or, qui rapportent 2 piculs. Ces derniers travailleurs consomment chaque année vingt caisses d'opium. Outre les Chinois, qui dans les trois États Malais que nous venons de nommer exercent différents autres métiers, on en compte quinze mille qui ne travaillent qu'aux mines et en retirent annuellement une valeur de 420,000 dollars d'Espagne. La plus grande partie de ce produit s'écoule sur le marché de Singapoure; une autre gagne directement, à travers les montagnes, Poulo-Penang et Malacca, premier marché de l'or avant la fondation de Singapoure. Cependant, les trois États littoraux, de Kalantan, de Tringano et de Pahang, ont vu dans ces derniers temps baisser de plus en plus

leur importance, depuis que la suprématie européenne a eu pour résultat de diminuer dans les eaux de la Sonde le nombre des pirates malais, dont ces États étaient l'asile ordinaire, comme ils étaient le marché de leurs vols et de leurs rapines. Il en est résulté qu'ils sont devenus très-importants pour le commerce anglais, qui y place les produits de ses manufactures, surtout le fil de coton et l'opium même, dont la demande va croissant. On évalue à six cents caisses la quantité qui s'y importe annuellement. On reçoit en échange de ces marchandises, de l'étain, du poivre et surtout de la poudre d'or.

5. L'État de *Djohor* (Dschohor, Johor) embrasse toute l'extrémité sud de la presqu'île de Malacca, de Kamamang sur la côte orientale, sous 4° 15′ de latitude nord, jusqu'au Mora-Muar, ou fleuve Muar, qui se précipite vers la côte ouest, sous le 2° 10′ de latitude nord. Ce n'est que sur ce côté ouest que l'État de Djohor est un peu resserré par l'État de Malacca, qui lui prend une petite étendue du littoral. Autrefois les rois de Djohor possédaient Malacca, où ils avaient leur résidence. En ayant été chassés par les Portugais, en 1511, ils se retirèrent à Djohor-Lami, au sud-est de la presqu'île, et y fondèrent la ville de Djohor, qui ne devint jamais importante, mais donna son nom à tout le royaume, qui auparavant portait celui de Malacca. L'État de Djohor comprend, en outre, les îles innombrables qui, de l'entrée du détroit de Malacca jusqu'à l'issue de celui de Singapoure, sont semées entre le 1er et le 2e degré de latitude nord, et les plus grandes de celles qui entourent en foule l'île de Singapoure, cédée aux Anglais; il comprend non-seulement ces îles, mais encore toutes celles de la mer de Chine situées à l'est des Anambas jusqu'au groupe des Natounas (du 104° au 109° de longitude est de Greenwich). Cela forme un ensemble d'îles et de rivages mal peuplés et admettant trois sortes de divisions : 1° celle de la partie continentale de la côte nord-est, comprenant l'État de de Pahang dont nous avons parlé ci-dessus, et n'appartenant au Djohor que de nom ; 2° celle du territoire continental du Djohor au sud, c'est-à-dire du Djohor proprement dit, actuellement sous le protectorat anglais ; et 3° celle des îles situées au midi du détroit de Malacca, et qui se reconnaissent plus ou moins dépendantes des Hollandais.

On connaît peu la partie continentale du Djohor propre. Il doit être beaucoup plus désert et improductif que les îles. Jusqu'ici il ne livre au commerce rien d'important. Quant aux deux extrémités méridionales qui forment le cap Bourous et le cap Romania, nous en avons déjà précédemment indiqué l'importance géographique; mais personne n'a encore étudié de près l'aspect des montagnes de l'intérieur du pays, et il n'y a dans l'île de Singapoure, qui se trouve vis-à-vis, au midi, que des montagnes de formation secondaire. Quand Crawfurd, parti en 1821 de Singapoure, naviguait le long de la côte méridionale du Djohor, il y trouva un rivage escarpé et élevé; mais la chaîne de montagnes qui divise la partie septentrionale de la presqu'île avait depuis longtemps disparu. C'est à peine si l'on y remarquait l'ondulation de quelques collines. D'ailleurs le pays était couvert, à une grande profondeur, des plus épaisses forêts, et il n'y avait aucune apparence d'êtres humains. De la côte on voyait souvent, comme courant à la suite les uns des autres, dans la mer, d'énormes fragments de rochers stériles, composés d'une espèce de porphyre dur, incrusté de petits cristaux de feldspath. Il s'était formé des baies de sable entre chacun de ces rochers. Mais Finlayson trouva, sous l'agréable climat du tropique, ce terrain de porphyre à base de hornstein, comme il l'appelle, couvert d'une végétation extrêmement riche. Le *casuarina*, l'*hibiscus*, le *scævola inophyllum* peuplent les forêts. Il y remarqua aussi une très-belle espèce de palmier, *caccas revoluta*, en pleine floraison. Il y vit plusieurs espèces inconnues de *calamus*, d'*urtica*, de *caryota*, etc. Sur la lisière de l'impénétrable forêt littorale les traces d'un grand nombre de cerfs, de léopards et de tigres, se faisaient reconnaître ; mais l'homme ne paraissait représenté dans ces contrées que par quelques tribus sauvages et errantes. Le rivage de la presqu'île y offre d'ailleurs, jusqu'à sa pointe méridionale la plus extrême, de bons mouillages, dont la position abritée pourrait être aussi avan-

33.

tageuse pour la colonisation que celle de Singapoure.

Mais aussitôt que le cap Romania et l'écueil de Pedro-Branco ou Rocher-Blanc, situé en face, sont doublés, vers l'est, à l'entrée orientale du détroit de Singapoure, la protection de la côte malaise cesse pour l'Européen qui fait voile pour la Chine, au moins pendant la mousson nord-est de la fin de février, et il est en butte à toute la force de ce puissant courant d'air, auquel s'associe le courant maritime également dirigé vers le sud-ouest. La mer a un flux si haut, elle est si prodigieusement houleuse (*the swell of the sea*) qu'il devient non-seulement très-difficile, mais impossible même de mettre à la voile de toute la côte ouest du golfe de Siam, et que le navigateur se voit obligé, pour plus de sûreté, de prendre connaissance de Bornéo, afin de commencer sous la protection de cette île sa course au nord, en passant devant le groupe des Natounas et de traverser la mer de Chine jusqu'à la pointe de Cambodje, d'où il peut ensuite aller librement, soit vers le golfe de Siam, soit vers la Cochinchine, en longeant les côtes. C'est aussi le même rapport naturel qui a mis dans la dépendance politique du royaume de Djohor les groupes des îles Anambas et Natounas, quoique assez éloignés à l'est.

Nous ne savons que peu de chose de ces deux groupes, parce qu'ils sont plutôt évités que recherchés des Européens, à cause de la mer semée d'écueils où ils se trouvent, et parce que leur rare population malaise n'apporte pas sur les marchés des produits dont la mince valeur ne saurait en effet déterminer ces insulaires à s'exposer aux tempêtes de la mousson, aux coups de vent et aux calmes qui règnent alternativement dans ces parages. Crawfurd ne put réussir à aborder ces îles, quelque désir qu'il en eût, à son retour de la Cochinchine, en 1822. Le plus récent observateur qui les ait parcourues est le capitaine (aujourd'hui amiral) Laplace, qui, sur *la Favorite*, explora les deux archipels en 1831. — Nous regrettons de ne pouvoir reproduire ici les détails de cette intéressante exploration, qui occupent une cinquantaine de pages de la relation (1). Nous

(1) *Voyage autour du Monde sur la cor-*

devons nous borner à quelques extraits:

« ..... J'abandonnai les Natunas le 22 mars au soir, et donnai la route à l'ouest quart nord-ouest pour aller reconnaître l'archipel des Anambas, dont nous devions également faire l'hydrographie.

« Le grand Natunas (1), dont la forme présente quelque analogie avec celle d'une poire, peut avoir treize lieues dans sa plus grande longueur du nord au sud, et huit lieues de large, depuis le morne de l'est jusqu'au côté occidental de l'île.

« Si l'on accorde quelque confiance aux assertions des Malais, qui rarement disent la vérité, cet archipel serait assez peuplé. Je vis, il est vrai, un assez grand nombre d'habitants sur l'île Belle (2); mais la présence du raja pouvait très-bien les y avoir attirés, et encore les esclaves m'ont paru composer une partie considérable de la population. Ces pauvres misérables, qui ont été arrachés par les forbans aux îles du grand archipel d'Asie, ou capturés sur mer, cultivent les terres, exécutent tous les travaux de force, et vont à la pêche pendant que leurs maîtres se reposent dans les cases ou mènent à fin quelque entreprise de piraterie.

« Le commerce de ces îles se borne à des échanges de peu de valeur; les *pros* portent à Sincapour une grande quantité de cocos pour faire de l'huile, du poisson salé et des holothuries pêchées sur les bancs de récifs, puis séchées au soleil. Les produits de ces deux derniers genres d'industrie, dont l'exploitation exige un grand nombre de bateaux et beaucoup d'esclaves, ap-

vette la Favorite, etc., t. II, p. 385 à 434; Paris, 1833.

(1) Laplace fait Natunas (*sic*) masculin : nous ignorons par quel motif.

(2) L'île *Belle*, ainsi nommée par Laplace, d'après son apparence, lorsqu'il l'aperçut pour la première fois à grande distance, ne justifia pas cette distinction quand on put l'observer de près. Elle est la résidence d'un radjah, que Laplace alla visiter dans son palais, « véritable cage élevée en l'air sur des « pieux », et où l'on montait par « une échelle « faite de bambous, dont l'élasticité n'avait « rien de rassurant ». L'île Belle est située par 3° 44′ lat. nord et 105° 40′ de long. est.

partiennent aux rajas ou au sultan de Rhio, maître des Natunas, et sont achetés par des marchands chinois ou étrangers, qui les payent avec de la quincaillerie, un peu d'opium, du riz, enfin avec des étoffes communes de coton, dont généralement les Malais font un grand usage pour leur habillement.

« Les commerçants de cet archipel portent aussi dans les établissements européens peu éloignés des fruits délicieux, qui sont pourtant venus sans aucune culture, et des tortues de mer, parmi lesquelles on en trouve fréquemment d'une espèce particulière dont l'écaille est précieuse pour la tabletterie.

« Ces différentes espèces de pêches, ainsi que le cabotage des îles entre elles et avec Sincapour, n'ont lieu que pendant l'intervalle de beau temps qui sépare les moussons; mais alors les bateaux ont à craindre des ennemis bien plus redoutables encore que les vents et les grosses mers; je veux parler des pirates, qui font au commerce malais une guerre continuelle, et l'empêcheront toujours de prendre une grande extension, à moins que les Européens n'interviennent pour empêcher un pareil brigandage, dont les progrès se font sentir davantage chaque année, et auquel il est d'autant plus difficile de mettre un terme maintenant que, sous le prétexte de leur propre sûreté, tous les *pros* sont armés, et que leurs équipages se livrent, suivant les circonstances, au double métier de marchands et de forbans.

« L'archipel des Anambas, situé à l'ouest des Natunas, n'en est séparé que par un canal de quarante lieues, que les Malais de deux caboteurs que je visitai dans ces parages m'ont assuré être très-sain : la corvette le franchit avec une petite brise qui ne nous permit de voir les hautes montagnes des Anambas que dans la matinée du 23; mais, comme le vent du nord-est vint à fraîchir un peu, nous n'étions plus à quatre heures du soir qu'à une lieue d'un groupe de petits îlots appelés *Anambas du Nord Est*. Dans le sud se montraient plusieurs îles, entre lesquelles je distinguai principalement vers l'est une multitude de rochers et de bancs de corail qu'avait explorés en 1825 le baron de Bougainville, capitaine de vaisseau, qui ne craignit pas d'engager la frégate et la corvette placées sous son commandement dans des passes étroites, inconnues et hérissées de brisants, pour faire de cette partie orientale de l'archipel une carte que j'avais alors sous les yeux. Je devais suivre un si bel exemple, et continuer les travaux hydrographiques auxquels la saison avancée et d'autres circonstances contraires avaient empêché cette expédition de donner un plus grand développement; nous commençâmes donc à faire la reconnaissance des îles du centre et de la partie occidentale de l'archipel, où jamais Européen n'avait pénétré avant nous.

« Cette exploration hardie avait commencé depuis deux jours quand la corvette trouva un bon mouillage au fond d'une baie que forment les extrémités de trois îles très-rapprochées l'une de l'autre et non loin d'un assez grand village.

« L'île sur laquelle est bâti le village s'appelle *Siantann*, et présente une surface très-irrégulière, qui peut avoir deux lieues dans sa plus grande dimension sud-est et nord-ouest; les côtes, ainsi que l'intérieur, ne présentent que des terres élevées, tantôt dépouillées de végétation, tantôt couvertes de forêts, et qui toutes semblent avoir été déchirées par des convulsions souterraines.

« Au nord de Siantann se trouvent deux îles étroites, allongées dans la direction du nord au sud, et qui forment entre leurs rivages, hauts et coupés à pic, le canal dont je viens de parler et dans lequel le vent du nord s'engouffre avec tant de violence que lorsqu'en décembre et janvier il souffle de cette partie, le village de Siantann, qui est situé devant l'ouverture de ce canal, est pendant des semaines entières exposé à des tourbillons d'une violence terrible, qui renversent les cases, empêchent d'allumer du feu, et forcent les habitants à se réfugier de l'autre côté de l'île, après avoir mis les *pros* et les pirogues à l'abri sur le rivage opposé de la baie, auprès de l'aiguade, devant laquelle est, je crois, pour les grands bâtiments le meilleur mouillage à toutes les époques de l'année.

« La plus orientale de ces deux îles est appelée *Poulao-Mata*; elle a cinq lieues de long, et une seulement dans sa plus grande largeur; elle paraît montagneuse, et n'a que peu ou point d'habitants. Sa voisine, Poulao-Mobour, est beaucoup moins longue et plus étroite; mais elle a l'avantage de posséder une petite baie ouverte seulement au sud-est, parfaitement abritée de tous les autres vents, et au fond de laquelle les navires des plus grandes dimensions pourraient facilement abattre en carène. Ce port a reçu le nom de M. Paris, qui en a dressé le plan; juste récompense du zèle et de l'activité de cet officier.

« A l'est du groupe dont je viens de faire la description se trouve l'amas d'îlots et de bancs de corail au travers desquels la frégate *la Thétis* et la corvette *l'Espérance* se frayèrent un passage en 1825. A l'ouest, au sud-ouest et au sud sont situées les autres parties principales de l'archipel, dans l'exploration desquelles je fus guidé non-seulement par de très-bons renseignements obtenus des Malais, mais encore par un pratique que me donna le raja de Siantann.

« J'allai de bonne heure à terre, accompagné de M. Chaigneau et de plusieurs officiers, faire ma visite à la première autorité, dont le beau-frère était venu à bord pour me servir de guide au débarquement. Je trouvai le raja gravement assis sous une galerie couverte qui formait le devant d'une grande case, espèce de hangar construit en bois et en nattes et suspendu sur des pieux, dans lequel j'entrai par une échelle faite de bambous liés ensemble avec du rotin. L'ameublement en était un peu moins exigu que celui de la salle d'audience de l'île Belle; car une table grossière, garnie de bancs et recouverte d'un mauvais tapis qui jadis avait été vert, ornait le milieu de la galerie. Mais tout ce luxe européen ne pouvait compenser à mes yeux la propreté et surtout l'originale simplicité de la demeure du chef des Natunas; je regrettai même le lait de buffle, le cocos, les cannes à sucre si rafraîchissantes, quand je vis servir la collation de rigueur, dans laquelle, probablement à mon intention, figurait, en place de thé, auprès des confitures chinoises une espèce de café que sa couleur équivoque et une matière huileuse qui surnageait au-dessus de sa surface rendaient également repoussant : je me dispensai d'en boire, malgré les sollicitations de mon hôte, dont les manières annonçaient un homme qui avait vécu avec les Européens; en effet, il était neveu du sultan de Rhio, maître des Natunas et des Anambas, que les membres de la famille de ce prince, créature des Hollandais, viennent gouverner tour à tour. La bonne mine de ma nouvelle connaissance, ses traits assez réguliers, sa physionomie moins douteuse que celle de la plupart des chefs malais, me prévinrent en sa faveur : aussi, après quelques instants, je lui offris le présent que j'avais apporté avec moi pour en disposer suivant les circonstances. Il consistait en une fort belle paire de pistolets dorés, qui étaient renfermés, ainsi que leurs ustensiles, dans une boîte d'acajou.

« Un pareil don devait paraître brillant au raja de Siantann, et cependant il ne le reçut pas comme je m'y attendais, et ne montra presque aucune apparence de plaisir. Il est vrai que le soir précédent un personnage de sa suite avait témoigné à M. Chaigneau, qui toujours nous servait d'interprète avec la plus aimable complaisance, que son maître désirait ardemment une montre; mais malheureusement il n'était pas en mon pouvoir de contenter la fantaisie du pacifique gouverneur des Anambas.

« La conversation languissait, car notre répertoire de mots malais avait été bientôt épuisé : je témoignai donc, pour terminer l'entrevue, le désir de parcourir le village; mais mon hôte, qui mettait sans doute de l'orgueil à nous montrer ses possessions, voulut m'accompagner, et la promenade n'eut pour moi rien de plus gai que la visite.

« Vues de près, toutes ces cases, la plupart misérables et mal construites, perdirent beaucoup de leur prix à nos yeux. Elles étaient rangées sur la plage, presque au milieu du ressac, dont l'écume blanchissait leurs faibles pilotis, et séparées du pied de la montagne par un espace sablonneux et resserré. Dans un endroit où les rochers s'éloignaient un peu du rivage, nous vîmes la mosquée, vaste hangar carré, dont la base, assez élevée et bâtie en pierres de taille, soutenait de forts montants peints en rouge, sur lesquels un toit de paille était posé si légèrement, qu'il semblait comme suspendu en l'air. A l'extrémité opposée à la porte principale figurait une espèce de chaire grossièrement travaillée, qui me parut être le seul ornement intérieur de cet édifice, dont l'extérieur n'avait non plus rien de remarquable.

« Cependant nous visitâmes avec plaisir le joli bassin destiné aux ablutions des fidèles, dans lequel coule sans cesse l'eau fraîche et limpide d'un petit ruisseau que laissent échapper les bois voisins; très-près de là passe la petite rivière qui sépare le village en deux parties, l'une desquelles est habitée exclusivement par quelques Chinois, dont les cases annoncent l'aisance et la propreté: ces étrangers, qui aux Anambas comme partout ailleurs dans ces contrées sont marchands, cultivateurs et manufacturiers, font des étoffes de soie très-fines, dont le travail ne peut certainement être comparé à ce que nos manufactures fabriquent dans ce genre; mais celles-ci pourraient-elles en livrer de semblables aux mêmes prix?

« A ces étoffes, dont l'exportation est très-peu considérable, les insulaires des Anambas joignent d'autres produits de leur industrie ou de leur sol, tels que des cocos, du poisson salé, des holothuries séchées au soleil, et une grande quantité de sagou, qui sont échangés contre des toiles de coton d'Europe, des porcelaines communes de la Chine, de la quincaillerie, et enfin contre du riz, dont ces îles ne produisent pas assez pour la nourriture de leur population. Celle-ci cependant est si peu nombreuse que le village de Siantann, chef-lieu de la partie occidentale de l'archipel, ne contient pas plus de trois à quatre cents habitants, dont la plupart sont esclaves et appartiennent presque tous, comme dans les Natunas, au sultan de Rhio, pour lequel ils vont à la pêche, quand la saison est favorable, et cultivent des terres pendant le reste de l'année. Ces malheureux forment une classe vouée au mépris et aux privations; ils vivent sur les bateaux ou dans de mauvaises cabanes, et ne peuvent rien posséder. Combien de fois avons-nous vu ces pauvres créatures cacher avec soin ce qu'elles obtenaient de notre pitié, pour le soustraire à la rapacité d'un maître qui un instant après venait le leur arracher! »

Le nom d'Anambas est complétement ignoré des Malais, qui nomment séparément les îles Siantann, Djamadjah, Sarasan et quinze autres, situées entre le 104e et le 110e de longitude est de Greenwich, toutes placées sous la dépendance du Djohor. La dernière citée, Sarasan, est celle que les Européens ont appelée Natouna du sud. Elle est la plus rapprochée de la côte de Bornéo.

Le groupe des îles Natounas situé plus loin, à l'est des Anambas, reçut probablement des Portugais ce nom inconnu aux indigènes. Les navigateurs les divisent aussi en groupe des Natounas du nord et du sud, et au milieu ils placent la grande Natouna. — Nous renvoyons, pour des détails hydrographiques plus exacts sur les deux groupes, à la relation de Laplace.

L'ancienne résidence du prince de Djohor, qui s'appelle aussi sultan de Linga et de Rhio, parce qu'il y a transféré depuis quelque temps son gouvernement, et qui tire son origine des anciens radjahs de Malacca, est sur la partie continentale du territoire de Djohor. Elle est située sur un fleuve, à cinq milles environ de son embouchure. Ce fleuve vient de l'intérieur de la presqu'île, et coule vers le sud, où il se jette dans la mer, à cinq milles géographiques ouest environ du cap Romania, vis-à-vis de l'extrémité nord-est de l'île de Singapoure. Ce Djohor fut bâti par le malheureux sultan Mahmoud-Shah, douzième roi de Malacca, quand les Portugais l'eurent chassé, en 1511, de sa résidence de Malacca. Ce n'est à présent qu'un pauvre village de pêcheurs, d'une trentaine de huttes. Les mines d'étain qu'on y a récemment découvertes passent pour être productives. Depuis l'établissement des Malais à Djohor on voit disparaître le nom de royaume de Malacca, qui s'était étendu sur toute la presqu'île jusqu'à la frontière du Siam. Leur empire, affaibli, se divise en plusieurs petits royaumes subordonnés, sur lesquels celui de Djohor n'a pu maintenir qu'imparfaitement sa suprématie.

Les îles qui appartiennent à l'État Malais de Djohor, le long de son rivage méridional, sont très-nombreuses, à l'embouchure du détroit de Malacca, et, en partie, de grande dimension, mais toutes stériles, très-mal peuplées et plusieurs même sans habitants. Elles furent pendant longtemps, comme Djohor, le principal refuge des flottes des pirates malais, qui rendaient peu sûres les eaux de la Sonde et de Malacca. Dans ces derniers temps les relations plus intimes qu'elles ont eues avec les Européens leur ont donné plus de sécurité. Dans la langue malaise, Djohor est le titre d'honneur d'un pirate, et ne signifie pas autre chose que « voleur de mer ». De ces îles, quelques-unes livrent de l'étain, d'autres une assez grande quantité de poivre noir, l'une d'elles du catéchu. La plus remarquable est celle où se trouve l'établissement hollandais de Rhio. Les Européens l'appellent Bentam (Bintang); mais les indigènes l'ont laissée sans nom. A l'époque de la cession de Singapoure aux Anglais par les Hollandais, il y eut quelques difficultés à son sujet. Toutefois, les Hollandais tinrent bon, et, d'après le traité de 1824, elle resta entre les mains de ses anciens maîtres (1). Elle est située à l'extrémité orientale du détroit de Singapoure. Du côté de l'ouest, elle est accompagnée d'une quantité innombrable de plus petites et de plus grandes îles (Battam, par exemple) qui s'étendent jusqu'à la pointe la plus méridionale de l'Asie, qui est le Tanjung Boulous, ou mieux le cap Bouros (sous le 1° 15' de latitude nord, d'après

(1) D'après l'esprit de ce traité, si l'on suppose une ligne parallèle à l'équateur, passant par l'établissement de Singapoure, cette ligne sera la limite sud de la colonisation anglaise sur le continent asiatique et les îles adjacentes; la limite *nord* de la colonisation hollandaise dans l'archipel Indien. L'article 12 du traité dit en effet : « Si M. Britannique s'engage à ne laisser former aucun établissement anglais sur les îles Carimon, Bintang, Lingiu (*Linguiun*), ou sur aucune des îles *au sud du détroit de Singapour*, et à ne conclure aucuns traités avec les chefs de ces îles. » Voir, pour l'appréciation des dispositions du traité de 1824, la *Revue des Deux Mondes*, numéro du 1er novembre 1848, p. 404 et suivantes.

Crawfurd). C'est là, c'est-à-dire entre ce cap et le groupe des îles Carimon (ou plutôt Krimun, selon Crawfurd), qui lui font face, qu'on entre, en venant de l'est, dans le détroit de Malacca. Plusieurs de ces îles sont peu connues, beaucoup ne le sont pas du tout, d'autres n'ont pour habitants qu'un petit nombre de grossiers Malais, appelés Orang-Laôt, c'est-à-dire hommes de mer, gens de mer, pirates redoutés dans ces parages. Quoiqu'on ne les désigne que de nom comme sujets du royaume de Djohor, nous allons cependant ajouter sur eux et leur territoire, au milieu duquel s'élève l'île de Singapoure, avec son jeune établissement commercial, quelques brefs et remarquables renseignements.

Lorsque de la ville de *Malacca*, qui a donné son nom au célèbre détroit, on navigue vers le sud-est, on passe le long de la côte près des rochers *Poulo-Pireng* et *Poulo-Kakab*, en vue du *cap Bouros*, et on atteint le même jour les *îles Càrimon*, ou plutôt *Krimoun* (1). L'extrémité nord de la *petite Carimon* est située sous 1° 8' ½ latitude nord; elle n'a pas une heure de marche de longueur. C'est un pays élevé, mais qui n'a pas plus de cinq cents pieds de hauteur; il est boisé, sauvage, sans culture, inhabité. La *grande Carimon*, située plus loin au sud, n'est séparée de la première que par un canal étroit; elle a environ douze milles anglais de longueur et plus de deux milles de largeur; elle a de bonnes terres, qui seraient susceptibles de culture. Au milieu de cette île s'élèvent deux montagnes coniques, d'environ deux mille pieds de hauteur. En 1825, lorsque *Crawfurd* la visita, elle était habitée par environ quatre cents *colons malais*. A l'ouest de l'île, du côté des promontoires de Sumatra, on aperçoit, il est vrai, très-distinctement beaucoup d'autres îles; mais leurs noms sont à peine

(1) Ce groupe ne doit pas être confondu avec le groupe, de moindre importance, connu sous le nom de *Krimon* ou *Karimon-Java*, situé à peu de distance, dans le nord de la résidence de *Japara*, dont il dépend. — Ces îles ont aussi servi de refuge aux pirates, et ils y relâchent encore quelquefois ou s'y embusquent pour y guetter au passage quelques petits navires de commerce.

connus des Européens (1). Autrefois ces *îles Carimon* étaient la station principale des *pirates* dans les eaux de la Malaisie. En 1822 (le 18 janvier) *Crawfurd* descendit seulement sur la *petite Carimon*. La roche de la côte, toute différente des roches à *Malacca*, était composée d'une *pierre cornée porphyriforme*. *Finlayson* nomme encore, outre celle-ci, un *schiste silicé* reposant en grandes couches inclinées à l'est sous un angle de 40°. Il est très-dur, fragile comme du verre, d'une cassure conchoïde, noir-brun, sans restes organiques. Il remarqua dans la *pierre cornée porphyrique* un *calcaire* gris-blanc avec des fragments arrondis de *schiste siliceux*. Ceci paraît indiquer des masses qui ont été produites par un soulèvement. *Crawfurd* remarqua que la surface de ces roches paraissait très-celluleuse, et dans des cavités glanduleuses se trouvait beaucoup de calcaire secondaire; une de ces excavations avait un demi-pied de profondeur, quatre pieds trois pouces de long et deux pieds de large.

En visitant plus tard cette île, on reconnut que l'étendue de cette roche de pierre cornée était bornée au rivage, et que c'était une formation superposée à un *grain granitique;* que le *granit* est traversé par des veines blanches de *quartz* riches en minerai d'étain. A partir du groupe d'îles *Carimon*, remarque *Finlayson*, plus loin vers l'est, les îles sont très-nombreuses. Elles concourent à former le plus beau et le plus grandiose *archipel* de la terre. Leur nombre est considérable; elles sont très-variées quant à la forme, à la grandeur et à la hauteur. Beaucoup d'entre elles sont montagneuses; cependant elles diffèrent des mêmes formes dans les pays de roches primitives; elles n'ont que des hauteurs moyennes, avec des sommets arrondis et des pentes douces pour la plupart vers la base. Quelques-unes s'élèvent à peine au-dessus de la surface de la mer, comme rochers nus, d'autres s'étendent au loin de tous côtés, en laissant entre elles des bras de mer libres; quelques-unes sont tout à fait plates, d'autres toutes montagneuses. Elles ne sont nulle part couvertes d'une végétation *basse;* mais quoique le sol pierreux y soit si peu favorable, elles sont toutes, sans exception, boisées, et portent les forêts les plus magnifiques, se déployant et se développant dans l'atmosphère ardente et humide des tropiques. Cette haute végétation est aussi antique que le roc qu'elle recouvre. Ce roc n'offrant souvent que très-peu d'espace et de nourriture pour les racines sous terre, la force végétative a été obligée de se chercher souvent une indemnisation, par des détours, des excroissances, des supports et l'extension la plus variée de la ramification des racines. Les plantes qui ne trouvent aucune substance nutritive dans la terre prennent les formes les plus étranges pour la trouver dans l'extension horizontale, et beaucoup de parties extérieures ont, là plus qu'ailleurs, d'après l'observation de *Finlayson*, la faculté d'absorption propre aux racines. Il vit des appendices végétaux de ce genre, souvent de dix à quinze pieds de long, s'étendre en ligne droite ou brisée pour trouver leur subsistance dans de rares fissures et crevasses du sol.

Finlayson nous dit qu'en continuant à naviguer au travers de ce groupe d'îles jusqu'à Singapoure il lui semblait ne pas voguer sur la mer, mais plutôt comme s'il côtoyait les rivages d'un grand lac. Déjà le capitaine *Al. Hamilton*, en 1700, comparait la surface tranquille de la mer dans cet endroit avec la surface d'un étang à moulin (*the sea is always as smooth as a mill-pond*). Nous apprenons encore par la relation de *Finlayson* que ces eaux au sud de Poulo-Penang et le long de la côte de Malacca sont très-remarquables par leur phosphorescence. Tout l'Océan semble en feu, et laisse échapper comme des flammes de soufre et de phosphore. Chaque coup de rames produit comme une nappe de feu; l'eau de la mer est verdâtre et vaseuse, et cette eau puisée le jour est lumineuse la nuit. L'observation montre que ce phénomène magnifique est dû aux petits corpuscules en forme de petits grains, gélatineux, vivants, qui, vus même sur la main, remuaient encore avec la plus grande vitesse pendant une

---

(1) Consulter, à cet égard, les cartes publiées par le baron Melville de Carnbée, dans le *Moniteur des Indes orientales et occidentales;* La Haye, in-4°, 1847.

couple de secondes. Des îles nombreuses abritent ces eaux des typhons dévastateurs, si fréquents dans la mer ouverte de la Chine, et des vents violents qui troublent si souvent la mer de Bengale. L'action des tempêtes dans le détroit de Singapoure ne se fait remarquer qu'indirectement, ou par réflexion. L'agitation orageuse de la mer de Chine s'étend jusqu'ici seulement sur l'eau de mer, qui enfle rapidement, acquiert une rapidité violente, et prend une direction particulière dans les marées. Une influence semblable, quoique moindre, est exercée par les orages sur les eaux du golfe de Bengale. A cause de cette double influence latérale, les temps des marées sont ici très-irréguliers. Leur action se maintient quelquefois plusieurs jours de suite dans la même direction, ce qui occasionne un arrêt d'eau et un trop plein dans certaines baies et criques; en même temps que des nombreux et étroits canaux qui séparent les îles l'eau se précipite avec la plus grande rapidité, comme si on lâchait une écluse. — Dans l'intérieur de ces îles l'influence régulière, périodique, des moussons se fait à peine sentir, et les courants d'air prennent plutôt le caractère de *brises de terre et de mer*. Aussi les *calmes* sont-ils fréquents, et autrefois, lorsque des flottes de pirates croisaient encore dans ces eaux, ils les rendaient très-périlleuses pour des navires européens condamnés à l'immobilité; mais aujourd'hui que les passages sont nettoyés, cette mer est très-favorable à la navigation à vapeur. De là vient aussi une *grande uniformité dans la température pendant toute l'année* : elle est ici constamment agréable et douce, plus peut-être que dans aucun autre endroit de la terre, parce que la vaste surface de la mer est à peine ridée par le vent, et le ciel est constamment pur. En conséquence, les ports sont très-sûrs : c'est un grand avantage, que Singapoure partage avec toutes les autres positions de ce genre. Par le fait, la *saison des pluies*, commune à tous les pays intertropicaux, manque ici; les pluies tombent pendant tout le cours de l'année, et exercent l'influence la plus salutaire, en rafraîchissant l'atmosphère et animant la végétation, ce qui rend ces contrées plus agréables et plus propices à l'homme. Les chaleurs tropicales sont ainsi adoucies et bien moins nuisibles qu'à une certaine distance de l'équateur ou dans des contrées arides. Ces vents ardents, souvent mortels, du continent indien sont presque inconnus ici. Les rivages sablonneux s'échauffent, il est vrai, aussi pendant le jour; mais les nuits les rafraîchissent de nouveau, et l'atmosphère prend un charme particulier, qui s'harmonise avec le développement de la végétation. Les arbres s'étendent jusques vers l'Océan; les racines et les rameaux se couvrent souvent de coquillages d'huitres, les plantes, parfois, d'autres plantes. La terre, l'air et l'eau dans ces parages tourbillonnent aussi d'animaux de rang inférieur. La mer par exemple à Singopoure est remplie de *coraux*, de *madrépores*, de *mollusques* des formes les plus remarquables. *Finlayson* trouva ici une *astérie* du poids de six à huit livres; une espèce d'*alcyonium*, un *champignon de mer*, la coupe de Neptune (*Neptunian goblet* ou *Neptunia cup*), de la forme d'un gobelet, ayant souvent trois pieds de diamètre, haut de deux à cinq pieds; d'une forme très-élégante, d'une jaune safran lorsqu'il est frais, et brun étant desséché!

Cet ensemble favorable des influences naturelles agit à la fois sur la *flore*, la *culture* des plantes, et le monde animal. Des observations spéciales à ce sujet n'ont cependant été faites que sur l'île de Singapoure, les autres groupes d'îles adjacentes n'ayant pas pour ainsi dire été visités. Les habitants de cette contrée insulaire, en général de race malaise, sont également peu connus. Ils appartiennent aux tribus les plus sauvages de leur race, et occupent même parmi les Malais le plus bas échelon de la civilisation. Les Malais de Malacca et de Djohor les appellent *Orang-Laôt* (*Orang*, l'homme, et *Laôt*, l'océan), ou *Orang-Salât* (c'est-à-dire hommes de mer ou hommes du détroit, parce que le mot *salât* désigne en malais tous ces détroits et passages entre les groupes d'îles), par opposition aux *Orang-Darât* (c'est-à-dire hommes du sec), habitants de l'intérieur du continent; de même que leurs compatriotes habitant à l'est s'appellent *Orang-Timor* (hommes de l'est). En effet ce nom de *Orang-*

Laôt ne sert qu'à désigner les *Malais maritimes*, dont le domicile est la mer, depuis trois siècles que les Portugais les ont fait connaître, et qu'ils les nommèrent *Cellati*, ou *Salât*, *Sallati* (*Salleiters* d'A. *Hamilton* (1), vers l'année 1700) les redoutables pirates de ces eaux (les *Speck-Malayer* des Hollandais) (2), qui aujourd'hui encore ne vivent que de pêche et de piraterie.

Les Malais de cette côte, d'après la remarque de *Finlayson*, sont encore peu habitués à la vie agricole. Ils mènent de préférence la vie vagabonde des pirates : comparables sous beaucoup de rapports aux peuples nomades de l'Asie centrale ou aux tribus d'Arabes pillards ; seulement ils errent sur la plaine liquide, comme les autres dans les déserts sablonneux ou les steppes immenses. Ils n'ont pas encore appris à diriger leur intelligence et leurs forces vers les paisibles conquêtes de l'agriculture, et la civilisation européenne ainsi que l'industrie chinoise n'ont pu jusqu'à présent exercer aucune influence sur leur manière d'être et sur les pays qu'ils occupent. Leur unique progrès industriel consiste en petits essais de *plantation de poivre* et en préparation de la *terra japonica*, *catechu*, qu'on n'obtient pas ici du *mimosa catechu*, mais de l'arbuste de gambir, *nauclea gambir* ou *aculeata* Lin., qu'on appelle *uncarra*. C'est une plante grimpante, qui a trois à quatre pieds de hauteur et vient dans le plus mauvais sol. On en cueille les feuilles trois ou quatre fois par an ; on les cuit dans des chaudrons en fer, avec un peu de sagou, et on les laisse refroidir. Il se forme alors une décoction savonneuse en grains, qui se durcit, que l'on coupe en morceaux et qu'on mâche avec la feuille de bétel, ce qui lui donne un goût âpre, astringent, suivi par un autre doux, agréable et très-aromatique.

Crawfurd, qui résida longtemps dans ces eaux et apprit à mieux connaître leur population que ses devanciers, trouva ces Orang-Laôt peu différents d'autres peuplades malaises, excepté un extérieur plus sauvage et une langue plus dure. Ils se donnent le nom de mahométans, et s'appellent aussi eux-mêmes *rayots*, c'est-à-dire sujets, du roi de Djohor ; mais cette dénomination ne leur fait pas plus d'honneur, parce que chez les Malais occidentaux *rayot* signifie pirate (identique avec *djohor*). Ils sont divisés en vingt tribus, qui sont nommées et distinguées par les étroites passes maritimes (*salât*) qu'elles dominent. La plupart passent leur vie sur leurs barques ; quelques-uns ont des huttes sur les rivages ; les plus civilisés d'entre eux plantent des *bananiers*, qui poussent très-vite et donnent en abondance des fruits nourrissants. Mais ils ne connaissent pas *la culture du riz*, ni du cocotier, arbre qui offre les plus grands avantages à tant de peuples insulaires. Crawfurd ne s'attendait pas à trouver une tribu malaise à un si bas degré de civilisation. Ils ne vivent que de pêche ; c'est leur occupation principale, soit qu'ils vivent sur leurs barques, soit sur les rivages ; ils échangent avec des poissons tous les autres articles dont ils ont besoin. Leurs barques sont de misérables canots (petits *pros*), couverts de feuilles de palmier, à l'abri desquelles vit toute la famille, femmes et enfants. Leur commune occupation est la pêche, d'après laquelle se règle leur subsistance. Ainsi, par exemple, Crawfurd prit connaissance d'un port à l'ouest de Singapoure, semé d'îles verdoyantes, qui leur sert d'asile. Un grand nombre de *pros* y restent près du rivage ; avec la marée elles vont au large. Ils pêchent en général avec le harpon ; c'est pourquoi le port a reçu le nom de *Panikam*. Ils manquent rarement avec leurs fouines les gros poissons, qu'ils poursuivent dans une eau claire, transparente. Le produit de ces efforts ne peut être que chétif en comparaison avec la pêche *au filet*, que font les colons chinois à Singapoure, et dont ces Malais se plaignaient amèrement aux Anglais, comme détruisant tout leur profit. Ceci prouve seulement leur indolence, leur peu d'énergie ; ils sont sauvages, lourds, incultes comme leur langue ; mais aussi point égoïstes ni perfides. Crawfurd estime de la manière

---

(1) Cap. Alex. Hamilton, *New Acc. of the East Indies*; Edimb., 1812, in-8°, p. 98.
(2) Missionnaire John de Tranquebar, sur les Speck-Malayer, dans les *Nouvelles publications de la Société des Amis des Études de la Nature de Berlin*, t. IV, p. 351.

suivante leur petit mobilier de ménage : leur hutte ordinaire a tout au plus la valeur de cinq dollars, leur meilleure maison pas au delà de vingt, la barque qui leur sert d'habitation six, leur canot de pêche quatre, un pot en fer de fabrique chinoise ou siamoise un demi-dollar. — La plupart de ces gens vont presque nus. Comme ils ne connaissent pas l'art du tisserand, quand ils s'habillent, c'est en tissu étranger, préparé à Célèbes. Leur *sarong* ou robe de dessous coûte quatre dollards, mais dure quatre ans; leur mouchoir de tête, qu'ils portent en guise de turban, un demi-dollar. Leur nourriture principale est le *sagou* crû; mais on le leur apporte des îles basses situées devant Sumatra. Le riz serait ici un aliment de luxe, comme le froment en Irlande. On achète le sagou en gâteaux du poids de dix-sept livres environ, et au prix d'un demi-dollar par picul (133 livres ½). Le riz a une valeur quintuple, trois dollars un tiers pour un picul; mais aussi il est deux fois et demie plus nourrissant que le sagou, c'est-à-dire qu'une quantité donnée de riz équivaut à deux fois et demie autant de sagou. Ce bon marché du sagou et la facilité de la pêche sont considérés par Crawfurd comme les causes principales de l'indolence de ces insulaires et de leur degré inférieur de civilisation. Les dépenses d'un demi-sauvage de ce genre atteignent à peine un demi-dollar par mois, et cela dans une position où la plus chétive nourriture végétale qui puisse soutenir une existence entre pour les trois quarts dans la somme des besoins. La proximité de Singapoure et des colonisations européennes ainsi que chinoises a déjà produit des changements heureux dans la vie de ces peuplades sauvages.

Finlayson observe en général que les *tribus malaises* de ces îles ainsi que les Malais à *Djohor* et *Malacca* sont bien en arrière des Chinois sous le rapport de l'intelligence industrielle, comme aussi dans les arts et la civilisation, de même qu'elles leur sont inférieures en taille, en force et dans l'aspect extérieur du corps; d'un autre côté, ces Malais paraissent être supérieurs aux Chinois en courage militaire, en hardiesse, en esprit d'entreprise, et ils sont doués d'une imagination ardente. La plus grande partie de leurs tribus, dit *Finlayson*, vit encore dans un certain état de sauvagerie, ceux même qui sont le plus favorisés n'ont pas fait de grands progrès en civilisation. On est donc conduit à conclure qu'ils ne sont pas du tout un peuple ancien; et leur origine est encore plongée dans l'obscurité.

Ils constituent la population principale de l'archipel et du continent voisin, mais prennent dans différents établissements différentes manières de vivre. De leur nature ils ont moins de disposition pour le commerce que les Chinois, les Malabares et autres Hindous voisins; c'est pourquoi ils ont été partout facilement refoulés de leurs positions favorables au commerce, par les Européens surtout. Ils sont navigateurs passionnés; voilà pourquoi ils sont si hardis et si entreprenants dans leurs expéditions; ils méprisent la vie tranquille des campagnes. Quand ils sont en repos, ils deviennent paresseux, négligents, indolents, mais au moment du danger, au contraire, sauvages, et cruels. La perfidie qu'on leur reproche est plutôt le résultat de leur état social que de leur caractère; leurs usages sont cependant révoltants. Les malheureux naufragés sont toujours de bonne prise pour eux; ils n'en ont aucune pitié. Mais avec la vie qu'ils mènent toujours sur l'eau, sans domicile, vivant au jour le jour, il est presque impossible d'en attendre autre chose. Comme pêcheurs, ils n'ont qu'à penser à assouvir leur faim; après avoir mangé ils se reposent à l'ombre des arbres du rivage, ou bien sur leurs embarcations, jusqu'à ce que la faim les pousse de nouveau à la pêche. Les femmes sont aussi bons rameurs que les hommes; elles n'ont pas de soins à donner au ménage, et s'occupent peu de leurs enfants. Tout misérable qu'est cette vie nomade, sans domicile, et qui consiste à rôder de crique en crique et dans des milliers de détroits et de passages, entre d'innombrables îles vertes et des rochers nus, avec famille, avoir et fortune, c'est-à-dire quelques haillons, cependant il a été impossible jusqu'à ce jour de forcer les *Orang-Laôt* à changer leur manière de vivre. D'autres Malais, par exemple à Singapoure et à Malacca, sont arrivés à un degré de civilisation plus élevé, sans cependant être encore bien avancés. L'homme est très-lent à sortir de l'état brut, sauvage ; les degrés par lesquels il s'élève sont presque imperceptibles! Les Malais actuels de la presqu'île, et (bien certainement) ces *hommes de mer* dont nous venons d'esquisser les mœurs, ne paraissent pas avoir devancé leurs ancêtres dans la carrière du progrès social, si nous en jugeons par la comparaison des observations modernes avec les premiers renseignements obtenus par les anciens voyageurs. Au point de vue de la civilisation propre à ces peuples, dans les conditions où les plaçait leur isolement des Européens, il y a même décadence; et l'influence européenne doit, ici comme dans le reste de l'extrême Orient, fonder l'avenir sur les débris du passé.

Finlayson, qui avait eu occasion de mesurer beaucoup d'*Orang-Laôt*, trouva leur taille moyenne de cinq pieds trois pouces anglais; la circonférence de la cavité pectorale deux pieds dix pouces, la circonférence du poing fermé onze pouces; la moyenne de l'angle facial 66° $\frac{1}{2}$, la moyenne de la température sous la langue 100° 02 ; enfin, le poids moyen, de neuf *stone* huit livres, ou environ 60 kilos $\frac{1}{2}$.

PARTIE OCCIDENTALE DE LA PRESQU'ÎLE MALAISE.

Les quatre États Malais de la partie occidentale de la presqu'île Malaise sont : Queda, Perak, Salangore, tous trois pays de côtes, et le royaume méditerranéen de Rumbao (ou Rumbo).

Le royaume de Queda (Keddah) s'étend entre 5° et 7° de latitude nord. Au sud de l'île *Junk-Ceylan*, sur une ligne de côtes de près de vingt-huit milles géogr. (110 milles anglais). La plus grande largeur de la péninsule est ici d'environ trente milles géogr. Queda est séparé de l'État de *Patani* (côte orientale) par une chaîne de montagnes qui court du nord-ouest au sud-est. L'extrême frontière nord de *Queda* du côté de *Siam* est près de *Langgu*, sous 6° 50′ latitude, nord ; la frontière sud qui le sépare de l'État Malais *Perak* est à *Kourao*, sous 5° latitude nord. Parmi les îles de la côte, la plus considérable est *Langkawi*, longue de six milles géogr., habitée par quatre à cinq mille Malais et bien cultivée; la seconde est *Trutao*, longue de près de quatre milles géogr., mais avec peu d'habitants. Ces deux îles conjointement avec *Boutong* portent le nom de *Ladas*, c'est-à-dire *îles à poivre*. Elles sont, comme toute cette infinité d'îles sur la côte jusqu'à *Junk-Ceylan*, bien boisées et d'un aspect attrayant. Les rivages sont cependant pour la plupart très-accores et peu hospitaliers. Les Malais de *Langkawi*, qui habitent seulement la partie est de l'île, furent attaqués dans l'été de 1822 par les Siamois, et s'enfuirent à *Poulo-Penang*, en se mettant sous la protection des Anglais, qui les établirent sur la côte malaise opposée à l'île du prince de Galles. Leur nombre lors du passage de Crawfurd dans ces contrées s'était accru à neuf mille, d'autres réfugiés ayant pu se joindre aux premiers. Le commodore *Beaulieu* (1) visita ces îles en 1620, du temps où Queda, Malacca et Achem, étaient des États puissants. A cette heure ils sont tous en décadence. Sur l'île *Trutao* (*Trotto* des Anglais) habitent des Malais pêcheurs, ainsi que sur la presqu'île, qui n'ont pas été convertis au mahométisme et que l'on nomme également *Orang-Laôt*. D'après les observations du capitaine *Low*, Langkawi consiste en masses de granit, comme toutes les îles du Sud ; mais quant à *Trutao*, c'est avec elle que commencent ces îles et ces chaînes de montagnes calcaires qui s'étendent de là le long de la côte ouest jusqu'à la frontière nord de *Martaban*.

Une autre île, ou plutôt une roche, située devant cette côte de Queda environ à six milles géogr. au nord de l'île *Bounting* (identique avec *Boutong*), est le *Gounong Giryan* ou *roche de l'éléphant*, qui, par son isolement complet, forme une excellente marque pour le navigateur. Elle est longue d'une demi-heure de marche, large d'un quart d'heure, et haute de trois cents à quatre cents pieds. C'est une roche calcaire p'eine de cavernes.

Toute la côte est très-marécageuse,

---

(1) *Mémoires de voyages aux Indes orientales du général Beaulieu*, dressés par luymesme, fol. 84 de Thévenot, *Rec. de Voy. cur.*; éd. Paris, 1696; t. I.

boisée et, dans l'intérieur, montagneuse. On compte trente-six rivières ou cours d'eau le long de la côte, dont six sont assez importantes pour servir au transport des marchandises. Dans l'intérieur du pays on remarque beaucoup de montagnes très-élevées. Crawfurd évalue la hauteur de l'un des pics de la chaîne frontière de Patani, nommé *Titch Bangsa*, à six mille pieds anglais. Une autre montagne, isolée sur la côte, nommée *Jaraï* ou *Gounong* (montagne) *Djeraï*, ou *Djerri*, serait, selon T. *Ward*, haute de cinq mille pieds, mais, selon le capitaine (aujourd'hui colonel) Low, de trois mille pieds seulement. Elle paraît être formée de granit; ses formes sont très-hardies et très-abruptes, mais cependant elle est très-boisée, et jusque sur les flancs de ses rochers. Une bande argentée qui traverse cet immense manteau de verdure, vue au télescope, se reconnaît pour un torrent des montagnes qui pendant la saison des pluies forme des chutes d'eau magnifiques. Cette montagne a été visitée, dans ces derniers temps seulement, par Griffith; et nous avons fait remarquer que le caractère de la végétation à son sommet offrait une analogie frappante avec la végétation australienne. Ses richesses minérales ont été constatées, sinon par une exploration détaillée, au moins par des échantillons de granit et des cristaux; cette montagne est aussi aurifère, et fournissait autrefois beaucoup d'étain, etc.

Le pays de côte de *Qualla-Mouda* (aujourd'hui province Wellesley), sous le 5° 40' latitude nord, situé vis-à-vis de l'île anglaise de *Poulo-Pénang*, qui a été visité par *Finlayson*, est à plusieurs heures de marche dans l'intérieur (7 à 8 milles anglais), bas, plat et marécageux, presque partout couvert de joncs, plein de *tigres*, de *léopards*, de rhinocéros et même d'*éléphants*. Le sol est argileux, et près des côtes il contient de l'alun : il est rougeâtre. Finlayson n'a trouvé rien de pareil à ce sol dans les contrées de l'Inde pendant ses longs voyages. Les plantes aussi, sur cette côte, sont tout à fait différentes de celles de Poulo-Pénang. Le beau *faisan argus* est ici très-commun, ainsi que beaucoup d'autres gallinacés. Finlayson vit aussi un léopard noir, des chèvres sauvages qu'il croit être des antilopes. Mais en général l'intérieur de la contrée est encore une *terra incognita*. — Nous reviendrons sur la *province Wellesley* quand nous traiterons des possessions anglaises dans la Péninsule.

Il y a deux routes qui conduisent de la *côte de Queda* à la côte orientale de la presqu'île, à *Patani*.

Le terrain de *Queda* est, dit-on, assez fertile quoique peu cultivé. Il contient quarante à cinquante mille habitants, divisés (d'après l'ancienne coutume) en cent cinq petits districts de quarante-quatre familles chaque; les districts seraient aussi, d'après une ancienne institution, subdivisés en groupes de vingt-quatre maisons ou tanggas (*tangga*, c'est-à-dire l'*échelle* qui conduit à chaque maison).

Les habitants se répartissent en quatre classes : les *Malais* et les *Samsams*, qui sont les plus nombreux, ensuite les Siamois et les *Samangs*. Les Samsams sont les Siamois mahométans, méprisés par les autres et dont la langue est un patois mêlé de beaucoup de phrases mahométanes. Les *Samangs* sont une race nègre, avec des cheveux crépus, semblables en tout (à ce qu'on assure) aux nègres Africains, excepté qu'ils sont d'une taille plus petite.

Les revenus du royaume de Queda se montent à environ 42,000 dollars par an (un peu plus de 200,000 francs). Le roi est un vassal de Siam. Il fournit, en cas de guerre, un contingent de troupes, de vivres et de munitions à son suzerain, comme d'autres princes malais. Outre cela, tous les trois ans il lui envoie, en témoignage de soumission, un petit arbre en or, ce qui est chez tous les Malais le symbole en usage comme *tribut*, et désigne par le mot *Bounga-mas*. Au commencement du dix-septième siècle le sultan d'Achem avait réduit Queda sous sa dépendance.

Lorsque en décembre 1821 Crawfurd débarqua sur l'île de Poulo-Pénang, l'alarme était dans l'établissement anglais, parce que le radjah de *Ligor,* un prince siamois, avait nuitamment attaqué Queda. La plupart des Malais s'étaient enfuis sans faire de résistance. Le roi perdit son trésor et tout ce qu'il possédait : sa famille fut faite prisonnière; lui-même s'échappa sur l'île de Pénang. Le prince siamois expédia immédiatement des lettres impérieuses exigeant l'extradition, et menaçant de sa vengeance quiconque oserait retenir le fugitif. La consternation fut grande à Pénang, parce que cette île tire tout son approvisionnement en blé de Queda. Mais bientôt on reçut des lettres plus amicales, dans lesquelles le lieutenant du roi à *Ligor*, mieux avisé, déclarait vouloir respecter le territoire anglais, dont la limite était marquée par un ruisseau sur la frontière de Queda. Cependant la cour de Siam, comme on le sut plus tard, était très-irritée de ce que les Anglais eussent donné asile à un vassal rebelle (1); elle n'avait pas oublié d'ailleurs comment ils s'étaient emparés de l'île de Poulo-Pénang, dans un moment où la monarchie siamoise était hors d'état de faire respecter sa suzeraineté outragée. — Les Malais de Queda, selon Crawfurd, parlent et écrivent le meilleur et le plus pur malais.

L'État Malais de *Pérak* se trouve au sud de Queda. Son prince est vassal de Siam, aussi bien que celui de Queda. Vers 1818 Pérak avait essayé de secouer le joug, et le prince de Queda avait reçu et exécuté l'ordre de le réduire à l'obéissance. Il a depuis passé sous la protection anglaise. *Pérak* embrasse cent cinq *mokims*, c'est-à-dire petites communautés, qui contiennent (selon Crawfurd) plus d'habitants que le pays de Queda. Le capitaine Low dit aussi que le pays est bien peuplé. La lisière de la côte est longue de dix-huit à dix-neuf milles (75 milles anglais); elle se trouve dans la partie la plus large de la presqu'île. Des roches granitiques avec une plaine d'alluvion qui s'avancent à quatre milles géogr. dans l'intérieur du pays jusqu'au pied de la chaîne centrale des montagnes, composent cette lisière des côtes. Dans les couches de quartz qui traversent la presqu'île on trouve de l'or en assez grande quantité pour justifier, même à présent, la dénomination d'*Aurea Chersonesus*, que lui donnaient Ptolémée et les anciens. D'après les récits des habitants, on y trouve de l'*oxyde* d'*antimoine* et du charbon de terre. Il doit se trouver aussi dans le granit *beaucoup de filons de minerai d'étain;* mais on obtient presque exclusivement ce minerai par le lavage du sable des rivières. L'étain est la production principale du pays; mais on ne connaît encore que d'une manière incomplète l'importance actuelle de cette production; on sait seulement que des quinze mille piculs (deux millions de livres) qu'on introduit annuellement à Poulo-Pénang, une grande partie, c'est-à-dire près de quatre mille picul (un picul à 133½ lbs), est importée de *Pérak*. Les renseignements plus précis manquent (1).

Devant cette côte de *Pérak* se trouve le groupe d'îles *Poulo-Sambilan*, c'est-à-dire les *neuf îles*, nommé *Dinding* par les navigateurs. La plus grande de ces îles est située vis-à-vis la belle côte de Pérak, de telle manière que l'intervalle entre elles forme un port bien abrité au nord et au sud. Les Anglais ont visité cette île, qui consiste en roches granitiques très-accores, mais s'élevant seulement à quelques cents pieds et couvertes depuis la base jusqu'au sommet d'une végétation arborescente, luxuriante au plus haut degré. Le sol est couvert d'une forte couche de terre végétale noire, très-fertile, mais avec des marécages et de l'eau noire comme à Queda. Les montagnes sont trop escarpées pour pouvoir être cultivées, les arbres sont moins hauts que sur l'île de Poulo-Pénang. Près du rivage, qui est parsemé de grands blocs de granit, le botaniste Finlayson, qui accompagnait Crawfurd, découvrit deux espèces de palmiers, un *Crinum* avec des feuilles longues de trois

---

(1) Le radjah dont il s'agit était un prince rapace et cruel au delà de toute expression. Low dit en propres termes que pour empêcher ses malheureux sujets de murmurer contre son administration tyrannique, il était dans l'habitude de leur faire *coudre la bouche*, et que le colonel Burney a vu lui-même plusieurs de ces victimes d'une cruauté inouïe! Il n'est pas douteux que pour ces populations opprimées l'administration siamoise, toute despotique qu'elle soit, est comparativement un bienfait.

(1) Nous reviendrons sur les richesses minérales de la péninsule dans notre description des Provinces Anglaises.

pieds, et plus avant, dans l'intérieur du pays, un nouvel *Epidendron* d'une grandeur gigantesque et de formes très-élégantes, s'élevant debout sur le tronc d'un vieil arbre, qu'il ornait comme d'une couronne de palmier. La floraison en plein épanouissement, longue de six pieds, comptait de quatre-vingt-dix à cent fleurs, chacune large de deux pouces et demi et longue de quatre pouces, d'une couleur jaune magnifique tacheté de brun, répandant une odeur suave. Le docteur *Wallich* transplanta bientôt cette plante magnifique dans le jardin botanique de Calcutta. La forêt tout autour est pleine de gibier, sangliers, bêtes fauves, mais l'île sans culture, sans habitants; une ou deux huttes sur le rivage de la mer servaient d'abri aux pirates. *Dampier* (1) avait déjà visité cette île en 1689, et en donna une bonne description; *Crawfurd* y retrouva les ruines d'un ancien fort hollandais; ce sont des murailles de briques en carré, chaque côté long de trente pieds haut de seize pieds, pouvant recevoir une petite garnison et huit canons, avec autant de meurtrières à l'étage supérieur et des logements pour les officiers. On trouve aussi des traces de la maison du gouverneur sur le rivage de la mer, après un siècle et demi à peu près. Mais après le départ de *Dampier*, la garnison, forte de trente et un hommes, postés ici pour protéger le commerce d'étain (sur la côte de *Pérak*), dont les Hollandais possédaient le monopole, fut bientôt égorgée: on ne sait pas si elle a jamais été remplacée, mais d'autres navigateurs ont dû y débarquer à diverses époques, puisqu'on y trouve 1727, 1754, gravés sur le revêtement des embrasures, les initiales de plusieurs noms et le millésime, parfaitement lisible, de 1821. Selon *Crawfurd*, le port de *Poulo-Dinding* est bon; mais l'île ne lui semble pas convenablement située pour y établir une colonie anglaise, étant déjà trop avancée dans l'intérieur du détroit de Malacca pour pouvoir servir de station à la marine du Bengale, et en même temps trop loin vers l'ouest de Malacca pour servir d'entrepôt.

(1) G. Dampier, Supplément au *Voyage autour du Monde*; Rouen, 1723, t. III, p. 209.

Le territoire de *Salangore* est encore moins connu que le précédent; il s'étend à vingt-quatre milles géogr. (96 milles anglais) le long de la côte vers le sud jusqu'au *cap Rachado* (Ratschado), où il touche à la frontière nord du territoire de Malacca. Dans cette étendue de côtes, la grande chaîne continentale de montagnes courant vers le sud depuis Queda et Pérak diminue successivement de hauteur. On aperçoit des *lacunes* entre les sommets, qui *s'arrondissent* davantage et deviennent plus bas. Les séries montagneuses se dirigent de plus en plus vers le sud-est, et laissent des plaines plates plus étendues entre le pied de ces hauteurs et la mer. Cependant ces plaines sont encore un peu élevées au-dessus de la surface de la mer, et sur plusieurs points, surtout sur le rivage même, s'élèvent des *cônes isolés* comme des *îles montagnes* (selon l'expression de Ritter). Tels sont le *Parcelar-Hill*, *Rachado-Point*; mais ils ne sont pas très-élevés et ont des sommets arrondis. Le *détroit de Malacca* se rétrécit beaucoup au *cap Rachado* jusqu'à la largeur de huit milles géogr., et du milieu du chenal on aperçoit distinctement les deux côtes. Ce *cap*, qui est un rocher de *quartz* traversé de veines de fer argileux, ne s'élève pas à plus de cent cinquante pieds. Au sud-est de là, jusqu'au cap Romania, il n'y a que des hauteurs détachées et peu considérables; quelques pics agglomérés dans l'intérieur font seuls exception. L'aspect géologique de la surface a changé complétement à partir d'ici. Le granit a disparu, les hauteurs ne se composent que de grès et d'ardoise, les parties basses sont boisées jusqu'aux bords de la mer. Des courants rapides passent près du *cap Rachado*, où la mer monte et s'agite, même quand l'atmosphère est tranquille. Les baies sablonneuses des deux côtés du cap offrirent une très-riche moisson botanique au célèbre *Wallich*, qui accompagnait *Crawfurd* à son retour de Singapoure.

Salangore est encore plus mal peuplé que Queda et Pérak, c'est un très-petit État; la famille régnante est de la race *Bouggui* des *Waju* (Vadjous). (Les *Bougguis*, habitants de Célèbes, forment, comme on le sait, la peuplade la plus entreprenante et la plus adonnée au commerce dans tout l'archipel.) A *Lukot*, endroit situé au nord du cap Rachado, on a découvert une bonne *mine d'étain*. Ici comme à Pérak l'abondance du minerai d'étain paraît être attachée aux terrains d'alluvion. On trouve ce minerai en *couches horizontales* alternant avec des couches d'argile, et si pur, qu'on n'a qu'à le *laver* et le *fondre*. L'origine et la formation de ces richesses minérales sont un sujet d'études et de conjectures d'un haut intérêt pour la géologie. Autrefois Pérak et Salangore appartenaient aux États pirates, dont les princes et les peuples n'exerçaient pas tant par eux-mêmes la piraterie qu'ils lui aidaient comme *receleurs*, contribuant indirectement à l'armement des flottilles des pirates, partageant avec eux leur butin, et naturellement saluant avec plus de joie l'entrée dans leurs ports des pirates victorieux que l'arrivée d'un navire européen. De là vient, ici comme presque partout sur les côtes malaises, le mauvais ou dangereux accueil fait aux Européens.

L'*État Malais de Rumbo* («Rombou» de Marsden, «Rembau» de Raffles) est situé au sud de Salangore; mais il ne s'étend pas le long des côtes, comme les autres. Enfermé entre Malacca à l'ouest, Pahang à l'est, et Djohor dans le sud, c'est le seul *État Malais central* qui reste sans aucune connexité avec la vie maritime, État purement *continental*. En tant que tel, on peut le considérer comme une véritable anomalie parmi les États Malais, excepté l'État primitif de May-Nang-Kabao, sur Sumatra. Les habitants sont agriculteurs. Cette petite peuplade pauvre et inoffensive constitue l'émigration plus récente des tribus consanguines de Sumatra, la plus jeune des colonisations malaises dans la presqu'île. Les habitants de Rumbo diffèrent de leurs plus proches voisins; mais ils sont identiques avec les habitants des parties centrale et occidentale de Sumatra, même quant au langage. Leur dialecte vulgaire ajoute partout la voyelle *o* à la fin des mots, au lieu de l'*a* des autres dialectes malais. Le chef du petit État de *Rumbo* se regarde toujours comme tributaire du *radjah de May-Nang-Kabao* sur l'île de Sumatra, dont il reçoit l'investiture; tous ses employés ont aussi leur brevet par écrit.

Ces Malais sont appelés par tous leurs confrères le *peuple de May-Nang-Kabao*, et il n'y a pas de doute qu'ils soient venus de là; ils sont aussi établis en partie dans le district de Malacca. Des relations pacifiques existent jusqu'à présent entre les États de Rumbo et May-Nang-Kabao; cette communication a lieu de Rumbo par la vallée de la rivière *Lingi* jusqu'à la mer, et en remontant par la rivière de *Siac* dans l'intérieur de Sumatra à l'antique *May-Nang-Kabao*. Outre ceux-ci, on mentionne dans les forêts profondes de Rumbo une autre *race d'hommes sauvages*, que l'on nomme *Jakongs* et *Benouas*, et qui est toute différente de la *race nègre* habitant plus au nord et nommée *Samangs*. Ce sont des naturels qui y restent constamment; ils sont d'une couleur *jaune brune*, des cheveux lisses, des formes malaises, marchant nus, n'ayant ni maisons ni culture, cherchant un abri sous des huttes sauvages, et rôdant constamment comme *peuple chasseur*. Ils n'habitent pas les montagnes, comme les Samangs, mais les plaines, et sont nommés pour cela *Orang-Benoua* (*Benoua*, c'est-à-dire «pays étendu», comme cela se voit aussi dans les composés «Benoua-China,» «Benoua-Keling»; et *Raffles* croit que ce mot est le pluriel de l'arabe *Ben*, *Béni*, désignant une tribu, nom que les Arabes, plus anciennement arrivés dans ces contrées, donnaient souvent aux peuples qu'ils avaient trouvés dans l'est). Un cas de mort est toujours pour eux un signal pour un délogement et une migration pour une autre demeure. Ils ne paraissent pas avoir des usages féroces, et semblent être un peuple inoffensif. Ce sont, dit *Crawfurd*, de véritables *Malais à l'état sauvage*. Le docteur *Leyden*, qui déjà en 1811, pendant le premier voyage de Crawfurd dans ces contrées, avait visité ces *Jakongs* et *Benouas* n'a pu trouver dans leur langue que vingt-sept mots qui s'éloignassent de la langue malaise connue; six ou sept mots lui parurent douteux, dont deux cependant étaient réellement malais, et à la place desquels on a adopté dans les dialectes malais plus modernes des mots sanscrits. Sur ces faits le docteur *Leyden* fondait son opinion qu'il n'y avait pas de motifs pour ne pas regarder les Malais comme habitants primitifs du continent asiatique. *Crawfurd* trouve que, d'après les données positives de l'histoire de l'immigration des Malais des îles sur le continent, il est très-difficile de décider si ces sauvages *Jakongs* et *Benouas* doivent être regardés comme la *vraie souche primitive de la race malaise* (race qui s'étend depuis Madagascar jusqu'aux îles de l'est dans la mer du Sud, d'après les investigations de Guillaume de Humboldt), ou bien comme un rameau dégénéré des immigrés de Sumatra avant leur conversion à la religion mahométane. *Thom. Raffles*, qui a recueilli quelques détails sur ce peuple douteux, le nomme *Orang-Benoua*, et dit qu'ils se donnent le nom de *Jokongs*; qu'ils savent suffisamment le malais pour se faire comprendre, mais parlent cependant une langue qui leur est propre, dont il cite une douzaine de mots. Ils n'ont pas de mot pour rendre la signification de *Dieu*, qu'ils désignent par le mot portugais *Dios*. Ils n'ont pas adopté la circoncision, ne prennent qu'une femme, sont bien conformés, d'une petite taille, ont la physionomie malaise, mais le nez moins épaté et plus petit. Cette tribu n'est (ou n'était!) forte que de soixante hommes.

Nous sommes forcé, pour de plus amples détails sur les principautés malaises de la Péninsule et sur les petites peuplades des provinces anglaises voisines de ces principautés, de renvoyer nos lecteurs aux *Notices of the Malayan Archipelago* de Moor, déjà citées, aux mémoires du capitaine Newbold, dans le *Journal of the Asiatik Society of Bengal*, etc., et aux relations de nos missionnaires, dans l'intéressant recueil des *Annales de la Propagation de la Foi*.

PROVINCES ANGLAISES

DANS L'INDO-CHINE.

Les acquisitions anglaises les plus récentes dans l'Indo-Chine se composent principalement des provinces cédées par les Birmans, en vertu du traité d'*Yandabo*, en 1826. La province Wellesley, située vis-à-vis de Poulo-Pénang, à l'extrémité de la péninsule Malaise, est passée sous la domination britannique en 1800, mais n'a commencé à acquérir quelque valeur, par le défrichement et l'exploitation, que dans ces dernières années : nous lui consacrerons quelques pages. Les établissements de Poulo-Pénang, Malacca et Singapoure ont déjà été décrits dans ce recueil (*Océanie* : vol. I). Nous aurons seulement à constater le chiffre croissant de la population à Poulo-Pénang et les progrès de la culture et de la fabrication du sucre dans cette colonie, dont la province Wellesley est une dépendance.

Crawfurd estime la surface des territoires cédés par les Birmans aux Anglais à quarante-huit mille huit cents milles carrés, répartis entre les provinces d'*Arakân*, partie de *Martabân* connue aujourd'hui sous le nom de province d'*Amherst*, et les provinces de *Ténassérim*.

ARAKAN.

L'ancien royaume d'Arakân comprend le pays, en général montueux, qui s'étend de l'embouchure du *Naaf* ou *Naff*, par la latitude de 21° 10′ nord, jusqu'au cap Négrais, situé sous le seizième parallèle. La partie septentrionale, de beaucoup la plus riche, est située entre 20° et 21° 10′ de latitude et large d'environ cent milles : elle est appelée par les indigènes *Rakhaing-Dyi*, ou pays de *Rakhaing*; c'est l'Arakân proprement dit. Le reste du pays, composé des îles *Rambyi* et *Maoung* (*Tchédouba*) et du district de *Thandwai* (*Sandoway*) est désigné par le terme général de *Rakhaing-Taing-Gyi*, ou royaume d'Arakân. Le mot *Rakhaing* paraît être une corruption de *Rekkaik*, dérivé lui-même du mot pali *Yekkha*, dont la signification populaire est celle d'un monstre moitié homme moitié bête, qui, comme le Minotaure, se nourrissait de chair humaine. Les missionnaires bouddhistes de l'Inde avaient, en conséquence, donné au pays le nom de *Yekkha-Poura*, qui signifie « demeure des démons ». Le nom classique, et dont on fait usage dans tous les documents officiels, est *Dhagnyawati*.

Arakân est séparé de l'Ava et du Pégu par une chaîne de montagnes qui court du nord au sud, et connue sous les noms de *Yaoma* (ou *You-ma*) et *Bokaong* (1) : ces montagnes se terminent au cap Négrais, appelé dans le langage birman promontoire de *Manten*. Elles sont de formation primitive, et principalement composées d'ardoises et de granits; les pics les plus élevés paraissent atteindre à au moins deux mille cinq cents mètres. Au sud et à l'ouest, l'Arakân est borné par la baie de Bengale et la rivière *Naff*; il est séparé de la province de *Tchittagong* par cette même rivière et les monts *Waili*, ou plus correctement *Wé-la-toung*. On peut évaluer sa superficie à environ seize mille milles carrés, répartis sur quatre districts ou subdivisions : l'Arakân propre, (*Rakhaing*) au nord, *Ramri* au sud d'Arakân (2), *Sandoway* (correctement

(1) Ou, selon Bergbaus, *Romah-Pokong-Tong?* — Pour les détails géographiques, nous sommes forcé de renvoyer, faute d'espace, au savant résumé de Ritter : *Asie*, tome IV, p. 307 et suivantes.

(2) On peut consulter un intéressant mémoire du lieutenant W. Foley sur l'île de

Than-dwai) au sud de *Ramri*, et l'île de *Tchédouba* (*Manaoung* ou *Maoung*). La plus grande partie du pays est encore couverte de forêts, et présente un aspect désert et sauvage, tant les montagnes que les terres basses, qui sont toutes marécageuses. Trois rivières principales arrosent le pays : le *Mayou* à l'ouest, le *Koladan* (*Kelading* et *Huritung* de la carte de Berghaus), au centre, le *Lemyo* à l'est. Ces trois rivières pendant les vingt ou trente derniers milles de leur cours (dans des vallées dont la direction est nord et sud) sont unies par des criques et canaux naturels. Le *Lemyo* se partage en différentes branches, distinguées par des noms particuliers. Le *Koladan*, en approchant de la mer, prend le nom de *Gatshabha*. La grande rivière d'Arakân, le Koladan, paraît prendre sa source vers le 23° 30' de latitude nord, et parcourt environ trois degrés avant de se décharger dans la mer : ses embouchures sont obstruées par des barres, des bancs de sable et des îles. L'Arakân est un des pays les plus malsains de tout l'Orient ; ce que tous ses envahisseurs ont appris à leurs dépens. On y compte à peine cinq mois secs dans l'année. La température y est modérée ; il y tombe cependant de la grêle, mais à de longs intervalles : on en a observé trois fois dans le cours d'un demi-siècle, dont deux fois pendant les quarante années de la domination birmane. Il faut attribuer l'insalubrité du climat, non pas à l'étendue des bois et des marais, mais aux vents régnants et à la haute barrière de montagnes qui bordent le pays et empêchent la libre circulation de l'air. Les productions sont peu variées : on manufacture du sel sur la côte, et on y recueille des nids d'hirondelles en quantité considérable, chose extraordinaire dans une latitude aussi élevée. Sous le gouvernement birman le revenu net, en argent, s'élevait à environ quatorze mille ticals (42,000 francs), selon Crawfurd ; mais la plus grande portion des contributions se payait en nature et en corvées. Depuis que les Anglais administrent le pays, l'agriculture et le commerce ont fait des progrès rapides. Il résulte en effet du rapport du capitaine Phayre, commissaire-adjoint du gouvernement (inséré dans le vol. X du *Journal de la Société Asiatique du Bengale*, deuxième partie, 1841) que sous l'administration anglaise les revenus d'Arakân ont été :

Années.	Roupies.	Francs.
1832-33	2,48,569,	soit 620,000
1833-34	2,80,304,	»
1834-35	3,10,168,	»
1835-36	2,87.016,	»
1836-37	3,26,293,	»
1837-38	3,55,731,	»
1838-39	3,80,287,	»
1839-40	3,79,809,	»
1840-41	3,79,697,	949,000

Et cependant les taxes levées jadis sur l'exploitation des bois, les cabanes, les bateaux, les divers métiers, les célibataires, etc., s'élevant annuellement à 97,349 roupies, ont été supprimées depuis 1837-38.

En 1834-35 la quantité de riz exportée d'Akyab s'était élevée à 425,040 *mands* (ou *maunds*; le *mand* vaut environ 37 kil.), représentant une valeur de 430,000 francs. — En 1840-41 il s'était exporté du même port 2,654,298 *mands*, représentant une valeur de 2,800,000 fr. !

Ces chiffres prouvent de la manière la plus péremptoire que la substitution du régime européen à l'administration birmane a été le signal du développement rapide des ressources du pays et de sa prospérité croissante. Les annales arakânaises mentionnent que lorsque Godama visita le royaume, il confirma le nom *Dhungejawati* (ou *Dhagnyawati*), qui lui avait été donné par les précédents Bouddhas, *à cause de sa grande fertilité*. Soit confiance dans la protection de Godama, soit amour enthousiaste de la patrie, les Arakânais ont de tout temps témoigné une grande admiration pour leur terre natale. Ceux que la terreur de l'invasion birmane avait déterminés à chercher un asile sur le territoire anglais parlaient avec un regret profond de leur beau pays, cette terre fertile qui rendait cent pour un, ces lourds épis de riz, cette belle nature : la gloire et la pompe des anciens rois, la splendeur de la capitale,

Ramri ou *Rambri* (*Yama-Waddy* des Birmans), dans le vol. IV du *Journal de la Société Asiatique du Bengale*, 1835.

les temples magnifiques et cette fameuse image de l'Homme-Dieu! « Qui aurait « pu s'imaginer (dit à ce sujet le capitaine « Phayre) qu'un pays comme Arakân « inspirât des sentiments si passionnés! »

Les Arakânais appartiennent à la même race que les Birmans, et leur nom national est également *Myamma*. Les Birmans eux-mêmes se disent originaires d'Arakân. Les deux peuples ont les mêmes coutumes, le même langage, les mêmes institutions, la même religion; mais les Arakânais sont une population dégénérée par suite de son mélange avec les habitants du Bengale et d'autres étrangers. Cette population n'excédait pas, il y a quelques années, cent vingt mille âmes (environ sept habitants par mille carré!), dont six dixièmes Arakânais, trois dixièmes mahométans de l'Inde et leurs descendants, et un dixième Birmans; elle dépasse aujourd'hui cent cinquante mille âmes.

Un livre intitulé *Radza-Wang* (histoire des rois) est fort répandu dans le pays; et quoique les différentes copies de ce livre présentent des variations considérables, l'étude de cette chronique a fourni au capitaine Phayre les éléments d'un mémoire spécial publié dans le volume XIII du recueil déjà indiqué (1844), et qu'on peut consulter avec fruit. Il résulte de ses recherches et des renseignements fournis par les vieux voyageurs que le peuple arakânais a joué un rôle assez important dans l'histoire de l'Indo-Chine. Le voyageur qui parcourt aujourd'hui ces contrées y trouve en effet les traces d'une population anciennement considérable, d'une civilisation antérieure et puissante. De vastes réservoirs, des murs en pierre de taille, des temples, et d'autres édifices dont les ruines attestent l'importance, montrent que le royaume d'Arakân a été jadis le centre d'une domination forte et active. La nature même du pays, protégé par une barrière de montagnes presque infranchissables d'un côté, par la mer ou des inondations artificielles de l'autre, le rendait, sous une administration vigoureuse, redoutable à ses voisins. *Cesare de i Fedrici* (dont nous avons déjà indiqué la relation, p. 338, note), qui visitait ces contrées de 1566 à 1570, porte témoignage à l'importance du royaume d'Arakân dans ces temps reculés. » Les « États du roi de *Rachan*, dit-il (p. 149-« 150), sont situés sur la côte entre le « royaume de Bengale et celui de Pé-« gou; c'est le plus grand ennemi qu'ait « le roi de Pégou, qui rêve jour et nuit « aux moyens de le soumettre; mais « cela n'est pas possible, attendu que le « roi de Pégou n'a aucun pouvoir par « mer, tandis que celui de *Rachan* peut « armer jusqu'à deux cents galères, et « que par terre, à l'aide de certaines « prises d'eau, il peut, quand il lui plaît, « inonder une vaste étendue de pays, et « couper ainsi le seul chemin par lequel « le roi de Pégou pourrait envahir le « royaume avec les grandes forces dont « il dispose ». Selon le *Radza-Wang*, les rois d'Arakân auraient porté leurs armes victorieuses dans la vallée de l'*Airawati*, à Siam, et jusqu'en Chine. Rien ne paraît justifier ces prétentions; mais il est certain que vers le milieu du quinzième siècle les Arakânais étaient maîtres du Bengale jusque par delà Tchittagong (1), et demeurèrent en possession de ce pays pendant près d'un siècle. Ils ont été à diverses époques conquis par les Birmans, et avaient souvent recouvré leur indépendance; mais nous avons vu (p. 265) qu'ils furent définitivement soumis en 1784. — *Godama* visita l'Arakân sous le règne et à la prière de *Tsandathoowiya*, qui construisit le fameux temple *Mahamouni* en l'honneur de ce Bouddha, et y plaça l'image en bronze que les Arakânais prétendirent ensuite avoir été formée par les *náts* eux-mêmes sur la ressemblance parfaite du saint divinisé, et douée pendant des siècles de la *faculté de la parole*. C'est cette statue du *Rishi* que *Mindragui-Prá* fit transporter à Ava, comme le trophée le plus glorieux de sa conquête en 1784 (voir p. 265). Le nom de *Mugs* (prononcez *Mogs* ou *Megs*), qui leur est donné par les Hindoustanis et les Européens, est considéré par eux comme une insulte, en ce qu'il les confond avec une classe *métis* de la population du district de Tchittagong, qui prétend descendre des rois

(1) Le nom même de Tchittagong est d'origine myammae; c'est une corruption de *Tsetta-goung*.

d'Arakân. La vanité de ce peuple leur a fait regarder l'occupation de leur pays par les Anglais comme une sorte de conquête nationale sur les Birmans, parce qu'un nombre assez considérable de réfugiés arakânais, formés en légions auxiliaires, a concouru à l'invasion des Anglais et combattu à leurs côtés.

L'autorité anglaise s'étend en remontant la rivière *Koladan*, à cent trente milles environ nord de la ville d'*Akyab*, jusqu'à la petite rivière *Cothalong*; mais au delà se trouvent des montagnes et des forêts, dans la direction du nord-est, qui vont aussi loin que Mannipoure, et qui n'ont pas encore été visitées par des Européens. Dans ces lieux sauvages vivent différentes tribus qui paraissent être continuellement en guerre les unes avec les autres; il en est de même à l'est, où la frontière anglaise est censée s'étendre jusqu'à la chaîne des monts *Youma*. Les tribus qui occupent une zone de quinze à vingt milles de largeur en deçà de cette chaîne n'ont jamais subi le joug d'aucun gouvernement étranger, soit celui des rois d'Arakân, soit celui des Birmans ou des Anglais; elles étendent même leur domination au delà de la prétendue limite ou plutôt sur une portion de cette limite qui n'a pas moins de douze à quinze cents milles carrés d'étendue. On trouve dans le mémoire du capitaine Phayre (déjà cité, p. 265) d'assez amples détails sur les différentes races ou tribus qui constituent la population totale, et que ce mémoire divise en habitants des plaines et habitants des montagnes (1) : *Toungthas* et *Kyoungthas*; mot à mot : « Fils de la montagne » et « Fils du torrent ».

L'Arakân proprement dit est divisé en cent soixante cercles, dont cent quarante-huit sont appelés *kyum* (îles), étant situés dans les basses terres, et douze appelés *khyoung*, ou « cours d'eau », sont dans les montagnes ; l'ensemble de ces districts ou cercles contient neuf cent soixante villages. La capitale *Akyab* (*Tsettwe* des indigènes, *Tschayta* de la carte de Berghaus), peuplée d'environ cinq mille âmes, sans les faubourgs, fait un commerce assez considérable (1).

Les limites qui nous sont prescrites ne nous permettent d'ajouter que peu de chose à l'esquisse que nous avons tracée du caractère des Arakânais ou aux renseignements qui peuvent donner une idée du degré de civilisation que ce peuple, abandonné à lui-même, avait pu atteindre à une époque déjà reculée. Nous ferons observer toutefois que les recherches du capitaine Phayre et du lieutenant Latter établissent ce fait remarquable, savoir que les rois d'Arakân ont fait frapper des monnaies et des médailles longtemps avant que les Birmans eussent recours à ce moyen de fixer les dates de certains événements ou de faciliter les échanges (2). Les emblèmes observés et expliqués par le lieutenant Latter dans son mémoire sur les monnaies ou médailles symboliques d'Arakân lui ont fourni l'occasion de rappeler une curieuse légende, également mentionnée par le capitaine Phayre, et qui montre combien les idées superstitieuses jouent un rôle important chez les Arakânais (3).

(1) Vol. X du *Journal de la Société Asiatique du Bengale*, deuxième partie, p. 679 et suivantes (1841). Le vol. XV du même recueil contient un mémoire du lieutenant T. Latter sur les tribus de montagnards qui habitent les bords de la rivière *Kuladyne* (sic), et un autre, du même auteur, sur les monnaies ou plutôt *médailles symboliques* d'Arakân, fort instructifs à consulter.

(1) En 1834-35 le nombre de navires à vergues qui ont pris des chargements à *Akyab* était de cent quarante, jaugeant 16,000 tonneaux; en 1841, sept cent neuf navires, jaugeant 82,000 tonneaux.

(2) Voir ce qui a été déjà dit à ce sujet p. 265, note. — Dans le pays d'Ava, même aujourd'hui, il n'y a aucune monnaie nationale en circulation, et les payements se font en lingots d'argent plus ou moins fin, dont on se borne à constater la pureté relative et le poids. — Voir aussi ce que nous avons dit à cet égard p. 282, ainsi que les explications données par Prinsep, dans le Supplément au *Journal Asiatique*, cité p. 365, note.

(3) Les diverses tribus qui habitent l'Arakân reconnaissent, comme les Birmans, l'influence des *nâts*, ou esprits, auxquels ils assignent pour résidence telle montagne, telle rivière, tel arbre, etc., dont ils sont les génies tutélaires. Ces superstitions se trouvent,

La tradition populaire relative à l'une de ces médailles, et à laquelle nous faisons allusion, est la suivante :

Le neuvième souverain de la race de *Maha-Toing-Tsan-Da-Ya* souffrait de maux de tête violents; il consulta ses sages, qui l'informèrent que dans une de ses existences antérieures il avait animé le corps d'un chien, dans un pays situé sur les frontières de la Chine; que lorsqu'il mourut son crâne tomba, par accident, dans une bifurcation des branches d'un arbre, où il se trouvait engagé depuis cette époque; et lorsque le vent agitait l'arbre, il causait au crâne une pression dont le contre-coup douloureux se faisait sentir au roi; qu'enfin celui-ci ne pourrait être guéri qu'en dégageant son ancien crâne. Le roi se décida, en conséquence, à partir pour la Chine. A son départ il laissa à la reine sa femme une bague, et lui dit que dans le cas où il ne serait pas de retour après sept ans révolus, elle devrait élever au trône et épouser celui de ses sujets au doigt duquel la bague s'adapterait parfaitement. Il se rendit au lieu indiqué par les sages, dégagea son ancien crâne; et comme il etait en route pour revenir, la fille du roi de l'Océan, qui avait conservé une vive affection pour lui, ayant été sa femme dans une existence antérieure, pria son père de susciter une tempête, qui engloutit la flotte, et mit ainsi la princesse en possession de son amant. Le premier ministre seul, échappé au désastre, regagna le pays d'Arakân, et informa la reine de la mort de son époux. La reine fit immédiatement publier par tout le royaume qu'elle prendrait pour mari celui qui pourrait mettre la bague à son doigt. Un grand nombre d'aspirants essayèrent; mais ce ne fut que lorsqu'un bouvier, descendu des montagnes, parut à la cour avec son frère et son neveu que le problème fut résolu : il s'y trouva même trois solutions; car la bague ou l'anneau allait aux doigts des trois derniers

venus. La légende assure que la reine eut la modération de n'en épouser qu'un : elle conféra la dignité royale à l'aîné des deux frères, et celui-ci, en mémoire de son origine, fit placer sur ses monnaies la figure d'un bœuf et celle du trident (ou aiguillon), instrument de sa profession.

MARTABAN; MAULMÉIN; AMHERST; YÉ; TAVOY; TENASSÉRIM.

Introduction. — Le peu que nous avons dit d'Arakân a suffi pour montrer que la possession de cette province n'est point sans importance pour les Anglais. Le reste des acquisitions anglaises aux dépens des Birmans est à la fois beaucoup plus étendu et d'une bien plus grande valeur absolue. Les provinces qui les composent se développent sur une ligne oblique d'environ cinq cents milles géographiques, dont le point le plus occidental est le promontoire sur lequel la nouvelle ville d'*Amherst* a été construite, en 1826-27, vis-à-vis l'île *Balou*, à vingt-cinq milles anglais au sud de *Martabân* (par 92° 35′ de longitude est du méridien de Greenwich). Le point le plus est de cette même ligne ne peut être assigné que par conjecture; mais il ne saurait être placé au delà du 99e degré; ce qui donne pour le plus grand diamètre de la zone territoriale occupée par les possessions britanniques environ quatre-vingt-cinq milles géographiques; mais la largeur moyenne de cette zone n'est pas de plus de cinquante milles. Sa superficie est évaluée par Crawfurd à trente-trois mille huit cents milles carrés, en y comprenant les îles qui en dépendent. La rivière *Salwen* (*Sanlien*, *Sanlun* et *Sanluen* du capitaine Low (1) : plus correctement, selon Craw-

en général, mêlées au culte de Bouddha; cependant certaines tribus n'ont d'autre idée d'un pouvoir supérieur à l'humanité que celui qu'ils attribuent à ces *nâts* ou esprits : c'est ce que nous avons eu déjà l'occasion de constater.

(1) *History of Tennassirim, by captain James Low, Madras Army*, M. R. A. S. etc., etc.; dans le *Journal de la Société Royale Asiatique de Londres*, vol. II, pag. 248 à 275; vol. III, pag. 25 à 54, et pag. 287 à 336; vol. IV, pag. 42 à 108, et pag. 304 à 332; vol. V, pag. 141 à 164, et pag. 216 à 263.—Ce dernier volume a paru en 1839. Le mémoire du capitaine (aujourd'hui colonel) Low doit être considéré comme le travail ethnographique le plus complet qui ait encore paru sur

furd, *Than-Lwen*), forme la frontière ouest entre les Birmans et les Anglais, sur une longueur d'environ cent quarante milles. La baie de Bengale limite partout ailleurs, à l'occident, les possessions anglaises, et leur donne un développement de trois cents à quatre cents milles de côtes.

A partir du nord les rivières navigables sont : le ou la *Salwen* (probablement le *Lou-Kiang* ou *Nou-Kiang* des Chinois), le *Gain* (*Gyein* ou *Gyein-Kiang*), l'*Attaran* (*Attaram*, *Ai'tharam* ou *Athiyan* de Low), le *Wagrou* ou *Kalyen*, le *Yé*, le *Tavoy* et le *Ténassérim*.

Le *Salwen* prend sa source dans la province chinoise de Yunnan, traverse le Lao et partie de Siam, pénètre dans l'empire birman entre le 19e et le 20e degré de latitude, et se rend dans la mer par deux embouchures, séparées par l'île *Balou*. L'embouchure la plus sud atteint environ le 16e degré : sa largeur est de sept milles ; l'embouchure nord, plus large, à ce qu'on assure, est obstruée par des bancs de sable. La rivière n'est pas navigable, à proprement parler, pour plus de cent milles ; et les gros navires ne peuvent guère s'élever au-dessus de son embouchure. Le *Gain*, large mais peu profond, se jette dans le Salwen, à la ville de Martabân, et prend probablement sa source dans la chaîne de collines qui sépare le *Martabân* de Siam. L'*Attaran* suit la même direction, et se jette dans le Salwen, un peu au-dessus de Martabân : ce petit fleuve, étroit, profond, mais de peu de pente, n'a guère plus de cent milles de cours : il est cependant navigable, même pendant les basses eaux, jusqu'à soixante-dix milles de son embouchure, pour des navires de petit tonnage, et pour des bateaux à vapeur, au delà. Le *Wagrou* n'a pas plus de vingt-cinq à trente milles de cours, et est néanmoins navigable jusqu'à dix-huit milles de son embouchure, près de la ville d'Amherst, où il contribue à former une des rades les plus belles et les plus sûres de toute l'Inde. La rivière *Yé* ou *Yi* (*Zea* ou *Ré*) est peu considérable, et navigable seulement pour des embarcations, pendant une partie de l'année : son embouchure se trouve entre le 15e et le 16e degré de latitude. La rivière *Tavoy* prend sa source vers le 15e degré, coule entre deux rangées de montagnes à peu près nord et sud, et se rend dans la mer par 13° 30′ de latitude nord. La ville de Tavoy est à trente-cinq milles environ de la mer, sur la rive gauche du fleuve ; des navires de cent vingt tonneaux peuvent y remonter. La rivière de Ténassérim (1), dont la source se trouve au 15° 16′, court presque parallèlement à la rivière de Tavoy jusque vis-à-vis la ville de Merghî, où elle tourne brusquement à l'ouest, pour se jeter dans la mer par deux embouchures, dont la plus septentrionale est située par 12° 11′ ; cette embouchure est navigable pour des navires ordinaires jusqu'à une quarantaine de milles, et pour *bateaux* jusqu'à cent milles.

La province de *Mautama* (2) ou *Martabán*, aujourd'hui partagée à peu près également entre les Anglais et les Birmans, s'étend entre les 16e et 18e degrés 30 minutes de latitude nord. Elle est bornée à l'est par les montagnes de Siam, ou la contrée montagneuse appelée par les Birmans *Miya-Waddy* ; au sud, par la rivière *Balamien*, qui la sépare de Yé ; à l'ouest, par le golfe de Martabân ; au nord, enfin, par les provinces *Taungdami*, partie de celles de *Settaung* et *Thampagou* et les montagnes qui bordent les possessions siamoises de ce côté.

les provinces conquises. — Les *rapports* du docteur Helfer (J. W.) sur *Ténassérim*, insérés dans le *Journal de la Société Asiatique du Bengale*, et qui nous ont fourni des données précieuses sur la *valeur actuelle* et l'*avenir probable* de ces nouvelles acquisitions, confirment les vues exposées par le capitaine Low et les complètent. — Nous ne saurions trop recommander l'étude de ces deux séries de recherches et observations du plus haut intérêt. Le dernier rapport du docteur Helfer a été publié dans le neuvième vol. du *Journal de la Société Asiatique de Calcutta*, 1840.

(1) Appelée par les indigènes du nom de *Tannau*, comme la province : sa branche principale, jusqu'à un point nommé *Náytaung-lan* (littéralement « la montagne de la rivière des nâts »), porte le nom de *Chaungi* (*Tchaunggui*), suivant le capitaine Low. C'est le *Tenantharimyit* des Birmans.

(2) Le *Salwen* est appelé par les Pégouans *Kroung-Mautáma*.

L'aspect général de la contrée est celui d'un pays de plaines, coupé çà et là par des rangées de collines dont la base est un roc quartzeux, ou par de petits monticules de roches calcaires bleues, isolés et très-pittoresques. La surface de la province d'Amherst est évaluée par Crawfurd à environ dix mille milles carrés.

Les montagnes siamoises qui bornent ce district à l'est ont un aspect imposant : plusieurs pics paraissent dépasser seize cents mètres. Il y a deux passes connues du Martabân dans le Siam. La plus importante et la clef de l'un et l'autre pays, comme position militaire, paraît être la « passe des trois pagodes » (*Phra-Song-Shou* des Birmans, *Phrachidi-Sam-Ong* des Siamois), par 15° 18′ de latitude nord et 98° 22′ de longitude est (méridien de Greenwich). Cette passe n'est pas aussi escarpée que celle qui conduit de Tavoy à Siam. On peut aller en vingt-trois jours de marche ordinaire de Martabân à Bangkok : et les gens du pays font quelquefois le voyage en beaucoup moins de temps. La majeure partie du trajet se fait par eau.

Le pays est naturellement fertile, et produit en abondance du riz de bonne qualité, du froment et d'autres grains. Les richesses minérales paraissent être considérables, mais n'ont encore été qu'imparfaitement explorées. Le capitaine Low énumère assez au long les productions de toutes ces provinces; mais nous sommes forcé de nous borner à renvoyer le lecteur à son intéressant mémoire, dont nous aurions voulu pouvoir donner d'amples extraits. Le Martabân et en particulier le petit district d'Yé sont riches en teck et autres bois de construction. Yé et Tavoy (appelé indifféremment par les Indigènes *Tavoy*, *Dawac*, *Dawai*, *Dawi*) sont des pays montagneux : *Mergui* est plus montueux encore. Il est à remarquer que les noms de ces provinces sont en même temps les noms de leurs capitales et des rivières principales qui les arrosent.

Le commerce y a été de tout temps assez actif; aussi actif au moins que le permettaient les luttes presque continuelles des Birmans et des Siamois, qui se disputaient la possession de ces contrées. Depuis que la domination anglaise y est établie, les relations commerciales ont pris un accroissement considérable. Les principaux articles d'exploitation et d'exportation sont, comme par le passé, les bois de construction, le cardamome, le cachou, la cire, l'ivoire, les cornes de rhinocéros et de cerfs, les nids d'oiseaux, les holothuries, etc.

La population de la province d'*Amherst* depuis l'immigration des Pégouans du Martabân Birman (à laquelle nous avons fait allusion dans notre Introduction, p. 243), est évaluée par Crawfurd à quarante-quatre mille âmes. Low la porte à cinquante mille, ainsi répartis :

Birmans et Pégouans. 48,000
Chinois, Karians, etc. 2,000
                                 50,000

Elle dépasse probablement ce chiffre aujourd'hui; car la ville de *Maulmein* (*Maulamyeng* des Birmans) comptait déjà en 1848 plus de trente-six mille âmes. *Maulmein* est la principale station militaire de ces provinces. *Yé* compte au plus trois mille habitants.

La population de *Tavoy* avant l'occupation anglaise était, selon Low, de dix-sept mille huit cents âmes, y compris les *Karians* ou *Karines*. Elle est aujourd'hui, d'après la même autorité, de vingt-six mille cinq cents ; savoir :

Tavoys. 22,200
Pégouans. 2,100
Chinois.   300
Karinnes et *Chalomes* (les Salones ou *Silongs*). 1,850
Chrétiens d'origine portugaise.   50
                                26,500

Mergui. La ville de Mergui, située par 12° 26′ 30″ latitude nord et 98° 38′ longitude est de Greenwich, compte probablement de huit mille à neuf mille habitants, dont au moins sept mille Birmans et Pégouans, trois cents Chinois, deux cent cinquante chrétiens d'origine portugaise et autres, et peut-être trois cents ou quatre cents Siamois.

Quant à Ténassérim, qui a cependant donné son nom à toutes ces provinces, ce n'est aujourd'hui qu'un village d'une centaine de maisons et contenant de quatre cents à cinq cents habitants. (12° 12′ latitude nord et 99° 3′ longitude est, suivant le capitaine R. Loyd [*Jour-*

nal de la Société Asiatique de Calcutta, décembre 1838]).

L'ensemble de ces populations diverses s'élève en tout aujourd'hui à environ cent mille âmes; c'est un peu plus de trois habitants par mille carré. Il y a là un vaste champ ouvert à la colonisation ; et la fertilité naturelle de ces contrées, jointe à la salubrité du climat et à la sécurité que doit inspirer la protection éclairée de l'administration anglaise, invite à des entreprises d'exploitation sur une vaste échelle. Ce que nous avons à dire du caractère et des habitudes de la population indigène confirmera pleinement ces prémisses.

COUP D'ŒIL ETHNOGRAPHIQUE SUR LES PROVINCES DE TÉNASSÉRIM.

Les provinces de Ténassérim sont isolées comme celles de Wellesley, Malacca et Singapoure.

Elles sont limitées par la baie de Bengale (jusqu'à présent la seule voie de communication) et par des États étrangers. La rivière *Salwen* ou *Salvin* (Helfer) les sépare du Pégou Birman vers le nord-ouest; la rivière *Thoungi*, des États *Shân* de *Zim-May*, *Labaing* et *Yahaing* vers le nord ; la chaîne péninsulaire, du royaume de Siam à l'est ; la rivière *Pakchan*, des États *Siamo-Malais* vers le sud. La baie de Bengale et les archipels Nicobar et Andaman bornent les côtes ouest de ces provinces.

Les nations voisines sont :

Les Birmans et les Siamois, possédant un gouvernement assez régulier et consolidé ; les États tributaires Siamo-Malais et les *Shâns-Birmah*, les Nicobariens à demi sauvages et les cannibales Andamanais.

Les provinces de Ténassérim incorporées à l'empire hindo-britannique par suite de la guerre de 1823-24-25 , en même temps que Assam et Arakân, consistent aujourd'hui, comme nous venons de le voir, en :

Une partie de l'ancienne province de Martaban (la province Amherst), autrefois dépendante du Pégou ;

Les districts de Yé (ou *Yi*), Tavoy, Mergui et Ténassérim. (1)

Quand l'accès des États Birmans était interdit aux Européens, ou quand les ambassades se rendaient par une seule route à Ava, en remontant l'Irawaddy ; la population et les ressources du pays étaient grandement exagérées. Depuis la guerre et l'occupation par les Anglais, on a recueilli des renseignements plus exacts, et l'on a acquis la certitude que le Birmah ne peut prendre rang qu'avec les États Indiens du second ou du troisième ordre. La population, évaluée d'abord à dix-sept millions, ne dépasse pas, comme nous l'avons vu, quatre millions. Les récits tant soit peu poétiques et exagérés de Symes avaient donné une fausse idée du gouvernement et de ses ressources : on s'était mépris également sur le caractère des habitants. Au lieu d'être une race guerrière et de mœurs grossières, ce sont des cultivateurs d'un caractère doux et naturellement gai, opprimés par un gouvernement absolu et tyrannique. Ils ont été belliqueux et conquérants sous l'influence de certains chefs ; mais ils n'ont ni l'humeur envahissante et féroce des Tartares, ni les dispositions sanguinaires et pillardes des Arabes, ni le courage personnel des uns et des autres. La vanité nationale des Birmans a été entretenue par leurs succès contre de petits États et la politique pleine d'hésitations et de ménagements de leurs puissants voisins les Anglais.

Les *Shâns* tributaires, dans le nord, qui peuplent les États de *Zim-May*, *Labong* et *Yéhaing*, sont aussi une race naturellement agricole, mais suivant en partie, à cause de la nature montueuse de leur pays, les mœurs des peuples pasteurs. Divisés en faibles *clans*, détestant les Birmans (et probablement les Siamois), trop insignifiants pour devenir indépendants, ils paraissent avoir recherché dans ces derniers temps la protection des Anglais.

Les Siamois sont un peu plus avancés que les Birmans, car le souverain protège l'agriculture et même le commerce. D'ailleurs, les habitants sont plus industrieux. La vallée de Siam est fertile au plus haut degré : un grand nombre de Chinois y sont établis, et contribuent

---

(1) Les observations générales du docteur Helfer sur le caractère et les ressources comparées de ces différents pays nous ont fourni la matière du présent essai.

puissamment à développer la prospérité du pays. Les revenus peuvent être estimés à au moins le double de ceux de Birmah. La vanité nationale, ravivée depuis que les Siamois ne se croient pas menacés par les Anglais, leur fait témoigner moins d'admiration ou de crainte à l'égard de ces derniers. C'est ce qui résulte des observations récentes du docteur Richardson.

Les provinces de Ténassérim n'ont point de rapport avec les États Malais; mais quelques Malais viennent à Mergui pour traiter avec le gouvernement, des nids d'oiseaux, etc.

Les Birmans des provinces de Ténassérim font quelque commerce avec les Nicobariens; ceux-ci échangent des cargaisons de *cocos* contre des draps ou étoffes, du tabac, du fer et de la poterie. Ils sont en ce moment indépendants; car les Danois qui y avaient des établissements les ont entièrement abandonnés.

Les Andamans (ou Andamanais), peut-être les derniers dans l'échelle des races humaines, race maudissante et maudite, attaquent et tuent tout étranger et le mangent quand ils l'ont tué. Les côtes de leurs îles sont visitées par les Birmans pour y faire la pêche des holothuries, ou y recueillir des nids d'oiseaux; mais ils n'ont aucun rapport avec les naturels. Ils vivent à bord de leurs bateaux ou dans des cabanes temporaires défendues par des retranchements palissadés.

Les Hollandais ne sont pas connus sur cette côte; pas un seul navire néerlandais n'y a même paru depuis l'occupation anglaise.

Quelques vieux habitants se rappellent les Français. Dans la dernière guerre les flottes relâchaient dans la baie de *l'île du Roi*, pour guetter au passage les navires de la compagnie faisant le commerce de Chine, etc.

Les Chinois se sont établis dans les provinces comme marchands ou artisans. Une caravane d'Yunnan approcha à la distance de quinze à vingt jours de marche de Maulméin, il y a quelques années, et avait l'intention d'y venir commercer; mais l'état du pays et les intentons peu bienveillantes de Tharawaddy les firent rétrograder. On assure que le commerce aujourd'hui tend à reprendre cette voie.

La stabilité des empires chinois et japonais depuis tant de siècles forme un remarquable contraste avec les changements et les révolutions qui ont marqué la vie des peuples de l'Indo-Chine, c'est-à-dire la Cochinchine, le Tonking, le Cambodje, l'*Anjam* ou *Laos*, Siam et Birmah. Ces royaumes, tels qu'ils existent maintenant, sont élevés sur les ruines de nations vaincues, dont l'histoire n'est plus connue.

Celle de Ténassérim est fort obscure. On peut à peine conjecturer quels ont été ses premiers habitants; car on ne sait même pas qui étaient ses habitants il y a quatre siècles. A en juger par les *Karinnes* ou *Karians* qui vivent dans l'intérieur du pays, et qui ont survécu à toutes les conquêtes successives, il est probable que la première race qui a peuplé le pays appartenait au rameau mongolique. Birmah, Siam et Cambodje paraissent avoir été peuplés par des migrations du nord, et rien n'indique qu'il y ait du sang malais dans les peuplades de Ténassérim.

La population, il y a deux siècles, paraît avoir été d'extraction *talaïne*, avec quelque affinité du côté de Siam; et Martabân est mentionné par les Portugais comme une place de grande importance commerciale. Ces provinces étaient depuis longtemps sous la domination de Siam quand Alom-Prâ s'en empara, et les Birmans en restèrent les maîtres jusqu'à l'année 1824, où elles furent réunies à l'empire hindo-britannique. Avec de nouveaux maîtres arrivaient de nouveaux habitants, et les Siamois furent depuis le règne d'Alom-Prâ entièrement remplacés dans les provinces de Ténassérim par les Birmans.

Les peuples qui habitent maintenant ces provinces, au nombre total d'environ cent mille âmes, sont Birmans, *Talaïns*, Siamois, Karinnes, Silongs et gens du dehors.

Les Birmans sont les plus nombreux. Leurs résidences principales étaient Martabân, Mergui et Yi. Maulméin est d'origine récente, ne datant que de l'occupation des Anglais.

Les villages birmans et leurs plantations sont dans le voisinage de la mer, sur les bords de rivières navigables et sur des criques.

Les *Talaïns*, originaires du Pégou, sont une race éminemment agricole, planteurs de riz avant tout. Opprimés par les Birmans, ceux des *Talaïns* qui habitent la province d'Amherst (anciennement partie de Martabân) émigrèrent sur le territoire siamois. Depuis qu'ils ont appris à connaître les Anglais, ils se sont montrés disposés à se ranger sous leur domination : beaucoup d'entre eux ont choisi un refuge dans les provinces de Ténassérim ; mais les plus éloignés n'ont pu émigrer dans l'origine, ou en ont été empêchés par les autorités birmanes.

La rétrocession du Pégou aux Birmans par les Anglais victorieux a porté un coup fatal et inattendu à ces populations, qui espéraient que les conquérants conserveraient leur conquête.

Moulmein (ou Maulmein), la nouvelle capitale des provinces de Ténassérim, était dans l'origine presque entièrement peuplée de *Talaïns*; et on calcule qu'encore aujourd'hui il s'y trouve vingt *Talaïns* pour un Birman. Il est devenu à peu près impossible de les distinguer les uns des autres, les deux races s'étant mêlées depuis un grand nombre de générations. Les Talaïns ont une langue particulière, mais qui se parle moins de jour en jour, et il est probable qu'elle sera oubliée avant longtemps. Le birman est la langue universellement répandue, et parlée par ceux même des *Talaïns* qui n'ont pas encore oublié leur langue maternelle.

Les Siamois sont en petit nombre dans ces provinces ; mais depuis qu'ils ont eu des rapports plus fréquents avec les Anglais, ils ont appris à juger de leur supériorité sur les Birmans et de la douceur de leur gouvernement ; et de même que les *Talaïns* cherchaient naguère un refuge dans les États siamois pour se soustraire à la rapacité et à l'oppression des Birmans, de même les Siamois, quand le joug du despotisme s'appesantit trop sur eux, viennent demander asile et protection dans les provinces anglaises. Ces nouveaux émigrés s'établissent de préférence dans le district de Mergui, sur les bords de la grande et de la petite rivière de Ténassérim. On assure qu'il leur est très-difficile de s'expatrier, et que lorsque le gouvernement siamois peut se saisir des fugitifs, ils sont inévitablement décapités.

Helfer regarde les Siamois comme une race vigoureuse, industrieuse, plus entreprenante que les Birmans. Ils sont plus aisés à gouverner, doux, paisibles. Ceux qui sont venus s'établir dans le Ténassérim y ont introduit la culture de la canne à sucre.

Les *Karians* ou *Karinnes* sont les plus anciens habitants des provinces : on ne peut remonter à leur origine. Quelques observateurs pensent qu'ils sont les vrais *indigènes*; d'autres les regardent comme les débris d'une grande nation qui se serait expatriée et répandue sur une vaste étendue de pays ; car on trouve des tribus *karinnes* depuis le 11e jusqu'au 23e degré de latitude nord : les missionnaires américains veulent qu'ils soient venus du Tibet ; mais ils n'en donnent pour preuve que l'analogie de quelques noms et de quelques coutumes. On trouve en général ces tribus dans un état de dépendance, si l'on en excepte ceux qu'on appelle les *Karinnes rouges*, au nord de Maulmein : ils ont résisté victorieusement aux tentatives, souvent renouvelées, des Birmans pour les assujettir. Ce sont des montagnards, qui vivent surtout de pillage. Les autres tribus habitent les plaines ou les vallées ou les bords des rivières, cultivant ce qui est indispensable au soutien de leurs familles, rien au delà. Ils défrichent péniblement un coin de terre au milieu de la forêt, après avoir abattu les arbres, et sèment parmi ces débris végétaux, à peine brûlés, le riz de montagne et les autres graines, qui leur fournissent ce dont ils peuvent avoir besoin pendant l'année. L'année suivante on choisit un autre terrain, dans le voisinage du premier, qu'on défriche et plante de la même manière, et au bout de quelques années, ou en cas de mort de l'un des membres de la petite communauté, on va chercher plus loin un lieu de défrichement. Ainsi les *Karinnes* mènent une vie errante, ne forment nulle part d'établissements durables. Les préjugés superstitieux de ces tribus nomades fournissent l'explication de leurs habitudes. La crainte des génies ou esprits (*nâts*) qui président aux diverses localités paraît être le principal motif qui les porte à changer de place. Leur civilisation est presque nulle. On assure qu'ils ont une langue à eux, et c'est un fait remarquable que les Karinnes qui sont établis sur les frontières de la Chine parlent un dialecte de la même langue qui se parle chez les *Karinnes* de la province de Mergui.

Les *Silongs* ou *Salones* forment une variété de l'espèce humaine différente de toutes celles que nous venons d'énumérer, la moins civilisée de toutes, mais non la moins curieuse. Ce sont eux qui habitent les îles du grand archipel de Mergui : ils sont pêcheurs, mais non pêcheurs sédentaires ; ils vivent tantôt sur leurs bateaux, tantôt sur le rivage de la mer à l'ombre des arbres, tantôt sous des cabanes temporaires de roseaux, de feuilles de palmier ou de bambou. Ils ne cultivent pas la terre ; ils se nourrissent de tortues, de poisson, de coquillages, de riz et de quelques racines ou fruits sauvages qu'ils doivent à leur sol natal. L'origine de cette peuplade est absolument inconnue. Elle forme une race peu nombreuse, un millier d'âmes tout au plus. Les Silongs ont un langage particulier : ce ne sont point des sauvages, dans l'acception ordinaire de ce mot, mais ils n'ont aucune notion de notre civilisation ou même de celle des peuples qui les avoisinent. Ils forment des communautés, divisées en familles, gouvernées *strictement* par *l'usage traditionnel* ; s'accommodent aux lois du gouvernement dont ils dépendent ; font un peu de commerce, et vivraient aussi heureux qu'ils sont inoffensifs s'ils n'étaient souvent attaqués et pillés par les Malais. Ils ont la notion très-précise du bien et du mal ; vivent en parfaite harmonie les uns avec les autres, mais punissent sévèrement ceux d'entre eux qui manquent à leurs devoirs. Ils ne savent rien et ne se soucient de rien savoir de ce qui se passe au delà de leur rocher : cette insouciance s'étend même aux notions qui chez nous servent de base à la moralité publique. Ils n'ont aucune forme de religion ; et ceux qu'on a pu interroger sur ce sujet ont témoigné ne jamais s'être préoccupés de savoir s'il est ou non une autre vie ! Ces enfants de la nature ont été visités, il y a quelques années, par le capitaine H. M. Durand, commissaire du gouvernement dans les provinces de Ténassérim ; il les désigne sous le nom de *Salones*. Ceux qu'il a vus avaient établi leur résidence temporaire dans l'île *Lampi*, baie de l'île de Marbre (*Marble island bay*) ; il les représente comme remarquablement doux et serviables. Il s'est assuré que lorsque leur provision de riz est épuisée, ils font macérer très-longtemps dans l'eau une sorte de racine très-abondante dans cette localité, et qui devient, à l'aide de cette macération, un aliment passable.

L'ensemble des différentes nations ou tribus que nous venons de désigner forme (nous le répétons) une population de cent mille âmes au plus, disséminée sur une surface de trente mille anglais *carrés*. Ce seul fait atteste l'influence désastreuse des guerres, des invasions et de l'oppression qui ont désolé ce beau pays. Il nous faut maintenant dire un mot des différentes classes d'étrangers qui l'habitent.

Les Chinois établis dans le Ténassérim sont, comme partout ailleurs dans l'Indo-Chine, au premier rang par leur activité, leur intelligence, leur industrie et leur aisance relative. Ils sont armateurs, constructeurs, distillateurs, charpentiers, forgerons, boulangers et jardiniers. Ils ne se sont établis que dans les ports de mer ou dans le voisinage : tous se marient à des femmes birmanes ; et leurs enfants mâles sont élevés dans la religion et les coutumes chinoises et s'habillent à la chinoise. Viennent ensuite les *Tchaulias* (Helfer écrit *Chiulias*), natifs de la côte de Coromandel, qui s'expatrient aussi facilement que les Chinois. Leurs descendants restent dans le pays : ils servent en général les Européens ; et conséquemment on ne les trouve guère que dans les villes où résident ces derniers. Ils sont en petit nombre. Des *Bengalis*, en petit nombre également, se rencontrent dans les provinces : ils se montrent inférieurs aux autres étrangers par l'intelligence et l'esprit d'entreprise. A cette même race appartiennent, en général, les galériens (*convicts*) transportés de l'Hindoustan, et qui s'élèvent déjà à plus de deux mille : la plupart de ces galériens sont des *thugs*, c'est-à-dire des membres de cette affreuse confrérie d'étrangleurs de profession que la police anglaise poursuit dans l'Hindoustan avec une persévérance infatigable, et qu'elle espère anéantir dans un avenir prochain.

On voit aussi dans le Ténassérim, (à Maulméin seulement, parce que c'est la seule place de commerce) des Arméniens, des Parsis et des Mogols, commerçants de père en fils, et qu'on est sûr de rencontrer partout où il y a quelque chance de gain.

Les métis portugais sont en assez grand nombre dans le Ténassérim, où ils jouent le même rôle secondaire que dans les autres parties de l'Indo-Chine et jouissent d'aussi peu de considération.

Les missionnaires américains s'efforcent depuis longtemps de propager dans le pays la religion du Christ comme ils la comprennent. Il y a surtout beaucoup de missionnaires baptistes; ils font peu de progrès dans la conversion des indigènes. Le docteur Helfer fait remarquer que les Birmans sont embarrassés pour distinguer les Américains des Anglais. Ils donnent aux missionnaires américains le nom de maîtres d'école, ou professeurs étrangers.

Presque tous les employés du gouvernement sont anglais; quelques autres Anglais se sont établis, dans ces dernières années, comme constructeurs à Maulméin, ou se sont intéressés dans l'exploitation des forêts de *tecks* de la province d'Amherst.

Le docteur Helfer, dans son rapport, s'est étendu particulièrement sur les Birmans qui habitent les provinces de Ténassérim, et il établit entre ceux-ci et les habitants de l'Inde britannique un parallèle tout en faveur des premiers, surtout au point de vue de l'énergie physique, de l'indépendance de caractère et des qualités morales. Il semble qu'il y ait ici contradiction; car les Birmans paraissent naître et vivre dans une dépendance servile de leur gouvernement; et la population birmane qui a passé sous la domination anglaise doit subir encore l'influence traditionnelle de ces habitudes dégradantes : tandis que les peuples de l'Hindoustan jouissent depuis de longues années de la protection d'un gouvernement libéral; mais cette contradiction apparente s'explique par les considérations que nous allons indiquer.

Les peuples de l'Indo-Chine sont *théoriquement* esclaves du souverain, mais non virtuellement. Une fois sa dette payée au gouvernement, soit en corvées, soit en service militaire, soit en contributions extraordinaires, le Birman, le Siamois ou le Cochinchinois reprend sa liberté relative : il est indépendant par caractère, dépendant par position et par suite de la tradition (l'*adât* des Malais) qui veut que le souverain soit, en principe, le maître absolu de la personne et des biens. Aussitôt que le souverain veut essayer de pousser ce principe à ses conséquences extrêmes, une réaction s'opère, et le peuple se révolte ou trouve le moyen de se soustraire à l'oppression. Quand le bruit se répandit, en 1838, que Tharawaddy approchait pour reconquérir les provinces, les habitants de *Tairy* et *Yto* envoyèrent des provisions de riz dans la forêt, prêts à s'enfuir à l'approche de l'ennemi. Les Birmans, n'étant pas soumis au régime des castes, ne subissant qu'incomplétement l'influence monacale, sont plus indépendants de fait que les Hindous; et c'est à ces causes principales qu'il faut attribuer la virilité relative de leur caractère. Sans cesse en lutte, d'ailleurs, avec les exactions et l'oppression, souvent obligés de vivre dans les forêts (1), exposés à toutes sortes de privations et se procurant au prix de mille efforts des moyens imparfaits d'existence; on comprend que les qualités viriles auxquelles nous faisons allusion ont dû se développer en

(1) Dans les provinces du sud, un tiers au moins de la population mâle fait le métier de bûcheron; et il n'y a peut-être pas dans tout le pays un seul homme de peine qui deux ou trois fois dans sa vie n'ait été passer six mois dans la forêt. Ces six mois sont employés à abattre les arbres, les ébrancher, les équarrir et les mettre à flot pour les envoyer au bas de la rivière. Le bûcheron passe les six autres mois dans la dissipation, fumant l'opium, tentant la fortune aux jeux de hasard, dépensant gaiement ce qu'il a péniblement gagné, et trahissant dans toute sa conduite l'indépendance et l'heureuse insouciance de son caractère.

eux ; on comprend aussi que de cet état d'oppression ou de lutte, de fuite momentanée, de retour et d'épreuves de toute espèce, ait dû résulter, non moins naturellement, le développement de qualités moins honorables : méfiance, finesse, mensonge, etc. Cependant, la manière dont se traitent les petites affaires du bazar prouve péremptoirement l'honnêteté instinctive de la population (1).

Les Birmans dans le Ténassérim ont accepté cordialement la domination anglaise ; mais ils le regardent toujours le souverain d'Ava comme le chef de leur religion : après Godama, la famille royale occupe à leurs yeux le premier rang dans le monde. Liés par leurs souvenirs et leurs habitudes héréditaires à leur première patrie, ils prennent le plus vif intérêt aux événements qui changent ou peuvent changer la face des affaires dans le pays d'Ava. Les coutumes birmanes sont pour eux l'objet du plus profond respect, et la famille régnante actuelle est assurée de leur vénération et de leurs sympathies, bien qu'elle ait cessé de les compter parmi ses sujets. Les Birmans, en général, sont cependant attachés à leur pays par un lien naturel plutôt que par un lien moral. C'est l'aspect de ce pays, la manière d'y vivre, la similitude des occupations journalières qui sont chers à leur cœur. Là où on parle leur langage et où la physionomie locale est la même ou à peu près semblable, ils retrouvent leur patrie ! Ainsi des rives du Ténassérim aux frontières de Chine, un Birman est chez lui : tant qu'il est entouré des mêmes circonstances physiques, que son esprit peut saisir les mêmes rapports matériels, les mêmes harmonies, les mêmes contrastes, qu'il peut librement et facilement communiquer ses émotions et ses idées, il est heureux ! Helfer donne du caractère birman une idée plus favorable et (nous sommes tenté de le croire) plus exacte que celle qu'on est porté à se former d'après les relations des voyageurs qui n'ont fait pour ainsi dire que traverser le pays, et qui nous

paraissent avoir cédé, dans leurs appréciations, à l'influence des préjugés européens. Les Birmans sont polis entre eux, se querellent très-rarement. Ils ne sont pas, en masse, esclaves de l'étiquette, comme les Chinois : ils sont *naturellement* pleins d'égards les uns pour les autres et envers les étrangers ; on peut même dire que lorsqu'ils obéissent à l'impulsion de leur caractère, ils sont humains, charitables, hospitaliers. L'hospitalité est ici une vertu facile à pratiquer ; car les Birmans ont peu de besoins. On trouve par tout le pays des *zayats* ou lieux de halte et de repos pour les voyageurs, qui s'y arrêtent de droit et où on les nourrit s'ils sont pauvres, quand ils en font la demande, ou même sans qu'ils l'aient demandé. Il est de toute justice de remarquer que les institutions bouddhistes ont puissamment contribué à développer ces penchants philanthropiques. La tempérance est une des vertus de l'immense majorité des Birmans : ils se nourrissent surtout de riz et d'autres végétaux, aiment les épices, mais ne font pas usage des spiritueux. Les *Karinnes* n'ont pas la même modération ; ils se livrent à des excès de boisson, dans de certaines occasions solennelles. Quelques Birmans fument l'opium ; mais, ainsi que nous l'avons fait observer, page 323, cette habitude est considérée comme peu honorable. Les Birmans aiment passionnément leurs enfants : ceux-ci mènent une vie tellement indépendante que les liens de l'autorité paternelle sont, en général, très-relâchés : cependant, il y a bien peu d'exemples d'ingratitude de la part des enfants ; et il est fréquent, au contraire, qu'un fils engage sa liberté pour sept ou dix ans, dans le but de payer les dettes de son père et de le garantir ainsi de la prison et de l'ignominie.

Le mariage est un acte purement civil parmi les Birmans, et ne lie les parties qu'autant qu'elles y trouvent leur convenance. Les séparations sont donc fréquentes, et personne ne songe à s'en formaliser. Comme conséquence de cet état de choses, l'adultère est assez commun, et il a lieu par fois du consentement du mari. Une femme séparée de son mari ou un mari de sa femme se re-

---

(1) Au Pégou, dit Gasparo Balbi, on vend et on achète sans parler en se pressant la main sous un linge, et ce langage muet rend toute discussion superflue. Vol. cité, f° 126, *verso*.

marient sans que le nouvel époux s'enquière le moins du monde des antécédents. La séduction à l'égard des jeunes filles est à peu près impossible, attendu qu'elles se marient presque toujours aussitôt qu'elles sont nubiles. Ces mêmes circonstances se présentent dans le Siam, le Cambodje et la Cochinchine, tous pays bouddhistes, et l'on peut croire qu'elles sont liées à l'action de la religion dominante. Les Karinnes, qui n'ont pas, à proprement parler, de culte régulier, sont beaucoup plus stricts dans leurs idées de convenance et de vertus domestiques. La polygamie est permise, et se rencontre surtout dans les rangs élevés de la société. Les Européens contractent des alliances plus ou moins durables avec les femmes birmanes, et le docteur Helfer remarque que les enfants provenant de ce commerce paraissent devoir se montrer supérieurs en intelligence à ceux qui sont nés dans l'Inde gangétique dans les circonstances de même nature. Il ne faut pas perdre de vue que la religion établie pourvoit aux besoins des familles en ce qui touche à l'éducation des enfants. La polygamie et le divorce ayant pour résultat de relâcher les liens de la famille et de faire négliger les devoirs de tuition, les monastères bouddhistes se chargent de remédier à ce mal. Nous savons que ces établissements sont entretenus par les contributions volontaires des habitants, et que les enfants y apprennent à lire, à écrire et à observer les cérémonies du culte : rien au delà. Il en résulte que l'immense majorité des Birmans possède exactement la même instruction élémentaire. Les Pounghis forment la classe lettrée : leur savoir est entièrement théologique et métaphysique, et d'autant plus admiré du vulgaire qu'il est moins compris.

Les peuples qui habitent le Ténassérim diffèrent quant à leurs coutumes ou leurs croyances religieuses. Nous avons déjà constaté que les Silongs n'avaient aucune croyance nette et généralement établie ou manifestée. Ils ont une idée vague d'un pouvoir en dehors de l'humanité, de l'existence de certains êtres invisibles, qui exercent de l'influence sur les choses d'ici-bas. Ils croient que la mer, la terre, l'air, les arbres, les rochers sont habités par des nâts ou esprits, ou génies bons ou mauvais, qui président aux destinées de ces choses, dirigent leurs mouvements, font pousser les plantes, etc., etc. L'opinion que la religion la plus imparfaite se manifeste par *l'idolâtrie* ne semble pas exacte; car l'idée que les Silongs se font de la Divinité est trop incomplète pour qu'ils aient même songé à la typifier : l'idolâtrie est donc plutôt un acheminement à la religion positive. Les *Karinnes*, plus avancés que les *Silongs*, n'assignent cependant encore aucune forme aux esprits qui résident dans les arbres, dans les cavernes, dans de certains animaux, etc. Les Birmans, au contraire, donnent un corps à leurs notions superstitieuses, et adorent les symboles de ces idées. Les Silongs n'ayant pas d'idées nettes de l'influence des *nâts*, ne cherchent pas à se les rendre favorables par des sacrifices ou des offrandes. Les *Karinnes*, persuadés de cette influence directe et journalière, leur offrent des poules, du tabac, du riz, des pièces de monnaie, qu'ils déposent dans des lieux particuliers, quelquefois près de leurs cabanes, sous un abri; les Birmans ont un culte extérieur dont le cérémonial est réglé tant dans la maison que dans le temple. En somme, les Silongs et les Karinnes n'ont point de religion, et celle que professent les Birmans exclut la continuation de l'activité corporelle ou intellectuelle après la mort.

Les ministres du Christ opèrent peu de conversions dans le Ténassérim, comme dans le reste de l'Indo-Chine; et il est permis de douter que la plupart de ces conversions soient sincères ou durables. On trouve plus de Karinnes que de Birmans disposés à adopter les dogmes de la foi chrétienne.

La civilisation birmane a atteint certaines limites qui ne sauraient être dépassées dans l'état actuel des choses; mais les idées des Birmans en matière de religion ne sont pas un obstacle à leur avancement intellectuel, car ils n'ont point de préjugés religieux, mais seulement des habitudes. Ils sont essentiellement tolérants, et leur affranchissement du système des castes les rend accessibles à une foule de notions de perfectionnement et de bien-être que la civilisation européenne tend à introduire parmi eux.

Au résumé, sous le rapport intellectuel comme au point de vue matériel, les provinces de Ténassérim renferment de nombreux éléments de prospérité future. La tranquillité de ces provinces a été rarement troublée depuis l'occupation anglaise (1). Les dépenses excèdent encore les revenus, mais le commerce prend un accroissement rapide (2). L'étain, le fer, le charbon de terre, le teck et autres bois de construction, les drogues de toute espèce, la fertilité du sol, la nature du climat, qui permet l'introduction d'une foule de cultures utiles ; tout semble promettre à l'industrie et à l'agriculture des développements considérables, en rapport avec l'importance politique de ce pays.

Dans le commencement de l'occupation anglaise (en 1829) le gouvernement birman avait essayé de recouvrer la possession des provinces de Martabân, Tavoy et Mergui, à l'aide des intelligences qu'il s'était ménagées dans le pays. Les conspirateurs eurent pendant quelque temps la ville de Tavoy en leur pouvoir ; mais la présence d'esprit et l'énergique activité du major Burney (alors commissaire adjoint) mit promptement terme à l'insurrection. Les principaux conspirateurs furent pris et pendus. Une autre tentative eut lieu en 1836, mais échoua dès l'origine.

PROVINCE WELLESLEY.

Cette province, formée d'une partie de la côte de *Keddah* et dépendant du gouvernement de l'île du Prince de Galles (*Poulo-Pénang*), s'étend de la rivière *Mouda* (*Quala-Mouda*) au nord, à la rivière *Krian* (*Karian* : Moor) *Quala-Krian*, dans le sud. Sa longueur est d'environ trente-cinq milles anglais, et sa largeur moyenne de quatre milles seulement. La population s'élève probablement aujourd'hui à plus de 60,000 âmes : car il y a trois ans un recensement, fait par ordre du gouvernement, avait donné les résultats suivants :

Malais.	50,000
Chinois.	4,758
Klings et Tchouliahs.	1,186
Siamois et Birmans.	333
Bengalis.	582
Européens et leurs familles.	100
Troupes. 23	
Convicts (galériens). . . 151	974
Population flottante. . . 800	
	57,933 (1).

Cependant la majeure partie de son fertile territoire est encore couverte d'un épais *djongol*.

La portion du sol qui est cultivée produit surtout de la canne à sucre d'excellente qualité. Nous avons pu recueillir en 1845, pendant notre séjour dans l'archipel Indien, des détails précis et circonstanciés sur l'importance de cette

---

(1) Au mois de mai 1843, une conspiration, d'une nature particulière, ayant pour but le renversement du gouvernement anglais dans les provinces de Ténassérim et l'usurpation du pouvoir par un religieux fanatique, fut découverte au moment où elle allait éclater. Un moine bouddhiste, du nom de *Nga Pyan*, était à la tête de ce mouvement. On saisit une bannière représentant ses visions extatiques et les divinités qui lui indiquaient le lieu où il devait ériger des pagodes ainsi que la forme à donner à ces monuments, etc., etc. Il se disait prédestiné par le ciel à régner sur ce pays, à dater de l'année 1206 de l'ère birmane, et avait déjà arboré le *Thi* ou *Zi*, symbole de son autorité, sur les nouvelles pagodes, quand il fut arrêté avec vingt de ses principaux adhérents, jugé et condamné à mort ; mais le gouvernement suprême, à la recommandation du commissaire dans les provinces de Ténassérim, commua la peine capitale en une détention pour la vie. (Voir, pour les détails de cette affaire, le *Journal de la Société Asiatique du Bengale*, vol. XIV, deuxième partie, p. 747 et suivantes ; Calcutta, 1845.)

(2) La population de Maulméin s'élevait déjà en 1848 à 36,898 habitants sans la garnison, et on y comptait 400 Européens. — Le commerce anglais y avait une importance annuelle de 15 lacs de roupies, soit environ 3,750,000 francs.

(1) La population de *Poulo-Pénang* à la même époque était évaluée à environ 40,000, et ce chiffre se composait de groupes appartenant à dix-sept nations ou races différentes, parmi lesquelles les Français et leurs familles figuraient pour quarante-quatre individus. Du temps de Crawfurd (en 1822) la population totale de Poulo-Pénang et de la Province Wellesley n'était évaluée qu'à environ 40,000 âmes ! On voit qu'elle touche, aujourd'hui, au chiffre de 100,000 !

culture, d'après des notes prises sur les lieux par M. P. Scott. Nous croyons utile d'en faire connaître les principaux résultats.

On trouve quelques champs de canne à sucre dans toute l'île de Poulo-Pénang; mais ce n'est que dans la province Wellesley et surtout dans ses parties centrale et méridionale que cette plante est l'objet d'une culture étendue. Les Chinois y ont été attirés par la richesse du sol, la facilité des communications par eau et le bon marché du bois à brûler. Les plantations de cannes couvraient à peu près en 1845 900 *acres* (env. 360 hectares) de terre, dont on ne laissait que de très-faibles portions en jachère.

Quand les prix sont avantageux, la majeure partie de la récolte est convertie en sucre terré; dans le cas contraire on en fait une cassonade noire et grossière. Avec des prix favorables, on peut estimer la quantité moyenne du sucre terré fabriqué à 12,000 piculs par saison (de quatorze à seize mois), à 5 ou 6,000 piculs celle de la cassonade noire.

Comparée à celle de Java ou des Indes Occidentales, cette production semblera certainement de peu d'importance; elle n'en est pas moins satisfaisante si l'on considère que c'est une conquête du travail sur un pays neuf, sur des terres qui il y a peu d'années encore ne formaient qu'un immense désert couvert de forêts.

Quatre à cinq mille Chinois environ, cultivateurs et autres, se sont rassemblés sur ces plantations de cannes, et, selon les estimations les plus exactes, en occupent actuellement au moins le tiers.

La canne à sucre cultivée par les Malais est en partie vendue à l'état brut, en partie convertie en *jaggry*, en cassonade noire et en mélasse, denrées qui sont toutes d'un débit facile parmi la population indigène.

Il reste, sans aucun doute, beaucoup de terrains favorables à la culture du sucre, et les détails suivants donneront une idée juste des chances que présente une entreprise de ce genre.

On ne sait pas encore précisément (et c'est d'ailleurs une chose de peu d'importance) à quelle époque ou de quelles contrées la canne fut importée chez les Malais de Keddah. Ils la classent en plusieurs variétés, qui sont:

1° La grande canne, « large cane », ou *tubbou* (terme générique) *bittong yang tieda berabou*, qui, comme l'exprime cette désignation, ne présente presque pas de cette poussière cendrée qui se remarque sur plusieurs autres espèces. Les Malais la regardent comme moins douce que le *tubbou itam*;

2° *Tubbou bittong berabou*, « powdery bark cane », la canne à écorce poudreuse;

3° *Tubbou merah*, canne rouge, dont le jus passe pour être plus acide que celui des deux variétés précédentes;

4° *Tubbou rottan*, « ratan cane », la « canne rotin », mince et dure;

5° *Tubbou kookou karbau* : « buffalo-hoof cane », la « canne sabot de buffle », dure, à écorce d'un brun chocolat;

6° *Tubbou itam*, canne noire, espèce estimée des Malais, et qui atteint une hauteur de douze pieds anglais ($3^m,66$).

Les Chinois ont choisi la première variété, qu'ils regardent comme donnant plus de jus, et moins chargée de principes colorants.

La hauteur moyenne de la canne, quand elle est bien cultivée, est ici d'environ sept pieds ($2^m,13$) entre les deux nœuds extrêmes; il n'est pas rare d'en trouver de dix ($3^m,05$) et même de douze pieds ($3^m,66$) dans des terrains vierges. Les Chinois sont certainement bien supérieurs à toutes les classes des cultivateurs indigènes des bords du détroit, surtout par cet instinct héréditaire, cette patience industrieuse qu'ils appliquent dans tous leurs travaux; et cependant ils sont loin encore des résultats qu'ils pourraient atteindre si leurs habitudes routinières et leurs préjugés leur permettaient de s'aider de la science et de l'habileté des Européens.

Un planteur de Java regarderait comme bien grossiers, malpropres et très-insuffisants les procédés qu'ils emploient pour la fabrication du sucre brut. Après avoir bien nettoyé le sol et creusé des sillons, on dispose les plantes de cannes en rangées distantes de six pieds ($1^m,83$) les unes des autres; on laisse entre les plants un intervalle de deux pieds et demi ou deux pieds sept pouces ($0^m,76$ ou $0^m,78$). Les sillons ou petits fossés qui séparent chaque rangée de ses voisines ont une profondeur de un à deux pieds (0^m,30 à 0^m,61).

Les mois d'*avril* et de *mai* sont ceux que l'on regarde comme les plus favorables pour planter ; mais on voit dans les champs des cannes de tout âge. Les Chinois n'ont pas les capitaux qu'il leur faudrait pour mettre de l'ensemble dans leurs opérations ; et si leur récolte entière se trouvait mûre à la fois, ils n'auraient pas assez de moulins pour presser leurs cannes. Le temps qu'elles mettent à mûrir dépend à la fois de la qualité du sol et du soin que l'on met à leur culture ; ce temps est ordinairement de quatorze mois, dans des conditions favorables ; autrement elles n'arrivent à maturité que dans le seizième et même dans le dix-huitième mois.

On compte en moyenne environ trois mille quatre cents pieds ou souches de canne par *orlong*; l'orlong est d'environ un acre et un tiers ou cinquante-quatre ares. Chaque souche est de cinq à huit et parfois dix cannes.

La terre est sarclée quatre fois et les cannes émondées cinq fois, sans les dépouiller entièrement de leurs feuilles, entre l'époque de la plantation et celle de la coupe. Un *catty* de poisson pourri sert d'engrais à chaque pied ou souche de canne. Voici l'état approximatif des frais de culture, jusqu'au moment où les cannes sont prêtes à être charriées au moulin.

Frais de culture de 100 orlongs (54 hect.) pendant une saison de quatorze mois.

	Piastres.
Terrain défriché, ou frais de défrichement des terres boisées.	2,000
Cinquante cultivateurs chinois, à 5 piastres par mois.	3,500
Inspecteur chinois, à 10 piastres par mois.	140
Instruments d'agriculture.	100
Logements des cultivateurs.	50
Contributions.	75
Engrais (35 piculs de poisson, ou 1 catty par souche de canne) et transport.	16
Total des frais pour la 1re année.	5,881
Frais pour la 2e année.	3,821
(après déduction de 2,000 piastres pour les défrichements, et 60 pour les frais de construction des maisons).	

Il faudrait tenir compte en outre des frais d'entretien des terres et maisons, de l'intérêt du capital engagé dans l'entreprise et des dépenses imprévues.

Un moulin se compose de deux cylindres verticaux, de granit ou de bois ; dans ce dernier cas, on choisit dans les forêts de la frontière les arbres les plus gros et les plus durs. Le mouvement est donné par une paire de buffles attelés à une longue barre recourbée, fixée à l'axe central. Les cylindres ont ordinairement deux pieds de diamètre et reposent sur une plate-forme en bois, élevée de deux pieds seulement au-dessus de l'aire circulaire que parcourent les buffles. Entre le moulin et cette espèce de chemin de ronde, de niveau avec lui, on enterre une barrique destinée à recevoir le vesou. A chaque moulin sont attachés six buffles, que l'on attelle par paires ; on relaye toutes les deux heures ; chaque attelage sert pendant quatre heures ; en tout, on ne relaye que six fois dans les vingt heures, à cause des repos et temps d'arrêt accidentels.

Un vaste appentis ouvert de tous côtés recouvre le moulin et la batterie qui en est séparée par l'espace qu'occupent les buffles ; elle n'est élevée que de trois ou quatre pieds au-dessus du sol. Le four, qui est voûté, est construit solidement avec des briques et du mortier. La batterie ne se compose que de trois chaudières en fer. Le vesou, au lieu d'être amené du moulin par un tuyau, se transporte avec des seaux dans une grande barrique ; auprès d'une des chaudières se trouve placé un réservoir dont le fond est garni d'un siphon ; enfin l'appareil est complété par une cuve à refroidir, où l'on verse le sirop chaud clarifié. Les cannes sont transportées à dos d'homme jusqu'au moulin, où on les coupe en tronçons de longueur convenable. Un seul homme suffit à fournir des cannes au moulin ; un autre homme est employé à le débarrasser des cannes déjà pressées. Ce n'est qu'après avoir passé trois fois entre les cylindres que le résidu des cannes est rejeté, comme bagasse, (*ampas*); bagasse que l'on mêle avec le bois à brûler quand celui-ci est trop cher. Comme on le voit, il y a une grande perte de temps, que l'on éviterait avec un moulin moins imparfait, fonctionnant sans relâche, et où il serait inutile de passer les cannes plus d'une fois, deux tout au plus.

On s'est assuré par l'expérience que cent cannes avaient été pressées en neuf minutes au premier tour, en douze minutes au deuxième, et au troisième en huit minutes. Les douze minutes qu'il a fallu employer pour la deuxième opération sembleraient prouver que le moulin avait quelque défaut ou qu'il avait été trop chargé.

On peut évaluer à deux mille cinq cents la quantité moyenne de cannes pressées par journée de douze heures; en supposant qu'il n'y eût pas de temps perdu en relayant, comme un *orlong* rapporte environ vingt mille quatre cents cannes, un seul moulin serait occupé près de huit jours (à douze heures par jour) à les presser. Avec une machine convenable et un travail incessant, la même quantité de cannes pourrait être pressée en dix-huit ou vingt heures. Un cent de cannes prises au hasard a donné 32 gallons (chaque gallon de 116 onces; 145 litres, chaque litre de 800 grammes) de vesou; vingt heures de marche d'un moulin ont produit trois piculs (de 60 kil. environ) de sucre terré, de première et deuxième qualité; ce qui donne environ vingt-quatre piculs par orlong. Dans les meilleures terres on pourrait compter sur vingt-cinq piculs.

Une gouttière amène le vesou du moulin dans une cuve enterrée presque jusqu'au bord; c'est avec des seaux, comme on l'a vu plus haut, qu'on le transvase de là dans la cuve voisine des chaudières. Le contre-maître, ou premier ouvrier, est occupé à verser le vesou dans les *koalies*, ou chaudières basses en fer. Il faut observer qu'elles sont encaissées dans un ouvrage en maçonnerie bien enduit de plâtre à l'intérieur, qui s'élève d'un pied ou même davantage au-dessus de leurs bords, afin d'empêcher l'écoulement du sirop en ébullition. Dans aucune des phases de l'opération on n'accorde une grande attention à la température du liquide; c'est une affaire de tact et d'expérience. Quand l'ébullition est trop violente on l'apaise en jetant un peu d'huile de coco dans la chaudière. Dès que le vesou a suffisamment bouilli dans la première chaudière, on le jette dans le réservoir en bois, à fond plat, qui sert à le clarifier; on laisse déposer toutes les matières étrangères dont il est chargé, puis à l'aide du siphon on le transvase dans la seconde et enfin dans la troisième chaudière. Dans cette dernière on verse environ un sixième de tchoupah (1), ou même davantage, de chaux fine de coquille, pour activer l'opération. De temps en temps on examine attentivement le sirop par petites quantités sur une soucoupe plate. Quand il est assez cuit, on le verse dans la cuve à refroidir. Après l'y avoir laissé quelques minutes, on le jette dans des jarres en terre cuite, de forme conique, faites pour contenir cinquante *cattys* (2) de sucre chacune. Douze heures de travail d'un moulin fournissent ordinairement de quoi remplir douze de ces formes, et chaque jarre, après le terrage, donne de vingt-quatre à vingt-cinq cattys de sucre, dont vingt cattys environ de bonne qualité, le reste fortement coloré. Ces jarres sont remplies peu à peu avec le sirop tiré de la cuve à refroidir; on y verse chaque fois le quart à peu près de ce qu'elles peuvent contenir, pour permettre à la cristallisation de se former. On les range ensuite sur une plate-forme de *kibong*, ou de bois de palmier fendu, élevée de deux pieds au-dessus du sol, à l'abri d'un hangar fait de matériaux légers. Sous la plate-forme se trouvent des conduits en gros bambous, fendus dans leur longueur, et destinés à recueillir la mélasse.

Douze jours après avoir rempli les formes, quand la mélasse a bien dégoutté, on pose sur la surface des gâteaux d'argile humide et bien pétrie. On change deux ou trois fois cette argile, qui enlève chaque fois une partie de sucre.

On fait sécher le sucre terré au soleil dans des baquets de bois; on l'emballe ensuite dans des paniers d'osier, garnis intérieurement de feuilles de palmier. La quantité de mélasse que l'on obtient est, en poids, la moitié à peu près de celle du sucre, peut-être un peu davantage, à cause de l'eau qui est mêlée à l'argile. Comme la mélasse est peu recherchée,

---

(1) Tchoupah, environ 5/16 de gallon, ou 1 litre 42.

(2) *Catty*, 1 livre 1/2 angl. (600 gr. environ).

les Chinois n'apportent pas un grand soin à sa fabrication. Elle est généralement pleine de fourmis mortes, de mouches et autres insectes, qui pullulent dans les sucreries.

On n'a pas encore essayé de distiller du rum ; les Chinois tirent une espèce d'arrack de la distillation d'un mélange fermenté de riz et de mélasse.

Les procédés employés pour faire la grosse cassonade noire sont les mêmes que ceux indiqués plus haut ; à cette différence près, qu'au lieu de verser le sirop concentré dans les formes à terrer, on le répand dans des baquets plats, dans lesquels on le remue avec des pelles en bois, jusqu'à ce qu'il soit assez cristallisé pour pouvoir être emballé. Il contient en général beaucoup trop de mélasse pour convenir à l'exportation.

Nous avons supposé qu'il fallait quatre mois pour faire la récolte des cannes et fabriquer le sucre, et nous avons calculé sur le travail de huit moulins par cent *orlongs* pendant cette durée de temps : mais trois moulins suffiraient si on les tenait constamment en activité, comme ne manqueraient pas de le faire des Européens.

Frais de fabrication du sucre provenant de la récolte de 100 orlongs.

Frais de premier établissement.

	Piastres.
Huit moulins à 200 piastres chacun.	1,600
Cinquante buffles à 10 piastres.	500
Bâtiments.	400
Frais accessoires.	100
Récolte de 100 orlongs convertie en sucre aux prix ci-dessus, dans l'espace de quatre mois.	3,200
Frais d'entretien et de réparations, pertes accidentelles.	400
Emballage et transport au marché.	200
Intérêts du capital.	300
Total.	6,700
Frais de culture établis plus haut.	5,881
Total général des frais après la première saison de quatorze mois.	12,581 (1)

(1) La valeur de la piastre espagnole varie entre 100 et 115 *pices* (prononcez *paès*). Elle s'est généralement maintenue à 105 pendant le séjour de M. Scott. Le gantang est de 271 pouces cubiques 65, ou environ 1 gallon 1/4, ou 5 litres 580. — 800 gantangs font 40 piculs.

PRODUIT.

2000 piculs de beau sucre terré à 6 p. le picul, et 400 cassonade noire à 3 p. 1/2 le picul.	13,400
26,800 gantangs de mélasse à 15 pices le gantang.	3,945
Total des recettes :	17,345
Des dépenses.	12,581
Profit net : Piastres	4,764

Les plus pauvres d'entre les Chinois louent un moulin à une piastre par jour, sans buffles ni domestiques.

Dépense quotidienne d'un moulin en activité.

	Piast.
Un tindal, ou employé à la fabrication du sucre.	0,68
Un homme chargé de l'entretien du feu.	0,20
Un pourvoyeur du moulin.	0,25
Un homme pour dégager la bagasse et porter le vesou à la chaudière.	0,30
Un conducteur pour les buffles.	0,20
Coupe des cannes et transport au moulin.	1,00
Cinquante bûches de bois à brûler.	0,90
Chaux et huile de coco.	0,05
Douze formes à terrer (au tiers de leur valeur, leur durée moyenne étant de trois saisons).	0,60
Total. Piastres	4,00

Ce qui met la dépense de huit jours, nécessaires pour presser la récolte d'un orlong, à 32 piastres.

En supposant ces prix invariables, le bénéfice net de chacune des saisons suivantes devrait surpasser celui de la première de tout le capital employé à l'achat de terres, moulins, bestiaux, etc., et à la construction des bâtiments, dont la valeur a été portée tout entière à l'état des dépenses.

Les Chinois ne reconnaissent pas volontiers qu'ils retirent quelque bénéfice de cette culture ; mais partout ils tendent au monopole, et il est parfaitement avéré que plusieurs d'entre eux sont retournés en Chine, quittant leurs sucreries avec des économies considérables.

Peut-être, néanmoins, serait-il plus sage, en commençant une plantation de sucre, de ne compter que sur une récolte moyenne de vingt-deux piculs, et sur une quantité proportionnée de mélasse, au lieu du produit supposé plus haut ; parce qu'il pourrait être difficile maintenant de trouver des terrains étendus d'une fertilité uniforme.

Les Chinois ont vendu leurs sucres jusqu'à huit ou neuf piastres espagnoles le picul. On n'en importe plus guère dans l'île, ni dans la province de Wellesley, depuis que les producteurs indigènes peuvent, en cas de concurrence, encombrer le marché, faire baisser les prix, et rendre ruineuse toute spéculation de ce genre.

En 1836 quelques capitalistes européens commencèrent une plantation de plusieurs centaines d'*orlongs* à *Bukit-Tamboon*, province de Wellesley, et vers la même époque les propriétaires d'Otahiti (à *Ayer Itam*, île du Prince de Galles) entreprirent dans un but pareil le défrichement de cette propriété; mais les procédés de fabrication étaient à peu près les mêmes que ceux employés jusqu'à ce jour par les Chinois, si ce n'est qu'à Otahiti le mouvement était donné par une roue à eau.

Vers la fin de 1841, M. Donnadieu, planteur de l'île Maurice, arriva à Pénang; après avoir visité les diverses plantations, examiné le terrain, après s'être informé du prix du bétail, de celui des salaires, et être entré dans tous les détails nécessaires, il adressa au gouvernement une demande de concession de terre à *Jajavee*, province de Wellesley, et commença aussitôt à défricher et à planter des cannes. Son exemple fut bientôt suivi par d'autres capitalistes habitant antérieurement Pénang ou arrivés depuis lors dans la colonie.

Voici un état des propriétés, de l'étendue des terres cultivées, etc.

PROPRIÉTÉS.	Étendue. (Acres.)	Terres en culture.	Terres prêtes à être cultivées.	NATURE ET PUISSANCE DES MOULINS.
Jajawec.............	2,000	400	400	Machine à haute pression de la force de 16 chevaux.
Val d'or.............	666	150	500	Id. commandée en Angleterre.
Laboo-Mariane.......	»	70	»	Moulin horizontal à buffles, cylindres en fer.
Tasseh..............	1,000	150	50	
Tuddenham..........	1,333	250	»	Machine à basse pression de la force de 9 chevaux.
Ayer Stam...........	300	150	»	
Bukait Tamboon......	»	600	100	Sept grands moulins à buffles dont six en granit et un en fer.
Krean...............	400	»	»	En défrichement.
Six autres petites propriétés à Pénang et dans la province Wellesley.	»	844	170	Moulins à buffles en granit et en bois.

Il n'y a que six à sept ans, à proprement parler, que les Européens ont commencé à se livrer à la culture du sucre dans l'île du Prince de Galles et dans la province Wellesley, et il est digne de remarque que dès la quatrième année, sur les six mille orlongs pour lesquels des demandes de concession avaient été faites, deux mille huit cents orlongs étaient déjà plantés, et que mille huit cents orlongs étaient défrichés ou sur le point de l'être (1).

Ces détails suffisent pour montrer avec évidence ce que l'on peut attendre de l'activité et de l'intelligence des Chinois, et surtout des Européens, pour le développement rapide des ressources agricoles et industrielles des Provinces Anglaises dans l'Indo-Chine.

(1) Le tableau suivant fera connaître la quantité de sucre, de mélasse et de rum fabriquée depuis 1842 jusqu'au 31 août 1844 :

Sucre..... 27,184 piculs, ou 1,618 tonn.
Mélasse.... 17,772 Id.
Rum. .... 26,873 gallons.

État approximatif de la quantité de sucre à fabriquer pendant l'année suivante.

Sucre..... 54,454 piculs, ou 3,242 tonn.
Mélasse.... 23,632 id.
Rum...... 60,000 gallons.

ANNAM,
OU EMPIRE COCHINCHINOIS.

OROGRAPHIE ET HYDROGRAPHIE ; GÉOGRAPHIE GÉNÉRALE ET POLITIQUE.

L'ensemble des pays Annamites présente, au point de vue géographique, un caractère particulier : celui d'un développement de côtes qui reproduit, sur une échelle un peu moindre, au sud et en arrière du continent chinois, la saillie grandiose qui distingue ce continent. Cette grande ligne extérieure paraît annoncer un développement intérieur analogue; mais la chaîne de hautes montagnes qui bordent la côte resserre le pays cochinchinois proprement dit en une zone qui a un peu plus de vingt lieues d'étendue dans sa plus grande largeur.

Par le nord, c'est-à-dire par le Tong-King, la Cochinchine se lie géologiquement à la Chine, et affecte dans son relief orographique, comme dans la direction des cours d'eau qui la sillonnent, le parallélisme à l'équateur; tandis que par le sud elle participe évidemment aux tendances orographiques et hydrographiques du reste de l'Indo-Chine, dans la direction du méridien.

La chaîne de montagnes frontières du Tong-King peut encore être considérée comme parallèle à la chaîne *Yu-Ling*, et la direction divergente des principaux fleuves du Tong-King ainsi que du *Song-Ka* (que Crawfurd nomme *Song-Koi*) affecte le même parallélisme, avec inclinaison vers le sud-est; mais à partir de là les autres vallées principales de l'Inde postérieure perdent entièrement ce caractère. Au sud du *Seng-Ka* et de deux fleuves parallèles qui en sont rapprochés, mais dont le cours est beaucoup plus restreint, une courte chaîne de montagnes transversales divise le royaume de Tong-King en partie septentrionale et partie méridionale. Entre cette chaîne et la chaîne limite du nord s'étend la grande plaine du pays riverain du Tong-King. A part ces données orographiques générales, il règne encore une grande incertitude sur le relief et la constitution géologique de ce pays.

La chaîne de montagnes côtières de la Cochinchine est la première et la plus orientale de celles qui traversent l'Indo-Chine du nord au sud. On ignore où commence son embranchement dans le nord des pays élevés du Yunnan : c'est probablement entre les sources du *Seng-Ka* et du *Lan-tshan-Kiang* (*Kiou-Long* ou *Mae-Khaun*), vers l'ouest, au pays frontière des *Papes* ou *Lolos*; car c'est là que la chaîne de montagnes que nous décrivons s'écarte le plus de la côte pour entrer dans les terres et se joindre au massif montueux du Yunnan méridional. En venant de la vallée cultivée du Tong-King, il faut plusieurs journées de marche vers l'ouest pour traverser cette suite de montagnes désertes et atteindre les provinces de Laos. De cette extrémité septentrionale la large masse montueuse traverse, dans la direction du sud-sud-est, plusieurs centaines de milles d'un pays encore inconnu, et qui doit être habité par le peuple des *Moï* ou *Ké-Moï*. Ce n'est donc que du côté de l'orient que les Européens ont pu entrevoir quelques parties de cette chaîne et explorer quelques-unes de ses saillies. Elle sépare ainsi la province riveraine orientale de la Cochinchine des terres intérieures que traverse le fleuve *Maé-Khaun* ou *May-Kong*, dont le cours supérieur appartient au Laos, et qui reçoit dans son cours inférieur le nom de Cambodje. Au sud, on peut considérer le cap Saint-James comme limite méridionale de cette grande chaîne de montagnes de la Cochinchine, limite qui se trouve placée, d'après les observations du capitaine Ross, sous le 10°

16′ 4″ de latitude septentrionale, et les 105° 44′ de longitude orientale du méridien de Paris.

Nous devons à Jean-Louis Taberd, évêque d'Isauropolis, vicaire apostolique de Cochinchine, Cambodje et Ciampa, les renseignements les plus précis qui aient encore été publiés sur la géographie de l'empire Cochinchinois (1). Ce savant missionnaire avait joint à son beau travail sur la langue annamite, indiqué au bas de cette page, une carte de Cochinchine, dont celle que nous publions est la réduction, et où le cours du *May-Kong* (écrit par Faberd *Meycon* et *Mecon*) est tracé d'une manière très-différente de ce que nous voyons dans les cartes de nos géographes les plus modernes. — Nous reviendrons sur ce grand cours d'eau lorsque nous traiterons plus particulièrement de la province de Cambodje; embrassons d'abord d'un coup d'œil général la géographie des pays d'Annam.

Plusieurs géographes, Malte-Brun entre autres, ont pensé que le nom de Cochinchine était d'origine japonaise (*Cotchin-Djina*), et signifiait contrée à l'ouest de la Chine. — Taberd pense au contraire que ce nom est d'origine européenne et introduit par les Portugais, qui, trouvant quelque ressemblance entre la côte d'Annam et celle de Cochin, ont désigné le pays par le nom de Cochin-China : le fait est que les naturels, aussi bien que les Chinois, ne le connaissent que sous le nom d'*Annam* (2).

La division la plus convenable de la Cochinchine proprement dite est celle qui lui assigne trois parties : celle du nord, celle du centre et celle du sud. — La première commence au 17° 30′ environ de latitude, et se compose de trois provinces ou préfectures, appelées *Quang-Bình*, *Quang-Tri* ou *Dinh-Cat* et *Quang-Du'c* (selon l'orthographe de Taberd). Ces trois préfectures forment ce que nous appelons vulgairement la haute Cochinchine ou *Hué*, d'après le nom de la capitale, qui se trouve dans la préfecture *Quang-Du'c*, aussi quelquefois *Phu-Xuân*, et récemment, par un caprice vaniteux du souverain, *Phu-Thù'a-Thiên*, c'est-à-dire, « province placée sous l'influence directe du ciel ».

La Cochinchine du centre s'étend du 10° 45′ à 16° de latitude, et comprend six provinces ou préfectures. La première est *Quang-Nam* ou *Phu-Cham*, qui commence aux montagnes appelées *Ai-Ván*, vers le seizième degré de latitude nord; c'est dans cette province qu'est situé le beau port de *Touron*, que nos navigateurs appellent *Tourâne* et les Cochinchinois *Hân*. A quatre ou cinq lieues dans le sud de cette baie se trouve la ville de *Phaiphô* (le *Faïfo* ou *Faïfou* des voyageurs), qui a été pendant longtemps le centre du commerce avec les pays étrangers. — Les guerres qui désolèrent le royaume vers la fin du siècle dernier ont porté un coup mortel à la prospérité de cette ville : elle est habitée en partie par des Chinois, qui entretiennent un négoce assez actif avec leurs compatriotes. Le pays est pittoresque et fertile, quoique montueux; les Cochinchinois tirent du sud-ouest des montagnes une cannelle que l'on préfère en Chine à celle de Ceylan. Trois jours de marche conduisent de cette province dans la province voisine de *Quang-Ngai* ou *Hòa-Ngãi*, qui a moins de largeur, mais qui s'étend du bord de la mer jusqu'aux montagnes habitées par les *Moï*, la plus terrible, selon Taberd, des tribus sauvages qui occupent la grande chaîne des côtes. On y cultive aussi de la cannelle, mais le sucre en est la production principale. Pendant long temps les incursions des sauvages de la montagne, qui cherchaient à se remettre en possession de la plaine, ont nui au développement de la population cochinchinoise; mais depuis un demi-siècle à peu près ces tribus barbares ont été définitivement refoulées

---

(1) Le mémoire, peu connu, de Taberd sur la géographie de la Cochinchine a été traduit en anglais et inséré dans le *Journal de la Société Asiatique du Bengale*, vol. VI, p. 737 et suivantes : avec un supplément, vol. VII (1838), p. 317 et suivantes. — L'évêque Taberd, peu de temps avant sa mort, avait fait imprimer à Sérampoure un dictionnaire cochinchinois-latin et latin-cochinchinois, en 2 vol. in-4°; 1838.

(2) *An Nam* : « paix du Sud »; prononcé quelquefois *Ai Nam* ou *En Nam*. — Voir, à cet égard, le mémoire de Taberd, vol VI, du *Journal de la Société Asiatique de Calcutta*, déjà cité, p. 738.

dans leurs forêts, et la province est devenue beaucoup plus populeuse.

De *Hòa-Ngāi* on passe dans l'une des plus belles provinces du royaume, où de 1780 à 1793 se trouvait la capitale de l'un des usurpateurs connus sous le nom de *Tây-So'n* ou « montagnards de l'ouest ». C'est la province de *Qui-Nho'n*, que quelques-uns appellent *Qui-Phu* et d'autres *Bình-Dinh* : elle possède plusieurs bons ports, mais le plus beau et le plus vaste est celui de *Cua-Giã*. On voit partout, dans cette province, de ces tours en briques, à demi ruinées, érigées lorsque le pays appartenait à l'ancien et puissant royaume de *Ciampa*, passé depuis un siècle environ sous la domination des Cochinchinois. Les cocotiers abondent ici : l'huile de coco, les cordages préparés avec ses fibres, la noix d'arèque et un peu de soie forment les principales branches du commerce du pays.

Vient ensuite la province de *Phu-Yên*, disposée en amphithéâtre, et qui présente à la vue de beaux champs de riz et des jardins d'aréquiers et de bétel, au milieu desquels sont dispersées les humbles habitations des riches cultivateurs. Cette province fournit les meilleurs chevaux de tout le royaume. Elle est séparée de la province de *Nha-Trang*, ou *Bình-Hòa*, par une montagne très-élevée, nommée en conséquence *Dèo-Ca*, ou « la grande montagne ». Cette province a une étendue de six journées de marche. C'est ici qu'un officier français construisit une ville forte de même nom que la province, à trois ou quatre lieues d'un beau port, vis-à-vis l'île *Tré-Beke*. Cette ville soutint deux siéges contre les rebelles, l'un en 1792, l'autre en 1793. La population est peu considérable; elle cultive cependant avec succès le mûrier, et fait un commerce assez important en soie. La province produit aussi une espèce de baumier, *amyris ambrosiana*, dont le suc, d'une couleur noirâtre, n'est pas inférieur en parfum au liquidambar.

La dernière province de la Cochinchine centrale est celle de *Bình-Thuán*, où était située la capitale du royaume de *Ciampa*. L'ancienne population, aujourd'hui considérablement réduite, s'est retirée aux pieds des montagnes, abandonnant à ses nouveaux maîtres les bords de la mer et les parages sablonneux qu'on appelle « le désert de la Cochinchine ». *Ciampa* était jadis un État considérable, qui n'a été connu des Européens qu'au temps de son déclin. Avant le quinzième siècle, ce royaume était borné au nord par le Tong-King, au sud par Cambodje, à l'est par la mer, à l'ouest enfin par les montagnes et le pays des Laos. Les indigènes sont nommés par les Cochinchinois *Loï*, et le pays *Thuán*, *Thiêng*, etc. Il résulte des chroniques javanaises que le Ciampa avait autrefois des relations fréquentes et fort actives avec les habitants de l'archipel Malais : au quinzième siècle l'empereur de Java avait épousé une fille du roi de Ciampa. Le bois d'ébène est très-commun dans le pays, mais le bois le plus précieux, et qu'on en retire en assez grande abondance, est le bois d'aigle, dont la première qualité se vend, s'il faut en croire l'évêque Taberd, pour son poids en or : les Cochinchinois l'appellent *ki-nam*. Indépendamment de son parfum délicieux, il possède, à ce qu'on assure, des propriétés médicinales.

La province de *Bình-Thuán* s'étend du 11° 45′ nord au 10° 45′, où commence la Cochinchine du sud, qui comprend la partie du Cambodje conquise par les Cochinchinois. Cette province, d'acquisition comparativement récente, appelée autrefois *Dóng-Nai*, « champ des cerfs », et connue des indigènes, et surtout des Européens, sous le nom de *Sài-Gón*, est désignée officiellement sous celui de *Giả-Dinh*; elle comprend huit préfectures : la première, qui touche à *Bình-Thuán*, est appelée *Biên-Hòa* ou *Dô'ng-Nai;* la seconde, *Phan-Yên* ou *Sài-Gón*, dont le chef-lieu est la ville fortifiée de même nom; la troisième est *Dinh-Tu'ò'ng*, vulgairement *Mi-Tho;* la quatrième est celle de *Vinh-Thanh*, ou *Long-Hó;* la cinquième, *Châu-Dó'c*, ou *An-Giang;* la sixième est *Nam-Vang*, et comprend l'ancien royaume de Cambodje. La septième, appelée *Hà-Tiên*, est connue des Européens sous le nom de *Cancao*. Cette préfecture étend sa juridiction de l'île appelée *Hòn-Tram* (*Hòn-Cócóng*, sur la carte de Taberd), dans le golfe de Siam, jusque près du onzième degré de latitude nord. C'est l'île *Kokong* de Crawfurd, qui la place par 10° 40′ latitude nord et 103° 13′ latitude ouest du méridien de Greenwich, et qui se trouve située à l'extrémité de la ligne qui sépare le royaume de Cochinchine de celui de Siam : les Cochinchinois y entretiennent un corps de troupes pour la garde de la frontière, et c'est de là que lui vient son nom, qui signifie « île de la garde ». *Poulo-Oubi* (en cochinchinois *Hòn-Khoai*, « île des ignames »), située par 8° 25′ de latitude nord, forme l'extrême limite du royaume au sud. Enfin, la huitième préfecture, connue vulgairement sous les noms de *Go-Sat* et *Pursat*, est la plus éloignée, dans le nord-ouest, de toutes celles qui sont placées sous le gouvernement de Saïgôn.

Cette énumération très-sommaire nous montre la Cochinchine divisée en dix provinces et dix-sept préfectures, attendu que la vaste province de *Gia-Dinh* en comprend huit à elle seule. Six de ces préfectures sont sur le bord de la mer; mais en dehors des limites de la Cochinchine du Sud proprement dite se trouvent, comme nous venons de le voir, dans le nord-ouest de Saïgôn, et sous sa dépendance administrative, les deux préfectures que la carte de Taberd et son dictionnaire nous font connaître sous les noms de *Nam-Vang-Trấ'n* et *Go-Sát-Trấ'n*, et qui n'ont été visitées par aucun européen.

Le Tong-King, qui depuis 1802 a été réuni au royaume de Cochinchine, compte douze provinces et quatorze préfectures; les provinces de *Thanh* et *Nam* ayant chacune deux préfectures. Le Tong-King était autrefois séparé de la Cochinchine par une muraille, que nous trouvons indiquée sur la carte de Tabert sous le nom de *Lui-Sấ'y* (« grande muraille »), par 17° 30′ environ de latitude nord, à peu de distance et au sud de la rivière *Sông-Gianh* ou *Gianh-Giang* (selon la carte). C'est au delà de cette rivière que paraît commencer aujourd'hui la préfecture *Nghé-An*, appartenant à la province *Thaun* ou *Thanh*. Les noms des treize autres préfectures sont : *Thanh-Nôi*, *Thanh-Ngoai*, *Hu'ng-Hóa*, *Nam-Thuo'ng*, *Nam-Ha*, *Hai-Dông*, *Kinh-Bắc*, *So'n-Tây*, *Cao-Bằng*, *Lạng-Bắc*, *Thäi-Nguyên*, *Tuyên-Quang* et *Yên-Quang*; cette dernière préfecture touche à la province chinoise de *Quang-Tong*.

Quatre des provinces que nous venons d'énumérer sont désignées comme provinces est, ouest, nord et sud, par rapport à la ville royale, qui est placée au centre des quatre et appelée *Ke-cho'* ou *Ha-Nôi*. Six autres provinces dépendent administrativement de ces quatre, ce qui fait qu'on les désigne sous le nom des « quatre gouvernements »; les deux provinces restantes sont appelées le « gouvernement extérieur ».

La province de *Thaun* ou *Thanh* (*Xù'-Thanh*) est divisée, comme nous l'avons dit, en deux préfectures ou *trấn;* elle est célèbre dans l'empire Cochinchinois comme ayant donné naissance aux trois dynasties royales, savoir : la dynastie Lê ou des *Vua*, ou rois de *Tong-King*, dont les princes, dans ces derniers temps, n'avaient conservé que le titre de roi, sans avoir la moindre part au gouvernement; la dynastie *Trinh*, qui, bien qu'elle n'ait jamais porté de titre plus élevé que celui de *chùa* (seigneur ou régent), a exercé par le fait l'autorité suprême dans l'Etat; la troisième enfin, la dynastie *Nguyen*, qui, après avoir gouverné la Cochinchine comme *chùa* ou régent, a soumis le Tong-King à son autorité, et gouverné les deux royaumes réunis.

Cinq provinces doivent être désignées comme maritimes, savoir : *Xu*, *Nghé* ou *Nghé-An*, *Thanh-Nôi* (sur la carte, *Thanh-Hoa-Nôi*) et *Thanh-Ngoai*, *Nam-Thu'o'ng* et *Nam-Ha*, *Hai-Dông* et *Yên-Quang* (sur la carte *Quang-Yên*).

La province de *Nam*, ou du Sud (par rapport à la capitale), bien qu'elle ne soit pas la plus étendue, est la plus belle et la plus peuplée de toutes; c'est un pays de plaines, en général, tandis que les autres provinces ont plusieurs parties montagneuses. *Ke-Cho'*, l'ancienne capitale du Tong-King, n'appartient, à proprement parler, à aucune de ces provinces : c'est le foyer ou le centre commun des « quatre gouvernements ». Son nom de *Ke-Cho'*, qui signifie le « grand marché », n'est que la désignation vulgaire de la ville : son nom réel ou officiel est *Thanh-Long-Thành*, la « ville du Dragon jaune ». Elle avait été bâtie au commencement du septième siècle, quand le Tong-King n'était qu'une province de l'empire chinois. On l'appelait alors *La-Thanh* ou ville de *La*. Vers la fin du dixième siècle, le premier roi de la dynastie *Dinh* éleva une autre capitale, appelée *Hoa-Lu*, située plus à l'ouest, et qui fut pendant quarante ou cinquante ans la résidence des rois de Tong-King : aujourd'hui il en reste à peine la trace. Le premier roi de la dynastie *Ly* (ou *Lê*), qui monta sur le trône en 1010, rétablit la ville de *La* (*La-Thanh*) et changea son nom en celui de *Thanh-Long Thành*, ou « ville du Dragon jaune », à cause d'une prétendue vision que ce prince avait eue sur la Grande-Rivière. Le Tong-King est sillonné par un grand nombre de cours d'eau ; mais le plus considérable est celui auquel on a donné le nom de *Sóng-Ka*, ou « Grande-Rivière ». Il faut remarquer ici que les Cochinchinois, ainsi que les autres peuples de l'extrême Orient, ne donnent à aucune rivière un nom qui s'applique à toute l'étendue de son cours : ils emploient le terme général *sóng*, fleuve ou rivière, et y ajoutent les noms des villes principales par lesquelles ou près desquelles passe la rivière ; en sorte que celle-ci change fréquemment de nom dans les différentes portions de son cours. Le *Sóng-Ka* a sa source (ou ses sources) dans les montagnes du Yunnan : il court du nord-ouest au sud-est, traversant la province de l'ouest, la ville royale et la province du sud, et se jette dans la mer au fond de golfe de Tong-King par plusieurs embouchures. Nous reviendrons bientôt sur l'hydrographie de l'empire Annamite. Nous avons cru devoir, avant tout, nous efforcer d'éclaircir la géographie politique de ces pays, en nous appuyant, de préférence, sur les connaissances locales, la longue expérience et les études spéciales de l'évêque Taberd. Nous n'entrerons pas dans l'énumération des principales îles dépendantes de la Cochinchine ; nous ferons seulement observer que depuis trente-quatre ans l'archipel des *Paracels* (nommé par les Annamites *Cát-vàng*), véritable labyrinthe de petits îlots, de rocs et de bancs de sable justement redoutés des navigateurs, et qui ne peut être compté que parmi les points du globe les plus déserts et les plus stériles, a été occupé par les Cochinchinois. Nous ignorons s'ils y ont formé un établissement (dans le but, peut-être, de protéger la pêche) ; mais il est certain que le roi *Gia-Long* tenait à ajouter ce singulier fleuron à sa couronne, car il jugea à propos d'en aller prendre possession en personne, et ce fut en l'année 1816 qu'il y abora solennellement le pavillon cochinchinois.

En résumé, l'empire annamite se trouve aujourd'hui divisé en vingt-deux provinces (*xiu*) et trente et une préfectures (*trán*) ; mais il paraît que depuis 1833 le souverain cochinchinois (*Minh-Mang*, alors régnant), désireux d'imiter son puissant voisin et suzerain l'empereur de Chine, a voulu que deux préfectures fussent réunies sous l'administration d'un gouverneur général. Ces gouverneurs généraux, ou plutôt leurs chefs-lieux, sont appelés *Tinh*. La province royale, *Hué*, ou *Quang-Du'c*, est aussi appelée Hué-Phu, Phu-Thù'a-Thiên, Phu-Xuân, etc. (1).

Crawfurd, qui a porté dans toutes ses recherches le même esprit d'investigation philosophique, de saine critique et d'exactitude qui distingue son grand ouvrage sur l'archipel Indien, a visité la Cochinchine en 1822 en qualité d'envoyé extraordinaire du gouvernement suprême des Indes anglaises, et les résultats de cette mission ont été consignés dans une relation intitulée *Journal of an Embassy to the courts of Siam and Cochinchina*, etc., dont la deuxième édition a été publiée à Londres en 1830. Nous compléterons, à l'aide des renseignements que renferme cette intéressante relation et de la relation, plus récente, de l'expédition du capitaine (aujourd'hui amiral) Laplace, ce qui nous reste à dire sur la géographie de

(1) Nous avons, autant que possible, suivi dans ce résumé l'orthographe de Taberd ; mais pour expliquer comment cette ortographe exprime la prononciation cochinchinoise, il faudrait entrer dans des détails qui nous sont interdits par les limites que nous impose la nature même de notre travail, et nous devons nous contenter d'indiquer de nouveau le savant dictionnaire de l'évêque d'Isaurapolis, où on trouve toutes les explications désirables.

ces vastes contrées, dont les côtes seules ont pu être étudiées avec quelque détail.

Crawfurd évalue la longueur extrême de l'empire Cochinchinois à neuf cents milles géographiques; sa largeur varie, selon lui, de soixante à cent quatre-vingts milles; sa surface atteint à peu près le chiffre de 98,000 milles carrés.

Le Tong-King se compose en grande partie de terres d'alluvion, peu élevées au-dessus du niveau de la mer. La Cochinchine est très-montueuse, avec des vallées d'une grande étendue, et parfois d'une fertilité remarquable. Le Cambodje cochinchinois présente presque partout le caractère de terrain d'alluvion, très-peu élevé au-dessus du niveau de la mer.

Le Tong-King est appelé *Dóng-Kinh-Bac* et *Dàng-Ngòai* par les Annamites; *Annam-Tang-Koa*, par les Chinois et les Siamois; Tonquin par les Français. La Cochinchine est appelée par les habitants *Annam-Dàng-Trong*, ou « contrée centrale » ou « intérieure », par opposition avec *Dàng-Ngòai* (le Tong-King) qui signifie « contrée extérieure » et *Bac* « septentrion ». Le Cambodje enfin est désigné par les Annamites sous le nom de *Gia Dinh-Phù*.

Tous ces pays, en général d'une fertilité remarquable, sont arrosés par un grand nombre de rivières, dont nous allons énumérer les principales, en commençant par le nord.

Le *Sóng-Ka* ou *Song-Koy*, déjà nommé, n'a probablement pas un cours très-étendu : il prend sa source dans les montagnes du Yunnan, et se jette dans la mer par deux embouchures principales, que Crawfurd place sous 20° 6' et 20° 15' de latitude nord. L'embouchure sud est fréquentée par les navires chinois, l'embouchure nord l'était surtout par les navires européens, quand les Hollandais, les Anglais et les Français commerçaient avec le Tong-King. A cette époque on assure qu'il n'y avait pas moins de dix-huit pieds d'eau sur la barre aux grandes marées, ce qui rendait le fleuve navigable pour les plus gros bâtiments; mais le chenal est obstrué depuis une vingtaine d'années par des sables : il n'est plus accessible que pour des navires de deux cents tonneaux. La rivière, large d'un mille à sa principale embouchure méridionale, est navigable pour de grands navires au moins jusqu'à trente milles. A *Héan* (ou *Hian*), lieu où s'élevaient autrefois les factoreries européennes et où les jonques chinoises étaient mouillées du temps de Dampier, à quatre-vingts milles de la mer, le fleuve était plus large que la Tamise à Gravesend, et (selon le même auteur) à la capitale, vingt milles au delà, aussi large que la Tamise à Lambeth, mais si peu profond, qu'on pouvait le traverser à cheval pendant l'été. A cent milles environ de l'embouchure, comme nous venons de le voir, est située l'ancienne capitale du Tong-King, la plus grande ville de l'empire, *Ké-Cho* (écrit *Cachao* par plusieurs géographes européens), nommée souvent par les indigènes *Buk-Than* (*Than-Pak-Than* de Taberd), trois fois grande comme *Hué*, et probablement peuplée d'au moins cent cinquante mille habitants. Dampier, de son temps, estimait que *Ké-Cho* contenait vingt mille maisons, ce qui aurait donné, dit Crawfurd, au moins deux cent mille âmes. La seule grande ville après *Ké-Cho*, *Hian*, contenait du temps de Dampier deux mille maisons, et conséquemment pas moins de vingt mille habitants.

Les rivières qui arrosent la Cochinchine proprement dite n'ont été que très-imparfaitement explorées; mais on sait positivement qu'elles ont pour la plupart un cours peu considérable. Plusieurs sont cependant navigables pour de petits navires jusqu'à une certaine distance de leur embouchure, comme la rivière de *Qui-Nhôn*, celle d'*Hué*, etc. Nous remarquons sur la carte de Taberd plusieurs cours d'eau, tels que le *Sóng Hiòng*, qui paraissent traverser la Cochinchine dans toute sa largeur et communiquer avec la grande rivière du Cambodje.

Vient ensuite la rivière de *Sàigòn*. Entre *Kang-Kao* et le cap Saint-James la côte est très-basse et sujette aux inondations : aucunes montagnes ne sont visibles dans l'intérieur; le cap Saint-James est la première haute terre que l'on rencontre en s'élevant au nord; ce cap marque l'entrée de la rivière *Sàigòn* ou *Saigoun*, peut-être, à tous égards, la plus belle rivière de l'A[sie] pour les navires européens; car les p[lus] gros navires peuvent la remonter sans pilote jusqu'à soixante milles de son embouchure. Elle communique, par deux branches au moins, avec l'embouchure, dite « japonaise, » de la grande rivière de Cambodje. La source est inconnue aux Européens. Crawfurd avait entendu dire qu'elle était navigable pour les embarcations du pays jusqu'à vingt journées de marche au-dessus de la ville de Saïgôn, qui elle-même est à quinze lieues de la mer ; elle a donc probablement un cours de trois à quatre cents milles, et, sans doute, prend sa source dans les montagnes du Laos.

La rivière de Cambodje, le *May-Kong* ou *Maé-Kaung*, une des plus grandes de l'Asie, prend, dit-on, sa source dans un lac de la province d'Yunnan. Ce fleuve est déjà navigable pour bateaux *avant* d'entrer dans le Laos, entre 22° et 23° latitude nord : il se jette dans la mer par trois embouchures principales, connues des navigateurs par les noms de « rivière de l'Est » ou « rivière *Basak* » (Ba-Thâé de Taberd), « branche centrale », ou « de l'Est », « branche du nord », ou « embouchure *Japonaise* ». La première est la plus considérable et la plus propre à la navigation, ayant, à ce que l'on assure, de quatorze à dix-huit pieds d'eau sur sa barre aux grandes marées. Le souvenir d'une grande et poétique infortune se rattache à ces embouchures célèbres : le Camoëns, après un séjour de trois ans à Macao, s'était embarqué pour revenir à Goa, vers 1561 : « Il revenait de l'exil (dit notre ami Ferdinand Denis, dans sa savante notice biographique et critique sur Camoëns et ses contemporains), « il allait revoir ses frères d'armes, il allait jouir au milieu de ses anciens amis d'une fortune laborieusement acquise. Tout cela ne fut qu'un rêve : il avait dépassé les terres de la Cochinchine, et allait entrer dans le golfe de Siam, lorsqu'une effroyable tempête entraîna son navire à la côte et le brisa. Il se sauva cependant, et sauva le manuscrit des *Lusiades*, en l'élevant au-dessus des eaux, tandis qu'il nageait vers la rive du Maykon..... Le poëte a dit avec une simplicité admirable cet épisode de son voyage ; et quand il eut acquis la triste certitude qu'il n'y aurait pour lui ni fortune ni repos, mais qu'il y aurait une lointaine renommée, il adressa à ce beau fleuve, dont les rives lui avaient servi d'asile, quelques vers charmans, où il dit sa gloire tardive et sa reconnaissance (1). »

L'ancienne capitale de Cambodje (2), *Pon-Tai-Pret*, et la nouvelle, *Penom-Peng*, sont situées, d'après Crawfurd, sur la rive droite *d'une branche* de la Grande-Rivière. — Dans la carte de Taberd, cette *branche* prétendue paraît être un affluent du *May-Kong* parfaitement distinct de ce fleuve et d'un cours relativement borné, sortant du grand lac situé dans le nord-est de *Calompé* ou Pe-Nom-Peng. — L'hydrographie de

(1) « Regarde couler à travers les champs de Camboja le fleuve Mecom, proclamé souverain des eaux ;.... un jour, en son repos, il recevra sur ses bords secourables des chants trempés des ondes de l'Océan, échappés aux écueils et aux tempêtes, préservés d'un triste et misérable naufrage, quand, frappé d'un injuste arrêt, se trouvera jeté au milieu de privations et de dangers sans nombre celui dont la lyre sonore aura plus de gloire et de renommée que de bonheur. » (Les *Lusiades*, chant X, strophes 127 et 128.)

Nous saisirons l'occasion qui se présente ici de compléter ce que nous avons dit p. 355 de ce volume, sur une *coutume étrange*, que les anciens voyageurs avaient signalée au Pégou, par la citation de la strophe suivante de l'immortel poëme du Camoëns.

Str. 122... « Vois la capitale du Pégou, que les monstres peuplèrent, monstres issus du commerce infâme d'une femme et d'un chien, abandonnés sur une terre déserte. — Ici fut créé par la reine un usage bizarre, pour mettre fin à cette abominable prostitution : *une clochette retentissante est sans cesse attachée à ces parties où l'homme reçoit l'existence.* » (Voir au sujet de cette tradition le premier volume des *Archives des Voyages*, etc., de Ternaux-Compans, p. 313.)

(2) Taberd écrit *Camboze*. — Il donne à la capitale actuelle du Cambodje le nom de *Nam Vang*, d'après les Cochinchinois : c'est le *Pe-Nom-Peng* des Cambodjiens. L'ancien royaume de Cambodje est connu des Chinois sous le nom de *Tchin-la*. Taberd prétend que les Chinois le désignaient autrefois sous le nom de *Phu-Nam*, et qu'ils l'ont appelé plus tard, non *Tchin-la*, mais *Chon-lap* ou *Chiêm-lap*. (Consulter à cet égard l'ouvrage traduit du chinois par Abel-Rémusat et mentionné plus loin.)

cette partie du pays nous paraît, quant à présent, à peu près conjecturale.

Un de ces hommes remarquables que la Providence semble avoir désignés, à de certaines époques, pour agir au nom de l'Europe sur le monde asiatique, et dont les Anglais et les Hollandais ont su tirer meilleur parti que nous : le général Van Diemen (1) illustra son administration des colonies néerlandaises aux Indes orientales par des expéditions importantes et des missions dirigées vers le développement du commerce. Ce fut lui qui noua le premier des relations régulières avec le Tong-King, et y établit le commerce de la Compagnie hollandaise, en 1637. Charles Hartsuik, qu'il y envoya, et que le roi avait adopté pour son fils, y fit successivement trois voyages avec de belles espérances, qui ne furent pas réalisées. Il en fut de même des espérances qu'on avait conçues du comptoir érigé quelque temps auparavant à Cambodje, où, en 1643, l'infortuné Règemortes, qui, revêtu du caractère d'ambassadeur, se croyait à l'abri de toute violence, fut assassiné avec les personnes de sa suite, par ordre du roi, au moment où on l'introduisait à son audience. Ce fatal événement fut suivi du massacre des Hollandais qui étaient restés dans la loge ; il leur en coûta encore la perte de deux vaisseaux. Une partie des équipages furent aussi égorgés et le reste réduit en esclavage ; mais au bout de trois ans ceux qui étaient encore en vie obtinrent la liberté de s'en aller à bord d'un bâtiment, qui, après bien des infortunes, les débarqua enfin à Batavia. Le monstre qui régnait alors à Cambodje était un usurpateur, dont l'élévation avait fait couler des torrents de sang dans le sein de sa propre famille.

Deux ans avant cette catastrophe, le général Van Diemen avait fait visiter par quelques Hollandais le royaume de Laos, qui borne au nord celui de Cambodje et est baigné comme celui-ci par les eaux du May-Kong. Ils mirent onze semaines à remonter le fleuve dans de petites pirogues depuis Cambodje jusqu'à *Winkyan*, où le roi faisait sa résidence (1). Dans quelques endroits ces premiers explorateurs d'un pays si peu connu, même de nos jours, trouvèrent la rivière fort large; dans d'autres, au contraire, fort étroite et remplie de roches. Souvent même, pour éviter des cataractes qui s'opposaient à leur passage, ils se virent obligés de porter leurs bagages sur leurs épaules, pour reprendre leur navigation à une certaine distance. Les rives leur offraient, par intervalle, des bourgs et des villages assez bien bâtis à la façon du pays. Ils rencontrèrent aussi de hautes montagnes et de petites îles formées par la rivière. Dubois, dans son *Histoire des gouverneurs généraux* (2), donne le résumé suivant de cette curieuse expédition.

« Le commis Gérard Van Wusthof, chef de cette ambassade, étant arrivé dans les environs de la capitale, quelques officiers vinrent lui demander communication particulière de ses lettres de créance avant qu'il lui fût permis de les remettre. Ces lettres ayant été examinées et trouvées en bonne forme, trois grandes pirogues, montées chacune de qua-

---

(1) Van Diemen, dont le nom reste imposé par le grand navigateur Abel Tasman à une île importante de l'Australie, était lui-même un explorateur éclairé. Il mourut en 1645. Le rôle que les Hollandais ont joué dans l'extrême Orient, comme marins, comme marchands, comme conquérants, surtout dans la première moitié du dix-septième siècle, mérite toute l'attention de l'histoire. Il a été dignement apprécié en quelques lignes éloquentes, par M. Ferdinand Denis, dans sa *Notice sur le génie de la Navigation* (*), p. 41. « Ici, dit-il (pour ne citer que ce passage), la magnificence des événements procède de la patience dans le courage, comme elle est venue jadis de l'enthousiasme dans les sentiments religieux. » Et en effet cette patience, cette persévérance intelligente et infatigable, souvent héroïque, ont produit des résultats durables autant que glorieux, tandis que les exploits des Portugais n'ont laissé que de grands mais stériles souvenirs!

(*) Paris et Toulon, 1847, in-8°.

(1) C'est le *Wiang-Tchong, Wiang-Tchan, Chandapoorie* de Richardson; *Lauehang* et *Lauchaung* de Low (*History of Tenasserim*); le *Lántschang* et *Zandapuri* de Berghaus, etc.; enfin le *Muang-Luang-Phaban* de Mac-Leod.

(2) *Vies des gouverneurs généraux* (hollandais) *aux Indes orientales*, avec un abrégé *de l'histoire des établissements hollandais*; La Haye, 1763, in-4°.

rante rameurs, furent envoyées pour prendre l'ambassadeur et son cortége. On mit les lettres dans la principale, sur un vase d'or posé sous un dais magnifique. Les Hollandais se placèrent derrière. Un *tevinia* ou vice-roi particulier était chargé de les conduire au logement que le roi leur avait fait préparer. Ils y furent complimentés par un autre *tevinia*, au nom de ce prince, qui leur fit offrir des rafraîchissements et quelques présents. On ne tarda pas de fixer le jour de l'audience, à laquelle l'ambassadeur fut introduit avec beaucoup de pompe. Un éléphant portait la lettre du gouverneur général sur un *doulany*, ou bassin d'or. Cinq autres éléphants étaient pour l'ambassadeur et pour ses gens. On passa devant le palais du roi, au milieu d'une double haie de soldats, et l'on arriva enfin auprès d'une des portes de la ville, dont les murailles étaient de pierre rouge, assez hautes et environnées d'un large fossé sans eau, mais tout rempli de broussailles. Après avoir marché encore un quart de lieue, les Hollandais descendirent de leurs éléphants et entrèrent dans les tentes qu'on leur avait fait dresser, en attendant les ordres du roi. La plaine était couverte d'officiers et de soldats, qui montaient des éléphants ou des chevaux, et qui campaient aussi tous sous la toile.

« Au bout d'une heure, le roi parut sur un éléphant, sortant de la ville avec une garde de trois cents soldats, les uns armés de mousquets et les autres de piques. Après eux venait un train de plusieurs éléphants, tous montés par des officiers armés et suivis d'une troupe de joueurs d'instruments et de quelques centaines de soldats. Le roi, que les Hollandais saluèrent en passant devant leurs tentes, ne leur parut âgé que de vingt-deux ans. Peu de temps après, les femmes défilèrent aussi sur seize éléphants. Dès que les deux cortéges furent hors de la vue du camp, chacun rentra dans sa tente, où le roi fit porter à dîner aux Hollandais.

« A quatre heures après midi, l'ambassadeur fut invité à l'audience et conduit, à travers une grande place, dans une cour carrée environnée de murailles avec quantité d'embrasures. Au milieu, se voyait une grande pyramide dont le haut était couvert de lames d'or d'un poids d'environ mille livres. Ce monument était regardé comme une divinité, et tous les Laos venaient lui rendre leurs adorations. Les présents des Hollandais furent apportés et posés à l'air, à quinze pas du prince. On conduisit ensuite l'ambassadeur dans un grand temple où le roi se trouvait avec tous ses grands. *C'est là qu'il lui fit la révérence ordinaire, tenant un cierge de chaque main et frappant trois fois la terre de son front.* Après les compliments usités en pareille occasion, le roi lui fit présent d'un bassin d'or et de quelques habits. Les personnes de sa suite ne furent pas oubliées. On leur donna aussi le divertissement d'un combat simulé et d'une espèce de bal, qui fut terminé par un très-beau feu d'artifice. Ils passèrent cette nuit-là hors de la ville de même que le roi, ce qui était sans exemple, et le matin on les ramena dans leur logement avec quatre éléphants. Depuis ce jour l'ambassadeur fut encore traité plusieurs fois à la cour, et on s'efforça de lui procurer tous les amusements imaginables. Après s'être arrêté ici pendant deux mois, il en partit pour retourner à Camboya, où il n'arriva qu'au bout de quinze semaines, fort satisfait du succès de sa commission; mais la révolution de Camboya ne permit pas depuis d'en recueillir les fruits qu'on s'en était promis.

« Le royaume de Laos produit une grande quantité de benjoin, dont l'espèce est la plus parfaite des Indes orientales. On y trouve aussi beaucoup d'or, du musc, de la gomme laque, des cornes de rhinocéros, des dents d'éléphant, des peaux de cerfs ou d'autres animaux et de la soie. »

Ce même royaume de Laos, devenu de nos jours tributaire, à la fois, de la Cochinchine et du Siam (le premier de ces États professant officiellement pour lui les sentiments *d'une mère*, l'autre se réservant à son égard l'autorité et la protection *d'un père!*), a été, il y a une vingtaine d'années, le théâtre d'une scène de désolation, de ravages et de ruine dont les détails font frémir!

Vers la fin de 1827, ou au commencement de 1828, éclata la mésintelligence qui fournit à la cour de Siam le prétexte d'envahir ce malheureux pays. Il paraîtrait que le *wiung-chau-chan* ou roi de Laos avait négligé d'envoyer à Bangkok l'arbre ou la fleur d'or, symbole de vasselage et de soumission qu'il devait offrir tous les ans à son suzerain. Une armée de vingt mille hommes fut expédiée sous le commandement du premier ministre, avec ordre d'exterminer le prince rebelle et de mettre le Laos à feu et à sang. Elle accomplit sa sanglante mission avec tout le succès que la barbarie siamoise pouvait désirer! Cependant le roi avait réussi à s'échapper avec sa famille, et croyait avoir trouvé un asile en Cochinchine; mais une infâme négociation, dont les bases principales étaient une promesse de livrer aux Cochinchinois des sujets siamois sur lesquels ils prétendaient avoir une vengeance légitime à exercer, et l'engagement pris par le roi de Siam de ne désigner pour successeur du souverain détrôné qu'un prince dont le choix conviendrait à la Cochinchine, eut pour résultat l'arrestation du malheureux fugitif, qui fut transporté à Bangkok, enfermé dans une cage de fer, traité avec indignité, torturé de mille manières, et menacé des plus cruels supplices, dont les instruments, par un raffinement d'atrocité, étaient placés à ses côtés, tandis qu'on le forçait de déclarer à haute voix qu'il avait mérité des humiliations et des souffrances plus grandes encore que celles dont on l'accablait au nom d'un suzerain miséricordieux! La Providence permit toutefois que la victime trompât la détestable attente de ses bourreaux! Le vieux prince du Laos succomba sous le poids de ses misères physiques et morales avant que son implacable ennemi eût eu la satisfaction de lui arracher la vie dans les tortures et pour ainsi dire de sa propre main. Il paraîtrait qu'en 1833 les conditions imposées par la Cochinchine à l'égard du Laos oriental n'avaient pas encore été remplies; et un ambassadeur extraordinaire de la cour d'Annam était en instance auprès du souverain siamois pour obtenir la réalisation de ses promesses, éludées depuis cinq ans sous le prétexte des difficultés que présentait le choix d'un homme capable de remplir convenablement un poste aussi important que celui de chef héréditaire de cette principauté. Quel est aujourd'hui le sort des tribus dispersées sur les bords du May-Kong? Quel avenir est réservé à ces peuples, si longtemps opprimés et que le contact des Européens peut seul initier aux bienfaits de la civilisation et du commerce (1)? Ce sont des questions dont la solution semble appartenir plus particulièrement à l'Angleterre, dont les établissements dans le Ténassérim et la péninsule Malaise ne sauraient atteindre le développement et la prospérité auxquels ils sont appelés par la force des choses, sans que les grands fleuves qui arrosent l'Indo-Chine ne satisfassent enfin à la haute destination qui leur est assignée par la nature comme moyen de communication et de transport (2).

(1) Dans le premier volume d'un recueil très-curieux et très-intéressant que nous avons déjà eu occasion de citer (*Archives des Voyages, ou collection d'anciennes relations*, etc.; par H. Ternaux-Compans), on trouve une description assez étendue du Cambodje et des pays voisins, et des détails sur une expédition très-aventureuse des Espagnols des Philippines, qui, mus par l'espoir de convertir les peuples de ces contrées au christianisme, pénétrèrent hardiment dans l'intérieur. Rien de plus curieux que la relation de cette *expédition* (qui eut lieu en 1596) par *Christoval de Jaque de los Rios de Mancaned* (p. 241 à 300 du vol. cité). — Deux de ces intrépides Espagnols visitèrent le Laos; mais Christoval de Jaque ne mentionne leur voyage que très-sommairement, et ne nous fait connaître aucune particularité qui puisse être considérée comme le résultat de leurs observations personnelles : cependant il parle du Laos, en plusieurs endroits, de manière à prouver qu'à cette époque reculée on avait dans l'extrême Orient une haute idée de l'importance et des ressources de cet État. — « Le roi des Laos (dit notre vieux soldat) « peut rivaliser par sa puissance et ses ri- « chesses avec les plus grands monarques du « monde. » — Cela pouvait être en 1596 l'exagération d'une vérité; mais nous venons de nous convaincre qu'en 1838 toute trace de cette ancienne splendeur avait depuis longtemps disparu, et qu'on ne trouve de nos jours au Laos que dépendance, humiliation et misère!

(2) Pour compléter, autant qu'il est en notre pouvoir, ce que nous avons dit au sujet

Les cours d'eau les plus importants que l'on rencontre après ceux que nous venons de mentionner sont, en contournant la côte :

Le *Camao* ou *Tek-Mao* (que Crawfurd écrit aussi *Tak-Mao*), « eau noire », qui tombe dans le golfe de Siam, vis-à-vis de *Poulo-Oubi*, et qui communique avec la grande rivière de Cambodje. Ce fleuve est navigable pendant tout son cours pour de petites embarcations. A deux journées de son embouchure se trouve une ville de même nom, peuplée d'environ deux mille habitants, tous Cochinchinois. Le *Tek-Mao* abonde en poisson ; il arrose un pays riche en plantations de riz, mais infesté par les moustiques. Nous trouvons, sur la carte de Taberd, ce cours d'eau désigné par le nom de *Sông-Xuyên-Dao*, et la province sous celui de *Tuc-Khmau* ou *Camau* ;

La rivière *Tek-Sia*, qui se jette dans le golfe de Siam par 9° 46′ latitude nord, et que les Cambodgiens (selon Crawfurd) désignent par le nom de *Ret-Ja*, (*Lâng-Rach-Giá* de Taberd), celui de *Tek-Sia* étant d'origine chinoise ; elle est navigable pour de petits navires jusqu'à la rivière de Cambodje. Le pays d'alentour produit une grande abondance de cire ; il est peu cultivé et presque inhabitable, par suite de la multiplication prodigieuse des moustiques et des sangsues ;

La rivière de *Kang-Kao* ou *Hatien*, dont l'embouchure est située sur le golfe de Siam par 10° 14′ latitude nord et 104° 55′ de longitude (selon Crawfurd). Cette embouchure est très-large quoique peu profonde, n'ayant que sept coudées d'eau, environ, à la marée haute et trois pieds d'eau seulement à la marée basse. Pendant la saison des pluies il y avait autrefois une communication naturelle entre cette rivière et le *May-Kong* : les Cochinchinois, dans ces dernières années, ont converti, à force de bras, cette communication en un canal navigable de quarante mètres de largeur sur une profondeur moyenne de cinq mètres. C'est le canal d'*Hatien* ou *Athien* (1). La ville de ce nom située sur la rive droite du fleuve, à deux milles de l'embouchure, compterait, selon Crawfurd, environ cinq mille habitants, Cambodjiens, Cochinchinois, Chinois et Malais (ces derniers en petit nombre). Vers la fin du dix-huitième siècle il existait sur cette rivière une ville considérable, appelée par les Européens *Pontiamas* (*Po-Tai-Mat*, par les indigènes), et que le commerce étranger approvisionnait d'une foule d'articles nécessaires à la consommation de l'ancienne capitale, Cambodje (*Pon-Tai-Pret* de Crawfurd et de la carte de Berghaus), située à cinquante ou soixante lieues de là, sur la Grande-Rivière. Ce marché a été ruiné en 1177 par les Siamois, dans le cours de l'une de leurs invasions, et ne s'est jamais relevé depuis.

La rivière *Kam-Pot* (orthographe de Crawfurd), nommée par les Européens *Can-vot* (*Cân vot* ou *Compot* de Taberd), et qui a son embouchure dans le golfe par 10° 43′. La ville principale de même nom que l'on rencontre sur les bords de la rivière, à douze journées de marche

(1) On travaillait à ce canal du temps de Crawfurd. Il avait été commencé en 1820 (*) : vingt mille Cochinchinois et dix mille Cambodjiens y ont été employés pendant plusieurs années : dix mille de ces malheureux ouvriers sont morts de soif, de fatigue et de maladies.

(*) Ce détail est tiré du journal d'un certain Gibson, fils d'un Européen, et qui, né à Madras, avait été élevé en partie dans l'Inde Anglaise, en partie dans le Birmah. — La connaissance que Gibson avait acquise des mœurs et des usages de ce dernier pays, aussi bien que des langues birmane, telingue, hindoustanie, portugaise, etc., secondée par une aptitude naturelle aux affaires, le mirent en faveur à la cour d'Ava, qui, projetant en 1823 la conquête de Siam et désirant obtenir, à cet effet, le concours de la Cochinchine, y envoya Gibson en qualité d'ambassadeur. Cette ambassade fut poliment accueillie, mais, le roi de Cochinchine ne jugeant pas à propos d'entrer dans l'alliance offensive qui lui était proposée, Gibson ne fut pas reçu à la cour, et l'ambassade birmane, à son retour, tomba au pouvoir des Anglais lorsque ceux-ci s'emparèrent de Tavoy. — Gibson entra au service anglais en qualité d'interprète, et mourut peu de temps après, d'une attaque de choléra. — Son journal, qui renferme une foule de détails curieux que nous regrettons de ne pouvoir reproduire, a été publié par Crawfurd dans un appendice, vol. II de son intéressante relation.

des pays compris sous la dénomination générale de *Laos* ou *Lao*, nous ajouterons que, selon Taberd, le *Lac-Thô*, que Malte-Brun avait confondu avec le *Laos* (connu des Chinois, dit-il, sous le nom de *Lac-Tchoue*), n'est qu'un district ou canton peuplé d'environ 1,500 habitants, et situé dans le sud-ouest du Tonquin et dépendant de la province de *Thang-Hoa-Ngoai*.

de la capitale actuelle de Cambodje (*Pe-Nom-Peng* ou *Calompé* : *Columpé* de la carte de Taberd), est habitée par des Cambodjiens, quelques Cochinchinois et environ mille Malais;

La rivière de *Pong-Som* enfin, peu considérable (d'un cours plus étendu cependant que la précédente), qui se décharge également dans le golfe et par la même latitude : la ville située près de l'embouchure contient, dit-on, un millier d'habitants, Chinois. La contrée traversée par le *Pong-Som* est fertile en poivre, gamboje, cardamome et arbres à vernis.

Des lacs de la Cochinchine ou des pays voisins et placés dans sa dépendance nous ne connaissons rien de positif ou de précis par les relations modernes, et nous ne trouvons que de vagues données dans les récits des anciens voyageurs. Nous savons que dans le Cambodje occidental il existe plusieurs lacs, dont un de grande étendue, que la carte de Taberd appelle *Bién-Hô* (ou « grand lac ») et que Gibson, dans son journal, désigne sous le nom de *Bantaibang*. Crawfurd mentionne deux lacs d'eau douce d'une assez grande étendue, situés dans le nord-est de *Pe-Nom-Peng*, et qui pendant la saison des pluies n'auraient pas moins de trois brasses de profondeur, mais une ou deux coudées seulement pendant les chaleurs. Le plus considérable porte, en cambodjien, le nom de *Tan-Lé-Sap*, ou mer d'eau douce, et en malais celui de *Sri-Rama*. Selon les indigènes, il faut un jour et une nuit pour le traverser. Ces lacs ne sont pas indiqués dans la carte de Taberd, ce qui nous semble inexplicable. (On remarque seulement quelques petits lacs ou étangs vaguement indiqués dans la même direction, mais à une assez grande distance.) Ces deux grands lacs sont probablement ceux que mentionne le voyageur chinois qui a visité le Cambodje (*Tchin-La*) à la fin du treizième siècle, et dont Abel-Rémusat a traduit et publié la relation en 1819 (1). Il les désigne sous les noms de lac oriental et lac septentrional : il donne au premier cent *li* de tour environ, c'est-à-dire de quinze à vingt lieues, et le place à la distance de dix *li* de la capitale, soit une lieue et demie à deux lieues. Il nous reste à dire quelques mots des îles trop nombreuses, mais, en général, peu importantes, qui dépendent de l'empire Annamite.

La race cochinchinoise, ainsi que nous l'avons déjà constaté dans le cours de ce résumé, s'est étendue au nord du golfe de Siam jusqu'à *Ko-Kram*, près du treizième degré de latitude. Cette île cependant et celles du voisinage appartiennent à Siam jusques et y compris *Ko-Kong*. Toute la chaîne d'îles depuis *Ko-Kong* jusqu'à *Poulo-Obi*, et les îles au large, comme *Poulo-Panjang* et *Poulo-Wi*, sont du domaine de la Cochinchine.

La plus considérable de ces îles, *Phú-Quoc* en cochinchinois; *Koh-Dud* des Siamois (« l'île du large » ou « île lointaine », parce qu'elle est extérieure au groupe principal près de la côte, archipel Hastings des Anglais); *Koh-Trol* des Cambodjiens (« île du volant » ou « du ballon ») »; le *Quadrole* des anciennes cartes, n'a pas moins de trente-quatre milles de longueur. Ses productions principales consistent en cochons, cerfs, buffles sauvages et bœufs : on n'y voit ni tigres ni léopards. La population de l'île, selon Crawfurd, peut s'élever de 4 à 5,000 âmes, qui se nourrissent surtout de *convolvulus batatas*, qu'ils cultivent, et de riz qu'ils importent de *Kang-Kao*, situé vis-à-vis. Les habitants se livrent tous à la pêche; leurs bateaux sont très-bien construits et bien gréés; ils sont employés à la pêche du *tripang*, qu'on harponne sur la côte dans deux ou trois pieds d'eau. — Les marées y sont considérables; de dix-huit pieds selon Crawfurd, tandis qu'elles ne dépassent pas, en général, dans ces contrées, huit à neuf pieds. La végétation de l'île est riche et variée. Les oiseaux de mer abondent dans ces parages.

Les seules îles considérables appartenant à la Cochinchine, dans les mers de Chine, sont *Poulo-Con-Dore* et *Poulo-Can-Ton* (*Cal-Lao-Cham*) (1).

---

(1) *Description du royaume de Camboge par un voyageur chinois*, etc.; Paris, 1819, in-8°.

(1) Orthographe de Crawfurd.

CLIMATS ET PRODUCTIONS; RACES DIVERSES.

Aux trois grandes divisions de l'empire Annamite correspondent trois climats qu'on peut caractériser, d'après le petit nombre d'observations recueillies, de la manière suivante :

1° *Climat.* — Les saisons au Cambodje suivent les mêmes phases qu'au Malabar, au Bengale et à Siam. Les pluies commencent à la fin de mai ou dans les premiers jours de juin, et durent jusqu'en septembre. Cette saison est marquée par les orages, les tourmentes atmosphériques, et l'abaissement de la température. L'autre moitié de l'année est douce et sereine, quoique la chaleur soit souvent considérable et que, selon le voyageur chinois dont la relation, traduite par Abel Rémusat, a été indiquée plus haut, il ne se passe pas de jour que les habitants du pays ne se baignent une ou deux fois dans l'eau courante ou dans les étangs. Crawfurd, pendant son séjour à Saïgôn, trouva, vers la fin d'août, que le thermomètre de Fahrenheit donnait les indications suivantes :

Six heures du matin, 79° (26°,11 cent.); midi, 82° (27°,78 cent.); six heures du soir, 80° (26°,67 cent.). Nous n'avons pas d'indications thermométriques pour la saison chaude.

2° *Climat.* — Celui de la Cochinchine proprement dite est affecté par la position géographique, embrassant sept degrés de latitude (du onzième au dix-huitième), par la constitution géologique du pays, qui est montagneux, baigné par la mer dans l'est, et borné à l'ouest par une haute chaîne de montagnes, courant nord et sud, qui intercepte les nuages et intervertit en conséquence l'ordre des saisons. Ainsi, la saison sèche prévaut en Cochinchine pendant la mousson de sud-ouest, et la saison humide pendant la mousson de nord-est. Les pluies commencent avec les derniers jours d'octobre, et se prolongent jusqu'en mars. Quand Crawfurd quittait Saïgôn, au commencement de septembre, la saison des pluies (au Cambodje) touchait à sa fin, et avant son départ de Hué et Tourane, vers la fin d'octobre, elle s'établissait en Cochinchine. M. Chaigneau, qui avait résidé longtemps à Hué, informa Crawfurd que la plus grande chaleur qu'il y eût jamais observée était de 31° Réaumur (environ 103° Fahrenheit : 39°,44 cent.), et que le plus grand froid n'abaissait guère le fluide thermométrique au-dessous de 11° (57° Fahrenheit, ou 13°,89 cent.); mais le froid *éprouvé* paraissait beaucoup plus vif que ne l'aurait fait supposer l'indication thermométrique, ce qui s'expliquait par cette circonstance que les pluies périodiques tombant à la même époque rendent le corps humain plus sensible aux variations atmosphériques.

3° *Climat.* — Le Tong-King, pays plat du côté de la mer et montagneux vers la frontière chinoise, a les mêmes saisons, à peu près, que le Cambodje et les autres contrées de l'Asie postérieure exposées à l'influence de la mousson de sud-ouest. Selon Dampier, Richard et la Bissachère, les pluies commencent en mai et finissent en août. La chaleur de l'été est quelquefois excessive, et le froid en décembre, janvier et février, est très-vif et rendu plus désagréable par d'épais brouillards, qui sont assez ordinaires à cette saison de l'année. Une circonstance remarquable, et due au concours de causes encore imparfaitement indiquées, est la fréquence et la violence des ouragans et des typhons sur les côtes de Tong-King. Ces grandes commotions atmosphériques s'observent à de plus rares intervalles et dans des proportions moins effrayantes sur les côtes de Cochinchine, et surtout au sud du seizième parallèle; au Cambodje elles sont entièrement inconnues !

Au total, le *climat moyen* de l'empire Annamite paraît être bon et salubre. Les Européens se louent plus particulièrement du climat des provinces d'Hué et de Saïgôn. Le témoignage de nos compatriotes Vannier et Chaigneau, qui avaient résidé plus de trente ans dans le pays et l'avaient parcouru dans diverses directions, est décisif à cet égard. La constitution robuste et active des indigènes témoigne, en général, de l'influence salutaire des conditions atmosphériques dans lesquelles le pays est placé.

Productions. — *Règne minéral.* — Les terrains de Cochinchine paraissent être, en général, de formation primitive.

C'est au moins ce qu'indique le petit nombre d'observations géologiques recueillies pendant la mission de Crawfurd. Les principales montagnes, du cap Saint-James à Hué, se composent de masses granitiques et de syénite. Quelques-unes des chaînes les moins élevées et quelques collines isolées consistent en quartz, marbre et roches calcaires. Le Cambodje, de formation alluviale, est pauvre en produits métalliques. On y trouve, cependant, du fer, mais en trop petite quantité pour suffire à la consommation locale. Le déficit est comblé par des importations du Siam, du Tong-King et, dans ces derniers temps, des établissements européens dans le détroit de Malacca. La Cochinchine proprement dite est aussi dénuée de richesses métalliques que le Cambodje. On a quelques raisons de supposer que les montagnes aux environs du cap Varèla renferment de l'argent; mais, en fait, c'est du Tong-King que la Cochinchine tire ce qui est nécessaire à sa consommation soit en métaux d'usines, soit en or et en argent. Le Tong-King est effectivement riche en fer, en argent et en or.— D'après le témoignage des Chinois intéressés dans l'exploitation, les mines de fer sont situées à six journées de marche de la capitale (Cachao), et les mines d'or et d'argent à une distance à peu près double du même lieu, dans la direction de l'ouest. On estime le produit annuel des mines d'argent à une centaine de piculs, ou environ deux cents treize mille six cents onces anglaises (à peu près 6,000 kilog.). On n'a que de vagues données sur le produit des mines d'or, dont il paraît que les provinces chinoises voisines, du Yünnan et de Quang-Si, s'approprient une grande partie par la voie de la contrebande. Le père Marini rapporte que les mines d'argent ont été exploitées pour la première fois vers 1625 ou 1630; et il leur assigne pour situation les provinces septentrionales auxquelles il donne les noms de *Bao* et *Ciucanghe*. Toutes les mines, au dire de Crawfurd, sont aujourd'hui exploitées par des Chinois. Il n'y a pas moins de vingt à trente mille de ces émigrés employés à l'extraction des métaux ou aux travaux accessoires de l'exploitation.

Règne végétal. — Les végétaux utiles des pays Annamites sont à peu près les mêmes que ceux qu'on rencontre sous des latitudes semblables dans les autres parties de l'Inde postérieure. Le riz est la culture principale des terres basses sujettes aux inondations. Dans le domaine du cours inférieur des grandes rivières de Cambodje et du Tong-King la récolte de riz est aussi régulière qu'elle est abondante. Il n'en est pas de même en Cochinchine propre, dont le sol, généralement pauvre et sablonneux, est naturellement moins favorable à cette culture : aussi la Cochinchine tire-t-elle du Cambodje et du Tong-King une grande partie du grain nécessaire à sa consommation. Les autres plantes alimentaires qui sont cultivées en Cochinchine sur une grande échelle sont le maïs, la pistache de terre (*arachis hypogæa*,), l'igname (*convolvulus batatas*). Le cocotier et l'aréquier sont également au nombre des grandes ressources de ce pays. Le Cambodje et le Tong-King sont particulièrement riches en aréquiers, et le produit de cette espèce de palmiers forme une branche importante de commerce. Les Chinois préfèrent l'arek de Cambodje à tous les autres, et en exportent annuellement des quantités considérables. Les meilleurs fruits de la Cochinchine sont l'orange, le litchi, l'ananas (surtout l'ananas de la province *Doung-Nai*, par 10° lat. nord), la mangue, le sherifa, la goyave, etc. Les oranges de la province de Saïgôn s'exportent à Singapoure, aux mois de février et mars. Crawfurd les décrit comme étant fort grosses et très-savoureuses, fort supérieures, ajoute-t-il, à celles qui sont apportées de Chine à la même époque. Il fait remarquer que le mangoustan et le dourian, si communs et si justement recherchés dans les îles Malaises et au Siam, manquent totalement dans les pays Annamites (1). On aurait dû, à raison du climat, s'attendre à les trouver au Cambodje, où les Malais qui

---

(1) Nous trouvons cependant le mangoustan mentionné dans l'*Hortus floridus Cocincinæ*, de Taberd (*Dictionarium Anamitico-Latinum*, p. 631); et peut-être aussi le *dourian*, si c'est bien ce fruit que Taberd désigne par le nom spécifique de *Durio capparis* (il ajoute *Fructus optimus*), p. 627.

s'y sont établis dépuis si longtemps auraient au moins pu les introduire ; mais Crawfurd n'a entendu parler que de quelques arbres de mangoustans cultivés, comme objet de curiosité, dans les jardins du roi à *Pe-Nom-Peng* (sic).

La canne à sucre est très-abondante en Cochinchine, dans le voisinage et au sud de la capitale, dans les provinces *Kwang-Ai* (orthographe de Crawfurd) et *Kwang-Nam* : elle l'est moins dans le Cambodje, et encore moins dans le Tong-King. Du temps de Crawfurd la fabrication du sucre n'était pas entre les mains des Chinois (comme cela a lieu généralement dans le Siam et les pays voisins) ; de là, sans aucun doute, l'infériorité du sucre cochinchinois comparativement à celui de Siam, des Philippines et de Java. Il est brun et d'un grain pauvre : on évaluait la production très-diversement, (en 1822) à des quantités variant de 20,000 à 60,000 piculs. Ce qui paraît certain, c'est que la majeure partie du sucre manufacturé est exportée du port de *Fai-Fo* (sic), près la baie de Tourâne, pour la Chine. 5,000 piculs environ sont annuellement expédiés aux établissements européens du détroit de Malacca.

La Cochinchine centrale produit du poivre de bonne qualité, mais en trop petite quantité pour qu'il puisse devenir un objet de commerce.

Le Cambodje cochinchinois fournit la même belle espèce de cardamome que le Siam, espèce si recherchée des Chinois. Il s'en exportait du temps de Crawfurd environ 800 piculs de Saïgôn, par an. Nous pensons que ce doit être l'*amomum medium* de Loureiro(1). Il s'en exporte une autre espèce du Tong-King, et en quantités très-considérables ; c'est peut-être l'*amomum villosum*, Lour., qui vient sans culture dans les provinces *Qui-Nhôn* et *Phu-Yên*, et qui est très-recherché des Chinois, à cause de ses propriétés médicinales. Cette dernière espèce est celle que Bontius désigne sous le nom spécifique de *major*, mais Loureiro ne dit pas qu'elle soit cultivée dans le Tong-King.

La vraie cannelle (*laurus cinnamomum*) est probablement un produit indigène de la Cochinchine centrale. On la trouve dans les districts situés au nord-ouest de *Fai-Fo*, à l'état sauvage, mais surtout cultivée. Il s'en exporte annuellement en Chine de deux cent cinquante mille à trois cent mille livres anglaises. On en fait beaucoup plus de cas que de la cannelle de Ceylan. Quelques écorces de choix se vendent, hors de la Cochinchine et en Cochinchine même, à des prix exorbitants.

L'anis (*pimpinella anisum*) est assez abondant au Cambodje pour qu'il s'en exporte environ 3,000 piculs, année commune, de Saïgôn en Chine.

Le coton ordinaire est cultivé sur une grande échelle, et s'exporte en Chine, où il se vend vingt pour cent plus cher que le coton du Bengale.

Le mûrier blanc forme également une branche de culture considérable, surtout au Tong-King et dans la Cochinchine centrale (principalement autour de la capitale) : la soie est fort inférieure à celle de Chine, l'élève des vers à soie et les procédés de préparation étant comparativement très-imparfaits. Cette branche d'industrie serait susceptible d'un très-grand développement.

On trouve l'arbre à thé en Cochinchine et au Tong-King, pas dans le Cambodje. Le père Marini (1) a donné une description fort exacte de la culture et de la préparation du thé dans ces contrées. L'espèce ou plutôt la variété cultivée est probablement la même que celle qui est désignée en Chine par le nom de *bohea*, mais la feuille en est beaucoup plus grande, d'une texture plus grossière, et fournit une infusion d'une qualité fort inférieure. Il est même plus exact de dire *une décoction*,

---

(1) J. de Loureiro : *Flora Cochinchinensis*; publiée d'abord à Lisbonne, par ordre de l'Académie royale des Sciences, en 2 vol. grand in-4°, 1790, et réimprimée à Berlin avec des notes de *C. S. Willdenow*, 2 tomes in-8°, 1793. C'est la principale source où il faut puiser pour acquérir des notions exactes sur les productions végétales des pays Annamites et de la Cochinchine en particulier. — Il sera très-utile de consulter aussi l'*Hortus Cocincinæ* de Taberd, déjà cité.

(1) *Histoire nouvelle et curieuse des royaumes de Tunquin et de Lao*; traduit de l'italien; Paris, 1666, 1 vol. in-4°.

car les Cochinchinois font bouillir les feuilles de leur thé : ils considèrent cette décoction comme très-rafraîchissante. Crawfurd et ses amis en ont essayé, et ne l'ont pas trouvée désagréable au goût. La consommation considérable qui se fait de thé indigène n'empêche pas qu'il s'en importe une grande quantité de Chine, et le thé chinois est la boisson favorite des classes aisées.

Le bois d'aigle est ici l'objet du monopole royal. On le tire du pays des *Songs* (?), que Crawfurd croit être la même tribu que les Siamois désignent par le nom de *Chong* (Tchong). Ce bois est en grande estime comme encens et à cause de ses vertus médicinales.

Crawfurd mentionne aussi, parmi les plantes utiles et qui sont recherchées par les Chinois, une espèce de *dioscorœa*, à ce qu'il croit, dont la racine fournit une matière colorante d'un brun rougeâtre, et qu'il dit s'appeler en annamite *não*. Nous ne trouvons pas ce nom dans Taberd. Les Chinois font une grande consommation de cette teinture.

L'empire Annamite est assez riche en bois de construction et bois de charpente et de menuiserie; le Cambodje en est abondamment pourvu. On a douté assez longtemps que l'arbre de teck se rencontrât dans aucune partie de la Cochinchine; mais Loureiro et Taberd s'accordent à l'indiquer comme y étant indigène. Il y est probablement assez rare, et ne croît que dans certaines localités (1). On cite parmi les plus beaux bois, et les plus utiles, le *go, nunclea orientalis* de Loureiro : dur, noir, pesant et susceptible d'un très-beau poli.

Le tabac et le bétel sont cultivés partout. Le tabac se fume généralement sous forme de cigarettes. Le bétel se mâche en Cochinchine avec les ingrédients ordinaires, sauf le cachou ; au Cambodje, au contraire, on regarde le cachou comme indispensable à la confection du bol aromatique si universellement mâché par les Indo-Chinois et les Malais : il est à présumer que l'usage du cachou a été introduit au Cambodje par ces derniers.

Règne animal. — La zoologie de la Cochinchine ne diffère pas remarquablement, dans ses traits principaux, de celle des contrées indiennes voisines. Les quadrupèdes les plus communs sont le chien, ressemblant à celui de Chine, mais plus petit, et dont on *mange* aussi volontiers que dans le céleste empire ; le tigre, aussi grand, aussi fort, aussi féroce qu'au Bengale ; l'éléphant, le rhinocéros, le bœuf, le buffle, le cheval, le cochon, l'ours, diverses espèces du genre chat, le cerf, le daim, etc. Nous renvoyons le lecteur à notre tableau zoologique pour de plus amples détails. Nous nous bornerons ici à quelques observations sur certains animaux domestiques.

L'éléphant de Cochinchine est un bel animal, semblable en tout point à celui des districts orientaux du Bengale. Les meilleurs viennent du Cambodje, où ils sont fort nombreux et où on s'en procure à des prix très-modérés (40 à 50 *quans*, c'est-à-dire de 120 à 150 francs environ) (1). La variété blanche, objet d'une si grande vénération au Siam et dans l'empire Birman, paraît être inconnue dans les pays annamites. Il est certain, en tout cas, que les Cochinchinois ne sont pas disposés à attacher la moindre importance à la possession d'un éléphant blanc, et que les voyageurs modernes n'en ont vu aucun, soit à Hué soit à Saïgôn.

Le cheval est de petite race, de chétive apparence, et inférieur à tous égards aux chevaux, également de petite taille, de l'archipel Indien. On s'en sert comme monture, mais il n'est d'aucune utilité pour les travaux des champs ou pour la guerre.

Le buffle dans le Cambodje est aussi grand, aussi gros et aussi vigoureux que celui de Siam ; mais à mesure qu'on s'élève dans le nord il s'abâtardit, et aux environs d'Hué, par exemple, sa taille et sa force sont tellement amoindries,

---

(1) Loureiro l'appelle *tectona theka* (*cay sao* des Cochinchinois ; *yati* ou *djati* des Malais). Il lui assigne principalement pour habitat le Cambodje.

(1) Le vieux voyageur chinois traduit par Abel Rémusat dit dans sa *Description du Cambodje* (p. 20 de l'ouvrage cité) :

« Ils ont cinq mille éléphants de guerre. *Les meilleurs sont nourris avec de la viande.* »

qu'il perd beaucoup de sa valeur comme bête de labour; ce qui tend à démontrer que cette espèce n'atteint toute sa perfection que dans les contrées voisines de l'équateur. Le bœuf cochinchinois est petit, d'une couleur uniforme, brune-rougeâtre, et sans bosse. Sa chair n'est jamais employée comme aliment, celle du buffle non plus. Le lait est abhorré (dit Crawfurd) par les indigènes. — L'éloignement de la plupart des peuples de l'extrême Orient pour le lait, comme nourriture, est un fait des plus remarquables et dont nous ne sachons pas qu'on ait recherché ou indiqué la cause. — On rencontre quelques chèvres, de petite espèce, et plus rarement encore quelques moutons, de la plus chétive apparence. Crawfurd en a vu à Saïgôn et à Hué qu'on semblait ne garder que par curiosité. Le cochon est, au contraire, fort estimé par les Cochinchinois. On le trouve partout à l'état sauvage, et l'espèce domestique, très-belle et très-compacte de forme, est l'objet de soins tout particuliers.

La volaille, surtout à Saïgon, est non-seulement abondante et à bon marché, mais de qualité supérieure. C'est la plus belle que Crawfurd ait vue dans l'Inde. Le coq et la poule ordinaires sont de très-beaux oiseaux, qu'on rencontre fréquemment à l'état sauvage, et on en élève en grande quantité, moins à cause de leur chair que parce que la multiplication de cette espèce intéresse au plus haut degré la passion dominante des indigènes, dont les combats de coqs sont le divertissement favori. Plusieurs espèces de canards sauvages visitent ces contrées pendant la saison des pluies : ils couvrent alors, par milliers, les rivières, les lacs, les étangs et les champs de riz. On élève le canard domestique, qui se multiplie au point qu'il n'est pas rare d'en voir des troupes de mille et au-delà. Crawfurd n'a vu des oies qu'à Saïgon; mais elles y étaient fort abondantes, de grande taille, toujours blanches, et d'une espèce différente de celles de Chine.

Le poisson de toute espèce abonde sur les côtes et dans les rivières, et la pêche emploie un grand nombre de personnes des deux sexes. On voit chaque matin des barques innombrables sortir des ports, des baies, des moindres criques, et s'avancer jusqu'à plusieurs milles en mer pour se livrer à une pêche fructueuse et ne rentrer qu'au soir. Des filets et des engins de toutes sortes, disposés à l'embouchure des rivières ou dans le voisinage, témoignent du développement de cette importante branche de l'industrie nationale.

Jetons maintenant un coup d'œil rapide sur les différentes races dont se compose la population de l'empire Annamite.

Races diverses. — *a.*) La race annamite proprement dite occupe le Tong-King et la Cochinchine. Les habitants de ces deux contrées parlent le même langage, sont régis par les mêmes lois, soumis aux mêmes usages : cependant les deux pays ont eu pendant des siècles une existence politique distincte, et leurs gouvernements ont été à diverses époques non-seulement dans un état de rivalité, mais d'hostilité acharnée, qui a eu pour résultat de rendre alternativement l'un d'eux tributaire de l'autre. Aujourd'hui le Tong-King est dans la dépendance absolue de la Cochinchine. Nous reviendrons sur les principales circonstances et sur le résultat définitif des luttes auxquelles nous faisons allusion, et nous esquisserons en même temps les caractères les plus saillants de la race annamite.

b.) Après elle, la race la plus importante est celle qui occupe le Cambodje. Les Cambodjiens s'appellent, dans leur propre langage, *Kammer*, en langue siamoise *Kammen*, *Komen* en cochinchinois (ou *Kao-Mien*, suivant le père Alexandre de Rhodes). Leur pays se nomme, d'après les autorités chinoises recueillies par Abel Rémusat (ouvrage cité), *Kan-Phou-Tchi*, nom changé depuis en celui de *Kan-Phou-Tche* (origine évidente du nom actuel). Les géographes chinois l'appellent *Tchin-La*, mais les livres sacrés tibétains le désignent par les mots *Kan-Phou-Tchi*.

Les Cambodjiens parlent un langage différent de celui des peuples voisins; mais dans leur constitution physique, leurs manières, leurs lois, leur religion et l'état de leur civilisation, ils ressemblent plus aux Siamois qu'à aucun autre peuple. Leur civilisation est ancienne, ce qui s'explique par la fertilité de leur pays, arrosé par de grandes rivières, qui ont offert aux populations de grands moyens d'établissement et de communication. Le Cambodje envoyait des ambassadeurs en Chine dès l'année 616 de J.-C., c'est-à-dire il y a douze cent trente-quatre ans, et a continué à le faire pendant des siècles. Il a été en lutte constante avec le Siam d'un côté, avec la Cochinchine de l'autre: quelquefois victorieux et maître, plus souvent battu et conquis! Il paraît avoir atteint sa plus grande puissance au dixième siècle. Il soumit la Cochinchine à la fin du douzième. En 1268, Koublaï-Khan, souverain tartare de la Chine, ayant entendu vanter les grandes richesses de ce pays, en essaya la conquête; mais il rencontra une plus grande résistance qu'il ne s'y était attendu, et se contenta d'une déclaration de vasselage et d'une promesse de payer tribut comme par le passé. Nous n'avons que des renseignements incomplets sur les événements qui marquèrent l'histoire de ce pays de la fin du treizième siècle au commencement du dix-huitième. (Voir plus haut, p. 560, ce que nous avons dit de la relation de l'aventurier espagnol qui visita le Cambodje en 1594.) En 1717 les Siamois envahirent Cambodje, dont le roi appela les Cochinchinois à son secours, et avec l'aide de ces dangereux auxiliaires il défit les Siamois: mais, pour reconnaître le service qui venait de lui être rendu, le Cambodje se vit contraint de se déclarer vassal de la Cochinchine. Depuis cette époque ce malheureux royaume a été le siége de troubles continuels, et s'est trouvé souvent dans une anarchie complète. En 1750 la Cochinchine s'empara des provinces situées sur la rivière de Saïgôn. En 1786 *Ong-Tong*, roi de Cambodje, mourut, laissant un fils âgé seulement de quelques années. Son gendre fut nommé régent pendant la minorité de ce fils, et, se hâtant de placer ce qui restait du royaume sous la protection de Siam, il amena le fils et la fille du roi défunt à la cour de Bangkok. Cambodje, par suite de cette démarche, devint de fait une dépendance du Siam, et cet état de choses dura jusqu'en 1809, quand un neveu du dernier roi se mit à la tête d'un parti de mécontents, et s'empara d'une portion du royaume. Le régent, dans cette occasion, appela les Siamois à son aide, et le neveu eut, de son côté, recours aux Cochinchinois. *Taï-Koun*, vice-roi du Cambodje cochinchinois (avec lequel la mission de Crawfurd eut des relations qui donnent une assez haute idée du caractère et des talents de ce dignitaire), rassembla un corps d'armée considérable, fit toutes les dispositions nécessaires avec une activité et une énergie qui devaient assurer le triomphe de la cause qu'il avait épousée, et marcha à la rencontre de l'armée siamoise. Les Siamois, au lieu de se battre, jugèrent convenable de négocier; et un traité de paix fut signé, en vertu duquel le Cambodje fut reconnu vassal de la Cochinchine, à l'exception de la province de *Batabang*, qui touche à Siam (comme nous l'avons vu), et qui fut cédée à cet empire. Aujourd'hui, le roi de Cambodje n'a conservé que l'appareil extérieur de la souveraineté et quelques vaines prérogatives. Le pays est virtuellement gouverné et administré par les officiers cochinchinois, civils et militaires, sous la direction supérieure du vice-roi de Saïgôn.

c. Les habitants du *Champa* (*Tchampa, Tsiampa, Ciampa*, etc.) sont appelés en langue annamite *Loye* ou *Loï*. Le vrai pays de cette race s'étend depuis le cap Saint-James jusqu'à la province de *Phu-Yèn*, et même un peu au delà. Il formait un État monarchique considérable, dont la capitale était située sur la baie de *Phan-Rye*, par environ 11° 10′ nord. Les indigènes paraissent professer une espèce d'hindouïsme, qui participe des croyances bouddhistes ou djaïn, et qui offre beaucoup d'analogie avec le culte mixte des Javanais avant leur conversion au mahométisme; très-différent cependant, à beaucoup d'égards, du bouddhisme des peuples voisins de l'Indo-Chine. On voit dans le pays des temples nombreux, en pierre de taille, contenant des images de divinités hindoues, telles que *Siva, Dourga, Bouddha*, etc. M. Diard, qui a traversé le Tsiampa en voyageant entre Hué et Saïgôn, en avait rapporté un très-beau *ganeish* en pierre. Les habitants parlent un dialecte particulier, différent de l'annamite et du cambodjien. Le mariage dont les annales javanaises font mention, entre une princesse de *Tsiampa* et un empereur javanais, vers le milieu du quinzième siècle, indique assez clairement que les deux peuples devaient avoir la même religion et les mêmes mœurs. Il paraît qu'à une époque reculée une émigration des indigènes du Tsiampa a eu lieu sur la côte orientale du golfe de Siam, entre le 11ᵉ et le 12ᵉ degré de latitude nord; que là ils se sont mêlés aux émigrés malais venus de la Péninsule et précédemment établis sur la même côte, et qu'ils ont embrassé la religion mahométane. C'est un fait ethnographique curieux que l'existence de cette colonie mixte où on parle encore, à la fois, le tsiampa et le malais. Le pays de tsiampa a été subjugué par les Cochinchinois il y a maintenant un siècle, en même temps qu'ils s'emparaient de la province *Dóng-naï* du Cambodje. Depuis cette époque la race annamite occupe les côtes et l'extérieur du pays jusqu'aux montagnes où les premiers possesseurs du sol se sont réfugiés, et d'où ces *Loye* ou *Loï*, imparfaitement soumis et impatients du joug qui pèse sur eux, viennent souvent les attaquer. Nous avons déjà mentionné cette lutte souvent renaissante : le pays est, en conséquence, hérissé de forteresses, que les Cochinchinois ont établies sur les montagnes et les passes principales, et qui paraissent avoir été construites dans le style européen.

d. Une autre race, les *Moïs*, habite aujourd'hui une bande montagneuse de cent vingt lieues de long, du nord au sud, sur une largeur de vingt à trente lieues, et que la carte de Taberd place entre le 10ᵉ et le 16ᵉ degré de latitude nord. Il en est fait mention dans les *Nouvelles Lettres édifiantes*. « Tout ce qu'on en sait (dit Crawfurd), c'est qu'ils sont *incivilisés*, mais *inoffensifs*. » Nous avons vu que le digne évêque d'Isauropolis en pensait tout autrement. Et nous sommes disposé à croire que c'est lui qui a été le mieux informé. Le pays originaire des Moïs serait, selon Crawfurd, la province *Dóng-Naï*, où ils forment encore le gros de la population.

e. Il convient de dire aussi quelques mots de cette portion de la population de l'empire Annamite qui reconnaît une origine étrangère, et qui se divise en trois branches d'une importance inégale.

La religion chrétienne a été introduite au Tong-King, à la Cochinchine et au Cambodje vers l'année 1624 par les jésuites portugais de Macao, après la persécution et le massacre des Portugais au Japon. Vers le milieu du même siècle, et par suite de leur expulsion de Malacca, un nombre considérable de Portugais de race mélangée vint s'établir dans ces pays, et on rencontre partout de leurs descendants, qu'il serait cependant difficile de distinguer de ceux des indigènes qui ont embrassé le christianisme. « Un fait (dit Crawfurd) était généralement admis dans les conversations que j'ai eues à ce sujet : savoir, que les chrétiens annamites constituaient la portion la plus pauvre et la plus abjecte de la population. Ils n'ont aucune influence, et il ne paraît pas que depuis la mort du prince qui était venu en France avec l'évêque d'Adran, et qui (à la grande consternation de sa famille) était devenu un dévot catholique, la religion catholique ait été professée par aucune personne considérable. »

Nous sommes convaincu que Crawfurd a adopté trop légèrement l'opinion absolument défavorable qu'il exprime à l'égard des chrétiens annamites, et qu'il s'est mépris sur les causes qui empêchent que les Cochinchinois des hautes classes viennent grossir les rangs des convertis; mais il nous paraît très-probable que le jugement qu'il porte, en tant qu'il s'applique à la classe des métis portugais, est appuyé sur des faits analogues à ceux que l'observation a recueillis sur d'autres points de l'Indo-Chine, et qui placent cette classe abâtardie dans des conditions de dégradation et d'infériorité qui forment un contraste déplorable avec les glorieux souvenirs de ses ancêtres.

Les Chinois sont les plus nombreux parmi les étrangers, mais beaucoup moins nombreux, cependant, en proportion qu'ils ne le sont au Siam et sur certains points de l'Archipel : ce qu'il faut attribuer à la nature beaucoup plus absolue, rigoureuse, vigilante et tracassière du gouvernement cochinchinois, qui intervient trop fréquemment dans les transactions qui intéressent l'industrie. Cependant, il a, dans une certaine mesure, encouragé l'établissement de ces émigrés. Les premiers colons chinois sont exempts de la conscription, et leurs descendants ont le privilége de se libérer de toute servitude moyennant paiement d'une capitation de quinze *quans* par an. Ceux-ci peuvent quitter le pays *avant* de contracter mariage, jamais *après*. Les Cochinchinois eux-mêmes ne peuvent quitter le territoire de l'empire sous aucun prétexte. Nous avons déjà dit qu'on comptait de vingt à trente mille Chinois au Tong-King. Il y en a un millier à peu près à *Catchao*, qui s'occupent du commerce. A Hué, Crawfurd entendit dire qu'il s'en trouvait tout au plus six cents. Mais à *Faï-fo* il y en avait de son temps trois mille, et à *Saigon* cinq mille. Ils se sont établis également, mais en plus petit nombre, à Quinnhon, Kang-Kao, Pe-Nôm-Peng et dans quelques autres villes ; et Crawfurd pense qu'on peut évaluer la totalité des colons chinois à quarante mille.

Nous avons déjà parlé des Malais établis sur la côte est du golfe de Siam, entre le 11° et le 12° degré de latitude nord. Leurs résidences principales sont à *Pong-Som* et *Kam-Pot*. Ils professent la religion mahométane, et parlent un langage mélangé de malais et de tsiampa, avec quelques mots cambodjiens. Ils sont en tout quatre à cinq mille, n'ont aucune influence politique, disent venir de la principauté de Djohor, et entretiennent un commerce assez actif avec cette principauté ainsi qu'avec les petits États de Pahang, Kalentan et Tringano, auxquels ils fournissent du riz, du stic-lac, des cotonnades grossières et des soieries. Leurs embarcations, remarquablement élégantes de forme et bien installées, faisaient l'admiration de Dampier, il y a environ cent soixante-dix ans, et se distinguent encore aujourd'hui par les mêmes qualités.

HISTOIRE.

Les seuls renseignements de quelque valeur que les Européens puissent recueillir aujourd'hui sur l'histoire ancienne des peuples annamites doivent être puisés dans les annales chinoises. Nous sommes forcé de nous borner, à cet égard, à quelques indications générales.

L'Annam paraît avoir été conquis par la Chine deux cent quatorze ans avant l'ère chrétienne. A dater de cette époque, des colonies chinoises s'établirent dans le pays, et y introduisirent le langage, les lois, les opinions et les coutumes du céleste empire. Toutefois, la domination chinoise ne put se maintenir longtemps dans sa nouvelle conquête. En l'an 263 de notre ère la Cochinchine recouvra son indépendance, mais à la condition de payer tribut à la Chine. En 1280 les souverains tartares de cet empire essayèrent d'établir de nouveau leur domination directe sur les pays Annamites, mais ne purent y réussir. En 1406 les Chinois, profitant des troubles intérieurs du Tong-King(1), envahirent ce royaume, qu'ils évacuèrent en 1428, se contentant de l'engagement pris par les Tong-Kinois de se reconnaître vassaux de la Chine. En 1471 le Tong-King se rendit entièrement maître de la Cochinchine. En 1540 une nouvelle révolution au Tong-King amena l'intervention chinoise, dont le résultat fut de placer le Tong-King dans la dépendance de la Chine, à laquelle il dut payer tribut tous les trois ans. En 1553 la Cochinchine, *gouvernée par un prince d'origine tong-kinoise*, secoua le joug du Tong-King; et après une lutte rarement interrompue pendant près de trois siècles, et dont nous indiquerons bientôt les événements les plus saillants, le Tong-King passa définitivement, en 1802, sous la domination cochinchinoise. Il est à remarquer pour la complète intelligence de l'État politique de ces contrées vers le milieu du seizième siècle, qu'à cette époque les empiétements successifs de la plus haute

(1) Les annales de Tong-King embrassent, dit-on, une période de quatre mille sept cents ans, dont il faut regarder une moitié comme entièrement fabuleuse et l'autre moitié comme douteuse et remplie d'inexactitudes. On nous a conservé une liste de rois dont l'autorité s'est exercée de l'année 940 à l'année 1820 de l'ère chrétienne. La moyenne de la durée de chaque règne est de treize à quatorze ans, ce qui prouve suffisamment que ce pays a dû être fréquemment en proie à l'anarchie et aux désordres qui résultent d'un mauvais gouvernement. Dans cette période d'un peu moins de neuf siècles, on ne compte pas moins de sept dynasties.

autorité militaire au Tong-King avaient établi dans ce royaume une forme de gouvernement analogue à celle que nous avons eu occasion de décrire dans ce volume comme ayant prévalu et prévalant encore au Japon; c'est-à-dire la coexistence d'un souverain *de droit* et d'un souverain *de fait* : le premier désigné par le titre de *vua* (ou *boua*, selon Crawfurd), c'est-à-dire « roi ou souverain »; le second, par celui de *chua* ou *tchoua* (Crawfurd), qui signifie « seigneur », ou « lieutenant-général », ou (en d'autres termes) « vice-roi ». Cette forme de gouvernement se maintint jusqu'en 1748, époque à laquelle le souverain légitime parvint à ressaisir les rênes du gouvernement. En 1788-89 le Tong-King fut envahi et soumis par un usurpateur cochinchinois, qui mourut en 1792. En 1801 la Cochinchine rentra sous l'autorité de ses anciens rois, la race usurpatrice fut détruite, et le Tong-King fut annexé en 1802, comme nous l'avons déjà dit, à l'empire Annamite, sous le règne de *Gia-Long*.

L'évêque Taberd, dont le témoignage nous semble décisif, en ce qui touche à l'histoire de ces pays, depuis le seizième siècle, résume comme il suit les faits principaux qu'il est indispensable d'enregistrer pour établir l'ordre chronologique de la marche des événements (1).

A la fin du quinzième siècle, le roi de Tong-King s'empara de quelques provinces voisines de ses Etats, et qui dépendaient du royaume de Ciampa. Dans le cours du seizième siècle, une famille tong-kinoise, celle des *Nguyen* (sic), ayant rendu de grands services au roi, fut élevée dans la personne de son chef, et à titre héréditaire, à la dignité de *chuá*, ou lieutenant du royaume (le roi se réservant la dignité de *vua*), et le gouvernement des deux provinces enlevées au roi de Ciampa constitua l'apanage de cette famille princière des *Nguyen*, qui en 1553 se déclara indépendante, mais ne paraîtrait avoir pris le titre et les insignes royaux qu'à dater de 1570. Ce fut là l'origine du royaume de Cochinchine ou, plus exactement, d'*Annam*, ce qui signifie « paix méridionale » : les indigènes l'appellent également *Nam-Viét* (ou *Viét-Nam*), c'est-à-dire « Viét méridional », et *Dai-Viét*, « le grand Viét ». Nous avons déjà vu qu'ils lui donnent encore le nom de *Dàng-Trong*, ou « région intérieure » , pour le distinguer du Tong-King, qu'ils appellent *Dang-Ngoài*, « région extérieure ». Depuis la constitution de ce royaume d'Annam jusqu'à nos jours on a compté onze souverains. Le roi régnant est le treizième. Nous donnons les noms de ces rois et la durée de leurs règnes, etc.

Tién vu'o'ng,	de 1570 à 1614, soit 44 ans.		
Sái vu'o'ng,	1614	1635,	21
Thu'o'ng vu'o'ng,	1635	1649,	14
Hién vu'o'ng,	1649	1668,	19
Ngái vu'o'ng,	1668	1692,	24
Minh vu'o'ng,	1692	1724,	32
Ninh vu'o'ng,	1724	1737,	13
Vó vu'o'ng,	1737	1765,	28
Hiéu vu'o'ng,	1765	1777,	12

Interrègne de deux ans, pendant lesquels les Tong-Kinois, appelés par un parti de mécontents ayant à leur tête les trois frères *Táy-Só'n*, paraissent avoir occupé la partie septentrionale de la Cochinchine. — Les frères *Táy-Só'n*, dont la révolte avait éclaté en 1774, s'emparent de la personne du roi légitime en 1777, et le mettent à mort. — Son fils aîné cherche à ressaisir la couronne, est défait par les rebelles, et mis à mort à son tour. La reine mère s'échappe avec son second fils, *Nguyén-Chung* (depuis *Gia-Long*). — Les frères *Táy-Só'n* (1) gouvernent la Cochinchine jusqu'en 1801.

(1) *Dictionarium Latino-Anamiticum*, p. 1 et 11.

(1) Nous regrettons de ne pouvoir entrer dans aucun détail sur ces trois illustres aventuriers (*). L'aîné et le plus jeune des trois frères étaient des hommes d'une rare intrépidité. — Le plus jeune, *Loug-Nhung* ou *Long-Niang*, avait pris le titre de roi de la Cochinchine, sous le nom de *Quang-Trung*. Il envahit le Tong-King en 1788, et s'y fit proclamer roi. — Il faut lire dans Barrow (*Voyage en Cochinchine*, traduit par Malte-Brun; 2 vol. in-8°, Paris, 1807) le récit de ces événements. Il est nécessaire de consulter également le résumé donné par Crawfurd dans la relation de son ambassade en Cochinchine. — Enfin, on devra avoir recours aux *Nouvelles Lettres édifiantes*, qui renferment des détails très-curieux sur les affaires de la Cochinchine à l'époque critique dont nous ne pouvons présenter à nos lecteurs qu'une esquisse imparfaite.

(*) *Táy-Só'n* signifie littéralement « montagnards de l'Occident ». — Les frères *Táy-Só'n* étaient en effet originaires des montagnes de la province de *Qui-N'hon*, dans l'ouest de la capitale.

Gia-Long, roi légitime, mais nominal, de 1777 à 1801, parvient à reconquérir son royaume, et réunit le Tong-King et le Cambodje à ses États. Il meurt en 1820, après un règne effectif de dix-neuf ans.

Minh-Mang, règne de 1820 à 1842, soit 22 ans.
Thiou-Tri,   1842   1847,   5
Tu-Duc,   1847(1)

Ce fut surtout à la coopération intelligente et dévouée d'un Français, homme éminent à tous égards, que *Gia-Long* dut sa restauration sur le trône de ses ancêtres. C'est pour nous un devoir, quelque limité que nous soyons dans cette esquisse historique, de nous arrêter quelques instants sur les étranges péripéties du drame politique dont notre illustre compatriote a été le véritable héros.

Pigneau (ou Pigneaux, selon Taberd) de Behaine, plus connu sous le nom d'évêque d'Adran, était né en 1741, dans le diocèse de Laon. Il se dévoua à la carrière périlleuse des missions étrangères. Il fut nommé, en 1770, évêque d'Adran, *in partibus*, et coadjuteur de l'évêque de Canathe, auquel il succéda l'année suivante comme vicaire apostolique. En 1774 il se rendit à Macao, puis au Cambodje, d'où il entra dans la Cochinchine. C'était à l'époque de la grande révolution qui avait successivement coûté la vie à deux rois, massacrés par les rebelles *Tây-Só'n*, dont nous venons d'indiquer l'aventureuse carrière. Pigneau donna un asile dans sa maison à *Nguyên-Chung*, frère cadet du dernier monarque, et qui fut proclamé roi dans les provinces qui étaient restées fidèles à sa famille. L'évêque d'Adran, appelé à la cour de ce prince, s'attacha à lui par d'autres services et surtout par les sages et courageux conseils qu'il lui donna dans la bonne comme dans la mauvaise fortune. Les *Tây-Só'n* ayant obligé ce malheureux souverain à prendre de nouveau la fuite, en 1782, son fidèle conseiller abandonna aussi la Cochinchine. Après avoir mené la vie la plus misérable dans le Cambodje et dans les pays voisins, les fugitifs allèrent chercher un abri dans l'une des îles situées sur la côte orientale du golfe de Siam. Ce ne fut pas *Poulo-Wi*, comme l'écrit Barrow dans sa narration, ou *Poulo-Obi*, comme le prétendent d'autres auteurs, mais bien *Phou-Qok* ou *Quadrol* (dont nous avons donné une courte description), où *Nguyên-Chung* se réfugia, et où il fut rejoint par environ douze cents de ses sujets en état de porter les armes. Apprenant que les usurpateurs se proposaient d'aller l'attaquer dans cette retraite, il se détermina à passer à Bangkok. L'évêque d'Adran avait traîné jusque alors avec lui ses chers élèves du collège des missions fondé en Cochinchine, et il espérait pouvoir les placer sous la protection des Siamois, alliés de son souverain adoptif; mais le roi fugitif et le courageux évêque reconnurent bientôt qu'ils ne devaient pas compter sur la foi jurée par le monarque siamois. La mésintelligence ne tarda pas à se déclarer entre les deux rois. Le roi de Siam, déjà marié à une nièce de son hôte exilé, était devenu, assure-t-on, éperdument amoureux de la sœur de *Nguyên-Chung*, et voulait en faire sa concubine. La résistance qu'il rencontra de la part du roi de Cochinchine et de sa mère l'avait déterminé à offrir de partager son trône avec la jeune princesse. Cette proposition ayant été également repoussée, le souverain siamois ne dissimula pas son profond ressentiment et ses projets de vengeance. *Nguyên-Chung*, menacé de toutes parts, prit la résolution de s'évader, et, suivi des Cochinchinois qui avaient partagé son exil, se fraya un passage hors de Bangkok les armes à la main. Il parvint à regagner son ancien refuge de *Qua-Drol*. Quelque temps avant cet événement, l'évêque d'Adran était parti de Siam pour visiter les provinces méridionales de la Cochinchine et sonder les dispositions des peuples pour le souverain légitime. Il les avait trouvés attachés à ses intérêts et généralement mécontents de l'usurpateur. Alors il avait conçu l'idée d'implorer le secours du roi de France (Louis XVI), pour replacer sur son trône le monarque cochinchinois à des conditions que l'avenir pouvait rendre très-avantageuses à la France. Plein de ce projet, il s'embarqua pour rejoindre le prince fugitif, qu'il trouva dans sa petite île, entouré

---

(1) Ce prince, dont le nom actuel signifie « Postérité vertueuse », et qui s'appelait avant son intronisation *Hoang-Nhâm*, a été proclamé sans opposition le 10 novembre 1847, au préjudice de son frère aîné *Hoang-Bao*.

d'un petit nombre d'amis fidèles et de soldats dévoués, et dans une condition tellement déplorable que ses pauvres soldats ne vivaient souvent que des racines qu'ils arrachaient à la terre. Le roi songeait à se jeter dans les bras des Hollandais ou des Portugais, lorsque Pigneau, dans deux entrevues qu'il eut avec lui, lui exposa le plan qu'il avait conçu, et le détermina à solliciter, par son intermédiaire, la protection de la France. Pour donner à cette démarche un caractère plus solennel et plus décisif, il fut convenu que l'évêque emmenerait avec lui en France le fils aîné du roi, âgé de six à sept ans, qu'il présenterait au souverain français comme une garantie des intentions de son père et de la confiance avec laquelle celui-ci réclamait l'appui de notre nation. L'évêque d'Adran fit voile de Pondichéry pour son ancienne patrie en 1786-87, avec le jeune prince et investi des pouvoirs illimités de *Ngà-Huyên*. L'ambassade fut reçue avec beaucoup d'égards, et le prince présenté à la cour y fut traité avec une considération marquée : les projets du digne missionnaire furent goûtés par le ministère, bien que le maréchal de Castries, ministre de la marine, se fût d'abord montré peu disposé à les accueillir; et l'évêque d'Adran obtint, au bout de quelques mois, la conclusion d'un traité par lequel le roi de France s'engageait à envoyer sans délai, à son nouvel allié, un secours d'hommes, de vaisseaux, d'armes et de munitions; le roi de Cochinchine faisait, de son côté, des concessions de territoire à la France, s'engageait à faire cause commune avec elle et à fournir au moins soixante mille hommes de troupes de terre, au besoin, pour aider à repousser les attaques qui pourraient être dirigées par quelque puissance étrangère contre les Français établis en Cochinchine, etc. En un mot, l'alliance consentie des deux parts était offensive et défensive dans l'acception la plus étendue, mais en fait toute à l'avantage de la France ; et si le traité eût été exécuté, « il est certain (dit Crawfurd) que la Cochinchine fût devenue province française, ce qui eût amené, par la suite, l'intervention anglaise, » avec toutes ses conséquences, c'est-à-dire que, dans son opinion, l'Angleterre aurait fini par substituer entièrement sa domination ou au moins son influence à celle de la France. Crawfurd observe que le roi légitime dut se féliciter que le secours de quelques officiers européens eût suffi pour lui donner une supériorité marquée sur ses ennemis et assurer sa restauration sans compromettre son indépendance. En effet, le comte de Conway, gouverneur général des établissements français dans l'Inde, qui avait reçu l'ordre d'armer une flotte et de l'envoyer avec des troupes au secours du roi de Cochinchine, n'ayant pas jugé à propos de se conformer à ses instructions (1), l'évêque d'Adran se vit réduit à s'adresser aux négociants et aux principaux habitants de Pondichéry (où il était de retour avec le jeune prince, en 1789), dont il obtint quelque assistance pour la cause qu'il avait épousée. Le roi de Cochinchine, qui s'était déjà remis par lui-même en possession des provinces méridionales et avait établi sa résidence à Saïgôn (ou Saï-Gong : *Saigun* de Crawfurd), prit dès cette même année un ascendant toujours croissant sur les usurpateurs (les *Tây-Sô'n*), et le petit renfort que l'évêque d'Adran lui amena de Pondichéry contribua puissamment à cette révolution (2). L'infatigable missionnaire ayant rejoint son souverain adoptif, continua à le servir de ses conseils; malgré les jalousies et les intrigues de cour sans cesse renaissantes, il jouit constamment de l'estime et du respect

---

(1) On peut voir dans la relation de Barrow le détail de cette singulière affaire, où l'influence de madame de Vienne, maîtresse de Conway, offensée de la conduite méprisante de l'évêque d'Adran à son égard, suffit pour faire avorter l'expédition ordonnée.

Barrow donne aussi, *in extenso*, le texte du traité conclu. Nous devons nous contenter de renvoyer le lecteur à la relation déjà indiquée.

(2) Crawfurd assure que les officiers européens qui vinrent se placer sous l'étendard de *Gia-Long*, et parmi lesquels se trouvaient quelques Anglais et Irlandais, étaient, en tout, au nombre de quatorze ou quinze. — Mais c'étaient des ingénieurs, des artilleurs, des officiers de marine, et ils suffirent à l'organisation d'une armée et d'une flotte, à l'érection de fortifications redoutables, et le triomphe de *Gia-Long* fut assuré.

du roi et de son fils. A la mort du vertueux prélat, arrivée en 1799, les deux princes montrèrent la plus vive douleur, et rendirent des honneurs incroyables à cet ami fidèle, qui jusqu'à son dernier soupir avait travaillé à leur ménager l'alliance et l'appui de la France. Sa mort, suivie bientôt de celle du prince royal qu'il avait élevé, conduit en France et ramené près du roi son père, fut le signal de la décadence rapide de l'influence française à la cour de Cochinchine. Ici donc, comme à Siam, comme dans l'Hindoustan, nous avons pu nous croire destinés à accomplir une grande mission; mais notre étoile n'a jeté qu'un éclat trompeur, et, après avoir joué un rôle glorieux, nous avons été forcés d'abandonner au bout de quelques années le théâtre de nos stériles exploits! Non-seulement les tentatives faites depuis cette époque pour établir des relations régulières et utiles avec la Cochinchine ont complétement échoué; mais, par une fatalité déplorable, le désir de protéger efficacement les généreux efforts de nos missionnaires, pour répandre dans ces contrées, à demi-barbares, les doctrines et les bienfaits du christianisme a entraîné les commandants de nos navires de guerre à des démonstrations menaçantes ou même, en dernier lieu, à des actes d'hostilité, devenus sans doute inévitables, mais qui n'en sont pas moins à jamais regrettables. Résumons ici les résultats de la restauration inespérée de *Gia-Long* (1).

Depuis l'année 1790, où ce monarque rentra en Cochinchine, jusqu'à 1800, il n'y eut que deux années de paix, 1797 et 1798. Ce furent les deux années les plus importantes de ce règne, jusque là trop orageux. Sous les inspirations du digne évêque d'Adran, *Gia-Long* donna tous ses soins à l'amélioration de l'administration, à l'organisation des différentes branches du gouvernement, au développement des ressources du pays. Il établit une manufacture de salpêtre à *Fen-Tan* (le *Tsiompa* des anciennes cartes); il ouvrit des routes de communication entre les villes et les postes les plus considérables; il encouragea la culture de l'aréquier et du bétel dont les plantations avaient été détruites pendant la guerre civile; il accorda des récompenses pour la propagation des vers à soie, fit préparer beaucoup de terres pour la culture des cannes à sucre, et, enfin, établit des usines pour la préparation de la poix, du goudron et de la résine. Il fit fabriquer plusieurs milliers de fusils à mèche, et, plus tard, pourvut ses troupes d'armes de modèles européens et manufacturées dans ses États, avec une netteté d'exécution remarquable. Il ouvrit une mine de fer, et construisit des fourneaux. L'organisation des troupes et de la marine avait attiré de bonne heure son attention, et lui donna occasion de montrer toute l'activité de son intelligence et son infatigable persévérance. Avec l'aide de ses officiers européens (des officiers français presque exclusivement), il distribua ses soldats en régiments réguliers, établit des écoles militaires, fit enseigner aux officiers cochinchinois les principes de la fortification, la théorie et la pratique de l'artillerie. Les fortifications et les arsenaux d'Hué et de Saïgôn (ceux de Hué, en particulier), travaux exécutés pendant ce règne mémorable et *sous la direction immédiate du roi*, font aujourd'hui encore l'admiration des voyageurs européens (1). — Il créa en

(1) Crawfurd écrit quelquefois *Ja-Lung*.

(1) Il faut lire dans Finlayson, et surtout dans Crawfurd, la description de ces admirables ouvrages (Crawfurd, 1er volume, p. 384 à 391). — Hué serait une place imprenable pour toute armée asiatique. — Mais un examen attentif de la position et des moyens de défense active dont cette capitale pourrait disposer en cas d'attaque régulière prouve qu'elle ne saurait tenir longtemps contre des forces européennes. — On peut même affirmer (et cette affirmation repose sur des arguments que Crawfurd nous semble avoir formulés d'une manière décisive) (*a*) que la Cochinchine serait plus aisée à conquérir *par les Européens* qu'aucun autre État considérable en Asie! — M. Chapman, envoyé par le gouverneur général Hastings à la cour de Cochinchine, et qui se trouvait dans ce pays pendant les guerres civiles, pensait que cinquante hommes d'infanterie européenne, vingt-cinq artilleurs européens et deux cents cypayes prenant parti, soit pour les Cambodjiens, soit pour les Tonquinois, auraient suffi

(*a*) P. 292 et 293, vol. cité.

moins de dix ans une flotte de douze cents voiles (grandes et petites), dont trois frégates ou corvettes de construction européenne, environ vingt grandes jonques équipées et armées en guerre et un nombre considérable de grands bâtiments de transport, armés de canons.

Barrow nous paraît avoir exagéré les qualités, sans aucun doute très-remarquables, du roi *Gia-Long*. Il le représente comme aussi grand législateur et administrateur qu'il était incontestablement habile et intrépide général. Il le compare à Pierre de Russie, à l'immortel Alfred, et le place au même rang que ces grands réformateurs. Il vante sa justice et la douceur de son gouvernement, l'étendue de ses vues et de son génie. Si ce magnifique éloge eût été mérité, l'empire Annamite présenterait aujourd'hui d'autres monuments de cette intelligence régénératrice, de cette prévoyance paternelle, que les arsenaux de Saïgon, de Hué, de Gna-Thang et de Quin-Hône. Il ressort clairement des renseignements les plus authentiques recueillis sur les principaux actes de ce souverain, qu'il était plus propre à conquérir un royaume qu'à le gouverner, dans la véritable acception de ce mot. Ses vues en économie politique étaient étroites et illibérales, son gouvernement essentiellement despotique. Il se souciait peu « que ses sujets fussent pauvres, pourvu qu'ils fussent obéissants »; et quand on lui représentait qu'en Europe la misère occasionnait souvent la révolte, il répondait froidement « qu'en Cochinchine les choses se passaient autrement ». — Les vengeances qu'il exerça sur les *Tay-Só'n* et leurs familles (après la mort de son sage et vertueux conseiller l'évêque d'Adran) prouvent que les instincts cruels n'étaient qu'endormis dans cette poitrine royale! Les cadavres de ses ennemis furent déterrés par son ordre, décapités, brutalement insultés : leurs familles entières, hommes, femmes, enfants, foulés aux pieds des éléphants, et leurs membres déchirés, suspendus par des chaînes et exposés sur la voie publique dans diverses parties du royaume! On n'épargna pas même les femmes enceintes! (Crawfurd, p. 314, vol. II). — L'horreur qu'inspirent ces féroces représailles doit nécessairement influencer le jugement définitif de la postérité, qui ne saurait voir dans *Gia-Long* le monarque éclairé et bienfaisant que Barrow et d'autres historiens, trop prévenus en sa faveur, nous ont dépeint. Cependant, il faut tenir compte, dans l'appréciation générale de son caractère, des cruelles habitudes, de la politique inhumaine et traditionnelle des souverains de l'extrême Orient, et le règne de *Gia-Long* est, au total, celui d'un prince éminemment doué des qualités qui commandent l'admiration et le respect des peuples, sans mériter leur reconnaissance.

Il lui fallut douze années d'efforts incessants pour exterminer le pouvoir des usurpateurs. Quin-Hône, la capitale de *Nhac*, l'aîné des trois frères *Tay-Só'n*, fut attaquée et prise en 1796; Hué, capitale où résidait le troisième frère, mort en 1792, et dont le fils lui avait succédé, ne fut prise qu'en 1801, et le Tong-King ne fut soumis qu'en 1802. *Gia-Long* mourut en 1819, âgé de soixante-trois ans. Il avait conféré à ses prédécesseurs le titre posthume d'empereur, et portait lui-même ce titre : il aimait à se croire et se disait le descendant en ligne directe de la famille impériale des *Ming*, souverains du céleste empire, dont il affectait de suivre l'exemple dans la forme et les détails de son gouvernement, comme dans l'étiquette de sa cour.

Son fils *Minh-Mengh*, qui lui succéda à l'âge de trente-deux ans, paraît avoir possédé quelques-unes des qualités militaires de son père. Mais autant celui-ci s'était distingué par sa tolérance religieuse et par la protection qu'il avait accordée aux missionnaires catholiques et les égards qu'il leur témoignait en toute occasion, autant *Minh-Mengh* semblait avoir pris à cœur de se montrer l'ennemi des chrétiens. Il a été leur persécuteur infatigable et impitoyable pendant toute la durée de son règne, et

pour rendre certaine la conquête de la Cochinchine par l'un de ces peuples. Les choses ont changé depuis cette époque; mais l'Europe possède des moyens d'attaque si puissants, surtout à l'aide de la marine à vapeur, qu'aujourd'hui encore une brigade de troupes européennes soutenue par une escadre suffirait à la conquête de la Cochinchine.

a mérité le surnom de « *Néron* de la Cochinchine! »

Les successeurs de *Minh-Mengh* ont marché dans la même voie de persécutions et de supplices; mais la sévérité sanguinaire de leurs édits n'a pu réussir à lasser la persévérance des ministres du Christ. Le catholicisme a fait de grands progrès dans l'empire Annamite, dans le Tong-King surtout, où les missions étrangères comptent aujourd'hui douze évêques qui président à l'instruction spirituelle de près d'un million de convertis, à l'administration d'un grand nombre de colléges, de couvents de religieuses, etc. L'avenir répondra-t-il aux espérances de nos missionnaires? L'influence pacifique et civilisatrice du catholicisme parviendra-t-elle à gagner les classes élevées de la société annamite? Les tentatives du commerce ou les exigences de la politique européenne viendront-elles compliquer les problèmes dont l'esprit religieux s'efforce d'obtenir la solution par sa persévérance exaltée? — Ce sont des questions sur lesquelles nous devons nous contenter d'appeler l'attention de nos lecteurs.

Nous avons déjà indiqué les tentatives faites, à diverses époques, par les grandes nations européennes, pour nouer des relations utiles avec ces contrées et y fonder des établissements. Ces tentatives se sont renouvelées de nos jours, mais dans les conditions qui ne permettaient guère d'en espérer de bons résultats. L'issue de la mission de Crawfurd offre un exemple d'autant plus frappant de la vérité de cette assertion, qu'on aurait dû attendre de la sagesse et de l'intelligence ordinaires du gouvernement anglais, dans ces sortes d'affaires, une démarche plus prudente, une combinaison plus habile et d'une nature propre à atteindre le but qu'on se proposait. Crawfurd ne put même réussir à obtenir une audience du roi de Cochinchine. On lui dit que sa mission étant entièrement commerciale, elle excluait la possibilité de l'admettre en présence du souverain; que c'était une affaire entièrement du ressort du ministre; que s'il eût été (comme on devait s'y attendre) porteur d'une lettre du roi d'Angleterre pour le roi de Cochinchine, il aurait été présenté à la cour (1) : que, comme simple envoyé du gouverneur général de l'Inde Anglaise, il suffisait que la lettre adressée au roi par ce haut fonctionnaire fût soumise à sa majesté; etc., etc. Les présents du gouverneur général furent poliment refusés : Crawfurd et les personnes attachées à la mission, traités avec toutes sortes d'égards; les facilités demandées pour le commerce anglais accordées sans difficulté pour tous les ports de l'empire, *à l'exception du Tong-King*, et la mission congédiée (2). Nous aurons bientôt occasion, en traçant le tableau de l'état actuel des mœurs, du gouvernement et du commerce dans l'empire Annamite, de rendre compte des missions données dans ces derniers temps à plusieurs commandants de nos navires de guerre, et de leurs résultats.

(1) Crawfurd, envoyé en mission extraordinaire à la cour de Siam et à celle de Cochinchine, était porteur d'une lettre du gouverneur général (le marquis d'Hastings) pour chacun des souverains près desquels on avait voulu l'accréditer. — Ces lettres sont reproduites en entier dans un appendice à la relation de Crawfurd. — Ce sont des documents curieux. — La différence du protocole respectivement adopté à l'égard de ces souverains est frappante. — Le gouverneur général écrit : « A Sa Majesté le roi de Siam », et, sans autre préambule, la lettre commence. Il n'en est pas ainsi avec le souverain cochinchinois; le protocole adopté à son égard est le suivant : « A Sa Majesté Impériale l'Empe-« reur d'Anam, Cambodje et Laos, etc., etc. » « Sous le bon plaisir de votre majesté. » etc. Le gouverneur général avait donc compris que dans le monarque cochinchinois il avait affaire à un prince de plus d'importance que le roi de Siam et plus délicat sur le chapitre de l'étiquette. — L'événement a justifié ses prévisions et au delà !

(2) Il faut lire dans Crawfurd les détails de la négociation. Ils prouvent péremptoirement que les fonctionnaires cochinchinois sont *très*-supérieurs aux dignitaires siamois en intelligence des affaires, en sentiment des convenances, en savoir-vivre, en *moralité*. — On peut même affirmer, après avoir lu attentivement le récit de Crawfurd, qu'aucuns diplomates européens n'auraient montré plus de tact, d'habileté, de dignité et de courtoisie réelle, que les mandarins cochinchinois n'en montrèrent dans cette occasion.

GOUVERNEMENT.

En théorie comme en pratique, le gouvernement de la Cochinchine est purement despotique; mais semblable en cela au gouvernement chinois, qu'il imite en plus d'un point, il affecte de se montrer patriarcal et paternel. Tout l'empire doit être administré comme une famille; mais le bambou est le principal instrument employé à cet effet! L'antiquité des coutumes et la peur des insurrections sont les seuls freins qui arrêtent un peu le souverain. Il n'y a de noblesse que celle que confèrent les fonctions. Elle tire du prince toute son autorité pour le bien comme pour le mal. Elle se compose d'officiers civils et militaires, divisés en dix classes, comme, en Chine, les mandarins. Les deux premières forment le conseil du roi. En somme, il n'existe que deux classes de sujets : le peuple et les mandarins; mais le fils de chaque mandarin est en noblesse inférieur d'un degré à son père. Quand les pères viennent à déchoir, les fils rentrent dans le peuple, à moins qu'ils ne méritent de nouveau un rang élevé par leurs services. Sous le gouvernement actuel, les grands mandarins, ceux qu'on appelle les cinq colonnes de l'empire, etc., sont presque tous sortis des derniers rangs de la milice. Chaque province a son mandarin militaire pour gouverneur et deux gouverneurs civils, tous trois tenus d'agir en commun. Chaque province se divise encore en trois départements (*huyen*); chacun de ces huyen se partage, à son tour, en quatre districts (*fu* ou *fou*) et chaque fou en un certain nombre de villages, dont les magistrats, élus par les paysans, sont chargés de la levée des impôts. Toute l'administration est présidée par un conseil d'État composé de six ministres.

Comme au Siam, le service de l'État est depuis longtemps obligatoire pour la population virile tout entière, ce qui rend l'administration une des pires qu'on puisse imaginer. Tout sujet mâle, de dix-huit à soixante ans, peut être mis en réquisition pour le service public. Dans la Cochinchine proprement dite, le troisième fils de chaque famille doit être soldat pendant trois ans; après quoi, il obtient un congé pour le même espace de temps. Dans la province de Tong-King, qui a été conquise et qui par conséquent est plus portée à la révolte, le terme est de sept ans. Tous ces conscrits doivent servir non-seulement comme soldats, mais encore comme marins, ouvriers de l'arsenal, manœuvres employés à la construction des routes, des ponts et des maisons. On en dispose également comme domestiques des grands et des officiers. Forcés de se plier tous à toute chose, ils ne sont réellement bons à rien, et il en résulte que le pays n'a que de mauvais soldats, de mauvais marins et de mauvais constructeurs.

Une garde royale de trente mille hommes constitue la puissance militaire de l'État. Elle réside toujours dans le voisinage du monarque. Cette armée se compose de quarante régiments de six cents hommes, formant cinq colonnes de quatre mille huit cents hommes, avec leurs officiers, leurs éléphants et leurs trains d'équipages. Des huit cents éléphants appartenant à l'armée, cent trente stationnent toujours dans la capitale. En sus de ces troupes, il y a encore cinq légions, chacune de cinq régiments et des milices provinciales dont le nombre varie beaucoup. La vice-royauté de Saïgôn, par exemple, en a seize régiments. La cavalerie manque, parce qu'elle ne convient pas à un pays de montagnes et de côtes. On emploie aux travaux publics une grande partie de ces troupes. La marine est organisée absolument de la même manière que l'infanterie; elle stationne seulement dans les ports. La flotte se compose de chaloupes canonnières portant de seize à vingt-deux canons, de grandes galères, ayant de cinquante à soixante-dix rames avec de petits canons, et d'environ cinq cents galères plus petites avec quarante ou quarante-quatre rames. La force militaire entretenue par le roi *Gia-Long* après la soumission du Tong-King passe pour avoir été de cent mille hommes de troupes régulières; l'armée en 1822 ne présentait qu'un effectif de quarante à cinquante mille hommes. Tous ces soldats reçoivent leur paye en argent et en riz; ils sont vêtus légèrement et ont le mousquet pour arme. Ils sont petits de stature, mais robustes, actifs, endurcis aux fatigues, faciles à instruire et obéissants.

37e *Livraison.* (INDO-CHINE.)

Avec l'aide des ingénieurs français, on a fait beaucoup pour l'artillerie et la construction des forteresses. Cependant, remarque Crawfurd, la Cochinchine serait plus facilement vaincue qu'aucune autre puissance asiatique, les deux provinces du Cambodje et du Tong-King qu'elle a sur ses flancs étant extrêmement portées à la révolte. Si les Français avaient réussi, comme c'était leur dessein, à mettre tout cet empire sous leur domination, il serait probablement parvenu à développer une tout autre force.

Les revenus de l'État proviennent des capitations, de l'impôt foncier, des corvées, des contributions diverses et des taxes prélevées sur les marchandises étrangères. Tout sujet mâle, à partir de dix-neuf ans, paye pour sa personne un *quan* et un dixième, la fraction restant aux collecteurs et l'unité allant au trésor royal. L'impôt foncier se règle sur la propriété. Les contributions et les monopoles sont en moindre quantité que dans le Siam. Ces derniers ne concernent que le débit privilégié de certaines marchandises, telles que cannelle, cardamome, bois d'aigle, etc. On ignore la somme totale des revenus, mais le trésor du roi doit être considérable. Il passait pour renfermer 30,000 barres d'or, chacune valant deux cent trente-huit dollars d'Espagne, faisant en tout sept millions cent quarante mille dollars.

Les lois, dit Crawfurd, sont les mêmes qu'en Chine, mais on les exécute plus mal et avec infiniment plus d'arbitraire. Le bambou et la bastonnade sont, dans une multitude de cas, les seuls moyens de répression, et on y revient partout et toujours. Les parents en usent avec leurs enfants, les maris avec leurs femmes, les officiers avec leurs soldats, les généraux avec leurs officiers. Le grand mandarin des éléphants et premier ministre, ayant accordé aux Anglais une audience de congé, fit donner en leur présence, pendant qu'ils défilaient devant lui, la bastonnade à toute la troupe de ses comédiens, parce qu'il n'avait pas été satisfait de la manière dont ils avaient joué. La loi d'ailleurs ne fait aucune différence entre les étrangers et les nationaux.

Crawfurd a rapporté de sa double mission une idée comparativement avantageuse du caractère cochinchinois et du gouvernement cochinchinois en particulier. Les détails qu'il nous a donnés et ceux que contient la relation de Finlayson placent le peuple annamite dans un jour moins défavorable que les relations des autres voyageurs, soit anglais, soit français, soit américains. Un lieutenant White, de la marine américaine, a visité la Cochinchine en 1819 et publié ses observations. Son livre ne nous est point tombé sous la main; mais par les extraits insérés dans le *Modern-Traveller* on voit qu'il peint *en laid* outré, sinon le pays, au moins les habitants. Notre ami Ruschenberger n'a fait que passer en Cochinchine; mais ce qu'il en dit prouve que dans son opinion, comme dans celle de Crawfurd, les Cochinchinois sont une race supérieure aux Siamois, et que les fonctionnaires annamites l'emportent, à tous égards, sur les dignitaires du magnifique royaume de Thaï.

Les descriptions données par divers voyageurs intelligents, et que nous devons supposer d'une égale bonne foi, diffèrent d'une manière remarquable quant aux « caractères physiques » qu'elles assignent à la race annamite, et même quant au caractère moral et aux dispositions naturelles de ces peuples. Nous croyons devoir nous arrêter à l'opinion de Crawfurd et de Finlayson, qui nous paraissent avoir été les observateurs les plus exacts et les plus éclairés qui aient visité ces contrées. En voici le résumé.

Le Cochinchinois est de petite taille. Les mesures prises par Finlayson donnent une moyenne de cinq pieds trois pouces anglais (un mètre cinq cent trente-six millimètres, ou environ quatre pieds huit pouces neuf lignes, mesure française). La tête est remarquablement ronde, ainsi que le contour de la face; le front petit, le bas du visage large; les yeux petits, bruns et ronds; la paupière beaucoup moins bridée que dans la race chinoise, ce qui donne au regard et à la physionomie un air de vivacité qu'on ne rencontre pas chez les Chinois. Le nez est petit, mais bien formé; la bouche très-grande, les lèvres proéminentes, mais non épaisses. La face a une expression d'intelligence, de bonne humeur et de franchise qui distingue éminemment le Cochinchinois du Chinois, du Siamois et du Malais, bien que l'ensemble de la physionomie se rapproche davantage de ce dernier type. Le Cochinchinois a les cheveux longs, noirs et rudes; la barbe très-peu fournie, mais il la cultive avec un soin extrême. Le col est court, la poitrine bien développée, les extrémités inférieures remarquablement fortes et musculeuses. Le teint des Cochinchinois est jaunâtre; les femmes se distinguent par leur blancheur relative, et peuvent même être comparées sous ce rapport à la généralité des Européens méridionaux; elles sont bien faites, et ne sont pas dépourvues de grâce, même dans les classes inférieures de la population.

Les Cochinchinois sont un peuple doux, naturellement inoffensif et facile à gouverner. Les basses classes se font remarquer par leur gaieté habituelle. Ils bavardent et rient à tout propos comme des enfants, en sorte qu'on pourrait penser, au premier coup d'œil, qu'ils vivent sous le plus doux et le plus paternel des gouvernements, au lieu d'être réduits, comme ils le sont en effet, à végéter en esclaves sous le despotisme le plus absolu. Cette contradiction apparente s'explique par l'action même de ce despotisme, qui depuis des siècles a privé le caractère de l'immense majorité du peuple de toute énergie, de tout ressort, de toute initiative; a étouffé tous les instincts nobles, toutes les aspirations de l'intelligence; a démoralisé l'homme, en un mot, et a dégradé ses facultés en même temps qu'il a fatalement développé dans les masses les instincts et les penchants les moins honorables ou les plus avilissants pour la nature humaine. De là ces habitudes de soumission servile, de lâcheté physique et morale, de duplicité, comme aussi de saleté, d'ignorance et d'indifférence complète en matière de religion, qui frappent les étrangers, au premier abord, et leur donnent en général l'opinion la plus défavorable du caractère cochinchinois. — En tenant compte de ces remarques, on lira avec intérêt le récit suivant de M. Laplace :

« Enfin, après une longue attente, je reçus l'avis officiel qu'un grand mandarin favori du roi était arrivé à Tourane pour conférer avec moi sur les motifs de ma relâche en Cochinchine. Un vaste hangar construit en bois, et environné de nattes, espèce de maison commune, qui occupe le centre de presque tous les villages cochinchinois, fut désigné pour le lieu de l'entrevue, et entouré de troupes que l'on avait fait venir de plusieurs points de la province pour servir de garde d'honneur à l'envoyé du souverain.

« De mon côté, je fis mettre à terre soixante matelots en uniforme des équipages de ligne, le casque en tête, le fusil au bras, et tous sans exception dans une brillante tenue. Ils formèrent la haie en dedans de la foule des soldats cochinchinois, depuis la maison commune jusqu'au rivage, sur lequel je débarquai dans l'après-midi, entouré de l'état-major de *la Favorite*. Le grand mandarin fit la moitié du chemin pour venir au-devant de moi, me présenta la main, et nous entrâmes avec nos cortéges sous le hangar, où nous trouvâmes une collation servie sur une longue table, autour de laquelle tous les assistants prirent place; et tandis que chacun d'eux, assis durement sur un banc de bois grossièrement travaillé, faisait avec beaucoup de gravité honneur aux confitures chinoises et au thé qu'offraient de sales domestiques, je fis connaissance avec la figure de mon diplomate, qui m'avait placé auprès de lui : ses traits étaient réguliers, et composaient une physionomie qui au premier coup d'œil paraissait impassible et dépourvue de toute expression; mais une plus grande attention faisait découvrir dans les yeux quelque chose de faux et de rusé; quoique jeune encore, son corps, maigre et fatigué, n'annonçait ni la vigueur ni la santé. L'auguste personnage portait sur sa tête le bonnet de grand mandarin, espèce de calotte noire, ornée par devant d'une plaque d'or longue de plusieurs pouces, sur laquelle était écrit le nom du roi en caractères chinois, et garnie de chaque côté d'une aile de neuf pouces environ de hauteur, beaucoup plus large à son extrémité qu'à sa base, et faite de gaze noire tendue sur un fil de laiton. Une robe de soie verte brochée, semblable pour la forme à celle des mandarins chinois, et un pantalon de soie unie, dont le rouge éclatant faisait ressortir d'une manière peu agréable la couleur noirâtre des pieds, que des babouches semblaient contenir à regret, achevaient la composition de ce costume singulier, qui non-seulement n'avait rien d'imposant ni de gracieux, mais portait même l'empreinte d'une malpropreté que trahissaient tout à fait les parties du corps découvertes, et surtout les mains, dont les ongles, très-longs, avaient une couleur qui inspirait plus que du dégoût. Les autres grands fonctionnaires présents, parmi lesquels était le gouverneur de Faï-Fou, semblaient avoir cherché à faire briller, par l'excessive simplicité de leur habillement, la magnificence du favori de leur souverain.

« Au bout de quelques instants, je témoignai à l'envoyé du roi le désir que la conférence fût secrète; de son côté, il exigea l'éloignement de mes officiers : cette mesure excita visiblement la mauvaise humeur des assistants cochinchinois, et principalement de la première autorité de Faï-Fou, dont l'air mécontent fit éprouver au diplomate un mouvement d'orgueil satisfait; mais ce ne fut qu'un éclair, et sa physionomie reprit sur-le-champ son impassibilité.

« Le mandarin avait conservé auprès de lui un individu négligemment vêtu, à la figure patibulaire, à la physionomie douteuse, au regard hautain et scrutateur, sans doute un barbier du roi; car pendant la conférence un seul mot de lui, dit à voix basse, changeait tout en un instant. Son interprète était un jeune Cochinchinois qui avait vécu plusieurs années à Bordeaux, d'où il était revenu sachant très-peu le français, mais passé maître en ruse et en friponnerie. Ce scélérat, qui fut chargé de nous espionner durant notre séjour à Tourane, empochait, très-secrètement toutefois, les présents que je lui faisais, et en échange nous rendait toutes sortes de mauvais offices auprès du souverain, dont il était l'âme damnée. Cependant, au sein de la faveur, le souvenir de la France le poursuivait : la parcimonie de son maître, la crainte continuelle des coups de rotin, lui faisaient regretter amèrement le jour où il était rentré dans sa patrie.

« De mon côté, je gardai avec moi M. Chaigneau, consul de France, que j'étais chargé de faire reconnaître en cette qualité, ainsi que le subrécargue du *Saint-Michel*, M. Borel, homme sage et prudent, ayant fait plusieurs voyages à la Cochinchine, dont il connaissait parfaitement la langue, la politique et les usages.

« J'avais déjà acquis quelque expérience de la manière dont les mandarins chinois ou cochinchinois agissent dans les affaires; de leurs ruses, de leurs lenteurs calculées, que le caractère généralement impatient et impérieux des Européens ne peut supporter longtemps. Ces diplomates, auprès desquels nos grands politiques sont des philanthropes et des anges de bonne foi, ont toujours conservé jusqu'à présent l'avantage dans leurs relations avec les étrangers et même avec les Anglais, qui, ainsi que nous l'avons déjà vu, ont ou-

blié plusieurs fois, dans leurs différends avec le vice-roi de Canton, leur prudence accoutumée.

« La cour de Hué-Fou ne le cède en rien sous ce rapport à celle de Pékin : même défiance, même mauvaise foi. Le grand mandarin des étrangers n'agit, ne parle que d'après les ordres secrets du roi, qui se réserve par ce moyen la faculté d'approuver ou de désavouer les négociations de son ministre, suivant que les intérêts de sa politique le commandent ; ce dernier, placé ainsi entre la crainte de se compromettre et le danger de déplaire à son souverain, auquel il est périlleux de dire la vérité, et qui pourtant veut tout savoir, ne traite, autant qu'il le peut, les affaires que de vive voix, ne reçoit que très-rarement les lettres, n'écrit jamais et redoute par-dessus tout, de même que ses collègues, les événements extraordinaires dont le bruit pourrait parvenir jusqu'au fond du palais.

« J'eus donc à lutter contre une foule d'obstacles : à la ruse et à la duplicité, j'opposai la franchise et la fermeté ; mais comme la situation politique du roi de la Cochinchine envers les Anglais, situation dont j'ai parlé plus haut, était un obstacle insurmontable au succès de mes négociations, toutes les considérations que je pus mettre en avant n'eurent d'autre résultat que d'inquiéter davantage la cour de Hué-Fou sur un danger présent, sans la décider en faveur d'une nation dont elle ignore la puissance, et qui par le fait, trop faible encore dans ces mers éloignées, ne pourrait lui envoyer que des secours tardifs et insuffisants.

« Dans les conférences ultérieures que j'eus avec d'autres grands mandarins, je reconnus de plus en plus chez eux une excessive crainte des Anglais, et même de tous les Européens en général : de là je conclus que si la France n'a pas l'intention de faire valoir d'anciens droits, pour s'assurer sur les côtes de ces contrées un point militaire et commercial à la fois, propre à offrir en temps de guerre un abri à ses escadres, elle doit abandonner en Cochinchine ses marchands à leurs propres forces, car toute apparence de protection, en excitant la défiance d'un prince soupçonneux, ne pourra que faire du tort à leurs relations avec les habitants.

« L'entrevue dut se terminer assez froidement, car aucune des deux parties n'était satisfaite; cependant, pour éloigner tout soupçon de mécontentement de ma part, j'acceptai les bœufs, les cochons, les volailles, ainsi que les jarres de vin du pays, qui me furent offerts de la part du roi; et prévenu depuis le matin que le mandarin, se conformant à l'étiquette cochinchinoise, et peut-être aussi aux ordres de son maître, avait l'intention de me faire une visite à bord de *la Favorite*, je l'invitai à s'y rendre, et le précédai pour lui en faire les honneurs.

« Après deux heures d'attente, nous vîmes enfin sortir lentement de la rivière de Tourane une galère que mettaient avec peine en mouvement deux rangs de nombreux rameurs, tous soldats de la garde, dont l'uniforme jaune, les chapeaux pointus, surmontés de plumets jaunes et rouges, formaient un coup d'œil auquel l'envoyé de la cour, gravement assis à la mode turque, au milieu de sa suite, sur une plate-forme qui dominait l'arrière de l'embarcation, achevait de donner quelque chose de vraiment singulier. Après avoir été salué de neuf coups de canon à son arrivée, le grand mandarin, toujours accompagné de son acolyte de la conférence, se reposa quelques instants dans mon appartement, où j'avais fait préparer une collation, après quoi il visita l'intérieur de la corvette, dont tout l'équipage était aux postes de combat : ni l'éclat des armes, ni l'imposant appareil d'un bâtiment de guerre disposé pour le combat, spectacle tout à fait nouveau pour eux, ne purent déranger la gravité étudiée de leurs physionomies; cependant ils observaient tout, et semblaient compter les hommes ; et comme mes deux espions en virent dans l'entrepont un bon nombre dont l'emploi dans cette partie du bâtiment leur était inconnu, je suis persuadé qu'ils partirent avec la conviction que la cale, qui était close, renfermait le reste de l'armée; car bientôt après leur retour à Hué-Fou de nouveaux ordres de la cour vinrent restreindre le peu de liberté dont nous avions joui jusqu'alors, nos démarches furent soumises à une inquisition plus tyrannique encore qu'auparavant, et l'abord de la plus grande partie des rives de la baie nous fut sévèrement défendu.

« La côte de droite, en entrant dans la baie de Tourane, est formée d'une ceinture de montagnes qui, entassées les unes sur les autres, semblent dans leur sombre majesté monter du rivage jusqu'au ciel, et dont les sommets aux formes aiguës, blanchis par les neiges et les pluies, se perdent dans les nuages une grande partie de l'année; les flancs de ces masses énormes sont couverts d'épaisses forêts aussi anciennes que le monde, et dont les éléphants, les tigres et les sangliers se disputent la propriété. Souvent les bêtes féroces attendent les voyageurs sur la route sinueuse et escarpée qui, franchissant la crête des montagnes, barrières naturelles entre les deux provinces, conduit de Tourane à Hué-Fou.

Cette route, seule communication existante entre Faï-Fou et la capitale, est fermée dans sa partie la plus élevée par une forte muraille, que, dans son inquiète prudence, le roi fait garder par de nombreux soldats, et que pas un Cochinchinois ne peut franchir, s'il ne présente au mandarin un passe-port indiquant son nom, son état et le but de son voyage, certifiés par les autorités de la ville ou du village d'où il est parti : c'est ainsi que le despotisme et l'anarchie peuvent se rencontrer dans le choix des moyens propres à assurer leur durée.

« Quand la route est descendue au pied des montagnes du côté de Tourane, elle passe d'abord au milieu de plusieurs misérables villages, situés sur les bords arides et rocailleux de cette partie de la baie; ensuite elle traverse des plaines dépouillées d'arbres, couvertes de rizières et de champs assez bien cultivés, puis enfin elle aboutit au village de Tourane, amas de chétives cases construites en terre et en paille, sur le terrain fangeux dont est bordé le fond de la baie et à l'embouchure d'une petite rivière, mieux défendue par des bancs qui ne laissent entre eux qu'un passage étroit et très-peu profond, que par deux forts sur lesquels flotte le pavillon jaune du souverain cochinchinois, et que les pluies viennent détruire en partie à chaque mauvaise saison. La rive droite de cette rivière est moins souvent inondée que celle de gauche, et commence à se ressentir du voisinage de la mer du large, dont elle n'est séparée que par un isthme très-étroit, d'où la végétation a presque entièrement disparu, pour faire place à des dunes mouvantes que les grandes brises remuent sans cesse. Cet isthme joint au continent la presqu'île qui, formant le côté oriental de la baie, défend celle-ci des vents du large, et en fait un mouillage excellent. Quoique irrégulière, la forme de cette presqu'île ressemble un peu à celle d'une étoile, dont les rayons partent d'un groupe de trois montagnes escarpées et couvertes de bois épais depuis le rivage jusqu'au sommet. Du côté qui regarde la baie, de petites rizières, arrosées par les torrents, et des champs de pistaches, auprès desquels on voit quelques cabanes de bûcherons, attestent que la possession de cette terre n'est pas entièrement abandonnée aux sangliers, dont les bandes remplissent les bois et dévastent les plantations.

« En vain, dans ce pays sauvage, l'œil du voyageur cherche ces points de vue délicieux sur lesquels il aime à se reposer ; ces villages, dont les blanches maisons semblent se cacher derrière les bosquets; ces belles habitations qui, situées sur le penchant des collines, dominent la mer et annoncent au marin fatigué par une longue traversée qu'il va bientôt trouver des amis et un agréable repos, au sein duquel il pourra oublier pour quelques moments sa lointaine patrie. De tous les côtés où nous portions nos regards, nous n'apercevions que de tristes forêts ou de misérables villages habités par une race d'hommes dont la langue et les habitudes nous étaient également étrangères. »

DE LA MESURE DU TEMPS.

Les Cochinchinois ont, ainsi que les Chinois, les *tháp-can* ou dix lettres radicales, qui, combinées avec les instruments horaires ou cycle de douze lettres, servent à diviser le temps.

Ils divisent le jour et la nuit en douze parties égales, qu'ils appellent heures ou *giò*; ainsi l'heure annamite équivaut à deux des nôtres. *Ngày* signifie le jour et *dêm* la nuit. Ils divisent la nuit en cinq veilles ou *canh*, et le jour en six veilles, qu'ils nomment *khắc*. Ainsi l'heure qui se trouve entre cinq et six du matin et celle qui est entre six et sept du soir ne sont point comptées dans les veilles. La première veille de la nuit se nomme *canh-một*; la seconde, *canh-hai*; la troisième, *canh-ba*; la quatrième, *canh-tù*; la cinquième, *canh-nam*. Lorsqu'ils se servent des heures pour désigner les veilles, alors la première est appelée *giò-ti*, et indique les deux heures qui se trouvent depuis onze heures du soir jusqu'à une heure après minuit; *giò-sửu* a lieu depuis une heure après-minuit jusqu'à trois; *giò-dần*, depuis trois jusqu'à cinq; *giò-meo*, depuis cinq jusqu'à sept; *giò-thìn*, depuis sept jusqu'à neuf; *giò-ti*, depuis neuf jusqu'à onze; *giò-ngo*, depuis onze jusqu'à une heure après midi; *giò-mùi*, depuis une heure jusqu'à trois; *giò-thân*, depuis trois jusqu'à cinq; *giò-dậu*, depuis cinq jusqu'à sept; *giò-tuất*, depuis sept jusqu'à neuf; *giò-hoi*, depuis neuf jusqu'à onze. Chaque heure a son commencement *bổn*, son milieu *trung* et sa fin *mat*. Mais ordinairement l'heure cochinchinoise équivaut à deux des nôtres, et se divise en deux parties : la première se nomme *so*, ou commencement, et la seconde *chánh*, ou heure vraie, juste. Leur demi-heure a quatre quarts; ainsi l'heure se trouve composée de huit quarts. Chaque quart d'heure se divise en quinze parties (*phần*) ou minutes égales aux nôtres. Ils se servent ordinairement, pour mesurer le temps, du *clepsydres* ou du sablier.

Pour désigner les mois les Cochinchinois se servent des mots de *tháng* ou de *nguyệt*, *ngoat*, lune. Quelquefois leur année est de douze mois, quelquefois de treize. Dans l'espace de deux ou trois ans ils ajoutent un mois intercalaire, afin que l'année lunaire puisse répondre à l'année solaire; c'est-à-dire que dans l'intervalle de dix-neuf ans ils ont sept mois intercalaires : leur mois n'a quelquefois que vingt-neuf jours, d'autrefois il a trente jours. Le premier mois ou première lune est la lune qui précède immédiatement l'entrée du soleil dans le signe ██ Poissons, et la lune intercalaire ██ lorsque dans le cours d'une lune le soleil n'entre dans aucun signe. Si la conjonction a lieu avant minuit, alors le premier jour de la lune commence à minuit du jour précédent. Ils partagent le mois en trois décades ou *tuần* : la première se nomme *thuong-tuần*; la seconde *trung-tuần*; la troisième *ha-tuần*. Chaque jour est désigné dans le calendrier par une des lettres du cycle de soixante ans, qui s'étend jusqu'à une période de quatre-vingts ans, dont une a eu son commencement en en 1760 et a fini en 1840.

Pour la supputation des années (*nam* ou *nyén*) les Cochinchinois se servent des mêmes cycles que les Chinois (voyez, pour les explications applicables à cette question, p. 163 et suivantes du présent volume).

Il y a beaucoup d'opinions au sujet du nombre des cycles écoulés; les uns en admettent soixante-onze, les autres soixante-quatorze, d'autres encore soixante-quinze. Dans ce conflit d'opinions, il nous semble plus raisonnable de suivre le sentiment des savants préposés au tribunal chinois des mathématiques, qui en 1684 décidèrent que cette même année 1684 était la première du soixante-septième cycle qui a fini en 1743. Ainsi en 1803 on comptait soixante-huit cycles; cette année 1850, nous sommes dans le soixante-neuvième, qui finira en 1863; et ainsi de suite.

POIDS, MESURES ET MONNAIES.

L'unité des mesures de longueur est le *thuoc*, dont les Cochinchinois distinguent deux espèces :

Le *thuoc* ou l'aune, de 0 mètre 64,968, pour les étoffes.

Le *thuoc* ou la coudée, de 0 m. 48,726, pour l'arpentage, la charpente et la maçonnerie.

L'unité des mesures itinéraires est le *ly* (ou *li*) chinois, évalué à un dixième de la lieue commune de vingt-cinq au degré.

L'unité des mesures de superficie est le *thuoc* carré (ou coudée d'environ 18 pouces français).

L'unité des mesures de capacité est le *hap*, dont nous ne connaissons la valeur que d'une manière très-vague (12,000 grains de millet!) (1).

L'unité de poids est le *cân* = 624 gr. 8.

L'unité monétaire est le *kwan* ou (plus souvent) *quan*, dont la valeur varie de 2 fr. 90 cent. à 3 fr. 60 cent., suivant l'abondance ou la rareté de l'argent.

Mesures de longueur et mesures itinéraires. — L'aune ou le *thuoc* (en chinois, *chih*), employé seulement à mesurer les étoffes de laine et de soie, contient environ 22 pouces 95/100.

		mètre.
10 *phâns* font	1 *tâc* (en chinois *tsun*). =	0,064968
10 *tâcs* —	1 *thuoc* (*chih*). . . . =	0,64968
10 *thuocs* font	1 *truong* (*chang*). =	6,4968
30 *thuocs* —	1 *cai-vai* (*that*). . =	19,4904
10 *cai-vais* —	1 *gon*. . . . . . =	194,904

Le *li* cochinchinois est la dixième partie d'une lieue commune de France, de vingt-cinq au degré, et correspond ainsi à 444 mètres 39 centimètres. Un *dam* ou *stadium* fait 2 *li*, ou 888 mètres ; 5 *dam* font 1 lieue.

Mesures de superficie. — Ces mesures ont entre elles à peu près les mêmes proportions que celles de la Chine ; le *thuoc* (*chih*, coudée ou pied) est d'environ 18 pouces français ; cette mesure est employée par les architectes et les charpentiers.

		mètres.
10 *lys* font	1 *phân* (*fan*). . . =	0,0048726
10 *phâns* —	1 *tâc* (*sun*). . . =	0,048726
10 *tâcs* —	1 *thuoc* (*chih*). . =	0,48726
5 *thuocs* —	1 *ngu* ou perche. =	2,4363
16 *thuocs* —	1 *sào*. . . . . . =	7,3089
10 *sàos* —	1 *mau* (*màu*). . . =	73,089

Une autre perche, de 16 *thuocs* 1/2, avec laquelle on mesure le terrain à raison de 10 *sàos* pour 1 *mâu* ou acre, est de 80 mètres 3,979.

Poids. — Les poids de Cochinchine, quoiqu'ils aient presque le même nom que ceux de la Chine, sont cependant plus lourds que ces derniers ; leur nomenclature et leur conversion en poids français sont indiquées dans le tableau ci-après :

Tableau des poids cochinchinois, convertis en poids français.

POIDS COCHINCHINOIS.			POIDS FRANÇAIS.
			kil. gr.
10 *ais* ou atomes font	1 *trân*.	=	000,0000003905
10 *trâns*.	1 *huy*.	=	000,000003905
10 *huys* —	1 *châu*.	=	000,00003905
10 *châus* —	1 *hôt*, en chinois *kiwuh*. .	=	000,0003905
10 *hôts*.	1 *hao*, — *hâu*.	=	000,003905
10 *hâos*.	1 *ly* — *ly*.	=	000,03905
10 *lys*.	1 *phân*, — *fan*.	=	000,3905
10 *phâns*.	1 *dông*, — *tsien*.	=	003,905
10 *dôngs* ou *maices*.	1 *luông*, — *liang*.	=	039,05
10 *luôngs* ou *taels*.	1 *nén*.	=	390,5
16 *luôngs*.	1 *cân*, en chinois *kin*. . . .	=	624,8
10 *câns* ou *catties*.	1 *yên*.	=	6,248
50 *câns*.	1 *binh*.	=	31,240
100 *câns*.	1 *ta*, en chinois *t'âu*. . .	=	62,480
500 *câns*.	1 *quan*.	=	312,400 (2)

(1) Les mesures de capacité pour les grains varient d'une province à l'autre ; et les acheteurs ont soin, avant de conclure un marché, de convenir de la mesure dont on se servira.

(2) Les poids ordinaires en usage dans l'empire Annamite sont les poids chinois : le

Monnaies. — Les monnaies de la Cochinchine sont des *taïls* d'or et d'argent; les premiers ont ordinairement quatorze ou quinze fois la valeur des seconds. Les *caches* ou *sapèques* sont en zinc pur et appelés *dóngs*. Les métaux précieux sont rares en ce pays; et les transactions s'y font presque toutes au moyen de ces *caches*, très-incommodes à cause de leur fragilité et de leur poids.

L'or et l'argent employés par les Cochinchinois sont généralement assez purs et assez bien affinés; mais on les trouve quelquefois fortement altérés. Le lingot d'or en *pain* (*nén*), comme on l'appelle, est le plus grand; il y a ensuite le demi-lingot d'or, qui a la même forme, est du poids de 5 *taïls*, ou 0 kil. 192,965, et vaut environ 693 fr. 10 cent. Le *dinh-vàng* ou « clou d'or » pèse 1 taïl, ou 0 kil. 038,593, et vaut 138 fr. 68 cent. Le lingot d'argent, aussi de la forme d'un pain, s'appelle *nén-bac;* il pèse 10 taïls, ou 0 kil. 385,930, et vaut environ 81 fr. 57 cent. Il y a une autre monnaie d'argent, appelée *dinh-bac* ou « clou d'argent, » pesant 1 taïl ou 0 kil. 038,593, et valant environ 8 fr. 16 cent. Le *dinh-bac* se divise en demis et en quarts; le demi s'appelle *nuadinh-bac.*

Sous le règne de *Minh-Meng* il avait été frappé des piastres qui devaient être du même poids et de la même valeur que celles d'Espagne; mais leur valeur ne dépasse pas généralement celle de 4 fr., par suite de la grande altération de leur titre, où il entrait environ un tiers de cuivre. L'exécution de ces monnaies d'or et d'argent est d'ailleurs très-remarquable (1).

La monnaie de cuivre est fondue;

---

picul de cent catties ou de 133 livres 1/3 avoir du-poids; etc. A Hué et Fai-fò le *picul* employé par les Chinois est de cent douze catties, et à Saigoun, un picul de sucre est en réalité un picul et demi ou cent cinquante catties.

Le riz se vend par sacs qui devraient peser cinquante catties, mais qui n'en pèsent que quarante-huit.

(1) On trouve la figure de ces monnaies dans l'ouvrage de Taberd et dans le recueil du baron de Chaudoir, déjà cité, p. 227 de ce volume.

60 *caches* ou *dôngs* font un *môt-tièn* ou « tas », et 10 *môt-tièns* pour un *kwan* ou une « ligature ». Ces 600 *caches* valent de 3 fr. à 3 fr. 60 cent., et pèsent environ 1 kil. 587 grammes. Le taux du change entre les *caches* et les monnaies d'argent varie de 3 à 5 *kwans* pour un *taïl.*

Les monnaies d'or et d'argent ont, en général, la forme de bâtons d'encre de Chine, mais sont beaucoup plus minces; leurs bords sont légèrement relevés, et leur millésime et leur valeur sont marqués en lettres saillantes. A chaque nouvelle émission de monnaies, les anciennes éprouvent une perte; cette circonstance est très-fâcheuse pour les voyageurs et pour les étrangers, qui ne peuvent pas lire les caractères empreints sur ces monnaies (1).

---

(1) Les petits lingots, argent, *essayés* à la monnaie de Calcutta ont donné 578,67 grains d'argent pur = 1 piastre 56/100, soit : 6 shellings 2 pences 1/2, ou environ 7 fr. 85 c.

Les grands lingots ont produit, en moyenne, 6,172 grains 9/10 d'argent pur équivalant à 16 piastres 64/100 ou 3 liv. sterl. 6 5 d. 1/4; soit environ 83 fr. 90 cent.

Ces valeurs (données par Crawfurd) diffèrent un peu de celles que nous avons mentionnées dans le texte; mais elles se rapprochent probablement davantage de la vérité. La valeur assignée par Crawfurd et par Taberd au lingot d'or est dix-sept fois environ la valeur du lingot d'argent de même poids; ce qui s'accorde à peu de chose près avec les chiffres que nous avons adoptés.

Les monnaies et lingots sont frappés à Cachao, capitale du Tong-King.

La piastre espagnole a cours dans tout l'empire; et le gouvernement la reçoit pour 1 quan 1/2 seulement.

Le roi paye pour le métal dont se fabrique la menue monnaie douze *quans* le *picul*, en sorte qu'il fait un profit considérable sur cette fabrication.

Comme il ne se fait depuis longtemps presque aucun commerce avec le Tong-King, il serait difficile d'établir les différences qui peuvent exister entre les poids, mesures et monnaies de ce pays et ceux de la Cochinchine, à laquelle il est soumis.

Dans le Cambodje il y a de petites monnaies rondes, en argent, de différentes grandeurs. La plus grande dépasse à peine la dimension d'un centime. Elles sont appelées *galls*, et très-sujettes à perdre de leur valeur, par suite de leur extrême petitesse et de la

CEYLAN

Palais du roi à Kandy.

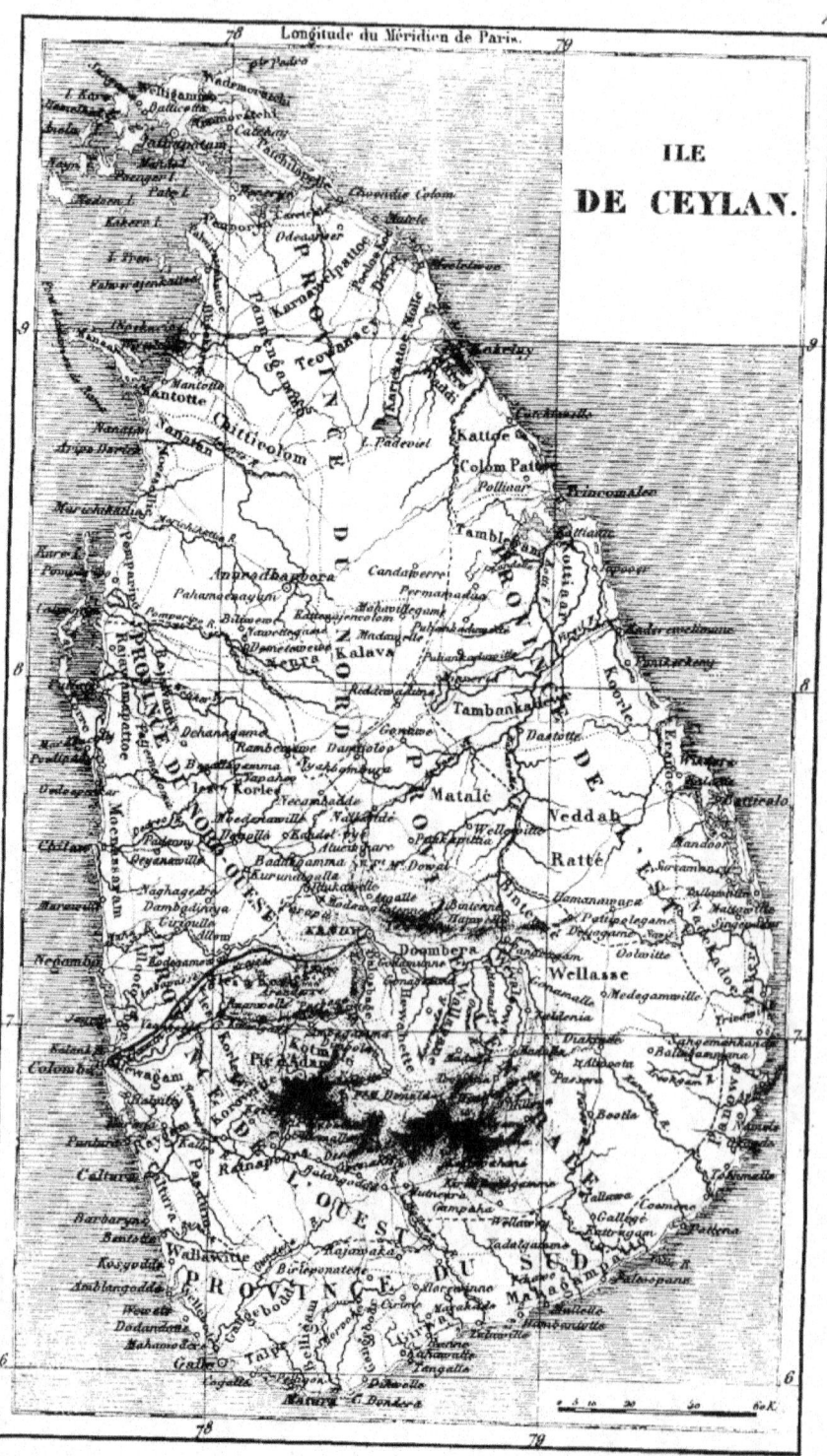

CEYLAN.

Temple à Ramisseram

Vue près Point-de-Galle.

CEYLAN

INDUSTRIE ET COMMERCE.

Industrie. — Quoique les résultats obtenus jusqu'à ce jour par la race annamite dans les arts utiles et le commerce soient encore forts imparfaits, ils sont cependant beaucoup plus remarquables que chez les Siamois et tous les insulaires du grand Archipel, ou même tout autre peuple de l'Asie orientale, à l'exception des Hindous, des Chinois et des Japonais, qui occupent dans l'industrie un rang supérieur. Sur ce dernier point les habitants de la Cochinchine sont restés fort en arrière des Chinois, dont ils ne sont que les faibles imitateurs.

L'agriculture, même aux alentours de leur capitale Hué, n'a pas dépassé un certain degré de médiocrité. Ils n'ont que peu de terres labourables, parce qu'ils n'ont que peu de terrains formés d'alluvion et quelques champs de riz, dont le faible produit est toujours, dans les régions tropicales, un indice de la pauvreté du peuple. Dans les champs situés le long du fleuve navigable Hué, un buffle suffit pour les grandes semailles du riz. Partout où l'on a pu établir un bon système d'irrigation la moisson offre des panicules bien nourris; mais, quoique fort bonne pour le sol léger du pays, une récolte semblable serait regardée comme mauvaise à Java, dans le Bengale et au Siam.

La capitale est obligée de tirer sa provision de riz de Saïgôn et du Tong-King, provinces qui, la première surtout, l'emportent dans ce genre de culture, grâce à une population plus condensée et à l'arrosage plus habile qu'elles pratiquent sur leurs vastes terrains d'alluvion. Les habitants cultivent assez bien le coton, et ils en récoltent une quantité suffisante. Ils en font, dans le Tong-King, des étoffes si durables, et à si peu de frais, qu'elles pourraient facilement chasser du marché les cotonnades d'Europe; mais ils n'ont pas d'indiennes d'un fin tissu, et l'art d'imprimer sur calicot leur manque encore. Le bas peuple, parmi eux, s'habille rarement d'étoffes de couleur, pour lesquelles il n'a aucun goût, et il en résulte qu'ils n'ont pas d'ateliers de teinture. L'art de filer la soie et de la tisser est celui qu'ils ont le plus perfectionné, quoique, dans leur soie écrue et les étoffes qu'ils fabriquent, ils restent encore bien au-dessous des Chinois.

Le Tong-King était célèbre, dès les anciens temps, par son beau vernis et par les ouvrages de laque auxquels il donnait ses soins. C'est là qu'on cultivait cet arbre au vernis dont l'abbé Richard a tant parlé, sans cependant le décrire avec assez d'exactitude, dans son *Histoire du Tong-King*. On exporte en Chine le vernis qu'on en retire, mais on s'en sert également dans le pays même. D'après les renseignements recueillis par Crawfurd, l'espèce la plus médiocre se vend de dix à douze quans le pieul, et la meilleure de vingt-deux à vingt-trois. Les objets de laque qu'on en fait dans le Tong-King y sont d'un usage général. On est frappé de l'extrême élégance des plus précieux ouvrages en ce genre, les uns avec des ornements d'or, les autres, de nacre, ou réunissant les deux à la fois; car le Tong-King produit des nacres d'une très-belle transparence qu'on tire d'une espèce particulière de mya. Ce sont ou des boîtes pour renfermer du bétel ou d'autres petits meubles semblables. Crawfurd les trouve d'un travail plus achevé que tout ce qu'on a apporté de pareil du Japon (?), et Finlayson dit qu'ils sont plus durables. Tous les deux eurent occasion de voir plusieurs de ces produits de l'industrie du Tong-King chez des grands de Hué, et on leur en donna même quelques-uns.

L'art de fondre les métaux et de les travailler est depuis longtemps connu de ces peuples; mais ils ne l'ont pas poussé assez loin pour pouvoir, par exemple, se fabriquer de bonnes armes à feu, quoiqu'ils montrent dans les arts d'imitation, comme tous les demi-barbares, des dispositions remarquables. Dans leur arsenal de Hué la fonte des canons a fait récemment de grands progrès, dont ils sont évidemment redevables aux ingénieurs français qui, depuis l'époque de la révolution, sont venus donner une impulsion nouvelle à leur marine, à

---

nature grossière et imparfaite de leur fabrication. — Les piastres ou dollars ont cours au pair à Cambodje, et les *caches* ou *Sapèques* cochinchinois y ont cours également, mais avec une légère perte sur le change.

leur système de fortifications et à leur artillerie. Quand Crawfurd était, en 1823, à Singapoure, en qualité de résident britannique, il envoya comme présent, au nom du gouverneur général des Indes, un fusil de chasse à deux coups, d'un travail exquis, au mandarin des éléphans, de Hué. Un Anglais le porta de Turon dans cette ville ; au bout de deux semaines on le renvoya, accompagné d'un autre fusil double, fabriqué, durant ce court espace de temps, dans les ateliers de l'arsenal royal, et si parfaitement imité qu'à la première vue il était difficile de le distinguer de l'original. D'après leurs idées, c'était une preuve péremptoire de leur habileté ; mais l'identité des deux fusils n'était qu'apparente : ignorant l'art de durcir suffisamment l'acier, ils sont hors d'état de fabriquer des armes à feu convenables, et malgré la grande adresse qu'ils ont réellement, ils restent pour cet article toujours dépendants des Européens. Un vaisseau français venu en Cochinchine en l'année 1819 y apporta dix mille armes à feu ; ce sont les objets qu'on demande le plus. Le fer du pays se vend à très-bas prix ; cependant, le Siam et la Cochinchine n'interdisent pas l'importation du fer d'Europe, qui est meilleur pour la forge et à plus vil prix que celui du pays même. Les Cochinchinois possèdent les rudiments de toutes les branches de l'industrie, mais ils ne sont pas allés plus loin. Ils ont quelque idée de la manière dont on peut transformer le fer en acier ; mais leurs instruments restent toujours trop mous, ou bien n'ont pas la flexibilité désirable. Ils montrent beaucoup d'habileté dans les ouvrages d'or et d'argent, particulièrement dans ceux en filigrane. Aidés des conseils des ingénieurs français, ils ont perfectionné leurs fortifications, leurs fabriques de poudre, etc. On montra à l'ambassade anglaise neuf canons de dimension colossale. Ils étaient établis sur des affûts de bois de sao, dans l'arsenal de Hué, où ils servaient de modèles. C'était un monument que le roi guerrier d'alors, Gia-Long, avait voulu lui-même ériger à sa gloire.

Enfin l'infériorité de l'industrie du pays ressort encore du mouvement des opérations commerciales et du tableau des articles d'exportation et d'importation. C'est ce que nous allons démontrer.

Commerce. — Les Cochinchinois ne doivent pas plus que les Siamois sortir de leur pays. Leur commerce à l'étranger n'est donc pas fait par eux, mais par les nations avec lesquelles ils sont en rapport ; ce qui les rend un peuple essentiellement peu mercantile. Il n'est pas toutefois interdit absolument aux sujets cochinchinois de voyager ; on leur accorde alors des licences. C'est ainsi que quelques-uns d'entre eux vont parfois visiter la Chine et ont visité aussi, durant les dix dernières années, le détroit de Malacca, Singapoure et Batavia. Naturellement hardis, actifs, vigoureux, dociles, ils pourraient devenir des navigateurs de premier ordre ; et s'ils ne le sont pas encore, c'est faute de pratique. Si les Cochinchinois n'émigrent pas, comme leurs voisins de l'est, les Chinois, c'est probablement qu'aucun excédant de population ne les y oblige. Ils ont même des lois sévères qui les en empêchent, et la vénération profonde qu'ils professent pour les tombeaux de leurs ancêtres, ainsi que le culte qu'ils rendent aux morts, entrent en première ligne parmi les nombreux obstacles qui s'y opposent. Mais Crawfurd pense que si la vie devenait trop chère, si les salaires baissaient trop, les Cochinchinois briseraient bientôt sans scrupule toutes ces barrières, à l'exemple de leurs voisins de l'Est, les Fukienlang, chez qui une superstition semblable et de semblables lois prohibitives ne purent arrêter les émigrations.

Les principales places de commerce dans le Cambodje sont : Kangkao (ou Hatien) et Saigôn ; dans la Cochinchine : Nathrang (ou Yathrang), Phuyen, Quinône, Faï-fo et Hué ; dans le Tong-King, la seule capitale Kécho (Cachao).

Le commerce intérieur a lieu principalement par la navigation des grands fleuves du Cambodje et du Tong-King, ou le long du littoral maritime ; et c'est par son intermédiaire que la capitale Hué est approvisionnée de riz, d'huile, de sel, de fer et des autres objets de première nécessité. Il y a toujours entre cette ville et Saigôn deux mille jonques occupées à porter le tribut que l'on paye au gouvernement et à faire le cabotage.

Le commerce entre la capitale Hué et la province septentrionale du Tong-King se fait en partie par le cabotage et en partie aussi par une navigation intérieure, au moyen des canaux naturels des lagunes qui fournissent le sel, canaux qui tracent tout près de la côte maritime une ligne de trente à quarante milles qui n'est pas encore indiquée sur nos cartes.

Le commerce de la Cochinchine avec l'étranger se borne à la Chine, au Siam, aux ports britanniques du détroit de Malacca et Singapoure. Elle envoie cependant de temps en temps quelques petits navires à Batavia.

Le commerce avec la Chine, dont Ké-Kho est le principal marché intermédiaire, s'étend aux trois provinces méridionales de cet empire. Elles échangent leurs marchandises chinoises contre les produits bruts du Tong-King. Dans les derniers temps, des marchandises anglaises sont venues aussi de Canton par cette voie, surtout de l'opium et du drap d'Angleterre, articles qui ont pu pénétrer par ce moyen. Ce commerce a lieu avec des ports tels que ceux d'Amoy, de Canton, de Ningpo, etc., et il touche à toutes les villes marchandes situées, entre Ké-Kho, dans le Tong-King, et Saïgôn, dans le Cambodje. Crawfurd l'évaluait en 1822 à un nombre total de cent seize jonques du port de vingt mille tonneaux; ce qui est la moitié du commerce réalisé entre la Chine et le Siam.

Les rapports politiques de la Cochinchine et du Siam sont de nature assez compliquée. La jalousie de ces deux puissances, en ce qui concerne le partage des provinces du Cambodje, est entretenue annuellement par des ambassades d'étiquette qui ne peuvent manquer d'avoir de l'influence sur le commerce, qui se concentre spécialement sur Bangkok. Il y converge principalement de Saïgôn et de Faïfo ainsi que de Hué; mais il est dans les mains des Chinois du Siam. Quarante à cinquante petites jonques portent de Siam en Cochinchine du fer, du tabac, de l'opium, des marchandises d'Europe, et en rapportent des nattes à voile, de la soie écrue et ouvrée. Si ce commerce n'a qu'une importance médiocre, il n'en est pas de même du commerce de la Cochinchine avec le détroit de Malacca, avec Singapoure et avec les Indes néerlandaises. Tout le commerce que faisaient précédemment les Hollandais, les Français, les Anglais avec le Tong-King, dans le courant du dix-septième siècle, avait entièrement cessé par suite des révolutions perpétuelles du pays et d'autres circonstances extérieures. Cependant ces contrées n'avaient jamais été, comme la Chine et le Japon, fermées aux étrangers, contrairement à l'opinion erronée répandue en Europe. Ces diverses nations avaient eu leurs factoreries dans la capitale Ké-Kho (Cachao); leurs vaisseaux remontaient le fleuve Songka jusqu'à la ville de Doméa (?), située sur le delta formé par ses eaux, à quatre milles de son embouchure; on ne commerçait pas avec la Cochinchine. La première tentative des Anglais pour renouveler le commerce avec cet empire eut lieu en 1778; mais elle ne réussit pas, étant survenue tout au plus fort d'une guerre civile qui désolait le pays. Celle faite en 1804, sous le marquis de Wellesley, pour expulser de la Cochinchine le parti français, ne réussit pas mieux, le prudent souverain qui régnait alors n'ayant pas voulu adhérer aux mesures qu'on lui proposait dans ce but. En 1815 et en 1817 les Français firent aussi de vains efforts pour renouveler des relations utiles avec l'empire Annamite. Le capitaine de vaisseau A. de Kergariou, s'appuyant sur l'ancien traité de 1787, réclamait la cession d'un petit territoire à la France pour l'établissement d'une loge de commerce. La France cependant durant cette période, profitant seule d'un nouveau tarif commercial, avait envoyé en Cochinchine quatre grands navires qui purent introduire et placer dans le pays de fortes cargaisons d'armes à feu, du fer, du cuivre et des cotonnades et prendre en retour du sucre et de la soie écrue. Nous avons déjà vu que le nouvel essai que les Anglais firent en 1822 (lors de la mission de Crawfurd) eut peu de succès sous le rapport commercial; mais la science en profita. Les négociations furent amicales et pacifiques. On promit aux Anglais de leur accorder toutes les libertés de commerce dont ils jouissent à

Canton (la Chine étant le grand modèle de toutes les cours de l'Asie orientale). On leur donna la libre entrée de tous les ports de l'empire pour leur négoce. On consentit à leur faire remise des taxes imposées par les tarifs de douane, afin de les faire jouir des mêmes avantages que tous les autres étrangers, Chinois, Français, Hollandais, Américains. Le ministre leur donna de plus l'assurance qu'il s'efforcerait toujours d'expédier lui-même, le plus vite possible, les affaires des marchands, n'ignorant pas l'importance de la promptitude en semblable matière. Mais, malgré ces belles paroles, on limita l'entrée des vaisseaux anglais de commerce aux ports de Saïgôn et de Han, dans la baie de Turon et à ceux de Faïfo et d'Hué, ou plutôt seulement aux deux premiers, puisque la barre presque dépourvue d'eau des autres rend leur entrée réellement impraticable aux vaisseaux européens. On leur dit que dans le Tong-King les fleuves n'étaient pas assez profonds pour les vaisseaux anglais, et que d'ailleurs le roi avait trouvé bon pour la première fois, imitant en cela la politique des Chinois, d'interdire encore aux étrangers l'entrée d'un pays qui venait d'être tout récemment conquis. Les efforts subséquents des Anglais pour obtenir davantage restèrent sans résultat. Ils ne manquèrent pas d'attribuer leur mauvais succès à l'influence de quelques Français restés au service du roi, et qui jouissaient à la cour d'une considération méritée. Ce ne fut qu'à partir de 1819 que leur commerce avec la Cochinchine reprit de l'activité, par l'établissement du port libre de Singapoure. Dans les années qui précédèrent l'ambassade de Crawfurd à Hué, il y avait environ vingt-six jonques, du port d'environ quatre mille tonneaux, employées annuellement au commerce de Singapoure avec la Cochinchine. Les Chinois, qui pour la plupart sont marchands et navigateurs, les conduisaient et les ramenaient. Ils vendaient en Cochinchine, pour la consommation des habitants du Cambodje, de l'opium, du cachou de Gambier (substance provenant d'une plante grimpante, *uncaria gambier*, laquelle donne l'article connu dans le commerce sous le nom de « terra japonica ». Ils y ajoutaient du fer, et rapportaient en échange à Singapoure des produits du pays. Quant aux navigateurs cochinchinois, c'est à peine s'ils osaient s'aventurer à franchir les limites de leur territoire pour venir jusque-là. Le roi seul, dans ces dernières années, y a fait des expéditions à ses propres frais. — Le commerce d'importation et d'exportation entre la Cochinchine et Singapoure a pris quelque développement de 1839 à 1844 (la seule période dont les résultats nous soient bien connus). — En 1839 les importations et exportations réunies avaient atteint le chiffre de 349,708 piastres, soit (au change de 5 fr. 40 cent.) 1,888,423 fr.

En 1841 elles s'étaient élevées au chiffre de 538,207 piastres, soit 2,906,317 fr.

En 1844 elles avaient fléchi d'environ 700,000 francs, mais représentaient cependant encore 407,019 piastres, soit 2,197,902 fr. (1).

Maintenant, si l'on pense aux avantages extraordinaires qu'offre, sous le rapport géographique et maritime, la côte de la Cochinchine, si abondamment pourvue de ports excellents, située de plus dans le voisinage de Canton, de Singapoure et du Bengale, on restera convaincu que ce pays semble incontestablement destiné à servir de station intermédiaire au commerce entre l'Inde et la Chine, où l'on peut se rendre (de Tourane à Canton) en cinq jours. Enfin, on trouverait en abondance dans ces parages les articles les plus importants pour la réciprocité des échanges, à des conditions plus avantageuses qu'à Canton même, et la Cochinchine prendrait dès lors, dans l'histoire des progrès de l'Asie orientale, un rôle bien différent de celui qu'il lui a été donné d'y remplir jusqu'à présent. Bien plus, l'émigration chinoise prêterait les mains à l'accomplissement de cette révolution pacifique.

(1) Voir, pour de plus amples détails, *Documents sur le commerce extérieur*, publiés par le ministère du commerce; n° 319; Paris, 1846, in-8° (p. 60 et suiv.).

MŒURS ET COUTUMES.

Réduits comme nous le sommes à esquisser rapidement le tableau des mœurs d'une nation qui a occupé et occupe encore une place considérable dans l'histoire de l'extrême Orient, et que sa position intermédiaire entre la Chine et les grandes colonies anglaises et néerlandaises semble destiner à un rôle important dans l'avenir du commerce et de la civilisation, nous avons dû avoir recours aux relations des voyageurs qui à diverses époques ont visité la Cochinchine, *dans des conditions propres à recueillir et à résumer avec une certaine autorité* des renseignements à peu près exacts sur l'état de la civilisation à ces diverses époques. La première relation de quelque importance que nous ayons consultée est celle de John Barrow, attaché à l'ambassade de lord Macartney, qui visita la Cochinchine en 1793. Nous avons toute raison de croire qu'un observateur aussi instruit et aussi intelligent que ce membre distingué de la Société royale de Londres a décrit fidèlement et consciencieusement ce qu'il a vu ou rendu compte de ce qu'il a appris, et nous empruntons volontiers à sa relation (traduite et commentée par Malte-Brun, en 1807) les extraits suivants, qui nous permettront de nous former une idée assez précise de ce qu'était la société cochinchinoise à cette époque critique où l'influence française allait assurer le triomphe du souverain légitime d'Annam sur les redoutables aventuriers qui avaient usurpé son trône, et où le vénérable évêque d'Adran s'efforçait, avec un zèle infatigable, de diriger et de consolider cette influence, dans l'intérêt de la religion et de l'humanité. L'ambassade anglaise ne visita point la cour de l'usurpateur, et son séjour dans la baie de Tourane ne se prolongea pas au-delà de vingt-cinq jours; mais Barrow était homme à tirer tout le parti possible de cette courte relâche pour recueillir des renseignements intéressants, et sa relation le prouve. Il expose, au reste, lui-même avec franchise les désavantages de sa position comme observateur, et apprécie avec beaucoup de tact et de netteté la valeur relative de ses observations. Nous allons le laisser parler.

« L'ambassadeur ne connaissait pas encore la ville de Turon (1); et comme ses principaux habitants désiraient lui témoigner leur considération en lui donnant une fête, son excellence prit jour pour le 4 juin, afin de célébrer à terre avec les Cochinchinois l'anniversaire de la naissance du roi du pays.

« Dès la veille au soir nous observâmes un mouvement extraordinaire dans la ville, un nombre de troupes considérable, tant au dehors qu'au dedans, et enfin des éléphants de guerre. Nous ne pouvions juger si c'était par accident ou par suite des anciens soupçons, ou pour donner plus d'éclat à la cérémonie; mais nous prîmes la précaution d'envoyer nos deux bricks armés dans la rivière opposée à la ville, afin d'assurer notre retraite en cas de nécessité. Cependant, la journée se passa dans la plus grande harmonie. Nous fûmes conduits, de la place où nous descendîmes à terre, à un grand bâtiment qui avait été construit exprès. Les deux appuis du toit étaient supportés par une rangée de piliers de bambous, qui partageaient le bâtiment en deux parties dans sa longueur. Les deux côtés et le toit étaient couverts de doubles nattes serrées, et tapissées en dedans de grosse toile de coton de différents dessins. Dans la première salle était une longue table couverte d'une nappe, avec des assiettes, des fourchettes, et couteaux à la manière et dans le goût d'Europe. Il paraît que notre ami, le Portugais, avait engagé les Cochinchinois à le laisser en quelque sorte maître des cérémonies de ce jour, et que, présumant que rien ne nous plairait plus que boire et manger, il avait voulu nous servir à notre goût plutôt qu'à celui des Cochinchinois. Il faut lui rendre cette justice, qu'il n'avait épargné ni peine ni dépense pour nous donner un dîner aussi bon que les circonstances pouvaient le permettre; mais son zèle maladroit avait substitué un mauvais dîner portugais à un bon repas cochinchinois.

« Une légère circonstance de notre entrée dans le bâtiment ne laissa pas que d'embarrasser les officiers cochinchinois. On avait suspendu, suivant la cou-

(1) Tourane ou Touranne des Français.

tume de Chine, qui s'observe en beaucoup d'endroits, un étendard de soie, qui portait en gros caractères le nom du jeune usurpateur de *Hué*. Nous n'avons pas su si l'on avait regardé comme une chose toute naturelle que nous nous prosternions, suivant l'usage du pays, devant cette représentation de sa majesté, ou si Manuel Duomé leur avait dit que les Anglais ne feraient sur cela aucune difficulté ; mais il est évident qu'ils s'y attendaient, car lorsque le général commandant à Turon, qui était assis, les jambes croisées, sur un banc, comme représentant de son maître, eut vu que nous défilions après l'avoir salué, et que nous allions prendre nos places sans regarder l'étendard, il parut tout déconcerté. Son chagrin de ce que les neuf prosternations n'avaient pas été faites l'affectait tellement, qu'il semblait se croire d'autant déchu dans l'estime des officiers. Il ne fit pas grande attention quand on lui expliqua, sur sa demande, le rang et les fonctions de chacun dans l'ambassade, jusqu'au moment où l'interprète chinois annonça M. Parish, capitaine d'artillerie, sous le titre de *surveillant des grands canons*. Toute son attention se réveilla à ce mot, et il parut regarder toute la journée cet officier comme un homme très-formidable et très-dangereux. Dans la dernière partie du bâtiment, une troupe de comédiens représentait un drame historique, lorsque nous entrâmes ; mais dès que nous fûmes assis, ils s'interrompirent, s'avancèrent, et firent devant nous les neuf génuflexions que nous avions eu l'incivilité de ne pas faire au mandarin et à son étendard de soie. Puis ils reprirent leur rôle, et nous importunèrent tout le temps que nous restâmes d'un bruit insupportable. Le thermomètre était ce jour-là à 81 degrés à l'ombre, en plein air, et au moins 10 degrés plus haut dans le bâtiment (1). La foule du peuple, avide de voir des étrangers, l'horrible fracas des *gongs*, des timbales, des tambours, des sonnettes, des trompettes et des flûtes bruyantes, était si étourdissant et si déchirant,

(1) Les degrés indiqués sont ceux du thermomètre de Fahrenheit. — 81° équivalent à 27°,22 de notre thermomètre centigrade, et 91° à 32°,78 de la même échelle.

qu'il n'y avait que la nouveauté du spectacle qui pût nous retenir. La plus amusante et la moins bruyante partie de cette représentation théâtrale fut une espèce d'intermède exécuté par trois jeunes femmes, qui semblaient trois des principales actrices, et qui parurent dans l'habillement et le rôle de quelques anciennes reines, tandis qu'un vieil eunuque, en habit tout à fait singulier, jouait ses vieux tours, comme un scaramouche, ou un bouffon dans une arlequinade. Le dialogue dans cette partie différait entièrement du récitatif monotone et plaintif des Chinois. Il était vif et comique, souvent coupé par des airs gais, qu'un chorus général terminait ordinairement. Ces airs, tout rustiques et grossiers qu'ils sont, paraissent cependant être des compositions régulières, et sont chantés en mesure exacte. Il y en eut un en particulier qui attira notre attention, dont le mouvement lent et mélancolique respirait cette douceur plaintive si particulière aux airs écossais, avec lesquels il avait une grande ressemblance. Les voix des femmes étaient aigres et tremblantes ; mais quelques-unes de leurs cadences n'étaient pas sans mélodie. Les instruments à chaque pause donnaient une petite ritournelle, qui était graduellement soutenue et couverte par le bruit des *gongs*. Comme nous n'entendions rien à la langue, nous étions aussi peu au fait du sujet que la très-grande partie des spectateurs en Angleterre à l'opéra Italien. Au reste, dans le hangar de *Turon* comme au théâtre d'*Hay-Market*, les yeux étaient occupés ainsi que les oreilles. A chaque reprise des chœurs, les trois beautés cochinchinoises, dans une danse compliquée, et où les pieds ne jouaient pas le plus grand rôle, déployaient les grâces de leur taille par différentes postures du corps, des bras et de la tête ; elles formaient des tableaux variés, et tous leurs mouvements s'accordaient parfaitement avec la mesure.

« En Chine ni en Cochinchine on ne paye jamais pour entrer au spectacle. Les acteurs donnent des représentations particulières pour une somme fixée ; ou bien ils représentent publiquement sous un hangar où l'entrée est libre. Dans ce cas, les spectateurs, au lieu d'animer les acteurs par des applaudissements stériles, leur jettent des petites pièces de monnaie. Les mandarins apportent exprès, attachées à des cordes, des centaines de petites pièces de même espèce que celles qui ont cours en Chine. Les Cochinchinois appellent le drame régulier *troien*, ou *relation historique*. L'ambassadeur s'était fait accompagner par la musique du bord sur le rivage, où il avait fait jouer quelques airs; mais les Cochinchinois n'ont point d'oreilles pour l'harmonie douce de la musique européenne : ils font beaucoup plus de cas de leurs *ring-rang* et de leurs *song-sang*, qui leur plaisent d'autant plus qu'ils sont plus bruyants.

« Nous laissâmes les comédiens au milieu de leur représentation, et nous traversâmes la place verte, qui est aussi le marché, où nous prîmes plaisir à voir une quantité de jeux et de danses. Le 4 de juin était dans cette partie de la Cochinchine un jour de fête générale. Nous remarquâmes une douzaine de jeunes gens qui jouaient au ballon avec une vessie; dans un autre quelques-uns déployaient leur agilité à sauter par dessus un bâton placé horizontalement; ici un groupe bruyant s'amusait d'un combat de coqs; là de jeunes enfants, à l'imitation de leurs aînés, excitaient des cailles et d'autres petits oiseaux, et jusqu'à des sauterelles, à se déchirer les uns les autres; dans un autre coin on jouait aux cartes ou aux dés. Mais ce qui attira le plus notre attention, ce fut une troupe de jeunes gens qui maintenaient en l'air une espèce de ballon en le frappant uniquement avec la plante du pied. Rien n'égale l'activité et l'énergie des Cochinchinois. Un de nos matelots en eut une preuve peu agréable pour lui; dans une dispute avec l'un d'eux, il s'apprêtait à boxer; et tandis qu'il étendait les bras, et manœuvrait pour marquer juste l'endroit où il frapperait son adversaire, le Cochinchinois lui rit au nez, tourna froidement sur le talon, et lui en frappa la mâchoire d'un coup aussi vigoureusement appliqué qu'inattendu : puis, se retirant avec un grand sang-froid, il abandonna le matelot étonné aux rires et aux plaisanteries de la foule des spectateurs. S'ils sont actifs dans l'exercice de leurs pieds, ils ne sont pas moins remarquables par la dextérité de leurs mains. Les joueurs de gobelets, les diseurs de bonne aventure et les sauteurs déploient tous leurs talents, au grand plaisir du peuple, et avec un grand profit; et nous apprîmes à nos dépens que ceux qui n'exercent pas ouvertement la profession d'escamoteurs n'en sont pas moins habiles dans l'art de fouiller dans les poches. Rarement nous retournions au vaisseau sans que quelqu'un eût perdu son mouchoir, objet pour lequel ils paraissent avoir un goût particulier. Tous, depuis le premier jusqu'au dernier, sont des mendiants des plus importuns; ils ne se rendent pas à un premier refus, et il ne leur suffit pas d'obtenir ce qu'ils ont demandé : la libéralité de celui qui leur donne les rend plus pressants dans leurs demandes, et ce qu'ils n'obtiennent pas ainsi, ils tâchent de se le procurer par le vol. Ils n'ont pas même la pudeur des Spartiates, qui rougissaient d'être découverts. Il paraît qu'ils ne craignent d'être punis ni pour avoir volé ni pour être surpris : leur disposition à dérober était si générale, que nous dûmes surveiller les officiers du gouvernement qui venaient à bord de nos vaisseaux.

« Cependant quelques traits fortement prononcés se distinguent éminemment dans la masse du peuple, et peuvent être considérés comme caractéristiques d'une nation. Ce n'est que de ceux-là que j'ai tiré le petit nombre d'observations que j'ai faites sur les Cochinchinois : il y en a quelques-unes qui concernent peut-être les localités, et ne sont applicables qu'à la partie de la côte où nous avons abordé.

« La Cochinchine n'ayant formé un État séparé de la Chine que quelques siècles après Jésus-Christ, les traits des Cochinchinois, et en général la plupart de leurs coutumes, leur écriture, leurs opinions religieuses et les cérémonies qu'ils conservent encore, décèlent clairement leur origine chinoise; c'est dans les provinces du nord que cette analogie est plus fortement marquée. Ces mêmes caractères se distinguent aussi, mais dans un moindre degré, à Siam, qui est proprement *Si-Yang*, ou pays occidental; au Pégou, probablement *Pé-Quo*, ou province du nord; à Ava, et dans les autres petits États compris maintenant sous le nom d'*empire Birman*, dans lesquels, toutefois, le mélange avec les Malais de Malacca et les Hindous des régions supérieures et orientales de l'Hindoustan a presque entièrement effacé les traces du caractère chinois. Les Cochinchinois de *Turon*, malgré la corruption des mœurs de leurs femmes, et malgré l'altération qui résulte en tout pays des révolutions sur le caractère des peuples, ont conservé à beaucoup d'égards le type de leur origine, et dans quelques points ils l'ont tout à fait perdu. Ainsi les deux peuples s'accordent parfaitement pour l'étiquette observée dans les mariages, les processions et les cérémonies funéraires. Ils ont les mêmes superstitions religieuses, le même usage de présenter des offrandes aux idoles, de consulter les oracles; le même penchant à interroger le sort pour percer l'avenir, et à chercher la guérison des maladies par les charmes. Ils ont la même nourriture et la même manière de préparer les aliments. Leurs jeux publics et tous leurs amusements sont du même genre; on trouve chez tous les deux les mêmes formes et les mêmes manières de feux d'artifice, les mêmes instruments de musique, les mêmes jeux de hasard, les combats de coqs et de cailles. La langue de la Cochinchine, quoiqu'on y retrouve les principes de la langue chinoise, en diffère tellement que les Chinois ne peuvent pas ou presque pas la comprendre; mais les caractères d'écriture sont les mêmes. Toutes les églises que nous avons pu observer n'étaient que de très-chétifs bâtiments; et nous n'y avons trouvé aucune trace ni de ces immenses routes ni de ces hautes pagodes qu'on rencontre si souvent en Chine. Mais il paraît qu'il y a dans beaucoup de parties du pays des monastères amplement dotés, dont les bâtiments sont vastes et entourés de murailles pour plus de sûreté. En général, les maisons de la baie de Turon et aux environs ne consistent qu'en quatre murailles de terre couvertes de chaume; et celles qui sont dans les terrains bas, comme au bord des rivières, sont ordinairement élevées sur quatre piliers de bois ou de pierre, pour les préserver des inondations et de la vermine.

« L'habit des Cochinchinois a été très-changé et considérablement raccourci; ils ne portent ni souliers épais, ni bas piqués, ni grosses bottes de satin, ni jupes d'étoffes ouatées; mais ils vont toujours nu-jambes et souvent nu-pieds. Leurs longs cheveux noirs sont ordinairement rassemblés en un nœud au-dessus de la tête : c'est l'ancienne manière dont les Chinois portaient leurs cheveux jusqu'à ce que les Tartares, qui conquirent le pays, les eussent forcés à se soumettre à l'ignominie d'avoir la tête entièrement rasée, excepté une touffe de cheveux par derrière.

« Le système de conduite morale dans ce pays est fondé, comme à la Chine, sur les préceptes de Confucius; cependant ici, à en juger par ce qu'on voit de morale, ils ne sont pas fort respectés. En Chine ces préceptes sont exposés avec affectation en lettres d'or dans toutes les maisons, dans les rues et les lieux publics; mais ici on les voit rarement, et on n'en parle jamais. Quand ils sont récités, c'est dans la langue originale, que les Cochinchinois n'entendent pas; et il leur serait fort difficile de les traduire. La conduite du peuple, en général, ne paraît pas plus soumise aux principes de religion qu'à ceux de la morale. Les Cochinchinois sont, comme les Français, toujours gais et parlant sans cesse; les Chinois, toujours graves, affectent de penser; les premiers sont d'un caractère ouvert et familiers, les autres serrés et réservés. Un Chinois regarderait comme une bassesse de confier une affaire importante à une femme; les Cochinchinois regardent les femmes comme étant les plus propres aux affaires. La politesse chez les Chinois ne permet pas aux femmes de parler, à moins que ce ne soit pour répondre; elles ne doivent jamais rire, sourire est tout ce qui leur est permis; elles ne peuvent chanter qu'on ne les en prie. Quant à la danse, elles ont une infirmité physique qui ne leur permet pas le mouvement qu'elle exige. En Cochinchine les femmes sont aussi gaies et aussi libres que les hommes; et comme il y a des conclusions assez importantes pour l'état de leur société à tirer de la condition des femmes chez eux, et de la considération qu'ils ont pour elles, j'entrerai dans quelques détails sur leur situation ici, autant toutefois que les moyens bornés que nous avons eus de les observer nous le permettent.

« Dans quelques-unes des provinces de la Chine les femmes sont condamnées au travail laborieux et avilissant du labourage, et en outre elles sont chargées de tous les emplois pénibles. En Cochinchine on croit le sexe le plus faible né pour les occupations qui exigent, non la force du corps, mais l'industrie la plus persévérante. Nous en voyions tous les jours, depuis le matin jusqu'au soir, dans l'eau jusqu'aux genoux, occupées à transplanter le riz; tous les travaux du labourage, et tous ceux qui ont rapport à l'agriculture paraissent être le partage des paysannes, tandis que les femmes de Turon ajoutent aux soins du gouvernement intérieur de leur maison tous ceux des détails du commerce. Ce sont elles qui président à la construction et à la réparation de leurs murailles de terre; elles dirigent les manufactures de vaisselle de terre cuite; elles conduisent les barques dans les rivières et les ports; elles portent les marchandises aux marchés; elles écossent et épluchent les cotons; elles en font du fil, les tissent, les teignent de différentes couleurs, et en font des habits pour elles et pour leurs familles. La plupart des garçons sont obligés de s'enrôler dans les armées. Ceux qui peuvent être exemptés du service militaire sont de temps en temps occupés à la pêche, et à chercher dans les îles voisines des nids d'hirondelles et des biches de mer, tant pour le luxe des grands seigneurs du pays que comme un article de commerce pour la Chine. Ils construisent et réparent les vaisseaux et les barques, et se livrent à diverses occupations, mais en ayant soin de réserver une grande partie de leur temps à ne rien faire, ou à le consacrer à leurs plaisirs, car ils ne sont pas naturellement paresseux. Mais l'activité et l'industrie de leurs femmes sont telles, leurs travaux sont si variés, les fatigues qu'elles supportent si excessives, que les Cochinchinois leur appliquent la même expression proverbiale que nous à nos chats; ils disent que la femme a « neuf vies, » et qu'elle ne meurt pas de la perte d'une seule. Il est évident du moins par leur conduite que les hommes, même dans la classe moyenne, regardent les femmes comme créées uniquement pour leur usage, et que ceux d'un rang supérieur les croient faites uniquement pour leurs plaisirs. Les lois ni les coutumes ne fixent pas le nombre des femmes ou de concubines qu'un homme peut avoir; mais ici comme à la Chine la première en date a la préséance sur les autres; elle est à la tête de tout ce qui concerne la maison. Les mariages et les divorces sont également faciles. En Angleterre une pièce de six sous rompue entre deux amants est regardée par les paysans de quelques comtés comme une promesse et un gage de fidélité inaltérable; en Cochinchine la rupture d'une petite monnaie de cuivre, ou d'un morceau de bois, en présence d'un témoin est regardée comme la dissolution d'un mariage et un acte de séparation.

« En Chine les hommes ont eu soin d'inculquer aux femmes certains principes; c'est, premièrement, qu'une dame ne doit jamais sortir, et ce précepte est si bien observé qu'elles se renferment elles-mêmes dans leurs appartements. Secondement, elle ne doit jamais laisser voir à aucun homme, même de sa plus intime famille, ni son cou ni ses mains. Pour prévenir cet accident, leurs robes sont boutonnées jusqu'au menton, et elles ont des manches qui descendent jusqu'aux genoux; même, et par extension à ces principes, ils ont amené les pauvres femmes à regarder comme une perfection admirable un défaut naturel qui les confine dans leurs maisons. Ici la différence à cet égard est totale; bien loin que les Cochinchinoises soient privées de la liberté ou de l'entier usage de leurs membres, elles en jouissent librement. Ce n'était sûrement pas en Cochinchine qu'Eudoxe avait observé, comme il le dit dans son *Voyage*, que les femmes avaient les pieds si petits, qu'on pouvait avec justice les appeler les femmes aux pieds d'autruche. *Fœminis plantas adeo parvas, ut struthopodes appellentur.* Au contraire, leur usage d'avoir les pieds nus les grandit et les aplatit prodigieusement. Mais cette dénomination convient parfaitement aux dames chinoises : la forme indéfinie et ridicule de leurs pieds les fait assez ressembler à ceux de l'autruche.

« Souvent les extrémités se touchent : la même cause qui en Chine a fait exclure le sexe de la société, et qui y a restreint ses facultés physiques, a produit en Cochinchine un effet diamétralement opposé, en permettant aux femmes de se livrer sans frein à toute espèce de licence. Cette cause, c'est leur dégradation dans l'opinion publique, et la persuasion qu'elles sont des êtres inférieurs par nature aux hommes. Dans cette conviction superstitieuse leur honneur est de peu de valeur à leurs propres yeux ; ce qui prouve qu'elles ont le sentiment intime de ce peu d'importance. Il en résulte qu'on ne peut trouver dans aucune partie du monde plus qu'à *Turon*, et dans ses environs, des femmes sans scrupule et des hommes commodes. Il faut espérer toutefois que le caractère général de la nation n'est pas partout comme on le voit dans le port le plus fréquenté de la nation. L'indulgence singulière de Solon, dont les lois permettaient aux jeunes femmes de trafiquer de leurs charmes quand c'était pour procurer à elles-mêmes ou à leurs familles des objets de première nécessité, est sanctionnée en Cochinchine, sans aucune limitation d'âge, de condition ou d'objet. Ces observations sur l'indifférence des hommes pour l'honneur et la chasteté des femmes, et sur les excès de dissolution auxquels elles se livrent, et qui sont la conséquence nécessaire de leur indifférence, ne sont pas bornées au commun du peuple ; elles s'appliquent également aux premiers rangs de la société. Ces hommes, aussi débauchés que les mandarins chinois, ne gardent pas même les dehors de décence que ceux-ci croient devoir observer. Nos marins eurent d'assez singulières preuves de la facilité des habitants à faire part de leurs femmes aux étrangers. En voici une, entre autres, qui peut donner une idée de la valeur pécuniaire qu'ils attachent à leur complaisance.

« Un officier du *Lion* alla un jour à terre acheter une couple de jeunes bœufs pour le vaisseau. Le prix fut établi à 10 dollars par tête. Le mandarin, après avoir pris les dollars, envoya deux de ses gens qui revinrent promptement avec une jeune et jolie fille, que le magistrat prit par la main et présenta à l'officier. Je ne saurais dire si ce fut par modestie que celui-ci refusa de conclure un marché proposé avec une indécence si révoltante, ou si ce fut faute d'argent pour payer une seconde fois le prix des bœufs. Quoi qu'il en soit, il fut fidèle à son devoir, au grand étonnement du mandarin, dont il comprit que la jeune personne était la fille ou la femme. Un autre jour, en revenant de la ville, suivait le bord de la rivière. Une femme âgée vint à lui, et lui fit signe de la suivre dans une chaumière, où elle lui présenta sa fille, dans un état à peu près semblable à celui où elle était en sortant des mains de la nature, et les yeux de la vieille étincelèrent de joie à la vue d'un dollar d'Espagne.

« Le caractère ni l'extérieur des Cochinchinois n'ont rien de prévenant. Leurs femmes ne sauraient avoir de prétentions à la beauté. Toutefois, ce qui leur manque de charmes réels est compensé par un air de vivacité et de gaieté qui contraste avec la triste et sévère figure des recluses chinoises. Il ne faut point chercher en Cochinchine ce maintien agréable, qui résulte autant de l'éducation et du sentiment que la délicatesse des traits et la fraîcheur du teint tiennent à l'aisance de la vie et aux soins pour n'exposer la figure ni à l'ardeur ni aux intempéries de l'air. Les deux sexes ont les traits durs, et leur couleur est aussi foncée que celle des Malais. L'habitude générale de mâcher l'arec et le bétel leur rend les lèvres plus rouges et les dents plus noires qu'ils ne les auraient naturellement. L'habillement des femmes n'est pas calculé pour en imposer. Une chemise de grosse toile de coton, brune ou bleue, qui descend jusqu'au milieu des cuisses, et un large caleçon de nankin noir le composent ordinairement. Elles ne connaissent ni l'usage des bas ni celui des souliers ; mais les femmes du premier rang portent des espèces de sandales ou de grossières pantoufles. Une dame, dans sa parure, pour des occupations particulières, met trois ou quatre chemises de différentes couleurs, et dont celle de dessus est la plus courte. Leurs longs cheveux noirs sont quelquefois rassemblés en un nœud au-dessus de la tête, et quelquefois elles les laissent pendre derrière leur dos en longues tresses, qui souvent touchent la terre. Les cheveux courts sont regardés dans le pays comme la marque d'un bas état, et même d'une race dégénérée. L'habillement des hommes consiste en une jaquette et un caleçon; la différence avec celui des femmes se réduit à fort peu de chose. Quelques-uns ont des mouchoirs autour de la tête en forme de turban; d'autres ont des chapeaux ou bonnets de différentes formes et de différentes étoffes, disposés en général pour mettre le visage à l'abri du soleil. Ils se servent aussi d'ombrelles de papier fort de la Chine, ou d'écrans de feuilles de *borassus flabelliformis*, ou d'éventails de palmier, ou de latanier, ou de plumes. Leurs grossières cabanes de bambous sont en rapport avec leur pauvre et mince habillement; enfin, rien chez ce peuple ne donne à un étranger l'idée qu'il jouisse d'un sort heureux.

« Il faut toutefois reconnaître qu'il y a une grande différence entre l'existence d'un Européen et celle des habitants du tropique. L'Européen qui les voit pour la première fois peut aisément se tromper, s'il veut établir une comparaison entre sa situation et la leur. Le chauffage, le vêtement, et un logement commode, sont essentiels au premier pour son agrément et son existence. Pour l'autre, le feu ne sert qu'à faire bouillir son riz et préparer ses offrandes aux idoles. Ni ses besoins ni son goût ne lui font souhaiter de riches demeures. Des habillements serrés et épais, loin de lui offrir quelques avantages, seraient pour lui la plus embarrassante superfluité; souvent il faut qu'il rejette le peu de vêtements dont il se couvre quelquefois. Pour lui rien de honteux dans la nudité; il peut donc en tout temps, en tous lieux, ne consulter que sa commodité et les circonstances, sans offenser les autres ni se gêner lui-même; avantage que n'a pas l'Européen.

« Quoique nous ne nous fussions pas attendus à trouver dans Turon ni une grande ville ni des palais magnifiques, cependant, comme nous savions qu'elle était autrefois la principale place du commerce entre la Cochinchine, la Chine et le Japon, nous fûmes désagréablement surpris de n'y trouver que quelques petits villages, dont les plus considérables n'avaient au plus qu'une centaine de maisons; encore étaient-ce des cabanes couvertes de chaume. Des ruines de bâtiments plus considérables et de meilleure construction prouvent que Turon a beaucoup souffert de la dernière révolution. Les inégalités du terrain laissent voir des traces de murs et de fortifications, qui, au rapport de celui de nos officiers qui y fut prisonnier, sont encore plus considérables à Faï-Fou. Enfin, il reste des jardins et des plantations d'arbres fruitiers qui maintenant sont en friche. Mais on ne retrouve nulle trace indiquant une ancienne opulence, ou qui portent l'empreinte d'une antique magnificence. Leurs plus belles maisons n'ont jamais qu'un étage; elles sont en bois ou en briques séchées au soleil. Les murailles de leurs villes sont construites avec des matériaux légers et très-imparfaits; aussi tombent-elles bientôt en ruine, et disparaissent-elles sous une forte et rapide végétation d'arbustes. Leur système de construction ne saurait leur assurer une longue durée. Une masse de terre grossière, entassée au milieu, tend perpétuellement à pousser au dehors les bordures de briques ou de pierres qui forment les côtés des murailles, et qui tombent dans les fossés; de sorte qu'en peu d'années cette élévation est effacée. Si par quelque accident la ville de Pékin, la plus vaste et la plus populeuse cité du globe, venait à être abandonnée, il faudrait peu de siècles pour que les vestiges de son emplacement fussent complétement perdus. Les chaumières de Turon sont en général très-rapprochées et propres, et assez bien fermées pour mettre les habitants à l'abri tantôt de la chaleur du soleil, et tantôt des grandes pluies. Les marchés fournissent assez d'étoffes de coton et de soie pour les besoins du pays, qui produit en abondance une grande variété de denrées qui font vivre le peuple et fournissent au luxe des riches. Il paraît qu'excepté les moutons, les races diverses d'animaux y sont nombreuses. Ils ont un peu de gros bétail, des cochons, des chevaux, et une grande quantité de canards et de poules. Ils mangent du chien comme à la Chine, et les grenouilles font partie de leur nourriture ordinaire. La mer offre autant de ressources que la terre à ces peuples, et à tous ceux qui avoisinent les côtes. Outre un grand nombre d'excellents poissons, ils ont trois espèces particulières de *balistes*, et d'autres de la classe des *chétodons*, dont une surtout, rayée de pourpre et de jaune, est un très-beau poisson. Ils en prennent beaucoup dans des filets et dans des claies disposées comme des souricières, de sorte que le poisson une fois entré ne peut plus sortir. Nous leur avons vu prendre une quantité de poissons volants, en mettant dans la mer de profondes bouteilles de terre, à col étroit, amorcées avec du porc et des morceaux de poisson.

« En Cochinchine la plupart des espèces de vers de mer qui appartiennent à la classe des mollusques servent à la nourriture, comme par exemple différentes espèces de *méduses*, d'*holoturies*, d'*actinies*, d'*ascidies*, de *doris* : ce sont pour eux des morceaux délicats; et ils font un article de commerce des *biches de mer*, qu'on appelle ordinairement *tripan*, et qui appartiennent aux genres *holoturia* et *actinia*. Ils regardent toutes les substances gélatineuses, animales ou végétales, qu'ils tirent de la mer, comme des aliments; et sur ce principe ils tiennent pour bonnes à manger toutes sortes de plantes marines du genre des *algues*, et particulièrement celles qui sont connues des botanistes sous le nom de *fuci* et d'*ulvæ*. Les habitants des pays chauds ne comptent guère les animaux parmi les aliments de première nécessité ; ils en usent modérément; et quoique le poisson soit la nourriture commune de ceux qui habitent le bord de la mer, le riz avec du sel, des cosses de *capsicum* ou de *poivre*, des feuilles de quelques-unes des plantes acidules maritimes que nous venons de nommer, sont plus agréables à la plupart des nations orientales; excepté ces objets, tout, même la noix d'*arec* et la feuille de *bétel*, est pour eux un objet de luxe. Les Cochinchinois peuvent à peu près compter sur deux abondantes récoltes de riz chaque année, l'une en avril, l'autre en octobre. Toutes les parties du pays produisent des fruits en abondance, comme *oranges*, *bananes*, *figues*, *ananas*, *goyaves*, *grenades* et autres dont on fait moins de cas. Ils ont d'excellentes *ignames* et une grande quantité de *patates*. Il paraît que leurs petits troupeaux leur fournissent peu de lait; mais ils n'en font pas grand usage, pas même pour la nourriture de leurs petits enfants, qui sont très-nombreux à Turon, et semblent y jouir d'une bonne santé(1). Jusqu'à l'âge de sept ou huit ans ils vont totalement nus. Il paraît qu'on les nourrit surtout de riz, de cannes à sucre et de melons d'eau. En général, le peuple en Cochinchine, comme en Chine, ne fait que deux repas par jour ; l'un à neuf ou dix heures du matin, l'autre au coucher du soleil. Ordinairement, dans la belle saison, ils mangent devant les portes de leurs chaumières, sur des nattes, en plein air. Comme tous mangent les mêmes mets, personne n'a à rougir aux yeux des autres de son humble repas.

« Dans les maisons de Turon nous avons vu plusieurs plantations de cannes à sucre et de tabac. Le suc des premières, après avoir été en partie raffiné, est mis en gâteaux et envoyé à la Chine; il ressemble par la couleur, l'épaisseur et la porosité, aux rayons de miel. Le tabac est consommé dans le pays; car tout le monde, sans distinction d'âge ni de sexe, a l'habitude de fumer. L'aspect du pays ne présente que de faibles marques d'agriculture. Il est évident que les arts et les manufactures y languissent. Les habitants n'ont que peu de meubles, et le peu qu'ils en ont est d'une construction grossière. Les nattes qui couvrent le plancher sont tressées très-ingénieusement en différentes couleurs; mais l'art de faire des nattes est si commun dans toutes les nations de l'Orient, que l'on y fait peu de cas des plus belles, même chez les gens du pays. Un fourneau de terre, un pot de fer pour faire cuire le riz, un ustensile qui ressemble à une *ampoulette*, et qui leur sert à faire frire leurs légumes dans l'huile, et quelques coupes de porcelaine; voilà toute leur batterie de cuisine. Leur vaisselle de cuivre fondu égale en qualité celle de la Chine; mais leur poterie de

(1) Nous rappellerons ici qu'il est parfaitement établi que les Cochinchinois, comme les autres peuples de l'Indo-Chine, les Chinois et les Japonais, ont une aversion décidée pour le lait comme aliment.

terre est très-inférieure. Ils paraissent savoir bien travailler les métaux. La plupart des poignées d'épée de leurs officiers sont d'argent, et assez passablement finies, et leurs ouvrages en filigrane valent ceux de la Chine. Ces deux nations ont une vive intelligence; et si elles étaient encouragées, elles sont déjà assez avancées dans les arts et les métiers pour y faire de rapides progrès. A travers tous les désavantages d'un mauvais gouvernement, leurs dispositions naturelles brillent quelquefois d'une manière surprenante. L'homme qui à Canton fit une horloge aussitôt qu'il en eut vu une n'avait certainement ni la tête mal organisée ni la main maladroite.

« Cependant on ne remarque chez eux aucune amélioration progressive dans l'état des arts. Le vice radical dans tous les royaumes d'Orient, que ne peut compenser aucun avantage du sol, ni du climat, ni aucune circonstance favorable, et qui doit à jamais empêcher ces nations de prétendre à la réputation et à la condition de peuple heureux, c'est le défaut de sûreté pour les propriétés, cette barrière insurmontable à leur grandeur et à leur félicité. Dans ces pays, où le droit de la naissance n'assure que faiblement à l'héritier la possession de sa fortune; où le pouvoir arbitraire peut en tout temps, sous les formes d'une condamnation juridique, dépouiller un citoyen de la pièce de terre qui le nourrit, lui et sa famille ; où la force est mise à la place de la loi, et où ni les personnes ni les propriétés n'ont une protection efficace contre la rapacité ou la vengeance armée du pouvoir, quel encouragement peut-on avoir à bâtir une maison élégante, à améliorer la culture de son champ, à perfectionner quelques branches de l'industrie, à étendre son génie ou son adresse au delà de ce qui est indispensable aux nécessités de la vie? Une branche particulière des arts dans laquelle la Cochinchine excelle, c'est l'architecture navale; mais il faut avouer qu'ils n'ont pas été peu favorisés par la qualité et la grandeur de leurs bois de construction. Leurs galiotes de plaisance sont des bâtiments d'une beauté remarquable : la coque a de cinquante à quatre-vingts pieds de longueur, et quelquefois il n'entre dans sa construction que cinq planches, qui toutes s'étendent d'une extrémité à l'autre, assemblées à mortaises et à chevilles de bois, et tenues fermement par des cordes de fibres de bambous, sans aucune espèce de côtes ni de couples. L'avant et l'arrière sont très-élevés, et ornés de figures monstrueuses de dragons et de serpents, d'une sculpture assez curieuse, ornées de peintures et de dorures. Un grand nombre de mâts et de perches sont chargés de flammes et de banderolles. Des touffes de queues de vache, teintes en rouge, des lanternes, des parasols, et d'autres décorations suspendues à des bâtons des deux côtés de la galiote, annoncent le rang de ceux qui la montent; et comme ils se tiennent toujours sur l'avant, et qu'il serait incivil que les rameurs leur tournassent le dos (car les usages de ces peuples, comme ceux des Chinois, diffèrent presqu'en tout de ceux des autres parties du monde), les rameurs tournent le visage à l'avant du bâtiment, et poussent les rames devant eux, au lieu de les tirer par derrière, comme on fait dans tout l'Occident. Les domestiques et les bagages occupent la poupe. Les bâtiments employés, dans le groupe d'îles appelé Paracels, au commerce de la côte, à la pêche et à recueillir le tripan et les nids d'hirondelles, sont de diverses constructions. La plupart, comme les sampans chinois, sont couverts de nattes, sous lesquels toute la famille se tient constamment. Les autres ressemblent aux barques des Malais, tant pour la forme que pour les agrès. Leurs bâtiments marchands, semblables aux jonques chinoises pour la forme et la construction, n'ont pas toute la perfection désirable. Toutefois, comme cette construction n'a été changée en rien depuis des milliers d'années, l'antiquité de l'invention lui mérite un certain respect; et comme ces bâtiments ne doivent jamais être employés comme vaisseaux de guerre, une vitesse extraordinaire pour la poursuite ou la fuite n'est pas une qualité essentielle pour eux. La sûreté est pour les propriétaires bien préférable à la vélocité. Comme le marchand est à la fois propriétaire et navigateur, un tonnage limité lui suffit pour ses propres marchandises; afin de pouvoir être chargé par plusieurs marchands, le vaisseau est partagé en compartiments distincts. Les cloisons qui forment ces séparations sont en planches de deux pouces d'épaisseur, si bien calfatées et arrangées qu'elles sont imperméables à l'eau. Quelques objections qu'on puisse faire contre l'usage des séparations dans le fond de cale (et les embarras de l'arrimage sont sans contredit les plus fortes), on ne peut nier que cette construction n'offre plusieurs avantages importants. Un vaisseau ainsi fortifié par ces cloisons, qui se croisent, peut toucher sur un roc sans être matériellement endommagé. Une voie d'eau dans une division de la cale ne fait aucun tort aux marchandises placées dans les autres divisions, et le corps du bâtiment, où tout se lie et se fortifie mutuellement, est en état de soutenir plus d'un choc ordinaire. Tous les marins savent que quand un vaisseau a touché, le premier indice de sa rupture est lorsque les bords des ponts se séparent des côtés; cette séparation ne peut se faire quand le pont et les côtés sont fortement attachés ensemble par des cloisons qui se croisent. Aussi s'occupe-t-on en ce moment en Angleterre d'essais de ce genre de constructions si anciennes en Chine. Pour naviguer dans les temps calmes il existe en Chine, depuis plus de deux mille ans, de grands bateaux à rames avec des roues placées aux côtés ou à la quille; et divers procédés ingénieux, qu'on nous propose en Europe comme des inventions.

« Quoique le roi qui gouverne actuellement ce pays ait jusqu'à un certain point secoué le joug de la coutume par rapport à la construction des vaisseaux de guerre, cependant il n'a pas entièrement bravé les préjugés populaires, qui dans ces contrées de l'Asie, particulièrement gouvernées par l'opinion, ont un caractère trop sacré pour pouvoir être complétement déracinés. C'est par respect pour ces préjugés qu'il n'a changé dans la construction des navires que la forme de la carène et toute la partie du bâtiment plongée dans l'eau; mais il a conservé toutes les œuvres apparentes, les mâts, les voiles, les agrès. Peut-être que le pliant bambou, qui forme la partie la plus essentielle des œuvres mortes de leurs vaisseaux, ne pourrait être remplacé avantageusement par des câbles épais, puisqu'il est plus léger, sans être moins fort. On doit admirer le parfait jugement de ce prince, aussi prudent qu'actif, qui, se tenant dans un juste milieu, a obtenu un avantage réel, sans introduire un changement visible.

« Les Cochinchinois ayant conservé les caractères d'écriture de la langue chinoise, nous n'avions aucune difficulté à nous faire entendre d'eux de cette manière, par l'entremise de nos prêtres chinois. La langue parlée a souffert une altération considérable, dont on sera moins surpris si on considère que les habitants des provinces méridionales et septentrionales de la Chine ne s'entendent pas entre eux. Cette langue des Cochinchinois ne paraît avoir reçu dans tous ces changements aucune amélioration, ni par les additions de son propre fonds, ni par l'introduction de mots étrangers. Il faut observer que les Cochinchinois ont introduit les consonnes B, D, R, qu'ils prononcent sans la moindre difficulté, tandis qu'il est impossible aux Chinois d'articuler aucune syllabe où il entre de ces lettres. La construction des deux langues diffère considérablement.

« La religion des Cochinchinois, comme celles de presque tous les peuples d'Orient, est une modification de la doctrine très-étendue de Bouddha; mais, autant que nous avons pu en juger, elle est plus simple et sa partie mystique est plus dégagée des mystères et des jongleries d'oracles vulgairement en usage parmi le peuple de la Chine. Par un sentiment de gratitude et de respect envers l'Être-suprême, les Cochinchinois manifestent leur piété en offrant à l'image de la divinité qui les protège les premiers-nés de leurs troupeaux et les prémices des fruits de la terre, les premiers épis de riz, les premières noix d'arec, la première coupe de cannes à sucre; enfin, les prémices de tout ce que la nature leur donne sont réservées pour l'image sacrée, et sont déposées dans son sanctuaire avec le respect convenable, et comme l'hommage de leur reconnaissance pour la Providence divine. J'ai été charmé d'être témoin d'une de ces offrandes. Dans une belle soirée, j'étais descendu au rivage, et dans une petite grotte, sur la côte nord de la baie de Turon, je vis un personnage vêtu d'une longue robe jaune, la tête nue et fraîchement rasée, s'avançant d'un pas mesuré, vers un arbre grand et touffu. Il était suivi d'un très-petit nombre de paysans. Arrivés au pied de l'arbre, ils s'arrêtèrent tous. Je remarquai au haut du principal tronc de l'arbre (qui était une sorte de figuier (*Ficus indica*) que les Cochinchinois appellent *dea*, et dont les branches prennent racine et deviennent des tiges); je remarquai, dis-je, une sorte de grande cage en treillage, avec deux espèces de portes brisées. Elle était attachée entre deux branches, et en partie cachée par le feuillage. Il y avait dedans une statue de Bouddha ou de Fô, en bois, de la même grandeur et dans la même posture qu'on le représente dans les temples de Chine. Un enfant qui servait le prêtre tenait tout près de lui du charbon allumé sur un plat de cuivre. Un des paysans portait une échelle de bambou, qu'il plaça contre l'arbre; un autre y monta, et déposa dans la cage, devant l'idole, deux bassins de riz, une coupe de sucre et une de sel. Le prêtre au même instant, les mains étendues et les yeux levés au ciel, prononça quelques paroles à voix basse. Alors l'homme qui avait porté l'échelle se mit à genoux, et étendit trois fois son corps sur la terre. Plusieurs femmes et des enfants se tenaient à une certaine distance, comme n'ayant pas la permission d'approcher, quoiqu'il ne soit pas probable qu'il y eût là de restriction relative au sexe, puisqu'on nous a informés que les prêtresses étaient en grand nombre dans ce pays.

« On voit dans tous les bosquets près de Turon de petites boîtes de bois, ou des corbeilles en treillage, suspendues à quelques arbres, ou attachées entre les branches, et qui contiennent quelques statues de même matière, ou des images peintes et dorées, en papier découpé de différentes grandeurs, avec des inscriptions sur des planches de bois, en caractère chinois, et beaucoup d'autres indications de leur destination sacrée. Au fait, ces arbres semblent avoir été les premiers temples consacrés aux dieux. Pour l'homme encore près de l'état de nature, les plus grands objets semblent les plus propres à attirer ses hommages. Tels sont dans les plaines les arbres vénérables par leur antiquité, et sur les montagnes les hauts et solides rochers qui les couronnent. La plupart des anciens peuples civilisés ont de bonne heure consacré à la divinité des temples somptueux et magnifiques : ce qui a été universellement adopté par ceux qui ont professé le christianisme. Les Chinois et leurs voisins n'ont pas à cet égard, comme à bien d'autres, les opinions du reste du monde.

« Souvent ils ont leurs divinités de prédilection enfermées dans de petites boîtes comme nos tabatières. Il est vrai que les dévotions particulières ne demandent pas un espace étendu comme l'exigent les rassemblements religieux ; il suffit de placer le protecteur dans un coin de l'habitation ou de le porter dans sa poche (1).

« Les Cochinchinois sont très-superstitieux, et leurs pratiques de dévotion, comme celles des Chinois, ont plutôt pour objet d'écarter un mal chimérique, que d'obtenir un bien positif; c'est-à-dire qu'ils craignent plus le diable qu'ils n'adorent Dieu. On voit des poteaux ou des piliers élevés dans plusieurs endroits où est survenu quelque événement désastreux, soit public, soit particulier, comme la perte d'une bataille, un assassinat ou autre accident fâcheux. Ce sont à la fois des signaux pour marquer le lieu de l'événement, et des sacrifices pour apaiser l'esprit malin, à l'influence duquel ils attribuent l'événement. Ainsi, quand un enfant meurt, ils supposent que ses parents ont attiré sur eux la colère de quelque esprit malin, qu'ils s'efforcent d'apaiser par des offrandes de riz, d'huile, de thé, d'argent, ou de tout ce qu'ils supposent être plus agréable à la divinité irritée. Cette opinion, générale chez eux, donne lieu de penser que l'horrible pratique de l'infanticide n'est pas au nombre des mauvaises coutumes qu'ils ont empruntées aux Chinois.

« Outre les offrandes volontaires que les particuliers croient nécessaires en différentes occasions, le gouvernement lève tous les ans des contributions pour

---

(1) Ces remarques, que nous avons abrégées, manquent de précision et de justesse : mais elles sont une transition aux observations plus exactes sur les pratiques superstitieuses des Cochinchinois, et nous avons cru ne pas devoir les supprimer entièrement.

l'entretien d'un certain nombre de monastères, où des prêtres invoquent leur divinité pour le bonheur public. Ces contributions se lèvent en nature sur le riz, les fruits, le sucre, la noix d'arec et autres denrées. Dans les villes, ces dîmes sont remplacées par de l'argent monnayé, des métaux, des habits et autres marchandises. Là, comme en Chine, les prêtres sont regardés comme les meilleurs médecins ; mais leur science consiste plus en secrets magiques et en prestiges que dans l'application raisonnable des substances médicales.

« De ce que les Cochinchinois ont le même code criminel et les mêmes supplices que les Chinois, on doit conclure que les principes fondamentaux des deux gouvernements sont les mêmes ; mais à cet égard je ne suis pas à portée de donner aucun éclaircissement. L'exécution des lois est-elle moins rigide dans ce pays qu'en Chine, ou la morale du peuple y est-elle moins corrompue ? C'est sur quoi je ne puis prononcer. Nous avons vu le *tsha* et le *pan-tsé* (la cangue et le bambou) dans un bâtiment ouvert, et qui correspondait à celui où résidait le mandarin commandant. Aucun châtiment d'un autre genre n'est venu à notre connaissance. Tandis qu'en Chine nous n'avons guère traversé de villes ou de villages où nos yeux n'aient été affligés du cruel spectacle de la cangue, et où nos oreilles n'aient été déchirées des cris des malheureux qui souffraient sous le bambou. En Chine les mandarins, tout corrompus et débauchés qu'ils sont dans leur vie privée, affectent en public une sévérité de mœurs qui semble autoriser celle de leur justice. Mais un mandarin de Cochinchine, qui viole ouvertement les lois de la décence et donne dans sa conduite l'exemple de la licence et de l'immoralité, aurait mauvaise grâce à infliger des châtiments à des hommes moins coupables que lui-même. En tout, l'esprit des peuples de Turon ne paraît pas disposé à souffrir le poids d'une main trop sévère dans l'exercice du pouvoir ».

De 1793 à 1836 la Cochinchine a été visitée par plusieurs expéditions européennes et par les Anglo-Américains. Des relations intéressantes ont été publiées ; nous avons indiqué les principales, et fait remarquer que l'opinion des observateurs les plus éclairés paraissait assez favorable au caractère cochinchinois. L'ensemble des observations recueillies dans ces derniers temps, et en particulier de 1841 à 1847, tendrait à confirmer l'exactitude des conclusions auxquelles nous sommes parvenu à ce sujet (p. 578 et 579).

Les observations qui suivent se rapportent à la fin de 1841. À cette époque l'Angleterre et la Chine, dont on avait cru les différends vidés par la convention Elliot, préludaient par de vaines négociations et de sanglantes escarmouches à une dernière lutte, et rien n'avait été négligé de part et d'autre pour qu'elle fût décisive. (Curieuse et utile, bien qu'affligeante étude, que celle des causes qui ont amené cette lutte mémorable et l'ont fait aboutir à l'humiliation infligée au céleste Empire par le traité de Nankin, en août 1842 !)

Au mois de novembre 1841 l'agent du gouvernement français en mission extraordinaire dans les mers de Chine (1), se trouvant à Manille, jugea utile, de concert avec le consul général de France, d'envoyer à Macao l'une des personnes attachées à la mission (M. de Chonski). Il dut à l'obligeance du capitaine Hewett le passage de M. Chonski sur la *Medusa*, bateau à vapeur anglais, en tôle, à fond plat, de la force de soixante-dix à quatre-vingts chevaux, armé de deux canons de fort calibre. Ce *steamer* avait relâché à Manille pour se procurer du combustible, dont il lui fallut compléter l'approvisionnement à Marivélès, dans la baie de même nom (2).

La violence des vents contraires et

(1) L'auteur de ce résumé.
(2) Dans la capitale des Philippines, dans une île où la houille est abondante, de bonne qualité, où son extraction et son transport pourraient s'opérer à peu de frais, il avait été impossible de se procurer plus d'une trentaine de tonneaux de charbon de rebut, *venu de Sydney ou de Batavia*. Nous ne citons ce fait que comme un exemple du peu de parti que le gouvernement et la population de cette magnifique colonie tiraient des richesses de tout genre qu'elle renferme ou dont elle porte le germe dans son sein. — L'attention du gouvernement espagnol s'est portée depuis, avec sollicitude et succès, sur ce déplorable état de choses.

celle des courants furent telles que non seulement la *Medusa* ne put atteindre Macao, mais qu'elle fut sur le point, le 15 novembre, de périr sur la côte de Hainan, et que le 18, après avoir épuisé tout son combustible et eu à lutter contre de nouveaux dangers en longeant la côte de Cochinchine, elle dut se féliciter de parvenir à entrer dans la baie de *Camraigne* (1) où elle mouilla dans la soirée.

Au bruit d'un coup de canon quelques habitants s'assemblèrent sur le rivage, au fond d'une anse voisine; leur surprise fut grande quand ils virent débarquer les Européens, qu'ils reçurent avec bienveillance, bien plus grande encore le lendemain, quand, à l'aide du bois qu'on avait pu couper, on fit fonctionner la machine pour changer de mouillage; jamais semblable prodige n'avait frappé leurs regards étonnés.

Deux villages s'étendent sur les bords de la baie; ils sont en grande partie formés de huttes de pêcheurs.

« Leurs habitants, dit M. Chonski, nous ont paru doux, gais, bienveillants, mais paresseux et malpropres. Leur costume ressemble à celui des Chinois des basses classes; il se compose d'un *sarong* blanc, bleu ou noir, en coton ou en soie, croisé sur la poitrine et boutonné sur le côté droit au moyen de quelques petits boutons sphériques de cuivre jaune; et d'un pantalon large, de même étoffe; le tout ensemble d'une malpropreté repoussante. Ils ramassent sur leur tête, sans les tresser, leurs longs cheveux qu'ils couvrent d'un morceau de crêpe noir, beaucoup moins ample qu'un turban. Le plus grand nombre était nu-pieds, quelques-uns portaient des sandales à semelle de bois. L'usage du bétel m'a semblé parmi eux plus général et plus constant encore que parmi les Malais. Par suite de cette habitude leurs mâchoires sont dans un mouvement perpétuel, et leur bouche, d'un rouge sanglant, laisse voir leurs dents noires et gâtées. Les maladies de peau sont très-communes chez eux; probablement à cause de leur extrême malpropreté, de l'abus qu'ils font des caustiques et de leur genre de nourriture, qui se compose en grande partie de poisson salé. »

La langue cochinchinoise est monosyllabique, comme celle des Chinois; mais bien que les sons soient tout à fait différents, ils sont représentés par les mêmes signes dans les deux pays, à peu près comme nos noms de nombres, différents dans toutes les langues occidentales et néanmoins toujours représentés par les mêmes chiffres. L'écriture chinoise est d'un usage général en Cochinchine; et M. Chonski dit qu'il lui a été impossible d'y trouver la trace d'une écriture différente, espèce de sténographie dont lui avaient parlé quelques personnes ayant résidé dans le pays; sachant d'ailleurs que la division actuelle de l'empire d'*Annam* n'est que très-imparfaitement connue des géographes, M. de Chonski avait tâché d'obtenir les noms des différentes provinces, et d'en figurer la prononciation approchée; mais, en comparant ces indications à celles que fournit le *Dictionnaire de Taberd*, nous n'avons trouvé que trois ou quatre noms qui fussent à peu près semblables.

Quelques Cochinchinois semblent avoir conservé le souvenir de ceux de nos compatriotes qui ont dirigé les travaux militaires du pays. Plusieurs villes fortifiées, des navires construits, l'organisation et l'instruction données à l'armée, témoignent encore de l'intelligence et de l'activité qu'ils y avaient déployées. Si des événements d'un autre ordre, et d'une bien plus grande importance, n'avaient mis obstacle à l'exécution du traité de 1787, nous eussions été mis en possession de *Tourane, Faï-Fou, Haï-Wen* (1), nous eussions eu entre nos mains la direction politique, militaire et commerciale de ce pays, dont l'exploitation offrirait sans doute de grandes ressources. La soie écrue, le sucre brut, l'indigo, les bois de construction, de luxe, de teinture, l'écaille, l'ivoire, la nacre et

(1) *Camranh* sur la carte de Taberd. Le port de Camraigne est situé par 11° 48′ à 12° lat. N. et 106° 38′ à 106° 55′ long. E.

(1) Dans le traité signé à Versailles le 28 novembre 1787 les cessions territoriales stipulées sont ainsi désignées :

« Les ports et territoire de *Han-San* et les îles *Faï-fo* et *Haï-wen*. »

bien des richesses ignorées végétales ou minérales, pourraient s'échanger contre nos armes, contre mille produits de l'industrie française.

Dans tous les échanges faits à *Camraigne*, pendant la relâche de la *Medusa* (1), les naturels préféraient les étoffes, les chemises, les mouchoirs de coton imprimé, aux piastres espagnoles. Pour quelques mouchoirs de Mulhouse, une chemise de couleur et quelques boutons de métal, on a obtenu des provisions d'une valeur de plus de vingt piastres. Ce sont là, sans doute, des indications précieuses; mais avant d'établir aucune relation durable avec ce pays vierge, et pour ouvrir ce débouché nouveau, il faudrait briser un obstacle insurmontable pour les Européens. Fidèle à ses idées d'exclusion, le gouvernement cochinchinois ne manquerait pas de prélever sur toutes les importations des droits exorbitants, qui en arrêteraient l'écoulement; un traité de commerce serait une garantie insuffisante contre la mauvaise volonté. Au lieu de rançonner les vendeurs, on ferait peser le poids des exactions sur les acheteurs indigènes, et le résultat serait le même. Cette politique du gouvernement cochinchinois est la principale cause du peu de profit que l'Europe a retiré jusqu'ici de ces contrées favorisées de la nature, dont les productions pourraient devenir si abondantes et dont les côtes dentelées forment une chaîne de ports et de mouillages excellents.

Ce n'est, évidemment, que par la crainte que leur inspirerait un certain appareil militaire que l'on pourrait obtenir des Cochinchinois les concessions indispensables à l'établissement d'un commerce avantageux. La moindre expédition, dirigée avec sagesse et fermeté, remplirait ce but; les secours promis par le traité de 1787 devaient se composer de cinq régiments européens, de deux régiments de l'Inde et de vingt navires de guerre et de transport; c'était plus qu'il n'en fallait pour conquérir tout l'empire d'Annam; le gouvernement est faible, il est pauvre et pompeux : l'occupation de quelques points sur la côte suffirait pour nous donner la plus grande influence sur toutes ses déterminations.

Depuis la paix, l'attention du gouvernement de l'Inde Anglaise a toujours été détournée de la Cochinchine par des guerres intestines; les Birmans d'un côté, l'Afghanistan et le Pandgâb de l'autre, ont fait diversion aux projets que peut-être il méditait. Plus tard sont venus les embarras du commerce anglais en Chine, et enfin la guerre avec le Céleste Empire. D'ailleurs, l'Angleterre a déjà dans sa dépendance, médiate ou immédiate, plus de pays dans l'Inde ou l'Indo-Chine qu'il ne lui est possible de bien gouverner, et ou ne saurait douter aujourd'hui que ses possessions territoriales dans l'extrême Orient s'étendent *fatalement, mais contre son gré*. Un plus grand développement superficiel lui serait plus nuisible qu'avantageux ; elle le sent, et dès lors la Cochinchine, où elle ne pourrait se maintenir et influer que par la force, ne ferait que lui causer un surcroît d'embarras.

La France ne se trouve pas dans la même position ; la même réserve peut ne pas lui être commandée par les circonstances ; et si le gouvernement jugeait qu'il fût utile aux intérêts du pays de former dans ces mers éloignées un puissant établissement capable de donner aux peuples de l'extrême Orient une haute idée de la grandeur et des ressources de la France et de son influence sur les destinées du monde, la *Cochinchine*, entre tous les pays qui se présentent pour la réalisation de ce projet, paraîtrait mériter de notre part l'examen le plus sérieux, le plus solide, le plus attentif, dans l'intérêt de la civilisation et du commerce. C'est une dette que le passé semble avoir laissée à la France, mais les circonstances physiques et politiques des pays annamites et des contrées voisines ne sont pas encore assez connues pour qu'on puisse espérer de fonder un avenir durable sur ce passé. Ce sont ces localités qu'il serait nécessaire avant tout *de faire étudier le plus complètement possible*. Ce travail est tout entier à faire : *il n'a pas même été entrepris*. D'ailleurs, comme nous le verrons bientôt, la question de nos relations futures avec la cochinchine s'est compliquée

---

(1) La *Medusa* alla se réparer et se ravitailler à Singapoure, où elle mouilla le 5 décembre.

d'incidents fâcheux, et l'état d'agitation dans lequel se trouve l'Europe et les grands intérêts qui s'y débattent éloignent, pour le moment, la considération de cette question et de toutes les questions de même nature.

Abrégeons donc, autant que possible, ce qui nous restait à dire des dernières relations des Français avec les Cochinchinois. A partir de l'année 1845 (si ce n'est avant) les Français qui par ordre de leur gouvernement ont visité la Cochinchine se sont écartés par degrés de la prudence et des égards qui avaient en général marqué leurs relations passagères avec les autorités locales et la population indigène. Une fois sur cette pente fatale, la vivacité du caractère français ne lui permettait guère de s'arrêter, et cette vivacité n'a malheureusement pas tardé, au premier symptôme sérieux de résistance à ses désirs ou à ses exigences, à se changer en *furia francese*, dont les Cochinchinois ont éprouvé les terribles effets en 1847.

L'amiral Laplace avait visité la baie de Tourane en 1831. Il était alors capitaine de vaisseau, et commandait *la Favorite*. Il montra dans ses relations avec les autorités et la population cochinchinoises, pendant sa relâche, une prudence et une réserve presque excessives. Plusieurs de nos navires de guerre ont mouillé à Tourane depuis cette époque. La corvette *l'Alcmène* y relâcha en 1845.

Nous allons laisser parler M. Ivan (embarqué sur cette corvette), qui a visité, comme l'avait fait M. Laplace, les cavernes de marbre de la baie de Touranne. Nous rendrons compte ensuite du déplorable incident qui a mis, pour longtemps sans doute, un terme à nos relations amicales avec l'empire Annamite.

« A peine apparaissions-nous à l'entrée de la rivière de Hoi-Au (Faï-fo), que l'agitation se manifesta parmi les soldats à casaque rouge de la garnison de Han (Touranne). Chacun saisit belliqueusement sa hallebarde ou son fusil rouillé, et se rassembla pour poser sur notre passage; mais quand notre canot eut dépassé la hauteur du débarcadère, il s'éleva des deux rives un *tolle* de criailleries, accompagné de gestes, les uns impératifs, les autres suppliants, de la part de tous les estafiers de la police cochinchinoise, que compromettait notre désobéissance aux ordres du roi, lesquels défendent aux barbares l'entrée du pays. Vainement nous avions espéré, en longeant de près la rive droite, tromper la vigilance cochinchinoise : les mesures étaient prises sur l'un et l'autre bord, et bientôt aux cris impuissants succéda un déploiement formidable de moyens coërcitifs. Trois bateaux chargés de soldats, et commandés par des officiers, s'élancèrent à notre poursuite; d'autres soldats coururent sur les deux rives; leurs casaques rouges et leurs longues hallebardes permettaient à la vue de les suivre de loin à travers les champs de riz.

« Maniés par d'habiles rameurs, ces bateaux légers ne tardèrent pas à atteindre notre embarcation. De près nos paroles, comme de loin nos gestes l'avaient fait, ne laissaient aucun doute sur nos intentions formelles de passer outre. En vain le chef de la police de Touranne nous indiquait, par une pantomime fort expressive, qu'il y allait de sa tête, il n'obtint de nous qu'un sourire d'incrédulité et l'offre d'un cigarre consolateur, qu'il accepta; puis, sans doute pour l'acquit de sa responsabilité, et avec tous les signes d'un désespoir joué, il lança son bateau sur l'avant du nôtre; mais, comme effrayé aussitôt de cet acte d'audace, il se hâta de fuir, et nous céda le fleuve, où, fier de sa victoire, notre canot s'avança vers la terre des merveilles. Toutefois, nous n'étions pas hors d'affaire : sans compter les risques d'échouement dans des eaux qui nous étaient inconnues et la manœuvre de deux jonques de guerre qui cherchaient, fort inutilement il est vrai, à nous barrer la rivière, n'avions-nous pas à craindre, au débarquement, la résistance de cette foule de soldats qui couraient le long du fleuve, avec cette énergie qu'inspire le bambou? Mais nous avions le secret du mot d'ordre du gouvernement cochinchinois, et personne ne se préoccupa sérieusement de cette difficulté.

« Après bien des difficultés, nous prenons terre près d'une masse rocheuse, dont le pied plonge dans la rivière, en formant plusieurs arceaux à jour, tandis que sa tête altière porte, en caractères rouges, l'inscription suivante : *San-fo-*

yang « Grande montagne de feu ». Le marbre en était d'une beauté qui le disputerait à celle des marbres statuaires de Carrare et de Paros; chaque coup de marteau nous révélait des variétés comparables à celles qu'offrent les Alpes et les Pyrénées, depuis le blanc pur jusqu'au veiné de noir, de jaune, de rose, de vert, etc.; mais le moment n'est pas venu de poursuivre cet examen : il réclame les loisirs de la paix, et nous entrons en guerre.

« Formés en colonne serrée, nous poussons aux casaques rouges, qui ont pris position sur un col qu'il nous faut traverser; notre bonne contenance et quelques coups de coude, en triomphant, comme toujours, de la force d'inertie que nous opposent ces automates, nous ont bientôt ouvert l'entrée d'une plaine de sable blanc, entourée de six monts calcaires. Là, le soleil réflété nous darde ses mille traits de feu; nous traversâmes cette fournaise en toute hâte. Le gong cochinchinois nous marquait la mesure. Le gong rendait ce jour-là ses glas les plus perçants, pour appeler la population en masse à la défense des lieux saints. Des paysans, armés de longues perches en bois, débouchent de partout dans la plaine, au bruit de ce tocsin.

« Nous nous dirigeâmes avec résolution vers la position à enlever, nous forçâmes les rangs pressés de cinquante soldats postés, la lance au poing, sur le grand escalier de la pagode. Cette position enlevée, les vainqueurs et les vaincus, satisfaits les uns des autres, et désormais en paix, gravirent pêle-mêle ces rampes de marbre, dont les belles proportions nous initiaient déjà aux beautés qui devaient plus loin nous ravir d'admiration. Sur le flanc du rocher étaient gravés ces mots chinois : *Ti pi thian toung* : c'est-à-dire, « grotte du ciel, de la mer et de la terre ».

« Un dernier obstacle nous restait à franchir. Les trois portes de la cour d'entrée de la première pagode extérieure étaient barricadées. Trois d'entre nous franchissent le mur d'enceinte, et dégagent l'une des portes d'entrée, sur le fronton de laquelle on lit : *Mon-taï-san*, « porte troisième en dignité ». Le gros de notre bande s'y précipite et se répand dans les deux bâtiments qui occupent, l'un le fond de la cour, l'autre la partie gauche. Ce dernier porte l'inscription suivante : *Kong ching ti pi thiang toung* : « pagode consacrée au ciel, à la mer et à la terre ». Ces deux édifices sont destinés au culte du dieu *Foo*. L'architecture extérieure, comme la décoration intérieure, en sont fort mesquines. La statue dorée du dieu du *Plaisir* occupe le maître-autel du fond. Ce dieu est représenté, comme en Chine, sous la forme d'un vieillard obèse, assis, et riant de ce rire ineffable, inconnu au méchant; tout rit dans cette personnification du plaisir, jusqu'au gros ventre nu, dont on croit voir les tumultueux soubresauts. Des fleurs ornent l'autel, et la paresse des bonzes les a faites artificielles, dans ce pays éternellement fleuri. Sur l'autel de devant sont six écrans, ornés de peintures représentant des vierges assises sur des animaux fabuleux; puis on remarque à droite la cloche dont le tintement accompagne la prière, et à gauche la grosse caisse destinée au même usage. Sur un petit autel latéral sont placés les divers engins destinés à consulter le sort : telles sont la racine courbe du bambou fendue en deux et les baguettes numérotées, dans la combinaison desquelles le dieu *Foo* se révèle aux croyants.

« Derrière ces deux édifices, construits au milieu du col formé par deux puissantes masses de marbre, se trouve, à cent pas à droite, un petit couloir souterrain dans lequel nous nous engageons, et qui nous conduit, non sans quelques difficultés, dans une jolie grotte, dont les parois de marbre blanc s'arquent en voûte de cloître élancée; elle reçoit la lumière par un soupirail circulaire ouvert à la partie supérieure. L'inscription gravée sur le marbre en lettres rouges : *Toung ton ouen*, signifie : « grotte laissant passer les nuages »; ou autrement dit, « grotte des pluies »; et l'eau qui suinte sur les parois explique parfaitement son nom.

« Dans un cartouche de forme carrée est une autre inscription, en caractères plus petits, fort difficiles à déchiffrer. Enfin, quelques noms inscrits sur le mur, en lettres européennes et incomplétement effacées, attestent que cette grotte est celle que l'on a fait visiter autrefois aux voyageurs qui ont eu la naïveté de recourir à l'autorité locale pour voir la pagode des rochers de marbre ; la permission qu'ils obtinrent alors, on ne l'accorde plus aujourd'hui, et *la dernière fois qu'elle fut donnée*, il y a de cela quinze ans, elle attira sur l'imprudent mandarin qui l'octroya une vigoureuse bastonnade. En tournant à droite, nous nous trouvâmes en face d'un grand portique, taillé de main d'homme dans le marbre.

« Un escalier nous conduisit à un joli belvéder posté, comme une védette, sur le bord d'un rocher escarpé. La vue s'étend au loin sur la mer ; vers la droite, l'île de *Callao-Cham* semble sortir du sein des eaux, comme pour reposer les yeux fatigués par l'immensité du tableau. Des dunes de sable séparent, dans l'espace d'un demi-mille, la mer du pied du rocher ; quelques pauvres pêcheurs y ont élevé leurs chétives cabanes, abri que la misère protège contre l'insatiable rapacité des petits mandarins.

« Au milieu de ce belvéder s'élève une longue pierre de grès, placée sur un socle ; au centre sont ces trois caractères : *Taï-haï-mon*, « tour de la vue de la mer » ; à gauche une inscription fait connaître que la pagode sainte a été *terminée la dix-huitième année du règne de Ming-Mang, le septième mois, jour heureux*. A droite, en haut de la pierre, sont encore ces deux caractères : *Tchhi-Tse,* « présent royal ».

« Ainsi cette pierre est destinée à transmettre à la postérité la date de l'achèvement des travaux que fit exécuter Ming-Mang. La main de l'homme a su respecter les jeux d'une nature bizarre, et moins elle s'est montrée, plus l'œuvre a conservé de vraie grandeur. Mais si l'art n'a pris qu'une faible part aux merveilles qu'offre cette montagne, espèce de bloc de marbre percé à jour dans tous les sens, et comme évidé par les mains de la nature, il a pu du moins lui donner une destination digne d'elle, et qui double le prestige dont l'imagination l'entoure, en la consacrant au dieu suprême des cieux, de la mer, et de la terre. Aussi, de quelles mystérieuses inspirations ne se sent-on pas pénétré en parcourant ces grottes profondes, situées entre le ciel et l'eau! Le roi Ming-Mang comprit qu'il lui appartenait de compléter l'œuvre de la nature en rendant ces merveilles accessibles à l'homme ; mais, architecte de goût, il ne chercha pas à lutter avec elle de prodiges, à la mettre aux prises avec l'art, si grand dans les petites choses, si mesquin quand il s'adresse à une montagne ; il se borna à créer des communications faciles entre ces cent grottes ; et, grâce à lui, nous pûmes, en quittant le belvéder, descendre commodément à l'habitation des bonzes qui veillent et prient dans ce séjour. Leur toit hospitalier nous offrit pendant un instant un abri contre le soleil ; et sur notre refus d'accepter du thé, on nous servit une eau délicieuse..... Une longue allée resserrée entre des murs de rocher, où serpentaient les lianes, nous conduisit dans une salle à ciel ouvert, au fond de laquelle est une petite pagode consacrée au divin Confucius, ce prince des philosophes qu'inspira la sagesse de Dieu. Son autel était surchargé de statuettes représentant ses principaux disciples.

« Sur la gauche, deux autres excavations profondes nous conduisirent dans une suite interminable de grottes longues à parcourir, et plus longues encore à décrire, mais toutes consacrées par des ornements religieux au culte du dieu *Foo*.

« Après avoir dépassé la maison des bonzes, nous jetâmes un coup d'œil sur l'escalier qui conduit à la porte de sortie de la pagode vers la mer..... Comme nous comptions nous arrêter au village de Touranne, nous pressâmes notre départ ; nous rendions le calme et la tranquillité à ces pauvres soldats cochinchinois, qui n'avaient pas cessé d'être sur le qui-vive, et qui regagnèrent, harassés de fatigue, leurs foyers. »

Il ne nous reste plus qu'à présenter, d'après le récit d'un témoin oculaire, le résumé succinct des événements auxquels nous avons déjà fait allusion et qui ont clos d'une manière si déplorable nos relations officielles avec la Cochinchine.

Après le départ de l'amiral Cécille, le commandement de la division française dans les mers de Chine était dévolu au capitaine de vaisseau Lapierre, montant la frégate *la Gloire*. Des nouvelles reçues à Macao, en avril 1847, ayant fait craindre pour la vie de l'un de nos vicaires apostoliques (monseigneur Lefèvre), que l'on disait avoir été arrêté par les

Cochinchinois (mais que l'on sut depuis s'être échappé sur une barque annamite, et être arrivé sain et sauf à Java), la corvette *la Victorieuse* fut expédiée à Touranne avec une lettre du commandant Lapierre pour le gouvernement cochinchinois, demandant ou plutôt exigeant, au nom du roi des Français, la mise en liberté de l'évêque missionnaire, et demandant de plus la liberté du culte pour les chrétiens, dans tout l'empire. La frégate *la Gloire* ne tarda pas à rejoindre *la Victorieuse*, qu'elle trouva mouillée devant Touranne, près de cinq corvettes cochinchinoises. Le commandant apprit, à son grand déplaisir, que le commandant de *la Victorieuse* n'avait pu encore obtenir des mandarins qu'ils fissent parvenir à la cour la lettre dont il était porteur; que de plus, lui et ses officiers étaient l'objet d'un espionnage insultant, et qu'enfin un de ses officiers descendu à terre avait été dans l'obligation d'user de violence pour forcer les soldats annamites à le laisser passer. Ces nouvelles ayant fort indisposé M. Lapierre, ordre fut donné de recevoir avec beaucoup de froideur les mandarins qui viendraient à bord, et le commandant les fit prévenir qu'il ne traiterait qu'avec un haut dignitaire de la cour d'Hué. En même temps, « pour activer les négociations » (comme le dit notre narrateur, témoin et acteur dans ce drame inattendu !), les Français s'emparèrent des voiles des corvettes cochinchinoises, et les obligèrent à caler leurs mâts de hune, « promettant restitution complète » quand les difficultés survenues seraient aplanies ! Deux jours après, le capitaine de la corvette *la Victorieuse* fut reçu à terre par le préfet de la province. Dix officiers et cinquante hommes armés lui servaient de cortége. Il lui expliqua quel était l'objet de l'expédition et la nature précise des demandes formulées dans la lettre du commandant Lapierre. Le préfet, après quelques difficultés, accepta enfin la lettre, qu'il promit de faire parvenir à Hué, et « on se sépara assez froidement, » le préfet très-mécontent de l'embargo mis sur les corvettes impériales. Pendant tout le temps que dura l'entrevue, on remarquait, de la frégate, un très-grand mouvement de troupes : il en arrivait de tous les côtés ; enfin, le commandant « apprit (?) qu'on avait l'intention de faire un massacre général des Français à la grande entrevue qui devait avoir lieu ! Six galères venaient d'être armées, et à bord du « bateau aux voiles » (1) on trouva tout le plan de l'attaque. L'aide de camp du commandant Lapierre fut immédiatement expédié à terre, pour prévenir les autorités que « dans le cas où un seul bateau armé sortirait de la rivière, les navires français feraient immédiatement feu ! » L'aide de camp trouva les Cochinchinois occupés à démolir les maisons qui masquaient le feu de leurs batteries de terre; et, « malgré l'avertissement donné, deux galères sortirent dans la nuit par une fausse passe ». Le 13 avril, à onze heures, le signal de combat fut hissé à bord de *la Gloire*, et la frégate et *la Victorieuse* ouvrirent un feu bien nourri, « et surtout bien dirigé » sur les pauvres corvettes cochinchinoises, aux cris de vive le roi !..... Une demi-heure après, l'une des corvettes fut incendiée par un obus, et sauta avec tout son équipage. Quelques minutes plus tard, une autre coula en chavirant ; enfin, au bout d'une heure, les trois autres, dont une à moitié coulée, furent incendiées par les embarcations de nos navires. La marine cochinchinoise venait d'être anéantie; un millier de Cochinchinois avait perdu la vie dans cette lutte inégale !..... *La Gloire* était de retour à Macao le 24 avril 1847.

Paris 18 juin 1850.

(1) Probablement celui sur lequel on avait chargé *les voiles* des corvettes cochinchinoises.

CEYLAN.

L'étude de Ceylan se rattache par d'importantes traditions et par des relations intimes à celle de l'Indo-Chine et des contrées d'Ava et de Siam en particulier. Nous avons donc pensé que l'histoire et la description de cette île, l'une des plus belles du monde, se liraient avec plaisir et probablement avec plus de fruit, après notre travail sur l'Indo-Chine.

Parmi les nombreux ouvrages qui ont été publiés sur Ceylan, dans ces derniers temps, nous avons choisi pour nous guider plus spécialement dans ce résumé le *Tableau historique, politique et statisque de Ceylan et de ses dépendances* publié, en 1849, par M. Charles Pridham. C'est le travail le plus complet qui soit venu à notre connaissance sur cette intéressante colonie (1).

GÉNÉRALITÉS GÉOGRAPIHQUES; INDICATION DES TRAVAUX ET DES RECHERCHES DES AUTEURS ANCIENS SUR CEYLAN.

L'île de Ceylan, l'ancienne Taprobane (2), termine au sud la vaste péninsule de l'Inde; on l'a élégamment comparée à une perle tombée du front de cette dernière. C'est, en effet, l'une des îles les plus fertiles et les plus belles du globe. Située dans le tropique du Cancer, elle s'étend, entre 5° 55' et 9° 49' de latitude nord, sur une longueur de deux cent soixante-quinze milles anglais (de la pointe Pedro au cap Dondra), et entre 79° 42' et 82° 4' de longitude est (méridien de Greenwich). Son plus grand axe transversal est d'environ cent quarante à cent cinquante milles, de Trincolle à Négombo; son diamètre moyen de cent milles (du Kalaär à Trincomali) (1). Sa circonférence est évaluée à neuf cents milles et sa superficie à vingt-quatre mille quatre cent quarante-huit milles carrés, c'est-à-dire à une étendue quelque peu moindre que celle de l'Irlande. On a comparé la forme de l'île de Ceylan tantôt à celle d'un cœur, tantôt à celle d'un jambon ou parmi ceux que lui donnent les écrivains sanscrits, grecs, latins et arabes, nous citerons seulement les suivants: *Lanca, Ilam, Salabhan, Singhala, Elou, Taprobana, Salika, Serindip* et *Cala,* ou *Sala?*— *Lanca* et *Singhala* surtout sont les plus usités chez les Orientaux. Les Birmans donnent à Ceylan le nom de *Theho* ou *Zehou Ténasserim,* « la terre des délices »: Les Siamois l'appellent *Teva Lanka;* les Javanais, *Lanka pouri;* les Malabars, *Ilangei.*

(1) Voici, d'après le lieutenant Raper, les positions géographiques des principaux points de l'île :

	Lat.	Long.
Calpentyn (*)	8° 14'	79° 53
Colombo	6 56	79 49
Galle	6 01	80 14
Palmyra	9 49	80 20
Pic d'Adam	6 52	80 32'
Cap Daudra	5 55	80 38
Grandes-Bassas	6 11	81 33
Trincomali	8 33	81 13

(*) Pron : « calpéntaen ».

---

(1) Voici le titre de l'ouvrage original : *An historical, political and statistical Account of Ceylon and its dependencies;* by Charles Pridham, Esq., B. A., F. R. G. S., etc. — 2 vol. in-8°; London, 1849. — Un ouvrage plus récent encore, et qui pourra être consulté avec fruit, porte le titre suivant : *Ceylon and the Cingalese : their history, government and religion ; the antiquities, institutions, produces,* etc.; by Sirr (H. C.), Esq., etc. London; 2 vol. post-8°, 1850.

Nous avons, autant que possible, suivi pour les noms propres l'orthographe de Pridham.

(2) Nous ne rapporterons pas ici les diverses étymologies qui se rattachent à cette dénomination. Les noms anciens de Ceylan sont, du reste, extrêmement nombreux :

d'une poire. Sa direction générale est du nord-nord-ouest au sud-sud-est. Elle est baignée à l'est par le golfe du Bengale; au sud et à l'ouest, par l'océan Indien; au nord-ouest par le détroit de Manaar, qui la sépare de l'Inde; et au nord, par le détroit de Palk. La distance de Manaar à Ramisseram, île attenante à la péninsule Indienne, n'excède pas trente milles; l'île d'Amsterdam n'est guère non plus qu'à quarante milles du continent.

Les îles dépendant de Ceylan sont *Kalpentyn*, *Karetivoe*, *Manaar*, *Trentivoe* (ou les deux frères), *Kakeritivoe*, *Paletivoe*, *Nedountivoe* ou *Delft*, *Mandetivoe*, *Poengertivoe*, *Katys* ou *l'Ile de Leyde*, *Nayntivoe*, *Anelativoe*, *Karetivoe du nord* ou *l'île d'Amsterdam* et *Jaffna*.

Les divisions naturelles et politiques de Ceylan sont au nombre de six et désignées par les noms de Provinces du nord, du sud, de l'est, de l'ouest, du nord-ouest, et centrale; elles se subdivisent en districts.

Voici la distance qui sépare Ceylan de quelques lieux principaux.

On compte :

	milles.
De Colombo au cap Comorin, environ.	180
De Trincomall à Madras.	335
— à Calcutta.	1,080
De Colombo à Bombay, environ.	1,175
De la Pointe de Galle à Aden.	2,650
Et d'Aden en Angleterre, par Marseille.	5,550
De Galle au cap de Bonne-Espérance (baie d'Algoa).	5,480
De Galle à Singapoure.	1,850
De Galle au cap de Java.	2,060
De Galle au « Swan-River » (Australie).	3,880

Il paraîtrait, d'après Hérodote, que les Grecs, près de cinq siècles avant Jésus-Christ, possédaient quelques vagues notions sur les pays et les îles situés au delà de l'Indus; mais c'est dans Onésicrite (330 av. J. C.) qu'il est fait mention pour la première fois de Taprobane. Diodore de Sicile (44 av. J. C.) est, de son côté, le premier qui fournisse des informations tant soit peu exactes sur la position de l'île, son étendue, ses habitants, ses productions, etc. Depuis lors, Ovide (en l'an 5 de J. C.); Strabon (en l'an 8); Denys Péryégète (en 35); Pomponius Méla (en 43); Solinus Polyhistor (en 65); Pline (en 72); l'auteur du Périple d'Erythrée, avant Ptolémée, qui écrivait en 156; Arrien (en 235); Agathamère (en 272); Marcien d'Héraclée (en 350); Rufus Festus (en 363); Ammien Marcellin (en 378); le moine Cosmas Indicopleustès (en 563); enfin, Édrisi (en 1145) et plusieurs autres géographes arabes, ont successivement consigné dans leurs écrits des détails plus ou moins étendus, plus ou moins dignes de foi sur l'île de Ceylan; nous ne nous y arrêterons pas. Aujourd'hui ces renseignements n'auraient en quelque sorte qu'un intérêt archéologique, diminué encore par l'incertitude et l'insuffisance des données réunies par les auteurs anciens. Ont-ils, en effet, confondu ou non, dans leurs écrits sur Taprobane, l'île Ceylan avec Sumatra ou avec les îles Maldives, qui primitivement n'auraient formé qu'une seule grande île, submergée, en partie et conséquemment fractionnée par quelque grande révolution terrestre? Une partie de la grande péninsule elle-même aurait-elle été submergée, et l'île se serait-elle ainsi trouvée séparée du continent indien? Ce sont des questions posées et résolues par eux dans des termes trop hypothétiques pour qu'il y ait utilité à en chercher la véritable solution, d'après les vagues données fournies par ces auteurs (1). C'est désormais à la géologie qu'il appartient d'éclaircir ces points douteux de l'histoire du globe, si l'étude des différentes formations de Ceylan et du continent voisin peut devenir assez complète pour conduire à la solution désirée.

HISTOIRE.

Quels que soient l'origine et le caractère des peuples et le degré de civilisation auquel ils sont parvenus, ils sont aussi jaloux que les individus des avantages qui se rattachent à des traditions glorieuses. Il en résulte que les annales

(1) L'existence de plusieurs grands quadrupèdes et animaux féroces à Ceylan, de toute antiquité, est un fait qui paraît militer fortement en faveur de l'hypothèse qui considère cette grande île comme ayant été séparée du continent voisin par quelque révolution de la nature, dans les temps anté-historiques.

ou au moins les traditions des âges précédents sont transmises avec soin à la postérité. L'histoire dérive de cette tendance générale qui se fait remarquer particulièrement dans l'île de Ceylan, soit chez les Singhalais (indigènes), soit chez les Malabares et les Mores. C'est ainsi que les premiers rapportent que les *Bouddhâs*, ces régénérateurs de l'espèce humaine, se sont rendus fréquemment dans l'île sacrée, apparaissant au milieu des peuples pour réformer les institutions ; que les seconds regardent Ceylan comme le théâtre des exploits de Wishnou ; que les derniers, enfin, y placent le berceau de l'espèce humaine et en font le séjour d'Adam !.... Quoi qu'il en soit de ces traditions, les trois races que nous venons d'indiquer comme anciens habitants de Singhala (1), sont également incapables de déterminer l'époque précise de leur établissement ; mais l'ensemble même de leurs traditions ainsi que l'analogie autorisent à admettre qu'elles sont originaires de la péninsule Indienne. Les historiens portugais, et en particulier Ribeiro, affirment néanmoins que les premiers habitants de Ceylan y furent transplantés de Chine, par suite du naufrage de quelques navires de cette nation, alors maîtresse du commerce de l'orient.

Il est impossible d'admettre qu'une île fertile demeure longtemps inhabitée, une fois sa découverte opérée. L'origine des Singhalais actuels peut être en partie rapportée aux faits qui constituent l'hypothèse de Ribeiro ; l'examen scrupuleux des preuves externes fait pencher la balance en faveur des Chinois, ou, ce qui en est l'équivalent, d'une immigration siamoise ; les habitudes d'industrie agricole de la race dominatrice semblent fournir une preuve vivante de son origine chinoise. Les autres éléments constitutifs de la race amalgamée ne sauraient partir d'une autre source que l'Inde, cette nourrice des nations. L'antériorité et le véritable caractère de l'immigration siamoise sont enveloppés de nuages. Au milieu de ces incertitudes, quelques indications méritent une attention particulière. On trouve encore sur la côte orientale de Ceylan les sauvages *Veddahs*, descendants des *Yakha's*, qui en sont incontestablement les autochthones. Tout indique qu'ils furent expulsés et relégués dans un coin de l'île, comme une race asservie. En effet, il semble à peu près certain que dans les âges primitifs Lanka ou Singhala subit le joug des Brhamines envahisseurs, dont les succès commandèrent d'abord l'admiration des peuples. A cette admiration pour les exploits guerriers se joignit bientôt la vénération pour les dogmes et les pratiques religieuses, qui conduisit à l'apothéose des héros, au nombre desquels se trouve Ramatchandra, un *Avatar* de Vishnou.

On rapporte qu'antérieurement à cet événement Lanka était partagée en trois royaumes, gouvernés par les princes *Asours* de Malî, Sumalî, et Maliawan. Vishnou (une incarnation antérieure à Rama) ayant tué, dans ses guerres, Malî et Sumalî ; Maliawan prit la fuite, et Kuweran, fils du Brahmine *Vishravas*, régna sur Lanka (1). Ce roi fut chassé du trône par ses frères consanguins *Rawana*, *Kumbakarna*, et *Wiebieshana*, petits fils de l'*Asour* Muliawan, par leur mère. On dit que Rawana se livra à la pratique des austérités et des bonnes œuvres avant sa prise de possession des trônes de Lanka et de Pandi : mais, depuis, la prospérité le corrompit, et il visa à la souveraineté absolue de la Péninsule. Il embellit et fortifia sa capitale, *Sri-Lanka-Poura*. Plusieurs parents de Rawana ayant été victimes des violences de *Rama*, prince de *Youdhya* (Oude [prononcé : *Aoudh*]), Rawana s'en vengea en enlevant *Sita*, la belle épouse de Rama, qu'il tint cachée dans les forêts de Lanka.

Le *Ramayana*, grand poëme sanscrit, qui le premier fait mention de l'île de *Lanka*, rapporte la vie et les ex-

---

(1) Les écrivains n'ont pu se mettre d'accord sur l'étymologie du nom principal des habitants ; les natifs croient que le mot Singhala est dérivé du surnom de Widjeya, roi indien par qui l'île fut conquise, comme nous le verrons bientôt, et qui d'après leurs légendes fabuleuses fut engendré d'un lion (*Singha*).

(1) Probablement le héros déifié sous le nom de *Cuvera* (Kouvera), le *Plutus* ou « Dieu des richesses » Indien.

39ᵉ Livraison. (INDO-CHINE.)

ploits de Rama et Rawana. Rama, ayant découvert le lieu de captivité de sa femme, comme un autre Ménélas, leva une puissante armée, et marcha contre le ravisseur. Sri-Lanka-Poura, la capitale de Rawana, fut bientôt assiégée ; et, après une lutte sanglante et prolongée, Rawana fut tué. (1) Le conquérant, heureux d'avoir recouvré sa belle moitié, retourna dans sa terre natale, où il fut finalement déifié.

Wiebieshana, frère de Rawana, trahit sa cause, et en retour fut couronné et déifié. Rama paraît avoir dû ses succès à un allié continental puissant, *Sagriwa*, qui fut déifié sous le nom de Hanoumân. Le nom de Lankapoura, dont les traditions attribuent la destruction à un acte de la justice divine, survit comme le point méridien de l'astronomie indienne (2).

Passant de ces temps héroïques aux époques qui commencent à présenter un caractère à peu près historique, c'est-à-dire treize siècles, au moins, après la grande expédition de Rama, nous arrivons à l'invasion de Ceylan par le prince *Widjeya*, fils du roi *Singha-Bahou*. Les traditions varient quant à l'origine de cette famille royale : les uns voulant que Widjeya-Radjah ait été fils d'un roi de *Tillingo, pays touchant au Ténasserim et dépendant du royaume de Siam*; les autres maintenant que Singha-Bahou était roi de *Lalaa*, dans le Bengale (alors connu sous le nom de *Wanga* ou de *Waggo*); nous inclinons à regarder la première de ces traditions comme la plus exacte ; celle qui cependant a généralement prévalu est la seconde, et voici les principaux événements qui s'y rattachent.

Peu de temps avant la mort supposée de Gautama Bouddha, Singha-Bahou, qui a donné son nom aux Singhalais, était monté sur le trône de Lalaa, dans le Bengale. Il eut deux fils : l'aîné, *Widjeya Coumarayo*, se livra à toutes sortes de déportements et d'excès criminels, qui excitèrent au plus haut degré la haine de ses sujets. Les choses en vinrent au point, que, pour soustraire le prince à la fureur du peuple, son père le fit embarquer avec sept cent aventuriers, et l'envoya tenter la fortune sur les mers. Widjeya Singha débarqua à Ceylan en l'année 543. Il s'y conduisit avec adresse et prudence. Par son alliance avec Kouwani, princesse d'une grande beauté, il parvint à s'insinuer dans les bonnes grâces des petits princes des *Yakha's*. Ayant été admis dans une fête nuptiale, avec ses amis et ses principaux adhérens, à un signal donné par Kouwani et au milieu de la fête, il massacra tous ceux qui pouvaient faire obstacle à ses ambitieux desseins. Il établit sa domination sur l'île entière. La trahison de son épouse reçut sa légitime récompense : ayant obtenu la main de la fille du roi de Pandi, Widjeya fit mettre à mort Kouwani, qu'il avait répudiée, et qui avait tenté de se venger de sa disgrâce. Voyant approcher sa fin, après un règne de trente-sept ans, et se trouvant sans enfants, Widjeya fit prier son père de lui envoyer pour successeur son frère Somittra. Le message arriva quand Singha-Bahou venait de mourir. Somittra ayant pris possession du trône de Lalaa et ne voulant cependant pas laisser échapper la riche succession qui lui était offerte dans la souveraineté de Ceylan, y envoya son plus jeune fils Pandouwasa, qui succéda sans difficulté à Widjeya, mort depuis un an, pendant lequel espace de temps le premier ministre, Oupatissa, avait gouverné.

Pandouwasa épousa une cousine de Gautama Bouddha. Les six frères de cette princesse, qui s'étaient établis dans l'île, cherchèrent à se rendre indépendants du pouvoir suprême, et fondèrent les villes de *Rohona* (ville fortifiée), *Wedjittapoura*, et *Anuradhapoura*, qui devint, plus tard, la capitale de l'île. *Pandouwasa* mourut après avoir régné trente ans, et laissa le trône à son fils aîné *Abhayo*.

Les brahmines ayant prédit que ce prince serait détrôné par son neveu, il ordonna que la princesse sa sœur fût séquestrée. Elle obtint pourtant qu'il

---

(1) Les Hindous ont une légende qui attribue l'invention du jeu d'échecs (*Tchatouranga*), à la reine *Wandodarie*, femme de *Rawana*, pendant le long siège de *Lankapoura*.

(2) C'est-à-dire que les anciens Hindous faisaient passer leur premier méridien par la ville sacrée, *Lankapoura*.

consentît à son mariage et parvînt à soustraire son enfant, *Pandoukabhayo*, à ses recherches. Le jeune prince, protégé par un brahmine, leva une armée, et s'empara d'une position inexpugnable, près de la rivière *Mahavelliganga*, d'où il ne put être délogé. Encouragé par ce succès, il marcha contre son ennemi, et s'empara de son camp par surprise. Si l'apathie des indigènes ne l'eût empêché de poursuivre son succès, il aurait pu s'emparer du trône. Abhayo, craignant l'issue de la lutte, lui proposa de partager la souveraineté, et fut pour cet acte déposé par ses frères, qui mirent Tissa, l'un d'eux, à sa place. Pandoukabhayo, à la fin, appela à son aide les *Yakhas*, ou aborigènes; et, après une guerre de dix-sept années, il détruisit les armées de ses oncles, et s'empara du trône, en 437.

Pandoukabhayo, différent en cela des aventuriers heureux, récompensa magnifiquement tous ceux qui avaient contribué à son élévation, et gagna les cœurs de la multitude. Il développa les ressources naturelles de l'île, transporta le siége du gouvernement d'*Oupatissanowera* à *Anuradhapoura*, sa nouvelle capitale, qu'il embellit de somptueux édifices, perfectionna la police et le gouvernement civil, et eut pour successeur son fils, *Ganatissa*; ce dernier régna treize ans, et laissa le trône à *Moutasewa*.

Tissa, remarquable par sa piété, fut choisi comme le plus digne successeur de Moutasewa. On rapporte que des miracles marquèrent son élévation au trône. Sous son règne une mission bouddhiste entreprit de régénérer la foi dans l'île. Un échange de présents magnifiques entre lui et *Dharmasoka*, roi de Dambadiva ou Maghada, en fut l'occasion. Ce dernier monarque en chargea son fils *Mahindo* (ou *Méhindo*), prince vertueux, auquel les chroniques bouddhistes attribuent le pouvoir de faire des miracles, qui lui donnèrent un empire absolu sur la multitude. Les femmes, saisies de l'enthousiasme religieux, demandèrent à être instituées prêtresses de la foi bouddhiste. Sur l'avis de Mahindo, *Aritto*, ministre de Tissa, fut de nouveau envoyé en ambassade à Dambadiwa pour obtenir que la grande prêtresse, sœur de Mahindo, nommée *Sangamitta* (ou *Sanghamitte*), vînt satisfaire à ce vœu de l'exaltation féminine. Malgré l'opposition de son vieux père, déjà affligé de l'absence de Mahindo, elle partit pour Ceylan avec une branche de l'arbre *bô* (1), consacré à Gautama. A son arrivée, elle fut reçue avec toutes sortes d'honneurs, et accomplit des prodiges.

Les cérémonies et les offrandes terminées, Sangamitta commença l'œuvre de la prédication. La reine et d'autres femmes d'une piété fervente furent ordonnées prêtresses. Des maisons religieuses furent établies; les dagobahs et les wiharos (ou *vihâras* : Turnour écrit *wiha'ros*) se multiplièrent; des temples taillés dans le roc et des cellules de prêtres couvrirent l'île entière; rien ne fut négligé pour consolider la religion bouddhiste dans Ceylan.

La construction de l'étang de *Tissawewa* atteste que la population était arrivée à un état de civilisation assez avancé, bien que la superstition et la mollesse fussent les traits dominants du caractère national.

La principauté de *Maagama*, alors indépendante de la métropole, était régie par *Djatahala-Tissa*, neveu de Tissa, qui paraît avoir étendu sa domination jusqu'à *Bintenne*, au nord-est, et au delà de *Saffragham*, au nord-ouest. Le nouveau prince fixa sa résidence royale à *Kellania*. Son fils, *Gotaahbhaya*, lui succéda, et eut aussi pour successeur son fils, *Kaawana-Tissa*, qui éleva plusieurs édifices dans différentes parties du royaume.

Tissa mourut, en odeur de sainteté, après un règne de quarante années; et son frère *Uttiya* lui succéda. A huit ans de là eut lieu la mort de Mahindo, que les annalistes considèrent comme une des lumières de l'époque. On lui fit des funérailles d'une magnificence extraordinaire. Sa sœur Sangamitta le suivit, à une année de distance, au séjour céleste. Leur prédication persévérante humanisa ces peuples, jusque-là plongés dans les ténèbres de l'ignorance.

Mahasiva, frère puîné d'Uttiya, monta sur le trône en 256 avant Jésus-Christ, et régna dix ans. Un superbe wihara fut érigé par ce monarque à l'est

(1) Voir la note, page 370.

de la capitale. Son pieux successeur, *Soura-Tissa*, érigea également de nombreux édifices religieux dans les provinces. Sa carrière fut abrégée par deux aventuriers malabares, qu'il avait pris à son service avec un corps de cavalerie, et qui inspirèrent à leurs compatriotes le désir de s'établir dans la riche et fertile Lanka. C'est à ce fait qu'il faut rattacher les luttes sanglantes qui eurent lieu à cette époque. Après un règne fortuné de vingt-deux années, ces deux usurpateurs, *Sena* et *Gutika*, tombèrent sous les coups d'*Aséla*, prince du sang royal ; mais les charmes de la domination dans cette belle île de Lanka avaient laissé une impression trop profonde dans l'esprit des Malabares pour qu'ils voulussent y renoncer. *Elaala*, du pays de *Shola* (1) (Tandjore), sur la côte de Coromandel, attaqua Aséla, et établit son autorité sur l'île entière, sauf la division sud, *Rohona*, qui était gouvernée par une branche de l'ancienne famille souveraine.

Gaimounou (ou *Gaimonó*), petit-fils de *Mahanaga*, chef de cette partie de l'île, irrité du succès d'Élaala, résolut de revendiquer son droit à la pointe de l'épée. Ayant rassemblé une armée de dix mille hommes, il voulait marcher en toute hâte contre son redoutable ennemi. Il ne put le faire qu'à la mort de son père, dont la prudence lui avait opposé des entraves insurmontables. A cette époque il prit les armes contre son frère *Tissa*, qui s'était proclamé roi dans le district de *Batictaloa*. Ce dernier ayant été réduit, Gaimounou traversa le *Mahavelli-Ganga*, à la tête d'un corps de cavalerie et d'infanterie, soutenu d'éléphants montés et de chariots. Il mit le siége devant *Wedjittapoura*, dont les portes de fer furent enfoncées par un formidable éléphant. L'armée de Gaimounou pénétra dans la ville, et dispersa ou massacra toutes les forces malabares. *Girilako* fut capturée et rasée ; *Casaw*, *Totta*, et *Mahawwetta* furent prises, et la plus grande partie des forts construits par Élaala pour la défense du plat pays furent abandonnés par leurs garnisons. Gaimounou marcha alors sur la capitale, et construisit au préalable des lignes qui, dans le cas d'une défaite, pussent le protéger contre son terrible ennemi. Élaala, qui s'était jusque-là renfermé dans le dédain, songea enfin à prendre la campagne. *Digadjantou*, général de l'armée malabare, assaillit les lignes de Gaimounou, qui avait d'abord présenté le combat en rase campagne, et qui avait été accablé. Mais un des officiers de Gaimounou ayant tué Digadjantou, la nouvelle de cet heureux accident ranima le courage des Singhalais, qui mirent l'armée malabare en pleine déroute. Les deux adversaires s'étant enfin rencontrés, un combat singulier, dans lequel *Gaimounou* tua son ennemi, mit fin à la dynastie des Malabares.

Les historiens d'Élaala sont en désaccord complet. Dans le *Radja Ratnacari* et le *Radjawali* il est peint comme un hérétique intolérant et un cruel ennemi de la religion de Bouddha. Le récit du *Mahawanso*, au contraire, le représente comme un bon prince et un dispensateur impartial de la justice. Le fanatisme et l'intérêt expliquent suffisamment cette divergence d'appréciation.

Après la mort d'Élaala, *Doutou Gaimounou* (car il paraît avoir reçu le surnom de *Doutou*, pour avoir eu commerce avec une femme de basse caste) entra en triomphe dans Anuradhapoura, et rétablit dans sa personne la dynastie singhalaise (an 164 avant J. C.). Son grand caractère se manifesta dans cette occasion. Il fit des obsèques magnifiques à Élaala, son brave compétiteur, lui fit élever un monument, et honora sa mémoire d'une vénération qui s'est perpétuée de génération en génération jusqu'à l'occupation britannique.

Un prince malabare, parent d'Élaala, leva une armée de trente mille hommes pour venger la mort du conquérant. Il périt dans la première bataille que lui livra Gaimounou, et son armée, privée de chef, devint la proie facile du vainqueur.

Gaimounou aspira à tous les genres de

---

(1) Pridham écrit *Sollee* ; mais il s'agit évidemment de l'ancien royaume de *Chola*, que les plus anciens orientalistes écrivent tantôt *Chola*, tantôt *Shola* et *Fehola*. — Le nom moderne de Coromandel dérive du sanscrit : *Chola mandala*.

gloire. Il avait surpassé ses prédécesseurs dans les vertus martiales, il ne voulut point demeurer inférieur à Tissa en piété, et devint célèbre parmi les princes bouddhistes, par l'emploi qu'il fit de ses richesses, qu'il consacra à l'érection de temples, de dagobahs, et de maisons pour les prêtres.

Un des plus remarquables de ces pieux monuments, le *Ruwanwelli-Saye*, avait, dit-on, deux cent soixante-dix pieds d'élévation, et reposait sur un massif carré de maçonnerie de deux mille pieds de circonférence; il était pavé de granit, et entouré d'un fossé de soixante-dix pieds de largeur. Dans les parties latérales de la plate-forme sont sculptées des têtes d'éléphant, ornements appropriés à cette massive structure, dont ils semblent être les supports. A l'intérieur se trouvent de nombreuses reliques du divin réformateur. Gaimounou ne put achever ce temple-monstre, et laissa à son successeur le soin d'en élever la flèche. Cette construction, toute vaste et massive qu'elle fût, fut surpassée en grandeur et en étendue par le *Lowa-Maha-Paya*, qui forme un côté de l'immense parallélogramme en face du *Maha-Wihara*, destiné aux membres du sacerdoce. Les appartements du dagobah reposaient sur seize cents piliers de granit, placés sur quarante lignes parallèles, renfermant chacune quarante piliers, dont les débris aujourd'hui existants attestent la véracité des historiens nationaux..... Au-dessus de ces piliers se trouvaient neuf étages contenant neuf cents appartements, dont les toitures étaient en matière métallique, d'où l'édifice a tiré son nom de *Palais de Bronze*. L'intérieur était aussi magnifique que l'extérieur était vaste. Une grande salle, qui occupait le centre, était ornée de statues dorées de lions et d'éléphants; à l'une des extrémités se trouvait un superbe trône d'ivoire; sur l'une des parties latérales de ce trône était l'emblème du soleil en or massif, sur l'autre la lune était représentée en argent massif. Les habitants de la partie élevée de l'édifice étaient les prêtres les plus éminents par leurs vertus; ceux qui avaient moins de titres à la vénération occupaient les étages inférieurs.

Les autres monuments remarquables laissés par *Gaimounou* étaient : le *Mirissé-Wettiya-Dagobah*, de cent vingt coudées de hauteur; le *Mayangana-Dagobah*, de trente coudées, encadré dans un autre de quatre-vingts coudées, et le splendide canot en pierre, de vingt-cinq coudées de longueur, contenant le breuvage des prêtres. Ces particularités du *Mahawanso*, dit le colonel Sykes, dans le *Journal de la Société Asiatique* (1841), sont confirmées par *Hian*, le voyageur chinois qui visita Ceylan dans l'année 412 de notre ère. La réputation de piété de Gaimounou se répandit au loin; des prêtres de Bouddha, renommés pour leurs vertus, vinrent en foule, du continent indien, admirer ses ouvrages et participer au bénéfice de ses prodigalités et de ses dons. Ainsi flatté et célébré, Gaimounou mourut, en l'an 140 avant J. C., après un règne de vingt-quatre ans.

On rapporte que quand il vit sa fin approcher, il se fit rendre compte de ses actes religieux, et interrogea les prêtres sur la nature du séjour céleste qui lui était réservé en quittant cette vie terrestre; se trouvant satisfait de leurs réponses, il expira dans la délicieuse attente de régner avec le futur Bouddha, Mettiyo. Entre le Maha-Wihara et le Ruwanwelli-Saye, six pierres sculptées déterminent la limite d'un monticule où la foule admiratrice et recueillie et les religieux reconnaissants rendirent les derniers devoirs à ce grand monarque, qui fut le restaurateur de la religion de Bouddha. Le caractère de Gaimounou, tout égoïste et audacieux qu'il fût, contribua beaucoup à l'avancement politique et moral de Ceylan; son énergie, sa bravoure et sa persévérance rendirent à l'île sa vieille dynastie, et par l'expulsion des Malabares fit disparaître une source d'oppression. Dans la dernière partie de son règne, l'embellissement d'Anuradhapoura, l'érection d'édifices publics, etc., fit naître le goût des arts, et humanisa les populations.

Le prince *Sali*, fils de Gaimounou, n'hérita point de l'ambition de son père; mais, comme lui, il s'éprit d'une belle fille de caste inférieure, et (ne pouvant se résoudre à se séparer d'elle) il lui sacrifia le rang suprême. Les amours du prince Sali et de la belle *Asoka-Malla* font le sujet d'une légende fort répandue encore de nos jours parmi les Singhalais.

Saida-Tissa, oncle de Sali, fut appelé par Gaimounou à lui succéder, afin que la dynastie solaire se maintînt dans toute sa pureté. Il eut un règne paisible de dix-huit ans. Il acheva les édifices religieux de Gaimounou, en fit construire de nouveaux, ainsi que divers travaux publics concernant l'agriculture.

A sa mort son fils cadet, qui se trouvait dans la capitale, s'empara du trône pour un temps, et fut ensuite assassiné par son aîné, qui en prit possession. Ce fatal exemple fut suivi dans la suite, et causa beaucoup d'effusion du sang.

Kalouna, le successeur du meurtrier, régna six ans. Il embellit et acheva les édifices de Gaimounou. Il mourut assassiné par son *adigaar* (1).

Walagambahu ou *Wattagamini*, successeur de Kalouna (104 av. J. C.), vengea le meurtre de son père; sa domination ne tarda pas à être menacée par un prince de Rohona et les Malabares. Il eut l'adresse de tourner ses ennemis l'un contre l'autre, de les épuiser l'un par l'autre; et quand il crut le moment venu, après avoir souffert d'une usurpation de quatorze années, il expulsa *Dathiya*, le dernier chef malabare, et rétablit sa dynastie.

Le règne de Walagambahu forme une ère nouvelle dans l'histoire du bouddhisme; c'est à cette époque que les livres sacrés furent transcrits. Le *Banapota*, ou les « saintes écritures » bouddhistes, le *Pita-Kattayan*, ou exhortations de Bouddha, l'*Atthakatha*, commentaire du *Pita-Kattayan*, furent transcrits en *pali*, ou langue sacrée, après qu'un concile de cinq cents prêtres les eut expurgés des interpolations et altérations qu'y avait introduites la transmission orale. Jaloux de la réputation de piété de Gaimounou et de Tissa, le roi fit ériger le *Damboolla-Wihara*, et le *Abhayagiri*, qui fut regardé comme une des merveilles de l'Orient, et qui avait, dit-on, quatre cents pieds d'élé-

vation. Le mur d'enceinte, qui subsiste encore, a près de deux milles de tour.

Si l'on voulait se faire une idée exacte de la légèreté avec laquelle les monarques singhalais décidaient l'érection de ces gigantesques édifices, il suffirait de faire remarquer que Walagambahu célébra la convalescence de la reine en faisant construire le *Suwana-Ramaya*, un dagobah qui avait, assure-t-on, trois cent treize pieds de hauteur.

Mahatchoula (ou *Mahadaili-Tissa*) succéda à Walagambahu, son oncle, en l'année 77 avant J. C. Son règne ne fut remarquable que par les progrès de la superstition et du fanatisme, dont le roi donna l'exemple en exécutant de ses mains, au profit des prêtres, et comme expiation de ses péchés, divers travaux d'industrie agricole et manufacturière. L'exemple qu'il donna en cette circonstance imprima à la piété un élan qui peut expliquer comment les meilleures terres du pays ont fini par tomber entre les mains des prêtres.

Tchora-Naga, fils de Walagambahu, que son impiété avait fait exclure du trône, s'en empara à la mort de Mahatchoula, et fit tous ses efforts pour extirper le culte de Bouddha, sans s'inquiéter d'y substituer un autre système quelconque de religion. Il périt assassiné par un de ses sujets, après un règne de douze ans.

Il eut pour successeur le fils de Mahatchoula, *Kanda-Tissa*, qui fut empoisonné par sa femme *Anoula*, qu'il avait répudiée.

Cette femme voluptueuse s'empara du trône, et se livra à toutes sortes de déportements. Elle fit entrer successivement en partage du pouvoir suprême les objets de sa passion, et se débarrassa ensuite d'eux par le poison. A la fin, elle périt dans les flammes, son fils *Makalan-Tissa*, qui avait été obligé de fuir ses violences, ayant rassemblé des forces considérables avec lesquelles il marcha sur la capitale, s'en empara, et mit le feu au palais où sa mère avait voulu se défendre jusqu'à la dernière extrémité. En montant sur le trône il trouva le royaume en pleine désorganisation. Son premier soin fut de réparer les fortifications de la capitale. Il construisit un rempart de

---

(1) Premier ministre et grand juge. — Il y avait deux grands officiers portant le titre d'*adigaar*; il y en a eu jusqu'à trois sous le dernier roi de Kandi.

pierre de dix pieds et demi de hauteur autour de la cité gigantesque. On dit que ces murailles embrassaient un espace de deux cent quarante-quatre milles carrés. On en voit encore les traces près d'*Aliaparté*. La construction de plusieurs bains publics ou étangs et d'un dagobah, érigés à *Mihintallaï*, signala le règne de ce prince, qui fut de vingt-deux années.

Il eut pour successeur son fils *Batiya-Tissa* (en l'an 19 avant J. C.), remarquable par sa superstition et son asservissement aux prêtres. On voit encore les marques des genoux de ce prince sur le pavé de granit entourant la Ruwanwelli-Saye. — Après un règne de vingt-huit ans, il mourut en l'an 8 de J. C. et 55 de l'ère bouddhique. *Maha-Dailiya*, son frère, lui succéda. On ne mentionne de celui-ci que l'érection d'un dagobah, appelé *Saigiri*, au sommet de Mihintallaï; on y arrivait par *dix-huit cents degrés de pierre*.

Ce prince régna douze ans; son fils *Adda-Gaimounou* lui succéda. Ce dernier ne fut remarquable que par sa piété. Sous son règne la nourriture animale fut prohibée, et un grand nombre d'arbres à fruits furent plantés, afin de pourvoir aux besoins du peuple. Adda-Gaimounou fut détrôné et tué par son frère puîné *Kinihirridaïla*. — Ce prince (dit le *Mahawanso*) trancha une controverse qui avait pendant longtemps suspendu l'accomplissement des cérémonies religieuses, et fit emprisonner dans la caverne de *Kanira*, dans la montagne de Chetiyo, soixante prêtres séditieux et impies qui résistaient à l'autorité royale.

Il eut pour successeur *Tchoolabhaya*, fils d'Adda-Gaimounou, à qui sa sœur *Siwali* succéda. Cette princesse fut mise à mort par son cousin *Ilanaya*, après un règne de quatre mois. Le meurtrier fut obligé de fuir devant une insurrection qui éclata à l'occasion d'une infraction à la loi des castes, dont il s'était rendu coupable en faisant juger un magistrat supérieur par son inférieur. Il revint au bout de trois ans à la tête d'une armée, et après des prodiges de valeur il rentra triomphant dans la capitale, et régna six années.

Son fils *Sanda-Mouhouna* lui succéda,

l'an 40 de J. C. Ce prince construisit un étang à Minigiri, et le consacra à un wihara appelé *Issarasumano*. Il fut assassiné par *Yataalaka-Tissa*, à une fête aquatique sur le lac ou étang artificiel de *Tissa*; ce nouveau roi fut lui-même déposé (en 56) par *Soubha*, un homme de naissance obscure.

La jalousie de l'usurpateur causa sa perte. Ayant appris qu'une prédiction le menaçait d'être détrôné par un individu du nom de *Wasabha*, il donna des ordres précis aux dissaves (1) pour faire mettre à mort tous ceux qui portaient ce nom dans l'île de Ceylan. Mais l'esprit fataliste qui domine en Orient rendit ces précautions complétement illusoires. Un individu de ce nom ayant échappé au massacre, rassembla une troupe de partisans actifs et résolus, et après une série de combats Subha fut tué, et le vainqueur monta sur le trône (A. D. 62).

Le nouveau roi consacra sa vie au service de la religion, embellit et fortifia la capitale; et, après un règne paisible de quarante-quatre ans, laissa la couronne à son fils *Wankanaasika*.

Sous le nouveau règne les *Cholan's* ou *Choléens* du continent ravagèrent et pillèrent l'île, et enlevèrent douze mille habitants. Cette insulte fut vengée sous le règne suivant par *Cadjabahou*, fils et successeur du roi, qui usa largement de représailles.

Les annales de Ceylan sont sans intérêt jusqu'au règne de *Waira-Tissa* (201 de J. C.), époque à laquelle une hérésie redoutable fit de grands efforts pour se greffer sur le système bouddhique. Le roi et son ministre, *Kapilo*, brûlèrent les livres du schisme et en persécutèrent les sectateurs. — *Abbhaya*, frère puîné du roi, se ligua avec la reine pour le trahir. Il réussit à désorganiser le pays, à exciter des révoltes, et finit par tuer le roi de sa propre main. Il monta ensuite sur le trône avec sa complice, et régna huit années.

Les règnes d'*Abhaya* ou *Abha-Tissa*, de *Siri Naaga II*, et de *Wédjaya II*, n'offrent rien de remarquable, sinon que ce dernier fut détrôné par le chef de son armée, *Sanga-Tissa* (234 de J. C.). On

(1) Gouverneurs des provinces.

rapporte que ce prince fit ériger sur la flèche du dagobah Ruwanwelli un pinacle de verre, « pour repousser l'orage », ce qui semblerait attester un état singulièrement avancé de la science singhalaise.

(238 de J. C.) Sous le règne de son successeur, *Siri Sangabodhi*, la peste et une grande famine décimèrent la population de Lanka. Cette cruelle calamité fut considérée comme l'œuvre du démon. Ce prince, superstitieux et sans énergie, fut détrôné par *Gothabhaya*, son premier ministre, qui le fit assassiner dans un wihara où il s'était retiré.

(240 de J. C.) Sous le règne de Gothabhaya et les suivants l'hérésie releva la tête, et fut soutenue par des propagateurs influents, même parmi le sacerdoce, qui subirent une persécution cruelle.

Elle fit de grands progrès sous le règne de *Mahasen* (275), qui, pour chasser les prêtres de la vieille religion jusque dans la province orthodoxe de Rouhouna, fit raser leurs temples et leurs maisons. Une rébellion ayant éclaté à cette occasion, il fut contraint de faire relever tous les édifices qu'il avait détruits et de rappeler l'ancien sacerdoce. On attribue à ce monarque la formation de seize lacs artificiels et la construction d'un grand canal, le *Tallawattuella*, qui servait à l'irrigation de vingt mille champs.

Sous le règne suivant (*Kitsiri Madjan*) la célèbre dent de Bouddha fut apportée de Dantapoura (en *Kalinga*) à Ceylan par un prince brahmine (302 à 330). On rapporte que le roi *Dettou-Tissa*, frère du précédent, moula une statue de Bouddha avec un goût exquis. Son fils et successeur *Bouddhadaassa* 339) ne fut pas moins renommé pour son application à la chirurgie et à l'économie rurale. Il composa le *Saratthasangabo*, qui est peut-être le seul traité de médecine que la science asiatique de cette époque ait produit. Il fit construire des établissements de bienfaisance, tels que hospices, etc.

Sous le règne de son successeur, *Oupa-Tissa II*, prince pieux, une terrible famine visita Ceylan. Il fut assassiné par son épouse, et eut pour successeur *Mahanama*, son beau-frère (410).

Pendant le règne de ce dernier Ceylan fut visitée par Bouddhagosa, un savant bouddhiste de l'Inde, auteur de commentaires profonds sur les discours bouddhiques, et par le célèbre Fa-Hian, voyageur chinois, qui décrit l'état florissant de l'île, habitée par de nombreux magistrats, des nobles et des commerçants étrangers. Il rapporte que les rues étaient larges et droites, les maisons très-belles et les édifices publics magnifiquement ornés. Des chaires à prêcher étaient construites dans tous les carrefours; le peuple s'y rendait les 8, 14 et 15 de la lune, pour y entendre un exposé de la loi.

Les Malabares envahirent Ceylan sous le roi *Mita-Sena*, prirent sa capitale, et le mirent à mort. *Dhaatou-Sena*, un jeune prince de l'ancienne famille royale, dont les ancêtres s'étaient tenus cachés depuis l'usurpation, crut l'occasion favorable pour une restauration de sa dynastie, et excita un mouvement national, qui n'eut de succès qu'après seize années d'efforts. Il mourut assassiné.

Le *Mahawanso*, ou histoire de Ceylan, depuis la date de l'arrivée de Widjéya jusqu'à la mort de Mahasen, fut écrite par l'oncle de ce prince, Mahanaama Teronnansé.

A l'occasion d'une violente querelle de famille, les deux fils de Dhaatou-Sena armèrent l'un contre l'autre; *Kaasiyappa*, l'aîné, fut défait, et se suicida. Le règne de *Mougallaana*, son frère, est fameux dans les annales singhalaises par l'arrivée à Ceylan de la relique Kaïsadhaata, ou lambeau de la chevelure de Bouddha, apportée de Dambadiva.

Mougallaana eut pour successeur son fils *Kumaara Daas*, un prince versé dans la littérature. Le célèbre barde indien Pandita *Kalidassa* visita l'île pendant ce règne, et fut assassiné par une courtisane qui voulait s'appropr.er une composition poétique à laquelle le roi avait promis d'attribuer une récompense extraordinaire. Le crime ayant été découvert, le roi et ses cinq reines en conçurent un si violent désespoir qu'ils se précipitèrent et périrent dans le bûcher qui avait été érigé sur les bancs du Nila-Ganga pour consumer le corps du poète.

(A. D. 532.) Les annales de l'île n'offrent rien de mémorable jusqu'au règne d'*Upa-Tissa III*, qui était atteint de cécité et d'un caractère singulièrement sombre. Il fut détrôné par son gendre, *Sîla-Kaala* (A. D. 534). L'hérésie fit de nouveau explosion sous ce règne, et fut secrètement adoptée par les prêtres de Abhayagiri.

L'histoire du siècle suivant n'offre que le récit monotone des détails invariables de trahison et d'usurpation qui eurent pour effet, là comme ailleurs, de désorganiser le gouvernement et de dégrader l'esprit social, en développant des mœurs sanguinaires et anarchiques. La forme politique, qui était une sorte de suzeraineté féodale, ne pouvait prévenir le contre-coup des commotions, qui se communiquait du centre aux extrémités.

(A. D. 547.) *Daapouló Ier*, fils de Sîla, lui succéda; ce règne ainsi que les suivants, jusqu'à l'avénement de *Aggrabodhi Ier*, n'offre rien qui mérite d'être mentionné. Ce dernier rétablit l'ordre, construisit le *Kouroundouwéwé* et beaucoup d'autres lacs, coupa un grand canal communiquant avec le lac *Mennairia*, bâtit le *Mahanaamapiriwenna* et plusieurs autres édifices religieux, et mit heureusement fin à des disputes théologiques. Douze poëtes d'un grand génie florissaient à sa cour. Son gendre *Aggrabodhi II* (623) rapporta une fameuse relique de Bouddha à Toohpaaramaya, restaura le palais de bronze, et construisit quatorze grands lacs.

Les règnes suivants continuent d'offrir des scènes de trahison, d'usurpation, et de carnage. Les différentes branches des races royales continuèrent à se disputer violemment le trône avec des succès divers. *Daapouló II* tenta d'expulser de sa capitale les Malabares, auxquels il attribuait les troubles du pays. Ceux-ci résistèrent, et offrirent le trône au fils de *Daloupia-Tissa*, l'avant-dernier monarque. Ce prince, qui s'était retiré sur le continent, repassa dans l'île avec une petite armée, et marcha contre Daapouló, qui, se voyant menacé de toutes parts, s'enfuit lâchement à Rouhouna, et son compétiteur lui succéda sur le trône d'Anuradhapoura (693 de J. C.). Ce nouveau roi, *Daloupia-Tissa II*, régna neuf ans. Parmi ses successeurs, nous en remarquons deux qui ont dû leur élection au choix du premier ministre, et un *Aggrabodhi III*, qui a régné quarante ans, mais sans qu'aucune circonstance particulière ou acte important ait marqué le cours de ce long règne (de 729 à 769). Sous celui de son fils, *Aggrabodhi IV*, le siége du gouvernement fut transféré d'Anuradhapoura à Pollonnarouwa. Il eut pour successeur *Mahindou Ier*. La première partie de ce règne fut troublée par des guerres civiles. Le roi érigea dans la nouvelle capitale le palais *Rattanaprassaada*, renfermant une magnifique statue d'or massif de Bouddha, ainsi que plusieurs temples. Il fit établir des archives historiques régulières, ce qu'avaient négligé ses prédécesseurs.

(A. D. 795.) Son fils *Daapouló III* lui succéda, et se dévoua au bien public. Il prit sa résidence près de Mennairia pour inspecter les lacs, et surveilla en personne les travaux publics. On lui attribue la fondation d'hospices et d'écoles de médecine. Enfin, il ordonna la codification des lois. Il mourut dans la première année du neuvième siècle.

Sous les règnes suivants le pays paraît avoir joui de quelque tranquillité. A l'avénement de *Mitwella-Sena* (838) les Malabares, ces ennemis invétérés de la tranquillité, envahirent l'île de nouveau, et se rendirent maîtres de la partie nord. Ils mirent au pillage la capitale Pollonnarouwa; les ornements sacrés du temple, les statues d'or, le djayaberra, ou tambour de la victoire, et la coupe sacrée de Bouddha, furent envoyés à Pandi.

Sena éloigna les envahisseurs en payant une rançon convenable, et régna vingt années. Il introduisit à Ceylan l'hérésie *widjrawaadiya* de Dambadiva.

Il eut pour successeur son fils, *Kaasyappa IV* (858), qui usa de représailles envers l'ennemi, en soutenant la révolte du fils du roi de Pandi contre son père. Ce dernier ayant été renversé et mis à mort, le fils de Kaasiyappa fut mis sur le trône de Pandi. L'hérésie *nilapattadara*, concernant le cérémonial religieux, fut importée du continent pendant ce règne. Les règnes des successeurs de Kaasiyappa IV, *Oudaya I* et *Oudaya II* (891 et 926), furent prospères.

Cependant, sous Oudaya II, son frère, Mihindou, dissave de Rouhouna, ayant cherché à se rendre indépendant du pouvoir central, fut fait prisonnier et mis à mort.

Sous *Kaasyappa V* un autre Mihindou (ou *Mahindou*), prince de Rouhouna, entreprit d'annexer la province de Mayaa à son gouvernement; il fut battu par le roi, qui lui pardonna, contrairement à tous les usages des despotes orientaux, et lui donna sa fille en mariage (954).

Kaasyappa VI prêta le secours de ses armes au roi de Pandi contre les Cholan's (Tandjore), ennemis héréditaires de Ceylan, et repoussa l'invasion. Son fils, *Daapouló*, ne régna que sept mois, et fut remplacé par un autre prince du même nom (peut-être son parent? c'est ce que les historiens singhalais ne nous apprennent pas). Sous le règne de celui-ci, le roi de Pandi, incapable de résister aux Cholan's, se retira près d'Anuradhapoura, où il fut traité avec une hospitalité royale. Mais, ayant été soupçonné de quelques intrigues et craignant le ressentiment du roi, il s'enfuit avec une précipitation telle qu'il ne put même emporter ses insignes et ornements. Daapouló régna dix ans, et eut pour successeur *Oudaya III*, un prince tyrannique (974). Ce monarque ayant fait mettre à mort les chefs d'une révolte qui avaient embrassé la vie religieuse pour se soustraire au supplice, une formidable insurrection populaire menaça sa vie, et ne fut apaisée que par l'intervention des prêtres et l'exécution des ministres du roi.

Sous *Oudaya IV*, le roi de Cholan's ayant demandé qu'on lui remît les insignes et joyaux du roi de Pandi détrôné, et ayant essuyé un refus (986), la guerre éclata, et après des succès divers, les envahisseurs furent finalement repoussés de l'île.

Sous *Mihindou III*, le temple bâti sur la montagne Hamallel (le « pic d'Adam »), et qui avait été détruit par les Cholan's, fut restauré. *Sena IV*, son successeur, avait à peine douze ans quand il monta sur le trône (1013). Une intrigue de cour ayant voulu le soustraire à l'autorité du régent avant l'âge de la majorité, une guerre civile s'ensuivit, et le jeune roi, vaincu, fut contraint de fuir à Rouhouna. Une réconciliation ayant été opérée par la médiation de la reine douairière, *Sena* rentra dans la capitale, où il mourut des suites de la débauche après dix ans de règne.

(A. D. 1023.) Sous *Mihindou IV* le siège du gouvernement fut transféré de nouveau à Anuradhapoura. Les résidents étrangers, dont le nombre s'était accru, ayant organisé une révolte, le roi fut obligé de se déguiser et de s'enfuir à Rouhouna. Les Cholan's profitèrent de l'anarchie où le pays se trouva plongé pendant de longues années pour l'envahir, le piller et le ravager. Le roi et la reine moururent captifs à Chola-Mandala. Kaasiyappa, leur fils, tenta de recouvrer le trône, et mourut subitement au milieu de ses préparatifs.

(A. D. 1059.) Le territoire de l'île se trouvait alors partagé en deux provinces, dont la plus importante fut occupée par les Cholan's, et l'autre par les princes indigènes. Après douze ans d'anarchie, *Wickramabahou* fut couronné roi de Ceylan, et implora l'assistance de Siam, qui le mit en état de soutenir les dépenses de la guerre. Après des combats multipliés, il parvint à chasser les Cholan's et à faire reconnaître son autorité sur l'île entière. Il se voua alors à l'administration intérieure, au rétablissement des finances, du culte, etc. Une question de préséance ayant porté le roi cholan à commettre un acte de cruauté sur la personne de l'ambassadeur de Ceylan, la guerre éclata; la capitale fut prise et reprise, et finalement l'invasion fut repoussée. Mais la maladie ayant fait irruption parmi les troupes, le territoire ennemi ne put être envahi comme le roi l'avait projeté. Il mourut après un règne de cinquante-cinq ans, laissant le trône à son frère *Djayaabahou* (1126).

Wickramabahou, le plus jeune fils du roi, ne voulut point abandonner ses droits, et réussit à déposer son oncle. Il eut un règne tranquille et prospère; mais, après un assez grand nombre d'années, il fut remplacé sur le trône de Pollonnarouwa, nous ne savons pourquoi ni comment, par un de ses neveux, *Gadjábahou*, et conserva cependant la souveraineté d'une partie de l'île. Par suite de ces événements (dont le *Mahawanso* (1) ne nous donne aucune expli-

(1) Ces *Annales Shinghalaises* ont été

cation), son fils, *Praackrama*, fut élevé avec un soin extraordinaire par Gadjâbahou. Il excellait dans la théologie, la littérature, les sciences, les arts, la gymnastique, la navigation. A son retour de ses voyages, dans lesquels il avait été suivi par une partie de la noblesse, il ne tarda pas à donner des preuves de son audace et de l'élévation de ses vues. Il voulut régner seul sur Ceylan. Après divers combats contre son cousin, il se prêta à des négociations dont le résultat lui permit de se faire couronner roi de Pihitî à Pollonnarouwa, du consentement de Gadjâbahou. Il eut encore à vaincre la résistance de son père, qui avait revendiqué son droit au trône et s'était emparé de plusieurs forteresses, et réussit également à se réconcilier avec lui.

Aussitôt qu'il se trouva sans compétiteur au trône, il s'occupa de la rénovation du bouddhisme, de l'organisation du sacerdoce, de la défense du pays, du perfectionnement de l'agriculture, des fortifications de la capitale, de la construction de temples et de palais. Il accomplit dans tous ces ordres de faits des entreprises magnifiques, que nos limites ne nous permettent pas de décrire avec détail. Une révolte dans Rouhouna, dirigée par une princesse du nom de *Soubhala*, vint interrompre ses grands travaux. Elle ne put être réduite qu'au prix d'une grande effusion de sang.

Quand la tranquillité fut rétablie, Praackrama résolut de frapper le vulgaire d'étonnement et de crainte par une cérémonie imposante. A un jour fixé par les astrologues, le roi ayant assemblé ses nobles, monta sur l'éléphant royal, et salua les multitudes qui se pressaient sur toute la ligne. Sur sa tête un dais emblasonné était porté par des courtisans, et des instruments de musique résonnaient de tous côtés, tandis que les bannières flottaient dans un nuage d'encens. Les nobles, alors, entrèrent dans leurs palanquins. La procession s'avança au milieu des cris des éléphants, du piaffement des chevaux, du bruit des tambours et de la musique. Le roi et la reine, avec des couronnes d'or, parurent dans deux tours splendides, placées sur des éléphants; après eux suivaient à pied les chefs de la dernière insurrection, puis les officiers d'État, les nobles, enfin la procession entière sur la route, inondée d'une multitude innombrable de spectateurs.

La hautaine Soubhala, épargnée par la clémence du roi, leva encore une fois l'étendard de la révolte; à la fin, elle fut défaite, et probablement mise à mort. Après que l'ordre fut de nouveau rétabli, Praackrama marcha à la tête d'une force militaire imposante et de cinq cents vaisseaux contre le roi de Cambodia et Arramana, qui avait insulté son commerce et violé le droit des gens dans la personne de son ambassadeur. Le pays fut conquis après plusieurs batailles rangées, et le général malabare qui commandait les troupes victorieuses y établit un vice-roi.

Praackrama tourna ensuite ses armes contre les monarques confédérés de Chola et Pandî, qui s'étaient coalisés pour contre-balancer son pouvoir. Après de brillants faits d'armes, il s'empara de la province de Ramisseram, de six districts voisins, et rendit le roi de Pandî son tributaire.

Après ce nouveau triomphe, le roi se livra de nouveau à l'agrandissement du culte et à l'amélioration de la condition matérielle de ses sujets. Il fit planter de grandes forêts d'arbres à fruits, détourna le cours des rivières afin d'alimenter ses lacs, et construisit des canaux pour transporter les eaux à des lacs éloignés, déployant ainsi à l'intérieur les grandes qualités dont il avait donné tant de preuves au dehors. Par le moyen du canal de Goudaavira, les eaux du Kara-Ganga furent conduites dans un lac appelé « la mer de Praackrama », de laquelle l'eau se répand de nouveau par vingt-quatre canaux dans tous les champs voisins. Par le canal Kaalinda il conduisit au nord les eaux du lac de Minnerria, et par le canal Djaya-Ganga il utilisa le lac Kalaawiwi pour l'approvisionnement d'Anuradhapoura. A ces travaux publics

traduites et commentées par Turnour, dans l'Almanach de Ceylan, 1834, et dans le *Journal de la Société Asiatique du Bengale*, années 1837 et suivantes. Ces travaux de Turnour figurent au premier rang parmi les recherches des plus éminents orientalistes.

du roi peuvent être ajoutés l'érection de dagobahs, wiharas, reposoirs de reliques, offertoires, salles de gymnastique, cavernes, cellules de prêtres, chaires à prêcher, maisons hospitalières pour les étrangers, cours de justice, innombrables bibliothèques. Enfin, dans la trente-troisième année de son règne (1186), Praackrama, qui avait mérité l'épithète de « *Grand,* » tout à la fois pour ses qualités civiles et militaires, expira, laissant son vaste empire à son neveu *Wedjayabahou II.*

Le caractère du nouveau monarque n'avait aucun trait de ressemblance avec celui de Praackrama. Il se livra à la poésie et à l'amour plutôt qu'à l'art de la guerre. Il s'occupa néanmoins du bien de ses sujets et de l'avancement de la religion. Il mourut assassiné.

Mihindou, son meurtrier, régna cinq ans, au bout desquels il fut détrôné par l'héritier de Wedjaya, *Kirti Nissanga;* ce prince était de la famille royale de Kalinga, alors appelée les Circars du Nord. Les monuments élevés à son honneur décrivent son caractère et ses talents dans les termes les plus exaltés. Il renonça à une partie des revenus du domaine pour adoucir la détresse de ses sujets le plus pauvres, réduisit les taxes, répara tous les lacs, et supprima, au moins pour un temps, le crime et la fraude. Il détourna les voleurs de leur profession aventureuse en les employant à des entreprises plus lucratives, réforma l'administration de la justice, et s'occupa de l'avancement de la religion. Ainsi, dit Kirti Nissanga, il mourut après avoir distribué et reçu le bonheur pendant un court règne de neuf années.

Les règnes suivants méritent peu d'être mentionnés. A la mort de *Dharmaasouka,* un enfant de trois mois ayant succédé au trône, les Malabares tentèrent une nouvelle invasion. Après des vicissitudes de revers et de succès, dans lesquelles la veuve de Praackrama le Grand remonta plusieurs fois sur le trône, Ceylan fut en proie à la confusion, l'irréligion et l'anarchie. De cette époque date sa décadence sociale et politique. Le roi malabare *Maagha-Radjha* ravagea le pays, détruisit la religion de Bouddha, et détrôna *Praackrama II.* Il commit toutes sortes d'horreurs et d'impiétés, et acheva de dissoudre la nation en détruisant les castes.

Après que Maagha eut régi pendant vingt années le pays qu'il avait ainsi dévasté, un membre de la famille royale, qui s'était tenu caché dans le Maaya, parvint à relever sa dynastie en expulsant les Malabares d'une partie de l'île. Il transféra le siége du gouvernement de Pollonnarouwa à Dambadiniya, et rétablit le bouddhisme. La sainte dent et les autres reliques furent réintégrées avec le cérémonial de rigueur dans leurs reposoirs primitifs; et les prêtres furent rétablis dans leurs fonctions.

Son fils *Praackrama III* (1267) développa beaucoup les ressources de l'île. Il améliora les routes, construisit des ponts, et fit dessécher le Djungle. Dans la onzième année de son règne, il eut à repousser une invasion malaise, ce qu'il fit avec un succès complet. Une seconde invasion, renforcée d'un important contingent de Pandiens et de Cholan's n'eut pas plus de succès que la première, grâce à la valeur de Praackrama. Après ce nouveau triomphe, il s'adonna aux belles-lettres, et fonda, pour les propager, des colléges dans tout le royaume. Il mourut après un règne de trente-cinq années. Sous ce prince le *Mahawanso* et le *Poudjaawalliya* furent continués depuis le règne de *Mahasen* jusqu'à cette période.

Ses fils furent dépossédés de leur trône par l'usurpateur *Mitta-Sena,* qui fut assassiné par les troupes étrangères de Dambadiva. Bhuwaneka, le plus jeune des deux, fut alors proclamé roi à Pollonnarouwa, et les affaires reprirent leur cours ordinaire. Il établit la relique Dalada à Yapahou, dont il fit sa capitale. Dans la onzième année de son règne, une armée de Pandiens envahit le pays, et le dévasta. Ils enlevèrent la sainte dent de Bouddha, qui fut réintégrée à leur départ sous Praackrama II.

(A. D. 1319.) Sous le règne de *Bhuwaneka II,* le siége du gouvernement fut transporté à Kourounaigalla. La seconde partie du *Mahawanso,* la plus authentique des annales de Ceylan, finit avec ce règne. Elle est écrite en vers *pali,* et renferme des passages d'une grande beauté.

(A. D. 1347.) Sous *Bhuwanekaba-*

hou IV, la ville de Gampola, fondée par un des frères de la reine de Pandouwasa, fut rebâtie par ce prince et nommée *Gam-Pala* ou *Sanga-siri-Poura*.

(A. D. 1371.) *Wickramabahou*, cousin et successeur du précédent, fit construire une forteresse et une ville un peu au sud de Kalané et à l'est de Colombo, laquelle est maintenant appelée Cotta, et devint plus tard le siége du gouvernement. A cette époque Ceylan eut à repousser une nouvelle invasion des Pandiens, ce que l'adigaar fit avec beaucoup d'adresse et de succès.

(A. D. 1410.) *Praackrama IV* fit transporter la relique Dalada à Cotta. Il régna cinquante-deux ans, soumit les Malabares de la partie nord, et rétablit le royaume dans son ancienne condition, et la religion bouddhiste dans sa primitive magnificence.

Sous le règne de *Praackrama IX*, (1505), un parti de Maures ayant débarqué au nord pour avoir des perles et des éléphants, ils furent attaqués et défaits. — Le grand événement de cette époque fut le débarquement des Portugais, la première nation européenne qui se soit signalée par ses expéditions dans l'Orient.

DOMINATION PORTUGAISE
(De 1505 à 1658).

Avant d'esquisser les faits concernant les Portugais, il convient de résumer les géographes et les voyageurs du moyen âge, afin de faire comprendre nettement la situation de l'île à l'arrivée des nouveaux venus.

D'après les écrits de saint Ambroise, un Thébain nommé Scholasticus paraît avoir visité l'île à cette époque. Il décrit exactement les mœurs des habitants, leur alimentation, etc. Il fut détenu six années par un des souverains malabares, et à l'occasion d'une guerre civile il recouvra sa liberté.

Au neuvième siècle nous trouvons les Arabes monopolisant encore le commerce de Ceylan avec l'Ouest. Abu-Zeidal-Hasan fournit un récit détaillé de l'île et de ses habitants dans un commentaire servant de préface au voyage de deux marchands arabes.

Une autre description de cette île fameuse se trouve dans les voyages de Marco-Paolo, le célèbre voyageur vénitien du treizième siècle. A cette époque les hommes et les femmes vivaient dans un état de quasi-nudité; les hommes étaient impropres à la guerre, et des troupes mercenaires défendaient le pays. Leurs seuls approvisionnements étaient du riz et du sésame; ils extrayaient de l'huile de cette dernière graine. Ils se nourrissaient de lait, de riz, de chair, et buvaient du vin extrait des arbres (palmiers). L'île produisait des pierres précieuses d'une magnificence incomparable : rubis, saphirs, topazes, améthystes, etc. On dit que le roi avait le plus beau diamant qui ait jamais été vu : de la longueur de sa main, de la grosseur de son bras, sans tache, étincelant comme le feu, et d'une valeur infinie. Kublaï-Kan envoya offrir en échange la valeur d'une ville entière, mais le roi répondit qu'il ne l'échangerait pas pour les trésors du monde entier, parce qu'il lui venait de ses ancêtres. Dans cette île se trouve une haute montagne, dont le sommet, très-escarpé, ne peut être accessible qu'à l'aide de chaînes de fer, etc.

A un demi-siècle de là, Ceylan fut visitée par sir John Maundeville, natif de Saint-Alban; elle renfermait des déserts infestés de serpents, de crocodiles, et de bêtes féroces; il y avait aussi des races d'éléphants gigantesques. Le roi était nommé à l'élection. L'île jouissait de deux étés et de deux récoltes par année.

En 1340 les Vénitiens obtinrent, par bulle du pape, l'autorisation de conclure avec le sultan d'Égypte un traité de commerce qui les conduisit à établir avec Ceylan des relations très-actives et très-avantageuses, dont ils furent en possession jusqu'à la découverte de Vasco de Gama.

Le récit du Vénitien Nicolo de Conte mentionne un arbre, le talipot (*talapat* des Hindous; *corypha umbraculifera* des botanistes) qui ne portait pas de fruit, dont les feuilles avaient huit verges de longueur sur huit de largeur; elles étaient si minces qu'étant pliées elles pouvaient tenir dans la main; elles servaient de parapluie et de papier à écrire.

(1515 et 1517.) Corsalie, de Florence, rapporte que le commerce d'éléphants était très-lucratif à Ceylan. Le Portugais Barbosa (1516) dit que cette île était appelée parmi les Indiens « Ténassérim », ou l'*île des délices*.

Vers la fin du seizième siècle, Césare de Fédrici donne un récit exact de la pêche des perles (1). Il mentionne le cinnamome, le poivre, le gingembre, la noix d'arek, comme aussi les manufactures de cordages, faits du coir tiré de la noix de coco; il y parle aussi du cristal, des *yeux de chat*, des rubis, etc., qui s'y trouvent en abondance.

A l'époque des découvertes de Vasco de Gama l'Europe était en feu. Les Portugais, ne pouvant avoir de compétiteurs, négligèrent tout ce qui pouvait assurer la conservation de leurs découvertes. Ils commirent la faute de faire servir la violence à la propagation de la foi catholique. Cette faute ne put être réparée par la politique, plus habile, d'Albuquerque et de ses successeurs, et conduisit finalement à leur ignominieuse expulsion de l'île.

Ceylan était alors divisée en trois principautés distinctes. Praackrama IX possédait la plus importante, dont le siége était à Cotta; le nord était dans les mains des Malabares, et le centre sous la domination d'un roi à Gampola ou Kandanowera.

A l'arrivée des Portugais à Ceylan, qu'ils découvrirent par accident, les indigènes furent saisis d'étonnement par la nouveauté de leur aspect physique, de leurs mœurs, de leurs armes à feu, etc. Le monarque, inquiet, assembla un conseil des grands pour délibérer si l'on ferait la guerre avec cette race formidable. L'un des gouverneurs provinciaux, envoyé pour les reconnaître, recommanda d'éviter les hostilités. Dès lors les Portugais furent admis à envoyer deux ambassadeurs, qui furent bien accueillis. Des présents furent échangés, et un traité d'amitié fut conclu avec le roi de Portugal. Selon Ribeiro, on arrêta que l'île payerait un tribut annuel de 250,000 lbs. de cinnamome, et qu'en retour le roi de Portugal s'engagerait à protéger Ceylan contre tous ses ennemis. En 1518 Lopez Suarez Alvarengo ar-

(1) Ce voyageur a déjà été cité, p. 339 de ce volume.

riva à Colombo à la tête d'une flotte de dix-neuf vaisseaux, et se disposa à construire une forteresse en exécution des clauses du traité ; il fut attaqué vivement par les indigènes, qui prirent bientôt la fuite, terrifiés de la discipline des Européens et de leur artillerie. Le monarque singhalais se trouva ainsi contraint de laisser ériger les forts et de payer un tribut consistant en épices précieuses, éléphants, etc.

Les dissensions civiles des Singhalais et la présence des Portugais dans l'île en firent une proie facile pour la domination étrangère. A la mort de *Prackramabahou*, en 1527, une guerre de succession éclata, et ne prit fin que par l'effet du désintéressement de Sakallawalla, frère de l'empereur, à qui un parti puissant avait offert la couronne; il la fit mettre sur la tête d'un héritier plus direct, qui reçut le nom de *Wedjayabahou VII*.

Sur ces entrefaites, les Portugais, conduits par Lopez de Bretto, avaient avidement profité des commotions intestines des indigènes pour ériger à Colombo des fortifications permanentes; se croyant alors en état de lutter avec avantage, il se livrèrent à des actes de violence et de rapacité qui les rendirent odieux aux Singhalais.

Les indigènes, ne pouvant résister à force ouverte, se vengèrent de leurs oppresseurs par des meurtres isolés, etc. Lopez en profita pour commencer les hostilités sur une grande échelle. Attaqué par une multitude furieuse, il fut contraint de se réfugier dans la forteresse de Colombo, dont la garnison fut menacée de la famine. Le gouverneur de Cochin lui ayant envoyé du renfort, il parvint à disperser les indigènes et à s'emparer de leur camp. Les Singhalais, cependant, revinrent bientôt à la charge. Un corps d'infanterie considérable, au milieu duquel se trouvaient des éléphants armés d'épées attachées à leurs trompes, attaqua résolument les Portugais, et mit d'abord le désordre dans leurs rangs ; mais de Bretto ayant ordonné de diriger un feu bien nourri sur les éléphants, la colonne d'attaque fut rompue par ces animaux, épouvantés du bruit de la mousqueterie ; et les Singhalais furent de nouveau mis en déroute. Les vainqueurs prirent la ville, et massacrèrent tout ce qui leur tomba sous la main. Le monarque singhalais, voyant toute résistance désormais inutile, ouvrit des négociations, et conclut un nouveau traité ; mais les derniers événements avaient appris aux Portugais que la conciliation était un moyen plus sûr que la violence pour faire accepter leur domination.

Ceylan fut un moment sur le point de recouvrer son indépendance. Emmanuel, roi de Portugal, ne pouvant porter le faix de ses immenses possessions coloniales, ordonna la destruction du fort de Colombo. Le commandant de Lerne n'exécuta que partiellement ses instructions, et y laissa une garnison insignifiante. Les Maures, qui avaient eu le monopole du commerce des échelles du Levant, envoyèrent un corps de cinq cents hommes à Ceylan, pour en expulser les Portugais; mais ils furent repoussés par les indigènes, qui ainsi conservèrent leur ennemi au cœur du pays.

Le roi ayant tenté d'exclure du trône ses enfants du premier lit, une guerre civile éclata, et il périt assassiné.

(A. D. 1534.) Son fils aîné, *Bhuwanekabahou VII*, lui succéda. Un parti ayant entrepris de venger la mort du vieux roi, son frère puîné, Maya-Dunnaï, fut chargé d'étouffer l'insurrection. A son retour, il obtint un gouvernement provincial, et fonda la ville de *Sitawaka*.

Mais les dissensions civiles semblaient avoir choisi Ceylan pour leur séjour permanent, et devaient la conduire à sa décadence politique. Le nouveau monarque ayant manifesté l'intention de désigner son petit-fils pour successeur au trône, et ayant rencontré une vive opposition, il appela les Portugais à son aide. Les résistances ayant été vaincues, il fit fondre une statue de son petit-fils, portant une couronne d'or, et l'envoya, par ambassade, à Lisbonne, où ce simulacre de roi fut en effet proclamé roi de Ceylan par Jean III de Portugal, sous le nom de Don Juan (1541). Le monarque portugais put dès lors se considérer comme le véritable souverain de cette belle île.

Dunnaï, sur ces entrefaites, avait obtenu l'aide des Maures du continent; mais ils ne purent tenir devant l'artillerie des Portugais. Sitawaka fut prise, reprise et incendiée, et Bhuwaneka retourna en triomphe dans sa capitale. Il périt à peu de temps de là, d'une mort accidentelle.

La mort du roi fut le signal d'un redoublement d'anarchie. Les Portugais crurent le moment propice pour étendre leur domination sur la province ouest. Mais Dunnaï, qui avait beaucoup appris au contact des Européens, parvint à les repousser. A cette époque Don Juan ou *Dharmapala* fut réellement élevé au trône, et le baptême chrétien lui fut administré, ainsi qu'à beaucoup de nobles, avec une grande solennité.

Le jeune prince alors marcha contre l'insurrection, reprit Sîtawaka, la mit en cendres, et força Dunnaï à prendre la fuite. Pendant ce temps une révolution s'opérait dans les esprits, surtout dans les provinces maritimes. Une nouvelle religion agitait les esprits, minait sourdement l'esprit de caste, et amenait les classes inférieures au christianisme.

A la mort de Dunnaï, les Portugais envoyèrent une force imposante prendre possession de Sîtawaka. Radjah-Singha, quatrième fils de Donnaï, et l'un des princes les plus remarquables dont Ceylan ait pu transmettre les noms à la postérité, les attira dans une embuscade pour éviter leur formidable artillerie, leur livra un combat terrible à l'arme blanche, et les contraignit à chercher un refuge dans le fort Colombo (1581).

Les Portugais, alarmés de la victoire de Singha, sollicitèrent des secours de Goa, et avancèrent dans l'intérieur du pays avec d'extrêmes précautions militaires. Néanmoins, Radjah-Singha ayant posté deux pièces de canon masquées sur le bord de la rivière, ouvrit le feu, et empêcha le débarquement de la flottille portugaise, dont les troupes furent obligées de se retirer une seconde fois dans Colombo.

Singha, à son tour, devint agresseur prit Cotta, et la détruisit. Son ambition prit un grand développement; il fit mettre à mort les membres de la famille royale qui étaient opposés à ses desseins, et entreprit de réduire le fort de Colombo par la famine. Il aurait eu plein succès, si un parti considérable de mécontents, soulevés par ses cruautés, ne l'avait contraint de lever le siége.

Les Portugais eurent ensuite de grands succès dans les provinces maritimes ; mais ils négligèrent de les consolider, et furent expulsés par un jeune prince de la famille royale (dont le père avait été lâchement assassiné par Radjah-Singha), *Kounappou-Bandara*, connu sous le nom de *Don Jhon* depuis sa conversion au christianisme.

Ce prince, révolté de la conduite des Portugais, qui dans plusieurs occasions lui avaient indignement manqué de parole, résolut à la fois de se venger de ces étrangers, qui opprimaient ses compatriotes, et de Radjah-Singha, le meurtrier de son père. Il se mit à la tête des mécontents, s'entoura de tout l'appareil du pouvoir suprême, se défit, par le poison, de *Don Philippe* (*Wirabahou*), autre prince converti élevé par les Portugais sur le trône de Kandi, et marcha contre l'usurpateur son rival.

Radjah-Singha, bien qu'alors âgé de cent vingt ans, fit un nouvel effort pour s'emparer de la couronne. Il fut défait par Don John, qui avait mis sur pied toutes les forces dont il pouvait disposer. Comme il sentait sa fin approcher, il appela des prêtres du culte de Bouddha, qu'il avait cruellement persécutés, et n'ayant pu obtenir d'eux le pardon de ses crimes, il les fit périr par le feu.

A sa mort, *Don Juan* demeura seul souverain légitime de Ceylan. Doux, pieux, affable, il fut un précieux instrument dans la main des Portugais; mais incapable d'énergie, il ne put empêcher Kounappou-Bandara (Don John) de proclamer son indépendance sous le nom royal de *Wimala-Dharma*.

Le commandant portugais, de Souza, incité par les promesses du vice-roi de Goa, marcha en hâte contre l'usurpateur, et entreprit de réduire complétement l'île de Ceylan. A Negombo, son armée, déjà encouragée par la présence de Dona Catharina, fille de don Philippe et héritière du trône de Kandi, fut renforcée par l'adjonction de *Djanière*, chef puissant qui marchait à la tête de vingt mille indigènes. Il ne tarda pas à s'emparer de Kandi, où Dona Catharina fit son entrée triomphale. Mais les Portugais, échauffés par le succès, se livrèrent de nouveau à des actes d'immoralité et de cruauté qui leur aliénèrent entièrement le pays. Don John seconda habilement les projets de vengeance de ses compatriotes. Il rendit *Djanière* suspect au général portugais, qui poignarda ce chef, et se priva ainsi du concours de ses troupes, qui se débandèrent et se joignirent à celles de Don John. Celui-ci réussit enfin à attirer l'armée portugaise dans les gorges des montagnes qu'elle devait traverser pour opérer sa jonction avec des renforts, et la détruisit complétement.

Pour s'assurer de la possession permanente de Dona Catharina, la seule personne de marque qui eût échappé au désastre, Don John eut recours à une coutume outrageuse des Singhalais, mentionnée par Knox; elle fut contrainte, pour échapper au *viol, en public*, de l'accepter pour époux; par son moyen il obtint une influence décisive sur l'esprit de ses sujets, ainsi que la soumission absolue des petits chefs. Cette journée fatale abaissa tellement les Portugais, que pendant quatre années ils furent contraints de se claquemurer dans Colombo et Galles, et de s'abstenir de toute tentative de quelque importance. Don John en profita avec beaucoup d'habileté et de prévoyance pour fortifier le pays de manière à rendre très-difficile une invasion européenne.

Les Portugais de Goa envoyèrent enfin une nouvelle escadre, sous les ordres de Don Jérôme de Azevédo, pour tenter de recouvrer leur magnifique conquête; mais le terrain accidenté empêchant les Portugais de tirer parti de la grande supériorité de leur discipline et de leurs armes, ils furent encore une fois refoulés dans la forteresse de Colombo.

La force ouverte ayant échoué, les Portugais eurent alors recours à la trahison, mais sans plus de succès; plusieurs assassins qu'ils expédièrent contre le prince kandien rencontrèrent le sort que méritait leur criminelle tentative.

Telle était la situation, quand les Hollandais, qui avaient de grands intérêts dans cette partie du monde, songèrent à Ceylan comme point de transit pour leurs relations commerciales avec la Péninsule indienne. En conséquence, une des compagnies hollandaises des Indes Orientales envoya trois vaisseaux, sous les ordres de l'amiral Spilbergen (en 1601), pour préparer de longue main une prise de possession. Après avoir entamé avec le dissave de Batecalo des relations infructueuses, auxquelles présidèrent la ruse et la violence, les Hollandais envoyèrent un agent à l'empereur de Kandi, avec des présents convenables. Le monarque lui ayant fait un accueil extrêmement favorable, l'amiral partit pour la capitale, où il fut reçu avec des honneurs magnifiques.

Les fêtes terminées, et l'amiral étant pressé de s'expliquer sur l'objet de sa mission, il déclara qu'il était envoyé, moins pour nouer des relations commerciales que pour offrir, de la part de son maître, un traité d'alliance contre les Portugais. L'empereur accueillit sa proposition avec de grandes démonstrations de joie, offrit son intervention auprès des états pour obtenir qu'il fût autorisé à construire des forts militaires où il le jugerait utile, et lui accorda pour la nation qu'il représentait tous les avantages commerciaux qu'il sollicitait.

Les Hollandais accueillirent ces nouvelles avec un enthousiasme qui se refroidit un peu lorsqu'on apprit que l'expédition de la compagnie hollandaise rivale, sous les ordres de Sébald de Weerd, avait été reçue favorablement à Kandi.

Ce dernier amiral, ayant conclu avec Don John un traité d'alliance dans le but d'attaquer Pointe de Galles, jeta l'empereur dans une vive irritation en relâchant des vaisseaux portugais qu'il avait capturés. Dans une entrevue qu'il eut à cette occasion avec le monarque, l'ayant apostrophé avec une familiarité insolente, un engagement s'ensuivit dans lequel l'amiral et cinquante des siens furent tués. Cette affaire n'eut cependant point de suites graves, le flegme hollandais superposant l'intérêt mercantile à toutes les considérations de l'ordre politique ou moral.

Don John (Wimala Dharma) passa paisiblement les dernières années de son règne. Sa mort attesta une fois de plus la démoralisation de l'esprit national. *Sénérât*, frère du roi, assassina le prince d'Ouva, son compétiteur à la régence et à la tutelle des fils de Don John, et, après une période très-courte, obtint la main de Dona Catharina, et avec elle la souveraineté de Ceylan.

En 1612 les Hollandais reprirent l'exécution de leurs projets, et conclurent un nouveau traité d'alliance offensive et défensive avec les Singhalais. Ils obtinrent le monopole du commerce et la permission de construire un fort à Kottiaar, près Trincomalée. Les Portugais, alarmés, prirent secrètement la campagne, et réduisirent ce fort, dont ils massacrèrent les défenseurs. Sénérât leva des forces, et vengea le massacre de ses alliés. Ces actions donnèrent lieu de part et d'autre à de très-grands préparatifs de guerre, qui demeurèrent sans effet.

En 1613 Sénérât perdit son droit à la couronne par la mort de Dona Catharina. L'ambassadeur hollandais, Marcellus de Boschouder, prêta serment entre ses mains comme tuteur de ses enfants. Son humeur hautaine l'ayant fait échouer dans une négociation dont les Singhalais l'avaient chargé auprès de la république batave, les Portugais, débarrassés de leurs rivaux européens, poussèrent leurs conquêtes dans les provinces maritimes. A peu de temps de là, Don Juan, leur roi mannequin, mourut, léguant son royaume entier au roi de Portugal, qui fut reconnu par les chefs indigènes, à l'exception du roi de Kandi, Sénérât.

En 1630 Constantin de Saa, commandant des forces portugaises, apercevant les dispositions hostiles de ce monarque, prit les devants, rassembla toutes les forces qu'il put lever, et envahit le pays. Après des combats terribles et des alternatives de succès et de revers, son armée fut complétement anéantie, et de ce moment les Portugais furent contraints de renoncer à leurs projets de conquêtes sur Ceylan.

En 1634 Sénérât mourut, après un règne prospère de trente années, léguant à son fils *Singha* la plus grande portion de l'île et n'attribuant au fils de Don John qu'une province insignifiante.

Les Portugais, irrités de la suprématie commerciale des Hollandais, tentèrent une nouvelle invasion, et furent de nouveau repoussés. Singha, voulant mettre fin à leurs perpétuelles agressions, conclut avec les Hollandais un traité d'alliance qui leur assurait le monopole du commerce des épices. Les alliés réussirent à s'emparer de tous les points fortifiés, sur la côte orientale : les fortifications furent rasées. Les garnisons portugaises eurent la permission de sortir avec armes et bagages, et furent transportées à Nagapatam.

En 1640 la guerre fut reprise avec un redoublement de vigueur. Douze vaisseaux hollandais parurent inopinément devant Colombo, qu'ils n'attaquèrent cependant pas, cette fois. Ils se portèrent rapidement sur Negombo, qu'ils prirent d'assaut; chassèrent ensuite les Portugais du fort de Galles, et mirent cette place à l'abri de toute surprise de la part de leurs adversaires.

Cependant, les dissensions intestines, combinées avec les luttes des deux nations européennes qui s'y disputaient la suprématie, contribuèrent à effacer graduellement de ce pays les traces des travaux accumulés pendant plusieurs siècles de civilisation. La guerre civile ayant éclaté entre Singha et son frère, ce dernier prit la fuite, et se rendit à Goa, où il embrassa le christianisme.

En 1642 nonobstant le traité conclu entre Jean IV de Portugal et la république batave, et qui maintenait les parties intéressées dans leurs possessions respectives, les hostilités reprirent, et la guerre fut poussée avec une fureur égale des deux côtés.

En 1644 les Hollandais, sous le commandement de Caron, reprirent Negombo, retombé peu de temps auparavant dans les mains des Portugais. Ils fortifièrent de nouveau cette place avec le plus grand soin. De 1646 à 1654 il y eut cessation d'hostilités entre les Hollandais et les Portugais. Singha, voyant que la rapacité des Hollandais surpassait celle de leurs rivaux, travailla à se délier de ses engagements avec les deux parties, et à isoler le pays du champ de leurs opérations, en augmentant par tous les moyens artificiels l'inaccessibilité naturelle de ces contrées.

Vers cette époque une rupture éclata entre les Hollandais et l'empereur à l'occasion de l'enlèvement de quelques-uns de ses éléphants, apprivoisés par le commandant de la forteresse de Negombo. Ce chef militaire ayant été tué dans le conflit, Maatsuyker, le gouverneur des établissements hollandais, négocia avec adresse pour rétablir les relations d'amitié avec le roi, et finit par prévaloir sur les Portugais et maintenir les intérêts commerciaux de son pays.

L'armistice entre les Européens ayant expiré en 1655, les hostilités furent reprises et les Portugais chassés de Caltura et de Pantura. En 1658 le drame fut clos par le siége de Colombo. Après une lutte prolongée, dans laquelle les assiégés, rendus furieux par la famine, se livrèrent à des actes de meurtre et d'antropophagie, les Portugais furent expulsés, et sortirent avec tous les honneurs de la guerre. Ainsi tomba Colombo, une ville fortifiée qui avait été en leur pouvoir pendant cent cinquante ans, et qui était à peine inférieure aux meilleures forteresses européennes.

Telle fut la fin d'une lutte dont le résultat final, bien que longtemps ajourné, pouvait être aisément prévu comme celui auquel devait aboutir la ligne politique suivie par la nation dont elle affectait les destinées. Les Portugais n'avaient jamais conquis l'île entière de Ceylan; encore moins avaient-ils su tirer parti de l'occupation des provinces maritimes. Ils semblent avoir visé à la conquête pour elle-même, et à la propagande religieuse pour satisfaire leur bigotisme et leur fanatisme outré. Non-seulement ils ne se livrèrent point à la culture du sol, mais ils condescendirent à peine à en faire circuler les produits, et se contentèrent de quelques postes militaires dans le but de tenir en respect les indigènes. Sans doute les vices excessifs des commandants doivent être flétris par la plume de l'historien; mais le blâme principal doit être dirigé contre la cour de Lisbonne et ses vice-rois de Goa, chez qui l'absence de plans politiques pour le gouvernement de leurs vastes possessions orientales est d'une évidence frappante pour tout observateur impartial.

DOMINATION HOLLANDAISE
(1658-1796).

En apprenant la nouvelle de la prise de Colombo, Radjah-Singha pressa les

Hollandais de lui livrer cette place, aux termes de la convention, et s'indigna que le traité n'eût point été soumis à sa ratification. Les Hollandais s'excusèrent sous le prétexte spécieux qu'ils avaient à prendre des ordres en Europe avant d'adopter une mesure aussi importante, et ne perdirent pas de temps à mettre leurs postes militaires à l'abri de toute insulte. Singha, de son côté, prit toutes ses mesures pour les affaiblir et les affamer; mais les Hollandais le menacèrent de représailles immédiates s'il persistait dans cette conduite hostile, notamment en s'abstenant d'exécuter la convention relative à l'expulsion des Portugais.

Sur ces entrefaites, la conduite cruelle du monarque provoqua une insurrection générale dans l'intérieur, laquelle ne manqua son effet que parce qu'elle était conduite par des chefs timorés. Après des alternatives de revers et de succès, Singha fit exécuter les rebelles, et continua de se livrer à des actes de cruauté et d'oppression intolérables, au nombre desquels se trouve l'empoisonnement de son fils, dont la popularité lui portait ombrage, ainsi que l'assassinat des nobles qui lui avaient été fidèles dans l'adversité.

Les Hollandais, dont l'objet principal était de monopoliser le commerce du pays, employèrent toutes sortes d'artifices et de bassesses pour maintenir leurs relations sur un pied amical avec les indigènes, et pour étendre leur occupation. Le roi ne fut pas dupe de leurs flatteries, retint leurs ambassadeurs comme otages, sous toutes sortes de prétextes, et les attaqua à l'improviste toutes les fois qu'il en eut la possibilité.

Louis XIV et le grand Colbert, dont l'attention s'était portée depuis quelque temps sur les riches établissements des Hollandais dans les Indes orientales, envoyèrent, en 1672, M. de la Haye, vice-roi des établissements français dans l'Inde, à la tête d'une petite escadre, qui mouilla dans la baie de Trinquemalle (Trincomali). M. de la Haye députa une ambassade avec des présents à la cour du roi de Kandi, dans le but d'arriver à prendre position dans cette magnifique baie, ce qui aurait eu une grande importance pour nos établissements sur la côte de Coromandel. Singha reçut magnifiquement les envoyés français, et les autorisa à enrôler un bon nombre de ses sujets à leur service et à construire dans la baie un fort, qui ne tarda pas à tomber au pouvoir des Hollandais, l'escadre de M. de la Haye ayant été attaquée sans déclaration de guerre et contrainte de se retirer devant des forces supérieures. Dans cette circonstance, comme dans tant d'autres de la même nature, les espérances que la France aurait pu fonder sur le courage et l'intelligence des chefs auxquels le gouvernement confiait le commandement d'expéditions importantes ont été déçues de la manière la plus déplorable, par suite de la mauvaise et incomplète organisation des expéditions, et par l'abandon où le gouvernement a laissé, au bout de quelques années, les agents honorables qui s'étaient, en vain, dévoués à l'exécution des plans les mieux conçus pour développer notre commerce et assurer notre influence dans l'Orient (1)!

Radjah-Singha mourut en 1687, après avoir régné cinquante-cinq ans, et laissa le trône à son fils, qui prit le nom de *Wimala-Dharma-Souria II*. Il eut un règne paisible de vingt-deux années, s'appliqua à restaurer la religion bouddhiste, et fut gouverné par le sacerdoce. L'état militaire de Ceylan fut tellement négligé, que l'empereur n'avait pas mille hommes en état de faire usage des armes à feu qu'ils avaient en leur possession.

Il eut pour successeur son fils *Koundusala*, qui monta sur le trône en 1707. Ce monarque régna trente-deux ans, et se livra à des actes de débauche et de cruauté qui faillirent lui coûter la vie. Il fut le dernier de la race des monarques singhalais.

En 1721, à la mort de la reine de Kandi, Rumph, gouverneur hollandais, envoya une ambassade de condoléance à la cour. La politique des Hollandais était de se dire les humbles sujets d'un roi qu'ils tenaient, en quelque sorte, prisonnier dans ses États, en même temps qu'ils appauvrissaient ses sujets par leurs exactions et leur rapacité.

(1) Il faut lire les détails de l'expédition de la Haye dans le *Journal d'un Voyage des Grandes Indes*, etc.; Orléans et Paris, 1698, in-12.

L'arrivée de Vam-Imhoff, en 1736, fit naître une lueur de prospérité sur les établissements hollandais dans Ceylan. Malheureusement, son gouvernement fut de courte durée; et en 1761 les actes d'oppression des Hollandais excitèrent une insurrection furieuse des Singhalais, qui détruisirent les plantations et massacrèrent un grand nombre d'habitants. Sous le règne de *Sri-Wedjaya-Singha*, les provinces kandiennes recouvrèrent un peu de calme et de prospérité relative. Sous celui de son successeur, *Kirti-Sri-Singha*, les hostilités éclatèrent entre les Hollandais et les Kandiens; après des alternatives de succès et de revers, les Hollandais furent affranchis des humiliations auxquelles les soumettait l'orgueilleuse cour de Kandi, et obtinrent, par un nouveau traité, la concession de Putlam et de Batecalo.

L'arrivée du gouverneur Falck, en 1765, parut promettre à la domination hollandaise un avenir plus honorable et plus prospère que celui que lui avaient préparé l'avarice et la rapacité de ses prédécesseurs. D'un caractère droit, humain et ferme à la fois, d'un esprit éclairé et rompu aux affaires, Falck eut bientôt compris les avantages et les inconvénients de la situation : il régla sa conduite en conséquence. L'agriculture fit de rapides progrès sous sa longue administration. L'intégrité et l'ordre furent introduits dans toutes les parties du gouvernement. Le revenu augmenta; les Hollandais se rendirent indépendants des Kandiens pour le commerce de la cannelle, et d'autres produits furent introduits à des conditions avantageuses. Malheureusement, l'exemple de Falck ne fut qu'imparfaitement suivi par ses successeurs. Le désordre et l'insubordination ne tardèrent pas à s'introduire de nouveau dans toutes les branches du service. L'armée, en particulier, tomba, au bout de quelques années, dans une désorganisation presque complète; et quand les Anglais se déterminèrent à attaquer les établissements hollandais, il était aisé de prévoir qu'ils ne rencontreraient qu'une faible résistance. Le sceptre de Ceylan devait passer aux mains qui venaient d'achever la conquête de l'Hindoustan.

Esquissons en peu de mots cette époque de transition qui a préparé l'asservissement de Ceylan au pouvoir de l'Angleterre.

Kirti-Sri, dont la jeunesse avait été excessivement déréglée, devint un des plus ardents promoteurs de la restauration du bouddhisme. Il mourut en 1778, et la couronne échut à son frère *Radjahdhi*, qui régna paisiblement jusqu'en 1798. Ce fut pendant son règne que l'attention du gouvernement britannique s'arrêta sur l'importance de l'acquisition de Ceylan, dont il occupa les provinces maritimes en 1796. Quatorze ans plus tôt, vers la fin de la guerre d'Amérique, le gouvernement de Madras, qui avait déjà, en 1766, envoyé une ambassade au roi de Kandi, et conclu un traité avec ce prince, avait essayé de mettre à exécution le plan d'opérations conçu contre les possessions hollandaises de Ceylan. Une expédition, sous les ordres de sir Edward Hughes, fut dirigée par lord Macartney sur le magnifique port de Trincomali, qui capitula, en 1782, après une courte résistance. Un ambassadeur (Hugh Boyd) fut en même temps envoyé à la cour de Kandi; mais il échoua complétement dans sa mission, parce que les Kandiens ne voulurent ajouter aucune foi aux promesses de ce nouvel ambassadeur, auquel ils rappelèrent que les Anglais avaient manqué à l'exécution du traité de 1776, qui les obligeait à faire la guerre aux Hollandais.

Sur ces entrefaites, l'amiral anglais étant retourné à Madras, pour se refaire, après avoir laissé une faible garnison à Trincomali, notre célèbre Suffren vint mettre le siége devant cette place, et la prit après trois jours de lutte. Trincomali, dont les Hollandais avaient recouvré la possession à la paix de 1783, fut repris par les Anglais, sous les ordres du général Stewart, en 1795. Au commencement de 1796 Stewart parut devant Negombo, qui se rendit immédiatement. Il en fut de même de la forteresse Colombo, cette capitale des provinces maritimes, qui fut réduite presque sans coup férir. Galles et les autres forts suivirent promptement l'exemple du siége du gouvernement. Le manque total de discipline et de subordination parmi les troupes hollandaises et les dissensions qui depuis longtemps régnaient parmi les officiers civils et militaires avaient préparé le triomphe des Anglais. Il fut complet en ce qui touchait aux possessions de la Hollande dans l'île de Ceylan. L'indépendance du roi de Kandi ne pouvait désormais tarder à être menacée. La civilisation singhalaise, en pleine décadence comme celles de toute l'Asie, livrait une race abâtardie et corrompue aux chances d'une lutte inégale, dont nous allons indiquer les principales phases et constater les résultats.

DOMINATION ANGLAISE (1796 à 1849).

Après la prise de possession complète des côtes de Ceylan, en 1796, un ambassadeur fut envoyé à la cour de Kandi, qui en dépêcha un de son côté à Madras; cependant le résultat des négociations trompa encore, cette fois, l'attente du gouvernement anglais. Radjahdhi refusa les offres, soi-disant avantageuses, qui lui étaient faites.

Ceylan fut déclaré colonie de la couronne britannique en 1798; l'honorable M. North y fut envoyé pour remplir l'office de gouverneur. Mais ce ne fut qu'en 1802 que les rapports administratifs de la colonie avec la Compagnie des Indes cessèrent entièrement.

Pour saisir la portée des événements qui vont être racontés, il importe de rappeler au lecteur que le territoire qui appartenait alors à la Grande-Bretagne formait autour de l'île une bande s'étendant, dans quelques parties à six, dans d'autres à trente, et au nord à soixante milles dans l'intérieur. Les provinces de l'intérieur, coupées de toute communication avec la mer, et occupant la plus grande partie de l'île, étaient encore au pouvoir du monarque kandien.

A la mort de Radjah-Singha, en 1798, une révolution importante eut lieu à la cour de Kandi. Le monarque étant mort sans enfants, la nomination de son successeur, conformément à la coutume, appartenait au premier adigaar. Celui-ci, pour satisfaire ses vues ambitieuses, choisit et fit adopter par les grands du pays, à l'exclusion de la famille royale, un jeune homme âgé de dix-huit ans, nommé Kannésamy, dénué d'éducation, et n'ayant pour toute recommandation qu'une figure distinguée. *Sri-Wickrama-Radjah* (tel était le titre sous lequel le nouveau monarque fut couronné) ne fut, comme on peut le concevoir, qu'un simulacre de souverain placé à la tête de l'État, dont les rênes étaient tenues par l'ambitieux adigaar, Pilamé Talawé.

Le premier usage que ce ministre fit de son influence fut de se servir de l'autorité du roi pour faire périr tous ceux qui avaient contrarié ses plans. En février 1799 M. North eut une première conférence avec lui à Avisahavellé. Il se plaignit des Malabares, les compatriotes du roi, qui visaient, selon lui, à annuler le pouvoir des chefs indigènes à la cour de Kandi; mais ses desseins sinistres demeurèrent encore voilés. Dans les conférences suivantes il proposa ouvertement plusieurs plans dont la réalisation devait avoir pour effet de le substituer officiellement au roi, et de placer le pays sous la protection des forces britanniques. Un projet de traité fut discuté, et les agents du gouvernement anglais se montrèrent évidemment disposés à entrer jusqu'à un certain point dans les vues du ministre. Toutefois le gouverneur ne voulut prendre d'engagements définitifs qu'après avoir obtenu du roi la permission d'envoyer une ambassade accompagnée d'une force militaire suffisante pour commander le respect des populations. Le double but de cette ambassade fut de maintenir des relations amicales avec Srî-Wickrama et de traiter de matières politiques d'une grande importance.

Le général Macdowal, commandant en chef des forces britanniques, homme habile et très-conciliant, fut nommé pour remplir cette mission. L'ambassade se mit en route avec une escorte d'une magnificence imposante, portant au roi de riches présents, au nombre desquels se trouvaient un élégant carrosse d'État à six chevaux, une boîte à bétel avec des ornements d'or massif qui avait appartenu à Tippou-Sultan, etc. Le général fut bien reçu, et les négociations commencèrent; mais dès la seconde audience le plénipotentiaire anglais ayant proposé que le roi de Kandi admit dans sa capitale un corps de troupes anglaises, destiné, assurait-on, à défendre, au besoin, son pouvoir et sa personne....; qu'une route fût percée au travers du royaume pour assurer les communications entre les postes anglais de Colombo et Trincomalî, etc., le roi se refusa formellement à accepter ces conditions, et témoigna une aversion radicale pour toute espèce de relations suivies entre ses sujets et les Européens. Conséquemment, la négociation échoua complétement, mais se termina par un échange de présents magnifiques.

L'adigaar cependant manqua à ses engagements, son influence ayant été insuffisante pour obtenir aucun des résultats promis. Les Kandiens ayant demandé, de leur côté, la permission d'avoir dix navires qui pourraient faire le commerce avec les ports anglais, sans avoir à subir de visites ni de taxes, la politique du gouvernement britannique leur fit essuyer un refus formel. Dès lors l'adigaar travailla à fomenter des troubles qui devaient, dans sa pensée, aboutir à une invasion des possessions anglaises. Le mouvement projeté eut lieu en 1802. Les Kandiens firent un appel à tous les hommes en état de porter les armes. Les sujets britanniques furent pillés, maltraités et emprisonnés. Le gouvernement anglais, s'étant assuré par une enquête que ces hostilités devaient être imputées à l'adigaar, adressa une remontrance en septembre à la cour de Kandi. Toutes les mesures conciliatoires ayant été rejetées par l'adigaar, les Anglais prirent la résolution d'obtenir réparation à main armée. Dans la pensée du ministre kandien, cette tournure des événements devait favoriser ses ambitieux desseins, en lui permettant de faire main basse sur la personne du roi au milieu de la confusion générale.

Les forces britanniques, sous les ordres du major général Macdowall, se mirent en marche vers l'intérieur en février 1803. Elles se composaient du cinquante et unième régiment, de deux compagnies d'artillerie du Bengale, de deux compagnies du dix-neuvième de ligne, européen, de mille hommes d'infanterie indigène, d'une compagnie de Malais et un petit corps de pionniers. Une autre division de l'armée marcha de Trincomalî, sous les ordres du lieutenant-colonel Barbut. Le 19 les deux postes importants de Galle Gederah et Gôriegamme furent emportés après une légère résistance. Après avoir laissé des garnisons dans plusieurs autres forteresses, l'armée anglaise marcha rapidement sur la capitale, qu'elle trouva évacuée et incendiée sur plusieurs points. Le trésor public avait été enlevé, ainsi que beaucoup d'objets de valeur; mais une grande quantité de munitions de guerre et du canon tombèrent entre les mains des vainqueurs.

Sur la demande des habitants des provinces du nord et de l'est, les Anglais placèrent sur le trône *Moutou-Sawmy*, frère de la feue reine. La politique anglaise ne se montra pas prudente dans cette circonstance: Moutou-Sawmy, ayant été dégradé par le roi, son beau-frère, pour une faute grave, ne jouissait d'aucune considération parmi les chefs; d'ailleurs, on ne permettait à ce prince de jouir d'une ombre de royauté qu'à la condition de laisser dépouiller la monarchie kandienne des seuls districts de quelque importance dont elle eût conservé la possession. Ce marché honteux valut aux Anglais et à leur protégé l'animadversion de la plupart des chefs.

Après avoir abandonné la capitale aux troupes britanniques, l'adigaar avait pris position avec le roi Sri-Wikrama à Gangaranketty, place presque inaccessible, à environ dix-huit milles de la capitale. Il commença de là à manœuvrer pour attirer l'armée anglaise dans des embûches et la détruire en détail. Il alla jusqu'à indiquer aux Anglais la route qu'ils devraient faire suivre à leurs détachements pour arriver à Gangaranketty, promettant de leur livrer la personne du roi s'ils voulaient envoyer une force suffisante. Après des fatigues infinies et sous un feu continuel, pendant une marche de près de trente milles, les deux colonnes d'attaque, formées à la demande de l'adigaar lui-même, et qu'il espérait bien détruire en détail, parvinrent à la place, et s'en emparèrent. Les Anglais mirent le feu au palais, et retournèrent à leurs quartiers.

L'arrivée de la saison pluvieuse entravant la marche des hostilités, le colonel Barbut tint garnison à Kandi avec une force de mille hommes, qui lui sufit pour s'y maintenir contre l'armée entière de l'ennemi.

En mars le maha-modeliar (1) reçut une lettre confidentielle de l'adigaar, dans laquelle ce dernier proposait la déposition du roi, et l'établissement de son propre pouvoir. Bientôt après, à la suite de plusieurs conférences, le major général Macdowal conclut un traité portant que le roi fugitif serait livré au gouvernement britannique, que l'adigaar Pilamé Talawé serait investi du pouvoir suprême dans Kandi, sous le titre de *outoun-koumarayen*, « le grand prince »; qu'il payerait annuellement trente mille roupies à Moutou-Sawmy, qui tiendrait sa cour à Jaffnapatam ; que le fort Macdowall, avec son district, la route militaire de Trincomall, et la province des sept Korles seraient cédés à sa majesté britannique; qu'enfin une suspension d'armes entre les deux puissances aurait lieu immédiatement. Étrange et peu honorable conclusion, au point de vue politique comme au point de vue moral, de cette campagne entreprise par les Anglais, en apparence au profit d'un roi de leur choix, qu'ils réduisaient, contre son gré, au rôle de pensionnaire, d'un scélérat ambitieux, et qu'ils devaient plus tard livrer lâchement à une mort certaine! La punition suivit de près cette conduite aussi imprudente que criminelle. Le général anglais, comptant, dans son déplorable aveuglement, sur l'exécution du traité conclu avec l'adigaar, se hâta de regagner Colombo avec une partie de l'armée.

A peu de temps de là, la petite vérole, la fièvre et la famine ayant causé d'immenses ravages parmi les troupes qui formaient la garnison de Kandi, les indigènes reprirent courage, firent des levées en masse, et vinrent mettre le siége devant Kandi. Les Anglais, incapables de défendre la capitale, l'abandonnèrent avec les honneurs de la guerre, et se dirigèrent sur Trincomali, emmenant avec eux Moutou-Sawmy. Les articles de cette capitulation furent signés et échangés entre le major Davies et l'adigaar. Malgré ces garanties, les troupes anglaises et leurs chefs, cernés de toutes parts, démoralisés par les obstacles que leur présentaient la perfidie des Kandiens et les accidents du terrain, mirent bas les armes, après avoir livré le malheureux Moutou-Sawamy *sans condition*, furent dirigés, par couples isolés, sur Kandi et inhumainement massacrés. Moutou-Sawamy et cinq de ses parents livrés avec lui furent mis à mort par le roi.

La nouvelle de cette désastreuse campagne fut reçue avec enthousiasme par les Kandiens, et causa une grande consternation à Colombo. Le courage des indigènes s'enflamma. S'apercevant que les Anglais n'avaient pas de ressources suffisantes pour conduire la guerre avec vigueur, ils entreprirent de disperser le reste des forces anglaises et se préparèrent à attaquer Colombo, la capitale des possessions britanniques. Ils furent refoulés dans leurs limites, grâce à l'admirable énergie du capitaine Beaver, qui, avec une poignée de troupes, fit face à toutes les nécessités de la situation sur tous les points du pays. Les indigènes rencontrèrent dans leurs tentatives subséquentes, pendant la même année et en 1804, des adversaires non moins redoutables dans les capitaines Polock et Johnston (1). Les Kandiens furent, partout où ils se montrèrent, mis en déroute, et le roi, voyant son impuissance pour l'agression, chercha de nouveau un abri dans le sein de ses montagnes.

En 1804 les Kandiens, qui n'avaient cessé de harasser le pays frontière, firent de grands préparatifs pour attaquer les établissements anglais. En février 1805 une invasion générale du territoire britannique eut lieu en effet; mais l'arrivée de renforts considérables

---

(1) Les fonctions de ce dignitaire, sous les rois de Kandi, pouvaient être assimilées à celles de nos généraux dans l'intérieur. Sous l'administration anglaise il paraît que le titre de maha-modeliar désigne le fonctionnaire du rang le plus élevé parmi les officiers indigènes, civils ou militaires.

(1) Ce dernier, qui avait pénétré jusqu'à Kandi, abandonné à son approche par les indigènes, dut se hâter de battre en retraite sur Trincomali, où il n'arriva qu'après des efforts surnaturels de persévérance, de jugement et de courage.

d'Angleterre et de Madras permit d'agir avec vigueur : les Kandiens furent de nouveau mis en déroute sur tous les points, et se retirèrent avec de grandes pertes dans leur pays.

De 1805 à 1815 il y eut une suspension, à peu près complète, d'hostilités. Cette période, de lugubre mémoire, n'offre rien de notable dans les affaires de Kandi, sinon celles de la cour elle-même, où les plus mauvaises passions de la nature humaine enfantèrent les plus horribles forfaits que la plume d'un historien ait jamais retracés. Srî-Wickrama, devenu soupçonneux et cruel, entreprit de régner par la terreur. Tous ceux qui contrariaient ses vues ou qui avaient trempé dans les anciennes révoltes furent livrés à des tribunaux d'exception, et subirent les supplices les plus révoltants. Les uns eurent les yeux arrachés et les articulations coupées; une mère fut contrainte, pour échapper au viol, de broyer dans un mortier les têtes de ses enfants décapités en sa présence; des prisonniers de guerre furent empalés; des exécutions innombrables eurent lieu; personne, pas même les chefs des prêtres, ne put se croire en sûreté... D'abord terrifiés par ces actes de cruauté, les chefs et le peuple ne virent bientôt plus dans Srî-Wickrama qu'un tyran dont les caprices sanguinaires avaient forcé les plus grands seigneurs kandiens à se réfugier chez les Anglais, et dont l'oppression les menaçait d'une ruine complète ; et mûrs pour la révolte, ils n'attendirent plus pour secouer le joug que l'approche d'une force britannique.

L'occasion d'agir ne tarda pas à se présenter au gouvernement anglais. Plusieurs négociants indigènes, qui étaient sujets anglais, ayant parcouru l'intérieur du pays pour les besoins de leur commerce, furent traités comme espions, et renvoyés horriblement mutilés : les uns eurent le nez coupé, d'autres furent privés d'un bras, d'autres de leurs oreilles. Deux seulement de ces infortunés parvinrent jusqu'à Colombo dans un état affreux. Bientôt après, un parti de Kandiens passa la frontière, et mit le feu à un village des possessions britanniques. Une déclaration de guerre contre le monarque kandien suivit immédiatement cet acte, le 10 janvier 1815. L'armée expéditionnaire devait former huit divisions, parties de Colombo, de Negombo, de Galles, de Trincomalî, et de Batécalo. Après des combats insignifiants, les Anglais s'emparèrent des fortes passes de Galgederah et de Gôriegamme, et le 14 février ils entrèrent, sans coup férir, dans la capitale de Kandi. Le roi s'enfuit dans les montagnes; mais il fut bientôt découvert, et fait prisonnier par un homme d'une caste inférieure, qui avait d'abord hésité à mettre la main sur son roi. Srî-Wickrama eut la lâcheté de demander grâce de la vie. Après avoir subi toutes sortes d'outrages, il fut conduit sous escorte à Colombo, où il continua de se livrer, dans sa vie privée, à des actes d'extravagante inhumanité. Il est digne de remarque que l'opposition formidable qu'il avait développée par ses cruautés inouïes avait eu pour origine la prétention affichée par lui de défendre les droits et priviléges des classes pauvres contre l'oppression et l'injustice de l'aristocratie et des nobles.

Quinze jours après la chute du roi, dans une assemblée solennelle tenue à Kandi par le gouverneur, entouré des officiers anglais, tant civils que militaires, et les chefs kandiens, le roi de la Grande-Bretagne fut reconnu souverain de l'île entière de Ceylan; la conservation des anciennes formes du gouvernement fut garantie, ainsi que les coutumes, les lois et la religion du pays.

Mais quelque sincère que fût l'adhésion des chefs au moment de la signature du traité, ils ne pouvaient continuer longtemps leur concours à l'action du gouvernement britannique; il y a dans toute nationalité dont les éléments n'ont pas été dissous une virtualité collective qui ne saurait se prêter à ces fusions contre nature que n'a pas lentement préparées le travail des siècles.

Le nouveau pouvoir politique ne tarda pas à être en butte à une opposition formidable : sa politique d'humanité et de condescendance ne tarda pas à être prise pour de la faiblesse; ses infractions involontaires aux usages et coutumes du

EMPIRE BIRMAN.

1 & 2. Grands-Prêtres, hommes et femmes. 3. Prêtre.

EMPIRE BIRMAN.

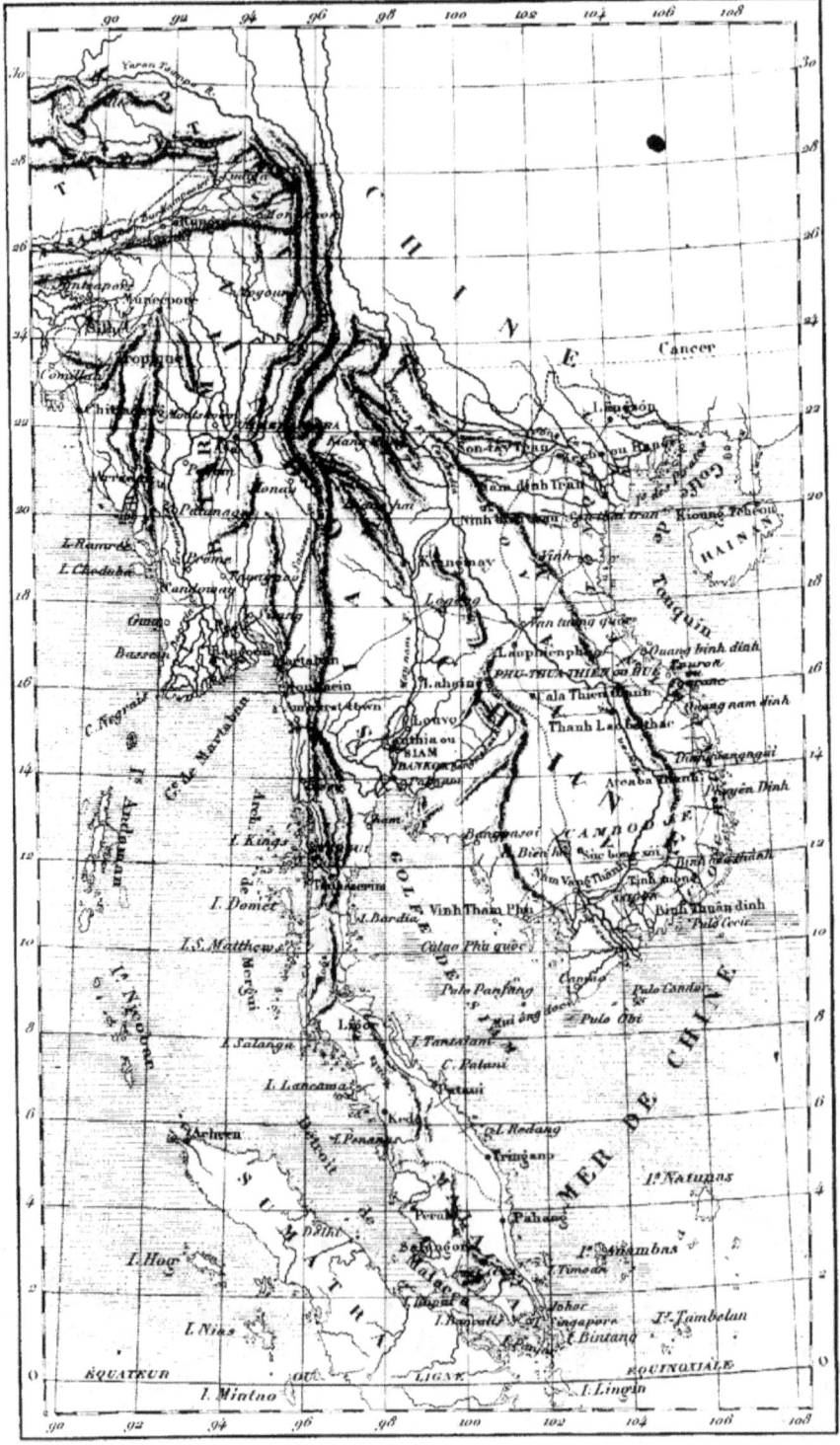

pays furent bientôt prises pour des vexations préméditées; bref, les indigènes arrivèrent à demander ouvertement aux Anglais si le moment n'était pas venu pour eux de quitter le pays.

Quelques chefs ne tardèrent pas à lever l'étendard de la révolte, et l'insurrection gagna rapidement tout le pays. Il serait trop long de s'arrêter sur le détail des désastres et des souffrances intolérables qu'endurèrent les habitants et les troupes britanniques. Le pays fut littéralement bouleversé, et ne rentra dans l'obéissance qu'après que la plupart des chefs eurent été exécutés ou déportés.

Quand les hostilités eurent cessé, un changement complet eut lieu dans le gouvernement des provinces kandiennes. On paralysa l'influence des chefs de district en les plaçant sous l'autorité de magistrats britanniques chargés d'administrer la justice, de percevoir les taxes; et tous les chefs inférieurs, au lieu d'être nommés annuellement par le chef principal, reçurent l'institution directe du gouvernement. Non-seulement cet arrangement consolida la domination britannique, mais il fut une amélioration réelle pour la condition des indigènes, qui avant l'adoption de ces mesures ne pouvaient jamais compter que justice leur serait rendue, parce qu'ils n'avaient pas assez d'argent et d'influence pour tenir tête aux magistrats corrompus qui étaient chargés de la dispenser.

L'aspect de la société européenne dans Ceylan subit également une modification importante sous le gouvernement de sir Robert Brownrigg, par l'effet de la dispersion dans l'intérieur de l'île des fonctionnaires civils et militaires, qui avaient jusque alors été concentrés dans les villes principales des provinces maritimes. Cette mesure, qui priva ces localités de leur plus grand charme sous le point de vue social, était politiquement nécessaire : toutes les améliorations qui ont été effectuées dans l'intérieur doivent être attribuées en grande partie à l'habile administrateur qui avait prévu que l'activité européenne s'exercerait sur le nouveau champ qui lui était offert en combinant l'accomplissement des devoirs civils ordinaires avec des entreprises agricoles.

Sous le rapport financier la situation de Ceylan avait été jusque là déplorable. Le budget de chaque année offrait un déficit considérable, que le gouvernement local s'efforçait de mettre à la charge de la métropole, que ses enfants semblaient prendre à tâche de considérer comme une mine inépuisable.

Après le départ de sir Robert Brownrigg, sir Edward Barnes, le nouveau gouverneur, appliqua toute son énergie à la formation de grandes routes dans la province centrale; il tira parti, dans cette vue, du système de *rajakaria*, ou travail forcé, chaque subdivision de caste étant mise en demeure par son propre chef, qui recevait de l'autorité britannique une rétribution proportionnelle aux résultats qu'il avait obtenus; ce système, qui mettait en jeu le ressort de l'intérêt personnel, eut pour effet de maintenir dans une stricte dépendance ces chefs, qui autrement n'auraient pu qu'être opposés au gouvernement régulier.

En 1834 on établit dans la colonie un conseil législatif, dans lequel six membres consultatifs, dont trois indigènes, furent admis. A peu de temps de là les corvées ou travaux forcés furent abolis, et les indigènes passèrent en un jour d'un état pire que l'esclavage à la plus complète liberté. Cette mesure enlevant aux riches leurs moyens d'oppression sur la masse, une conspiration ne tarda pas à se former au sein de l'aristocratie des nobles et des prêtres, qui furent impuissants à entraîner la masse dans leur rébellion. En 1835 plusieurs d'entre eux furent poursuivis pour trahison devant la cour suprême. Leur acquittement, dû à la composition du jury, ne laissa pas de dévoiler au peuple ce que les castes supérieures avaient tenté contre ses libertés.

Les grands changements recommandés par la commission d'enquête produisirent une rapide amélioration dans la condition du peuple. L'accroissement de la culture indigène et la formation de plantations de caféiers et autres plantations profitables furent la conséquence de ces excellentes mesures.

En 1837, sous l'administration de l'honorable Stewart Mackenzie, les priviléges des castes furent abolis, et la liberté civile fut établie dans tous les rangs de la société. Les plus pauvres acquirent ainsi des droits, tandis que l'importance et la dignité des plus riches fut diminuée.

Sir Colin Campbell fut nommé au gouvernement de l'île en 1841. A son administration se rattachent des souvenirs durables par les succès obtenus par les planteurs de café, la rapide augmentation des plantations, et la prohibition imposée désormais aux officiers civils d'acquérir des terres et de se livrer à des entreprises agricoles. Quelques symptômes d'insurrection se manifestèrent parmi les Kandiens en 1842; mais la rapidité des communications entre les provinces maritimes et centrales et l'immense supériorité des ressources dont le gouvernement anglais peut disposer rendaient d'avance et rendront toujours inutiles des tentatives de cette nature.

En 1847 lord Torrington fut appelé à succéder à sir Colin Campbell. De grandes espérances sont fondées sur cette magistrature civile, destinée à faire disparaître les défectuosités de l'administration militaire, qui jusque alors avait régi l'île. Mais la richesse des dons de la nature et les besoins peu étendus des habitants, non moins que les influences bureaucratiques de la métropole, seront toujours un grand obstacle au progrès de la civilisation dans ce pays.

Au moment où nous terminions cette partie de notre résumé historique on recevait en Europe la nouvelle d'un nouveau mouvement insurrectionnel parmi les Kandiens. Cette tentative, dirigée par un prétendant de bas étage aidé de quelques prêtres fanatiques, avait été promptement réprimée. Il paraît certain toutefois que la répression a été non-seulement impitoyable, mais marquée dans ses détails d'un cachet particulier de précipitation et de cruauté dont le gouvernement anglais aurait pu aisément éviter la souillure.

MŒURS ET COUTUMES.

Mœurs judiciaires. — Sous les dynasties kandiennes les lois nationales, ou plutôt les coutumes par lesquelles la plupart des questions étaient réglées, encouraient les fréquentes infractions de l'arbitraire royal; ce n'étaient point, comme plusieurs écrivains l'ont supposé, les lois de Manou qui régissaient les Singhalais. Les coutumes avaient toute puissance entre parties jouissant d'une égale position sociale; mais rien ne résistait à la corruption judiciaire, profondément enracinée dans les mœurs.

L'usure était défendue sous la dynastie primitive; sous le dernier règne même, où la licence la plus effrénée trouvait faveur, le roi s'opposa à ce que ses parents prêtassent à 40 pour 100 par an. On tolérait le prêt à 20 pour 100, auquel se livraient les Mores, qui étaient les principaux banquiers de l'intérieur du pays. Quand les Singhalais prêtaient de l'argent, c'était à condition qu'il ferait retour avec une bonification de 50 pour 100, sans égard à la durée du prêt, que ce fût pour douze mois ou pour douze ans. Le paddy et le sel, les deux grands objets de consommation, étaient à l'occasion prêtés aux mêmes conditions. Le créancier pouvait néanmoins saisir les propriétés de son débiteur, et vendre son épouse et ses enfants, s'il n'était pas remboursé à la fin de chaque année.

Serment. — Dans les cas litigieux les parties étaient appelées à prêter devant les images de leurs dieux un serment solennel, accompagné d'imprécations. La partie qui la première était frappée d'infortune se trouvait par là même déclarée parjure. L'appareil de l'épreuve judiciaire par l'huile bouillante était de nature à saisir d'épouvante ceux-là même qui se sentaient soutenus par une conscience pure.... Si l'action du corps bouillant avait pelé la peau des doigts qui avaient subi l'opération, le patient était déclaré coupable et payait une forte amende à l'empereur. Les indigènes les plus intelligents n'avaient nulle foi dans ces épreuves. Dans les occasions ordinaires on jurait par les yeux de sa mère ou de ses enfants; mais il y avait peu à compter sur ce mode de serment, l'amour de la vérité n'étant point un des traits caractéristiques du Singhalais.

Quand un vol était commis, les indigènes se livraient à des opérations magiques pour en découvrir les auteurs.

Ces pratiques tendaient nécessairement à favoriser la fraude et l'esprit de vengeance, et faisaient commettre bien des injustices.

L'inculpé de vol était, en cas de conviction, condamné à restitution, à une amende, partie au profit du plaignant, et à la prison ou à la fustigation.

Les contraventions aux lois étaient punies de l'amende ou de l'emprisonnement. Le non-payement de l'amende entraînait la contrainte par corps, la privation de vêtements ou d'armes d'honneur et les travaux forcés. La peine de mort ne pouvait être appliquée sans la sanction royale.

Un expédient efficace pour obtenir payement d'un débiteur était de le menacer de se suicider par le poison, et de charger son âme du crime.

La peine capitale était appliquée au moyen du pal, de la potence, et suivie de l'exposition du cadavre.

Les castes supérieures subissaient la décapitation par l'épée; c'était le mode de supplice le plus honorable. Les éléphants faisaient souvent l'office d'exécuteurs des hautes œuvres.

Les crimes entraînant la peine capitale étaient: la molestation, la persécution, le meurtre; le crime de lèse-majesté; la destruction d'arbres sacrés; la dégradation de dagobahs; le pillage de propriétés sacerdotales ou royales; le vol de grands chemins. Les femmes condamnées étaient mises dans un sac et noyées.

Les délits moins graves étaient punis de la mutilation, la fustigation, les fers, la prison, l'amende, le séjour dans les localités atteintes d'épidémies violentes.

Le dissave admettait souvent des circonstances atténuantes, parce qu'elles emportaient une amende à son profit. Les habitants d'une localité étaient passibles d'une amende solidaire en cas de suicides ou de meurtres dont on n'avait pas découvert les auteurs.

La juridiction la moins élevée était le gansabaé, ou conseil de village, composé des chefs de famille jugeant sans frais. Ces causes étaient susceptibles d'appel au *ratta-sabaé*, ou tribunal de district, composé de délégués de chaque village d'un même district. Ces institutions libres étaient indispensables dans un pays où la propriété foncière était extrêmement subdivisée, par le partage égal entre tous les enfants, et où la polyandrie entraînait des complications dans la détermination des droits des consanguins.

Quand les parties étaient processives, il leur était loisible d'en appeler successivement au *koraal*, au *mohottala*, au *dissave*, à l'*adigaar*, même au roi. Si l'une d'elles ne pouvait donner immédiatement suite à sa plainte dans ces diverses juridictions, elle s'efforçait de rassembler une forte somme avec l'intention de porter la cause devant de nouveaux officiers de justice, qui n'hésitaient pas, s'ils étaient largement payés, à annuler la sentence de la juridiction inférieure.

La haute cour judiciaire se composait des deux adigaars, des quatre *maha-disapatis* ou dissaves, du *maha-mahottala*, et de personnages qui étaient continuellement en fonctions auprès du roi. S'ils se reconnaissaient incompétents, ils se rendaient au *magul-maduwa*, cour suprême présidée par le roi, siégeant sur son trône.

Une autre haute cour était le sakéballanda, composé des notables du district, tels que le *lekam*, le *koraal*, et le *vidahn*, qui avaient des fonctions analogues à celles des *coroners* anglais. La loi interdisait de toucher à un cadavre, même pour essayer de le rappeler à la vie, si le corps était celui d'un noyé ou d'un pendu, avant qu'il eût été soumis aux investigations du *saké-ballanda*. En cas de suicide l'amende solidaire infligée aux habitants de la localité était partagée entre le dissave et les membres de la cour.

La propriété était divisée en deux classes: l'*adrawyawat*, ou incorporelle, et la *drawyawat*, ou substantielle. La première comprenait tous les droits d'héritage, titres, privilèges, immunités, rang, réputation, caste, etc. La dernière embrassait une division quadripartite de propriété matérielle comprenant: les meubles, les immeubles, les choses animées, et les choses inanimées. Si elles étaient légalement obtenues par héritage, achat, travail, ou donations volontaires, elles demeuraient la propriété exclusive du détenteur, dont nul homme, quelque grand ou puissant qu'il fût, ne pouvait le priver.

Les lois concernant la propriété des décédés *ab intestat* l'attribuaient au plus proche parent du décédé, de préférence à sa veuve; celle venant de parents d'adoption retournait aux héritiers légaux. Le père adoptif sans enfants laissait à sa veuve la moitié de ses biens. Les meubles ou joyaux de famille, tels qu'armes de guerre, présents honorifiques, etc., ne descendaient pas à la veuve du mari *ab intestat*, mais à l'héritier légal de la propriété patrimoniale. Le droit d'aînesse était inconnu à Ceylan. En entrant dans le sacerdoce le fils renonçait à tous ses droits de succession, parce qu'il ne pouvait légalement engendrer des enfants à qui il pût faire transmission.

La fille de caste supérieure qui se mésalliait était déclarée incapable de posséder, à quelque titre que ce fût.

L'insolvabilité pouvait entraîner l'esclavage comme conséquence. A la mort du débiteur, le créancier pouvait vendre ses enfants et ses petits-enfants. La dette primitive ne portait pas intérêt, le travail de l'esclave étant un équivalent. Aucune caste ne pouvait se soustraire à l'esclavage en cas d'insolvabilité. Cependant, les membres de la haute caste *Goewansé*, étaient en général rachetés par ceux de leur caste quand ils étaient en danger de tomber sous l'esclavage d'une caste inférieure.

L'ESCLAVAGE A CEYLAN. — Il y avait plusieurs sortes d'esclaves ; ceux de naissance, les esclaves vendus dans l'enfance par des parents inhumains, ceux condamnés à l'esclavage par le roi, les femmes qui par leur vie déréglée avaient perdu leur rang de caste, les prisonniers de guerre, ceux importés par des marchands d'esclaves, ceux qui s'étaient vendus librement.

La condition civile de la mère déterminait celle des enfants ; la progéniture des femmes libres avait droit à la liberté, que le père fût esclave ou non.

Les voleurs qui ne pouvaient faire une restitution septuple étaient condamnés à l'esclavage.

Le possesseur d'esclaves ne pouvait contraindre une femme à recevoir les hommages d'un homme de caste inférieure, libre ou esclave.

Il permettait à ses esclaves de posséder des terres et du bétail, ce qui élevait beaucoup leur condition.

L'esclave pouvait se marier et avoir une famille.

La religion bouddhiste prohibait le trafic des êtres humains et la détention d'esclaves.

Dans la division nord de l'île, les Malabares faisaient un trafic régulier d'esclaves. Dans beaucoup de cas ceux-ci entraient en partage des produits de leur travail, et pouvaient arriver à l'opulence.

En général, l'esclave était traité avec beaucoup d'humanité.

Le service des pompes funèbres était exclusivement dévolu aux esclaves ; nulle caste libre ne pouvait y être employée.

Le maître pouvait abandonner son esclave dans l'état de dénûment absolu.

L'esclave pouvait tester ; mais s'il mourait *ab intestat*, le maître était son héritier légal.

Les esclaves pouvaient témoigner en justice, même dans des transactions où leurs possesseurs étaient intéressés.

Par la coutume du pays, le maître pouvait soumettre l'esclave à la torture par le fer rouge ; les châtiments privés étaient le plus généralement : la fustigation, l'incarcération, les fers, la mutilation, et la vente.

Les esclaves faisaient partie du mobilier ; ils étaient donnés en dot ou en héritage.

L'esclave, quel que fût son âge, était estimé à environ 40 francs pour les mâles, et le double pour l'autre sexe.

Le gouverneur North entreprit de régulariser l'état civil des esclaves ; mais il ne paraît pas que leur condition en ait été sensiblement améliorée sous son administration.

En 1816 les enfants nés d'esclaves après le 12 août furent émancipés d'un commun accord entre le gouverneur de l'île et les propriétaires, sur la proposition du premier magistrat, sir Alexander Johnston ; cette détermination fut sanctionnée par le prince régent.

En 1818 le gouverneur sir Robert Brownrigg décréta que les esclaves qui ne seraient pas enregistrés dans un délai de trois mois seraient déclarés libres.

Le nombre des esclaves dans Jaffnapatam et Trincomali était à cette époque de vingt-deux mille.

En mai 1821 sir E. Barnes décréta le rachat et l'émancipation graduelle de tous les enfants esclaves du sexe féminin; le nombre total des femmes adultes esclaves était d'environ neuf mille, et les naissances annuelles d'environ deux mille cinq cents.

Enfin, après des atermoiements et des demi-mesures adoptées par les différents gouverneurs qui se succédèrent de 1822 à 1844, l'esclavage fut définitivement aboli à Ceylan vers la fin de 1845, par l'ordre de lord Stanley, ministre des colonies; les propriétaires ayant négligé la mesure de l'enregistrement ne reçurent aucune compensation.

CASTES. — Malgré l'esprit et la lettre des institutions bouddhistes, et l'influence dissolvante exercée sur les Singhalais par leurs conquérants européens, les distinctions de caste ont encore à Ceylan une grande importance.

Chez les Singhalais, comme parmi les Hindous, les quatre principales castes reconnues sont : *khastria*, ou *radjah-wansé*, caste royale; *brahmina-wansé*, ou caste brahmine; *wayssia-wansé*; *shoudra-wansé*, ou basse caste.

Voici les subdivisions des deux castes inférieures :

I. Wayssia-wansé; 1, goewansé ou handourouwo (wellalé des provinces maritimes), cultivateurs; 2, nillemakareyea, bergers.

II. Shoudra-wansé; 1, karawé, pêcheurs; 2, tchandos ou dourawos, distillateurs (de vin de palmier); 3, achari, forgerons; 4, hannawli, tailleurs; 5, badda-hela-baddé, potiers; 6, ambattia, barbiers; 7, radabaddé, blanchisseurs; 8, hali, tchaléas, ou écorceurs de cannelle, appelés aussi mahabaddé; 9, hakourou, qui préparent le sucre de palmier, ou *djagry*; 10, hounou baddé, qui préparent la chaux de coquilles; 11, pannayo, faucheurs; 12, villeduraï; 13, doddaveddahs; 14, padouas, fondeurs de fer, exécuteurs; 15, barrawabaldé, ou mahabaddé, cymbaliers, etc.; 16, handée; 17, pallarou; 18, oli; 19, radayo; 20, pali; 21, kinnera-baddé.

Les *pariáhs* ou *out-castes*, « hors de caste » : gattarou, rhodias.

Extra-castes : les chrétiens singhalais, attachés aux goewansé; les marrakkala, ou maures, qui assistent les karawé dans l'exercice de leur profession.

Les Singhalais considèrent l'ancienne race royale appelée sakya, ikshwaka, oknaka et souryawansé (1), comme leur caste supérieure; ils considèrent cette caste, ou race du soleil, et la race sacerdotale des brahmines comme supérieures à toutes les familles existant dans Ceylan (2).

Le goewansé ou wellalé est la plus nombreuse des castes singhalaises. L'agriculture a depuis longtemps cessé d'être leur unique occupation, les prêtres et les hommes d'État ayant été tirés de cette caste; en sorte que tous les rangs héréditaires et une grande partie de la propriété foncière ont fini par passer entre leurs mains. Les limites de cette analyse nous obligent à renvoyer à l'ouvrage de Pridham pour la description des costumes assignés aux divers rangs.

Le goewansé ne pouvait pas contracter alliance matrimoniale avec le shoudra-wansé sans encourir dégradation. Il pouvait épouser une femme nillemakareyea; mais un homme de cette dernière caste ne pouvait s'allier à une femme goewansé, bien que cela ait été toléré tacitement. Cette prohibition de caste s'étendait à la table aussi bien qu'au lit, et réglait tous les rapports sociaux.

Tous les Singhalais étaient assujettis au service militaire; chacun se fournissait d'armes; les munitions de guerre étaient données par le roi. Il n'y avait pas d'armée permanente; les combattants se retiraient chez eux quand l'ennemi était expulsé. Ils devaient concourir à certains travaux publics, tels que construction de routes, nivellement des montagnes, excavation de bains publics; ils pouvaient être soumis à des corvées de quinze à trente jours selon l'étendue de leurs terres. La présence de certaines classes était de rigueur aux quatre grands festivals annuellement tenus dans la capitale, ainsi qu'à l'élection, au mariage, et aux funérailles d'un roi. La nature et

---

(1) Race solaire.
(2) Il ne paraît pas, au reste, que, même parmi les chefs, il y ait à Ceylan aujourd'hui un seul individu d'origine brahminique.

le montant des taxes royales n'ont jamais pu être rigoureusement déterminés par les recherches des Européens.

Les nillemakareyea sont peu nombreux; ils s'occupent de pâturage et de culture, et sont exclus des emplois supérieurs. Leurs taxes, qui étaient payées en nature sous la dynastie kandienne, consistaient en riz, lait, beurre clarifié (*ghi*), etc.

Les diverses subdivisions du shoudra-wansé étaient affectées au service du gouvernement et des castes privilégiées.

La première des castes inférieures est celle des karawé, ou pêcheurs. Les grades de cette subdivision sont en rapport avec la division du travail.

Les maures de Ceylan sont une race vigoureuse, active et entreprenante; de même que les goewansé monopolisent les honneurs, ces juifs du pays monopolisent le commerce indigène. Bien qu'usuriers et méprisés comme tels, l'agriculture de Ceylan n'aurait pu se soutenir sans les avances qu'ils faisaient aux laboureurs. Leur principale richesse consiste en bétail. Ils étaient autrefois tenus à la corvée pour le transport des provisions royales et au payement de taxes en nature, telles que sel, poisson salé, etc.

La caste suivante, les madinno, douravos ou tchandos, étaient employés à extraire le suc de palmier pour les liqueurs fermentées; l'usage en est contraire à la religion de Bouddha.

Les achari (ou *atcharif*) forment, selon quelques-uns, le premier rang de la caste inférieure. Ils comprennent les professions industrielles et artistiques. Le roi pouvait les mettre en réquisition et les faire travailler gratuitement, sauf les charpentiers et les sculpteurs.

Les hannawli, ou tailleurs, sont peu nombreux; ils étaient tenus de faire les splendides costumes du roi et de sa cour, et recevaient des terres en compensation.

Les badda-hela-baddé, ou potiers, étaient nombreux; parce que tous les vases souillés par le contact des castes inférieures dans les fêtes étaient détruits. Ils payaient pour leurs terres une taxe en argent, et fournissaient la cour de faïence.

Les ambattia, ou barbiers, caste peu importante. Ils payaient une taxe en argent pour leurs terres, et faisaient la corvée comme porteurs de bagages. Ils étaient chargés de raser Bouddha, dans le grand temple de Kandi, ce qu'ils faisaient en simulant l'opération devant une glace qui reflétait l'image du saint personnage et sans entrer en contact avec l'idole.

Les radabaddé, ou caste des blanchisseurs, sont assez nombreux. Ils payaient pour taxe foncière un vingtième du produit de leurs terres en riz en glume. Ils fournissaient le roi et sa cour de vêtements blancs et de tapisseries. Les familles qui lavaient pour la cour recevaient des terres libres de toute redevance en compensation. Ils n'auraient pu laver pour les castes inférieures sans se dégrader.

Les halée ou tchalias, chargés de la récolte de la cannelle dans les provinces maritimes, étaient tisserands dans l'origine, et s'occupaient seuls de la confection des filtres en toile destinés à épurer l'eau. Ils étaient tenus de payer une taxe en argent et de travailler aux jardins du roi. Ils fournissaient encore aux provisions royales une certaine quantité de poisson salé. Les hommes seuls pouvaient épouser des femmes d'une caste inférieure.

Les hakourou, ou fabricants de sucre de palmier, formaient une caste considérable. Pour leurs terres, ils livraient annuellement au roi une certaine quantité de *djagry*. Ils faisaient le service de porteurs de palanquin. Ils fournissaient de cuisiniers les goewansé.

Les hurma ou houno-baddé, ou fabricants de chaux calcinée, payaient une taxe en nature et la taxe foncière en numéraire.

Les pannayo, ou faucheurs, sont nombreux. Ils soignaient le bétail et les écuries royales, qu'ils approvisionnaient de fourrage, une fois par quinzaine.

Les dodda-veddahs, ou chasseurs, payaient au roi une taxe en gibier.

Les padouas forment une caste considérable, qui compte plusieurs subdivisions. Ils payent une taxe en numéraire pour leurs terres, et font des corvées comme industriels et domestiques. Les padouas-yamanou, ou fondeurs de fer, payent la taxe foncière et la taxe en nature comme les autres professions manuelles. Les paduas-gahalagambadayo ne peuvent ni manger ni se marier avec les autres, et sont voués aux fonctions les plus viles et les plus répugnantes.

Les barrawa-baddé, tisserands de profession, payaient les taxes ordinaires, fournissaient aux établissements royaux une certaine quantité de toile, des légumes, etc. Certaines familles étaient chargées de battre le *tam-tam* dans les temples ou aux fêtes publiques, d'y jouer de certains autres instruments, d'y exécuter certaines danses, et recevaient des terres en payement.

Les oli, petite caste dont l'office était de porter dans les processions l'effigie des démons appelés Assouriahs.

Les handî, vanniers et (quelques-uns) mendiants de profession ; les pallaron-Pilou (sourds et muets), les yaka-karou (adorateurs du diable), les korou (boiteux de naissance), etc., sont des castes très-peu nombreuses et sur lesquelles on a peu de détails précis.

Les radayo, très-petite caste, mégissiers, vivant dans les bois.

Les palî, blanchisseurs des basses castes.

Les kinnera-baddé, petite caste chargée de fournir des cordes et des nattes aux magasins royaux.

Les gattarou, caste mise hors la loi pour certains crimes, et méprisée des plus basses castes.

La caste rhodia ou gasmundo, composée de gens dégradés pour avoir conservé les habitudes carnivores de leurs ancêtres ou pour crime de haute trahison, n'était admise à payer ses taxes qu'à distance. Ils mangent tout ce qui tombe sous leur main, même les cadavres d'animaux. Quand un rhodia voyait un goewansé, il était tenu de le saluer et de s'éloigner. Le caractère des rhodias correspond naturellement à leur triste destinée : ils sont complétement dénués de moralité. Les habitudes et les mœurs des rhodias présentent une analogie frappante avec celles des bohémiens. La distinction ignominieuse qui séquestrait cette race du reste de la nation et les vexations de toute espèce dont elle était l'objet depuis deux mille ans ont pris fin avec la dynastie qui maintenait cette dégradation déplorable. Il est à remarquer que les femmes de cette race maudite passent pour les plus belles de l'île.

CARACTÈRE DES SINGHALAIS, ETC.

Si l'on en excepte la classe supérieure, qui s'est fortement imprégnée des mœurs polies des Européens dans ce qu'elles ont de commun avec les habitudes des classes élevées de tout pays, le caractère singhalais manifeste les mêmes traits distinctifs qui lui étaient assignés par les historiens au dix-septième siècle.

C'est un phénomène bien digne de l'attention soutenue du philosophe qu'alors que tout est soumis dans la nature physique à un travail de continuelle transformation, l'homme seul paraisse ne subir aucune modification radicale, et, selon toute apparence, offre dans chaque climat le caractère de l'immutabilité.

En Orient il existe un terme moyen de développement qui semble constituer une barrière insurmontable et arrêter l'essor de la civilisation. Là moins qu'ailleurs l'influence de la conquête modifie les mœurs intimes, que ne peut entamer la transformation des institutions politiques. Les modifications successives apporteront un résultat plus satisfaisant que les changements violents et rapides, dont la surface voile toujours des germes de réaction qui ne manquent jamais d'entraver le progrès de la civilisation.

Les Singhalais paraissent atteindre à peine au niveau des Hindous ; ils ne peuvent être comparés à aucune nation européenne. Ils sont très-arriérés dans la culture des arts et des sciences. En somme, leur caracère est peu élevé, mou, indécis ; ils n'ont que peu de vertus ou de vices saillants, peuvent être considérés comme un composé de sentiments moraux sans énergie, de fortes affections naturelles, et de passions modérées. Les classes élevées, néanmoins, montrent leur aptitude à s'élever à de certains égards au niveau intellectuel des Européens, et ne leur cèdent en rien sous le rapport de l'habileté diplomatique.

Le système de castes a laissé dans le caractère national des traces profondes : les basses castes se livreront sans remords à la perpétration des crimes les plus grossiers, tandis que les castes supérieures gardent soigneusement le décorum et se montrent jalouses de garantir de toute souillure l'honneur de la famille.

La souplesse et la dissimulation, qui sont les traits distinctifs du caractère des Singhalais, leur donnent dans les affaires un avantage décidé sur les Européens, et leur font acquérir une influence marquée même sur les fonctionnaires qui se méfient le plus de cette influence.

Les Kandiens sont doués de cette énergie physique et morale qui caractérise en général les montagnards, et sont en cela supérieurs aux habitants des côtes, pour lesquels ils professent un souverain mépris. Les habitants des basses terres, au contraire, se sont mêlés, par le moyen du commerce, avec leurs voisins du continent, et ont perdu, en conséquence, les traits caractéristiques qui distinguaient leurs ancêtres.

Les Singhalais diffèrent des Européens moins sous le rapport des traits que sous le rapport de la couleur, de la taille, et de la forme. La couleur de leur peau varie de l'olive au noir; leurs cheveux et leurs yeux sont généralement noirs; leur taille moyenne est de cinq pieds quatre pouces, anglais : 1 mètre 625; ils sont remarquables pour l'agilité et la flexibilité plutôt que pour la force des membres; leurs traits sont généralement beaux et leur physionomie intelligente et animée. Les femmes singhalaises sont bien faites, elles ont bonne mine, et plusieurs peuvent passer pour belles.

Les Singhalais, bien que courtois, ne sont point un peuple galant; ce sentiment raffiné est européen, et n'appartient point aux régions tropicales. Les femmes sont admises à rechercher les hommes qui sont l'objet de leur préférence avec une liberté qui dépasse toutes les bornes.

Dans certains cas, quand des amis intimes ou des personnages d'un rang élevé visitent sa maison, le chef de famille envoie sa femme ou ses filles passer la nuit avec l'étranger dans sa chambre; c'est pour eux un honneur et une joie de pouvoir obliger leurs hôtes d'une manière aussi délicate.

La plupart des Singhalais se marient. Le choix et les préliminaires sont réglés par les chefs de famille avec l'autorité la plus arbitraire. Quand la combinaison est avancée, la partie qui se rétracte est passible d'une action judiciaire en diffamation.

Les bornes de cette analyse nous obligent à renvoyer aux ouvrages déjà cités pour la description des cérémonies du mariage. Une particularité qui concerne les grands consiste à consulter les horoscopes des parties, afin de voir s'ils sont en concordance parfaite. Après avoir fait des présents à sa fiancée, le prétendu invite ses amis à un repas de noces; les conjoints vivent ensemble un temps d'épreuve, qui ne dépasse pas une quinzaine; après quoi le mariage est confirmé ou annulé. Le douaire de la femme consiste généralement en meubles, ustensiles de ménage et bétail, mais rarement en terres. Le lien du mariage a peu de force; les séparations sont fréquentes. En ce cas, le douaire est restitué. Chaque individu divorce jusqu'à cinq et six fois avant de contracter une union parfaitement assortie. En cas de séparation, le mari prend les enfants mâles et l'épouse prend les filles.

L'adultère était réprouvé par les lois du bouddhisme. Dans ce cas, l'époux offensé divorçait et déshéritait les enfants de sa femme. Il renonçait, *ipso facto*, à la propriété de l'épouse. Il était obligé de la nourrir pendant la grossesse et d'élever l'enfant jusqu'à l'âge adolescent. Les mariages entre parents d'un degré d'affinité plus rapproché que les cousins étaient prohibés et punis par la loi.

La polyandrie est encore plus répandue parmi les Singhalais que la polygamie; elles sont également contraires à la religion du pays. Une épouse peut avoir jusqu'à sept maris; mais ces maris doivent toujours être frères; les Singhalais, même des castes supérieures, y voient un moyen de resserrer le lien de famille et de concentrer l'influence de la propriété.

La chasteté n'est pas la vertu des Singhalais. La prostitution légale est inconnue à Ceylan. Sous la dynastie kandienne les prostituées étaient fouettées et mutilées; mais l'habitude des liaisons illicites est presque universelle : elle est tolérée par les mœurs en tant qu'elle n'enfreint pas la loi des castes. Toutefois, nul homme ne peut épouser une femme qui a abandonné son mari avant que celui-ci n'ait fait alliance avec une autre femme. En cas d'adultère, la loi autorisait le meurtre de l'infidèle par l'époux lésé, la mutilation facultative de son complice ou, au moins, la fustigation des coupables et le divorce. Les femmes déploient dans leurs intrigues amoureuses une habileté prodigieuse et une grande sollicitude pour leurs *cavaliers servants*. Mais la passion de l'amour n'a pu triompher du préjugé des castes.

Chaque famille est généralement peu nombreuse. Les mères allaitent le plus souvent leurs enfants. L'éducation physique est peu précoce, les enfants ne pouvant marcher et parler avant l'âge de deux ans.

La vie de famille est très-développée chez les Singhalais; l'affection mutuelle des parents et des enfants a donné lieu à des traits de dévouement que l'histoire a enregistrés. Les préjugés, la superstition et la misère, ne réussissaient cependant que trop souvent à contre-balancer ces dispositions naturelles. Quand l'astrologue déclarait l'enfant né sous une mauvaise étoile, les parents avaient coutume de le laisser mourir de faim, de le noyer, ou de le brûler vif. Un premier-né n'était jamais traité avec cette cruauté. La cause assignée à l'infanticide était la nécessité de resserrer la famille dans des limites en rapport avec les moyens de subsistance. Ce crime ne fut réprimé avec efficacité que lorsque la domination anglaise eut sévi contre les coupables, en même temps qu'elle augmentait par de sages mesures le bien-être du peuple et généralisait l'aisance dans les familles.

Les Singhalais ont généralement peur de la mort; au moment suprême ils invoquent les démons, dont ils redoutent la malignité. Les plus basses castes seules négligent les cérémonies funéraires. Les classes élevées brûlent leurs morts, pour prévenir la putréfaction; les pauvres, en général, les inhument. Pendant trois à quatre jours les femmes se livrent à des lamentations officielles et au panégyrique du défunt. Mais elles s'affectent peu; à la mort de leur mari, leur affaire principale est de lui donner un successeur.

Les Singhalais sont superstitieux au plus haut point. Le plus léger accident, tel qu'un éternument au début d'une affaire, les frappe de l'idée que quelque désastre va les atteindre. Dans la période des couches les femmes sont réputées impures; personne ne peut approcher de la maison où elles se trouvent qu'après les purifications légales.

Dans le temps du chômage, les Singhalais forment des réunions aux *ambulams* ou maisons de halte pour les voyageurs, pour discuter les actes du gouvernement ou des sujets d'intérêt général se rattachant à l'agriculture; l'arrivée d'un étranger leur fournit l'occasion, toujours ardemment désirée, de satisfaire leur curiosité concernant les mœurs et coutumes des autres peuples.

Les habitations des Singhalais sont en général petites, basses, construites de lattes crépies d'argile. Les maçons ou les charpentiers ne sont employés que par les classes élevées, chacun d'ordinaire construisant sa propre maison. Chaque habitation est en elle-même un établissement indépendant, où la famille produit tout ce qui est nécessaire à son entretien ou à ses besoins journaliers. Les maisons n'ayant point de cheminées, le feu est fait dans un coin, en sorte que le plafond est noirci par la fumée.

Les maisons de la classe noble ne sont ni construites avec élégance ni meublées avec richesse. On ne se sert pas de tables; on s'assied sur des nattes, et l'on mange par terre. On accorde un tabouret aux étrangers, et leurs mets sont placés sur un autre tabouret qui est à côté d'eux. Dans les provinces maritimes les habitudes et le luxe des Européens ont depuis longtemps prévalu.

Le régime ordinaire du peuple est d'une grande simplicité : il se compose de riz assaisonné de sel, et d'un peu de légumes, parfumés de jus de citron et de poivre. La viande est rare : celle de bœuf est interdite par leurs usages, et le poisson n'est pas toujours abondant : lors même qu'il abonde, les basses classes préfèrent le vendre aux Européens.

41° *Livraison*. (INDO-CHINE.)

La classe élevée est un peu plus luxueuse ; elle mange de cinq à six mets différents, dont deux consistent en viande ou poisson et les autres en légumes. L'eau pure est la boisson ordinaire ; ils ont quelquefois recours à l'arack, avant le repas, pour stimuler l'appétit. Les femmes servent leurs maris à table en silence, mangent ensuite, et donnent les restes aux enfants.

Les Singhalais se visitent peu entre eux : les relations de ce genre, même de parents à parents, n'ont aucun caractère d'intimité ou d'affection. Si l'hospitalité reçue dépasse la durée d'une nuit, le visiteur offre ses services à son hôte pour l'aider dans ce que celui-ci peut être en train de faire.

Les femmes surpassent de beaucoup les hommes dans le choix et l'arrangement de leur toilette; et les hommes semblent approuver ce genre de supériorité, réservant leur dignité pour un grand étalage de domestiques, en armes, devant et derrière eux. En général, la richesse de la toilette fait compensation à la simplicité des logements et des ameublements.

Sous la dynastie kandienne il fallait un privilége royal pour porter des souliers et des bas. C'est la coutume chez toutes les classes d'emprunter des vêtements et des bijoux pour aller en visite. La pauvreté d'une grande partie du peuple est telle, qu'ils n'ont pas même un habillement complet, quelque modeste que soit à tous égards le costume d'un Singhalais des classes inférieures.

En général il n'y a qu'un lit dans les familles pauvres; les hommes couchent dessus, tandis que les femmes et les enfants couchent par terre, sur des nattes.

Malgré la rigidité de l'esprit de caste, chose bien remarquable, les hommes ont les uns pour les autres une politesse et des égards marqués ; cela tient à ce que les grands sont ambitieux de popularité et le peuple avide de faveurs.

La position insulaire de Ceylan et l'absence de stimulant international semblent avoir paralysé chez ce peuple le développement spontané des arts de la civilisation. L'influence d'un soleil vertical peut avoir contribué, avec d'autres causes physiques, à entretenir les Singhalais dans un état voisin de la médiocrité, sous le rapport du progrès moral ; mais les monuments, dont les ruines imposantes attestent encore qu'à une époque très-reculée la civilisation avait atteint à Ceylan un niveau beaucoup plus élevé que celui auquel elle a réussi à se maintenir dans ces derniers siècles, indiquent que les arts comme la religion y ont été importés du continent (probablement ou principalement du Dhakkan et du Siam), et auraient pu s'y développer d'une manière durable, si l'organisation (ou plutôt la désorganisation) politique et les commotions intérieures l'eussent permis. Les causes de ce développement imparfait et de cette décadence précoce mériteraient d'être étudiées avec soin.

MANUFACTURES. — Des outils aussi simples que possible suffisent aux Singhalais pour travailler l'or et l'argent avec une surprenante dextérité, et ils exécutent des articles de bijouterie qui trouveraient des admirateurs plutôt que des imitateurs en Europe. Les minerais de fer et de manganèse sont les seuls dont les indigènes aient su tirer parti; leurs procédés de fonderie, comme tous leurs autres procédés industriels, sont d'une extrême simplicité. Cependant, le forgeron singhalais est presque au niveau des forgerons européens, et sa forge est pourvue de bons outils.

La poterie, quoique grossière, est souvent d'une forme élégante et d'antique apparence. Ils excellent dans l'ébénisterie, et exécutent les meubles les plus élégants à des prix raisonnables.

LANGUES ET LITTÉRATURE; SCIENCES; IDÉES COSMOGRAPHIQUES, etc. — La langue de Ceylan est une langue à part, bien que, comme la plupart des idiomes indiens, on la suppose dérivée du sanscrit. Les connaisseurs admirent beaucoup la mélodie de ses mots et l'analogie de ses composés avec ceux du grec; elle est riche, expressive et, quoique compliquée, suffisamment méthodique. Telle est sa variété d'expressions et sa richesse synonymique, qu'on peut dire qu'elle contient trois vocabulaires distincts : un pour la cour et la politique, un autre pour la religion, un troisième pour la conversation familière. Ce n'est pas tout : comme les Singhalais ont des castes hautes et basses, de même ils ont des hauts et bas dialectes. Le premier est surtout adopté dans les annales et les écrits bouddhistes, et le second dans les relations usuelles. Il y a peu de livres écrits en bas dialecte; cependant, telle est son importance, que les traductions de l'Écriture sainte et du *Common Prayer*, celles employées dans les écoles, toutes les proclamations et la correspondance administrative sont rédigées dans ce dialecte vulgaire.

Le portugais ceylanais diffère de son prototype européen, principalement par l'adoption de nombre de mots de singhalais primitif et de tâmoul. Il est fort usité, non-seulement parmi les descendants des Portugais, mais aussi parmi les Singhalais des provinces maritimes. Le tâmoul se parle dans les provinces du nord.

L'importance de la connaissance grammaticale de leur langue maternelle est fort appréciée par les indigènes de l'intérieur; c'est en effet la seule branche d'instruction à laquelle ils donnent une attention suffisante. L'étude du *pali* et même du sanscrit est, en outre, assez répandue parmi les prêtres.

La lecture et l'écriture sont devenues d'un usage presque aussi fréquent qu'en Angleterre; mais elles sont généralement restreintes à la population mâle. Aujourd'hui cependant que l'instruction élémentaire est mise à la portée des deux sexes et encouragée par le gouvernement, on peut raisonnablement s'attendre à ce que les femmes participent à ces avantages, et que le niveau intellectuel de la population s'élève graduellement avec la vulgarisation des notions utiles.

La langue dans les provinces maritimes s'est détériorée, par l'effet du contact avec les étrangers : elle s'est conservée à peu près pure dans les provinces de l'ancien royaume de Kandi. Les livres singhalais sont tous manuscrits; mais la matière employée et le mode d'écriture les rendent plus durables que nos manuscrits européens. Les livres singhalais sont écrits sur les feuilles de deux espèces de palmiers, le *talapat* (ou *talagaha* : singh.), *corypha umbraculifera*, et le palmier éventail, *borassus flabelliformis*. Les caractères sont tracés ou plutôt gravés sur ces feuilles à l'aide d'une stylet ou poinçon en fer, et frottés ensuite d'une composition qui les fait ressortir en noir, comme de véritables inscriptions. On trouve quelques anciens manuscrits formés de feuilles de cuivre très-minces.

Leurs traités religieux sont écrits en prose; les autres sujets sont versifiés. Dans toutes ces compositions le style et les expressions sont dans le mode oriental le plus exagéré. Ils aiment beaucoup les complications du style; plus il est artificiel, plus ils l'admirent.

Les sciences existent à peine chez les Singhalais; les nombres sont représentés par des lettres dans leur arithmétique primitive, mais ils ont eu, plus tard, recours aux chiffres tâmouls. Leurs connaissances géographiques sont également restreintes. Les plus anciens ouvrages topographiques sont le *Kadaimpota*, le *Lanka Wistrie*, et le *Rawenakatawa*. Ils n'ont aucune notion positive d'astronomie; mais ils sont adonnés à toutes les superstitions astrologiques, qui exercent une grande influence sur toutes les actions de leur vie. Les études astronomiques, sans être prohibées par la religion de Bouddha, sont cependant considérées comme portant atteinte aux saines doctrines.

Les sciences médicales sont dans l'enfance à Ceylan; l'étude en est également, sinon prohibée, au moins discréditée par la religion nationale. Les connaissances chimiques et pharmaceutiques ne sont pas moins restreintes. Leur chirurgie est dans un état grossier; leur physyologie est complétement fantastique; leur pathologie est fondée sur des hypothèses absurdes; leur nosologie n'a pas d'autres fondements que leur pathologie.

Les Singhalais ne possèdent ni grands écrivains ni monuments littéraires portant le cachet du génie. Le système de castes a eu une influence fatale sur la marche des sciences, l'essor des idées et le progrès des arts. En vain cherchons-nous une littérature historique qui nous guide dans nos investigations concernant l'état primitif d'un peuple intéressant à tous égards; nous ne trouvons que d'informes et mystérieuses annales, fourmillant d'exagérations, et portant

41.

à chaque feuillet l'empreinte de la bigoterie sacerdotale.

Les Singhalais ont beaucoup de livres en vers et en prose sur la morale, l'origine des castes, la grammaire, la poésie, l'histoire, la médecine, l'astrologie, la géographie de l'île, et diverses branches de littérature communes aux nations orientales; mais les livres bouddhistes sont partout l'objet d'un respect exceptionnel.

Les principaux livres historiques sont le *Maha-Wanse* et ses commentaires appelés *Tika*, *Radjah-Ratnacari*, *Radjah-Wali*, *Poudjaawali*, etc.

L'art de la musique est dans l'enfance chez les Singhalais. Ils affectent de dédaigner la musique européenne, confessant qu'ils sont inhabiles à la comprendre. Ils n'ont aucun style particulier d'architecture : dans aucun pays on n'en trouve une plus grande variété, et nulle part ailleurs les différentes gradations dans le progrès de l'art ne sont plus clairement perceptibles. Le témoignage de Knox atteste qu'il est actuellement en pleine décadence. La statuaire est presque entièrement limitée à la représentation de Bouddha ou des dieux.

Le système du monde, tel que se le représentent les Singhalais, n'est, ainsi que la géographie bouddhiste, qu'un monstrueux amas d'erreurs. Chaque monde est tenu pour un système compliqué de cieux et d'enfers, de continents et de mers, de cercles rocheux, habités par des dieux mortels, des démons et des diables, et autres variétés étranges d'êtres fabuleux. Les Singhalais lettrés sont aussi complétement versés dans les détails de ce système fantastique que dans tout ce qui concerne leur village et leur propre famille. On peut lire dans les ouvrages originaux tout ce qui se rattache à leur cosmogonie, et qui n'est ou du moins ne paraît être qu'un tissu d'imaginations extravagantes. On comprend que les aspirations passionnées, refoulées par les misères de l'existence terrestre, trouvent une sorte de compensation à se rejeter dans les régions du merveilleux et de l'inconnu. Leur météorologie et leur physique, en général, participent de cette disposition de leur esprit à se complaire dans le fantastique et le fabuleux.

IDÉES RELIGIEUSES; LES BOUDDHAS; LE SACERDOCE, etc. — L'histoire des Bouddhas ou héros divinisés et réformateurs chargés périodiquement de la régénération sociale, trahit le même penchant à l'extraordinaire et au surnaturel qui se manifeste dans toutes les traditions et croyances religieuses de ces peuples. Leur morale peut se réduire à trois préceptes : Abstiens-toi du mal, pratique toutes les vertus, et réprime les mouvements de ton cœur. Ces commandements n'ayant pas assez de force pour entraîner les hommes au bien, il a fallu y ajouter les encouragements de la religion et ses menaces : bonheur infini dans l'avenir, ou souffrances d'une immense durée, selon que la vie terrestre aura été méritoire ou souillée d'impuretés.

Gautama-Bouddha, l'un des plus grands réformateurs bouddhistes, était un philosophe pratique éminent, qui n'employait pas son temps en curieuses investigations idéologiques, mais qui déduisait de la connaissance approfondie de la nature humaine les règles du gouvernement (1). Selon lui, les sept grands moyens pour arriver à la connaissance, la sagesse, et la délivrance de la transmigration, sont : la contemplation, la découverte de la vérité, l'effort persévérant, le contentement, l'extinction des désirs passionnés, la tranquillité d'esprit, l'égalité d'humeur. En général, la pureté, l'excellence et la sagesse de ces préceptes ne sont surpassés que par ceux du législateur des chrétiens : ils attestent l'immense supériorité de Gautama-Bouddha sur ses contemporains.

Il y a deux catégories de prêtres: ceux de l'ordre supérieur sont appelés upasampada, ceux de l'ordre inférieur sont dénommés samanaïria. Tous les prêtres de l'île se rattachent à deux grandes corporations académiques : la malwhatte-wihare et l'asgirie-wihare. Environ trois mille prêtres sont attachés à la première et mille à la seconde. Elles sont gouvernées par quatre recteurs ou évêques, appelés mahanniakou-unanci et annaniakou-unanci, et nommés par le gou-

(1) Voir, pour quelques détails sur Gautama-Bouddha et sur les doctrines bouddhistes, p. 148; 149, 326, 328 et 329 de ce volume.

vernement. Ils sont astreints à faire observer les précédents et les règles écrites, dont il n'a jamais été dévié.

Leur éducation et leur ordination sont régulières et spéciales. Avant de prendre les ordres ils sont soumis à un noviciat et à des examens de divers degrés.

Les deux chefs du sacerdoce, qui résidaient à Kandi, avaient droit de remontrance envers le souverain quand il s'écartait des dix préceptes imposés à la royauté.

Les prêtres sont soumis au célibat. Pour retourner à la vie laïque ils sont obligés de se dépouiller de leur robe jaune et de la jeter à la rivière.

Pour être admis dans le sacerdoce il fallait n'être affecté d'aucune maladie, n'être point dans les liens de l'esclavage, n'être pas messager du roi, avoir obtenu le consentement de ses parents, avoir atteint sa vingtième année, être muni d'une coupe et d'un vêtement sacerdotal.

Le nombre des prêtres à Ceylan est très-considérable; leurs têtes sont tenues pour sacrées, aucun barbier ne peut les raser. Ils vivent de mendicité ou de dons. Ils sont considérés comme supérieurs aux dieux, qu'ils n'adorent jamais; quand ils prêchent, ils invitent les dieux à faire partie de leur auditoire. Personne ne peut s'asseoir en leur présence. Ils pratiquent la médecine avec une certaine habileté, mais ne peuvent recevoir aucune rétribution. Ils vivent en communauté, et sont voués à la pauvreté. Ils doivent s'abstenir de tout contact avec le sexe, sous peine d'interdiction et de pénalités sévères.

Le culte de Bouddha, de ses reliques et images, est observé au soleil levant, à midi, et au soleil couchant; le service du soir dans le temple principal, à Kandi, ressemble beaucoup au cérémonial d'une grand'messe dans nos églises.

Le culte des dieux, esprits ou démons de diverses natures, paraît avoir existé de tout temps à Ceylan; et nonseulement il s'y maintient depuis l'établissement du bouddhisme, mais il paraît avoir fait de grands progrès dans ces derniers temps. Les temples des dieux sont appelés *dewalés*, et les prêtres qui les desservent *kapurals*. Les temples où sont adorés les mauvais esprits sont désignés par le nom de *Covilla's*, etc. Au total, Ceylan présente tous les symptômes de la décadence morale et intellectuelle, et de la désorganisation politique, au moment où les Anglais achèvent d'établir dans cette île magnifique leur domination, désormais incontestée. Aux Anglais donc est échu le devoir de travailler sans relâche à la régénération de la race singhalaise, dégradée depuis tant de siècles par l'ignorance et le fanatisme. Espérons qu'enfin cette noble mission sera comprise et dignement remplie.

Le DALADA, *ou dent de Bouddha.* — Cette relique était le palladium du pays; le salut de l'empire était attaché à sa conservation. Ceux qui la possédaient avaient une influence toute-puissante sur les populations; aussi a-t-on vu, dans la partie historique, que les conquérants de l'île s'en sont emparés à diverses époques, et que les indigènes l'ont toujours reprise aussitôt que la fortune de la guerre leur redevenait favorable. Les annalistes rapportent qu'elle avait été extraite de la bouche de Gautama-Buddha avant que ses restes mortels eussent été entièrement consumés par les flammes, et qu'elle avait le pouvoir d'accomplir toutes sortes de prodiges. Son exhibition était toujours accompagnée de cérémonies dont la magnificence imprimait la vénération dans l'esprit de ces peuples superstitieux.

Fêtes. — Les fêtes publiques étaient des processions en l'honneur des dieux. La présence du roi à ces solennités et la pompe extraordinaire qui y était déployée gravaient profondément les traditions religieuses dans l'esprit des populations. Elles avaient lieu périodiquement. Dans ces occasions les grandes injustices étaient redressées : le roi révoquait ou réintégrait les magistrats civils, selon qu'ils avaient mérité ou démérité dans l'exercice de leurs fonctions.

GOUVERNEMENT. — La monarchie absolue paraît avoir été la seule forme de gouvernement qui pût maintenir un ordre durable parmi la plupart des populations asiatiques. — A Ceylan nul n'était qualifié pour le trône s'il n'était de la caste des radjahs et de la race solaire; des individus appartenant à la Goewansé n'ont jamais été élus au trône qu'exceptionnellement et par l'effet de circonstances extraordinaires, qui ne pouvaient être considérées comme un précédent.

L'origine assignée au pouvoir royal par les Singhalais est la même que celle qui lui est attribuée par les Européens. La chute de l'homme, ou son passage d'un état immortel de pureté et de bonheur à un état mortel de perversité et de souffrance, a donné naissance au vice, à l'injustice et au crime. Pour mettre un frein à l'oppression, pour régler les prétentions exagérées des individus, il fallut des lois, et une force publique pour les faire exécuter.

Le premier chef du pouvoir exécutif, *Mahasammata*, ou « le grand élu », fut institué en conséquence : telle fut l'origine de la caste suprême ou royale, que l'on voulut faire remonter aux souverains bouddhistes de l'Inde, y compris la famille de Gautama-Bouddha. Dans le principe ce magistrat suprême était avec le peuple sur le pied d'une parfaite égalité, l'utilité publique ayant été l'unique motif de l'institution.

Le trône était considéré, au moins théoriquement, comme héréditaire dans la caste solaire, et la loi de primogéniture était généralement observée. Quand une question de salut public forçait à y déroger, l'adigaar était chargé de désigner la personne royale, et son choix était soumis à la sanction des chefs et du peuple. Les quatre derniers rois qui montèrent sur le trône de Kandi furent élus de cette manière, et les personnes choisies étaient des princes du sang royal.

Les droits du monarque étaient, à beaucoup d'égards, excessifs : il était reconnu seigneur et propriétaire du sol; seul il taxait le peuple, et contraignait à l'acquittement des corvées; toutes les fonctions publiques étaient à sa disposition; tous les honneurs, comme tous les pouvoirs, émanaient de lui, et n'étaient distribués que sous son bon plaisir. Cependant il était tenu à l'observance rigoureuse de certaines coutumes nationales et à des règles écrites, dont la violation entraînait pour le peuple le droit de s'insurger en masse et de le détrôner.

Dans leurs relations avec le monarque les chefs et les courtisans étaient soumis à un cérémonial et à des formules d'étiquette à la fois principes et conséquences de ce servilisme dégradant qui caractérise les mœurs orientales. De même les cérémonies des funérailles royales et de l'intronisation affectaient une pompe et des formes mystérieuses calculées pour imprimer dans les populations des sentiments de vénération et de terreur.

Bien que la religion de Bouddha prescrivît la monogamie, le roi pouvait épouser autant de femmes qu'il lui plaisait, à la condition qu'elles fussent de la caste royale; en conséquence, les rois de Kandi avaient à les choisir dans la péninsule indienne. Quoique longue, fatigante et dispendieuse, la cérémonie du mariage était vivement désirée, parce qu'elle était accompagnée de fêtes et de réjouissances, pendant lesquelles un échange mutuel de familiarités était encouragé entre le prince et ses chefs et les formes de l'étiquette de cour étaient suspendues.

Les monarques kandiens gardaient devant les étrangers une réserve et une dignité cérémonieuse et splendide propres à inspirer une haute idée de leur puissance et de leurs richesses. Dans les présentations officielles les ambassadeurs, comme les chefs indigènes, étaient soumis à un cérémonial humiliant, dont les Européens ne peuvent se faire aucune idée exacte, et qu'il faut lire dans le protocole original.

FORCES MILITAIRES. — La force du royaume consistait dans son inaccessibilité naturelle et dans la ruse plutôt que dans le courage de ses défenseurs; il n'y avait ni forts ni châteaux, mais le pays entier de Kandi Ouda se composait de montagnes ou de collines si escarpées, qu'elles étaient comme des forteresses inexpugnables. Dans leurs guerres les Singhalais déployaient peu de valeur, bien qu'ils accomplissent beaucoup d'exploits notables comme stratagèmes. Ils faisaient une guerre de partisans pour épuiser l'ennemi, mais ne l'attaquaient jamais en rase campagne. Ils ne hasardaient jamais une bataille qu'ils n'eussent pour eux toutes les chances; par ce système de conduite et par la connaissance qu'ils avaient des habitudes des Européens, ils réussirent fréquemment à repousser les attaques des Portugais et des Hollandais.

C'était la politique de la cour de séparer la milice du peuple, autant que possible, en temps de troubles. Il n'y avait ni général en chef ni ordres écrits; les commandements indépendants donnaient naissance à des divisions et à des dénonciations mutuelles qui permettaient au roi d'exercer une surveillance active sur toutes les parties de la force militaire.

FONCTIONNAIRES; DIVISIONS TERRITORIALES, ETC. — Les adigaars (ou adikârams) étaient des ministres d'État, qui avaient contrôle et autorité sur les chefs et le peuple. Ces hauts dignitaires étaient dans l'origine au nombre de quatre. Ce nombre fut réduit à un seul, jusqu'au temps de Radjah-Singha (1600), qui créa un second adigaar. Dans la plupart des cas le roi gouvernait et régnait; quand il manquait d'énergie, les attributions royales étaient déléguées au premier adigaar. Ce ministre devenait alors l'arbitre du sort de son maître, et à l'occasion déposait le mannequin couronné, et prenait sa place. Le dernier roi de Kandi créa jusqu'à trois adigaars, afin de diminuer l'influence de ces grands officiers. Les adigaars avaient le commandement des troupes dans les districts placés sous leur autorité immédiate. L'un d'eux accompagnait le roi dans ses tournées, tandis que l'autre restait chargé du gouvernement de la capitale.

Après les adigaars le dignitaire du rang le plus élevé était le gadjanayaka-nilamé (littéralement: « le chef des éléphants »), dont les fonctions répondaient à celles de grand maréchal du palais.

Venaient ensuite les désapatis, dessauves ou dissaves. Ces chefs de grand district ou province (appelés en conséquence *dissavenies*) avaient non-seulement l'autorité militaire et la surveillance de l'administration de la justice dans leurs lieutenances, mais l'inspection des comptes des revenus publics et des collecteurs de taxes. Dans les temps de commotions civiles, ou de guerre avec l'étranger, les dissaves se rendaient souvent indépendants de la couronne, et exerçaient toutes les prérogatives de la souveraineté dans leurs districts respectifs. Mais sous le gouvernement d'un monarque énergique et puissant les choses étaient remises sur le pied ordinaire. Le dissave était forcé de passer la plus grande partie de son temps à la cour, et se trouvait dans la nécessité de confier à des sous-dissaves l'administration locale de la province. Ne se trouvant plus ainsi en contact habituel avec le peuple, les dissaves cessaient d'en être regardés comme les chefs naturels. D'un autre côté, comme ils étaient responsables des revenus de la couronne dans leur province, le roi cherchait à en tirer chaque année des sommes plus considérables et ces gouverneurs, à leur tour, s'efforçaient, par toutes sortes d'extorsions, d'augmenter leurs propres revenus, ce qui leur aliénait l'affection des peuples et ruinait leur influence. Ils avaient sous leurs ordres plusieurs chefs civils et militaires, qui étaient chargés de tous les détails des services publics. Le *dissaway-mohottalé* ou *maha-modéliar* était le principal dignitaire après le dissave et son lieutenant, en cas d'absence. Il avait autrefois le commandement immédiat des troupes de la province. On distinguait plusieurs modéliars ou mohottalés, dont le rang et les attributions variaient selon les localités. Sous l'administration anglaise les modéliars sont les agents supérieurs, à la fois civils et militaires, de l'autorité.

Les chefs des temples étaient des laïques d'un rang élevé, institués par le roi et non par le collège des prêtres. Ils sont nommés aujourd'hui par l'agent du gouvernement dans la province centrale. Ils étaient chargés du matériel du culte, et avaient sous leurs ordres des fonctionnaires inférieurs chargés de l'exécution.

Il y avait nombre d'autres chefs de localité chargés de l'administration inférieure; les limites de ce résumé ne nous permettent pas de nous arrêter à ces détails. Nous ajouterons seulement quelques mots sur les divisions territoriales, etc., du temps des souverains indigènes.

Sous les derniers rois le pays était divisé, d'après d'anciens usages, en un certain nombre de provinces centrales, appelés *rattès*, entourant la capitale, et de provinces latérales, appelées *dissavenies*. Ces provinces se divisaient, à leur tour, en *korles* ou districts, ou arrondissements, *pattous*, cantons, etc. Les chefs des *rattés* portaient le titre de *ratté mahatmeya*, et exerçaient des pouvoirs semblables à ceux des dissaves ; mais leur rang à la cour était inférieur à celui de ces derniers dignitaires. Les chefs des *korlés* ou korles étaient les *koraal's*, etc. Un grand nombre de ces titres et les fonctions qui s'y rattachent ont été conservés sous le régime actuel.

AGRICULTURE.

Les détails qui suivent se rapportent à l'époque où Knox écrivait ; mais le caractère stationnaire des Singhalais les rend parfaitement applicables, en général, à l'époque actuelle.

Ils ont plusieurs sortes de riz, ayant des noms différents, en rapport avec l'époque de la moisson. Le prix des différentes qualités de riz est le même. La culture de tant de variétés est due principalement au mode d'irrigation. Le riz, en général, a besoin d'être submergé pendant la période de sa croissance : les indigènes ont dû avoir recours, en conséquence, à des moyens très-ingénieux pour faire arriver l'eau des rivières et des étangs dans leurs champs. Leurs irrigations s'étendent jusqu'au sol montueux et escarpé, qu'ils façonnent en terrasses étagées, de quatre à huit pieds de largeur, préparées avec un soin extrême pour la réception des eaux qu'ils y conduisent du sommet des collines, et qui les couvrent et les fertilisent toutes successivement. Ces conduites d'eau se développent souvent sur un espace de deux ou trois milles le long du flanc de la montagne et traversent même quelquefois d'une montagne à l'autre à l'aide d'aqueducs ou tuyaux en bois. Rien n'est plus beau qu'une vallée des hautes terres ainsi cultivée, présentant toutes les phases de culture et les variétés de teintes possibles, et les laboureurs engagés dans les différentes opérations de l'agriculture dans un même champ, tandis que le charme de ce tableau s'augmente par le contraste même du paysage hardi, inculte et sauvage, qui l'environne de toutes parts.

Dans différentes parties du pays où il n'y a ni sources ni rivières, on y supplée par la construction de réservoirs ou lacs, qui reçoivent la pluie jusqu'à ce qu'elle soit employée pour les champs. Ils ont en général la figure d'une demi-lune ; chaque village en possède un. Les crocodiles, qui les infestent pendant la saison pluvieuse, les quittent pendant la sécheresse, et vont, à travers les bois, dans les rivières jusqu'au retour des pluies. Ils ne sont pas grands, mais ils sont dangereux, et occasionnent des accidents. Dans les montagnes où l'eau est abondante on obtient jusqu'à trois récoltes, dont une de paddy et deux de riz inférieur. La superstition suit les Singhalais jusque dans leurs opérations agricoles ; en battelant le riz, par exemple, certaines cérémonies sont religieusement observées.

Le jardinage est à peine connu parmi les Singhalais comme branche spéciale à l'industrie agricole. Ceylan est cependant en voie d'amélioration sous ce rapport, et plusieurs cultures y ont été introduites dans ces derniers temps. Le froment réussit à merveille. La pomme de terre y vient en grande quantité ; elle est très-recherchée de toutes les castes. On cultive différentes qualités de coton dans le district de Batécalo. La culture du tabac se fait sur une grande échelle dans le nord, et avec un succès marqué ; les connaisseurs préfèrent ses produits aux meilleurs cigares Havane. La culture de la canne à sucre, après des essais infructueux sur plusieurs points, a enfin réussi dans la province centrale. Les plantations de cocotiers sont immenses. On évalue le nombre de ces arbres si utiles à au moins quinze millions ! Le café, dont l'introduction paraît dater de 1723 (par l'intermédiaire des Hollandais), est de très-bonne qualité. La culture de la cannelle a été fort améliorée dans ces dernières années. L'indigo pourrait être aussi l'objet d'une culture spéciale à Ceylan, où il est indigène ; mais diverses causes se sont opposées jusqu'à présent à ce qu'on en tirât aucun parti.

Au total, Ceylan présente d'immenses ressources au point de vue agricole et industriel ; mais il faut bien constater (et c'est un fait qui doit surprendre tout observateur impartial) que le gouvernement anglais n'a pu réussir encore, après une occupation d'un demi-siècle, à encourager la culture des céréales de manière à ce que Ceylan suffise sous ce rapport à ses propres besoins. Il est certain que la récolte de riz, cette base indispensable de la nourriture du peuple, est au-dessous des besoins de la consommation. Il faut en chercher la cause principale dans le défaut d'entretien des réservoirs.

COMMERCE; POIDS ET MESURES, etc. — Le commerce extérieur et intérieur de Colombo est très-étendu, et augmente journellement, mais sans que les indigènes, les vrais Singhalais, y prennent la moindre part directe. Les exportations pour l'Europe consistent en cannelle, poivre, café, huile de coco, plombagine, cordage, arack, cardamome, dents d'éléphant, bois de cerf, écaille de tortue, ébène, bois de satin, etc. Les importations se composent de cotonnades, flanelles, osier, chapeaux, vin, bière, eau-de-vie, huile, jambons, viandes salées, parfumerie, conserves, faïence, coutellerie, cristaux, quincaillerie, etc., etc. Les exportations pour les colonies et les établissements britanniques du Levant, outre les articles déjà énumérés, sont les noix d'arek, le cuivre rouge, les noix de coco, le *coir* (bourre de coco), le tripang, l'huile de poisson, etc. En retour sont importés : du riz, du paddy, de l'orge, du drap, de la soie, du sucre, des épices, des drogueries, etc. Généralement tout le commerce extérieur de l'île est monopolisé par la Grande-Bretagne et la Péninsule indienne. Il y a un commerce intérieur par terre et par eau, le Kalané-Ganga étant navigable jusqu'à une distance considérable de son embouchure. Par cette viabilité de grandes quantités de sel, de poisson salé, et de marchandises manufacturées, sont d'abord reçues, et ensuite mises en circulation dans tout le pays; les retours se font en paddy, djâgry et noix d'arek. Le Kalu-Ganga est aussi navigable à une distance considérable, et l'accroissement des relations commerciales entre la capitale et les villages qui le bordent est incontestable.

Le commerce de Trincomali est insignifiant, par suite de l'état inculte du pays environnant, qui élève le prix des choses nécessaires à la vie et entretient une insalubrité qui a compromis la magnifique position commerciale du chef-lieu. Il suffirait d'un peu d'énergie et d'un capital peu important pour tirer un parti immense de ses ports magnifiques. La position géographique de Trincomali fût-elle son titre unique à la préférence, cette ville devrait centraliser la plus grande partie du commerce de la baie de Bengale, sinon devenir le point de transit du commerce avec les côtes de l'océan Indien.

Les poids et mesures anglais sont légalement et généralement en usage à Ceylan. L'ancien système des poids et mesures indigènes, d'une grande imperfection en lui-même et compliqué de l'emploi de plusieurs mesures hollandaises, est cependant encore usité dans l'intérieur. Les mesures de capacité qui se rattachent à ce système et qui sont les plus répandues sont : le *parah*, dont le poids, selon les articles (produits secs ou liquides), varie de 27 à 55 livres « avoir du poids » (12 à 24 kilog.), et le *candy* ou *bahar*, de 500 livres « avoir du poids », ou d'une valeur moyenne de 227 kilogrammes.

Les monnaies courantes aujourd'hui sont toutes les monnaies anglaises, la piastre, le rix-dollar (de fabrication anglaise, et valant à peu près 1 fr. 75 c.), la roupie de compagnie, etc.

L'état de prospérité croissant de la colonie, au point de vue commercial, ressort des chiffres suivants :

L'ensemble des importations a été :

Années.	Liv. sterling.	Francs.
1839	662,123,	ou environ 16,553,075
1840	733,747,	18,343,675
1841	743,222,	18,580,550
1842	831,311,	20,782,775
1843	1,029,515,	25,737,875
1844	1,360,721,	34,018,025

Les exportations ont eu pendant la même période l'importance suivante :

Années.	Liv. sterling.	Francs.
1839	375,224,	9,380,600
1840	410,363,	10,259,075
1841	398,093,	9,952,325
1842	458,146,	11,453,650
1843	422,479,	10,561,975
1844	532,167,	13,304,175

La valeur des *principales* importations en 1845 a été de 1,491,549 livr. sterl., ou environ 37,288,725 fr.

Celle des articles exportés pendant la même année, et qui ont produit plus de 100 livres sterling (2,500 fr.) de droits, a été de 566,407 livres sterling, ou environ 14,160,175 fr.

Les revenus de Ceylan se sont élevés en 1847 à 437,502 livr. sterl., ou environ 10,937,550 fr.; et les dépenses, à 476,192 livres sterling, ou environ 11,904,800 fr., laissant conséquemment un déficit de 38,690 livres sterling, ou environ 967,250 fr.

Immigration de cultivateurs hindous. — L'immigration de Coulies, des côtes de Malabar et de Coromandel, dans Ceylan a commencé en 1839. A dater de 1842 cette immigration a été annuellement d'environ trente-huit mille individus. Ils font un séjour de six à douze mois dans l'île, et s'en retournent avec leurs épargnes, qui sont d'environ vingt roupies par an et par tête. En supposant le capital abondant à Ceylan, il y a encore une large place pour un accroissement d'immigration, qui ne peut qu'être avantageuse aux populations intéressées. Les diatribes des philanthropes qui se sont apitoyés sur le sort des Coulies ne paraissent reposer sur aucun fondement solide; la balance des griefs respectifs des planteurs et des engagés est plutôt du côté des planteurs! Néanmoins, il faut convenir qu'il serait extrêmement désirable, pour toutes les parties intéressées, que l'on établît une statistique permanente de l'offre et de la demande de bras, et qu'on facilitât aux immigrants les moyens de transport et d'établissement fixe dans le pays; la société d'agriculture autorisée par le gouvernement de Madras est appelée à rendre de grands services sous ces différents rapports.

TERRES EN FRICHE, LANDES, APPROPRIATION DE TERRAINS, VOIES DE COMMUNICATION, ETC. — La majeure partie du sol cultivable est encore en friche à Ceylan. Dans l'origine le gouvernement anglais procéda à la distribution des terrains par voie de concession simple; ce ne fut qu'à dater de 1833 que l'appropriation se fit au moyen de ventes publiques. La mise à prix, fixée à cette époque à cinq schellings l'acre, a été élevée depuis à vingt schellings; l'expérience a démontré qu'il était impossible de fixer un prix uniforme sans tenir compte des qualités, des positions topographiques et des circonstances commerciales. D'ailleurs l'opération cadastrale présentait de grandes difficultés, notamment en ce qui touche la mise en culture, la délimitation des domaines et des droits des particuliers. Sir R. W. Horton, en 1841, remédia un peu au désordre au moyen de concessions perpétuelles de terrains à bâtir et d'autres mesures civiles et administratives (1).

La propriété mainmortable est envahissante à Ceylan, comme elle l'a été chez les peuples européens; il a fallu que l'arbitraire des rois et les commotions civiles missent des barrières à l'avidité des prêtres de Bouddha. Leurs terres sont néanmoins mal cultivées. Un des grands inconvénients sur lesquels le pouvoir législatif est appelé à statuer, c'est l'état de servage où se trouvent encore les fermiers mainmortables, qui sont tenus au travail forcé et à divers services féodaux.

L'ouverture de grandes voies de communication et de transport a fait sortir le pays de l'état sauvage où la politique des rois indigènes l'avait maintenu. On y remarque la grande route que l'on peut appeler le Simplon du Levant, et qui relie la capitale maritime à celle des montagnes; une autre grande route, de cent soixante milles de longueur s'étend de Colombo à Trincomalî, et traverse la partie la plus inculte du pays, qu'elle

---

(1) Par suite de l'extension donnée aux plantations de café, le montant des ventes de terres de la couronne effectuées par le gouvernement colonial s'était élevé en 1841 (pour 78,685 acres) à près de 30,000 livr. sterl., ou 750,000 fr.; en 1845 (pour 19,062 acres), à 38,000 livr. sterl., ou 950,000 fr. Mais la mise à prix de 20 shillings par acre, maintenue par le gouvernement pour les terrains restés disponibles, a paru depuis trop élevée aux spéculateurs, et il ne s'est vendu en 1846 et 1847 que 7,727 acres des terres de la couronne. Les pertes éprouvées par les planteurs, d'un côté; de l'autre, la concurrence faite au gouvernement par les premiers acquéreurs, qui, ayant acheté à 5 schellings l'acre, réalisaient un bénéfice considérable en revendant à des prix fort inférieurs à la limite fixée par le gouvernement : telles sont les causes de la diminution soudaine de cette branche de revenus.

améliorera rapidement. Les villes principales, Colombo, Jaffna, Trincomali, Matura, et Galle, sont ainsi mises en communication entre elles et avec Kandi. Les huit autres routes principales sont: de Negombo à Kandi; parcours, soixante-six milles; de Putlam à Kandi, par Kurunaigalla, quatre-vingt-cinq milles; d'Aripo à Kandi, par Anouradhapoura et Damboul, cent trente-sept milles; de Colombo au Pic-d'Adam, par Ratnapoura, quatre-vingt-un milles; de Colombo à Ruwanwellé, trente-six milles; de Kandi à Trincomali, cent treize milles; de Kandi à Badoulla, par Gonagamma, cinquante-trois milles; de Kandi à Badoulla, par Nuwera-Elliya, quatre-vingt-quatre milles.

Un grand nombre d'autres routes ont été construites dans la province de l'ouest, dans celle du centre, dans celle du sud, et dans celle du nord; elles font communiquer entre elles une foule de villes et de localités, dont l'énumération serait trop longue dans une analyse très-limitée.

Une compagnie au capital de 300,000 l. (7,500,000 fr.) projette l'établissement d'un chemin de fer entre Colombo et Kandi; les avantages nombreux que paraissent offrir ses combinaisons, secondées par le gouvernement anglais, font espérer que l'exécution de cette grande et utile entreprise ne se fera pas attendre longtemps.

Quand les terres labourables auront été mises en valeur et les communications suffisamment assurées, la population s'accroîtra nécessairement avec rapidité, mais sans aucun inconvénient, car Ceylan a déjà nourri une population triple ou quadruple de celle qui l'occupe aujourd'hui.

PÊCHERIE DE PERLES. — Le siége ancien de la pêcherie de perles, pour laquelle Ceylan est renommée, paraît avoir été à Kolkhi, et non à Coléchè, comme l'ont soutenu plusieurs géographes. Kolkhi est placé par Vincent (1), directement à l'opposite de l'île de Manaar, qui avec la côte voisine a toujours été le centre de la pêcherie, tandis que Manaar est l'île Épiodorus, où, selon le Périple, on trouvait les huîtres perlières, et c'est là que la pêche s'en fait encore aujourd'hui. La consommation considérable qui s'en faisait à Rome et à Alexandrie paraît avoir rendu les perles dans l'antiquité un article de commerce plus avantageux que ne l'était celui des diamants, etc. Les gouvernements qui à différentes époques ont présidé à l'exploitation de la pêcherie, portugais, hollandais, anglais ou indigène, ont pris régulièrement station à Tutacorin, de l'autre côté du détroit, la pêcherie elle-même étant toujours établie à Kondatchie, Séewellé et Tchilaw.

Le nombre des personnes réunies pour la pêche sous la domination portugaise était de cinquante à soixante mille, consistant en marins, négociants et commerçants de toute sorte. Le nayque de Madura avait un jour de pêche à lui, comme souverain de la côte et représentant de Pandion; l'épouse du gouverneur de Manaar avait un autre jour, que les jésuites, sous les Portugais, parvinrent à accaparer à leur profit; enfin, l'armateur avait le droit de faire plonger une fois pour son compte chaque jour de pêche. Les opérations terminées, une foire aux perles était tenue à Tutacorin. Le courtage et les taxes, s'élevant à quatre pour cent, étaient payés par l'acquéreur. Il y avait quatre à cinq cents navires, portant chacun de soixante à quatre-vingt-dix plongeurs : ces plongeurs étaient principalement des Malabares catholiques romains et des Hindous.

Les bancs d'huîtres perlières sont plus ou moins étendus, et ne peuvent être exploités qu'à des intervalles de six ou sept années, ce temps étant nécessaire pour que les perles atteignent tout leur développement. Certaines saisons de pêche sont beaucoup plus profitables que d'autres. Quelquefois le gouvernement fait pêcher pour son propre compte. Généralement le droit de pêche, sur les bancs désignés par l'expertise comme mûrs pour l'exploitation, est vendu à l'encan. La pêche de 1833, qui a été la dernière des pêches très-productives, a employé cent trente-cinq grands bateaux, portant chacun de vingt à vingt-cinq personnes, dont au plus dix plongeurs.

---

(1) *Commerce et navigation des anciens dans l'océan Indien;* 3 vol., Londres, 1807-1813.

Sur les cent trente-cinq bateaux, dix seulement étaient ceylanais, et sur les douze cent-cinquante plongeurs, onze cents étaient venus de la côte de Coromandel. Le gouvernement ayant fait pêcher pour son propre compte en 1814, les plongeurs retirèrent, pendant les vingt premières journées de travail, soixante-seize-millions d'huîtres. Ceci peut donner une idée de l'énorme accumulation de ces coquillages dans le golfe de Manaar. On calcule que chaque bateau rapporte dans sa journée de trente mille à cinquante mille huîtres, et que les meilleurs plongeurs restent, en moyenne, soixante-dix secondes sous l'eau. La plupart ne vont pas au delà de cinquante-trois à cinquante-sept secondes, mais il a été constaté que quelques-uns des plus habiles pouvaient rester sous l'eau de quatre-vingt-quatre à quatre-vingt-sept secondes.

On évalue à quatorze-mille livres sterling le revenu moyen que le gouvernement retire de la pêche des perles. Il faut consulter pour de plus amples détails sur ce sujet notre ami Ruschenberger, Pridham, etc.

ADMINISTRATION.

Le gouvernement colonial est essentiellement exclusif dans sa forme, bien que l'île possède déjà tous les éléments d'une représentation populaire. Il est composé d'un gouverneur (avec un traitement de 7,000 liv. sterl., ou environ 175,000 francs!) assisté de deux conseils, l'un législatif, l'autre exécutif. Le premier se compose du grand juge, du général en chef, du secrétaire colonial, de l'avocat de la reine, du trésorier colonial, de l'auditeur général, de l'agent du gouvernement dans la province occidentale, du receveur général pour la même province, de l'agent du gouvernement dans la province centrale, de l'ingénieur en chef et de six autres membres, non fonctionnaires publics, dont deux, ou trois au plus, indigènes. Le conseil exécutif se compose : du général en chef, du secrétaire colonial, de l'avocat de la reine, du trésorier colonial et de l'agent du gouvernement dans la province centrale. L'examen des éléments qui concourent à former la population de Ceylan montre clairement que si la richesse, la civilisation de plus en plus développée, l'esprit d'entreprise, les tendances de jour en jour plus manifestes à seconder les efforts bienfaisants de l'administration européenne, sont des titres à la plus libérale sollicitude de la métropole, Ceylan a le droit d'être traitée avec la même faveur, d'être admise à l'exercice des mêmes libertés que les autres colonies britanniques. Indépendamment des Européens occupant une position officielle, Ceylan compte un grand nombre de personnes des plus honorables dans la carrière commerciale, une classe déjà nombreuse de propriétaires fonciers, une aristocratie indigène nombreuse et intelligente, des corporations maures, parsies, tamoules, influentes par leur industrie ou les capitaux dont elles disposent; un ensemble politique, en un mot, qui appelle toute l'attention, mérite toute la protection de la mère patrie, et réclame l'amélioration immédiate des institutions coloniales.

Quelle que soit l'importance de Ceylan comme position militaire, c'est une dérision que de continuer à la traiter en pays conquis et d'entraver, par le maintien du système exclusif que nous avons signalé, le développement normal de ses immenses ressources. C'est une grave atteinte à la liberté constitutionnelle, que le fait seul de la composition de ce conseil législatif, où, malgré l'introduction de l'élément indigène, les actes les plus arbitraires peuvent être sanctionnés, sous des prétextes spécieux, par une majorité toute-puissante, puisque sur seize membres qui composent le conseil législatif (indépendamment du gouverneur, dont les pouvoirs sont très-étendus), il n'y en a que six qui puissent être considérés comme indépendants du gouvernement, et sur ces six trois au plus sont indigènes.

Les finances de Ceylan ne sauraient être non plus convenablement administrées que des institutions libres n'aient été concédées à la colonie. Il y a de graves objections contre la compétence de l'administration actuelle à contracter un emprunt dans l'intérêt de la colonie, ce qui serait cependant indispensable au développement de sa prospérité matérielle. Les indigènes montrent une aptitude administrative trop incontestable pour qu'on tarde plus longtemps à s'aider franchement de leur concours et à modifier la législation existante de manière à élargir de plus en plus le cercle de leurs droits, de leurs devoirs et de leurs services.

En temps de guerre la défense navale de Ceylan est confiée à l'escadre de l'Inde stationnée à Bombay, et à l'escadre britannique en station à Trincomalî. La première protège les côtes ouest de l'Inde, de la bouche de l'Indus à Point-de-Galle; l'autre protège la baie de Bengale ou les côtes orientales de l'Inde s'étendant de Point-de-Galle à Arrakân. Un examen comparatif des ressources navales de toute nature dont dispose l'Angleterre et de celles que peuvent réunir les autres puissances maritimes est propre, il faut en convenir, à rassurer la Grande-Bretagne sur les dangers dont l'invasion étrangère par voie de mer pourrait menacer ses possessions orientales.

D'ailleurs, Ceylan a été fortifiée avec soin sur tous les points vulnérables. La province centrale compte plusieurs citadelles ou postes fortifiés : Kandi, Madawalatenne, Ruwanvellé, Ratnapoura, Badoulla, Himbliatawella. Les districts maritimes, indépendamment des grandes places fortes, Colombo, Trincomalî, Point-de-Galle et Jaffnapatam, comptent les forteresses suivantes : Batecalo, Hambantotté, Tangalle, Matura, Galle, Caltoura, Putlam, et Paltoupane.

ÉDUCATION INSTRUCTION RELIGIEUSE. — Il n'est resté aucune trace des mesures que les Portugais ont pu adopter, pendant la durée de leur domination, pour la propagation de leur langage et de l'instruction séculière et religieuse à Ceylan. Quant aux Hollandais, quelque peu honorable qu'ait été leur politique à beaucoup d'égards, on doit dire, à leur honneur, qu'aussitôt qu'ils furent établis à Ceylan ils établirent des écoles pour l'instruction des indigènes dans les éléments des connaissances utiles et les principes du christianisme. Ces écoles paraissent avoir été conduites avec beaucoup de soin et de jugement.

Quand les Anglais prirent possession des anciennes provinces Hollandaises, en 1796, ils négligèrent les écoles à ce point que les maîtres et catéchistes ne reçurent aucun traitement pendant trois ans, et que les écoles furent presque entièrement abandonnées; mais sous le gouvernement de M. North le nombre des écoles paroissiales s'éleva à cent soixante-dix, et ce haut fonctionnaire améliora la position des instituteurs en leur confiant les fonctions notariales dans leurs districts respectifs. En même temps il restaura une académie à Colombo, laquelle devint bientôt florissante, et compta parmi ses membres les enfants de la principale aristocratie indigène.

Bientôt cependant la misérable parcimonie du gouvernement de la métropole eut pour effet de réduire le nombre et l'efficacité des écoles, et ce ne fut qu'à dater de 1831 que l'attention sérieuse de l'administration se porta sur ce sujet, et qu'on commença à s'occuper activement de l'enseignement de la langue anglaise. Aujourd'hui, une commission centrale travaille énergiquement à former des maîtres, à fonder des écoles et à préparer des livres pour l'instruction élémentaire. Cette commission dispose d'une somme annuelle de 8,000 à 10,000 liv. sterl., 200,000 à 250,000 fr.

L'établissement d'écoles primaires pour les filles a rencontré d'immenses difficultés. Ces difficultés sont aujourd'hui en grande partie surmontées ; et ce sont les plus basses castes qui ont compris les premières tous les avantages qui devaient résulter pour leurs enfants de cette initiation aux rudiments d'une éducation européenne.

On trouve dans les voyages de Cosmas Indicopleustes les premières indications de l'existence d'églises chrétiennes à Ceylan, dans le sixième siècle. Sir John Maundeville fait de nouveau mention des chrétiens de *Taprobane* (nestoriens) au quatorzième siècle. Ce fut François Xavier, « l'apôtre des Indes », qui introduisit la religion catholique romaine à Ceylan, en 1542. Elle y fit de rapides progrès sous la domination portugaise. Les Hollandais s'efforcèrent, à leur tour, d'imposer à la population singhalaise les dogmes de la religion réformée; mais les vices, la cupidité, et l'immoralité flagrante de leur administration et de leur conduite particulière, tendaient nécessairement à discréditer leurs croyances officielles ; et les Singhalais passèrent sous la domination anglaise, moins disposés que jamais à adopter le christianisme : à moins, toutefois, que le baptême ne leur parût un moyen assuré de se faire vêtir et nourrir et de faire élever leurs enfants aux frais de la communauté chrétienne, soit catholique, soit réformée ! Cependant, avec l'amélioration graduelle de la condition morale des basses classes et l'influence croissante d'une sage administration, les obstacles aux conversions sincères ont probablement diminué. A diverses époques les chrétiens de différentes communions subirent des persécutions cruelles du gouvernement, ou même se persécutèrent entre elles. Ce ne fut que sous la domination anglaise, et à dater de 1806, que les catholiques et les protestants purent exercer librement leur culte et furent mis sur le pied de l'égalité civile et religieuse. Les catholiques romains ont maintenant des chapelles nombreuses. Ce fut en 1836 que le saint-siége démembra du diocèse de Cochin l'île de Ceylan, et y fonda un nouveau vicariat apostolique, dont le siége était à Colombo. Une bulle récente a institué deux évêchés, l'un pour la partie septentrionale de l'île, l'autre pour le sud. Le nombre total des catholiques à Ceylan est aujourd'hui d'environ deux cent mille. Un clergé nombreux y dessert deux cent cinquante-six églises.

L'Église anglicane (si Pridham a été bien informé) a pris un grand développement depuis l'arrivée des capitalistes anglais. L'île a maintenant un évêque ; le nombre des adhérents s'accroît journellement ; les stations des missionnaires se multiplient ; plusieurs indigènes sont déjà ordonnés ministres ; une surveillance épiscopale très-active est exercée sur l'île entière, et, ce qui est plus important, les motifs et la conduite des néophytes indigènes sont constatés par des expériences concluantes. La Société Évangélique a deux stations dans l'île, une dans la province sud, et l'autre à Calpentyne. Les chefs indigènes chrétiens ont offert des souscriptions en argent, en matériaux, et en main-d'œuvre pour la fondation d'églises et d'écoles, à la condition d'obtenir des pasteurs et des instituteurs ; mais ces derniers ont à lutter contre une telle masse de préjugés, que l'espoir de l'avenir repose presque tout entier sur l'éducation des jeunes générations. Cependant, le caractère moral des Singhalais s'élève par degrés sous l'influence de la civilisation européenne.

L'institution du jury a été introduite en 1811, par sir A. Johnston ; de grandes précautions d'équité président à sa formation. Le verdict est rendu à la majorité des voix, sans divulgation des votes particuliers. Les motifs d'exclusion contribuent à donner du relief à cette institution, les indigènes tenant à honneur de siéger en justice. Les fonctions de juré les placent de niveau avec les Européens ; l'effet moral de cette honorable assimilation a été tel, que les détenteurs d'esclaves qui siégeaient comme jurés furent les premiers à proclamer, en 1816, la nécessité de l'abolition de l'esclavage. L'accession du jury dans les opérations judiciaires a eu également pour effet de les simplifier et de les rendre beaucoup plus expéditives. Cette initiation progressive aux sentiments, aux idées, aux opinions des Européens, sur d'importantes questions sociales, aura nécessairement pour résultat de disposer les Singhalais à adopter, dans un avenir plus ou moins éloigné, les doctrines bienfaisantes du christianisme.

TOPOGRAPHIE.

L'esquisse géographique de l'île peut être faite en quelques mots ; l'intérieur seul exigera une description plus circonstanciée. Les districts maritimes, comprenant environ la moitié de l'étendue des provinces du sud, de l'est et de l'ouest, sont plats ; la province nord et la portion nord de la province *est* le sont aussi entièrement. Cette division de l'île peut varier en élévation de vingt à deux cents pieds. Elle présente des plaines étendues, soit complétement nivelées, comme vers la côte, soit légèrement onduleuses, en approchant de l'intérieur ; dans le premier cas elle est presque sans collines, dans le second elle est interrompue par des chaînes de collines basses et des masses solitaires de rochers s'élevant de cent à cinq cents pieds au-dessus du niveau de la plaine. Le caractère de l'intérieur de l'île varie considérablement eu égard à sa surface. Il peut être divisé avec assez de précision en pays plat, pays à collines, et pays montagneux. La partie montueuse proprement dite est circonscrite par la région des collines; et cette dernière est, comme nous l'avons déjà dit, bornée de trois côtés par une plage maritime, et d'un quatrième côté, celui du nord, par un plat pays, comprenant presque la moitié de l'île. Si donc le pays était divisé en deux parties égales par une ligne imaginaire de l'est à l'ouest, la région montueuse serait dite occuper environ le milieu de la moitié sud, ou à peu de chose près ce qui est appelé aujourd'hui la province centrale. Le centre de cette région est situé par environ 7° 3′ de latitude nord et 80° 46′ de longitude est. Sa plus grande longueur, qui est du nord au sud, peut être computée à soixante-deux milles, et sa plus grande largeur, de l'est à l'ouest, à cinquante-six milles. Les limites et l'étendue de la partie montueuse sont, au delà des montagnes, de quinze à vingt milles.

Chacune des trois divisions de l'île a ses traits caractéristiques: la grandeur pour les montagnes, la beauté pour les collines, et l'uniformité pour le pays plat, qu'un épais tapis de verdure recouvre, toutefois, presqu'en entier.

L'élévation du pays montagneux au-dessus du niveau de la mer est, en moyenne, de deux mille pieds. Dans peu de pays les montagnes ont une plus grande variété de formes et de directions. Il y a peu de montagnes isolées. Dans Doumbera la ligne des montagnes court généralement nord-nord-est et sud-sud-ouest. Dans Ouva, au contraire, elle court dans diverses directions. Il n'y a pas un seul lac ou marais d'eau stagnante parmi les montagnes. La forme et la direction des vallées n'est pas moins variée que celle des montagnes qui concourent à leur formation; elles sont beaucoup plus longues que larges. Quelques-unes seulement, qui se trouvent dans le cœur des montagnes, ont de trois à quatre mille pieds de profondeur.

Les limites de cette analyse nous obligent à nous renfermer dans une esquisse rapide des provinces et des curiosités ou des richesses naturelles qu'elles renferment.

Les bornes de la province nord sont la mer et le golfe de Manaar à l'ouest et au nord-ouest, le détroit de Palk et la baie de Bengale au nord et au nord-est; la province orientale à l'est; la province centrale au sud-est; la province ouest au sud-sud-ouest.

Le Pomparippo-Oya (1) a sa source dans les montagnes du district de Matalé, et, s'unissant subséquemment avec les eaux du lac Kalawéwé, à environ quinze milles au nord de Damboul, court vers la province de Nuwera-Kalawa, dans la direction nord-ouest. Il pénètre dans le district Pomparippo, se divise en cinq branches, et tombe dans le golfe de Calpentyne. Il abonde en poisson et regorge de crocodiles.

Le district de Pomparippo, qui est borné à l'est par Nuwera-Kalawa et Demelapattou, et au nord par le Martchikattie, a plus de vingt milles de longueur sur huit de largeur, et contient trente-cinq villages. Le pays offre une étendue de grandes forêts, sillonnées par des sentiers battus, et une chaîne de collines court le long de ses confins ouest jusqu'à Kouderamalaï. Le village de Pomparippo est situé dans une grande plaine, à environ quatre milles au nord du fort, et est principalement habité par des Maures, d'habitudes industrieuses. On trouve des daims en grand nombre dans le voisinage.

L'île de Karetivoe, à vingt milles nord-ouest de Calpentyne, qui contribue à former le golfe de Calpentyne, est séparée de la terre ferme par un canal étroit. Le djungle de Kîri abrite de grands troupeaux de daims. Par suite de son avantageuse situation pour la pêche, Karetivoe est devenue le rendez-vous des pêcheurs de Manaar et de Negombo pendant le mousson nord-est.

A quatre milles au nord de la baie de Kondatchie est Arippo, où se trouve un bâtiment isolé érigé par le gouverneur North; pendant la période de la pêche

(1) *Oya* est le terme par lequel on désigne les petites rivières ou ruisseaux : *Ganga* désigne les grandes rivières, telles que le Mahavellé ou le Kalané. Le mot tâmoul *Aar* signifie « rivière » en général.

des perles il est la résidence du surintendant, mais il est ouvert, comme maison de halte, aux voyageurs européens.

Le district de Nanaatan a environ quatorze milles de longueur sur neuf milles de largeur, et contient cent quatre-vingts villages. Il produit une grande quantité de paddy, et les paysans sont plus industrieux que leurs voisins. C'est dans cette contrée que se trouve le grand lac artificiel, ou « réservoir des géants »; son étendue est de vingt milles parahs de terre labourable. Il pourrait suffire, s'il était réparé, à l'irrigation des districts de Mantotte et de Nanaatan, dans une étendue de vingt-cinq milles parahs. Le district de Mantotte est borné à l'est par la contrée de Wanny, au nord par le canal qui divise Manaar de la terre ferme, au sud par Nanaatan. On remarque dans le district de Mantotte des ruines fort curieuses, qui ont donné lieu à une infinité de conjectures. On croit y avoir trouvé des vestiges de constructions *romaines!* Le pays est presque plat; mais par suite de la destruction des lacs artificiels ou réservoirs, le pays entier ne produit pas plus de trente milles parahs de paddy. Il contient cent quarante-sept villages, habités en grande partie par des Malabares.

L'île de Manaar est séparée de la côte de Ceylan par un étroit bras de mer, d'environ trois milles de largeur, qui est guéable au reflux. Elle est située entre 8° 56′ et 9° 0′ 50″ latitude nord, et 79° 50′ et 80° 8′ longitude est; elle a dix-huit milles de longueur et de deux à quatre de largeur; elle est le point de Ceylan le plus rapproché de la péninsule Indienne, son extrémité nord-ouest étant à trente milles de Ramisseram, et contient trente-deux villages. Elle est peu remarquable par ses productions. Le canal et le golfe sont très-poissonneux. On élève à Manaar beaucoup de gros bétail d'une très-belle espèce et des chèvres.

La ville de Manaar est située à l'extrémité sud-est de l'île, et à environ cent quarante-deux milles nord-nord-ouest de Colombo; elle a un petit fort, entouré d'un large fossé. En temps de guerre c'est une dépendance de Jaffna. Manaar contient une cour de justice, un grand bazar, plusieurs chapelles catholiques, et une église réformée hollandaise. Elle a une petite douane; ses exportations sont limitées à la côte de Coromandel.

Le village de Pesalé ou Peixalé est un des plus considérables de l'île. Il est à environ douze milles au nord-ouest de Manaar; sa situation est excellente pour la pêche. Les habitants, qui sont principalement des Parawas du continent, sont au nombre de plus de mille, et emploient plus de deux cents canots.

Le célèbre *pont d'Adam*, appelé par les indigènes *Tirouwanaï, sita pondanam*, etc., relie Manaar à l'île Ramisseram, et conséquemment au continent, dont Ramisseram n'est séparée que par le passage Paumban, rendu dernièrement navigable pour les *steamers* et les bâtiments de commerce d'un tirant d'eau ordinaire. — Le *pont d'Adam*, dont la légende hindoue attribue la construction aux singes divins, auxiliaires de Rama dans son invasion de Ceylan, n'est qu'une énorme digue de sable de vingt-cinq à trente milles de longueur, large d'un quart de mille au plus, percée de trois passages, de peu de profondeur, et en partie submergée dans le reste de son développement.

Le district de Vertativoe, qui fait partie du territoire du Wanny, comprend cent quatre villages; les Maures qui l'habitent y ont une manufacture de sel, considérable. Il y a une poste militaire et une maison de halte pour les voyageurs, avec une route qui traverse le Wanny et va jusqu'à Trincomalî. Près la première maison de halte de cette route se trouve un petit temple, d'une excellente architecture.

La prochaine station au nord est Illipé Kadawé, à cinq milles trois quarts, principal village du district de ce nom, où se trouve une maison de halte. Cette contrée est infestée d'éléphants sauvages. Le tabac y vient bien. Il y a quarante-cinq réservoirs, dont vingt exigeraient des réparations.

Dans le district de Patchellépallé se trouve Pounaryn, un village de la paroisse du même nom. Il a un petit fort, construit par les Hollandais, et une maison de halte pour les voyageurs. C'est le siége d'une population considérable, ayant de grandes cultures de paddy, mêlées de plantations de cocotiers et d'autres palmiers. Ce district est remarquable pour la magnificence de sa végétation tropicale.

La péninsule de Jaffna est située sur une langue de terre, à l'extrémité nord de Ceylan, à l'opposite de Nagapatam (dans le Carnactic sud). Elle forme la partie la plus populeuse de la province nord. Son étendue est d'environ trente-cinq milles du nord-ouest au sud-est, et sa largeur d'environ vingt-cinq milles du nord-est au sud-ouest, comprenant une étendue de douze cent vingt milles carrés. Elle est divisée en quatre districts (non comprises les îles), Wadamarachie, Temnarachie, Pachellepallé, et Walligamme, lesquelles renferment trente-deux paroisses ou subdivisions, et plus de cent soixante villages. Le sol est généralement sablonneux; mais quand il est fumé il fournit d'abondantes moissons : on y cultive diverses espèces de menus grains. Il produit du tabac de qualité supérieure en quantité considérable, et qui est transporté aux marchés de Colombo, Galle, et Kandi. La péninsule produit encore du coton de belle qualité. Les cocotiers y réussissent à merveille. Les fruits indigènes y abondent. L'indigo y croît spontanément. On y trouve des grands troupeaux de bétail, de moutons et de chèvres. Il y a des manufactures de drap et de djaggry. Il y a en outre des poteries et des orfévreries d'or et d'argent. On y manufacture beaucoup d'huile de coco et d'autres substances.

Le commerce d'exportation de Jaffna aux ports au delà de Ceylan consiste en tabac, bois de palmier, djaggry, oignons, cuivre, poteries, etc. Les importations sont du drap, du fil de coton, du fer, du paddy, du riz, des graines, des drogues médicinales, et de la faïence.

Les habitants, à peu d'exceptions près, sont Tâmouls; ils sont, en général, laborieux, actifs et entreprenants; mais ils sont d'habitudes licencieuses et fort enclins à des actes de violence. La péninsule a acquis une triste célébrité pour ses meurtres, ses vols de grand chemin, etc.

Cette partie de Ceylan fut jadis renommée sous le rapport littéraire et religieux. Depuis la chute des Hollandais elle est retombée sous le joug des superstitions hindoues, à la célébration desquelles sont consacrés plus de trois cents temples. Jaffna fut prise par les Anglais en 1795.

Jaffnapatam, la principale ville de la péninsule, est située par 9° 47′ latitude nord et 80° 9′ longitude est, à deux cent quatre-vingt-seize milles sud-ouest de Madras et deux cent quinze nord de Colombo. Elle possède une grande forteresse, construite en forme de pentagone, avec cinq bastions entourés d'un glacis; dans ses murs se trouve une église, construite en forme de croix grecque, la maison du commandant, les barraques des soldats, et autres constructions publiques. Les maisons sont la plupart construites de briques, avec de délicieux jardins, abondants en fruits indigènes et exotiques les plus recherchés. La plus grande partie de la population se compose de Maures et d'Hindous, et le commerce de la côte, consistant en coton manufacturé, est conduit par les Tchitties, qui sont les escompteurs et les changeurs de Ceylan. Le bazar de Jaffnapatam est abondamment pourvu des choses nécessaires à la vie, qui se vendent à très-bon marché.

Les catholiques romains ont leurs chapelles; l'église de Saint-Jean appartient aux protestants. A Wannapanné, un village voisin, les Hindous ont un grand temple, appelé Kanda-Swanny, qui surpasse tous ceux de la province en grandeur et en magnificence. Parmi les institutions de Jaffna, la Société de Secours mutuels, établie en 1841, est une des plus utiles.

Jaffnapatam est le siège de l'agent du gouvernement pour la province du nord, du juge de district, du fiscal, du magistrat de police, qui sont tous des officiers civils.

La contrée de Wanny est bornée au nord par Jaffna et son territoire, à l'est par la mer, à l'ouest par le golfe de Manaar, au sud par Nuwera-Kalawa. Le mot *wanny* signifie chaleur brûlante : quand le thérmomètre à Jaffnapatam est de 80° à 85°, il est de dix degrés plus élevé, au moins, dans le Wanny. Cette chaleur intense peut être attribuée à la nature volcanique du sol et à l'absence de brise du large. Ce pays est exposé à des ouragans et à de fortes pluies. Il y a deux récoltes, dont une

42° *Livraison.* (INDO-CHINE.)

de paddy, qui vient en six mois environ; l'autre consiste en natchené et warrego, qui n'exigent pas d'arrosement. La principale alimentation du peuple est le riz, le beurre et le lait, avec la banane et d'autres fruits. Le Wanny produit un grand nombre de plantes médicinales précieuses, d'herbes et de racines, de dents d'éléphant, de bétail, de daims, de cire, de miel, de lait, de noix de coco; il reçoit en échange du drap, du sel, et du poisson salé. Le pays est infesté d'éléphants et d'animaux féroces, auxquels on fait une guerre d'extermination.

En passant du district Kalawa-Oya dans le Nuwara-Kalawa, l'étranger aperçoit une différence marquée dans les coutumes, les manières, et l'aspect des habitants, qui sont plus grands et ont des traits plus réguliers; mais ils ne sont pas aussi robustes que ceux des districts montagneux. — Au centre de cette province, au sud du Wanny, on rencontre les immenses ruines de l'antique capitale de Ceylan.

Le terrain sur lequel Anouradhapoura fut bâtie était considéré comme un lieu saint par les sectateurs de Bouddha. Cette capitale avait été sanctifiée par la présence des premiers Bouddhas. Des temples y furent construits par plusieurs souverains pour servir de dépôts aux reliques. Wahapp (ou Wasabha), dont le règne commença A. D. 62, acheva les murailles de la ville, dont le périmètre embrassait deux cent cinquante-six milles carrés. Elle fut la capitale de l'île pendant douze cents ans. L'exécution de ses sculptures de granit peut être comparée (si l'on en croit les voyageurs) à tout ce qu'il y a de plus parfait en Europe, au moins pour la vigueur et la netteté du ciseau, et même jusqu'à un certain point pour l'expression des figures. Les anciennes chroniques nous représentent Anouradhapoura comme une ville renfermant toutes les magnificences d'une civilisation avancée. Les routes qui ont été construites récemment pour la relier aux principales villes de la côte et de l'intérieur ont ranimé l'esprit d'entreprise des populations, et on doit espérer que la contrée environnante, jadis si bien cultivée et si peuplée, recouvrera son ancienne splendeur.

La superficie de la province nord est de six mille cinquante-trois milles carrés; sa population était estimée, en 1848, à trois cent vingt-cinq mille sept cent cinquante-deux habitants.

La province de l'est est bornée au nord et à l'est par la baie de Bengale, au nord-ouest par le pays de Wanny; dans la province nord: à l'ouest par Nuwara-Kalawa et par la province centrale, et au sud-ouest par la province sud.

Le district de Kariekattoe-Moellé contient cinquante et un villages, dont trente-trois ont des lacs d'irrigation. Le tabac y est cultivé sur une grande échelle. Les routes reliant la côte nord-ouest avec Moelitivoe et Trincomali traversent ce district. Les villageois hindous qui l'habitent sont une classe laborieuse, qui paraît contente de son sort. Les enfants sont sujets à l'obésité, commune dans l'île, et qui est attribuée à l'usage immodéré du riz.

A l'extrémité sud de ce district est le grand lac artificiel Padeviel-Colom, un des plus considérables de Ceylan. Il est alimenté au nord-est par deux petits ruisseaux et un ou plusieurs autres au nord-ouest.

A l'ouest de la route qui relie Nillavellé et Trincomali se trouvent les célèbres sources d'eaux thermales, au nombre de sept, qui sont fréquemment visitées par des habitants de Trincomali. Elles sont en grande réputation parmi les indigènes, qui les regardent avec une révérence superstitieuse.

Trincomali, capitale de la province est, est située par 8° 33' 5" latitude nord, et 81° 13' 2" longitude est, à cent trente milles dans le sud-est de Jaffnapatam. Le voisinage immédiat de la ville offre des aspects du pittoresque le plus sublime. En raison des nombreux avantages offerts par ses ports magnifiques, Trincomali est le dépôt principal de la marine anglaise dans les mers de l'Inde. Il possède des bassins et un arsenal qui pourraient suffire aux réparations des plus grands vaisseaux. Trincomali est naturellement fort, et l'art l'a rendu imprenable. C'est une acquisition d'un prix inestimable pour une puissance maritime de premier ordre; la marine anglaise tout entière pourrait y mouiller à l'aise et avec une parfaite sécurité.

A quinze milles au sud de Trincomalî se trouve Tambalagam. Les crocodiles abondent dans ce district; et les djungles fourmillent de gibier et de bêtes sauvages.

Le lac d'irrigation de Gantalawé est un des monuments laissés par Mahasen. Toutes les terres arrosées par ce lac appartenaient aux temples : de là son nom de *Dantalawa* ou *Gantalawé*, que les Européens ont changé en *Kandellé*.

Kandellé est, dans l'opinion des connaisseurs, le plus beau lac de Ceylan. Durant la saison pluvieuse, quand le lac atteint à sa plus grande élévation, il couvre environ quinze mille carrés. Cet ouvrage d'art, ainsi que plusieurs autres, de proportions gigantesques, atteste suffisamment qu'à une période reculée Ceylan devait être très-peuplé et régi par un gouvernement assez éclairé pour concevoir et mettre à exécution des travaux publics de l'ordre le plus élevé.

Nous voudrions pouvoir nous arrêter sur les autres districts qui composent la province *est*, et décrire avec quelque détail, comme s'y rattachant plus particulièrement, le cours du Mahavellé-Ganga, la plus importante rivière de Ceylan, et celui de ses affluents; le grand lac de Mennaïria, les ruines de Pollonnarouwa, dans le voisinage de ce lac, etc.; mais nous sommes forcé de nous borner à ces brèves indications. Nous dirons cependant quelques mots du district de Batticalo, qui s'étend du Virgal-Ganga au Kumukan-Aar. Il comprend treize cent soixante milles carrés et une population d'environ trente-cinq mille âmes. Le climat est salubre, excepté dans les mois de grande chaleur. Il y a des plantations de cocotiers, et on y cultive une variété infinie de menus grains. Il est fameux pour l'élève de bétail à cornes, de moutons et de chèvres. Il abonde en gibier et en poisson; sa population consiste en Malabares, en Moukwas et en Maures.

La superficie de la province *est* est de quatre mille huit cent quatre-vingt-quinze milles, et la population totale est d'environ quatre-vingt mille âmes.

La province sud est bornée au sud par la mer, à l'ouest et au nord-ouest par la province ouest, au nord-est par la province est, au nord par la province centrale.

La superficie de la province sud est de six mille trente-deux milles carrés : sa population était estimée en 1848 à trois cent cinquante-huit mille âmes.

Entre la province centrale et celle du sud, mais depuis quelque temps dans la dépendance administrative de la province centrale, se trouve le pays d'Ouva, qui se distingue en haut Ouva et bas Ouva, et dont les aspects sont aussi variés que magnifiques. Vastes forêts, confusion sublime de montagnes, immense étendue de plaines, tout y présente un caractère grandiose. Le climat est très-salubre, fort approprié à la constitution des Européens; l'élève du bétail y est très-important. Dans le voisinage de Badoulla, chef-lieu du haut Ouva, s'élève Namina-Couli-Kandi, une des plus hautes montagnes de Ceylan; elle a quatre mille pieds au-dessus de la plaine, et six mille sept cents au-dessus du niveau de la mer : elle est remarquable pour sa grandeur massive.

Kattragam, dans le sud-sud-est de Badoulla et non loin de la mer, est fameux par ses temples érigés en l'honneur de toutes les divinités du panthéon hindou. La vénération pour le temple principal, dédié à Skanda, dieu de la guerre, est tellement grande, que des pèlerins de toutes les parties de l'Inde vont y faire leurs dévotions.

Le Girawé-Pattou comprend environ cinquante villages; et ses pêcheries sont très-importantes. Les forêts abondent en éléphants, que l'on y prenait autrefois en grand nombre pour l'exportation.

Les districts voisins, dans l'ouest et dans le nord, offrent plusieurs localités remarquables, sur lesquelles nous regrettons de ne pouvoir nous arrêter. Nous sommes également forcé de renvoyer au livre de Pridham pour une description des villes principales de la côte sud, Tangalle, Matoura, Galle (ou Point-de-Galle) (1), etc. — En remontant dans

---

(1) Les Maldives, dépendances de Ceylan, communiquent deux fois par an avec l'agent du gouvernement anglais à Point-de-Galle. L'archipel des Maldives se compose d'une multitude de petites îles, dont les dimensions n'excèdent guère un mille en longueur et en

la direction du nord-ouest et traversant la province de Saffragam, qui ne compte pas moins de cinquante mille habitants, répartis sur une surface de mille cinq cent quatre vingt quatre milles carrés, on trouve la ville de *Ratnapoura*, près de laquelle on recueille, dans le lit d'un torrent, une grande quantité de pierres précieuses : rubis, topazes, saphirs, etc. « Tout le pays est inondé pendant la saison des pluies, autour de Ratnapoura, par le débordement du Kalou-Ganga, rivière d'une grande importance commerciale, qui traverse cette province de l'est à l'ouest et se jette dans la mer à Caltoura. Le célèbre « pic d'Adam, » (le Samanala, Hamallet et Samanta Kouta des indigènes) est situé dans le nord-quart-nord-est de Ratnapoura, et à une distance de quinze milles environ.

La vue de Samanala est la plus magnifique qui se puisse concevoir : dans toutes les directions se rencontrent des montagnes revêtues jusqu'à leurs sommets de forêts éternelles, avec des roches nues et des précipices de dimensions si monstrueuses, que même la végétation luxuriante qui en voile les plus sublimes aspects n'a pu cacher entièrement leur formidable grandeur.

Le Pic d'Adam est élevé de sept mille quatre cent vingt pieds anglais (environ 2,260 mètres) au-dessus du niveau de la mer. A son sommet, sur un rocher de granit, se trouve la fameuse empreinte du pied de Bouddha, selon les Bouddhistes, d'Adam selon les mahométans, de Siwa selon les Hindous!

La province ouest est bornée à l'ouest par la mer, au sud et au sud-est par la province sud, à l'est par la province centrale, et au nord-nord-est par la province nord. Le district de Kaltoura, qui s'étend vers le sud de cette province, a trente-huit milles de longueur du sud-est au nord-ouest, et onze milles de largeur de l'est à l'ouest ; c'est une des parties les plus salubres, les plus fertiles, les plus agréables et les plus populeuses de l'île. Il renferme près de quatre cents villages.

Le district de Colombo contient environ deux cent quatre-vingt mille habitants et huit cents villages. On y cultive avec succès tous les produits des tropiques.

Colombo, capitale maritime et siége du gouvernement, est situé par 6° 57' latitude nord, et 79° 50' longitude est, à environ trois cent soixante-huit milles sud-ouest de Madras, et environ six lieues sud-sud-ouest de Negombo. Le fort est armé de cent vingt-six canons et six mortiers ; il pourrait loger dix mille hommes. Les bureaux de la guerre, aussi bien que ceux du secrétaire colonial, le commissaire des finances, la cour de la vice-amirauté, la direction générale des postes, sont dans la forteresse ; il y a en outre plusieurs églises chrétiennes, deux banques, une bibliothèque, un muséum médical, un hospice, deux hôtels, de nombreux comptoirs, boutiques, etc.

Parmi les institutions importantes établies à Colombo se trouvent l'hôpital des lépreux et des pauvres, un dispensaire fondé récemment, la Société pour la propagation de l'Évangile, le comité de district de la Société pour la promotion des lumières chrétiennes, l'Association biblique pour les habitants hollandais et portugais ; la Société de l'Église missionnaire, etc. ; la Société de secours mutuels de Colombo pour le soulagement des vrais nécessiteux et la suppression de la mendicité.

La superficie de la province ouest est de quatre mille quatre cent cinquante-deux milles carrés ; et sa population peut être évaluée à près de six cent mille âmes (1).

La province centrale offre plusieurs points remarquables, dont nous devons dire quelques mots.

Le rocher de Damboul, dans lequel se trouvent les fameux temples bouddhistes taillés dans le roc, s'élève à près de six

---

largeur pour les plus considérables. — L'île principale, résidence du sultan, et qui a nom *Malé*, n'a que sept milles de tour. On croit que le nombre total des Maldives (divisées en treize groupes ou atolls) dépasse 36,000 ! La population est estimée à 150,000 ou 200,000 âmes.

(1) La division territoriale de cette partie de l'île a été modifiée tout récemment, et la province centrale s'est agrandie aux dépens de la province sud, etc. Notre carte donne la nouvelle division territoriale.

cents pieds au-dessus des forêts circonvoisines ; au nord il est nu et noir ; au sud sa monstrueuse masse pendante a été, à force d'art et de travail, façonnée et comme *fouillée* en temples, qui sont les plus parfaits, les plus grands et les plus anciens de l'île.

Il serait peut-être impossible de trouver dans le monde entier une scène d'une plus grande sublimité que celle dont l'œil jouit du sommet de la passe du Kaddouganawa, à dix milles et demi de Kandi. L'ensemble merveilleux des montagnes du premier plan semble défier la possibilité de plus grandes merveilles ; cependant, de ravin en ravin et de brèche en brèche s'ouvrent des perspectives inattendues et de plus en plus ravissantes.

Kandi, la capitale de l'intérieur, est située par 7° 21′ de latitude nord et 80° 48′ de longitude est, dans une vallée spacieuse et fertile, à quatorze cent soixante-sept pieds anglais (environ quatre cent quarante mètres) au-dessus du niveau de la mer, et entourée de collines et de montagnes magnifiquement boisées. Le palais du roi occupe un espace de terrain considérable : sa façade, qui est environ de deux cents mètres, offre encore une apparence imposante. A une extrémité il est terminé par le Pateripoua, édifice hexagone, de deux étages, dans lequel le roi se montrait, dans les grandes occasions, au peuple assemblé sur la place ; à l'autre extrémité se trouvaient les appartements des femmes. Le soleil, la lune et les étoiles se voyaient sculptés en pierre à l'entrée de ce bâtiment, où dans les fêtes publiques le roi et les femmes du sérail se tenaient pour voir les processions.

De chacune des passes qui conduisent à Kandi on jouit d'une perspective magnifique. Le tunnel Kurunaigalla, de cinq cent quarante pieds de longueur, que sir Edward Barnes avait fait percer au travers de l'une de ces passes, donna le coup de grâce aux illusions des Kandiens, qui se flattaient toujours de reconquérir leur nationalité. Une ancienne légende déclarait que leur pays ne serait subjugué que lorsque les envahisseurs perceraient une des montagnes qui entouraient la capitale. Ce grand objet ayant été accompli, les Singhalais n'ont plus hésité à reconnaître la nécessité de se soumettre à la domination étrangère.

Le Mahavellé-Ganga, la plus grande rivière de l'île, arrose environ les deux tiers de la province centrale. Sa branche principale a sa source près de Nuwera-Elliya, et se joint, à Pasbage, avec une branche plus petite, qui surgit près du pic d'Adam, et a donné son nom à tout le cours de la rivière.

Nous citerons encore, parmi les grands traits dont la nature a voulu marquer la province centrale, la montagne Pédrotallagalla, qui s'élève à huit mille deux cent quatre-vingts pieds (2,523 mètres) au-dessus du niveau de la mer. C'est la plus haute montagne de l'île. Le Pic d'Adam, bien plus connu cependant, n'occupe que le quatrième rang après Pedrotallagalla. Celui-ci est si fréquemment enveloppé de brouillards, que les curieux qui gravissent ses pentes escarpées sont exposés à de très-vifs désappointements. Mais aussi, par un temps clair, la magnificence extrême du panorama qui se déroule à l'œil ébloui, sur ce magique sommet, est telle, que bien peu de voyageurs se refusent à tenter l'aventure.

La superficie de la province centrale est de trois mille seize milles carrés, et la population en 1848 pouvait être estimée à environ deux cent vingt-sept mille âmes.

La population entière de Ceylan était évaluée en 1847 à 1,555,655 âmes, et se classait comme il suit :

Européens.	Hommes,	5,073	8,104
	Femmes,	3,031	
Indigènes.	Hommes,	777,795	1,505,060
	Femmes,	727,265	
Étrangers.			42,491
			1,555,655

La population spécifique est donc d'environ 63 habitants (62,98) par mille carré.

CLIMAT. — PRODUCTIONS. — Ceylan possède peut-être une plus grande variété de climats qu'aucune autre partie du globe. Il peut être classé sous ces trois chefs : le chaud, le moyen et le tempéré. Le premier se rencontre dans les provinces maritimes ; le second, dans la région à collines qui se trouve entre les provinces maritimes et le cercle montagneux; et le troisième, vers le centre de la moitié sud de l'île comprenant la zone des montagnes. Les provinces est et nord sont très-pluvieuses; le centre, le sud; et l'ouest sont humides et frais.

Le climat de Kandi est généralement beaucoup plus frais que celui de Colombo; mais il est beaucoup plus variable et difficile à supporter pour certaines constitutions. Dans Colombo les pluies sont quelquefois effroyables; mais il y a de longs intervalles de sécheresse, sur lesquels Kandi peut rarement compter. Il en résulte que cette dernière résidence n'est pas aussi salubre pour les Européens que celle de Colombo. La dyssenterie et la fièvre sont les maladies dominantes du pays; un voyage à la côte en est la médication la plus efficace. Les districts les plus insalubres de Ceylan sont les Mahagamapatou, dans la province sud; l'état arriéré de l'agriculture contribue à produire ce résultat. Les districts du nord et de l'intérieur de la province est, la plus grande partie de la province nord, peuvent, sauf quelques modifications, être classés dans la même catégorie. Les districts de Matoura et Galle, la péninsule de Jaffna, et la portion nord de la province ouest offrent des conditions plus satisfaisantes de salubrité. Sous ce rapport le climat de la zone des montagnes ne laisse rien à désirer.

L'amélioration des cultures a déjà produit un changement merveilleux dans chaque district; elle en a augmenté la salubrité, en rendant le climat plus égal et en supprimant les eaux stagnantes, cette grande source de maladies dans les régions tropicales. En somme, et quoi qu'on ait pu en dire, si l'on tient compte de sa position géographique, Ceylan n'a pas d'égal en Orient pour la salubrité. Quand le soleil a passé au sud de l'équateur, les parties nord de l'île sont noyées de pluies effroyables, et les moussons sont accompagnées des plus épouvantables coups de tonnerre et des éclairs les plus enflammés qu'il soit possible de concevoir. Ces cataclysmes sont souvent accompagnés de la destruction des hommes, des troupeaux, des arbres et des habitations.

La fièvre est la maladie la plus commune à laquelle les nouveaux arrivants soient exposés; elle résulte le plus souvent de l'intempérance ou de l'ardeur du soleil. La diarrhée et la dyssenterie y ont des conséquences plus ou moins graves. L'aliénation mentale est fréquente parmi les indigènes. La petite vérole est peut-être la plus terrible maladie qui ait visité l'île, et qui ait contribué à la dépeupler; les indigènes ont recours à des pratiques superstitieuses pour la guérir. Dans ces dernières années on a pris d'actives mesures pour introduire à Ceylan l'usage de la vaccine. Les bestiaux et les chevaux y sont sujets à une maladie des yeux causée par la présence d'un ver dans cette partie délicate de l'organisme animal; elle est traitée avec succès par une médication végétale très-énergique. Le choléra spasmodique est épidémique à Ceylan, et y a fait d'affreux ravages, notamment en 1832.

Après cet aperçu très-général sur le climat de cette île magnifique, nous aurions vivement désiré pouvoir entrer dans quelques détails sur ses productions, qui offrent des objets d'étude du plus haut intérêt dans les trois règnes: nous devons néanmoins nous résigner à renvoyer, pour ces détails, à l'ouvrage de Pridham. Nous rappellerons seulement que Ceylan a été renommée de tout temps pour ses perles, ses opales, sa cannelle et ses éléphants; et afin de donner à nos lecteurs une idée de l'innombrable quantité de ces animaux, nous mentionnerons, en terminant, qu'un Anglais, le major Rogers (le plus infatigable chasseur et la meilleure carabine dont les annales du *sport* aux Indes anglaises aient jamais fait mention), atteint mortellement par la foudre, il y a deux ans, après avoir miraculeusement échappé dans une infinité de rencontres avec ces géans des forêts; avait, à lui seul, tué DEUX MILLE éléphants avant de cesser de chasser et de vivre!

TABLE DES MATIÈRES

CONTENUES DANS CE VOLUME.

JAPON.

	Pages
Introduction.	1
Généralités géographiques.	4
Constitution géologique.	9
Climat.	13
Principales productions.	15
Généralités ethnographiques.	18
Premier aspect du Japon, costume des Japonais, etc.	20
Histoire de l'établissement hollandais de Dézima; police des Japonais à l'égard des étrangers; excursions aux environs de Dézima; fêtes publiques, etc.	29
Voyage de la députation hollandaise à Yédo : itinéraire.	55
Voyages des grands seigneurs japonais.	63
Description d'Yédo; séjour de la mission néerlandaise; audience du Syogoun, etc.	70
Retour de la mission à Dézima; description de Miyako; le Daïri; le Mikado; (voir aussi p. 151 et suivantes); les temples, etc.	86
Ohosaka, capitale commerciale du Japon; théâtre japonais, etc.	94
Aperçu de l'histoire du Japon.	100
État politique du Japon.	111
Administration; population japonaise partagée en huit classes, etc.	115
Mœurs et coutumes des Japonais. État social et vie privée.	122
Anecdotes propres à faire connaître le caractère japonais.	134
Esquisse de la mythologie japonaise et des sectes religieuses au Japon; gouvernement théocratique, etc.	144
Langue japonaise; ses divers syllabaires; littérature; poésie.	154
Sciences au Japon, astronomie, mesure du temps, etc.	163
Arts et manufactures chez les Japonais : laque, ornements, armes, papier, etc.	169
Commerce et navigation; voies de communication; agriculture; horticulture etc.	175
Tentatives des étrangers pour entrer en relation avec le Japon, depuis l'extirpation du christianisme.	186
Relâche de deux navires de guerre français à Nagasaki (1846).	203
Considérations générales sur l'avenir du Japon.	204
Sur les établissements japonais, au nord et au sud du Japon proprement dit; introduction.	206
Yézo et terres voisines.	207
Les îles Liou-Kiou.	217
Conclusion.	222
Table chronologique.	223
Tableau des mesures, poids et monnaies.	226
Note sur la carte du Japon.	229
Liste des principaux ouvrages consultés.	230

INDO-CHINE.

	Pages
Introduction.	
Aspect général; généralités ethnographiques.	231
Productions les plus remarquables.	237
Empire Birman, ou Ava.	240
Royaume de Siam.	243
Royaume d'Annam, ou empire cochinchinois.	246

BIRMAH.

	Pages
Orographie et hydrographie.	250
Histoire des Birmans.	253

	Pages
Guerre entre les Birmans et les Anglais.	268
Mission de Crawfurd.	275
Résumé des relations des Anglais avec les Birmans de 1827 à 1837.	279
Usurpation de Tharawaddy et sa déposition en 1845, etc.	289
Aspect général du pays; rivières ; lacs; climat; population.	295
Explorations récentes des Anglais. Expédition du capitaine Ross.	299
Expédition du capitaine Hannay.	303
Organisation sociale; gouvernement; revenus; lois et coutumes.	313
Caractère birman. Particularités ethnographiques. (Voir aussi p. 543 et suivantes).	319
Cosmographie birmane; temps anté-historiques ; histoire ancienne; religion.	325
Des talapoins.	329
Détails sur les mœurs et coutumes des Birmans.	337
Maladies; remèdes; médecins birmans; funérailles.	346
Superstitions des Birmans.	353
Langue; écriture; littérature; poésie; sciences et arts des Birmans.	356
Calendrier birman; mesure du temps; climats et saisons.	364
Productions minérales et végétales; animaux.	367
Règne minéral. (Voir aussi p. 309 et 310).	368
Règne végétal.	369
Règne animal.	372
Commerce; poids et mesures; avenir du commerce dans les États Birmans, etc.	376
Relâche d'un navire de guerre français au Pégou, en 1843.	382

SIAM.

Géographie et hydrographie; indications ethnographiques et commerciales, etc.	385
Climat et productions.	397
Qualités naturelles du sol; minéraux.	399
Règne végétal.	400
Règne animal; quadrupèdes, etc.	404
Oiseaux.	408
Poissons, reptiles, insectes.	409
Histoire.	410
Mœurs et coutumes; état actuel de la société siamoise.	
Détails dus principalement à la mission américaine envoyée à Bangkok en 1836.	421
Commerce de Siam ; revenus, etc.	436
Poids, mesures et monnaies, etc.	441
Mesure du temps, calendrier, etc.	442
Gouvernement, religion, etc.	444
Navigation : prince Momfanoï, etc.	446
Caractère des Siamois, détails ethnographiques.	451
Tentatives des missionnaires chrétiens au Siam, etc.	459
Mœurs siamoises; bazar, théâtre, etc.	464
Visite au grand temple, *Wat-Phra-Si-Ratanat*, etc.	470
Entrevue avec le radjah ou prince de Lagor (Ligor), etc.	472
Audience du roi de Siam, etc. (voir p. 481 et suivantes)	474
Traité d'amitié et d'alliance entre les Siamois et les Américains.	479
Laos. — Expéditions de Mac-Leod, Richardson, des missionnaires Grandjean et Vachal, etc.	485
Armée siamoise, etc.	500
Conclusion.	505

PÉNINSULE MALAISE.

Orographie; généralités ethnographiques.	507
Les cinq États Malais des côtes est et sud de la presqu'île de Malacca : Patani, Kalantan, Tringano, Pahang, Djohor et les Orang-Laôt.	513
Iles Anambas et Natounas, dépendances de Djohor.	516
Iles Karimon : eaux du détroit de Malacca; Orang-Laôt.	520
Partie occidentale de la presqu'île Malaise; Quéda : Pérak : Salangore : Rumbo.	525

PROVINCES ANGLAISES DANS L'INDO-CHINE.

Introduction. — Arakân.	531
Martabân; Maulmein; Amherst : Yé; Tavoy : Ténassérim.	
Introduction.	535
Coup d'œil ethnographique sur les provinces de Ténassérim.	538
Province Wellesley.	545

ANNAM
ou EMPIRE COCHINCHINOIS.

Orographie et hydrographie; géographie générale et politique.	551
Climats et productions; races diverses. — climats.	563
Règne minéral.	ib.
Règne végétal.	564
Règne animal.	566
Races diverses.	567
Histoire.	570

	Pages
Gouvernement, etc.	577
Caractère des Cochinchinois, etc.	578
De la mesure du temps.	582
Poids, mesures et monnaies.	583
Industrie et commerce.	585
Mœurs et coutumes.— Ambassade de lord Macartney en 1793, etc.	589
(Voir aussi p. 578 et suiv.)	
Relâche de *la Médusa*, en 1841.	600
Relâche de *l'Alcmène*, en 1845. Visite aux cavernes de marbre.	603
Expédition de la frégate *la Gloire* et de la corvette *la Victorieuse*, en 1847.	605

CEYLAN.

	Pages
Généralités géographiques : indication des travaux et des recherches des auteurs anciens sur Ceylan.	607
Histoire; histoire ancienne, etc.	608
Domination portugaise (de 1505 à 1658).	621
Domination hollandaise (1658 à 1796).	626
Domination anglaise (1796 à 1849).	629
Mœurs et coutumes; mœurs judiciaires; délits et peines, etc.	634
L'esclavage à Ceylan.	636
Castes.	637
Caractère des Singhalais, etc.	639
Manufactures.	642
Langues et littérature; sciences; idées cosmographiques, etc.	642
Idées religieuses; les Bouddhas; le sacerdoce, etc.	644
Le *Dalada*; fêtes. Gouvernement, etc.	645
Forces militaires.	646
Fonctionnaires; divisions territoriales, etc.	647
Agriculture.	648
Commerce.	649
Immigration de cultivateurs Hindous : Terres en friche, landes, appropriation, voies de communication, etc.	650
Administration anglaise.	652
Éducation; progrès du christianisme, etc.	653
Topographie, etc.	654
Population.	661
Climat et productions.	ib.

PLACEMENT DES GRAVURES.

JAPON.

Planches		Pages
1 et 2.	Carte du Japon, d'après les travaux hydrographiques des Européens et les cartes japonaises.	4
3.	Mont *Fousi* (*Fousi Yama*).	9
4.	Volcan *Mitake*.	10
5.	Le *Mikado* et ses femmes.	89
6.	La cour du *Siogoun*.	79
7.	Le *Siogoun* et son épouse (la *Midaï* ?).	140
8.	Général Japonais.	172
9.	Le palais impérial de Yédo.	70
10.	Nagasaki.	29
11.	Chapelle portative.	43
12.	Pont suspendu de Kume, dans le *Sinano*.	169
13.	Maison Japonaise.	43
14.	1) Japonais; 2) Japonaise.	28
15.	Scène de la vie privée : la toilette.	123
16.	Scène de la vie privée : repas et divertissement.	130

INDO-CHINE.

1.	Carte de l'Indo-Chine. (Cette carte porte par erreur en titre EMPIRE BIRMAN.)	231
2.	La cour impériale à *Ummerapoura* (Empire Birman).	276
3 (4).	Dignitaires : 1) homme; 2) femme; 3) prêtre. (Emp. Birman.)	338
4 (3).	Bâtiments Cochinchinois de la rivière *Faï-fo*. (Emp. Birman).	603

CEYLAN.

1.	Carte de l'île de Ceylan.	607
2.	Palais du roi à Kandi.	661
3.	Temple à Ramisséram.	656
4.	Vue près Point-de-Galle.	659

www.ingramcontent.com/pod-product-compliance
Lightning Source LLC
Chambersburg PA
CBHW061950300426
44117CB00010B/1287